Krause/Krause

Die Prüfung der Industriemeister

Unsere Empfehlung:
www.industriemeister.de
Deutschlands größtes Forum für die
Weiterbildung zum Industriemeister

Sie finden uns im Internet unter: www.kiehl.de

Die Prüfung der Industriemeister

Basisqualifikationen

Von
Dipl.-Sozialwirt Günter Krause und
Dipl.-Soziologin Bärbel Krause

10., aktualisierte Auflage

kiehl

ISBN 978-3-470-**54050**-4 · 10., aktualisierte Auflage 2014

© NWB Verlag GmbH & Co. KG, Herne 2003

Kiehl ist eine Marke des NWB Verlags

Alle Rechte vorbehalten. Das Werk und seine Teile sind urheberrechtlich geschützt. Jede Nutzung in anderen als den gesetzlich zugelassenen Fällen bedarf der vorherigen schriftlichen Einwilligung des Verlages. Hinweis zu § 52a UrhG: Weder das Werk noch seine Teile dürfen ohne eine solche Einwilligung eingescannt und in ein Netzwerk eingestellt werden. Dies gilt auch für Intranets von Schulen und sonstigen Bildungseinrichtungen.

Satz: SATZ-ART Prepress & Publishing GmbH
Druck: Hubert & Co., Göttingen

Vorwort zur 10. Auflage

Die Vorauflage wurde gründlich durchgesehen und aktualisiert. Dies betrifft insbesondere das Kapitel „Rechtsbewusstes Handeln", den Datenschutz sowie die Bestimmungen zur Sozialversicherung.

Anregungen und konstruktive Kritik sind gerne willkommen.

Neustrelitz, im Mai 2014   *Diplom-Sozialwirt Günter Krause*
                                                                                  Diplom-Soziologin Bärbel Krause

Vorwort zur 1. Auflage

Dieses Buch enthält wichtige Informationen zur Vorbereitung auf die Industriemeister-Prüfung im Prüfungsteil „Fachrichtungsübergreifende Basisqualifikationen". Es gliedert sich in fünf Prüfungsbereiche:

1. Rechtsbewusstes Handeln
2. Betriebswirtschaftliches Handeln
3. Anwendung von Methoden der Information, Kommunikation und Planung
4. Zusammenarbeit im Betrieb
5. Berücksichtigung naturwissenschaftlicher und technischer Gesetzmäßigkeiten

Die Gliederung und der Inhalt des Buches orientieren sich eng an der Rechtsverordnung über die Prüfung zum anerkannten Abschluss „Geprüfter Industriemeister/Geprüfte Industriemeisterin" und dem aktuellen Rahmenstoffplan des DIHK.

Im *ersten Teil* des Buches, gedruckt auf weißem Papier, wird der Lernstoff in bewährter Frage-Antwort-Form wiederholt. Übersichten, Schaubilder, Aufzählungen und Struktogramme erleichtern das Lernen und machen Zusammenhänge deutlich.

Im *zweiten Teil* (auf blauem Papier gedruckt) wird der Lernstoff anhand klausurtypischer Fragestellungen vertieft und angewendet, um so eine fundierte Vorbereitung auf die Prüfung zu gewährleisten und um den Übergang zu den handlungsspezifischen Qualifikationen, die im 3. Prüfungsteil gefordert sind, zu festigen.

Im *dritten Teil* hat der Leser die Möglichkeit durch die Bearbeitung der „Musterklausuren", die sich exakt an den Prüfungsanforderungen ausrichten, die Situation in der Prüfung zu simulieren und seine Kenntnisse unter „Echtbedingungen" zu kontrollieren.

Auf das Grundlagenfach „Arbeitsmethodik" wurde bewusst verzichtet, da es nicht Bestandteil der Prüfung ist. Ebenfalls ausgeklammert wurde der berufs- und arbeitspädagogische Prüfungsteil, da hierzu ein eigenes Prüfungsbuch im Kiehl Verlag erschienen ist (*Ruschel, A., Die Ausbildereignungsprüfung*).

Das umfangreiche Stichwortverzeichnis erlaubt dem Leser, sich selektiv auf Einzelthemen zu konzentrieren oder sich im Ganzen auf die Prüfung vorzubereiten. Außerdem sind die Inhalte so umfassend aufbereitet, dass das Buch zusätzlich eine Grundlage zur Vorbereitung auf den Prüfungsteil „Handlungsspezifische

Qualifikationen" (dies gilt speziell für die Handlungsbereiche „Organisation" sowie „Führung und Personal") bietet. Noch ein Wort an die Leserinnen dieses Buches: Wenn im Text von „dem Industriemeister" gesprochen wird, so umfasst diese maskuline Bezeichnung auch immer die angehende Industriemeisterin. Die vereinfachte Bezeichnung soll lediglich den sprachlichen Ausdruck entkrampfen.

Wir wünschen allen Leserinnen und Lesern eine erfolgreiche Prüfung und die Realisierung der persönlichen Berufsziele in den klassischen Managementbereichen des Industriemeisters.

Anregungen und konstruktive Kritik sind willkommen und erreichen uns über das Internet oder direkt an den Verlag.

Neustrelitz, im Juli 2003 *Diplom-Sozialwirt Günter Krause*
Diplom-Soziologin Bärbel Krause

Inhaltsverzeichnis

Vorwort 5

1. Rechtsbewusstes Handeln 13
   1.1 Arbeitsrechtliche Vorschriften und Bestimmungen bei der Gestaltung individueller Arbeitsverhältnisse und bei Fehlverhalten von Mitarbeitern 14
      1.1.1 Rechtsgrundlagen 14
      1.1.2 Wesen und Zustandekommen des Arbeitsvertrages 18
      1.1.3 Rechte und Pflichten aus dem Arbeitsverhältnis 26
      1.1.4 Beendigung des Arbeitsverhältnisses und die daraus folgenden Rechte und Pflichten .. 32
      1.1.5 Geltungsbereich und Rechtswirksamkeit von Tarifverträgen 41
      1.1.6 Rechtliche Rahmenbedingungen von Arbeitskämpfen 44
      1.1.7 Ziel und Aufgaben der Betriebsvereinbarung 47
   1.2 Vorschriften des Betriebsverfassungsgesetzes 48
      1.2.1 Rechte und Pflichten des Betriebsrates 48
      1.2.2 Aufgaben und Stellung des Betriebsrates und das Wahlverfahren 56
      1.2.3 Grundlagen der Arbeitsgerichtsbarkeit 60
      1.2.4 Grundzüge der Sozialgerichtsbarkeit 65
   1.3 Rechtliche Bestimmungen der Sozialversicherung, der Entgeltfindung sowie der Arbeitsförderung 66
      1.3.1 Grundlagen der Sozialversicherung 66
      1.3.2 Ziele und Aufgaben der gesetzlichen Krankenversicherung 69
      1.3.3 Ziele und Aufgaben der gesetzlichen Pflegeversicherung 71
      1.3.4 Ziele und Aufgaben der Rentenversicherung 73
      1.3.5 Ziele und Aufgaben der Arbeitslosenversicherung und der Arbeitsförderung ... 75
      1.3.6 Ziele und Aufgaben der gesetzlichen Unfallversicherung 79
   1.4 Arbeitsschutz- und arbeitssicherheitsrechtliche Vorschriften 81
      1.4.1 Ziele und Aufgaben des Arbeitsschutzrechtes und des Arbeitssicherheitsrechtes 81
      1.4.2 Verantwortung für den Arbeitsschutz und die Arbeitssicherheit 92
      1.4.3 Sonderschutzrechte für schutzbedürftige Personen 96
      1.4.4 Bestimmungen des Arbeitssicherheitsgesetzes (ASiG) 99
      1.4.5 Ziel und wesentliche Inhalte der Arbeitsstättenverordnung 107
      1.4.6 Bestimmungen des Produktsicherheitsgesetzes (ProdSG) 108
      1.4.7 Gesetzliche Grundlagen der Gewerbeaufsicht 110
      1.4.8 Gesetzliche Grundlagen und Aufgaben der Berufsgenossenschaft 111
      1.4.9 Aufgaben technischer Überwachungsvereine 112
   1.5 Vorschriften des Umweltrechts 112
      1.5.1 Ziel und Aufgaben des Umweltschutzes 112
      1.5.2 Wichtige Gesetze und Verordnungen zum Umweltschutz 121
   1.6 Wirtschaftsrechtliche Vorschriften und Bestimmungen 128
      1.6.1 Wesentliche Bestimmungen des Kreislaufwirtschafts- und Abfallgesetzes .. 128
      1.6.2 Wesentliche Bestimmungen des Produkthaftungsgesetzes 129
      1.6.3 Notwendigkeit und Zielsetzung des Datenschutzes 131

2. Betriebswirtschaftliches Handeln 137
   2.1 Ökonomische Handlungsprinzipien von Unternehmen 138
      2.1.1 Unternehmensformen und deren Weiterentwicklung 138
      2.1.2 Hauptfunktionen des Industriebetriebes 152
      2.1.3 Produktionsfaktor Arbeit 157

2.1.4 Bedeutung des Produktionsfaktors Betriebsmittel ... 162
2.1.5 Bedeutung der Werkstoffe und der Energie als Kostenfaktor ... 165
2.2 Grundsätze betrieblicher Aufbau- und Ablauforganisation ... 168
   2.2.1 Grundstrukturen betrieblicher Organisation ... 168
   2.2.2 Methodisches Vorgehen im Rahmen der Aufbauorganisation ... 169
   2.2.3 Bedeutung der Leitungsebenen ... 173
   2.2.4 Aufgaben der Produktionsplanung ... 179
   2.2.5 Grundlagen der Ablaufplanung ... 191
   2.2.6 Elemente des Arbeitsplanes ... 206
   2.2.7 Aspekte zur Gestaltung des Arbeitsplanes und des Arbeitsvorganges ... 208
   2.2.8 Aufgaben der Bedarfsplanung ... 208
   2.2.9 Produktionsplanumg, Auftragsdisposition und deren Instrumente ... 215
   2.2.10 Materialdisposition und Bestimmung des Materialbedarfs ... 217
2.3 Nutzen und Möglichkeiten der Organisationsentwicklung ... 231
   2.3.1 Grundgedanken der Organisationsentwicklung ... 231
   2.3.2 Organisationsentwicklung als Mittel für Veränderungsprozesse ... 236
2.4 Anwenden von Methoden der Entgeltfindung und der kontinuierlichen, betrieblichen Verbesserung ... 239
   2.4.1 Formen der Entgeltfindung ... 239
   2.4.2 Innovation und kontinuierlicher betrieblicher Verbesserungsprozess ... 248
   2.4.3 Bewertung von Verbesserungsvorschlägen ... 251
2.5 Durchführung von Kostenarten-, Kostenstellen- und Kostenträgerzeitrechnungen sowie Kalkulationsverfahren ... 255
   2.5.1 Grundlagen des Rechnungswesens ... 255
   2.5.2 Ziele und Aufgaben der Kostenrechnung ... 265
   2.5.3 Grundbegriffe der Kosten- und Leistungsrechnung ... 267
   2.5.4 Aufbau der Kosten- und Leistungsrechnung (KLR) ... 271
   2.5.5 Kostenartenrechnung ... 272
   2.5.6 Kostenstellenrechnung ... 276
   2.5.7 Kostenträgerrechnung ... 288
   2.5.8 Kalkulationsverfahren ... 289
   2.5.9 Maschinenstundensatzrechnung in der Vollkostenrechnung ... 296
   2.5.10 Zusammenhänge zwischen Erlösen, Kosten und Beschäftigungsgrad ... 300
   2.5.11 Grundzüge der Deckungsbeitragsrechnung ... 303
   2.5.12 Statische Investitionsrechnung ... 305
   2.5.13 Zweck und Ergebnis betrieblicher Budgets ... 318

3. Anwendung von Methoden der Information, Kommunikation und Planung ... 323
3.1 Erfassen, Analysieren und Aufbereiten von Prozess- und Produktionsdaten ... 324
   3.1.1 Beschreibung eines Prozesses ... 324
   3.1.2 Prozessaufbereitung ... 328
   3.1.3 Daten eines Prozesses ... 330
   3.1.4 Betriebssysteme zur Prozessverarbeitung ... 332
   3.1.5 Einteilung von Software und Interpretation von Diagrammen ... 334
3.2 Planungstechniken und Analysemethoden sowie deren Anwendungsmöglichkeiten ... 337
   3.2.1 Persönliche und sachliche Voraussetzungen zum optimalen Arbeiten ... 337
   3.2.2 Methoden der Problemlösung und Entscheidungsfindung ... 344
   3.2.3 Arten der Planung ... 355
   3.2.4 Planungstechniken und Analysemethoden ... 359
3.3 Anwenden von Präsentationstechniken ... 365
   3.3.1 Ziel und Gegenstand einer Präsentation ... 365
   3.3.2 Voraussetzungen für eine erfolgreiche Präsentation ... 365

Inhaltsverzeichnis

3.3.3 Vorbereitung einer Präsentation 370
3.3.4 Durchführung einer Präsentation 373
3.3.5 Nachbereitung einer Präsentation 374
3.4 Erstellen von technischen Unterlagen, Entwürfen, Statistiken, Tabellen und Diagrammen 375
    3.4.1 Technische Unterlagen 375
    3.4.2 Skizzen und Entwürfe 378
    3.4.3 Statistiken und Tabellen 384
    3.4.4 Diagramme 388
3.5 Anwenden von Projektmanagementmethoden 392
    3.5.1 Einsatzgebiete von Projektmanagement 392
    3.5.2 Vorgehensweise bei der Abwicklung eines Projektes 396
    3.5.3 Aufbau eines Projektauftrages 399
    3.5.4 Methoden der Projektplanung 400
    3.5.5 Funktion der Projektsteuerung 403
    3.5.6 Projektabschluss 403
3.6 Informations-/Kommunikationsformen und -mittel 407
    3.6.1 Aufgaben der Informationsverarbeitung 407
    3.6.2 Betriebliche Kommunikation 423

4. Zusammenarbeit im Betrieb **431**
4.1 Beurteilen und Fördern der beruflichen Entwicklung des Einzelnen 432
    4.1.1 Zusammenhang von Lebenslauf, beruflicher Entwicklung und Persönlichkeitsentwicklung 432
    4.1.2 Entwicklung des Sozialverhaltens des Menschen 433
    4.1.3 Kooperation und Integration im Betrieb 438
4.2 Einflüsse von Arbeitsorganisation und Arbeitsplatz auf das Sozialverhalten und das Betriebsklima 443
    4.2.1 Unternehmensphilosophie und Unternehmenskultur 443
    4.2.2 Auswirkungen industrieller Arbeit auf Einstellung und Verhalten des arbeitenden Menschen 445
    4.2.3 Gestaltung der Arbeitsorganisation und der Arbeitsbedingungen 452
    4.2.4 Unterschiedliche Erscheinungsformen sozialen Verhaltens und ihre Auswirkungen auf das Betriebsklima 459
4.3 Einflüsse der Gruppenstruktur auf das Gruppenverhalten und die Zusammenarbeit 461
4.4 Eigenes und fremdes Führungsverhalten, Umsetzen von Führungsgrundsätzen 467
    4.4.1 Zusammenhänge der Führung 467
    4.4.2 Stellung, Rolle, Funktion, Aufgaben, Anforderungen und Verantwortung des Industriemeisters 474
    4.4.3 Grundlagen der Autorität 476
4.5 Führungsmethoden und -techniken zur Förderung der Leistungsbereitschaft und Zusammenarbeit der Mitarbeiter 479
    4.5.1 Mitarbeitereinsatz und Delegation 479
    4.5.2 Qualifizierungsbedarf und Qualifizierungsmaßnahmen 483
    4.5.3 Formen effektiver Arbeitskontrolle 487
    4.5.4 Anerkennung und Kritik 488
    4.5.5 Mitarbeiterbeurteilung und Arbeitszeugnis 491
    4.5.6 Personelle Maßnahmen 499
    4.5.7 Einführung neuer Mitarbeiter 502
    4.5.8 Motivations- und Kreativitätsförderung 504
    4.5.9 Fluktuation und Fehlzeiten 508

4.6 Förderung der Kommunikation und Kooperation 511
　4.6.1 Mitarbeitergespräch 511
　4.6.2 Betriebliche Besprechungen 514
　4.6.3 Zusammenarbeit und Verhaltensregeln im Unternehmen 515
　4.6.4 Bildung und Lenkung betrieblicher Arbeitsgruppen 516
　4.6.5 Betriebliche Probleme und soziale Konflikte 521
　4.6.6 Moderationstechnik 526

5. Berücksichtigung naturwissenschaftlicher und technischer Gesetzmäßigkeiten 535
5.1 Auswirkungen naturwissenschaftlicher und technischer Gesetzmäßigkeiten auf
　　Materialien, Maschinen und Prozesse sowie auf Mensch und Umwelt 536
　5.1.1 Auswirkungen von chemischen Reaktionen in Arbeitsprozessen,
　　　　Maschinen und Materialien 536
　5.1.2 Auswirkungen der industriellen Nutzung von Wasser, Säuren, Basen
　　　　und Salzen auf Menschen und Umwelt 541
　5.1.3 Auswirkungen des Temperatureinflusses auf Material und Arbeitsprozesse ... 552
　5.1.4 Bewegungsvorgänge bei Bauteilen 561
　5.1.5 Einsatz von elektrotechnischen Steuerungen in Arbeitsprozessen 570
5.2 Energieformen im Betrieb sowie Auswirkungen auf Mensch und Umwelt 581
　5.2.1 Energieumwandlungen in Kraftmaschinen 581
　5.2.2 Wirkungsweise von Dampferzeugungsanlagen und nachgeschalteter Anlagen 582
　5.2.3 Alternative Anlagen zur Energieerzeugung 584
　5.2.4 Energiearten und deren Verteilung im Betrieb 586
5.3 Berechnen betriebs- und fertigungstechnischer Größen bei Belastungen und Bewegungen ... 597
　5.3.1 Berechnen betriebs- und fertigungstechnischer Größen bei Belastungen
　　　　und Bewegungen 597
　5.3.2 Kreisförmige und geradlinige Bewegungsabläufe 601
5.4 Statistische Verfahren, einfache statistische Berechnungen sowie deren
　　grafische Darstellung 601
　5.4.1 Statistische Methoden zur Überwachung, Sicherung und Steuerung von Prozessen 601
　5.4.2 Stichprobenverfahren und Darstellung der Messwerte 607
　5.4.3 Ermittlung verschiedener Fähigkeitskennwerte und ihre Bedeutung für Prozesse,
　　　　Maschinen und Messgeräte 619

Klausurtypischer Teil (Aufgaben) 625

1. Prüfungsfach: Rechtsbewusstes Handeln 629
1.1 Arbeitsrechtliche Vorschriften und Bestimmungen bei der Gestaltung individueller
　　Arbeitsverhältnisse und bei Fehlverhalten von Mitarbeitern 629
1.2 Vorschriften des Betriebsverfassungsgesetzes 635
1.3 Rechtliche Bestimmungen der Sozialversicherung, der Entgeltfindung sowie der
　　Arbeitsförderung 639
1.4 Arbeitsschutz- und arbeitssicherheitsrechtliche Vorschriften 640
1.5 Vorschriften des Umweltrechts 643
1.6 Wirtschaftsrechtliche Vorschriften und Bestimmungen 644

2. Prüfungsfach: Betriebswirtschaftliches Handeln 647
2.1 Ökonomische Handlungsprinzipien von Unternehmen 647
2.2 Grundsätze der betrieblichen Aufbau- und Ablauforganisation 649
2.3 Nutzen und Möglichkeiten der Organisationsentwicklung 654
2.4 Anwenden von Methoden der Entgeltfindung und der kontinuierlichen,
　　betrieblichen Verbesserung 657

2.5 Durchführen von Kostenarten-, Kostenstellen- und Kostenträgerzeitrechnungen
sowie Kalkulationsverfahren 660

3. Prüfungsfach: Anwendung von Methoden der Information, Kommunikation und Planung 665
3.1 Erfassen, Analysieren und Aufbereiten von Prozess- und Produktionsdaten.........................665
3.2 Planungstechniken und Analysemethoden sowie deren Anwendungsmöglichkeiten 667
3.3 Anwenden von Präsentationstechniken 670
3.4 Erstellen von technischen Unterlagen, Entwürfen, Statistiken, Tabellen und Diagrammen 673
3.5 Projektmanagementmethoden 675
3.6 Informations-/Kommunikationsformen und -mittel 677

4. Prüfungsfach: Zusammenarbeit im Betrieb 681
4.1 Beurteilen und Fördern der beruflichen Entwicklung des Einzelnen......................................681
4.2 Einflüsse von Arbeitsorganisation und Arbeitsplatz auf das Sozialverhalten und das Betriebsklima 683
4.3 Einflüsse der Gruppenstruktur auf das Gruppenverhalten und die Zusammenarbeit 685
4.4 Eigenes und fremdes Führungsverhalten, Umsetzen von Führungsgrundsätzen 686
4.5 Führungsmethoden und -techniken zur Förderung der Leistungsbereitschaft und Zusammenarbeit der Mitarbeiter 689
4.6 Förderung der Kommunikation und Kooperation 696

5. Prüfungsfach: Berücksichtigung naturwissenschaftlicher und technischer Gesetzmäßigkeiten 699
5.1 Auswirkungen naturwissenschaftlicher und technischer Gesetzmäßigkeiten auf Materialien, Maschinen und Prozesse sowie auf Mensch und Umwelt 699
5.2 Energieformen im Betrieb sowie Auswirkungen auf Mensch und Umwelt 703
5.3 Berechnen betriebs- und fertigungstechnischer Größen bei Belastungen und Bewegungen ...703
5.4 Statistische Verfahren, einfache statistische Berechnungen sowie deren grafische Darstellung 704

Klausurtypischer Teil (Lösungen) 709

1. Prüfungsfach: Rechtsbewusstes Handeln 711
1.1 Arbeitsrechtliche Vorschriften und Bestimmungen bei der Gestaltung individueller Arbeitsverhältnisse und bei Fehlverhalten von Mitarbeitern 711
1.2 Vorschriften des Betriebsverfassungsgesetzes...724
1.3 Rechtliche Bestimmungen der Sozialversicherung, der Entgeltfindung sowie der Arbeitsförderung..735
1.4 Arbeitsschutz- und arbeitssicherheitsrechtliche Vorschriften 737
1.5 Vorschriften des Umweltrechts..741
1.6 Wirtschaftsrechtliche Vorschriften und Bestimmungen 743

2. Prüfungsfach: Betriebswirtschaftliches Handeln 745
2.1 Ökonomische Handlungsprinzipien von Unternehmen...745
2.2 Grundsätze der betrieblichen Aufbau- und Ablauforganisation 749
2.3 Nutzen und Möglichkeiten der Organisationsentwicklung 758
2.4 Anwenden von Methoden der Entgeltfindung und der kontinuierlichen, betrieblichen Verbesserung..763
2.5 Durchführen von Kostenarten-, Kostenstellen- und Kostenträgerzeitrechnungen sowie Kalkulationsverfahren 769

3. **Prüfungsfach: Anwendung von Methoden der Information, Kommunikation und Planung** ... 779
   3.1 Erfassen, Analysieren und Aufbereiten von Prozess- und Produktionsdaten ... 779
   3.2 Planungstechniken und Analysemethoden sowie deren Anwendungsmöglichkeiten ... 783
   3.3 Anwenden von Präsentationstechniken ... 791
   3.4 Erstellen von technischen Unterlagen, Entwürfen, Statistiken, Tabellen und Diagrammen ... 799
   3.5 Projektmanagementmethoden ... 802
   3.6 Informations-/Kommunikationsformen und -mittel ... 805

4. **Prüfungsfach: Zusammenarbeit im Betrieb** ... 811
   4.1 Beurteilen und Fördern der beruflichen Entwicklung des Einzelnen ... 811
   4.2 Einflüsse von Arbeitsorganisation und Arbeitsplatz auf das Sozialverhalten und das Betriebsklima ... 817
   4.3 Einflüsse der Gruppenstruktur auf das Gruppenverhalten und die Zusammenarbeit ... 821
   4.4 Eigenes und fremdes Führungsverhalten, Umsetzen von Führungsgrundsätzen ... 824
   4.5 Führungsmethoden und -techniken zur Förderung der Leistungsbereitschaft und Zusammenarbeit der Mitarbeiter ... 829
   4.6 Förderung der Kommunikation und Kooperation ... 846

5. **Prüfungsfach: Berücksichtigung naturwissenschaftlicher und technischer Gesetzmäßigkeiten** ... 855
   5.1 Auswirkungen naturwissenschaftlicher und technischer Gesetzmäßigkeiten auf Materialien, Maschinen und Prozesse sowie auf Mensch und Umwelt ... 855
   5.2 Energieformen im Betrieb sowie Auswirkungen auf Mensch und Umwelt ... 864
   5.3 Berechnen betriebs- und fertigungstechnischer Größen bei Belastungen und Bewegungen ... 865
   5.4 Statistische Verfahren, einfache statistische Berechnungen sowie deren grafische Darstellung ... 867

Musterklausuren ... 873

1. Prüfungsanforderungen der Industriemeister ... 875
   1.1 Zulassungsvoraussetzungen ... 875
   1.2 Prüfungsfächer und Gliederung der Prüfung ... 876
   1.3 Ablauf der schriftlichen Prüfung im Prüfungsteil „Fachrichtungsübergreifende Basisqualifikationen" ... 876
   1.4 Ablauf der mündlichen (Ergänzungs-)Prüfung im Prüfungsteil „Fachrichtungsübergreifende Basisqualifikationen" ... 877
   1.5 Bewerten der Prüfungsteile und Bestehen der Prüfung im Prüfungsteil „Fachrichtungsübergreifende Basisqualifikationen" ... 878
   1.6 Wiederholung der Prüfung ... 878
2. Tipps und Techniken zur Prüfungsvorbereitung ... 879

Aufgaben ... 881

Lösungen ... 899

Anhang: Themen zurückliegender IHK-Prüfungen ... 925

Literaturhinweise ... 933

Stichwortverzeichnis ... 939

1. Rechtsbewusstes Handeln

Prüfungsanforderungen:

Nachweis folgender Fähigkeiten:

- Der Teilnehmer soll nachweisen, dass er in der Lage ist, im Rahmen seiner Handlungen einschlägige Rechtsvorschriften zu berücksichtigen.

- Er soll die Arbeitsbedingungen seiner Mitarbeiter und Mitarbeiterinnen unter arbeitsrechtlichen Aspekten gestalten.

- Außerdem soll er nach rechtlichen Grundlagen die Arbeitssicherheit, den Gesundheitsschutz und den Umweltschutz gewährleisten sowie die Zusammenarbeit mit den entsprechenden Institutionen sicherstellen.

Qualifikationsschwerpunkte (Überblick)

1.1 Berücksichtigen arbeitsrechtlicher Vorschriften und Bestimmungen bei der Gestaltung individueller Arbeitsverhältnisse und bei Fehlverhalten von Mitarbeitern, insbesondere unter Berücksichtigung des Arbeitsvertragsrechts, des Tarifvertragsrechts und betrieblicher Vereinbarungen

1.2 Berücksichtigen der Vorschriften des Betriebsverfassungsgesetzes, insbesondere der Beteiligungsrechte betriebsverfassungsrechtlicher Organe

1.3 Berücksichtigen rechtlicher Bestimmungen der Sozialversicherung, der Entgeltfindung und der Arbeitsförderung

1.4 Berücksichtigen arbeitsschutz- und arbeitssicherheitsrechtlicher Vorschriften und Bestimmungen in Abstimmung mit betrieblichen und außerbetrieblichen Institutionen

1.5 Berücksichtigen der Vorschriften des Umweltrechts

1.6 Berücksichtigen einschlägiger wirtschaftlicher Vorschriften und Bestimmungen (Produktverantwortung, Produkthaftung, Datenschutz)

1.1 Arbeitsrechtliche Vorschriften und Bestimmungen bei der Gestaltung individueller Arbeitsverhältnisse und bei Fehlverhalten von Mitarbeitern

1.1.1 Rechtsgrundlagen → 4.5.6

01. Was sind Rechtsgrundlagen und welche Arten von Rechtsgrundlagen werden unterschieden?

Rechtsgrundlagen geben Aufschluss über Gebote und Verbote. Man unterscheidet:

a) *das geschriebene Recht* (Gesetze, Verordnungen, Satzungen),

b) *Gewohnheitsrecht* und *Richterrecht* (insbesondere das Recht der obersten Bundesgerichte),

c) *vereinbartes Recht*, z. B. Kaufverträge, Arbeitsverträge.

Rechtsgrundlagen		
Geschriebenes Recht	Gewohnheitsrecht, Richterrecht	Vereinbartes Recht

02. Wie wird das Recht generell unterteilt?

a)

Privates Recht (auch: Zivilrecht)	Öffentliches Recht
Verhältnis von Bürger zu Bürger	Verhältnis von Staat zu Bürger
Beispiele: BGB, HGB	Beispiele: Völkerrecht, Staatsrecht, Strafrecht

b) Das *materielle Recht* besagt, wann ein Anspruch besteht und das *formelle* Recht, wie dieser Anspruch durchgesetzt werden kann. Das BGB enthält z. B. materielles Recht, die Zivilprozessordnung formelles Recht.

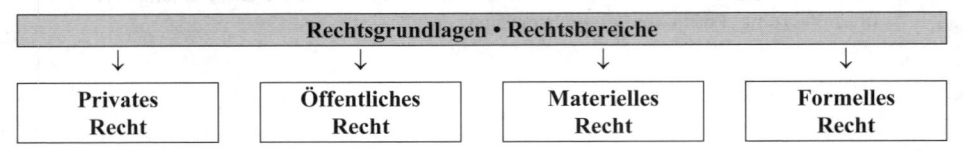

Rechtsgrundlagen • Rechtsbereiche			
Privates Recht	Öffentliches Recht	Materielles Recht	Formelles Recht

03. In welchen Bundesgesetzen sind arbeitsrechtliche Tatbestände geregelt?

a) *Allgemeine Gesetze*, z. B.: BGB, HGB (Regelungen für kaufmännische Angestellte und Handelsvertreter), Gewerbeordnung (Bestimmungen für gewerbliche Arbeitnehmer), Handwerksordnung, Seemannsordnung.

b) *Spezielle Gesetze*, z. B.: Kündigungsschutzgesetz; Arbeitsgerichtsgesetz; Gesetz über gewerbsmäßige Arbeitnehmerüberlassung (AÜG); Berufsbildungsgesetz; Betriebsverfassungsgesetz; Personalvertretungsgesetz; Bundesurlaubsgesetz; Jugendarbeitsschutzgesetz; Mutterschutzge-

1.1 Arbeitsrechtliche Vorschriften und Bestimmungen

setz; Bundeselterngeld- und Elternzeitgesetz (BEEG); Tarifvertragsgesetz; Mitbestimmungsgesetz; Heimarbeitsgesetz; Gesetz über die Festlegung von Mindestarbeitsbedingungen; Sozialgesetzbuch; Entgeltfortzahlungsgesetz, Arbeitszeitgesetz.

c) *Sonstige Gesetze* mit arbeitsrechtlichen Auswirkungen, z. B.: Sozialgesetzbuch Drittes Buch; Insolvenzordnung; Arbeitssicherheitsgesetz; Produktsicherheitsgesetz (ProdSG), Gesetz über Arbeitnehmererfindungen; Vermögensbildungsgesetz; Arbeitsplatzschutzgesetz.

04. Welche Funktionen erfüllt eine Rechtsordnung?

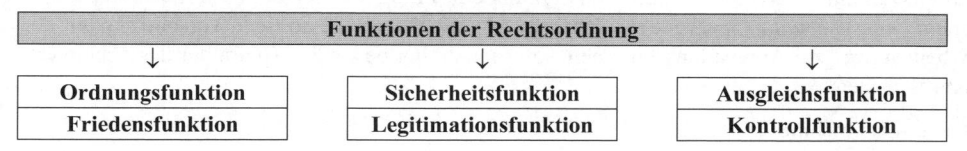

Funktionen der Rechtsordnung		
Ordnungsfunktion	Sicherheitsfunktion	Ausgleichsfunktion
Friedensfunktion	Legitimationsfunktion	Kontrollfunktion

05. Welche Artikel des Grundgesetzes können im Arbeitsrecht Bedeutung erlangen?

Dies sind insbesondere folgende Verfassungsnormen:

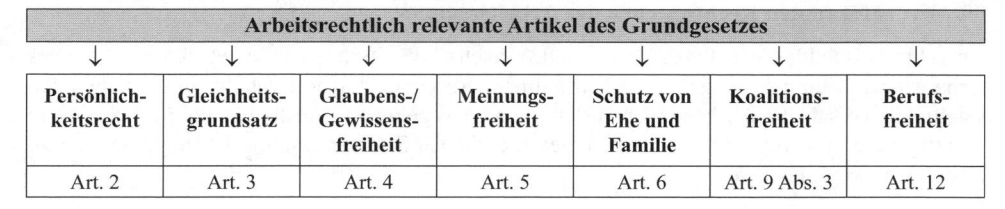

Arbeitsrechtlich relevante Artikel des Grundgesetzes						
Persönlichkeitsrecht	Gleichheitsgrundsatz	Glaubens-/ Gewissensfreiheit	Meinungsfreiheit	Schutz von Ehe und Familie	Koalitionsfreiheit	Berufsfreiheit
Art. 2	Art. 3	Art. 4	Art. 5	Art. 6	Art. 9 Abs. 3	Art. 12

Beispiel: Der Gleichbehandlungsgrundsatz von Mann und Frau ist z. B. bei der Entlohnung zu beachten (vgl. Art. 3 GG).

06. Welche Bestimmungen des BGB sind arbeitsrechtlich relevant?

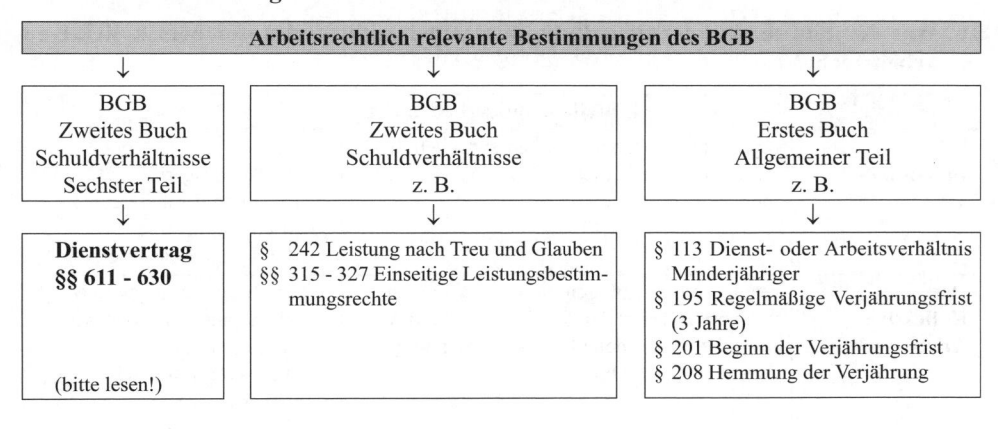

Arbeitsrechtlich relevante Bestimmungen des BGB		
BGB Zweites Buch Schuldverhältnisse Sechster Teil	BGB Zweites Buch Schuldverhältnisse z. B.	BGB Erstes Buch Allgemeiner Teil z. B.
Dienstvertrag §§ 611 - 630 (bitte lesen!)	§ 242 Leistung nach Treu und Glauben §§ 315 - 327 Einseitige Leistungsbestimmungsrechte	§ 113 Dienst- oder Arbeitsverhältnis Minderjähriger § 195 Regelmäßige Verjährungsfrist (3 Jahre) § 201 Beginn der Verjährungsfrist § 208 Hemmung der Verjährung

07. Was ist das Arbeitsrecht?

Das Arbeitsrecht ist das Sonderrecht der abhängig und weisungsgebundenen Beschäftigten, die für fremde Rechnung arbeiten.

08. Wer ist Arbeitnehmer im Sinne des Arbeitsrechts?

Als Arbeitnehmer gelten die Personen, die einem anderen haupt- oder nebenberuflich aufgrund eines privatrechtlichen Vertrages für eine gewisse Dauer zur Arbeitsleistung verpflichtet sind. Ein Arbeitsverhältnis setzt im Regelfall die Zahlung eines Entgelts voraus. *Jedes Arbeitsverhältnis ist ein Dienstverhältnis im Sinne des BGB* (§§ 611 ff.), sodass die dortigen Vorschriften auf den Arbeitsvertrag zur Anwendung kommen, sofern nicht der besondere Charakter des Arbeitsverhältnisses dem entgegensteht.

Keine Arbeitnehmer sind z. B.:

- Selbstständige
- Freiberufler
- Organmitglieder (z. B. Vorstand einer AG)
- Richter, Beamte, Soldaten, Zivildienstleistende

09. Was zählt zu den Rechtsquellen des Arbeitsrechts?

Charakteristisch für die heutige Arbeits- und Wirtschaftsverfassung ist die Selbstverwaltung des Arbeitslebens durch Arbeitgeber- und Arbeitnehmerorganisationen. Deshalb sind es neben den staatlichen Vorschriften insbesondere die autonomen Regelungen, die die Beziehungen zwischen Arbeitgebern und Arbeitnehmern sowie den rechtlichen Rahmen und die Bedingungen der zu leistenden Arbeit festlegen.

Neben den staatlichen Gesetzen und Verordnungen sind insbesondere die autonom zu Stande gekommenen *Tarifverträge, Betriebsvereinbarungen* und *Unfallverhütungsvorschriften* der Berufsgenossenschaften Quellen des Arbeitsrechts. Hinzu kommen aber auch die Grundsätze des Richterrechts und hier vorrangig die des Bundesarbeitsgerichts.

10. Was versteht man unter dem Individualarbeitsrecht und unter dem kollektiven Arbeitsrecht?

Einteilung des Arbeitsrechts		
Das **Individual-arbeitsrecht**	regelt die Rechtsbeziehungen zwischen dem Arbeitgeber und einem einzelnen Arbeitnehmer.	• BGB • Arbeitsvertragsrecht • Arbeitnehmerschutzrechte • betriebliche Übung • Arbeitssicherheitsgesetze
Das **Kollektive Arbeitsrecht**	regelt die Beziehungen zwischen Gruppen, wie zum Beispiel den Betriebsräten und Arbeitgebern bzw. den Gewerkschaften und den Arbeitgeberverbänden.	• Betriebsverfassungsgesetz • Sprecherausschussverfassung • Unternehmensverfassung • Betriebsvereinbarung • Tarifvertragsrecht • Arbeitskampfrecht

11. Welchen Einfluss hat das kollektive Arbeitsrecht auf das Individualarbeitsrecht?

Durch das Einwirken arbeitsrechtlicher Gesetze und Kollektivvereinbarungen hat der individuelle Vertrag einen schwächeren Einfluss auf den Inhalt des einzelnen Arbeitsverhältnisses als dies z. B. zwischen Verkäufer und Käufer oder Vermieter und Mieter der Fall ist. *Ein Individualarbeitsvertrag muss sich daher immer an den übergeordneten Normen orientieren und mit deren Inhalten übereinstimmen.*

Beispiel:

Verstößt ein Arbeitsvertrag inhaltlich in einzelnen Punkten gegen geltendes Recht, so ist diese Bestimmung nichtig und es gilt die zurzeit geltende Bestimmung des Gesetzes, z. B.:
Der Jahresurlaub beträgt lt. BUrlG mindestens 24 Werktage (§ 3 BUrlG); daher ist eine Bestimmung im Arbeitsvertrag über 21 Werktage nichtig. Es gilt für den Arbeitnehmer ein Urlaubsanspruch von 24 Werktagen.

12. Welche Rechtsbereiche fallen unter das kollektive Arbeitsrecht?

a) Das *Berufsverbandsrecht*; dies sind die Rechtsnormen, die die interne Organisation der Arbeitgeberverbände und Gewerkschaften regeln;

b) das *Tarifvertragsrecht*; das sind die Vorschriften, die die Befugnisse der Tarifvertragsparteien zur Schaffung arbeitsrechtlicher Normen und die Wirkung dieser Normen regeln;

c) das *Arbeitskampfrecht*.

13. Welche Rangfolge gilt bei den arbeitsrechtlichen Gestaltungsquellen?

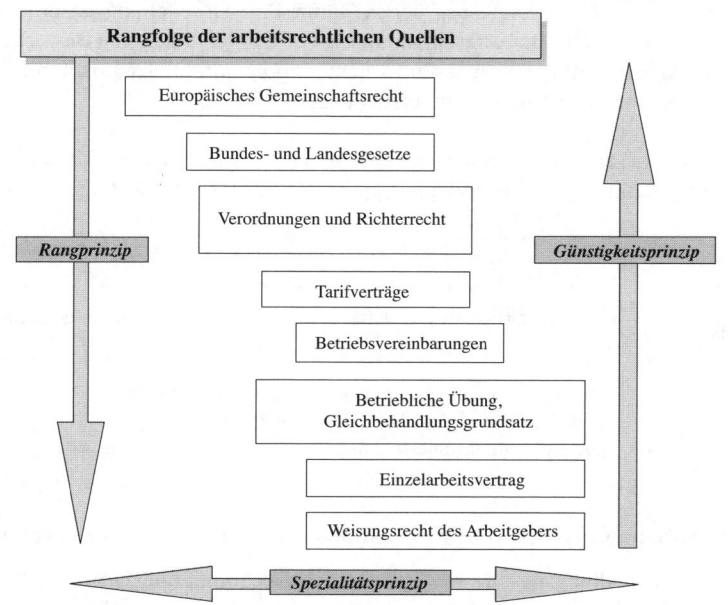

Rangfolge der arbeitsrechtlichen Quellen

Rangprinzip ↓ / *Günstigkeitsprinzip* ↑

- Europäisches Gemeinschaftsrecht
- Bundes- und Landesgesetze
- Verordnungen und Richterrecht
- Tarifverträge
- Betriebsvereinbarungen
- Betriebliche Übung, Gleichbehandlungsgrundsatz
- Einzelarbeitsvertrag
- Weisungsrecht des Arbeitgebers

Spezialitätsprinzip ↔

- *Rangprinzip*:
 die ranghöhere Rechtsquelle geht der rangniedrigeren Rechtsquelle vor; z. B. gelten die Bestimmungen eines Tarifvertrages vor den Regelungen des Arbeitsvertrages.

- *Günstigkeitsprinzip*:
 die rangniedrigere Rechtsquelle geht der ranghöheren Rechtsquelle vor, wenn sie für den Arbeitnehmer günstiger ist (Abweichung vom Rangprinzip); z. B. rangiert die Urlaubsregelung des Einzelarbeitsvertrages vor der entsprechenden Bestimmung des Bundesurlaubsgesetzes, wenn sie für den Arbeitnehmer günstiger ist.

- *Spezialitätsprinzip*:
 Konkurrieren zwei Rechtsquellen auf gleicher Rangstufe, so gilt die spezielle vor der allgemeineren bzw. die neuere vor der älteren Regelung. Beispiel: In einem Betrieb besteht Tarifkonkurrenz zwischen zwei Tarifverträgen (z. B. Metalltarif und Chemietarif). Anwendung findet der Tarifvertrag, der räumlich, fachlich und persönlich dem Betrieb am nächsten steht. *Maßgebend ist also die Art der Arbeit, die der überwiegende Teil der Arbeitnehmer leistet.*

1.1.2 Wesen und Zustandekommen des Arbeitsvertrages

01. Wie wird ein Arbeitsverhältnis begründet?

Ein Arbeitsverhältnis wird durch *Abschluss eines Arbeitsvertrages* begründet, der durch Angebot und Annahme zu Stande kommt. Aus dem Arbeitsvertrag ergeben sich die beiderseitigen Rechte und Pflichten. Mit der Kontaktaufnahme zwischen Bewerber und Arbeitgeber entsteht ein *vorvertragliches Vertrauensverhältnis* (= Anbahnungsschuldverhältnis). Pflichtverletzungen (z. B. Vertraulichkeit, Datenschutz, Beschränkung des Fragerechts, Wahrheitspflicht, Offenbarungspflicht) können hier zu Schadenersatzansprüchen führen. Einen Einstellungsanspruch kann der Bewerber daraus nicht ableiten. Bei Übereinstimmung der Vorstellungen von Bewerber und Arbeitgeber kann der Arbeitsvertrag geschlossen werden – vorbehaltlich der Zustimmung des Betriebsrates und evt. notwendiger Eignungsuntersuchung.

Auf vorformulierte Bestandteile von Arbeitsverträgen finden die gesetzlichen Vorschriften zu Allgemeinen Geschäftsbedingungen Anwendung (§§ 305 Abs. 1, 310 Abs. 4 BGB).

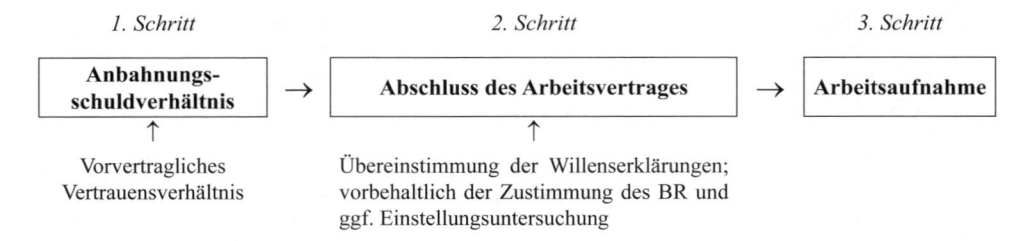

1. Schritt	2. Schritt	3. Schritt
Anbahnungs-schuldverhältnis →	**Abschluss des Arbeitsvertrages** →	**Arbeitsaufnahme**
↑	↑	
Vorvertragliches Vertrauensverhältnis	Übereinstimmung der Willenserklärungen; vorbehaltlich der Zustimmung des BR und ggf. Einstellungsuntersuchung	

02. Was ist bei der Anbahnung eines Arbeitsverhältnisses nach dem AGG zu beachten?

Das Allgemeine Gleichbehandlungsgesetz (AGG; auch: Antidiskriminierungsgesetz) gilt in seinem arbeitsrechtlichen Teil (§§ 6 - 18) für *Arbeitnehmer* und *Auszubildende* der Privatwirtschaft sowie für *Stellenbewerber*. Für Beamte, Richter und Beschäftigte des Bundes und der Länder findet das AGG im *Dienstrecht* entsprechende Anwendung.

Danach sind Benachteiligungen verboten, soweit sie an eines der folgenden personenbezogenen Merkmale anknüpfen:
- Rasse und ethnische Herkunft
- Geschlecht
- Religion und Weltanschauung
- Behinderung
- Alter (jedes Lebensalter)
- sexuelle Identität.

Vom AGG ist der gesamte Einstellungsprozess von der Ausschreibung bis zum Abschluss des Vertrages betroffen. Eine Stellenausschreibung ist daher für männliche und weibliche Bewerber (m/w) gleichermaßen vorzunehmen, es sei denn es liegen ausnahmsweise sachliche Gründe für eine Unterscheidung vor (z. B. berufliche Anforderung: weibliches Mannequin für Damenoberbekleidung).

03. Was bedeutet die so genannte Abschlussfreiheit im Arbeitsvertragsrecht?

Abschlussfreiheit bedeutet, dass der Arbeitgeber grundsätzlich nicht verpflichtet ist, bestimmte Personen einzustellen.

04. Was versteht man unter Abschlussgeboten?

Ein Abschlussgebot ist die Forderung an den Arbeitgeber, bestimmte Personen unter bestimmten Voraussetzungen einzustellen, wie z. B. behinderte Menschen (vgl. SGB IX).

05. Was versteht man unter Abschlussverboten?

Ein Abschlussverbot ist das Verbot, bestimmte Personen für bestimmte Tätigkeiten einzustellen bzw. sie nur unter bestimmten Bedingungen einzustellen. So ist z. B. die Beschäftigung von Kindern nach dem Jugendarbeitsschutzgesetz, die Beschäftigung ausländischer Arbeitnehmer bestimmter Nationalitäten ohne Arbeitserlaubnis, die Beschäftigung von Minderjährigen oder Frauen zu bestimmten (Nacht-) Zeiten ebenso verboten wie Akkord- und Fließarbeit für werdende Mütter und Jugendliche.

06. Welche Bedeutung hat der Personalfragebogen?

Personalfragebögen enthalten Fragestellungen, die z. T. in der Bewerbung nicht angesprochen wurden, aber für das Unternehmen von Bedeutung sind.

Personalfragebogen	
Gefragt werden darf nach ...	**Nicht gefragt werden darf nach ...**
• Namen • Wohnort • früheren Arbeitgebern • Dauer der bisherigen Arbeitsverhältnisse • Zeugnissen • Beurteilungen und Qualifikationen • Nebentätigkeiten • Wettbewerbsverboten	• Familienstand • Geburtsdatum • Betriebsratstätigkeit • Heiratsabsicht • Homosexualität • Staatsangehörigkeit • Schwangerschaft • Gewerkschaftszugehörigkeit • Parteizugehörigkeit • Schwerbehinderung • uneingeschränkte körperliche Belastung

07. Welche Fragen dürfen Bewerbern nicht bzw. nur eingeschränkt gestellt werden? Welche Auskunft muss der Bewerber auch ungefragt geben?

Fragerecht	
Grundsätzlich	gilt: Es dürfen nur solche Fragen gestellt werden, an deren Beantwortung der Arbeitgeber zur Beurteilung der Eignung und Befähigung des Arbeitnehmers *ein objektiv berechtigtes Interesse hat*.
Religions-zugehörigkeit	Die Frage nach der Religionszugehörigkeit ist im Allgemeinen nicht zulässig, es sei denn, es handelt sich um konfessionelle Einrichtungen, wie Kindergärten, Schulen oder Krankenhäuser (sog. Tendenzbetriebe).
Schulden	Die Frage nach Schulden ist nur bei Positionen im finanziellen Bereich, wie z. B. bei Bankkassierern, erlaubt.
Schwangerschaft	Die Frage nach einer Schwangerschaft *ist unzulässig*. Ausnahme: Die Frage nach der Schwangerschaft ist dann zulässig, wenn sie objektiv dem gesundheitlichen Schutz der Bewerberin und des ungeborenen Kindes dient (BAG, NZA 1993, 933; Tätigkeit einer Arzthelferin im Umgang mit infektiösem Material).
Verdienst	Ebenso unzulässig ist die Frage nach der Höhe des bisherigen Verdienstes. Dies gilt zumindest dann, wenn die frühere Vergütung keinen Aufschluss über die notwendige Qualifikation gibt und der Bewerber nicht seine bisherige Vergütung zur Mindestvergütung für seine neue Eingruppierung macht.
Vorstrafen	Zulässig ist die Frage nach Vorstrafen nur dann, wenn es sich um einschlägige Vorstrafen handelt, die im Bundeszentralregister noch nicht gelöscht sind, wie z. B. die Frage nach Alkoholstrafen bei Berufskraftfahrern und nach Verurteilungen wegen Vermögensdelikten bei Buchhaltern.
Krankheiten	Fragen nach Krankheiten sind nur gestattet, soweit sie tatsächlich die Arbeitsleistung beeinflussen können.

Eigenständige Auskunftspflicht (ohne Fragen); sog. Offenbarungspflicht
Auch ohne ausdrückliche Fragen des Arbeitgebers muss der Arbeitnehmer *Umstände mitteilen, die die Erfüllung seiner Arbeitsleistung infrage stellen können*, z. B. Kurantritt, ansteckende Krankheit, Schwerbehinderung in bestimmten Berufen (z. B. Lagerarbeiter, Mannequin, Sportlehrerin) oder Vorstrafen in bestimmten Berufen (z. B. wegen Sittlichkeitsdelikten bei Erziehern) sowie bestehende einschlägige Wettbewerbsverbote.

1.1 Arbeitsrechtliche Vorschriften und Bestimmungen

Generell gilt:
- Zulässigerweise gestellte Fragen sind wahrheitsgemäß zu beantworten.
- Unzulässig gestellte Fragen sind nicht zu beantworten bzw. können wahrheitswidrig beantwortet werden.

08. Ist die Wirksamkeit eines Arbeitsvertrages an eine bestimmte Form gebunden?

Grundsätzlich ist der Arbeitsvertrag *an keine Form gebunden*. Ein Arbeitsvertrag kann daher rechtswirksam zu Stande kommen, wenn er

- mündlich oder fernmündlich,
- schriftlich oder
- durch schlüssiges Handeln entsteht. Die Juristen sagen „konkludentes Handeln".

Zu dieser generellen Regelung gibt es *Ausnahmen* (die Schriftform ist jedoch keine Voraussetzung für die Wirksamkeit des Arbeitsvertrags):

1. Die sog. *Konkurrenzklausel* (Wettbewerbsverbot) nach § 74 Abs. 1 HGB bedarf der *Schriftform*.

2. Daneben schreiben sehr viele *Tarifverträge* vor, dass Arbeitsverträge grundsätzlich *schriftlich* geschlossen werden müssen. Aber: Auch in diesem Fall kommt der Arbeitsvertrag bereits durch mündliche, übereinstimmende Erklärung zu Stande.

3. § 10 f. BBiG schreibt vor, dass *Ausbildungsverträge* schriftlich nachvollzogen werden müssen. Auch hier führt die mündliche, übereinstimmende Erklärung beider Parteien bereits zum Abschluss des Vertrages.

4. Weiterhin hat der Arbeitgeber spätestens einen Monat nach dem vereinbarten Beginn des Arbeitsverhältnisses die wesentlichen Vertragsbedingungen schriftlich niederzulegen (§ 2 Nachweisgesetz; NachwG). Folgende Angaben sind erforderlich:

    1. der Name und die Anschrift der Vertragsparteien,
    2. der Zeitpunkt des Beginns des Arbeitsverhältnisses,
    3. bei befristeten Arbeitsverhältnissen: die vorhersehbare Dauer des Arbeitsverhältnisses,
    4. der Arbeitsort,
    5. die Beschreibung der zu leistenden Tätigkeit,
    6. die Zusammensetzung und die Höhe des Arbeitsentgelts,
    7. die vereinbarte Arbeitszeit,
    8. die Dauer des jährlichen Erholungsurlaubs,
    9. die Fristen für die Kündigung,
    10. ein in allgemeiner Form gehaltener Hinweis auf die Tarifverträge und Betriebsvereinbarungen, die auf dieses Arbeitsverhältnis anzuwenden sind.

    Von den Vorschriften dieses Gesetzes darf nicht zu Ungunsten des Arbeitnehmers abgewichen werden; Beispiel: Wird ein Arbeitsvertrag mündlich für eine bestimmte Zeit geschlossen (befristeter Arbeitsvertrag) und versäumt der Arbeitgeber die Schriftform nach § 3 NachwG, so kann er sich gegenüber dem Arbeitnehmer nicht auf die Befristung berufen (§ 5 NachwG, § 14 Abs. 4 TzBfG).

5. *Befristete Arbeitsverträge* müssen schriftlich geschlossen werden (§ 14 Abs. 4 TzBfG).

09. Welche Rechtswirkung hat die betriebliche Übung auf den Arbeitsvertrag?

Die betriebliche Übung (= Betriebsübung; umgangssprachlich auch: „Gewohnheitsrecht") ergänzt die Entgeltbedingungen des Arbeitsvertrages z. B. durch Gratifikationen, Weihnachtsgeld usw. Wenn der Arbeitgeber *wiederholt und ohne Vorbehalt mindestens drei Jahre* lang eine solche Gratifikation zahlt, erwächst dem Arbeitnehmer der so genannte *Vertrauenstatbestand*: Er hat in der Folgezeit einen Anspruch auf Weiterzahlung dieser Gratifikation.

Die konkrete Ausgestaltung derartiger Gratifikationen *unterliegt nicht der Mitbestimmung* des Betriebsrates nach § 87 Abs. 1 Nr. 10 BetrVG.

10. Mit welchen rechtlichen Mängeln kann ein vereinbarter Arbeitsvertrag ggf. behaftet sein und welche Rechtsfolgen ergeben sich daraus?

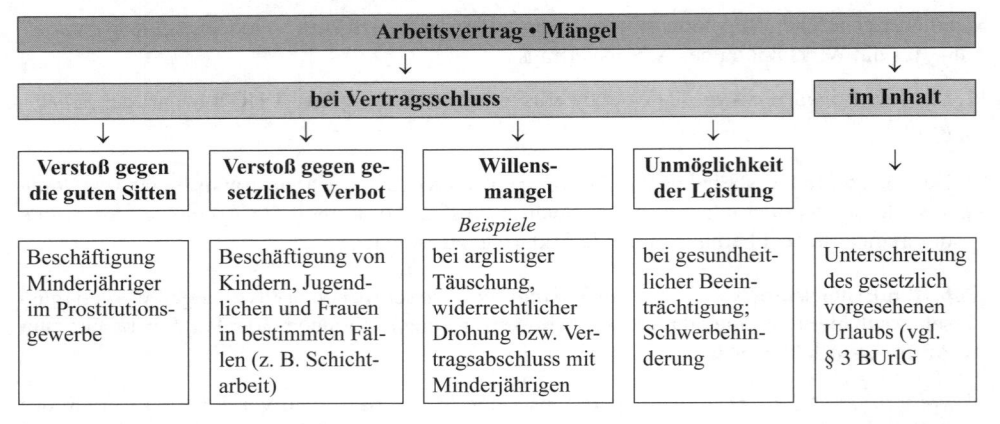

Arbeitsvertrag • Mängel				
bei Vertragsschluss				im Inhalt
Verstoß gegen die guten Sitten	Verstoß gegen gesetzliches Verbot	Willensmangel	Unmöglichkeit der Leistung	
		Beispiele		
Beschäftigung Minderjähriger im Prostitutionsgewerbe	Beschäftigung von Kindern, Jugendlichen und Frauen in bestimmten Fällen (z. B. Schichtarbeit)	bei arglistiger Täuschung, widerrechtlicher Drohung bzw. Vertragsabschluss mit Minderjährigen	bei gesundheitlicher Beeinträchtigung; Schwerbehinderung	Unterschreitung des gesetzlich vorgesehenen Urlaubs (vgl. § 3 BUrlG

- *Mängel bei Vertragsabschluss* führen zur Nichtigkeit des gesamten Vertrages mit Wirkung für die Zukunft (= *faktisches Arbeitsverhältnis*).

- *Mängel im Inhalt* führen zur Teilnichtigkeit der mit Mängeln behafteten Regelung. Es gilt die gesetzlich oder tariflich vorgeschriebene Regelung.

11. Welche Arten des Arbeitsvertrages lassen sich unterscheiden?

Bezogen auf die *Dauer* kann der Arbeitsvertrag grundsätzlich als

- unbefristeter oder
- befristeter Vertrag

geschlossen werden.

1.1 Arbeitsrechtliche Vorschriften und Bestimmungen

- Der *unbefristete Arbeitsvertrag* endet durch einseitige Erklärung (Kündigung) des Arbeitgebers oder des Arbeitnehmers oder durch eine vertragliche Aufhebung.

- Der *befristete Arbeitsvertrag* wird von vornherein für eine bestimmte Zeitdauer geschlossen und endet ohne eine bestimmte Erklärung entweder
  - unmittelbar mit Ablauf der Frist oder
  - mittelbar,

  indem z. B. auf das Ende eines Projektes bzw. auf die Rückkehr einer Mitarbeiterin aus dem Mutterschaftsurlaub abgestellt wird. In diesem Fall endet der Arbeitsvertrag mit der Projekterfüllung bzw. dem Wegfall des sog. sachlichen Grundes (Mutterschaft).

Grundsätzlich dürfen *befristete Arbeitsverträge* nur abgeschlossen werden, wenn

A. ein *sachlicher Grund* vorliegt:
- Aushilfe,
- Probezeit,
- auf Wunsch des Arbeitnehmers,
- Vertretung (z. B. wegen Auslandseinsatz, Elternzeit, Mutterschutz u. Ä.),
- Fortbildung des Stelleninhabers,
- bei Saisontätigkeiten.

B. Unabhängig vom Vorliegen eines sachlichen Grundes bestimmt

das Teilzeit- und Befristungsgesetz (TzBfG) die Möglichkeit der Befristung von Arbeitsverträgen bis zur Dauer von *24 Monaten* auch ohne Vorliegen eines sachlichen Grundes. Bis zur Gesamtdauer von zwei Jahren ist die *dreimalige Verlängerung* eines befristeten Arbeitsvertrages zulässig (§ 14); Ausnahme: Existenzgründer (§ 14 Abs. 2a; bitte lesen).

Überschreitet die Befristung die zulässigen Grenzen, so entsteht nach § 16 TzBfG automatisch ein unbefristetes Arbeitsverhältnis.

Der Arbeitsvertrag kann abgeschlossen werden als

- *tariflich gebundener Vertrag*. Er enthält in diesem Fall nur wesentliche Bestimmungen und weist im Übrigen ergänzend auf die Bestimmungen des einschlägigen Tarifvertrages hin. Speziell für Führungskräfte, die oberhalb der Gehaltsgruppierungen des entsprechenden Tarifvertrages liegen, kann ein sog.

- *außertariflicher Vertrag* (kurz: „AT-Vertrag") geschlossen werden. Da diese Führungskräfte sich oberhalb der Mindestgehaltsnorm des Tarifvertrages befinden, können in diesem Fall vom Tarifvertrag abweichende Inhaltsbestandteile vereinbart werden.

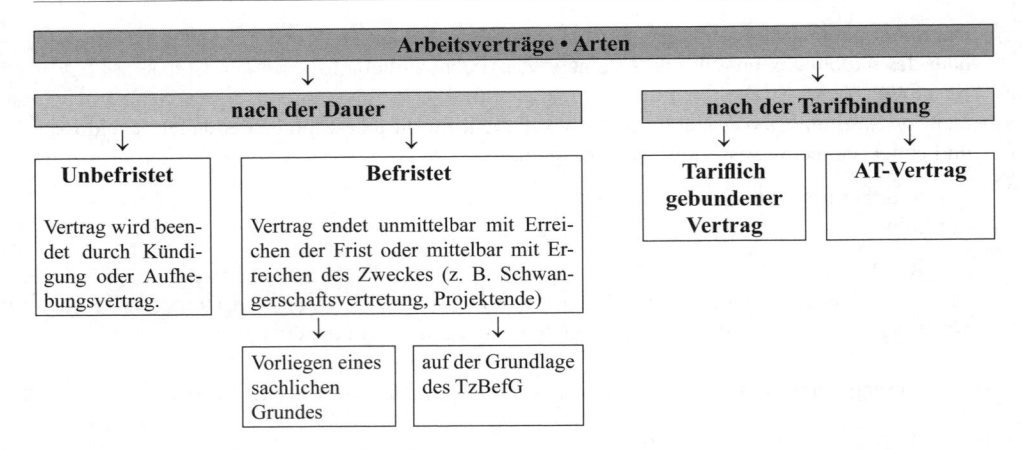

```
┌─────────────────────────────────────────────────────────┐
│                  Arbeitsverträge • Arten                │
└─────────────────────────────────────────────────────────┘
              ↓                                    ↓
   ┌───────────────────────┐           ┌───────────────────────┐
   │    nach der Dauer     │           │  nach der Tarifbindung│
   └───────────────────────┘           └───────────────────────┘
        ↓              ↓                    ↓             ↓
  ┌───────────┐  ┌───────────┐         ┌──────────┐  ┌──────────┐
  │Unbefristet│  │ Befristet │         │ Tariflich│  │AT-Vertrag│
  │           │  │           │         │gebundener│  │          │
  │Vertrag    │  │Vertrag    │         │ Vertrag  │  │          │
  │wird been- │  │endet un-  │         └──────────┘  └──────────┘
  │det durch  │  │mittelbar  │
  │Kündigung  │  │mit Errei- │
  │oder Aufhe-│  │chen der   │
  │bungsver-  │  │Frist oder │
  │trag.      │  │mittelbar  │
  └───────────┘  │mit Errei- │
                 │chen des   │
                 │Zweckes    │
                 │(z. B.     │
                 │Schwanger- │
                 │schafts-   │
                 │vertretung,│
                 │Projektende)│
                 └───────────┘
                   ↓         ↓
           ┌───────────┐  ┌───────────┐
           │Vorliegen  │  │auf der    │
           │eines      │  │Grundlage  │
           │sachlichen │  │des TzBefG │
           │Grundes    │  │           │
           └───────────┘  └───────────┘
```

Arbeitnehmer haben nach § 6 TzBfG einen *Rechtsanspruch auf Teilzeitarbeit*. Der Gesetzgeber hat bestimmt, dass Beschäftigte in Betrieben mit mehr als 15 Angestellten eine kürzere Arbeitszeit auch gegen den Willen des Arbeitgebers einfordern können; dies gilt auch für Leitende. Dem dürfen aber keine betrieblichen Gründe entgegenstehen.

Muster von Arbeitsverträgen können Sie kostenlos im Internet erhalten, z. B.: www.mittelstanddirekt.de/home/recht_und_steuern/top_themen/sieben_kostenlose_muster_arbeitsvertraege_fuer_arbeitgeber.html

12. Welche besonderen Arten von Arbeitsverhältnissen lassen sich unterscheiden?

Aufgrund der Interessenslage der Vertragsparteien haben sich *besondere Arten von Arbeitsverhältnissen herausgebildet*, die gesetzlich nur unvollständig geregelt sind, z. B.:

- *Aushilfsarbeitsverhältnis* (AAV); zu beachten ist:
  - kann zeitbezogen (befristet) oder zweckbezogen sein,
  - sachlicher Grund (Erkrankung eines Mitarbeiters) oder nach dem TzBfG,
  - besteht das AAV nicht länger als drei Monate kann eine kürzere als die gesetzliche Kündigungsfrist von vier Wochen vereinbart werden (zum 15. oder zum Monatsende),
  - bei einer Dauer von mehr als einem Monat besteht Anspruch auf Urlaub, Feiertagsbezahlung und Entgeltfortzahlung,
  - nur bei einem echten, betrieblichen Bedürfnis kann mehrfach hintereinander ein AAV abgeschlossen werden; dies gilt nicht bei einem Dauerbedarf (Kettenarbeitsverhältnis).

- *Probearbeitsverhältnis*; zu beachten ist:
  - ist abzugrenzen vom Arbeitsverhältnis mit vorgeschalteter Probezeit
  - ist von der Natur her ein befristeter Vertrag
  - Dauer der Probezeit: i. d. R. 3 bis 6 Monate; in Ausnahmefällen bis zu einem Jahr
  - ordentliche Kündigung ist ausgeschlossen
  - nach sechs Monaten „greift" der allgemeine Kündigungsschutz

1.1 Arbeitsrechtliche Vorschriften und Bestimmungen

- *Praktikanten*; zu beachten ist:
  Das Praktikum ist ein Ausbildungsverhältnis im Rahmen einer Ausbildung. Ist das Praktikum Bestandteil eines Studiums findet das Arbeitsrecht keine Anwendung. Der Betrieb ist i. d. R. nicht zur Ausbildung verpflichtet, sondern soll nur „Gelegenheit geben, dass sich der Praktikant die erforderlichen Kenntnisse verschaffen kann". Das Praktikum kann als Ausbildungsverhältnis nach § 26 BBiG ausgestaltet sein. Der Praktikant hat dann Anspruch auf eine angemessene Vergütung.

- *Volontäre*; zu beachten ist:
  Das Volontariat ist ein Ausbildungsverhältnis, das zur Vorbereitung auf Erwerbstätigkeiten dient (z. B. in der Redaktion einer Zeitung), die keine anerkannten Ausbildungsberufe haben. Es besteht ein Vergütungsanspruch nach §§ 19, 10 BBiG.

- *Freie Mitarbeiter*; zu beachten ist:
  Sie sind dann Arbeitnehmer, wenn sie in persönlicher Abhängigkeit stehen (in die betriebliche Organisation eingebunden – z. B. nach Zeit, Ort), auch wenn der Vertrag als freier Mitarbeiter geschlossen wurde.

- *Heimarbeitsverhältnis*:
  Heimarbeiter gehören zu den sog. arbeitnehmerähnlichen Personen; es gilt das HAG.

- *Teilzeitarbeitsverhältnis*; zu beachten ist:
  - Teilzeit ist jede Verkürzung der regelmäßigen Arbeitszeit
  - Vergleichsmaßstab ist die betriebsübliche Wochenarbeitszeit
  - es besteht ein Gleichbehandlungsgrundsatz gegenüber Vollzeitbeschäftigten
  - der Vergütungsanspruch richtet sich nach der Arbeitszeitdauer
  - im Krankheitsfall besteht Anspruch auf Entgeltfortzahlung (ebenso: Feiertagsvergütung)
  - der Urlaubsanspruch besteht in gleicher Höhe wie bei Vollzeitbeschäftigten
  - die Einführung von Teilzeitarbeit unterliegt der Mitbestimmung des BR
  - i. d. R. ist die Verpflichtung zur Mehrarbeit ausgeschlossen
  - die Beendigung von Teilzeitarbeitsverhältnissen unterliegt dem allgemeinen Kündigungsschutz

- *Variable Arbeitszeitsysteme*; zu beachten ist:
  - KAPOVAZ = kapazitätsorientierte variable Arbeitszeit
  - Voraussetzungen:
    · Arbeitsdauer wird ohne feste Arbeitszeit vereinbart
    · Abruffrist: vier Tage
    · Mindestarbeitsdauer: drei aufeinander folgende Stunden

- *Arbeitsverhältnisse mit ausländischen Arbeitnehmern*; zu beachten ist:
  - für Arbeitnehmer innerhalb der EU besteht Freizügigkeit; für Arbeitnehmer aus Staaten der EU-Osterweiterung gibt es Beschränkungen/Übergangsfristen
  - für andere Personen ist erforderlich: Arbeitserlaubnis oder Arbeitsberechtigung (vgl. Aufenthaltsgesetz, AufenthG)
  - bei fehlender Arbeitserlaubnis besteht Beschäftigungsverbot
  - erfolgt die Beschäftigung trotz fehlender Arbeitserlaubnis, so ist sie illegal
  - zu beachten ist das Schwarzarbeitsbekämpfungsgesetz (SchwarzArbG).
  - Arbeitssicherheitsanweisungen, Vertragsbestandteile u. Ä. sind ggf. in der Muttersprache auszuhändigen.

13. Welche Inhalte sind im Arbeitszeitgesetz geregelt?

Das Gesetz verfolgt den Zweck, die Sicherheit und den Gesundheitsschutz der Arbeitnehmer bei der Arbeitszeitgestaltung zu gewährleisten und die Rahmenbedingungen für flexible Arbeitszeiten zu verbessern sowie den Sonntag und die staatlich anerkannten Feiertage als Tage der Arbeitsruhe zu schützen.

Aus diesem Grund gilt:

- Die werktägliche Arbeitszeit der Arbeitnehmer darf *acht Stunden* nicht überschreiten. Sie kann jedoch auf bis zu *zehn Stunden verlängert* werden, wenn innerhalb von 6 Kalendermonaten oder innerhalb von 24 Wochen im Durchschnitt acht Stunden werktäglich nicht überschritten werden.
- Die Arbeitszeit ist durch im Voraus feststehende Ruhepausen von *mindestens 30 Minuten* bei einer Arbeitszeit von mehr als sechs bis zu neun Stunden und von 45 Minuten bei einer Arbeitszeit von mehr als neun Stunden insgesamt zu unterbrechen.
- Die Arbeitnehmer müssen nach Beendigung der täglichen Arbeitszeit eine ununterbrochene Ruhezeit von mindestens elf Stunden haben. Begrenzte Ausnahmen bestehen für Krankenhäuser, Gaststätten, in Verkehrsbetrieben und in der Landwirtschaft.
- Von einigen Bestimmungen des ArbZG darf bei vorübergehenden Arbeiten in Notfällen und in außergewöhnlichen Fällen abgewichen werden, die unabhängig vom Willen der Betroffenen eintreten und deren Folgen nicht auf andere Weise zu beseitigen sind (z. B. Verderb von Rohstoffen oder Lebensmitteln, § 14 ArbZG).

1.1.3 Rechte und Pflichten aus dem Arbeitsverhältnis

01. Welche Rechte und Pflichten ergeben sich aus § 611 BGB?

Durch den Dienstvertrag wird nach § 611 BGB derjenige, welcher Dienste zusagt, zur *Leistung* der versprochenen Dienste, der andere Teil zur Gewährung der vereinbarten *Vergütung* verpflichtet.

Haupt- und Nebenpflichten nach § 611 BGB	
Hauptpflichten	*Nebenpflichten*
Arbeitgeber: **Entgelt-zahlungs-pflicht**	• Fürsorgepflicht, • Schutz für Leben und Gesundheit, • Beschäftigungspflicht, • Fürsorge für Eigentum des Arbeitnehmers, • Gleichbehandlungsgrundsatz, • Gewährung von Erholungsurlaub, • Informations- und Anhörungspflicht, • Pflicht zur Zeugniserteilung.
Arbeitnehmer: **Arbeits-pflicht**	• Treuepflicht, • Verschwiegenheitspflicht, • Unterlassung von ruf- und kreditschädigenden Äußerungen, • Verbot der Schmiergeldannahme, • Wettbewerbsverbot, • Pflicht zur Anzeige drohender Schäden (Anzeigepflicht).

Rechte des Arbeitnehmers	Rechte des Arbeitgebers
• Anspruch auf Beschäftigung • Meinungsfreiheit am Arbeitsplatz • Gleichbehandlungsgrundsatz • Einsicht in die Personalakte, Zeugniserteilung • Entgeltfortzahlung • Informations- und Auskunftsrechte • Koalitionsrecht • Streikrecht • Recht auf Anhörung und Beschwerde	• Weisungsrecht (Direktionsrecht) • Arbeitspflicht des Arbeitnehmers • Loyalität des Arbeitnehmers • Verschwiegenheit des Arbeitnehmers • Allgemein: Die Pflichten des Arbeitnehmers sind die Rechte des Arbeitgebers.

02. Wie bestimmt sich die Art der zu leistenden Arbeit?

Welche Arbeit der Arbeitnehmer im Einzelnen zu leisten hat, bestimmt sich in erster Linie *nach dem Arbeitsvertrag*. Ist die Tätigkeit des Arbeitnehmers im Arbeitsvertrag fachlich umschrieben, so kann der Arbeitgeber ihm sämtliche Arbeiten zuweisen, die innerhalb des vereinbarten Berufsbildes nach der Verkehrssitte in dem betreffenden Wirtschaftszweig von Angehörigen dieses Berufes geleistet zu werden pflegen. *Je genauer die Tätigkeit des Arbeitnehmers vereinbart ist, umso eingeschränkter ist das Recht des Arbeitgebers*, im Einzelnen die zu leistende Arbeit zu bestimmen. Selbst wenn die Arbeitsleistung nur ganz allgemein umschrieben ist oder der Arbeitgeber sonst befugt ist, dem Arbeitnehmer einen anderen Arbeitsplatz zuzuweisen, ist dies grundsätzlich *nur zulässig, wenn es sich nicht um eine niedriger bezahlte Arbeit handelt*. Der genaue Inhalt der Arbeitspflicht sowie Ort und Zeit der Arbeitsleistung werden in dem Maße durch *Weisungen des Arbeitgebers* festgelegt, wie sie im Arbeitsvertrag, in Gesetzen, Tarifverträgen und Betriebsvereinbarungen noch nicht festgelegt sind.

Durch dieses *Weisungsrecht* wird in erster Linie die jeweils konkret zu erbringende Arbeit und die Art und Weise ihrer Erledigung festgelegt. Auch die Ordnung im Betrieb wird einseitig vom Arbeitgeber im Rahmen seines Weisungsrechts festgelegt, soweit dem keine Mitbestimmungsrechte des Betriebsrates entgegenstehen.

03. Wie ist der Umfang der zu leistenden Arbeit bestimmt?

Der Arbeitnehmer hat während der gesetzlichen, tariflichen, betrieblichen oder einzelvertraglichen Arbeitszeit Arbeit in einem Umfang zu leisten, der *nach Treu und Glauben* billigerweise von ihm erwartet werden kann. Einerseits ist er nicht berechtigt, seine Arbeitskraft bewusst zurückzuhalten; er muss vielmehr unter angemessener Anspannung seiner Kräfte und Fähigkeiten arbeiten, andererseits braucht er sich bei seiner Arbeit nicht zu verausgaben und Raubbau mit seinen Kräften zu treiben.

„Jede Nebentätigkeit bedarf der schriftlichen Genehmigung durch den Arbeitgeber." Diese Standardformulierung steht in vielen Arbeitsverträgen, entfaltet aber im Zweifelsfalle nur wenig Wirkung. Nebentätigkeiten sind trotz dieser arbeitsvertraglichen Standardformulierung nur dann zu unterlassen, wenn

- der Arbeitnehmer dadurch sein Leistungsvermögen überschreitet,
- die Höchstarbeitszeit des Arbeitszeitgesetzes (ArbZG; maximal 48 Stunden pro Woche) überschritten wird,

- dadurch eine Konkurrenzsituation zum Arbeitgeber entsteht oder
- dadurch der Zweck des Erholungsurlaubs beeinträchtigt wird.

04. An welchem Ort ist die Arbeit zu leisten?

Die Arbeit ist im Normalfall *im Betrieb des Arbeitgebers* zu leisten. Aus dem Arbeitsvertrag kann sich jedoch auch ein anderer Arbeitsort ergeben. Eine Versetzung in eine andere Stadt ist im Allgemeinen nur zulässig, wenn dies ausdrücklich oder stillschweigend vereinbart ist oder der Arbeitnehmer im Einzelfall einverstanden ist. Dagegen wird eine Versetzung von einer Betriebsstätte zu einer anderen in ein und derselben Stadt zulässig sein, wenn damit keine besonderen Erschwernisse für den Arbeitnehmer verbunden sind. Ist im Arbeitsvertrag ein bestimmter Standort vereinbart, so ist eine Versetzung zu einem anderen Standort nicht zulässig.

05. Wie muss die Verpflichtung zur Entgeltzahlung vom Arbeitgeber erfüllt werden?

- Die Vergütung wird erst fällig, wenn die Arbeitsleistung erbracht worden ist. Damit ist der Arbeitnehmer grundsätzlich zur Vorleistung verpflichtet.
- Für *angeordnete* Mehrarbeit ist ein Zuschlag zu zahlen.
- Es besteht ein Entgeltanspruch auch dann, wenn keine Arbeit geleistet wurde, z. B.:
  - an gesetzlichen Feiertagen, die nicht auf einen Sonntag oder arbeitsfreien Samstag fallen;
  - bei vorübergehender Verhinderung des Arbeitnehmers;
  - in den Fällen von Krankheit.

06. In welcher Form hat der Arbeitgeber seiner Unterrichtungspflicht nachzukommen?

Der Arbeitgeber hat den Arbeitnehmer über dessen Aufgabe und Verantwortung sowie über die Art seiner Tätigkeit und ihre Einordnung in den Arbeitsablauf des Betriebes zu unterrichten und über die Unfallgefahren zu belehren (§ 81 BetrVG).

07. Was besagt die Wettbewerbsklausel?

Generell besteht nach Beendigung eines Arbeitsverhältnisses *kein Wettbewerbsverbot*. Ein nachträgliches Wettbewerbsverbot entsteht dann, wenn zwischen den Parteien eine sog. *Wettbewerbsklausel nach § 74 HGB* (bitte lesen!) vereinbart wurde. Diese Klausel ist nur dann wirksam, wenn sie folgende *Voraussetzungen* erfüllt:

1. *Vereinbarung* wurde wirksam geschlossen;
2. in Schriftform *(Urkunde)*;
3. der Arbeitnehmer erhält eine sog. *Karenzentschädigung* (Einzelheiten regeln die §§ 74 a - 75 h HGB).

08. Welche Freistellungssachverhalte mit Fortzahlung der Vergütung gibt es?

Der Arbeitnehmer hat Anspruch auf Entgeltfortzahlung, wenn er für eine verhältnismäßig nicht erhebliche Zeit unverschuldet an der Leistung seiner Arbeit verhindert ist (die Erbringung der Leistung ist unmöglich oder nicht zumutbar). Dazu gehören z. B.:

- Geburts- und Sterbefall in der Familie, schwere Erkrankung in der Familie,
- eigene Hochzeit/Silberhochzeit,
- gerichtliche Ladung als Zeuge,
- Arztbesuch ohne Arbeitsunfähigkeit, wenn nicht außerhalb der Arbeitszeit möglich,
- Umzug mit eigenem Hausstand.

Einzelheiten dazu sind in Tarifverträgen geregelt.

Weiterhin gibt es Freistellungssachverhalte bei Fortzahlung der Bezüge aufgrund besonderer gesetzlicher Regelungen, z. B.:

- Arbeitsunfähigkeit wegen Krankheit (EntgeltfortzahlungG),
- Bildungsurlaub (nur in bestimmten Bundesländern),
- Erholungsurlaub (BUrlG), Feiertage, Kuren,
- Wiedereingliederung in das Erwerbsleben,
- Freistellung Jugendlicher und Auszubildender (z. B. Berufsschulunterricht, Prüfungen),
- Tätigkeit als freigestelltes Betriebsratsmitglied (BetrVG).

09. Welche Fälle von Lohnersatzleistungen gibt es?

Bei Lohnersatzleistungen wird von dritter Seite geleistet – anstelle des üblicherweise zu zahlenden Entgelts. Infrage kommen, z. B.:

- Kurzarbeitergeld, Saison-Kurzarbeitergeld (SBG III)
- Krankengeld (KV)
- Übergangsgeld (KV/RV)
- Verletztengeld (KV)
- Mutterschaftsgeld (KV)
- Elterngeld (BEEG)
- Arbeitslosengeld (SGB III)

10. Welche Leistungsstörungen im Arbeitsverhältnis sind denkbar?

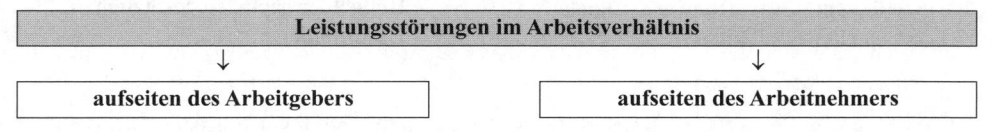

Leistungsstörungen im Arbeitsverhältnis	
↓	↓
aufseiten des Arbeitgebers	aufseiten des Arbeitnehmers

	Leistungsstörungen aufseiten des Arbeitgebers, z. B.
1	**Verzug der Lohnzahlung:** • Der Arbeitgeber kommt in Verzug, wenn er den vereinbarten Lohn nicht zum vereinbarten Zeitpunkt zahlt (meist zum Ende eines Monats). • Kommt der Arbeitgeber für einen längeren Zeitraum in Verzug, kann der Arbeitnehmer – nach vorheriger Ankündigung (7 Tage) – seine Arbeitsleistung zurückbehalten.
2	**Annahmeverzug:** • Der Arbeitgeber kommt in Annahmeverzug, wenn er das Arbeitsangebot des Arbeitnehmers nicht annimmt oder ablehnt. Er bleibt zur Zahlung des Arbeitslohnes verpflichtet (§ 615 BGB), ohne dass der Arbeitnehmer zur Nacharbeit verpflichtet ist.

3	**Verletzung der Nebenpflichten:** • Verletzt der Arbeitgeber schuldhaft seine Nebenpflichten, so haftet er dem Arbeitnehmer auf Ersatz des Schadens (positive Vertragsverletzung). Diese Haftung ist beim Arbeits- und Wegeunfall eingeschränkt.

	Leistungsstörungen aufseiten des Arbeitnehmers, z. B.
1	**Unmöglichkeit der Arbeitsleistung:** • Verschuldet der Arbeitnehmer die Unmöglichkeit, so verliert er den Anspruch auf Arbeitslohn (z. B. fehlende Befähigung – Fahrerlaubnis). • Verschuldet der Arbeitgeber die Unmöglichkeit, so behält der Arbeitnehmer seinen Anspruch auf Arbeitslohn (z. B. Fehler in der Materialplanung). • Hat keiner die Unmöglichkeit zu vertreten, so verliert der Arbeitnehmer seinen Lohnanspruch (z. b. bei Streik in einem anderen Betrieb – Sphärentheorie); Ausnahme: Die Unmöglichkeit gehört zum Betriebsrisiko des Arbeitgebers (z. B. Brand, Naturkatastrophe).
2	**Verletzung von Nebenpflichten des Arbeitnehmers (Schlechtleistung):** • Als Sanktionen kommen bei einer Verletzung der Nebenpflichten infrage: Lohnkürzung, Schadenersatz, Kündigung. • Aber: Haftung des Arbeitnehmers nur für Vorsatz und grobe Fahrlässigkeit.

11. Welche Rechtsfolgen können sich aus einer Verletzung der Pflichten aus dem Arbeitsverhältnis ergeben?

• Bei *Pflichtverletzungen des Arbeitnehmers*:

- Entgeltminderung,
- Einbehaltung des Entgelts,
- Abmahnung,
- Kündigung,
- Schadensersatzansprüche,
- Unterlassungsklage,
- ggf. Betriebsbußen.

• Bei *Pflichtverletzungen des Arbeitgebers*:

- Zurückhaltung der Arbeitskraft,
- Kündigung,
- Verlangen nach Erfüllung der Pflichten,
- Schadensersatzansprüche,
- Bußgelder nach den gesetzlichen Bestimmungen.

12. Wann haftet der Arbeitnehmer für Schäden aus betrieblich veranlasster Tätigkeit?

• Bei *Vorsatz*: → unbeschränkte Haftung

• bei *grober Fahrlässigkeit*: → i. d. R. unbeschränkte Haftung
Ausnahme: wenn der Verdienst des Arbeitnehmers in deutlichem Missverhältnis zum Schadensrisiko steht

• bei *mittlerer Fahrlässigkeit*: → Aufteilung des Schadens unter besonderer Berücksichtigung der Umstände des Einzelfalls

• bei *leichter Fahrlässigkeit*: → keine Haftung

13. Kann der Arbeitgeber verlangen, dass eine einheitliche Arbeitskleidung getragen wird?

Die *Arbeitskleidung (im engeren Sinne)* ist zu unterscheiden von der *persönlichen Schutzausrüstung* (PSA), die nach verschiedenen Unfallverhütungsvorschriften vom Arbeitgeber gestellt und gereinigt (gewartet) werden muss und vom Arbeitnehmer zu tragen ist.

Die *Arbeitskleidung im engeren Sinne* wird getragen zur Schonung der Privatkleidung und/oder aus CI-Gründen (Corporate Identity) oder weil sie sich für bestimmte Berufe als zweckmäßig erwiesen hat (z. B. Friseure, Zimmerleute, Kellner). Der Arbeitnehmer darf nur dann kostenmäßig beteiligt werden, wenn der Arbeitgeber Vorteile einräumt, die über seine gesetzliche Verpflichtung hinausgehen (z. B. Tragen in der Freizeit).

Rechte und Pflichten zur Stellung und zum Tragen von Arbeitskleidung ist vielfach *tariflich geregelt* oder hat sich *aufgrund betrieblicher Übung* ergeben. Im Regelfall unterliegt die Frage der Arbeitskleidung der *erzwingbaren Mitbestimmung* des Betriebsrates nach § 87 Abs. 1 Nr. 1 BetrVG. Aussehen und Zuschnitt der Kleidung dürfen nicht die *Persönlichkeitsrechte* des Arbeitnehmers/der Arbeitnehmerin beinträchtigen (z. B. lächerliche oder figurbetonte Wirkung).

14. Welche wesentlichen Bestimmungen enthält das Entgeltfortzahlungsgesetz?

1. Der Arbeitnehmer hat Anspruch auf Entgeltfortzahlung durch den Arbeitgeber für die Dauer von *sechs Wochen* (= 42 Kalendertage); Voraussetzung: Arbeitsunfähigkeit infolge Krankheit ohne Verschulden. Leichte Fahrlässigkeit (z. B. Sportunfall) steht dem nicht entgegen. Bei grober Fahrlässigkeit (z. B. Trunkenheit am Steuer) kann der Arbeitgeber die Entgeltfortzahlung ablehnen. Der Anspruch entsteht *erst nach vierwöchiger ununterbrochener Dauer* des Arbeitsverhältnisses. Der Arbeitnehmer hat die Arbeitsunfähigkeit (AU) unverzüglich mitzuteilen (spätestens ab dem 4. Tag). Der Arbeitgeber ist berechtigt, die Bescheinigung zur AU früher zu verlangen. Im Anschluss an die 6-wöchige Entgeltfortzahlung des Arbeitgebers schließt sich die Zahlung von *Krankengeld* (70 %, §§ 47, 48 SGB V) oder *Verletztengeld* (80 %, Berufsgenossenschaft) an. Verursacht ein Dritter die AU des Arbeitnehmers (z. B. Unfall mit dem Kfz), so geht der Anspruch gegen den Dritten auf den Arbeitgeber über.

2. *Fortsetzungskrankheit*:
    a) Erkrankt ein Arbeitnehmer innerhalb von 12 Monaten mehrfach an derselben Krankheit und liegen zwischen den Erkrankungsterminen keine *sechs Monate*, so werden die Einzelarbeitsunfähigkeiten zusammengerechnet bis der Gewährungszeitraum von sechs Wochen verbraucht ist.
    b) Sind seit der ersten Arbeitsunfähigkeit aufgrund derselben Erkrankung 12 Monate vergangen, so entsteht der Anspruch auf Entgeltfortzahlung erneut.

3. Entgeltfortzahlung in sonstigen Fällen, z. B.:
    - Erkrankung der Kinder (§ 45 Abs. 3 SGB V)
    - Feiertage
    - Bildungsurlaub

    Keinen Anspruch auf Entgeltfortzahlung hat der Arbeitnehmer, wenn er z. B. verspätet oder gar nicht zur Arbeit erscheint, weil im Nahverkehr gestreikt wird (der Weg zur Arbeit gehört nach der Sphärentheorie zum Risikobereich des Arbeitnehmers).

15. Welchen Inhalt hat das Bundeselterngeld- und Erziehungsgeldgesetz (BEEG)?

2007 löste das neue Elterngeld das (alte) Erziehungsgeld ab. Es gilt für alle Eltern, deren Kinder nach dem 01.01.2007 geboren sind. Für Kinder, die davor geboren sind, gilt weiterhin das Erziehungsgeld. Nachfolgend die wichtigsten Punkte zum neuen Bundeselterngeld- und Elternzeitgesetz (BEEG):

- Väter und Mütter erhalten bis zu 14 Monaten Elterngeld, wenn sie für die Kinderbetreuung im Beruf aussetzen. Ein Elternteil kann höchstens zwölf Monate Elterngeld beziehen, zwei weitere Monate sind als Option für den anderen Partner reserviert.
- Das Elterngeld beträgt 67 % vom Nettoeinkommen, jedoch maximal 1.800 € monatlich.
- Der Anspruch auf Elternzeit besteht bis zur Vollendung des dritten Lebensjahres eines Kindes.

Das *Sparpaket der Bundesregierung* von 2010 führte zu folgenden Änderungen:

- Das Elterngeld wird beim ALG II (Hartz IV) und beim Kinderzuschlag als Einkommen angerechnet.
- Die Ersatzrate wird bei Elterngeldbeziehern mit einem anzurechnenden Nettoeinkommen von über 1.240 € im Monat von 67 auf 65 % reduziert.
- Eltern, die ein Jahreseinkommen von über 250.000 € bzw. 500.000 € beziehen, erhalten kein Elterngeld.

16. Wann verjähren Ansprüche aus dem Arbeitsverhältnis?

- grundsätzlich: innerhalb von drei Jahren
- bei Klageeinreichung → Hemmung der Verjährung
- nach Ablauf der Ausschlussfrist (Verfallfrist) in Arbeitsverträgen oder Tarifverträgen.

1.1.4 Beendigung des Arbeitsverhältnisses und die daraus folgenden Rechte und Pflichten

01. Auf welche Weise kann ein Arbeitsverhältnis beendet werden?

- Aufhebungsvertrag
- Ablauf der Befristung
  - Zeitablauf
  - Zweckerreichung
- Kündigung
- Anfechtung
- Auflösung durch Gerichtsurteil nach KSchG
- Tod des Arbeitnehmers.

02. Welche Sachverhalte beenden das Arbeitsverhältnis nicht?

- Wechsel des Inhabers
- Betriebsübergang (auch durch Erbschaft)
- Verkauf des Betriebes.

03. Was ist eine Kündigung?

Eine Kündigung ist eine einseitige, empfangsbedürftige Willenserklärung eines Vertragspartners gegenüber dem anderen Partner, das Arbeitsverhältnis zu beenden. Die Kündigung muss schriftlich erfolgen (§ 623 BGB) – die elektronische Form ist ausgeschlossen. Die Wirksamkeit der Kündigung darf nicht vom Eintritt einer Bedingung abhängig gemacht werden.

04. In welchen Fällen gilt eine Kündigung als „zugegangen"?

Die Kündigung muss in „den Machtbereich des Empfängers" gelangen, z. B.:

1. durch *persönliche Übergabe* (mit Unterschrift des Emfängers)
2. durch *Einwurf in den Briefkasten* des Empfängers zu den üblichen Postzustellzeiten (auch wenn der Empfänger in Urlaub ist; BAG-Entscheidung).
3. Die sicherste Variante der postalischen Zustellung ist die *Zustellung per Gerichtsvollzieher.*

05. Welche Kündigungsarten gibt es?

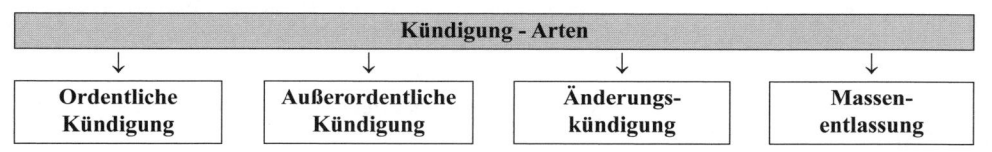

Kündigung - Arten

↓ ↓ ↓ ↓

| Ordentliche Kündigung | Außerordentliche Kündigung | Änderungskündigung | Massenentlassung |

06. Welche Kündigungsfristen bestehen für Arbeiter und Angestellte?

- Probezeit: → i. d. R. 2 Wochen

- reguläre Kündigungsfristen: → 4 Wochen - zum 15-ten des Monats oder
                                            - zum Monatsende

- verlängerte Kündigungsfristen: →

Betriebszugehörigkeit[1]	Frist (zum Monatsende)
2	1 Monat
5	2 Monate
8	3 Monate
10	4 Monate
12	5 Monate
15	6 Monate
20	7 Monate

---

[1] Neu: Bei der Berechnung längerer Kündigungsfristen ist das Alter des Arbeitnehmers nicht mehr zu beachten (vgl. § 622 BGB; so der Europäische Gerichtshof)

07. Welche Tatbestände können einen wichtigen Grund darstellen, die den Arbeitgeber zu einer außerordentlichen (fristlosen) Kündigung berechtigen?

Beispiele (es sind immer die Umstände des Einzelfalles zu prüfen):

- Abwerbung sowie Alkoholmissbrauch bei Vorgesetzten und Kraftfahrern (ansonsten: Trunksucht ist eine Krankheit, die nur eine ordentliche Kündigung unter erschwerten Voraussetzungen ermöglicht),
- gravierende Arbeitsverweigerung sowie schwerwiegender Verstoß gegen Arbeitssicherheitsbestimmungen,
- Beleidigungen in schwerwiegender Form sowie private Ferngespräche in größerer Form auf Kosten des Arbeitgebers,
- Schmiergeldannahme sowie Spesenbetrug und Straftaten im Betrieb,
- Urlaubsüberschreitungen sowie Verstoß gegen Wettbewerbsverbot,
- Diebstahl (Achtung: auch bei kleinen Beträgen; Störung des Vertrauensverhältnisses).

Achtung: Die Kündigung aus wichtigem Grund kann nur innerhalb von zwei Wochen erfolgen, nachdem der Kündigungsberechtigte von den für die Kündigung maßgeblichen Tatsachen Kenntnis erlangt hat.

08. In welchen Fällen kann der Arbeitnehmer aus wichtigem Grund außerordentlich kündigen?

- Lohnrückstände trotz Aufforderung zur Zahlung
- Insolvenz des Arbeitgebers, wenn er die Vergütung nicht zahlt/nicht zahlen kann
- schwerwiegende Vertragsverletzungen (z. B. zugesagte Beförderung wird nicht eingehalten)

09. Wer ist berechtigt, nach dem Kündigungsschutzgesetz zu klagen?

Nach dem Kündigungsschutzgesetz sind alle Arbeitnehmer klageberechtigt, deren Arbeitsverhältnis in demselben Betrieb oder Unternehmen ohne Unterbrechung *länger als sechs Monate* bestanden hat; das Kündigungsschutzgesetz findet keine Anwendung in Betrieben mit zehn oder weniger Beschäftigten (vgl. § 23 KSchG).

10. In welchen Fällen ist eine ordentliche Kündigung sozial gerechtfertigt?

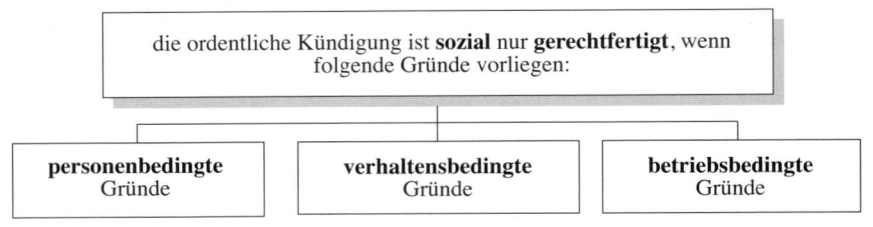

die ordentliche Kündigung ist **sozial** nur **gerechtfertigt**, wenn folgende Gründe vorliegen:

personenbedingte Gründe	verhaltensbedingte Gründe	betriebsbedingte Gründe

11. Was sind personenbedingte Gründe?

Das sind Gründe, die objektiv vorliegen, ohne dass der Arbeitnehmer dafür verantwortlich gemacht werden kann, z. B. (es sind immer die Umstände des Einzelfalles zu prüfen):

- fehlende Arbeitserlaubnis bei ausländischen Mitarbeitern
- fehlende Eignung für die Aufgaben (fachlich/charakterlich)
- in Tendenzbetrieben: besondere Eignungsmängel
- bei Krankheit, Trunksucht, Drogenabhängigkeit (unter bestimmten Voraussetzungen aber: BEM ist zu beachten (Frage 12.).

12. Welche Aufgabe hat der Arbeitgeber im Rahmen des betrieblichen Eingliederungsmanagement (BEM) nach § 84 Abs. 2 SGB IX?

Der Arbeitgeber hat lt. § 84 Abs. 2 SGB IX bei Arbeitnehmern, die innerhalb eines Jahres

- länger als sechs Wochen oder
- wiederholt arbeitsunfähig waren

präventiv zu klären, ob einer erneuten Arbeitsunfähigkeit vorgebeugt werden oder wie der Arbeitsplatz erhalten werden kann. Das BEM unterliegt der Mitbestimmung des Betriebsrats (§ 87 Abs. 1 Nr. 7 BetrVG). Eine personenbedingte Kündigung ist nur dann wirksam, wenn der Arbeitgeber nachweist, dass das BEM ohne Erfolg durchgeführt wurde.

13. Was können verhaltensbedingte Gründe sein?

Bei verhaltensbedingten Gründen hat der Arbeitnehmer gegen eine Vertragspflicht verstoßen, z. B. (es sind immer die Umstände des Einzelfalles zu prüfen):

- Arbeitsverweigerung, Alkoholmissbrauch sowie mangelnder Leistungswille
- Nichteinhaltung eines Alkohol-/Rauchverbots
- Verletzung von Treuepflichten sowie Störung des Betriebsfriedens
- häufige Lohnpfändungen, die die Verwaltungsarbeit massiv stören
- Schlechtleistungen trotz Abmahnung sowie unbefugtes Verlassen des Arbeitsplatzes
- Missbrauch von Kontrolleinrichtungen (Stempeluhr, Zeiterfassung).

14. Was können Beispiele für betriebsbedingte Gründe sein?

Es muss sich um dringende betriebliche Erfordernisse handeln, z. B. Umsatzrückgang, neue Fertigungsverfahren, Rationalisierung. *Neu:* Künftig ist die *Sozialauswahl* auf folgende vier Merkmale *beschränkt*: Dauer der Betriebszugehörigkeit, Lebensalter, Unterhaltspflichten und eine evtl. Schwerbehinderteneigenschaft. So genannte „Leistungsträger" sind nicht in die soziale Auswahl einzubeziehen. Außerdem gilt seit 01.01.2004: Der Arbeitnehmer erhält bei einer betriebsbedingten Kündigung eine Abfindung, wenn der Arbeitgeber ihm dies in der Kündigung anbietet. Damit erfolgt eine „Quasi-Honorierung" des Verzichts auf die Kündigungsschutzklage (vgl. § 1a KSchG).

15. Was ist eine Änderungskündigung?

Beispiel: Ein Unternehmen kündigt einem Innendienstmitarbeiter fristgerecht und unterbreitet ihm im Kündigungsschreiben das Angebot, nach Ablauf der Kündigungsfrist im Außendienst bei einer anderen Niederlassung zu arbeiten.

Die Änderungskündigung hebt ab auf eine *Fortsetzung des Arbeitsverhältnisses zu geänderten Arbeitsbedingungen* (§ 2 KSchG). Sie ist eine Kündigung des Arbeitsverhältnisses unter Einhaltung der Kündigungsfrist, verbunden mit dem Angebot, das Arbeitsverhältnis nach Ablauf der Kündigungsfrist zu neuen Bedingungen (z. B. Inhalt oder Ort der Tätigkeit, geändertes Gehalt u. Ä.) fortzusetzen.

Der Arbeitnehmer hat in dieser Situation drei Möglichkeiten zu reagieren:

1. Er *lehnt* die Änderungskündigung *ab*. Dies birgt das Risiko, dass der Arbeitnehmer bei einer Kündigungsschutzklage verliert. Damit würde er seinen Arbeitsplatz verlieren.

2. Er *nimmt* die Änderungsbedingungen *an*. Dies führt dazu, dass er zu geänderten Arbeitsbedingungen tätig bleibt.

3. Er *nimmt* die Änderungskündigung *unter dem Vorbehalt an,* dass sie sozial gerechtfertigt ist. In diesem Fall sind die Rechtsfolgen der Kündigungsschutzklage zu berücksichtigen. Folge: Der Arbeitnehmer behält auf jeden Fall seinen Arbeitsplatz – entweder zu den alten oder zu den neuen Arbeitsbedingungen.

16. Welche formalen Wirksamkeitsvoraussetzungen sind bei einer Kündigung zu prüfen?

1. *Zugang* der schriftlichen Kündigungserklärung (§ 623 BGB)

2. Ablauf der *Kündigungsfrist nach § 622 BGB* (bei ordentlicher Kündigung)

3. *Beachtung von Kündigungsverboten*, z. B.:
   - für werdende Mütter
   - für Elternzeitberechtigte (§ 18 BEEG)

4. *Ausschluss der ordentlichen Kündigung*, z. B.:
   - bei Wehrpflichtigen
   - bei Berufsausbildungsverhältnissen
   - bei Mitgliedern des Betriebsrates usw.
   - bei Ausschluss aufgrund des Arbeitsvertrages

5. *Zustimmungserfordernis*, z. B.:
   - bei der a. o. Kündigung von Mitgliedern des Betriebsrates usw.
     (→ Zustimmung des Betriebsrates)
   - bei der Kündigung eines schwerbehinderte Menschen
     (→ Zustimmung des Integrationsamtes)

6. *Beachtung des Kündigungsschutzes* (→ KSchG)

7. *Anzeigepflicht* bei Massenentlassungen

8. *Anhörung des Betriebsrates* nach § 99 BetrVG

17. Welche Tatbestände kann der Arbeitnehmer anführen, um die Unwirksamkeit einer Kündigung zu rügen?

- fehlende Anhörung des Betriebsrates (§ 102 BetrVG)
- fehlende Vollmacht des Kündigenden
- Versäumnis der Anhörung des Arbeitnehmers (nur bei einer Verdachtskündigung)
- Nichteinhaltung der Kündigungserklärungsfrist
- Versäumnis der Angabe von Kündigungsgründen (nur bei außerordentlicher Kündigung von Berufsausbildungsverhältnissen)
- Verstoß gegen ein gesetzliches Verbot (z. B. MuSchG)
- Verstoß gegen die guten Sitten (z. B. Umgehung des KSchG)
- fehlende Abmahnung
- fehlende oder fehlerhafte Sozialauswahl (bei betriebsbedingter Kündigung)
- Verstoß gegen die Anzeigepflicht bei Massenentlassungen.

18. Innerhalb welcher Frist muss eine Kündigungsschutzklage erhoben werden?

Eine Kündigungsschutzklage, in der ein Arbeitnehmer gerichtlich geltend machen will, dass die Kündigung sozial ungerechtfertigt ist, muss *innerhalb von drei Wochen* nach Zugang der Kündigung beim zuständigen Arbeitsgericht erhoben werden (§ 4 KSchG).

19. Für welche Personen besteht ein besonderer Kündigungsschutz?

Ein besonderer Kündigungsschutz besteht z. B.

- für werdende und junge Mütter,
- Betriebsräte,
- schwerbehinderte Menschen,
- Personen in Berufsausbildung,
- Vertrauenspersonen der schwerbehinderten Menschen,
- Mütter und Väter, die Elternzeit in Anspruch nehmen.

Auf diese Rechte kann nicht verzichtet werden (auch nicht durch Aufhebungsvertrag).

20. Wie kann ein Arbeitsverhältnis mit einer werdenden oder jungen Mutter aufgelöst werden?

Wenn die für den Arbeitsschutz zuständige oberste Landesbehörde oder die von ihr bestimmte Stelle *in besonderen Fällen ausnahmsweise* die Kündigung gemäß § 9 Abs. 3 MuSchG für zulässig erklärt (bitte lesen!).

21. Unter welchen Voraussetzungen kann einem schwerbehinderten Menschen gekündigt werden?

Die Kündigung eines schwerbehinderten Menschen durch den Arbeitgeber bedarf nach § 85 SGB IX der vorherigen *Zustimmung des Integrationsamtes*. Das Integrationsamt muss auch bei außerordentlichen Kündigungen zustimmen. Gemäß § 86 SGB IX beträgt die Kündigungsfrist mindestens vier Wochen.

22. Unter welchen Voraussetzungen kann einem Betriebsratsmitglied fristlos gekündigt werden?

Einem Betriebsratsmitglied kann nur dann fristlos gekündigt werden, wenn *der Betriebsrat* als Gremium der Kündigung nach § 103 BetrVG *zustimmt* (Wichtiger Grund; z. B. bei Verletzung der Geheimhaltungspflicht).

23. Welches Mitbestimmungsrecht hat der Betriebsrat bei Kündigungen?

Der Betriebsrat *ist vor jeder Kündigung zu hören*. Der Arbeitgeber hat ihm die Gründe der Kündigung mitzuteilen. *Eine ohne Anhörung des Betriebsrats ausgesprochene Kündigung ist unwirksam* (§ 102 BetrVG). Zu beachten ist: Eine Kündigung ist auch dann unwirksam, wenn die *Anhörung des Betriebsrats fehlerhaft ist* (z. B.: der Betriebsratsvorsitzende stimmt der Kündigung sofort im Gespräch mit dem Arbeitgeber zu, ohne sich zuvor mit seinen Betriebsratskollegen zu beraten) und dieser Fehler nicht im Verantwortungsbereich des Arbeitgebers liegt.

Hat der Betriebsrat gegen eine *ordentliche Kündigung* Bedenken, so hat er diese unter Angabe der Gründe *spätestens innerhalb einer Woche* schriftlich mitzuteilen. Äußert er sich innerhalb dieser Frist nicht, gilt seine Zustimmung zur Kündigung als erteilt. Hat der Betriebsrat gegen eine *außerordentliche Kündigung* Bedenken, so hat er diese unter Angabe der Gründe dem Arbeitgeber *innerhalb von 3 Tagen* mitzuteilen.

24. Unter welchen Voraussetzungen kann der Betriebsrat einer Kündigung widersprechen?

Der Betriebsrat kann nach § 102 Abs. 3 BetrVG *innerhalb einer Woche* einer ordentlichen Kündigung widersprechen, wenn:

1. der Arbeitgeber *soziale Gesichtspunkte* bei der Auswahl des zu kündigenden Mitarbeiters nicht ausreichend berücksichtigt hat,
2. die Kündigung gegen besondere *Richtlinien* verstößt,
3. der zu kündigende Arbeitnehmer an einem anderen Arbeitsplatz im selben Betrieb oder in einem anderen Betrieb des Unternehmens *weiterbeschäftigt werden kann*;
4. die *Weiterbeschäftigung* des Arbeitnehmers nach zumutbaren Umschulungs- oder Fortbildungsmaßnahmen *möglich* ist oder
5. eine *Weiterbeschäftigung* des Arbeitnehmers *unter geänderten Vertragsbedingungen möglich* ist und der Arbeitnehmer sein Einverständnis hiermit erklärt hat (§ 102 Abs. 3 BetrVG).

25. Welche Verpflichtung hat der Arbeitgeber, wenn der Betriebsrat einer Kündigung widersprochen hat?

Kündigt der Arbeitgeber, obwohl der Betriebsrat der Kündigung widersprochen hat, so hat er dem Arbeitnehmer mit der Kündigung eine Abschrift der *Stellungnahme des Betriebsrats* auszuhändigen (§ 102 Abs. 4 BetrVG).

26. Welche inhaltlichen Aspekte sind bei der Erstellung eines Zeugnisses zu beachten?

Das Arbeitsrecht unterscheidet zwei Zeugnisarten:

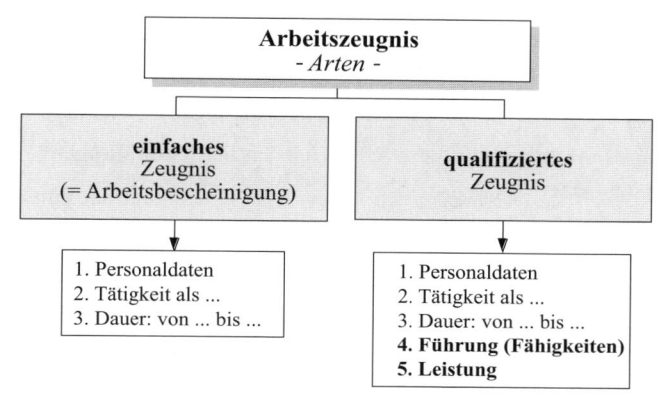

```
                    Arbeitszeugnis
                       - Arten -

        ┌──────────────────┴──────────────────┐
   einfaches                              qualifiziertes
   Zeugnis                                   Zeugnis
(= Arbeitsbescheinigung)

   1. Personaldaten                       1. Personaldaten
   2. Tätigkeit als ...                   2. Tätigkeit als ...
   3. Dauer: von ... bis ...              3. Dauer: von ... bis ...
                                          4. Führung (Fähigkeiten)
                                          5. Leistung
```

Weitere Einzelheiten zur Zeugniserstellung vgl.: 4. Prüfungsfach, Zusammenarbeit im Betrieb, Ziffer 4.5.5, Frage 08.

27. Welche Pflichten existieren für Arbeitnehmer und Arbeitgeber nach Kündigung des Arbeitsverhältnisses?

- *Pflichten des Arbeitnehmers*, z. B.:
  - Arbeitnehmer sind verpflichtet, sich *unverzüglich* nach Zugang der Kündigung oder nach Abschluss eines Aufhebungsvertrages persönlich bei der zuständigen Arbeitsagentur arbeitssuchend zu melden. Andernfalls hat er mit einer Minderung seines Arbeitslosengeldes zu rechnen. Bei befristeten Arbeitsverhältnissen muss die Meldung *drei Monate* vor Ablauf der Befristung erfolgen.
  - Der Arbeitnehmer muss dem Arbeitgeber nach Beendigung die zur Verfügung gestellten Arbeitsmittel, wie z. B. Schlüssel zum Arbeitsplatz, Geschäftsunterlagen, Werkzeuge, Laptops oder Fahrzeuge o. Ä. zurückgeben, denn auch der/die (ehemalige) ArbeitnehmerIn kann sich selbst durch verspätete Rückgabe schadenersatzpflichtig machen sowie zu einer Nutzungsentschädigung herangezogen werden. Dem/der ArbeitnehmerIn steht grundsätzlich kein Zurückbehaltungsrecht an diesen Sachen zu.
  - Der Arbeitnehmer muss evtl. Ausbildungskosten, die der Arbeitgeber für Schulungen gezahlt hat, zeitanteilig zurückzahlen.

- *Pflichten des Arbeitgebers*, z. B.:
  - Der Arbeitgeber hat den Arbeitnehmer vor der Beendigung des Arbeitsverhältnisses frühzeitig über die Notwendigkeit eigener Aktivitäten bei der Suche nach einer neuen Beschäftigung und über die Pflicht zur unverzüglichen *Meldung* bei der Arbeitsagentur *zu unterrichten*. Andernfalls kann er sich schadenersatzpflichtig machen.
  - Der Arbeitgeber muss dem Arbeitnehmer eine *Freistellung gewähren*, um ihm die Teilnahme an Qualifizierungsmaßnahmen der Arbeitsagentur zu ermöglichen. Ferner ist unter Umständen auch eine Freistellung zu gewähren, wenn dies zur Stellensuche oder für Vermittlungs-

aktivitäten erforderlich ist. Die Pflicht zur bezahlten Freistellung trifft den Arbeitgeber auch dann, wenn der Arbeitnehmer gekündigt hat.

- Nach Beendigung des Arbeitsverhältnisses muss der Arbeitgeber dem/der ArbeitnehmerIn die *Arbeitspapiere* (wie z. B. Zeugnis, Sozialversicherungsnachweis) aushändigen. Der Arbeitgeber hat kein Zurückbehaltungsrecht an den Arbeitspapieren.
- Der restliche *Jahresurlaub* sollte während der Kündigungsfrist nach Möglichkeit gewährt werden.
- Pflicht zur Zeugniserteilung.

28. Wann hat ein Arbeitnehmer Anspruch auf bezahlte Freizeit zur Stellensuche?

Es muss sich gemäß § 629 BGB um ein dauerhaftes Arbeitsverhältnis handeln und das Arbeitsverhältnis muss gekündigt sein.

29. Wann besteht ein Anspruch auf Ausstellung eines Zeugnisses?

Ein Anspruch auf ein Zeugnis besteht in der Regel bei Beendigung der Tätigkeit bzw. bei Beendigung der Berufsausbildung.

30. Wann besteht ein Anspruch auf eine frühere Zeugnisausstellung?

Bei fristgerechter Kündigung soll das Zeugnis dazu dienen, die Stellensuche zu erleichtern. *Daher muss das Zeugnis unmittelbar nach der Kündigung ausgefertigt werden.* Bei fristloser Kündigung entsteht in der Regel auch ein sofortiger Anspruch auf ein Zeugnis, es sei denn, der Arbeitnehmer wäre treuebrüchig geworden. In diesem Fall steht ihm das Zeugnis nicht vor dem Zeitpunkt zu, in dem sein Arbeitsverhältnis bei regulärer Kündigungsfrist hätte gekündigt werden können.

31. Wann besteht Anspruch auf ein Zwischenzeugnis?

Ein genereller gesetzlicher Anspruch auf die Erteilung eines Zwischenzeugnisses besteht nicht (Ausnahme: Es gibt Tarifverträge, die einen Anspruch regeln).

In der Regel besteht ein Anspruch auf ein Zwischenzeugnis dann z. B., wenn

- der Arbeitnehmer wechseln möchte,
- der Arbeitnehmer ein Zwischenzeugnis bei Behörden und Gerichten vorlegen muss;
- die Firma des Arbeitgebers sich strukturell ändert (Betriebsübergang, Konkurs),
- eine längere Arbeitsunterbrechung bevorsteht,
- eine Elternzeit oder ein längerer, unbezahlter betrieblicher Sonderurlaub genommen werden soll und/oder
- ein langjähriger Vorgesetzter das Unternehmen verlässt.

32. Darf ein Zeugnis negative Aussagen enthalten?

Zwar soll das Zeugnis das Fortkommen des Arbeitnehmers nicht behindern, doch ist es keinesfalls gestattet, wahrheitswidrige wesentliche Tatsachen zu verschweigen, wie z. B. die Trunksucht des Fahrers, die Unehrlichkeit des Buchhalters (Grundsatz: *Wahrheit geht vor Wohlwollen*). Es müssen in einem Zeugnis alle Tatsachen aufgenommen werden, die für die Beurteilung des Arbeitnehmers von Bedeutung sind. Durch Weglassen sich wiederholender bestimmter negativer Umstände würde das Zeugnis dem Wahrheitsgrundsatz widersprechen. In höchstrichterlichen Urteilen ist diese Auffassung bestätigt worden und hat zu Schadensersatzansprüchen gegen den Aussteller geführt.

33. Was kann ein Arbeitnehmer tun, der mit seinem Zeugnis nicht einverstanden ist?

Er kann ein verbessertes Zeugnis anfordern oder notfalls arbeitsgerichtlich die Berichtigung seines Zeugnisses verlangen. Der Arbeitnehmer kann jedoch keine bestimmten Formulierungen verlangen, sofern diese nicht allgemein- oder branchenüblich sind. Er wird jedoch Anspruch auf die Formulierung „... zur ... Zufriedenheit" (sog. Zeugniscodierung) haben, wenn derartige Aussagen fehlen.

1.1.5 Geltungsbereich und Rechtswirksamkeit von Tarifverträgen

01. Was sind autonome Rechtsquellen im Bereich des Arbeitsrechts?

Autonome Rechtsquellen im Bereich des Arbeitsrechts sind insbesondere *Tarifverträge* und *Betriebsvereinbarungen*.

02. Was versteht man unter Tarifverträgen?

Tarifverträge sind schriftliche Verträge zwischen Arbeitgeberverbänden oder einzelnen Arbeitgebern einerseits und Gewerkschaften andererseits, die arbeitsrechtliche Normen enthalten (normativer Teil) und Rechte und Pflichten der Tarifparteien untereinander regeln (schuldrechtlicher oder obligatorischer Teil).

03. Was ist die Rechtsgrundlage des Tarifvertrages?

Rechtsgrundlage für Tarifverträge ist das Tarifvertragsgesetz von 1969. Der Tarifvertrag ist ein privatrechtlicher Vertrag, für den die allgemeinen Vorschriften des bürgerlichen Rechts zur Anwendung kommen.

04. Welche Funktionen erfüllt ein Tarifvertrag?

Ein Tarifvertrag erfüllt:

- eine *Schutzfunktion* des Arbeitnehmers gegenüber dem Arbeitgeber,
- eine *Ordnungsfunktion* durch Typisierung der Arbeitsverträge,

- die *Friedensfunktion*, denn der Tarifvertrag schließt während seiner Laufzeit Arbeitskämpfe und neue Forderungen hinsichtlich der in ihm geregelten Sachverhalte aus.
- eine *Verteilungsfunktion*: Die Arbeitnehmer sollen an der Aufteilung des BIP (am wachsenden Wohlstand) beteiligt werden.

05. Wer kann Tarifverträge abschließen?

Tarifverträge können auf Arbeitnehmerseite nur die Gewerkschaften abschließen, auf Arbeitgeberseite dagegen sowohl Arbeitgeberverbände (als Verbandstarif) als auch jeder einzelne Arbeitgeber (als Firmen-, Werk- oder Haustarif). Darüber hinaus kommen als Tarifvertragsparteien die Spitzenorganisationen, d. h. die Zusammenschlüsse von Arbeitgeberverbänden oder von Gewerkschaften, in Betracht. Tariffähig sind ferner Handwerksinnungen und Innungsverbände.

06. Welche Formvorschriften müssen Tarifverträge erfüllen?

Der Tarifvertrag bedarf zu seiner Wirksamkeit einer von beiden Vertragsparteien eigenhändig unterschriebenen Vertragsurkunde. Abschluss, Änderung, Beendigung und Allgemeinverbindlichkeitserklärung werden in einem beim Bundesminister für Arbeit und Sozialordnung geführten *Tarifregister* eingetragen. Die Eintragung hat jedoch für die Wirksamkeit des Tarifvertrages keine Bedeutung. Die Tarifverträge können von jedermann kostenlos eingesehen werden. Von den Länderarbeitsministerien werden ebenfalls Tarifregister geführt.

07. Welche Regelungen kann der normative Teil eines Tarifvertrages enthalten?

- Normen über den Inhalt, den Abschluss und die Beendigung von Arbeitsverhältnissen;
- Normen über betriebliche und betriebsverfassungsrechtliche Fragen;
- Normen über gemeinsame Einrichtungen der Tarifvertragsparteien.

08. Welche Regelungen kann der schuldrechtliche Teil eines Tarifvertrages enthalten?

Der schuldrechtliche Teil eines Tarifvertrages begründet nur Rechte und Pflichten der Tarifvertragsparteien untereinander. Den Tarifvertragsparteien steht es grundsätzlich frei, beliebige Rechte und Pflichten gegeneinander zu begründen. Die wichtigsten sind: Abschluss, Durchführung und Beendigung des Tarifvertrages, Friedenspflicht, Schlichtungsabkommen, Einwirkungspflicht.

09. Wie wirken sich Tarifverträge auf einzelne Arbeitsverhältnisse aus?

Tarifverträge können gelten:

1. *kraft Organisationszugehörigkeit* (Arbeitgeber ist Mitglied des Arbeitgeberverbands, Arbeitnehmer ist Mitglied der Gewerkschaft); Tarifverträge werden von den Tarifvertragsparteien nur für ihre Mitglieder abgeschlossen,

2. *durch Allgemeinverbindlichkeit;* in diesem Fall gilt der Tarifvertrag unmittelbar und zwingend auch für solche Arbeitgeber und Arbeitnehmer, die nicht Mitglied einer Tarifvertragspartei sind,

3. *durch einzelvertragliche Vereinbarung;* die Anwendung eines Tarifvertrages kann auch auf bestimmte Teile beschränkt bleiben. Während also bei zwingender Anwendung eines Tarifvertrages infolge Organisationszugehörigkeit oder Allgemeinverbindlichkeit einzelvertragliche Regelungen nur noch getroffen werden können, wenn diese für den Arbeitnehmer günstiger sind oder der Tarifvertrag eine solche ungünstigere Regelung ausdrücklich gestattet, sind bei Fehlen dieser Voraussetzungen im Falle einzelvertraglicher Regelungen ungünstigere Lösungen möglich.

10. Unter welchen Voraussetzungen haben Tarifverträge eine unmittelbare und zwingende Wirkung?

Derartige Normen gelten für Arbeitsverhältnisse, wenn Arbeitgeber und Arbeitnehmer

1. tarifgebunden sind,
2. unter den räumlichen Geltungsbereich des Tarifvertrages,
3. unter den betrieblichen Geltungsbereich des Tarifvertrages,
4. unter den fachlichen Geltungsbereich eines Tarifvertrages fallen.

11. Wer ist tarifgebunden?

Tarifgebunden sind die Mitglieder der Tarifvertragsparteien und der Arbeitgeber, wenn er selbst Partei des Tarifvertrages ist.

12. Was bedeutet der räumliche Geltungsbereich?

Der räumliche Geltungsbereich kann sich auf einen bestimmten Bezirk oder ein Bundesland beschränken, er kann sich aber auch auf das ganze Bundesgebiet erstrecken.

13. Was bedeutet der betriebliche Geltungsbereich?

Der betriebliche Geltungsbereich ist in jedem Tarifvertrag bestimmt, indem festgelegt ist, für welche Betriebe er gelten soll. In der Regel erfasst ein Tarifvertrag die Betriebe eines ganzen Wirtschaftszweiges.

14. Was bedeutet der fachliche Geltungsbereich?

Der fachliche Bereich nimmt Bezug auf einen bestimmten Wirtschaftszweig und erfasst dort sämtliche Berufs- oder Tätigkeitsbereiche. Gilt z. B. in einem Betrieb ein Lohn- und Gehaltstarif für die metallverarbeitende Industrie, so fallen alle Betriebsangehörigen – z. B. auch die Küchen- und Reinigungskräfte – unter diesen Tarifvertrag.

15. Was bedeutet Allgemeinverbindlichkeit eines Tarifvertrages?

Zunächst gilt ein Tarifvertrag in seinem räumlichen, betrieblichen und fachlichen Geltungsbereich nur, wenn Arbeitgeber und Arbeitnehmer tarifgebunden sind. Der Bundesminister für Arbeit und Sozialordnung kann jedoch einen Tarifvertrag unter bestimmten Voraussetzungen für allgemein verbindlich erklären. Die Allgemeinverbindlichkeit bedeutet, dass der Tarifvertrag nunmehr in seinem räumlichen, betrieblichen und fachlichen Geltungsbereich für alle Arbeitnehmer gilt. Unerheblich ist, ob Arbeitgeber und Arbeitnehmer tarifgebunden sind.

16. Unter welchen Voraussetzungen kann eine Allgemeinverbindlichkeitserklärung eines Tarifvertrages vorgenommen werden?

- Es muss eine Tarifvertragspartei einen entsprechenden Antrag stellen.
- Die tarifgebundenen Arbeitgeber müssen mindestens die Hälfte der unter den Geltungsbereich des Tarifvertrages fallenden Arbeitnehmer beschäftigen.
- Die Allgemeinverbindlichkeit muss im öffentlichen Interesse geboten erscheinen.

17. Welche Tarifvertragsarten gibt es?

Beispiele:

Manteltarifvertrag/ Rahmentarifvertrag	Er regelt allgemeine Arbeitsbedingungen wie z. B. Arbeitszeit, Zuschläge für Mehr-, Nacht- und Schichtarbeit, Urlaub, Kündigungsvoraussetzungen und Kündigungsfristen. Die Laufzeit beträgt ca. drei Jahre.
Lohn- und Gehaltstarifvertrag	Er regelt die Lohn- und Gehaltsgruppen in den einzelnen Tarifgruppen. Die Laufzeit ist i. d. R. ein Jahr.
Flächentarifvertrag	Er legt die Bedingungen für eine bestimmte Region oder eine bestimmte Branche in Deutschland fest.
Firmentarifvertrag (Haustarifvertrag)	Er legt die Bedingungen für ein bestimmtes Unternehmen fest.
Sonstige Tarifverträge	Regelungen über besondere Inhalte wie z. B. gemeinsame Einrichtungen (Urlaubs- und Lohnausgleichskassen), Schlichtungsabkommen und vermögenswirksame Leistungen.

1.1.6 Rechtliche Rahmenbedingungen von Arbeitskämpfen

01. Was ist ein Streik?

Ein Streik ist die gemeinsame und planmäßige Arbeitsniederlegung durch eine größere Anzahl von Arbeitnehmern mit dem Ziel, einen bestimmten Kampfzweck zu erreichen und nach Erreichung des Kampfzweckes die Arbeit wieder aufzunehmen. Der Streik muss zu einer ernsthaften Störung des Arbeitsprozesses führen.

02. Wann ist ein Streik rechtmäßig?

Der Streik ist ein legitimes Mittel der Arbeitnehmer zur Durchsetzung von Forderungen. Da ein Streik erhebliche Störungen des Arbeitsablaufs mit sich bringt, werden strenge Anforderungen an die *Rechtmäßigkeit eines Streiks* gestellt. Diese sind:

- Der Streik muss *von einer Gewerkschaft* geführt werden, d. h. die Gewerkschaft muss den mit der Arbeitsniederlegung verbundenen Kampfzweck selbst erstreben und entweder den Streik von vornherein billigen oder ihn noch vor seiner Beendigung genehmigen.
- Der Streik muss sich *gegen einen Sozialpartner*, nämlich den Arbeitgeber oder den Arbeitgeberverband, richten, d. h. der Sozialpartner muss auch in der Lage sein, das Kampfziel des Streiks zu erfüllen, was etwa bei politischen Anlässen nicht erreichbar wäre.
- Mit dem Streik muss die *kollektive Regelung* von Arbeitsbedingungen erstrebt werden (tarifpolitisches Ziel), d. h., es kann sich nicht um irgendwelche individuellen Fälle handeln.
- Der Streik darf *nicht gegen die Grundregeln* des Arbeitsrechts *verstoßen*.
- Der Streik darf nicht gegen das Prinzip der *fairen Kampfführung* verstoßen, und er muss verhältnismäßig sein.
- Der Streik darf nur geführt werden, wenn die Gewerkschaft *alle Möglichkeiten* der friedlichen Einigung *ausgeschöpft* hat (kein Verstoß gegen die Friedenspflicht).

03. Wie ist die Rechtslage bei Beendigung des Streiks?

Ein Streik ist beendet, wenn die weitaus überwiegende Mehrzahl der streikenden Arbeitnehmer ihre Arbeit wieder aufnimmt. Erklärt die Gewerkschaft, die einen Streik durchführt, den Streik für beendet, sind alle streikenden Arbeitnehmer verpflichtet, ihre Arbeit wieder aufzunehmen. Nimmt ein Arbeitnehmer trotzdem die Arbeit nicht wieder auf, kann er wegen Arbeitsvertragsbruchs fristlos entlassen werden.

04. Was ist eine Aussperrung?

Die Aussperrung ist das Kampfmittel der Arbeitgeber gegen die Arbeitnehmer und Gewerkschaften. Unter Aussperrung versteht man den planmäßigen Ausschluss einer größeren Anzahl Arbeitnehmer von der Arbeit durch einen oder mehrere Arbeitgeber mit dem Ziel, einen bestimmten Kampfzweck zu erreichen und nach Erreichung des Kampfzweckes wieder die Arbeitnehmer zur Aufnahme der Arbeit aufzufordern bzw. über ihre Wiedereinstellung zu verhandeln. Die Aussperrung kann daher zur *Suspendierung des Arbeitsverhältnisses* oder zur *Auflösung des Arbeitsverhältnisses* führen.

05. Wann ist eine Aussperrung rechtmäßig?

An die Rechtmäßigkeit einer Aussperrung gelten die gleichen Voraussetzungen wie an die Rechtmäßigkeit eines Streiks. Im Einzelnen gilt:

- Die Aussperrung muss *von einem Arbeitgeber* vorgenommen werden;
- Die Aussperrung, die zwar die Arbeitnehmer unmittelbar trifft, muss sich letztlich *gegen eine Gewerkschaft* richten, die in der Lage sein muss, das Kampfziel der Aussperrung zu erfüllen;
- Mit der Aussperrung muss die *kollektive Regelung* von Arbeitsbedingungen erstrebt werden;
- Die Aussperrung darf *nicht gegen die Grundregeln des Arbeitsrechts* verstoßen;
- Die Aussperrung darf *nicht gegen das Prinzip der fairen Kampfführung* verstoßen;
- Die Aussperrung muss *das letzte Mittel* sein, um das erstrebte Kampfziel zu erreichen.

06. Was ist ein Boykott im Rahmen von Arbeitskämpfen?

Ein Boykott ist die Ablehnung von Vertragsabschlüssen mit der Gegenseite.

07. Was versteht man unter dem „Schlichtungsrecht"?

Die Schlichtung ist im Arbeitsrecht die Hilfeleistung zur Beendigung einer Gesamtstreitigkeit der Sozialpartner (z. B. Streik) durch Abschluss einer Gesamtvereinbarung (z. B. Tarifvertrag). Eine staatliche Zwangsschlichtung zur Beendigung von Arbeitskämpfen ist nach geltendem Recht unzulässig, weil sie gegen die in Art. 9 GG garantierte Tarifautonomie, d. h. die kollektive Selbstbestimmung der Tarifpartner, verstoßen würde.

08. Was versteht man unter der „Friedenspflicht"?

Die relative Friedenspflicht verpflichtet die Tarifvertragsparteien, während der Dauer eines Tarifvertrages arbeitsrechtliche Kampfmaßnahmen zur Aufhebung oder Änderung der vereinbarten Tarifnormen zu unterlassen und auf ihre Mitglieder einzuwirken, dass sie den Arbeitsfrieden wahren. Maßnahmen einer Tarifvertragspartei (z. B. Streiks), die dieser Pflicht widersprechen, sind rechtswidrig und verpflichten zum Schadensersatz, wenn dadurch dem Vertragspartner oder seinen Mitgliedern ein Schaden entsteht.

09. Was versteht man unter der „Durchführungspflicht"?

Die Durchführungspflicht verpflichtet die Tarifvertragsparteien, ihre Mitglieder zur Einhaltung der tariflichen Bestimmungen anzuhalten, insbesondere wenn Mitglieder gegen tarifliche Bestimmungen verstoßen. So sind z. B. unverzüglich mit Inkrafttreten eines neuen Tarifvertrages die aktuellen tarifvertraglichen Regelungen (z. B. höhere Löhne oder Gehälter) anzuwenden.

10. Welche Rechtsfolgen ergeben sich aus Arbeitskampfmaßnahmen?

Rechtmäßiger Streik/Aussperrung:	→ suspendierende Wirkung: Arbeitspflichten bzw. Lohnzahlungspflichten ruhen
Rechtmäßige Aussperrung mit lösender Wirkung:	→ Beendigung des Arbeitsverhältnisses
Rechtswidriger Streik:	→ Der Arbeitgeber hat das Recht auf Schadensersatz und Unterlassung gegen die Gewerkschaft oder die Streikteilnehmer; weiterhin besteht die Möglichkeit, ordentlich oder außerordentlich zu kündigen.
Rechtswidrige Aussperrung:	→ Der Arbeitgeber gerät in Annahmeverzug und muss den Lohn für die Zeit der Aussperrung zahlen (§ 615 BGB).

Merke: Bei Betriebsstörungen durch einen Arbeitskampf im Betrieb oder in Zulieferbetrieben verlieren die Arbeitnehmer ihren Anspruch auf Beschäftigung und ihren Entgeltanspruch (Sphärentheorie, Arbeitskampfrisiko).

1.1.7 Ziel und Aufgaben der Betriebsvereinbarung

01. Was ist eine Betriebsvereinbarung?

- *Die Betriebsvereinbarung ist ein schriftlicher Vertrag zwischen Arbeitgeber und Betriebsrat über generelle Regelungen der betrieblichen Arbeitsverhältnisse oder der betrieblichen Ordnung (§ 77 BetrVG, z. B. Taschenkontrolle).* Der Vertrag ist an geeigneter Stelle auszulegen. Die Betriebsvereinbarung ist damit die bedeutendste und häufigste Form der Ausübung von Mitbestimmungsrechten. Sie ist sozusagen „der kleine Bruder des Tarifvertrages" auf der Betriebsebene. Die Betriebsvereinbarung gilt zu Gunsten aller aktiven Arbeitnehmer eines Betriebes unmittelbar und zwingend – mit Ausnahme der leitenden Angestellten.

- Die Durchführung der Betriebsvereinbarung liegt allein in der Hand des Arbeitgebers. Der Betriebsrat darf nicht durch einseitige Handlungen in die Leitung des Betriebes eingreifen.

02. Welche zwei Arten einer Betriebsvereinbarung gibt es?

1. *Erzwingbare Betriebsvereinbarung:*
Der Arbeitgeber kann die Angelegenheit nicht ohne den Betriebsrat wirksam regeln. Dies betrifft vor allem Angelegenheiten nach dem § 87 BetrVG. Eine Betriebsvereinbarung z. B. über die Lage der Pausen – nach § 87 BetrVG – kann vom Betriebsrat erzwungen werden, ohne dass sich der Arbeitgeber diesem Bestreben entziehen kann. Die Einigungsstelle kann die fehlende Einigung zwischen Arbeitgeber und Betriebsrat ersetzen. Die *„Nachwirkung von Betriebsvereinbarungen"* gilt nur in den Angelegenheiten, in denen der Spruch der Einigungsstelle die Einigung zwischen Arbeitgeber und Betriebsrat ersetzt – also *in den Fällen erzwingbarer Mitbestimmung* (§ 77 Abs. 6 BetrVG).

2. *Freiwillige Betriebsvereinbarung:*
Der Arbeitgeber kann *freiwillig* zusätzliche Angelegenheiten durch Betriebsvereinbarung abschließen. Hier kann die Einigungsstelle nicht die fehlende Einigung ersetzen. Beispiele werden in § 88 BetrVG genannt:

- zusätzliche Maßnahmen zur Verhütung von Arbeitsunfällen
- Maßnahmen des betrieblichen Umweltschutzes
- die Errichtung von Sozialeinrichtungen
- Maßnahmen zur Förderung der Vermögensbildung
- Maßnahmen zur Integration ausländischer Arbeitnehmer.

Betriebsvereinbarungen über freiwillige Angelegenheiten (§ 88 BetrVG) *wirken nicht nach* (beispielsweise Vereinbarungen über freiwillige Leistungen des Arbeitgebers, u. a. freiwilliges Urlaubsgeld oder freiwillige Förderung der Vermögensbildung).

03. Was kann nicht Gegenstand einer Betriebsvereinbarung (BV) sein?

Arbeitsentgelte und sonstige Arbeitbedingungen, die durch Tarifvertrag geregelt sind oder üblicherweise geregelt werden, können nicht Gegenstand einer BV sein (§ 77 Abs. 3 BetrVG), es sei denn, der Tarifvertrag enthält eine *Öffnungsklausel* (= lässt derartige Regelungen ausdrücklich zu).

04. Wann endet eine Betriebsvereinbarung?

Die Betriebsvereinbarung endet wie jede andere Vereinbarung auch
- mit Ablauf der vereinbarten Zeit (z. B. von vornherein befristete Betriebsvereinbarungen),
- mit Zweckerreichung (z. B. Verlegung der Arbeitszeit im Rahmen eines Sonderprojektes),
- bei Kündigung der Vereinbarung (Hauptfall der Beendigung),
- durch Aufhebungsvertrag zwischen Arbeitgeber und Betriebsrat,
- durch endgültigen und dauernden Wegfall des Betriebsrates (z. B. weniger als fünf wahlberechtigte Arbeitnehmer),
- durch Stilllegung des Betriebes (mit Ausnahme von Betriebsvereinbarungen, die über die Stilllegung hinaus wirken; z. B. Interessenausgleich und Sozialplan),
- durch Abschluss einer neuen Betriebsvereinbarung über denselben Regelungstatbestand

oder
- durch Abschluss eines Tarifvertrages über denselben Regelungstatbestand.

Die *Kündigung* kann von jeder Seite – soweit nichts anderes vereinbart wurde – mit einer *Frist von drei Monaten* erfolgen (§ 77 Abs. 5 BetrVG). Liegen besonders schwerwiegende Gründe vor, ist eine außerordentliche Kündigung möglich.

1.2 Vorschriften des Betriebsverfassungsgesetzes

Hinweis:
Das BetrVG ist im 1. Qualifikationsbereich (Rechtsbewusstes Handeln) ein *Prüfungsschwerpunkt*. Besonders relevant sind:
- Wahlverfahren und Amtszeit (§§ 7 bis 25 BetrVG)
- Betriebsversammlung (§§ 42 ff. BetrVG)
- Mitwirkung und Mitbestimmung (§§ 74 bis 113 BetrVG)

In der Regel ist für die Prüfung ein Gesetzestext zugelassen. Er kann Textmarkierungen, Lesezeichen, Klebezettel und Querverweise auf andere Paragrafen enthalten – jedoch keine eigenen Kommentierungen (Stand: DIHK, Frühjahr 2014). Wir empfehlen daher die relevanten Textpassagen zu lesen, Querverweise anzubringen und wichtige Punkte zu markieren. *Auf diese Weise können Sie ein Ihnen vertrautes Gesetzeswerk schaffen.* Beachten Sie auch die Nützlichkeit des „Sachverzeichnis" beim Auffinden von Textstellen in den Arbeitsgesetzen. Dieser Hinweis gilt analog auch für andere arbeitsrechtliche Bestimmungen. Ausführliche Angaben finden Sie z. B. über Google/DIHK, Hilfsmittel, bzw. es informiert Sie Ihre zuständige IHK.

1.2.1 Rechte und Pflichten des Betriebsrates

01. Was ist der Grundgedanke des Betriebsverfassungsrechts?

Das Betriebsverfassungsgesetz regelt die Zusammenarbeit zwischen dem Arbeitgeber und der Belegschaft im Betrieb. Diese wird dabei durch den von ihr zu wählenden Betriebsrat repräsentiert. Arbeitgeber und Betriebsrat arbeiten unter Beachtung der geltenden Tarifverträge vertrauensvoll und im Zusammenwirken mit den im Betrieb vertretenen Gewerkschaften und Arbeitgebervereinigungen zum Wohl der Arbeitnehmer und des Betriebs zusammen.

02. Wer ist Arbeitnehmer im Sinne des Betriebsverfassungsgesetzes?

Arbeitnehmer im Sinne des Gesetzes sind Arbeiter und Angestellte einschließlich der zu ihrer Berufsausbildung Beschäftigten (§ 5 Abs. 1 BetrVG).

03. Wer ist leitender Angestellter?

Leitender Angestellter ist, wer nach Arbeitsvertrag und Stellung

1. zur selbstständigen Einstellung und Entlassung von im Betrieb beschäftigten Arbeitnehmern berechtigt ist, oder
2. Generalvollmacht oder Prokura hat und die Prokura auch im Verhältnis zum Arbeitgeber nicht unbedeutend ist, oder
3. regelmäßig sonstige Aufgaben wahrnimmt, die für den Bestand und die Entwicklung des Unternehmens oder eines Betriebs von Bedeutung sind und deren Erfüllung besondere Erfahrungen und Kenntnisse voraussetzen, wenn er dabei entweder die Entscheidungen im Wesentlichen frei von Weisungen trifft oder sie maßgeblich beeinflusst (§ 5 Abs. 3, 4 BetrVG).

04. Welche allgemeinen Aufgaben hat der Betriebsrat?

Der Betriebsrat hat:

- darüber zu wachen, dass die zu Gunsten der Arbeitnehmer geltenden Gesetze, Verordnungen, Unfallverhütungsvorschriften, Tarifverträge und Betriebsvereinbarungen durchgeführt werden;
- Maßnahmen, die dem Betrieb und der Belegschaft dienen, beim Arbeitgeber zu beantragen;
- Anregungen von Arbeitnehmern und der Jugend- und Auszubildendenvertretung und Auszubildenden entgegenzunehmen und, falls sie berechtigt erscheinen, durch Verhandlungen mit dem Arbeitgeber auf eine Erledigung hinzuwirken; er hat die betreffenden Arbeitnehmer über den Stand der Verhandlungen und das Ergebnis zu unterrichten;
- die Eingliederung Schwerbehinderter und sonstiger schutzbedürftiger Personen zu fördern;
- die Wahl einer Jugend- und Auszubildendenvertretung vorzubereiten und durchzuführen;
- die Beschäftigung älterer Arbeitnehmer im Betrieb zu fördern;
- die Eingliederung ausländischer Arbeitnehmer im Betrieb und das Verständnis zwischen ihnen und den deutschen Arbeitnehmern zu fördern (§ 80 BetrVG).

05. Welche Rechte hat der Betriebsrat nach dem Betriebsverfassungsgesetz?

Das Betriebsverfassungsgesetz regelt im Einzelnen *Mitwirkungs- und Mitbestimmungsrechte* der Arbeitnehmervertretung und legt Beteiligungsrechte des Betriebsrates in personellen, sozialen und wirtschaftlichen Bereichen fest.

Vereinfacht lassen sich folgende Bereiche und Stufen der Beteiligung unterscheiden:

Beteiligungsrechte des Betriebsrates		
Mitwirkungs-rechte (MWR)	Die Entscheidungsbefugnis des Arbeitgebers bleibt unberührt.	• Informationsrecht • Beratungsrecht • Anhörungsrecht • Vorschlagsrecht
Mitbestimmungs-rechte (MBR)	Der Arbeitgeber kann eine Maßnahme nur im gemeinsamen Entscheidungsprozess mit dem Betriebsrat regeln.	• Vetorecht • Zustimmungsrecht • Initiativrecht • Mitbestimmungsrecht

Beteiligungsrechte des Betriebsrates im Überblick (§§ BetrVG)		
Beteiligung in ...	Mitwirkung	Mitbestimmung
Soziale Angelegenheiten	§ 89 Arbeits-/Umweltschutz	§ 87, z. B. Fragen der ... - Ordnung - Arbeitszeit - Urlaubsgrundsätze - Sozialeinrichtungen - Lohngestaltung usw.
Personellen Angelegenheiten		§ 93 Interne Stellenausschreibung
		§ 94 Personalfragebogen
	§ 92 Personalplanung	§ 94 Beurteilungsgrundsätze
	§ 93a Beschäftigungssicherung	§ 95 Auswahlrichtlinien
	§ 96 Förderung der Berufsbildung	§ 97 Abs. 2 Berufsbildung (Einführung)
	§ 97 Abs. 1 Einrichtungen der Berufsbildung	§ 98 Abs. 1 Berufsbildung (Durchführung)
	§ 105 Leitende	§ 98 Abs. 2 Bestellung von Ausbildern
		§ 99 Einstellung, Eingruppierung ...
		§ 102 Kündigung
		§ 103 Kündigung (Betriebsrat)
Wirtschaftliche Angelegenheiten	§ 106 Wirtschaftsausschuss	§ 112 Sozialplan
	§ 112 Interessenausgleich	§ 112a Erzwingbarer Sozialplan
Arbeitsorganisatorische Angelegenheiten	§ 90 Unterrichtung/Beratung	§ 91 Mitbestimmung

06. Welche Mitbestimmungsrechte hat der Betriebsrat in sozialen Angelegenheiten?

Der Betriebsrat hat, soweit eine gesetzliche oder tarifliche Regelung nicht besteht, in folgenden Angelegenheiten *mitzubestimmen* (§ 87 BetrVG):

1. Fragen der Ordnung des Betriebs und des Verhaltens der Arbeitnehmer im Betrieb;
2. Beginn und Ende der täglichen Arbeitszeit einschließlich der Pausen sowie Verteilung der Arbeitszeit auf die einzelnen Wochentage;

1.2 Vorschriften des Betriebsverfassungsgesetzes

3. vorübergehende Verkürzung oder Verlängerung der betriebsüblichen Arbeitszeit;
4. Zeit, Ort und Art der Auszahlung der Arbeitsentgelte;
5. Aufstellung allgemeiner Urlaubsgrundsätze und des Urlaubsplans für einzelne Arbeitnehmer, wenn zwischen dem Arbeitgeber und dem beteiligten Arbeitnehmer kein Einverständnis zu erzielen ist;
6. Einführung oder Anwendung von technischen Neuerungen, die dazu bestimmt sind, das Verhalten oder die Leistung der Arbeitnehmer zu überwachen;
7. Regelungen über die Verhütung von Arbeitsunfällen und Berufskrankheiten sowie über den Gesundheitsschutz;
8. Form, Ausgestaltung und Verwaltung von Sozialeinrichtungen;
9. Zuweisung und Kündigung von Wohnräumen, die im Hinblick auf das Arbeitsverhältnis vermietet wurden;
10. Fragen der betrieblichen Lohngestaltung, insbesondere die Aufstellung von Entlohnungsgrundsätzen und die Einführung und Anwendung von neuen Entlohnungsmethoden sowie deren Änderung;
11. Festsetzung der Akkord- und Prämiensätze und vergleichbarer leistungsbezogener Entgelte einschließlich der Geldfaktoren;
12. Grundsätze über das betriebliche Vorschlagswesen;
13. Grundsätze über die Durchführung von Gruppenarbeit.

07. Welche Beteiligungsrechte gelten bei personellen Einzelmaßnahmen?

In Betrieben mit in der Regel mehr als 20 wahlberechtigten Arbeitnehmern hat der Arbeitgeber den Betriebsrat vor jeder Einstellung, Eingruppierung, Umgruppierung und Versetzung *zu unterrichten*, ihm die erforderlichen Bewerbungsunterlagen vorzulegen und Auskunft über die Person der Beteiligten zu geben. Er hat dem Betriebsrat unter Vorlage der erforderlichen Unterlagen Auskunft über die Auswirkungen der geplanten Maßnahme zu geben und *die Zustimmung des Betriebsrats zu der geplanten Maßnahme* einzuholen. Bei Einstellungen und Versetzungen hat der Arbeitgeber insbesondere den in Aussicht genommenen Arbeitsplatz und die vorgesehene Eingruppierung mitzuteilen (§ 99 BetrVG).

Hinweis: Häufig Gegenstand der IHK-Prüfung.

08. Welche Aufgaben hat der Betriebsrat beim Arbeits- und betrieblichen Umweltschutz?

Der Betriebsrat hat *sich dafür einzusetzen*, dass die Vorschriften über den Arbeitsschutz und die Unfallverhütung im Betrieb sowie über den betrieblichen Umweltschutz *durchgeführt werden*.

Hinweis: § 89 BetrVG wurde neu gefasst mit Wirkung vom 28.07.2001; bitte lesen!

09. Kann der Arbeitgeber auch ohne die Zustimmung des Betriebsrats eine Einstellung eines Mitarbeiters vornehmen?

Ja, als vorläufige personelle Maßnahme nach § 100 BetrVG (bitte lesen). Er muss allerdings innerhalb von drei Tagen die fehlende Zustimmung des BR durch das Arbeitsgericht ersetzen lassen.

10. Welche Beteiligungsrechte bestehen im Hinblick auf die Gestaltung von Arbeitsplatz, Arbeitsablauf und Arbeitsumgebung?

Der Arbeitgeber hat den Betriebsrat über die Planung von:

a) Neu-, Um- und Erweiterungsbauten von Fabrikations-, Verwaltungs- und sonstigen betrieblichen Räumen,

b) technischen Anlagen,

c) Arbeitsverfahren und Arbeitsabläufe oder der Arbeitsplätze rechtzeitig unter Vorlage der erforderlichen Unterlagen *zu unterrichten.*

Der Arbeitgeber hat mit dem Betriebsrat die vorgesehenen Maßnahmen und ihre Auswirkungen auf die Arbeitnehmer, insbesondere auf die Art ihrer Arbeit sowie die sich daraus ergebenden Anforderungen an die Arbeitnehmer so rechtzeitig *zu beraten,* dass Vorschläge und Bedenken des Betriebsrats bei der Planung berücksichtigt werden können.

Werden die Arbeitnehmer durch Änderungen der Arbeitsplätze, des Arbeitsablaufs oder der Arbeitsumgebung, die den gesicherten Erkenntnissen über die menschengerechte Gestaltung der Arbeit offensichtlich widersprechen, in besonderer Weise belastet, *so kann der Betriebsrat* angemessene Maßnahmen zur Abwendung, Minderung oder zum Ausgleich der Belastung *verlangen* (§§ 90, 91 BetrVG).

11. Welche Vorschriften bestehen im Hinblick auf die Personalplanung?

Der Arbeitgeber hat den Betriebsrat über die Personalplanung, insbesondere über den gegenwärtigen und künftigen Personalbedarf sowie über die sich daraus ergebenden personellen Maßnahmen und Maßnahmen der Berufsbildung anhand von Unterlagen rechtzeitig und umfassend *zu unterrichten* (§ 92 BetrVG).

12. Welche Vorschriften bestehen im Hinblick auf die Ausschreibung von Arbeitsplätzen?

Der Betriebsrat *kann verlangen,* dass Arbeitsplätze, die besetzt werden sollen, allgemein oder für bestimmte Arten von Tätigkeiten vor ihrer Besetzung innerhalb des Betriebs ausgeschrieben werden (§ 93 BetrVG).

13. Welche Vorschriften bestehen im Hinblick auf Personalfragebogen und Beurteilungsgrundsätze?

Personalfragebogen bedürfen der *Zustimmung* des Betriebsrats. Dasselbe gilt für persönliche Angaben in schriftlichen Arbeitsverträgen, die allgemein im Betrieb verwendet werden sollen, sowie für die Aufstellung allgemeiner Beurteilungsgrundsätze (§ 94 BetrVG).

14. Welche Vorschriften gelten für Auswahlrichtlinien?

Richtlinien über die personelle Auswahl bei Einstellungen, Versetzungen, Umgruppierungen und Kündigungen bedürfen der *Zustimmung* des Betriebsrats. In Betrieben mit mehr als 500

Arbeitnehmern *kann* der Betriebsrat solche Richtlinien über die Beachtung fachlicher und persönlicher Voraussetzungen und sozialer Gesichtspunkte *verlangen*.

15. Welche besonderen Rechte hat der Betriebsrat in Fragen der Berufsbildung?

Der Betriebsrat hat darauf *zu achten*, dass den Arbeitnehmern unter Berücksichtigung der betrieblichen Notwendigkeiten die Teilnahme an betrieblichen oder außerbetrieblichen Maßnahmen der Berufsbildung ermöglicht wird; (neu eingefügt wurde die *Mitbestimmung* in den Fällen des § 97 Abs. 2 BetrVG; Einführung von Anpassungsfortbildung; bitte lesen!).

Der Arbeitgeber hat mit dem Betriebsrat über die Einrichtung und Ausstattung betrieblicher Einrichtungen zur Berufsbildung, die Einführung betrieblicher Berufsbildungsmaßnahmen und die Teilnahme an außerbetrieblichen Berufsbildungsmaßnahmen *zu beraten*.

Der Betriebsrat hat bei der Durchführung betrieblicher Bildungsmaßnahmen *ein Mitbestimmungsrecht* (§ 98 Abs. 1 BetrVG). Er kann ferner der Bestellung einer mit der Durchführung der betrieblichen Berufsbildung beauftragten Person *widersprechen* oder ihre Abberufung *verlangen*, wenn diese die persönliche, fachliche oder berufs- und arbeitspädagogische Eignung nicht besitzt, oder ihre Aufgaben vernachlässigt (§ 98 Abs. 2 BetrVG). Außerdem hat der Betriebsrat ein *Initiativrecht* bei der Qualifizierung der Beschäftigten sowie ein *Mitbestimmungsrecht* bei der Durchführung von Gruppenarbeit (§ 92a BetrVG).

16. Welche Grundsätze gelten für die Behandlung der Betriebsangehörigen?

Arbeitgeber und Betriebsrat haben darüber *zu wachen*, dass alle im Betrieb tätigen Personen nach den Grundsätzen von Recht und Billigkeit behandelt werden und dass jede unterschiedliche Behandlung unterbleibt. Sie haben ferner darauf *zu achten*, dass Arbeitnehmer nicht wegen Überschreitung bestimmter Altersstufen benachteiligt werden (§ 75 BetrVG).

Der Betriebsrat kann vom Arbeitgeber die Entlassung oder Versetzung betriebsstörender Arbeitnehmer verlagen (z. B. wegen rassistischer/fremdenfeindlicher Äußerungen; § 104 BetrVG).

17. Welche Rechte hat der einzelne Arbeitnehmer?

Das Betriebsverfassungsrecht gibt dem einzelnen Arbeitnehmer ein eigenes *Unterrichtungs-, Anhörungs- und Erörterungsrecht* in Angelegenheiten, die ihn und seinen Arbeitsplatz unmittelbar betreffen (§§ 81 - 86a BetrVG).

Dazu gehören im Einzelnen:

1. Der Arbeitgeber hat den Arbeitnehmer über dessen Aufgabe und Verantwortung sowie über die Art seiner Tätigkeit und ihre Einordnung in den Arbeitsablauf des Betriebs *zu unterrichten*. Er hat ihn ferner vor Beginn der Beschäftigung auf die Unfall- und Gesundheitsgefahr bei seiner Beschäftigung hinzuweisen.

2. Der Arbeitnehmer ist über Veränderungen in seinem Arbeitsbereich rechtzeitig *zu unterrichten*.

3. Der Arbeitgeber hat den Arbeitnehmer über die aufgrund einer Planung von technischen Anlagen, von Arbeitsverfahren und Arbeitsabläufen oder der vorgesehenen Maßnahmen und ihre Auswirkungen auf seinen Arbeitsplatz, die Arbeitsumgebung sowie auf Inhalt und Art seiner Tätigkeit *zu unterrichten*.

4. Der Arbeitnehmer hat das Recht in betrieblichen Angelegenheiten, die seine Person betreffen, von den hierzu zuständigen Personen *gehört zu werden*.

5. Der Arbeitnehmer hat das Recht in die über ihn geführte *Personalakte Einsicht zu nehmen*. Er kann hierzu ein Mitglied des Betriebsrats hinzuziehen.

6. Jeder Arbeitnehmer hat nach § 86a BetrVG das Recht, dem Betriebsrat Themen zur Beratung vorzuschlagen.

Hinweis: Diese Rechte gelten immer – unabhängig von der Existenz eines Betriebsrats.

18. Welches Beschwerderecht steht dem Arbeitnehmer zu?

Jeder Arbeitnehmer hat das Recht sich bei den zuständigen Stellen des Betriebs *zu beschweren*, wenn er sich vom Arbeitgeber oder von Arbeitnehmern des Betriebes benachteiligt oder ungerecht behandelt oder in sonstiger Weise beeinträchtigt fühlt (§ 84 BetrVG).

19. Welche Änderungen enthält die Novellierung des Betriebsverfassungsgesetzes?

Beispiele:

- Das *Wahlverfahren* wird entbürokratisiert: Die Trennung zwischen Arbeitern und Angestellten wird aufgehoben. In kleineren Betrieben (bis 50 Beschäftigte) ist es möglich, den Betriebsrat in einer Betriebsversammlung zu wählen.
- *Frauen* müssen entsprechend ihrem Anteil an der Belegschaft im Betriebsrat vertreten sein.
- *Beschäftigte von Fremdfirmen* (zum Beispiel Leiharbeitnehmer) sind stärker durch den Betriebsrat des Entleih-Betriebes vertreten.
- *Die Jugend- und Auszubildendenvertretungen* (JAVs) werden gestärkt:
  Das Wahlrecht wird einfacher, sie können Ausschüsse bilden, die Gesamt-Jugend- und Auszubildendenvertretung kann auch für Betriebe ohne JAV zuständig sein, und es ist die Möglichkeit gegeben, eine Konzern-Jugend- und Auszubildendenvertretung zu bilden.
- Schon *ab 200* Beschäftigten gibt es *freigestellte Betriebsratsmitglieder* (bisher: ab 300 Beschäftigten); Teilfreistellungen sind möglich.
- Der Betriebsrat soll leichter *moderne Informations- und Kommunikationstechniken* nutzen können.
- Der Betriebsrat hat *ein Initiativrecht (!) bei der Qualifizierung* der Beschäftigten.
- Bei der *Durchführung* von Gruppenarbeit kann der Betriebsrat *mitbestimmen* (!), nicht allerdings bei der *Einführung*.
- Bei Beschäftigungsförderung, Umweltschutz und Gleichstellung werden die Vorschlags- und Beratungsrechte des Betriebsrats verbessert.

1.2 Vorschriften des Betriebsverfassungsgesetzes

- Der Betriebsrat erhält das Recht, bei befristeten Einstellungen die Zustimmung zu verweigern, falls der Arbeitgeber bei unbefristeten Einstellungen gleich geeignete befristete Beschäftigte nicht berücksichtigt.
- Sachkundige Arbeitnehmer können leichter in die Arbeit des Betriebsrats einbezogen werden. Der Betriebsrat kann auch *Mitbestimmungsrechte* an Arbeitsgruppen *delegieren*.
- Es ist künftig einfacher, Sachverständige einzuschalten; dies gilt nur bei Betriebsänderungen.
- Die Möglichkeiten des Betriebsrats, gegen Rassismus und Fremdenfeindlichkeit vorzugehen, wurden verbessert.

20. Was besagt das „Verbot der parteipolitischen Betätigung im Betrieb"?

Der Betriebsrat darf seine Stellung nicht zur Durchsetzung politischer oder gewerkschaftlicher Ziele missbrauchen. Alle Organe der Betriebsverfassung haben sich im Betrieb jeder parteipolitischen Betätigung zu enthalten (§ 74 Abs. 2 Satz 2 BetrVG).

21. Welche Rechte haben im Betrieb vertretene Gewerkschaften?

Eine Gewerkschaft ist bereits dann im Betrieb vertreten, wenn *ein Arbeitnehmer der Gewerkschaft angehört*. Das Betriebsverfassungsgesetz verlangt von den Betriebsverfassungsorganen, dem Arbeitgeber und seinen Vereinigungen sowie den im Betrieb vertretenen Gewerkschaften eine *vertrauensvolle Zusammenarbeit*.

Im Betrieb vertretene Gewerkschaften haben *folgende Rechte*:
- *Zutrittsrecht* zum Betrieb zur Wahrnehmung der Aufgaben und Interessen:
  - Die Betriebsleitung muss (rechtzeitig) informiert werden, Zustimmung ist nicht erforderlich.
  - Das Zutrittsrecht erstreckt sich auf den gesamten Betrieb und alle Arbeitnehmer.
  - Es kann nur in Ausnahmefällen verwehrt werden (z. B. zwingende Sicherheitsvorschriften).
- *Recht zur Wahlwerbung* vor Betriebsratswahlen
- *Recht zur Mitgliederwerbung*
- *Initiativrecht zur Bildung von Betriebsräten*.

22. Welche Gesetze regeln die Unternehmensmitbestimmung?

Die Unternehmensmitbestimmung regelt die Mitbestimmung der Arbeitnehmer in den Organen des Unternehmens. Sie gilt nur für körperschaftlich organisierte Unternehmen, wie z. B. AG, GmbH, KGaA und Genossenschaften. Sie ist in den drei folgenden Gesetzen geregelt:

Mitbestimmung auf Unternehmensebene			
Gesetz	von ...	gilt für ...	Vorstand
Montan-Mitbestimmungsgesetz	1951	AG, GmbH im Montansektor mit mehr als 1.000 AN	Arbeitsdirektor ist vorgeschrieben
Mitbestimmungsgesetz	1976	AG, GmbH, KGaA, Genossenschaften und bergrechtliche Gewerkschaft mit > 2.000 AN	Arbeitsdirektor ist vorgeschrieben (nicht bei KGaA)
Drittelbeteiligungsgesetz	2004	AG, GmbH, KGaA, Genossenschaften mit mindestens 500 AN	Aufsichtsrat möglich

23. Was ist das Ziel der Regelungen zur Unternehmensmitbestimmung?

Mithilfe der gesetzlichen Regelungen der Unternehmensmitbestimmung soll den Arbeitnehmern eine Beteiligungsform an wichtigen unternehmerischen Planungen und Entscheidungen gesichert werden.

1.2.2 Aufgaben und Stellung des Betriebsrates und das Wahlverfahren

01. Was sind Betriebsverfassungsorgane?

Die Betriebsverfassungsorgane vertreten die verschiedenen Belegschaftsgruppen:

- Betriebsrat,
- Gesamtbetriebsrat,
- ggf. Konzernbetriebsrat,
- Jugend- und Auszubildendenvertretung,
- Schwerbehindertenvertretung,
- Sprecherausschuss für Leitende.

02. Unter welchen Voraussetzungen können Betriebsräte gewählt werden?

In Betrieben mit in der Regel mindestens fünf ständig wahlberechtigten Arbeitnehmern, von denen drei wählbar sind, werden Betriebsräte gewählt (§ 1 BetrVG).

03. Wer ist wahlberechtigt und wer ist wählbar?

Wahlberechtigt sind alle Arbeitnehmer, die das 18. Lebensjahr vollendet haben. *Wählbar* sind alle Wahlberechtigten, die dem Betrieb sechs Monate angehören (§ 7 BetrVG).

Die Initiative zur erstmaligen BR-Wahl kann ausgehen

- von drei wahlberechtigten Arbeitnehmern oder
- einer im Betrieb vertretenen Gewerkschaft.

04. Wie setzt sich der Betriebsrat zahlenmäßig zusammen?

Der Betriebsrat besteht nach § 9 BetrVG in Betrieben mit in der Regel 5 - 20 wahlberechtigten Arbeitnehmern aus einer Person, bei 21 - 50 wahlberechtigten Arbeitnehmern aus 3 Mitgliedern, bei 51 - 100 aus 5 Mitgliedern und steigt bei einer Beschäftigtenzahl von 7.001 bis 9.000 Arbeitnehmern auf 35 Mitglieder. Diese Zahl erhöht sich je angefangene weitere 3.000 Arbeitnehmer um 2 Mitglieder.

05. Wie lange dauert die Amtszeit des Betriebsrates?

Die Amtszeit des Betriebsrats dauert *vier Jahre*.

06. Wann finden Betriebsratswahlen statt?

Die regelmäßigen Betriebsratswahlen finden alle vier Jahre in der Zeit vom 1. März bis 31. Mai statt (§ 13 BetrVG).

07. Welche Grundsätze gelten für die Zusammenarbeit zwischen Arbeitgeber und Betriebsrat?

Arbeitgeber und Betriebsrat sollen mindestens einmal im Monat zu einer Besprechung zusammentreten. Sie haben über strittige Fragen mit dem ernsten Willen zur Einigung zu verhandeln und Vorschläge für die Beilegung von Meinungsverschiedenheiten zu machen. Es gilt generell der Grundsatz der vertrauensvollen Zusammenarbeit (§ 74 BetrVG).

08. Welche Geheimhaltungspflicht besteht für Mitglieder des Betriebsrates?

Die Mitglieder und Ersatzmitglieder des Betriebsrats sind verpflichtet, Betriebs- oder Geschäftsgeheimnisse, die ihnen wegen ihrer Zugehörigkeit zum Betriebsrat bekannt geworden und die vom Arbeitgeber ausdrücklich als geheimhaltungsbedürftig bezeichnet worden sind, nicht zu offenbaren und nicht zu verwerten (§ 79 BetrVG).

09. Wie führen die Betriebsräte ihre Tätigkeit aus?

Die Mitglieder des Betriebsrats führen ihr Amt unentgeltlich als Ehrenamt. Mitglieder des Betriebsrats sind von ihrer beruflichen Tätigkeit ohne Minderung des Arbeitsentgelts zu befreien, sofern dies zur ordnungsgemäßen Durchführung ihrer Aufgaben erforderlich ist (§ 37 BetrVG).

10. Darf der Betriebsrat Sprechstunden abhalten?

Der Betriebsrat kann während der Arbeitszeit Sprechstunden einrichten. Ort und Zeit sind mit dem Arbeitgeber zu vereinbaren (§ 39 BetrVG).

11. Wer trägt die Kosten des Betriebsrats?

Der Arbeitgeber trägt die Kosten für die Tätigkeit des Betriebsrats (§ 40 BetrVG).

12. Wann können betriebliche Jugend- und Auszubildendenvertretungen gebildet werden und was ist deren Aufgabe?

In Betrieben mit in der Regel mindestens fünf Arbeitnehmern, die das 18. Lebensjahr noch nicht vollendet haben oder die zu ihrer Berufsausbildung beschäftigt sind und das 25. Lebensjahr noch nicht vollendet haben, werden Jugend- und Auszubildendenvertretungen gewählt. Wählbar sind alle Arbeitnehmer, die das 25. Lebensjahr noch nicht vollendet haben.

Aufgabe der Jugend- und Auszubildendenvertretungen ist es, Maßnahmen, die den jugendlichen Arbeitnehmern oder den Auszubildenden dienen und insbesondere Fragen der Berufsbildung, beim Betriebsrat zu beantragen und darüber zu wachen, dass die für den Personenkreis geltenden Gesetze, Verordnungen, Unfallverhütungsvorschriften, Tarifverträge und Betriebsvereinbarungen durchgeführt werden (§ 70 BetrVG).

13. Was ist die Aufgabe der Betriebsversammlung?

Die Betriebsversammlung ist *eine nicht öffentliche Versammlung der Arbeitnehmer* des Betriebs, die von dem Betriebsratsvorsitzenden geleitet wird. Außer den Arbeitnehmern des Betriebs können auch Beauftragte der im Betrieb vertretenen Gewerkschaften an allen Betriebsversammlungen teilnehmen. In der Betriebsversammlung dürfen alle Fragen und Angelegenheiten behandelt werden, die den Betrieb oder seine Arbeitnehmer berühren.

14. Was ist die Aufgabe des Wirtschaftsausschusses?

Der Wirtschaftsausschuss hat die Aufgabe, wirtschaftliche Angelegenheiten mit dem Arbeitgeber zu beraten und den Betriebsrat zu unterrichten. Die Unterrichtspflicht erstreckt sich auf alle wirtschaftlichen Probleme und erfordert die Beifügung aller erforderlichen Unterlagen sowie die Darstellung der Auswirkungen auf die Personalplanung, soweit sich nicht eine Gefährdung des Betriebs- oder Geschäftsgeheimnisses ergibt (§§ 106 ff. BetrVG).

15. Welche Angelegenheiten sind vom Wirtschaftsausschuss zu beraten?

1. Die wirtschaftliche und finanzielle Lage des Unternehmens;
2. die Produktions- und Absatzlage;
3. das Produktions- und Investitionsprogramm;
4. Rationalisierungsvorhaben;
5. Fabrikations- und Arbeitsmethoden, insbesondere die Einführung neuer Arbeitsmethoden;
6. die Einschränkung oder Stilllegung von Betrieben oder Betriebsteilen;
7. der Zusammenschluss von Betrieben;
8. die Verlegung von Betrieben oder Betriebsteilen;

9. die Änderung der Betriebsorganisation oder des Betriebszwecks sowie
10. sonstige Vorgänge und Vorhaben, welche die Interessen der Arbeitnehmer des Unternehmens wesentlich berühren können (§ 106 BetrVG).

16. Welche (Zahlen-)Angaben des BetrVG soll der Industriemeister zum Wahlverfahren kennen?

Stichwort	Inhalt		BetrVG
Errichtung von BR	mindestens fünf wahlberechtigte AN, von denen drei wählbar sind		§ 1
Wahlberechtigt	sind alle AN, die das 18. Lj. vollendet haben		§ 7
Wählbar	sind alle Wahlberechtigten, die dem Betrieb sechs Monate angehören		§ 8
BR, Zusammensetzung	Arbeitnehmer (wahlberechtigt)	BR-Mitglieder	§ 9
	5 bis 20	1	
	21 bis 50	3	
	51 bis 100	5	
	101 bis 200	7	
	usw., vgl. § 9 BetrVG	...	
BR-Wahlen	alle vier Jahre, 1. März bis 31. Mai		§ 13
Betriebsausschuss	bei neun oder mehr BR-Mitgliedern		§ 27
Freistellung der BR-Mitglieder	Arbeitnehmer	freigestellte BR-Mitglieder	§ 38
	200 bis 500	1	
	501 bis 900	2	
	901 bis 1.500	3	
	usw., vgl. § 38 BetrVG	...	
Betriebsversammlung	einmal in jedem Kalendervierteljahr		§ 43
Jugend- und Auszubildendenvertretung	bei mindestens fünf Jugendlichen oder Auszubildenden, die das 25. Lebensjahr noch nicht vollendet haben		§ 60
- Amtszeit	- zwei Jahre		§ 64
- Zeitraum	- 1. Okt. bis 30. Nov.		§ 64
Einigungsstelle	gleiche Anzahl von Beisitzern für BR und AG + ein unparteiischer Vorsitzender		§ 76
Schutz Auszubildender	Übernimmt ein AG einen Auszubildenden nicht in ein unbefristetes AV, so hat er dies drei Monate vor Beendigung der Ausbildung mitzuteilen		§ 78a
Wirtschaftsausschuss	ist in Betrieben mit mehr als 100 AN zu bilden		§ 106
- Anzahl	- mindestens 3/höchsten 7 Mitglieder (inkl. 1 BR)		§ 107
- Sitzungen	- einmal monatlich		
Strafvorschriften	i. d. R. Freiheitsstrafe bis zu einem Jahr oder Geldstrafe		§§ 119 ff.

1.2.3 Grundlagen der Arbeitsgerichtsbarkeit

01. Für welchen Aufgabenbereich sind die Arbeitsgerichte zuständig?

Nach der Gerichtsverfassung hat jedes Gericht eine bestimmte Funktion zugewiesen bekommen. Nur innerhalb dieses Aufgabenbereichs kann es angerufen und tätig werden. Die Gerichte für Arbeitssachen sind aus der ordentlichen Gerichtsbarkeit ausgegliedert und tragen mit ihrer sachlichen und ausschließlichen Rechtsentwicklung in der Herausbildung des Sonderrechts für die Arbeitnehmer Rechnung.

02. Für welche Sachverhalte sind die Arbeitsgerichte zuständig?

Gemäß § 2 ArbGG gehören u. a. zur Zuständigkeit der Arbeitsgerichte:
- Rechtsstreitigkeiten zwischen Tarifvertragsparteien über tarifrechtliche Fragen.
- Rechtsstreitigkeiten zwischen Arbeitnehmern und Arbeitgebern aus dem Arbeitsverhältnis.
- Rechtsstreitigkeiten zwischen Arbeitnehmern aus gemeinsamer Arbeit aus unerlaubten Handlungen, soweit diese mit dem Arbeitsverhältnis im Zusammenhang stehen.
- Tariffähigkeit von Vereinigungen.

03. Welche Vorschriften gelten für Verfahren vor Arbeitsgerichten?

Es gelten für das Verfahren vor Arbeitsgerichten grundsätzlich die Vorschriften der Zivilprozessordnung über das Verfahren vor Amtsgerichten.

Daneben bestehen folgende Besonderheiten:
- Die mündliche Verhandlung beginnt mit einer *Güteverhandlung* vor dem Vorsitzenden allein. An die Stelle der Güteverhandlung tritt bei Streitigkeiten zwischen Ausbildenden und Auszubildenden aus einem bestehenden Ausbildungsverhältnis die Verhandlung vor einem *Schlichtungsausschuss der zuständigen Stelle* (z. B. IHK). Führt die Güteverhandlung bzw. die Schlichtungsverhandlung zu keiner Einigung, so wird der Rechtsstreit vor der Kammer des Arbeitsgerichts weiterverhandelt.
- *Beschleunigungsgrundsatz* im Urteilsverfahren (z. B. Vorrangigkeit von Kündigungsverfahren).
- *Beibringungsgrundsatz* (keine Beweiserhebung von Amts wegen; das Gericht entscheidet aufgrund der vorgetragenen Sachlage).

04. Was sind typische Streitfälle, die vor Arbeitsgerichten verhandelt werden?

- *Ansprüche des Arbeitnehmers* auf:
  - den Arbeitsverdienst oder auf Zulagen,
  - Erteilung eines Zeugnisses,
  - Aushändigung der Arbeitspapiere.
- *Ansprüche des Arbeitgebers* auf:
  - Rückzahlung zu viel gezahlten Lohns,
  - Herausgabe von Geräten und Werkzeugen,

1.2 Vorschriften des Betriebsverfassungsgesetzes

  - Zahlung von Vertragsstrafen,
  - Schadensersatz.

- *Streitigkeiten zwischen Arbeitgeber und Arbeitnehmer:*
  - über das Bestehen oder Nichtbestehen eines Arbeitsverhältnisses,
  - aus Vorverhandlungen über den Abschluss eines Arbeitsverhältnisses,
  - aus den Nachwirkungen eines Arbeitsverhältnisses,
  - über die Zahlung von Altersruhegeld,
  - in Verbindung mit Wettbewerbsklauseln.

05. Wie ist die Zuständigkeit der verschiedenen Instanzen geregelt?

Gerichte	Besetzung	Zuständigkeit
Arbeitsgericht 1. Instanz Der Bezirk deckt sich oft mit dem Bezirk der Arbeitsagentur, jedoch gelegentlich auch mit dem Amtsgerichtsbezirk.	1 Vorsitzender (Berufsrichter) und 2 Ehrenamtliche Schöffen (Laienrichter, paritätische Besetzung)	Güteverfahren und Kammertermin. Die Arbeitsgerichte sind in erster Instanz allein zuständig für **alle Arbeitssachen** ohne Rücksicht auf den Streitwert und die Natur der Streitigkeiten.
Landesarbeitsgericht 2. Instanz Der Bezirk deckt sich mit den Ländergrenzen.	1 Vorsitzender (Berufsrichter) und 2 Ehrenamtliche Schöffen (Laienrichter, paritätische Besetzung)	Die Landesarbeitsgerichte sind zuständig für **Berufungen** gegen Urteile der Arbeitsgerichte sowie **Beschwerden** gegen Beschlüsse der Arbeitsgerichte. Die Berufung ist u. a. zulässig, wenn der vom Arbeitsgericht festgesetzte Streitwert den Betrag von 600 € übersteigt oder die Berufung wegen der grundsätzlichen Bedeutung der Rechtssache durch das Arbeitsgericht zugelassen worden ist. Die Berufungsfrist und die Frist für die Berufungsbegründung betragen je einen Monat (§§ 64 ff. ArbGG). Das Landesarbeitsgericht hat die Revision zuzulassen, wenn - die Rechtssache grundsätzliche Bedeutung hat oder - ein Fall der sog. Divergenz (Abweichung von Gerichtsentscheidungen) vorliegt. Die Frist zur Einlegung der Revision beträgt einen Monat, die Frist einer Begründung der Revision einen weiteren Monat, wobei eine nochmalige Verlängerung der Begründungsfrist um einen weiteren Monat möglich ist.
Bundesarbeitsgericht 3. Instanz Es hat die Zuständigkeit für das gesamte Bundesgebiet. Der Sitz ist Erfurt.	1 Vorsitzender (Berufsrichter) und 2 Ehrenamtliche Schöffen (Laienrichter, paritätische Besetzung)	Das Bundesarbeitsgericht behandelt in erster Linie **Revisionen** gegen Urteile der Landesarbeitsgerichte. Die Revision ist zulässig, wenn sie entweder durch das Landesarbeitsgericht oder durch das Bundesarbeitsgericht zugelassen worden ist. Der Große Senat entscheidet, wenn ein Senat in einer Rechtsfrage von der Entscheidung eines anderen Senats oder des Großen Senats abweichen will.

06. Was versteht man unter einer Sprungrevision?

Sprungrevision bedeutet Einlegung der Revision beim Bundesarbeitsgericht gegen ein Urteil des Arbeitsgerichts unter Übergehung des Landesarbeitsgerichts. Diese Möglichkeit ist nur unter bestimmten Voraussetzungen gegeben (§ 76 ArbGG).

07. Wie kann eine Klage beim Arbeitsgericht erhoben werden?

Eine Klage beim Arbeitsgericht kann *in Schriftform* durch Zustellung erhoben oder bei der Geschäftsstelle des Arbeitsgerichts *mündlich zu Protokoll* gegeben oder auch an ordentlichen Gerichtstagen unmittelbar *durch mündlichen Vortrag* erhoben werden.

08. Welchen Inhalt muss eine Klageschrift haben?

Der Inhalt einer Klageschrift muss die nachstehenden Bestandteile enthalten (vgl. auch 1.1.4/ Frage 17):

- die Bezeichnung der Parteien und des Gerichts,
- die bestimmte Angabe des Gegenstands und den Grund der Klage,
- einen bestimmten Antrag.

09. Welche Klagearten werden unterschieden?

Man unterscheidet:

Kündigungsschutz-klage	bei der geltend gemacht wird, dass eine Kündigung sozial nicht gerechtfertigt ist.
Feststellungsklage	bei der es um die Feststellung eines Rechtsverhältnisses geht (z. B. Feststellung, dass das Arbeitsverhältnis durch eine Kündigung nicht aufgehoben wurde) bzw. Klage auf Feststellung, dass das KSchG keine Anwendung findet.
Leistungsklage	bei der die Verurteilung des Gegners zu einer Leistung angestrebt wird (z. B. Lohnzahlung).
Änderungsschutz-klage	bei der Klage gegen eine Änderungskündigung.
Beschlussverfahren	bei Angelegenheiten aus dem BetrVG.

10. Wie wird bei Einreichung der Klage verfahren?

1. Es erfolgt die Einreichung der Klageschrift beim Arbeitsgericht.
2. Der Vorsitzende setzt einen Termin fest.
3. Die Klageschrift wird dem Beklagten zugestellt.

11. Wie ist der Ablauf einer Güteverhandlung?

Der Vorsitzende hat zum Zweck der mündlichen Verhandlung *zuerst eine Güteverhandlung* abzuhalten. In der Güteverhandlung sollen sich die Parteien gütlich einigen; dabei soll der Vorsitzende mit den Parteien unter freier Würdigung aller Umstände den Rechtsstreit erörtern. Er kann zur Aufklärung des Sachverhalts alle Handlungen vornehmen, die sofort erfolgen können.

12. Was kann das Ergebnis einer Güteverhandlung sein?

- Die Parteien einigen sich; es wird ein *Vergleich* abgeschlossen, der den Rechtsstreit beendet.
- Die Parteien einigen sich darauf, *dass der Vorsitzende ohne Beisitzer* entscheidet.

Die Entscheidung des Rechtsstreits *durch den Vorsitzenden allein* ist nur dann zulässig, wenn das Urteil ohne streitige Verhandlung aufgrund

- eines Versäumnisses,
- eines Anerkenntnisses,
- einer Zurücknahme der Klage,
- eines Verzichts einer Partei

ergeht oder wenn die Entscheidung in der an die Güteverhandlung sich anschließenden Verhandlung erfolgen kann und wenn die Parteien diese Entscheidung durch den Vorsitzenden allein übereinstimmend beantragen und wenn ferner dieser Antrag in die Verhandlungsniederschrift aufgenommen worden ist.

13. Wie verläuft eine streitige Verhandlung?

Der Kläger trägt seinen bereits in der Klageschrift enthaltenen *Antrag* nochmals vor und beantragt die entsprechende Verurteilung des Gegners. Der Beklagte gibt seine *Einwendungen* gegen die Klageforderungen bekannt und beantragt erfahrungsgemäß die Abweisung der Forderungen des Gegners. Danach zieht sich das Gericht, wenn es zuvor evtl. noch *Zeugen* vernommen und sonstige Einwendungen geprüft hat, zur Beratung zurück und formuliert die zu treffende Entscheidung und gibt anschließend das Urteil bekannt.

14. Welche Sachverhalte werden im Urteil genannt?

Im Urteil und in der Urteilsbegründung wird all das, was das Gericht aufgrund der Verhandlung als erwiesen ansieht, deutlich. Das Urteil kann ein *Endurteil* sein, wenn über die ganze Klage entschieden ist, oder ein *Teilurteil*, wenn nur ein Teil des Rechtsstreits erledigt wird. Im letzteren Fall ist bei der Streitwertfestsetzung nur derjenige Teil des Anspruchs zu Grunde zu legen, der durch das Urteil erledigt ist und nicht der ganze Anspruch. Im Übrigen ist der Wert mehrerer Ansprüche zusammenzurechnen, wenn sie gemeinsam eingeklagt werden, und es ist ein Gesamtstreitwert festzusetzen.

Im Einzelnen enthält das Urteil folgende Angaben:

- die Entscheidung über den streitigen Anspruch,
- die Festsetzung der Kosten,

- den Streitwert,
- die Festsetzung einer Entschädigung für den Fall der Missachtung des Urteils,
- die Entscheidung über die Zulassung der Berufung.

Das Urteil muss die Rechtslage zutreffend wiedergeben und ist von Amts wegen zuzustellen. Das Urteil des Arbeitsgerichts ist im Gegensatz zu den Urteilen der Amtsgerichte ohne Weiteres vollstreckbar.

15. Wie sind die Kosten bei Arbeitsgerichtsverfahren geregelt?

- Für die *Gerichtskosten* gilt:
  - Wer den Prozess verliert, zahlt die Gerichtsgebühren.
  - Wer den Prozess gewinnt, zahlt keine Gerichtsgebühren.
  - Wer den Prozess teilweise gewinnt und teilweise verliert, zahlt Gerichtsgebühren in dem Verhältnis, in dem er gewonnen bzw. verloren hat.
  - Wenn es zu einer gütlichen Einigung kommt, z. B. Vergleich, so verzichtet die Staatskasse auf die Erhebung von Gerichtskosten.
  - Die Höhe der Gerichtskosten richtet sich nach dem Streitwert. Er beträgt z. B. bei einem Streit um
    - die Wirksamkeit einer Kündigung   1 Quartalsgehalt
    - die Wirksamkeit einer Befristung   1 Quartalsgehalt
    - die Berechtigung einer Abmahnung   1 Monatsgehalt
    - die Pflicht zur Zeugniserteilung   1 Monatsgehalt
    - die Pflicht zur Zeugniskorrektur   1 Monatsgehalt
  - Das Arbeitsgericht verlangt – anders als zum Beispiel das Amts- oder Landgericht in einer zivilrechtlichen Angelegenheit – keine „Vorkasse", sondern erbringt eine zunächst einmal gebührenfreie Vorleistung.

- Für die *Anwaltskosten* gilt:
  - In der 1. Instanz besteht kein Vertretungszwang. Lässt man sich trotzdem anwaltlich vertreten, so muss man die Kosten des Anwalts selbst tragen – unabhängig davon, wer gewinnt oder verliert (§ 12a ArbGG).
  - In der 2. und 3. Instanz besteht Vertretungspflicht.
  - Die Gebühren des Anwalts richten sich nach dem Streitwert. So erhält er z. B. für die Erhebung der Klage eine Verfahrensgebühr in Höhe des 1,3fachen einer Gebühr, für die Terminswahrnehmung vor Gericht eine weitere Gebühr, die Terminsgebühr in Höhe des 1,2fachen einer Gebühr.

Beispiel: Klage auf Zahlung von 5.000 €, Erledigung durch streitiges Urteil

Gebührentatbestand	Gegenstandswert	Gebühr
1,3 Verfahrensgebühr	5.000,00 €	391,30 €
1,2 Terminsgebühr	5.000,00 €	361,20 €
Porto- und Kommunikationspauschale		20,00 €
Zwischensumme		772,50 €
19 % USt		146,78 €
Endbetrag		919,28 €

Man kann daran erkennen, dass die anwaltlichen Gebühren bei einem Prozess vor dem Arbeitsgericht vergleichsweise gering sind.

1.2.4 Grundzüge der Sozialgerichtsbarkeit

01. Wie ist die Sozialgerichtsbarkeit geregelt?

Das Sozialgerichtsverfahren ist ein besonderes *Verwaltungsgerichtsverfahren*. Die Sozialgerichte werden tätig in Angelegenheiten der Sozialversicherung, ferner in der Kriegsopferversorgung, der Soldatenversorgung, im Bundesgrenzschutz, Zivildienst, bei Impfschäden, der Häftlingshilfe sowie beim Kindergeld.

Die Klagen werden von Versicherten, Arbeitgebern oder Versicherungsträgern eingereicht, wenn sie Ansprüche auf Sozialleistungen durchsetzen oder Verwaltungsakte der Behörden anfechten wollen. Den Sozialgerichtsverfahren geht ein *außergerichtliches Vorverfahren* (*Widerspruchsverfahren*) voraus, um die Rechtmäßigkeit und Zweckmäßigkeit der Entscheidung des jeweiligen Sozialversicherungsträgers zu überprüfen. Die Sozialversicherungsträger treffen ihre Entscheidungen durch einen Verwaltungsakt, der im Widerspruchsverfahren vor der Inanspruchnahme der Sozial- oder Verwaltungsgerichte überprüft wird.

02. Wie ist die Sozialgerichtsbarkeit aufgebaut?

Gerichte	Besetzung	Zuständigkeit
Sozialgerichte 1. Instanz	1 Vorsitzender (Berufsrichter) 2 Ehrenamtliche Richter (paritätische Besetzung)	Die *örtliche Zuständigkeit* der Sozialgerichte wird durch den Wohnsitz des Klägers oder des Versicherten bestimmt. Die *sachliche Zuständigkeit* richtet sich nach dem Streitgegenstand. Die Sozialgerichte entscheiden über öffentlich-rechtliche Streitigkeiten in Angelegenheiten der Sozialversicherung, der Arbeitslosenversicherung und der übrigen Aufgaben der Bundesanstalt für Arbeit und Sozialordnung sowie über Rechtsstreitigkeiten zwischen Ärzten, Zahnärzten und Krankenkassen aus dem Kassenarztrecht und über öffentlich-rechtliche Streitigkeiten aufgrund des Entgeltfortzahlungsgesetzes.
Landessozialgerichte 2. Instanz	1 Vorsitzender (Berufsrichter) 2 Ehrenamtliche Richter (paritätische Besetzung) 2 Berufsrichter	Sie entscheiden über die **Berufung** (gegen Urteile der 1. Instanz). Bei den Landessozialgerichten, die in zweiter Instanz über die Berufungen gegen die Urteile und über Beschwerden gegen andere Entscheidungen der Sozialgerichte entscheiden, sind Senate für bestimmte sozialrechtliche Bereiche gebildet worden.
Bundessozialgericht 3. Instanz	1 Vorsitzender (Berufsrichter) 2 Ehrenamtliche Richter (paritätische Besetzung) 2 Berufsrichter	Das Bundessozialgericht entscheidet in dritter Instanz über die Rechtsmittel der **Revision** sowie über Beschwerden gegen die Nichtzulassung der Revision. Es bestehen ebenfalls Senate für die verschiedenen sozialrechtlichen Bereiche.

03. Welche Besonderheiten bestehen beim Aufbau der Sozial- und Landessozialgerichte?

Die *ehrenamtlichen Richter* werden von der Landesregierung aufgrund von Vorschlagslisten der Gewerkschaften und der Arbeitgeberverbände, der Kassenärztlichen Vereinigungen und von den Zusammenschlüssen der Krankenkassen berufen. In den Kammern für Angelegenheiten der Sozialversicherung werden je ein ehrenamtlicher Richter aus dem Kreis der Versicherten und der Arbeitgeber beteiligt, in den Kammern für Angelegenheiten des Kassenarztrechts wirkt je ein ehrenamtlicher Richter aus den Kreisen der Krankenkassen und der Kassenärzte mit.

04. Welche Klagearten sind vor Sozialgerichten möglich?

Anfechtungsklage	Sie zielt auf die Aufhebung oder Änderung eines Verwaltungsaktes ab.
Verpflichtungsklage	Sie richtet sich gegen die Untätigkeit eines Sozialleistungsträgers.
Nichtigkeitsklage	Sie zielt auf die Nichtigkeit eines Verwaltungsaktes.
Leistungsklage	Sie ist auf die Gewährung einer bestimmten Leistung gerichtet.
Ersatzleistungsklage	Sie betrifft Streitigkeiten zwischen Sozialleistungsträgern.
Aufsichtsklage	Mit dieser Klage wendet sich ein Sozialleistungsträger gegen Maßnahmen der Aufsichtsbehörde.

1.3 Rechtliche Bestimmungen der Sozialversicherung, der Entgeltfindung sowie der Arbeitsförderung

1.3.1 Grundlagen der Sozialversicherung

01. Welche Zweige der gesetzlichen Sozialversicherung gibt es?

Die Zweige der gesetzlichen Sozialversicherung finden sich nunmehr vollständig im Sozialgesetzbuch (SGB). Es enthält folgende Teile:

1.	SGB I	Allgemeiner Teil		7.	SGB VII	**Gesetzliche Unfallversicherung**
2.	SGB II	Grundsicherung für Arbeitssuchende		8.	SGB VIII	Kinder- und Jugendhilfe
3.	SGB III	**Arbeitsförderung**		9.	SGB IX	**Rehabilitation und Teilhabe behinderter Menschen**
4.	SGB IV	Gemeinsame Vorschriften				
5.	SGB V	**Gesetzliche Krankenversicherung**		10.	SGB X	Sozialverwaltungsverfahren
				11.	SGB XI	**Soziale Pflegeversicherung**
6.	SGB VI	**Gesetzliche Rentenversicherung**		12.	SGB XII	Sozialhilfe

1.3 Rechtliche Bestimmungen der Sozialversicherung, der Entgeltfindung und Arbeitsförderung

02. Wie ist die Selbstverwaltung in der Sozialversicherung gestaltet?

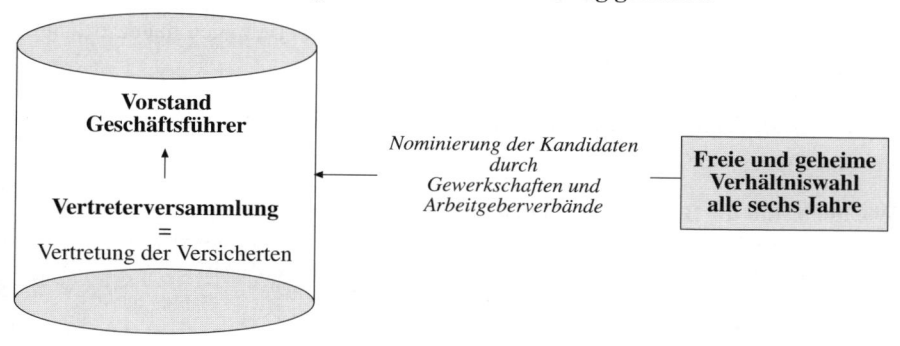

Vorstand Geschäftsführer
↑
Vertreterversammlung
=
Vertretung der Versicherten

Nominierung der Kandidaten durch Gewerkschaften und Arbeitgeberverbände

Freie und geheime Verhältniswahl alle sechs Jahre

03. Wie erfolgt die Aufsicht über die Sozialversicherung?

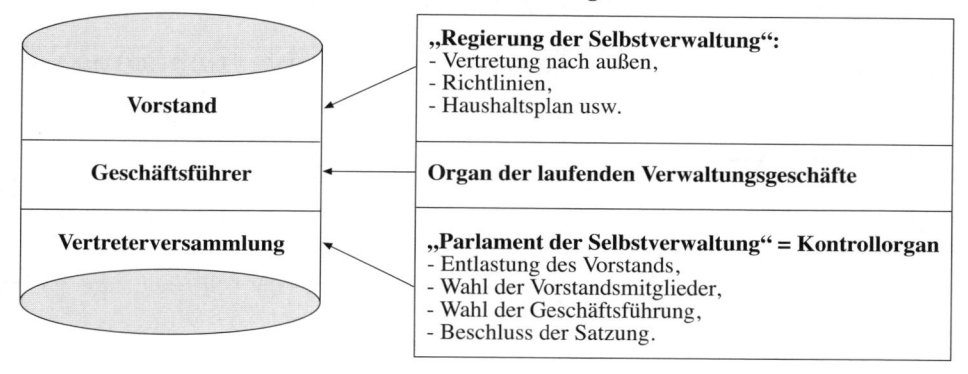

Vorstand	„Regierung der Selbstverwaltung": - Vertretung nach außen, - Richtlinien, - Haushaltsplan usw.
Geschäftsführer	Organ der laufenden Verwaltungsgeschäfte
Vertreterversammlung	„Parlament der Selbstverwaltung" = Kontrollorgan - Entlastung des Vorstands, - Wahl der Vorstandsmitglieder, - Wahl der Geschäftsführung, - Beschluss der Satzung.

04. Wer ist Träger der Sozialversicherung?

Träger	Zweig der Sozialversicherung
Krankenkassen Orts-, Betriebs-, Innungskrankenkassen und Ersatzkassen, Rentenversicherung Knappschaft-Bahn-See	Gesetzliche Krankenversicherung (GKV) Private Krankenversicherung (PKV)
Bundesagentur für Arbeit (BA)	Arbeitsförderung und Arbeitslosenversicherung
Berufsgenossenschaften (BG)	Gesetzliche Unfallversicherung
Deutsche Rentenversicherung	Gesetzliche Rentenversicherung
Pflegekassen	Gesetzliche Pflegeversicherung (bei jeder Krankenkasse existiert eine Pflegekasse – auch bei der PKV)
Bundesknappschaft	Knappschaftliche Versicherung (Minijob) – umfasst die Kranken- und die Rentenversicherung.

05. Wie wird die Sozialversicherung finanziert?

- Die Zweige der Sozialversicherung werden überwiegend aus Beiträgen finanziert; zum Teil auch aus Steuermitteln (z. B. Arbeitslosenversicherung).
- Die Beiträge werden von Arbeitnehmern und Arbeitgebern getragen.
- Die Beiträge zur Unfallversicherung trägt der Arbeitgeber allein.

06. Wie hoch sind die Beitragssätze in 2014/2015?

Kostenart der Personalzusatzkosten	Jahr	Summe	AG-Beitrag	AN-Beitrag	Kommentar
Rentenversicherung (RV)	2014	18,9 %	9,45 %	9,45 %	
Gesetzliche Krankenversicherung (GKV)	2014 2015	15,5 % 14,6 %	7,3 % 7,3 %	8,2 % 7,3 %	2015: Sonderbeitrag für AN entfällt.
Arbeitslosen-versicherung (AV)	2014	3,0 %	1,5 %	1,5 %	
Pflegeversicherung	2014[1)]	2,05 %	1,025 %	1,025 %	0,25 % für kinderlose Ehepaare
Gesetzliche Unfallversicherung (UV)	–	1,6 %	1,6 %	–	je nach Unfallrisiko
Umlage U1, Aufwandsausgleichsgesetz				–	je nach Satzung der Krankenkasse
Umlage U2, Mutterschaftsgeld				–	
Umlage U3, Insolvenzgeld	Jan. 3013		0,15 %	–	
Urlaubsentgelt, BUrlG				–	
Summe			rd. 21 %		

07. Welche Beitragsbemessungsgrenzen gelten in der Renten- und Arbeitslosenversicherung in 2012?

SV-Zweig	Alte Bundesländer monatlich (jährlich)	Neue Bundesländer monatlich (jährlich)
RV, AV	5.950 € (71.400 €)	5.000 (60.000 €)
KV, PV	4.050 € (48.600 €)	

[1)] CDU und SPD wollen den Beitragssatz der Pflegeversicherung erhöhen. **Der Beitragssatz soll spätestens ab 2015 um 0,2 Prozentpunkte steigen.** In einem zweiten Schritt soll der Beitrag um weitere 0,2 Prozentpunkte steigen. Bitte informieren Sie sich über die Entwicklung in 2015.

1.3.2 Ziele und Aufgaben der gesetzlichen Krankenversicherung

01. Welche Merkmale gelten für die gesetzliche Krankenversicherung (KV, SGB V)?

Die Krankenversicherung erstattet für die Versicherten die Kosten (voll oder teilweise) für die Verhütung, Früherkennung und Behandlung bei Erkrankungen und bei Mutterschaft. In Deutschland gibt es zwei Arten von Krankenversicherungen: die Gesetzliche Krankenversicherung (GKV) und die Private Krankenversicherung (PKV).

- Die gesetzliche Krankenversicherung
  - ist nach folgenden Prinzipien organisiert: Sachleistungs-, Kosten-, Selbstverwaltungs-, Solidaritätsprinzip und Prinzip der gegliederten Kassenarten,
  - ist Auskunftsstelle für alle sozialen Angelegenheiten des SGB,
  - übernimmt das Meldewesen der Sozialdaten und den Einzug der Gesamt-SV-Beiträge,
  - entscheidet über Versicherungspflicht und Beitragshöhe in der SV,
  - erstattet ggf. AG-Aufwendungen bei Entgeltfortzahlung an kleinere Betriebe,
  - unterliegt hinsichtlich der Kassenwahl der Wahlfreiheit.

- Eine Krankenversicherungspflicht
  - besteht für alle Arbeitnehmer,
  - Bezieher von Erwerbsersatzeinkünften (ALG I, II; Rente, Krankengeld, Studierende)
  - bestimmte Familienangehörige von Pflichtversicherten (Familienversicherung).

- Versicherungsfrei und damit nicht pflichtversichert sind nach § 6 SGB V:
  - alle Arbeitnehmer, deren jährliches Entgelt die Jahresarbeitsentgeltgrenze übersteigt. Diese Personen haben die Möglichkeit sich freiwillig in der gesetzlichen Krankenversicherung zu versichern.
  - Beamte, Selbstständige und geringfügig Beschäftigte
  - u. a.

- *Gesundheitsfond:*
  Die Beiträge der Mitglieder werden über die Krankenkassen an den Gesundheitsfonds weitergeleitet. Dieser verteilt die Beitragseinnahmen in Form von Zuweisungen an die einzelnen Krankenkassen. Die Höhe der Zuweisung richtet sich hauptsächlich nach Alter und Morbidität (Krankheitszustand) der Versicherten einer Krankenkasse. Die früher vorhandene paritätische Finanzierung zwischen Arbeitgeber und Arbeitnehmer wurde mit der Einführung eines Sonderbeitrags aufgehoben.

- *Zusatzbeiträge:*
  Mit der Verabschiedung des GKV-Wettbewerbsstärkungsgesetzes wurden die Krankenkassen in die Lage versetzt, Zusatzbeiträge von Ihren Mitgliedern zu erheben. Die Zusatzbeiträge dienen neben den Zuweisungen durch den Gesundheitsfonds zur Finanzierung der Ausgaben der gesetzlichen Krankenkassen.

- *Prämie:*
  Krankenkassen können Ihren Mitgliedern auch Prämien ausschütten, wenn hierfür ausreichend finanzielle Mittel zur Verfügung stehen.

- *Zuzahlungen:*
  Für die Inanspruchnahme von Gesundheitsleistungen haben die Versicherten in bestimmten Bereichen Zuzahlungen zu leisten: die Zuzahlung im Krankenhaus (10 € pro Tag für max. 28 Tage) und die Zuzahlung bei rezeptpflichtigen Arzneimitteln. Seit 01.01.2013 ist die Praxisgebühr ersatzlos entfallen.

- **Bürgerentlastungsgesetz:**
  Die vom Versicherten getragenen Beiträge zur KV können unbegrenzt als Sonderausgaben die steuerliche Bemessungsgrundlage mindern.

- Männer und Frauen müssen nur noch einheitliche Beiträge für Krankenversicherungen bezahlen (so genannte Unisex-Tarife für Neukunden; vgl. EuGH).

- **Aufgaben:**
  - Leistungen zur Krankheitsverhütung (Aufklärung, Beratung, Früherkennung)
  - Leistungen bei Krankheit (ärztliche/zahnärztliche Versorgung, häusliche Krankenpflege, Versorgung mit Arznei- und Hilfsmitteln)
  - Leistungen bei Mutterschaft (Schwangerschaft, Abbruch der Schwangerschaft, Mutterschaftshilfe)
  - Leistungen der Rehabilitation im Anschluss an eine Erkrankung
  - Kinderuntersuchungen zur Früherkennung.

- **Reform der GKV für 2015:**
  Anfang 2015 wird der Beitrag zur GKV auf 14,6 % gesenkt. Der Sonderbeitrag von 0,9 % für Arbeitnehmer entfällt. Die Kassen können zukünftig einkommensabhängige Zusatzbeiträge verlangen, wenn sie mit den Zuweisungen aus dem Gesundheitsfond nicht auskommen. Künftig entfällt die Möglcihkeit der Kassen, Prämien an ihre Versicherten zu zahlen.

Überblick:

Merkmale der gesetzlichen Krankenversicherung (GKV)	
Träger	Ortskrankenkassen, Betriebskrankenkassen, Innungskrankenkassen, Landwirtschaftliche Krankenkassen, Ersatzkassen, Rentenversicherung Knappschaft-Bahn-See
Beiträge	• Arbeitgeber zahlen 7,3 % (Stand: 2013/2014) • Arbeitnehmer/Rentner zahlen 8,2 % (inkl. 0,9 % Arbeitnehmerzuschlag für Zahnersatz) • zzgl. einem steuerfinanzierten Zuschuss • ggf. Zusatzbeiträge
Sätze	**15,5 %** der Beitragsbemessungsgrenze; Zuzahlungen nach § 61 SGB V (zum Arzneimittelpreis, bei Krankenhausaufenthalten)
Leistungen	Verhütung, Früherkennung und Behandlung von Krankheiten, Empfängnisverhütung, Sterilisation, Schwangerschaftsabbruch, Kostenerstattung, Krankengeld, Vorsorgeleistungen, häusliche Krankenpflege, Reha-Maßnahmen
Versicherungspflichtig sind	alle Bundesbürger
Versicherungsfrei sind	z. B. Beamte, Richter, Soldaten auf Zeit, Berufssoldaten

02. Welche Bestimmungen gelten für „Krankengeld"?

Anspruch	besteht im Anschluss an die Entgeltfortzahlung durch den Arbeitgeber, wenn der Arbeitnehmer arbeitsunfähig ist oder stationär in einem Krankenhaus oder in einer Reha-Einrichtung behandelt wird. Der Anspruch ist für Familienversicherte ausgeschlossen. Für jedes erkrankte und versicherte Kind unter 12 Jahren besteht Anspruch von bis zu zehn Tagen Krankengeld pro Jahr. Für Alleinerziehende verdoppelt sich der Anspruch. Gegenüber dem Arbeitgeber besteht Anspruch auf unbezahlte Freistellung.

Dauer	Maximal 78 Wochen innerhalb von drei Jahren wegen derselben Krankheit.
Höhe	70 % des Regelentgeltes (beachte Beitragsbemessungsgrenze) bis max. 90 % des Nettolohns.

1.3.3 Ziele und Aufgaben der gesetzlichen Pflegeversicherung

01. Welche Merkmale gelten für die soziale Pflegeversicherung (PV, SGB XI)?

- Sie wurde per 01.01.1995 (häusliche Pflege) und per 01.07.1996 (stationäre Pflege) eingeführt.
- Die Träger der Pflegeversicherung sind die Pflegekassen, die bei den gesetzlichen Krankenkassen errichtet wurden.
- Alle Vollversicherten einer privaten Krankenversicherung müssen bei diesem Unternehmen zur Absicherung des Risikos der Pflegebedürftigkeit einen Versicherungsvertrag abschließen und aufrechterhalten.
- Pflegebedürftig ist, wer wegen einer körperlichen, geistigen oder seelischen Krankheit oder Behinderung für die gewöhnlichen und regelmäßig wiederkehrenden Verrichtungen im Ablauf des täglichen Lebens auf Dauer (voraussichtlich: mind. sechs Monate) in erheblichem oder höherem Maße der Hilfe bedarf.
- Es gibt folgende Pflegestufen (die Einteilung erfolgt durch den medizinischen Dienst der Krankenkassen):
  - Pflegestufe 0: Menschen, denen bei der Begutachtung eine „eingeschränkte Alltagskompetenz" bescheinigt wurde können ab 2008 bis zu 2.400 € pro Jahr für die Nutzung gerontopsychiatrischer Zusatzangebote in Anspruch nehmen – auch wenn sie nicht die Pflegestufe I zugesprochen bekommen haben. Diese Leistung wird in der Öffentlichkeit häufig als „Pflegestufe 0" bezeichnet.
  - Pflegestufe I: erheblich Pflegebedürftige, d. h. durchschnittlicher Hilfebedarf mindestens 90 Minuten pro Tag. Auf die Grundpflege müssen dabei mehr als 45 Minuten täglich entfallen.
  - Pflegestufe II: Schwerpflegebedürftige, d. h. durchschnittlicher Hilfebedarf mindestens 180 Minuten pro Tag mit einem Grundpflegebedarf von mehr als 120 Minuten täglich.
  - Pflegestufe III: Schwerstpflegebedürftige, d. h. durchschnittlicher Hilfebedarf mindestens 300 Minuten pro Tag. Der Anteil an der Grundpflege muss mehr als 240 Minuten täglich betragen.
- *Leistungen*:
  Die Pflegeversicherung bezahlt alle nötigen technischen Hilfen (z. B. Gehhilfen, Pflegebetten, Rollstühle) und bezuschusst den Umbau in eine behindertengerechte Wohnung.

  Alle Arbeitnehmer haben einen Anspruch auf eine unbezahlte Freistellung für die Dauer von maximal zehn Tagen, um für einen nahen Angehörigen eine nötige Pflege zu organisieren. Dabei bleibt der Arbeitnehmer in dieser Zeit aber sozialversichert.

  Die wichtigsten Leistungen sind:
  - Bei häuslicher Pflege:
    - Pflegegeldzahlungen für die häusliche Pflege durch selbst beschaffte Pflegepersonen (monatliche Geldleistungen für private und privat organisierte häusliche Pflege beispielsweise durch Angehörige)

- häusliche Pflegehilfe durch einen ambulanten Pflegedienst (Pflegesachleistung – ein vom Pflegebedürftigen ausgesuchter ambulanter Pflegedienst kommt zur Pflege ins Haus)
- Kombinationsleistung aus den beiden vorgenannten Möglichkeiten
- teilstationäre Pflege (Tages- oder Nachtpflege)
- Bei Unterbringung in einem Heim:
  - Leistungen für die Dauerpflege (vollstationäre Versorgung)
- *Langfristige Pflege eines nahen Angehörigen:*
  Sollte es zu einer langfristigen Pflege eines nahen Angehörigen kommen, dann kann ein Arbeitnehmer der in einem Betrieb mit mehr als 15 Mitarbeitern arbeitet, eine teilweise oder sogar vollständige Freistellung oder Pflegezeit beantragen. Bei einer vollständigen Freistellung muss der Arbeitnehmer allerdings selbst für seine Sozialversicherung aufkommen. Entgeltersatzleistungen und Zuschüsse zu den Aufwendungen für die Sozialversicherung der pflegenden Personen zahlt die Pflegekasse.
- Am 1. Januar 2013 ist das Pflege-Neuausrichtungs-Gesetz in Kraft getreten. Das Gesetz soll auch den besonderen Bedürfnissen von Demenz-Patienten gerecht werden.

Im Überblick:

Merkmale der sozialen Pflegeversicherung (PV, SGB XI)			
Träger	Pflegekassen der Krankenkassen		
Beiträge	Im Regelfall: • Arbeitgeber und Arbeitnehmer zu je 50 % (+ sonstige Einnahmen) • Rentner zahlen den vollen Beitrag zur Pflegeversicherung selbst. • Kinderlose zwischen 22 und 65 Jahren zahlen einen Sonderzuschlag zur PV i. H. v. 0,25 %.		
Sätze	**2,05 %** der Beitragsbemessungsgrenze (Stand: 2013/2014)[1)]		
Leistungen	Häusliche Pflege: • Pflegesachleistung • Pflegegeld für Pflegehilfen • Pflegehilfsmittel	Teilstationäre Pflege und Kurzzeitpflege: • Tages-/Nachtpflege • Kurzzeitpflege	Vollstationäre Pflege: • Pflege in vollstationären Einrichtungen
Versicherungspflichtig sind	Arbeiter, Angestellte, Auszubildende, Arbeitslose, Landwirte, selbstständige Künstler, behinderte Menschen		
Versicherungsfrei sind	Freiwillig Versicherte haben ein Wahlrecht zur privaten Pflegeversicherung		

02. Welchen Inhalt hat das Pflegezeitgesetz?

- Das PflegeZG ermöglicht Arbeitnehmern bis zu *sechs Monaten unbezahlten Urlaub* zu nehmen, um nahe Angehörige in häuslicher Umgebung zu pflegen.
- Bei einer kurzzeitige Arbeitsverhinderung hat der Arbeitnehmer *bis zu zehn Tagen das Recht auf unbezahlte Freistellung* durch den Arbeitgeber, um die Pflege zu eines Angehörigen zu organisieren.

[1)] CDU und SPD wollen den Beitragssatz der Pflegeversicherung erhöhen. Der Beitragssatz soll spätestens ab 2015 um 0,2 Prozentpunkte steigen. In einem zweiten Schritt soll der Beitrag um weitere 0,2 Prozentpunkte steigen.

03. Welche Änderung eröffnet das Familienpflegegesetz von 2012?

Arbeitnehmer können mit dem Arbeitgeber freiwillig eine staatlich geförderte zweijährige Familienpflegezeit vereinbaren (Reduzierung der wöchentlichen Arbeitszeit auf einen Mindestumfang von 15 Stunden). Es besteht kein unmittelbarer Rechtsanspruch. Bei der Pflegereform geht es vor allem um bessere Leistungen für demenzkranke Menschen.

1.3.4 Ziele und Aufgaben der Rentenversicherung

01. Welche Merkmale gelten für die gesetzliche Rentenversicherung (RV, SGB VI)?

Die gesetzliche Rentenversicherung hat folgende Aufgaben:
- Erhaltung, Verbesserung und Wiederherstellung der Erwerbstätigkeit der Versicherten
- Gewährung von Renten (Altersrente, Erwerbsminderungsrente, Hinterbliebenenrente)
- Förderung der Gesundheit der Versicherten (z. B. Kuren)
- Gewährung von Leistungen für die Kindererziehung
- Zahlung von Zuschüssen zur Kranken- und Pflegeversicherung der Rentner

- Die *Regelaltersgrenze*
  wird bis 2029 stufenweise auf 67 Jahre angehoben. Die Anhebung begann 2012 für den Geburtsjahrgang 1947 um einen Monat. Damit würde das 67. Lebensjahr erstmals im Jahr 2029 für den Jahrgang 1964 als Regelaltersgrenze wirksam. Der früheste Renteneintritt nach 2029 ist dann mit 63 Jahren möglich. Unabhängig davon können Arbeitnehmer, die 45 Jahre Beiträge in die Rentenversicherung eingezahlt haben, auch weiterhin mit 65 Jahren ohne Abschläge in Rente gehen.

- *Altersteilzeit:*
  Von manchen Beschäftigten wird angestrebt, die Erwerbstätigkeit allmählich zu reduzieren. Umsetzungsmöglichkeiten dafür bietet das Altersteilzeitgesetz (vorrangig ein Instrument zur Schaffung von Arbeitsplätzen bzw. der Umsetzung von Personaleinsparungen durch Betriebe). Es handelt sich dabei also eigentlich nicht um Frührente, weil die Höhe der Altersrente durch Verträge oft konstant gehalten wird.

- *Erwerbsminderungsrente (EMR):*
  Die frühere, vergleichbare Regelung hieß bis 2000 „Erwerbsunfähigkeitsrente" (Verminderte Erwerbsfähigkeit). Allerdings tritt jetzt (teilweise) Erwerbsminderung erst ein, wenn das Leistungsvermögen für alle Tätigkeiten auf weniger als sechs Stunden pro Tag herabgesunken ist.

- *Berufsunfähigkeitsrente*:
  Als ein rein rechtlicher Begriff wird definiert: Berufsunfähig ist der Versicherte, der einen ihm zumutbaren Beruf nicht mehr ausüben kann und dessen Erwerbsfähigkeit durch Krankheit oder andere Gebrechen oder Schwäche seiner körperlichen oder geistigen Kräfte auf weniger als die Hälfte der Erwerbsfähigkeit (bis 2000, jetzt: weniger als sechs Stunden am Tag) eines körperlich und geistig gesunden Versicherten mit ähnlicher Ausbildung und gleichwertigen Kenntnissen und Fähigkeiten herabgesunken ist (bis 2000 BU-Rente nach § 43 SGB VI alt). Dabei ist jedoch zu beachten, dass nicht jede Berufsausübung einen sog. Berufsschutz zur Folge hat. Es muss vielmehr ein ausgeübter Fachberuf sein. So liegt bei einer ungelernten bzw. angelernten Tätigkeit niemals eine Berufsunfähigkeit vor, da der Versicherte immer auf sämtliche ungelernte Tätigkeiten am allgemeinen Arbeitsmarkt verweisbar ist.

- *Hinterbliebenenrenten:*
  Voraussetzung für die Hinterbliebenenrente (für Witwen, Witwer und Waisen) ist, dass der/die Verstorbene die Wartezeit (Mindestversicherungszeit) von fünf Jahren erfüllt hat.

- *Witwen-/Witwerrenten:*
  Witwen und Witwer haben seit 1985 die gleichen Rechte, aus den Rentenansprüchen oder einer bereits laufenden Rente des verstorbenen Ehepartners eine Rente zu erhalten; seit 01. Januar 2005 gilt das auch für die Ansprüche des überlebenden Lebenspartners oder der überlebenden Lebenspartnerin einer gleichgeschlechtlichen Ehe. Die so genannte große Witwen-/Witwerrente erhalten hinterbliebene Ehe- oder Lebenspartner, die
  - das 45. Lebensjahr vollendet haben oder
  - eine Erwerbsminderung nachweisen oder
  - mindestens ein waisenrentenberechtigtes Kind erziehen und
  - keine sog. „Versorgungsehe" (widerlegbare Vermutung bei einer Ehedauer unter einem Jahr) vorliegt.

  Sie beträgt 55 % (bei „Altfällen" 60 %) der zum Todestag des Versicherten gezahlten oder berechneten Rente wegen voller Erwerbsminderung. Ist keine der drei oben genannten Bedingungen erfüllt, gilt die kleine Witwen-/Witwerrente.

- *Waisenrente:*
  Halbwaisen erhalten ein Zehntel, Vollwaisen ein Fünftel der auf den Todestag des Versicherten berechneten Rente wegen voller Erwerbsminderung. Bis zur Vollendung des 18. Lebensjahres werden auf die Waisenrente eigene Einkünfte nicht angerechnet. Darüber hinaus wird bis zum 27. Geburtstag in Zeiten der Schul-, Fachschul-, Hochschul- oder Berufsausbildung Rente gezahlt, ebenso bei einer Erwerbsminderung der Waise. Eigenes Einkommen wird angerechnet.

- *Regelaltersrente:*
  Die Rentenhöhe ist vor allem an die im Laufe des Lebens einbezahlten Beiträge gebunden. Dafür erhält der Beitragszahler Entgeltpunkte gutgeschrieben. Kindererziehungszeiten werden wie Pflichtbeitragszeiten eines Durchschnittsverdieners bewertet. Für jedes vor dem 01. Januar 1992 geborene Kind werden zwölf Monate und jedes nach dem 31. Dezember 1991 geborene Kind 36 Monate ab der Geburt als Pflichtbeitragszeit für die erziehende Mutter oder den Vater anerkannt. Für beitragsfreie Zeiten sowie für beitragsgeminderte Zeiten (z. B. nachgewiesene Zeiten einer beruflichen Ausbildung) werden noch Zuschläge gezahlt. Die Höhe dieser Zuschläge wird über die so genannte Gesamtleistungsbewertung errechnet. Die Rente wird nach der Rentenformel berechnet, indem der aktuelle Rentenwert mit den Entgeltpunkten, dem Zugangsfaktor und dem Rentenartfaktor multipliziert wird (§ 64 SGB VI).

- Mit *Frührente*
  werden alle Formen des vorgezogenen Übergangs in die Erwerbslosigkeit bezeichnet, die zu einer Rentenzahlung durch die GRV führen, z. B. Erwerbsminderungsrente oder vorgezogene Altersrente nach Arbeitslosengeldbezug. Vereinfachend lässt sich sagen, dass pro Monat des vorzeitigen Beginns der Rente vor dem gesetzlichen Renteneintrittsalter die Rente lebenslang um 0,3 % gemindert wird.

- Das *Alterseinkünftegesetz* (AltEinkG) regelt die Besteuerung der Rente: Nicht mehr die Beiträge werden besteuert, sondern zukünftig die spätere Rente; dabei sind hohe Freibeträge eingearbeitet, sodass schätzungsweise 75 % der Rentnerhaushalte steuerfrei bleiben.

Im Überblick:

Merkmale der gesetzlichen Rentenversicherung (RV, SGB VI)	
Träger	Rentenversicherung der Arbeiter, der Angestellten, der Knappschaft-Bahn-See, der Landwirte
Beiträge	Im Regelfall: Arbeitgeber und Arbeitnehmer zu je 50 % (+ Zuschüsse des Bundes)
Sätze	18,9 % der Beitragsbemessungsgrenze (Stand: 2014)
Leistungen	Renten wegen: Reha-Leistungen Beratung, Information • Alters, Todes • Erwerbsminderung
Versicherungspflichtig sind	Arbeitnehmer, Auszubildende, behinderte Menschen, Lehrer, Erzieher, Künstler
Versicherungsfrei sind	Beamte, Richter, Selbstständige

02. Wie wird die Rente berechnet?

Die Rentenformel lautet:

> Persönliche Entgeltpunkte · Rentenartfaktor · aktueller Rentenwert

1.3.5 Ziele und Aufgaben der Arbeitslosenversicherung und der Arbeitsförderung

01. Welche Merkmale gelten für die Arbeitslosenversicherung/Arbeitsförderung (AV, SGB III)?

Die Arbeitslosenversicherung gehört im sozialen Sicherungssystem der Bundesrepublik Deutschland zu den Sozialversicherungen. Übergreifend wird sie auch als Versicherungszweig der Arbeitsförderung bezeichnet. Träger der Arbeitslosenversicherung ist die Bundesagentur für Arbeit in Nürnberg. Aufsichtführendes Ministerium ist das Bundesministerium für Arbeit und Soziales.

- *Grundsätze*:
  - Die Aufgaben der Förderung und Vermittlung haben *Vorrang* vor Entgeltersatzleistungen.
  - Langzeitarbeitslosigkeit ist zu vermeiden.
  - Arbeitgeber haben eine Mitverantwortung/Mitwirkungspflicht (z. B. betriebliche Förderung der Leistungsfähigkeit der Mitarbeiter, Meldepflichten).
  - ebenso: Arbeitnehmer (z. B. „zumutbare Beschäftigung"; bestehende Arbeitsverhältnisse nicht vorzeitig beenden).
  - Pflichten der Arbeitslosen: Meldepflicht und Erscheinen zu Terminen.
  - Es besteht eine Auskunftspflicht Dritter.

- *Versicherte:*
Pflichtversichert sind Arbeitnehmer (außer geringfügig Beschäftigte), Auszubildende, seit Februar 2006 aber auch Wehr- und Zivildienstleistende; Arbeitnehmer, die außerhalb der EU

beschäftigt sind, können sich seit Februar 2006 unter bestimmten Voraussetzungen im Rahmen der freiwilligen Weiterversicherung gegen Arbeitslosigkeit versichern.

- *Beitragssatz:*
  Die Leistungen der Arbeitslosenversicherung werden hauptsächlich aus den Versicherungsbeiträgen finanziert. Bei Arbeitnehmern ist der Beitrag je zur Hälfte vom Arbeitnehmer und vom Arbeitgeber zu tragen. Zur Finanzierung der versicherungsfremden Aufgaben, die der Bundesagentur übertragen sind, zahlt der Bund nach § 363 SGB III einen Bundeszuschuss.

- Die *Leistungen* richten sich in erster Linie an die Personengruppen (Arbeitnehmer und Arbeitgeber), die sich an der Finanzierung der Arbeitslosenversicherung beteiligen. Für die Gewährung der Leistungen müssen die jeweiligen Anspruchsvoraussetzungen erfüllt sein.

- *Leistungsspektrum* (Beispiele):

Leistungen an Arbeitnehmer (Beispiele):
Entgeltersatzleistungen (Leistungen zum Lebensunterhalt): Arbeitslosengeld, Arbeitslosengeld bei Weiterbildung, Teilarbeitslosengeld; Übergangsgeld; Insolvenzgeld)
Maßnahmen zur Verbesserung der Eingliederungsaussichten, Förderung der Aufnahme einer Beschäftigung, Mobilitätshilfen (Übergangsbeihilfe, Ausrüstungsbeihilfe, Reisekostenbeihilfe, Fahrkostenbeihilfe, Trennungskostenbeihilfe, Umzugskostenbeihilfe)
Unterstützung der Beratung und Vermittlung (Bewerbungskosten, Reisekosten, Vermittlungsgutschein)
Förderung der ganzjährigen Beschäftigung in der Bauwirtschaft (Mehraufwands-Wintergeld, Zuschuss-Wintergeld)
• Förderung der Aufnahme einer selbstständigen Tätigkeit • Förderung der Berufsausbildung, • Förderung der beruflichen Weiterbildung, • Förderung der Teilhabe behinderter Menschen am Arbeitsleben (Berufliche Rehabilitation) • Entgeltsicherung für ältere Arbeitnehmer • Kurzarbeitergeld
Leistungen an Arbeitgeber (Beispiele):
Zuschüsse bei Einstellungen
Finanzielle Unterstützung für die Beschäftigung von Arbeitnehmern aus schwer vermittelbaren Gruppen (ungelernte, behinderte Menschen)
Leistungen nach dem Altersteilzeitgesetz
Leistungen an Träger (Beispiele):
Förderung der Berufsausbildung (Ausbildungsbegleitende Hilfen, Berufsausbildung in einer außerbetrieblichen Einrichtung; Übergangshilfen)
Förderung von Einrichtungen zur beruflichen Aus- oder Weiterbildung oder zur beruflichen Rehabilitation
Förderung von • Jugendwohnheimen • Arbeitsbeschaffungsmaßnahmen • Beschäftigung schaffenden Infrastrukturmaßnahmen
Zuschüsse zu Sozialplanmaßnahmen
Beauftragung von Trägern mit Eingliederungsmaßnahmen

1.3 Rechtliche Bestimmungen der Sozialversicherung, der Entgeltfindung und Arbeitsförderung

- Änderungen nach dem Hartz IV-Fortentwicklungsgesetz:
  - ALG II wird nur gezahlt, wenn auch der Lebenspartner wenig verdient. Der Antragsteller muss im Zweifel nachweisen, dass keine eheähnliche Gemeinschaft vorliegt (Umkehrung der Beweislast gegenüber früher).
  - Das Vermögen ist begrenzt.
  - Bei Pflichtverletzungen (innerhalb eines Jahres) droht u. U. die gesamte Streichung des Arbeitslosengeldes.

Im Überblick:

Merkmale der Arbeitsförderung (gesetzliche Arbeitslosenversicherung)			
Träger	Bundesagentur für Arbeit		
Beiträge	Arbeitgeber und Arbeitnehmer zu je 50 %		
Sätze	3,0 % (zzgl. Zuschuss des Bundes)		
Leistungen	Leistungen an Arbeitnehmer, z. B.: • Berufsberatung • Arbeitslosengeld • Eignungsfeststellung • Insolvenzgeld • Trainingsmaßnahmen • Kurzarbeitergeld • Mobilitätshilfen • Saison-Kurzarbei- • Überbrückungsgeld tergeld	Leistungen an Arbeitgeber (§ 3 SGB III)	Leistungen an Träger von Arbeitsförderungsmaßnahmen
Versicherungspflichtig sind	Arbeiter, Angestellte, zu ihrer Berufsausbildung Beschäftigte, Arbeitslose, behinderte Menschen, sonstige Personen nach § 26 SGB III. Es können sich Existenzgründer freiwillig versichern.		
Versicherungsfrei sind	Richter, Soldaten auf Zeit, Berufssoldaten, Vorstände einer AG, Studenten, ggf. Rentner, Personen, die das 65. Lj. vollendet haben, sonstige Personen nach §§ 27, 28 SGB III		

02. Wer hat Anspruch auf Arbeitslosengeld?

wer arbeitslos ist	§ 119 SGB III: ohne Beschäftigung, Eigenbemühungen, verfügbar
wer sich persönlich bei der BA meldet	§ 122 SGB
die Anwartschaft erfüllt hat	§ 124 SGB III: innerhalb von zwei Jahren mindestens 12 Monate versicherungspflichtig beschäftigt.

03. In welchen Fällen ist eine Beschäftigung zumutbar (§ 140 SGB III)?

Dauer der Arbeitslosigkeit	Zumutbar ist eine Beschäftigung, wenn das Arbeitsentgelt gegenüber dem letzten Durchschnittsgehalt um ... % niedriger ist
bis 3 Monate	bis zu 20 %
bis zu 6 Monate	bis zu 30 %
ab 7 Monate	Minderung bis zur Höhe des Arbeitslosengelds

- Generell nicht zumutbar ist eine Beschäftigung, wenn das erzielbare Arbeitsentgelt erheblich geringer ist als das zuletzt bezogene Arbeitsentgelt.
- Nicht zumutbar ist eine Beschäftigung, wenn die Pendelzeit unverhältnismäßig lang ist:

Arbeitszeit	Zumutbare Pendelzeit pro Tag
> 6 Stunden	bis zu 2,5 Stunden
bis zu 6 Stunden	bis zu 2 Stunden
Beachte: Ab dem 4. Monat der Arbeitslosigkeit ist ein Umzug zumutbar.	

04. Welche Höhe hat das Arbeitslosengeld (§ 105 SGB III)?

- 67 % des Nettoentgelts für Arbeitnehmer mit einem Kind
- sonst 60 % des Nettoentgelts.

05. Wie lange besteht Anspruch auf Arbeitslosengeld?

Dauer der Versicherungspflicht (in Monaten)	+ Vollendung des Lebensjahres	Anspruch (in Monaten)
12	–	6
16	–	8
20	–	10
24	–	12
30	50.	15
36	55.	18
48	58.	24

06. In welchen Fällen ruht der Anspruch auf Arbeitslosengeld (Sperrzeit)?

Der Anspruch auf Arbeitslosengeld ruht,

- bei Anspruch auf andere Sachleistungen, z. B. Krankengeld, Rente.
- bei Anspruch auf Urlaubsabgeltung oder Entgelt.
- bei Anspruch auf Abfindung (nicht bei Einhaltung der ordentlichen Kündigungsfrist).
- bei versicherungswidrigem Verhalten[1], z. B.:
  - bei Arbeitsaufgabe, z. B. Eigenkündigung oder Aufhebungsvertrag (hier gilt grundsätzlich eine Sperrzeit von 12 Wochen).
  - bei mangelnder Eigenbemühung.
  - bei Ablehnung oder Abbruch einer beruflichen Eingliederung.
  - bei Meldeversäumnis.
  - bei verspäteter Meldung bei der BA.

Neu: Personen, deren Arbeits- oder Ausbildungsverhältnis endet, müssen sich mindestens drei Monate vor der Beendigung bei der BA arbeitssuchend melden (ansonsten Sperrzeit von einer Woche, § 144 Abs. 6 SGB III).

---

[1] Die Dauer der Sperrzeit wird nach § 144 Abs. 3 - 6 SGB III ermittelt.

07. Was ist Insolvenzgeld und wie lange wird es gezahlt?

Insolvenzgeld ist der Ausgleich des ausgefallenen Arbeitsverdienstes bei Zahlungsunfähigkeit des Arbeitgebers. Es wird für längstens drei Monate gezahlt.

08. Was ist Kurzarbeitergeld und in welcher Höhe wird es wie lange gezahlt?

- Das Kurzarbeitergeld wird gewährt, wenn in Betrieben oder Betriebsabteilungen die regelmäßige betriebsübliche wöchentliche Arbeitszeit infolge wirtschaftlicher Ursachen oder eines unabwendbaren Ereignisses vorübergehend verkürzt wird (§§ 95 bis 109 SGB III).
- Die Kurzarbeit ist prinzipiell auf sechs Monate beschränkt (§ 104 Abs. 1 SGB III). Bei außergewöhnlichen Verhältnissen auf dem Arbeitsmarkt kann sie durch Rechtsverordnung auf bis zu 24 Monate ausgedehnt werden (§ 109 Abs. 1 Nr. 2 SGB III). Davon wurde bereits in der Vergangenheit häufig Gebrauch gemacht. Für 2013 und 2014 galt/gilt eine *auf 12 Monate verlängerte Bezugsdauer*.
- Die Höhe des Kurzarbeitergeldes entspricht der des Arbeitslosengeldes.

1.3.6 Ziele und Aufgaben der gesetzlichen Unfallversicherung

01. Welche Merkmale gelten für die gesetzliche Unfallversicherung (UV, SGB VII)?

- Die *Aufgaben* sind:
  - Arbeitsunfälle und Berufskrankheiten verhüten
  - Gesundheit und Leistungsfähigkeit nach Versicherungsfällen wiederherstellen
  - Versicherte und Hinterbliebene entschädigen
  - Erlass von Unfallverhütungsvorschriften durch die BG (§ 15 SGB VII)
  - Überwachung der Betriebe durch Sicherheitsbeauftragte (bei mehr als 20 Beschäftigten)
  - Beratung der Betriebe
  - Aus- und Fortbildung der Sicherheitsfachkräfte und der Sicherheitsbeauftragten.

- *Unfallversicherte Personen:*
Unfallversichert sind alle Personen, die in einem Arbeits-, Dienst- oder Ausbildungsverhältnis sind. Zu diesem Kreis gehören aber auch Heimarbeiter, Personen, die ein Hausgewerbe betreiben, die im Unternehmen beschäftigten Ehepartner und alle sonstigen Personen, die ebenfalls mitarbeiten.

  Des Weiteren werden alle die Personen unfallversichert, die im Interesse des Gemeinwohls arbeiten, also alle Sanitäter, Notärzte und Feuerwehrleute, aber auch die Mitglieder des Roten Kreuzes oder des Arbeitersamariterbundes. Dazu gehören auch Menschen, die Blut spenden oder die körpereigenes Gewebe, z. B. für eine Knochenmarkübertragung, zur Verfügung stellen. Kinder, die den Kindergarten besuchen, Schüler und Studenten während ihrer Ausbildung an Hochschulen und Universitäten sind ebenfalls gesetzlich unfallversichert.

- *Arztwahl:*
Die Unfallversicherung ist der einzige Träger, der die *Behandlung* bei einem bestimmten Arzt/Krankenhaus *vorschreiben* kann.

- *Träger der Unfallversicherung:*
  Die Träger der Unfallversicherung sind immer die landwirtschaftlichen und gewerblichen Berufsgenossenschaften.

- *Voraussetzungen* für den Versicherungsfall sind:
  - versicherte Tätigkeit
  - Arbeitsunfall/Wegeunfall/Berufskrankheit
  - Kausalität:
    - *haftungsbegründend*: Kausalzusammenhang „Tätigkeit und Versicherungsfall"
    - *haftungsausfüllend*: Kausalzusammenhang „Versicherungsfall und Schaden".

- Ein *Arbeitsunfall* ist ein auf *äußere Einwirkungen* beruhendes, körperlich schädigendes zeitlich begrenztes Ereignis, dass sich längstens innerhalb einer Arbeitsschicht zugetragen hat. Zwischen der versicherten Tätigkeit und dem Unfallgeschehen sowie zwischen dem Unfallgeschehen und dem Körperschaden muss jeweils ein *ursächlicher Zusammenhang* bestehen.

- Als *Wegeunfälle* gelten Unfälle auf einem mit der versicherten *Tätigkeit zusammenhängendem Weg nach und von dem Ort der Tätigkeit*. Umwege, die der Versicherte (Arbeitnehmer) macht, weil eine *Fahrgemeinschaft* gebildet ist, schließen die Versicherung nicht aus.

- Eine *Berufskrankheit* ist eine Krankheit, die in der *Berufskrankheitenverordnung* aufgeführt ist und die ein Versicherter (Arbeitnehmer) bei der versicherten Tätigkeit erleidet; die Bundesregierung veröffentlicht die Liste mit den anerkannten Berufskrankheiten. Ist die Erkrankung nicht in der Berufskrankheitenverordnung aufgeführt, kann sie im Einzelfall nach neuen medizinischen Erkenntnissen anerkannt werden.

Im Überblick:

Merkmale der gesetzlichen Unfallversicherung			
Träger	Berufsgenossenschaften nach Branchen gegliedert		
Beiträge	Arbeitgeber zu 100 %		
Sätze	Umlageverfahren nach: Jahresentgeltsumme + Gefahrenklassen		
Leistungen	Heilbehandlung Reha-Behandlung Pflege	Geldleistungen Renten	Beihilfen Abfindungen
Versicherungspflichtig sind	Arbeitnehmer, Auszubildende, behinderte Menschen, Schüler, Studierende, Heimarbeiter und Ehrenamtliche.		
Versicherungsfrei sind	Beamte, Richter und Selbstständige.		
Nicht versichert sind	Kunden, die während ihres Aufenthalts in Betrieben einen Unfall erleiden (Absicherung durch Betriebshaftpflichtversicherung).		

02. Welche Leistungen erbringt die Berufsgenossenschaft bei einem Wegeunfall?

- Schadensersatz (bei Kausalität), kein Schmerzensgeld; auch bei Verschulden des AN/ des AG (aber Regress der BG)
- Heilbehandlung und Rehabilitation

- Berufsfördernde Leistungen (Weiterbildung, Umschulung, Übergangsgeld)
- Leistungen an Hinterbliebene
- Verletztengeld
- Verletztenrente.

1.4 Arbeitsschutz- und arbeitssicherheitsrechtliche Vorschriften

1.4.1 Ziele und Aufgaben des Arbeitsschutzrechtes und des Arbeitssicherheitsrechtes

01. Welche Bedeutung hat der Arbeitsschutz in Deutschland?

Das *Grundgesetz* der Bundesrepublik Deutschland sieht das Recht der Bürger auf *Schutz der Gesundheit und körperliche Unversehrtheit* als ein *wesentliches Grundrecht* an. Die Bedeutung dieses Grundrechtes kommt auch dadurch zum Ausdruck, dass es in der Abfolge der Artikel des Grundgesetzes schon an die zweite Stelle gesetzt wurde.

> *„Jeder hat das Recht auf Leben und körperliche Unversehrtheit."*
> Art. 2 Abs. 2 GG

02. Wie ist das deutsche Arbeitsschutzrecht gegliedert?

Es gibt kein einheitliches, in sich geschlossenes Arbeitsschutzrecht in Deutschland. Es umfasst eine Vielzahl von Vorschriften. Grob unterteilen lassen sich die Arbeitsschutzvorschriften in:

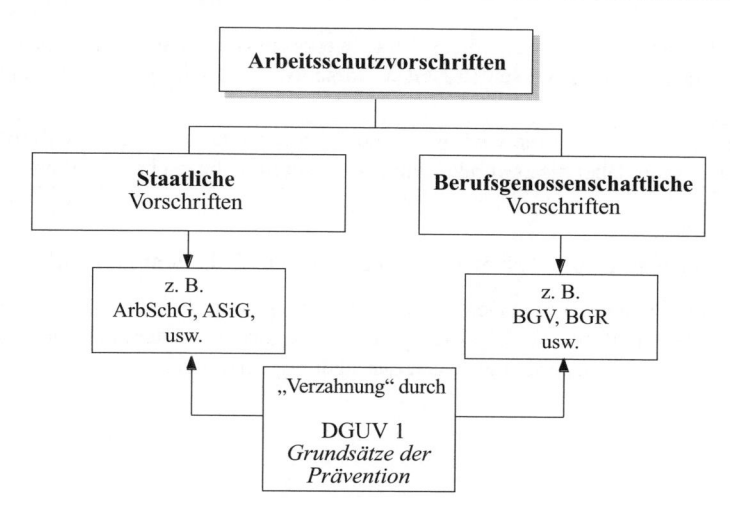

```
                    Arbeitsschutzvorschriften
                    /                       \
          Staatliche                  Berufsgenossenschaftliche
          Vorschriften                      Vorschriften
              |                                  |
           z. B.                              z. B.
        ArbSchG, ASiG,                       BGV, BGR
            usw.                                usw.
              ↑                                  ↑
              |      „Verzahnung" durch          |
              |           DGUV 1                 |
              +----- Grundsätze der -------------+
                       Prävention
```

- *Staatliche Vorschriften*, z. B.:
  - Arbeitsschutzgesetz — ArbSchG
  - Arbeitssicherheitsgesetz — ASiG
    (Gesetz über Betriebsärzte, Sicherheitsingenieure
    und andere Fachkräfte für Arbeitssicherheit)
  - Betriebssicherheitsverordnung — BetrSichV
  - Arbeitsstättenverordnung — ArbStättV
  - Gefahrstoffverordnung — GefStoffV
  - Produktsicherheitsgesetz — ProdSG
  - Chemikaliengesetz — ChemG
  - Bildschirmarbeitsverordnung — BildscharbV
  - Bundesimmissionsschutzgesetz — BImSchG
  - Jugendarbeitsschutzgesetz — JArbSchG
  - Mutterschutzgesetz — MuSchG
  - Betriebsverfassungsgesetz — BetrVG
  - Sozialgesetzbuch Siebtes Buch — SGB VII
    (Gesetzliche Unfallversicherung)
  - Sozialgesetzbuch Neuntes Buch — SGB IX
    (Rehabilitation und Teilhabe behinderter Menschen)
  - EU-Richtlinien

- *Berufsgenossenschaftliche Vorschriften*, z. B.:
  - Berufsgenossenschaftliche Vorschriften — neu: DGUV Vorschriften
    (Unfallverhütungsvorschriften) gem. § 15 SGB VII (**D**eutsche **G**esetzliche **U**nfallvorschrift)
  - Berufsgenossenschaftliche Regeln — BGR
  - Berufsgenossenschaftliche Informationen — BGI
  - Berufsgenossenschaftliche Grundsätze — BGG

Die „Verzahnung" des berufsgenossenschaftlichen Regelwerkes mit den staatlichen Rechtsnormen erfolgt durch die Unfallverhütungsvorschrift DGUV Vorschrift 1 „Grundsätze der Prävention".

Die DGUV Vorschrift 1 ist somit die wichtigste und grundlegende Vorschrift der Berufsgenossenschaften und kann daher als „Grundgesetz der Prävention" bezeichnet werden.

---

03. Nach welchem Prinzip ist das Arbeitsschutzrecht in Deutschland aufgebaut?

Der Aufbau des Arbeitsschutzrechtes in Deutschland folgt streng dem *„Prinzip vom Allgemeinen zum Speziellen"*. Diese Rangfolge ist ein wesentlicher Grundgedanke in der deutschen Rechtssystematik und wird vom Gesetzgeber deswegen durchgängig verwendet:

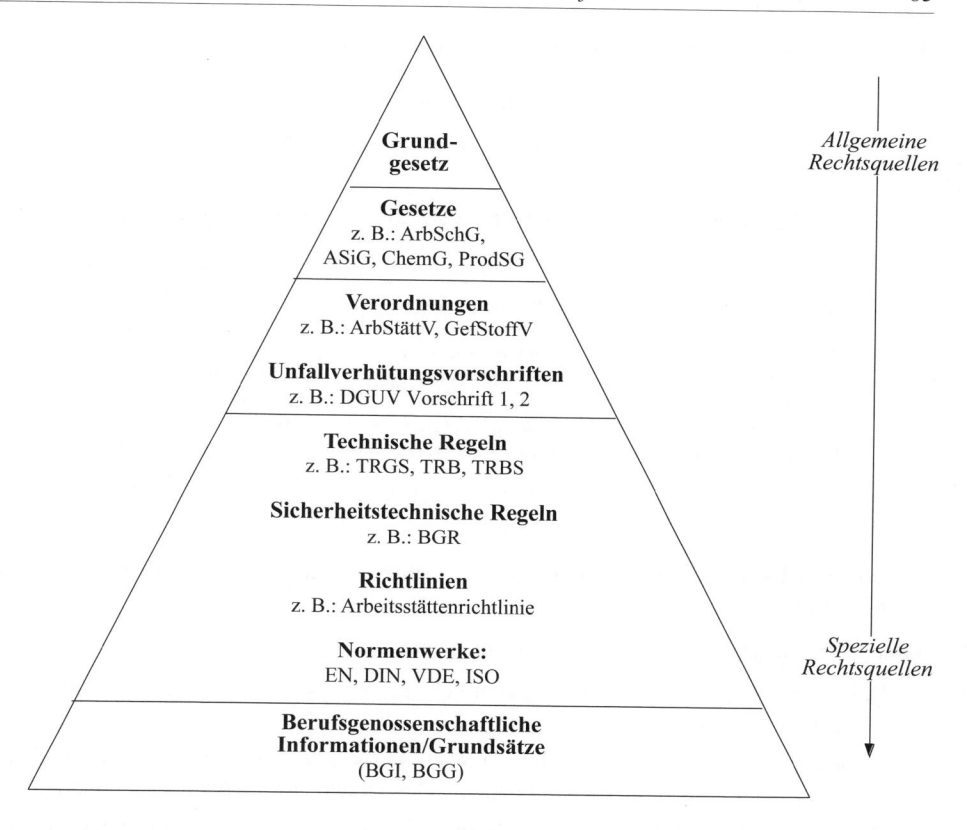

1.4 Arbeitsschutz- und arbeitssicherheitsrechtliche Vorschriften

```
                    Grund-
                    gesetz
                   
                    Gesetze
                  z. B.: ArbSchG,
              ASiG, ChemG, ProdSG

                  Verordnungen
              z. B.: ArbStättV, GefStoffV

              Unfallverhütungsvorschriften
               z. B.: DGUV Vorschrift 1, 2

                 Technische Regeln
               z. B.: TRGS, TRB, TRBS

              Sicherheitstechnische Regeln
                     z. B.: BGR

                    Richtlinien
              z. B.: Arbeitsstättenrichtlinie

                   Normenwerke:
                 EN, DIN, VDE, ISO

            Berufsgenossenschaftliche
            Informationen/Grundsätze
                    (BGI, BGG)
```

Allgemeine Rechtsquellen

Spezielle Rechtsquellen

Den allgemeinen Rechtsrahmen stellt das Grundgesetz dar. Alle gesetzgeberischen Akte, auch die gesetzlichen Regelungen für den Arbeitsschutz, müssen sich am Grundgesetz messen lassen. Ebenso muss jede nachfolgende Rechtsquelle mit der übergeordneten vereinbar sein *(Rangprinzip)*.

Die Gesetze und Vorschriften unterteilen sich in Regeln des *öffentlichen Rechts* (regelt die Beziehungen des Einzelnen zum Staat) und allgemein anerkannte Regeln des *Privatrechts* (Rechtsbeziehungen der Bürger untereinander). Der Arbeitnehmerschutz und die Arbeitssicherheit gehören zum öffentlichen Recht.

04. Welche Schwerpunkte hat der Arbeitsschutz?

Die Schwerpunkte des Arbeitsschutzes sind:

- *Unfallverhütung* (klassischer Schutz vor Verletzungen)
- Schutz vor *Berufskrankheiten*
- Verhütung von *arbeitsbedingten Gesundheitsgefahren*
- Organisation der *Ersten Hilfe*.

05. Wie lässt sich der Arbeitsschutz in Deutschland unterteilen?

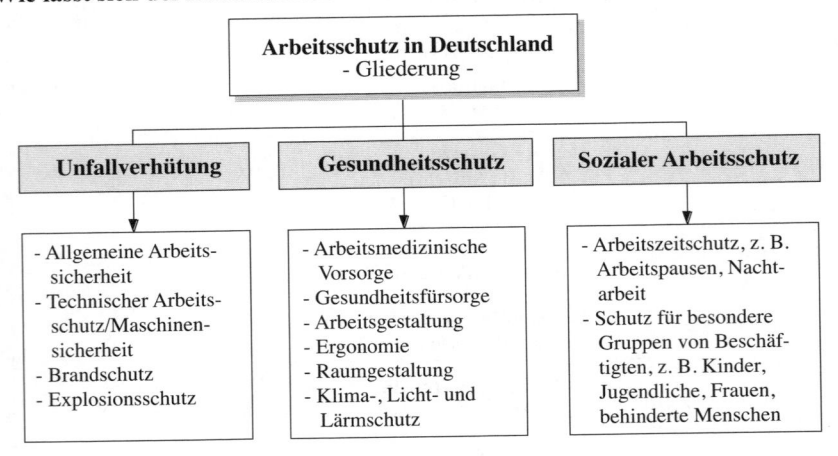

Arbeitsschutz in Deutschland
- Gliederung -

Unfallverhütung
- Allgemeine Arbeitssicherheit
- Technischer Arbeitsschutz/Maschinensicherheit
- Brandschutz
- Explosionsschutz

Gesundheitsschutz
- Arbeitsmedizinische Vorsorge
- Gesundheitsfürsorge
- Arbeitsgestaltung
- Ergonomie
- Raumgestaltung
- Klima-, Licht- und Lärmschutz

Sozialer Arbeitsschutz
- Arbeitszeitschutz, z. B. Arbeitspausen, Nachtarbeit
- Schutz für besondere Gruppen von Beschäftigten, z. B. Kinder, Jugendliche, Frauen, behinderte Menschen

06. Welcher Unterschied besteht zwischen Rechtsvorschriften und Regelwerken im Arbeitsschutz?

- *Rechtsvorschriften* (Gesetze, Verordnungen) schreiben allgemeine Schutzziele vor.
  - Dabei sind *Gesetze* ihrer Natur gemäß mit einem weitaus höheren Allgemeinheitsgrad versehen als Verordnungen.
  - *Verordnungen* sind vom Gesetzgeber schon etwas *spezieller formuliert*. Aus Anwendersicht sind sie jedoch immer noch sehr allgemein gehalten und eng am *Schutzziel* orientiert.
  - Die *Unfallverhütungsvorschriften* der Berufsgenossenschaften sind lediglich eine *besondere Form* von Rechtsvorschriften und *im Range von Verordnungen* zu sehen.

  Die *Befolgung der Forderungen* von Gesetzen und Verordnungen ist *zwingend*.

- *Regelwerke:*
Um dem Anwender Hilfestellung zu geben, auf welche Weise er die Vorschriften einhalten kann, werden von staatlich oder berufsgenossenschaftlich autorisierten Ausschüssen *Regelwerke* erarbeitet. Sie geben dem Unternehmer *Orientierungshilfen*, die ihm die *Erfüllung* seiner Pflichten im Arbeitsschutz *erleichtern*.

Beachtet der Unternehmer die im Regelwerk angebotenen Lösungen, löst dies die sog. *Vermutungswirkung* aus. Es wird in diesem Fall *vermutet*, dass er die ihm obliegenden *Pflichten* im Arbeitsschutz *erfüllt* hat, weil er die Regel befolgt hat.

Anders als es die Gesetzesvorschrift oder die Verordnung notwendig macht, muss der Unternehmer dem Regelwerk jedoch *nicht zwingend* folgen. Er kann *in eigener Verantwortung* genau die *Maßnahmen auswählen*, die er in seinem Betrieb für geeignet erachtet. Dass der Unternehmer von der Regel abweichen kann, ist vom Gesetzgeber gewollt, weil dazu die Notwendigkeit besteht. Diese Möglichkeit, *von der Regel abweichen* zu können, ist sehr wichtig, um den *wissenschaftlichen und technischen Fortschritt nicht* zu *behindern*.

1.4 Arbeitsschutz- und arbeitssicherheitsrechtliche Vorschriften

- *Normenwerke:*
  Die Aussagen über die Regelwerke gelten gleichermaßen für die in den bekannten Normenwerken festgehaltenen technischen und sicherheitstechnischen Regeln.

Die Fachausschüsse für Prävention der Berufsgenossenschaften haben eine Fülle von Regeln für Sicherheit und Gesundheit bei der Arbeit erarbeitet, die den Unternehmern im konkreten Fall Orientierungshilfen bei der Erfüllung der Unfallverhütungsvorschriften geben können.

- *TRBS:*
  Die vom Bund autorisierten Ausschüsse für Betriebssicherheit ermitteln regelmäßig *Technische Regeln für Betriebssicherheit* (TRBS), um Orientierungshilfen zur Erfüllung der Betriebssicherheitsverordnung zu geben.
- *TRGS:*
  Die *Ausschüsse für Gefahrstoffe* ermitteln regelmäßig *Technische Regeln* für den sicheren *Umgang mit Gefahrstoffen* (TRGS), die dem Unternehmer helfen, die *Gefahrstoffverordnung* richtig anzuwenden.
- *BGR:*
  Die berufsgenossenschaftlichen Ausschüsse für Prävention bereiten die Rechtsetzung der Unfallverhütungsvorschriften vor und ermitteln *berufsgenossenschaftliche Regeln* (BGR).

Sowohl in den berufsgenossenschaftlichen als auch in den staatlich autorisierten Ausschüssen ist dafür gesorgt, dass alle relevanten gesellschaftlichen Gruppen an der Regelfindung beteiligt sind. So sind in den Gremien Arbeitgeber, Gewerkschaften, die Wissenschaft und die Behörden angemessen vertreten.

07. In welchem Verhältnis stehen die Regelungen der deutschen Arbeitsschutzgesetzgebung zum Gemeinschaftsrecht der Europäischen Union?

Die nationalen gesetzlichen Regelungen der Mitgliedsstaaten setzen im Arbeitsschutz das gültige Gemeinschaftsrecht der Europäischen Union um. Das Gemeinschaftsrecht für den Arbeitsschutz wird in der Hauptsache durch *EG-Richtlinien* bestimmt.

- *Technischer Arbeitsschutz* nach Artikel 95 EG-Vertrag:
  Die wesentlichsten Regeln, die die Sicherheit von Maschinen und Anlagen betreffen, wie z. B. die EG-Maschinenrichtlinie, sind Regeln nach Artikel 95 EG-Vertrag und ihrem Charakter nach sog. *„Binnenmarktrichtlinien"*. Sie haben ihren gesetzgeberischen Ursprung in der *Generaldirektion III* (GD III). Diese hat die Aufgabe, den freien Warenverkehr in den Mitgliedsländern sicherzustellen.

Beispielsweise wurde durch die EG-Maschinenrichtlinie dafür gesorgt, dass nur *„sichere Maschinen und Anlagen"* frei verkehren dürfen. Details sind der *Normung* vorbehalten. So wird das *technische Arbeitsschutzrecht* ganz wesentlich von *Binnenmarktregeln* bestimmt.

Die nachfolgende Abbildung zeigt die Umsetzung des europäischen Rechts in nationales Recht – dargestellt am Beispiel des technischen Arbeitsschutzes:

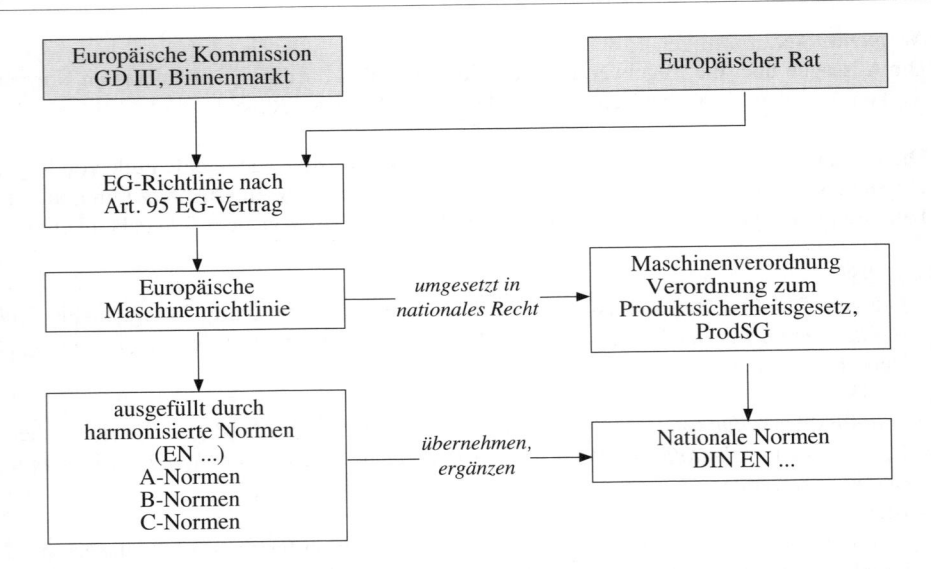

```
┌─────────────────────────────┐      ┌─────────────────────────┐
│ Europäische Kommission      │      │   Europäischer Rat      │
│ GD III, Binnenmarkt         │      │                         │
└──────────────┬──────────────┘      └────────────┬────────────┘
               │                                   │
               ▼                                   ▼
        ┌──────────────────┐
        │ EG-Richtlinie nach│
        │ Art. 95 EG-Vertrag│
        └──────────┬────────┘
                   ▼
        ┌──────────────┐    umgesetzt in    ┌────────────────────┐
        │ Europäische  │───────────────────▶│ Maschinenverordnung│
        │ Maschinen-   │    nationales Recht│ Verordnung zum     │
        │ richtlinie   │                    │ Produktsicherheits-│
        └──────┬───────┘                    │ gesetz, ProdSG     │
               │                            └──────────┬─────────┘
               ▼                                       │
        ┌──────────────┐                               │
        │ ausgefüllt   │                               │
        │ durch        │    übernehmen,     ┌──────────▼─────────┐
        │ harmonisierte│───ergänzen────────▶│ Nationale Normen   │
        │ Normen (EN …)│                    │ DIN EN …           │
        │ A-Normen     │                    │                    │
        │ B-Normen     │                    └────────────────────┘
        │ C-Normen     │
        └──────────────┘
```

- *Sozialer Arbeitsschutz* nach Artikel 137 EG-Vertrag:
  Nationale *Arbeitsschutzvorschriften*, die das *soziale Arbeitsschutzrecht* betreffen, setzen das soziale Gemeinschaftsrecht nach Artikel 137 EG-Vertrag um. Die Richtlinien, die den sozialen Arbeitsschutz im weiteren Sinne betreffen, stammen aus der *Generaldirektion V* (GD V) der Europäischen Kommission. Sie sollen helfen, die *sozialen Standards* der Union zu *vereinheitlichen*.

Die nachfolgende Abbildung zeigt die Umsetzung des europäischen Rechts in nationales Recht – dargestellt am Beispiel des sozialen Arbeitsschutzes:

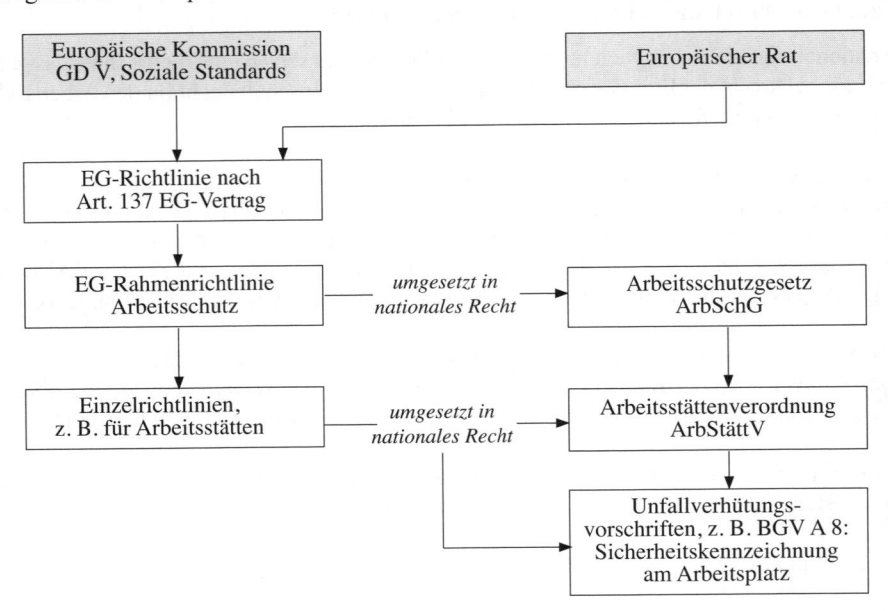

```
┌─────────────────────────────┐      ┌─────────────────────────┐
│ Europäische Kommission      │      │   Europäischer Rat      │
│ GD V, Soziale Standards     │      │                         │
└──────────────┬──────────────┘      └────────────┬────────────┘
               │                                   │
               ▼                                   ▼
        ┌──────────────────┐
        │ EG-Richtlinie nach│
        │ Art. 137 EG-Vertrag│
        └──────────┬────────┘
                   ▼
        ┌──────────────────┐  umgesetzt in    ┌────────────────────┐
        │ EG-Rahmen-       │──────────────────▶│ Arbeitsschutzgesetz│
        │ richtlinie       │  nationales Recht│ ArbSchG            │
        │ Arbeitsschutz    │                  └──────────┬─────────┘
        └──────────┬───────┘                             │
                   ▼                                     ▼
        ┌──────────────────┐  umgesetzt in    ┌────────────────────┐
        │ Einzelrichtlinien,│─────────────────▶│ Arbeitsstätten-   │
        │ z. B. für        │  nationales Recht│ verordnung         │
        │ Arbeitsstätten   │                  │ ArbStättV          │
        └──────────────────┘                  └──────────┬─────────┘
                                                         ▼
                                              ┌────────────────────┐
                                              │ Unfallverhütungs-  │
                                              │ vorschriften,      │
                                              │ z. B. BGV A 8:     │
                                              │ Sicherheits-       │
                                              │ kennzeichnung      │
                                              │ am Arbeitsplatz    │
                                              └────────────────────┘
```

08. Welche Bestimmungen enthält das Sozialgesetzbuch SGB VII?

Die gesetzliche Unfallversicherung ist im 7. Buch des SGB geregelt (vgl. dazu auch oben, Ziffer 1.3.6). Wesentliche Inhalte des SGB VII sind (bitte die zentralen Paragrafen lesen):

§ 1
- Verhütung von Arbeitsunfällen und Berufskrankheiten
- Rehabilitation und Entschädigung nach Arbeitsunfällen und Berufskrankheiten

§ 2 Versichert sind kraft Gesetzes (Zwangsmitgliedschaft):
- alle Beschäftigten
- Lernende in der Aus- und Fortbildung

Versicherungsfall (3. Abschnitt):
- Arbeitsunfall (§ 8)
- Wegeunfall
- Berufskrankheit (§ 9)

§ 14 Grundsatz der Prävention („Verhütung geht vor Leistung")

§ 15 Unfallverhütungsvorschriften als autonomes Recht

§ 22 Sicherheitsbeauftragte

Drittes Kapitel: Leistungen nach Eintritt eines Versicherungsfalls (§§ 26 - 103):
- Heilbehandlung
- Heilmittel
- Arznei und Verbandmittel
- Hilfsmittel
- Häusliche Krankenpflege
- Kraftfahrzeughilfe
- Wohnungshilfe, Haushaltshilfe, Kinderbetreuungskosten
- Reisekosten
- Pflege
- Verletztengeld
- Renten an Versicherte
- Abfindungen

Viertes Kapitel: Haftung von Unternehmern, Unternehmensangehörigen und anderen Personen (§§ 104 - 113)

Fünftes Kapitel: Organisation
(Träger der gesetzlichen Unfallversicherung; §§ 114 - 149a)

Sechstes Kapitel: Aufbringung der Mittel
(Finanzierung der gesetzlichen Unfallversicherung; §§ 150 - 187)

Siebtes Kapitel: Zusammenarbeit der Unfallversicherungsträger mit anderen Leistungsträgern (§§ 188 - 198)

Achtes Kapitel: Datenschutz (§§ 199 - 208)

Neuntes Kapitel: Bußgeldvorschriften (§§ 209 - 211)

Zehntes Kapitel: Übergangsrecht (§§ 212 - 220)

09. Was ist ein Arbeitsunfall?

Ein *Arbeitsunfall* liegt vor, wenn

- eine *versicherte Person*   bei einer
- *versicherten Tätigkeit*   durch ein
- *zeitlich begrenztes, von außen her einwirkendes Ereignis*
- einen *Körperschaden* erleidet.

Beispiel:

• Ein Schlosser arbeitet in einer Metallwarenfabrik.	→ *Versicherte Person (Schlosser)* *Versicherte Tätigkeit* +
• Er klemmt sich an einer Maschine die Hand.	→ *Unfallereignis* +
• Die Hand wird leicht gequetscht und blutet.	→ *Körperschaden*

→ Der Unfall des Schlossers war ein Arbeitsunfall.

10. Was ist ein Wegeunfall?

Unfälle auf dem Weg zur Arbeitsstelle und auf dem Weg zurück zur Wohnung sind dem Arbeitsunfall gleichgestellt. Sie werden von den Berufsgenossenschaften wie *Arbeitsunfälle* entschädigt und tragen die Bezeichnung *Wegeunfälle*.

Es sind einige im Gesetz genannten *Umwege* versichert, z. B. das Abholen von Teilnehmern an einer Fahrgemeinschaft (§ 8 Abs. 2 Nr. 2 SGB VII).

11. Wann liegt eine Berufskrankheit vor?

Eine *Berufskrankheit* liegt vor, wenn

- eine versicherte Person durch ihre berufliche Tätigkeit
- gesundheitlich geschädigt wird und
- die Erkrankung in der Berufskrankheiten-Verordnung (BeKV) der Bundesregierung ausdrücklich als Berufskrankheit bezeichnet ist.

Beispiel:

• Ein Schlosser arbeitet viele Jahre in einem Stahlwerk und führt Reparaturarbeiten an Elektrolichtbogenöfen aus, die extreme Lärmpegel von bis zu 120 dB(A) erzeugen.	→ *Versicherte Person* (Schlosser) + *langjährige Lärmeinwirkung am Arbeitsplatz* + *Versicherte Tätigkeit*
• Lärm gilt ab einem Pegel von 85 dB(A) als gesundheitsschädigend. Der Schlosser wird infolge des gesundheitsschädigenden	→ *Körperschaden*

1.4 Arbeitsschutz- und arbeitssicherheitsrechtliche Vorschriften

Lärms an seinem Arbeitsplatz schwerhörig. (vgl. neue Lärm- und Vibrationsschutzverordnung)

- Die *Lärmschwerhörigkeit* ist eine der wichtigsten und *häufigsten Berufskrankheiten* in der Metallindustrie und im Metallhandwerk. Sie gilt schon sehr lange als Berufskrankheit und ist in der BeKV ausdrücklich verzeichnet.

→ *in der BeKV erfasst*

→ *Bei dem Schlosser liegt eine Berufskrankheit vor.*

Der wesentliche *Unterschied* zwischen Arbeitsunfällen und Berufskrankheiten ist im *Zeitfaktor* zu sehen. Während der *Körperschaden* beim Arbeitsunfall *plötzlich* verursacht wird, geschieht dies bei der *Berufskrankheit* über *längere Zeiträume* hinweg.

12. Welche Bestimmungen enthält die Reichsversicherungsordnung (RVO)?

Die RVO stammt aus dem Jahr 1924 und wurde in vielen Teilen aufgrund neuer Gesetze aufgehoben.

Wesentliche Inhalte der RVO sind:

§§ 1 - 194   aufgehoben (ehemals: Gemeinsame Vorschriften, Krankenversicherung)

§§ 195 - 200 Schwangerschaft und Mutterschaft

§§ 537 - 1160 aufgehoben (ehemals: Gesetzliche Unfallversicherung)

13. Welche Bestimmungen enthält das Arbeitsschutzgesetz (ArbSchG)?

Das „Gesetz über die Durchführung von Maßnahmen des Arbeitsschutzes zur Verbesserung der Sicherheit und des Gesundheitsschutzes der Beschäftigten bei der Arbeit" (kurz: Arbeitsschutzgesetz, ArbSchG) hat folgende, zentrale Inhalte (die zentralen Paragrafen bitte lesen; Einzelheiten dazu vgl. auch Ziffer 1.4.2 ff. lt. Rahmenplan):

§ 1 *Zielsetzung und Anwendungsbereich*
„... dient dazu, Sicherheit und Gesundheitsschutz der Beschäftigten bei der Arbeit ... zu sichern und zu verbessern."

§ 2 *Begriffsbestimmungen*
„Maßnahmen des Arbeitsschutzes ... sind ... Verhütung von Unfällen ..., arbeitsbedingte Gesundheitsgefahren ... Maßnahmen der menschengerechten Gestaltung der Arbeit."

§ 3 *Grundpflichten des Arbeitgebers*
- alle erforderlichen Maßnahmen des Arbeitsschutzes zu treffen
- auf ihre Wirksamkeit hin zu überprüfen und ggf. anzupassen
- für eine geeignete Organisation zu treffen
- Vorkehrungen zu treffen, dass die Maßnahmen bekannt sind und beachtet werden
- trägt die Kosten des Arbeitsschutzes

§ 4 *Allgemeine Grundsätze*

§ 5   *Beurteilung der Arbeitsbedingungen*
  • der Arbeitgeber hat eine Beurteilung der Gefährdung zu ermitteln
  • hat die Beurteilung je nach Art der Tätigkeit vorzunehmen

§ 6   *Dokumentation*
  • Ergebnis der Gefährdungsbeurteilung und die Maßnahmen des Arbeitsschutzes und das Ergebnis der Überprüfung ist in Unterlagen festzuhalten
  • bestimmte Unfälle hat der Arbeitgeber zu erfassen (bei Todesfolge und bei Arbeitsunfähigkeit > 3 Tage)

§ 10   *Erste Hilfe und sonstige Notfallmaßnahmen*
  • der Arbeitgeber hat die erforderlichen Maßnahmen zu treffen (Erste Hilfe, Brandbekämpfung, Evakuierung)
  • ... hat die Verbindung zu außerbetrieblichen Stellen herzustellen (Erste Hilfe, medizinische Notversorgung, Bergung, Brandbekämpfung)
  • ... hat geeignetes Personal für die o. g. Maßnahmen zu benennen

§ 11   *Arbeitsmedizinische Vorsorge*
  Arbeitnehmer haben ein grundsätzliches Recht, sich regelmäßig arbeitsmedizinisch untersuchen zu lassen.

§ 12   *Unterweisung*
  Der Arbeitgeber muss die Beschäftigten regelmäßig unterweisen (bei der Einstellung, bei Veränderungen, bei neuen Arbeitsmitteln/Technologien).

§ 15   *Pflichten der Beschäftigten*
  • haben für Sicherheit und Gesundheit Sorge zu tragen
  • haben Maschinen, Schutzvorrichtungen usw. bestimmungsgemäß zu verwenden

Hinweis:
Mit Inkrafttreten des ArbSchG sind die Vorschriften der §§ 120, 120a GewO weggefallen.

14. Welche Bestimmungen enthält die Gewerbeordnung (GewO)?

Die Gewerbeordnung ist das älteste Gesetz, das sich mit der Gestaltung der Arbeitsverhältnisse beschäftigt. Durch das am 21.08.1996 in Kraft getretene Arbeitsschutzgesetz (ArbSchG) wurden Teile der Gewerbeordnung aufgehoben.

Insbesondere wurde die *„Generalklausel"* der Gewerbeordnung („... der Unternehmer verpflichtet ist, Arbeitsräume, ... so zu regeln, dass die Arbeitnehmer gegen Gefahren für Leben und Gesundheit ... geschützt sind ...") ersetzt durch die *zeitgemäßeren Vorschriften der §§ 1 ff. des ArbSchG*.

Von der Gesetzesnovellierung *nicht berührt und somit weiterhin gültig* sind u. a. folgende Bestimmungen der Gewerbeordnung:

  • § 120b GewO   *Rücksicht auf Sitte und Anstand*, z. B.: Betriebsordnung, Trennung der Geschlechter in Sanitärräumen, genügend Umkleide- und Waschräume, hygienische Toiletten in genügender Anzahl

- § 120c GewO *Gemeinschaftsunterkünfte*, z. B.: hygienisch einwandfrei und in ausreichender Anzahl, erforderliche Beleuchtung, Belüftung, ausreichende Wasser- und Energieversorgung, Kochgelegenheiten.

15. Welche Bedeutung haben weitere Gesetze für den Arbeitsschutz und die Arbeitssicherheit?

Hinweis:
Der Rahmenplan nennt unter Ziffer 1.4.1 eine Fülle für den Arbeitsschutz relevanter Gesetze in ungeordneter Reihenfolge mit der Taxonomie „kennen". Zum Teil werden einzelne dieser Gesetze in den nachfolgenden Ziffern 1.4.2 ff. erneut aufgeführt, zum Teil sind diese Gesetze zwischenzeitlich vom Gesetzgeber aufgehoben, zum Teil verwendet der Rahmenplan falsche Gesetzesbezeichnungen. Von daher erscheint uns eine *Übersicht* geboten, in welcher Weise die zu behandelnden Gesetze und Bestimmungen in diesem Buch bearbeitet werden:

Weitere Gesetze für den Arbeitsschutz und die Arbeitssicherheit			
Bezeichnung	*Abkürzung*	*Fundstelle*	*Kommentar*
Bildschirmarbeitsverordnung	**BildscharbV**	vgl. Frage 16., 17.	
Arbeitszeitgesetz	**ArbZG**		
Betriebsverfassungsgesetz	**BetrVG**	1.4.2	
Mutterschutzgesetz	**MuSchG**		
Teilhabe und Rehabilitation	**SGB IX**	1.4.3	
Jugendarbeitsschutzgesetz	**JArbSchG**		
Gesetz über Betriebsärzte, Sicherheitsingenieure und andere Fachkräfte der Arbeitssicherheit	**ASiG**	1.4.4	
Gefahrstoffverordnung	**GefStoffV**	1.4.5	
Arbeitsstättenverordnung	**ArbStättV**		wurde novelliert
Produktsicherheitsgesetz	**ProdSG**	1.4.6	
Betriebssicherheitsverordnung	**BetrSichV**		wurde novelliert
Bundesimmissionsschutzgesetz	**BImSchG**	1.5	

16. Was ist in der Bildschirmarbeitsverordnung (BildscharbV) geregelt? → 3.6.1

Die BildscharbV (= Verordnung über Sicherheit und Gesundheitsschutz bei der Arbeit an Bildschirmgeräten) enthält spezielle Schutzbestimmung für Bildschirmarbeitsplätze (Beschaffenheit der Arbeitsmittel, Augenuntersuchung, vorgeschriebene Pause). Bildschirmarbeitsplätze sind abzugrenzen von Arbeitsplätzen, an denen gelegentlich mithilfe des Bildschirms gearbeitet wird. Ergänzende Bestimmungen sind in Tarifverträgen sowie in den BG-Regeln 535 und 618 enthalten.

Vgl. dazu auch im 3. Prüfungsfach, Ziffer 3.6.1, Nr. 24.

17. Welche Bestimmungen enthält das Nichtraucherschutzgesetz?

Das Gesetz wurde bundesweit zum 01.01.2008 umgesetzt. Ziel des Gesetzes ist der Schutz der Nichtraucher vor den schädlichen Auswirkungen des Passivrauchens. Gaststätten müssen nunmehr als Nichtrauchergaststätten geführt werden. In allen Räumlichkeiten (Küche, Aufenthaltsräume für das Personal usw.) ist das Rauchen grundsätzlich untersagt. Es kann aber ein baulich abgetrennter Raum geschaffen werden, um Rauchern den Aufenthalt angenehm gestalten zu können. Personen unter 18 Jahren ist der Zugang zu Tabakwaren zu verwehren (Änderung des Jugendschutzgesetzes).

1.4.2 Verantwortung für den Arbeitsschutz und die Arbeitssicherheit

01. Welche Pflichten hat der Arbeitgeber im Rahmen des Arbeits- und Gesundheitsschutzes?

Der Arbeitgeber trägt – vereinfacht formuliert – die Verantwortung dafür, dass „seine Mitarbeiter am Ende des Arbeitstages möglichst genauso gesund sind, wie zu dessen Beginn". Er hat dazu alle erforderlichen Maßnahmen zur Verhütung von Arbeitsunfällen, Berufskrankheiten und arbeitsbedingten Gesundheitsgefahren sowie für wirksame Erste Hilfe zu ergreifen.

Das *Arbeitsschutzgesetz* (ArbSchG) legt die *Pflichten des Arbeitgebers im Arbeits- und Gesundheitsschutz* als Umsetzung der Europäischen Arbeitsschutz-Rahmenrichtlinie fest. Die *Grundpflichten des Unternehmers sind also Europa weit harmonisiert*. Nach dem Arbeitsschutzgesetz kann man die Verantwortung des Arbeitgebers für den Arbeitsschutz in Grundpflichten, besondere Pflichten und allgemeine Grundsätze gliedern:

- *Grundpflichten des Arbeitgebers* nach § 3 ArbSchG:
  Die Grundpflichten des Unternehmers sind im § 3 des Arbeitsschutzgesetzes genau beschrieben. Danach muss der Unternehmer

  - alle notwendigen *Maßnahmen* des Arbeitsschutzes *treffen*,
  - diese Maßnahmen auf ihre *Wirksamkeit überprüfen* und ggf. *anpassen*,
  - dafür sorgen, dass die Maßnahmen den *Mitarbeitern* bekannt sind und *beachtet* werden,
  - für eine *geeignete Organisation* im Betrieb sorgen,
  - die *Kosten* für den Arbeitsschutz *tragen*.

- *Besondere Pflichten des Arbeitgebers* nach §§ 4 - 14 ArbSchG, z. B.:
  Um sicher zu stellen, dass wirklich geeignete und auf die Arbeitsplatzsituation genau zugeschnittene wirksame Maßnahmen ergriffen werden, schreibt § 5 des Arbeitsschutzgesetzes vor, dass der Arbeitgeber

  - die *Gefährdungen* im Betrieb *ermittelt* und
  - die *Gefährdungen beurteilen* muss.

  Der Arbeitgeber ist verpflichtet, *Unfälle* zu *erfassen*. Dies betrifft insbesondere *tödliche Arbeitsunfälle*, Unfälle mit *schweren Körperschäden* und Unfälle, die dazu geführt haben, dass der Unfallverletzte *mehr als drei Tage arbeitsunfähig* war. Für Unfälle, die diese Bedingungen erfüllen, besteht gegenüber der Berufsgenossenschaft eine *Anzeigepflicht*. Der Arbeitgeber muss für eine *funktionierende Erste Hilfe* und die erforderlichen *Notfallmaßnahmen* in seinem Betrieb sorgen (§ 10 ArbSchG).

1.4 Arbeitsschutz- und arbeitssicherheitsrechtliche Vorschriften

- *Allgemeine Grundsätze* nach § 4 ArbSchG:
  Der Arbeitgeber hat bei der Gestaltung von Maßnahmen des Arbeitsschutzes folgende allgemeine Grundsätze zu beachten:

1. Eine Gefährdung ist möglichst zu vermeiden; eine verbleibende Gefährdung ist möglichst gering zu halten.
2. Gefahren sind an ihrer Quelle zu bekämpfen.
3. Zu berücksichtigen sind: Stand der Technik, Arbeitsmedizin, Hygiene sowie gesicherte arbeitswissenschaftliche Erkenntnisse.
4. Technik, Arbeitsorganisation, Arbeits- und Umweltbedingungen sowie soziale Beziehungen sind sachgerecht zu verknüpfen.
5. Individuelle Schutzmaßnahmen sind nachrangig.
6. Spezielle Gefahren sind zu berücksichtigen.
7. Den Beschäftigten sind geeignete Anweisungen zu erteilen.
8. Geschlechtsspezifische Regelungen sind nur zulässig, wenn dies biologisch zwingend ist.

Pflichten des Arbeitgebers nach dem ArbSchG im Überblick			
Grundpflichten	**Besondere Pflichten**		**Allgemeine Grundsätze**
§ 3 ArbSchG	§§ 5 - 14 ArbSchG		§ 4 ArbSchG
• Maßnahmen treffen • Wirksamkeit kontrollieren • Verbesserungspflicht • Vorkehrungs-/Bereitstellungspflicht • Kostenübernahme	• Gefährdungsbeurteilung, Analyse, Dokumentation • sorgfältige Aufgabenübertragung • Zusammenarbeit mit anderen Arbeitgebern • Vorkehrungen bei besonders gefährlichen Arbeitsbereichen • Erste Hilfe • arbeitsmedizinische Vorsorge • Unterweisung der Mitarbeiter	§§ 5 - 6 § 7 § 7 § 9 § 10 § 11 § 12	• Gefährdungsvermeidung • Gefahrenbekämpfung • Überprüfen des Technikstandes • Planungspflichten • Schutz besonderer Personengruppen • Anweisungspflicht • Diskriminierungsverbot

02. Welche Bedeutung hat die Übertragung von Unternehmerpflichten nach § 7 Arbeitsschutzgesetz?

Dem Unternehmer/Arbeitgeber sind vom Gesetzgeber Pflichten im Arbeitsschutz auferlegt worden. Diese Pflichten obliegen ihm *persönlich*. Im Einzelnen sind dies (vgl. oben, Grundpflichten):

- die *Organisationsverantwortung*,
- die *Auswahlverantwortung* (Auswahl der „richtigen" Personen) und
- die *Aufsichtsverantwortung* (Kontrollmaßnahmen)

Je größer das Unternehmen ist, desto umfangreicher wird natürlich für den Unternehmer das Problem, die sich aus der generellen Verantwortung ergebenden Pflichten im betrieblichen Alltag persönlich wirklich wahrzunehmen.

In diesem Falle überträgt er seine persönlichen Pflichten auf *betriebliche Vorgesetzte* und/oder *Aufsichtspersonen*. Er beauftragt sie mit seinen Pflichten und bindet sie so in seine Verantwortung mit ein.

- § 13 der Unfallverhütungsvorschrift DGUV Vorschrift 1 „Grundsätze der Prävention" legt fest, dass der *Verantwortungsbereich* und die *Befugnisse*, die der Beauftragte erhält, um die beauftragten Pflichten erledigen zu können, vorher *genau festgelegt* werden müssen. Die *Pflichtenübertragung* bedarf der *Schriftform*. Das Schriftstück ist vom Beauftragten zu unterzeichnen. Dem Beauftragten ist ein Exemplar auszuhändigen.

- Die Pflichten von Beauftragten, also Vorgesetzten und Aufsichtspersonen, bestehen jedoch rein rechtlich auch ohne eine solche schriftliche Beauftragung, also unabhängig von § 13 DGUV Vorschrift 1. Dies ist deswegen der Fall, weil sich die *Pflichten des Vorgesetzten* bzw. der Aufsichtsperson aus deren Arbeitsvertrag ergeben. Alle Vorgesetzten, und dazu gehören insbesondere die Industriemeister, sollten ganz genau wissen, dass sie ab Übernahme der Tätigkeit in ihrem Verantwortungsbereich nicht nur für einen geordneten Arbeits- und Produktionsablauf verantwortlich sind, sondern auch für die Sicherheit der unterstellten Mitarbeiter.

- Um dieser Verantwortung gerecht zu werden, räumt der Unternehmer dem Vorgesetzten *Kompetenzen* ein. Diese *Kompetenzen* muss der Vorgesetzte *konsequent einsetzen*. Aus der *persönlichen Verantwortung* erwächst immer auch die *persönliche Haftung*.

03. Welche Pflichten sind den Mitarbeitern im Arbeitsschutz auferlegt?
→ §§ 15 f. ArbSchG, DGUV Vorschrift 1

- *Rechtsquellen:*

  - Die *Pflichten* der Mitarbeiter sind in § 15 ArbSchG *allgemein* beschrieben.

  - § 16 ArbSchG legt *besondere Unterstützungspflichten* der Mitarbeiter dem Unternehmer gegenüber fest. Natürlich sind alle Mitarbeiter verpflichtet, im innerbetrieblichen Arbeitsschutz aktiv mitzuwirken.

  - Die §§ 15 und 18 der berufsgenossenschaftlichen Unfallverhütungsvorschrift „Grundsätze der Prävention" (DGUV Vorschrift 1) regeln die diesbezüglichen Verpflichtungen der Mitarbeiter im betrieblichen Arbeitsschutz. Das 3. Kapitel der berufsgenossenschaftlichen Unfallverhütungsvorschrift DGUV Vorschrift 1 „Grundsätze der Prävention" regelt die Pflichten der Mitarbeiter ausführlich.

Pflichten der Mitarbeiter im Arbeitsschutz	
Weisungen des AG befolgen	Die Mitarbeiter müssen die *Weisungen* des Unternehmers für ihre Sicherheit und Gesundheit befolgen.
Eigensorge	Der AN hat für die eigene Sicherheit zu sorgen.
Fremdsorge	Der AN hat für die Sicherheit der Personen zu sorgen, die von seinen Handlungen betroffen sind.
Ordnungsgemäße Verwendung der Arbeitsmittel	Die Mitarbeiter müssen Einrichtungen, Arbeitsmittel und Arbeitsstoffe sowie Schutzvorrichtungen bestimmungsgemäß benutzen und dürfen sich an gefährlichen Stellen im Betrieb nur im Rahmen der ihnen übertragenen Aufgaben aufhalten; die persönliche Schutzausrüstung ist bestimmungsgemäß zu verwenden.

1.4 Arbeitsschutz- und arbeitssicherheitsrechtliche Vorschriften

Pflichten der Mitarbeiter im Arbeitsschutz	
Unterstützungspflicht	Die Maßnahmen, die der Unternehmer getroffen hat, um für einen wirksamen Schutz der Mitarbeiter zu sorgen, sind von den Mitarbeitern zu unterstützen.
Mitteilungspflicht	Die Mitarbeiter haben gemeinsam mit dem Betriebsarzt (BA) und der Fachkraft für Arbeitssicherheit (Sifa) den Arbeitgeber in seiner Verantwortung zu unterstützen; festgestellte Gefahren und Defekte sind dem BA und der Sifa mitzuteilen.
Mitteilung von Gefahren und Defekten	Gefahren und Defekte sind vom Mitarbeiter unverzüglich zu melden.

04. Welche Pflichten und Rechte hat der Betriebsrat im Arbeitsschutz?

Pflichten und Rechte des Betriebsrats im Arbeitsschutz	
Pflicht zur Überwachung	der Einhaltung der arbeitsrechtlichen Bestimmungen (§ 89 BetrVG).
Mitbestimmungsrecht	bei Regelungen über die Verhütung von Arbeitsunfällen, Berufskrankheiten und den Gesundheitsschutz (§ 87 Abs. 1 Nr. 7 BetrVG).
Recht auf Abschluss freiwilliger Betriebsvereinbarungen	über zusätzliche Maßnahmen zur Verhütung von Arbeitsunfällen und Gesundheitsschädigungen.
Unterrichtungs- und Beratungsrecht	über Planung der Arbeitsplätze, die den arbeitswissenschaftlichen Erkenntnissen offensichtlich widersprechen (§§ 90, 91 BetrVG).
Beteiligung	bei der Bestellung und Abberufung von Sicherheitsfachkräften, Betriebsärzten und Sicherheitsbeauftragten (§ 9 Abs. 3 ASiG, § 22 Abs. 1 SGB VII).
Teilnahme	im Arbeitsschutzausschuss (§ 11 ASiG).

05. Welche Rechtsfolgen ergeben sich bei Verstößen und Ordnungswidrigkeiten im Rahmen des Arbeitsschutzes?

a) *Ordnungswidrig* handelt, wer vorsätzlich oder fahrlässig gegen Verordnungen des Arbeitsschutzes verstößt (betrifft Arbeitgeber und Beschäftigte; § 25 ArbSchG).

b) *Ordnungswidrigkeiten* werden mit Geldstrafe bis zu 5.000 €, in besonderen Fällen bis zu 25.000 € geahndet (§ 25 ArbSchG).

c) Wer dem Arbeitsschutz zu wider laufende Handlungen beharrlich wiederholt oder durch vorsätzliche Handlung Leben oder Gesundheit von Beschäftigten gefährdet, wird mit *Freiheitsstrafe bis zu einem Jahr oder mit Geldstrafe* bestraft.

Zu beachten ist weiterhin:

Ein Arbeitgeber kann bei Nichtbeachtung der Arbeitsschutzvorschriften unter Umständen von der Berufsgenossenschaft in Regress genommen werden (Rückforderung von Leistungen); außerdem besteht ggf. ein Schadensersatzanspruch des Arbeitnehmers, falls dieser eine gesundheitliche Schädigung erleidet.

1.4.3 Sonderschutzrechte für schutzbedürftige Personen

01. Welche Sonderregelungen des sozialen Arbeitsschutzes für besondere Personengruppen bestehen im Einzelnen?

Sonderschutzrechte für besondere Personengruppen	
Wehrdienstleistende	Der Arbeitsplatz der Arbeitnehmer, die zum Grundwehrdienst oder zu einer Wehrübung einberufen werden, ist durch das *Arbeitsplatzschutzgesetz* (ArbPlSchG) besonders geschützt. Diese Arbeitnehmer genießen überdies einen besonderen Kündigungsschutz. Einberufungen zum Grundwehrdienst finden seit Januar 2011 nur noch auf freiwilliger Basis statt. Die Wehrpflicht wurde ausgesetzt.
Mütter	Werdende und junge Mütter genießen den besonderen Schutz des *Mutterschutzgesetzes* (MuSchG) hinsichtlich der Art ihrer Beschäftigung und der Arbeitszeit sowie im Hinblick auf den Kündigungsschutz.
Schwerbehinderte Menschen	Das *SGB IX* sichert den schwerbehinderten Menschen berufliche Förderung und den Arbeitsplatz. Auch bestehen besondere Kündigungsschutzbestimmungen.
Heimarbeiter	Das *Heimarbeitsgesetz* (HAG) schützt die Heimarbeiter vor besonderen Gefahren im Hinblick auf das Entgelt und einen beschränkten Kündigungsschutz.
Auszubildende, Jugendliche	Auszubildende werden nach dem *Berufsbildungsgesetz* (BBiG), Jugendliche nach dem *Jugendarbeitsschutzgesetz* (JArbSchG) und dem Gesetz über den Schutz der Jugend in der Öffentlichkeit (JSchG) und ferner durch das Jugendgerichtsgesetz besonders geschützt.
Mitglieder des Betriebsrates und der JAV	Das *Betriebsverfassungsgesetz* (BetrVG) wiederum gibt den Betriebsräten und den Jugend- und Auszubildendenvertretungen (JAV) besonderen Kündigungsschutz.

02. Welchen besonderen Schutz genießen Frauen?

a) *Gleichbehandlungsgrundsatz:* • Art 3, 6 GG
• Allgemeines Gleichbehandlungsgesetz (AGG)

b) *Förderung:* • Frauenförderungsgesetz (FFG)

c) *Mütter:* • Mutterschutz, Bundeserziehungsgeld bzw. Elterngeld

Der Schutz im Zusammenhang mit der Geburt und Erziehung eines Kindes ist im *Mutterschutzgesetz* und im *BEEG* geregelt. Insbesondere finden sich folgende Bestimmungen:

- das MuSchG gilt für alle Frauen, die in einem Arbeitsverhältnis stehen,
- der Arbeitsplatz ist besonders zu gestalten (Leben und Gesundheit der werdenden/stillenden Mutter ist zu schützen),
- es existiert ein *relatives* und ein *absolutes Beschäftigungsverbot* für werdende Mütter §§ 3, 4, 8 MuSchG),
- Anspruch auf Arbeitsfreistellung für die Stillzeit,
- Entgeltschutz: Verbot finanzieller Nachteile,
- absolutes Kündigungsverbot (während der Schwangerschaft und vier Monate danach),
- es besteht Anspruch auf Elterngeld und Elternzeit.

03. Welche Bestimmungen enthält das Schwerbehindertenrecht (SGB IX)?

Maßgeblich sind folgende Bestimmungen:

- Damit *Leistungen schnellstmöglich erbracht werden*, soll das Verwaltungsverfahren durch eine rasche Zuständigkeitsklärung verkürzt werden. Zahlt der Leistungsträger (Krankenkasse, BfA oder andere) nicht rechtzeitig, kann der Schwerbehinderte sich selbst darum kümmern. Er bekommt seinen Aufwand nachträglich ersetzt, muss dem Leistungsträger aber vorher eine Frist setzen.

- *Sachleistungen* gibt es nun auch im *Ausland*, wenn sie dort bei gleicher Qualität und Wirksamkeit wirtschaftlicher erbracht werden können.

- In allen Städten und Landkreisen sollen Behinderte über alle für sie in Betracht kommenden Rehabilitationsleistungen umfassend durch gemeinsame *Servicestellen* der verschiedenen Rehabilitationsträger beraten werden. *Die Servicestellen werden vernetzt.*

- Die bisherigen berufsfördernden Leistungen zur Rehabilitation heißen nun *„Leistungen zur Teilhabe am Arbeitsleben"*, die Hauptfürsorgestellen *„Integrationsämter"*.

Neue Leistungen:
- die „Arbeitsassistenz" zur Arbeitsaufnahme (etwa eine Vorlesekraft für Blinde)
- ein Überbrückungsgeld als Leistung für berufliche Rehabilitation mit der Aufnahme einer selbstständigen Tätigkeit (bisher nur Arbeitsämter)
- Arbeitgebern stehen höhere Eingliederungszuschüsse zu
- Übergangsgeld besteht grundsätzlich zeitlich unbegrenzt und kann auch bei ambulanter Rehabilitation gezahlt werden.

- *Weitere Bestimmungen:*
  - Arbeitgeber mit mehr als 20 Arbeitsplätzen müssen mindestens 5 % der Arbeitsplätze mit schwerbehinderten Menschen besetzen (*Schwerbehindertenquote*). Bei Nichterfüllung der Vorgabe muss der Arbeitgeber eine *Ausgleichsabgabe* zahlen.
  - Auf Verlangen sind schwerbehinderte Menschen von Mehrarbeit freizustellen.
  - Schwerbehinderte Menschen haben einen Zusatzurlaub von fünf Arbeitstagen (Achtung: Gleichgestellte erhalten keinen Zusatzurlaub, § 68 Abs. 3 SGB IX).
  - Die Schwerbehindertenvertretung ist am Einstellungsverfahren eines schwerbehinderten Menschen zu beteiligen (§ 81 Abs. 1 SGB IX).
  - Der besondere Kündigungsschutz greift erst nach sechs Monaten Beschäftigung (§ 90 Abs. 1 Nr. 1 SGB IX).

04. Welche Rechte können schwerbehinderte Menschen geltend machen, wenn sie benachteiligt wurden?

Beschwerderecht	Schwerbehinderte Menschen können sich bei Benachteiligung beschweren (§ 13 AGG).
Verweigerung der Leistung	Diskriminierte Arbeitnehmer dürfen ihre Arbeitsleistung verweigern, wenn der Arbeitgeber nichts gegen die Diskriminierung unternimmt (§ 14 AGG).

Unterlassungsklage	Diskriminierte Arbeitnehmer können auf Unterlassung der Diskriminierung klagen.
Schadensersatz	Benachteiligte Arbeitnehmer können den Ersatz des Nichtvermögensschadens (Schmerzensgeld) und des Vermögensschadens geltend machen. Wenn ein schwerbehinderter Bewerber benachteiligt wird, so kann er eine Entschädigung in Geld verlangen.

05. Welche wichtigen Einzelbestimmungen enthält das Jugendarbeitsschutzgesetz?

Das Jugendarbeitsschutzgesetz regelt die Beschäftigung von Personen unter 18 Jahren:

Arbeitszeit	**8 Stunden** täglich; Ausnahme: 8 ½ Stunden; **40 Stunden** wöchentlich; zu beachten ist § 21a JArbSchG; (bitte lesen); **5-Tage-Woche** (§15 JArbSchG)
Ruhepausen	4 ½ bis 6 Stunden → **30 Minuten**; mehr als 6 Stunden → 60 Minuten; Pausen: mindestens 15 Minuten
Samstagsarbeit, Sonntagsarbeit	ist **verboten**; Ausnahmen: offene Verkaufsstellen, Gaststätten, Verkehrswesen; mindestens zwei Samstage sollen beschäftigungsfrei sein, dafür aber Freistellung an einem anderen berufsschulfreien Arbeitstag.
Urlaub	Mindestens **30 Werktage**, wer zu Beginn des Kalenderjahres noch nicht 16 Jahre alt ist; mindestens 27 Werktage, wer noch nicht 17 Jahre alt ist; mindestens 25 Werktage, wer noch nicht 18 Jahre alt ist. Bis zum 01.07. voller Jahresurlaub, ab 02. Juli 1/12 pro Monat.
Berufsschulbesuch	Jugendliche sind für die Teilnahme am Berufsschulunterricht freizustellen und nicht zu beschäftigen: - vor einem vor 09:00 Uhr beginnenden Unterricht - an einem Berufsschultag mit mehr als 5 Unterrichtsstunden - in Berufsschulwochen mit Blockunterricht von 25 Stunden an 5 Tagen. Berufsschultage werden mit 8 Stunden auf die Arbeitszeit angerechnet.
Freistellungen für Prüfungen	Freistellung muss erfolgen für die Teilnahme an Prüfungen und an dem Arbeitstag, der der schriftlichen Abschlussprüfung unmittelbar vorangeht.
Beschäftigung	nur in der Zeit von **06:00 - 20:00 Uhr**; im Gaststättengewerbe bis 22:00 Uhr. In mehrschichtigen Betrieben dürfen Jugendliche über 16 Jahren ab 5:30 Uhr oder bis 23:30 Uhr beschäftigt werden. Am 24. und 31.12. nach 14:00 Uhr und an gesetzlichen Feiertagen keine Beschäftigung. Ausnahmen bestehen für Gaststättengewerbe, jedoch nicht am 25.12., 01.01., ersten Ostertag und am 01.05.
Verbot der Beschäftigung	mit gefährlichen Arbeiten, Akkordarbeit ist verboten (Ausnahmen).
Untersuchungen	sind verpflichtend (§§ 32 ff. JArbSchG).
Unterweisung	Vor Beginn der Beschäftigung und in regelmäßigen Abständen hat eine Unterweisung über Gefahren zu erfolgen (§ 28a JArbSchG).
Aushänge und Verzeichnisse	Auszuhändigen sind: Jugendarbeitsschutzgesetz, Mutterschutzgesetz, Anschrift der Berufsgenossenschaft, tägliche Arbeitszeit; es ist ein Verzeichnis der beschäftigten Jugendlichen mit Angabe deren täglicher Arbeitszeit zu führen.

06. Welchen Schutz hat der Arbeitnehmer bei sexueller Belästigung am Arbeitsplatz?

Als sexuelle Belästigung wird angesehen: Strafrechtlich relevantes Verhalten und sonstige sexuelle Handlungen und Aufforderungen zu diesen, sexuell bestimmte körperliche Berührungen, Bemerkungen sexuellen Inhalts sowie Zeigen und Anbringen pornografischer Darstellungen, die von den Betroffenen erkennbar abgelehnt werden (§ 2 Abs. 2 Satz 2 BSchG; Beschäftigtenschutzgesetz).

Betroffene Arbeitnehmer können sich bei den zuständigen Stellen im Betrieb, z. B. dem Arbeitgeber oder dem Betriebsrat, beschweren (§ 13 AGG; § 75 Abs. 2 BetrVG). Es besteht ein Recht auf Schadenersatz und Unterlassung. Arbeitgeber und Vorgesetzte haben die Beschwerde zu prüfen und geeignete Maßnahmen zu treffen, um die Wiederholung einer festgestellten, sexuellen Belästigung zu verhindern. Geeignete Maßnahmen des Arbeitgebers sind (§ 4 Abs. 1 BSchG): Ermahnung, Abmahnung, Versetzung, ordentliche oder außerordentliche Kündigung.

Unterlässt der Arbeitgeber geeignete Maßnahmen zur Verhinderung sexueller Belästigung, hat der Arbeitnehmer/die Arbeitnehmerin ein Zurückbehaltungsrecht (keine Pflicht zur Arbeit; trotzdem Anspruch auf Arbeitsentgelt).

Sexuelle Belästigung am Arbeitsplatz • Beispiele aus der Rechtsprechung		
Einmalige Belästigung durch sexuelle Witze gegen den Willen der/des Betroffenen.	→	**Ermahnung**
• Piksen, Streicheln, Hinterherpfeifen • Sich in den Weg stellen mit sexuellen Anspielungen • Arm auf die Schulter legen und streicheln	→	**Abmahnung**
• Einstellungsgespräch in der Sauna • Wiederholtes Umarmen gegen den Willen der Kollegin/des Kollegen	→	**Ordentliche Kündigung**
• Exhibitionistische Handlungen • Obszönes Ausfragen von Arbeitnehmerinnen/Arbeitnehmern nach sexuellen Aktivitäten in der vergangenen Nacht verbunden mit obszönen Angeboten und Bemerkungen	→	**Außerordentliche Kündigung**

1.4.4 Bestimmungen des Arbeitssicherheitsgesetzes (ASiG)

01. Welche zentralen Bestimmungen enthält das Arbeitssicherheitsgesetz?

Das Gesetz regelt insbesondere die *Pflichten der Arbeitgeber* zur Bestellung von *Betriebsärzten* und *Fachkräften für Arbeitssicherheit* (= SIFA) sowie die Pflicht zur Gründung eines Koordinationsgremiums des innerbetrieblichen Arbeitsschutzes – dem *Arbeitsschutzausschuss*. Das Gesetz bestimmt damit die grundsätzlichen Strukturen der Organisation des betrieblichen Arbeitsschutzes, indem es die Verantwortlichen, ihre Aufgaben und ihre Zusammenarbeit festlegt.

Durch das Arbeitssicherheitsgesetz soll dem verantwortlichen Arbeitgeber eine fachliche qualifizierte Unterstützung zur Seite gestellt werden. *Betriebsärzte und Fachkräfte* für Arbeitssicherheit stehen ihm als *Berater* zur Verfügung. *Leitgedanke des Gesetzes ist die Prävention* im betrieblichen Arbeits- und Gesundheitsschutz.

Mit der Revision des Arbeitssicherheitsgesetzes im Jahre 1996 wurden die *Aufgaben der Betriebsärzte und Fachkräfte für Arbeitssicherheit* beträchtlich erweitert. Sie haben die Pflicht, den Arbeitgeber beim Arbeitsschutz und bei der Unfallverhütung in allen Fragen des Gesundheitsschutzes und der Arbeitssicherheit einschließlich der menschengerechten Arbeitsgestaltung *zu unterstützen*. Hierzu zählt auch die Unterstützung des Arbeitgebers bei der Verhütung arbeitsbedingter Erkrankungen und der Gefährdungsanalyse.

Im Einzelnen legt das Arbeitssicherheitsgesetz fest:

- die Bestellung von Betriebsärzten und Fachkräften für Arbeitssicherheit mit Zustimmung des Betriebsrats
- die Anforderungen an Betriebsärzte und Fachkräfte für Arbeitssicherheit
- ihre Unabhängigkeit
- ihre Verpflichtung zur gegenseitigen Zusammenarbeit und zur Zusammenarbeit mit dem Betriebsrat
- die Pflicht zur Bildung des Arbeitsschutzausschusses in Betrieben, seine Zusammensetzung und seine Aufgaben
- behördliche Anordnungen, Auskunfts- und Besichtigungsrechte
- die Möglichkeiten, überbetriebliche Dienste zur Erfüllung der Aufgaben von Betriebsärzten und Fachkräften für Arbeitssicherheit in Anspruch zu nehmen.

02. Wann sind Sicherheitsbeauftragte (Sibea) zu bestellen und welche Aufgaben haben sie?
→ **§ 20 DGUV Vorschrift 1**

- *Pflicht zur Bestellung von Sicherheitsbeauftragten:*
Wann Sicherheitsbeauftragte (Sibea) zu bestellen sind, ist durch § 20 der berufsgenossenschaftlichen Unfallverhütungsvorschrift DGUV Vorschrift 1 „Grundsätze der Prävention" genau geregelt:

Sicherheitsbeauftragte sind vom Arbeitgeber zu bestellen, wenn im Betrieb mehr als *20 Mitarbeiter* beschäftigt werden, d. h. die Verpflichtung, Sicherheitsbeauftragte zu bestellen, erwächst dem Unternehmer genau dann, wenn er den 21. Mitarbeiter einstellt.

Es hat sich in größeren Betrieben als sehr praktisch erwiesen, Sicherheitsbeauftragte speziell für die einzelnen Abteilungen, Werkstätten bzw. den kaufmännischen Bereich zu bestellen. Die Anzahl der zu bestellenden Sicherheitsbeauftragten richtet sich danach, in welche Gefahrklasse der Gewerbezweig eingestuft ist.

Es gilt grob die Regel:

> Je *gefährlicher* der *Gewerbezweig*,
> desto *mehr Sicherheitsbeauftragte* müssen bestellt werden.

- *Aufgaben der Sicherheitsbeauftragten:*
Sie haben die *Aufgabe*, den Arbeitgeber bei der Durchführung des Arbeitsschutzes über das normale Maß der Pflichten der Mitarbeiter im Arbeitsschutz hinaus zu unterstützen

- Die Sicherheitsbeauftragten arbeiten *ehrenamtlich* und wirken auf *kollegialer Basis* auf die Mitarbeiter des Betriebsbereiches ein, für den sie bestellt worden sind.

- Der Sicherheitsbeauftragte ist in der betrieblichen Praxis ein *wichtiger Partner* für den *Industriemeister* und hinsichtlich der Erfüllung der Pflichten des Meisters im Arbeitsschutz ein wichtiges *Bindeglied* zu den Mitarbeitern.

- Das erforderliche *Grundwissen* für die Tätigkeit im Unternehmen erwirbt sich der Sicherheitsbeauftragte in einem kostenfreien Ausbildungskurs der *Berufsgenossenschaft*. Weiterhin bieten die Berufsgenossenschaften Fortbildungskurse für Sicherheitsbeauftragte an und stellen zahlreiche Arbeitshilfen zur Verfügung.

03. Wann sind Sicherheitsfachkräfte (Sifa) zu bestellen und welche Aufgaben haben sie?
→ **§ 5 ASiG, DGUV Vorschrift 2**

- *Pflicht zur Bestellung von Sicherheitsfachkräften:*

  Fachkräfte für Arbeitssicherheit (Sicherheitsfachkräfte; Sifa) muss grundsätzlich *jedes Unternehmen*, das *Mitarbeiter beschäftigt*, bestellen. Der Grundsatz der Bestellung sowie die Forderungen an die Fachkunde der Sicherheitsfachkräfte werden in einem *Bundesgesetz*, dem *Arbeitssicherheitsgesetz* (ASiG), geregelt.

  Regeln für die betriebliche Ausgestaltung der Bestellung liefert die *Unfallverhütungsvorschrift „Betriebsärzte und Fachkräfte für Arbeitssicherheit"* DGUV Vorschrift 2.

  Die Berufsgenossenschaften legen hier fest, wie viele Sicherheitsfachkräfte für welche Einsatzzeit im Unternehmen tätig sein müssen. Wichtigste Anhaltspunkte für diese Einsatzgrößen sind die *Betriebsgröße* und der *Gewerbezweig* (Gefährlichkeit der Arbeit).

  Die Berufsgenossenschaften eröffnen kleinen Unternehmen in dieser Unfallverhütungsvorschrift die Wahlmöglichkeit zwischen der so genannten *Regelbetreuung* durch eine Sicherheitsfachkraft oder *alternativen Betreuungsmodellen*, bei denen der Unternehmer des Kleinbetriebes selbst zum Akteur werden kann.

- *Aufgaben der Sicherheitsfachkraft:*

  - Die Sicherheitsfachkraft ist für den Unternehmer *beratend* tätig in allen Fragen des Arbeits- und Gesundheitsschutzes und schlägt Maßnahmen zur Umsetzung vor.

  - Die Sicherheitsfachkraft ist darüber hinaus in der Lage, die *Gefährdungsbeurteilung* des Unternehmens *systematisch* zu betreiben, zu dokumentieren, konkrete Vorschläge zur Umsetzung der notwendigen Maßnahmen zu unterbreiten und deren *Wirksamkeit* im Nachgang zielorientiert zu überprüfen.

  - Der *Industriemeister ist gut beraten, das Potenzial* der Sicherheitsfachkraft für seine Arbeit zu nutzen und eng mit ihr zusammen zu arbeiten.

  - Die Sicherheitsfachkraft ist *weisungsfrei* tätig. Sie trägt demzufolge *keine Verantwortung* im Arbeitsschutz; diese hat der Arbeitgeber. Die Sicherheitsfachkraft muss jedoch die Verantwortung dafür übernehmen, dass sie ihrer Beratungsfunktion richtig und korrekt nachkommt.

  - Sicherheitsfachkräfte müssen entweder einen *Abschluss als Ingenieur, Techniker oder Meister* erworben haben (§ 5 Abs. 1 ASiG). Erst damit besitzen sie die *Zugangsberechtigung* zur Teilnahme an einem berufsgenossenschaftlichen oder staatlichen *Ausbildungslehrgang* zur

Fachkraft für Arbeitssicherheit. Mit dem Abschluss eines solchen Ausbildungslehrganges erwirbt die Sicherheitsfachkraft ihre *Fachkunde*; sie ist die gesetzlich geforderte Mindestvoraussetzung, um als Sicherheitsfachkraft tätig sein zu dürfen.

- Die Ausbildungslehrgänge zum *Erwerb der Fachkunde* umfassen *drei Ausbildungsstufen*:
  - die *Grundausbildung*,
  - die *vertiefende Ausbildung* und
  - die *Bereichsausbildung*.

  Ein begleitendes *Praktikum* und eine schriftliche sowie mündliche *Abschlussprüfung* runden die Ausbildung ab. *Wichtigster Ausbildungsträger* für diese Ausbildung sind *die gewerblichen Berufsgenossenschaften*.

- Die Sicherheitsfachkraft muss dem Unternehmer regelmäßig über die Erfüllung ihrer übertragenen Aufgaben *schriftlich berichten*.

- Die Sicherheitsfachkraft kann *im Unternehmen angestellt* sein (Regelfall in Großbetrieben, häufigster Fall für den Industriemeister Metall) oder sie kann extern vom Unternehmen *vertraglich verpflichtet* werden. Externe Sicherheitsfachkräfte sind *entweder freiberuflich tätig* oder *Angestellte* sicherheitstechnischer Dienste. *Diese* bieten ihre Dienstleistungen sowohl *regional* als auch *überregional* an.

04. Wann muss ein Arbeitsschutzausschuss gebildet werden, wie setzt er sich zusammen und wie oft muss er tagen?   → § 11 ASiG

Der *Arbeitsschutzausschuss* (ASA) nach § 11 ASiG vereint alle Akteure des betrieblichen Arbeitsschutzes und dient der Beratung, Harmonisierung und Koordinierung der Aktivitäten im Unternehmen.

Sind in einem Unternehmen *mehr als 20 Mitarbeiter* beschäftigt, ist ein Arbeitsschutzausschuss zu bilden. Er setzt sich wie folgt zusammen:

- Arbeitgeber bzw. Vertreter
- Betriebsratsmitglieder
- Betriebsarzt
- Vertreter der Sicherheitsbeauftragten
- Sicherheitsfachkraft

Das Arbeitssicherheitsgesetz schreibt vor, dass der Arbeitsschutzausschuss einmal *vierteljährlich* tagt.

1.4 Arbeitsschutz- und arbeitssicherheitsrechtliche Vorschriften

05. Welche Personen und Organe tragen die Verantwortung für den Arbeits-, Umwelt- und Gesundheitsschutz im Betrieb (Überblick)?

Überwachung des Arbeits-, Umwelt- und Gesundheitsschutzes im Betrieb

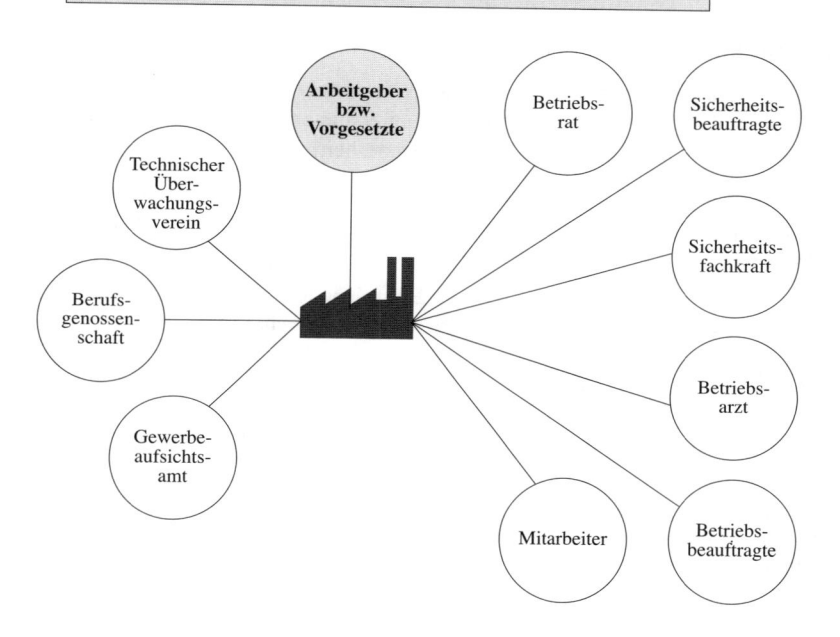

Organe und Personen:
- Arbeitgeber bzw. Vorgesetzte
- Betriebsrat
- Sicherheitsbeauftragte
- Sicherheitsfachkraft
- Betriebsarzt
- Betriebsbeauftragte
- Mitarbeiter
- Gewerbeaufsichtsamt
- Berufsgenossenschaft
- Technischer Überwachungsverein

06. Wann muss ein Betriebsarzt bestellt werden? → § 2 ASiG, DGUV Vorschrift 2

Grundsätzlich *muss jedes Unternehmen*, das *Mitarbeiter beschäftigt*, einen Betriebsarzt bestellen. Diese *Verpflichtung* erwächst dem Unternehmer, genau wie die Verpflichtung zur Bestellung von Sicherheitsfachkräften, aus dem *Arbeitssicherheitsgesetz* (vgl. §§ 2 ff. ASiG).

Die Berufsgenossenschaften regeln mit der *Unfallverhütungsvorschrift DGUV Vorschrift 2* „Betriebsärzte und Fachkräfte für Arbeitssicherheit", wie viele Betriebsärzte für welche Einsatzzeit bestellt werden müssen und konkretisieren damit die Rahmenbedingungen für die betriebsärztliche Tätigkeit.

Sehr *kleinen Unternehmen* räumt die DGUV Vorschrift 2 die *Möglichkeit* ein, anstelle der Bestellung eines Betriebsarztes (Regelmodell) ein *alternatives Betreuungsmodell* zu wählen.

07. Wer darf als Betriebsarzt bestellt werden? → § 4 ASiG

Als Betriebsarzt darf nur ein Mediziner bestellt werden, der über die *arbeitsmedizinische Fachkunde* verfügt; in der Regel ist der Betriebsarzt *Facharzt für Arbeitsmedizin*.

Betriebsärzte sind, sofern sie nicht Angestellte des Unternehmens sind, für das sie arbeiten, entweder freiberuflich tätig oder in Arbeitsmedizinischen Diensten angestellt. Diese arbeiten sowohl regional als auch überregional – große Dienste sogar bundesweit.

Große Unternehmen verfügen über *angestellte Betriebsärzte*, in sehr großen Unternehmen arbeiten sogar mehrere Betriebsärzte in firmeninternen arbeitsmedizinischen Einrichtungen. *Kleine und mittlere Unternehmen haben* in der Regel Betriebsärzte *vertraglich verpflichtet*.

08. Welche Aufgaben haben die Betriebsärzte?

Die Betriebsärzte (BA) haben die Aufgabe, den Unternehmer/Arbeitgeber und die Fachkräfte in allen Fragen des betrieblichen Gesundheitsschutzes zu unterstützen. Sie sind bei dieser Tätigkeit genauso *beratend tätig* wie die Fachkräfte für Arbeitssicherheit.

- Betriebsärzte sind gehalten, im Rahmen ihrer Tätigkeit Arbeitnehmer *zu untersuchen, arbeitsmedizinisch zu beurteilen und zu beraten* sowie die Untersuchungsergebnisse auszuwerten und zu dokumentieren.

- Sie sollen die Durchführung des Arbeitsschutzes im Betrieb beobachten und sind eine wichtige Hilfe für den Unternehmer bei der *Beurteilung der Arbeitsbedingungen*.

- Sie eröffnen dem Unternehmer die Thematik *aus arbeitsmedizinischer Sicht* und unterstützen ihn natürlich bei der *Organisation der Ersten Hilfe* im Betrieb.

- Sie arbeiten in der Regel eng mit den Sicherheitsfachkräften zusammen und sind für den *Industriemeister* ein *wichtiger Partner*.

> Zu den Aufgaben des Arbeitsmediziners gehört es a*usdrücklich nicht*, *Krankmeldungen* der Arbeitnehmer auf ihre Berechtigung *zu überprüfen*.

09. Was muss der Unternehmer/Arbeitgeber für die Erste Hilfe tun?
→ § 10 ArbSchG, DGUV Vorschrift 1, BGR V A1

Die Pflicht, für eine wirksame Erste Hilfe zu sorgen, erwächst dem Unternehmer allgemein aus § 10 ArbSchG, der die allgemeine Fürsorgepflicht des Unternehmers vertieft.

Die Unfallverhütungsvorschrift „Grundsätze der Prävention" DGUV Vorschrift 1 beschreibt die *Unternehmerpflichten für die Erste Hilfe* genauer:

- Der 3. Abschnitt dieser Vorschrift gibt dem Unternehmer auf, dass er in seinem Unternehmen Maßnahmen

    - zur *Rettung aus Gefahr* und
    - zur *Ersten Hilfe*

    treffen muss.

- Er hat dazu

    - die erforderlichen *Einrichtungen* und *Sachmittel* sowie
    - das erforderliche *Personal*

    zur *Verfügung* zu stellen und organisatorisch deren *funktionelle Verzahnung* zu gewährleisten.

- Er muss weiterhin dafür sorgen, dass

    - nach einem Unfall *unverzüglich* Erste Hilfe geleistet wird,
    - Verletzte *sachkundig transportiert* werden

1.4 Arbeitsschutz- und arbeitssicherheitsrechtliche Vorschriften

- die erforderliche *ärztliche Versorgung* veranlasst und
- die Erste Hilfe *dokumentiert* wird.

Die *BG-Regel* „Grundsätze der Prävention" BGR V A1 beschreibt als Orientierungshilfe genau, was zu tun ist, was zu den notwendigen Einrichtungen und Sachmitteln zählt und was zu veranlassen sowie zu dokumentieren ist.

10. Wie viele Ersthelfer müssen bestellt werden und wie werden sie aus- und fortgebildet?
- Arbeiten in einem Unternehmen *2 bis 20 Mitarbeiter*, muss ein *Ersthelfer* zur Verfügung stehen.
- Bei *mehr als 20 Mitarbeitern* müssen *5 % der Belegschaft* als Ersthelfer zur Verfügung stehen, wenn der Betrieb ein *Verwaltungs- oder Handelsbetrieb* ist.
- In *Handwerks- und Produktionsbetrieben*, hierzu zählen die Betriebe der Metallindustrie, müssen *10 % der Belegschaft* Ersthelfer sein.

Ersthelfer sind Personen, die bei einer von der Berufsgenossenschaft zur Ausbildung von Ersthelfern ermächtigten Stelle ausgebildet worden sind.

Ausbildende Stellen sind z. B. das Deutsche Rote Kreuz, der Arbeiter-Samariter-Bund, die Johanniter-Unfallhilfe sowie der Malteser Hilfsdienst. Die Ausbildung in einem Erste-Hilfe-Lehrgang dauert acht Doppelstunden. Hinweis: Die kurze Schulung, die Führerscheinbewerber nach § 19 Abs. 1 der Fahrerlaubnis-Verordnung (FeV) erhalten, reicht als Ausbildung nicht aus!

Der Unternehmer muss dafür sorgen, dass die Ersthelfer in *Zeitabständen von zwei Jahren fortgebildet* werden. Die Fortbildung besteht aus der Teilnahme an einem vier Doppelstunden dauernden Erste-Hilfe-Training. Wird die 2-Jahres-Frist überschritten, ist ein neuer Lehrgang erforderlich. Die gewerblichen *Berufsgenossenschaften übernehmen die Kosten* für Ersthelfer-Lehrgänge und -trainings.

11. Welche Einrichtungen und Sachmittel zur Ersten Hilfe müssen im Betrieb vorhanden sein (Erste-Hilfe-Ausrüstung)?
→ **DGUV Vorschrift 1, BGR A1, DIN 13169, 13175**

§ 25 der Unfallverhütungsvorschrift „Grundsätze der Prävention" DGUV Vorschrift 1 schreibt allgemein die erforderlichen Einrichtungen und Sachmittel vor; in der Regel BGR A1 sind sie näher bezeichnet:

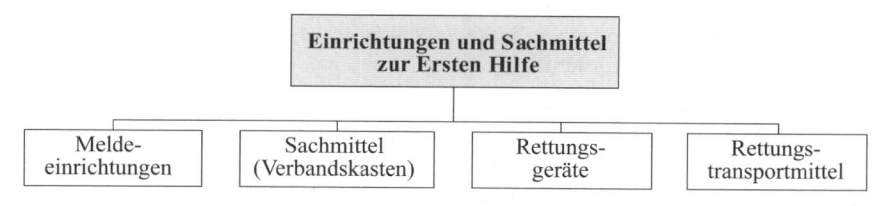

```
                Einrichtungen und Sachmittel
                     zur Ersten Hilfe
        ┌──────────────┬──────────────┬──────────────┐
    Melde-         Sachmittel      Rettungs-      Rettungs-
einrichtungen   (Verbandskasten)   geräte      transportmittel
```

- Wesentliche Einrichtungen sind die *Meldeeinrichtungen*. Über sie wird sichergestellt, dass
  - Hilfe herbeigerufen und
  - an den Einsatzort geleitet werden kann.

Zu den *Meldeeinrichtungen* zählen vor allem die allgemein gebräuchlichen, mittlerweile in ihrer Ausführung breit gefächerten modernen Kommunikationsmittel bis hin zu Personen-Notsignal-Anlagen.

- Zu den wichtigsten *Sachmitteln* gehören die allgemein bekannten *Verbandskästen*. Sie enthalten Erste-Hilfe-Material in leicht zugänglicher Form und in ausreichend gegen schädigende Einflüsse schützender Verpackung. Die Baugrößen, die der Vertrieb bereit hält, sind in Deutschland genormt.
  - Es gibt den *„kleinen" Verbandskasten* nach DIN 13157 und
  - den *„großen" Verbandskasten* nach DIN 13169.

  Richtwerte, wann der „kleine" und wann der „große" Verbandskasten zur Anwendung kommen muss, liefert die berufsgenossenschaftliche *Regel* BGR A1. Wichtigste Hilfsgrößen zur Ermittlung sind dabei die Anzahl der Mitarbeiter und die Art des Betriebes (Verwaltung, Handwerk/Produktion, Baustelle).

- *Rettungsgeräte* kommen zum Einsatz, wenn bei besonderen Gefährdungen besondere Maßnahmen erforderlich werden. Beispiele dafür sind:
  - *Gefahrstoffunfälle*
  - *Höhenrettung*
  - Rettung aus *tiefen Schächten*
  - Gefahren durch *extrem heiße oder kalte Medien*.

  Zu den Rettungsgeräten gehören z. B.:
  - *Notduschen*
  - *Rettungsgurte*
  - *Atemschutzgeräte*.
  - *Löschdecken*
  - *Sprungtücher*

- Wichtige Sachmittel sind auch *Rettungstransportmittel*. Sie dienen dazu, den Verletzten dorthin zu transportieren, wo ihn der Rettungsdienst übernehmen kann. Die *einfachsten* Rettungstransportmittel sind *Krankentragen*.

12. Wann muss ein Sanitätsraum vorhanden sein?

- Ein *Sanitätsraum* muss vorhanden sein, wenn in einer Betriebsstätte *mehr als 1.000 Beschäftigte* arbeiten.

- Gleichfalls muss ein Sanitätsraum vorhanden sein, wenn in der Betriebsstätte nur zwischen *100 und 1.000 Mitarbeiter* tätig sind, aber die *Art und Schwere der zu erwartenden Unfälle* einen solchen gesonderten Raum erfordern.

- Arbeiten auf einer *Baustelle mehr als 50 Mitarbeiter*, schreibt die Unfallverhütungsvorschrift DGUV Vorschrift 1 ebenfalls einen Sanitätsraum vor.

Der *Sanitätsraum* muss mit Rettungstransportmitteln *leicht erreichbar* sein.

13. Wann muss ein Betriebssanitäter zur Verfügung stehen und wie werden Betriebssanitäter ausgebildet?
→ BGG 949

- Arbeiten in einer Betriebsstätte *mehr als 1.500 Mitarbeiter*, muss ein *Betriebssanitäter* zur Verfügung stehen.
- Gleiches gilt für Betriebsstätten zwischen *250 und 1.500 Mitarbeitern*, wenn die *Art und Schwere der zu erwartenden Unfälle* den Einsatz von Sanitätspersonal erfordern.
- Arbeiten mehr als *100 Mitarbeiter* auf *einer Baustelle*, muss ein *Sanitäter* zur Verfügung stehen.

Betriebssanitäter nehmen an einer Grundausbildung von 63 Unterrichtseinheiten und einem Aufbaulehrgang von 52 Unterrichtseinheiten teil. Die Anforderungskriterien sind im berufsgenossenschaftlichen Grundsatz BGG 949 „Aus- und Fortbildung für den betrieblichen Sanitätsdienst" zusammengefasst.

14. Wie ist die Erste Hilfe zu dokumentieren?
→ § 24 Abs. 6 DGUV Vorschrift 1, BGI 511-1, 2

Die Erste-Hilfe-Leistungen sind *lückenlos* zu dokumentieren. Die Dokumentation ist gemäß § 24 Abs. 6 der Unfallverhütungsvorschrift DGUV Vorschrift 1 „Grundsätze der Prävention" *fünf Jahre lang* aufzubewahren. Für die Dokumentation eignet sich das so genannte *Verbandsbuch*. *Verbandsbücher* sind im Fachhandel kartoniert unter der Bezeichnung BGI 511-1 oder gebunden als BGI 511-2 erhältlich.

Achtung! Die Daten sind vertraulich zu behandeln und müssen gegen den Zugriff Unbefugter gesichert werden.

1.4.5 Ziel und wesentliche Inhalte der Arbeitsstättenverordnung

01. Welche zentralen Bestimmungen enthält die Arbeitsstättenverordnung?

Die Arbeitsstättenverordnung (ArbStättV) und die hierzu herausgegebenen Arbeitsstätten-Richtlinien (ASR) verpflichten den Arbeitgeber,

- die Arbeitsstätten entsprechend den geltenden Arbeitsschutz- und Unfallverhütungsvorschriften einzurichten und dabei anerkannte sicherheitstechnische, medizinische und hygienische Regeln zu beachten,
- die in der Verordnung näher beschriebenen Räume und Einrichtungen zur Verfügung zu stellen und entsprechend einzurichten (z. B. Pausen-, Bereitschafts-, Liege-, Sanitär-/Sanitätsräume).

So enthält die ArbStättV zum Beispiel folgende Bestimmungen:
Vorschriften über Raumtemperaturen, Pendeltüren mit Sichtfenster, Vermeidung von Stolperstellen, abschließbare Toiletten.

02. Welche Regelungen enthält die novellierte Fassung der Arbeitsstättenverordnung (ArbStättV)?

Wie eine Arbeitsstätte eingerichtet und betrieben werden muss, regelt die *Arbeitsstättenverordnung*. Sie *wurde im Jahr 2004 völlig neu erstellt* und setzt ebenfalls europäisches Recht um. Die EG-Arbeitsstättenrichtlinie 89/654/EWG gibt dabei das Modell für die deutsche Arbeitsstättenverordnung ab. Sie ist modern und kurz gehalten und enthält nur ganze acht Paragrafen.

- Geregelt werden:
  - Einrichten und Betreiben von Arbeitsstätten,
  - besondere Anforderungen (spezielle Arbeitsstätten),
  - Nichtraucherschutz (völlig neue Regelung),
  - Arbeits- und Sozialräume

- Ein *Anhang* in fünf Abschnitten konkretisiert die Verordnung zu:
  - Allgemeinen Anforderungen (Abmessungen von Räumen, Luftraum, Türen, Tore, Verkehrswege)
  - Schutz vor besonderen Gefahren (Absturz, Brandschutz, Fluchtwege, Notausgänge)
  - Arbeitsbedingungen (Beleuchtung, Klima, Lüftung)
  - Sanitär-, Pausen-, Bereitschaftsräume, Erste-Hilfe-Räume, Unterkünfte, Toiletten
  - Arbeitsstätten im Freien (z. B. Baustellen)

Die Regelungen der neuen Arbeitsstättenverordnung sind mit mehr Flexibilität und mehr Gestaltungsspielraum versehen worden.

- Für den Praktiker waren bislang die *Arbeitsstättenrichtlinien* (ASR) wichtig, die die Verordnung konkretisieren. Diese Richtlinien sind noch nicht erneuert worden und deshalb momentan noch gültig.

- In der Neugestaltung befindet sich ein *„Regelwerk Arbeitsstätten"*. Der Ausschuss „Arbeitsstätten" erarbeitet dieses Regelwerk und ist beauftragt, es aktuell zu halten. Die derzeitig gültigen Arbeitsstättenrichtlinien werden nach und nach durch das neue Regelwerk ersetzt.

Hinweis:
Achten Sie bitte in den nächsten Jahren auf neu erscheinende Regeln zu den Arbeitsstätten.

1.4.6 Bestimmungen des Produktsicherheitsgesetzes (ProdSG)

01. Welche Regelungen enthält das Produktsicherheitsgesetz (ProdSG)?

Das *Produktsicherheitsgesetz* (ProdSG) enthält Regelungen zu den Sicherheitsanforderungen von technischen Arbeitsmitteln und Verbraucherprodukten.

Das Produktsicherheitsgesetz (ProdSG) ist ein umfassendes Gesetz für die Sicherheit technischer Produkte. Es umfasst nicht nur *technische Arbeitsmittel* sondern auch *Gebrauchsgegenstände*. Es dient sowohl dem *Schutz von Verbrauchern* als auch dem *Schutz der Beschäftigten*.

1.4 Arbeitsschutz- und arbeitssicherheitsrechtliche Vorschriften

Kernpunkt ist die Sicherheit der technischen Arbeitsmittel und der Verbraucherprodukte. Diese müssen so beschaffen sein, dass sie bei *bestimmungsgemäßer Verwendung* den Benutzer *nicht gefährden*. In die Pflicht genommen werden Hersteller, Inverkehrbringer (auch Importeure) und Aussteller der Produkte.

02. Welche Bestimmungen enthält die Betriebssicherheitsverordnung (BetrSichV)?

- Die *Betriebssicherheitsverordnung* regelt Sicherheit und Gesundheitsschutz
    - bei der Bereitstellung von Arbeitsmitteln,
    - bei der Benutzung von Arbeitsmitteln bei der Arbeit sowie
    - die Sicherheit beim Betrieb überwachungsbedürftiger Anlagen.

- *Die Betriebssicherheitsverordnung regelt vor allem folgende Einzeltatbestände:*
    - Gefährdungsbeurteilung
    - Anforderungen an die Bereitstellung und Benutzung von Arbeitsmitteln
    - Explosionsschutz inkl. Explosionsschutzdokument
    - Anforderungen an die Beschaffenheit von Arbeitsmitteln
    - Schutzmaßnahmen
    - Unterrichtung/Unterweisung
    - Prüfung der Arbeitsmittel
    - Betrieb überwachungsbedürftiger Anlagen (Druckbehälter, Aufzüge, Dampfkessel)

- Wie auch in allen anderen modernen Arbeitsschutzgesetzen und -verordnungen *wurde die Gefährdungsbeurteilung in den Mittelpunkt gerückt.*

- Folgende wichtige Verordnungen wurden integriert und somit als Einzelverordnung abgeschafft:
    - Druckbehälterverordnung (DruckbehV)
    - Dampfkesselverordnung (DampfKV)
    - Aufzugsverordnung (AufzV)
    - Ex-Schutz-Verordnung

Die Verordnung dient der Umsetzung einer ganzen Reihe von europäischen Richtlinien in deutsches Recht und sorgt dafür, dass *viele deutsche Einzelverordnungen abgeschafft werden konnten.* Die Betriebssicherheitsverordnung ermöglicht es weiterhin, *eine große Anzahl von speziellen Unfallverhütungsvorschriften der Berufsgenossenschaften außer Kraft zu setzen.* Somit hat diese Verordnung eine große Bedeutung für die Rechtsvereinfachung auf dem Gebiet des Arbeits- und Gesundheitsschutzes und insgesamt für die Entbürokratisierung.

- Neu ist:
    - Das Anlagensicherheitsrecht ist in Deutschland erstmalig einheitlich geregelt.
    - Für die Anlagensicherheit gibt es nur noch ein Technisches Regelwerk.
    - Die Verordnung ist sehr modern.
    - Die Trennung „Beschaffenheit" (Bau- und Ausrüstung) und „Betrieb" der Arbeitsmittel ist klar vollzogen.
    - Das Recht für überwachungsbedürftige Anlagen ist neu geordnet.

- Mindestvorschriften für den betrieblichen Explosionsschutz, für hochgelegene Arbeitsplätze und für die Benutzung der Arbeitsmittel sind geschaffen worden.
- Es findet eine Deregulierung des Marktes der Prüfung und Überwachung statt. Maßstab ist grundsätzlich der Stand der Technik.
- Die Rechtsvorschriften sind widerspruchsfrei in sich und ihrer Systematik; das Vorschriftenwerk ist durchgängig gleich und logisch aufeinander aufbauend konstruiert.
- Die Eigenverantwortung der Unternehmen und ihre Eigeninitiative werden gestärkt.
- Das Schutzkonzept ist übergreifend. Starres Vorschriftendenken soll Gestaltungsspielräumen für die Unternehmen weichen. Im gegebenen Rahmen kann der Arbeitsschutz besser betriebsspezifisch organisiert werden.

1.4.7 Gesetzliche Grundlagen der Gewerbeaufsicht

01. Wer überwacht die Einhaltung der Vorschriften und Regeln des Arbeitsschutzes?

Das Arbeitsschutzsystem in Deutschland ist dual aufgebaut. Man spricht vom „Dualismus des deutschen Arbeitsschutzsystems". Diese Struktur ist in Europa einmalig:

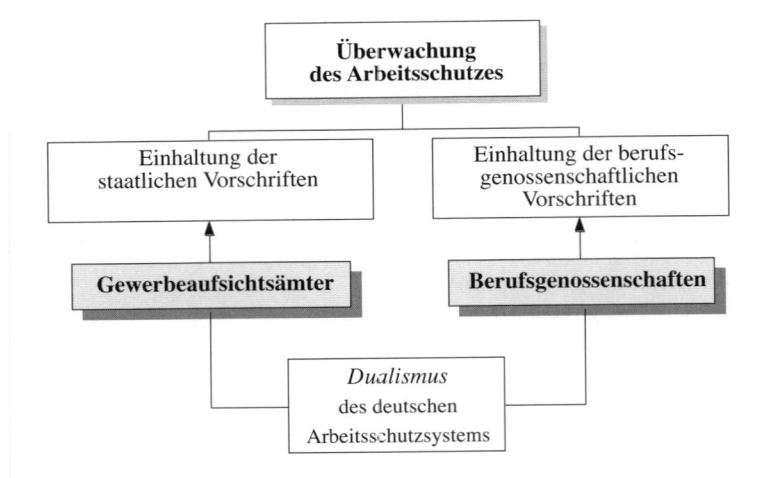

- Dem dualen Aufbau folgend wird die *Einhaltung der staatlichen Vorschriften von den staatlichen Gewerbeaufsichtsämtern* überwacht. Die Gewerbeaufsicht unterliegt der Hoheit der Länder.

- *Die Einhaltung der berufsgenossenschaftlichen Vorschriften wird von den Berufsgenossenschaften* überwacht. Die Berufsgenossenschaften sind Körperschaften des öffentlichen Rechts und agieren hoheitlich wie staatlich beauftragte Stellen.

Die Berufsgenossenschaften sind nach Branchen gegliedert. Sie liefern Prävention und Entschädigungsleistungen aus „einer Hand". Sie arbeiten als bundesunmittelbare Verwaltungen, d. h. sie sind entweder bundesweit oder aber zumindest in mehreren Bundesländern tätig.

1.4 Arbeitsschutz- und arbeitssicherheitsrechtliche Vorschriften   *111*

02. Welche Aufgaben und Befugnisse hat die Gewerbeaufsicht?

Die Gewerbeaufsicht (Hinweis: die neue Bezeichnung der Gewerbeaufsichtsämter lautet „Staatliche Ämter für Arbeitsschutz und Sicherheitstechnik") hat die *Einhaltung des technischen und sozialen Arbeitsschutzes zu überwachen.* Die zuständigen Ämter sind bei den Bundesländern eingerichtet (Gewerbeaufsichtsämter bzw. Ämter für Arbeitsschutz; unterschiedliche Bezeichnung je nach Bundesland).

- *Aufgaben:*
    - Überwachung des Arbeitsschutzes durch Inspektion der Betriebe
    - Beratung der Arbeitgeber in Fragen des Arbeitsschutzes inkl. praktischer Lösungsvorschläge.

- *Befugnisse:*

    Die Mitarbeiter des Gewerbeaufsichtsamts
    - dürfen den Betrieb unangemeldet betreten, besichtigen und prüfen,
    - dürfen Unterlagen einsehen, Daten erheben und Stoffproben entnehmen,
    - dürfen Sachverständige hinzuziehen
    - können erforderliche Arbeitsschutzmaßnahmen anordnen und ggf. zwangsweise durchsetzen („polizeiliche Befugnisse", z. B. Ersatznahme, Zwangsgeld, unmittelbaren Zwang).

1.4.8 Gesetzliche Grundlagen und Aufgaben der Berufsgenossenschaft
→ 1.4.2

01. Welche Aufgaben hat die Berufsgenossenschaft und welche Leistungen gewährt sie?

Die Berufsgenossenschaft (BG) ist eine öffentlich-rechtliche Einrichtung. Sie verlangt vom Arbeitgeber die Einhaltung der Unfallverhütungsvorschriften und ist Träger der Unfallversicherung.

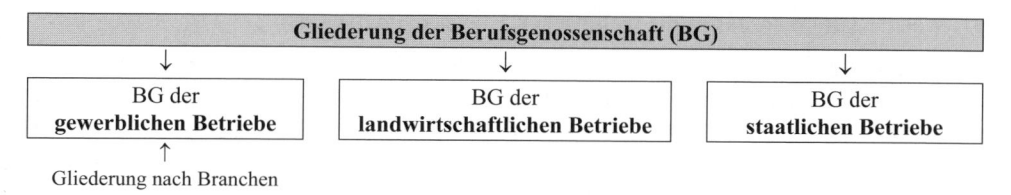

Gliederung der Berufsgenossenschaft (BG)		
↓	↓	↓
BG der **gewerblichen Betriebe**	BG der **landwirtschaftlichen Betriebe**	BG der **staatlichen Betriebe**

↑
Gliederung nach Branchen

Jeder Betrieb ist „Zwangsmitglied" der zuständigen Berufsgenossenschaft. Die Beiträge werden im nachträglichen Umlageverfahren erhoben und vom Arbeitgeber allein beglichen. Jeder Beschäftigte im Betrieb ist daher bei Arbeitsunfällen automatisch versichert.

Beiträge der BG = f (Lohnsumme; Gefährdungsgrad des Betriebes; Zahl, Kosten und Schwere der Unfälle)

Jeder Betrieb muss per Aushang Name und Anschrift der zuständigen BG sichtbar machen.

Die *Leistungen* der BG sind:

- Träger der Unfallversicherung für Arbeitsunfälle und Berufskrankheiten
- Behandlung von Unfallopfern in eigenen Reha-Einrichtungen
- Umschulungsmaßnahmen für Verletzte
- Pflicht zur Beratung des Arbeitgebers und Recht auf Anordnung und Zwangsmaßnahmen durch eigene technische Aufsichtsbeamte
- Herausgabe von Unfallverhütungsvorschriften und Bestimmungen über ärztliche Vorsorgemaßnahmen
- Informationsdienst: kostenlose Ausgabe der UVVn, Broschüren, Videos, Filme, Plakate usw. zur Unfallverhütung
- Schulung der Mitarbeiter und Vorgesetzten
- Ausbildung von „Ersthelfern"

02. Welche Berufsgenossenschaft ist für die Metallindustrie tätig?

Die *Berufsgenossenschaft Holz und Metall (BGHM) ist* der *Unfallversicherer* der *Metall- und Holzindustrie* und des *Holzhandwerks*. Sie erledigt als moderner Dienstleister nicht nur die *Unfallversicherung*, sondern arbeitet, wie der Gesetzgeber es vorschreibt, mit allen geeigneten Mitteln an der *Prävention* von *Arbeitsunfällen*, *Berufskrankheiten* und *arbeitsbedingten Gesundheitsgefahren*.

1.4.9 Aufgaben technischer Überwachungsvereine

01. Welche Aufgaben haben die technischen Überwachungsvereine?

Die technischen Überwachungsvereine (z. B. TÜV, DEKRA) sind privatrechtliche Einrichtungen zur Prüfung überwachungsbedürftiger Anlagen. Die Durchführung von Prüfungen erfolgt durch staatlich anerkannte Sachverständige. Obwohl den technischen Überwachungsvereinen zum Teil hoheitliche Aufgaben übertragen wurden, haben sie kein Weisungsrecht gegenüber dem Betrieb, sondern müssen ggf. die Gewerbeaufsicht bzw. die Berufsgenossenschaft einschalten.

1.5 Vorschriften des Umweltrechts

1.5.1 Ziel und Aufgaben des Umweltschutzes

01. Was versteht man unter dem Begriff „Umweltschutz"?

Der Umweltschutz umfasst alle Maßnahmen zur Erhaltung der natürlichen Lebensgrundlagen von Menschen, Pflanzen und Tieren.

1.5 Vorschriften des Umweltrechts

Der Umweltschutz ist in Deutschland ein Staatsziel. Er ist deshalb in Art. 20a des Grundgesetzes festgeschrieben. Im Gegensatz zum Arbeitsschutzrecht zielt der Begriff nicht nur auf den Schutz von Menschen als Lebewesen, sondern schließt den Schutz von Tieren und Pflanzen sowie den Schutz des Lebensraumes der Bürger ein.

02. Welche Aufgabe verfolgt die Umweltpolitik?

Aufgabe der Umweltpolitik im engeren Sinne ist der *Schutz vor den schädlichen Auswirkungen der ökonomischen Aktivitäten des Menschen auf die Umwelt.*

Hierbei haben sich

- die Maßnahmen zur Bewahrung von *Boden und Wasser* vor Verunreinigung durch chemische Fremdstoffe und Abwasser,
- die Reinhaltung der *Luft*,
- die Reinhaltung der *Nahrungskette*,
- die *Lärmbekämpfung*,
- die *Müllbeseitigung*, die Wiedergewinnung von Abfallstoffen *(Recycling)* und
- mit besonderer Aktualität der *Strahlenschutz*

herausgebildet.

Ferner gehören hierzu Vorschriften und Auflagen zur Erreichung größerer Umweltverträglichkeit von *Wasch- und Reinigungsmitteln*. In der Textilindustrie und dem Handel kommt deshalb dem Umweltschutz eine große und vielfältige Bedeutung zu.

03. Nach welchen Gesichtspunkten lässt sich der Umweltschutz unterteilen?

Unterteilen kann man den Umweltschutz in die Bereiche:
- *Medialer* Umweltschutz:
  → Schwerpunkt ist der Schutz der Lebenselemente Boden, Wasser und Luft
- *Kausaler* Umweltschutz:
  → Schwerpunkt ist die Prävention von Gefahren
- *Vitaler* Umweltschutz:
  → Naturschutz, Landschaftsschutz und Waldschutz zählen zum vitalen Umweltschutz.

04. Welche Sachgebiete des Umweltschutzes gibt es?

Als Sachgebiete des Umweltschutzes gelten:

- Immissionsschutz
- Strahlenschutz
- Gewässerschutz
- Abfallwirtschaft und Abfallentsorgung
- Naturschutz
- Landschaftspflege
- Wasserwirtschaft

05. An welchen Phänomenen lässt sich heute die globale Umweltbelastung festmachen?

Menschliches Leben und Wirtschaften ist an einem Punkt angelangt, an dem es Gefahr läuft, sich seiner eigenen, natürlichen Grundlagen zu berauben.

Auch wenn die Beeinträchtigung der Umwelt durch menschliches Handeln seit Jahrzehnten bekannt ist, erscheint es doch bemerkenswert, dass z. B. die Anfänge des modernen Umweltschutzes in Deutschland nur bis in die 60er-Jahre zurückreichen.

Heute zeigt sich die Umweltkrise im Wesentlichen in folgenden Phänomenen:

Phänomene der Umweltbelastung	
Betrachtungsobjekte, z. B.:	*Beispiele zur Umweltschädigung:*
Boden	Bodenverseuchung und -versiegelung, Kontaminierung, Landschaftszersiedelung und -verbrauch; Erosion landwirtschaftlicher Nutzfläche und Vordringen der Wüsten
Luft, Klima	Verringerung der Ozonschicht, Erwärmung der Erdoberfläche, Treibhauseffekt, Emissionen (z. B. CO_2-Ausstoß, Feinstaub); Ansteigen der mittleren globalen Lufttemperatur um 0,3 bis 0,6 Grad Celsius seit Ende des 19. Jahrhunderts
Wasser, Weltmeere	Gewässerverunreinigung, weltweite Wasserverknappung; Ansteigen des Meeresspiegels um 10 bis 25 Zentimeter in den letzten 100 Jahren (Abschmelzen der Eisschicht an den Polen)
Flora, Fauna	Artenvernichtung, Überfischung der Weltmeere, saurer Regen, Waldsterben
Ressourcen	Rückgang der weltweiten Ressourcen und Energieträger, insbesondere bei Erdöl und Gas; Abholzen der Tropenwälder

Der Umweltschutz ist und bleibt daher die zentrale Schicksalsfrage der Menschheit.

Daran ändern auch Entwicklungen wie die im Herbst 2008 aufgetretene weltweite Krise der Finanzmärkte nichts.

06. Welche Zielsetzung hat der Umweltschutz?

Das Postulat (Forderung) heißt *Nachhaltigkeit.* Ökologie, Ökonomie und soziale Sicherheit bilden eine untrennbare Einheit. Dies ist der wesentliche Kern des Leitbildes der nachhaltigen Entwicklung, auf das sich die Staatengemeinschaft 1992 in Rio verständigt hat. Nachhaltig ist eine Entwicklung, die diese drei Aspekte zusammenführt.

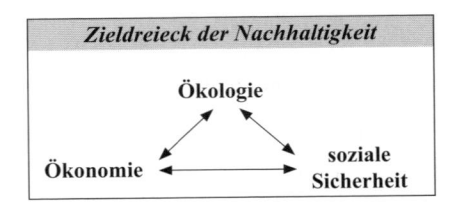

Zieldreieck der Nachhaltigkeit

Ökologie — Ökonomie — soziale Sicherheit

Die Verbesserung der ökonomischen und sozialen Lebensbedingungen muss mit der langfristigen Sicherung der natürlichen Lebensgrundlagen in Einklang gebracht werden. *Den Weg zur Nachhaltigkeit muss dabei jede Gesellschaft für sich definieren. Er hängt von den jeweiligen geografischen, wirtschaftlichen, sozialen und kulturellen Gegebenheiten* ab und sieht für Entwicklungsländer und Industrieländer aufgrund ihrer unterschiedlichen Ausgangslage unterschiedlich aus.

Einigkeit besteht in der Staatengemeinschaft darüber, dass umweltgerechtes Leben und Wirtschaften zumindest drei grundlegenden Kriterien genügen muss, die auch als die *Managementregeln der Nachhaltigkeit* bezeichnet werden:

- Die *Nutzung erneuerbarer Naturgüter* (z. B. Wälder oder Fischbestände) darf auf Dauer nicht größer sein als ihre Regenerationsrate – andernfalls ginge diese Ressource zukünftigen Generationen verloren.
- Die *Nutzung nicht-erneuerbarer Naturgüter* (z. B. fossile Energieträger oder landwirtschaftliche Nutzfläche) darf auf Dauer nicht größer sein als die Substitution ihrer Funktionen. (Beispiel: denkbare Substitution fossiler Energieträger durch Wasserstoff aus solarer Elektrolyse)
- Die *Freisetzung von Stoffen und Energie* darf auf Dauer nicht größer sein als die Anpassungsfähigkeit der natürlichen Umwelt (Beispiel: Anreicherung von Treibhausgasen in der Atmosphäre oder von säurebildenden Substanzen in Waldböden).

07. Welche Prinzipien gelten im Umweltschutz und daraus folgend im Umweltrecht?

Prinzipien des Umweltschutzes	
Verursacherprinzip	Der Verursacher hat für die Beseitigung der von ihm verursachten Umweltschäden zu sorgen und die Kosten dafür zu tragen.
Vorsorgeprinzip	Vorbeugende Maßnahmen müssen ergriffen werden, damit Umweltschäden erst gar nicht entstehen.
Kooperationsprinzip	Zwischen Betreibern umweltgefährdender Anlagen und den zuständigen Behörden ist die Zusammenarbeit vorgeschrieben. Gleichzeitig müssen Nachbarländer bei grenzüberschreitenden Problemen zusammenarbeiten.
Gemeinlastprinzip	Die Kosten der Beseitigung von Umweltschäden werden von der Allgemeinheit getragen (Bund, Länder, Gemeinden). Dies gilt bei Altlasten, wenn der Verursacher nicht zu ermitteln ist oder wenn die Kosten die wirtschaftliche Leistungsfähigkeit des Verursachers/Betreibers übersteigen.

08. Was unterscheidet Emissionen von Immissionen?

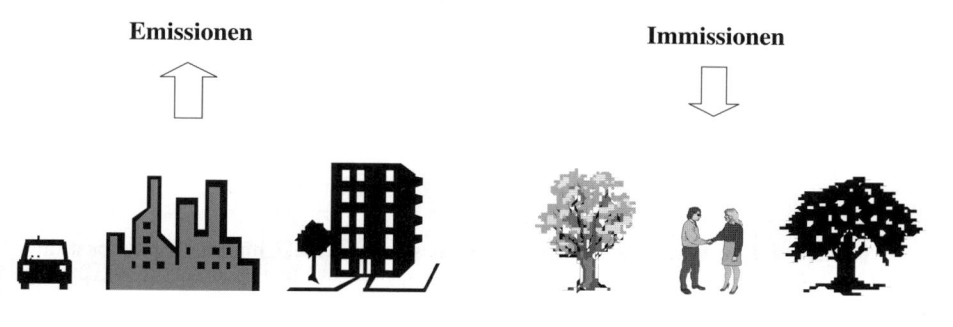

Emissionen   Immissionen

Emissionen	sind alle von einer Anlage ausgehenden Luftverunreinigungen, Geräusche, Erschütterungen, Licht, Wärme, Strahlen und ähnliche Erscheinungen.
Immissionen	sind auf Menschen, Tiere und Pflanzen, den Boden, das Wasser sowie die Atmosphäre einwirkende Luftverunreinigungen, Geräusche und ähnliche Belastungen.

09. Welchen Inhalt hat das Umweltstrafrecht?

Das Umweltstrafrecht wurde 1980 in das Strafgesetzbuch eingearbeitet. *Bestraft werden können nur natürliche Personen.* Straftatbestand kann ein bestimmtes Handeln, aber auch ein bestimmtes Unterlassen sein. Die Geschäftsleitung haftet stets in umfassender Gesamtverantwortung.

Bestraft werden z. B. folgende Tatbestände:

- Verunreinigung von Gewässern,
- Boden- und Luftverunreinigung,
- unerlaubtes Betreiben von Anlagen,
- umweltgefährdende Beseitigung von Abfällen.

10. Welchen Inhalt hat das Umwelthaftungsrecht?

Es regelt die *zivilrechtliche Haftung bei Umweltschädigungen.* Hier *können auch juristische Personen verklagt* und in Anspruch genommen *werden.*

Die Ansprüche gliedern sich in drei Bereiche:

- Gefährdungshaftung,
- Verschuldenshaftung,
- nachbarrechtliche Ansprüche.

11. Welche Bedeutung hat das europäische Umweltrecht?

Die Umweltpolitik hat innerhalb der EU an Bedeutung gewonnen. Mit dem Vertrag von Maastricht wurden der EU umfangreichere Regelungskompetenzen übertragen. Zurzeit existieren etwa 200 *europäische Rechtsakte* mit umweltpolitischem Bezug. Diese Rechtsakte regeln nicht nur das Verhältnis zwischen den Staaten, sondern sie sind auch verbindlich für den einzelnen Bürger und die Unternehmen. Die europäischen Rechtsakte haben unterschiedlichen Verbindlichkeitscharakter:

Europäische Rechtsakte
- Richtlinien
- Verordnungen

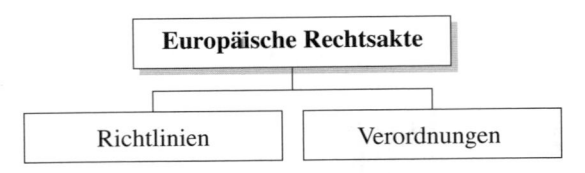

- *EU-Richtlinien* sind Aufforderungen an die Mitgliedsstaaten der EU, innerhalb einer bestimmten Frist ein bestimmtes Ziel in nationales Recht umzusetzen (z. B. UVP-Richtlinie → UVP-Gesetz).

1.5 Vorschriften des Umweltrechts

- *EU-Verordnungen* gelten unmittelbar in allen Mitgliedsstaaten; gegebenenfalls werden sie durch nationales Recht ergänzt (z. B. Öko-Audit-Verordnung).

12. Welcher Zusammenhang lässt sich zwischen Produktion, Konsum und Umweltbelastungen herstellen?

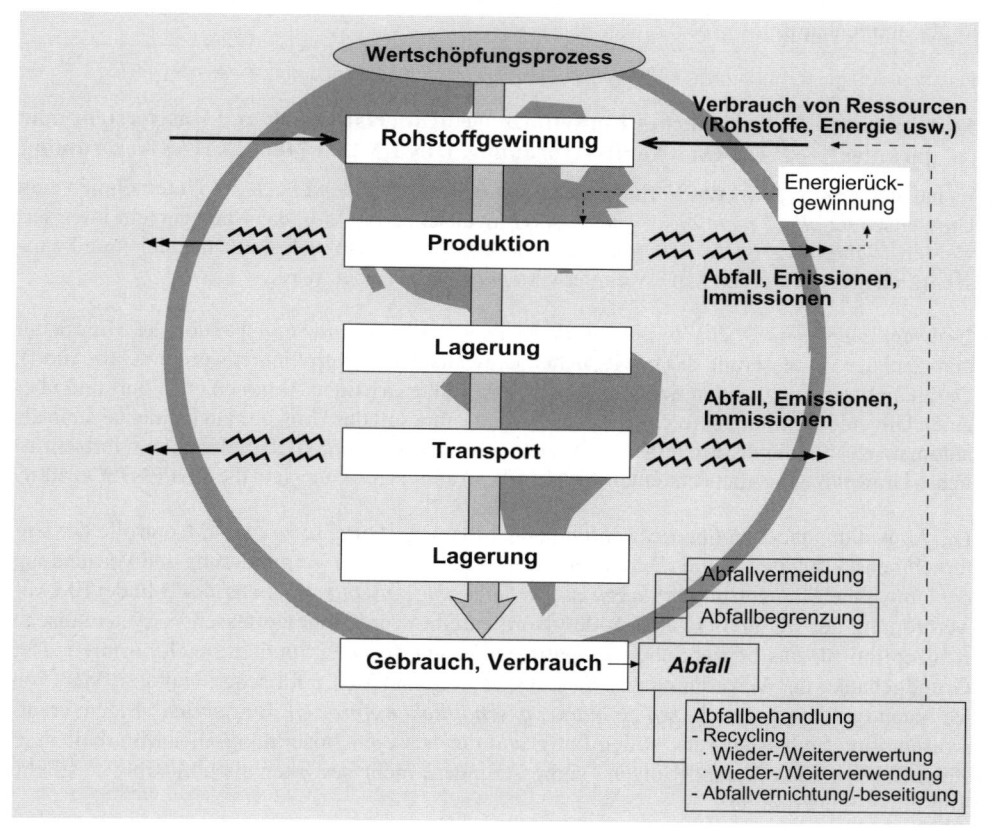

```
                    Wertschöpfungsprozess

                    Rohstoffgewinnung  ←  Verbrauch von Ressourcen
                                           (Rohstoffe, Energie usw.)

                                               Energierück-
                                               gewinnung
                    Produktion
                                           Abfall, Emissionen,
                                           Immissionen

                    Lagerung

                                           Abfall, Emissionen,
                    Transport              Immissionen

                    Lagerung
                                           Abfallvermeidung
                                           Abfallbegrenzung
                    Gebrauch, Verbrauch →  Abfall

                                           Abfallbehandlung
                                           - Recycling
                                             · Wieder-/Weiterverwertung
                                             · Wieder-/Weiterverwendung
                                           - Abfallvernichtung/-beseitigung
```

13. Welches ist der wesentliche Berührungspunkt zwischen Umweltschutz und Arbeitsschutz?

Die Immissionen, also die *Einwirkungen* von Belastungen *aus der Umwelt* (hier Arbeitsumwelt) *auf die Menschen*, ist der wesentliche Berührungspunkt zwischen Arbeitsschutz und Umweltschutz.

Berührungspunkte in der Praxis der Metallbranche sind:

- *Luftverunreinigungen*, die von Arbeitsprozessen verursacht werden.
  Beispiel: Schweißrauche in der Metallindustrie wirken als Schadstoffe auf die Atmungsorgane der Schweißer.

- *Lärm*, der durch den Arbeitsprozess verursacht wird.
  Beispiel: Lärm, der durch Pressen und Stanzen in der Metallfertigung entsteht, wirkt langfristig schädigend auf das Hörvermögen der Mitarbeiter – die Berufskrankheit Lärmschwerhörigkeit kann entstehen.

> Immissionsschutz und Arbeitsschutz haben besonders in der Metallindustrie einen engen Zusammenhang.

14. Warum ist ein betriebliches Umweltmanagement erforderlich und was versteht man darunter? → EU-Öko-Audit-Verordnung, DIN EN ISO 14001, EMAS-Verordnung

Es hat sich gezeigt, dass das Vorhandensein *gesetzlicher Bestimmungen* der Unternehmen zum Umweltschutz *allein nicht ausreichend* ist. Umweltschutz muss in das Management integriert werden. Weiterhin zeigt die Erfahrung, dass der betriebliche Umweltschutz nur sicher und wirtschaftlich gelenkt werden kann, wenn er *systematisch* betrieben wird.

Umweltmanagement ist eine besondere Form der Betriebsorganisation, bei der alle Mitarbeiter dem Ziel der Verbesserung des betrieblichen Umweltschutzes verpflichtet werden (Öko-Audit). Damit sich das Engagement der Mitarbeiter nicht in kurzfristigen Aktionen erschöpft und über einen längeren Zeitraum aufrecht erhalten werden kann, soll das Umweltmanagementsystem als automatisch ablaufender Prozess im Unternehmen integriert werden. Kriterien für ein fortschrittliches Umweltmanagement enthalten die EU-Öko-Audit-Verordnung und die DIN EN ISO 14001.

Das Umweltmanagement *berücksichtigt* bei der Planung, Durchsetzung und Kontrolle der Unternehmensaktivitäten in allen Bereichen *Umweltschutzziele* zur Verminderung und Vermeidung der Umweltbelastungen und *zur langfristigen Sicherung der Unternehmensziele*. Mit der EMAS-Verordnung der EU und der ISO 14000-Normenreihe wurde eine umfassende, systematische Konzeption für das betriebliche Umweltmanagement vorgelegt und zugleich normiert. Der Grundgedanke der Verordnung ist Ausdruck einer geänderten politischen Haltung: Weg von Verboten und Grenzwerten, *hin zu marktwirtschaftlichen Anreizen*. Betriebliche Eigenverantwortung und Selbststeuerung sollen (aufgrund der besseren Ausbildung aller Mitarbeiter) in Zukunft für globale Veränderungen (Verbesserungen) mehr bewirken als unflexible staatliche Top-down-Steuerungen.

Modern geführte Industrieunternehmen haben schon lange Umweltschutzmanagementsysteme implementiert, die der Norm DIN EN ISO 14001 entsprechen.

15. Welche veränderte Denkhaltung ist in der Umweltdiskussion erforderlich?

In allen Nationen, Regierungen und Unternehmen sowie Einzelpersonen muss eine Abkehr von traditionellem Denken erfolgen:

- Die *klassische Sichtweise* ist, dass Unternehmen erfolgreich sein sollen, und sie sind es dann, wenn sie kurzfristig ihren Gewinn maximieren ohne Rücksicht auf andere und auf die Umwelt. Die Natur wird zu einem beliebig nutzbaren Produktionsfaktor, den man hemmungslos ausgebeutet. Als Bewahrer der Umwelt wird der Staat gesehen, der mit Anreizen (z. B. Subventionierung der Solarenergie als „Zuckerbrot") oder Verboten („Peitsche") für die Bewahrung der Umwelt zuständig ist. Diese Konkurrenz unter den Unternehmen ist weltweit auch zwischen den Nationen vorherrschend. Beispiel: Die USA haben das Kyoto-Protokoll nicht ratifiziert. Indien und die VR China haben keine Verpflichtung zur Reduktion der Treibhausemissionen abgegeben.

- Die *wirtschaftlich und umweltpolitisch gleichermaßen ausgerichtete Denkweise* muss *nachhaltig sein:* Unternehmen sind dann erfolgreich, wenn
  - sie ihre Existenz langfristig sichern können (damit ist der angemessene Gewinn und nicht der Maximalgewinn angesprochen) und
  - von allen Bezugsgruppen (Mitarbeiter, Aktionäre/Kapitalgeber, Staat, Nachbarstaaten) auf Dauer akzeptiert werden.

Damit wird zugleich deutlich, dass ein wirksamer Umweltschutz nur im Schulterschluss aller Nationen erreichbar ist. Umweltpolitik ist nur als globales Instrument wirksam.

16. Vor welchen Problemen stehen die deutschen Unternehmen heute beim Umweltschutz?

Die Unternehmen müssen auf der Grundlage von streng formulierten gesetzlichen Vorschriften arbeiten, die in der Regel viel gravierender als die Vorschriften in vergleichbaren Industrienationen sind und daher höhere Kosten verursachen.

Beim Export aber auch bei importierten Erzeugnissen konkurrieren die deutschen Unternehmen mit Produzenten, die zum Teil geringeren Auflagen und geringeren Kosten unterliegen. Die Unternehmen müssen daher alle Rationalisierungsreserven ausnutzen und ihre Bemühungen zur Vermeidung unerwünschter Nebenwirkungen verstärken.

17. Warum muss bei der Betrachtung der Umweltschutzkosten zwischen betriebswirtschaftlicher und volkswirtschaftlicher sowie kurz- und langfristiger Sichtweise unterschieden werden?

Die Kosten für den Umweltschutz können nach folgenden Aspekten gegliedert werden:

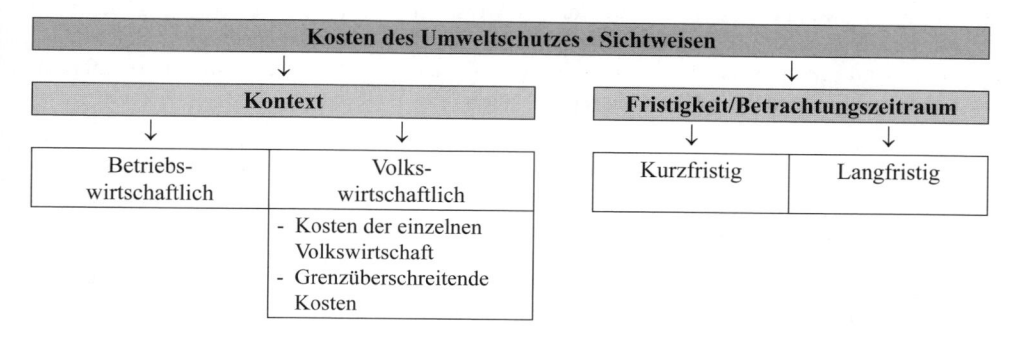

Kosten des Umweltschutzes • Sichtweisen			
Kontext		**Fristigkeit/Betrachtungszeitraum**	
Betriebs-wirtschaftlich	Volks-wirtschaftlich	Kurzfristig	Langfristig
	- Kosten der einzelnen Volkswirtschaft - Grenzüberschreitende Kosten		

Dazu einige Thesen:

Maßnahmen des Umweltschutzes

- sind betriebswirtschaftlich zunächst *Kosten* bzw. führen zu einem Kostenanstieg; dies kann kurzfristig zu einer Wettbewerbsverzerrung führen;
- können langfristig vom Betrieb als *Wettbewerbsvorteil* genutzt werden – bei verändertem Verhalten der Endverbraucher (z. B. Gütesiegel, Blauer Engel, chlorarm, ohne Treibgas, biologisch abbaubar);
- werden z. T. *nicht verursachergerecht* umgelegt – je nach den politischen Rahmenbedingungen; z. B.:
  - die Nichtbesteuerung von Flugbenzin wird beklagt,
  - es wird argumentiert, dass die durch die Lkws verursachten Straßenschäden nicht verursachergerecht belastet werden und es deshalb zu einer Wettbewerbsverzerrung zwischen „Straße" und „Schiene" kommt;
- werden *nicht in erforderlichem Umfang* durchgeführt; das führt kurzfristig zu einzelwirtschaftlichen Gewinnen und langfristig zu volkswirtschaftlichen Kosten (z. B.: Atomenergie und die bis heute ungeklärten Kosten der Entsorgung von Brennstäben; Altlastensanierung der industriellen Produktion in den Gebieten der ehemaligen DDR).

18. In welcher Form ist der Umweltschutzes durch die Unternehmen sicherzustellen?

Betrieblicher Umweltschutz

1. muss vom Gedanken der *Nachhaltigkeit* geprägt sein;
2. darf nicht mehr zufällig erfolgen, sondern ist in einem *Umweltschutzmanagementsystem* zu etablieren, das wiederum Bestandteil eines integrierten Managementsystems ist (IMS; Integration der im Betrieb vorhandenen Managementsysteme: Qualitätsmanagement, Finanzmanagement usw.);
3. *hat alle Stufen der Wertschöpfung zu erfassen* – von der Produktion über die Logistik bis hin zur Entsorgung;
4. hat Ökonomie und Ökologie in tragfähiger Weise zu vereinigen: Zielsetzung ist *nicht ein maximaler Gewinn sondern ein auskömmlicher,* der die Unternehmensexistenz sichert. Das Gewinnstreben muss nachhaltig vereinbar sein mit den Anforderungen der Gesellschaft nach Lebensqualität und den Erfordernissen der Natur;
5. hat die Aufgabe, neue *umweltschonende Produktionsverfahren* und Produkte zu entwickeln und auf diese Weise neue Beschäftigungsmöglichkeiten zu schaffen. Tatsächlich ist dies in weiten Bereichen gelungen: viele Unternehmen stellen erfolgreich umweltschonende Produkte her, die qualitativ hochwertig sind. Eines der Mittel zur Durchsetzung umweltschonender Produkte ist die *Senkung des Energieverbrauchs.* Aber auch andere Maßnahmen, wie z. B. ein konsequentes *Umweltcontrolling, Öko-Audit, Öko-Bilanz,* haben in vielen Betrieben zu Kostenentlastungen geführt.

1.5.2 Wichtige Gesetze und Verordnungen zum Umweltschutz

01. Welche Gesetze und Verordnungen existieren zum Umweltschutz?

	Gesetze, Normen und Regelwerke zum Umweltschutz
BGB	§§ 906, 907 BGB Beeinträchtigungen in Form von Gasen, Dämpfen, Gerüchen, Rauch, Ruß, Geräusch, Erschütterungen usw.
StGB	Strafgesetzbuch, 28. Abschnitt: Straftaten gegen die Umwelt
BImSchG	Das Bundesimmissionsschutzgesetz ist das bedeutendste Recht auf dem Gebiet des Umweltschutzes. Es bestimmt den Schutz vor Immissionen und regelt den Betrieb genehmigungsbedürftiger Anlagen sowie die Pflichten der Betreiber von nicht genehmigungsbedürftigen Anlagen. Zweck ist es, Menschen, Tiere und Pflanzen, den Boden, das Wasser, die Atmosphäre sowie Kultur- und Sachgüter vor schädlichen Umwelteinwirkungen zu schützen sowie vor den Gefahren und Belästigungen von Anlagen.
KrWG	Kreislaufwirtschaftsgesetz (Gesetz zur Förderung der Kreislaufwirtschaft und Sicherung der umweltverträglichen Bewirtschaftung von Abfällen (Kerngesetz zum Umweltschutz; vgl. Abschnitt 1.6.1)
Gewässerschutz	• Wasserhaushaltsgesetz (WHG) • Abwasserverordnung (AbwV) • Abwasserabgabengesetz (AbwAG) • Gesetz über die Umweltverträglichkeit von Wasch- und Reinigungsmitteln (WRMG)
Strahlenschutz	• Atomgesetz (AtG) • Strahlenschutzgesetz (StSG) • Strahlenschutzverordnung (StrSchV)
Schutz vor gefährlichen Stoffen	• Chemikaliengesetz (ChemG) • Gefahrstoffverordnung (GefStoffV)
Schutz vor Arbeits- und Verkehrslärm	• TA Luft, TA Lärm, TA Abfall, • Störfallverordnung • Durchführungsverordnungen zum BImSchG
BBodSchG	Zielsetzung ist, die Beschaffenheit des Bodens nachhaltig zu sichern bzw. wiederherzustellen.
Verpackungsverordnung	Reduzierung der Verpackungsmengen und Rückführung in den Stoffkreislauf (Wieder-/Weiter-/verwendung/-verwertung).
Öko-Adit-Verordnung, EMAS	Die Verordnung geht über die DIN ISO 14001 hinaus. Die Zertifizierung nach EMAS (Eco-Management and Audit Scheme) ist im Gegensatz zur DIN ISO 14001 öffentlich-rechtlich geregelt.
DIN ISO 14001	International gültiger Forderungskatalog für ein systematisches Umweltmanagement (UM). Wird im Rahmen des TQM voll in das Qualitätsmanagement integriert.

02. Welche Rechtsnormen existieren im Bereich der Abfallwirtschaft?

Rechtsnormen der Abfallwirtschaft	Stichworte zum Inhalt
Kreislaufwirtschaftsgesetz	Leitgesetz für den Abfallbereich
Verordnung über Betriebsbeauftragte für Abfall	Pflicht zur Bestellung eines Beauftragten
Verpackungsverordnung	Verpflichtung zur Rücknahme von Verpackungen
Abfallbestimmungsverordnung	Zusammenstellung spezieller Abfallarten
Reststoffbestimmungsverordnung	Zusammenstellung spezieller Reststoffe
TA Abfall, Teil 1	Vorschriften zur Lagerung, Behandlung, Verbrennung usw.

03. Welche Rechtsnormen existieren im Bereich der Luftreinhaltung?

Rechtsnormen zur Luftreinhaltung	Stichworte zum Inhalt
Bundesimmissionsschutzgesetz	Leitgesetz zur Luftreinhaltung
Verordnung über genehmigungsbedürftige Anlagen	Spezielle Regelungen
Emissionserklärungsverordnung	Spezielle Regelungen
Verordnung über das Genehmigungsverfahren,	Konkretisierung des Genehmigungsverfahrens
Verordnung über Immissionsschutz- und Störfallbeauftragte	Spezielle Regelungen
TA Luft	Verwaltungsvorschrift (Emissions/Immissionswerte)

04. Welche Rechtsnormen existieren im Bereich des Gewässerschutzes?

Rechtsnormen zum Gewässerschutz	Stichworte zum Inhalt
Wasserhaushaltsgesetz	Nutzung von Gewässern
Klärschlammverordnung	Aufbringen von Klärschlamm; Grenzwerte
Abwasserabgabengesetz	Abgabe für Direkteinleiter
Allgemeine Rahmenverwaltungsvorschrift über Mindestanforderungen an das Einleiten von Abwasser in Gewässer	Konkretisierung von Anforderungen

05. Wie ist der Begriff „Abfall" definiert?

Der Abfallbegriff ist im KrWG definiert: Danach sind unter Abfall „alle beweglichen Sachen, deren sich der Besitzer entledigen will oder entledigen muss" zu verstehen.

06. In welche Teilbereiche lässt sich die Abfallwirtschaft gliedern?

Abfallwirtschaft • Teilbereiche			
1. Abfallbegrenzung			
2. Abfallbehandlung (Entsorgung)	Recycling	Wiederverwertung/Weiterverwertung	
		Wiederverwendung/Weiterverwendung	
	Abfallvernichtung	Physikalische Abfallvernichtung	
		Chemische Abfallvernichtung	
		Elektrotechnische Abfallvernichtung	
		Biologische Abfallvernichtung	
		Thermische Abfallvernichtung	
	Abfallbeseitigung	Abfalldiffusion und -lagerung	
		Abfallablagerung	

07. Was versteht man unter Recycling? Welche Ziele werden damit verfolgt?

Unter Recycling versteht man die Wiedergewinnung von Rohstoffen aus Abfällen für den Produktionsprozess. Im Idealfall soll durch Recycling ein nahezu geschlossener Kreislauf hergestellt werden, bei dem kaum noch Restabfälle entstehen. Man realisiert damit folgende Ziele:

- Es müssen weniger Reststoffe vernichtet oder deponiert werden; dadurch wird die Belastung der Umwelt reduziert.
- Der Wiedereinsatz von recycelten Materialien führt im Produktionsprozess zu Kostenersparnissen.
- Es entstehen weniger Entsorgungskosten.

Recycling • Formen	
Wiederverwendung	Die gebrauchten Materialien werden in derselben Art und Weise mehrfach wiederverwendet, z. B. Paletten, Fässer, Behälter, Flaschen und andere Verpackungsmaterialien. Die Wiederverwendung ist innerbetrieblich relativ problemlos zu organisieren. Auch im Warenverkehr zwischen Unternehmen können wiederverwendbare Materialien eingesetzt werden. Das Rückholsystem oder Sammelsystem kann ggf. mit Kosten verbunden sein, die höher sind als der Einsatz von Einwegmaterialien. Aus ökologischer Sicht ist die Wiederverwendung allen anderen Formen der Abfallentsorgung vorzuziehen.
Weiterverwendung	Die gebrauchten Materialien bzw. Abfälle werden für einen anderen Zweck weiterverwendet (Beispiele: Abgase zur Energiegewinnung, Abwärme zum Heizen, Schlacken im Bauwesen). eingesetzt. Der Weiterverwendung sind Grenzen gesetzt sind: Materialien und Abfälle, die mit Umweltschadstoffen belastet sind, können meist nicht weiterverwendet werden.
Wiederverwertung	Gebrauchte Materialien und Abfälle werden aufgearbeitet, sodass sie im Produktionsprozess erneut entsprechend ihrem ursprünglichen Zweck eingesetzt werden können; Beispiele: Gebrauchte Reifen werden zerkleinert und wieder als Rohstoff eingesetzt; analog: Kunststofffolien, Altöl. Die Regenerierung hat Grenzen: Mit jeder Aufbereitung verschlechtert sich in der Regel die Qualität der Ausgangsmaterialien.
Weiterverwertung	Die gebrauchten Materialien/Abfälle werden aufgearbeitet und einem anderen als dem ursprünglichen Verwendungszweck zugeführt. Es handelt sich dabei meist um Materialien, deren Qualität bei der Aufarbeitung stark abnimmt, sodass die wiedergewonnenen Rohstoffe nicht mehr für den ursprünglichen Zweck verwendet werden können. Aus Regenerat von Kunststoffgemischen oder verunreinigten Kunststoffen werden z. B. Tische und Bänke oder Schallschutzwände produziert.

08. Welche Aktionsfelder des betrieblichen Umweltschutzes lassen sich nennen?

Beispiele:

- *Produktgestaltung:*
  Sparsamer Materialeinsatz, höhere Funktionalität, höhere Lebensdauer, Einsatz umweltfreundlicher Materialien;

- *Produktionsmengengestaltung:*
  Anpassung der Mengen an den tatsächlichen Bedarf;

- *Verfahrensgestaltung:*
  Optimierung der organisatorischen und technischen Abläufe, Einsatz umweltschonender Hilfs- und Betriebsstoffe, energiesparende Prozesse, Verringerung von Ausschuss und Abfällen, Verzicht auf gesundheitsgefährdende Stoffe;

- *Recycling* von Abfällen.

Die Möglichkeiten der Wieder- und Weiterverwertung sind um so besser, je reiner die zu verwertenden Materialien sind. Aus diesem Grunde sollte schon bei der Produktentwicklung darauf geachtet werden, dass möglichst reine Materialien eingesetzt werden und diese gut voneinander zu trennen sind. Weiterhin eine große Rolle spielt die umweltgerechte Montage von Bauteilen: Es werden überwiegend nur solche Fügeverfahren eingesetzt, die eine kostenschonende Trennung der Materialarten zulassen.

09. Welche Elemente müssen in einer Entsorgungskette dokumentiert sein?

Elemente der Entsorgungskette	
Elemente:	Beispiele:
Ermittlung des Ist-Zustandes	• Aufzeichnung der Abfallentstehungsorte • Aufstellung der Abfallmengen und -arten • Lage der Abfallzwischenlager • Entsorgungswege
Erfassung der Ist-Organisation	• Standorte aller Abfallsammelbehälter • zentrale oder dezentrale Abfallsammlung • Maßnahmen zum Sortieren der Abfälle • Beauftragte der Abfallentsorgung • beauftragte Firmen

Bewertung des Ist-Zustandes	• Einhaltung der Rechtsvorschriften
	• liegen Defizite vor; z. B.:
	  - ungenügende Verwertung
	  - ungenügende Sortierung

Festlegen des Soll-Zustandes	• Planung der Abfallbegrenzung und -entsorgung • Planung der Entsorgungsintervalle • Planung geeigneter Sammelstelle
Durchführung des Systems	siehe oben
Kontrolle des Systems	• Kontrolle der Wege • Kontrolle der Füllstände • Kontrolle der Transportgenehmigungen

10. Welche wesentlichen Bestimmungen enthält das Bundesimmissionsschutzgesetz?

Das Bundesimmissionsschutzgesetz (BImSchG; Gesetz zum Schutz vor schädlichen Umwelteinwirkungen durch Luftverunreinigungen, Geräusche, Erschütterungen und ähnliche Vorgänge) *ist das bedeutendste Recht auf dem Gebiet des Umweltschutzes*. Es bestimmt den *Schutz vor Immissionen* und regelt *den Betrieb genehmigungsbedürftiger Anlagen* (früher in der Gewerbeordnung enthalten) sowie die Pflichten der Betreiber von nicht genehmigungsbedürftigen Anlagen.

- *Zweck* des Gesetzes ist es,

  Menschen, Tiere und Pflanzen, den Boden, das Wasser, die Atmosphäre sowie Kultur- und Sachgüter vor schädlichen Umwelteinwirkungen zu schützen sowie vor den Gefahren und Belästigungen von Anlagen.

- *Geltungsbereich:* Die Vorschriften des Gesetzes gelten für

  - die Errichtung und den Betrieb von Anlagen,
  - das Herstellen, Inverkehrbringen und Einführen von Anlagen, Brennstoffen und Treibstoffen,
  - die Beschaffenheit, die Ausrüstung, den Betrieb und die Prüfung von Kraftfahrzeugen und ihren Anhängern und von Schienen-, Luft- und Wasserfahrzeugen sowie von Schwimmkörpern und schwimmenden Anlagen und
  - den Bau öffentlicher Straßen sowie von Eisenbahnen und Straßenbahnen.

11. Welche Bestimmungen zum „Bodenschutz" gibt es?

- Das Bundes-Bodenschutzgesetz (BBodSchG) soll die Zielsetzung erfüllen, die Beschaffenheit des Boden nachhaltig zu sichern bzw. wiederherzustellen.
- Strafgesetzbuch: Bodenverunreinigungen sind unter Strafe gestellt nach § 324 StGB.
- Weitere Gesetze: Der Schutz des Bodens ist mittelbar geregelt durch das Bundesnaturschutzgesetz, durch die Naturschutz- und Landschaftsschutzgesetze der Länder.

12. Welchen wesentlichen Inhalt hat das Gesetz über die Umweltverträglichkeit von Wasch- und Reinigungsmitteln (WRMG)?

Die zentralen Vorschriften des WRMG sind:

- vermeidbare Beeinträchtigung der Gewässer oder Kläranlagen durch Wasch- und Reinigungsmittel hat zu unterbleiben,
- der Einsatz von Wasch-/Reinigungsmittel, Wasser und Energie ist vom Verbraucher zu minimieren,
- Waschmittelverpackungen müssen Hinweise zur Dosierung enthalten,
- Wasserversorgungsunternehmen haben den Verbraucher über den Härtegrad des Wassers zu unterrichten,
- Wasch- und Reinigungsmittel müssen Mindestnormen über die biologische Abbaubarkeit und den Phosphatgehalt erfüllen.

13. Welchen wesentlichen Zweck und Inhalt haben die Vorschriften zur Vermeidung von Arbeits- und Verkehrslärm?

Lärm vermindert die Konzentration, macht krank und kann zur Schwerhörigkeit führen. Weitere Einzelaspekte:

- die akustische Verständigung wird durch Lärm behindert,
- Schreckreaktionen können zu Unfällen führen,
- die untere Auslöseschwelle liegt bei 80 dB(A),
- ab 85 dB(A) sind Gehörschutzmittel zu verwenden; außerdem besteht die Verpflichtung zu Gehörvorsorgeuntersuchungen.

> Die neue **Lärm- und Vibrationsschutzverordnung** legt fest:
> - untere Auslöseschwelle LEX, 8h = 80 dB(A) Tages-Lärmexpositionspegel bzw.
> - Spitzenschalldruckpegel Lc, peak = 135 dB(C),
> - obere Auslöseschwelle LEX, 8h = 85 dB(A) bzw. Lc, peak = 137 dB(C),

Vorschriften über den Lärmschutz finden sich

- im BImSchG, IV. Teil (Betrieb von Fahrzeugen, Verkehrsbeschränkungen, Verkehrslärmschutz),
- in der Technischen Anleitung zum Schutz gegen Lärm (TA-Lärm; sie dient dem Schutz der Allgemeinheit und legt Richtwerte für das Betreiben von Anlagen fest),
- in der Arbeitsstättenverordnung,
- in der Lärm- und Vibrationsschutzverordnung.

Der Vorgesetzte sollte es sich daher zur Aufgabe machen, den Lärmpegel in der Produktion so gering wie möglich zu halten, z. B.:

- durch *technische Maßnahmen*
  (z. B. beim Neukauf von Anlagen: nur lärmarme Maschine)
- durch *Schallschutzmaßnahmen*
  (z. B. Kontrolle, ob die Gehörschutzmittel getragen werden; Einsatz von Schallschutzhauben)
- durch *organisatorische Maßnahmen*
  (zeitliche Verlagerung lärmintensiver Arbeiten; Vermeidung von Lärm während der Nachtarbeit)

14. Welche Rechtsgrundlagen regeln den Strahlenschutz?

- *Atomgesetz:* Zweck des Gesetzes ist die friedliche Verwendung der Kernenergie und der Schutz gegen ihre Gefahren.
- *Strahlenschutzvorsorgegesetz:* Zweck des Gesetzes ist es, die Radioaktivität in der Umwelt zu messen (Bundes- und Landesbehörden) zum Schutz der Bevölkerung.
- Die *Strahlenschutzverordnung* regelt den Umgang und den Verkehr mit radioaktiven Stoffen (Genehmigungstatbestände für Ein-/Ausfuhr, Beförderung, Beseitigung, Errichtung von Anlagen). Kern der Strahlenschutzverordnung ist das Strahlenvermeidungsgebot sowie das Strahlenminimierungsgebot. Weiterhin sind Dosisgrenzwerte zum Schutz der Bevölkerung festgelegt.

15. Welchen wesentlichen Zweck und Inhalt hat das Chemikaliengesetz?

Das Chemikaliengesetz (ChemG; Gesetz zum Schutz vor gefährlichen Stoffen) gilt sowohl für den privaten als auch für den gewerblichen Bereich und soll Menschen und Umwelt vor gefährlichen Stoffen und gefährlichen Zubereitungen schützen. Stoffe bzw. Zubereitungen sind dann gefährlich, wenn sie folgende Eigenschaften haben (§ 4 GefStoffV): explosionsgefährlich, brandfördernd, giftig, sehr giftig, reizend, entzündlich, hoch entzündlich usw. Hersteller und Handel haben die Eigenschaften der in Verkehr gebrachten Stoffe zu ermitteln und entsprechend zu verpacken und zu kennzeichnen. Mit der Einführung der (neuen) *Arbeitsplatzgrenzwerte* und der (neuen) *biologischen Grenzwerte* hat sich der Gesetzgeber von den Jahrzehnte lang geltenden MAK-Werten (Maximale Arbeitsplatzkonzentration), BAT-Werten (Biologische Arbeitsstoff-Toleranz-Werte) und TRK-Werten (Technische Richtkonzentration) abgewendet.

- *Arbeitsplatzgrenzwert:*
  Der mit Abstand häufigste Weg in den menschlichen Körper führt über die Atmungsorgane in die Lunge des Menschen. Daher sind die meisten Grenzwerte Luftgrenzwerte, also Werte, bei denen der Beschäftigte im Allgemeinen gesund bleibt.

- *Biologischer Grenzwert:*
  Gemessen wird bei diesem Grenzwert die Konzentration von Gefahrstoffen oder ihrer Metaboliten (Stoffwechselprodukte) in Körperflüssigkeiten. Wird dieser biologische Grenzwert eingehalten, bleibt der Beschäftigte nach arbeitsmedizinischen Erkenntnissen im Allgemeinen gesund.

16. Wann ist ein Umweltschutzbeauftragter zu bestellen?

In verschiedenen Gesetzen und Verordnungen ist die schriftliche Bestellung von Betriebsbeauftragten unter bestimmten Bedingungen vorgeschrieben:

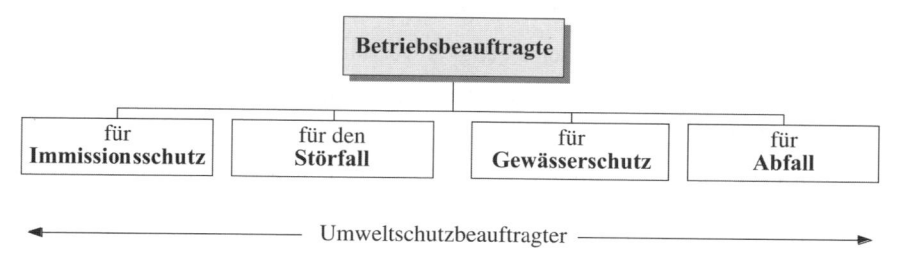

```
                        Betriebsbeauftragte
        ┌──────────────┬──────────┬──────────────┬──────────┐
            für            für den        für            für
      Immissionsschutz     Störfall    Gewässerschutz    Abfall
       ◄─────────────── Umweltschutzbeauftragter ───────────────►
```

- *Betriebsbeauftragter für Immissionsschutz* nach § 53 BImSchG sowie 5. BImSchV:
  → muss bestellt werden, wenn eine in der Verordnung bezeichnete genehmigungsbedürftige Anlage betrieben wird (vgl. Anhang zur 5. BImSchV);

- *Betriebsbeauftragter für den Störfall* nach § 58a BImSchG sowie 5. BImSchV:
  → wenn in der genehmigungsbedürftigen Anlage bestimmte Stoffe vorhanden sein können oder ein Störfall entstehen kann (Störfallverordnung);

- *Betriebsbeauftragter für Gewässerschutz* nach § 21 WHG:
  → ist zu bestellen, wenn mehr als 750 m^3 Abwässer täglich in öffentliche Gewässer eingeleitet werden.

- *Betriebsbeauftragter für Abfall* nach dem KrWG:
  → wenn im Betrieb regelmäßig überwachungsbedürftige Abfälle anfallen (z. B. Abfälle, die luft- oder wassergefährdend, brennbar usw. sind).

Der *Umweltschutzbeauftragte* ist als Begriff in den einschlägigen Gesetzen und Verordnungen nicht genannt, sondern hat sich als Terminus der Praxis herausgebildet. Er ist der „Betriebsbeauftragte für alle Fragen des Umweltschutzes" im Betrieb (Abfall-, Gewässer-, Immissionsschutz usw.).

17. Welche Rechte und Pflichten hat der Umweltschutzbeauftragte?

Der Umweltschutzbeauftragte hat nach dem Gesetz keine Anordnungsbefugnis, sondern er *berät* die Leitung/den Betreiber sowie die Mitarbeiter in allen Fragen des Umweltschutzes und *koordiniert* die erforderlichen Maßnahmen (Stabsfunktion; vgl. dazu analog: Sicherheitsbeauftragte, → 6.1.1/17.). Seine Aufgaben werden von einem *fachkundigen Mitarbeiter* des Unternehmens oder einem Externen wahrgenommen.

Die Bestellung des Beauftragten ist der Behörde anzuzeigen. Sie prüft, ob der Beauftragte *zuverlässig und fachkundig* ist. Bei der Fachkunde wird z. B. in der 5. BImSchV die Qualifikation näher bestimmt (Abschluss als Ingenieur der Fachrichtung Chemie oder Physik, Teilnahme an vorgeschriebenen Lehrgängen und 2-jährige Praxis an der Anlage).

Neben der umfassenden Beratung des Betreibers und der Mitarbeiter hat der Umweltschutzbeauftragte folgende *Rechte und Pflichten*:

- der Beauftragte muss frühzeitig und umfassend in alle Entscheidungen, die den Umweltschutz tangieren, einbezogen werden,
- zu Investitionsentscheidungen ist er zu hören,
- er hat jährlich einen Bericht über seine Tätigkeit vorzulegen,
- lehnt die Geschäftsleitung Vorschläge des Betriebsbeauftragten ab, muss sie ihm diese Ablehnung begründen,
- geschützt wird der Betriebsbeauftragte durch ein Benachteiligungsverbot und eine besondere Kündigungsschutzregelung.

1.6 Wirtschaftsrechtliche Vorschriften und Bestimmungen

1.6.1 Wesentliche Bestimmungen des Kreislaufwirtschaftsgesetzes

Hinweis: Vgl. zum Thema „Abfallwirtschaft" auch Ziffer 1.5.2.

01. Welche wesentlichen Bestimmungen enthält das Kreislaufwirtschaftsgesetz?

Mit dem neuen Kreislaufwirtschaftsgesetz (KrWG; Gesetz zur Förderung der Kreislaufwirtschaft und Sicherung der umweltverträglichen Bewirtschaftung von Abfällen) von 2012 wird das bestehende deutsche Abfallrecht umfassend modernisiert. Ziel des neuen Gesetzes ist eine nachhaltige Verbesserung des Umwelt- und Klimaschutzes sowie der Ressourceneffizienz in der Abfallwirtschaft durch Stärkung der Abfallvermeidung und des Recyclings von Abfällen.

Kern des KrWG ist die fünfstufige Abfallhierarchie (§ 6 KrWG):

- Abfallvermeidung
- Wiederverwendung
- Recycling
- sonstiger Verwertung von Abfällen
- Abfallbeseitigung.

Vorrang hat die jeweils beste Option aus Sicht des Umweltschutzes. Die Kreislaufwirtschaft wird somit konsequent auf die Abfallvermeidung und das Recycling ausgerichtet, ohne etablierte ökologisch hochwertige Entsorgungsverfahren zu gefährden.

1.6.2 Wesentliche Bestimmungen des Produkthaftungsgesetzes

01. Welches sind die Rechtsgrundlagen der Produkthaftung?

Die Haftung von Herstellern für die Fehlerfreiheit und damit auch für die Sicherheit von Produkten wird durch unterschiedliche Regelungen begründet:

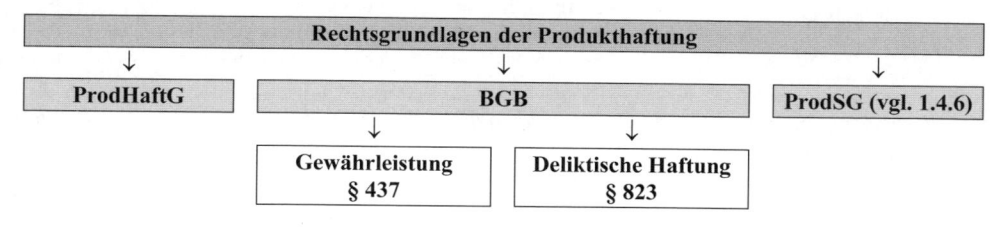

Rechtsgrundlagen der Produkthaftung		
ProdHaftG	BGB	ProdSG (vgl. 1.4.6)
	Gewährleistung § 437 / Deliktische Haftung § 823	

A. *Produkthaftungsgesetz*

Zum einen können Ansprüche aus speziellen gesetzlichen Sondervorschriften, wie z. B. das *Produkthaftungsgesetz* (ProdHaftG), abgeleitet werden.

> **§ 1 Abs. 1 ProdHaftG**
> Wird durch den Fehler eines Produkts jemand getötet, sein Körper oder seine Gesundheit verletzt oder eine Sache beschädigt, so ist der Hersteller des Produkts verpflichtet, dem Geschädigten den daraus entstehenden Schaden zu ersetzen. Im Falle der Sachbeschädigung gilt dies nur, *wenn eine andere Sache als das fehlerhafte Produkt beschädigt wird* und diese andere Sache ihrer Art nach gewöhnlich für den privaten Ge- oder Verbrauch bestimmt und hierzu von dem Geschädigten hauptsächlich verwendet worden ist.

Bei der Produkthaftung gibt es folgende *Ausnahmen:*

- der Hersteller hat das Produkt nicht in den Verkehr gebracht
- das Produkt hat den Fehler noch nicht gehabt, als es in den Verkehr gebracht wurde
- das Produkt wurde nicht zum Verkauf/zu einer anderen wirtschaftlichen Nutzung hergestellt
- der Fehler beruht darauf, dass das Produkt zwingenden Rechtsvorschriften entsprochen hat
- der Fehler konnte nach dem Stand der Technik und der Wissenschaft zu dem Zeitpunkt, an dem der Hersteller das Produkt in den Verkehr brachte, nicht erkannt werden.

Im Überblick:

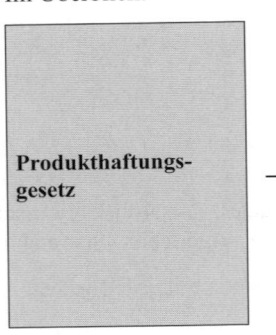

Produkthaftungs-gesetz	→	• Haftung für <u>Folge-Schäden</u> an Leib und Leben oder einer Sache • Voraussetzung: gewöhnlicher Ge- und Verbrauch der geschädigten Sache im privaten Bereich. • Der Schaden bezieht sich nicht auf das gekaufte (fehlerhafte) Produkt sondern auf einen aus dem gekauften Gegenstand folgenden Schaden an einem anderen Produkt. • Ein Ausschluss der Haftung ist nicht möglich. • Sachschäden bis zur Höhe von 500 € muss der Geschädigte selbst tragen. • Der Anspruch verjährt in drei Jahren nach Kenntniserlangung.

Zum anderen kann die Haftung für ein fehlerhaftes Produkt im *BGB* begründet sein. Hierbei ist noch zwischen Ansprüchen aus den gesetzlichen Gewährleistungsansprüchen und Ansprüchen aus dem vertragsunabhängigem *BGB-Deliktrecht* § 823 BGB zu unterscheiden.

B. *Gewährleistung des Verkäufers bei Sach- und Rechtsmangel* nach §§ 437 ff. BGB

Gewährleistung aus Kaufvertrag	→	• Haftung für Sach- und Rechtsmangel <u>an der Sache selbst</u> • Rechte nach § 437 BGB: Nacherfüllung, Rücktritt oder Minderung, Schadenersatz oder Ersatz vergeblicher Aufwendungen

C. *Vertragsunabhängige Generalklausel der deliktischen Haftung nach § 823 BGB für die Produkthaftung:*

§ 823 Abs. 1 BGB legt fest:

> Wer vorsätzlich oder fahrlässig das Leben, den Körper die Gesundheit, die Freiheit, das Eigentum oder ein sonstiges Recht eines anderen widerrechtlich verletzt, ist dem anderen zum Ersatz des daraus entstehenden Schadens verpflichtet.

Daraus kann für die Hersteller von Produkten abgeleitet werden: Er muss sich so verhalten und dafür Sorge tragen, dass nicht innerhalb seines Einflussbereiches widerrechtlich Ursachen für *Personen- und Sachschäden* gesetzt werden.

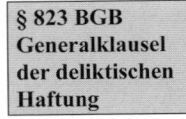

§ 823 BGB Generalklausel der deliktischen Haftung	→	• General-Haftung für Personen- und Sachschäden • Voraussetzung: Vorsatz oder Fahrlässigkeit • Verstoß gegen geltendes Recht

1.6 Wirtschaftsrechtliche Vorschriften und Bestimmungen

D. Weiterhin ist das *Produktsicherheitsgesetz* (ProdSG) zu beachten. Im Überblick:

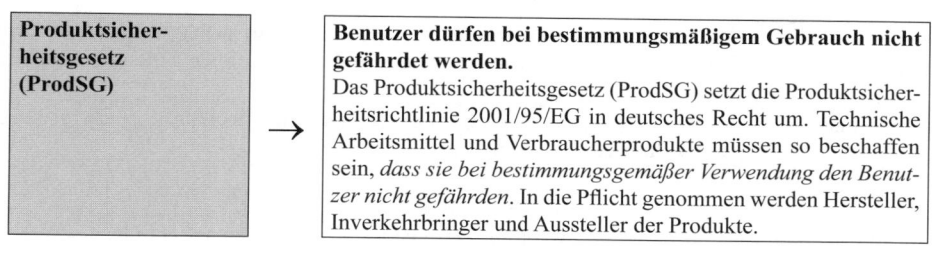

Produktsicherheitsgesetz (ProdSG)	→	**Benutzer dürfen bei bestimmungsmäßigem Gebrauch nicht gefährdet werden.** Das Produktsicherheitsgesetz (ProdSG) setzt die Produktsicherheitsrichtlinie 2001/95/EG in deutsches Recht um. Technische Arbeitsmittel und Verbraucherprodukte müssen so beschaffen sein, *dass sie bei bestimmungsgemäßer Verwendung den Benutzer nicht gefährden.* In die Pflicht genommen werden Hersteller, Inverkehrbringer und Aussteller der Produkte.

Merke: Bei der Haftung ist zwischen Schäden an der Sache selbst und Folgeschäden zu unterscheiden.

1.6.3 Notwendigkeit und Zielsetzung des Datenschutzes → 3.6.1

01. Auf welchen Rechtsquellen basiert der Datenschutz?

Der Datenschutz ist als Bundesgesetz im Bundesdatenschutzgesetz (BDSG) sowie in den jeweiligen Landesdatenschutzgesetzen geregelt. Er basiert auf dem allgemeinen Persönlichkeitsrecht nach Art. 2 Abs. 1 GG. Die Sonderregelungen des Datenschutzes sind: Bank-, Brief-, Post-, Fernmelde-, Steuer-, Betriebs-/Geschäftsgeheimnis.

Grundgesetz (GG)	Art. 2 Abs. 1 in Verbindung mit Art. 1 GG: Verbürgt ist der Schutz des Einzelnen gegen unbegrenzte Erhebung, Speicherung Verwendung und Weitergabe seiner persönlichen Daten (Persönlichkeitsrecht und Menschenwürde)
Bundesdatenschutzgesetz (BDSG) i. V. m. Landesdatenschutzgesetze (LDSG)	Der Einzelne ist davor zu schützen, dass er durch den Umgang mit seinen persönlichen Daten in seinem Persönlichkeitsrecht beeinträchtigt wird.
Sonderregelungen, z. B.	• Strafgesetzbuch (Die Preisgabe von Daten wird bestraft.) • BetrVG (Die Preisgabe von Betriebs- und Geschäftsgeheimnissen ist strafbar) • Abgabenordung (Bank- und Steuergeheimnis) • Postgesetz (Brief-, Post- und Fernmeldegeheimnis) • Meldegesetze, Passgesetze u. Ä.

02. Was versteht man unter Datenschutz und welche Prinzipien gelten?

Beim Datenschutz geht es nicht um den Schutz von Daten, sondern *um den Schutz des Persönlichkeitsrechts des Bürgers beim Umgang mit seinen personenbezogenen Daten.*

Aus Sicht des Datenschutzes lautet die erste Frage immer, ob Daten überhaupt erhoben werden dürfen oder sollen. Erst dann ist die Frage zu stellen, wie Daten gegen Missbrauch zu schützen sind.

Die *Prinzipien des Datenschutzes* sind daher:

Sparsamkeit und Vermeidung	Personenbezogene Daten sollen nur erhoben und gespeichert werden, wenn dies für den jeweiligen Zweck unbedingt erforderlich ist. Daten dürfen nicht auf Vorrat erhoben werden.
Transparenz	Der Einzelne muss erkennen können, welche Daten über ihn gespeichert sind. Die Verwender haben Informationspflichten

03. Worin liegt der Unterschied zwischen Datenschutz und Datensicherheit?

Bei der *Datensicherheit* gilt es, Daten vor den unterschiedlichen Risiken zu schützen. Beim *Datenschutz* gilt es, das Persönlichkeitsrecht der Bürger zu schützen. Da personenbezogene Daten wie andere Daten auch durch Datensicherheitsmaßnahmen geschützt werden, *ergeben sich teilweise Überschneidungen zwischen Datenschutz und Datensicherheit.* Werden zum Beispiel vertrauliche Daten verschlüsselt abgespeichert, so ist dies eine Maßnahme der Datensicherheit. Handelt es sich bei den Daten um personenbezogene Daten, so ist die Verschlüsselung auch gleichzeitig eine Maßnahme des Datenschutzes.

Daten-schutz — Technische und organisatorische Maßnahmen, Anhang zu § 9 BDSG — Daten-sicherheit

04. Welchen Anwendungsbereich hat das Bundesdatenschutzgesetz?

Das Bundesdatenschutzgesetz (BDSG) formuliert in § 1 Abs. 2:

„Dieses Gesetz gilt für die Erhebung, Verarbeitung und Nutzung personenbezogener Daten durch

1. *öffentliche Stellen des Bundes,*

2. *öffentliche Stellen der Länder, soweit der Datenschutz nicht durch Landesgesetz geregelt ist und soweit sie a) Bundesrecht ausführen oder b) als Organe der Rechtspflege tätig werden und es sich nicht um Verwaltungsangelegenheiten handelt,*

3. *nicht-öffentliche Stellen, soweit sie die Daten in oder aus Dateien geschäftsmäßig oder für berufliche oder gewerbliche Zwecke verarbeiten oder nutzen."*

05. Welche Rechte hat ein Betroffener bezüglich seiner personenbezogenen Daten?

Das BDSG beschreibt diese Rechte in verschiedenen Paragrafen sehr ausführlich. Die Rechte umfassen:

- unabdingbare Rechte (§ 6),
- Benachrichtigung des Betroffenen (§ 33),
- Auskunft an den Betroffenen (§ 34 bzw. § 19) und
- Berichtigung, Löschung und Sperrung von Daten (§ 35 bzw. § 20).

06. Was versteht man unter personenbezogenen Daten?

Das BDSG beschreibt personenbezogene Daten in § 3 Abs. 1:

„Personenbezogene Daten sind Einzelangaben über persönliche oder sachliche Verhältnisse einer bestimmten oder bestimmbaren natürlichen Person (Betroffener)."

- *Personenbezogen* heißt, dass es eine Beziehung zwischen einem Datum und einer Person gibt. Natürliche Personen sind Menschen mit Namen, Geschlecht, Anschrift etc. Daten über juristische Personen werden nicht durch das BDSG geschützt, hier gelten andere gesetzliche Vorschriften.

- *Bestimmbar* heißt, dass eine Person z. B. nicht namentlich genannt wird, aber durch weitere Angaben eindeutig zu bestimmen ist. Wohnt z. B. eine Person in einem Einfamilienhaus, ist sie leicht durch zusätzliche Angaben wie die Anschrift und das Geschlecht bestimmbar, wohnt sie in einem Mehrfamilienhochhaus, ist dies nicht eindeutig möglich.

07. Welche Bedeutung hat der Begriff „Datei" für die Verarbeitung personenbezogener Daten?

Personenbezogene Daten sind nur dann durch das Gesetz geschützt, wenn sie in Dateien verwaltet werden. Eine Datei ist in diesem Zusammenhang eine Sammlung personenbezogener Daten, die durch automatisierte Verfahren nach bestimmten Merkmalen ausgewertet werden kann oder jede sonstige Sammlung personenbezogener Daten, die gleichartig aufgebaut und nach bestimmten Merkmalen geordnet, umgeordnet und ausgewertet werden kann. Akten sind keine Dateien, solange sie nicht automatisiert, umgeordnet und ausgewertet werden können.

08. Wie erklärt das BDSG die Erhebung, Verarbeitung und Nutzung von Daten?

Das BDSG legt in § 3 Abs. 3 - 5 fest:

Abs. 3 *Erheben* ist das Beschaffen von Daten über den Betroffenen.

Abs. 4 *Verarbeiten* ist das Speichern, Verändern, Übermitteln, Sperren und Löschen personenbezogener Daten. Im Einzelnen ist das (ungeachtet der dabei angewendeten Verfahren):

1. *Speichern* = das Erfassen, Aufnehmen oder Aufbewahren personenbezogener Daten auf einem Datenträger zum Zwecke ihrer weiteren Verarbeitung oder Nutzung;
2. *Verändern* = das inhaltliche Umgestalten gespeicherter personenbezogener Daten;
3. *Übermitteln* = das Bekanntgeben gespeicherter oder durch Datenverarbeitung gewonnener personenbezogener Daten an einen Dritten (Empfänger) in der Weise, dass
   a) die Daten durch die speichernde Stelle an den Empfänger weitergegeben werden oder
   b) der Empfänger von der speichernden Stelle zur Einsicht oder zum Abruf bereit gehaltene Daten einsieht oder abruft;
4. *Sperren* = das Kennzeichnen gespeicherter personenbezogener Daten, um ihre weitere Verarbeitung oder Nutzung einzuschränken,
5. *Löschen* = das Unkenntlichmachen gespeicherter personenbezogener Daten.

Abs. 5 *Nutzen* = jede Verwendung personenbezogener Daten, soweit es sich nicht um deren Verarbeitung handelt.

09. Wann ist die Verarbeitung und Nutzung personenbezogener Daten zulässig?

Das BDSG schreibt in § 4 Abs. 1 vor:

„Die Erhebung, Verarbeitung und Nutzung personenbezogener Daten sind nur zulässig, soweit dieses Gesetz oder eine andere Rechtsvorschrift dies erlaubt oder anordnet oder der Betroffene eingewilligt hat."

Außerdem ist das Erheben, Speichern, Verändern oder Übermitteln personenbezogener Daten oder ihre Nutzung als Mittel *für die Erfüllung eigener Geschäftszwecke* zulässig, wenn es für die Begründung, Durchführung oder Beendigung eines rechtsgeschäftlichen oder rechtsgeschäftsähnlichen Schuldverhältnisses mit dem Betroffenen erforderlich ist. Dies betrifft beim Arbeitgeber z. B. den Nachweis über Weiterbildungsmaßnahmen. Die Speicherung von Krankheitsdaten über sechs Jahre ist vorgeschrieben.

Es handelt sich hier um ein *Verbot mit Erlaubnisvorbehalt*. Ein Vorbehalt ist die gesetzliche Erlaubnis. Mit „dieses Gesetz" ist das BDSG gemeint.

Der *andere Erlaubnisvorbehalt* bezieht sich auf die Einwilligung der Betroffenen. Dies ist z. B. immer dann automatisch der Fall, wenn eine vertragliche oder vertragsähnliche Beziehung zu einer speichernden Stelle besteht und diese zur Erfüllung einer vertraglichen Leistung personenbezogene Daten verarbeitet. Dabei dürfen jedoch nur solche Daten gespeichert werden, die erforderlich sind, das Vertragsverhältnis zu erfüllen.

10. Was bedeutet die Verpflichtung auf das Datengeheimnis?

Die speichernden Stellen sind verpflichtet, *Mitarbeiter*, die mit der Verarbeitung personenbezogener Daten zu tun haben, *über Vorschriften des BDSG zu informieren*. Dieses geschieht in der Regel durch Aushändigung eines Merkblattes und eines Formulars, das vom Mitarbeiter zu unterschreiben ist.

Das BDSG schreibt in § 5 vor:

„Den bei der Datenverarbeitung beschäftigten Personen ist untersagt, personenbezogene Daten unbefugt zu erheben, zu verarbeiten oder zu nutzen (Datengeheimnis). Diese Personen sind, soweit sie bei nicht-öffentlichen Stellen beschäftigt werden, bei der Aufnahme ihrer Tätigkeit auf das Datengeheimnis zu verpflichten. Das Datengeheimnis besteht auch nach Beendigung ihrer Tätigkeit fort."

Aufgrund dieser Maßnahme können sich Mitarbeiter, die personenbezogene Daten verarbeiten, nicht darauf berufen, sie hätten in Unkenntnis der gesetzlichen Bestimmungen gehandelt. Der Gesetzgeber überträgt somit die Verantwortung auf die Mitarbeiter.

11. Welche technischen und organisatorischen Maßnahmen sind zu treffen, um personenbezogene Daten automatisiert zu verarbeiten?

Das BDSG schreibt zur Sicherstellung des Datenschutzes in Unternehmen in § 9 den speichernden Stellen vor:

„Öffentliche und nicht-öffentliche Stellen, die selbst oder im Auftrag personenbezogene Daten erheben, verarbeiten oder nutzen, haben die technischen und organisatorischen Maßnahmen zu treffen, die erforderlich sind, um die Ausführung der Vorschriften dieses Gesetzes, insbesondere die in der Anlage zu diesem Gesetz genannten Anforderungen, zu gewährleisten. Erforderlich sind Maßnahmen nur, wenn ihr Aufwand in einem angemessenen Verhältnis zu dem angestrebten Schutzzweck steht."

Bei den technischen und organisatorischen Maßnahmen handelt es sich um solche, die geeignet sind, unbefugte Einsichtnahme, unrechtmäßige Verarbeitung oder Nutzung und Verlust von Daten zu verhindern. Dabei liegt das Interesse der zu verarbeitenden Stellen darin, neben den personenbezogenen Daten auch die nicht-personenbezogenen Daten zu schützen. Technische und organisatorische Maßnahmen ergänzen sich. Keine Maßnahme ist alleine für sich ausreichend; nur die Summe der getroffenen Maßnahmen ermöglicht es, Datenschutz und auch Datensicherheit zu erzielen.

In der Anlage des BDSG zu § 9 Satz 1 ist ein entsprechender Maßnahmenkatalog (bitte lesen!) aufgeführt:

„Werden personenbezogene Daten automatisiert verarbeitet oder genutzt, ist die innerbehördliche oder innerbetriebliche Organisation so zu gestalten, dass sie den besonderen Anforderungen des Datenschutzes gerecht wird. Dabei sind insbesondere Maßnahmen zu treffen, die je nach der Art der zu schützenden personenbezogenen Daten oder Datenkategorien geeignet sind, [...].

Der Maßnahmenkatalog enthält folgende Einzelbestimmungen (hier in Stichworten dargestellt):

1. Zutrittskontrolle
2. Zugangskontrolle
3. Zugriffskontrolle
4. Weitergabekontrolle
5. Eingabekontrolle
6. Auftragskontrolle
7. Verfügbarkeitskontrolle
8. Getrennte Verarbeitung

12. Welche gesetzlichen Aufgaben hat der Beauftragte für den Datenschutz?

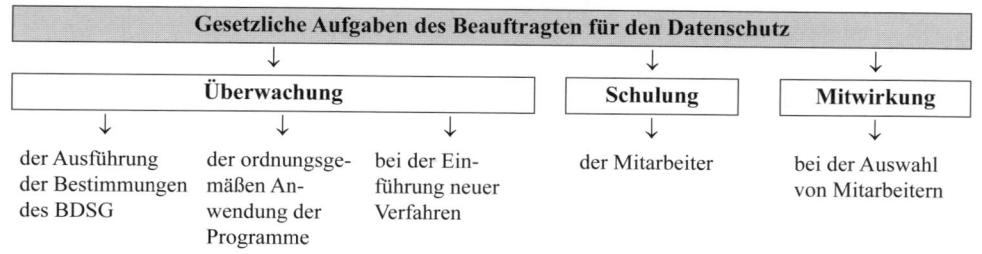

Gesetzliche Aufgaben des Beauftragten für den Datenschutz		
Überwachung	Schulung	Mitwirkung
der Ausführung der Bestimmungen des BDSG / der ordnungsgemäßen Anwendung der Programme / bei der Einführung neuer Verfahren	der Mitarbeiter	bei der Auswahl von Mitarbeitern

Hinweis: Das Thema „Datenschutz und Datensicherung" wird auch unter Ziffer 3.6.1 behandelt.

13. Hat der Datenschutzbeauftragte einen besonderen Kündigungsschutz?

Ja: Nach § 4f BDSG kann das Arbeitsverhältnis eines Datenschutzbeauftragten während der Amtszeit und ein Jahr nach der Abberufung nur außerordentlich (§ 630 Wichtiger Grund) gekündigt werden. Eine ordentliche (fristgerechte) Kündigung ist während dieser Zeit ausgeschlossen.

14. Hat der Datenschutzbeauftragte das Recht, die Nutzung der vom Betriebsrat verwendeten Daten zu kontrollieren?

Nein: Das BAG kommt zu dem Ergebnis, dass die vom BetrVG geforderte Unabhängigkeit der Betriebsräte eine Kontrolle durch den betrieblichen Datenschutzbeauftragten (verlängerter Arm des Arbeitgebers) ausschließt (strittig).

15. Welche Rechte und Pflichten hat der Betriebsrat in Fragen des Datenschutzes?

§ 75 BetrVG Grundsätze für die Behandlung der Betriebsangehörigen	„Arbeitgeber und Betriebsrat haben die freie Entfaltung der Persönlichkeit der im Betrieb beschäftigten Arbeitnehmer zu schützen und zu fördern. Sie haben die Selbstständigkeit und Eigeninitiative der Arbeitnehmer und Arbeitsgruppen zu fördern." Anmerk.: Dazu gehört auch die Einhaltung des Datenschutzes.
§ 80 Abs. 1 Nr. 1 BetrVG Allgemeine Aufgaben	„Der Betriebsrat hat darüber zu wachen, dass die zugunsten der Arbeitnehmer geltenden Gesetze, Verordnungen, Unfallverhütungsvorschriften, Tarifverträge und Betriebsvereinbarungen durchgeführt werden." Anmerk.: Dazu gehört auch die Einhaltung des Datenschutzgesetzes.
§ 87 Abs. 1 Nr. 6 BetrVG Mitbestimmungsrechte	„Einführung und Anwendung von technischen Einrichtungen, die dazu bestimmt sind, das Verhalten oder die Leistung der Arbeitnehmer zu überwachen."
§ 94 BetrVG Personalfragebogen, Beurteilungsgrundsätze	(1) „Personalfragebogen bedürfen der Zustimmung des Betriebsrats. Kommt eine Einigung über ihren Inhalt nicht zustande, so entscheidet die Einigungsstelle. Der Spruch der Einigungsstelle ersetzt die Einigung zwischen Arbeitgeber und Betriebsrat." (2) „Absatz 1 gilt entsprechend für persönliche Angaben in schriftlichen Arbeitsverträgen, die allgemein für den Betrieb verwendet werden sollen, sowie für die Aufstellung allgemeiner Beurteilungsgrundsätze."

2. Betriebswirtschaftliches Handeln

> *Prüfungsanforderungen:*
>
> Nachweis folgender Fähigkeiten:
>
> - Der Teilnehmer soll nachweisen, dass er in der Lage ist, betriebswirtschaftliche Gesichtspunkte in seinen Handlungen zu berücksichtigen und volkswirtschaftliche Zusammenhänge herzustellen.
> - Er soll Unternehmensformen darstellen sowie deren Auswirkungen auf seine Aufgabenwahrnehmung analysieren und beurteilen können.
> - Weiterhin soll er in der Lage sein, betriebliche Abläufe nach wirtschaftlichen Gesichtspunkten zu planen, zu beurteilen und zu beeinflussen...

Qualifikationsschwerpunkte (Überblick)

2.1 Berücksichtigen der ökonomischen Handlungsprinzipien von Unternehmen unter Einbeziehung volkswirtschaftlicher Zusammenhänge und sozialer Wirkungen

2.2 Berücksichtigen der Grundsätze betrieblicher Aufbau- und Ablauforganisation

2.3 Nutzen und Möglichkeiten der Organisationsentwicklung

2.4 Anwenden von Methoden der Entgeltfindung und der kontinuierlichen, betrieblichen Verbesserung

2.5 Durchführen von Kostenarten-, Kostenstellen- und Kostenträgerzeitrechnungen sowie von Kalkulationsverfahren

2.1 Ökonomische Handlungsprinzipien von Unternehmen

2.1.1 Unternehmensformen und deren Weiterentwicklung

01. Welche Rechtsformen der Unternehmen werden unterschieden?

Die Unternehmensformen sind die Kurzbezeichnung der *Rechtsformen* der Unternehmen, die die Rechtsbeziehungen im Innenverhältnis und im Außenverhältnis regeln.

Rechtsformen der Unternehmen
Personengesellschaften   sind der Zusammenschluss natürlicher oder juristischer Personen. Eine Personengesellschaft ist selbst keine juristische Person, sie verfügt jedoch über eingeschränkte Rechtsfähigkeit. Die Gesellschafter (Inhaber) haften perönlich und unbeschränkt.   • Einzelunternehmen (Sonderform)   • Offene Handelsgesellschaft, OHG   • Stille Gesellschaft   • Kommanditgesellschaft, KG   • Gesellschaft bürgerlichen Rechts, GbR   • Partnerschaftsgesellschaft, PartG
Kapitalgesellschaften   sind der Zusammenschluss von Kapital. Sie sind juristische Personen und durch gesetzlich festgelegte Kapitalaufbringungs- und -erhaltungsvorschriften gekennzeichnet. Die Haftung erfolgt mit dem Gesellschaftsvermögen.   • Aktiengesellschaft, AG   • Gesellschaft mit beschränkter Haftung, GmbH   • Unternehmergesellschaft, UG   • Kommanditgesellschaft auf Aktien, KGaA   • Limited, Ltd. (britische Gesellschaftsform)
Mischformen und sonstige Rechtsformen   Kombination von Rechtsformen oder Rechtsformen mit besonderer Eigenart   • Doppelgesellschaft   • AG & Co. KG   • GmbH & Co. KG   • Genossenschaft, e. G.   • Versicherungsverein auf Gegenseitigkeit VVaG   • Stiftung   • Verein, e. V.

02. Was sind die Merkmale beim Einzelunternehmen?

Einzelunternehmen	
Das Einzelunternehmen ist in Deutschland die am häufigsten anzutreffende Rechtsform.	
Gründung	Es ist eine Person erforderlich; die Gründung entsteht durch die erste rechtsgeschäftliche Handlung (z. B. Bestellung).

Firma	Personen-, Sach-, Fantasiefirma oder gemischte Firma. Der Zusatz „eingetragener Kaufmann" (e. Kfm.) ist erforderlich.
Geschäftsführung	Der Einzelunternehmer vertritt die Firma nach innen und außen allein. Er hat das Recht zur Beendigung.
Haftung	Der Einzelunternehmer haftet allein und unbeschränkt (Geschäfts- und Privatvermögen).
Ergebnisverteilung	Der Einzelunternehmer entscheidet allein über die Ergebnisverteilung.
Auflösung	bei Tod des Inhabers, Insolvenz, Liquidation und bei Wechsel zu einer anderen Rechtsform
Vorteile	• kein gesetzlich vorgeschriebenes Gründungskapital • alleinige Geschäftsführung und Gewinnverwendung
Nachteile	• unbeschränkte Haftung • Verluste müssen allein getragen werden • begrenzte Möglichkeiten der Kapitalbeschaffung

03. Was sind die charakteristischen Merkmale der offene Handelsgesellschaft?

OHG • Offene Handelsgesellschaft • Merkmale	
Zweck	Eine OHG ist eine *Personengesellschaft*, deren Zweck auf den Betrieb eines *Handelsgewerbes* unter gemeinschaftlicher Firma gerichtet ist.
Gründung	§§ 105 ff. HGB; ergänzend §§ 705 ff. BGB (bitte lesen) Gründung durch zwei oder mehr Gesellschafter; Gesellschaftsvertrag ist nicht zwingend vorgeschrieben; wichtige Regeln der Geschäftsführung sollten jedoch schriftlich fixiert werden. Mindestkapital ist nicht erforderlich. Die OHG entsteht mit der Aufnahme der Geschäfte oder mit der Eintragung der Gesellschaft in das HR. Sie ist nicht rechtsfähig, aber teilrechtsfähig, das heißt, sie kann • eigene Rechte erwerben, • Verbindlichkeiten eingehen, • klagen und verklagt werden.
Firma	muss den Zusatz „offene Handelsgesellschaft" oder „OHG" o. Ä. enthalten.
Geschäftsführung/ Vertretung	• gewöhnliche Geschäfte: Einzelgeschäftsführung aller Gesellschafter mit Vetorecht der anderen • außergewöhnliche Geschäfte: Gesamtgeschäftsführung • der Gesellschaftervertrag kann Abweichungen vorsehen • grundsätzlich: Einzelvertretung aller Gesellschafter • Vertretungsmacht kann (inhaltlich) nicht beschränkt werden • Gesamtvertretung aller/einzelner Gesellschafter kann vereinbart werden und ist im HR einzutragen. Die Gesellschafter der OHG haben Wettbewerbsverbot, d. h. ohne Einwilligung des anderen Gesellschafters dürfen im gleichen Handelszweig keine Geschäfte auf eigene Rechnung durchgeführt oder in anderen Unternehmen der Branche Beteiligungen aufgenommen werden. Ansonsten entsteht ein Schadenersatzanspruch und die Ausschlussmöglichkeit.
Haftung	• OHG selbst: mit Gesellschaftsvermögen • jeder Gesellschafter: unbeschränkt, unmittelbar, gesamtschuldnerisch

Ergebnis-verteilung	• Jeder Gesellschafter erhält zunächst 4 % seines Kapitalanteils, der verbleibende Gewinn wird gleichmäßig nach Köpfen verteilt. • Der Verlust wird nach Köpfen verteilt.
Auflösung	Auflösungsgründe sind u. a.: • Ablauf der vereinbarten Zeit • Auflösungsbeschluss der Gesellschafter • Eröffnung des Insolvenzverfahrens • Kündigung eines Gesellschafters bei einer 2-Mann-OHG Der Tod eines Gesellschafters führt nicht zur Auflösung der OHG.

04. Was sind die charakteristischen Merkmale der stillen Gesellschaft?

Stille Gesellschaft • Merkmale
Eine stille Gesellschaft (§§ 230 - 236 HGB; bitte lesen) ist nach außen nicht erkennbar. Sie entsteht, indem sich ein stiller Gesellschafter an dem Handelsgewerbe eines anderen mit einer *Einlage beteiligt*, die in das Vermögen des Inhabers des Handelsgewerbes übergeht. Der stille Gesellschafter wird nicht Miteigentümer am Vermögen des anderen. Er erhält vertraglich einen Anteil des Gewinns Eine Verlustbeteiligung kann ausgeschlossen werden oder bis zur Höhe der Einlage vereinbart werden. Wird sie ausgeschlossen, kann der stille Gesellschafter im Insolvenzfall die Einlage als Insolvenzforderung geltend machen.
Der stille Gesellschafter ist an der Geschäftsführungsbefugnis nicht beteiligt, falls nichts anderes vereinbart wird. Ist der stille Gesellschafter an der Gesellschaft beteiligt liegt der Fall einer *atypischen* stillen Gesellschaft vor. Der stille Gesellschafter hat Kontrollrechte wie ein Kommanditist. Durch den Tod des stillen Gesellschafters wird die Gesellschaft nicht aufgelöst.
Auf die Kündigung der Gesellschaft durch einen der Gesellschafter finden die Vorschriften der §§ 132, 134 und 135 HGB entsprechende Anwendung. So kann z. B. die Kündigung durch einen Gesellschafter entweder am Schluss eines Geschäftsjahres erfolgen, wenn eine Gesellschaft für unbestimmte Zeit eingegangen wurde.
Auflösungsgründe: Auflösungsvertrag, Kündigung, Eröffnung des Insolvenzverfahrens, Tod des Geschäftsinhabers (nicht: Tod des stillen Gesellschafters).

05. Was sind die charakteristischen Merkmale der Kommanditgesellschaft?

KG • Kommanditgesellschaft • Merkmale	
Zweck	wie OHG
Gründung	§§ 161 ff. HGB; mit vielen Verweisen zur OHG (bitte lesen) Die KG ist eine Handelsgesellschaft, deren Gesellschafter teils unbeschränkt (*Vollhafter*, Komplementär), teils beschränkt (Teilhafter, Kommanditist) haften. Die Kommanditgesellschaft muss mindestens einen Komplementär und mindestens einen Kommanditisten (haftet nur mit seiner Kapitaleinlage) haben. Abschluss eines Gesellschaftsvertrages. im Übrigen: wie OHG
Firma	muss den Zusatz „Kommanditgesellschaft" oder „KG" o. Ä. enthalten.
Geschäfts-führung/ Vertretung	• Komplementär (Vollhafter): wie OHG • Kommanditist (Teilhafter): keine Vertretung/Geschäftsführung, nur Kontrollrechte; nur bei außergewöhnlichen Geschäften besteht ein Widerspruchsrecht (im Außenverhältnis ohne Wirkung); der Gesellschaftsvertrag kann die Kommanditisten an der Geschäftsführung beteiligen.

Haftung	• KG selbst: mit Gesellschaftsvermögen • Komplementär: wie OHG • Kommanditist: nur mit Einlage • Klagemöglichkeiten: wie OHG
Ergebnisverteilung	• Gewinn: 4 % der Einlage, der Rest in angemessenem Verhältnis (z. B. Höhe der Einlage und Arbeitsleistung) • Verlust: in angemessenem Verhältnis • der Gesellschaftsvertrag kann etwas Anderes regeln
Auflösung	Auflösungsgründe sind u. a.: • Ablauf der vereinbarten Zeit • Auflösungsbeschluss der Gesellschafter • Eröffnung des Insolvenzverfahrens • Kündigung des einzigen Komplementärs/Kommanditisten Der Tod eines Gesellschafters führt nicht zur Auflösung der KG.

06. Was sind die charakteristischen Merkmale der BGB-Gesellschaft?

GbR • Gesellschaft bürgerlichen Rechts (BGB-Gesellschaft) • Merkmale	
Zweck	Sie ist eine Personengesellschaft und nicht im Handelsregister eingetragen. Gegenstand ist der Zusammenschluss mehrerer Personen, die beabsichtigen, ein gemeinsames Ziel zu verfolgen (kein Handelsgewerbe). Von daher kann zu jedem gesetzlich zulässigen Zweck ein BGB-Gesellschaft gegründet werden.
Gründung	§§ 705 ff. BGB (bitte lesen) Entsteht durch Gesellschaftsvertrag von mindestens zwei Gesellschaftern (kein Formzwang); Durch Gesellschaftsvertrag verpflichten sich die Gesellschafter • die Erreichung des gemeinsamen Zieles zu fördern (z. B. Arbeitsgemeinschaft, sog. „Arge" bei einem Bauvorhaben) sowie • die vereinbarten Beiträge zu leisten (z. B. Mietanteile für ein gemeinsames Büro). • Mindestkapital nicht erforderlich
Firma	Kann keine Firma führen (Gesellschafter sind keine Kaufleute). Tritt im Geschäftsverkehr unter dem Namen ihrer Gesellschaft auf (oder unter einer anderen Bezeichnung). Der Zusatz GbR ist nicht erforderlich.
Vertretung	• Geschäftsführung und Vertretung: i. d. R. gemeinschaftlich • abweichende Regelung im Gesellschaftsvertrag möglich
Haftung	Die Haftung der GbR ist wie bei der OHG: unbeschränkt, unmittelbar und solidarisch.
Ergebnisverteilung	• gleiche Anteile an Gewinn und Verlust • abweichende Regelung im Gesellschaftsvertrag möglich
Auflösung	Auflösungsgründe sind u. a.: • Auflösungsvertrag • Erreichen des vereinbarten Ziels • Tod und die Kündigung eines Gesellschafters • Insolvenzeröffnung über das Vermögen eines Gesellschafters Ist für die Gesellschaftsdauer eine Zeitdauer bestimmt, kann die Kündigung nur aus wichtigem Grund erfolgen. Der Gesellschaftsvertrag kann für den Fall des Todes eines Gesellschafters auch den Fortbestand der GbR regeln.

07. Was ist eine Partnerschaftsgesellschaft?

Natürliche Personen, die freiberuflich tätig sind und kein Gewerbe ausüben (Ingenieure, Ärzte, Unternehmensberater, Anwälte u. Ä.), können sich zu einer Partnerschaft zusammenschließen. Der Gesellschaftsvertrag muss schriftlich geschlossen werden. Zweck der Zusammenarbeit kann sein: Nutzung gemeinsamer Büroorganisation, Räume, Kundenbeziehungen, Arbeitsteilung u. Ä. Die Eintragung erfolgt in ein Partnerschaftsregister bei den Amtsgerichten. Der Name der Partnerschaft besteht aus dem Namen mindestens eines Partners und dem Zusatz „Partner" oder „Partnerschaft". Außerdem müssen die Berufsbezeichnungen aller Partner aufgeführt werden.

08. Was sind die charakteristischen Merkmale der Gesellschaft mit beschränkter Haftung?

GmbH • Gesellschaft mit beschränkter Haftung • Merkmale	
Zweck	• ist eine juristische Person (Formkaufmann; wie bei AG) • im Unterschied zur AG ist das Stammkapital nicht in Aktien verbrieft • kann jeden beliebigen (rechtlich zulässigen) Zweck verfolgen
Gründung	GmbH-Gesetz (GmbHG) Eine GmbH kann auch durch eine einzige Person gegründet werden. Das *Stammkapital* beträgt mindestens 25.000 €. Sollen Sacheinlagen geleistet werden, so sind im Gesellschaftsvertrag (notarielle Beurkundung) der Gegenstand der *Sacheinlage* sowie der Betrag der *Stammeinlage*, auf die sich die Sacheinlage bezieht, festzustellen. • Mit der Kapitalaufbringung ist die GmbH *errichtet,* aber noch nicht gegründet (GmbH i. G). Wer die „werdende GmbH" im Geschäftsverkehr vertritt, haftet persönlich. • Die Gesellschafter müssen einen (oder mehrere) Geschäftsführer bestellen. • Der Antrag auf Eintragung in das HR ist zu stellen. • Mit der Eintragung entsteht die GmbH als juristische Person.
HR-Eintragung	Eintragung ist Pflicht (Formkaufmann)
Firma	muss den Zusatz „Gesellschaft mit beschränkter Haftung" oder „GmbH" o. Ä. enthalten.
Organe	• *Gesellschafterversammlung* ist das Beschlussorgan; Beschlüsse mit einfacher Mehrheit. Bei Änderung des Gesellschaftsvertrages ist eine 3/4-Mehrheit erforderlich. Aufgaben: - Bestellung/Abberufung von Geschäftsführern (GF), - Weisungsrecht gegenüber GF, - Beschluss über Ergebnisverwendung und - Erteilung von Handlungsvollmacht/Prokura. • Die *Geschäftsführung* ist das Leitungsorgan und der gesetzliche Vertreter der GmbH. • In einzelnen Fällen ist auch ein *Aufsichtsrat* vorgesehen und zwar nach dem Betriebsverfassungsgesetz bei mehr als 500 Arbeitnehmern.
Geschäfts-führung/ Vertretung	• Gesamtgeschäftsführung/-vertretung • Die Vertretungsmacht ist nach außen unbeschränkbar.
Haftung	Den Gläubigern haftet ausschließlich das Gesellschaftsvermögen. Nur im Innenverhältnis kann eine Nachschusspflicht vorgesehen sein.

	GmbH • Gesellschaft mit beschränkter Haftung • Merkmale
Ergebnis-verwendung	• Die Verwendung eines Jahresüberschusses (Rücklage, Ausschüttung, Gewinnvortrag) unterliegt dem Beschluss der Gesellschafterversammlung. • Die Gewinnverteilung erfolgt nach dem Anteil der Geschäftsanteile. • Ein Verlust wird aus den Rücklagen gedeckt oder vorgetragen.
Auflösung	Auflösungsgründe sind u. a.: • Ablauf der Zeit lt. Gesellschaftsvertrag • Auflösungsbeschluss der Gesellschafterversammlung (3/4-Mehrheit) • gerichtliches Urteil • Eröffnung des Insolvenzverfahrens • Verfügung des Registergerichts (Mangel im Gesellschaftervertrag, Nichteinhalten von Verpflichtungen)

09. Was sind die charakteristischen Merkmale der Unternehmergesellschaft (UG, „Mini-GmbH")?

Der Bundestag hatte die Änderung des GmbHG beschlossen. Kernanliegen der Novelle ist die Erleichterung und Beschleunigung von Unternehmensgründungen. Das GmbHG bleibt in vielen Punkten bestehen, erlaubt aber eine GmbH-Variante ohne Mindeststammkapital und bietet ein Musterprotokoll für die Standard-GmbH-Gründung. Damit soll die GmbH-Rechtsform attraktiver gemacht und ein Gegengewicht zur englischen Limited Company (Ltd.) geschaffen werden. Entfallen ist die Vorschrift, nach der eine deutsche GmbH ihren Sitz nicht im Ausland haben kann.

In Zukunft ist die Gründung der sog. *Unternehmergesellschaft* (UG) *ohne ein Mindeststartkapital möglich.* Wird bei der Gründung das Gesellschaftskapital von 25.000 € unterschritten, muss die Firma den Firmenzusatz „Unternehmergesellschaft (haftungsbeschränkt)" führen. 25 % des Jahresüberschusses müssen jährlich in eine Rücklage eingestellt werden bis das volle Haftungskapital der GmbH erreicht ist. Für die GmbH mit maximal drei Gesellschaftern und einem Geschäftsführer wird es ein gesetzliches Musterprotokoll mit einer Standardlösung und ein vereinfachtes Gründungsverfahren geben. Kosten und Zahl der beizubringenden Dokumente sind hierbei reduziert. Um diese Vereinfachungen nutzen zu können, dürfen an der Standardsatzung keine Änderungen vorgenommen werden. Auch dieses Musterprotokoll muss notariell beurkundet werden.

Die Gesellschafter werden in Zukunft stärker in die Haftung genommen. Dies gilt insbesondere für die Einzahlung und den Erhalt des vollen Einlagekapitals. Die verdeckte Sacheinlage wird zukünftig strenger sanktioniert. Auch die Vorschriften gegen die *missbräuchliche „Bestattung"* der GmbH werden verschärft. Zukünftig müssen die Gesellschafter bei „Führungslosigkeit" in Zukunft selbst Insolvenzantrag stellen. Die Gesellschafter dürfen für die Dauer des Insolvenzverfahrens – höchstens für ein Jahr – nicht ihr Aussonderungsrecht an zum Gebrauch überlassenen Gegenständen geltend machen, wenn diese zur Betriebsfortführung der GmbH von erheblicher Bedeutung sind (vgl. auch: www.nwb.de/service/nwb-news/gesetzgebung).

10. Was sind die charakteristischen Merkmale der Aktiengesellschaft?

AG • Aktiengesellschaft • Merkmale	
Zweck	Die AG ist eine *Kapitalgesellschaft* mit eigener Rechtspersönlichkeit (juristische Person). Die Aktiengesellschaft hat ein in Aktien (Urkunden) zerlegtes *Grundkapital*. Die Aktiengesellschaft ist die typische Rechtsform der Großbetriebe. Für die Kapitalaufbringung ist die Zerlegung in eine Vielzahl kleiner Anteile mit leichter Veräußerung und die Börsenzulassung besonders günstig. Die Beschränkung der Haftung auf das Gesellschaftsvermögen, die eindeutige Trennung von Geschäftsführung und Beteiligung sowie die gesetzlich erzwungene Transparenz durch umfangreiche Publizitäts-, Rechnungslegungs- und Prüfungspflichten sind weitere Gesichtspunkte. Das Mitbestimmungsrecht ist bei der AG am weitesten entwickelt (vgl. §§ 95 ff. AktG, MitbestG, MontanMitbestG). Aktiengesellschaften als Großbetriebe sind in der Industrie, im Handel, in der Bank- und Versicherungswirtschaft zu finden. Auch bei Holdinggesellschaften und Betrieben der öffentlichen Hand sind sie anzutreffen. Aber auch Familienaktiengesellschaften und die seit dem Jahre 1995 zugelassenen 1-Personen- Aktiengesellschaften (§ 2 AktG) nutzen die Vorteile einer kleinen AG in der Hinsicht, dass die Haftung als „eigener Aktionär" der Unternehmung beschränkt und überschaubar bleibt sowie die Leitungsbefugnisse unkompliziert sind.
Gründung	Aktiengesetz (AktG) Das Grundkapital ist das in der Satzung der AG ziffernmäßig festgelegte Geschäftskapital, das durch die Einlagen der Aktionäre aufgebracht wird. Der Mindestnennbetrag ist Gründungsvoraussetzung: • es genügt ein Gründer • Mindestkapital: 50.000 €. • notariell beurkundete Satzung • der Gründungsvorgang ist stark reglementiert (vgl. §§ 8 f. AktG)
HR-Eintragung	Eintragung ist Pflicht (Formkaufmann)
Firma	muss den Zusatz „Aktiengesellschaft" oder „AG" enthalten.
Organe	Eine Aktiengesellschaft hat drei Organe: • den Vorstand, d.h. die Unternehmensleitung, • den Aufsichtsrat als Überwachungsorgan (vier Jahre) und • die Hauptversammlung (HV) als die Vertretung der Kapitaleigner. Die Gründer bestellen den Aufsichtsrat, dieser ernennt den Vorstand (notarielle Beurkundung).
Geschäfts- führung/ Vertretung	Der Vorstand ist Leitungsorgan und gesetzlicher Vertreter (Amtszeit: fünf Jahre).
Haftung	• Die AG haftet gegenüber Dritten nur mit dem Gesellschaftsvermögen (Summe der Aktiva; nicht Grundkapital), • die Aktionäre der Gesellschaft gegenüber Dritten nur mit dem Nennwert[1] der Aktien (bei Stückaktien nach der Zahl der Aktien). Nach § 41 Abs. 1 AktG haftet persönlich, wer vor Eintragung der AG handelt (wie GmbH).

---

[1] Nennwert: Anteil der Aktie am Grundkapital
Kurswert: Tagespreis der Aktie an der Börse

Ergebnis-verwendung	Bei *Jahresüberschuss:* • Ausgleich eines Verlustvortrags • vom verbleibenden Rest sind 5 % in die gesetzliche Rücklage einzustellen (soweit noch erforderlich) • vom dann verbleibenden Betrag: Einstellung in die satzungsmäßigen Rücklagen • über die Verwendung des Bilanzgewinns entscheidet die HV (z. B. Gewinnrücklage, Dividendenzahlung, Gewinnvortrag)	Bei *Jahresfehlbetrag:* • Ausgleich durch Rücklagen und • ggf. Verlustvortrag
Auflösung	Auflösungsgründe sind u. a.: • Beschluss der Hauptversammlung (3/4-Mehrheit) • Eröffnung des Insolvenzverfahrens • satzungsmäßige Auflösungsgründe • rechtskräftige Verfügung des Registergerichts	

11. Worin liegen die Unterschiede zwischen einer AG und einer GmbH?

Im Wesentlichen liegen folgende Unterschiede vor:

- die Gründung einer GmbH ist *einfacher* und *billiger* als die Gründung einer Aktiengesellschaft,
- die *GmbH-Anteile sind keine Wertpapiere* wie die Aktien, ihre Übertragung ist erschwert, sie sind zum Börsenhandel nicht zugelassen,
- die Gesellschafter einer GmbH können zu *Nachschüssen* herangezogen werden, während Aktionäre niemals zur Nachzahlung auf Aktien verpflichtet sind,
- durch das Bilanzrichtlinien-Gesetz nähert sich die GmbH im Hinblick auf die Gliederung von Bilanz und GuV-Rechnung, die Prüfungspflicht für mittlere und große GmbHs sowie die Pflicht zur Veröffentlichung der Bilanz und des Lageberichts sehr stark den Vorschriften für die AG.

12. Was ist eine Kommanditgesellschaft auf Aktien?

Eine KGaA ist eine juristische Person, bei der *mindestens ein Gesellschafter unbeschränkt* haftet, während die übrigen, die Kommanditaktionäre, nur an dem in Aktien zerlegten Grundkapital beteiligt sind. Für die Kommanditgesellschaft auf Aktien gelten weitgehend die Vorschriften des Aktienrechts.

13. Was ist eine GmbH & Co. KG?

Die GmbH & Co. KG ist eine Rechtsform der Praxis. Rechtlich gesehen handelt es sich um *eine Kommanditgesellschaft* und somit um eine *Personengesellschaft*. Der persönlich haftende Gesellschafter ist jedoch *eine GmbH*, die Kommanditisten sind meist natürliche Personen. Die GmbH ist zur Geschäftsführung innerhalb der KG berechtigt. Sowohl die GmbH als auch die Kommanditisten haften nur bis zur Höhe der Einlagen.

14. Was ist eine Limited (Ltd.)?

Die Limited (engl.: limited: beschränkt/haftungsbeschränkt) ist im britischen Gesellschaftsrecht die nicht-börsennotierte Kapitalgesellschaft. Sie ist mehr mit der deutschen GmbH als der Aktiengesellschaft vergleichbar und war in Deutschland (sowie in anderen EU-Staaten) eine beliebte Rechtsform, weil sie so einfach und schnell zu gründen ist. Sie wurde aber von der Unternehmergesellschaft (UG) zum Teil abgelöst.

Aufgrund des EU-Vertrages können Bürger aller EU-Staaten in sämtlichen anderen Staaten auch Gesellschaften gründen. Entscheidend ist das Urteil des Bundesgerichtshofes von 2003, dass eine englische Limited trotz tatsächlichen Verwaltungssitzes in Deutschland anzuerkennen ist.

Das ermöglicht, die einengenden Vorschriften eines Landes durch die Wahl der entsprechenden Gestaltungen eines anderen Staates zu umgehen. Die Gründung einer Kapitalgesellschaft ist damit in wenigen Tagen und ohne Einsatz eines Mindestkapitals möglich. Die englische Limited ist in allen EU-Staaten voll rechts- und geschäftsfähig; eine teure und zeitraubende notarielle Beglaubigung wie bei einer deutschen Kapitalrechtsform ist nicht erforderlich. Die Namenswahl der Limited ist frei.

Die Haftung der Limited beschränkt sich auf das Vermögen der Gesellschaft und nicht auf das der Gesellschafter, solange diese „reasonable and honorable" gehandelt haben. Da aber kein Mindestkapital erforderlich ist, kann die Haftsumme erheblich minimiert werden (mindestens ein Pfund). Dies gilt auch bei Durchgriffshaftung. Eine Nachhaftung gibt es nicht.

Zur Gründung einer Limited ist ein registrierter Firmensitz in England erforderlich, der auf allen Rechnungen und Geschäftspapieren stehen muss.

Die Regelungen zur organisatorischen Binnenstruktur einer Limited sind minimal: Es gibt einen Geschäftsführer (Director) und einen Secretary (Company Secretary). Zur Gründung und Führung sind also zwei Personen erforderlich. Der Geschäftsführer hat im Wesentlichen die gleichen Aufgaben wie in Deutschland (Buchhaltung – Accounts, Steuerklärung, Statusbericht – Annual Return, Jahresabschluss). Die Angabe des Geschäftsführers ist jedoch auf dem Briefpapier des Unternehmens nicht erforderlich.

Der Secretary hat, anders als z. B. ein Aufsichtsrat, keine Rechte durch Gesetz (sondern nur ihm evtl. freiwillig übertragene Aufgaben), sondern ist nur für die Registrierung des Geschäftsführers/ der Geschäftsführer (Directores), die Einladung zu Haupt- und Gesellschafterversammlungen sowie die Einreichung von Pflichtunterlagen verantwortlich.

Eine in Deutschland tätige britische Gesellschaft, die hier auch ihre Hauptverwaltung hat, ist in das deutsche Handelsregister als Zweigniederlassung einzutragen. Diese Anmeldung muss mit beglaubigten und übersetzten Papieren des englischen Handelsregisters erfolgen und bedarf der Hilfe eines Notars.

Die gewerberechtlichen Regelungen richten sich nach der Gewerbeordnung, d. h., eine Anzeige- oder Genehmigungspflicht richtet sich nach deutschem Recht. Die Versteuerung findet im Land der tatsächlichen Tätigkeit statt, d. h., die Limited ist in Deutschland körperschaftsteuerpflichtig. Man kann den hohen deutschen Steuern jedoch auch durch die teilweise oder vollständige Verlagerung von Tätigkeiten ins Ausland entgehen.

Bei den Banken ist die Bonität der Limited praktisch auf null gesunken und ohne zusätzliche Sicherheiten oder Bürgen ist kaum ein Kredit zu bekommen. Die Neuregelung zur Unternehmergesellschaft (haftungsbeschränkt), die wie die Limited nahezu ohne Eigenkapital gegründet werden kann, hat in Deutschland ein „Limitedsterben" ausgelöst.

15. Was ist das Wesen einer Genossenschaft?

Genossenschaften (e. G.) sind keine Handelsgesellschaften, da sie keine Gewinne erzielen, sondern einem bestimmten Personenkreis *wirtschaftliche Vorteile durch gemeinsames Handeln bringen wollen*. Sie sind eine Einrichtung der wirtschaftlichen Selbsthilfe und beruhen auf einem freiwilligen Zusammenschluss insbesondere von Kaufleuten, Handwerkern, Landwirten, Mietern, Verbrauchern. Genossenschaften sind nicht im Handelsregister, sondern in einem besonderen Genossenschaftsregister eingetragen.

16. Welche Arten von Genossenschaften werden unterschieden?

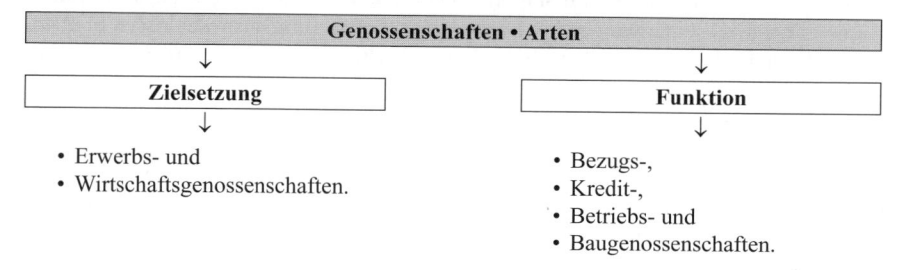

Genossenschaften • Arten

Zielsetzung	Funktion
• Erwerbs- und • Wirtschaftsgenossenschaften.	• Bezugs-, • Kredit-, • Betriebs- und • Baugenossenschaften.

17. Wer entscheidet über die Wahl der Rechtsform?

Grundsätzlich entscheiden der oder die Unternehmer bzw. die Eigentümer über die Wahl der Rechtsform. Sie müssen sich jedoch vor der endgültigen Festlegung darüber im Klaren sein, dass *jede Rechtsform mit Vor- und mit Nachteilen verbunden* ist und dass jede spätere Änderung der Rechtsform mit Kosten, veränderten Steuern und auch mit Organisationsproblemen verbunden ist. Deshalb müssen die Vor- und Nachteile der einzelnen Gesellschaftsformen nach betriebswirtschaftlichen, handelsrechtlichen, steuerlichen und ggf. erbrechtlichen Gesichtspunkten sorgfältig abgewogen werden.

18. Welche Entscheidungskriterien sind bei der Wahl der Rechtsform zu beachten?

- die Haftung,
- die Leitungsbefugnis,
- die Gewinn- und Verlustbeteiligung,
- Organisation, Betriebsgröße,
- die Finanzierungsmöglichkeiten,
- die Steuerbelastung,
- die Aufwendungen der Rechtsform (Gründungs- und Kapitalerhöhungskosten, besondere Aufwendungen für die Rechnungslegung, wie z. B. Pflichtprüfung durch einen Wirtschaftsprüfer und Veröffentlichung des Jahresabschlusses).

19. Welche Rechtsformen eignen sich in besonderer Weise für mittelständische Unternehmen?

Vor allem:

- Die *BGB-Gesellschaft* als vertraglicher Zusammenschluss von natürlichen oder juristischen Personen zur Förderung eines von den Gesellschaftern gemeinsam geförderten Zwecks. Der *Gesellschaftsvertrag ist an keine Form gebunden*. Die Gesellschaft des bürgerlichen Rechts kann nicht in das Handelsregister eingetragen werden. Die Gesellschafter haften persönlich mit ihrem gesamten Privatvermögen.
- Die *OHG und die KG*. Günstig ist z. B. die KG deshalb, weil die Haftung der Kommanditisten auf die im Handelsregister eingetragene Kapitaleinlage beschränkt ist und sich deshalb Kommanditisten in der Regel leicht finden lassen.
- Die *Stille Gesellschaft*, bei der die Einlage des stillen Gesellschafters in das Vermögen des Einzelunternehmers übergeht und in der Bilanz nur ein einziges Eigenkapitalkonto ausgewiesen ist. Auch an einer Kapitalgesellschaft ist eine stille Beteiligung möglich. Aus der Firma ist das Gesellschaftsverhältnis grundsätzlich nicht zu erkennen. Der stille Gesellschafter muss stets am Gewinn beteiligt sein; dagegen kann eine Verlustbeteiligung ausgeschlossen bleiben. Der stille Gesellschafter kann eine Abschrift des Jahresabschlusses verlangen und deren Richtigkeit durch Einsicht in die Bücher prüfen.
- Die *Mischformen* GmbH & Co. KG und AG & Co. KG, bei denen die Haftung ebenfalls begrenzt ist.
- Neuerdings ist auch die *Unternehmergesellschaft* (UG) für kleine und mittlere Unternehmen geeignet.

20. Wie lassen sich die Unterschiede der Unternehmensformen im Überblick darstellen?

Unterschiede der Unternehmensformen								
Eigenschaften, Rechtsform	Anzahl der Gründer	Eintragung im Handelsregister	Kapitalausstattung	Haftung	Gewinn- und Verlustverteilung	Geschäftsführung	Steuern	
Einzelunternehmen • Kleingewerbetreibender • Kaufmann	1	nein (aber Eintragungsoption) ja	kein Mindestkapital	unbeschränkt (mit Geschäfts- und Privatvermögen)	allein	Inhaber	Einkommensteuer	
Stille Gesellschaft	mind. 2	nein	keine	der stille Gesellschafter haftet nur mit der Einlage	Gewinn: angemessener Anteil; Verlust: nach Vertrag	Inhaber	Einkommensteuer	
GbR	mind. 2	nein	keine	unbeschränkt	allein	allein	Einkommensteuer	

2.1 Ökonomische Handlungsprinzipien von Unternehmen

Offene Handelsgesellschaft (OHG)	mind. 2	ja	keine	unbeschränkt	Gewinn nach Vertrag; Verlust solidarisch	Gesellschafters sind zur Geschäftsführung und Vertretung verpflichtet	Einkommensteuer
KG	mind. 2 (1 Komplementär; 1 Kommanditist)	ja	der Kapitalanteil der Kommanditisten ist für die Eintragung festzusetzen	Komplementär (Vollhafter); Kommanditist (Teilhafter mit Kapitaleinlage)	in angemessenem Verhältnis oder nach Vertrag	Komplementäre allein; Kommanditist nur Einsichts- und Widerspruchsrecht	Einkommensteuer
GmbH	mind. 1	ja	mindestens 25.000 €; auch Sacheinlagen möglich	Vor HR-Eintragung: Handeldenhaftung danach: Gesellschaft mit Vermögen	Gesellschafterversammlung beschließt über Gewinnverwendung; Verluste als Vortrag gebucht oder aus Rücklagen gedeckt	Geschäftsführer, den die Gesellschafterversammlung einsetzt	Körperschaftsteuer
UG (Unternehmergesellschaft haftungsbeschränkt)	mind. 1	ja	ab 1 bis 24.999 €; nur Bareinlagen	wie GmbH	wie GmbH; Nachschusspflicht	wie GmbH	Körperschaftsteuer
Limited	mind. 2	ja	mind. 1 £	Gesellschaft mit Vermögen	nach Satzung	Geschäftsführer	Körperschaftsteuer
AG	mind. 1	ja	mindestens 50.000 €; auch Sacheinlagen möglich	Gesellschaft mit Vermögen	Gewinnverwendung beschließt die Hauptversammlung; Verluste als Vortrag gebucht oder aus Rücklagen gedeckt	Vorstand, der vom Aufsichtsrat bestellt wird	Körperschaftsteuer

Genossen-schaft	mind. 3			Genossen-schaft mit Vermögen; Status kann Haftsumme festlegen	Generalver-sammlung beschließt über Gewinnver-wendung; Verluste belasten Ge-schäftsgut-haben der Mitglieder	Vorstand, von der General-versamm-lung gewählt	Körper-schaft-steuer

21. Was versteht man unter „Konzentration" bzw. „Kooperation"?

Kooperation	Konzentration
Von *Kooperation* spricht man, wenn die wirtschaft-liche Selbstständigkeit der beteiligten Unternehmen weitgehend erhalten bleibt und bestimmte *Formen der Zusammenarbeit* vereinbart werden, z. B. Ab-sprache über einheitliche Liefer- und Zahlungsbe-dingungen.	Als *Konzentration* bezeichnet man den Zusammen-schluss zweier oder mehrerer Unternehmen durch Kapitalbeteiligung, bei denen einer oder mehrere der Beteiligten die wirtschaftliche *Selbstständigkeit verliert*/verlieren.

22. Welche Ziele können mit der Konzentration bzw. der Kooperation verbunden sein?

Beispiele:

- Stabilisierung und Erweiterung des Absatzmarktes, z. B. durch gemeinsame Werbung
- Errichtung gemeinsamer Vertriebsstützpunkte
- Beschränkung und Ausschaltung des Wettbewerbs
- Sicherung der Beschäftigung durch gemeinsame Auftragserfüllung (z. B. ARGE)
- gemeinsame Grundlagenforschung
- Zusammenarbeit zum Zweck der Rationalisierung
- Sicherung der Beschaffungsbasis
- Risikoabsicherung durch unterschiedliche Produkte.

23. Welche Formen der Konzentration gibt es?

Man unterscheidet horizontale, vertikale und anorganische Zusammenschlüsse:

Unternehmenszusammenschlüsse (1)		
↓	↓	↓
Horizontale Zusammenschlüsse	**Vertikale Zusammenschlüsse**	**Anorganische Zusammenschlüsse**
↓	↓	↓
Gleiche Produktions- oder Handels-stufen, z. B.: • Maschinenbau + Stahlbau, • Einkaufsgenossenschaft 1 + Einkaufsgenossenschaft 2	**Aufeinanderfolgende** Produktions- oder Handels-stufen, z. B.: • Maschinenbau 1 + Maschi-nenbau 2 • Großhandel + Einzelhandel	**Branchenfremde** Zusammenschlüsse, z. B. • Non-Food + Food

2.1 Ökonomische Handlungsprinzipien von Unternehmen

Die Konzentrationsformen der Wirtschaft sind vielfältig:

Unternehmenszusammenschlüsse (2)	
Interessen-gemeinschaft	Horizontaler oder vertikaler Unternehmenszusammenschluss zur Förderung gemeinsamer Interessen; die rechtliche Selbstständigkeit bleibt, die wirtschaftliche wird aufgegeben.
Verbundene Unternehmen	Von verbundenen Unternehmen spricht man, wenn kapitalmäßige oder personelle Verflechtungen bestehen.
Beteiligung	Die Beteiligung erfolgt über den Kauf von Geschäftsteilen (unter 50 % der Kapitalanteile und ohne Konzernbildung).
Kartell	Horizontaler Zusammenschluss; Vereinbarung von Unternehmen über einen gemeinsamen Zweck die selbstständig bleiben, aber einen Teil ihrer wirtschaftlichen Selbstständigkeit aufgeben.
Gemeinschafts-unternehmen	Mehrere Unternehmen leiten ein anderes Unternehmen gemeinsam.
Konsortium	Das Konsortium ist der zeitlich begrenzte, horizontale Zusammenschluss mehrerer Unternehmen zur Erfüllung einer gemeinsamen Aufgabe, z. B. Vereinigung mehrerer Banken zur Durchführung gemeinsamer Geschäfte.
Fusion	Mehrere Unternehmen schließen sich zusammen zu einem neuen Unternehmen. Die „alte" Rechtsform der beteiligten Unternehmen geht unter.
Trust	Zusammenfassung von Unternehmen unter Aufgabe der wirtschaftlichen und rechtlichen Selbstständigkeit.
Konzern	Beim Konzern sind mehrere rechtlich selbstständige Unternehmen unter einer Leitung zusammengeschlossen.

24. Welche Vor- und Nachteile können mit Unternehmenszusammenschlüssen gesamtwirtschaftlich verbunden sein?

- *Vorteile*, z. B.:
  - mehr Markttransparenz, da weniger Unternehmen;
  - die Preise sinken für den Verbraucher, wenn die Vorteile weitergegeben werden;
  - es können sich Leistungssteigerungen und eine Stärkung der Wettbewerbsfähigkeit ergeben.

- *Nachteile*, z. B.:
  - die Preise können steigen, da weniger Wettbewerb;
  - der Wettbewerb und die Angebotsvielfalt werden eingeschränkt.

25. Welche Entwicklungen werden mit den Begriffen „Internationalisierung" und „Globalisierung" umschrieben?

Mit Globalisierung bzw. Internationalisierung bezeichnet man die *Zunahme der internationalen Verflechtung der Wirtschaft* und das *Zusammenwachsen der Märkte* über die nationalen Grenzen hinaus. Einerseits versuchen die Unternehmen ihre internationale *Präsenz auf den Absatzmärkten* zu festigen durch Gründung von Tochtergesellschaften im Ausland, Firmenzusammenschlüsse und Joint Ventures, andererseits ist man bestrebt, sich neue *Einkaufsquellen* zu erschließen, um dem wachsenden Kostendruck zu entgehen. Als Folge der Globalisierung sind folgende Tendenzen zu verzeichnen:

- Zunahme der *Informationsgeschwindigkeit* (Computervernetzung),
- internationale *Arbeitsteilung* (z. B. in Deutschland: Konstruktion eines neuen Produktes; Herstellung der Teile in Polen und Tschechien; Montage in Spanien; Vertrieb weltweit),
- Zunahme des internationalen Verkehrsaufkommens und der Bedeutung der *Logistik*,
- *wachsende Abhängigkeit* der nationalen Unternehmens- und Wirtschaftsentwicklung vom Weltmarkt (z. B. Abhängigkeit der deutschen Wirtschaft von den Entwicklungen in den USA, China und in Japan),
- Tendenz zur *Verlagerung deutscher Produktionsstandorte* in das Ausland mit einhergehenden Chancen und Risiken (Abbau von Arbeitsplätzen am nationalen Standort, Kostenvorteile, ggf. Qualitätsprobleme und Imagenachteile, Schulung der Mitarbeiter in Sprache und Kultur),
- *Konkurrenz der Standorte* und des Produktionsfaktors Arbeit (z. B. unterschiedliches Lohnniveau deutscher, holländischer und polnischer Bauarbeiter),
- Kostenminimierung im Materialeinkauf.

Internationalisierung und Globalisierung	
Ziele, z. B.	**Risiken**, z. B.
• Verbesserung der Wettbewerbsfähigkeit • Verbesserung der Transporte • gemeinsame Standards • Erschließung neuer Märkte • Kostensenkung	• Verschärfung des Wettbewerbs • unterschiedliche Kulturen • unterschiedliche Verteilung der Ressourcen • Zwang zum Zusammenschluss • Nachahmung

2.1.2 Hauptfunktionen des Industriebetriebes

01. Welche betrieblichen Funktionen werden unterschieden?

Der in der Betriebswirtschaftslehre verwendete Begriff *„Funktion"* bezeichnet die Betätigungsweise und die Leistung von Organen eines Unternehmens.

Man unterscheidet im Wesentlichen folgende betriebliche Grundfunktionen (ohne Anspruch auf Vollständigkeit):

Betriebliche Funktionen					
Leitung	Materialwirtschaft	Produktionswirtschaft	Finanzwirtschaft	Absatzwirtschaft	Logistik
Personalwirtschaft	Rechnungswesen	Controlling	Forschung/Entwicklung	Technische Information/EDV	

02. Welche charakteristischen Merkmale weisen die betrieblichen Hauptfunktionen auf und welchen Beitrag zur Wertschöpfung haben sie zu leisten?

Leitung

Die *Leitung* eines Unternehmens gehört mit zu den dispositiven Produktionsfaktoren. Die begriffliche Verwendung ist unterschiedlich:

- Leitung = Begriff der Organisationslehre; bezeichnet das oberste Weisungsorgan eines Unternehmens = Tätigkeitsbegriff = Führung des Unternehmens; synonym mit dem Begriff „Unternehmensführung"
- Unter Führung versteht man das zielgerichtete Steuern, Beeinflussen und Lenken von Menschen oder Systemen.
- Unternehmensführung bezeichnet damit die Gesamtheit aller Handlungen zur „zielorientierten Gestaltung und Steuerung eines sozio-technischen Systems".
- Management ist ein anglo-amerikanischer Begriff und wird meist synonym im Sinne „Unternehmensleitung/-führung" verwendet.

Materialwirtschaft

auch: Beschaffung und Lagerhaltung

Als *Beschaffung im weiteren Sinne* bezeichnet man alle betrieblichen Tätigkeiten, die die Besorgung von Produktionsfaktoren und Finanzmitteln zum Ziel haben, um den betrieblichen Zweck bestmöglich zu erfüllen.

Als *Beschaffung im engeren Sinne* bezeichnet man den Einkauf von Werkstoffen und Betriebsmitteln. Umfassender ist der Begriff (die Funktion) Materialwirtschaft. Er schließt die Lagerhaltung und -überwachung mit ein.

Die Funktionen des Lagers sind: Puffer-, Ausgleichs-, Sicherungs- und Spekulationsfunktion. Es gibt folgende Lagerarten: Eingangs-, Zwischen- und Ausgangslager.

Produktionswirtschaft

Die *Produktionswirtschaft* ist bei den Industriebetrieben die Kernfunktion der Leistungserstellung. Zwischen Produktion und Fertigung besteht folgender Unterschied:

- Produktion umfasst alle Arten der betrieblichen Leistungserstellung. Produktion erstreckt sich somit auf die betriebliche Erstellung von materiellen (Sachgüter/Energie) und immateriellen Gütern (Dienstleistungen/Rechte).
- Fertigung i. S. von Herstellung meint nur die Seite der industriellen Leistungserstellung, d. h. der materiellen, absatzreifen Güter und Eigenerzeugnisse.

Forschung und Entwicklung

Die Forschung und Entwicklung ist eng mit der Produktionsfunktion verbunden. Sie hat die Aufgabe, bestehende Produkte zu „pflegen" und weiter zu entwickeln (Serienbetreuung) sowie neue Produkte zu schaffen (Neuentwicklung). Diese Funktion ist erforderlich, weil die Mehrzahl der Produkte eine begrenzte Lebensdauer am Markt hat (Produktlebenszyklus) und bereits lange vor dem „Auslaufen" bestehender Produkte „Nachfolger" entwickelt werden müssen, um die zukünftige Ertragssituation des Unternehmens zu gewährleisten.

Streng genommen sind Forschung und Entwicklung zwei Teilfunktionen. Sie sind eng miteinander verknüpft. In der Praxis werden jedoch nur Großunternehmen über eine Forschung im Sinne von Grundlagenforschung verfügen.

Entwicklungsstufen: Muster → Prototyp → Nullserie → Serie → Weiterentwicklung der Serie

Absatzwirtschaft

Zwischen den Begriffen Marketing und Absatz(wirtschaft) bestehen folgende Unterschiede:

- *Absatzwirtschaft* ist der ältere Begriff und bezeichnet die betriebliche Grundfunktion, durch den Verkauf der Produkte und Dienstleistungen am Markt einen angemessenen Kapitalrückfluss zur Entlohnung der Produktionsfaktoren zu erhalten. Mit der Ergänzung „-wirtschaft" wird abgehoben auf einen Bereich als organisatorische Einheit eines Unternehmens.

- Die Verwendung des Begriffs *Marketing* stellt ab auf einen grundlegenden Wandel in der Unternehmensführung: Von der früher vorherrschenden Produktionsorientierung hin zur heute notwendigen Marktorientierung. Im Mittelpunkt des Marketings der Anfänge stand zunächst das Produkt und nicht der Kunde, d. h., die Erfordernisse und Bedürfnisse des Marktes besaßen eine zweitrangige Bedeutung. Dieses Selbstverständnis hat sich seit dem Ende der siebziger Jahre als Folge langfristiger Strukturverschiebungen (globaler, intensiver Wettbewerb, gesättigte Märkte, „Information" als neuer Elementarfaktor) grundlegend gewandelt. Hatte das Marketing bis dahin die Initiative zum Geschäftsabschluss weitgehend dem Kunden überlassen (Verkäufermarkt), so ist nun eine Marketingphilosophie erforderlich, deren Zielsetzung es ist, einerseits möglichst viele Kunden zu gewinnen und andererseits gewonnene Kundenbeziehungen zu sichern (Käufermarkt). Der eingeleitete Wechsel vom Verkäufer- zum Käufermarkt wurde und wird von staatlicher Seite durch eine Abschaffung der weitgehenden Sonderstellungen einzelner Branchen (z. B. Privatisierung der Telekom; Liberalisierung der Strommärkte) begleitet.

Marketing ist (nach Meffert) die bewusst marktorientierte Führung des gesamten Unternehmens, die sich in Planung, Koordination und Kontrolle aller auf die aktuellen und potenziellen Märkte ausgerichteten Unternehmensaktivitäten niederschlägt.

Man unterscheidet folgende absatzpolitischen Instrumente:
- Produktpolitik
- Distributionspolitik
- Kommunikationspolitik
- Preispolitik

Personalwirtschaft

Alle Aufgaben, die (direkt oder indirekt) mit der Betreuung und Verwaltung des Produktionsfaktors Arbeit anfallen, werden mit Begriffen wie Personalarbeit, Personalwirtschaft, Personalmanagement, Personalwesen, Human Resource Management (HRM) usw. umschrieben.

2.1 Ökonomische Handlungsprinzipien von Unternehmen

Rechnungswesen

Das Rechnungswesen (RW) eines Betriebes erfasst und überwacht sämtliche Mengen- und Wertbewegungen zwischen dem Betrieb und seiner Umwelt sowie innerhalb des Betriebes. Nach deren Aufbereitung liefert es Daten, die als Entscheidungsgrundlage für die operative Planung dienen. Neben diesen betriebsinternen Aufgaben hat das RW externe Aufgaben: Aufgrund gesetzlicher Vorschriften dient das RW als externes Informationsinstrument, mit dem die Informationsansprüche der Öffentlichkeit (z. B. Gläubiger, Aktionäre, Finanzamt) befriedigt werden können. Das Rechnungswesen gliedert sich in zwei Teile:

- Der *pagatorische Teil* (pagatorisch = auf Zahlungsvorgängen beruhend) umfasst die Bilanz und die Erfolgsrechnung,
- der *kalkulatorische Teil* umfasst die Kosten- und Leistungsrechnung.

Controlling

Der Begriff Controlling stammt aus dem Amerikanischen („to control") und bedeutet so viel wie „Unternehmenssteuerung". Controlling ist also „mehr" als der deutsche Begriff Kontrolle. Zum Controlling gehört, über alles informiert zu sein, was zur Zielerreichung und Steuerung des Unternehmens wesentlich ist.

Controlling wird heute als Prozess begriffen:
Unternehmenssteuerung ist nur dann möglich, wenn klare Ziele existieren. Zielfestlegungen machen nur dann Sinn, wenn Abweichungsanalysen (Soll-Ist-Vergleiche) erfolgen. Die aus der Kontrolle ggf. resultierenden Abweichungen müssen die Grundlage für entsprechende Korrekturmaßnahmen sein.

Controlling als Instrument der Unternehmenssteuerung ist damit ein Regelkreis mit den untereinander vernetzten Elementen der Planung, Durchführung, Kontrolle und Steuerung.

Finanzierung und Investition

Finanzierung umfasst alle Maßnahmen der Mittelbeschaffung und Mittelrückzahlung. Sie ist unbedingte Voraussetzung für Investitionen in Sachgüter zur Leistungserstellung (Anlagen, Vorräte, Fremdleistungen) oder für Finanzinvestitionen in Form von Beteiligungen. Auch die immaterielle Investition darf nicht vergessen werden, zu der Forschung und Entwicklung, Werbung und Ausbildung zählen. Sie ist auf der Passivseite der Bilanz unter dem Begriff Kapitalherkunft zu finden. Man unterscheidet vor allem Außen- und Innenfinanzierung.

Demzufolge befindet sich die *Investition* auf der Aktivseite der Bilanz, im Anlage- und im Umlaufvermögen, wofür in der Literatur auch der Begriff Kapitalverwendung benutzt wird.

Logistik

Eine der wichtigen Aufgaben in einem Unternehmen ist die reibungslose Gestaltung des Material-, Wert- und Informationsflusses, um den betrieblichen Leistungsprozess optimal realisieren zu können. Die Umschreibung des Begriffs „Logistik" ist in der Literatur uneinheitlich: Ältere Auffassungen sehen den Schwerpunkt dieser Funktion im „Transportwesen" – insbesondere in der Beförderung von Produkten und Leistungen zum Kunden (= reine Distributionslogistik). Die Tendenz geht heute verstärkt zu einem *umfassenden Logistikbegriff*, der folgende Elemente miteinander verbindet – und zwar nicht als Aneinanderreihung von Maßnahmen/Instrumenten sondern als ein in sich geschlossenes logisches Konzept:

- Objekte (Produkte/Leistungen, Personen, Energie, Informationen),
- Mengen, Orte, Zeitpunkte,
- Kosten, Qualitätsstandards.

Logistik ist daher die Vernetzung von planerischen und ausführenden Maßnahmen und Instrumenten, um den Material-, Wert- und Informationsfluss im Rahmen der betrieblichen Leistungserstellung zu gewährleisten. Dieser Prozess stellt eine eigene betriebliche Funktion dar.

Technische Information/Kommunikation und EDV-Informationstechnologien und -management

Die Optimierung der Informationsgewinnung und -verarbeitung als Grundlage ausgewogener unternehmerischer Entscheidungen hat sich heute zu einer eigenständigen betrieblichen Funktion entwickelt. Die Gründe dafür sind bekannt und z. B. in folgenden Entwicklungen zu sehen:

- rasant wachsende Entwicklung der Kommunikationstechniken (Internet, Intranet),
- zunehmende Globalisierung und Abhängigkeit der Güter- und Geldmärkte,
- Verdichtung von Raum und Zeit.

Von daher bestimmt die Rechtzeitigkeit und die Qualität der erforderlichen Informationen wesentlich mit über den Erfolg eines Unternehmens. „Insellösungen" sind überholt – verlangt wird ein Informationsmanagement.

03. Welche Wechselwirkungen bestehen zwischen den Hauptfunktionen des Unternehmens?

Beispiele:

- Die Leitung benötigt für ihre strategischen und operativen Entscheidungen die notwendigen Informationen von allen anderen Bereichen.

- Die Produktion basiert wesentlich auf den Daten des erwarteten Absatzes und muss demzufolge ihre Ressourcen entsprechend planen (Personal, Betriebsmittel, Betriebsstoffe).

- Die Finanzierung muss rechtzeitig die erforderlichen Mittel bereitstellen, damit notwendige Investitionen getätigt werden können.

- Der Absatz muss die gefertigten Güter am Markt veräußern damit die notwendigen Geldmittel in das Unternehmen zurückfließen.

2.1.3 Produktionsfaktor Arbeit

01. Welche Formen der Arbeit lassen sich unterscheiden?

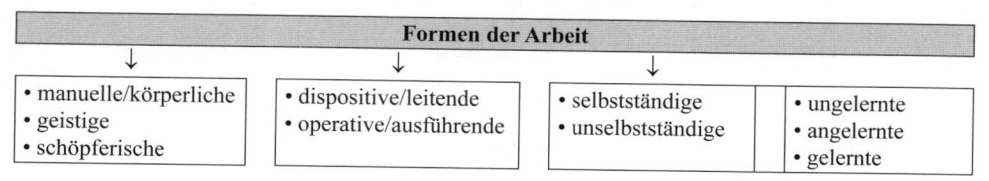

Formen der Arbeit			
• manuelle/körperliche • geistige • schöpferische	• dispositive/leitende • operative/ausführende	• selbstständige • unselbstständige	• ungelernte • angelernte • gelernte

02. Welche Produktionsfaktoren unterscheidet die Betriebswirtschaftslehre?

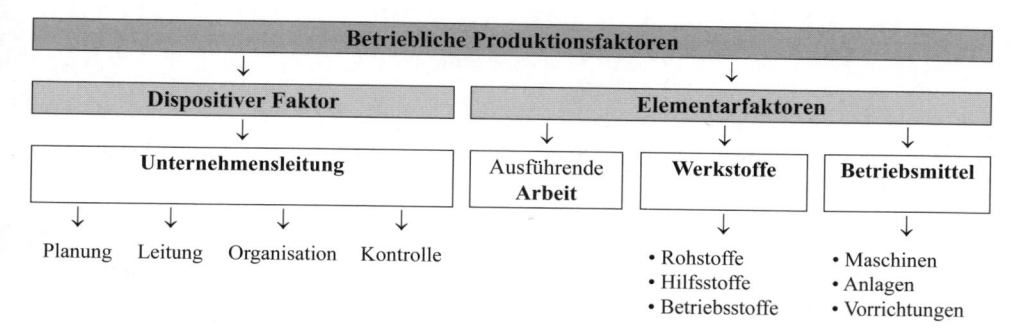

Betriebliche Produktionsfaktoren			
Dispositiver Faktor	**Elementarfaktoren**		
Unternehmensleitung	Ausführende Arbeit	Werkstoffe	Betriebsmittel
Planung Leitung Organisation Kontrolle		• Rohstoffe • Hilfsstoffe • Betriebsstoffe	• Maschinen • Anlagen • Vorrichtungen

03. Welche Bedeutung hat der dispositive Faktor?

Der dispositive Faktor ist erforderlich um die übrigen Produktionsfaktoren so miteinander zu kombinieren, dass ein optimaler Unternehmenserfolg erzielt werden kann.

04. Wie wirken die Produktionsfaktoren im Betrieb zusammen?

Je nach dem Zweck des Unternehmens (Produktions- oder Handelsunternehmen) müssen unterschiedliche Grundsatzüberlegungen zur optimalen Kombination der Produktionsfaktoren angestellt werden:

- *Bei Produktionsunternehmungen* sind Entscheidungen über die Wahl und die Gestaltung der Erzeugnisse sowie bei der Vorbereitung und dem Ablauf des Produktionsprozesses in Verbindung mit kostenmäßigen und finanzwirtschaftlichen Überlegungen anzustellen. Das optimale Produktionsprogramm kann mithilfe rechnerischer Verfahren bestimmt werden.

- *Bei Handelsunternehmen* sind Entscheidungen im Hinblick auf das anzustrebende Absatzziel und die zur Erreichung dieses Zieles einzusetzenden Mittel zu treffen.

Von daher haben die einzelnen Produktionsfaktoren und Funktionen je nach dem Betriebszweck und nach der Art des Betriebes eine unterschiedliche Bedeutung. So tritt z. B. im Handelsbetrieb die Fertigungsfunktion in den Hintergrund, während die Lagerhaltung von besonderer Wichtigkeit ist.

05. Welche Faktoren bestimmen das Ergebnis menschlicher Arbeit?

Die Ergiebigkeit menschlicher Arbeit (das Leistungsergebnis) ist abhängig von dem Zusammenwirken drei zentraler Faktoren (vgl. 4.2.2):

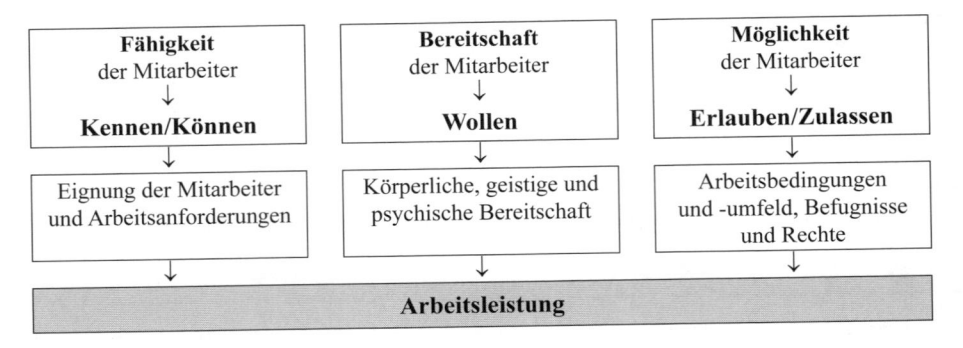

Fähigkeit der Mitarbeiter ↓ **Kennen/Können** ↓ Eignung der Mitarbeiter und Arbeitsanforderungen	Bereitschaft der Mitarbeiter ↓ **Wollen** ↓ Körperliche, geistige und psychische Bereitschaft	Möglichkeit der Mitarbeiter ↓ **Erlauben/Zulassen** ↓ Arbeitsbedingungen und -umfeld, Befugnisse und Rechte

↓ **Arbeitsleistung**

06. Welchen Bedingungen unterliegt heute die menschliche Arbeitsleistung? Welche Veränderungen sind erkennbar?

Beispiele:

1. Die qualifizierte *Handarbeit* verliert an Bedeutung. Eine fortschreitende Mechanisierung, Automatisierung und Rationalisierung ist zu verzeichnen.
2. Der *Grad der Arbeitsteilung* wächst; ganzheitliche Arbeit ist zunehmend weniger vorhanden.
3. Der Faktor Arbeit ist für viele Unternehmen der *Kostenfaktor* Nr. 1. Damit wächst der Druck im Hinblick auf Rationalisierungsmaßnahmen und Ersatz des Faktors Arbeit durch Kapital. Ebenfalls ansteigend ist die Tendenz zur Intensivierung der Arbeit (Anstieg der Verrichtungen pro Zeiteinheit).
4. Neue *Formen der Arbeitsorganisation* entstehen (Teilzeit, Altersteilzeit, unterschiedliche Formen der Gruppenarbeit, Teamorganisation).
5. Die *Formen der Arbeitsstrukturierung* werden differenzierter (vgl. unten).

07. Welchen Formen der Arbeitsstrukturierung unterliegt der Produktionsfaktor Arbeit?

Unter Arbeitsstrukturierung versteht man die zeitliche, örtliche und logische Anordnung/Zuordnung von Arbeitsvorgängen nach grundlegenden Prinzipien. Es gibt folgende *Möglichkeiten, die auszuführende Arbeit anzuordnen und zu gliedern*:

- nach dem Umfang der *Delegation*:
  Aufteilung in ausführende (operative) und entscheidende (dispositive) Tätigkeit
- nach dem *Interaktionsspielraum*, den die Mitarbeiter haben:
  - Einzelarbeitsplatz
  - Gruppenarbeitsplatz
  - Teamarbeit

2.1 Ökonomische Handlungsprinzipien von Unternehmen

- nach der *Arbeitsfeldvergrößerung/-verkleinerung:*
  - Job-Enlargement
  - Job-Enrichment
  - Job-Rotation
  - teilautonome Gruppe
- Prinzipien der *Art- und Mengenteilung:*
  - Arbeitsteilung:
    - *Artteilung:*
      Jeder Mitarbeiter führt nur einen Teil der Gesamtarbeit aus; repetetive Teilarbeit.
    - *Mengenteilung:*
      Jeder Mitarbeiter erledigt den gesamten Arbeitsablauf und davon eine bestimmte Menge.
  - Arbeitszerlegung
  - Flussprinzip
  - Verrichtungsprinzip
  - Objektprinzip
- Prinzip der *Bildung von Einheiten:*
  - soziale Einheiten
  - funktionale Einheiten

08. Welche Elemente umfasst das Arbeitssystem und welche Zusammenhänge bestehen?

Arbeitsaufgabe

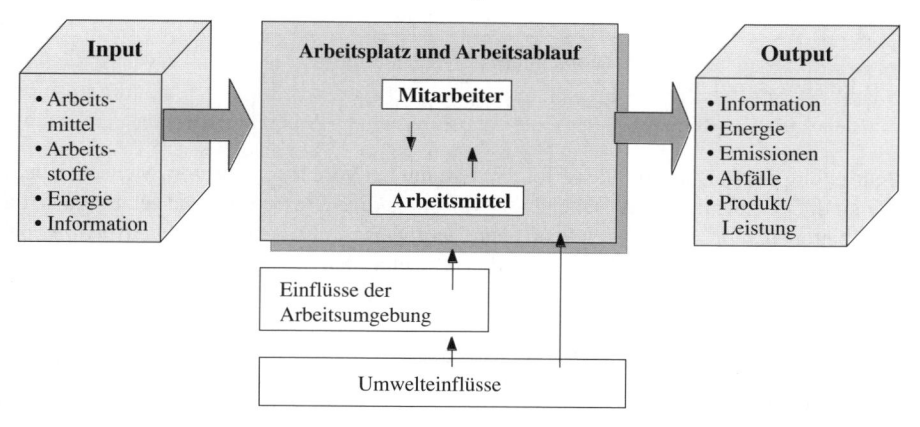

Input	Arbeitsplatz und Arbeitsablauf	Output
• Arbeitsmittel • Arbeitsstoffe • Energie • Information	Mitarbeiter ↓ ↑ Arbeitsmittel	• Information • Energie • Emissionen • Abfälle • Produkt/Leistung

Einflüsse der Arbeitsumgebung

Umwelteinflüsse

09. Was ist Leistung?

Im physikalischen Sinne ist

$$\text{Leistung} = \frac{\text{Arbeit}}{\text{Zeit}}$$

Nach REFA ist die

$$\text{Arbeitsleistung} = \frac{\text{Arbeitsergebnis}}{\text{Zeit}}$$

bzw.

$$\text{Mengenleistung} = \frac{\text{Menge}}{\text{Zeit}}$$

10. Was ist der Wirkungsgrad?

Der Wirkungsgrad eines Arbeitssystems ist das Verhältnis von Ausgabe (Arbeitsergebnis) zu Eingabe (Arbeitsgegenstand):

$$\text{Wirkungsgrad} = \frac{\text{Ausgabe}}{\text{Eingabe}}$$

11. Nach welchen Merkmalen wird der menschliche Leistungsgrad ermittelt?

Der Leistungsgrad L eines Arbeitenden ist die Beurteilung des Verhältnisses der Istleistung zur Bezugsleistung (i. d. R. = Normalleistung):

$$\text{Leistungsgrad in \%} = \frac{\text{beobachtete (Ist-)Leistung}}{\text{Bezugs- (Normal-)Leistung}} \cdot 100$$

Die Beurteilung des Leistungsgrades erfolgt i. d. R. nur bei Vorgängen, die vom Menschen beeinflussbar sind. Der Leistungsgrad ist abhängig von *subjektiver* Bewertung und setzt voraus, dass der Mitarbeiter *eingearbeitet*, hinreichend *geübt, motiviert* ist und geeignete *Arbeitsbedingungen* vorliegen. Der Leistungsgrad sollte während einer Zeitaufnahme laufend geschätzt werden. Je höher der Leistungsgrad, desto höher ist die Arbeitsproduktivität.

Die Höhe des Leistungsgrades hängt von zwei Faktoren ab:

- der Intensität und
- der Wirksamkeit.

- *Intensität* äußert sich in der Bewegungsgeschwindigkeit und der Kraftanspannung der Bewegungsausführung.

- *Wirksamkeit* ist der Ausdruck für die Ausführungsgüte. Sie ist daran zu erkennen, wie geläufig, zügig, beherrscht usw. gearbeitet wird.

2.1 Ökonomische Handlungsprinzipien von Unternehmen

Die Bezugs-Mengenleistung (Normalleistung) hat den Leistungsgrad 100 %. Sie kann

- als *Durchschnittsleistung* über viele Ist-Leistungserfassungen,
- als *Standard-Leistung* (System vorbestimmter Leistungen auf Basis von Ist-Leistungen) oder
- als *REFA-Normalleistung*

gebildet werden.

12. Wie ist die REFA-Normalleistung definiert?

Unter der REFA-Normalleistung wird eine Bewegungsausführung verstanden, die dem Beobachter hinsichtlich der Einzelbewegungen, der Bewegungsfolge und ihrer Koordination besonders harmonisch, natürlich und ausgeglichen erscheint. Sie kann erfahrungsgemäß von jedem in erforderlichem Maße geeigneten, geübten und voll eingearbeiteten Arbeiter auf die Dauer und im Mittel der Schichtzeit erbracht werden, sofern er die für persönliche Bedürfnisse und ggf. auch für Erholung vorgegebenen Zeiten einhält und die freie Entfaltung seiner Fähigkeit nicht behindert wird.

13. Wie wird der Zeitgrad errechnet?

Der Zeitgrad ist das Verhältnis von Vorgabezeit (Sollzeit) zur tatsächlich erzielten Zeit (Istzeit), also die Umkehrung des Leistungsgrades.

$$\text{Zeitgrad in \%} = \frac{\sum \text{Vorgabezeiten (Normalzeiten)}}{\sum \text{Istzeiten}} \cdot 100$$

z. B.: Vorgabezeit: 60 min
Istzeit: 50 min

$$\text{Zeitgrad} = \frac{60 \text{ min} \cdot 100}{50 \text{ min}} = 120 \%$$

Der Zeitgrad ist also Ausdruck der Soll-Zeit in Prozenten der Istzeit. Er wird i. d. R. für einen zurückliegenden Zeitraum berechnet und kann sich auf einen Auftrag, einen Mitarbeiter, eine Abteilung oder einen Betrieb beziehen.

Merke: Der Leistungsgrad wird beurteilt/geschätzt!
Der Zeitgrad wird berechnet!

14. Was sagt die Größe „Produktivität" aus?

Die Größe „Produktivität" stellt zwei *Mengengrößen* gegenüber, die sich nur im Zeitvergleich bzw. im zwischenbetrieblichen Vergleich beurteilen lässt:

$$\text{Produktivität} = \frac{\text{Produktionsmenge}}{\text{Faktoreinsatzmenge}}$$

Wichtige *Teilproduktivitäten* sind:

$$\text{Arbeitsproduktivität} = \frac{\text{Erzeugte Menge [Stk., E]}}{\text{Arbeitsstunden [h]}}$$

$$\text{Leistung pro Kopf} = \frac{\text{Erzeugte Menge (€)}}{\text{Anzahl der Mitarbeiter}}$$

2.1.4 Bedeutung des Produktionsfaktors Betriebsmittel

01. Welche Betriebsmittelarten gibt es?

Beispiele:

- Grundstücke und Gebäude
- Ver- und Entsorgungsanlagen
- Maschinen und maschinelle Anlagen
- Werkzeuge, Vorrichtungen
- Transport- und Fördermittel
- Lagereinrichtungen
- Mess-, Prüfmittel, Prüfeinrichtungen
- Büro- und Geschäftsausstattung

02. Welche Formen der Investition unterscheidet man?

- Begriff:
  Investition ist die Verwendung finanzieller Mittel für betriebliche Zwecke.

- Nach der *Art der Vermögensgegenstände*, für deren Beschaffung finanzielle Mittel verwendet werden, trennt man zwischen

  - *Sachinvestitionen:* Investitionen, die am Leistungsprozess direkt beteiligt sind, z. B. Anlage-/Umlaufvermögen, Dienstleistungen.
  - *Finanzinvestitionen:* Investitionen in das Finanzanlagevermögen, z. B. Anleihen, Beteiligungen, Aktien.
  - *immateriellen Investitionen,* die die Wettbewerbsfähigkeit verbessern, z. B. Patente, Lizenzen, Aus- und Weiterbildung der Mitarbeiter.

2.1 Ökonomische Handlungsprinzipien von Unternehmen

- Anhand der *Investitionsanlässe* unterscheidet man:

Nettoinvestitionen	
sind I., die erstmals im Unternehmen vorgenommen werden. Man unterscheidet:	
Gründungsinvestitionen	sind erforderlich bei der Gründung oder dem Kauf eines Unternehmens.
Erweiterungsinvestitionen	ergeben sich aus der Notwendigkeit der Erweiterung des Produktionspotenzials.

Reinvestitionen	
dienen dem Erhalt/der Sicherung des bestehenden Produktionspotenzials.	
Ersatzinvestitionen	dienen dem Ersatz verbrauchter Produktionsmittel (z. B. Ersatz eines Lkws).
Rationalisierungsinvestitionen	bestehende Leistungspotenziale werden durch neue, technisch effizientere Verfahren ersetzt.
Umstellungsinvestitionen	sind bedingt durch eine mengenmäßige Verschiebung des Produktionsprogramms.
Diversifikationsinvestitionen	sind bedingt durch die Erweiterung der Produktpalette.
Sicherungsinvestitionen	dienen der wirtschaftlichen Existenzsicherung, z. B. Einführung eines neuen Schweißverfahrens zur Sicherung der Qualitätsstandards.

Bruttoinvestitionen	= Nettoinvestitionen + Reinvestitionen

03. Welche Bedeutung haben Investitionen?

- *Bedeutung für den Kapitaleigner:*

Investitionen sind Mittelverwendungen für betriebliche Zwecke. Der Betrieb muss sicherstellen, dass die Betriebsmittel so gestaltet sind, dass die Ziele erreicht werden können. Dazu gehört z. B., dass rechtzeitig erkannt wird, wann Ersatz- oder Neuinvestitionen erforderlich sind, um die Wettbewerbsfähigkeit zu sichern.

Investitionen werden nach den Gesichtspunkten
- der Liquidität,
- der Sicherheit und
- der Rentabilität

beurteilt.

- *Bedeutung für die Produktionstechnik:*

Die Art der Investition bestimmt u. a.:
- den Grad der Spezialisierung
- den Automationsgrad
- den Energieverbrauch
- die Arbeitsgeschwindigkeit
- die Qualitätseigenschaften

der Betriebsmittel.

- *Bedeutung für die Mitarbeiter:*

    Die Art der Investition bestimmt u. a.:
    - die Monotonie der Arbeit
    - den Grad der Arbeitsteilung
    - den Grad der Arbeitszufriedenheit
    - den Interaktionsspielraum zwischen den Arbeitern
    - das Maß an Stress bei der Arbeitsausführung
    - den Grad der Eigen-/Fremdbestimmung
    - den Grad der Freisetzung durch Rationalisierung
    - Einführungs-/Einarbeitungsprobleme.

04. Welche Bedeutung hat die Kapazitätsauslastung aus betriebswirtschaftlicher Sicht?

- *Kapazität*
  bezeichnet das Leistungsvermögen eines Betriebes in Einheiten pro Zeitabschnitt. Sie wird bestimmt durch die Art und Menge der derzeit vorhandenen Produktionsfaktoren (Stoffe, Betriebsmittel, Arbeitskräfte).

- Mit *Beschäftigungsgrad*
  ist das Verhältnis von tatsächlicher Erzeugung (= Beschäftigung) zu möglicher Erzeugung (= Kapazität) gemeint.

    Beispiel:

    $$\text{Beschäftigungsgrad} = \frac{\text{Beschäftigung} \cdot 100}{\text{Kapazität}}$$

    $$= \frac{90.000 \text{ Einheiten} \cdot 100}{120.000 \text{ Einheiten}} = 75\,\%$$

- Als *Auslastungsgrad*
  bezeichnet man das Verhältnis von Kapazitätsbedarf zum Kapazitätsbestand bzw. Ist-Ausbringung zu höchstmöglicher Produktionsmenge:

    $$\text{Auslastungsgrad} = \frac{\text{Kapazitätsbedarf} \cdot 100}{\text{Kapazitätsbestand}}$$

- Mit *Kapazitätsabstimmung*
  (= Kapazitätsabgleich) bezeichnet man die kurzfristige Planungsarbeit, in der die vorhandene Kapazität mit den vorliegenden und durchzuführenden Werkaufträgen in Einklang gebracht werden muss.

- Im Fall der Werkstattfertigung stellt sich das Kapazitätsproblem insbesondere in Form der so genannten *Maschinenbelegung* (*Scheduling*).

    Beispiel:
    Bei fünf Aufträgen, die drei Werkzeugmaschinen durchlaufen sollen, ist die Maschinenbelegung so auszuführen, dass jeder Auftrag in der kürzesten Zeit fertig wird, es möglichst nur geringe Stillstandszeiten pro Maschine gibt. Bei überschaubarer Anzahl von Maschinen und Aufträgen lässt sich das

Problem im Näherungsverfahren lösen; in der betrieblichen Praxis bedient man sich bei komplexen Fragestellung der Dv-gestützten Berechnung.

Der Betrieb wird also dann besonders *wirtschaftlich arbeiten, wenn* er

- seine Kapazitäten voll ausnutzt (Beschäftigungsgrad = 100 %; i. d. R.: wirtschaftliche Kapazität ≤ technische Kapazität) und
- seine Betriebsmittelnutzungszeiten optimiert (keine Störungen, Unterbrechungen)

Ansonsten ergeben sich wirtschaftliche *Nachteile/Risiken:*

- Die Zinskosten sind zu hoch in Relation zur Ausnutzung der Betriebsmittel („investiertes Kapital liegt brach und erwirtschaftet keine Erträge"),
- buchmäßige Abschreibung der Anlagen und tatsächlicher Werteverzehr fallen auseinander,
- Anlagen veralten, bevor sie voll genutzt wurden.

05. Welche Aspekte der Substitution menschlicher Arbeit durch Betriebsmittel sind zu beachten?

Die Substitution (Ersatz) menschlicher Arbeit durch Betriebsmittel verläuft nicht ohne Probleme. Daher ist eine Reihe ökonomischer, sozialer und organisatorischer Aspekte zu beachten, z. B.:

- Der zunehmende Einsatz von Betriebsmitteln *erhöht die Fixkosten* (z. B. AfA) und damit die Notwendigkeit zur Auslastung der Anlagen.
- Meist erhöhen sich bei zunehmendem Einsatz von Betriebsmitteln die *qualitativen Anforderungen an die Arbeitskräfte.*
- Die *Belastung der Umwelt* wird verstärkt (Lärm, Emissionen).
- Die *Flexibilität der Fertigung* verringert sich (mehr Rüst- und Umrüstzeiten).
- Der Ersatz von Arbeitskräften durch Betriebsmittel führt in der Regel zu *Freisetzungen* der Mitarbeiter mit den bekannten negativen Folgen. Es entsteht eine permanente Angst des Arbeitsplatzverlusts.
- Meist wird durch den Einsatz von Betriebsmitteln die *körperliche Belastung* für die Mitarbeiter gesenkt und die *mentale/geistige Belastung* verstärkt. Damit verbunden ist häufig eine Zunahme der Kontrolle durch IT-Verfahren (z. B. SPC).
- *Soziale Beziehungen* zwischen den Mitarbeitern werden erschwert, da der Arbeitsrhythmus der Maschinen den Arbeitsablauf bestimmt.

2.1.5 Bedeutung der Werkstoffe und der Energie als Kostenfaktor

01. Welche Bedeutung haben die Werkstoffe im Rahmen der Produktion?

Werkstoffe sind neben den Arbeitskräften und Betriebsmitteln der „dritte" Faktor im Rahmen der Fertigungsversorgung:

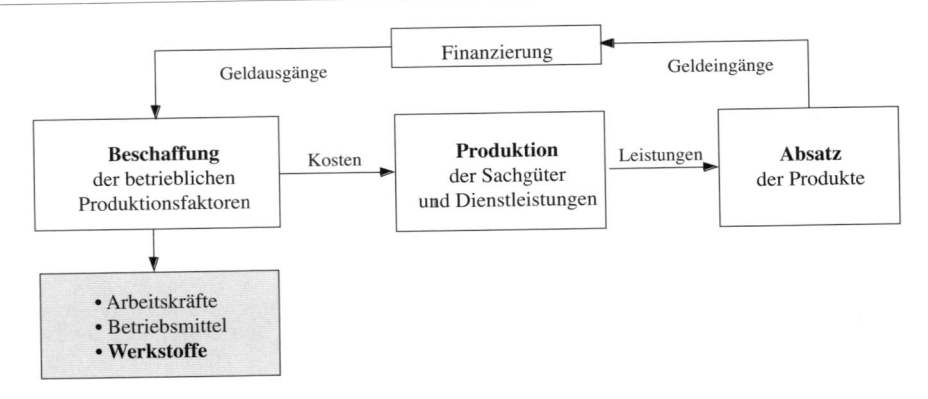

```
                    ┌──────────────────┐
         ┌──────────│   Finanzierung   │◄─────────┐
         │          └──────────────────┘          │
    Geldausgänge                              Geldeingänge
         ▼                                        │
┌─────────────────┐       ┌─────────────────┐   ┌─────────────────┐
│  Beschaffung    │ Kosten│   Produktion    │Leistungen│  Absatz  │
│ der betrieblichen│─────►│  der Sachgüter  │────────►│der Produkte│
│Produktionsfaktoren│     │und Dienstleistungen│     │            │
└─────────────────┘       └─────────────────┘   └─────────────────┘
         │
         ▼
┌─────────────────┐
│ • Arbeitskräfte │
│ • Betriebsmittel│
│ • **Werkstoffe**│
└─────────────────┘
```

02. Welche Werkstoffe müssen im Rahmen der Fertigungsversorgung geplant werden?

Werkstoffe	
Rohstoffe	*Hauptbestandteil* der Fertigungserzeugnisse, z. B. Holz bei der Möbelherstellung.
Hilfsstoffe	*Nebenbestandteile* der Fertigerzeugnisse, z. B. Leim bei der Möbelherstellung.
Betriebsstoffe	gehen nicht in das Produkt ein, sondern *werden* bei der Fertigung *verbraucht*, z. B. Energie (Strom, Dampf, Luftdruck).
Halbzeuge	Oberbegriff für *vorgefertigte/aufbereitete Materialien*, z. B. Bleche, Seile.
Halbfabrikate	Oberbegriff für *vorgefertigte Vorprodukte*, z. B. Anlasser.

03. Welche wirtschaftlichen Probleme sind bei der Bewirtschaftung der Werkstoffe zu berücksichtigen?

- Das *Zeitproblem (Werkstoffzeit), u. a.*:
  hohe Lieferbereitschaft versus Lagerkosten; Lagermittel, Packmittel, Materiallogistik, Bestellvorgänge; Bedarfsermittlung, Bestandsrechnung, Bestellenmengenrechnung, Bestellterminrechnung, Fehlmengenkosten, Organisation des Einkaufs usw.

- Das Problem der *Materialverluste* und des *Recyclings*, u. a.:
  - Vermeidung von Materialverlusten u. a. durch: Planung der Materialnutzung, Optimierung der Lagerkontrolle, Anreizsysteme, Lieferantenaudit, TQM im Einkauf
  - Beim *Abfall* an Roh- und Hilfsstoffen ist anzustreben, dass diese soweit wie möglich *vermieden, wiederverwertet, wiederverwendet bzw. fachgerecht entsorgt* werden. Im Idealfall wird aus dem Abfall ein verkaufbarer Wertstoff, der dem Kreislauf wieder zugeführt wird.
  - Zum *Sondermüll* gehören gesundheits-, luft- und wassergefährdende, explosive oder brennbare Abfälle. Die Entsorgung von Sondermüll unterliegt der Nachweispflicht, z. B. bei Industrieschlämmen, Säuren, Laugen, Lackresten, Lösungsmitteln usw.
  - Grundprinzipien des *Recycling* sind (vgl. S. 123):
    - *Wiederverwendung:* Glas, Europaletten, Mehrwegverpackungen
    - *Weiterverwendung:* runderneuerte Reifen, Tonerkassetten für Kopierer/Drucker
    - *Wiederverwertung*, z. B. Aufarbeitung von Altöl und KSS (Kühlschmierstoffe)
    - *Weiterverwertung:* Altpapier zu Recyclingpapier, Textilreste zu recyceltem Mischgewebe

04. Welche Bedeutung hat die Energiegewinnung und die Energiewiedergewinnung für die Produktion?

Die weltweiten Ressourcen werden knapper und die Umweltauflagen steigen. Dies zwingt die Produktionswirtschaft mit Energie effizienter umzugehen und Möglichkeiten der Energiewiedergewinnung zu nutzen.

05. Was heißt „Energiesparen"?

Energiesparen (nicht: Einsparen) umfasst alle Aktivitäten zur Verringerung des Energieverbrauchs je Leistungs- oder Produktionseinheit.

06. Welche Möglichkeiten gibt es, den Energieverbrauch planmäßig zu steuern und ggf. zu senken?

Die permanente Beachtung und Steuerung des Energieverbrauchs ist heute aus *ökologischer* und *ökonomischer Sicht* eine Selbstverständlichkeit. Eine wichtige Voraussetzung ist dazu, dass *der Verbrauch* der unterschiedlichen Energiearten im Betrieb *mengen- und wertmäßig erfasst und dokumentiert wird*.

Die nachfolgende *Übersicht* zeigt generelle Beispiele zur Steuerung und Senkung des Energieverbrauchs bzw. der Energiekosten:

\	Generelle Maßnahmen zur Steuerung und Senkung des Energieverbrauchs (Rationelle Energieverwendung)
Wirkungsgrad	Es sollten nur Anlagen und Energiearten mit einem hohen Wirkungsgrad eingesetzt werden (Wahl der Energieart, fachgerechte Dimensionierung; z. B. GuD-Kraftwerk).
	Eine planmäßige Instandhaltung der Energieversorger sichert die Erhaltung des Wirkungsgrades der Anlage (regelmäßige Wartung, Austausch von Verschleißteilen, Maßnahmen der Einstellung der Energieanlage).
Blindleistungskompensation	Durch Kompensation der Blindleistung (in der Regel durch Parallelschalten eines Kondensators zum induktiven Verbraucher) kann eine Reduzierung des Blindstroms erreicht werden (→ Senkung der Betriebskosten und des Energiebedarfs).
Optimierung der Energienutzung	Vermeidung/Reduzierung der (technisch bedingten) ungenutzten Energie, z. B.: - Wärmerückgewinnung - keine „Verluste" beim Energietransport (z. B. Isolierung der Leitungen) - Vermeidung von Druck- und Substanzverlusten - Gebäudewärmeschutz - Vermeidung diskontinuierlicher Energieabnahme

Energiesparen	bei Wasser, Strom, Wärme usw. durch geeignete Maßnahmen unter Einbeziehung des Verhaltens der Mitarbeiter, z. B.: • bewusster Umgang mit Energie • kein Leerlauf von Maschinen • kein unnötiger Licht- und Wärmeverbrauch • Einsatz von technischen Möglichkeiten (z. B. Regelungstechnik) • betriebliche Verbesserungsvorschläge • Ökobilanz
Alternative Energieerzeugung	Beispiele: Solarenergie, Wärmepumpe, Wärmetauscher, Brennstoffzelle, Kraft-Wärme-kopplung, Gezeiten-, Wind-, Meereswärme- und Bioenergie

07. Welche Möglichkeiten zur Energierückgewinnung gibt es?

Beispiele:

- Energierückgewinnung beim Bremsen
- thermische Verbrennungsanlagen
- Energierückgewinnung aus Abluft, Abwasser, Abwärme und Prozessgasen
- Energierückgewinnung in der Motortechnik, z. B. Turbolader.

2.2 Grundsätze betrieblicher Aufbau- und Ablauforganisation

2.2.1 Grundstrukturen betrieblicher Organisationen

01. Wie lassen sich Aufbau- und Ablauforganisation unterscheiden?

Aufbauorganisation	Ablauforganisation
Regelungen für den Betriebsaufbau; legt Orga-Einheiten, Zuständigkeiten und Ebenen fest (Strukturen).	Regelungen für den Betriebsablauf/die Arbeitserledigung; regelt den Ablauf von Vorgängen nach den Kriterien Ort, Zeit oder Funktion zwischen Orga-Einheiten, Bereichen usw.

Unterschiede	
Aufbauorganisation	**Ablauforganisation**
• Strukturen, Organisationseinheiten • statisch • Aufgabenanalyse • Zerlegung von Hauptaufgaben, Teilaufgaben • Aufgabensynthese • Abteilungen	• Abläufe, Prozesse • dynamisch • Arbeitsanalyse • Zerlegung von Arbeitsvorgängen • Arbeitssynthese • Prozessketten

2.2 Grundsätze betrieblicher Aufbau- und Ablauforganisation 169

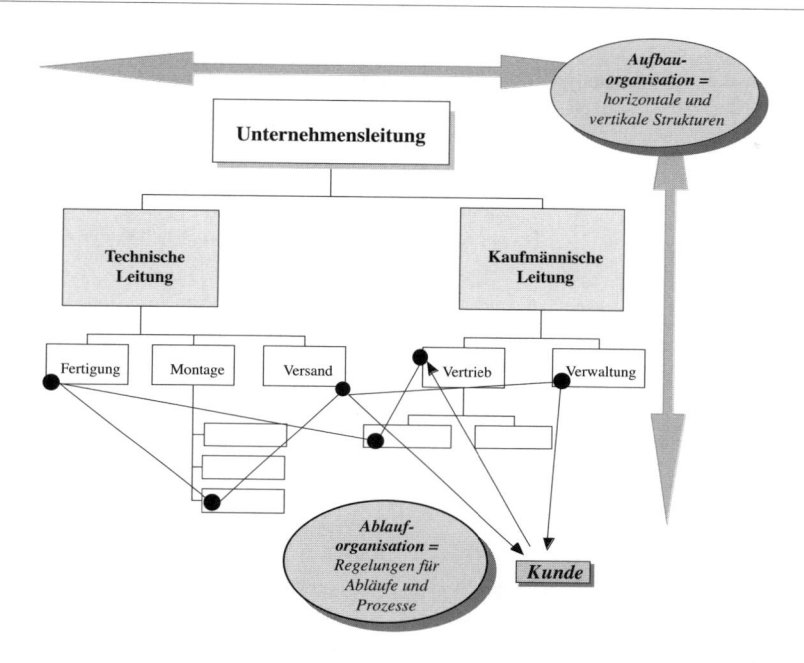

[Diagramm: Organigramm mit Unternehmensleitung, Technische Leitung, Kaufmännische Leitung, Fertigung, Montage, Versand, Vertrieb, Verwaltung, Kunde. Aufbauorganisation = horizontale und vertikale Strukturen. Ablauforganisation = Regelungen für Abläufe und Prozesse.]

2.2.2 Methodisches Vorgehen im Rahmen der Aufbauorganisation

01. Was versteht man unter der Aufgabenanalyse?

Die Gesamtaufgabe des Unternehmens (z. B. Herstellung und Vertrieb von Elektrogeräten) wird in

- *Hauptaufgaben*, z. B. - Montage, Vertrieb, Verwaltung, Einkauf, Lager
- *Teilaufgaben 1. Ordnung* - Marketing, Verkauf, Versand usw.
- *Teilaufgaben 2. Ordnung*,
- *Teilaufgaben 3. Ordnung usw.*

zerlegt.

Gliederungsbreite und Gliederungstiefe sind folglich abhängig von der Gesamtaufgabe, der Größe des Betriebes, dem Wirtschaftszweig usw. und haben sich am Prinzip der Wirtschaftlichkeit zu orientieren. In einem Industriebetrieb wird z. B. die Aufgabe „Produktion", in einem Handelsbetrieb die Aufgabe „Einkauf/Verkauf" im Vordergrund stehen.

02. Was versteht man unter der Aufgabensynthese?

Im Rahmen der Aufgabenanalyse wurde die Gesamtaufgabe nach unterschiedlichen Gliederungskriterien in Teilaufgaben zerlegt (vgl. oben). Diese Teilaufgaben werden nun in geeigneter Form in sog. organisatorische Einheiten zusammengefasst (z. B. Hauptabteilung, Abteilung, Gruppe, Stelle). Diesen Vorgang der Zusammenfassung von Teilaufgaben zu Orga-Einheiten bezeichnet man als *Aufgabensynthese*. Den Orga-Einheiten werden dann *Aufgabenträger* (Einzelperson, Personengruppe, Kombination Mensch/Maschine) zugeordnet.

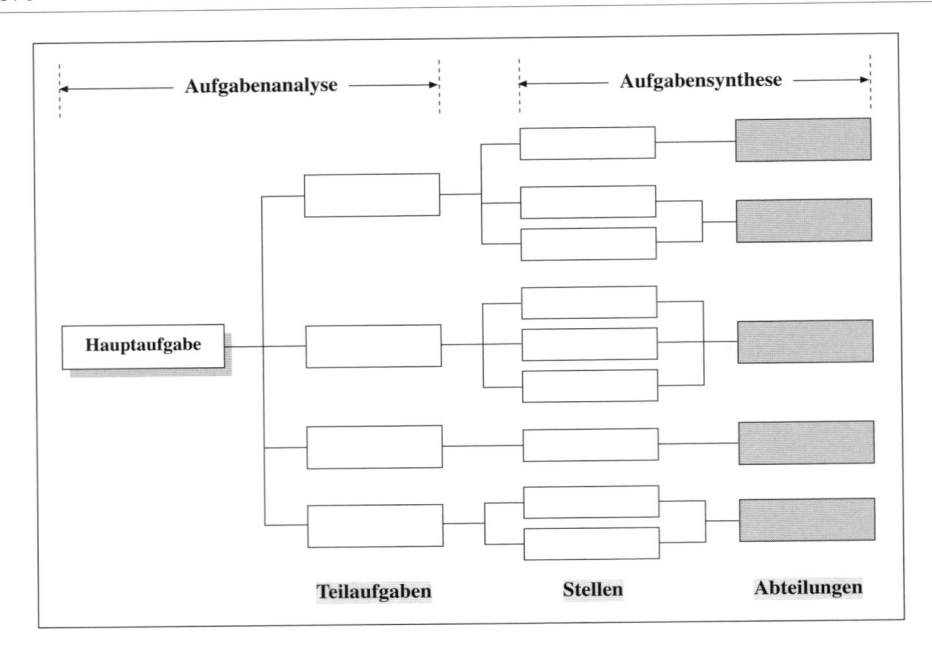

03. Welche Gliederungskriterien gibt es?

Die Aufgabenanalyse (und die spätere Einrichtung von Stellen; vgl. Organigramme, unten, Ziffer 2.2.3) kann nach folgenden *Gliederungskriterien* vorgenommen werden:

	Gliederungskriterien: Gliederung nach der/dem ...
Verrichtung (Funktion)	Die Aufgabe wird in „Teilfunktionen zerlegt", die zur Erfüllung dieser Aufgabe notwendig sind, z. B. Stanzen, Entgraten, Polieren, Lackieren.
Objekt	Objekte der Gliederung können z. B. sein: • Produkte (Maschine Typ A, Maschine Typ B) • Regionen (Nord, Süd; Nielsen-Gebiet 1, 2, 3 usw.; Hinweis: Nielsen Regionalstrukturen sind Handelspanel, die von der A. C. Nielsen Company erstmals in den USA entwickelt wurden) • Personen (Arbeiter, Angestellte) • Begriffe (z. B. Steuerarten beim Finanzamt)
Zweckbeziehung	Man geht bei diesem Gliederungskriterium davon aus, dass es zur Erfüllung der Gesamtaufgabe (z. B. „Produktion") Teilaufgaben gibt, die unmittelbar dem Betriebszweck dienen (z. B. Fertigung, Montage) und solche, die nur mittelbar mit dem Betriebszweck zusammenhängen (z. B. Personalwesen, Rechnungswesen, DV).
Phase	Jede betriebliche Tätigkeit kann den Phasen „Planung, Durchführung und Kontrolle" zugeordnet werden. Bei dieser Gliederungsform zerlegt man also die Aufgabe in Teilaufgaben, die sich an den o. g. Phasen orientieren (z. B. Personalwesen: Personalplanung, Personalbeschaffung, Personaleinsatz, Personalentwicklung, Personalfreisetzung).

2.2 Grundsätze betrieblicher Aufbau- und Ablauforganisation

Rang	Teilaufgaben einer Hauptaufgabe können einen unterschiedlichen Rang haben. Eine Teilaufgabe kann einen ausführenden, entscheidenden oder leitenden Charakter haben. Als Beispiel sei hier die Hauptaufgabe „Investitionen" angeführt. Sie kann z. B. in Investitionsplanung sowie Investitionsentscheidung gegliedert werden.
Mischformen	In der Praxis ist eine bestehende Aufbauorganisation meist das Ergebnis einer Aufgabenanalyse, bei der verschiedene Gliederungskriterien verwendet werden.

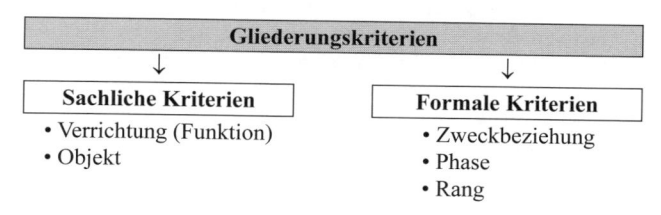

Gliederungskriterien

↓ ↓

Sachliche Kriterien
- Verrichtung (Funktion)
- Objekt

Formale Kriterien
- Zweckbeziehung
- Phase
- Rang

04. Wie erfolgt die Stellenbildung?

Eine *Stelle ist die kleinste betriebliche Orga-Einheit.* Die Anzahl der Teilaufgaben muss nicht notwendigerweise identisch mit der Anzahl der Stellen sein. Je nach Größe des Betriebes kann eine Teilaufgabe die Bildung mehrerer Stellen erfordern, oder mehrere Teilaufgaben werden in einer Stelle zusammengefasst.

Man unterscheidet zwischen

- *Leitungsstellen* (= Anordnungsrechte und -pflichten) und
- *Ausführungsstellen* (= keine Leitungsbefugnis).

05. Wie erfolgt die Bildung von Gruppen und Abteilungen?

Die in einem Betrieb gebildeten Stellen werden zu Bereichen zusammengefasst. In der Praxis ist die Zusammenfassung zu *Gruppen, Abteilungen, Hauptabteilungen, Ressorts* usw. üblich.

06. Welchen Inhalt hat eine Stellenbeschreibung? Welchen Zweck verfolgt sie?

Die Stellenbeschreibung (auch Aufgaben- oder Funktionsbeschreibung genannt) enthält die Hauptaufgaben der Stelle, die Eingliederung in das Unternehmen und i. d. R. die Befugnisse der Stelle. In der Praxis hat sich keine eindeutige Festlegung der inhaltlichen Punkte einer Stellenbeschreibung herausgebildet. Oft wird das Anforderungsprofil ebenfalls mit dargestellt. Üblich ist folgender Inhalt:

Stellenbeschreibung
I. Beschreibung der Aufgaben:
1. Stellenbezeichnung
2. Unterstellung An wen berichtet der Stelleninhaber?
3. Überstellung Welche Personalverantwortung hat der Stelleninhaber?
4. Stellvertretung • Wer vertritt den Stelleninhaber? (passive Stellvertretung) • Wen muss der Stelleninhaber vertreten? (aktive Stellvertretung)
5. Ziel der Stelle
6. Hauptaufgaben und Kompetenzen
7. Einzelaufträge
8. Besondere Befugnisse
9. ggf. Entgeltangaben
II. Anforderungsprofil:
Fachliche Anforderungen: • Ausbildung • Berufspraxis • Weiterbildung • Besondere Kenntnisse
Persönliche Anforderungen: • Kommunikationsfähigkeit • Führungsfähigkeit • Analysefähigkeit

Wichtig ist, dass die Stellenbeschreibung *sachbezogen, also vom Stelleninhaber unabhängig ist,* und darauf geachtet wird, dass sie wirklich nur die „wichtigsten Zuständigkeiten" nennt (Problem: Pflegeaufwand, Aktualisierung). Oft enthält die Stellenbeschreibung zusätzlich das Anforderungsprofil.

Stellenbeschreibungen werden als Instrument der Organisation sowie als personalpolitisches Instrument für vielfältige Zwecke eingesetzt, z. B.:

- Kompetenzabgrenzung,
- Personalauswahl,
- Personalentwicklung,
- Organisationsentwicklung,
- Stellenbewertung,
- Lohnpolitik/Gehaltsfindung,
- Mitarbeiterbeurteilung,
- Feststellung des Leitenden-Status,
- interne und externe Stellenausschreibung.

07. Welche Vor- und Nachteile können mit der Stellenbeschreibung verbunden sein?

Die unterschriebene Stellenbeschreibung kann fester Bestandteil des Arbeitsvertrages werden. Dies kann Vor- und Nachteile mit sich bringen:

Stellenbeschreibung	
Vorteile, z. B.	**Nachteile**, z. B.
• klar umrissener Handlungs- und Entscheidungsspielraum (Aufgaben, Kompetenzen, Verantwortlichkeiten) • Vermeidung von Kompetenzkonflikten • präzise Stellenausschreibung, Stellenbesetzung und Personalentwicklung • leichtere Einarbeitung neuer Mitarbeiter (Stelleninhaber)	• Fixierung (nur) auf beschriebene Tätigkeiten • flexible Kooperationsformen werden erschwert • hoher Zeit- und Organisationsaufwand • Kosten der Einführung, regelmäßigen Überarbeitung und Aktualisierung • Förderung von Überorganisation und Bereichsdenken (Bereichsegoismus)

2.2.3 Bedeutung der Leitungsebenen

01. Welche Begriffe der Organisationslehre werden unterschieden?

Organisationslehre	
Stelle	Eine Stelle ist die kleinste organisatorische Einheit.
Stabsstelle	sind Stellen ohne eigene fachliche und disziplinarische Weisungsbefugnis (nur beratende Funktion).
Instanz	ist eine Stelle mit Leitungsbefugnissen; Instanzen können verschiedenen Leitungsebenen (= Managementebenen) zugeordnet sein.
Leitungsspanne	die Zahl der direkt weisungsgebundenen Stellen. Je höher die Ausbildung der Mitarbeiter und je anspruchsvoller ihr Aufgabengebiet ist, desto kleiner sollte die Leitungsspanne sein. Eine zu große Leitungsspanne hat zur Folge, dass die notwendigen Führungsaufgaben nicht angemessen wahrgenommen werden können.
Instanzentiefe	gibt die Anzahl der verschiedenen Rangebenen an.
Instanzenbreite	gibt die Anzahl der (gleichrangigen) Leitungsstellen pro Ebene an.
Hierarchie	Struktur der Leitungsebenen. Eine starke Hierarchie mit vielen Instanzen kann zu schwerfälligen Informations- und Entscheidungsprozessen führen. Eine zu geringe Hierarchie – insbesondere bei großer Leitungsspanne – überlastet die Führungskräfte (Problem beim Ansatz „Lean Management"). Im Wesentlichen unterscheidet man drei Leitungsebenen (Hierarchien): **Top-Management** (oberste Leitungsebene), z. B.: Vorstand, Geschäftsleitung, Unternehmensinhaber. **Middle-Management** (mittlere Leitungsebene), z. B.: Bereichsleiter, Ressortleiter, Abteilungsleiter. **Lower-Management** (untere Leitungsebene), z. B.: Gruppenleiter, Meister.

```
           ┌─────────────┐
           │  Oberstes   │
(Stabsstelle)─┤ Leitungsorgan│
           └─────────────┘
```

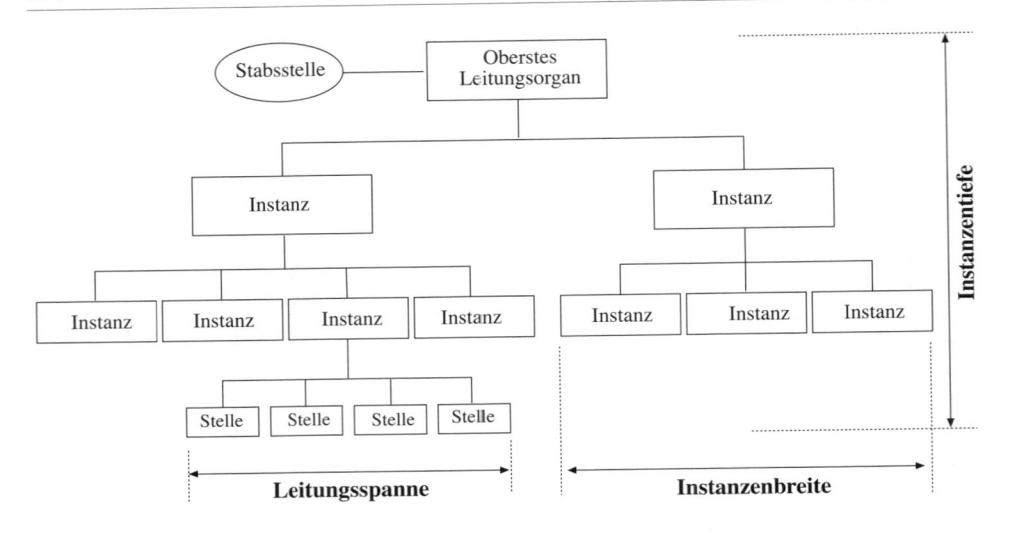

Diagramm: Organisationsstruktur mit Stabsstelle, Oberstem Leitungsorgan, Instanzen und Stellen; Kennzeichnung von Leitungsspanne, Instanzenbreite und Instanzentiefe.

02. Was bezeichnet man als Dezentralisierung (Zentralisierung) von Aufgaben?

Mit *Dezentralisierung* bezeichnet man die Verteilung von Teilaufgaben nicht auf eine (zentrale) Stelle sondern auf verschiedene. Diese Verteilung kann dabei z. B. nach dem Objekt (= *Objekt-Dezentralisierung*; z. B.: Jede Niederlassung eines Konzerns vertreibt alle Produkte) oder nach der Verrichtung (= *Verrichtungs-Dezentralisierung*; z. B.: In jeder Niederlassung eines Konzerns sind alle wesentlichen, kaufmännischen Grundfunktionen vorhanden) vorgenommen werden. In der Praxis hat sich bei Großunternehmen aufgrund der positiven Erfahrung eine zunehmende Tendenz zur Dezentralisierung herausgebildet.

Räumliche Zentralisation	
Vorteile, z. B.	Nachteile, z. B.
• geringerer Personalbedarf • weniger Bedarf an Einrichtungen • straffere Überwachung möglich • Einheitlichkeit der Entscheidungen • geringerer Kostenanfall • bessere Verwendung der Spezialisten	• Kommunikations- und Koordinationsschwierigkeiten • Überlastung der Leitungsstellen • weniger Initiative und Verantwortungsfreudigkeit der nachgeordneten Stellen • hohe Transportkosten

03. Was ist ein Organigramm und welche Darstellungsformen gibt es?

Die in einem Betrieb vorhandenen Stellen, ihre Beziehung untereinander und ihre Zusammenfassung zu Bereichen wird bildlich in Form eines *Organisationsdiagramms* (kurz: Organigramm) dargestellt. In der Praxis ist die sog. *vertikale Darstellung* am häufigsten anzutreffen („von oben nach unten"); hier stehen gleichrangige Stellen nebeneinander. Daneben kennt man die *horizontale Darstellung* („von links nach rechts"; gleichrangige Stellen stehen untereinander).

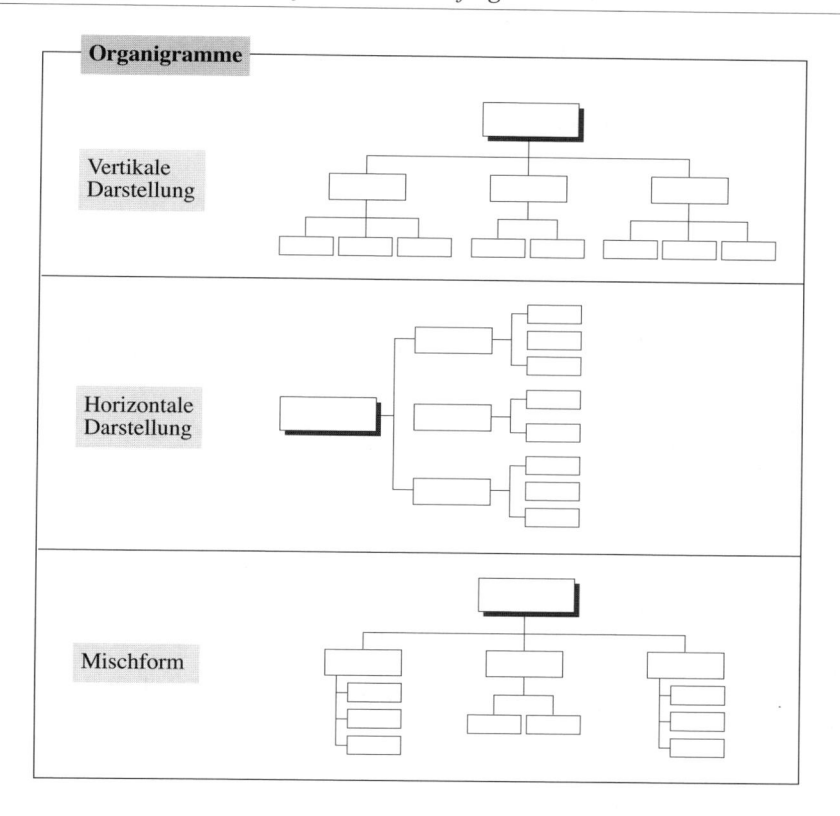

2.2 Grundsätze betrieblicher Aufbau- und Ablauforganisation

Organigramme

- Vertikale Darstellung
- Horizontale Darstellung
- Mischform

Das Organigramm zeigt u. a.:

- die Unterstellungsverhältnisse
- die Art der Stellen (Stabsstelle, Ausführungsstelle, Instanz)
- die Zusammensetzung der Bereiche und Abteilungen
- die Kostenstellennummer
- den aktuellen Namen des Stelleninhabers.

Das Organigramm kann

- *funktional* (nach Verantwortungsbereichen → Aufbauorganisation) oder
- *operational* (nach Arbeitsabläufen → Ablauforganisation) aufgebaut sein.

04. Was sind Leitungssysteme und welche Organisationsformen gibt es?

Leitungssysteme (auch „Weisungssysteme" oder „Organisationssysteme" genannt) sind dadurch gekennzeichnet, in welcher Form Weisungen von „oben nach unten" erfolgen.

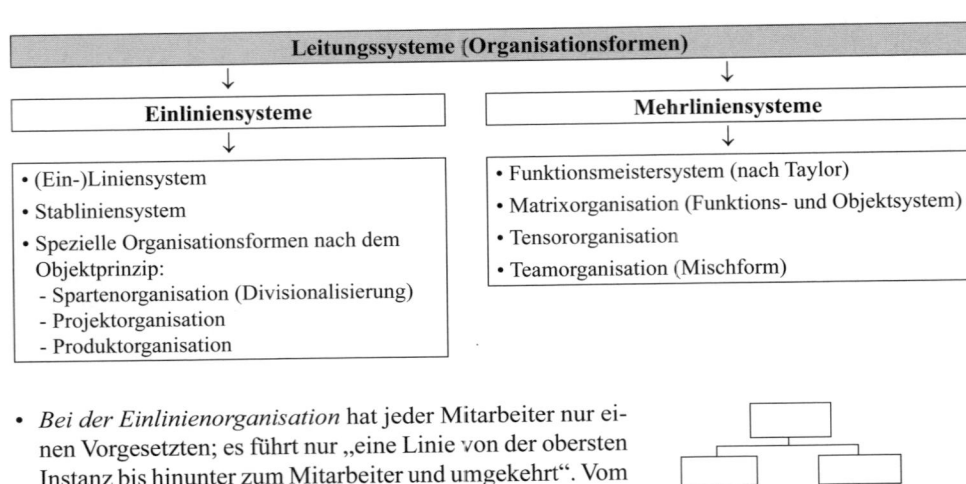

Leitungssysteme (Organisationsformen)

Einliniensysteme
- (Ein-)Liniensystem
- Stabliniensystem
- Spezielle Organisationsformen nach dem Objektprinzip:
  - Spartenorganisation (Divisionalisierung)
  - Projektorganisation
  - Produktorganisation

Mehrliniensysteme
- Funktionsmeistersystem (nach Taylor)
- Matrixorganisation (Funktions- und Objektsystem)
- Tensororganisation
- Teamorganisation (Mischform)

- *Bei der Einlinienorganisation* hat jeder Mitarbeiter nur einen Vorgesetzten; es führt nur „eine Linie von der obersten Instanz bis hinunter zum Mitarbeiter und umgekehrt". Vom Prinzip her sind damit gleichrangige Instanzen gehalten, bei Sachfragen über ihre gemeinsame, übergeordnete Instanz zu kommunizieren.

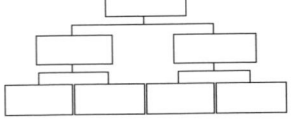

- *Die Stablinienorganisation*
  ist eine Variante des Einliniensystems. Bestimmten Linienstellen werden Stabsstellen ergänzend zugeordnet.

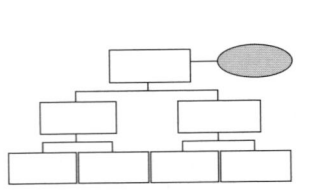

- *Stabsstellen*
  sind Stellen ohne eigene fachliche und disziplinarische Weisungsbefugnis. Sie haben die Aufgabe, als „Spezialisten" die Linienstellen zu unterstützen. Meist sind Stabsstellen den oberen Instanzen zugeordnet. Stabsstellen sind in der Praxis im Bereich Recht, Patentwesen, Unternehmensbeteiligungen, Unternehmensplanung und Personalgrundsatzfragen zu finden.

- *Das Mehrliniensystem*
  basiert auf dem Funktionsmeistersystem des Amerikaners Taylor (1911) und ist heute höchstens noch in betrieblichen Teilbereichen anzutreffen. Der Mitarbeiter hat zwei oder mehrere Fachvorgesetzte, von denen er *fachliche* Weisungen erhält.

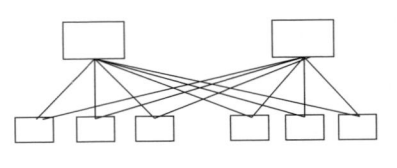

Die Disziplinarfunktion ist nur einem Vorgesetzten vorbehalten. Der Rollenkonflikt beim Mitarbeiter, der „zwei oder mehreren Herren dient", ist vorprogrammiert, da jeder Fachvorgesetzte „ein Verhalten des Mitarbeiters in seinem Sinne" erwartet.

- *Bei der Spartenorganisation (Divisionalisierung)*
  wird das Unternehmen nach Produktbereichen (sog. Sparten oder Divisionen) gegliedert. Jede Sparte wird als eigenständige Unternehmenseinheit geführt. Die für das Spartengeschäft „nur" indirekt zuständigen Dienstleistungsbereiche wie z. B. Recht, Personal oder Rechnungswesen sind bei der Spartenorganisation oft als *verrichtungsorientierte Zentralbereiche* vertreten.

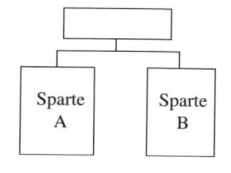

- *Die Projektorganisation*
  ist eine Variante der Spartenorganisation (vgl. oben). Das Unternehmen oder Teilbereiche des Unternehmens ist/sind nach Projekten gegliedert. Diese Organisationsform ist häufig im Großanlagenbau (Kraftwerke, Staudämme, Wasseraufbereitungsanlagen, Straßenbau, Industriegroßbauten) anzutreffen.

  Die Projektorganisation ist abzugrenzen von der „Organisation von Projektmanagement".

- *Die Produktorganisation*
  ist eine Variante der Spartenorganisation bzw. der Projektorganisation; sie kann als Einliniensystem oder – bei Vollkompetenz der Produktmanager – als Matrixorganisation ausgestaltet sein.

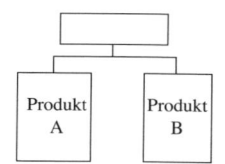

- *Die Matrixorganisation*
  ist eine Weiterentwicklung der Spartenorganisation und gehört zur Kategorie „Mehrliniensystem". Das Unternehmen wird in „Objekte" und „Funktionen" gegliedert. Kennzeichnend ist: Für die Spartenleiter und die Leiter der Funktionsbereiche besteht bei Entscheidungen Einigungszwang. Beide sind gleichberechtigt. Damit soll einem Objekt- oder Funktionsegoismus vorgebeugt werden. Für die nachgeordneten Stellen kann dies u. U. bedeuten, dass sie zwei unterschiedliche Anweisungen erhalten (Problem des Mehrliniensystems).

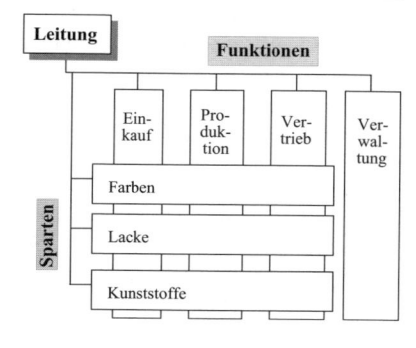

- *Teamorganisation*:
  Hier liegt die disziplinarische Verantwortung für Mitarbeiter bei dem jeweiligen Linienvorgesetzten (vgl. Linienorganisation). Um eine verbesserte Objektorientierung (oder Verrichtungsorientierung) zu erreichen, werden überschneidende Teams gebildet. Die fachliche Weisungsbefugnis für das Team liegt bei dem betreffenden Teamleiter. Beispiel (verkürzt): Ein Unternehmen der Informationstechnologie hat die drei Funktionsbereiche Hardware, Software und Dokumentation.

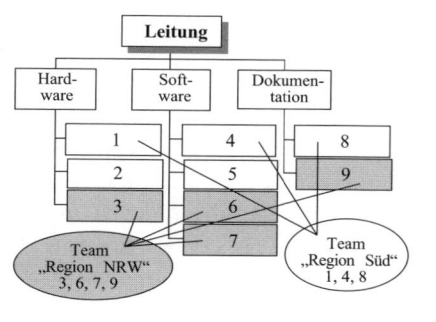

Um eine bessere Marktorientierung und Ausrichtung auf bestimmte Großkunden (oder Regionen) zu realisieren, werden z. B. zwei Teams gebildet: Team „Region NRW" und Team „Region Süd". Die Zusammensetzung und zeitliche Dauer der Teams kann flexibel sein.

05. Was sind ergebnisorientierte Organisationseinheiten?

Zur Verantwortung einer Leitungsstelle gehört in der Regel, dass der Stelleninhaber für die Kosten seines Bereichs verantwortlich zeichnet. Meistens ist dies so geregelt, dass z. B. einem Meisterbereich ein bestimmter Kostenrahmen (= Budget) zugewiesen wird; der Meister ist gehalten, diesen Kostenrahmen nicht zu überschreiten. Die Kosten sind dabei nach Kostenarten (Personalkosten, Sachkosten, Umlagen) gegliedert.

- Die Unternehmensleitung steuert also bestimmte Kostenstellen nach dem sog. *Costcenter-Prinzip*.

   Das Costcenter-Prinzip hat erhebliche Nachteile: Es besteht oft kein Anreiz, die Kosten zu unterschreiten; außerdem geht der Zusammenhang zwischen „Kosten und Leistungen" der Abteilung verloren.

- Um diese Nachteile zu vermeiden werden heute zunehmend bestimmte Organisationseinheiten in der Produktion und im Vertrieb als geschlossene Einheit gefasst, die nur über die Ergebnissteuerung geführt werden.

   Dieses Prinzip nennt man *„Ergebnisorientierung"* oder *„Profitcenter-Prinzip"*.

   Der Leiter eines Profitcenters ist der Geschäftsführung „nur noch" hinsichtlich des erwirtschafteten Ergebnisses verantwortlich. Welche Maßnahmen er dazu ergreift, sprich „welche Kosten er dabei produziert", ist zweitrangig. Das angestrebte Ergebnis wird im Wege der Zielvorgabe oder der Zielvereinbarung (= Management by Objectives) festgeschrieben. Der Gewinn, sprich „Profit", ist der Saldo von „Leistungen - Kosten" bzw. „Umsatz - Kosten".

Beispiel (vereinfacht):
Der Meisterbereich „Montage 1" wird ergebnisorientiert geführt: Die geplanten Gesamtkosten für das Geschäftsjahr ergeben sich aus der Summe von 700 T€ Personalkosten, 1,4 Mio. € Sachkosten und 400 T€ Umlagen. Da der Meisterbereich nicht direkt an den Kunden verkauft, wurde ein innerbetrieblicher Verrechnungspreis pro Leistungseinheit kalkuliert: Im vorliegenden Fall liegt die Planzahl bei 5.750 Montageeinheiten zu einem Verrechnungspreis von 480 €. Unterstellt man, das dieser Meisterbereich „exakt im Plan" liegen würde, so ergäbe sich folgende Ergebnisrechnung:

	Profitcenter „Montage"	
		[in T€]
	Leistungen (5.750 · 480 €)	2.760,00
-	Personalkosten	- 700,00
-	Sachkosten	- 1.400,00
-	Umlage	- 400,00
=	**Ergebnis**	**260,00**

2.2.4 Aufgaben der Unternehmensplanung

01. Welche betriebliche Kernfunktion erfüllt die industrielle Produktion?

Die Produktion ist das *Bindeglied* zwischen den betrieblichen Funktionen „*Beschaffung*" und „*Absatz*". Im Prozess der betrieblichen Leistungserstellung erfüllt sie die Funktion der „*Transformation*": Der zu beschaffende Input wird transformiert in den am Markt anzubietenden Output:

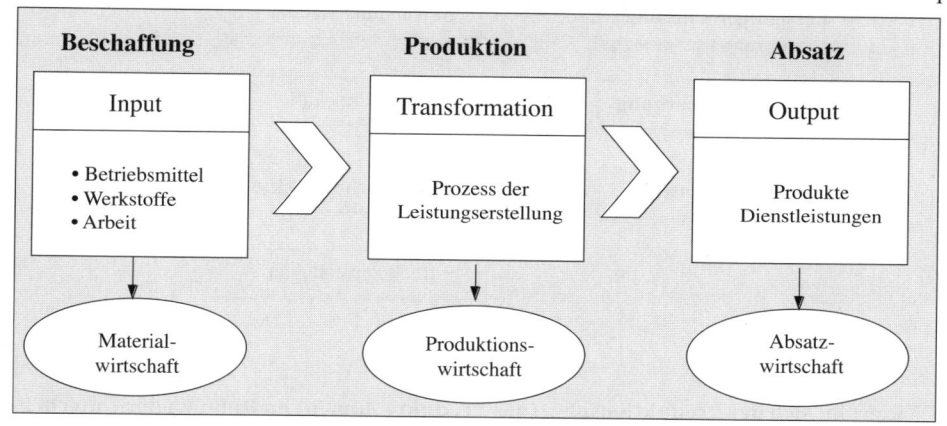

```
Beschaffung                 Produktion                  Absatz

  Input                  Transformation                Output

• Betriebsmittel          Prozess der                 Produkte
• Werkstoffe          Leistungserstellung         Dienstleistungen
• Arbeit

       ↓                        ↓                         ↓
  Material-              Produktions-                 Absatz-
  wirtschaft              wirtschaft                 wirtschaft
```

02. Welcher Unterschied besteht zwischen „Produktion" und „Fertigung"?

- *Produktion* umfasst *alle Arten* der betrieblichen Leistungserstellung. Produktion erstreckt sich somit auf die betriebliche Erstellung von *materiellen* (Sachgüter/Energie) und *immateriellen* Gütern (Dienstleistungen/Rechte).
- *Fertigung* meint nur die Seite der *industriellen* Leistungserstellung, d. h. der materiellen, absatzreifen Güter und Eigenerzeugnisse.

Der Unterschied zwischen diesen Begriffen muss hier vernachlässigt werden, da er im Rahmenplan ebenfalls keine Berücksichtigung findet.

03. Welche Hauptaufgaben bearbeitet die Produktionswirtschaft? Welche „Nebenaufgaben" muss sie dabei berücksichtigen? Wie lässt sich der Zusammenhang der einzelnen Planungsgrundlagen grafisch darstellen?

Die Hauptaufgaben der Produktionswirtschaft sind – entsprechend dem Management-Regelkreis:

Hauptaufgaben der Produktionswirtschaft:	„Nebenaufgaben" der Produktionswirtschaft:
Fertigungsplanung	Personaldisposition
Fertigungssteuerung	Anlagenüberwachung
Fertigungsversorgung	Zeitwirtschaft
Fertigungskontrolle	Ökologische Aspekte
	Rechtsgrundlagen

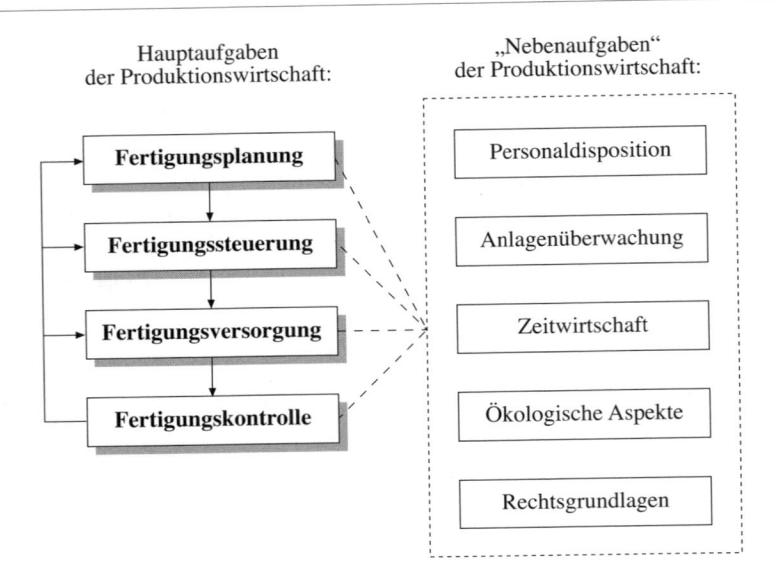

04. Wie ergibt sich der Produktionsplan (das Produktvolumen) im Rahmen der Unternehmens-Gesamtplanung?

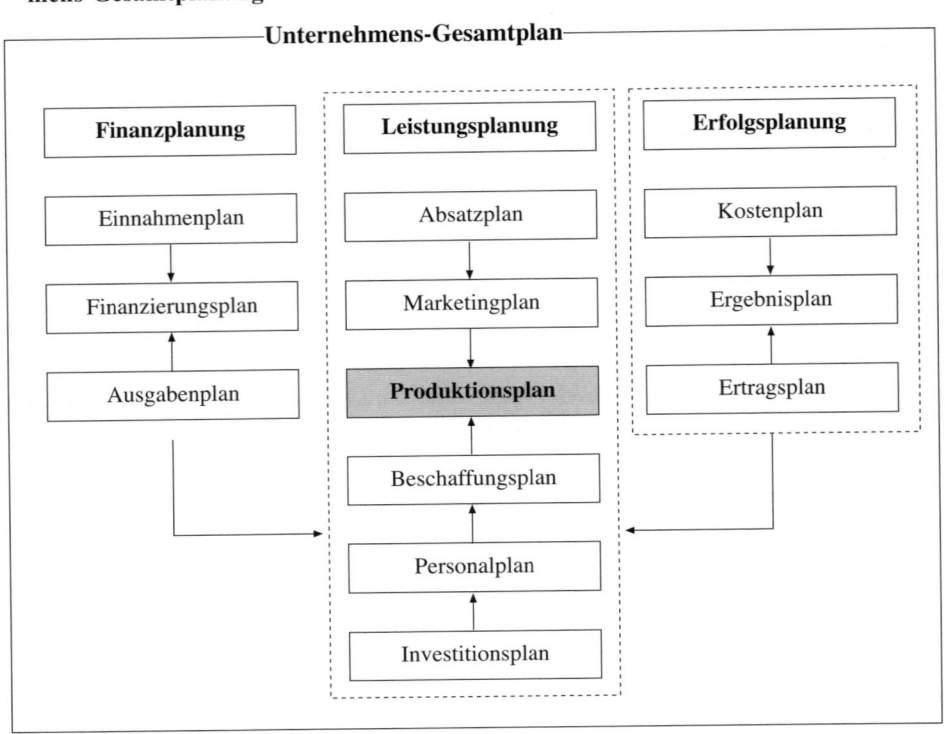

Unternehmens-Gesamtplan

Finanzplanung	Leistungsplanung	Erfolgsplanung
Einnahmenplan	Absatzplan	Kostenplan
Finanzierungsplan	Marketingplan	Ergebnisplan
Ausgabenplan	**Produktionsplan**	Ertragsplan
	Beschaffungsplan	
	Personalplan	
	Investitionsplan	

2.2 Grundsätze betrieblicher Aufbau- und Ablauforganisation

05. Welche Teilpläne sind innerhalb der Fertigungsplanung zu bearbeiten?

Fertigungsplanung ist die Gesamtheit der auf die Realisierung produktionswirtschaftlicher Ziele gerichteten Entscheidungen zur betrieblichen Leistungserstellung; sie wird i. d. R. in folgende Teilpläne gegliedert:

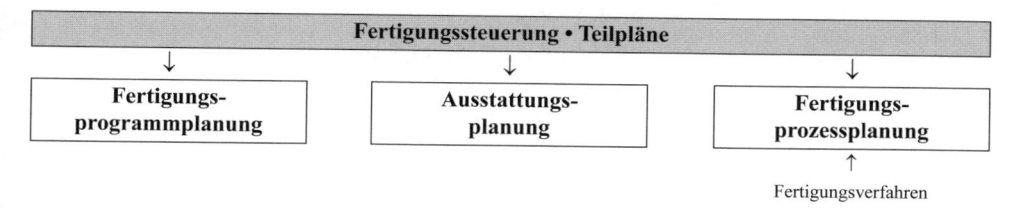

```
                    Fertigungssteuerung • Teilpläne
        ↓                        ↓                         ↓
  Fertigungs-              Ausstattungs-              Fertigungs-
  programmplanung          planung                    prozessplanung
                                                           ↑
                                                    Fertigungsverfahren
```

06. Mit welchen Fragestellungen und Entscheidungen muss sich die Fertigungsprogrammplanung beschäftigen?

Die Fertigungsprogrammplanung beschäftigt sich vor allem mit den Fragen:

- Welche Erzeugnisse,
- in welchen Mengen,
- zu welchen Terminen,

- mit welchen Verfahren,
- bei welchen Kapazitäten,
- mit welchem Personal

sollen gefertigt werden?

Wichtige Merkmale der Fertigungsprogrammplanung sind:

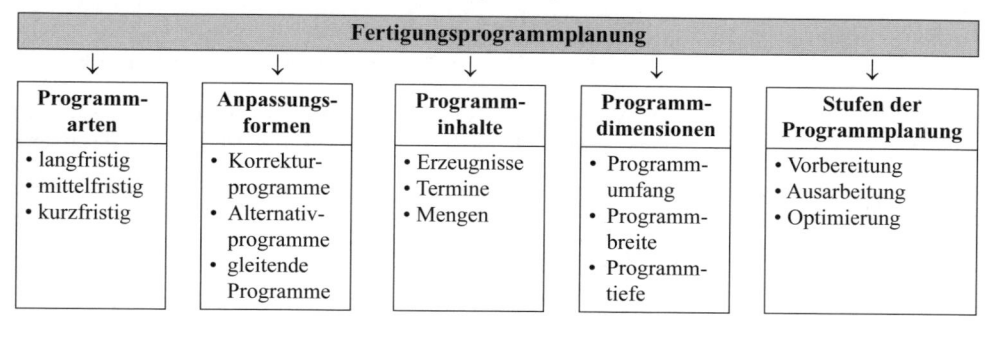

Fertigungsprogrammplanung				
Programm-arten	Anpassungs-formen	Programm-inhalte	Programm-dimensionen	Stufen der Programmplanung
• langfristig • mittelfristig • kurzfristig	• Korrektur-programme • Alternativ-programme • gleitende Programme	• Erzeugnisse • Termine • Mengen	• Programm-umfang • Programm-breite • Programm-tiefe	• Vorbereitung • Ausarbeitung • Optimierung

07. Die Fertigungsprogrammplanung wird in langfristige, mittelfristige und kurzfristige Programmpläne aufgeteilt. Welchen Inhalt haben diese unterschiedlichen Teilpläne?

\(Produktions-\)Fertigungsplanung	
Fristigkeit	*Aufgaben/Inhalte*
Strategische Produktionsplanung *Langfristige Planung:* *4 - 10 Jahre*	Schafft den Rahmen für die operative Planung.
	Festlegen der Produktfelder (SGF)
	Generelle Strukturierung des Produktionssystems: • Produktionsorganisation • Produktionstyp
	Langfristige Dimensionierung der Kapazität
	Genereller Ablauf der Produktionsprozesse
Mittelfristige (taktische) Programmplanung *1 - 3 Jahre*	• Entwurf/Konstruktion des Produktes • Eigen-/Fremdfertigung (Make-or-Buy-Analyse; MoB) • Altersstruktur, Lebenszyklus
Operative Produktionsplanung *Kurzfristige Planung:* *1 Monat - 1 Jahr*	Setzt die strategische Produktionsplanung in konkrete Produktionsabläufe um. Dabei sollen die vorhandenen Leistungspotenziale (Betriebsmittel, Personal usw.) ausgeschöpft und angepasst werden.
	Festlegen der Mengen je Produkt: • Losgrößenfestlegung • Auslastung der Kapazitäten • Fertigungsfolgen
	Bereitstellen der Produktionsfaktoren: • RHB-Stoffe • Betriebsmittel • Personal
	Terminplanung
Arbeitsvorbereitung (AV)	Die AV entlastet die Werkstatt von grundsätzlichen Überlegungen über die Wahl des Fertigungsverfahrens, der einzusetzenden Maschinen, der Materialbereitstellung usw.
	• Auftragsvorbereitung, -koordination • Stücklistenvorbereitung • Arbeitszeitermittlung • Datenverwaltung • Arbeitspläne

2.2 Grundsätze betrieblicher Aufbau- und Ablauforganisation

08. Wie lässt sich der Werdegang eines Produktes beschreiben/grafisch darstellen?

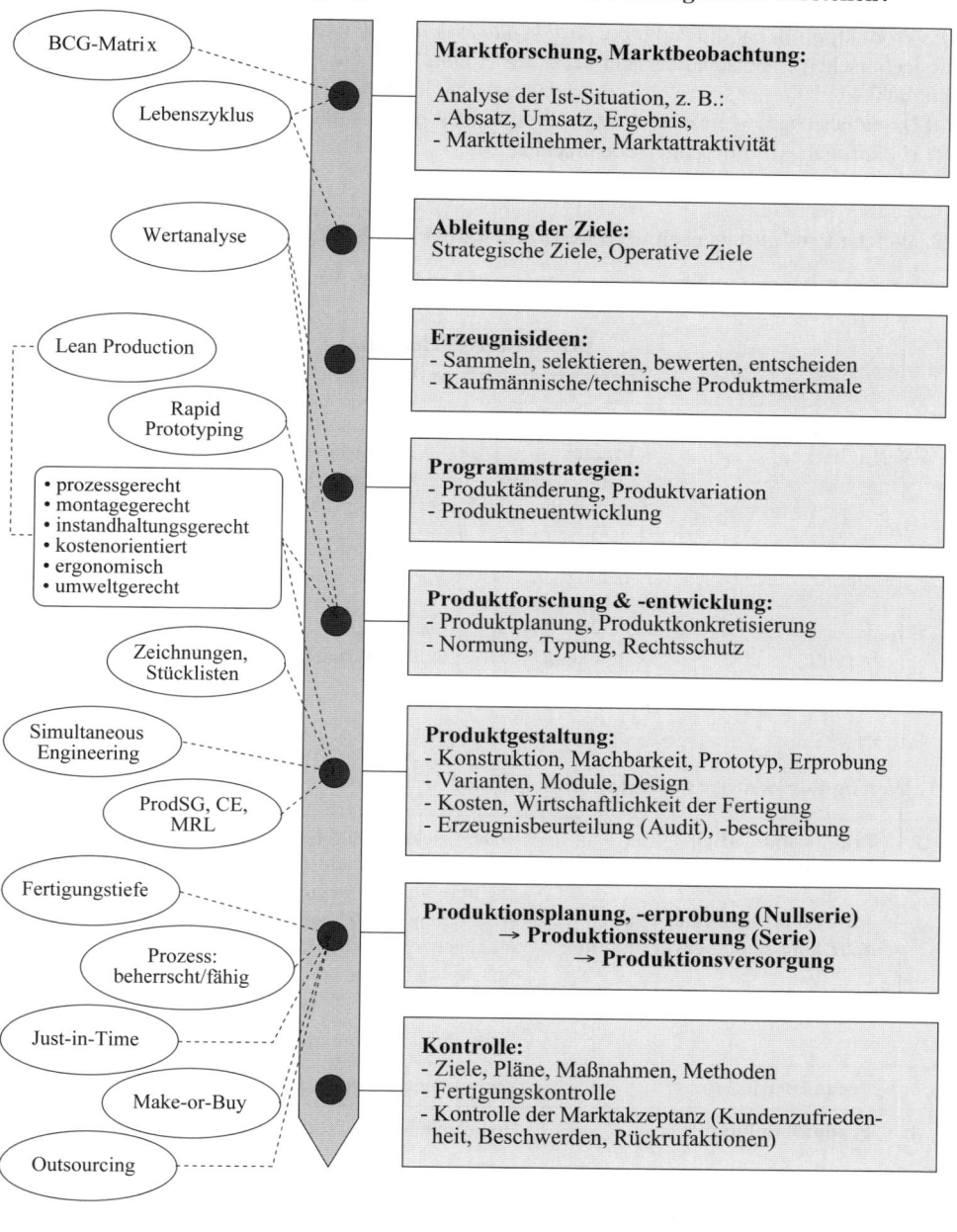

- BCG-Matrix
- Lebenszyklus

Marktforschung, Marktbeobachtung:
Analyse der Ist-Situation, z. B.:
- Absatz, Umsatz, Ergebnis,
- Marktteilnehmer, Marktattraktivität

- Wertanalyse

Ableitung der Ziele:
Strategische Ziele, Operative Ziele

- Lean Production
- Rapid Prototyping

Erzeugnisideen:
- Sammeln, selektieren, bewerten, entscheiden
- Kaufmännische/technische Produktmerkmale

- prozessgerecht
- montagegerecht
- instandhaltungsgerecht
- kostenorientiert
- ergonomisch
- umweltgerecht

Programmstrategien:
- Produktänderung, Produktvariation
- Produktneuentwicklung

Produktforschung & -entwicklung:
- Produktplanung, Produktkonkretisierung
- Normung, Typung, Rechtsschutz

- Zeichnungen, Stücklisten
- Simultaneous Engineering
- ProdSG, CE, MRL

Produktgestaltung:
- Konstruktion, Machbarkeit, Prototyp, Erprobung
- Varianten, Module, Design
- Kosten, Wirtschaftlichkeit der Fertigung
- Erzeugnisbeurteilung (Audit), -beschreibung

- Fertigungstiefe
- Prozess: beherrscht/fähig
- Just-in-Time
- Make-or-Buy
- Outsourcing

Produktionsplanung, -erprobung (Nullserie)
→ **Produktionssteuerung (Serie)**
→ **Produktionsversorgung**

Kontrolle:
- Ziele, Pläne, Maßnahmen, Methoden
- Fertigungskontrolle
- Kontrolle der Marktakzeptanz (Kundenzufriedenheit, Beschwerden, Rückrufaktionen)

09. Was ist der Inhalt der Produktpolitik?

Die Produktpolitik hat die Aufgabe, *bestehende Produkte zu verbessern*, sei es im Hinblick auf die technischen Eigenschaften oder sei es im Hinblick auf die Erweiterung der Verwendungsmöglichkeiten. Ferner sollen *neue Produkte* entwickelt werden. Ein Unternehmen kann nur dann auf Dauer bestehen, wenn es rechtzeitig Produkte für morgen plant und Erzeugnisse entwickelt, die zukünftigen Anforderungen entsprechen.

10. Welche Produkteigenschaften bestimmen über den Verkaufserfolg?

Im Einzelnen können folgende Produkteigenschaften für den Verkaufserfolg entscheidend sein:

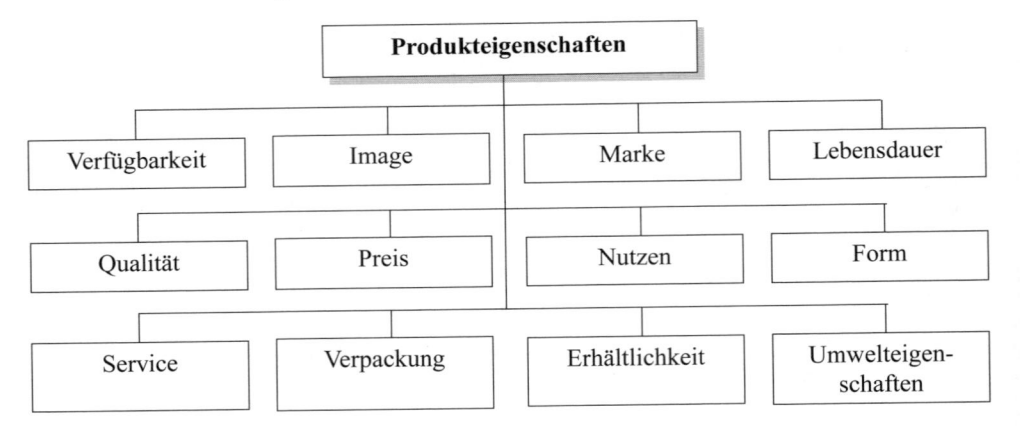

Produkteigenschaften
- Verfügbarkeit
- Image
- Marke
- Lebensdauer
- Qualität
- Preis
- Nutzen
- Form
- Service
- Verpackung
- Erhältlichkeit
- Umwelteigenschaften

11. Welche Formen der Produktpolitik gibt es?

1.	**Produktinnovation**	Neuentwicklung und Einführung
	1.1 Produktdifferenzierung	Erweiterung innerhalb einer *bestehenden* Produktgruppe (mehrere Varianten einer Produktlinie)
	1.2 Produktdiversifikation	Erweiterung durch *neue* Produktlinie
	1.2.1 horizontale Diversifikation	auf gleicher Wirtschaftsstufe medial (= neu, artverwandt) oder lateral (= neu, artfremd)
	1.2.2 vertikale Diversifikation	auf vor- oder nachgelagerte Wirtschaftsstufe
		→ Produktionsprogramm wird größer.
2.	**Produktvariation**	Veränderung/Verbesserung *bestehender* Produkte
3.	**Produktelimination**	Herausnahme von Produkten/Produktgruppen
		→ Produktionsprogramm wird kleiner.

2.2 Grundsätze betrieblicher Aufbau- und Ablauforganisation

12. Was ist eine Erzeugnisstruktur?

Nach DIN 199, Teil 5 ist die Erzeugnisstruktur die Gesamtheit der Beziehungen zwischen Gruppen und Teilen eines Erzeugnisses, die nach bestimmten Gesichtspunkten festgelegt sind.

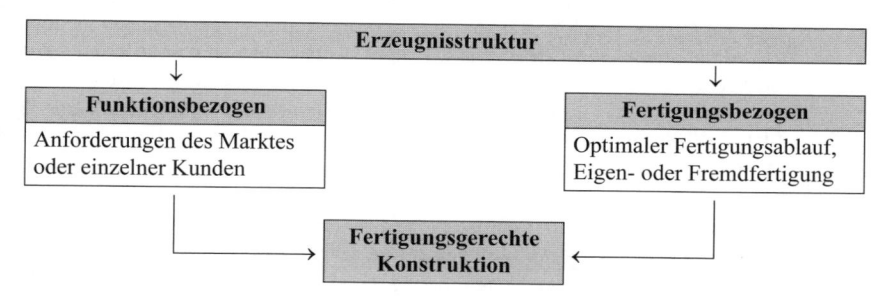

```
                    Erzeugnisstruktur
                    ↓               ↓
          Funktionsbezogen      Fertigungsbezogen
       Anforderungen des Marktes   Optimaler Fertigungsablauf,
       oder einzelner Kunden       Eigen- oder Fremdfertigung
                    ↓               ↓
                  Fertigungsgerechte
                     Konstruktion
```

13. Wozu ist eine Erzeugnisgliederung erforderlich?

- *Wirtschaftlichkeit* der Montageprozesse,
- *Verbesserung der Kalkulation* für ähnliche Erzeugnisse auf der Grundlage vorhandener, vergleichbarer Baugruppen,
- Grundlage der Klassifizierung von Baugruppen zur *Erhöhung der Mehrfachverwendung*,
- Verbesserung der *Terminplanung* hinsichtlich der Angebotstermine und der Durchlaufzeiten.

Durch das Aufgliedern von Erzeugnissen in Baugruppen, Einzelteile und Material ergeben sich verschiedene *Gliederungsebenen*. In Abhängigkeit der entsprechenden Bedingungen können die einzelnen Komponenten eines Erzeugnisses den unterschiedlichen Erzeugnisebenen zugeordnet werden.

14. Wie sieht eine typische Erzeugnisgliederung aus?

0. Gliederungsebene	*Erzeugnis*	*Bsp.:* Handbohrmaschine
1. Gliederungsebene	*Hauptbaugruppe*	*Bsp.:* Elektromotor
2. Gliederungsebene	*Baugruppe*	*Bsp.:* Netzkabel
3. Gliederungsebene	*Unterbaugruppe*	*Bsp.:* Schalter
4. Gliederungsebene	*Einzelteil*	*Bsp.:* Aderendhülse
5. Gliederungsebene	*Material*	*Bsp.:* Blech (Halbzeug)

Die Anzahl der Gliederungsebenen sowie deren Bezeichnung und die Arten der Gliederung sind in den Unternehmen unterschiedlich.

15. Welche einheitlichen Definitionen beschreibt die DIN 199?

Die DIN 199 gibt folgende Definitionen:

Erzeugnis	„Ein Erzeugnis ist ein durch Fertigung entstandener gebrauchsfähiger bzw. verkaufsfähiger Gegenstand." Synonym für Erzeugnis stehen auch die Begriffe Produkt, Ware, Gut u. a. Sie alle kennzeichnen materielle Güter sowie auch immaterielle Güter (Dienstleistungen).
Gruppe	„Eine (Bau-)Gruppe ist ein aus zwei oder mehr Teilen oder Gruppen niedrigerer Ordnung bestehender Gegenstand." Diese Gruppe kann sowohl montiert sein, als auch aus losen Teile bestehen, die z. B. in einen Beutel verpackt werden.
Teil	„Ein (Einzel-)Teil ist ein Gegenstand, für dessen weitere Aufgliederung aus Sicht des Anwenders dieses Begriffes kein Bedürfnis entsteht." Ein Einzelteil ist nicht zerstörungsfrei zerlegbar.
Rohstoff	„Der Rohstoff ist das Ausgangsmaterial, aus dem ein Einzelteil erstellt wird." Er wird unterteilt in Grundstoff, Rohmaterial und Halbzeug. Die DIN zählt auch Vorarbeits- und Umarbeitsteile sowie Rohteile zu den Rohstoffen.
Grundstoff	„Der Grundstoff ist ein Material ohne definierte Form, das gefördert, abgebaut, angebaut oder gezüchtet wird und als Ausgangssubstanz für Rohmaterial dient."
Rohmaterial	„Das *Rohmaterial* ist ein *aufbereiteter Grundstoff* in geformtem Zustand, der zur Weiterbearbeitung oder als *Ausgangssubstanz für Hilfs- und Betriebsstoffe* dient."
Halbzeug	„*Halbzeug* ist der Sammelbegriff für Gegenstände mit *bestimmter Form*, bei denen mindestens noch ein Maß unbestimmt ist." Es wird insbesondere durch erste, technologische *Bearbeitungs*stufen wie Walzen, Pressen, Schmieden, Weben usw. hergestellt. Beispiele: Stangenmaterial, Bleche, Seile, Tuche.
Rohteil	„Ein *Rohteil* ist ein zur Herstellung eines bestimmten Gegenstandes *spanlos* gefertigtes Teil, das noch einer Bearbeitung bedarf." Beispiele: Guss- und Pressteile, Schmiederohlinge.
Vorarbeitsteil	„Ein *vorgearbeitetes Teil* ist ein Gegenstand, der aus fertigungstechnischen Gründen in einem definierten Zwischenzustand vorliegt."
Umarbeitsteil	„Ein *Umarbeitsteil* ist ein Gegenstand, der aus einem Fertigteil durch weitere Bearbeitung entsteht."
Wiederholteil	„Ein *Wiederholteil* ist ein Gegenstand, der in verschiedenen Gruppen verwendet wird." Diese Teile haben eine so genannte *Mehrfachverwendung*. In diesem Zusammenhang kann man bei Gruppen mit Mehrfachverwendung von *Wiederhol(bau)gruppen* sprechen.
Variante	„*Varianten* sind Gegenstände ähnlicher Form oder Funktion mit einem in der Regel hohen Anteil identischer Gruppen oder Teile." Sie stellen Ausführungsunterschiede eines Erzeugnisses dar, die aus konstruktiven Unterschieden in den untergeordneten Gliederungsebenen resultieren. Es werden *Muss*-Varianten (veränderte Basisversionen) und *Kann*-Varianten (erweiterbare Basisversionen) unterschieden.

16. Was ist innerhalb der Erzeugnisgliederung unter einem logischen Ordnungssystem zu verstehen?

Es handelt sich hier um ein Zuordnungssystem, welches unter dem Begriff *Zeichnungsnummernsystem* bekannt ist.

- *Ziele:*
  - *Eindeutige* Identifizierung der Teile, Baugruppen, Erzeugnisse und Varianten über ein (alpha) numerisches Nummernsystem,
  - einfache Zuordnung zu Baugruppen höherer Ordnung bzw. zum Erzeugnis durch den logischen Aufbau des Systems,

2.2 Grundsätze betrieblicher Aufbau- und Ablauforganisation

- Schaffung eines *durchgängigen* Ordnungssystems, von der Entwicklung über den Einkauf und die Fertigung bis zum Versand,
- einfache Ablage, Verwaltung und Recherche der zugehörigen Dokumentationen (Zeichnungen, Arbeitspläne u. Ä.).

- Der *Aufbau*
eines Zeichnungsnummernsystems ist unternehmensbezogen unterschiedlich. Auch die Bezeichnung unterscheidet sich dementsprechend. Andere Begriffe für *Zeichnungsnummer* sind beispielsweise:

- Artikelnummer,
- Identifikationsnummer,
- Identnummer,
- *Teilenummer* und *Sachnummer* (beide auch für Baugruppen).

Beispiel: Zeichnungsnummernaufbau „Handbohrmaschine Version 12"

Ebene 0	*Erzeugnis*	Handbohrmaschine	Z.Nr. *12*.00.00.00.00-00
Ebene 1	*Hauptbaugruppe*	Elektromotor	Z.Nr. 12.*01*.00.00.00-00
Ebene 2	*Baugruppe*	Netzkabel	Z.Nr. 12.02.*02*.00.00-00
Ebene 3	*Unterbaugruppe*	Schalter	Z.Nr. 12.02.01.*03*.00-00
Ebene 5	*Einzelteil*	Aderendhülse	Z.Nr. 12.02.02.01.*04*-00

Änderungskennzeichen

Ein völlig *ungeeignetes System* in diesem Sinne *ist die Vergabe von fortlaufenden Zählnummern*, die beim Anlegen eines Teiles, einer Baugruppe oder eines Erzeugnisses im Konstruktions- oder PPMS-System automatisch vergeben werden. Eine strukturelle Zuordnung ist in keinem Fall erkennbar und möglich.

Beispiel:

Handbohrmaschine	Sachnummer	625897-01
Netzkabel	Sachnummer	398524-00
Aderendhülse	Sachnummer	469870-08

Sollte eine strukturelle Ablage der *Konstruktionsunterlagen* erforderlich werden, wäre ein *zusätzliches* logisches System nach o. g. Beispiel erforderlich.

17. Was ist der Inhalt technischer Zeichnungen?

In technischen Zeichnungen wird das Erzeugnis nach DIN-Zeichnungsnormen oder anderen Symbolen unter Angabe von Maßen, Toleranzen, der Oberflächengüte und -behandlung, der Werkstoffe und Werkstoffbehandlungen *grafisch* dargestellt.

18. Welche Arten von technischen Zeichnungen werden unterschieden?

Zusammenstellungszeichnungen	zeigen die Größenverhältnisse, die Lage und das Zusammenwirken der verschiedenen Teile.
Gruppenzeichnungen	zeigen die verschiedenen Teilkomplexe auf.
Einzelteilzeichnungen	enthalten die vollständigen und genauen Angaben für die Fertigung des einzelnen Erzeugnisses.

19. Was ist eine Stückliste?

Die technische Zeichnung ist für die kaufmännischen Abteilungen wie Einkauf, Materialwirtschaft, Kostenrechnung keine ausreichende Grundlage. Sie wird daher durch die Stückliste ergänzt.

Die Stückliste ist die Aufstellung der benötigten Werkstoffe eines Erzeugnisses oder Erzeugnisteiles auf der Grundlage der Zeichnungen. Sie gibt *in tabellarischer Form* einen vollständigen *Überblick* über *alle Teile* unter Angabe der Zeichnungs- oder DIN-Nummer, des Werkstoffes sowie der Häufigkeit des Vorkommens in einem Erzeugnis. Die Stückliste ist in der Regel nach dem Aufbau des Erzeugnisses, d. h. nach technischen Funktionen, gegliedert. Die Grundform einer Stückliste enthält drei Bestandteile:

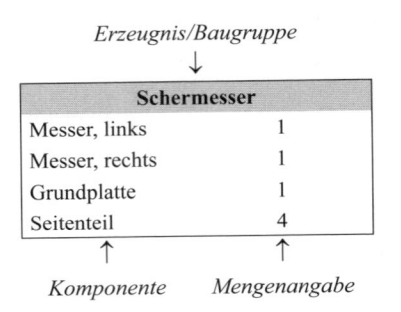

Erzeugnis/Baugruppe
↓

Schermesser	
Messer, links	1
Messer, rechts	1
Grundplatte	1
Seitenteil	4

↑ ↑
Komponente   *Mengenangabe*

20. Welche Arten von Stücklisten werden unterschieden?

Stücklisten (1) • Im Hinblick auf den Aufbau unterscheidet man:	
Baukastenstückliste	Sie ist in der Zusammenstellungszeichnung enthalten und zeigt, aus welchen Teilen sich ein Erzeugnis zusammensetzt. Die Mengenangaben beziehen sich auf eine Einheit des zusammengesetzten Produkts.
Strukturstücklisten	geben Aufschluss über den Produktionsaufbau und zeigen, auf welcher Produktionsstufe das jeweilige Teil innerhalb des Produkts vorkommt.
Mengenstücklisten	In ihr sind alle Teile aufgelistet, aus denen ein Produkt besteht und zwar mit der Menge, mit der sie jeweils insgesamt in eine Einheit eines Erzeugnisses eingehen.
Variantenstücklisten	werden eingesetzt, um geringfügig unterschiedliche Produkte in wirtschaftlicher Form aufzulisten (als: Baukasten-, Struktur- oder Mengenstückliste).

2.2 Grundsätze betrieblicher Aufbau- und Ablauforganisation

Stücklisten (2) • Im Hinblick auf die Anwendung im Betrieb unterscheidet man:	
Konstruktionsstückliste	Sie gibt Aufschluss über alle zu einem Erzeugnis gehörenden Gegenstände.
Fertigungsstückliste	Sie zeigt, welche Erzeugnisse im eigenen Betrieb gefertigt werden müssen und welche von Zulieferern beschafft werden müssen.
Einkaufsstücklisten	zeigen, welche Teile die Beschaffungsabteilung einkaufen muss.
Terminstückliste	Sie zeigt, zu welchem Termin bestimmte Gegenstände beschafft werden müssen.

21. Welchen Inhalt haben „Fremdbedarfsliste, Teilebereitstellungsliste und Teileverwendungsnachweis"?

Fremdbedarfsliste	enthält die in Eigenleistung zu fertigenden Teile.
Teilebereitstellungsliste	regelt Ort, Menge und Reihefolge der Teilebereitstellung.
Teileverwendungsnachweis	gibt Auskunft darüber, in welchem Erzeugnis ein bestimmtes Teil vorkommt.

22. Welche Aufgaben hat die Produktionssteuerung?

Die Produktionssteuerung (auch: Fertigungssteuerung) hat operativen Charakter. *Sie ist der Übergang von der Produktionsplanung zur Produktionsdurchführung.* Im Gegensatz zur Planung befasst sich die Steuerung unmittelbar mit der Vorbereitung, Lenkung und Überwachung der Produktionsdurchführung.

Produktionssteuerung		
Veranlassen	Überwachen	Sichern
↓	↓	↓
Programm-/Auftragsbildung Terminermittlung Bedarfsermittlung Bereitstellung Arbeitsverteilung	Datenerfassung Mengenüberwachung Terminüberwachung Kostenüberwachung Qualitätsprüfung/-überwachung Arbeitsbedingungen überwachen	Störungen beheben Eingreifen Plankorrektur Qualitätssicherung

Die Produktionssteuerung ist vom Charakter her ein geschlossener Regelkreis, der die Elemente Produktionsplanung (das *Soll*) mit der Produktionsdurchführung (das Ist) im Wege der Produktionskontrolle (der *Soll-Ist-Vergleich*) miteinander verbindet. Immer dann, wenn die Produktionsdurchführung vom Plan abweicht (Termine, Qualitäten, Mengen usw.) – wenn also Störungen im Prozess erkennbar sind – müssen über Korrekturmaßnahmen die Störungen beseitigt und (möglichst) zukünftig vermieden werden; mitunter kommt es aufgrund von Soll-Ist-Abweichungen auch zu Änderungen in der (ursprünglichen) Planung:

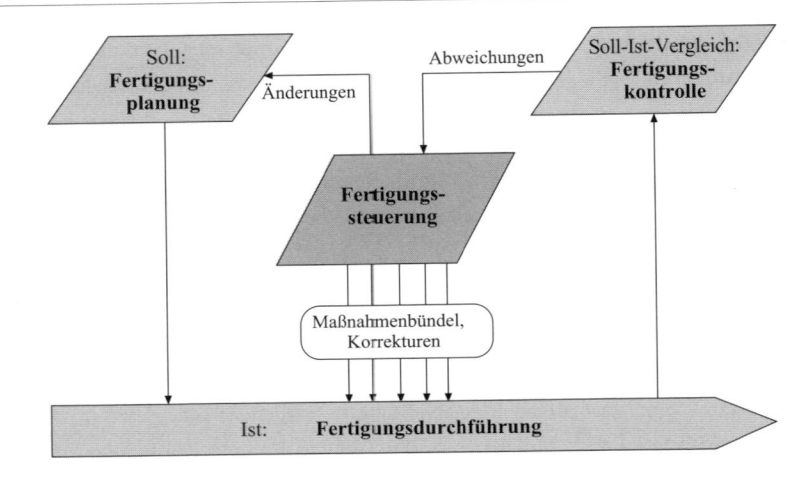

```
        Soll:                    Abweichungen      Soll-Ist-Vergleich:
     Fertigungs-    ←──────────────────────────    Fertigungs-
      planung      Änderungen                       kontrolle
         │                                              ↑
         │              Fertigungs-                     │
         │              steuerung                       │
         │                                              │
         │         Maßnahmenbündel,                     │
         │            Korrekturen                       │
         ↓              ↓↓↓↓↓                           │
              Ist:  Fertigungsdurchführung  ────────────┘
```

23. Welche Ziele hat die Produktionssteuerung?

Die *Ziele der Produktionssteuerung* leiten sich aus den Unternehmenszielen ab und sind auf ihre Vereinbarkeit mit diesen zu gestalten:

Minimierung	der Rüstkosten und der Durchlaufzeiten
Maximierung	der Materialausnutzung des Nutzungsgrades der Betriebsmittel
Optimierung	der Lagerbestände und der Nutzung vorhandener Fertigungskapazitäten
Einhaltung	der Termin- und Qualitätsvorgaben
Humanisierung	der Arbeit
Gewährleistung	der Sicherheit am Arbeitsplatz
Ergonomie	der Fertigung

Die optimale Realisierung dieser Ziele verschafft Wettbewerbsvorteile am Absatzmarkt und gehört daher zu den *Erfolgsfaktoren der industriellen Fertigung*.

24. Welche Zielkonflikte können innerhalb des Zielbündels der Produktionssteuerung bestehen?

Die Ziele der Produktionssteuerung sind nicht immer indifferent oder komplementär; zum Teil gibt es konkurrierende Beziehungen (*Zielkonflikte*), z. B.:

kurze Durchlaufzeiten	↔	kontinuierliche Auslastung der Kapazitäten
kontinuierliche Kapazitätsauslastung	↔	Einhaltung der Termine
optimale Lagerbestandsführung	↔	hohe Lieferbereitschaft
Minimierung der Fertigungskosten	↔	Ergonomie der Fertigung

2.2.5 Grundlagen der Ablaufplanung

01. Was ist das Ziel der Fertigungsablaufplanung?

Das Ziel der Fertigungsablaufplanung die *Minimierung der Fertigungskosten* durch:

- Bestmögliches Zusammenwirken von Mensch, Betriebsmitteln und Werkstoffen
- wirtschaftlichster Betriebsmittel-Einsatz
- Wahl bestgeeigneter Fertigungsverfahren
- Wahl geringster Fertigungs-Durchlaufzeiten
- Problemlosigkeit der Arbeitsdurchführung

02. Wie unterscheiden sich strategische und operative Fertigungsablaufplanung?

- Gegenstand der *strategischen Fertigungsablaufplanung*
  ist die Wahl geeigneter Fertigungsverfahren und die Planung zur Bereitstellung der benötigten Produktionsmittel.

- Gegenstand der *operativen Fertigungsablaufplanung*
  ist die konkrete, kurzfristige und auf einen Werkauftrag bezogene Planung und Steuerung der Arbeitsabläufe, Arbeitsinhalte, der Transporte und des Belegwesens. Für die kurzfristige Fertigungsablaufplanung verwendet man in der Praxis den Begriff „Arbeitsplan".

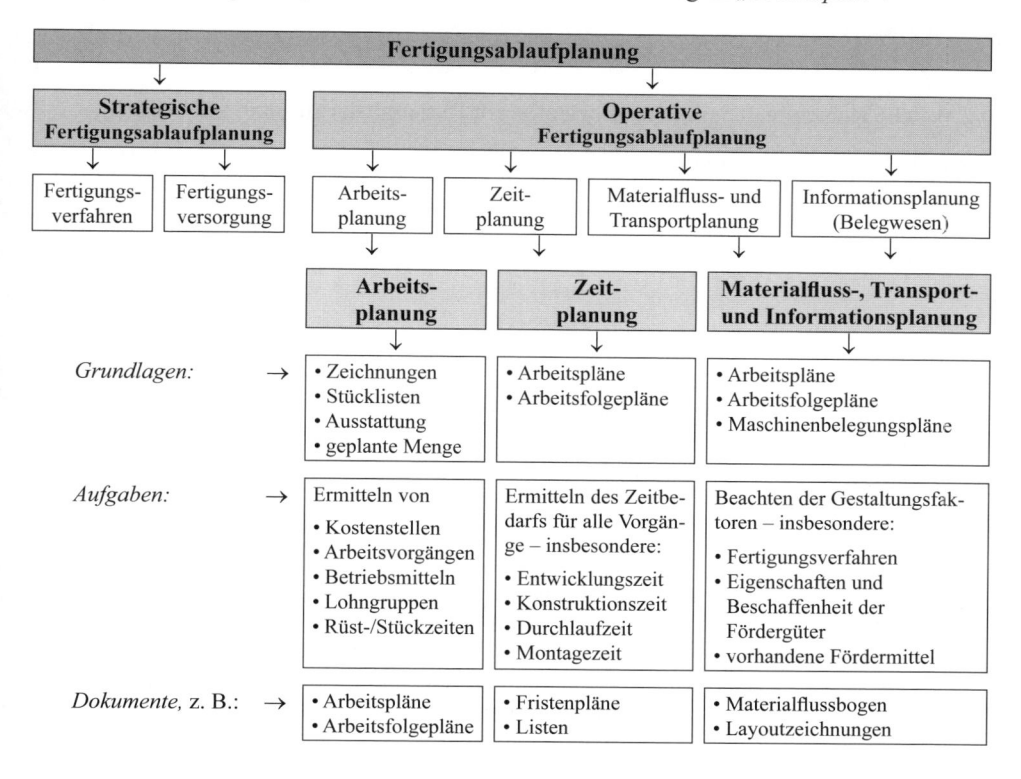

	Arbeitsplanung	Zeitplanung	Materialfluss-, Transport- und Informationsplanung
Grundlagen:	• Zeichnungen • Stücklisten • Ausstattung • geplante Menge	• Arbeitspläne • Arbeitsfolgepläne	• Arbeitspläne • Arbeitsfolgepläne • Maschinenbelegungspläne
Aufgaben:	Ermitteln von • Kostenstellen • Arbeitsvorgängen • Betriebsmitteln • Lohngruppen • Rüst-/Stückzeiten	Ermitteln des Zeitbedarfs für alle Vorgänge – insbesondere: • Entwicklungszeit • Konstruktionszeit • Durchlaufzeit • Montagezeit	Beachten der Gestaltungsfaktoren – insbesondere: • Fertigungsverfahren • Eigenschaften und Beschaffenheit der Fördergüter • vorhandene Fördermittel
Dokumente, z. B.:	• Arbeitspläne • Arbeitsfolgepläne	• Fristenpläne • Listen	• Materialflussbogen • Layoutzeichnungen

Struktur der Fertigungsablaufplanung:

- **Strategische Fertigungsablaufplanung**
  - Fertigungsverfahren
  - Fertigungsversorgung

- **Operative Fertigungsablaufplanung**
  - Arbeitsplanung
  - Zeitplanung
  - Materialfluss- und Transportplanung
  - Informationsplanung (Belegwesen)

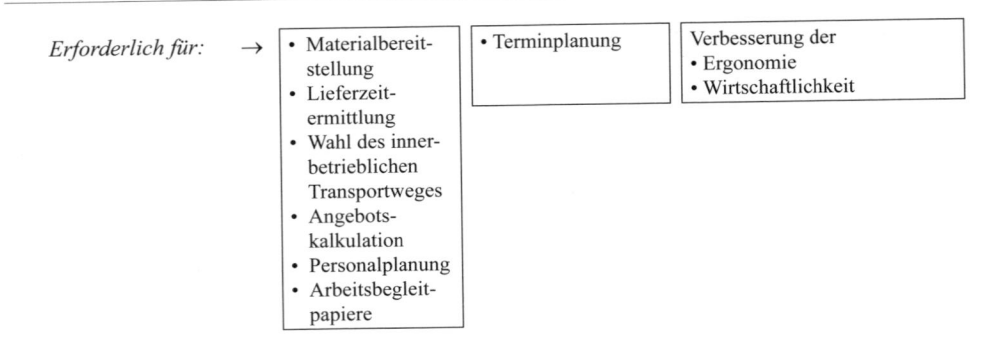

Erforderlich für: →	• Materialbereit-stellung • Lieferzeit-ermittlung • Wahl des inner-betrieblichen Transportweges • Angebots-kalkulation • Personalplanung • Arbeitsbegleit-papiere	• Terminplanung	Verbesserung der • Ergonomie • Wirtschaftlichkeit

03. Welche Fragen müssen im Rahmen der Arbeitsplanung beantwortet werden?

Die Arbeitsplanung legt kurzfristig und konkret für jedes Teil, Halbfabrikat und Enderzeugnis fest,

- in welcher Weise? → Arbeitsgänge
- in welcher Reihenfolge? → Arbeitsablauf (Arbeitsfolgeplanung)
- auf welchen Maschinen? → Arbeitsplätze
- mit welchen Hilfsmitteln? → Werkzeuge/Vorrichtungen
- in welcher Zeit? → Bearbeitungszeit (Durchlaufzeit)

gefertigt werden soll.

04. Welche Konzepte der verfahrensorientierten Rationalisierung sind einsetzbar?

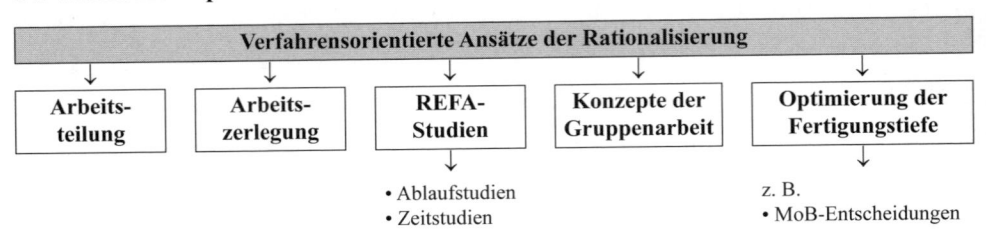

Verfahrensorientierte Ansätze der Rationalisierung

Arbeits-teilung	Arbeits-zerlegung	REFA-Studien	Konzepte der Gruppenarbeit	Optimierung der Fertigungstiefe
		• Ablaufstudien • Zeitstudien		z. B. • MoB-Entscheidungen

Arbeitsteilung und Arbeitszerlegung (1)	
Arbeitsteilung (Mengenteilung)	Bei der Arbeitsteilung wird der zu erledigende (gleiche) Arbeitsgang auf mehrere Mitarbeiter verteilt, weil er die Leistungsfähigkeit einer Person übersteigt. Jeder Mitarbeiter verrichtet die gleiche Arbeit.
	Beispiel: Drei Mitarbeiter beschaffen Montageteile für zehn Montagestraßen.
Arbeitszerlegung (Artteilung)	Bei der Arbeitszerlegung wird die zu erledigende Gesamtaufgabe zerlegt in unterschiedliche Teilaufgaben; jeder Mitarbeiter erledigt eine bestimmte (un-terschiedliche) Teilaufgabe.
	Beispiel: Gesamtaufgabe = Montage eines Rasenmähers, bestehend aus 12 Teilen; Teilaufgabe 1 = Montieren der Räder an die Bodenplatte; Teilaufgabe 2 = Montage des Motors usw.

2.2 Grundsätze betrieblicher Aufbau- und Ablauforganisation

Arbeitsteilung und Arbeitszerlegung (2)	
Vorteile, z. B.:	• Geschwindigkeit (Spezialisierung der Verrichtung) aufgrund stets gleicher Tätigkeit (Zeitersparnis) • Kostenreduktion: Einsatz ungelernter und angelernter Arbeiter
Nachteile, z. B.:	• Monotonie der Arbeit • sinkende Motivation • einseitige Beanspruchung der Muskulatur • Sinnentleerung

05. Aus welchen Elementen setzt sich die Durchlaufzeit zusammen?

Die Durchlaufzeit ist die Zeitdauer, die sich bei der Produktion eines Gutes zwischen Beginn und Auslieferung eines Auftrages ergibt.

Für einen betrieblichen Fertigungsauftrag setzt sich also die Durchlaufzeit aus folgenden Einzelzeiten zusammen:

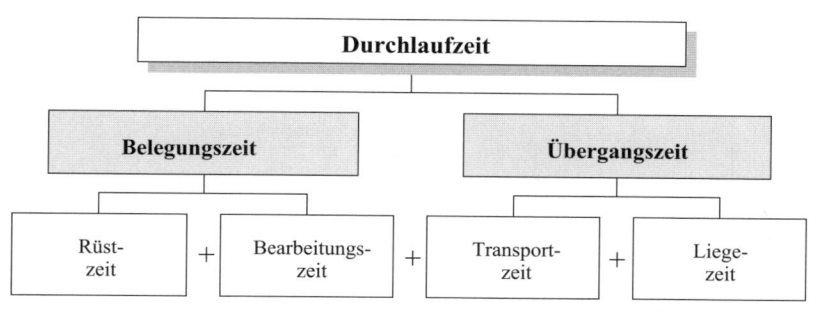

```
                    Durchlaufzeit
                   /             \
            Belegungszeit      Übergangszeit
            /         \         /         \
        Rüst-    + Bearbeitungs- + Transport- + Liege-
        zeit         zeit           zeit        zeit
```

Der Durchlaufzeitfaktor ist das Verhältnis der Durchlaufzeit zur Durchführungszeit (= Belegungszeit):

$$\text{Durchlaufzeitfaktor} = \frac{\text{Durchlaufzeit}}{\text{Durchführungszeit (= Belegungszeit)}}$$

z. B.

$$= \frac{400 \text{ min}}{100 \text{ min}} = 4$$

d. h. also, die Belegungszeit beträgt hier ein Viertel der gesamten Durchlaufzeit. Die restliche Zeit (= 3/4) entfällt auf Übergangszeiten wie Transport- und Liegezeiten.

- Die *Rüstzeit* ist das Vor- und Nachbereiten einer Maschine oder eines Arbeitsplatzes; z. B. Einspannen des Bohrers in das Bohrfutter, Demontage des Bohrfutters, Ablage des Bohrers.

- Die *Bearbeitungszeit* ergibt sich aus der Multiplikation von Auftragsmenge mal Stückzeit mal Leistungsgrad.

$$\text{Bearbeitungszeit} = \text{Auftragsmenge} \cdot \text{Stückzeit} \cdot \text{Leistungsgrad}$$

- Die *Transportzeit* ist der Zeitbedarf für die Ortsveränderung des Werkstücks. Es gilt:

$$\text{Transportzeit} = \text{Förderzeit} + \text{Transportwartezeit}$$

- Die *Liegezeit* ergibt sich aus den Puffern, die daraus resultieren, dass ein Auftrag nicht sofort begonnen wird bzw. transportiert wird. Ursachen dafür sind:
  - nicht alle Einzelvorgänge können exakt geplant werden
  - es gibt kurzzeitige Störungen
  - es gibt notwendige (geplante) Puffer zwischen einzelnen Arbeitsvorgängen (so genannte Arbeitspuffer)

06. Wie ist die Auftragszeit nach REFA gegliedert?

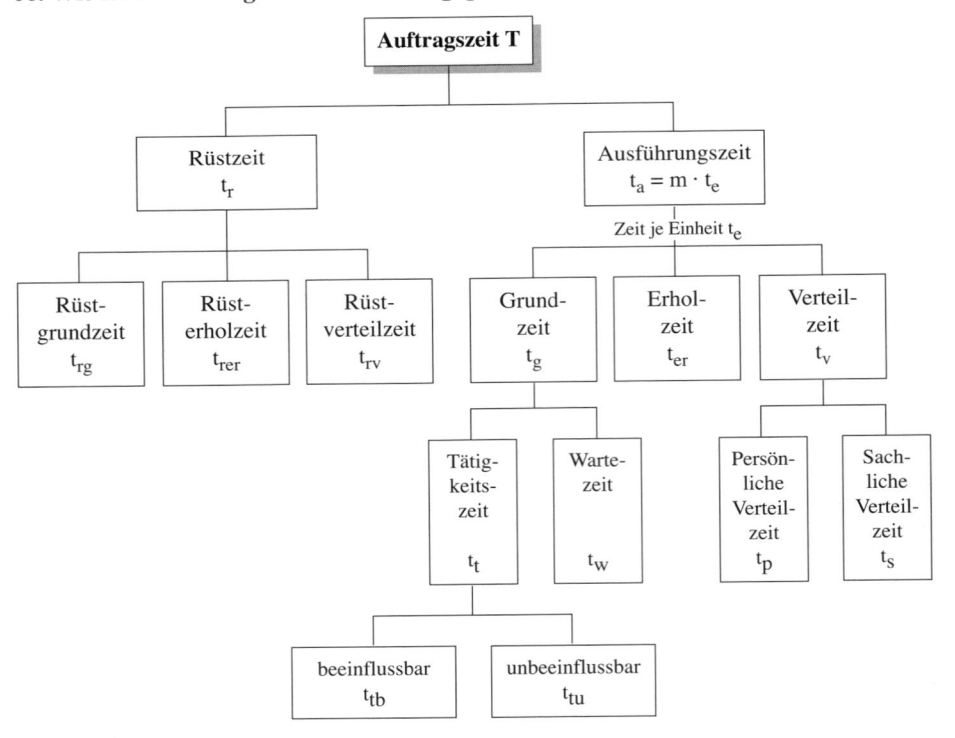

```
                        Auftragszeit T
                       /              \
              Rüstzeit                Ausführungszeit
                 t_r                   t_a = m · t_e
                                    Zeit je Einheit t_e
        /        |        \         /        |         \
   Rüst-      Rüst-      Rüst-    Grund-   Erhol-    Verteil-
   grund-    erhol-     verteil-   zeit     zeit      zeit
   zeit       zeit       zeit      t_g      t_er      t_v
   t_rg       t_rer      t_rv     /    \            /      \
                                Tätig- Warte-   Persön-  Sach-
                                keits-  zeit    liche    liche
                                zeit            Verteil- Verteil-
                                 t_t    t_w     zeit     zeit
                                /    \          t_p      t_s
                         beeinflussbar  unbeeinflussbar
                            t_tb           t_tu
```

Dabei gelten folgende *Definitionen und Begriffe nach REFA* (REFA: Verband für Arbeitsstudien und Betriebsorganisation e.V.):

Menge m — Anzahl der zu fertigenden Einheiten (Losgröße des Auftrags)

Zeit je Einheit t_e — Stückzeit (wird meist gebildet aus der Grundzeit t_g und prozentualen Zuschlägen für t_{er} und t_v bezogen auf t_g)

Rüstzeit t_r — Ist die Zeit, während das Betriebsmittel gerüstet (vorbereitet) wird, z. B. Arbeitsplatz einrichten, Maschine einstellen, Werkzeuge bereit stellen und Herstellen des ursprünglichen Zustandes nach Auftragsausführung; i. d. R. einmalig je Auftrag.

2.2 Grundsätze betrieblicher Aufbau- und Ablauforganisation

Grundzeit t_g Ist die Zeit, die zum Ausführen einer Mengeneinheit durch den Menschen erforderlich ist, z. B. Rohling einlegen, Maschine einschalten, Rohling bearbeiten usw.

Erholzeit t_{er} Ist die Zeit, die für das Erholen des Menschen erforderlich ist, z. B. planmäßige Pausen.

Verteilzeit t_v Ist die Zeit, die zusätzlich zur planmäßigen Ausführung erforderlich ist:
- sachliche Verteilzeit: zusätzliche Tätigkeit, störungsbedingtes Unterbrechen; z. B. unvorhergesehene Störung an der Maschine.
- persönliche Verteilzeit: persönlich bedingtes Unterbrechen; z. B. Übelkeit, Erschöpfung

Beispiel 1:
Bei der Durchführung eines Auftrags fallen folgende Ablaufabschnitte an; sie sind sachlogisch zu gliedern und den richtigen Zeitarten zuzuordnen:

Nr.	Ablaufabschnitte	Rüstzeit t_r			Ausführungszeit t_e				
		t_{rg}	t_{rv}	t_{rer}	t_g		t_{er}	t_v	
					t_t	t_w		t_p	t_s
	1 min ausruhen – nach Fehlerbehebung an der Justiereinrichtung								
	Werkzeug holen und bereit legen								
	Bohren ohne Überwachung								
	Justiereinrichtung klemmt; Fehler beheben								
	Maschine einschalten								
	Arbeitsplan lesen								
	Werkzeug einspannen								
	1. Werkstück aufnehmen und spannen								
	Maschine nachjustieren								
	Bohrvorgang und Überwachung des Bohrvorgangs								
	Maschine einrichten								
	Vor der 2. Werkstückbearbeitung zur Toilette gehen								
	Nach Bearbeitung der Werkstücke Arbeitskarte ausfüllen und abzeichnen								
	Nachjustierung erfolglos; neues Werkzeug holen und einspannen								
	1. Werkstück ablegen								
	9:15 Planmäßige Pause, 15 min								
	Werkzeug ausspannen und ablegen								
	1. Werkstück abspannen								
	2. Werkstück aufnehmen und spannen								
	Von der Toilette zurück kommen								
	1. Werkstück prüfen								

Nr.	Ablaufabschnitte	Rüstzeit t_r			Ausführungszeit t_e				
		t_{rg}	t_{rv}	t_{rer}	t_g		t_{er}	t_v	
					t_t	t_w		t_p	t_s
1	Arbeitsplan lesen	•							
2	Werkzeug holen und bereit legen	•							
3	Maschine einrichten	•							
4	Justiereinrichtung klemmt; Fehler beheben		•						
5	1 min ausruhen – nach Fehlerbehebung an der Justiereinrichtung		•						
6	Werkzeug einspannen	•							
7	1. Werkstück aufnahmen und spannen				•				
8	Maschine einschalten				•				
9	Bohrvorgang und Überwachung des Bohrvorgangs				•				
10	Bohren ohne Überwachung					•			
11	1. Werkstück abspannen				•				
12	1. Werkstück prüfen				•				
13	1. Werkstücke ablegen				•				
14	Maschine nachjustieren		•						
15	Nachjustierung erfolglos; neues Werkzeug holen und einspannen		•						
16	Vor der 2. Werkstückbearbeitung zur Toilette gehen							•	
17	Von der Toilette zurück kommen							•	
18	2. Werkstück aufnehmen und spannen				•				
...	...								
...	9:15 Planmäßige Pause, 15 min						•		
...	Nach Bearbeitung der Werkstücke Arbeitskarte ausfüllen und abzeichnen	•							
...	Werkzeug ausspannen und ablegen	•							

2.2 Grundsätze betrieblicher Aufbau- und Ablauforganisation

Beispiel 2:
Zu ermitteln ist die Auftragszeit T für den Auftrag „Drehen von 20 Anlasserritzeln" nach folgenden Angaben:

Lfd. Nr.	Vorgangsstufen	Sollzeit in min
1	Zeichnung lesen	4,0
2	Werkzeugstahl einspannen	1,5
3	Maschine einrichten	2,0
4	Rohling einspannen	0,5
5	Maschine einschalten	0,2
6	Ritzel drehen	4,5
7	Maschine ausschalten	0,2
8	Ritzel ausspannen und ablegen	0,4
9	Werkzeugstahl ausspannen und ablegen	0,5
10	Maschine endreinigen	3,0
Verteilzeitzuschlag für Rüsten: 20 %		
Verteilzeitzuschlag für Ausführungszeit: 10 %		

Lösung:

	Vorgangsstufen	Sollzeit in min	Rüstzeit			Ausführungszeit		
			t_{rg}	t_{rv}	t_{rer}	t_g	t_v	t_{er}
1	Zeichnung lesen	4,0	4,0					
2	Werkzeugstahl einspannen	1,5	1,5					
3	Maschine einrichten	2,0	2,0					
4	Rohling einspannen	0,5				0,5		
5	Maschine einschalten	0,2				0,2		
6	Ritzel drehen	4,5				4,5		
7	Maschine ausschalten	0,2				0,2		
8	Ritzel ausspannen und ablegen	0,4				0,4		
9	Werkzeugstahl ausspannen und ablegen	0,5	0,5					
10	Maschine endreinigen	3,0	3,0					
	Summe t_{rg} bzw. t_g		11,0			5,8		
	Verteilzeitzuschlag: 20 % bzw. 10 %			2,2			0,58	
	Summe t_r bzw. t_e			13,2			6,38	
	$T = t_r + t_a = t_r + 20 \cdot t_e = 13,2 \text{ min} + 20 \cdot 6,38 \text{ min} = 140,8 \text{ min}$							

Beispiel 3:
Zu berechnen ist die Auftragszeit T nach folgenden Angaben:

Anzahl der zu fertigenden Einheiten	100 E
Einspannen des Rohlings	0,20 min/E
Maschinenlaufzeit	1,50 min/E
Erholzeit	5 %
Verteilzeit	15 %
Rüstzeit	20 min

Lösung:
$$T = t_r + m \cdot t_e$$
$$= t_r + m (t_g + t_{er} + t_v) \quad \text{mit:} \quad t_{g1} \quad \text{Rohling einspannen}$$
$$= t_r + m (t_{g1} + t_{g2} + t_{er} + t_v) \qquad\qquad t_{g2} \quad \text{Maschinenlaufzeit}$$
$$= 20 \text{ min} + 100 \,(1{,}7 + 0{,}05 \cdot 1{,}7 + 0{,}15 \cdot 1{,}7)$$
$$= 224 \text{ min}/100 \text{ E}$$

07. Nach welchen Merkmalen werden Fertigungsverfahren unterschieden?

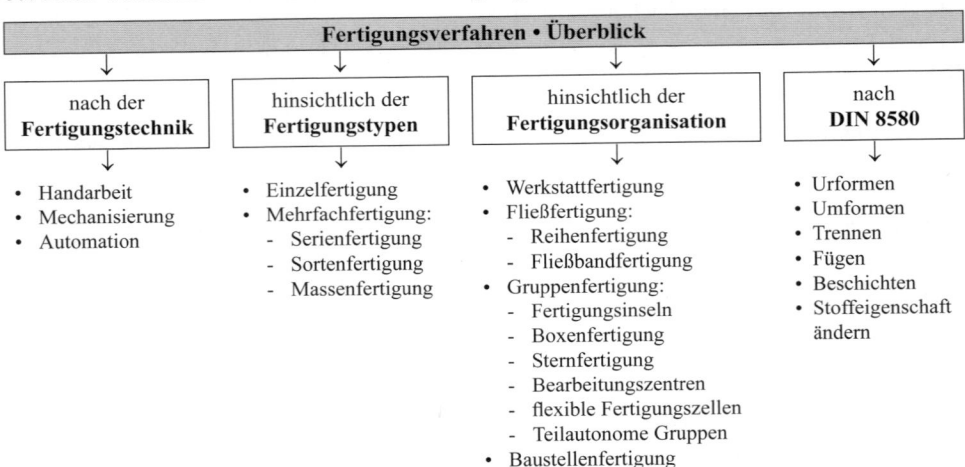

Fertigungsverfahren • Überblick

nach der Fertigungstechnik	hinsichtlich der Fertigungstypen	hinsichtlich der Fertigungsorganisation	nach DIN 8580

• Handarbeit
• Mechanisierung
• Automation
	• Einzelfertigung
	• Mehrfachfertigung:
	  - Serienfertigung
	  - Sortenfertigung
	  - Massenfertigung
		• Werkstattfertigung
		• Fließfertigung:
		  - Reihenfertigung
		  - Fließbandfertigung
		• Gruppenfertigung:
		  - Fertigungsinseln
		  - Boxenfertigung
		  - Sternfertigung
		  - Bearbeitungszentren
		  - flexible Fertigungszellen
		  - Teilautonome Gruppen
		• Baustellenfertigung
			• Urformen
			• Umformen
			• Trennen
			• Fügen
			• Beschichten
			• Stoffeigenschaft ändern

Fertigungstechnik	
Handarbeit	Bei der „reinen" Handarbeit werden keine Werkzeuge eingesetzt; in der industriellen Fertigung kaum vorhanden.
Mechanisierung	Einsatz menschlicher Arbeitskraft in Verbindung mit Maschinen.
Automation	Es erfolgt eine selbsttätige Steuerung von Arbeitsvorgängen. Man unterscheidet zwischen • **vollautomatischer** Fertigung, bei der menschliches Eingreifen nur noch zur Überwachung notwendig ist und • **halbautomatischer** Fertigung, bei der sich die menschliche Tätigkeit auf Ein- und Ausspannen sowie das wieder in Gang bringen des Automaten erstreckt, während die Arbeit selbst automatisch erfolgt.

08. Welche charakteristischen Merkmale haben die einzelnen Formen der Fertigungsorganisation (Detaildarstellung)?

1. Bei der *Werkstattfertigung* (auch: *Werkstättenfertigung*) wird der Weg der Werkstücke vom Standort der Arbeitsplätze und der Maschinen bestimmt. Als Werkstattfertigung werden daher die Verfahren bezeichnet, bei denen die zur Herstellung oder zur Be- bzw. Verarbeitung erforderlichen Maschinen an einem Ort, der Werkstatt, zusammengefasst sind. Die Werkstücke werden von Maschine zu Maschine transportiert. Dabei kann die gesamte Fertigung in einer *einzigen Werkstatt* erfolgen oder *auf verschiedene Spezialwerkstätten* verteilt werden.

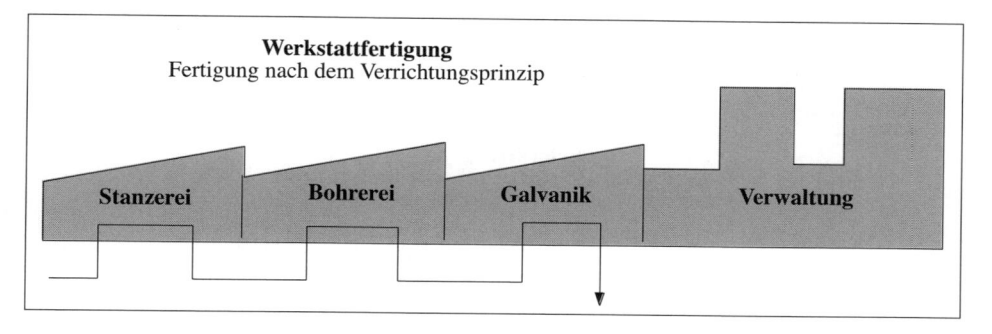

Werkstattfertigung
Fertigung nach dem Verrichtungsprinzip

| Stanzerei | Bohrerei | Galvanik | Verwaltung |

Die Werkstattfertigung ist dort zweckmäßig, wo eine Anordnung der Maschinen nicht nach dem Arbeitsablauf erfolgen kann und eine genaue zeitliche Abstimmung der einzelnen Arbeitsgänge nicht möglich ist, weil die Zahl der Erzeugnisse mit unterschiedlichen Fertigungsgängen sehr groß ist. Bei der Werkstattfertigung sind *längere Transportwege* meist unvermeidlich. Gelegentlich müssen einzelne Werkstücke auch mehrmals zwischen den gleichen Werkstätten hin- und her transportiert werden. Werkstattfertigungen haben oftmals auch eine längere Produktionsdauer, sodass meist *Zwischenlagerungen für Halberzeugnisse* notwendig werden.

Voraussetzungen:

- Einsatz von Universalmaschinen
- hohe Qualifikation der Mitarbeiter, flexibler Einsatz
- optimale Maschinenbelegung

Werkstattfertigung	
Vorteile	Nachteile
• geeignet für Einzelfertigung und Kleinserien • flexible Anpassung an Kundenwünsche • Anpassung an Marktveränderungen • geringere Investitionskosten • hohe Qualifikation der Mitarbeiter	• relativ hohe Fertigungskosten • lange Transportwege • Zwischenlager erforderlich • hoher Facharbeiterlohn • aufwändige Arbeitsvorbereitung • aufwändige Kalkulation (Preisgestaltung)

2. Die *Fließfertigung* ist eine örtlich fortschreitende, *zeitlich bestimmte, lückenlose Folge von Arbeitsgängen*. Bei der Fließfertigung ist der Standort der Maschinen vom Gang der Werkstücke abhängig und die *Anordnung der Maschinen und Arbeitsplätze wird nach dem*

Fertigungsablauf vorgenommen, wobei sich der Durchfluss des Materials vom Rohstoff bis zum Fertigprodukt von Fertigungsstufe zu Fertigungsstufe ohne Unterbrechung vollzieht. Die Arbeitsgänge erfolgen pausenlos und sind zeitlich genau aufeinander abgestimmt, sodass eine *Verkürzung der Durchlaufzeiten* erfolgen kann.

Sonderformen der Fließfertigung:

2.1 Bei der *Reihenfertigung* (auch: *Straßenfertigung* = Sonderform der Fließfertigung – ohne zeitlichen Zwangsablauf) werden die Maschinen und Arbeitsplätze dem gemeinsamen Arbeitsablauf aller Produkte entsprechend angeordnet. Eine zeitliche Abstimmung der einzelnen Arbeitsvorgänge ist wegen der unterschiedlichen Bearbeitungsdauer nur begrenzt erreichbar. Deshalb sind Pufferlager zwischen den Arbeitsplätzen notwendig, um Zeitschwankungen während der Bearbeitung auszugleichen.

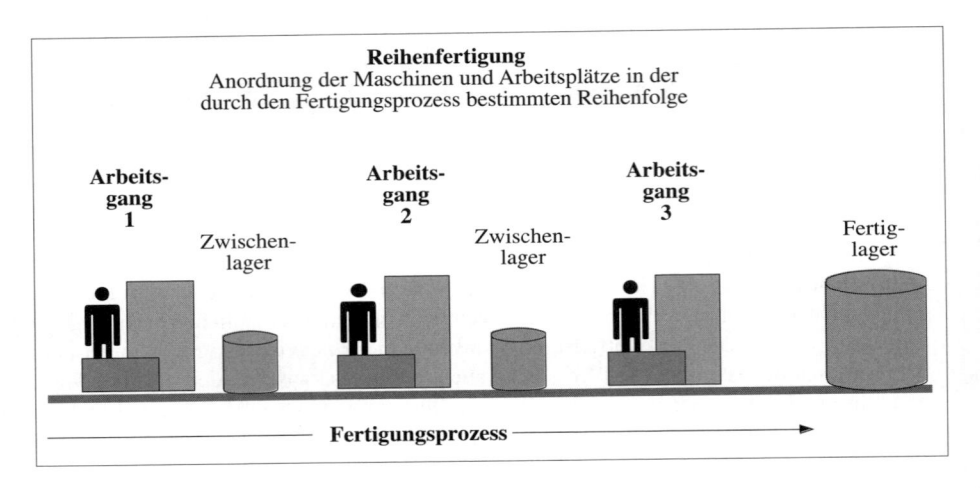

Reihenfertigung
Anordnung der Maschinen und Arbeitsplätze in der durch den Fertigungsprozess bestimmten Reihenfolge

Arbeitsgang 1 — Zwischenlager — Arbeitsgang 2 — Zwischenlager — Arbeitsgang 3 — Fertiglager

Fertigungsprozess →

Reihenfertigung	
Vorteile	Nachteile
• geeignet für größere Serien • Verkürzung der Durchlaufzeit • Spezialisierung der Tätigkeiten • verbesserte Maschinenauslastung • verbesserter Materialfluss	• Flexibilität der Fertigung nimmt ab • höhere Investitionskosten für Maschinen • Anfälligkeit bei Störungen • höhere Lagerkosten (Zwischenlager) • repetetive Teilarbeit

2.2 Die *Fließbandfertigung* ist eine Sonderform der Fließfertigung – *mit vorgegebener Taktzeit.* Die Voraussetzungen sind:

- große Stückzahlen,
- weitgehende Zerlegung der Arbeitsgänge,
- Fertigungsschritte müssen abstimmbar sein.

2.2 Grundsätze betrieblicher Aufbau- und Ablauforganisation

Fließbandfertigung
Taktgebundene Fließbandarbeit mit genauer Taktabstimmung ohne Zwischenlager
Arbeitsgang 1 — Arbeitsgang 2 — Arbeitsgang 3 — Arbeitsgang 4 — Fertiglager

Fertigungsprozess →

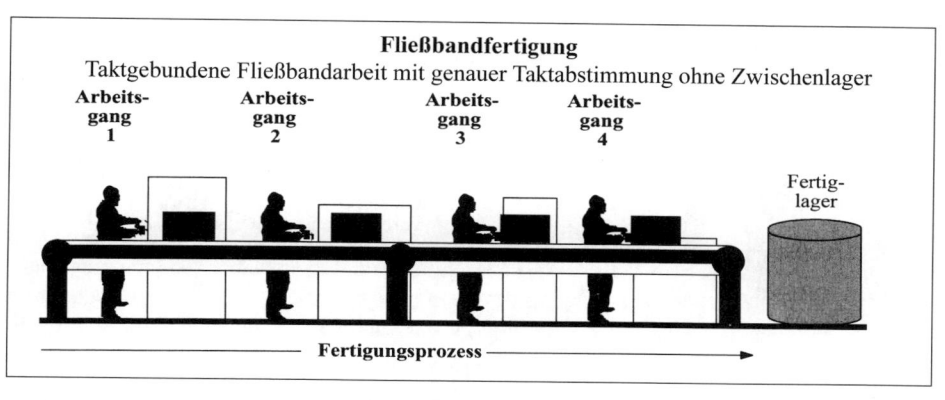

Nach REFA ist die *Taktzeit* die Zeitspanne, in der jeweils eine Mengeneinheit fertiggestellt wird:

$$\text{Solltaktzeit} = \frac{\text{Arbeitszeit je Schicht}}{\text{Sollmenge je Schicht}} \cdot \text{Bandwirkungsfaktor}$$

Der Bandwirkungsfaktor berücksichtigt Störungen der Anlage, die das gesamte Fließsystem beeinträchtigen. Er ist deshalb immer kleiner als 1,0. Die ideale Taktabstimmung wird in der Praxis nur selten erreicht. Entscheidend ist eine optimale Abstimmung der einzelnen Bearbeitungs- und Wartezeiten.

Beispiel: Die Arbeitszeit einer Schicht beträgt 480 Minuten, die Soll-Ausbringung 80 Stück und der Bandwirkungsfaktor 0,9.

$$\text{Solltaktzeit} = \frac{\text{Arbeitszeit je Schicht}}{\text{Sollmenge je Schicht}} \cdot \text{Bandwirkungsfaktor}$$

$$= \frac{480 \text{ min}}{80 \text{ Stk.}} \cdot 0{,}9 = 5{,}4 \text{ min}$$

3. Die *Gruppenfertigung* ist eine *Zwischenform zwischen Fließfertigung und Werkstattfertigung*, die die Nachteile der Werkstattfertigung zu vermeiden sucht. Bei diesem Verfahren werden verschiedene Arbeitsgänge zu Gruppen zusammengefasst und innerhalb jeder Gruppe nach dem Fließprinzip angeordnet.

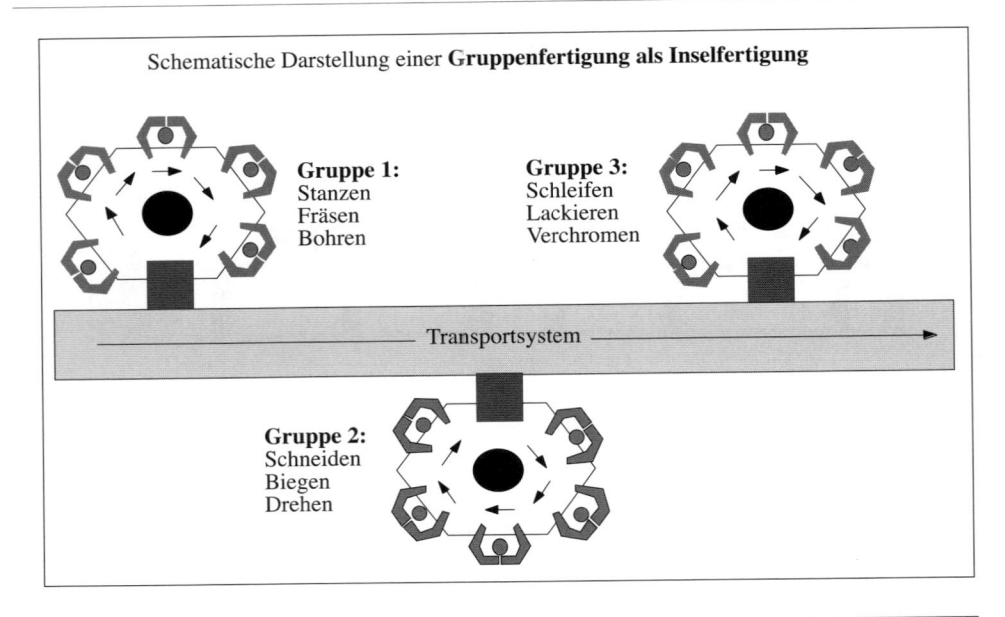

Schematische Darstellung einer **Gruppenfertigung als Inselfertigung**

Gruppe 1:
Stanzen
Fräsen
Bohren

Gruppe 3:
Schleifen
Lackieren
Verchromen

Transportsystem

Gruppe 2:
Schneiden
Biegen
Drehen

Gruppenfertigung	
Vorteile	**Nachteile**
• Eigenverantwortung der Gruppe • Motivation der Mitarbeiter • Abwechslung durch Rotation • Einsatz des Gruppenakkords	• Verantwortungsdiffusion: Zuordnung der Leistung zu einer Einzelperson ist nicht mehr möglich • setzt intensive Vorbereitung voraus: Ausbildung, Teamentwicklung, Gruppendynamik

Sonderformen der Gruppenfertigung:

3.1 *Fertigungsinseln:* Bestimmte Arbeitspakete (z. B. Motorblock) werden – ähnlich der ursprünglichen Werkstattfertigung – gebündelt. Dazu werden die notwendigen Maschinen und Werkzeuge zu so genannten Inseln zusammengefügt. Erst nach Abschluss mehrerer Arbeitsgänge verlässt das (Zwischen-)Erzeugnis die Fertigungsinsel.

3.2 Bei der *Boxen-Fertigung* werden bestimmte Fertigungs- oder Montageschritte von einer oder mehreren Personen – ähnlich der Fertigungsinsel – räumlich zusammengefasst. Typischerweise wird die Boxen-Fertigung bzw. -Montage bei der Erzeugung von Modulen/Baugruppen eingesetzt (z. B. in der Automobilproduktion).

3.3 Die *Stern-Fertigung* ist eine räumliche Besonderheit der Fertigungsinsel bzw. der Boxen-Fertigung, bei der die verschiedenen Werkzeuge und Anlagen nicht insel- oder boxen-förmig, sondern im Layout eines Sterns angeordnet werden.

3.4 *Bearbeitungszentren:* Nicht nur die Bearbeitungsmaschine arbeitet computergesteuert, sondern auch der Wechsel der Arbeitsstücke sowie der Werkzeuge erfolgt automatisch. Es lassen sich damit komplexe Teile in Kleinserien bei relativ hoher Fertigungselastizität herstellen.

2.2 Grundsätze betrieblicher Aufbau- und Ablauforganisation

Die Überwachung mehrerer Bearbeitungszentren kann von einem Mitarbeiter oder einer Gruppe durchgeführt werden.

3.5 *Flexible Fertigungszellen* haben zusätzlich zum Automatisierungsgrad der Bearbeitungszentren eine automatische Zu- und Abführung der Werkstücke in Verbindung mit einem Pufferlager. Diese Systeme können auch in Pausenzeiten der Belegschaft weiterlaufen.

3.6 *Teilautonome Arbeitsgruppen* sind ein mehrstufiges Modell, das den Mitgliedern Entscheidungsfreiräume ganz oder teilweise zugesteht; u. a.:
- selbstständige Verrichtung, Einteilung und Verteilung von Aufgaben (inklusive Anwesenheitsplanung: Qualifizierung, Urlaub, Zeitausgleich usw.)
- selbstständige Einrichtung, Wartung, teilweise Reparatur der Maschinen und Werkzeuge
- selbstständige (Qualitäts-)Kontrolle der Arbeitsergebnisse.

4. Bei der *Baustellenfertigung* ist der *Arbeitsgegenstand* entweder völlig *ortsgebunden* oder kann zumindest während der Bauzeit nicht bewegt werden. Die Materialien, Maschinen und Arbeitskräfte werden an der jeweiligen Baustelle eingesetzt. Die Baustellenfertigung ist in der Regel bei Großprojekten im Hoch- und Tiefbau, bei Brücken, Schiffen, Flugzeugen sowie dem Bau von Fabrikanlagen anzutreffen.

Baustellenfertigung	
Vorteile	**Nachteile**
• Einsatz von Normteilen • Einsatz vorgefertigter Teile • rationelle Fertigung durch Standards • internationale Arbeitsteilung (z. B. Airbus)	• Kosten: Errichtung/Abbau der Baustelle • Transportkosten für Stoffe, Mitarbeiter und Betriebsmittel (Logistikaufwand)

09. Was bezeichnet man als Fertigungssegmentierung?

Segmentierung ist die Zerlegung eines Ganzen in Teilen. Die Fertigungssegmentierung ist die Zerlegung (Gliederung) des Fertigungsprozesses in Teilprozesse nach dem Verrichtungs- oder dem Objektprinzip. Zur Optimierung des gesamten Prozesses ist es von Bedeutung, die Teilprozesse zu optimieren und sie nach dem Fließprinzip zu verknüpfen. Die Fertigungssegmentierung kann auch dazu führen, dass ganze Teile der Herstellung ausgelagert werden: Verlagerung eigener Betriebsteile in das Ausland, Vergabe an Zulieferer (Prinzip der verlängerten Werkbank; Entscheidungen über Make-or-Buy).

Beispiel (Automobilbau; verkürzt): Zerlegung des Gesamtprozesses in Teilprozesse: Rahmen, Motorblock, Zusatzaggregate. Vollautomatisierte Fertigung der Motorteile auf Fertigungsstraßen; Montage des Motorblocks in Fertigungsinseln usw.

10. Welche zusätzlichen Gesichtspunkte müssen bei der Gestaltung von Ablaufstrukturen der Fertigung berücksichtigt werden?

Bei der Ablaufstrukturierung des Fertigungsprozesses sind laufend *Überlegungen der Optimierung* zu beachten:

- *Zentralisierungen/Dezentralisierungen in der Aufbaustruktur* führen zu Vor-/Nachteilen in der Ablauforganisation, z. B.: Die Verlagerung eines Profitcenters in das Ausland stellt erhöhte Anforderungen an die Logistik der Komponenten an den Ort der zentralen Montage.

- *Entscheidungen über die Segmentierung der Fertigung* verlangen einen erhöhten Aufwand bei der Synchronisation externer und interner Stellen, z. B.: Materialbereitstellung just in time, einheitliche Qualitätsstandards der beteiligten Stellen, erhöhter Informations- und Datenfluss.

11. Welche Maschinenkonzepte bilden die Bausteine der automatisierten Fertigung?

In Abhängigkeit von der Komplexität der Prozesse und dem Grad der Automatisierung werden grundsätzlich folgende Maschinenkonzepte unterschieden:

1. *Einstufige Maschinenkonzepte*:
   Das Werkstück wird an einer Station bearbeitet; Beispiele:
   - NC-/CNC-Einzelmaschinen
   - Bearbeitungszentren
   - flexible Fertigungszellen.

2. *Mehrstufige Maschinenkonzepte*:
   Das Werkstück wird an mehreren Stationen bearbeitet; Beispiele:
   - flexible Fertigungssysteme
   - flexible Transferstraßen.

In Bezug auf Losgröße und Produktivität sowie Flexibilität und Varianz der Teile lassen sich die genannten *Maschinenkonzepte* in einem *Stufenmodell* darstellen:

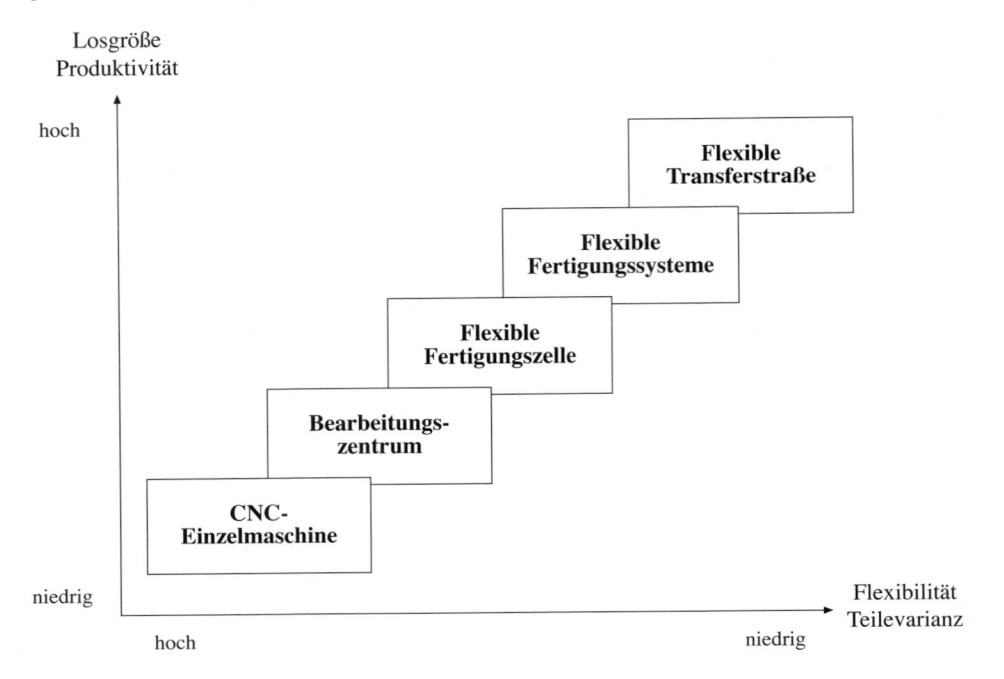

2.2 Grundsätze betrieblicher Aufbau- und Ablauforganisation

12. Welche Faktoren sind bei der Planung des Materialflusses zu berücksichtigen?

- *Räumliche Einflussfaktoren*, z. B.:
  - der Standort des Betriebes und die Infrastruktur der Betriebsumgebung (Straße, Schiene, Kanäle usw.)
  - die Lage und Bauweise der Betriebsgebäude (Anordnung, Zahl der Geschosse usw.)
  - die Art der Betriebseinrichtungen und der Beförderungsmittel (innerbetriebliche Logistik)
- *Fertigungstechnische Einflussfaktoren*, z. B.:
  - Art der Fertigungsverfahren (vgl. oben, Frage 07.)
  - Fertigungsprinzipien (Flussprinzip, Verrichtungsprinzip)
- *Fördertechnische Einflussfaktoren*, z. B.:
  - Art der Fördersysteme:
    - ortsgebundene/mobile
    - flurgebundene/flurfrei

13. Welche Transportmittel des innerbetrieblichen Transportes sind zu unterscheiden?

- *Hubwagen*:
  - Handhubwagen
  - Elektrohubwagen
  - Elektrogabelhubwagen
  - Hochhubwagen (bis ca. 3 m)

- *Flurförderfahrzeuge*:
  - Hochregalstapler (ca. 7,5 bis 12 m)
  - Hubstapler
  - Schlepper
  - fahrerlose Kommissioniersysteme

- *Stetigförderer/Förderanlagen:*
  - Förderband
  - Rollenförderer
  - Rollenbahn

- *Kisten- und Sackkarre*

- *Hebezeuge:*
  - Kräne
  - Aufzüge
  - Hebebühnen

14. Welche Arten von Arbeitssystemen lassen sich unterscheiden?

Hinweis: Zum Begriff „Arbeitssystem" vgl., Ziffer 2.1.3, Frage 07.

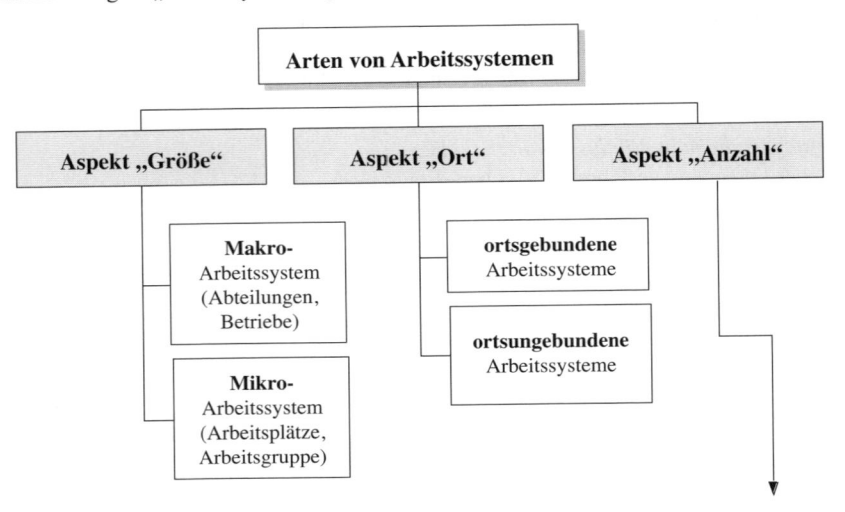

```
                    Arten von Arbeitssystemen
                              |
        ┌─────────────────────┼─────────────────────┐
   Aspekt „Größe"       Aspekt „Ort"         Aspekt „Anzahl"
```

- Makro-Arbeitssystem (Abteilungen, Betriebe)
- Mikro-Arbeitssystem (Arbeitsplätze, Arbeitsgruppe)
- ortsgebundene Arbeitssysteme
- ortsungebundene Arbeitssysteme

Arten von Arbeitssystemen: Aspekt „Anzahl"		
	ein Mensch	mehrere Menschen
eine Stelle	einstellige Einzelarbeit	einstellige Gruppenarbeit
mehrere Stellen	mehrstellige Einzelarbeit	mehrstellige Gruppenarbeit

2.2.6 Elemente des Arbeitsplanes

01. Welche Elemente enthält der Arbeitsplan?

Das Ergebnis der Arbeitsplanung mündet in den *Arbeitsplan*, der gemeinsam mit den Zeichnungen und Stücklisten die Grundlage der Fertigung bildet. Die nachfolgende Abbildung zeigt schematisch den *Ablauf der Arbeitsplanung* bzw. die *Erstellung des Arbeitsplanes*:

2.2 Grundsätze betrieblicher Aufbau- und Ablauforganisation

Auftrag

→ Zeichnungen
→ Stücklisten

Inhalt der Arbeitsplanung

- Rohmaterialbestimmung
- Arbeitsfolgeplanung
  - Sägen
  - Drehen
  - Fräsen
  - Schleifen
- Zuordnung der Fertigungsmittel
  - Maschine NC 116
  - Automat 339
- Ermittlung der Vorgabezeit

$$T = t_r + m \cdot t_e$$

Arbeitsplan

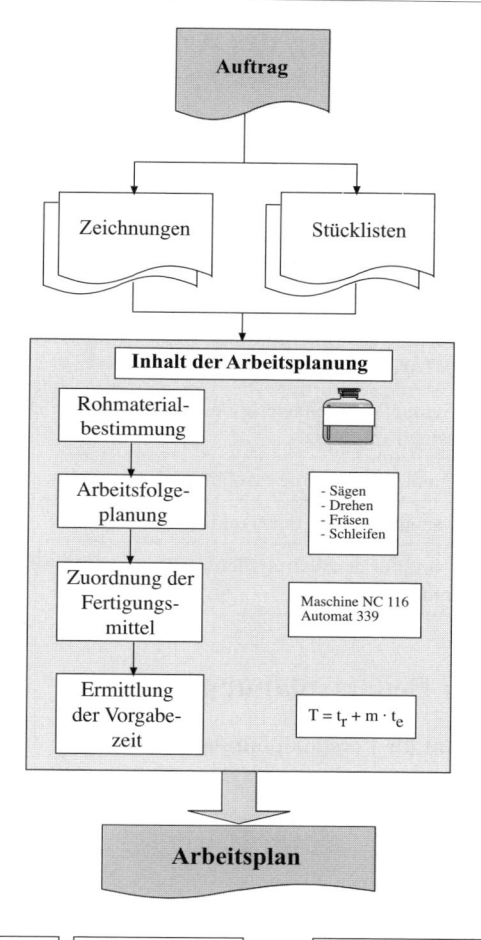

Kopfdaten — *Materialdaten* — *Fertigungsdaten*

Arbeitsplan	Nr.	*BZ 34*	**Auftrags-Nr.**		*09.02.3874*
Erzeugnis	Sach-Nr.	*BZ 129.5*			
Material	Sach-Nr.	*MA 12.34*			
	Mengeneinheit	*Stück*			
					Zeiten [Minuten]
Kostenstelle	Arbeitsgang-Nr.	Betriebsmittel	Lohngruppe	Rüstzeit	Bearbeitungszeit
4712	1	BO-54	7	5	120
4718	2	FR-68	4	12	40
3419	3	DR-45	5	8	75
...	...	...	...	...	...

2.2.7 Aspekte zur Gestaltung des Arbeitsplanes und des Arbeitsvorganges

01. Welche Aspekte sind bei der Arbeitsplatzgestaltung zu berücksichtigen?

	Beispiele:	Fundstelle:
Arbeitsbedingungen	Umgebung, Entlohnungsart, Arbeitssicherheit, Ergonomie, Organisation, Betriebsklima, Technologie, wirtschaftliche Faktoren (z. B. Wettbewerb)	4.2.2, Nr. 02. 4.5.8, Nr. 03
Arbeitsmethoden	Prinzipien zur Durchführung der Arbeit, z. B. ergonomische, wirtschaftliche (Wie? Womit?)	
Arbeitsweisen	Individuelle Arbeitsweise des Mitarbeiters, z. B. schnell, flüssige Bewegung.	2.1.3, Nr. 08.
Arbeitsverfahren	Technologie der Arbeitsaufgabe: Formgebung, spanlose/spangebende usw.	
Arbeitsplatztypen	ortsgebunden (stationär) und ortsveränderlich	2.2.5, Nr. 10
Qualitätsangaben	Sie sind für den Auftrag/den Kunden und zur Selbstkontrolle der Mitarbeiter erforderlich.	

2.2.8 Aufgaben der Bedarfsplanung

01. Welche Zielsetzung hat die Personalplanung?

Planung ist die gedankliche Vorwegnahme von Entscheidungen. Sie zeichnet sich aus durch

- Zukunftsorientierung,
- Systematik und die
- Gestaltung von Maßnahmen.

Somit ist *Personalplanung* der Teil der Personalarbeit, in dem

- systematisch,
- vorausschauend, zukunftsorientiert,
- alle wesentlichen, „den Faktor Arbeit betreffenden" Entscheidungen vorbereitet werden.

Die Fragestellung heißt: Welche zukünftigen Erfordernisse ergeben sich – abgeleitet aus den Unternehmenszielen – für den Personalsektor. Personalplanung hilft, notwendige Maßnahmen frühzeitig vorzubereiten und damit deren Qualität zu verbessern und Konfliktpotenziale zu mildern.

Aus dem Charakter der Personalplanung ergibt sich deren *Zielsetzung*: Dem Unternehmen ist vorausschauend das Personal

- in der erforderlichen Anzahl *(Quantität)*,
- mit den erforderlichen Qualifikationen *(Qualifikation)*,
- zum richtigen *Zeitpunkt*
- am richtigen *Ort*

zur Verfügung zu stellen.

02. Welche Aufgaben muss die Personalplanung erfüllen?

Zu den wichtigsten Aufgaben der Personalplanung gehören:
- die Planung des Personal*bedarfs* (quantitativ und qualitativ),
- die Planung der Personal*beschaffung* (intern und extern),
- die Planung der Personal*anpassung* (z. B. Freisetzung und/oder Beschaffung und/oder Personalentwicklung),
- die Planung des Personal*einsatzes* sowie
- die Planung der Personal*kosten*.

Dabei werden die Personalbedarfsplanung und die Personalkostenplanung als Hauptsäulen der Personalplanung angesehen.

03. Welche Einflussfaktoren bestimmen das Ergebnis der Personalplanung?

Man unterscheidet interne und externe Determinanten der Personalplanung. Zu den wichtigsten gehören:

Determinanten der Personalplanung			
Externe Faktoren		**Interne Faktoren**	
• Marktentwicklung • Technologie • Arbeitsmarkt • Sozialgesetze usw.	• Tarifentwicklung • Personalzusatzkosten • Alterspyramide	• Unternehmensziele • Investitionen • Fluktuation • interne Altersstruktur • Fehlzeiten usw.	• Fertigungspläne • Rationalisierungen • Personal-Ist-Bestand • Arbeitszeitsysteme • Personalkostenstruktur

04. In welchen Schritten und nach welchem Berechnungsschema wird die Ermittlung des Nettopersonalbedarfs durchgeführt?

Die Ermittlung des Nettopersonalbedarfs vollzieht sich generell in drei Arbeitsschritten:

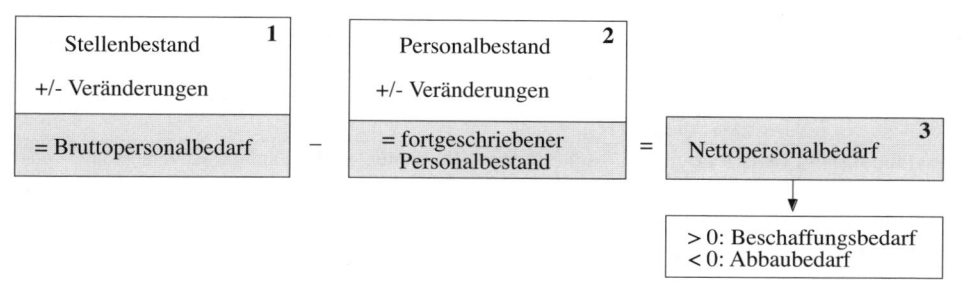

```
┌─────────────────────┐ 1     ┌─────────────────────┐ 2
│ Stellenbestand      │       │ Personalbestand     │
│ +/- Veränderungen   │       │ +/- Veränderungen   │
│ = Bruttopersonal-   │   −   │ = fortgeschriebener │   =   ┌─────────────────────┐ 3
│   bedarf            │       │   Personalbestand   │       │ Nettopersonalbedarf │
└─────────────────────┘       └─────────────────────┘       └─────────────────────┘
                                                                      │
                                                                      ▼
                                                            > 0: Beschaffungsbedarf
                                                            < 0: Abbaubedarf
```

1. Schritt: Ermittlung des Bruttopersonalbedarfs *(Aspekt „Stellen")*:
> Der gegenwärtige Stellenbestand wird aufgrund der zu erwartenden Stellenzu- und -abgänge „hochgerechnet" auf den Beginn der Planungsperiode. Anschließend wird der Stellenbedarf der Planungsperiode ermittelt.

2. Schritt: Ermittlung des fortgeschriebenen Personalbestandes *(Aspekt „Mitarbeiter")*:
Analog zu Schritt 1 wird der Mitarbeiterbestand „hochgerechnet" aufgrund der zu erwartenden Personalzu- und -abgänge.

3. Schritt: Ermittlung des Nettopersonalbedarfs *(= „Saldo")*:
Vom Bruttopersonalbedarf wird der fortgeschriebene Personalbestand subtrahiert. Man erhält so den Nettopersonalbedarf (= Personalbedarf i. e. S.).

Man verwendet folgendes Berechnungsschema, das hier durch ein einfaches Zahlenbeispiel ergänzt wurde:

Berechnungsschema zur Ermittlung des Nettopersonalbedarfs		
Lfd. Nr.	Berechnungsgröße	Zahlenbeispiel
1	Stellenbestand	28
2	+ Stellenzugänge (geplant)	2
3	− Stellenabgänge (geplant)	− 5
4	Bruttopersonalbedarf	25
5	Personalbestand	27
6	+ Personalzugänge (sicher)	4
7	− Personalabgänge (sicher)	− 2
8	− Personalabgänge (geschätzt)	− 1
9	Fortgeschriebener Personalbestand	28
10	**Nettopersonalbedarf (Zeile 4 - 9)**	**− 3**

Im dargestellten Beispiel ist also ein Personalabbau von drei Mitarbeitern (Vollzeit-„Köpfe") erforderlich.

05. Welche Arten des Personalbedarfs unterscheidet man?

Einsatzbedarf	Erforderlicher Bedarf um die Planungsziele/Kundenaufträge erfüllen zu können.
Reservebedarf	Zusätzlicher Bedarf aufgrund der Fehlzeiten der Mitarbeiter, z. B. Krankheit, Urlaub. Er wird häufig als Zuschlagsquote (Fehlzeitenquote) auf den Einsatzbedarf berücksichtigt.
Ersatzbedarf	Bedarf aufgrund ausscheidender Mitarbeiter, z. B. Kündigung, Versetzung, Tod, Rente.
Neubedarf	Bedarf aufgrund neu geplanter und genehmigter Stellen.
Nachholbedarf	Bedarf, der in der vorangegangenen Periode nicht gedeckt werden konnte.
Freistellungsbedarf	Ist der Personalüberschuss der Planungsperiode (Personalabbau).
Bruttopersonalbedarf	= Einsatzbedarf + Reservebedarf

06. Welche Verfahren werden zur Ermittlung des Bruttopersonalbedarfs eingesetzt?

Globale Bedarfsprognose	• Schätzverfahren • Kennzahlenmethode: globale Kennzahlen
Differenzierte Bedarfsprognose	• Stellenplanmethode • Verfahren der Personalbemessung • Kennzahlenmethode: differenzierte Kennzahlen

- *Schätzverfahren* sind relativ ungenau, trotzdem – gerade in Klein- und Mittelbetrieben – sehr verbreitet. Die Ermittlung des Personalbedarfs erfolgt aufgrund subjektiver Einschätzung einzelner Personen. In der Praxis werden meist Experten und/oder die kostenstellenverantwortlichen Führungskräfte gefragt, wieviele Mitarbeiter mit welchen Qualifikationen für eine bestimmte Planungsperiode gebraucht werden. Die Antworten werden zusammengefasst, einer Plausibilitätsprüfung unterworfen und dann in das Datengerüst der Unternehmensplanung eingestellt.

- *Die Kennzahlenmethode* kann sowohl als globales Verfahren aufgrund globaler Kennzahlen sowie als differenziertes Verfahren aufgrund differenzierter Kennzahlen durchgeführt werden. Bei der Kennzahlenmethode versucht man, Datenrelationen, die sich in der Vergangenheit als relativ stabil erwiesen haben, zur Prognose zu nutzen; infrage kommen z. B. Kennzahlen wie
    - Umsatz : Anzahl der Mitarbeiter,
    - Absatz : Anzahl der Mitarbeiter,
    - Umsatz : Personalgesamtkosten,
    - Arbeitseinheiten : geleistete Arbeitsstunden.

- *Verfahren der Personalbemessung*:
Hier wird auf Erfahrungswerte oder arbeitswissenschaftliche Ergebnisse zurückgegriffen (REFA, MTM, Work-Factor). Zu ermitteln ist die Arbeitsmenge, die dann mit dem Zeitbedarf pro Mengeneinheit multipliziert wird („Zähler" = Kapazitätsbedarf). Im Nenner der Relation wird die übliche Arbeitszeit pro Mitarbeiter eingesetzt (= Kapazitätsbestand):

$$\text{Personalbedarf} = \frac{\text{Kapazitätsbedarf}}{\text{Kapazitätsbestand}}$$

bzw. in erweiterter Form (mit Störzeitfaktor, z. B. 1,08 und Ausfallfaktor - Urlaub + Krankheit, z. B. 0,8)

$$\text{Personalbedarf} = \frac{\text{Kapazitätsbedarf} \cdot \text{Störzeitfaktor}}{\text{Kapazitätsbestand} \cdot \text{Ausfallfaktor}} = \frac{10.000 \text{ Std.} \cdot 1,08}{7,5 \text{ Std./Tag} \cdot 20 \text{ Tg.} \cdot 0,8} = 90 \text{ Mitarbeiter}$$

d. h.: für einen Zeitraum von einem Monat (mit 20 Tagen) werden 90 Mitarbeiter bei einem 7,5-Std-Tag und einer Störzeit von 8 % sowie einem Ausfallfaktor von 8 % benötigt.

Nach REFA führt dies zu folgender Berechnung:

$$\text{Personalbedarf} = \frac{\text{Arbeitsmenge} \cdot \text{Zeitbedarf/Einheit}}{\text{Arbeitszeit pro Mitarbeiter}}$$

Personalbedarf	=	Rüstzeit + (Einheiten · Ausführungszeit/E)
		Arbeitszeit pro Mitarbeiter · Leistungsgrad

Merke: Häufig Gegenstand der Prüfung.

- *Stellenplanmethode:*
Bei diesem Verfahren werden Stellenbesetzungspläne herangezogen, die sämtliche Stellen einer bestimmten Abteilung enthalten bis hin zur untersten Ebene – inkl. personenbezogener Daten über die derzeitigen Stelleninhaber (z. B. Eintrittsdatum, Vollmachten, Alter). Der Kostenstellenverantwortliche überprüft den Stellenbesetzungsplan i. V. m. den Vorgaben der Geschäftsleitung zur Unternehmensplanung für die kommende Periode (Absatz, Umsatz, Produktion, Investitionen) und ermittelt durch Schätzung die erforderlichen personellen und ggf. organisatorischen Änderungen. Der weitere Verfahrensablauf vollzieht sich wie im oben dargestellten Schätzverfahren.

07. Welche Verfahren setzt man zur Ermittlung des Personalbestandes ein?

- Abgangs-/Zugangstabelle
- Verfahren der Beschäftigungszeiträume
- Statistiken und Analysen zur Bestandsentwicklung:
  - Statistik der Personalbestände
  - Alterstatistik
  - Fluktuationsstatistik.

08. Wie wird die Abgangs-/Zugangsrechnung durchgeführt?

Bei der Methode der Abgangs-/Zugangsrechnung werden die Arten der Ab- und Zugänge möglichst stark differenziert. Die Aufstellung kann sich auf Mitarbeitergruppen oder Organisationseinheiten beziehen. Dabei sind die einzelnen Positionen mit einer unterschiedlichen Eintrittswahrscheinlichkeit behaftet. Man kann daher die einzelnen Werte der Tabelle noch differenzieren in

- feststehende Ereignisse und
- wahrscheinliche Ereignisse.

09. Welche Grundsätze und Regelungen sind bei der Gestaltung von Schichtplänen zu berücksichtigen?

Bei Schichtarbeit wird in aufeinander folgenden Phasen gearbeitet; je Arbeitsphase ist eine andere Belegschaft eingesetzt. Schichtarbeit ist erforderlich aufgrund der Notwendigkeit der Arbeitsbereitschaft am Markt/gegenüber dem Kunden (Feuerwehr, Polizei, Krankenhäuser) oder aufgrund der generellen Entwicklung in der industriellen Fertigung: Kapitalintensive Anlagen sollen wirtschaftlich genutzt werden. Dies führt zu einem immer stärkeren *Auseinanderdriften von individueller täglicher Arbeitszeit* (i. d. R. zwischen 7 bis 8 Stunden) und *der Betriebsmittelnutzungszeit* (in Extremen 24 Stunden). Bei der Gestaltung von Schichtplänen sind folgende *Einflussfaktoren* zu berücksichtigen:

2.2 Grundsätze betrieblicher Aufbau- und Ablauforganisation

Einflussfaktoren auf die Gestaltung von Schichtplänen			
Betriebliche Erfordernisse	Menschliche Erfordernisse	Gesetzliche Rahmenbedingungen	Datengerüst

- *Betriebliche Erfordernisse*, z. B.:
  - maximale Nutzung der technischen *Kapazität* der Betriebsmittel (Maximierung der Betriebsmittelnutzungszeit),
  - Reduktion der *Kosten* für den Einsatz der Betriebsmittel und die Lage der Schichtzeiten (AfA-Kosten, Zuschläge für Nachtarbeit usw.),
  - *verfahrenstechnologische* Erfordernisse (hohe Anfahrkosten für Anlagen, Einhalten thermischer Zustände der Anlagen z. B. in der Chemie und der Stahlerzeugung),
  - Notwendigkeit, gegenüber dem Markt/dem Kunden das *Leistungsangebot* über acht Stunden täglich hinaus aufrecht zu erhalten (Wachdienste, Handel, Verkehr, Gesundheitswesen, Instandhaltung usw.).

- *Erfordernisse aus der Sicht der Mitarbeiter*, z. B.:
  - *ergonomische* Gestaltung der Arbeitsplätze und -zeiten
  - *biologische* Erfordernisse:
    · verminderte, körperliche und geistige Leistungsfähigkeit in der Nacht (Biorhythmus)
    · ausreichender Wechsel von Arbeit, Erholung, Schlaf, Freizeit
  - Notwendigkeit, *soziale Isolierung* durch Schichtarbeit zu vermeiden (Familie, Ehepartner, Freunde, soziale Kontakte)
  - Gestaltung eines *Schichtwechselzyklusses*, der den gen. menschlichen Erfordernissen Rechnung trägt (z. B. Vermeidung von Wechselschichten, die psychisch und physisch besonders belastend sind)

- *Gesetzliche Rahmenbedingungen*, z. B.:
  - *Mitbestimmung* des Betriebsrates bei der Lage der Arbeitszeit (§ 87 BetrVG)
  - Einhaltung der *Schutzgesetze*, z. B.: ArbZG, JArbSchG, MuSchG
  - Beispiele:
    · Verbot der Nachtarbeit in bestimmten Fällen
    · die Regelarbeitszeit beträgt 8 Stunden; sie kann auf 10 Stunden täglich ausgedehnt werden, wenn innerhalb von sechs Kalendermonaten oder 24 Wochen im Durchschnitt 8 Stunden nicht überschritten werden (§ 3 ArbZG)
    · Nachtzeit ist die Zeit von von 23:00 - 06:00 Uhr; Nachtarbeit ist jede Arbeit, die mehr als zwei Stunden der Nachtzeit umfasst (§ 2 ArbZG).

- Bei der *Berechnung* konkreter Schichtmodelle und Schichteinsatzpläne ist folgendes *Datengerüst* zu berücksichtigen:
  - Anzahl
    · der Arbeitsplätze
    · der Schichten
    · der Mitarbeiter (Voll-/Teilzeit)
  - Besetzungsstärke je Arbeitsplatz/je Betriebsmittel
  - Arbeitszeit der Mitarbeiter (einzelvertraglich oder nach Tarif)
  - Abwesenheitsquote
  - Urlaub und sonstige Ausfallzeiten

- Im Allgemeinen unterscheidet man folgende *zeitliche Lagen* bei *der Schichtgestaltung*:

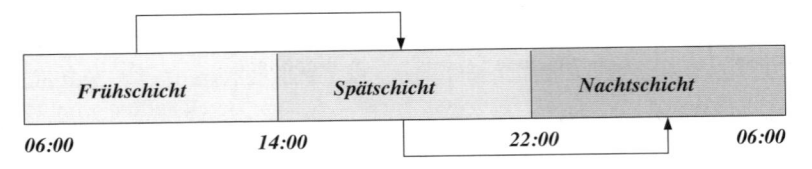

Frühschicht	*Spätschicht*	*Nachtschicht*
06:00	**14:00**	**22:00** **06:00**

Wechselschicht oder rollierendes Schichtsystem

10. Welche Aufgabe hat die Betriebsmittelplanung?

Aufgabe der Betriebsmittelplanung ist die Planung

- des Betriebsmittel*bedarfs*
- der Betriebsmittel*beschaffung* (Auswahl der Lieferanten; Finanzierung durch Kauf, Miete oder Leasing; Beschaffungszeitpunkte usw.)
- des Betriebsmittel*einsatzes*
- der *Einsatzbereitschaft* der Betriebsmittel (Instandhaltung, Instandsetzung)

11. Welche Fragen müssen bei der qualitativen Betriebsmittelplanung beantwortet werden?

Fragestellungen, Beispiele:

- Handgesteuerte oder teil- bzw. vollautomatische Maschinen?
- Bearbeitungszentren und/oder flexible Fertigungszellen/-systeme/-Transferstraßen?
- Größendegression der Anlagen (Senkung der Kosten bei Vollauslastung)?
- Spezialisierungsgrad der Anlagen (Spezialmaschine/Universalanlage)?
- Grad der Umrüstbarkeit der Anlagen?
- Aufteilung des Raum- und Flächenbedarfs in Fertigungsflächen, Lagerflächen, Verkehrsflächen, Sozialflächen und Büroflächen?

12. Welche Aufgaben hat die Materialplanung?

Aufgabe der Materialplanung ist die Planung

- des *Materialbedarfs*
  (z. B. Methoden der Bedarfsermittlung, Werkstoffarten)
- der *Materialbeschaffung*, vor allem:
  - Lieferantenauswahl
  - Beschaffungszeitpunkte
  - Bereitstellungsprinzipien (Bedarfsfall, Vorratshaltung, JIT usw.)
  - Bereitstellungssysteme/Logistik (Bring-/Holsysteme)

2.2.9 Produktionsplanung, Auftragsdisposition und deren Instrumente

01. Was ist die Auftragsdisposition?

Die Auftragdisposition veranlasst die Durchführung der einzelnen Aufträge zu bestimmten Terminen und gibt den Anstoß für die termingerechte kurzfristige Bereitstellung von Menschen, Material und Betriebsmitteln, Ermittlung und Überwachung der Kapazitäten und Termine (= Fertigungsversorgung).

02. Welche Aufgaben hat die Terminplanung? Welche Techniken werden eingesetzt?

Die Terminplanung (auch: Terminierung, Terminermittlung, Timing) ermittelt die Anfangs- und Endtermine der einzelnen Aufträge, die in der betreffenden Planungsperiode fertig gestellt werden müssen. Man unterscheidet:

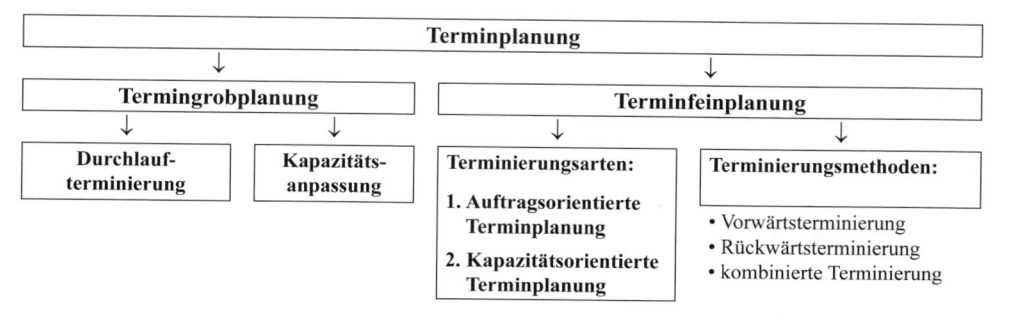

```
                        Terminplanung
                       ↓            ↓
            Termingrobplanung    Terminfeinplanung
            ↓           ↓         ↓              ↓
      Durchlauf-   Kapazitäts-  Terminierungsarten:   Terminierungsmethoden:
      terminierung anpassung    1. Auftragsorientierte
                                   Terminplanung       • Vorwärtsterminierung
                                2. Kapazitätsorientierte • Rückwärtsterminierung
                                   Terminplanung        • kombinierte Terminierung
```

- *Kapazitätsanpassung:*
  Erkennt man im Rahmen der Grobplanung, dass die vorhandenen Kapazitäten nicht ausreichen oder unzureichend ausgelastet sind, muss eine Kapazitätsanpassung erfolgen.

- Bei der *auftragsorientierten Terminermittlung* wird nur der einzelne Auftrag betrachtet.

- Bei der *kapazitätsorientierten Terminplanung* werden konkurrierende Aufträge betrachtet. Im Wege der Kapazitätsanpassung müssen Kapazitätsbedarf und -bestand kurzfristig aufeinander abgestimmt werden.

03. Welches Ziel hat die Termingrobplanung?

Die Termingrobplanung wird im Allgemeinen bei größeren Aufträgen bzw. Großprojekten durchgeführt.

Sie hat das *Ziel*, Ecktermine der Produktion grob zu bestimmen und die kontinuierliche Auslastung der Kapazitäten sicher zu stellen. Zur Terminermittlung werden bestimmte Techniken eingesetzt.

04. Welche Einzelaufgaben hat die Termingrobplanung?

1. *Durchlaufterminierung:*
   Terminierung der Projekte/Teilprojekte zu den vorhandenen Ressourcen – ohne Berücksichtigung der Kapazitätsgrenzen.

2. *Kapazitätsanpassung:*
Einbeziehung der Kapazitätsgrenzen in die Durchlaufterminierung; ggf. Kapazitätsabstimmung.

05. Welche Aufgabe hat die Terminfeinplanung?

Aufgabe der Terminfeinplanung ist die Ermittlung der frühesten und spätesten Anfangs- und Endtermine der Aufträge bzw. Arbeitsgänge.

Im Allgemeinen erfolgt die Terminfeinplanung in zwei Schritten:

1. *Auftragsorientierte* Terminplanung:
   Ermittlung der Ecktermine der Aufträge *ohne Berücksichtigung der Kapazitätsgrenzen* auf der Basis der Durchlaufzeiten.

2. *Kapazitätsorientierte* Terminplanung:
   Im zweiten Schritt werden die vorhandenen Kapazitäten des Betriebes beachtet; es kann dabei im Wege der Kapazitätsabstimmung zu Terminverschiebungen kommen. In jedem Fall orientiert sich die Terminplanung an den Kundenterminen und der optimalen Kapazitätsauslastung (Zielkonflikt).

06. Welche Methoden der Terminfeinplanung werden eingesetzt?

- *Vorwärtsterminierung* (auch: progressive Terminierung):
  Ausgangsbasis der Zeitplanung ist der *Starttermin* des Auftrags: Die Arbeitsvorgänge (110, 120, 130, ...) werden entsprechend dem festgelegten Ablauf fortschreitend abgearbeitet.

  Vorteile: - Terminsicherheit,
               - einfache Methode.

  Nachteile: - keine Möglichkeit der Verkürzung der Durchlaufzeit,
                - ggf. Kapazitätsengpässe → Verschiebung des Endtermins,
                - ggf. höhere Lagerkosten.

← Vorwärtsterminierung →

Vorgang	geplanter Start	Dauer in Tagen	geplantes Ende	März	April	Mai	Juni
100	23.03.	63	25.05				
110	23.03.	28	20.04.				
120	23.03.	21	13.04.				
130	26.05.	21	23.06.				

Puffer   **Kritischer Pfad**

2.2 Grundsätze betrieblicher Aufbau- und Ablauforganisation

- *Rückwärtsterminierung* (auch: retrograde Terminierung):
Ausgangspunkt für die Zeitplanung ist der späteste Endtermin des Auftrags: Ausgehend vom spätesten Endtermin des letzten Vorgangs werden die Einzelvorgänge rückschreitend den Betriebsmitteln zugewiesen. Sollte der so ermittelte Starttermin in der Vergangenheit liegen, muss über Methoden der Durchlaufzeitverkürzung eine Korrektur erfolgen.

← Rückwärtsterminierung →

Vorgang	geplanter Start	Dauer in Tagen	geplantes Ende	März	April	Mai	Juni
100	23.03.	63	25.05				
110	23.03.	28	25.05.				
120	23.03.	21	25.05.				
130	26.05.	21	23.06.				

Starttermin   Puffer   Kritischer Pfad

- *Kombinierte Terminierung:*
Ausgehend von einem Starttermin wird in der Vorwärtsrechnung der früheste Anfangs- und Endtermin je Vorgang ermittelt. In der Rückwärtsrechnung wird der späteste Anfangs- und Endtermin je Vorgang berechnet. Aus dem Vergleich von frühesten und spätesten Anfangs- und Endterminen können die Pufferzeiten sowie der kritische Pfad ermittelt werden. Das Verfahren der kombinierten Terminierung ist aus der Netzplantechnik bekannt.

07. Welche Darstellungstechniken werden bei der Terminplanung eingesetzt?

- Listungstechnik (Darstellung in Listen)
- Balkendiagramme
- Netzpläne.

2.2.10 Materialdisposition und Bestimmung des Materialbedarfs

01. Welche Verfahren der Materialbeschaffung gibt es?

Vorratsbeschaffung	Größere Mengen werden auf Lager genommen und stehen dort auf Abruf zur Verfügung.
	Vorteile: Keine Unterbrechungen in der Produktion, günstiger Einkauf in größeren Mengen und zu einem günstigen Zeitpunkt.
	Nachteile: Hohe Zins- und Lagerkosten (Kapitalbindung), ggf. Qualitätsprobleme und Überalterung.
Einzelbeschaffung	Die Beschaffung erfolgt im Bedarfsfall (geeignet für Einzelfertigung).
	Vorteile: Geringe Lagerdauer und -kosten.
	Nachteile: Ständiges Warten auf den Wareneingang, Problem der Verzögerung der Anlieferung.

Just-in-Time (fertigungssynchron)	Die Anlieferung des Materials erfolgt zeitgleich, wenn es in der Produktion benötigt wird.
	Vorteile: Keine/geringe Lagerhaltung und Durchlaufzeiten, ständige Aktualität.
	Nachteile: Störanfällig, Abstimmung mit dem Lieferanten.

02. Welche Ziele, Aufgaben und Funktionen hat die Materialdisposition?

- *Begriff:*
  Unter Materialdisposition sind alle Tätigkeiten zu verstehen, die benötigt werden um ein Unternehmen mit den Objekten der Materialwirtschaft nach Art und Menge termingerecht zu versorgen.

- *Aufgaben:*
  - Optimale Kombination der Materialwirtschaftszielsetzungen „hohe Lieferbereitschaft und niedrige Lagerhaltungskosten",
  - Art, Menge und Zeitpunkt des Bedarfs feststellen und unter Berücksichtigung der Lagerbestände in Bestellmengen und -termine umsetzen.

- *Ziele:*
  - Gewährleistung einer hohen Lieferbereitschaft,
  - Minimierung der Lagerhaltungskosten.

- *Funktionen:*
  - *Bedarfsermittlung:* Ermittlung einer Menge an Material, die zu einem bestimmten Termin für eine bestimmte Periode benötigt wird;
  - *Bestandsrechnung:* durch Vergleich des Bruttobedarfs mit dem verfügbaren Bestand wird ermittelt, welcher Bedarf (Nettobedarf) zugekauft werden muss;
  - *Bestellmengenrechnung:* der Nettobedarf wird kostenoptimiert auf eine gewisse Anzahl von Bestellungen verteilt.

03. Wie unterscheiden sich Primär-, Sekundär- und Tertiärbedarf?

Der Primär-, Sekundär- und Tertiärbedarf sind zentrale Begriffe der *plangesteuerten Bedarfsermittlung*. Es gibt folgende Zusammenhänge:

	Bedarfsarten (1)		
	Primärbedarf	**Sekundärbedarf**	**Tertiärbedarf**
Begriff, Inhalt	Bedarf des Marktes an verkaufsfertigen Erzeugnissen	Bedarf an Rohstoffen, Baugruppen und Ersatzteilen, der zur Deckung des Primärbedarfs erforderlich ist.	Bedarf an Hilfs- und Betriebsstoffen sowie Verschleißwerkzeugen, der bei der Fertigung notwendig ist.
Basis der Bedarfsermittlung	Kunden-, Lageraufträge	Aus dem Primärbedarf abgeleiteter Bedarf	Ergibt sich aufgrund von Vergangenheitswerten

2.2 Grundsätze betrieblicher Aufbau- und Ablauforganisation

04. Welche Materialbedarfsarten werden unterschieden?

	Bedarfsarten (2)	
	Sekundärbedarf	Bedarf an Rohstoffen, Baugruppen, Ersatzteilen – abgeleitet aus dem Primärbedarf
+	Zusatzbedarf	Ungeplanter Bedarf aufgrund von Mehrbedarf für • Wartung und Reparatur • Nebenbedarf für Sonderzwecke (Versuche usw.) • Minderlieferung wegen Ausschuss, Schwund usw.
=	**Bruttobedarf**	Bedarf der sich aus Sekundär- und Zusatzbedarf ergibt.
-	Lagerbestände	Bestände, die auf Lager tatsächlich vorhanden sind.
-	Bestellbestände	Bestellungen, die in Kürze eintreffen werden.
+	Vormerkbestände	Bestände, die für andere Aufträge vorgemerkt sind.
+	Sicherheitsbestand	(= eiserner Bestand) Bestand, der ständig auf Lager gehalten wird; vgl. Frage 22 f.)
=	**Nettobedarf**	Bedarf, der von den beschaffenden Stellen zugekauft werden muss, um den Primärbedarf zu decken.

05. Von welchen Faktoren ist die Wiederbeschaffungszeit abhängig?

Die Wiederbeschaffungszeit von Materialien ist von folgenden Faktoren abhängig:

- *Bedarfsrechnungszeit* = Zeit, die benötigt wird, den Bedarf unter Zuhilfenahme der jeweiligen Bedarfsrechnungsverfahren zu bestimmen.
- *Bestellabwicklungszeit* = Zeit, die der Einkauf benötigt, um eine rechtsverbindliche Bestellung an den Lieferanten zu übermitteln.
- *Übermittlungszeit zum Lieferanten* = Zeit, die benötigt wird, um die Bestellung dem Lieferanten zu übermitteln.
- *Lieferzeit* = Zeit, die der Lieferant benötigt, um die Ware vom Eintreffen der Bestellung zum Versand zu bringen.
- *Ein-, Ab- und Auslagerungszeit* = Zeit, die benötigt wird, um die angelieferte Ware der weiteren Verarbeitung zuzuführen.

06. Welche Arten der Inventur sind zu beachten, welche Verfahren der Inventurvereinfachung sind zulässig und welche Grundsätze der ordnungsmäßiger Buchführung sind dabei einzuhalten?

Körperliche Inventur	Körperliche Vermögensgegenstände werden mengenmäßig erfasst und anschließend in Euro bewertet (z. B. technische Anlagen, Betriebs- und Geschäftsausstattung, Maschinen).
Buchinventur	Buchinventur ist die Erfassung aller nicht-körperlichen Vermögensgegenstände, Forderungen, Bankguthaben, Arten von Schulden; sie werden wertmäßig aufgrund buchhalterischer Aufzeichnungen und Belege (Kontoauszüge, Saldenbestätigung durch Kunden oder Lieferanten usw.) ermittelt.

Stichtags-inventur	(Zeitnahe Inventur R 5.3 (1) EStR). Mengenmäßige Bestandsaufnahme der Vorräte, die zeitnah zum Abschlussstichtag in einer Frist von zehn Tagen vor oder nach dem Abschlussstichtag erfolgen muss (meist der 31.12.)
Verlegte (Stichtags-) Inventur	(Zeitverschobene Inventur R 5.3 (2) EStR). Körperliche Bestandsaufnahme erfolgt innerhalb einer Frist von drei Monaten vor und zwei Monaten nach dem Abschlussstichtag. • Bestandsaufnahme zunächst mengenmäßig, • Hochrechnung der Bestände erfolgt wertmäßig auf den Abschlussstichtag.
Permanente Inventur	• Laufende Inventur anhand von Lagerkarteien, • Es entfällt die körperliche Bestandsaufnahme zum Abschlussstichtag. • Voraussetzung ist, dass mindestens einmal im Geschäftsjahr eine körperliche Bestandsaufnahme zur Überprüfung der Lagerkartei erfolgt.
Stichproben-inventur	Mithilfe statistischer Methoden: Sicherheitsgrad 95 %; Schätzfehler nicht größer als 1 %.

Die Grundsätze ordnungsgemäßer Buchführung (GoB) sind:

Verständlichkeit	Jeder sachverständige Dritte muss sich zurechtfinden.
Kopien	Von abgesandten Handelsbriefen muss der Kaufmann Kopien anfertigen.
Sprache	Handelsbücher und Aufzeichnungen müssen in lebender Sprache abgefasst sein (z. B. nicht in Latein).
Vollständigkeit	Alle Kontierungen und Aufzeichnungen müssen vollständig, richtig, zeitgerecht und geordnet sein; d. h.: keine fiktiven Konten, kein Weglassen, keine falsche zeitliche Erfassung, Belegnummerierung.
Änderungen	Korrekturen nur mit Stornobuchungen (kein Radieren oder Überschreiben).
GoBS Dv-gestützte Systeme	Vorgeschrieben sind: Beschreibung der Software, jederzeitiger und sicherer Zugriff, Schutz vor unbefugtem Zugriff.
Aufbewahrung	• 10 Jahre: Handelsbücher, Inventare, Bilanzen, GuV-Rechnungen, Buchungsbelege • 6 Jahre: Handelsbriefe. Fristbeginn ist der Schluss des Kalenderjahres, in dem die Unterlagen entstanden sind.
Belegprinzip	Keine Buchung ohne Beleg (Fremd-, Eigen-, Notbelege).
Behandlung der Belege	(1) Vorbereitung: Ordnen, prüfen, vorkontieren; (2) Buchen; (3) Ablage; (4) Aufbewahrung.

07. Welche zentralen Unterschiede bestehen zwischen der deterministischen und der stochastischen Bedarfsermittlung?

	Verfahren der Materialbedarfsermittlung (2)	
	Stochastische Bedarfsermittlung	**Deterministische Bedarfsermittlung**
Bezugs-basis	Verbrauchsorientiert	Auftragsorientiert auch: programmgesteuert
	Der Bedarf wird ohne Bezug zur Produktion aufgrund von Vergangenheitswerten ermittelt. Relevant sind: • Vorhersagezeitraum • Vorhersagehäufigkeit • Verlauf der Vergangenheitswerte	Der Bedarf wird aufgrund des Produktionsprogrammes exakt ermittelt.

Vor-, Nachteile	• einfaches Verfahren • kostengünstig • kann mit Fehlern behaftet sein	• sorgfältiges und genaues Verfahren • kostenintensiv und zeitaufwändig

Informationsbasis	• auf der Basis von Lagerstatistiken
	• bestellt wird bei Erreichen des Lagerbestandes
		1. Produktionsprogramm:
		  • Lageraufträge
		  • Kundenaufträge
		2. Erzeugnisstruktur
		  • Stücklisten
		  • Verwendungsnachweise
		  • Rezepturen

Anwendung	• Tertiär- und Zusatzbedarf – wenn deterministische Verfahren nicht anwendbar oder nicht wirtschaftlich sind	Bei allen Roh- und Hilfsstoffen lässt sich ein direkter Zusammenhang zum Primärbedarf herstellen; meist Dv-gestützt.
Dispositionsverfahren	Verbrauchsgesteuerte Disposition: • **Bestellpunktverfahren** • **Bestellrhythmusverfahren**	Programmgesteuerte Disposition: • auftragsgesteuerte Disposition • plangesteuerte Disposition

Methoden	Mittelwertbildung:
	• arithmetischer Mittelwert
	  - gewogen/ungewogen
	• gleitender Mittelwert
	  - gewogen/ungewogen
		Analytische Materialbedarfsauflösung
		→ Stücklisten

	Regressionsanalyse: • lineare • nicht-lineare	Synthetische Materialbedarfsauflösung → Verwendungsnachweise
	Exponentielle Glättung: • 1. Ordnung • 2. Ordnung	

08. Welche Dispositionsverfahren werden unterschieden?

Im Wesentlichen werden folgende Dispositionsverfahren (auch: Verfahren der Bestandsergänzung) unterschieden:

Verfahren der Materialbedarfsermittlung	
Stochastische Bedarfsermittlung	**Deterministische Bedarfsermittlung**
1. Verbrauchsgesteuerte Disposition:	**2. Programmgesteuerte Disposition:**
1.1 Bestellpunktverfahren	2.1 Auftragsgesteuerte Disposition
1.2 Bestellrhythmusverfahren	2.2 Plangesteuerte Disposition
	→ Soll-Eindeckungstermin → Ist-Eindeckungstermin

1. *Verbrauchsgesteuerte Disposition:*

   Der Bestand eines Lagers wird zu einem bestimmten Termin oder bei Erreichen eines bestimmten Lagerbestandes ergänzt. Das Verfahren ist nicht sehr aufwändig. Die Ergebnisse sind jedoch ungenau. Es ist mit erhöhten Sicherheitsbeständen zu planen. Voraussetzung für diese Dispositionsverfahren sind eine aktuelle und richtige Fortschreibung der Lagerbuchbestände.

1.1 Bestellpunktverfahren:

Hierbei wird bei jedem Lagerabgang geprüft, ob ein bestimmter Bestand (Meldebestand oder Bestellpunkt) erreicht oder unterschritten ist.

Merkmale:
- feste Bestellmengen
- variable Bestelltermine

Ermittlung des Bestellpunktes:

Bestellpunkt (Meldebestand)	= (ø Verbrauch pro Zeiteinheit · Beschaffungszeit) + Sicherheitsbestand
BP	= (DV · BZ) + SB

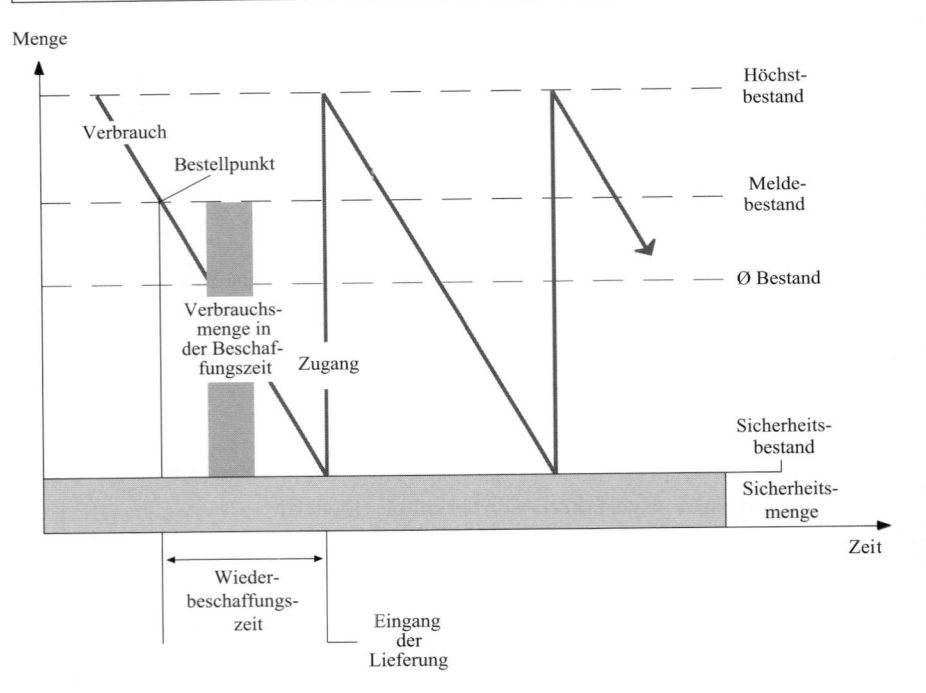

1.2 Bestellrhythmusverfahren:

Hierbei wird der Bestand in festen zeitlichen Kontrollen überprüft. Er wird dann auf einen vorher fixierten Höchstbestand aufgefüllt.

Merkmale:
- feste Bestelltermine
- variable Bestellmengen

Berechnung des Höchstbestandes:

$$\text{Höchstbestand} = \text{ø Verbrauch pro Zeiteinheit} \cdot (\text{Beschaffungszeit} + \text{Überprüfungszeit}) + \text{Sicherheitsbestand}$$

$$HB = DV \cdot (BZ + ÜZ) + SB$$

2.2 Grundsätze betrieblicher Aufbau- und Ablauforganisation

Menge

- Höchstbestand
- Bestellung von 720 Stück
- Bestellung von 800 Stück
- Sicherheitsbestand

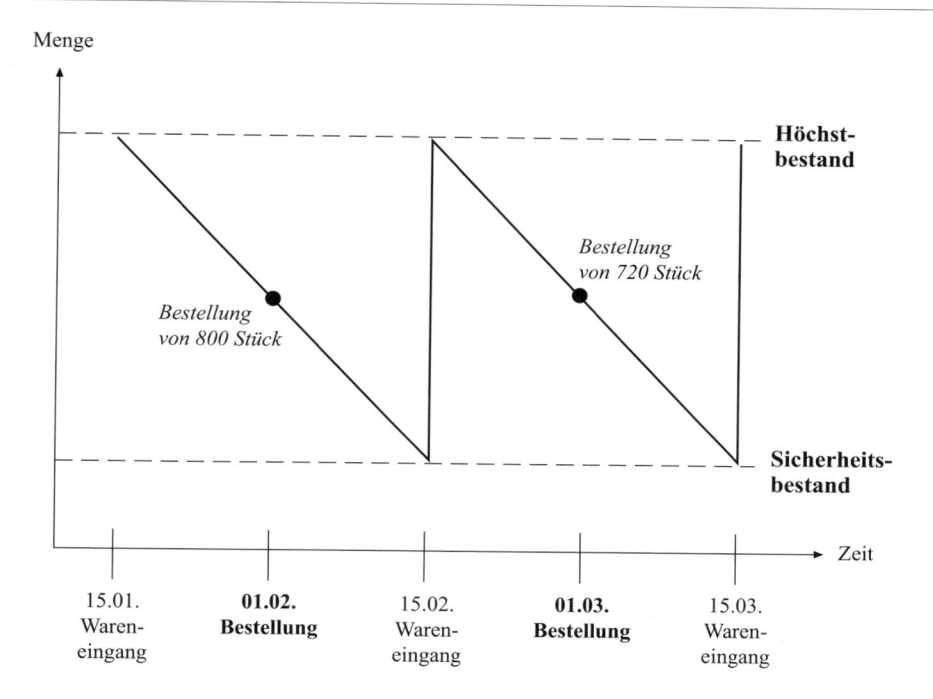

Zeit

| 15.01. | 01.02. | 15.02. | 01.03. | 15.03. |
| Wareneingang | **Bestellung** | Wareneingang | **Bestellung** | Wareneingang |

2. *Programmgesteuerte Disposition:*

   2.1 *Auftragsgesteuerte Disposition:*
   Bestelltermine und Bestellmengen werden entsprechend der Auftragssituation festgelegt. Bestellmengen sind fast immer identisch mit den Bedarfsmengen. In der Regel gibt es keine Sicherheitsbestände, da es weder Überbestände noch Fehlmengen geben kann. Zu unterscheiden ist weiterhin in:
   - Einzelbedarfsdisposition
   - Sammelbedarfsdisposition

   2.2 *Plangesteuerte Disposition:*
   Ausgehend von einem periodifizierten Produktionsplan und dem deterministisch ermittelten Sekundärbedarf wird der Nettobedarf unter Berücksichtigung des verfügbaren Lagerbestandes ermittelt.

09. Was ist der Ist-Eindeckungstermin?

Der Ist-Eindeckungstermin ist der Tag, bis zu dem der verfügbare Lagerbestand den zu erwartenden Bedarf deckt.

10. Was versteht man unter dem Soll-Eindeckungstermin?

Der Soll-Eindeckungstermin ist der Tag, bis zu dem der verfügbare Lagerbestand ausreichen muss, um in der nächsten Periode zeitlich normale Bestellungen abwickeln zu können.

Soll-Eindeckungstermin	=	Bestelltag + WBZ + Prüf-/Einlagerungszeit + Sicherheitszeit + Dauer der Periode (in Tg.)

11. Wie ist der Soll-Liefertermin definiert?

Der Soll-Liefertermin ist der letztmögliche Termin, der die Lieferbereitschaft sicherzustellen in der Lage ist. Er ergibt sich aus dem Ist-Eindeckungstermin abzüglich einer Sicherheits-, Einlager- und Überprüfungszeit.

Es gilt:

Soll-Eindeckung	>	Ist-Eindeckung	→	Bestellvorgang

12. Welche Auswirkungen können Fehler in der Bedarfsermittlung haben?

Fehler in der Materialbedarfsermittlung und mögliche Folgen	
Vorhersagewert zu hoch:	**Vorhersagewert zu niedrig:**
• Bestände steigen • Lagerhaltungskosten steigen • Liquidität sinkt	• Fehlmengenkosten • Zusatzkäufe • Kundennachfrage wird nicht befriedigt • Absatzrückgang
Gefährdung der Wirtschaftlichkeit	**Gefährdung der Leistungsfähigkeit**

13. Welchen Einflussfaktoren unterliegt die Bestellmenge?

Bestellmenge • Einflussfaktoren			
Materialpreise	Lagerhaltungskosten	Beschaffungskosten	Bestellkosten
Rabatte	Losgrößeneinheiten	Fehlmengenkosten	Finanzvolumen

14. Was sind Bestellkosten?

- Bestellkosten sind Kosten, die innerhalb eines Unternehmens für die Materialbeschaffung anfallen.
- Sie sind von der Anzahl der Bestellungen abhängig und nicht von der Beschaffungsmenge.

Bei größeren Bestellmengen x sinken die Bestellkosten je Stück, erhöhen aber die Lagerkosten und umgekehrt. Bestellkosten und Lagerkosten entwickeln sich also gegenläufig. Die optimale Bestellmenge x_{opt} ist grafisch dort, wo die Gesamtkostenkurve aus Bestellkosten und Lagerkosten ihr Minimum hat:

2.2 Grundsätze betrieblicher Aufbau- und Ablauforganisation

Bestellkosten	=	Anzahl der Bestellungen/Periode · fixe Kosten je Bestellung

Bestellkosten pro Bestellung	=	$\dfrac{\text{Summe der Bestellkosten/Periode}}{\text{Anzahl der Bestellungen/Periode}}$

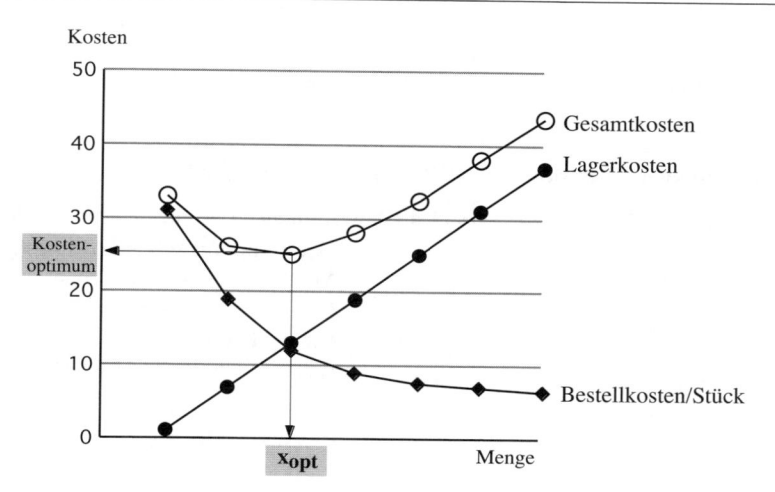

15. Was sind Fehlmengenkosten und welche Folgen können daraus resultieren?

Fehlmengenkosten entstehen, wenn das beschaffte Material den Bedarf der Fertigung nicht deckt, wodurch der Leistungsprozess teilweise oder ganz unterbrochen wird. Die Folgen sind:

- mögliche Preisdifferenzen
- entgangene Gewinne
- Konventionalstrafen
- Goodwill-Verluste

16. Mit welchen Verfahren lässt sich die Beschaffungsmenge optimieren?

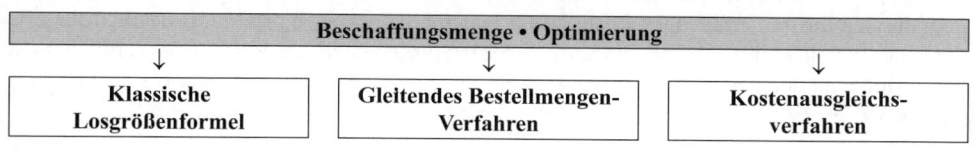

Beschaffungsmenge • Optimierung

Klassische Losgrößenformel	Gleitendes Bestellmengen-Verfahren	Kostenausgleichs-verfahren

17. Wie lautet die Formel zur Berechnung der optimalen Bestellmenge nach Andler?

$$x_{opt} = \sqrt{\dfrac{200 \cdot M \cdot K_B}{E \cdot L_{HS}}}$$

x_{opt} = optimale Beschaffungsmenge
M = Jahresbedarfsmenge
E = Einstandspreis pro ME
K_B = fixe Bestellkosten/Bestellung
L_{HS} = Lagerhaltungskostensatz

Beispiel:
Der Jahresverbrauch beträgt 1.600 kg. Der Einkaufspreis ist 6 € je kg und der Bestellvorgang kostet jeweils 36 €. Man geht von einem Lagerhaltungskostensatz von 8 % aus. Daraus ergibt sich nach Andler eine optimale Bestellmenge x:

$$x = \sqrt{\frac{200 \cdot 1.600 \cdot 36}{6 \cdot 8}} = 489{,}89$$

Aufgerundet beträgt also die optimale Bestellmenge 490 kg.

18. Wie lässt sich die optimale Bestellhäufigkeit errechnen?

Die optimale Bestellhäufigkeit lässt sich als Abwandlung der Andler-Formel wie folgt errechnen:

$$N_{opt} = \sqrt{\frac{M \cdot E \cdot L_{HS}}{200 \cdot K_B}}$$

N_{opt} = optimale Beschaffungshäufigkeit
M = Jahresbedarfsmenge
E = Einstandspreis pro ME
K_B = fixe Bestellkosten/Bestellung
L_{HS} = Lagerhaltungskostensatz

z. B.

$$N_{opt} = \sqrt{\frac{1.600 \cdot 6 \cdot 8}{200 \cdot 36}} = 3{,}26$$

Die Optimale Bestellhäufigkeit ist also (gerundet) 3.

Ferner gilt auch:

$$N_{opt} = \frac{M}{X_{opt}}$$

M = Jahresbedarfsmenge
X_{opt} = Optimale Bestellmenge

19. Wie ist die Vorgehensweise bei der Bestellmengenoptimierung unter Anwendung des gleitenden Beschaffungsmengenverfahrens?

Die Ermittlung der optimalen Bestellmenge erfolgt in einem schrittweisen Rechenprozess, indem die Summe der anfallenden Bestell- und Lagerhaltungskosten pro Mengeneinheit für jede einzelne Periode ermittelt wird. Die Kosten werden für jede Periode miteinander verglichen. In der Periode mit den geringsten Kosten wird die Rechnung abgeschlossen. Der bis dahin aufgelaufene Bedarf ist die optimale Beschaffungsmenge.

20. Wie ist der Sicherheitsbestand definiert?

Der Sicherheitsbestand, auch eiserner Bestand, Mindestbestand oder Reserve genannt, ist der Bestand an Materialien, der normalerweise nicht zur Fertigung herangezogen wird. Er stellt einen Puffer dar, der die Leistungsbereitschaft des Unternehmens bei Lieferschwierigkeiten oder sonstigen Ausfällen gewährleisten soll.

21. Welche Funktion hat der Sicherheitsbestand?

Er dient zur Absicherung von Abweichungen verursacht durch:

- Verbrauchsschwankungen
- Überschreitung der Beschaffungszeit
- quantitative Minderlieferung
- qualitative Mengeneinschränkung
- Fehler innerhalb der Bestandsführung

22. Welche Folgen können aus einem zu ungenau bestimmten Sicherheitsbestand entstehen?

- Der Sicherheitsbestand ist im Verhältnis zum Verbrauch *zu hoch*:
  → es erfolgt eine unnötige Kapitalbindung.
- Der Sicherheitsbestand ist im Verhältnis zum Verbrauch *zu niedrig*:
  → es entsteht ein hohes Fehlmengenrisiko.

23. Wie kann der Sicherheitsbestand bestimmt werden?

- Bestimmung aufgrund subjektiver Erfahrungswerte
- Bestimmung mittels grober Näherungsrechnungen:
  - durchschnittlicher Verbrauch je Periode · Beschaffungsdauer

Sicherheitsbestand	= ø Verbrauch pro Periode · Beschaffungsdauer

  - errechneter Verbrauch in der Zeit der Beschaffung + Zuschlag für Verbrauchs- und Beschaffungsschwankungen

Sicherheitsbestand	= ø Verbrauch pro Periode + Sicherheitszuschlag

  - längste Wiederbeschaffungszeit:
    herrschende Wiederbeschaffungszeit · durchschnittlicher Verbrauch je Periode
  - arithmetisches Mittel der Lieferzeitüberschreitung je Periode · durchschnittlicher Verbrauch je Periode
- mathematisch nach dem Fehlerfortpflanzungsgesetz
- Bestimmung durch eine pauschale Sicherheitszeit
- Festlegung eines konstanten Sicherheitsbestandes
- statistische Bestimmung des Sicherheitsbestandes

24. Wie ist der generelle Ablauf bei der Beschaffung (Beschaffungsprozess)?

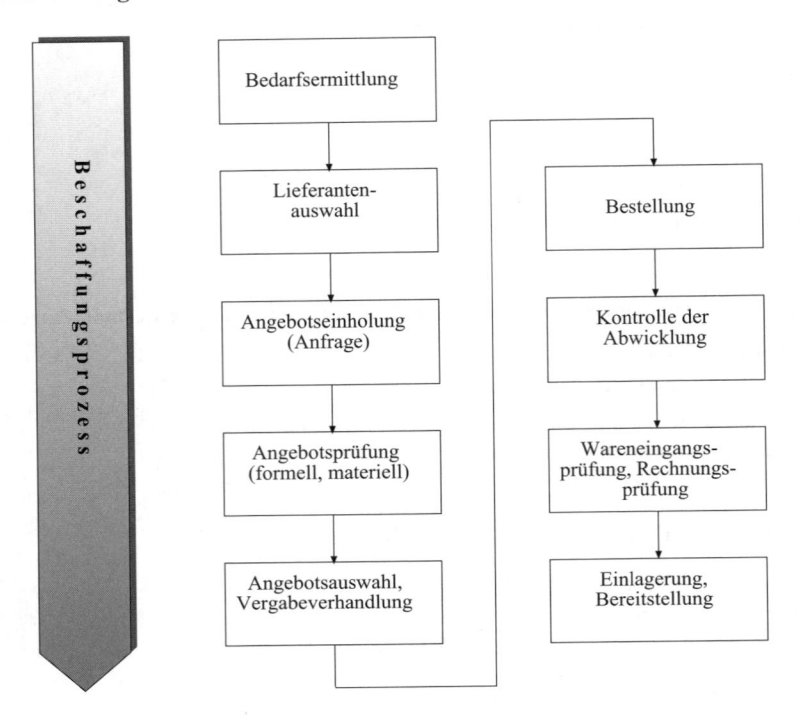

Beschaffungsprozess:

Bedarfsermittlung → Lieferantenauswahl → Angebotseinholung (Anfrage) → Angebotsprüfung (formell, materiell) → Angebotsauswahl, Vergabeverhandlung → Bestellung → Kontrolle der Abwicklung → Wareneingangsprüfung, Rechnungsprüfung → Einlagerung, Bereitstellung

25. Welche Lagerkosten sind in der Regel fix und welche sind variabel?

Fixe Lagerkosten	z. B. Miete/Pacht, Abschreibungen, Gebäudeversicherung
Variable Lagerkosten	sind von der Menge der gelagerten Waren abhängig, z. B. Energiekosten, Förderkosten, Lagerzinsen, Schwund/Leckage, Hilfsmittel.

26. Wie unterscheiden sich der Lagerkosten- und der Lager<u>haltungs</u>kostensatz?

Lagerkostensatz	$= \dfrac{\text{Lagerkosten} \cdot 100}{\text{durchschnittlicher Lagerbestandswert}}$

Lagerhaltungskosten	= Lagerkosten + Zinskosten
	= ø im Lager gebundenes Kapital · Lagerhaltungskostensatz
	= ø Lagerbestand (Menge) · Einstandspreis · Lagerhaltungskostensatz

Lagerhaltungs- kostensatz	= Zinssatz des im Lager gebundenen Vorratskapitals + Lagerkostensatz

2.2 Grundsätze betrieblicher Aufbau- und Ablauforganisation

Bei der Berechnung des Lagerzinssatzes ist der Kapitalmarktzins auf die Dauer der Kapitalbindung, d. h. auf die Lagerdauer zu beziehen:

$$\text{Lagerzinssatz} = \frac{\text{Kapitalmarktzinssatz} \cdot \varnothing \text{ Lagerdauer}}{360}$$

$$\text{Lagerzinsen} = \frac{\varnothing \text{ Lagerbestand} \cdot \text{Lagerzinssatz}}{100}$$

Näherungsweise können die Lagerhaltungskosten auch ermittelt werden:

$$\text{Lagerhaltungskosten} = \varnothing \text{ Lagerbestand} \cdot \text{Lagerhaltungskosten je Stück}$$

Das durchschnittlich im Lager gebundene Kapital kann näherungsweise berechnet werden:

$$\varnothing \text{ im Lager gebundenes Kapital} = \frac{\text{Lagerbestand}}{2} \cdot \text{Einstandspreis pro Stück}$$

27. Welche Kennzahlen der Lagerhaltung gibt es weiterhin?

Beispiele:

$$\text{Flächennutzungsgrad} = \frac{\text{Genutzte Lagerfläche}}{\text{Vorhandene Lagerfläche}}$$

$$\text{Raumnutzungsgrad} = \frac{\text{Genutzter Lagerraum}}{\text{Vorhandener Lagerraum}}$$

$$\text{Höhennutzungsgrad} = \frac{\text{Genutzte Lagerhöhe}}{\text{Vorhandene Lagerhöhe}}$$

$$\text{Nutzungsgrad der Lagertransportmöglichkeit} = \frac{\text{Transportierte Menge}}{\text{Transportkapazität}}$$

$$\text{Einsatzgrad} = \frac{\text{Einsatzzeit}}{\text{Arbeitszeit}}$$

$$\text{Ausfallgrad} = \frac{\text{Stillstandszeit}}{\text{Einsatzzeit}}$$

Durchschnittlicher Lagerbestand	=	$\dfrac{\text{Anfangsbestand} + \text{Endbestand}}{2}$
	=	$\dfrac{\text{Jahresanfangsbestand} + 12 \text{ Monatsendbestände}}{13}$
	=	$\dfrac{\text{Optimale Bestellmenge}}{2} + \text{Sicherheitsbestand}$
Durchschnittsbestand/Tag	=	$\dfrac{\text{Summe der Tagesbestände}}{\text{Anzahl der Tage}}$
Umschlagshäufigkeit auf Mengenbasis	=	$\dfrac{\text{Jahresverbrauch}}{\text{durchschnittlichen Lagerbestand [in Stk.]}}$
Umschlagshäufigkeit auf Wertbasis	=	$\dfrac{\text{Jahresverbrauch}}{\text{durchschnittlichen Lagerbestand [zu EP in €]}}$
Durchschnittliche Lagerdauer	=	$\dfrac{360 \text{ (Tage)}}{\text{Umschlagshäufigkeit}}$
Sicherheitskoeffizient	=	$\dfrac{\text{Sicherheitsbestand}}{\text{durchschnittlichen Bestand}}$
Lagerreichweite	=	$\dfrac{\text{durchschnittlicher Lagerbestand}}{\text{durchschnittlicher Bedarf}}$
Lagerbestand in % des Umsatzes	=	$\dfrac{\text{Lagerbestand} \cdot 100}{\text{Umsatz}}$
Materialumschlag	=	$\dfrac{\text{Materialverbrauch} \cdot 100}{\text{durchschnittlicher Materialbestand} \cdot 100}$

28. Mit welchen Maßnahmen lassen sich die Lagerkosten senken?

Beispiele:

- Umschlaghäufigkeit erhöhen
- Sortiment bereinigen
- Bestand reduzieren
- Beschaffungsverfahren ändern
- Bildung von Einheiten.

29. Wie wird der Einstandspreis berechnet?

Beispiel:

	Listeneinkaufspreis, netto	500,00 €
+	19 % USt	95,00 €
=	Listeneinkaufspreis, brutto	595,00 €
-	Rabatt, 5 %	29,75 €
=	Zieleinkaufspreis, brutto	565,25 €
-	Skonto, 3 %	16,96 €
=	Bareinkaufspreis, brutto	548,29 €
+	Bezugskosten (Versicherung, Fracht, Verpackung)	300,00 €
=	Einstandspreis inkl. USt	848,29 €

2.3 Nutzen und Möglichkeiten der Organisationsentwicklung

2.3.1 Grundgedanken der Organisationsentwicklung

01. Was versteht man unter Organisationsentwicklung?

- *Begriff:*
  Organisationsentwicklung (OE) ist ein *langfristig* angelegter *systemorientierter Prozess* zur *Veränderung der Strukturen* eines Unternehmens und *der* darin arbeitenden *Menschen*. Der Prozess beruht auf der Lernfähigkeit aller Betroffenen durch direkte Mitwirkung und praktische Erfahrung.

  Damit gehören zur Organisationsentwicklung auch Einstellungs- und Verhaltensänderungen im Umgang mit Arbeitsanforderungen, der eigenen Leistungsfähigkeit, mit Gesundheit und Krankheit. Dies kann durch eine enge Verknüpfung der technischen, ergonomischen, arbeitsorganisatorischen und betriebsklimatischen Elemente bei der Verbesserung der Arbeitsbedingungen erfolgen.

  > Organisationsentwicklung ist ein *langfristig angelegter Entwicklungsprozess*.
  >
  > Er zielt ab auf die notwendige Anpassung der bestehenden Organisationsformen *(Hard facts)* sowie die Veränderung der Organisationskultur *(Soft facts)*.
  >
  > Organisationsentwicklung wird getragen vom Gedanken der *lernenden Organisation* (gemeinsames Lernen, Erleben und Umsetzen).

- *Ziel:*
  Das Ziel besteht in einer gleichzeitigen *Verbesserung der Leistungsfähigkeit der Organisation* (Effektivität) und der *Qualität des Arbeitslebens*. Unter der Qualität des Arbeitslebens bzw. der Humanität versteht man nicht nur materielle Existenzsicherung, Gesundheitsschutz und persönliche Anerkennung, sondern auch Selbstständigkeit (angemessene Dispositionsspielräume), Beteiligung an den Entscheidungen sowie fachliche Weiterbildung und berufliche Entwicklungsmöglichkeiten.

Organisationsentwicklung • Vorteile ...	
für das Unternehmen	**für die Mitarbeiter**
• geringere Kosten • erhöhte Qualität der Produkte • verkürzte Durchlaufzeiten • verbesserte Teamarbeit • verbesserte Wettbewerbsfähigkeit	• Aufstieg möglich • verbesserte Aus- und Weiterbildung • verbesserte Lernfähigkeit • verbesserte Motivation • verbesserte Zielorientierung

02. Worin unterscheiden sich die Ansätze der klassischen Organisationslehre von denen der Organisationsentwicklung?

Die klassische Organisationslehre hat einen *betriebswirtschaftlichen* Ansatz und setzt an bei einer mehr formalen *Optimierung der Aufbau- und Ablaufstrukturen* (Linien-/Matrixorganisation, Gliederungsbreite/-tiefe, Zentralisation/Dezentralisation usw.), ohne in der Regel den Mitarbeiter selbst im Mittelpunkt von Veränderungsprozessen zu sehen.

Die OE hat einen *ganzheitlichen Ansatz:* Angestrebt wird eine Anpassung der formalen Aufbau- und Ablaufstrukturen *und* der Verhaltensmuster der Mitarbeiter an Veränderungen der Umwelt (Kunden, Märkte, Produkte).

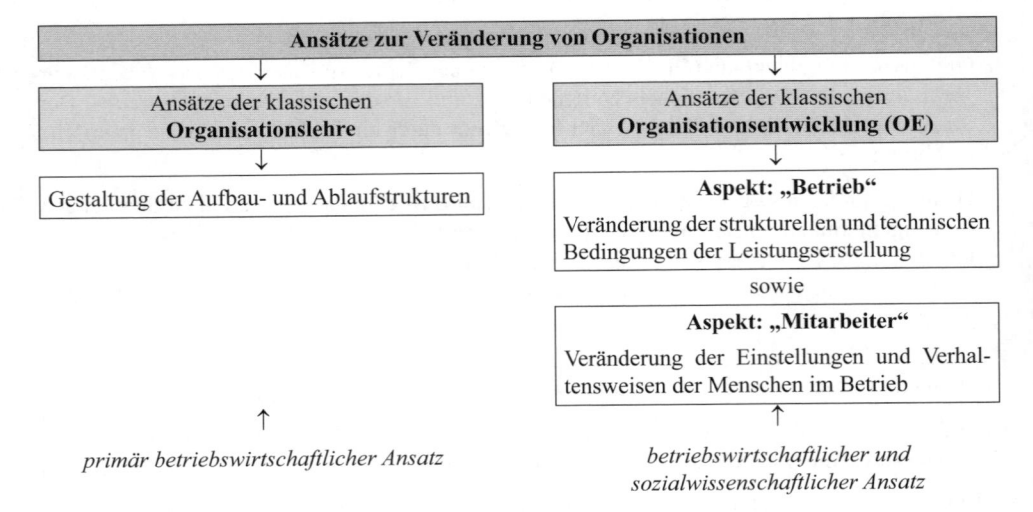

Ansätze zur Veränderung von Organisationen	
Ansätze der klassischen **Organisationslehre**	Ansätze der klassischen **Organisationsentwicklung (OE)**
Gestaltung der Aufbau- und Ablaufstrukturen	**Aspekt: „Betrieb"** Veränderung der strukturellen und technischen Bedingungen der Leistungserstellung sowie **Aspekt: „Mitarbeiter"** Veränderung der Einstellungen und Verhaltensweisen der Menschen im Betrieb
↑ *primär betriebswirtschaftlicher Ansatz*	↑ *betriebswirtschaftlicher und sozialwissenschaftlicher Ansatz*

03. Welche Überlegungen stehen hinter dem Begriff „lernende Organisation"?

In Verbindung mit der Organisationsentwicklung (OE) wird häufig auch von der Lernenden Organisation gesprochen. Gemeint ist damit ein System, das ständig in Bewegung ist: Ereignisse werden als Anregung begriffen und für Entwicklungsprozesse genutzt, um die Wissensbasis und Handlungsspielräume an die neuen Erfordernisse anzupassen.

2.3 Nutzen und Möglichkeiten der Organisationsentwicklung

Eine Lernende Organisation ist durch folgende Merkmale geprägt, z. B.:

- Orientierung am Nutzen des Kunden, vom Kunden lernen
- interne Kooperations- und Konfliktlösungsfähigkeit
- Teamgeist (Lernen im Team)
- demokratischer Führungsstil und Partizipation der Mitarbeiter
- Belohnung von Engagement
- richtiger Umgang mit Fehlern (von Fehlern lernen, Fehlertoleranz).

Veränderungsprozesse sind nur möglich, nachdem Lernprozesse und Akzeptanzvorgänge stattgefunden haben. Aber auch: aus Veränderungsprozessen folgen Lernprozesse. Beide Arten von Vorgängen darf ein Unternehmen nicht dem Zufall überlassen, sondern muss sie durch geeignete Maßnahmen initiieren und unterstützen.

Die Lernende Organisation ist deshalb die logische Weiterentwicklung der Organisationsentwicklung, besser noch ein integrierter Bestandteil.

Das ökologische Gesetz des Lernens besagt, dass eine Spezies nur überleben kann, wenn ihre Lerngeschwindigkeit gleich oder größer ist als die Veränderungsgeschwindigkeit ihrer Umwelt. Dieses Gesetz lässt sich gut auf Unternehmen übertragen. Man muss schneller lernen als die Konkurrenz, um langfristig zu überleben.

Lernen heißt: Lernen von der Konkurrenz
Lernen vom Kunden
Lernen vom Kollegen

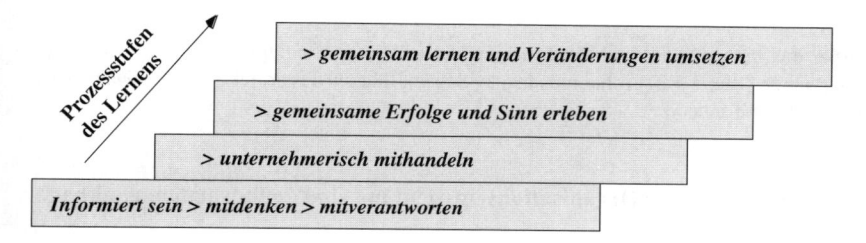

Prozessstufen des Lernens

> gemeinsam lernen und Veränderungen umsetzen
> gemeinsame Erfolge und Sinn erleben
> unternehmerisch mithandeln
Informiert sein > mitdenken > mitverantworten

04. Welche Phasen hat ein Organisationszyklus?

Maßnahmen der Organisationsentwicklung müssen systematisch bearbeitet werden. Die Literatur enthält dazu eine kaum noch überschaubare Fülle an Phasenmodellen. Bei genauerer Betrachtung existieren kaum Unterschiede in den einzelnen Modellen: Mitunter variiert die *Anzahl der Phasen* sowie die *Bezeichnung pro Phase*.

Generell weist jedes der Phasenmodelle mehr oder weniger ausgeprägt den Zyklus des *Management-Regelkreises* auf:

Ziele setzen → planen → organisieren → realisieren → kontrollieren

Auf die Organisationsentwicklung übertragen bedeutet dies, dass OE-Prozesse sich permanent in folgenden Phasen wiederholen (= *Zyklus der OE*):

#	Phase	Inhalte
1.	Situationsanalyse	• Beschreibung und Analyse der Ist-Situation • Ermittlung der Ressourcen, Informationen und Zusammenhänge
2.	Organisationsanalyse	• Analyse der Gesamtorganisation (Stärken/Schwächen) • Bewertung des Ist-Zustands
3.	Zielformulierung	• Ziele formulieren aus dem Soll-Ist-Vergleich • Ziele strukturieren
4.	Lösungsansätze	• Suchen und Konkretisieren von Lösungsansätzen • Lösungskataloge
5.	Bewertung	• Bewertungsverfahren und -kriterien • Auswahl der optimalen Lösung
6.	Entscheidung	• Freigabe der optimalen Lösung
7.	Realisierung	• Umsetzung der Lösungen • Reflexion über Prozess und Ergebnis
8.	Kontrolle der Ansätze im Hinblick auf die Zielformulierung	• Laufender Soll-Ist-Vergleich • ggf. Zielkorrektur

Hinweis:
Ausführlich werden die Methoden der Problemlösung und Entscheidungsfindung u. a. im 3. Prüfungsfach behandelt; vgl. dort unter Ziffer 3.5.2 (Problemlösungszyklus im Rahmen des Projektmanagements) sowie Ziffer 3.2.2 (Ablauf der Wertanalyse).

05. Welche Strategieansätze der Organisationsentwicklung sind grundsätzlich denkbar?

Top-down	„von oben nach unten": Veränderungsansätze werden von der Spitze des Unternehmens her entwickelt und schrittweise in den nachgelagerten Ebenen mit entwickelt und umgesetzt. Das Verfahren ist autoritär, aber relativ schnell umzusetzen.
Bottom-up	Veränderungsprozesse gehen primär von der Basis aus und werden nach oben hin in Gesamtpläne verdichtet. Die Mitarbeiter können sich mit den Veränderungen gut identifizieren. Das Verfahren ist relativ langsam.
Center-out	„von Kernprozessen ausgehend": Bei diesem Ansatz geht man von den Kernprozessen der Wertschöpfung aus und setzt dort mit den notwendigen Veränderungsprozessen an.

2.3 Nutzen und Möglichkeiten der Organisationsentwicklung

Multiple-nucleus	übersetzt: mehrfache Kerne/Keimzellen; sog. „Flecken-Strategie": Veränderungsprozesse gehen von unterschiedlichen „Keimzellen" im Unternehmen aus und werden miteinander verbunden; Keimzellen sind z. B. Abteilungen, die besonders innovativ, kritisch-kreativ sind und bestehende Strukturen und Abläufe hinterfragen.
Politik der vertikalen Schnitte	OE-Maßnahmen können bisweilen zu deutlichen Änderungen über alle Funktionen und Ebenen des Unternehmens führen. Werden derartige markante Änderungen umgesetzt, bezeichnet man dies auch als „Politik der vertikalen Schnitte".

OE-Maßnahmen können bisweilen zu deutlichen Änderungen über alle Funktionen und Ebenen des Unternehmens führen. Werden derartige markante Änderungen umgesetzt, bezeichnet man dies auch als „Politik der vertikalen Schnitte".

06. Welche Unterschiede und Gemeinsamkeiten bestehen zwischen Organisations- und Personalentwicklung?

Der Begriff/Ansatz der Personalentwicklung (PE) ist umfassender als der der Aus-/Fortbildung und Weiterbildung. PE vollzieht sich innerhalb der Organisationsentwicklung und diese wiederum ist in die Unternehmensentwicklung eingebettet.

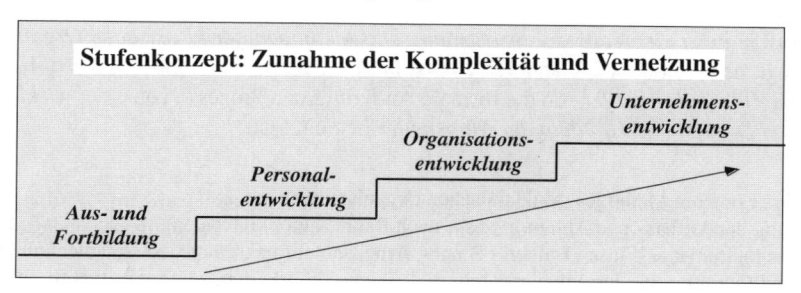

Stufenkonzept: Zunahme der Komplexität und Vernetzung

Aus- und Fortbildung → Personalentwicklung → Organisationsentwicklung → Unternehmensentwicklung

07. Welche Erfolgs- und Misserfolgsfaktoren des organisatorischen Wandels lassen sich nennen?

- *Erfolgsfaktoren*, z. B.:
    - Konsens zwischen Mitarbeitern und Führungskräften über die Notwendigkeit von Veränderungen
    - Konsens über die Bewertung der Umwelt
    - Führungskräfte sind Wegbereiter für Veränderungsprozesse (*Change Agent*)
    - Mitarbeiter erleben spürbar, transparent und gemeinsam den Erfolg richtig eingeleiteter Maßnahmen
    - die Informationspolitik ist geprägt von Offenheit, Feedback und Konfliktfähigkeit
    - Zielsetzungen/Visionen werden der Belegschaft klar und verständlich präsentiert
    - die Ansätze der OE sind ganzheitlich und integrativ

- *Misserfolgsfaktoren:*

   Hier sind zunächst einmal alle oben genannten Aspekte mit „umgekehrtem Vorzeichen" zu nennen; weitere Beispiele für fehlende Voraussetzungen/Misserfolgsfaktoren von OE sind:
   - Nichterkennen der Probleme („blinder Fleck") bei den Beteiligten
   - fehlende Bereitschaft zur Veränderung/mangelnder Leidensdruck
   - fehlende Kunden- und Marktorientierung
   - falsche Strategie (ausschließlicher Top-down-Ansatz)
   - Mitarbeiter werden nicht „wirklich" eingebunden
   - Blockade durch Verteidigung von Besitzständen
   - unrealistische Zeitvorgaben für Veränderungsprozesse
   - das Management steht nicht ehrlich hinter den eingeleiteten Prozessen (Alibi-Projekte)
   - die Mitarbeiter haben keine Teamerfahrung und -fähigkeit
   - die Zusammenarbeit mit dem Betriebsrat ist mangelhaft

2.3.2 Organisationsentwicklung als Mittel für Veränderungsprozesse

01. Wie können sich Maßnahmen der Organisationsentwicklung auf betriebliche Prozesse und Funktionen auswirken?

1. *Der OE-Ansatz nutzt einerseits die Instrumente und Methoden der klassischen Organisationslehre* (vgl. oben, Frage 02.), andererseits ist er von Fall zu Fall genötigt, diese *Ansätze infrage zu stellen und zu prüfen*, ob die formale Änderung von Prozesse von einer *wirklichen Änderung im Denken und Handeln der Mitarbeiter* begleitet ist.

   Beispiel:
   OE nutzt die bekannten Methoden der klassischen Organisationslehre, z. B.:
   - Optimierung der Aufbau- und Ablaufprozesse nach Raum, Zeit und Kosten
   - Einsatz der Instrumente: Fluss-, Balken-, Block-, Arbeitsablaufdiagramme, Netzplantechnik usw.
   - Einsatz und Optimierung der Arbeitspapiere und Belege: Laufkarten, Materialentnahmescheine, Lohnzettel, Terminkarten

   Ausführlich werden die Methoden und Instrumente der klassischen Organisationslehre im 3. Prüfungsfach behandelt (Überschneidung im Rahmenplan).

2. *Organisationsentwicklung in Reinkultur darf weder vor Hierarchien noch vor Besitzständen Halt machen. OE muss das gesamte Unternehmen erfassen.*

02. Welche Trends sind heute in der Organisationsentwicklung der Unternehmen erkennbar?

Die Veränderung der Märkte und der generellen Umwelt verlangt heute neue Strukturen der Aufbau-, Ablauf- und Arbeitsorganisation sowie einen Wandel im Hierarchie- und Rollenverständnis aller Führungskräfte und Mitarbeiter. In der Praxis finden sich dazu Ansätze unter folgenden Schlagworten:

2.3 Nutzen und Möglichkeiten der Organisationsentwicklung

Organisation – schneller, effizienter entwicklungsfähiger, kundenorientierter, lernend

- Projektorganisation, Organisation auf Zeit (flying teams, task forces)
- prozessorientierte Vernetzung
- Center-Organisation, Profitcenter & Holdingkonzepte, „Bonsai-Organisation"
- Schnittstellenmanagement optimieren
- Kernkompetenzen und Schlüsselqualifikationen fördern
- TQM
- Engineering, Reengineering
- Dezentralisierung
- proaktives Marketing
- Outsourcing, Make-or-Buy, Fertigungstiefe verringern
- Informationsmanagement als Erfolgsfaktor
- Hierarchieabbau, Verkürzung der Entscheidungswege (Lean Management)
- Kommunikationspotenziale erhöhen (z. B. Innen- u. Außendienst)
- Teambildung, teilautonome Gruppen, Organisationsentwicklung, neue Rolle des Mitarbeiters („im Zentrum")
- schlanke Lösungen, statt perfekter Konzepte

03. Welche Arbeitspapiere (Prozesspapiere) müssen ggf. im Rahmen der Organisationsentwicklung überprüft werden?

Die Prozess- bzw. Arbeitspapiere müssen laufend den betrieblichen Notwendigkeiten angepasst werden. Dies kann z. B. folgende Unterlagen betreffen, die in der Regel von der Arbeitsvorbereitung erstellt werden:

Laufkarte Sie ist ein Begleitformular für ein Werkstück beim Durchlauf durch die verschiedenen Betriebsabteilungen während der Fertigung (Anwendung bei der Einzel- und Kleinserienfertigung).	**Laufkarte**				Auftrags-Nr.:	...
	Werkstück/Benennung:	...	Stückzahl:	...	Termin:	...
	Nr.	Arbeitsgang		Werkzeug Nr.		Stückzahl
	...	...		...		...

Terminkarte In ihr werden die Start- und Endtermine der Arbeitsvorgänge festgehalten. Sie dienen bei Einzelfertigung der Überwachung des Arbeitsfortschritts.	**Terminkarte**				Auftrags-Nr.:	...
	Werkstück/Benennung:	...	Stückzahl:	...	Termin:	...
	Nr.	Arbeitsgang		Start		Ende
	...	...		...		...

Materialentnahmescheine	Materialentnahmeschein Nr.:	...	Auftrags-Nr.:	...
Sie dienen der belegmäßigen Erfassung des Materialabgangs vom Lager (Materialbuchhaltung) und informieren darüber,	Werkstück/Bennenung:	...	Ausgabestelle:	...
			Anforderungsstelle	...
• welche Kostenart verbraucht wird,	Nr.	Menge	Gegenstand	Buchungsvermerk
• in welcher Kostenstelle der Verbrauch stattfindet,	...	...	...	...
• für welchen Kostenträger der Materialverbrauch bestimmt ist,	ausgegeben:		empfangen:	
• wann und durch wen die Entnahme erfolgte.	...		...	
Lohnschein	Lohnschein:	...	Auftrags-Nr.:	...
Formular, das für alle im Akkord ausgeführten Aufträge erstellt wird. Bestandteile sind Nummer des Arbeiters, Kostenträgernummer, Nummer der Kostenstelle; abgelieferte Stückzahl, Vorgabezeit je Stück Minutenfaktor/Geldfaktor, Lohnbetrag; Abrechnungsperiode; Unterschrift des Vorgesetzten. Der Lohnschein wird als Grundlage für die Lohnabrechnung verwendet.	Personal-Nr.:	...	Datum:	...
			Periode:	...
	Datum:	Arbeitsgang:	Stückzahl:	Unterschrift:
	...	...	...	...
	Unterschrift des Vorgesetzten:	...		

04. Welcher gedankliche Ansatz wird mit dem Konzept „Change-Management" verbunden?

Die Märkte, die Anforderungen der Kunden und die Produkte ändern sich heute mit rasanter Geschwindigkeit. Das Unternehmen muss sich den gegebenen Veränderungen anpassen.

Change-Management bedeutet übersetzt „*Veränderungsmanagement*" und setzt sich zusammen aus den Worten „change" (verändern, wandeln oder umstellen) und „manage" (behandeln, führen, steuern). Change-Management bedeutet also, Veränderungen möglich machen und beinhaltet die systematisch-konzeptionelle, flexible Anpassung des Unternehmens an die ständigen Veränderungen der Umwelt.

05. Wie muss der Vorgesetzte heute seine Rolle als Change-Agent und Coach wahrnehmen?

1. Grundgedanke:
    Führungsarbeit – heute – ist Personalentwicklungsarbeit, die im Sinne von Beratung, Betreuung, Wegbereitung und Coaching für alle Mitarbeiter ohne Eitelkeit und hierarchischem Denken, dafür aber mit hohem Engagement, Situations- und Menschengefühl vorangebracht wird. Verwaltungsakteure mit hoheitlichem Denken sind heute fehl am Platze.

2. *Notwendigkeit der Fachkompetenz und des Hintergrundwissens:*
Der Vorgesetzte hat die aufbau-, ablauf- und verfahrenstechnischen Hintergründe in seinem Unternehmen zu kennen (z. B. Ablauf der Personalplanung, Genehmigungsverfahren zur Einrichtung einer Planstelle, Organigramme).

06. In welchen Phasen sollte der Vorgesetzte den Beratungsprozess als Coach und Change-Agent durchführen?

Es gilt auch hier die logische Struktur des Management-Regelkreises:

1. *Probleme erkennen* und gewichten:
   z. B. wichtig/dringlich, operativ/strategisch
2. Klare *Ziele vereinbaren*:
   z. B. quantitative/qualitative Ziele, MbO
3. *Maßnahmen und Methoden entwickeln und umsetzen*:
   - Effektivität der Maßnahmen (ABC-Analyse, Pareto)
   - Mitarbeiter einbinden, begleiten und coachen
     („Mache die Betroffenen zu Beteiligten!")
   - ggf. kompetente, externe Unterstützung suchen
   - Veränderungen organisatorisch einbinden
     (= institutionalisieren und implementieren)
4. *Controlling der Maßnahmen, Methoden und der Zielaspekte:*
   Lernzuwachs der Mitarbeiter und der Organisation sichern.

07. Welche Anforderungen stellt das Change-Management an die Mitarbeiter?

Beispiele:

- Beteiligung
- Eigenverantwortung
- Selbstorganisation
- Kundenorientierung
- Flexibilität
- Teamorientierung
- Offenheit für neue Ideen

2.4 Anwenden von Methoden der Entgeltfindung und der kontinuierlichen, betrieblichen Verbesserung

2.4.1 Formen der Entgeltfindung

01. Was bedeutet „relative Lohngerechtigkeit"?

Eine *absolute Lohngerechtigkeit ist nicht erreichbar*, da es keinen absolut objektiven Maßstab zur Lohnfindung gibt. Bestenfalls ist eine relative Lohngerechtigkeit realisierbar. „Relativ" heißt vor allem, dass

- unterschiedliche Arbeitsergebnisse zu unterschiedlichem Lohn führen,
- unterschiedlich hohe Arbeitsanforderungen differenziert entlohnt werden.

02. Welche Bestimmungsgrößen werden bei der Entgeltdifferenzierung eingesetzt?

- *Leistung des Mitarbeiters („Leistungsgerechtigkeit"):* Bei gleichem Arbeitsplatz (gleichen Anforderungen) soll eine unterschiedlich hohe Leistung differenziert entlohnt werden. Dazu bedient man sich

   - der Arbeitsstudien (Stichwort: Normalleistung),
   - unterschiedlicher Verfahren der Leistungsbeurteilung oder auch
   - dem Instrument der Zielvereinbarung i. V. m. ergebnisorientierter Entlohnung,

   um die Leistung des Mitarbeiters „objektiv zu messen". Im Ergebnis führt dies zu unterschiedlichen Lohnformen (Leistungslohn, Zeitlohn, erfolgsabhängige Entlohnung, Prämie, Tantieme usw.).

- *Anforderungen des Arbeitsplatzes („Anforderungsgerechtigkeit"):* Mithilfe der *Arbeitsbewertung* soll die relative Schwierigkeit einer Tätigkeit erfasst werden. Über verschiedene Methoden der Arbeitsbewertung (summarisch oder analytisch; Prinzip der Reihung oder Stufung) werden die unterschiedlichen Anforderungen eines Arbeitsplatzes erfasst. Im Ergebnis führt dies zu unterschiedlichen „Lohnsätzen" (z. B. Gehaltsgruppen), und zwar je nach Schwierigkeitsgrad der zu leistenden Arbeit auf dem jeweiligen Arbeitsplatz.

- *Soziale Überlegungen („Sozialgerechtigkeit"):* Neben den Kriterien „Anforderung" und „Leistung" können soziale Gesichtspunkte wie Alter, Familienstand, Betriebszugehörigkeit des Arbeitnehmers herangezogen werden.

- *Leistungsmöglichkeit (Arbeitsumgebung):* Bei gleicher Anforderung und gleicher Leistungsfähigkeit wird eine bestimmte Tätigkeit trotzdem zu unterschiedlichen Leistungsergebnissen führen, wenn die *Arbeits- und Leistungsbedingungen unterschiedlich sind,* z. B.:

   - Ausstattung des Arbeitsplatzes,
   - Unternehmensorganisation,
   - Betriebsklima usw.
   - Führungsstil,
   - Informationspolitik,

   In der Praxis ist dieser Sachverhalt bekannt. Da er sich kaum oder gar nicht quantifizieren lässt, wird er meist nur ungenügend bei der Entgeltbemessung berücksichtigt.

- *Sonstige Bestimmungsfaktoren:* Darüber hinaus gibt es weitere Faktoren, die im speziellen Fall bei der Lohnfindung eine Rolle spielen können, z. B.:

   - *Branche* (z. B. Handel oder Chemie),
   - *Region* (z. B. München oder Emden),
   - *Tarifzugehörigkeit,*
   - spezielle *Gesetze* sowie
   - *Qualifikation* (Entgeltdifferenzierung nach allgemein gültigen Bildungsabschlüssen).

03. Welche Entlohnungsformen lassen sich unterscheiden?

Man unterscheidet u. a. folgende Lohnformen (synonym: Entgeltformen, Vergütungsarten):

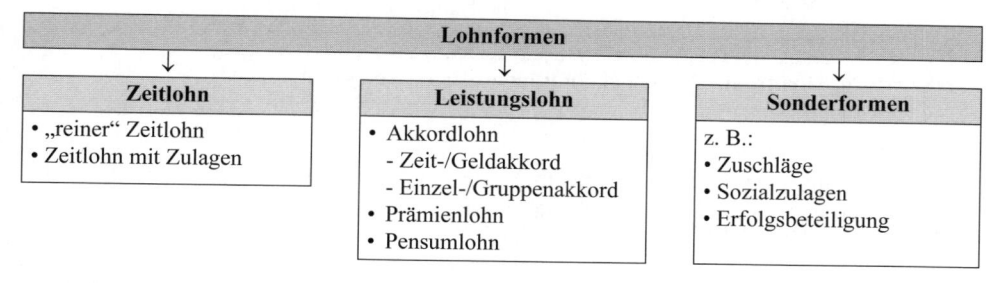

Lohnformen		
Zeitlohn	**Leistungslohn**	**Sonderformen**

• „reiner" Zeitlohn
• Zeitlohn mit Zulagen
	• Akkordlohn
	  - Zeit-/Geldakkord
	  - Einzel-/Gruppenakkord
	• Prämienlohn
	• Pensumlohn
		z. B.:
		• Zuschläge
		• Sozialzulagen
		• Erfolgsbeteiligung

- Beim *Zeitlohn* wird die im Betrieb verbrachte Zeit vergütet – unabhängig von der tatsächlich erbrachten Leistung. Ein mittelbarer Bezug zur Leistung besteht nur insofern, als „ein gewisser normaler Erfolg laut Arbeitsvertrag geschuldet wird". Der Zeitlohn wird insbesondere bei

  - besonderer Bedeutung der Qualität des Arbeitsergebnisses,
  - erheblicher Unfallgefahr,
  - kontinuierlichem Arbeitsablauf,
  - nicht beeinflussbarem Arbeitstempo,
  - nicht vorherbestimmbarer Arbeit,
  - quantitativ nicht messbarer Arbeit,
  - schöpferisch-künstlerischer Arbeit

  usw. gezahlt.

Löhne und Gehälter können als „reiner Lohn" gezahlt werden – oder in Verbindung mit einer Zulage und/oder einer Prämie. Bei den Zulagen kommt vor allem die (meist tariflich vorgeschriebene) *Leistungszulage* in Betracht.

> **Bruttolohn** = Lohn je Stunde · Anzahl der Stunden
>
> oder
>
> **Bruttolohn** = vereinbarter Monatslohn

- Der *Akkordlohn* ist ein echter Leistungslohn. Die Höhe des Entgelts ist von der tatsächlichen Arbeitsleistung direkt abhängig.

  Im Gegensatz zum
  - Einzelakkord werden beim
  - Gruppenakkord

  die Akkordminuten aller Gruppenmitglieder in einem „Topf" gesammelt und entsprechend der Arbeitszeit und der Lohngruppe auf die Gruppenmitglieder aufgeteilt. Die Aufteilung kann z. B. über Äquivalenzziffern (auf Basis der Tariflöhne) erfolgen.

> **Akkordrichtsatz** = Akkordgrundlohn + Akkordzuschlag

A. *Berechnung beim Stückgeld-Akkord:*

$$\text{Geldakkordsatz je Stück} = \frac{\text{Akkordrichtsatz}}{\text{Normalleistung je Stunde}}$$

$$\textbf{Bruttolohn} = \text{Geldakkordsatz je Stück} \cdot \text{Stückzahl}$$

B. *Berechnung beim Stückzeit-Akkord:*

$$\text{Minutenfaktor} = \frac{\text{Akkordrichtsatz}}{60 \text{ Minuten}}$$

$$\text{Zeitakkordsatz} = \frac{60 \text{ Minuten}}{\text{Normalleistung je Stunde}}$$

$$\textbf{Bruttolohn} = \text{Minutenfaktor} \cdot \text{Zeitakkordsatz} \cdot \text{Stückzahl}$$

Beide Verfahren (Stückgeld-Akkord/Stückzeit-Akkord) führen zu einem identischen Ergebnis. Bei einer Tarifänderung müssen beim Geldakkord alle Einzelakkorde neu berechnet werden. Dagegen ändern sich beim Stückzeitakkord nur die Akkordrichtsätze. Dieser Vorteil führt in der Praxis meist zur Verwendung des Stückzeit-Akkords.

- Der *Prämienlohn* besteht aus
  - einem leistungsunabhängigen Teil, dem *Grundlohn* und
  - einem leistungsabhängigen Teil, der *Prämie*:

  Der Prämienlohn kann immer dann eingesetzt werden, wenn
  - die Leistung vom Mitarbeiter (noch) beeinflussbar ist aber
  - die Ermittlung genauer Akkordsätze nicht möglich oder unwirtschaftlich ist.

  Anwendungsgebiete des Prämienlohns können sein:

  - Mengenprämie,
  - Qualitätsprämie (= Güteprämie),
  - Ersparnisprämie,
  - Nutzungsprämie,
  - Termineinhaltungsprämie,
  - Umsatzprämie usw.

  Das Grundprinzip bei der Prämiengestaltung ist, dass der Nutzen der erbrachten Mehrleistung zwischen Arbeitgeber (Zusatzerlöse) und Arbeitnehmer (Prämie) planmäßig in einem bestimmten Verhältnis aufgeteilt wird (z. B. konstant 50:50). Die Prämie kann an quantitative oder qualitative Merkmale gebunden sein.

  Je nachdem, wie der Arbeitgeber das Leistungsverhalten des Arbeitnehmers beeinflussen will, wird der Verlauf der Prämie unterschiedlich sein:

  - Beim *progressiven Verlauf* soll der Arbeitnehmer zu maximaler Leistung angespornt werden. Mehrleistungen im unteren Bereich werden wenig honoriert.
  - Beim *proportionalen Verlauf* besteht ein festes (lineares) Verhältnis zwischen Mehrleistung und Prämie. Der Graf dieser Prämie ist eine Gerade mit konstanter Steigung. Maßnahmen zur Steuerung der Mehrleistung sind hier nicht vorgesehen.

2.4 Anwenden von Methoden der Entgeltfindung

- Beim *degressiven Prämienverlauf* wird angestrebt, dass möglichst viele Arbeitnehmer eine Mehrleistung (im unteren Bereich) erzielen. Mehrleistungen im oberen Bereich werden zunehmend geringer honoriert – die Kurve flacht sich ab.

- Der *s-förmige Prämienverlauf* ist eine Kombination von progressivem, proportionalem und degressivem Verlauf. Der Arbeitgeber will erreichen, dass möglichst viele Arbeitskräfte eine Mehrleistung im Bereich des Wendepunktes der Kurve erzielen.

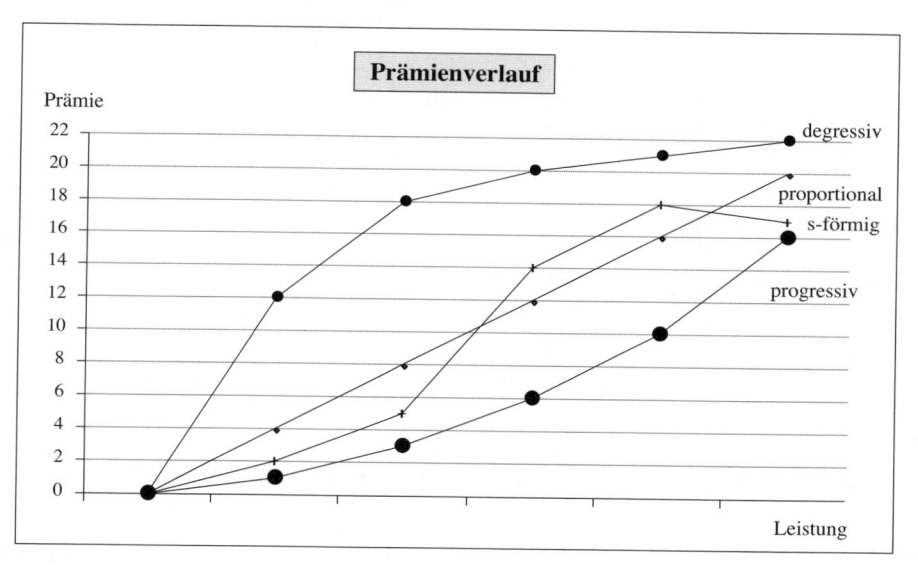

Prämienverlauf

- Neben dem Zeitlohn und dem Leistungslohn gibt es vielfältige Formen von *Sondervergütungen*, z. B.:

    - Gratifikationen
    - Erfindervergütungen
    - Boni
    - Tantiemen
    - Zahlungen aus dem Betrieblichen Vorschlagswesen (BVW).

- Außerdem gibt es *Sondervergütungen zu bestimmten Anlässen* wie z. B.:

    - Weihnachten
    - Urlaub
    - Geschäftsjubiläen
    - Dienstjubiläen
    - Heirat
    - Geburt eines Kindes usw.

04. Wie wirken sich Zeitlohn und Leistungslohn auf die Kalkulation, die Leistung des Mitarbeiters und auf den Verdienst aus?

	Zeitlohn	Leistungslohn
Verdienst des Mitarbeiters		
Verdienst je Stunde	konstant	der tarifliche Mindestlohn ist garantiert lt. TV; bei Überschreiten der Normalleistung variiert der Lohn im Verhältnis zur Leistung
Verdienstrisiko	kaum vorhanden; nur bei anhaltendem Leistungsabfall besteht Gefahr der Versetzung, Zurückstufung	bei Normalleistung: → Verdienstgarantie oberhalb der Normalleistung: → schwankendes Einkommen in Abhängigkeit von der Leistung
Leistung des Mitarbeiters		
Vergütung der Mehrleistung	keine; ggf. werden Leistungszulagen gezahlt	direkt abhängig von der Akkord- bzw. Prämiengestaltung (linear, proportional, progressiv, degressiv)
Anreiz zur Mehrleistung	gering; ggf. über die Leistungsbeurteilung/Potenzialbeurteilung	Akkordlohn: → direkt Prämienlohn: → indirekt
Kalkulation		
Kalkulationsrisiko	Risiko für den Arbeitgeber, da kein konstantes Verhältnis von Lohn und Leistung; Minderleistungen gehen zu Lasten des Arbeitgebers	Akkordlohn: kein Risiko, da konstante Äquivalenz zwischen Lohn und Leistung. Prämienlohn: geringes Risiko, da zwischen Lohn und Leistung ein mittelbarer Zusammenhang besteht
Entwicklung der Stückkosten		vgl. Text unten

Entwicklung der Lohnstückkosten:

A. Beim *Zeitlohn*
- sinken die Lohnstückkosten mit steigendem Leistungsgrad und
- steigen mit sinkendem Leistungsgrad

Beispiel:
Der Stundenlohn (L) beträgt 12 € pro Stunde; die Normalleistung liegt bei 60 Stück (x). Es wird vorausgesetzt, dass die Mengenleistung pro Stunde messbar ist. Die Lohnstückkosten (L : x) entwickeln sich invers (= in umgekehrtem Verhältnis).

B. Beim *Akkordlohn*
sind die Lohnstückkosten konstant, wenn sich der Lohn proportional zur Leistungssteigerung verhält (sog. Proportionalakkord).

C. Beim *Prämienlohn*
können die Lohnstückkosten fallend, steigend oder konstant verlaufen, je nachdem wie der Prämienverlauf gestaltet wird (progressiv, degressiv oder proportional).

05. Welche Ziele und Aufgaben hat die Arbeitsbewertung?

Nach REFA dient die Arbeits(platz)bewertung – unter Berücksichtigung der Zeitermittlungsdaten und der Nennung von Leistungskriterien –

- der betrieblichen Lohnfindung,
- der Personalorganisation und
- der Arbeitsgestaltung.

Die Arbeitsbewertung beantwortet zwei Fragen:

a) Mit welchen Anforderungen wird der Mitarbeiter konfrontiert?
b) Wie hoch ist der Schwierigkeitsgrad einer Arbeit im Verhältnis zu einer anderen?

Dabei bleiben der Mitarbeiter, seine persönliche Leistungsfähigkeit, sein Schwierigkeitsempfinden und die Leistungsbeurteilung durch Vorgesetzte außer Acht. Konkret werden z. B. die Arbeiten eines Entwicklungsingenieurs und eines Einkäufers verglichen und entweder als gleich eingestuft oder als relativer Stufenabstand festgestellt. Bei der Untersuchung der Arbeitsanforderungen wird von der Gesamtaufgabe des Arbeitsplatzes ausgegangen; sie wird in Teilaufgaben zerlegt, um festzustellen, welche Tätigkeiten vorgenommen werden müssen, damit die gestellte Aufgabe erfüllt werden kann und welche Anforderungen an den Mitarbeiter damit im Einzelnen verbunden sind.

Der Umfang der Untersuchung hängt vor allem von vier Faktoren ab:

- der Vielseitigkeit der Aufgaben
- dem Grad der Arbeitsteilung
- dem Sachmitteleinsatz
- der Häufigkeit mit der diese Aufgabe anfällt.

Die Untersuchung von Aufgaben und den daraus folgenden Arbeiten ist erforderlich, weil sich daraus Konsequenzen ergeben hinsichtlich

- der Arbeitsgestaltung
- des Mitarbeitereinsatzes
- der Unterweisung
- der Mitarbeiterbeurteilung.

06. Welche Verfahren der Arbeitsbewertung sind üblich?

Man unterscheidet zwei grundsätzliche Arten der Arbeitsbewertung:

- die summarische Arbeitsbewertung und
- die analytische Arbeitsbewertung.

- Die *summarische Arbeitsbewertung* nimmt den Arbeitsinhalt als Ganzes. Alle Arbeitsplätze werden miteinander in Bezug gesetzt (en bloc). Vorteilhaft ist dabei die einfache Durchführung dieses Verfahrens. Von Nachteil ist, dass sich einzelne Ausprägungen nur ungewichtet auf den Gesamtwert auswirken. Insofern ist die summarische Arbeitsbewertung ein grobes Verfahren.

Es gibt zwei Varianten der summarischen Arbeitsbewertung:

- das Rangfolgeverfahren und
- das Katalog-/Lohngruppenverfahren

- Bei der *analytischen Arbeitsbewertung* wird die Gesamtbeanspruchung durch die Arbeit in einzelne Anforderungsarten zerlegt und jede Anforderungsart getrennt bewertet. Der Gesamtarbeitswert wird durch Addition der Einzelwerte für die verschiedenen Anforderungsarten ermittelt. Die Anforderungsarten müssen dabei so festgelegt werden, dass sie eine repräsentative Aussage über die Schwierigkeit einer Tätigkeit zulassen.

Nach REFA erfolgt die analytische Arbeitsbewertung über drei Stufen:

1. Arbeitsbeschreibung:
   Beschreiben des Arbeitssystems und gegebenenfalls dessen Arbeitssituation

2. Anforderungsanalyse:
   Ermitteln von Daten für einzelne Anforderungsarten

3. Quantifizierung der Anforderungen:
   Bewerten der Anforderungen und Errechnen der Anforderungswerte.

Die Anforderungsarten sind nicht einheitlich definiert. Zumeist wird auf das *„Genfer Schema der Arbeitsschwere"* zurückgegriffen, das die folgenden sechs Anforderungsarten nennt:

- Geistige Anforderungen	1. Können
	2. Belastung
- Körperliche Anforderungen	3. Können
	4. Belastung
- Verantwortung	5. Belastung
- Arbeitsbedingungen	6. Belastung

Somit werden geistige und körperliche Arbeitsinhalte sowohl nach Können als auch nach Belastungsgraden analysiert. Verantwortung und Arbeitsbedingungen setzen im Genfer Schema kein Können voraus, hier zählt nur der Belastungsgrad. Beim Können kommt es auf den höchsten Anforderungsgrad, unabhängig von der Auftretenshäufigkeit und -dauer an. Zum Beispiel muss ein Bilanzbuchhalter ggf. nur einmal im Jahr die Bilanz erstellen, braucht dann aber das gesamte Wissen um alle Bestimmungen. Bei der Belastung kommt es auf den durchschnittlichen Grad und die Dauer an, z. B. Verantwortungsbreite und -tiefe einer Führungskraft.

REFA hat aus dem Genfer Schema folgendes Beschreibungssystem mit sechs Anforderungen abgeleitet:

1. Kenntnisse
2. Geschicklichkeit
3. Verantwortung
4. geistige Belastung
5. muskelmäßige Belastung
6. Umgebungseinflüsse.

2.4 Anwenden von Methoden der Entgeltfindung

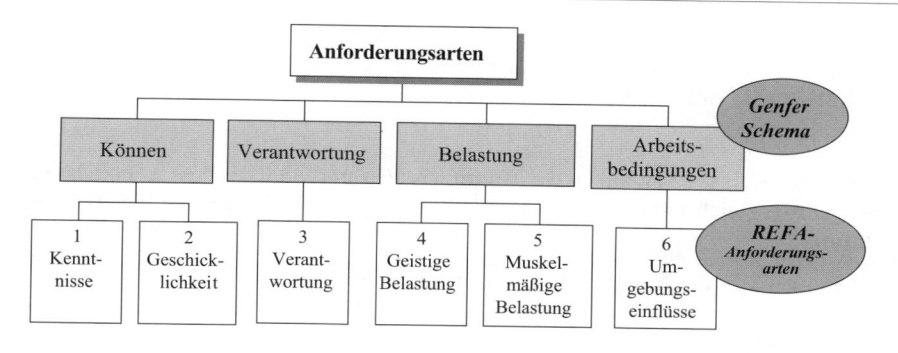

```
                        Anforderungsarten
         ┌──────────┬──────────┬──────────┐
       Können   Verantwortung  Belastung  Arbeits-
                                          bedingungen
       ┌──┬──┐      │        ┌────┴────┐      │
       1     2      3        4         5      6
     Kennt- Geschick- Verant- Geistige Muskel- Um-
     nisse  lichkeit  wortung Belastung mäßige gebungs-
                                        Belastung einflüsse
```

Genfer Schema / *REFA-Anforderungsarten*

07. Wie wird das Rangfolgeverfahren durchgeführt?

Das Rangfolgeverfahren ist ein einfaches Verfahren ohne erheblichen Zeitaufwand. Die schwierigste Arbeit steht am oberen Ende der „Treppe", die leichteste am unteren. Neu hinzukommende Arbeiten werden in den Maßstab eingeordnet. Es erfolgt keine Gewichtung der einzelnen Stufenabstände zueinander, sodass es zur Lohnfindung nur bedingt tauglich ist.

08. Wie wird das Katalogverfahren durchgeführt?

Beim Katalogverfahren (= Lohngruppenverfahren) wird der umgekehrte Weg beschritten: Ausgangspunkt sind immer feststehende, beschriebene Lohngruppen-Merkmale, mit denen ein Arbeitsplatz verglichen wird. Die Lohngruppen-Merkmale werden nach den Schwierigkeitsgraden der Arbeitsinhalte gebildet.

Ausschlaggebend sind die erforderliche Qualifikation und Erfahrung des Mitarbeiters. Beispiele mit Querverweisen zu anderen Branchen (sog. „Brückenbeispiele") ergänzen den Katalog, um eine Vielzahl der in der Praxis vorkommenden Arbeitsinhalte abzudecken. Im Anwendungsfall dieses Verfahrens werden zuerst die Tätigkeiten des Betriebes beschrieben und mithilfe der Brückenbeispiele den Lohngruppen zugeordnet.

09. Wie erfolgt die Arbeitsbewertung nach dem Rangreihenverfahren?

Hier wird für jede der sechs Anforderungsarten (vgl. Genfer Schema) eine separate Rangreihe gebildet. Die Rangreihen enthalten Kriterien mit unterschiedlich hoher Bepunktung (z. B. von 100 bis 10). Jede Stelle wird mithilfe dieser Ränge bewertet, verbunden mit einem Gewichtungsfaktor – entsprechend der Bedeutung des Kriteriums für eine Stelle (z. B. 0,5; 0,4; 0,3 usw.). Die Summe der Einzelbewertungen pro Anforderungsart inkl. Gewichtung ergibt den Gesamtstellenwert.

10. Wie wird das Stufenwertzahlverfahren durchgeführt?

Hier wird ähnlich dem Katalogverfahren entweder eine für alle Anforderungsarten gültige oder pro Anforderungsart separate Abstufung gewählt. Der Bewertungsstufe, z. B. „äußerst gering" bis „extrem groß", wird eine Wertzahl, z. B. von „0" bis „10" zugeordnet. Eventuell erfolgt zusätzlich eine Gewichtung pro Stelle. Aus den (gewichteten) Wertzahlen pro Anforderungsart wird der Gesamtstellenwert errechnet. Die ermittelten Gesamtwerte pro Stelle werden zur Lohnfindung entweder mit einem Lohnfaktor multipliziert oder gemäß vorgegebener Spannen in eine Lohntabelle eingeordnet.

11. Wie lassen sich die Verfahren der summarischen und analytischen Arbeitsbewertung im Quervergleich darstellen – unter Berücksichtigung der Prinzipien Reihung und Stufung?

Unterstellt man z. B. die Ausgangslage, dass in einem Betrieb sechs Arbeitsplätze (A, B, ..., F) bewertet werden sollen, so lässt sich folgende Übersicht der prinzipiellen Möglichkeiten der Arbeitsbewertung anfertigen:

Prinzip	Verfahren	
	Summarisch	Analytisch
Reihung Vergleich der Anforderungen untereinander	Rangfolgeverfahren: $A < B = F < D < E = C$	Rangreihenverfahren: 1. Anforderungsart: Geistige Anforderungen $A < B = F < D < E = C$ 20 40 40 80 80 100 2. Anforderungsart: Körperliche Anforderungen ... 3. Anforderungsart: ...
Stufung Vergleich der Anforderungen mit einem Maßstab	Lohngruppenverfahren: Maßstab A → Lohngruppe 1 B → Lohngruppe 2 C → Lohngruppe 3 D → Lohngruppe 4 E → Lohngruppe 5 F → ...	Stufenwertzahlverfahren: Arbeitsplatz A: Anforderungsart 1 Arbeitsplatz A: Anforderungsart 2 Arbeitsplatz A: Anforderungsart 3 ... ... Maßstab: äußerst gering 0, gering 2, mittel 4, groß 6, sehr groß 8, extrem groß 10

2.4.2 Innovation und kontinuierlicher betrieblicher Verbesserungsprozess

01. Welcher Ansatz verbirgt sich hinter dem Begriff „KVP"?

Der *kontinuierliche Verbesserungsprozess* (KVP), der insbesondere im Automobilbau im Einsatz ist, erfordert einen neuen Typ von Mitarbeitern und Vorgesetzten:

Abgeleitet aus der japanischen Firmenkultur der *starken Einbindung der Mitarbeiter,* das heißt, ihrer Ideen und Kenntnisse „vor Ort", die dem Wissen jeder Führungskraft regelmäßig überlegen sind, hat der Kaizen-Gedanke (KAIZEN = „Vom Guten zum Besseren") auch in europäischen Industriebetrieben Einzug gehalten. Die Idealvorstellung ist der qualifizierte, aktive, eigenverantwortliche und kreative Mitarbeiter, der für seinen Einsatz eine differenzierte und individuelle Anerkennung und Entlohnung findet. *Fehler sind nichts Schlechtes, sondern notwendig um das Unternehmen weiter zu entwickeln.*

KVP bedeutet, die eigene Arbeit ständig neu zu überdenken und Verbesserungen entweder sofort selbst, mit dem Team oder unter Einbindung von Vorgesetzten umzusetzen. Gerade kleine Verbesserungen, die wenig Geld und zeitlichen Aufwand kosten, stehen im Vordergrund. In der Summe werden aus allen kleinen Verbesserungen dann doch deutliche Wettbewerbsvorteile. KVP wird entweder in *homogenen Teams* (aus demselben Arbeitsgebiet/derselben Abteilung) *oder in heterogenen* (unterschiedliche betriebliche Funktionen und/oder Hierarchien) gestaltet.

In den Zeiten der Fahrzeugbau-Krise, Anfang der 90er-Jahre, gelangte der *KVP-Workshop* zum Einsatz, bei dem ein Moderator (Facharbeiter, Angestellter oder eine Führungsnachwuchskraft) im direkten (Produktion) oder indirekten Bereich (z. B. Vertrieb, Personalwesen, Logistik usw.) Linienabschnitte oder Prozesse auf Verbesserungspotenziale hin untersuchte. *Noch während des Workshops setzen die Mitglieder eigene Ideen um.* Dienstleister (Planer, Logistiker, Instandhalter, Qualitätssicherer usw.) und Führungskräfte müssen sich im Hintergrund zur Verfügung halten, um bei Bedarf in die Workshop-Diskussion hereingerufen zu werden. Dort *schreiben sie sich erkannte Problemfelder auf und verpflichten sich zusammen mit einem Workshop-Teilnehmer als Paten zur Umsetzung.* Klare Verantwortlichkeiten werden namentlich auf Maßnahmenblättern festgehalten. Der Workshop-Moderator fasst am Ende die – in Geld bewerteten – Ergebnisse zusammen. Workshop-Teilnehmer präsentieren am Ende der Woche vor dem Gesamtbereich und dritten Gästen das Workshop-Resultat.

Das besondere Kennzeichen der KVP-Workshops ist die zeitweilige Umkehr der Hierarchie für die Woche: *Die Gruppe trifft Entscheidungen, die Führung setzt um.* Die Verbesserungsvorschläge dürfen sich beim KVP auf die Produktbestandteile, Prozesse und – indirekt – auf Organisationsstrukturen beziehen. Kultur- und Strategie-Änderungen dürfen nicht angeregt werden.

Kostenreduktion, Erhöhung der Produktqualität und Minimierung der Durchlaufzeiten sowie die Verbesserung der Mitarbeitermotivation sind die wichtigsten Faktoren von KVP. Vor allem letzteres soll durch eine stärkere Integration der Basis in Entscheidungsprozesse erreicht werden – eine weitgehend *optimierte Form des betrieblichen Vorschlagswesens sozusagen.* Als Initiator des neuen Denkens in den westlichen Chefetagen gilt der Japaner Masaahii Imai, der in seinem Buch „Kaizen" beschrieb, was die „Japan AG" so stark machte – nämlich die *uneingeschränkte Kundenorientierung* und den *Mitarbeiter im Mittelpunkt der Innovation.*

02. Welchen Ansatz verfolgt das „Betriebliche Vorschlagswesen" (BVW)?

Das traditionelle Betriebliche Vorschlagswesen (BVW) beteiligt den Mitarbeiter bereits seit Jahrzehnten am Unternehmensgeschehen. Wer eine Idee zur Verbesserung betrieblicher Zustände und Abläufe hat, kann diese auf vorgefertigten Formularen beschreiben und beim BVW einreichen. Dort wird die Zweckmäßigkeit und Umsetzbarkeit gemeinsam mit Fachbereichen und dem Betriebsrat geprüft und gegebenenfalls nach einem gestaffelten Prämienkatalog in Geld oder Sachwerten vergütet.

In der Regel sind die prämienfähigen *Vorschlagstypen jedoch auf die Arbeitsumgebung begrenzt*: *Nicht prämiert werden alle Vorschläge, die in den Arbeitsbereich des Mitarbeiters fallen* sowie alle Vorschläge, die auf Strategien, Kultur, Organisation (Struktur) und Führungskräfte bezogen sind.

Aus der Gesamtheit aller grundsätzlichen Gestaltungsfelder eines Unternehmens – nämlich Produkt, Strategie, Struktur, Kultur und Prozess – kann der Mitarbeiter dann eigentlich nur modifizierende Verbesserungen am Produkt bzw. Prozess vorschlagen. Somit ist das BVW nur ein erster Schritt zur Beteiligung des Mitarbeiters und zur Verbesserung der gesamten Leistungsprozesse. Es ist wichtig, aber nicht ausreichend. Das Konzept der kontinuierlichen Verbesserung (vgl. oben) geht hier weiter.

03. Welche Unterschiede bestehen zwischen KVP und BVW?

Beispiele:

Betriebliches Vorschlagswesen (BVW) ↔ Kontinuierlicher Verbesserungsvorschlag (KVP)		
	BVW	**KVP**
Verbesserungs-vorschläge	beziehen sich nur auf fremde Arbeitsgebiete.	können sich auch auf eigene Arbeitsgebiete beziehen.
Ideen	entstehen eher spontan und nicht gesteuert; Lösung des Erstellers.	sind integraler Bestandteil des Denkens und Handelns (Pflicht!) und werden im Team bearbeitet; Lösung im Team.
nach der Umsetzung	Prämie	Anerkennung durch den Vorgesetzten (mitunter auch Aufstieg).

04. Welchen Ansatz verfolgt die Wertanalyse?

Die Wertanalyse ist ein systematischer Ansatz zum Vergleich von Funktionsnutzen und Funktionskosten. Zentrales Element der wertanalytischen Untersuchung ist die Vorgehensweise in sechs Hauptschritten (*Arbeitsplan nach VDI-Richtlinie 2800*).

Vgl. dazu ausführlich im 3. Prüfungsfach, Ziffer 3.2.2, Frage 06. (Überschneidung im Rahmenplan).

05. Welche Aspekte ergonomischer Arbeitsplatzgestaltung sind zu berücksichtigen?

Aspekte ergonomischer Arbeitsplatzgestaltung	
Anthropometrische	Beachtung der Körpermaße, z. B. Arbeitshöhe (sitzend/stehend) Arbeitstisch/-stuhl, Griffbereich, Bildschirm.
Physiologische	Beachtung der Körperkräfte, z. B. Verbesserung des Wirkungsgrades der Muskelkraft, Vermeidung statischer Muskelarbeit, Körperhaltung, Arbeitsgeschwindigkeit.
Psychologische	Wirkung von Umwelteinflüssen, z. B. Farbgebung, Licht, Raumklima, Geräusche.

2.4 Anwenden von Methoden der Entgeltfindung

Informationstechnische	Wahrnehmung und Übertragung optischer/akustischer Signale am Arbeitsplatz, z. B.: Gestaltung der Bedienungselemente, der Anzeigeinstrumente; Kommunikationstechnik.
Sicherheitstechnische	Beachtung des Unfallschutzes, z. B. Sicherheitsfarben nach DIN 4844, Kennzeichnungsfarben nach DIN 2403..
Organisatorische	Gestaltung und Strukturierung der Arbeitsplätze, z. B. Aufbau- und Ablaufstrukturen, Maßnahmen der Arbeitsstrukturierung, Einzel-/Gruppenarbeitsplätze.
Technische	Gestaltung des Zusammenspiels von Mensch und Maschine, z. B. Grad der Mechanisierung und Automation.

2.4.3 Bewertung von Verbesserungsvorschlägen

01. Wie ist der Ablauf bei der Bearbeitung von Verbesserungsvorschlägen im Rahmen des Betrieblichen Vorschlagswesens?

Die Regelungen des Betrieblichen Vorschlagswesens sind im Allgemeinen in einer *Betriebsvereinbarung* festgeschrieben. Das nachfolgende Diagramm zeigt den typischen Verlauf der Bearbeitung von Verbesserungsvorschlägen (VV) und die daran beteiligten Personen/Ausschüsse:

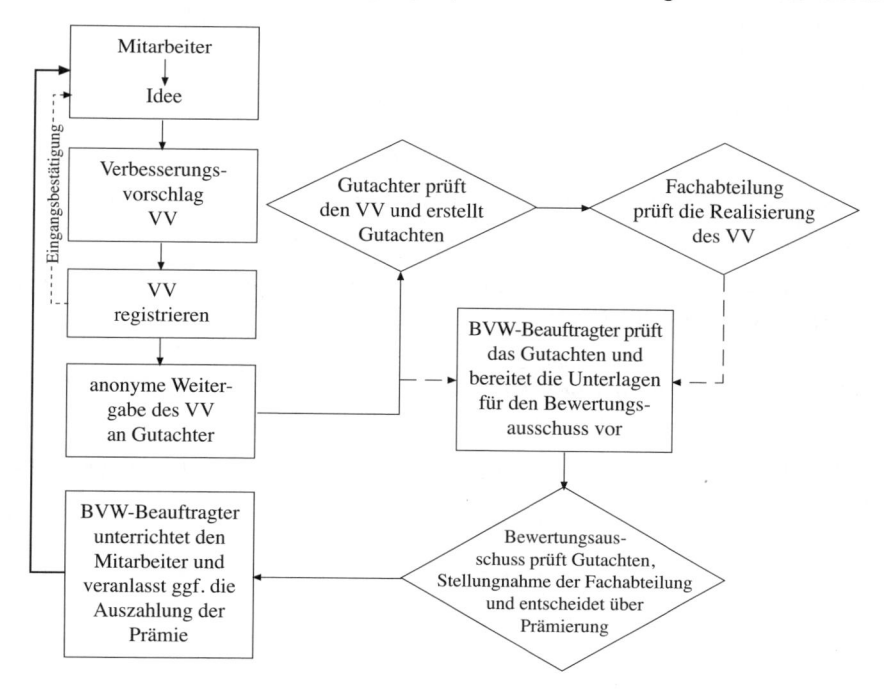

02. Wie werden Prämien im Rahmen des Betrieblichen Vorschlagswesens honoriert?

Jedes Unternehmen, das ein Betriebliches Vorschlagswesen einführt, wird dies nach seinen speziellen Erfordernissen und *unter Beachtung der Mitbestimmung* entwickeln. Nachfolgend wird eine mögliche Form der Gestaltung beschrieben (sinngemäßer Auszug aus der Betriebsvereinbarung eines großen Unternehmens):

- *Prämienberechtigt* sind
  - alle Belegschaftsmitglieder

- *Nicht prämienberechtigt* sind
  - Vorschläge, die in den eigenen Aufgabenbereich fallen
  - Vorschläge, deren Lösungen bereits nachweislich gefunden wurden
  - Vorschläge des BVW-Beauftragten
  - Vorschläge von leitenden Mitarbeitern

- *Prämienarten:*
  a) Geldprämien
  b) Zusatzprämien in Geld
     (bei Reduzierung der eigenen Leistungsvorgabe)
  c) Vorabprämien
     (wenn der Nutzen des VV nicht in angemessener Zeit ermittelt werden kann)
  d) Anerkennungsprämien
  e) Anerkennung
     (z. B. Teilnahme an einer jährlich stattfindenden Verlosung)

- *Arten von Verbesserungsvorschlägen* und Ermittlung der Prämie:

  a) Bei VV mit *errechenbarem Nutzen* wird die *Nettoersparnis* zu Grunde gelegt:

  Nettoersparnis = Bruttoersparnis$_{\text{(z. B. im 1. Jahr)}}$ *− Einführungskosten*

  Ggf. wird die Nettoersparnis noch mit einem *Faktor* multipliziert, der die Stellung des Mitarbeiters berücksichtigt, z. B.:

  Faktor 1,0 → *für Auszubildende*
  Faktor 0,9 → *für Tarifangestellte*
  Faktor 0,8 → *für AT-Angestellte*

  Von dem so ermittelten Wert (= korrigierte Nettoersparnis) wird eine Prämie von 25 % ausgezahlt.

2.4 Anwenden von Methoden der Entgeltfindung

b) Bei VV mit *nicht errechenbarem Nutzen* wird die Prämie über einen *Kriterienkatalog* ermittelt (vgl. dazu Beispiel unten):

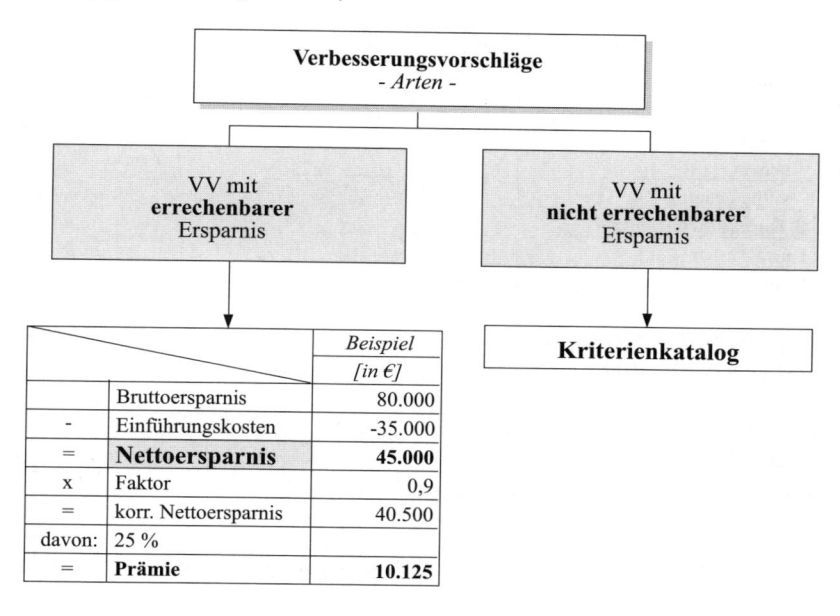

```
                    Verbesserungsvorschläge
                           - Arten -
                    ┌──────────┴──────────┐
              VV mit                   VV mit
          errechenbarer          nicht errechenbarer
            Ersparnis                 Ersparnis
```

		Beispiel [in €]
	Bruttoersparnis	80.000
−	Einführungskosten	-35.000
=	**Nettoersparnis**	**45.000**
x	Faktor	0,9
=	korr. Nettoersparnis	40.500
davon:	25 %	
=	**Prämie**	**10.125**

VV mit nicht errechenbarer Ersparnis → **Kriterienkatalog**

- *Kriterienkatalog bei der Ermittlung nicht berechenbarer VV* (Beispiel):

  1. Schritt: Jeder VV ist nach folgender *Tabelle* zu bewerten („*Vorschlagswert*"):

Vorschlagswert	einfache Verbesserung	gute Verbesserung	sehr gute Verbesserung	wertvolle Verbesserung	ausgezeichnete Verbesserung
Anwendung einmalig	1	4	10	25	53
Anwendung in kleinem Umfang	1,5	5	13	32	63
Anwendung in mittlerem Umfang	2.5	7	18	41	75
Anwendung in großem Umfang	4	10	25	**53** ← *Beispiel*	90
Anwendung in sehr großem Umfang	6	14	35	70	110

2. Schritt: Für jeden VV ist die Summe der Punkte folgender Merkmale zu ermitteln (*„Merkmalswert"*):

Merkmalsliste	Punkte	Beispiel
1. Neuartigkeit:		
Gedankengut ...		
- übernommen	2	
- neuartig	4	
- völlig neuartig	7	7
2. Durchführbarkeit:		
Durchführbar ...		
- sofort	4	4
- mit Änderungen	2	
- mit erheblichen Änderungen	1	
3. Einführungskosten:		
- keine	4	
- geringe	3	3
- beträchtliche	2	
- sehr hohe	1	
Summe		**14**

3. Schritt: Bei jedem VV ist die *Stellung des Mitarbeiters* zu berücksichtigen (vgl. oben):

    Faktor 1,0 → *für Auszubildende*
    Faktor 0,9 → *für Tarifangestellte*   (Beispiel)
    Faktor 0,8 → *für AT-Angestellte*

4. Schritt: Maßgeblich für die Ermittlung des Geldwertes ist der *Ecklohn* des Mitarbeiters lt. Tarif.

    Im Beispiel wird ein Ecklohn von 12 € pro Stunde angenommen.

5. Schritt: *Berechnung der Prämie:*

Prämie =
[Vorschlagswert] x [Merkmalswert] x [Faktor$_{(Stellung)}$] x [Ecklohn]
=   53   ·   14   ·   0,9   ·   12
= **8.013,60 €**

2.5 Durchführen von Kostenarten-, Kostenstellen- und Kostenträgerzeitrechnungen sowie Kalkulationsverfahren

2.5.1 Grundlagen des Rechnungswesens

01. In welche Teilgebiete wird das Rechnungswesen gegliedert und wie ist die Abgrenzung?

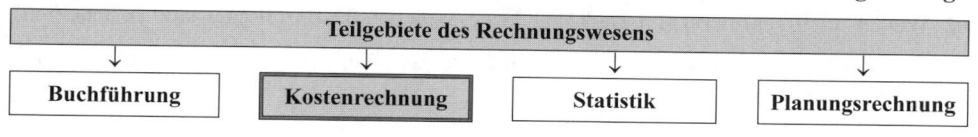

Teilgebiete des Rechnungswesens:
- Buchführung
- Kostenrechnung
- Statistik
- Planungsrechnung

Buchführung	
Zeitrechnung	Alle Aufwendungen und Erträge sowie alle Bestände der Vermögens- und Kapitalteile werden für eine bestimmte Periode erfasst (Monat, Quartal, Geschäftsjahr).
Dokumentation	Aufzeichnung aller Geschäftsvorfälle nach Belegen; die Buchführung liefert damit das Datenmaterial für die anderen Teilgebiete des Rechnungswesens.
Rechenschaftslegung	Nach Abschluss einer Periode erfolgt innerhalb der Buchführung ein Jahresabschluss (Bilanz und Gewinn- und Verlustrechnung), der die Veränderung des Vermögens und des Kapitals sowie des Unternehmenserfolges darlegt.
Gesetzliche Grundlagen	• Buchführungspflicht nach Handelsrecht (§ 238 HGB): „Jeder Kaufmann ist verpflichtet, Bücher zu führen ..." Ausnahme: Kleine Einzelkaufleute nach § 241a HGB sowie freiberuflich Tätige. • Buchführungspflicht nach Steuerrecht (§§ 140, 141 AO) für Gewerbetreibende sowie Land- und Forstwirte. • Aufbewahrungsfristen: - 10 Jahre für Bücher, Inventare, Jahresabschlüsse und Buchungsbelege. - 6 Jahre für empfangene Handels- und Geschäftsbriefe.

Kostenrechnung (auch: Kosten- und Leistungsrechnung, KLR):	
Stück- und Zeitraumrechnung	Erfasst pro Kostenträger (Stückrechnung) und pro Zeitraum (Zeitrechnung) den Werteverzehr (Kosten) und den Wertzuwachs (Leistungen), der mit der Durchführung der betrieblichen Leistungserstellung und Verwertung entstanden ist.
Überwachung der Wirtschaftlichkeit	Die Gegenüberstellung von Kosten und Leistungen ermöglicht die Ermittlung des Betriebsergebnisses und die Beurteilung der Wirtschaftlichkeit innerhalb einer Abrechnungsperiode.

Statistik	
Auswertung	Verdichtet Daten der Buchhaltung und der KLR und bereitet diese auf (Diagramme, Kennzahlen).
Vergleichsrechnung	Über Vergleiche mit zurückliegenden Perioden (innerbetrieblicher Zeitvergleich) oder im Vergleich mit anderen Betrieben der Branche (Betriebsvergleich) wird die betriebliche Tätigkeit überwacht (Daten für das Controlling) bzw. es werden Grundlagen für zukünftige Entscheidungen geschaffen.

Planungsrechnung
Aus den Istdaten der Vergangenheit werden Plandaten (Sollwerte) für die Zukunft entwickelt. Diese Plandaten haben Zielcharakter. Aus dem Vergleich der Sollwerte mit den Ist-Werten der aktuellen Periode können im Wege des Soll-Ist-Vergleichs Rückschlüsse über die Realisierung der Ziele gewonnen werden bzw. es können angemessene Korrekturentscheidungen getroffen werden.

02. Wer ist zur Inventur verpflichtet? Welche gesetzlichen Bestimmungen sind zu beachten?

Nach HGB (§ 240) ist jeder Kaufmann verpflichtet, das Vermögen und die Schulden seines Unternehmens festzustellen

- bei Gründung oder Übernahme,
- für den Schluss eines jeden Geschäftsjahres und
- bei Auflösung oder Veräußerung des Unternehmens.

Dieses Verzeichnis ist das *Inventar*. Die hierzu erforderlichen Tätigkeiten nennt man *Inventur*. Sie ist eine mengen- und wertmäßige Bestandsaufnahme aller Vermögensteile und aller Schulden.

03. Welche Arten der Inventur sind zu beachten?

Körperliche Inventur	Körperliche Vermögensgegenstände werden mengenmäßig erfasst und anschließend in Euro bewertet (z. B. technische Anlagen, Betriebs- und Geschäftsausstattung, Maschinen, Fahrzeuge, Warenbestand).
Buch-Inventur	Die Erfassung aller nicht-körperlichen Vermögensgegenstände, Forderungen, Bankguthaben, Arten von Schulden; sie werden wertmäßig aufgrund buchhalterischer Aufzeichnungen und Belege (Kontoauszüge, Saldenbestätigung durch Kunden oder Lieferanten usw.) ermittelt.

vgl. S. 219

04. Welche Verfahren der Inventurvereinfachung sind zulässig?

1.	Stichtagsinventur	(zeitnahe Inventur) Mengenmäßige Bestandsaufnahme der Vorräte, die zeitnah zum Abschlussstichtag in einer Frist zehn Tage vor oder nach dem Abschlussstichtag erfolgen muss (meist der 31.12.).
2.	Verlegte (Stichtags-)Inventur	(zeitverschobene Inventur) Körperliche Bestandsaufnahme erfolgt innerhalb einer Frist von drei Monaten vor und zwei Monaten nach dem Abschlussstichtag. • Bestandsaufnahme zunächst mengenmäßig, • Hochrechnung der Bestände erfolgt wertmäßig auf den Abschlussstichtag.
3.	Permanente Inventur	• Laufende Inventur anhand von Lagerkarteien. • Es entfällt die körperliche Bestandsaufnahme zum Abschlussstichtag. • Voraussetzung ist, dass mindestens einmal im Geschäftsjahr eine körperliche Bestandsaufnahme zur Überprüfung der Lagerkartei erfolgt.
4.	Stichprobeninventur	mithilfe statistischer Methoden: Sicherheitsgrad 95 %; Schätzfehler nicht größer als 1 %.

vgl. S. 220

Merke:

Inventur	= Bestandsaufnahme
Inventar	= Bestandsverzeichnis
Bilanz	= Kurzfassung des Inventars in Kontenform

Inventar	Bilanz	
• einseitig • Staffelform • ausführlich	• zweiseitig • Kontenform • zusammengefasst	
Vermögenteile und Schulden (untereinander)	Vermögenteile und Schulden (nebeneinander)	
jeder Artikel wird einzeln dargestellt (unübersichtlich)	die Artikel werden zu Bilanzpositionen zusammengefasst (übersichtlich)	
Aufbau:		
A Vermögen - B Schulden	*Aktiva:*	*Passiva:*
= C Reinvermögen (Eigenkapital)	Vermögen	Eigenkapital Schulden

05. Was ist eine Bilanz?

Die Bilanz ist die zu einem bestimmten *Zeitpunkt* zusammengefasste Gegenüberstellung der *Vermögensteile (Aktiva)* und der *Kapitalien (Passiva)* einer Unternehmung.

- Die *linke Seite der Bilanz* (Aktiv- oder Vermögensseite) zeigt, aus welchen Teilen sich das *Vermögen* zusammensetzt.

- Die *rechte Seite*, (Passiv-, Kapital- oder Schuldenseite) zeigt, aus welchen Quellen die *Mittel* zur Anschaffung der Vermögenswerte stammen.

Die *Gliederungsform* der Bilanz ist in § 266 HGB verbindlich festgelegt:

AKTIVSEITE	PASSIVSEITE
Mittelverwendung	*Mittelherkunft*
A. **Anlagevermögen**	A. **Eigenkapital**
I. Immaterielle Vermögensgegenstände *z. B. Konzessionen, Patente, Lizenzen*	I. Gezeichnetes Kapital
II. Sachanlagen *z. B. Grundstücke, Gebäude, Maschinen, Betriebs- und Geschäftsausstattung*	II. Kapitalrücklage
	III. Gewinnrücklagen *z. B. gesetzliche, satzungsmäßige* andere Gewinnrücklagen

III. Finanzanlagen *z. B. Anteile an verbundenen Unternehmen, Beteiligungen, Wertpapiere des AV*	IV. Gewinn-/Verlustvortrag V. Jahresüberschuss/Jahresfehlbetrag

B. Umlaufvermögen	**B. Rückstellungen**
	    *z. B. Pensionsrückstellungen
	    sonstige Rückstellungen
	    Steuerrückstellungen*

I. Vorräte *z. B. Roh-, Hilfs- und Betriebsstoffe, Halb- und Fertigfabrikate, Waren*	
II. Forderungen	**C. Verbindlichkeiten** *z. B. Anleihen, Bankverbindlichkeiten, Verbindlichkeiten aus Lieferungen und Leistungen, sonstige Verbindlichkeiten*
III. Wertpapiere	
IV. Zahlungsmittel *z. B. Schecks, Kassenbestand, Bankguthaben*	
C. Rechnungsabgrenzungsposten	**D. Rechnungsabgrenzungsposten**
D. Aktive latente Steuern	**E. Passive latente Steuern**
Bilanzsumme	**Bilanzsumme**

Bitte prägen Sie sich folgende Kurzfassung der Bilanz ein:

Aktiva	Passiva
• Anlagevermögen	• Eigenkapital
• Umlaufvermögen	• Fremdkapital
Gesamtvermögen	**Gesamtkapital**

Da sich das Eigenkapital als Differenz zwischen Vermögen und Schulden berechnet, gilt immer folgende Bilanzgleichung:

$$\text{Summe aller Aktiva} = \text{Summe aller Passiva}$$

2.5 Kostenarten-, Kostenstellen- und Kostenträgerzeitrechnungen, Kalkulationsverfahren

06. In der Bilanz sind vier Arten von Bestandsbewegungen möglich. Wie lassen sich diese mithilfe eines Beispiels verdeutlichen?

Aktivtausch	An einem Aktivtausch sind zwei oder mehr Aktivkonten beteiligt. Die Bilanzsumme bleibt unverändert. Bei einer Barabhebung vom Bankkonto nimmt das Bankkonto ab und das Kassenkonto um den entsprechenden Betrag zu. Buchungssatz: Kasse an Bank.				

Aktiva	Bilanz	Passiva
Bank −		
Kasse +		

Passivtausch

Ein Passivtausch erfasst zwei oder mehr Schuldposten. Auch hier ändert sich die Bilanzsumme nicht.
Bei der Umwandlung von kurzfristigen Verbindlichkeiten in Darlehensschulden nehmen die Verbindlichkeiten um den Betrag ab, um den die Darlehensschulden zunehmen.

Aktiva	Bilanz	Passiva
	Verbindlichkeiten	−
	Darlehen	+

Buchungssatz: Verbindlichkeiten aus Lieferungen und Leistungen an Darlehensschulden.

Bilanz-verlängerung

Aktiv-Passiv-Mehrung

Die Bilanzsumme auf der Aktiv- und auf der Passivseite erhöht sich um den gleichen Betrag.
Beim Kauf von Rohstoffen auf Ziel nehmen die Rohstoffe als Aktivkonto im Soll und die Verbindlichkeiten als Passivkonto im Haben zu.

Aktiva		Bilanz	Passiva	
Rohstoffe	+		Verbindlichkeiten	+

Buchungssatz: Rohstoffe an Verbindlichkeiten aus Lieferungen und Leistungen.

Bilanz-verkürzung

Aktiv-Passiv-Minderung

Die Bilanzsumme vermindert sich auf der Aktiv- und auf der Passivseite um den gleichen Betrag.
Bei Bezahlung einer Rechnung per Banküberweisung nimmt das Bankkonto als Aktivkonto ab und die

Aktiva		Bilanz	Passiva	
Bank	−		Verbindlichkeiten	−

Verbindlichkeiten aus Lieferungen und Leistungen auf der Passivseite ebenso.
Buchungssatz: Verbindlichkeiten aus Lieferungen und Leistungen an Bank.

07. Welchen Inhalt hat die Gewinn- und Verlustrechnung einer Kapitalgesellschaft?

Die GuV-Rechnung ist im Gegensatz zur Bilanz eine *Zeitraumrechnung*, die für Kapitalgesellschaften in § 275 Abs. 2 HGB gesetzlich vorgeschrieben ist. Sie zeigt, wie der Unternehmenserfolg zu Stande gekommen ist (Gegenüberstellung von Aufwendungen und Erträgen).

08. Wie ist die GuV-Rechnung einer Kapitalgesellschaft gegliedert?

Die Gliederung nach dem *Gesamtkostenverfahren* ist nach § 275 Abs. 2 HGB zwingend vorgegeben:

	1.	Umsatzerlöse
+/-	2.	Bestandsveränderungen
+	3.	andere aktivierte Eigenleistungen
+	4.	sonstige betriebliche Erträge
-	5.	Materialaufwand
-	6.	Personalaufwand
-	7.	Abschreibungen
-	8.	sonstige betriebliche Aufwendungen
+/-	9.	Erträge aus Beteiligungen
+	10.	Erträge aus anderem Finanzanlagevermögen
+	11.	sonstige Zinserträge
-	12.	Abschreibungen auf Finanzanlagen und Wertpapiere des Umlaufvermögens
-	13.	Zinsen und ähnliche Aufwendungen
=	14.	**Ergebnis der gewöhnlichen Geschäftstätigkeit**
+	15.	außerordentliche Erträge
-	16.	außerordentliche Aufwendungen
=	17.	**außerordentliches Ergebnis**
-	18.	Steuern vom Einkommen und vom Ertrag
-	19.	sonstige Steuern
=	20.	**Jahresüberschuss/Jahresfehlbetrag**

09. Wie wird auf Erfolgskonten gebucht und wie erfolgt der Abschluss über das Gewinn- und Verlustkonto?

Erfolgskonten sind Unterkonten des Kontos Eigenkapital. Erfolgskonten haben daher keinen Anfangsbestand und verändern sich in gleicher Weise wie das Eigenkapitalkonto. Aufwendungen vermindern das Eigenkapital (Buchung im Soll). Erträge vermehren das Eigenkapital (Buchung im Haben).

Soll   Eigenkapital   **Haben**

Minderungen	Anfangsbestand
Schlussbestand	Mehrungen
↓	↓
Aufwandskonten	**Ertragskonten**
↳ Erfolgskonten ↲	

Beispiele für Erfolgskonten:

• Warenaufwendungen	• Warenverkauf (Erlöse)
• Gehälter	• Mieteinnahmen
• Löhne	• Zinserträge
• Mietaufwendungen	• Provisionserträge
• Zinsaufwendungen	

Alle Aufwandskonten werden über das Gewinn- und Verlustkonto (GuV-Konto) mit folgenden Buchungssätzen abgeschlossen:

    GuV-Konto   an   Aufwandskonten

    Ertragskonten   an   GuV-Konto

Im GuV-Konto werden die Aufwendungen auf der Sollseite und die Erträge auf der Habenseite ausgewiesen. Der Saldo des GuV-Kontos zeigt den *Erfolg des Unternehmens* (Gewinn: Aufwendungen < Erträge; Verlust: Aufwendungen > Erträge):

S	GuV-Konto	H		S	GuV-Konto	H
Aufwendungen	Erträge			Aufwendungen	Erträge	
Gewinn					**Verlust**	

Das GuV-Konto wird über das Eigenkapitalkonto abgeschlossen:

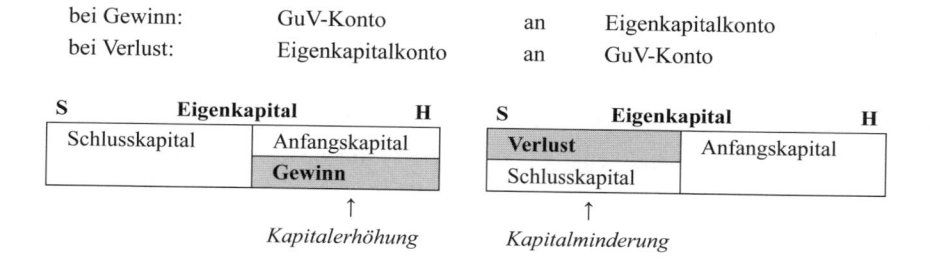

bei Gewinn:	GuV-Konto	an	Eigenkapitalkonto
bei Verlust:	Eigenkapitalkonto	an	GuV-Konto

S	Eigenkapital	H		S	Eigenkapital	H
Schlusskapital	Anfangskapital			**Verlust**	Anfangskapital	
	Gewinn			Schlusskapital		
	↑			↑		
	Kapitalerhöhung			*Kapitalminderung*		

10. Welchen Inhalt hat der Anhang zum Jahresabschluss einer Kapitalgesellschaft?

Der Anhang ist ein eigenständiger Bestandteil des Jahresabschlusses von Kapitalgesellschaften (§§ 284 bis 288 HGB). Seine Ausweispflichten werden nur in besonderen Ausnahmefällen eingeschränkt, wenn damit ein erheblicher Nachteil für das Unternehmen oder für das Wohl der Bundesrepublik verbunden wäre (§ 286 HGB).

Wichtige Einzelangaben werden im Anhang verlangt. Dazu zählen:
- Bilanzierungs- und Bewertungsmethoden,
- Währungsumrechnungsverfahren,
- die Einbeziehung von Fremdkapitalzinsen in die Herstellungskosten,
- die Entwicklung der Posten des Anlagevermögens,
- eine Offenlegung wesentlicher Unternehmensverbindungen, Organbezüge und -kredite,
- der Einfluss steuerlicher Vorschriften auf den Jahresabschluss,
- finanzielle Verpflichtungen, die im Jahresabschluss noch keine Auswirkung haben.

Die dargestellten Informationen erhöhen die Transparenz des Jahresabschlusses. Damit erfüllt der Anhang für die GuV-Rechnung sowie für die Bilanz eine Entlastungs-, Interpretations- und Ergänzungsfunktion (Zusatzinformation bezüglich der Finanz-, Vermögens- und Ertragslage).

11. Welchen Inhalt hat der Lagebericht?

Der Lagebericht dient dem Zweck, Aufschlüsse über die gegenwärtigen und zukünftigen wirtschaftlichen Verhältnissen der rechnungslegenden Gesellschaft zu liefern, die dem Jahresabschluss so nicht zu entnehmen sind. Der Lagebericht ist in folgende Punkte gegliedert:

1. Geschäftsverlauf und Lage der Gesellschaft (Wirtschaftsbericht),
2. Soziale Verhältnisse und Leistungen (Sozialbericht),
3. Vorgänge von besonderer Bedeutung nach Schluss des Geschäftsjahres (Nachtragsbericht),
4. Voraussichtliche Entwicklung der Gesellschaft,
5. Aus dem Bereich Forschung und Entwicklung.

12. Was sind Bestandsveränderungen?

Bestandsveränderungen sind Änderungen in den Beständen des Vorratsvermögens (Erhöhung oder Verminderung des Bestandes an fertigen bzw. halbfertigen Erzeugnissen). Es sind folgende Situationen möglich:

- Wurde mehr hergestellt als verkauft:　　Herstellmenge > Absatzmenge
  SB > AB　　→　　*Mehrbestand* im Lager

- Wurde mehr verkauft als hergestellt:　　Herstellmenge < Absatzmenge
  SB < AB　　→　　*Minderbestand im Lager*

13. Welche Funktion haben Abschreibungen?

Durch Abschreibungen werden die rechnerischen Wertminderungen betrieblicher Vermögensgegenstände erfasst. Sie spiegeln den Verbrauch an Vermögensgegenständen des Anlagevermögens wieder. Abschreibungen werden in der Gewinn- und Verlustrechnung als Aufwand erfasst und mindern somit den Gewinn. Sie dienen der richtigen Verteilung von Aufwand auf die Perioden, in denen der Wert des angeschafften Wirtschaftsguts verzehrt wurde. Der Wertverlust wird als Absetzung für Abnutzung bezeichnet (*AfA*). Der um die Abschreibung verminderte Anschaffungswert ist der *Buchwert*.

14. Welche Methoden werden bei der planmäßigen Abschreibung unterschieden?

Voraussetzungen für die Abschreibungen sind:

- abnutzbare Wirtschaftsgüter des Anlagevermögens,
- die der Abnutzung unterliegen,
- der Erzielung von Einkünften dienen und
- deren Nutzungsdauer mehr als ein Jahr beträgt.

Methoden der planmäßigen Abschreibung		
Lineare AfA § 7 Abs. 1 EStG	gleichmäßige Verteilung der Anschaffung- oder Herstellungskosten nach der betriebsgewöhnlichen Nutzungsdauer (ND)	Abschreibungsbetrag $= \dfrac{\text{Anschaffungswert}}{\text{Nutzungsdauer in Jahre}}$
		Abschreibungssatz in % $= \dfrac{100}{\text{Nutzungsdauer in Jahre}}$

2.5 Kostenarten-, Kostenstellen- und Kostenträgerzeitrechnungen, Kalkulationsverfahren

degressive AfA (nur 2009/2010) § 7 Abs. 2 EStG nur für bewegliche Wirtschaftsgüter	Verteilung der Anschaffungs- oder Herstellungskosten in fallenden Jahresbeträgen durch den Ansatz eines unveränderten Prozentsatzes vom jeweiligen Buchwert,	Abschreibungsbetrag $= \dfrac{\text{Buchwert} \cdot \text{Abschreibungssatz}}{100}$
	wobei dieser **das 2,5 fache der linearen AfA und 25 %** nicht übersteigen darf. Ein Wechsel von der degressiven zur linearen AfA kann erfolgen – umgekehrt nicht.	
Leistungs-AfA § 7 Abs. 1 Satz 5 EStG nur für bewegliche Wirtschaftsgüter	Absetzung für außergewöhnliche technische oder wirtschaftliche Abnutzung nach der Leistung (Beispiel Maschinen oder Fuhrpark).	Abschreibungsbetrag $= \dfrac{\text{Anschaffungskosten} \cdot \text{Ist-Leistung p. a.}}{\text{Soll-Gesamtleistung}}$

15. Was ist Leasing?

Leasing (engl.: mieten, pachten) ist die Vermietung bzw. Verpachtung von Anlagen oder Gütern durch Hersteller oder Leasinggesellschaften für eine vereinbarte Zeit gegen Entgelt. Der Leasingnehmer wird Besitzer, aber nicht Eigentümer. Hersteller oder Leasinggesellschaft bleiben Eigentümer.

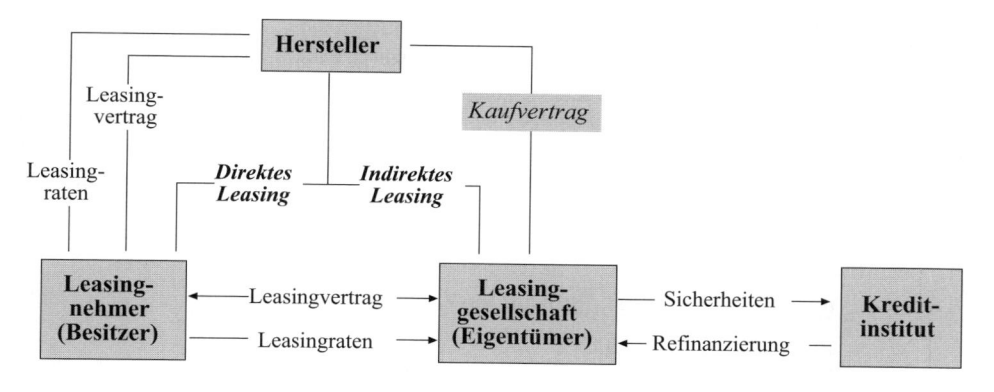

16. Welche Leasingarten unterscheidet man?

Leasingarten		
Unterscheidungsmerkmal	*Bezeichnung*	*Merkmale*
Wer ist Leasinggeber?	**Direktes Leasing**	Hersteller ist Leasinggeber.
	Indirektes Leasing	Leasinggesellschaft ist Leasinggeber.
Anzahl der Leasingobjekte?	**Equipment-Leasing**	Leasing einzelner, beweglicher Wirtschaftsgüter.
	Plant-Leasing	Leasing ortsfester, gesamter Betriebsanlagen.

Art der Leasingobjekte?	Konsumgüter-Leasing	Leasing von Verbrauchsgütern für Haushalte.
	Investitionsgüter-Leasing	Leasing von Anlagegütern für Produktionszwecke.
Anzahl der Vorbesitzer?	First-Hand-Leasing	Leasing neuer Wirtschaftsgüter.
	Second-Hand-Leasing	Leasing gebrauchter Wirtschaftsgüter.
Art des Leasingvertrages?	Operate Leasing	*Unechtes Leasing:* Kurzfristige Nutzungsverträge mit Kündigungsfrist; von der Laufzeit unabhängige Leasingrate; hohe Kosten.
	Finance Leasing	*Echtes Leasing:* Längerfristige Nutzungsüberlassung; Leasingrate abhängig von der Anzahlung und der Grundmietzeit; Leasingnehmer trägt die Gefahr des Untergangs des Leasinggegenstandes.

17. Welche steuerlichen Voraussetzungen müssen beim Finance Leasing gegeben sein, damit der Leasingnehmer nicht Eigentümer wird?

Aufgrund mehrerer Erlasse des Bundesfinanzhofes gilt: Ist die Grundmietzeit zwischen 40 und 90 % der betriebsüblichen Nutzungsdauer lt. steuerlicher AfA-Tabelle (z. B. bei Pkw = 6 Jahre, bei EDV-Hardware = 3 Jahre) und wurde der Leasing-Vertrag ohne Kauf- oder Verlängerungsoption geschlossen, so ist der Leasing-Gegenstand dem Leasinggeber zuzurechnen. Für den Leasingnehmer sind die Leasingraten Betriebsausgaben und unterliegen der Umsatzsteuer mit 19 %.

18. Welche Vor- und Nachteile hat der Kauf im Vergleich zum Leasing?

	Vorteile	Nachteile
Kauf	• Käufer erwirbt das Eigentum und kann es als Sicherheit verpfänden • geringere Kosten als Leasing • AfA möglich • sofortige Vorsteuererstattung insgesamt • keine Vertragsbindung	• hohe Liquidität erforderlich • Liquidität verschlechtert sich • muss aktiviert werden • schwierige Anpassung an den technischen Fortschritt
Leasing	• keine sehr hohe Belastung der Liquidität • bilanzneutral: keine Veränderung der EK-Quote • gleichmäßige Kosten, feste Raten • Leasingraten sind steuerlicher Aufwand	• Vorsteuererstattung erst mit den laufenden Leasingraten • kein Eigentum am Objekt • Kosten sind höher als bei Kauf • in der Regel kein vorzeitiger Ausstieg aus dem Vertrag möglich • laufende, gleichmäßige Belastung

2.5.2 Ziele und Aufgaben der Kostenrechnung

01. Was ist das Hauptziel der Kosten- und Leistungsrechnung (KLR)?

Die Kostenrechnung wird auch als *Kosten- und Leistungsrechnung (KLR)* bezeichnet. Ihr *Hauptziel* ist die *Erfassung aller Aufwendungen und Erträge*, die mit der Tätigkeit des Betriebes in engem Zusammenhang stehen.

In engem Zusammenhang mit der Tätigkeit eines Industriebetriebes stehen alle Aufwendungen und Erträge, die sich im Rahmen der Funktionen ergeben.

Beschaffung → Produktion → Absatz

- Die *betriebsbezogenen Aufwendungen* werden als *Kosten* bezeichnet (z. B. Fertigungsmaterial, Fertigungslöhne).

- Die *betriebsbezogenen Erträge* nennt man *Leistungen* (z. B. Umsatzerlöse, Mehrbestände an Erzeugnissen, Eigenverbrauch).

- *Hauptziel der KLR ist also die periodenbezogene Gegenüberstellung der Kosten und Leistungen und die Ermittlung des Betriebsergebnisses:*

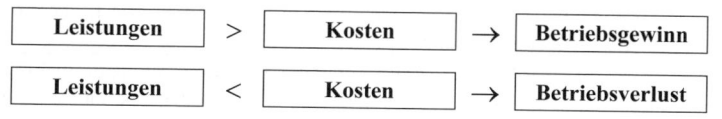

Leistungen > Kosten → Betriebsgewinn

Leistungen < Kosten → Betriebsverlust

02. Wie kann die Abgrenzung zwischen der Finanzbuchhaltung und der Betriebsbuchhaltung (KLR) vorgenommen werden?

Die interne Gliederung des betrieblichen Rechnungswesens kann folgende Struktur haben (Beispiel):

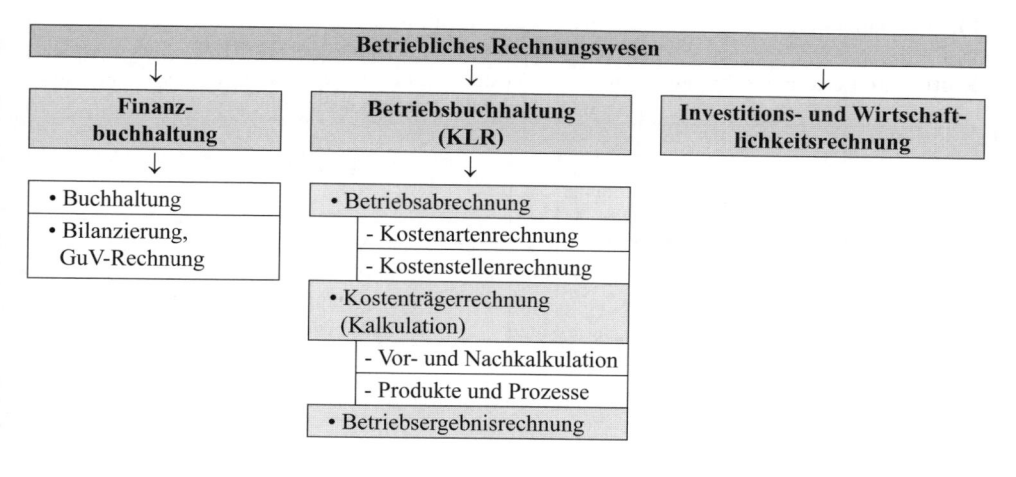

Betriebliches Rechnungswesen

↓ ↓ ↓

Finanz-buchhaltung	Betriebsbuchhaltung (KLR)	Investitions- und Wirtschaftlichkeitsrechnung

Finanzbuchhaltung:
- Buchhaltung
- Bilanzierung, GuV-Rechnung

Betriebsbuchhaltung (KLR):
- Betriebsabrechnung
  - Kostenartenrechnung
  - Kostenstellenrechnung
- Kostenträgerrechnung (Kalkulation)
  - Vor- und Nachkalkulation
  - Produkte und Prozesse
- Betriebsergebnisrechnung

Dabei haben die einzelnen Funktionsbereiche folgende Aufgabe:

Die **Finanzbuchhaltung**	erfasst zahlenmäßig als langfristige Gesamtabrechnung die gesamte Unternehmenstätigkeit unter Zugrundelegung der Zahlungsvorgänge. Sie ist nach bestimmten Gesetzesvorschriften durchzuführen. Ihr Ziel ist die Erfolgsermittlung durch Gegenüberstellung von Aufwand und Ertrag bzw. die Gegenüberstellung von Vermögensherkunft und Vermögensverwendung.
Die **Betriebsbuchhaltung**	ist eine (kurzfristige) Abrechnung, die den eigentlichen betrieblichen Leistungsprozess zahlenmäßig erfassen will. Ihr Ziel ist (stark vereinfacht) die Feststellung, wer im Betrieb welche Kosten in welcher Höhe und wofür verursacht (hat).
Bilanzierung	ist die ordnungsgemäße Gegenüberstellung aller Vermögensteile und Schulden einer Unternehmung.
Gewinn- und Verlustrechnung	(GuV) ist die Gegenüberstellung aller Aufwendungen und Erträge zum Zwecke der Erfolgsermittlung.
Die **Betriebsabrechnung**	hat die Aufgabe, die Kosten nach Gruppen getrennt zu sammeln (Kostenartenrechnung) und auf die Kostenstellen zu verteilen (Kostenstellenrechnung).
Mit der **Kalkulation**	versucht man, Produkten oder Leistungen ihre Kosten verursachungsgerecht zuzuordnen, um damit eine Grundlage für ihren Wert oder ihren Preis zu erhalten.
Die **Betriebsergebnisrechnung**	ist eine kurzfristige Erfolgsrechnung, die die angefallenen Kosten und Leistungen einer Periode gegenüberstellt.
Mit **Investitionsrechnungen**	versucht man, die Erfolgsträchtigkeit von Investitionsobjekten zu ermitteln. Sie vergleichen die Kosten und Leistungen oder Aus- und Einzahlungen, die durch ein Investitionsobjekt verursacht werden.
Wirtschaftlichkeitsrechnungen	sind mit den Investitionsrechnungen eng verwandt; sie dienen insbesondere dem Vergleich von Verfahren und Projekten.

Merke:

Die **Finanzbuchhaltung (Fibu)**	bildet den Rechnungskreis I (RK I) und ermittelt das Gesamtergebnis.
Die **Kosten und Leistungsrechnung (KLR)**	bildet den Rechnungskreis II (RK II). Sie erfasst alle Kosten und Leistungen einer Rechnungsperiode und zeigt das Betriebsergebnis.

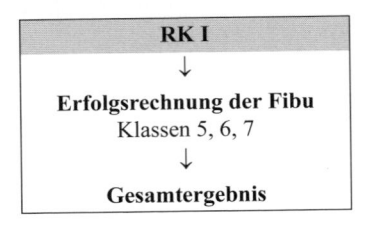

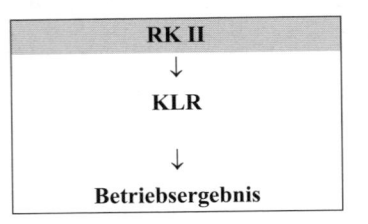

```
┌─────────────────────────────┐     ┌─────────────────────────────┐
│           RK I              │     │           RK II             │
│            ↓                │     │            ↓                │
│  Erfolgsrechnung der Fibu   │     │            KLR              │
│       Klassen 5, 6, 7       │     │                             │
│            ↓                │     │            ↓                │
│      Gesamtergebnis         │     │      Betriebsergebnis       │
└─────────────────────────────┘     └─────────────────────────────┘
```

03. Welche Aufgaben hat die KLR?

Aus dem Hauptziel der KLR, der periodenbezogenen Ermittlung des Betriebsergebnisses, ergeben sich folgende Aufgaben:

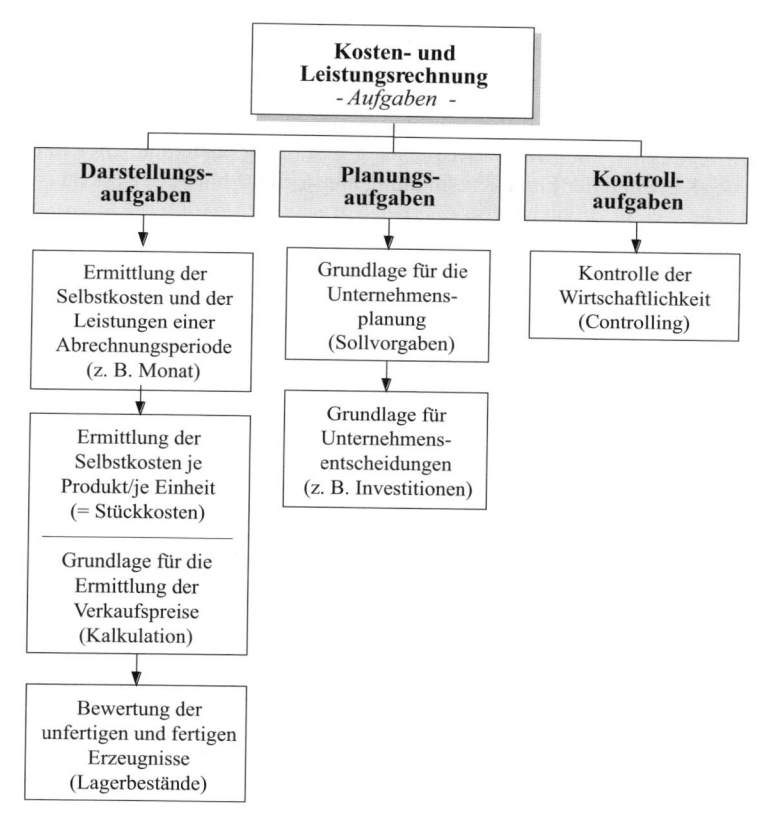

```
                    Kosten- und
                 Leistungsrechnung
                    - Aufgaben -
        ┌────────────────┼────────────────┐
  Darstellungs-      Planungs-        Kontroll-
   aufgaben          aufgaben         aufgaben
        │                │                │
  Ermittlung der    Grundlage für     Kontrolle der
  Selbstkosten und  die Unternehmens- Wirtschaftlichkeit
  der Leistungen    planung           (Controlling)
  einer Abrech-     (Sollvorgaben)
  nungsperiode
  (z. B. Monat)
        │                │
  Ermittlung der    Grundlage für
  Selbstkosten je   Unternehmens-
  Produkt/je Einheit entscheidungen
  (= Stückkosten)   (z. B. Investitionen)
        │
  Grundlage für die
  Ermittlung der
  Verkaufspreise
  (Kalkulation)
        │
  Bewertung der
  unfertigen und fertigen
  Erzeugnisse
  (Lagerbestände)
```

2.5.3 Grundbegriffe der Kosten- und Leistungsrechnung

01. Welche Grundbegriffe der KLR muss der Industriemeister unterscheiden können?

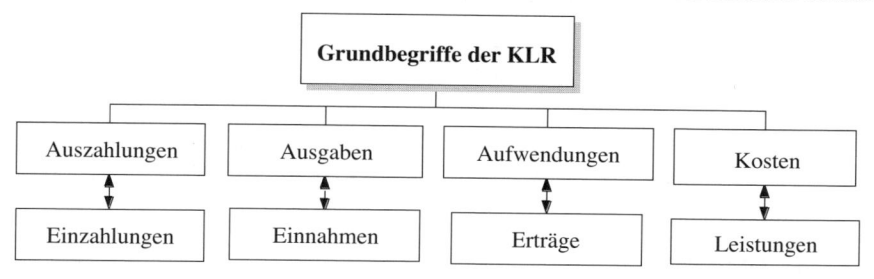

```
                    Grundbegriffe der KLR
        ┌───────────────┬──────────────┬──────────────┐
   Auszahlungen      Ausgaben      Aufwendungen     Kosten
        ↕               ↕              ↕              ↕
   Einzahlungen      Einnahmen       Erträge      Leistungen
```

- *Auszahlungen* sind tatsächliche Abflüsse
  Einzahlungen sind tatsächliche Zuflüsse von Zahlungsmitteln

- *Einnahmen* sind Mehrungen,
  Ausgaben sind Minderungen des Geldvermögens.

  Beispiel:
  Der Betrieb kauft am 1. Okt. eine Maschine mit einem Zahlungsziel von vier Wochen:
  Der Kauf führt zu einer *Ausgabe am 1. Okt.* (Minderung des Geldvermögens). Der tatsächliche Abfluss von Zahlungsmitteln (*Auszahlung*) erfolgt *am 1. November*.

Im Gegensatz zur Finanzbuchhaltung will man in der KLR den tatsächlichen Verbrauch von Werten (= *Werteverzehr*) für Zwecke der Leistungserstellung festhalten. Dies führt dazu, dass die Begriffe der KLR und der Finanzbuchhaltung auseinander fallen:

- *Aufwendungen* sind der gesamte Werteverzehr; er ist zu unterteilen in den *betriebsfremden* Werteverzehr (= nicht durch den Betriebszweck verursacht; z. B. Spenden) und den *betrieblichen* Werteverzehr (= durch den Betriebszweck verursacht; z. B. Miete für eine Produktionshalle, Betriebssteuern).

Die betrieblichen Aufwendungen werden noch weiter unterteilt in
- *ordentliche Aufwendungen*
  (= Aufwendungen die üblicherweise im „normalen" Geschäftsbetrieb anfallen) und
- *außerordentliche Aufwendungen*
  (= Aufwendungen, die unregelmäßig vorkommen oder ungewöhnlich hoch auftreten; z. B. periodenfremde Steuernachzahlungen, Aufwendungen für einen betrieblichen Schadensfall).

Die betrieblichen, ordentlichen Aufwendungen bezeichnet man auch als *Zweckaufwendungen*. Die betriebsfremden sowie die betrieblich-außerordentlich bedingten Aufwendungen ergeben zusammen die *neutralen Aufwendungen*.

Die Zweckaufwendungen bezeichnet man als *Grundkosten*, da sie den größten Teil des betrieblich veranlassten Werteverzehrs darstellen. Da sie unverändert aus der Finanzbuchhaltung (Kontenklasse 4) in die KLR übernommen werden, heißen sie auch *aufwandsgleiche Kosten* (Aufwand = tatsächlicher, betrieblicher Werteverzehr = Kosten).

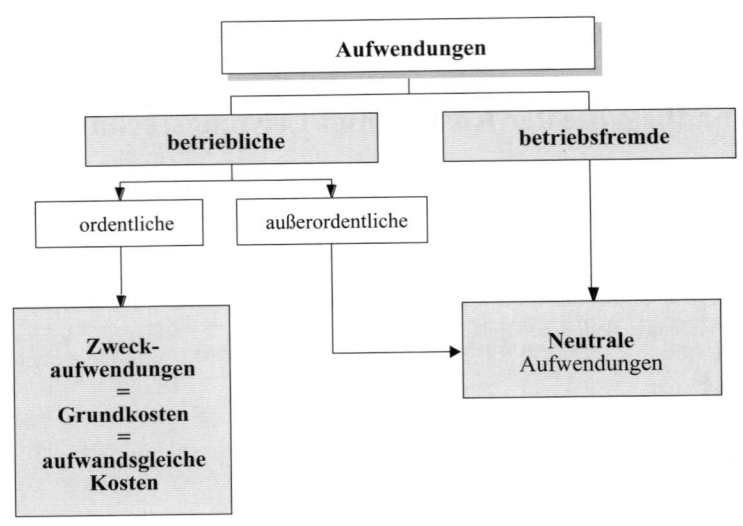

- Die Erträge werden analog zu den Aufwendungen gegliedert:
  Erträge sind der gesamte Wertezuwachs in einem Betrieb. Betrieblich bedingte, ordentliche Erträge sind *Leistungen*. Betriebsfremde Erträge sowie betrieblich bedingte, außerordentliche Erträge sind *neutrale Erträge*:

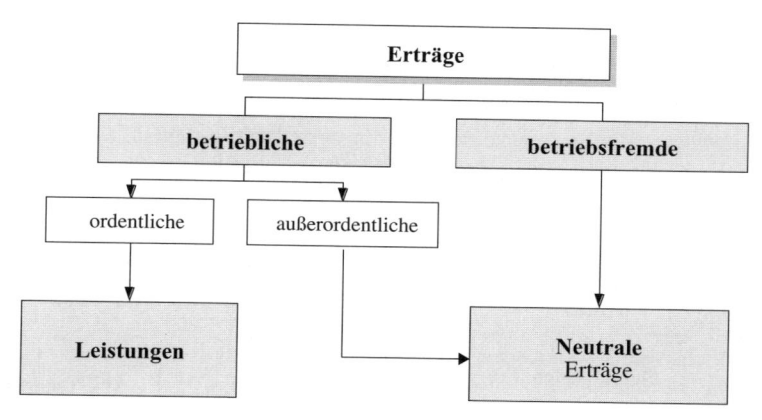

```
                    Erträge
                   /       \
            betriebliche    betriebsfremde
           /          \           |
      ordentliche  außerordentliche
          |            |          |
      Leistungen       └────→  Neutrale
                               Erträge
```

- *Kosten* sind der tatsächliche Werteverzehr für Zwecke der Leistungserstellung. Ein Teil der Kosten kann unmittelbar aus der Finanzbuchhaltung übernommen werden; Aufwand und Kosten sind hier gleich; dies ist der sog. Zweckaufwand = *Grundkosten* (vgl. oben).

Für die Erfassung des tatsächlichen Werteverzehrs reicht dies jedoch nicht aus:

(1) *Zusatzkosten:*

Es gibt auch Kosten, denen kein Aufwand gegenübersteht (der Werteverzehr führt nicht zu Ausgaben). Sie heißen daher *aufwandslose Kosten* und zählen zur Kategorie der *Zusatzkosten*.

Beispiele:

- *Kalkulatorischer Unternehmerlohn*:
  Bei einem Einzelunternehmen erbringt der Inhaber durch seine Tätigkeit im Betrieb eine Leistung. Dieser Leistung steht jedoch keine Lohnzahlung (= Kosten) gegenüber. Damit trotzdem die Äquivalenz von Kosten und Leistungen gesichert ist, wird „kalkulatorisch" der Werteverzehr der Unternehmertätigkeit berechnet und in die KLR als „kalkulatorischer Unternehmerlohn" eingestellt.

- *Kalkulatorische Zinsen:*
  Wenn eine Personengesellschaft Fremdkapital von der Bank erhält, zahlt sie dafür Zinsen (= Kosten). Wenn der Inhaber Eigenkapital in das Unternehmen einbringt, muss auch hier der Werteverzehr erfasst werden, obwohl keine Aufwendungen vorliegen: Man erfasst also *rein rechnerisch („kalkulatorisch")* die Verzinsung des Eigenkapitals in der KLR, obwohl keine Aufwendungen dem gegenüberstehen.

(2) *Anderskosten:*

Bei den Anderskosten liegen zwar Aufwendungen vor, jedoch entsprechen die Zahlen der Finanzbuchhaltung nicht dem tatsächlichen Werteverzehr und müssen deshalb „anders" in der KLR berücksichtigt werden. Man nennt sie daher Anderskosten bzw. *aufwandsungleiche Kosten (Aufwand ≠ Kosten)*.

Beispiel:
In der Finanzbuchhaltung wurde der Aufwand für den Werteverzehr der Anlagen (bilanzielle Abschreibung) gebucht. Diese Zahlen können jedoch z. B. nicht in die KLR übernommen werden, *weil der tatsächliche Werteverzehr anders ist.* Aus diesem Grunde wird ein anderer Berechnungsansatz gewählt („kalkulatorischer Wertansatz" → kalkulatorische Abschreibung). Analog berücksichtigt man z. B. kalkulatorische Wagnisse.

Die nachfolgende Übersicht gibt die Gesamtkosten im Sinne der KLR wieder:

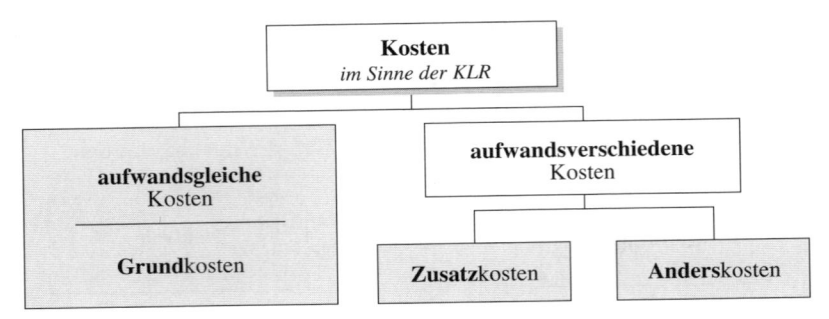

```
                    Kosten
                im Sinne der KLR
           ┌──────────┴──────────┐
    aufwandsgleiche        aufwandsverschiedene
        Kosten                   Kosten
           │                 ┌──────┴──────┐
      Grundkosten       Zusatzkosten   Anderskosten
```

In Verbindung mit den oben dargestellten Ausführungen über „Aufwendungen" ergibt sich folgendes Bild:

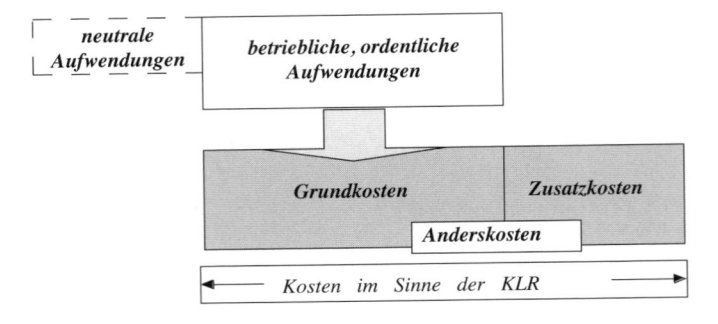

```
  neutrale          betriebliche, ordentliche
 Aufwendungen           Aufwendungen
                    ┌─────────┴─────────┐
                Grundkosten        Zusatzkosten
                        Anderskosten
              ◄──── Kosten im Sinne der KLR ────►
```

Leistungen sind betriebsbedingte Erträge. Dies sind in erster Linie die Erträge aus *Absatzleistungen* sowie der *Mehrbestand an Erzeugnissen* (= Fertigung auf Lager). Daneben kann es z. B. vorkommen, dass der Vorgesetzte den Bau einer Vorrichtung für Montagezwecke durch eigene Leute veranlasst; diese Vorrichtung verbleibt im Betrieb und wird nicht verkauft: Es liegt also ein betrieblich bedingter Werteverzehr (= Kosten, z. B. Material- und Lohnkosten) vor, dem jedoch keine Umsatzerlöse gegenüberstehen. Von daher wird diese *innerbetriebliche Leistungserstellung* als „*kalkulatorische Leistungserstellung*" in die KLR eingestellt (vgl. dazu analog oben, kalkulatorischer Unternehmerlohn).

In Verbindung mit der oben dargestellten Abbildung „Aufwendungen" ergibt sich folgende Struktur der *Leistungen*:

2.5 Kostenarten-, Kostenstellen- und Kostenträgerzeitrechnungen, Kalkulationsverfahren

[Diagramm: neutrale Erträge / betriebliche, ordentliche Erträge → Leistungen | kalkulatorische Leistungen — Leistungen im Sinne der KLR]

02. Wie setzt sich das Unternehmensergebnis (Gesamtergebnis) zusammen?

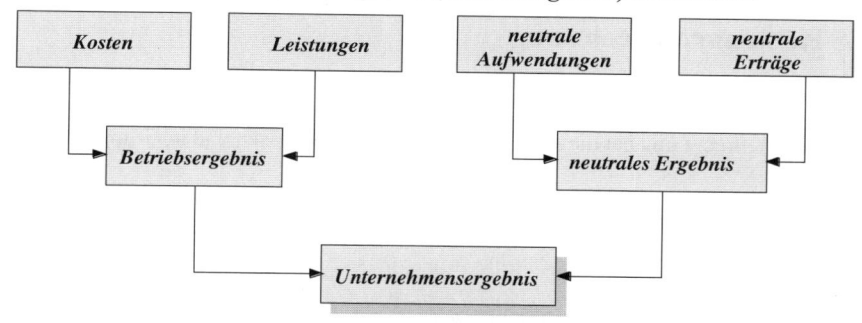

[Diagramm: Kosten + Leistungen → Betriebsergebnis; neutrale Aufwendungen + neutrale Erträge → neutrales Ergebnis; beide → Unternehmensergebnis]

2.5.4 Aufbau der Kosten- und Leistungsrechnung (KLR)

01. Welche Stufen/Teilgebiete umfasst die KLR?

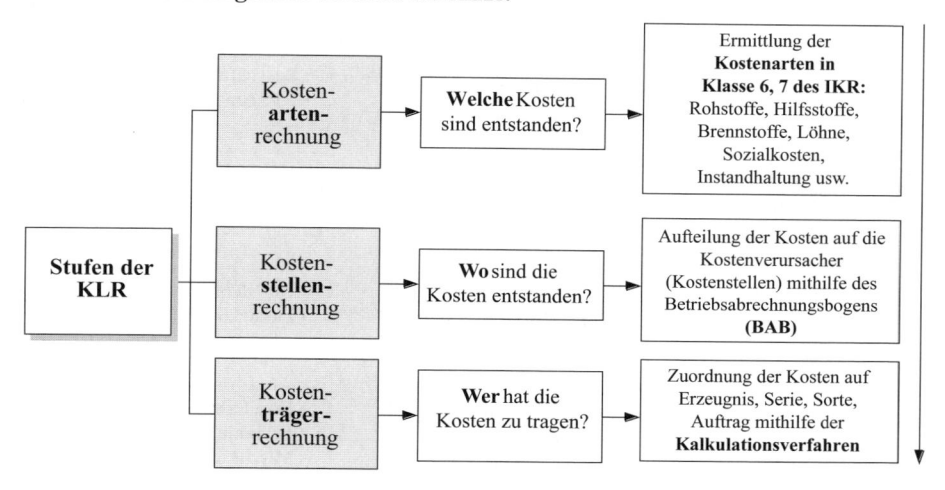

Stufen der KLR:

- **Kostenartenrechnung** → Welche Kosten sind entstanden? → Ermittlung der **Kostenarten in Klasse 6, 7 des IKR:** Rohstoffe, Hilfsstoffe, Brennstoffe, Löhne, Sozialkosten, Instandhaltung usw.

- **Kostenstellenrechnung** → Wo sind die Kosten entstanden? → Aufteilung der Kosten auf die Kostenverursacher (Kostenstellen) mithilfe des Betriebsabrechnungsbogens **(BAB)**

- **Kostenträgerrechnung** → Wer hat die Kosten zu tragen? → Zuordnung der Kosten auf Erzeugnis, Serie, Sorte, Auftrag mithilfe der **Kalkulationsverfahren**

02. Was muss der Vorgesetzte bei der Erfassung von Kostendaten sowie bei der Verwendung von Belegen und Datensätzen beachten?

Die Finanzbuchhaltung und die KLR können ihren Aufgaben nur dann gerecht werden, wenn am Ort der Datenentstehung die Kosten richtig erfasst und weitergeleitet werden. Für den Vorgesetzten heißt das:

- *alle Kosten erfassen*;
  also z. B. auch Kosten der innerbetrieblichen Leistungserstellung.

- *alle Kostenbelege richtig und vollständig ausfüllen und weiterleiten*;
  z. B. Lohnscheine, Materialentnahmescheine (Auftrags-Nr., Kunden-Nr., Materialart/-menge, Datum, Kostenstelle, Unterschrift usw.).

2.5.5 Kostenartenrechnung

01. Welche Aufgabe hat die Kostenartenrechnung?

Die Kostenartenrechnung hat die Aufgabe, alle Kosten zu erfassen und in Gruppen systematisch zu ordnen.

Die Fragestellung lautet: ***Welche Kosten sind entstanden?***

02. Nach welchen Merkmalen können Kostenarten gegliedert werden?

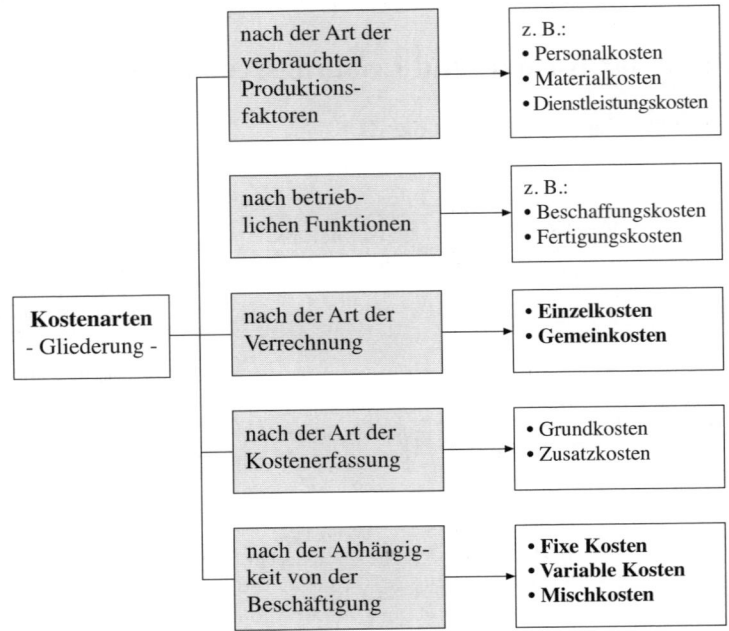

Kostenarten - Gliederung -	Merkmal	Beispiele
	nach der Art der verbrauchten Produktionsfaktoren	z. B.: • Personalkosten • Materialkosten • Dienstleistungskosten
	nach betrieblichen Funktionen	z. B.: • Beschaffungskosten • Fertigungskosten
	nach der Art der Verrechnung	• **Einzelkosten** • **Gemeinkosten**
	nach der Art der Kostenerfassung	• Grundkosten • Zusatzkosten
	nach der Abhängigkeit von der Beschäftigung	• **Fixe Kosten** • **Variable Kosten** • **Mischkosten**

2.5 Kostenarten-, Kostenstellen- und Kostenträgerzeitrechnungen, Kalkulationsverfahren

Der Unterschied zwischen Grundkosten und Zusatzkosten wurde bereits behandelt (vgl. oben, 2.5.2, Nr. 01.). Für den Vorgesetzten ist es wichtig, Einzel- und Gemeinkosten sowie fixe und variablen Kosten zu unterscheiden:

- *Einzelkosten können* dem einzelnen Kostenträger (Produkt, Auftrag) *direkt zugerechnet* werden, z. B.:

Einzelkosten, z. B.	Zurechnung, z. B. über
Fertigungsmaterial	→ Materialentnahmescheine, Stückliste
Fertigungslöhne	→ Lohnzettel/-listen, Auftragszettel
Sondereinzelkosten	→ Auftragszettel, Eingangsrechnung

- *Gemeinkosten* fallen für das Unternehmen insgesamt an und *können* daher *nicht direkt* einem bestimmten Kostenträger *zugerechnet werden*. Man erfasst die Gemeinkosten zunächst als Kostenart auf bestimmten Konten der Finanzbuchhaltung. Anschließend werden die Gemeinkosten über bestimmte *Verteilungsschlüssel* auf die Hauptkostenstellen umgelegt (vgl. unten: Betriebsabrechnungsbogen; BAB) und später den Kostenträgern prozentual zugeordnet.

   Beispiele:
   Gemeinkostenmaterial, Steuern, Versicherungen, Gehälter, Hilfslöhne, Sozialkosten, kalkulatorische Kosten

- *Fixe Kosten sind beschäftigungsunabhängig* und für eine bestimmte Abrechnungsperiode konstant (z. B. Kosten für die Miete einer Lagerhalle). Bei steigender Beschäftigung führt dies zu einem Sinken der fixen Kosten pro Stück (sog. *Degression der fixen Stückkosten*).

- *Variable Kosten verändern sich mit dem Beschäftigungsgrad*; steigt die Beschäftigung so führt dies z. B. zu einem Anstieg der Materialkosten und umgekehrt. Bei einem proportionalen Verlauf der variablen Kosten sind die variablen Stückkosten bei Änderungen des Beschäftigungsgrades konstant.

Diesen Sachverhalt nutzt man, indem bei unterschiedlichem Beschäftigungsgrad die variablen Stückkosten aus dem sog. *Differenzenquotienten* berechnet werden können (bei linearem Kostenverlauf):

$$k_v \quad \frac{\Delta K}{\Delta x} \quad = \quad \frac{\text{Kostendifferenz}}{\text{Mengendifferenz}} \quad = \quad \frac{K_2 - K_1}{x_2 - x_1}$$

Beispiel:

	t_0	t_1
Produktionsmenge	2.000 Stk.	1.500 Stk.
Gesamtkosten	700.000 €	520.000 €

$$k_v \quad \frac{\Delta K}{\Delta x} \quad = \quad \frac{700.000\ € - 520.000\ €}{2.000\ \text{Stk.} - 1.500\ \text{Stk.}} \quad = \quad 360\ €/\text{Stk.}$$

Achtung: Bitte nicht verwechseln mit der kritischen Menge (Grenzstückzahl, S. 311). Beim Differenzenquotienten ist die *Reihenfolge der Indices gleich*.

Die Abbildung auf der nächsten Seite zeigt *schematisch den Verlauf der fixen und variablen Kosten* sowie *der jeweiligen Stückkosten* bei Veränderungen der Beschäftigung.

- *Mischkosten* sind solche Kosten, die fixe und variable Bestandteile haben (z. B. Kommunikationskosten: Grundgebühr + Gesprächseinheiten nach Verbrauch; ebenso: Stromkosten).

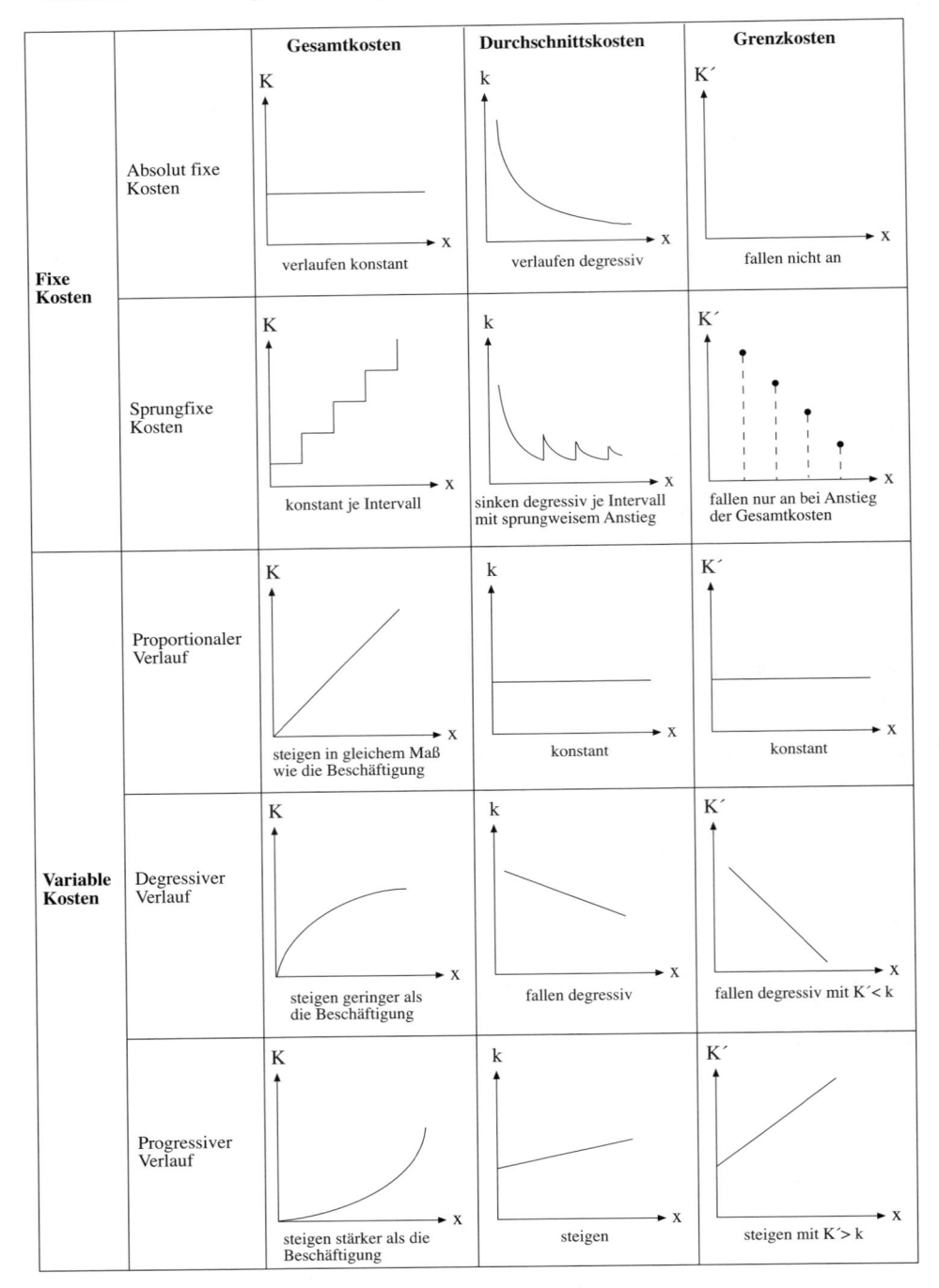

		Gesamtkosten	Durchschnittskosten	Grenzkosten
Fixe Kosten	Absolut fixe Kosten	verlaufen konstant	verlaufen degressiv	fallen nicht an
	Sprungfixe Kosten	konstant je Intervall	sinken degressiv je Intervall mit sprungweisem Anstieg	fallen nur an bei Anstieg der Gesamtkosten
Variable Kosten	Proportionaler Verlauf	steigen in gleichem Maß wie die Beschäftigung	konstant	konstant
	Degressiver Verlauf	steigen geringer als die Beschäftigung	fallen degressiv	fallen degressiv mit $K' < k$
	Progressiver Verlauf	steigen stärker als die Beschäftigung	steigen	steigen mit $K' > k$

2.5 Kostenarten-, Kostenstellen- und Kostenträgerzeitrechnungen, Kalkulationsverfahren

03. Wie werden die kalkulatorischen Kosten ermittelt?

Kalkulatorische Abschreibung (AfA)	• Fibu: Ausgangspunkt ist der Anschaffungswert (AW) • KLR: Ausgangspunkt ist der Wiederbeschaffungswert (WB) $$\text{kalk. AfA} = \frac{\text{Anschaffungswert (Wiederbeschaffungswert)} - \text{Restwert}}{\text{Nutzungsdauer}}$$
Kalkulatorische Zinsen	Die Kostenrechnung verrechnet im Gegensatz zur Erfolgsrechnung, in die nur die Fremdkapitalzinsen als Aufwand eingehen, Zinsen für das gesamte, betriebsnotwendige Kapital. Die Verzinsung des betriebsnotwendigen Kapitals erfolgt i. d. R. zu dem Zinssatz, den der Eigenkapitalgeber für sein eingesetztes Kapital bei anderweitiger Verwendung am freien Kapitalmarkt erhalten würde. Das *betriebsnotwendige Kapital* kann folgendermaßen ermittelt werden: Betriebsnotwendiges Anlagevermögen + Betriebsnotwendiges Umlaufvermögen = Betriebsnotwendiges Vermögen - Abzugskapital = Betriebsnotwendiges Kapital $$\text{kalk. Zinsen} = \frac{(\text{Anschaffungswert} + \text{Restwert})}{2} \cdot \frac{\text{Zinsatz}}{100}$$

Kalkulatorische Wagnisse	Die mit jeder unternehmerischen Tätigkeit verbundenen Risiken lassen sich im Wesentlichen in zwei Gruppen einteilen:
	1. Das allgemeine Unternehmerrisiko (-wagnis) ist aus dem Gewinn abzudecken.
	2. Spezielle Einzelwagnisse, die sich aufgrund von Erfahrungswerten oder versicherungstechnischen Überlegungen bestimmen lassen.
	    2.1 Deckung auftretender Schäden durch Dritte (Versicherungen).
	    2.2 Deckung durch *kalkulatorische Wagniszuschläge* als eine Art Selbstversicherung. Dabei wird langfristig ein Ausgleich zwischen tatsächlich eingetretenen Wagnisverlusten und verrechneten kalkulatorischen Wagniszuschlägen angestrebt.

Kalkulatorischer Unternehmerlohn	Während bei Kapitalgesellschaften das Gehalt der Geschäftsführung als Aufwand in der Erfolgsrechnung verbucht wird, muss die Arbeit des Unternehmers bei Einzelunternehmungen oder Personengesellschaften aus dem Gewinn gedeckt werden. In der Kostenrechnung ist jedoch das Entgelt für die Arbeitsleistung des Unternehmers als Kostenfaktor zu berücksichtigen. Maßstab für die Höhe ist in der Regel das Gehalt eines leitenden Angestellten in vergleichbarer Funktion.
Kalkulatorische Miete	Werden eigene Räume des Gesellschafters oder des Einzelunternehmers für betriebliche Zwecke zur Verfügung gestellt, sollte dafür eine kalkulatorische Miete in ortsüblicher Höhe angesetzt werden.

Hinweis zu „kalkulatorische Wagnisse":
Für die Einzelwagnisse werden folgende Bezugsgrößen gewählt:

Einzelwagnis:	Beschreibung, Beispiele:	Bezugsbasis:
Anlagenwagnis	Ausfälle von Maschinen aufgrund vorzeitiger Abnutzung, vorzeitiger Überalterung	Anschaffungskosten
Beständewagnis	Senkung des Marktpreises, Überalterung, Schwund, Verderb	Bezugskosten
Entwicklungswagnis	Fehlentwicklung	Entwicklungskosten
Fertigungswagnis	Mehrkosten durch Ausschuss, Nacharbeit, Fehler	Herstellkosten
Vertriebswagnis	Forderungsausfälle, Währungsrisiken	Umsatz zu Selbstkosten
Gewährleistungswagnis	Preisnachlässe aufgrund von Mängeln, Zusatzleistungen, Ersatzlieferungen	
Berechnung$_{allgemein}$	= Wagniskostenzuschlag = „Verlust" : Bezugsbasis · 100	

2.5.6 Kostenstellenrechnung

01. Welche Aufgabe erfüllt die Kostenstellenrechnung?

Die *Kostenstellenrechnung* ist nach der Kostenartenrechnung d*ie zweite Stufe* innerhalb der Kostenrechnung. Sie hat die Aufgabe, die Gemeinkosten *verursachergerecht auf die Kostenstellen zu verteilen*, die jeweiligen Zuschlagssätze zu ermitteln und den Kostenverbrauch zu überwachen.

Der BAB erfüllt in Einzelnen folgende Aufgaben:

- Verteilung der Gemeinkosten auf die Kostenstellen,
- innerbetriebliche Leistungsverrechnung,
- Ermittlung der Ist-Gemeinkostenzuschlagssätze für die Kalkulation,
- Berechnung der Abweichungen der Ist-Gemeinkostenzuschlagssätze von den Normal-Gemeinkostenzuschlagssätzen (Kostenüber- bzw. Kostenunterdeckung),
- kostenstellenbezogene Kostenkontrolle,
- Basis für Wirtschaftlichkeits- und Verfahrensvergleiche.

02. Was ist eine Kostenstelle?

Kostenstellen sind nach bestimmten Grundsätzen abgegrenzte Bereiche des Gesamtunternehmens, in denen die dort entstandenen Kostenarten verursachungsgerecht gesammelt werden.

03. Welchen Kostenstellen werden verrechnungstechnisch unterschieden?

Hauptkostenstellen	sind Kostenstellen, an denen unmittelbar am Erzeugnis gearbeitet wird, z. B.: Lackiererei, Montage.
Hilfskostenstellen	sind nicht direkt an der Produktion beteiligt, z. B.: Arbeitsvorbereitung, Konstruktion.
Allgemeine Kostenstellen	können den Funktionsbereichen nicht unmittelbar zugeordnet werden, z. B. Werkschutz, Fuhrpark.

2.5 Kostenarten-, Kostenstellen- und Kostenträgerzeitrechnungen, Kalkulationsverfahren

04. Nach welchen Merkmalen können Kostenstellen gebildet werden?

Gliederung des Betriebes in Kostenstellen nach ...			
Funktionen	räumlichen Merkmalen	organisatorischen Merkmalen	verrechnungstechnischen Merkmalen

05. Welche Prinzipien gelten bei der Bildung von Kostenstellen?

Die Kostenstellenrechnung muss ihrer besonderen Kontrollfunktion gerecht werden: Die Kostenabweichungen müssen dort ermittelt werden, wo sie tatsächlich entstehen. Aus diesem Grunde müssen drei Prinzipien (auch: Gliederungsgrundsätze) bei der Bildung von Kostenstellen eingehalten werden:

1. Es müssen genaue Maßstäbe als Bezugsgröße zur Kostenverursachung festgelegt werden. Als Bezugsgrößen kommen z. B. infrage: Der Fertigungslohn, die Fertigungszeit, die Erzeugniseinheit. Die Bezugsgröße sollte zur Leistung der Kostenstelle proportional sein.
2. Jede Kostenstelle ist ein eigenständiger Verantwortungsbereich.
3. Kostenbelege müssen je Kostenstelle problemlos gebucht werden können.

06. Welche Kostenbereiche werden im Betriebsabrechnungsbogen gebildet?

Meist werden folgende Kostenbereiche im Betriebsabrechnungsbogen (BAB) eines Industrieunternehmens gebildet:

Kostenbereiche im BAB					
Allgemeiner Bereich	Materialbereich	Fertigungsbereich		Verwaltungsbereich	Vertriebsbereich
Allgemeine Kostenstellen	Materialkostenstellen	Fertigungshilfsstellen	Fertigungshauptstellen	Verwaltungsstellen	Vertriebsstellen
• Grundstücke • Gebäude • Sozialeinrichtungen • Energiestationen	• Einkauf • Lager	• Instandhaltung • Arbeitsvorbereitung	• Mechanische Bearbeitung • Montage • Lackiererei	• Kfm. Leitung • Buchhaltung • Poststelle • Botendienst • EDV/IT	• Werbung • Verkauf • Fertiglager • Versand • Logistik

Allgemeiner Bereich	Er enthält die Kostenstellen, die keiner der vier Funktionen (Material, Fertigung, Verwaltung, Vertrieb) zugeordnet werden können.
Hauptkostenstellen	Hier wird direkt an der Produktherstellung gearbeitet.
Unterkostenstellen	Sie werden in großen Betrieben gebildet und sind eine weitere Unterteilung von Hauptkostenstellen.
Hilfskostenstellen	Sie leisten nur einen mittelbaren Beitrag zur Produktion und dienen z. B. der Vorbereitung und Aufrechterhaltung der Fertigung.

Nebenkostenstellen	Gelegentlich werden Nebenkostenstellen geführt: Sie erfassen z. B. Kosten von Neben-/Ergänzungsprodukten, z. B.: Abfallverwertung; Wäscherei in einem Waschmittelwerk; Verkauf von Sägespänen bei der Holzverarbeitung.

07. Welche Aufgabe hat der Betriebsabrechnungsbogen (BAB)?

Der BAB ist die tabellarische Form der Kostenstellenrechnung. Er wird monatlich oder jährlich erstellt und ist *nach Kostenstellen* und *nach Kostenarten* gegliedert. Im BAB werden die Gemeinkosten nach Belegen oder nach geeigneten Verteilungsschlüsseln auf die Kostenstellen verteilt. Anschließend erfolgt die Berechnung der Zuschlagssätze als Grundlage für die Kostenträgerstück- bzw. Kostenträgerzeitrechnung.

08. Wie erfolgt die Verteilung der Kostenarten auf die Kostenstellen?

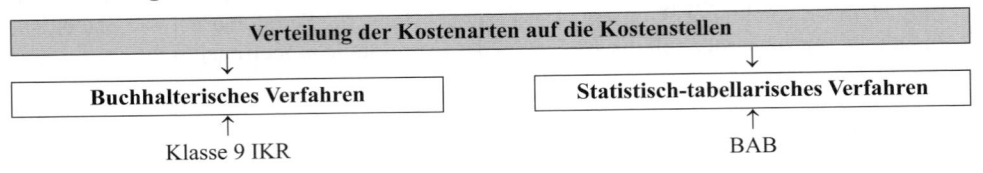

Verteilung der Kostenarten auf die Kostenstellen	
Buchhalterisches Verfahren	Statistisch-tabellarisches Verfahren
Klasse 9 IKR	BAB

- *Buchhalterische* (kontenmäßige) *Aufteilung*:

  Die Kosten der Kostenartenkonten werden verteilt auf die Kostenstellen-Konten und weiterhin auf die Kostenträgerkonten. Unter Berücksichtigung der Lagerzu- und -abgänge und der Umsatzerlöse erfolgt eine Saldierung auf dem Konto Betriebsergebnis.

  Unterstellt man vereinfacht, dass es keine Lagerbestände an fertigen und unfertigen Erzeugnissen gibt, d. h. alle in der Periode hergestellten Erzeugnisse auch verkauft wurden, weist daher lt. IKR das Konto 9900 Betriebsergebnis auf der Sollseite alle Kosten der Herstellung, des Vertriebs und der Verwaltung (Klasse 6/7) und auf der Habenseite die Umsatzerlöse/Leistungen (Klasse 5) aus.

Klasse 6/7 **Kosten**	Klasse 5 **Leistungen**
Klasse 9 **Betriebsergebnis**	

- *Statistisch-tabellarisches* Verfahren unter Verwendung des BAB:

  Im BAB werden die Gemeinkosten der Kostenartenrechnung auf die im Unternehmen eingerichteten Kostenstellen verteilt:

09. Wie erfolgt die Verrechnung der Kostenarten auf die Kostenstellen im Betriebsabrechnungsbogen (BAB)?

A. *Einzelkosten* aus der Kostenartenrechnung werden direkt dem Kostenträger zugerechnet; sie müssen nicht im BAB aufgeführt sein. Achtung: Häufig werden die Einzelkosten trotzdem zu Informationszwecken in den BAB übernommen, da sie Basis für die Berechnung der Gemeinkostenzuschläge sind.

B. *Bereich 1 des BAB:*
Kostenstellen-Einzelkosten werden aufgrund von Belegen den Kostenstellen direkt zugerechnet, z. B. Hilfs-, Betriebsstoffe, Hilfslöhne, Gehälter, kalkulatorische Abschreibung, Ersatzteile.

C. *Bereich 2 des BAB:*
Kostenstellen-Gemeinkosten werden nach verursachungsgerechten Verteilungsschlüsseln auf die Kostenstellen umgelegt, z. B. Raumkosten, Steuer, Versicherungsprämien.

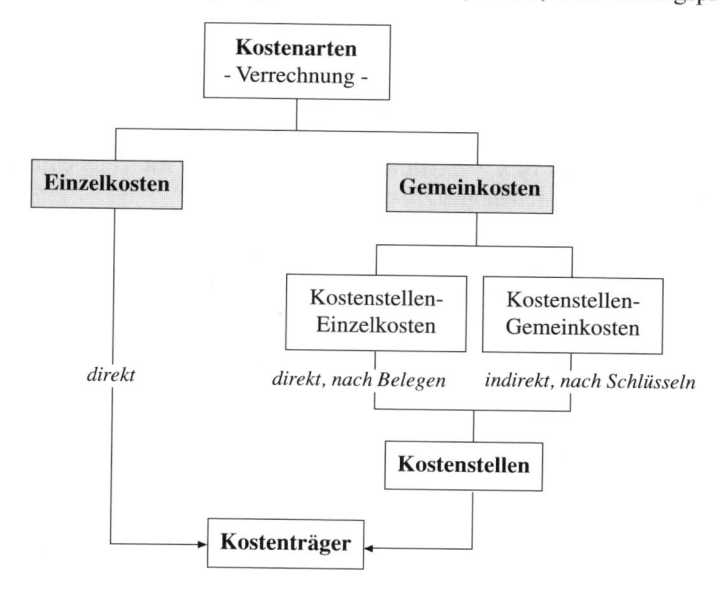

```
                    Kostenarten
                   - Verrechnung -
                   /            \
          Einzelkosten       Gemeinkosten
                            /            \
                   Kostenstellen-    Kostenstellen-
                   Einzelkosten      Gemeinkosten

          direkt   direkt, nach Belegen   indirekt, nach Schlüsseln

                            Kostenstellen
                                 |
                            Kostenträger
```

Die Reihenfolge der Verrechnung nach dem Stufenleitersystem (auch Treppenverfahren) ist dabei zu beachten:

1. Umlage der Allgemeinen Kostenstelle auf die Hilfs- und Hauptkostenstellen
2. Umlage der Hilfskostenstellen (= Vorkostenstellen) auf die Hauptkostenstellen
3. Es werden die Summen der Hauptkostenstellen (= Stellenendkosten) ermittelt.

D. *Bereich 3 des BAB:*
Durch Gegenüberstellung der Einzelkosten und der Summe der Gemeinkosten je Kostenstelle werden die Zuschlagssätze für die Kostenträgerrechnung ermittelt; Beispiel:

Materialgemeinkostenzuschlag	Materialgemeinkosten · 100 : Materialeinzelkosten
MGKZ	MGK · 100 : MEK

Erstellung des Betriebsabrechnungsbogens im Überblick:

	Kostenstellen				
	Allgemeiner Bereich	Material-bereich	Fertigungsbereich		Verwaltungs-bereich	Vertriebs-bereich
Kostenarten	Allgemeine Kostenstellen	Material-kostenstellen	Fertigungs-hilfsstellen	Fertigungs-hauptstellen	Verwaltungs-stellen	Vertriebs-stellen
Verrechnung der Kostenstellen-Einzelkosten	Bereich 1 des BAB: Verrechnung nach Belegen					
Verrechnung der Kostenstellen-Gemeinkosten	Bereich 2 des BAB: Verrechnung nach Verteilungsschlüsseln					
Summe der Hauptkosten-stellen		...	...	...	...	...
	Bereich 3 des BAB: Ermittlung der Zuschlagssätze für die Erzeugniskosten					
		MGK · 100 : MEK		FGK · 100 : FEK	VwGK · 100 : HKU	VtrGK · 100 : HKU

10. Welche Erfassungsgrundlagen bzw. Verteilungsschlüssel sind für die Verrechnung der Gemeinkosten auf die Kostenstellen geeignet?

Beispiele:

Gemeinkosten	Verrechnung		Verrechnungsgrundlage Beispiele
	direkt	indirekt	
Hilfslöhne	x		Lohnbelege, Lohnlisten
Gehälter	x		Gehaltslisten
Hilfsstoffe	x		Entnahmescheine
Betriebsstoffe	x		Entnahmescheine
Fremdleistungen	x		Eingangsrechnungen
Kalkulatorische Abschreibungen	x		Anlagenkartei/-datei
Kalkulatorische Zinsen (Betriebsmittel)	x		Anschaffungswerte, Kapitalbindung
Raumkosten		x	Flächennutzung in m^2
Gesetzliche Sozialleistungen	x		Lohn-/Gehaltslisten
Freiwillige Sozialleistungen			Anzahl der Mitarbeiter je Kostenstelle
Heizung		x	Raumgröße in m^3
Elektrische Energie		x	Anzahl der Verbraucher, Verbrauch je kWh
Sachversicherungen		x	Anlagendatei, Anlagenwerte
Steuern		x	Kapitalbindung

11. Wie ist der Betriebsabrechnungsbogen (BAB) als Hilfsmittel der Kostenstellenrechnung aufgebaut?

Die inhaltlichen und rechnerischen Zusammenhänge werden anhand eines einfachen BAB dargestellt (vier Kostenstellen, ohne Hilfskostenstellen, ohne allgemeine Kostenstellen; die im BAB eingezeichneten Pfeile verdeutlichen die Berechnung des Zahlenmaterials):

Allgemeines Beispiel:

Gemein-kostenarten	Zahlen der Buchhaltung in €	Verteilungsschlüssel	Kostenstellen			
			I	II	III	IV
			Material	Fertigung	Verwaltung	Vertrieb
Hilfsstoffe	18.398	Mat.entn.scheine	1.850	16.350	0	198
Hilfslöhne	41.730	Lohnlisten	14.150	26.580	520	480
AfA	63.460	Anlagendatei	6.210	43.450	6.380	7.420
...	...		...	...	...	...
usw.						
Summe	**245.396**	aufgeschlüsselt:	**23.903**	**142.700**	**60.610**	**18.183**
			MGK	FGK	VwGK	VtGK
		Zuschlagsgrundlage:	MEK	FEK	HKU	
MEK	217.300		217.300	170.000	363.660	363.660
+ MGK	23.903	Zuschlagssätze:	*11,00 %*	*83,94 %*	*16,67 %*	*5,00 %*
+ FEK	170.000					
+ FGK	142.700					
- BV	- 190.243					
= HKU	**363.660**					

Beispiel 1 (einfacher BAB):
In einer Rechnungsperiode liefert die KLR nachfolgende Gemeinkosten, die entsprechend den angegebenen Schlüsseln zu verteilen sind; es existieren vier Hauptkostenstellen: Material, Fertigung, Verwaltung und Vertrieb:

Gemeinkosten	€	Verteilungsschlüssel
Gemeinkostenmaterial	9.600	3 : 6 : 2 : 1
Hilfslöhne	36.000	2 : 14 : 5 : 3
Sozialkosten	6.600	1 : 3 : 1,5 : 0,5
Steuern	23.100	1 : 3 : 5 : 2
Sonstige Kosten	7.000	2 : 4 : 5 : 3
Abschreibung (AfA)	8.400	2 : 12 : 6 : 1

Die Verteilung der Gemeinkosten auf die Kostenstellen erfolgt beim einfachen BAB in folgenden Schritten:

1. Erstellen des BAB-Schemas
2. Verteilung der Gemeinkosten nach den vorgegebenen Schlüsseln
3. Addition der Kosten der Hauptkostenstellen
4. Probe: Die Summe aller Gemeinkosten aus der Buchhaltung ist gleich der Summe aller Kosten der Hauptkostenstellen.

Einfacher BAB (Beispiel 1)

Gemein-kosten	Zahlen der Buchhaltung	Verteilungs-schlüssel	Material	Fertigung	Verwaltung	Vertrieb
Gemeinkosten-material	9.600	3 : 6 : 2 : 1	2.400	4.800	1.600	800
Hilfslöhne	36.000	2 : 14 : 5 : 3	3.000	21.000	7.500	4.500
Sozialkosten	6.600	1 : 3 : 1,5 : 0,5	1.100	3.300	1.650	550
Steuern	23.100	1 : 3 : 5 : 2	2.100	6.300	10.500	4.200
Sonstige Kosten	7.000	2 : 4 : 5 : 3	1.000	2.000	2.500	1.500
AfA	8.400	2 : 12 : 6 : 1	800	4.800	2.400	400
Summen	**90.700**		**10.400**	**42.200**	**26.150**	**11.950**

Beispiel 2 (mehrstufiger BAB):
In einer Rechnungsperiode liefert die KLR nachfolgende Gemeinkosten, die entsprechend den angegebenen Schlüsseln zu verteilen sind; es existieren die Kostenstellen: Allgemeine Kostenstelle, Materialstelle, Fertigungshilfsstelle, Fertigungsstelle A und B, Verwaltungsstelle und Vertriebsstelle. Die Umlage der Allgemeinen Kostenstelle ist nach dem Schlüssel 6 : 15 : 10 : 8 : 6 : 5 durchzuführen; die Fertigungshilfsstelle ist auf die Fertigungsstellen A und B im Verhältnis 6 : 4 zu verteilen.

Gemeinkosten	€	Verteilungsschlüssel
Gemeinkostenmaterial (GKM)	50.000	1 : 3 : 8 : 4 : 0 : 0 : 0
Gehälter	200.000	2 : 4 : 3 : 3 : 2 : 8 : 3
Sozialkosten	45.000	2 : 4 : 3 : 3 : 2 : 8 : 3
Steuern	60.000	1 : 2 : 3 : 2 : 1 : 2 : 1
Abschreibung (AfA)	160.000	2 : 4 : 6 : 7 : 2 : 3 : 1

Die Verteilung der Gemeinkosten auf die Kostenstellen erfolgt beim mehrstufigen BAB in folgenden Schritten:

1. Erstellen des BAB-Schemas
2. Verteilung der Gemeinkosten nach den vorgegebenen Schlüsseln
3. Umlage der Allgemeinen Kostenstelle
4. Umlage der Hilfskostenstelle
5. Addition der Kosten der Hauptkostenstellen
6. Probe: Die Summe aller Gemeinkosten aus der KLR ist gleich der Summe aller Kosten der Hauptkostenstellen.

Mehrstufiger BAB (Beispiel 2)

Gemein-kosten	Zahlen der KLR	Allgemeine Kostenstelle	Hilfs-kostenstelle	Material	Fertigungsstellen A	Fertigungsstellen B	Verwaltung	Vertrieb
GMK	50.000	3.125	9.375	25.000	12.500	–	–	–
Gehälter	200.000	16.000	32.000	24.000	24.000	16.000	64.000	24.000
Sozialkosten	45.000	3.600	7.200	5.400	5.400	3.600	14.400	5.400
Steuer	60.000	5.000	10.000	15.000	10.000	5.000	10.000	5.000
AfA	160.000	12.800	25.600	38.400	44.800	12.800	19.200	6.400
Summe	515.000	40.525	84.175					
Umlage der Allgemeinen Kostenstelle			4.863	12.157,50	8.105,00	6.484,00	4.863,00	4.052,50
Summe			89.038					
Umlage der Fertigungshilfsstelle					53.422,80	35.615,20		
Summe				119.957,50	158.227,80	79.499,20	112.463,00	44.852,50

12. Wie werden die Zuschlagssätze für die Kalkulation ermittelt?

Bei der differenzierten Zuschlagskalkulation (= selektive Zuschlagskalkulation) werden die Gemeinkosten nach Bereichen getrennt erfasst und die Zuschlagssätze differenziert ermittelt:

Materialgemeinkostenzuschlag MGKZ	Materialgemeinkosten · 100 : Materialeinzelkosten MGK · 100 : MEK

Fertigungsgemeinkostenzuschlag FGKZ	Fertigungsgemeinkosten · 100 : Fertigungseinzelkosten FGK · 100 : FEK

Verwaltungsgem.kostenzuschlag VwGKZ	Verwaltungsgemeinkosten · 100 : Herstellkosten des Umsatzes VwGK · 100 : HKU

Vertriebsgemeinkostenzuschlag VtGKZ	Vertriebsgemeinkosten · 100 : Herstellkosten des Umsatzes VtGK · 100 : HKU

Dabei sind die Herstellkosten des Umsatzes:

Materialeinzelkosten + Materialgemeinkosten + Fertigungseinzelkosten + Fertigungsgemeinkosten
= Herstellkosten der Erzeugung − Bestandsveränderungen (+ Minderbestand/− Mehrbestand)
= Herstellkosten des Umsatzes

Sind *keine Bestandsveränderungen* zu berücksichtigen – sind also alle in der Periode hergestellten Erzeugnisse verkauft worden – so gilt:

Herstellkosten der Erzeugung = Herstellkosten des Umsatzes

13. Wie können innerbetriebliche Leistungen verrechnet werden?

Findet ein Leistungsaustausch zwischen Kostenstellen statt, so ist eine Verrechnung der innerbetrieblichen Leistungen notwendig. Die innerbetriebliche Leistungsverrechnung (IBL) kann in folgender Weise durchgeführt werden:

Innerbetriebliche Leistungsverrechnung

1. Einseitige Leistungsverrechnung	2. Gegenseitige Leistungsverrechnung
• Kostenartenverfahren • Kostenstellenumlageverfahren • Kostenstellenausgleichsverfahren • Kostenträgerverfahren	• Verrechnungspreisverfahren • Mathematisches Verfahren

1. *Einseitige Leistungsverrechnung:*
Hier wird vorausgesetzt, dass die leistende Kostenstelle keine Leistung von der empfangenden Kostenstelle erhält (Leistungen fließen nur in eine Richtung). Daher ist die richtige Reihung der Kostenstellen im BAB zu beachten.

Kostenarten-verfahren	Das Verfahren ist einfach aber ungenau und nur anwendbar, wenn die innerbetrieblichen Leistungen in Hauptkostenstellen erbracht werden:
	Nur die Einzelkosten der Eigenleistungen werden erfasst und auf die leistungsempfangenden Kostenstellen als Gemeinkosten verrechnet. Die Gemeinkosten der leistenden Kostenstelle werden nicht weiterverrechnet, sondern verbleiben an dieser Stelle.
Kostenstellen-umlageverfahren	Im Gegensatz zum Kostenartenverfahren werden die gesamten primären Gemeinkosten der Hilfskostenstellen erfasst und als sekundäre Gemeinkosten auf die Hauptkostenstellen weiterverrechnet.
	Anbauverfahren: Hilfskostenstellen werden nur über die Hauptkostenstellen abgerechnet. in.betr. Verr.satz = primäre Ko. : (Gesamtleistung - Abgabe an Hilfskostenst.)
	Stufenleiterverfahren (vgl. Beispiel nächste Seite): Näherungsmethode zur schrittweisen Berechnung der innerbetrieblichen Verrechnungssätze. Dabei werden bei jeder abzurechnenden Hilfskostenstelle die empfangenen Leistungen der Hilfskostenstellen, die noch nicht abgerechnet sind, vernachlässigt.
	$$\text{Kosten pro LE} = \frac{\text{primäre K.} + \text{empfange LE} \cdot \text{Kosten dieser LE}}{\text{abgegeben Leistungen}}$$
Kostenstellen-ausgleichsverfahren	Ebenso wie beim Kostenartenverfahren werden den leistungsempfangenden Kostenstellen die Einzelkosten unmittelbar belastet. Es werden allerdings auch die Gemeinkosten auf die empfangenden Kostenstellen verrechnet. Da diese aber schon in den Gemeinkosten der leistenden Stellen verbucht sind, müssen sie bei den leistenden Stellen abgesetzt (Gutschrift) und den empfangenden Stellen zugeschrieben (Belastung) werden.
Kostenträger-verfahren	Innerbetriebliche Leistungen werden als Kostenträger behandelt und wie Absatzleistungen abgerechnet. Die entstandenen Kosten werden, wenn die Leistungen in der gleichen Periode verbraucht werden, den empfangenen Stellen belastet und den leistenden Stellen gutgeschrieben.

2.5 Kostenarten-, Kostenstellen- und Kostenträgerzeitrechnungen, Kalkulationsverfahren

Beispiel eines BAB mit Stufenleiterverfahren:
Hinweis:
Dieses Beispiel wurde aufgenommen, um die Berechnungsweise beim Stufenleiterverfahren zu zeigen; das Beispiel selbst ist nicht prüfungsrelevant.

Nr.	Kostenart	Summe	Mengenverteilung							Allgemeine Kostenstellen			Hauptkostenstellen			
			W	K	R	H	P	V	V	Wache	Kantine	Reparatur	Hauptlager	Produktion	Verwaltung	Vertrieb
1	Fertigungsmaterial	330.000											330.000			
2	Fertigungslöhne	150.000												150.000		
3	LohnGK	18.000	2	1	2	4	12	2	6	1.241,38	620,69	1.241,38	2.482,76	7.448,28	1.241,38	3.724,14
4	Sozialkosten	60.000	3	1	2	5	10	2	7	6.000,00	2.000,00	4.000,00	10.000,00	20.000,00	4.000,00	14.000,00
5	Instandhaltung	10.000	1	2	1	3	8	5	4	416,67	833,33	416,67	1.250,00	333,33	2.083,33	1.666,67
6	Energie	77.000	2	4	2	3	20	3	5	3.948,72	7.897,44	3.948,72	5.923,08	3.948,72	5.923,08	9.871,79
7	KFZ	65.000	8	0	1	12	2	15	22	8.666,67	0,00	1.083,33	13.000,00	2.166,67	16.250,00	23.833,33
8	Versicherung	35.000	2	3	1	32	15	4	10	1.044,78	1.567,16	522,39	16.716,42	7.835,82	2.089,55	5.223,88
9	Sonstiges	51.000	2	5	2	12	28	5	3	1.789,47	4.473,68	1.789,47	10.736,84	25.052,63	4.473,68	2.684,21
10	Kalk. AfA	22.000	2	3	1	14	42	10	6	564,10	846,15	282,05	3.9848,72	11.846,15	2.820,51	1.692,31
11	Kalk. Zins	12.000	1	2	1	8	16	12	8	250,00	500,00	250,00	2.000,00	4.000,00	3.000,00	2.000,00
12	Summe GK 1	350.000,00								23.921,78	18.738,46	13.534,01	66.057,81	121.170,06	41.881,54	64.696,33
13	Uml. Wache	23.921,78	1	1	12	25	6	3			498,37	498,37	5.980,45	12.459,26	2.990,22	1.495,11
14	Summe GK 2	350.000,00									19.236,83	14.032,38	72.038,26	133.629,32	44.871,76	66.191,44
15	Uml. Kant.	19.236,83		2	8	32	2	8				739,88	2.959,51	11.838,05	739,88	2.959,51
16	Summe GK 3	350.000,00										14.772,26	74.997,77	145.467,37	45.611,64	69.150,96
17	Uml. Repar.	14.772,26				10	33	0	2				3.282,72	10.832,99	0,00	656,54
18	Summe GK 4	350.000,00											78.280,50	156.300,36	45.611,64	69.807,50
19	Gesamtkosten	830.000,00											408.280,50	306.300,36	45.611,64	69.807,50
20	HKU													740.580,86		
21	Ist-Zuschlagssätze												23,72 %	104,20 %	6,16 %	9,43 %

Informationen		Wert	Bestandsänderung
Lager Halbprodukte	AB	45.000,00	- 20.000,00
	SB	25.000,00	
Lager Fertigprodukte	AB	66.000,00	- 6.000,00
	SB	60.000,00	

Erläuterungen zum Beispiel „Stufenleiterverfahren":	
\multicolumn{2}{l}{Das Stufenleiterverfahren ist ein einfaches Abrechnungsverfahren und besteht in der Vorwärtsverrechnung aller allgemeinen- und Hilfskostenstellen unter Vernachlässigung der Rückverrechnungen. Nach jeder einzelnen Verrechnungsstufe ist eine Zwischensumme zu bilden. Da sich auf diese Art ein treppen- oder stufenartiges Rechenschema ergibt, spricht man auch von der sog. Treppenumlage.}
Zeile 12	Im Beispiel gibt es die allgemeinen Kostenstellen Wache (Werkschutz), Kantine und Reparatur. Die Summe der direkt der Wache zugeordneten Kosten betragen 23.921,78 €. Diese Summe wird in Zeile 13 nach einem Verrechnungsschlüssel auf die anderen Kostenstellen übertragen. Dadurch wird die Wache abgerechnet.
Zeile 14	Die Kosten der Kantine betragen 18.738,46 €, zzgl. der von der Wache empfangenen Leistung im Wert von 498,37 €. Insgesamt ist die Kantine also 19.236,83 € wert. Diese Summe wird ebenfalls auf die nachfolgenden Kostenstellen verrechnet, aber nicht zurück an die Wache. Die Kosten der Leistung der Kantine an die Wache wird also vernachlässigt.
Zeile 16	Die Reparaturkostenstelle verursacht zunächst Kosten in Höhe von 13.534,01 €, zu denen aber noch 498,37 € Leistung der Wache und 739,88 € Leistung der Kantine hinzukommen. Insgesamt verrechnet die Reparatur also eine Kostensumme von 14.772,26 € auf den Rest des Betriebes. Rückverrechnungen, d. h., eine Leistung der Reparatur an die Wache und die Kantine oder eine Leistung der Kantine an die Wache, werden vernachlässigt. Das macht das Rechenverfahren einfach, aber ungenau. Um die diese Ungenauigkeit zu reduzieren, sollte bei Anwendung des Stufenleiterverfahrens eine Anordnung der Kostenstellen gewählt werden, in der möglichst wenig tatsächliche Rückleistungen vorkommen.
Zeilen 3 bis 11	Die Summe der Gemeinkosten in Zeile 12 des Beispieles (GK 1) heißt **Primärgemeinkosten,** weil sie durch die Primärverrechnung in den Zeilen 3 bis 11 entstanden sind.
Zeilen 13, 15 und 17	Die in den Zeilen 13, 15 und 17 verrechneten Umlagen heißen auch **Sekundärgemeinkosten,** weil sie erst im Wege einer innerbetrieblichen Leistungsverrechnung den Kostenstellen zugeordnet worden sind.
Zeilen 18, 21	Die Gemeinkostensumme in Zeile 18 (GK 4) enthält die Summe aller Gemeinkosten der Hauptkostenstellen. In dieser Zeile kommen keine allgemeinen- oder Hilfskostenstellen mehr vor. Die Summe „GK 4" eignet sich also zur Anwendung der Zuschlagsformeln. Die Zuschlagssätze in Zeile 21 weisen also die zur Erzielung einer Vollkostendeckung erforderlichen Höhe auf. Auch in den Herstellkosten des Umsatzes sind die Sekundärgemeinkosten enthalten.

2. *Gegenseitige Leistungsverrechnung:*

Verrechnungspreis-Verfahren:
Vor allem in größeren Unternehmen, deren Betriebe und Kostenstellen in stärkerem Maße Leistungen untereinander austauschen, werden zur Abrechnung des Leistungsaustausches im voraus innerbetriebliche Verrechnungspreise gebildet, die dann für einen längeren Zeitraum gelten (fester Verrechnungspreis). Nachteil der Festpreisbildung: Die Abrechnung führt auf den Hilfskostenstellen zu Kostenüber-/Kostenunterdeckungen. Die Festpreisbildung kann sich orientieren an Marktpreisen, Plankosten oder Normalkosten.

Mathematisches Verfahren (auch: *Gleichungsverfahren*):
Zur Lösung des Problems der Leistungsverrechnung wird ein Gleichungssystem aufgestellt, das in der Praxis mit Unterstützung der EDV bearbeitet wird. Für n verschiedene, in den Leistungsaustausch einbezogene Kostenstellen, soll z. B. folgendes Gleichungssystem gelten:

$$A_1 x_1 = B_1 + a_{11} x_1 + a_{12} x_2 + \ldots + a_{1n} x_n$$
$$A_2 x_2 = B_2 + a_{21} x_1 + a_{22} x_2 + \ldots + a_{2n} x_n$$
$$\vdots$$
$$A_n x_n = B_n + a_{n1} x_1 + a_{n2} x_2 + \ldots + a_{nn} x_n$$

Dabei ist:
- A_i Gesamtleistung der Kostenstelle i in Mengeneinheiten pro Abrechnungsperiode
- B_i Primäre Kosten der Kostenstelle i
- a_{ij} Leistung der Kostenstelle j an Kostenstelle i in Mengeneinheiten pro Abrechnungsperiode
- x_i Verrechnungspreis pro Leistungseinheit der Kostenstelle i

A_i, B_i und a_{ij} müssen bekannt sein.
Anstelle des Gleichungsverfahrens lässt sich auch das *Iterationsverfahren* einsetzen: Man wendet den Rechengang der Divisionskalkulation mehrfach auf die verflochtenen Kostenstellen an, bis der entstehende Fehlbetrag klein genug ist.

14. Was ist der Unterschied zwischen Istgemeinkosten und Normalgemeinkosten?

- *Istgemeinkosten* sind die in einer Periode tatsächlich anfallenden Kosten; sie dienen zur Ermittlung der Ist-Zuschlagssätze.

- *Normalgemeinkosten* sind statistische Mittelwerte der Kosten zurückliegender Perioden; sie dienen zur Ermittlung der Normal-Zuschlagssätze. Dies bewirkt eine Vereinfachung im Rechnungswesen. Kurzfristige Kostenschwankungen werden damit ausgeschaltet.

15. Wie wird die Kostenüber- bzw. Kostenunterdeckung ermittelt?

Am Ende einer Abrechnungsperiode werden die Normalgemeinkosten (auf der Basis von Normal-Zuschlagssätzen) mit den Istgemeinkosten (auf der Basis der Ist-Gemeinkostenzuschläge) verglichen. Es gilt im Rahmen der *Kostenkontrolle*:

Normalgemeinkosten > Istgemeinkosten → Kostenüberdeckung
Normalgemeinkosten < Istgemeinkosten → Kostenunterdeckung

Berechnung der Normalgemeinkosten:

1. Normalmaterialgemeinkosten = Istkosten/Material · Normalzuschlag
2. Normalfertigungsgemeinkosten = Istkosten/Fertigung · Normalzuschlag
3. Normalverwaltungsgemeinkosten = Normalkosten/Herstellung · Normalzuschlag
4. Normalvertriebsgemeinkosten = Normalkosten/Herstellung · Normalzuschlag

Berechnung der Istgemeinkosten:

1. Istmaterialgemeinkosten = Istkosten/Material · Istzuschlag
2. Istfertigungsgemeinkosten = Istkosten/Fertigung · Istzuschlag
3. Istverwaltungsgemeinkosten = Istkosten/Herstellung · Istzuschlag
4. Istvertriebsgemeinkosten = Istkosten/Herstellung · Istzuschlag

2.5.7 Kostenträgerrechnung

01. Welche Aufgabe erfüllt die Kostenträgerrechnung?

Die Kostenträgerrechnung hat die Aufgabe zu ermitteln, *wofür die Kosten angefallen sind*, d. h. *für welche Kostenträger* (= Produkte oder Aufträge). Sie wird in zwei Bereiche unterteilt:

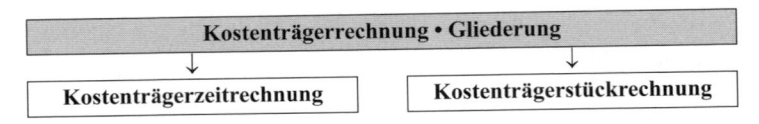

```
              Kostenträgerrechnung • Gliederung
                    ↓              ↓
        Kostenträgerzeitrechnung   Kostenträgerstückrechnung
```

- Die *Kostenträgerzeitrechnung* (= kurzfristige Ergebnisrechnung) überwacht laufend die Wirtschaftlichkeit des Unternehmens: Sie stellt die Kosten und Leistungen (Erlöse) *einer Abrechnungsperiode* (i. d. R. ein Monat) gegenüber – insgesamt und getrennt nach Kostenträgern. Sie ist damit die Grundlage zur Berechnung der Herstellkosten, der Selbstkosten und des Betriebsergebnisses einer Abrechnungsperiode. Außerdem kann der Anteil der verschiedenen Erzeugnisgruppen an den Gesamtkosten und am Gesamtergebnis ermittelt werden.

Bei der Gegenüberstellung von Kosten und Erlösen tritt ein Problem auf: Die Erlöse beziehen sich auf die *verkaufte Menge*, während sich die Kosten auf die *hergestellte Menge* beziehen. Das heißt also, *das Mengengerüst von hergestellter und verkaufter Menge ist nicht gleich* (Stichwort: *Bestandsveränderungen*). Um dieses Problem zu lösen, gibt es zwei Verfahren zur Ermittlung des Betriebsergebnisses:

(1) Die Erlöse werden an das Mengengerüst der Kosten angepasst (*Gesamtkostenverfahren*).

(2) Die Kosten werden an das Mengengerüst der Erlöse angepasst (*Umsatzkostenverfahren*).

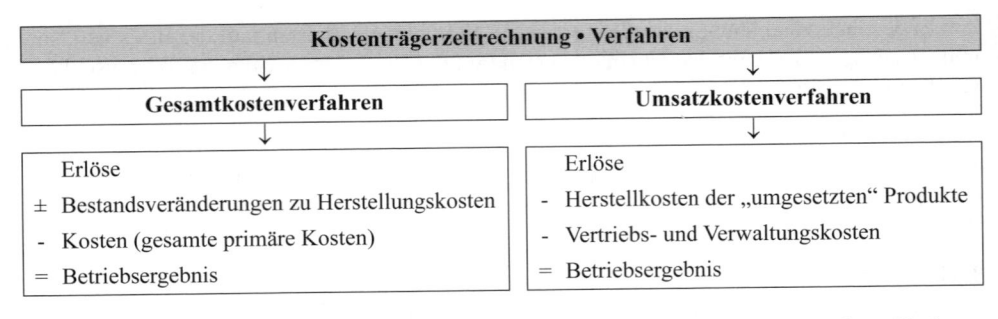

```
                Kostenträgerzeitrechnung • Verfahren
                    ↓                       ↓
          Gesamtkostenverfahren      Umsatzkostenverfahren
                    ↓                       ↓
```

Gesamtkostenverfahren	Umsatzkostenverfahren
Erlöse	Erlöse
± Bestandsveränderungen zu Herstellungskosten	- Herstellkosten der „umgesetzten" Produkte
- Kosten (gesamte primäre Kosten)	- Vertriebs- und Verwaltungskosten
= Betriebsergebnis	= Betriebsergebnis

- Die *Kostenträgerstückrechnung* ermittelt die *Selbstkosten je Kostenträgereinheit*. Sie kann als Vor-, Zwischen- oder Nachkalkulation aufgestellt werden:

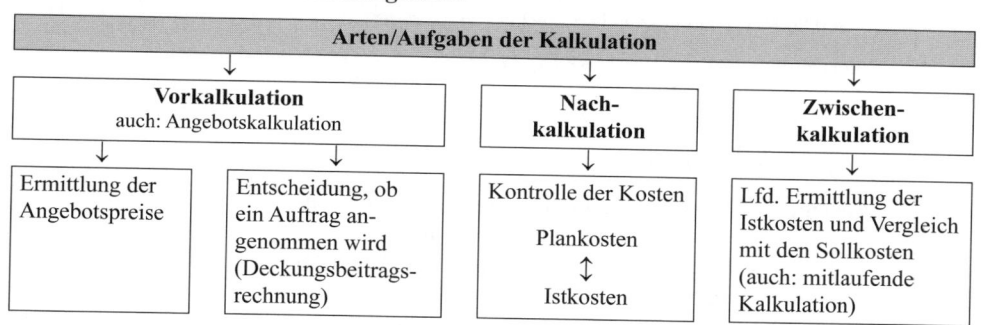

2.5 Kostenarten-, Kostenstellen- und Kostenträgerzeitrechnungen, Kalkulationsverfahren

02 Welche Arten der Kalkulation gibt es?

Arten/Aufgaben der Kalkulation

- **Vorkalkulation** (auch: Angebotskalkulation)
  - Ermittlung der Angebotspreise
  - Entscheidung, ob ein Auftrag angenommen wird (Deckungsbeitragsrechnung)
- **Nachkalkulation**
  - Kontrolle der Kosten
  - Plankosten ↕ Istkosten
- **Zwischenkalkulation**
  - Lfd. Ermittlung der Istkosten und Vergleich mit den Sollkosten (auch: mitlaufende Kalkulation)

Je nach Produktionsverfahren werden verschiedene Kalkulationsverfahren angewendet (das Produktionsverfahren bestimmt das Kalkulationsverfahren), z. B.:

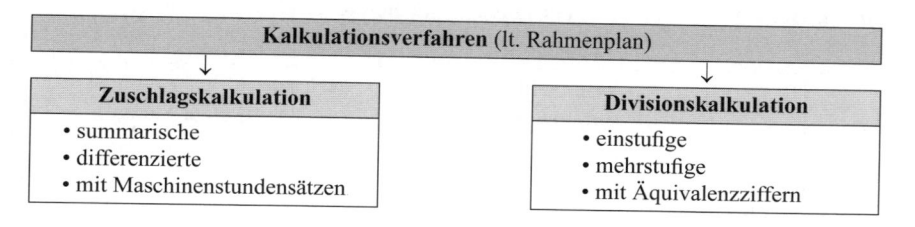

Kalkulationsverfahren (lt. Rahmenplan)

- **Zuschlagskalkulation**
  - summarische
  - differenzierte
  - mit Maschinenstundensätzen
- **Divisionskalkulation**
  - einstufige
  - mehrstufige
  - mit Äquivalenzziffern

2.5.8 Kalkulationsverfahren

01. Wie ist das Verfahren bei der Divisionskalkulation?

- *Einstufige Divisionskalkulation:*

    Voraussetzungen:
    - Massenfertigung; Einproduktunternehmen
    - einstufige Fertigung
    - keine Kostenstellen
    - keine Aufteilung in Einzel- und Gemeinkosten
    - produzierte Menge = abgesetzte Menge; $x_P = x_A$

    Berechnung: Die Stückkosten (k) ergeben sich aus der Division der Gesamtkosten (K) durch die in der Abrechnungsperiode produzierte (und abgesetzte) Menge (x).

$$\text{Stückkosten} = \frac{\text{Gesamtkosten}}{\text{Ausbringungsmenge}}$$

$$k = \frac{K}{x} \; \text{€/Stk.}$$

Beispiel: Ein Einproduktunternehmen produziert und verkauft im Monat Januar 1.200 Stück bei 360.000 € Gesamtkosten. Die Stückkosten betragen:

$$k = \frac{K}{x} \text{ €/Stk.} = \frac{360.000 \text{ €}}{1.200 \text{ Stück}} = 300 \text{ €/Stk.}$$

- *Mehrstufige Divisionskalkulation:*

  Voraussetzungen:
  - Massenfertigung; Einproduktunternehmen
  - zwei oder mehrstufige Fertigung
  - produzierte Menge ≠ abgesetzte Menge; $x_P \neq x_A$
  - Aufteilung der Gesamtkosten (K) in Herstellkosten (K_H) sowie Vertriebskosten ($K_{Vertr.}$) und Verwaltungskosten ($K_{Verw.}$)
  - die Herstellkosten werden auf die produzierte Menge (x_P) bezogen, die Vertriebs- und Verwaltungskosten auf die abgesetzte Menge (x_A).

Berechnung: Bei einer zweistufigen Fertigung ergibt sich folgende Berechnung:

$$\text{Stückkosten} = \frac{\text{Herstellkosten}}{\text{produzierte Menge}} + \frac{\text{Vertriebs- u. Verwaltungskosten}}{\text{abgesetzte Menge}}$$

$$\text{Stückkosten} = \frac{K_H}{x_P} + \frac{K_{Vertr.} + K_{Verw.}}{x_A}$$

Beispiel: Ein Betrieb produziert im Monat Januar 1.200 Stück, von denen 1.000 verkauft werden. Die Herstellkosten betragen 240.000 €, die Vertriebs- und Verwaltungskosten 120.000 €. Die Stückkosten sind:

$$\text{Stückkosten} = \frac{240.000 \text{ €}}{1.200 \text{ Stück}} + \frac{120.000 \text{ €}}{1.000 \text{ Stück}} = 200 \text{ €/Stk.} + 120 \text{ €/Stk.}$$

$$= 320 \text{ €/Stk.}$$

Analog geht man bei einer *n-stufigen Fertigung* vor: Die Kosten je Fertigungsstufe werden auf die entsprechenden Stückzahlen bezogen:

$$\text{Stückkosten} = \frac{K_{H1}}{x_{P1}} + \frac{K_{H2}}{x_{P2}} + \ldots + \frac{K_{Hn}}{x_{Pn}} + \frac{K_{Vertr.} + K_{Verw.}}{x_A}$$

- *Divisionskalkulation mit Äquivalenzziffern:*

  Voraussetzungen:
  - Sortenfertigung (gleichartige, aber nicht gleichwertige Produkte)
  - die Stückkosten der einzelnen Sorten stehen langfristig in einem konstanten Verhältnis; man geht aus von einer Einheitssorte (Bezugsbasis), die die Äquivalenzziffer 1 erhält; alle anderen Sorten erhalten Äquivalenzziffern im Verhältnis zur Einheitssorte; sind z. B. die Stückkosten einer Sorte um 40 % höher als die der Einheitssorte, so erhält sie die Äquivalenzziffer 1,4 usw.
  - produzierte Menge = abgesetzte Menge; $x_P = x_A$

Beispiel: In einer Ziegelei werden drei Sorten hergestellt. Die Gesamtkosten betragen in der Abrechnungsperiode 104.400 Stück. Die produzierten Mengen sind: 30.000, 15.000, 20.000 Stück. Das Verhältnis der Kosten beträgt 1 : 1,4 : 1,8.

Sorte	produzierte Menge [in Stk.]	Äquivalenz-ziffer	Rechen-einheiten	Stückkosten [in €/Stk.]	Gesamt-kosten
	[1]	[2]	[3]	[4]	[5]
I	30.000	1	30.000	1,20	36.000
II	15.000	1,4	21.000	1,68	25.200
III	20.000	1,8	36.000	2,16	43.200
Σ			87.000		104.400

Erläuterung des Rechenweges:
1. Schritt: Ermittlung der Äquivalenzziffern bezogen auf die Einheitssorte.
2. Schritt: Die Multiplikation der Menge je Sorte mit der Äquivalenzziffer ergibt die Recheneinheit je Sorte (= Umrechnung der Mengen auf die Einheitssorte).
3. Schritt: Die Division der Gesamtkosten durch die Summe der Recheneinheiten (RE) ergibt die *Stückkosten der Einheitssorte:*
104.400 € : 87.000 RE = 1,20 €/Stk.

$$\text{Kosten je Recheneinheit} = \frac{\text{Summe Gesamtkosten}}{\text{Summe der Recheneinheiten}}$$

4. Schritt: Die Multiplikation der Stückkosten der Einheitssorte mit der Äquivalenzziffer je Sorte ergibt die Stückkosten je Sorte: 1,20 · 1,4 = 1,68

Spalte [5] zeigt die anteiligen Gesamtkosten je Sorte. Die Summe muss den gesamten Produktionskosten entsprechen (rechnerische Probe der Verteilung).

02. Wie ist das Verfahren bei der Zuschlagskalkulation?

• *Summarische Zuschlagskalkulation:*

Voraussetzungen:

Die summarische Zuschlagskalkulation ist ein sehr einfaches Verfahren, das bei Serien- oder Einzelfertigung angewendet wird. Die Gesamtkosten werden in Einzel- und Gemeinkosten getrennt. Dabei werden die Einzelkosten der Kostenartenrechnung entnommen und dem Kostenträger direkt zugeordnet. Die Gemeinkosten werden als eine Summe („summarisch"; en bloc) erfasst und den Einzelkosten in einem Zuschlagssatz zugerechnet. *Es gibt nur eine Basis zur Berechnung des Zuschlagssatzes: entweder das Fertigungsmaterial oder die Fertigungslöhne oder die Summe [Fertigungsmaterial + Fertigungslöhne].*

In dem nachfolgenden Fallbeispiel wird angenommen, dass Möbel in Einzelfertigung hergestellt werden. Die verwendeten Einzel- und Gemeinkosten wurden in der zurückliegenden Abrechnungsperiode ermittelt und sollen als Grundlage zur Feststellung des Gemeinkostenzuschlages dienen:

Fall A:

$$\text{Gemeinkostenzuschlag} = \frac{\text{Gemeinkosten} \cdot 100}{\text{Fertigungsmaterial}}$$

z. B.:

$$\text{Gemeinkostenzuschlag} = \frac{120.000 \text{ €} \cdot 100}{340.000 \text{ €}} = 35,29 \%$$

Fall B:

$$\text{Gemeinkostenzuschlag} = \frac{\text{Gemeinkosten} \cdot 100}{\text{Fertigungslöhne}}$$

z. B.:

$$\text{Gemeinkostenzuschlag} = \frac{120.000 \text{ €} \cdot 100}{260.000 \text{ €}} = 46,15 \%$$

Fall C:

$$\text{Gemeinkostenzuschlag} = \frac{\text{Gemeinkosten} \cdot 100}{\text{Fertigungsmaterial} + \text{Fertigungslöhne}}$$

z. B.:

$$\text{Gemeinkostenzuschlag} = \frac{120.000 \text{ €} \cdot 100}{340.000 \text{ €} + 260.000 \text{ €}} = 20,0 \%$$

Es ergeben sich also unterschiedliche Zuschlagssätze – je nach Wahl der Bezugsbasis:

	Zuschlagsbasis	Gemeinkostenzuschlagssatz
Fall A:	Fertigungsmaterial	35,29 %
Fall B:	Fertigungslöhne	46,15 %
Fall C:	[Fertigungsmaterial + Fertigungslöhne]	20,00 %

In der Praxis wird man die summarische Zuschlagskalkulation nur dann einsetzen, wenn relativ wenig Gemeinkosten anfallen; im vorliegenden Fall darf das unterstellt werden.

Als Basis für die Berechnung des Zuschlagssatzes wird man *die Einzelkosten* nehmen, *bei denen der stärkste Zusammenhang zwischen Einzel- und Gemeinkosten gegeben ist* (z. B. proportionaler Zusammenhang zwischen Fertigungsmaterial und Gemeinkosten).

Beispiel: Das Unternehmen hat einen Auftrag zur Anfertigung einer Schrankwand erhalten. An Fertigungsmaterial werden 3.400 € und an Fertigungslöhnen 2.200 € anfallen. Es sollen die Selbstkosten dieses Auftrages alternativ unter Verwendung der unterschiedlichen Zuschlagssätze (siehe oben) ermittelt werden (Kostenangaben in €).

Fall A:

	Fertigungsmaterial		3.400,00
+	Fertigungslöhne		2.200,00
=	Einzelkosten		5.600,00
+	Gemeinkosten	35,29 %	1.199,86
=	Selbstkosten des Auftrages		6.799,86

Fall B:

	Fertigungsmaterial		3.400,00
+	Fertigungslöhne		2.200,00
=	Einzelkosten		5.600,00
+	Gemeinkosten	46,15 %	1.015,30
=	Selbstkosten des Auftrages		6.615,30

Fall C:

	Fertigungsmaterial		3.400,00
+	Fertigungslöhne		2.200,00
=	Einzelkosten		5.600,00
+	Gemeinkosten	20,00 %	1.120,00
=	Selbstkosten des Auftrages		6.720,00

Ergebnisbewertung:

Man erkennt an diesem Beispiel, dass die Selbstkosten bei Verwendung alternativer Zuschlagssätze ca. im Intervall [6.600 ; 6.800] streuen – ein Ergebnis, das durchaus befriedigend ist. Die Ursache für die verhältnismäßig geringe Streuung ist in den relativ geringen Gemeinkosten zu sehen.

Bei höheren Gemeinkosten (im Verhältnis zu den Einzelkosten) wäre die beschriebene Streuung höher und könnte zu der Überlegung führen, dass eine summarische Zuschlagskalkulation betriebswirtschaftlich nicht mehr zu empfehlen wäre, sondern *ein Wechsel auf die differenzierte Zuschlagskalkulation vorgenommen werden muss.*

- *Differenzierte Zuschlagskalkulation:*

Die differenzierte Zuschlagskalkulation (= selektive Zuschlagskalkulation) liefert i. d. R. genauere Ergebnisse als die summarische Zuschlagskalkulation (vgl. oben). Voraussetzung dafür ist eine Kostenstellenrechnung. Die Gemeinkosten werden nach Bereichen getrennt erfasst und die Zuschlagssätze differenziert ermittelt:

Bereich	Gemeinkosten	Zuschlagsbasis
Materialbereich	Materialgemeinkosten	Materialeinzelkosten
Fertigungsbereich	Fertigungsgemeinkosten	Fertigungseinzelkosten
Verwaltungsbereich	Verwaltungsgemeinkosten	Herstellkosten des Umsatzes
Vertriebsbereich	Vertriebsgemeinkosten	Herstellkosten des Umsatzes

Demzufolge werden die differenzierten Zuschlagssätze folgendermaßen ermittelt:

$$\text{Materialgemeinkostenzuschlag} = \frac{\text{Materialgemeinkosten} \cdot 100}{\text{Materialeinzelkosten}}$$

$$\text{Fertigungsgemeinkostenzuschlag} = \frac{\text{Fertigungsgemeinkosten} \cdot 100}{\text{Fertigungseinzelkosten}}$$

$$\text{Verwaltungsgemeinkostenzuschlag} = \frac{\text{Verwaltungsgemeinkosten} \cdot 100}{\text{Herstellkosten des Umsatzes}}$$

$$\text{Vertriebsgemeinkostenzuschlag} = \frac{\text{Vertriebsgemeinkosten} \cdot 100}{\text{Herstellkosten des Umsatzes}}$$

Es wird folgendes *Schema für die Kalkulation (eines Auftrages)* verwendet, das Sie sich für die Prüfung einprägen sollten:

Zeile		Kostenart	Abk.	Berechnung
1		Materialeinzelkosten	MEK	
2	+	Materialgemeinkosten	MGK	Zeile 1 · MGK-Zuschlag
3	=	**Materialkosten**	MK	Zeile 1 + Zeile 2
4		Fertigungseinzelkosten (z. B. Fertigungslöhne)	FEK	
5	+	Fertigungsgemeinkosten	FGK	Zeile 4 · FGK-Zuschlag
6	+	Sondereinzelkosten der Fertigung	SEKF	∑ Zeilen 4 bis 6
7	=	**Fertigungskosten**	FK	
8		**Herstellkosten der Fertigung (... der Erzeugung)**	HKF	Zeile 3 + Zeile 7
9	-	Bestandsmehrung/unfertige Erzeugnisse	BV-/unf.	
10	+	Bestandsminderung/unfertige Erzeugnisse	BV+/unf.	
11	-	Bestandsmehrung/fertige Erzeugnisse	BV-/fert.	
12	+	Bestandsminderung/fertige Erzeugnisse	BV+/fert.	
13	=	**Herstellkosten des Umsatzes**	HKU	∑ Zeilen 8 bis 12
14	+	Verwaltungsgemeinkosten	VwGK	Zeile 13 · VwGK-Zuschlag
15	+	Vertriebsgemeinkosten	VtGK	Zeile 13 · VtGK-Zuschlag
16	+	Sondereinzelkosten des Vertriebs	SEKV	
17	=	**Selbstkosten (des Auftrags)**	SK	∑ Zeile 13 bis 16
18	+	Gewinnzuschlag	G	Zeile 17 · G-Zuschlag
19	=	**Barverkaufspreis**	BVP	Zeile 17 + Zeile 18
20	+	Skonto	Sk	Zeile 21 · Sk-Zuschlag
21	=	**Zielverkaufspreis**	ZVP	Zeile 20 + 21
22	+	Rabatt	R	Zeile 23 · R-Zuschlag
23	=	**Listenpreis**	LVP	Zeile 21 + Zeile 22

Hinweise zur Berechnung:

Zeile 6: Sondereinzelkosten der Fertigung fallen nicht bei jedem Auftrag an, z. B. Einzelkosten für eine spezielle Konstruktionszeichnung.

Zeile 9 - 12:		Bestandsmehrungen sind zu subtrahieren (werden auf Lager genommen) Bestandsminderungen sind zu addieren (werden vom Lager genommen und verkauft).
Zeile 20:		Skonto bezieht sich auf den Zielverkaufspreis, wird also bei der Berechnung vom Barverkaufspreis (Zeile 19) als Prozent vom verminderten Wert berechnet.
Zeile 22:		Analog zu Skonto.
Zeile 16:		Sondereinzelkosten des Vertriebs (analog zu Zeile 6) fallen nicht generell an und werden dem Auftrag als Einzelkosten zugerechnet, z. B. Kosten für Spezialverpackung.
Zeile 18 - 23:		Entfallen, wenn nur die Berechnung der Selbstkosten relevant ist.
Beispiel:		Wir kehren noch einmal zurück zu der Möbelfirma (vgl. Beispiel „summarische Zuschlagskalkulation", oben): Das Unternehmen will den vorliegenden Auftrag über die Schrankwand nun mithilfe der differenzierten Zuschlagskalkulation berechnen.

Folgende Daten lagen aus der zurückliegenden Abrechnungsperiode vor:

Fertigungsmaterial	340.000 €
Fertigungslöhne	260.000 €

Aus dem BAB ergaben sich folgende Gemeinkosten:

Materialgemeinkosten	60.000 €
Fertigungsgemeinkosten	30.000 €
Verwaltungsgemeinkosten	10.000 €
Vertriebsgemeinkosten	20.000 €

Für den Auftrag werden 3.400 € Fertigungsmaterial und 2.200 € Fertigungslöhne anfallen. Bestandsveränderungen sowie Sondereinzelkosten liegen nicht vor. Zu kalkulieren sind die Selbstkosten des Auftrags.

1. Schritt: Ermittlung der Zuschlagssätze für Material und Lohn

$$\text{MGK-Zuschlag} = \frac{\text{MGK} \cdot 100}{\text{MEK}} = \frac{60.000 \cdot 100}{340.000} = 17{,}65\,\%$$

$$\text{FGK-Zuschlag} = \frac{\text{FGK} \cdot 100}{\text{MEK}} = \frac{30.000 \cdot 100}{260.000} = 11{,}54\,\%$$

2. Schritt: *Ermittlung der Herstellkosten des Umsatzes als Grundlage für die Berechnung des Verwaltungs- und des Vertriebsgemeinkostensatzes*

	Materialeinzelkosten	340.000,00
+	Materialgemeinkosten	60.000,00
+	Fertigungseinzelkosten	260.000,00
+	Fertigungsgemeinkosten	30.000,00
=	**Herstellkosten des Umsatzes**	**690.000,00**

$$\text{VwGK-Zuschlag} = \frac{\text{VwGK} \cdot 100}{\text{HUK}} = \frac{10.000 \cdot 100}{690.000} = 1{,}45\,\%$$

$$\text{VtGK-Zuschlag} = \frac{\text{VtGK} \cdot 100}{\text{HUK}} = \frac{20.000 \cdot 100}{690.000} = 2{,}90\,\%$$

3. Schritt: *Kalkulation der Selbstkosten des Auftrages mithilfe des Schemas:*

	Materialeinzelkosten		3.400,00
+	Materialgemeinkosten	17,65 %	600,10
=	**Materialkosten**		4.000,10
	Fertigungseinzelkosten		2.200,00
+	Fertigungsgemeinkosten	11,54 %	253,88
=	**Fertigungskosten**		2.453,88
	Herstellkosten der Fertigung		6.453,98
=	**Herstellkosten des Umsatzes**		6.453,98
+	Verwaltungsgemeinkosten	1,45 %	93,58
+	Vertriebsgemeinkosten	2,90 %	187,17
=	**Selbstkosten (des Auftrags)**		**6.734,73**

Bewertung des Ergebnisses:
Man kann an diesem Beispiel erkennen, dass die Selbstkosten auf Basis der differenzierten Zuschlagskalkulation nur wenig von denen auf Basis der summarischen Zuschlagskalkulation abweichen. Die Ursache ist darin zu sehen, dass wir im vorliegenden Fall einen Kleinbetrieb mit nur sehr geringen Gemeinkosten haben. Es lässt sich zeigen, dass bei hohen Gemeinkosten die differenzierte Zuschlagskalkulation eindeutig zu besseren Ergebnissen führt.

2.5.9 Maschinenstundensatzrechnung in der Vollkostenrechnung

01. Wie wird die Kalkulation mit Maschinenstundensätzen durchgeführt?

Die Kalkulation mit Maschinenstundensätzen ist eine Verfeinerung der differenzierten Zuschlagskalkulation:

In dem oben dargestellten Schema der differenzierten Zuschlagskalkulation wurden in Zeile 5 die Fertigungsgemeinkosten als Zuschlag auf Basis der Fertigungseinzelkosten berechnet:

Bisher:

	Fertigungseinzelkosten (z. B. Fertigungslöhne)
+	Fertigungsgemeinkosten
=	Fertigungskosten

Bei dieser Berechnungsweise *wird übersehen, dass die Fertigungsgemeinkosten bei einem hohen Automatisierungsgrad nur noch wenig von den Fertigungslöhnen beeinflusst werden*, sondern vielmehr vom Maschineneinsatz verursacht werden. Von daher sind die Fertigungslöhne bei zunehmender Automatisierung nicht mehr als Zuschlagsgrundlage geeignet.

2.5 Kostenarten-, Kostenstellen- und Kostenträgerzeitrechnungen, Kalkulationsverfahren

Man löst dieses Problem dadurch, indem die *Fertigungsgemeinkosten aufgeteilt werden* in maschinenabhängige und maschinenunabhängige Fertigungsgemeinkosten.

- Die *maschinenunabhängigen Fertigungsgemeinkosten* bezeichnet man als „Restgemeinkosten"; als Zuschlagsgrundlage werden die *Fertigungslöhne* genommen.
- Bei den *maschinenabhängigen Fertigungsgemeinkosten* werden als Zuschlagsgrundlage die Maschinenlaufstunden genommen. Es gilt:

$$\text{Maschinenstundensatz} = \frac{\text{maschinenabhängige Fertigungsgemeinkosten}}{\text{Maschinenlaufstunden}}$$

Das bisher verwendete Kalkulationsschema (vgl. Zeile 5) modifiziert sich. Es gilt:

```
Neu:     Fertigungslöhne
       + Restgemeinkosten      (in Prozent der Fertigungslöhne)
       + Maschinenkosten       (Laufzeit des Auftrages · Maschinenstd.satz)
       = Fertigungskosten
```

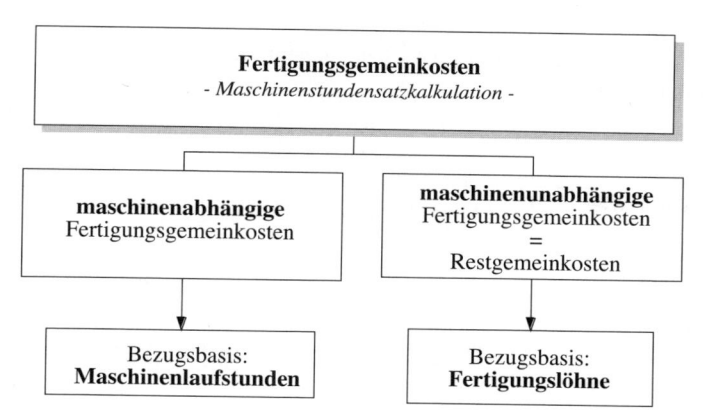

Fertigungsgemeinkosten
- Maschinenstundensatzkalkulation -

maschinenabhängige Fertigungsgemeinkosten	**maschinenunabhängige** Fertigungsgemeinkosten = Restgemeinkosten
Bezugsbasis: **Maschinenlaufstunden**	Bezugsbasis: **Fertigungslöhne**

Beispiele für maschinenabhängige Fertigungsgemeinkosten:

- kalkulatorische Abschreibung (AfA; Absetzung für Abnutzung)
- kalkulatorische Zinsen
- Energiekosten
- Raumkosten
- Instandhaltung
- Werkzeuge

Beispiel einer Zuschlagskalkulation mit Maschinenstundensatz:
Auf einer NC-Maschine wird ein Werkstück bearbeitet. Die Bearbeitungsdauer beträgt 86 Minuten; der Materialverbrauch liegt bei 160 €. Der anteilige Fertigungslohn für die Bearbeitung beträgt 40 € (Einrichten, Nacharbeit). Es sind Materialgemeinkosten von 80 % und Restgemeinkosten von 60 % zu berücksichtigen. Zu kalkulieren sind die Herstellkosten der Fertigung.

1. Schritt: Berechnung des Maschinenstundensatzes

Zur Berechnung des Maschinenstundensatzes wird auf folgende Daten der vergangenen Abrechnungsperiode zurückgegriffen:

- Anschaffungskosten der NC-Maschine: 100.000 €
- Wiederbeschaffungskosten der NC-Maschine: 120.000 €
- Nutzungsdauer der NC-Maschine: 10 Jahre
- kalkulatorische Abschreibung: linear
- kalkulatorische Zinsen: 6 % vom halben Anschaffungswert
- Instandhaltungskosten: 2.000 € p. a.
- Raumkosten:
  - Raumbedarf: 20 qm
  - Verrechnungssatz je qm: 10 €/qm/Monat
- Energiekosten:
  - Energieentnahme der NC-Maschine: 11 kWh
  - Verbrauchskosten: 0,12 €/kWh
  - Jahresgrundgebühr: 220 €
- Werkzeugkosten: 6.000 € p. a., Festbetrag
- Laufzeit der NC-Maschine: 1.800 Std. p. a.

	Berechnung der maschinenabhängigen Kosten	
1.	Kalkulatorische AfA	$= \dfrac{\text{Anschaffungswert (Wiederbeschaffungswert)} - \text{Restwert}^{1)}}{\text{Nutzungsdauer}}$
2.	Kalkulatorische Zinsen	$= \dfrac{(\text{Anschaffungswert} + \text{Restwert}^{1)})}{2} \cdot \dfrac{\text{Zinssatz}}{100}$
3.	Raumkosten/Miete	= Raumkosten · Verrechnungssatz pro m² pro Monat · 12 Monate
4.	Energiekosten	= Grundgebühr + Verbrauch Verbrauch = Energiebedarf · Kosten je Energieeinheit
5.	Instandhaltungskosten	meist Festbetrag
6.	Werkzeugkosten	meist Festbetrag
7.	Betriebsstoffkosten	meist Festbetrag
	Summe	= maschinenabhängige Gemeinkosten

Maschinenstundensatz	=	$\dfrac{\text{Maschinenabhängige Gemeinkosten p. a.}}{\text{Maschinenlaufzeit pro Jahr}}$

Achtung: Alle Kostenpositionen auf den gleichen Zeitraum beziehen (z. B. Monat oder Jahr).

---

[1] Beachten Sie:
- AfA: - Restwert (wird nicht abgeschrieben)
- Kalk. Zinsen: + Restwert (Mittelwertberechnung)

2.5 Kostenarten-, Kostenstellen- und Kostenträgerzeitrechnungen, Kalkulationsverfahren

Berechnung:

1) $\boxed{\text{kalkulatorische Zinsen} = \dfrac{\text{Anschaffungskosten}}{2} \cdot \dfrac{\text{Zinssatz}}{100}}$ vgl. S. 275

$$= \dfrac{100.000}{2} \cdot \dfrac{6}{100} = 3.000\ \text{€}$$

2) $\boxed{\text{kalkulatorische Abschreibung} = \dfrac{\text{Wiederbeschaffungskosten}}{\text{Nutzungsdauer}}}$ vgl. S. 275

$$= \dfrac{120.000}{10} = 12.000\ \text{€}$$

3) $\boxed{\text{Raumkosten} = \text{Raumbedarf} \cdot \text{Verrechnungssatz/qm/Monat} \cdot 12\ \text{Monate}}$

$$= 20\ \text{qm} \cdot 10\ \text{€/qm/Mon.} \cdot 12\ \text{Mon.} = 2.400\ \text{€}$$

4) Energiekosten
   = Energieverbrauch/Std. · €/kWh · Laufleistung p. a. + Grundgebühr
   = 11 kWh · 0,12 €/kWh · 1.800 Std. p. a. + 220 € = 2.596 €

5) Instandhaltungskosten   = Festbetrag p. a.
   = 2.000 €

6) Werkzeugkosten   = Festbetrag p. a.
   = 6.000 €

Daraus ergibt sich folgender Maschinenstundensatz:

lfd. Nr.	maschinenabhängige Fertigungsgemeinkosten	€ p. a.
1	kalk. Zinsen	3.000
2	kalk. Abschreibung	12.000
3	Raumkosten	2.400
4	Energiekosten	2.596
5	Instandhaltungskosten	2.000
6	Werkzeugkosten	6.000
	Σ	27.996
	Maschinenstundensatz = 27.996 € : 1.800 Std. =	**15,55 €/Std.**

2. Schritt: Kalkulation der Herstellkosten der Fertigung

	Materialeinzelkosten		160,00
+	Materialgemeinkosten	80 %	128,00
=	**Materialkosten**		**288,00**
	Fertigungslöhne		40,00
+	Restgemeinkosten	60 %	24,00
+	Maschinenkosten	86 min. · 15,55 €/Std. : 60 min.	22,29
=	**Fertigungskosten**		**86,29**
	Herstellkosten derFertigung		**374,29**

2.5.10 Zusammenhänge zwischen Erlösen, Kosten und Beschäftigungsgrad

01. Was versteht man unter dem Beschäftigungsgrad?

- Der *Beschäftigungsgrad* (= Kapazitätsausnutzungsgrad) ist das Verhältnis von tatsächlicher Nutzung der Kapazität zur verfügbaren Kapazität:

$$\text{Beschäftigungsgrad} = \frac{\text{genutzte Kapazität} \cdot 100}{\text{verfügbare Kapazität}}$$

oder

$$\text{Beschäftigungsgrad} = \frac{\text{Istleistung} \cdot 100}{\text{Kapazität}}$$

- Als *Kapazität* bezeichnet man (vereinfacht) das Leistungsvermögen eines Unternehmens.

02. Wie verändern sich fixe und variable Gesamtkosten und Stückkosten in Abhängigkeit vom Beschäftigungsgrad?

Bitte wiederholen Sie an dieser Stelle ggf. die Ausführungen oben, Ziffer 2.5.4, Nr. 02. (Überschneidung im Rahmenplan).

03. Wie lässt sich der Zusammenhang von Erlösen, Kosten und alternativen Beschäftigungsgraden darstellen (Break-even-Analyse)?

- Der *Break-even-Punkt* (= Gewinnschwelle) ist die Beschäftigung, bei der das Betriebsergebnis gleich Null ist. Die Erlöse sind gleich den Kosten (Hinweis: Die Break-even-Analyse erstreckt sich nur auf eine Produktart).

- *Rechnerisch gilt im Break-even-Punkt:*

Betriebsergebnis = 0 = B

Erlöse = Kosten

$U = K$

$U = \text{Menge} \cdot \text{Preis} = x \cdot p$

$K = \text{fixe Kosten} + \text{variable Kosten} = K_f + K_v$

$K_v = \text{Stückzahl} \cdot \text{variable Kosten/Stk.} = x \cdot k_v$

Daraus ergibt sich für die kritische Menge (= die Beschäftigung, bei der das Betriebsergebnis B gleich Null ist):

$$\begin{aligned} B &= U - K \\ &= x \cdot p - (K_f + K_v) \\ &= x \cdot p - K_f - K_v \\ &= x \cdot p - K_f - x \cdot k_v \\ &= x (p - k_v) - K_f \end{aligned}$$

Da im Break-even-Punkt B = 0 ist, gilt weiterhin:

$K_f = x \cdot (p - k_v)$

$x = \dfrac{K_f}{p - k_v}$

Da die Differenz aus Preis und variablen Stückkosten der Deckungsbeitrag pro Stück ist (DB_{Stk}) gilt:

$$x = \frac{K_f}{DB_{Stk}} = \frac{K_f}{db} = \frac{K_f}{p - k_v}$$

In Worten:

Im Break-even-Punkt ist die Beschäftigung (kritische Menge) gleich dem Quotienten aus fixen Gesamtkosten K_f und dem Deckungsbeitrag pro Stück db.

Merke:
Man berechnet also die Break-even-Menge, indem man die fixen Kosten K_f durch die Differenz von Verkaufspreis p und variablen Stückkosten k_v dividiert. Dies ist eine häufige Aufgabenstellung in der Prüfung.

Sind die variablen Stückkosten nicht vorgegeben, so können sie mithilfe des Differenzenquotienten berechnet werden (vgl. S. 273).

Beispiele:
Fall 1: Ein Unternehmen verkauft in einer Abrechnungsperiode 50.000 Stück zu einem Preis von 40 € pro Stück bei fixen Gesamtkosten von 400.000 € und variablen Stückkosten von 30 €.

Fall 2: In der nächsten Abrechnungsperiode muss das Unternehmen einen Beschäftigungsrückgang von 30 % hinnehmen und verkauft nur noch 35.000 Stück bei sonst unveränderter Situation.

Zu ermitteln ist jeweils das Betriebsergebnis im Fall 1 und 2. Bei welcher Beschäftigung ist das Betriebsergebnis (B) gleich Null?

Fall 1: B = $x \cdot (p - k_v) - K_f$
 = 50.000 (40 - 30) - 400.000
 = 100.000 €

Fall 2: B = $x \cdot (p - k_v) - K_f$
 = 35.000 (40 - 30) - 400.000
 = - 50.000 €

Kommentar:
Im vorliegenden Fall führt ein Beschäftigungsrückgang um 30 % zu einem Rückgang des Betriebsergebnisses in Höhe von 150 % und damit zu einem Verlust von 50.000 €.

Kritische Menge (Gewinnschwelle):

$$x = \frac{K_f}{p - k_v} = \frac{400.000}{40 - 30} = 40.000 \text{ Stück}$$

Kommentar:
Das Unternehmen erreicht den Break-even-Punkt bei einer Beschäftigung von 40.000 Stück. Oberhalb dieser Ausbringungsmenge ist das Betriebsergebnis positiv (Gewinnzone), unterhalb ist es negativ (Verlustzone).

- *Grafisch gilt im Break-even-Punkt* (bei linearen Kurvenverläufen):

  - Das Lot vom Schnittpunkt der Erlösgeraden mit der Gesamtkostengeraden auf die x-Achse zeigt die kritische Menge (= Beschäftigung im Break-even-Punkt), bei der das Betriebsergebnis gleich Null ist (B = 0 bzw. U = K), in diesem Fall bei x = 40.000 Stück.

  - Oberhalb dieses Beschäftigungsgrades wird die Gewinnzone erreicht; unterhalb liegt die Verlustzone.

  - Die fixen Gesamtkosten verlaufen für alle Beschäftigungsgrade parallel zur x-Achse (= konstanten Verlauf); hier bei K_f = 400.000 €.

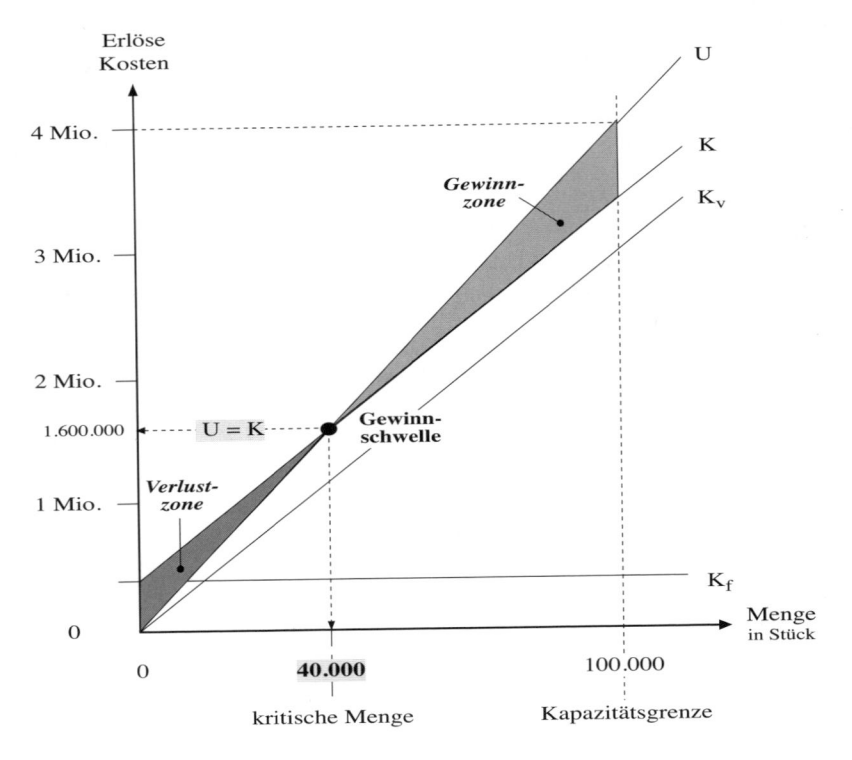

- *Fazit* zur Break-even-Analyse:

> Die Gewinnschwellen-Analyse ist ein Instrument, mit dem leicht festgestellt werden kann, welche Absatzmenge ein Unternehmen pro Periode mindestens erzielen muss (= kritische Menge), um ein negatives Betriebsergebnis zu vermeiden.

2.5.11 Grundzüge der Deckungsbeitragsrechnung

01. Was bezeichnet man als Deckungsbeitrag?

- Der *Deckungsbeitrag* (DB) gibt an,
  welchen Beitrag ein Kostenträger bzw. eine Mengeneinheit *zur Deckung der fixen Kosten beiträgt*.
- *Mathematisch* erhält man den Deckungsbeitrag (DB), wenn man *von den Erlösen eines Kostenträgers dessen variablen Kosten subtrahiert*:

> Deckungsbeitrag = Erlöse - variable Kosten

- *Grafisch* lässt sich der DB folgendermaßen veranschaulichen:

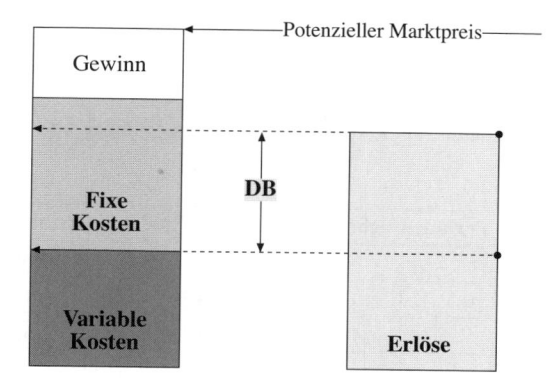

02. Welche Aufgabe erfüllt die Deckungsbeitragsrechnung als Instrument der Teilkostenrechnung?

Die oben unter Ziffer 2.5.5 dargestellten Kalkulationsverfahren gehen von dem *Vollkostenprinzip* aus, d. h. fixe und variable Kosten werden bei der Kalkulation (z. B. Ermittlung des Angebotspreises im Rahmen der Vorkalkulation) insgesamt berücksichtigt.

Die Deckungsbeitragsrechnung (DBR) ist eine *Teilkostenrechnung* und geht von der Überlegung aus, dass es *kurzfristig* und vorübergehend von Vorteil sein kann, *nicht alle Kosten* bei der Preisberechnung zu berücksichtigen.

Die Kosten werden unterteilt in fixe und variable Kosten (Voraussetzung der DBR). Die fixen Kosten entstehen, gleichgültig, ob der Betrieb produziert oder ruht. Das Unternehmen kann also kurzfristig die Entscheidung treffen, einen Einzelauftrag unter dem Marktpreis anzunehmen, wenn der Auftrag einen positiven DB liefert, d. h. die variablen Kosten dieses Auftrags abgedeckt werden und zusätzlich ein Beitrag zur „Deckung der fixen Kosten entsteht".

- *Langfristig* gilt jedoch:
  Nur die Vollkostenrechnung kann als dauerhafte Grundlage der Kostenkontrolle und der Kalkulation der Preise genommen werden.

- Die DBR kann als *Stückrechnung* (Kostenträgerstückrechnung) erfolgen:

Kalkulation einer Mengeneinheit (€/Stk.)		
Verkaufspreis je Stück	p	54,00
- variable Stückkosten	k_v	28,00
= DB pro Stück	db	26,00
- fixe Kosten pro Stück	k_f	16,00
= Betriebsergebnis pro Stück	$BE_{Stk.}$	10,00

Dabei gilt *im Break-even-Punkt:*

$$x = \frac{K_f}{DB_{Stk.}} = \frac{K_f}{db}$$

oder

als *Periodenrechnung* (Kostenträgerzeitrechnung) durchgeführt werden (Beispiel: 2-Produkt-Unternehmen):

DBR als Periodenrechnung (Beispiel: 2-Produkt-Unternehmen)					
Produkt 1			Produkt 2		
Erlöse	$x_1 \cdot p_1$	100.000	Erlöse	$x_2 \cdot p_2$	200.000
- variable Kosten	K_{v1}	- 40.000	- variable Kosten	K_{v2}	- 120.000
= Deckungsbeitrag	DB_1	60.000	= Deckungsbeitrag	DB_2	80.000
Gesamtdeckungsbeitrag, GDB		140.000			
- fixe Gesamtkosten, $\sum K_f$		- 70.000			
= **Gesamt-Betriebsergebnis, BE**		**70.000**			

03. Wie bestimmt sich die kurzfristige Preisuntergrenze (PUG)?

kurzfristige Preisuntergrenze (PUG)	Kurzfristig müssen mindestens die variablen Kosten (K_v) eines Produkts über seinen Preis (p) gedeckt sein. Der Verkaufspreis (die kurzfristige Preisuntergrenze) entspricht also gerade den variablen Stückkosten.
bei Unterbeschäftigung ohne Engpass	Es gilt: **p = variable Stückkosten = k_v**

Beispiel:
Verkaufspreis p = 8,00 €
variable Stückkosten k_v = 55 % von p = 4,40 €
Daraus folgt: $PUG_{kurzfristig}$ = 4,40 €

04. Wie bestimmt sich die langfristige Preisuntergrenze (PUG)?

langfristige Preisuntergrenze	Langfristig müssen über den Preis (p) die variablen und die direkt zurechenbaren fixen Kosten (oder zumindest Teile der fixen Kosten) eines Produkts gedeckt sein.
	Es gilt:
	$p = k_v + K_f : x$ oder $p = k_v + \text{Teile von } K_f : x$

2.5.12 Statische Investitionsrechnung

01. Welcher grundsätzliche Unterschied besteht zwischen den Kennzahlen „Produktivität, Wirtschaftlichkeit und Rentabilität"?

Hinweis:
Die Darstellung der Unterschiede zwischen diesen Kennzahlen erscheint den Autoren notwendig, weil die Abgrenzung und Anwendung in der Praxis nicht immer „sauber" ist.

A.	Produktivität	Mengengröße : Mengengröße
		Die Produktivität ist eine *Mengenkennziffer*. Sie zeigt die *mengenmäßige Ergiebigkeit eines Faktoreinsatzes* (z. B. Anzahl der Maschinenstunden, Anzahl der Mitarbeiterstunden, Menge des verbrauchten Rohstoffes) zur erzeugten Menge (in Stückzahlen, in Einheiten u. Ä.). Als Einzelwert hat die Produktivität keine Aussagekraft; dies wird erst im Vergleich mit innerbetrieblichen Ergebnissen (z. B. der Vorperiode) oder im zwischenbetrieblichen Vergleich erreicht.
		Wichtige *Teilproduktivitäten* sind:
A.1	Arbeitsproduktivität	= Erzeugte Menge [Stk., E] : Arbeitsstunden
A.2	Materialproduktivität	= Erzeugte Menge [Stk., E] : Materialeinsatz [t, kg, u. Ä.]
A.3	Maschinenproduktivität	= Erzeugte Menge [Stk., E] : Maschinenstunden
B.	Wirtschaftlichkeit	= Leistungen : Kosten oder = Ertrag : Aufwand
		Die Wirtschaftlichkeit ist eine *Wertkennziffer*. Sie misst die Einhaltung des ökonomischen Prinzips und ist der Quotient aus Leistungen und Kosten oder Ertrag und Aufwand.

C.	Rentabilität	Periodenerfolg : *gewählte Größe X* · 100
		Die Rentabilität (auch: Rendite) ist eine *Wertkennziffer* und misst die *Ergiebigkeit des Kapitaleinsatzes* (oder des Umsatzes) zum Periodenerfolg. Als Größen für den Periodenerfolg werden verwendet: Gewinn, Return (Gewinn + Fremdkapitalzinsen), Cashflow.
		Es werden vor allem folgende Rentabilitätszahlen betrachtet:
C.1	Eigenkapital-rentabilität	= Gewinn : Eigenkapital · 100
		Zeigt die Beziehung von Gewinn (= Jahresüberschuss) zu Eigenkapital (= Grundkapital + offene Rücklagen).
C.2	Gesamtkapital-rentabilität	= (Gewinn + Fremdkapitalzinsen) : Gesamtkapital · 100
		Zeigt die Beziehung von Gewinn und Fremdkapitalzinsen zu Gesamtkapital; die Verzinsung des Gesamtkapitals zeigt die Leistungsfähigkeit des Unternehmens (vgl. Leverage-Effekt). Aus dieser Größe lässt sich durch Erweiterung des Quotienten mit dem Faktor Umsatz der Return on Investment (ROI) ableiten.
C.3	Umsatz-rentabilität	= Gewinn : Umsatzerlöse · 100
		Zeigt die relative Erfolgssituation des Unternehmens: Niedrige Umsatzrenditen bedeuten i. d. R. eine ungünstige wirtschaftliche Entwicklung (siehe: Branchenvergleich und Zeitvergleich über mehrere Jahre).
C.4	ROI Return on Investment	$\dfrac{\text{Return} \cdot 100}{\text{Umsatz}} \cdot \dfrac{\text{Umsatz}}{\text{Investiertes Kapital}}$ [Return = Gewinn + FK-Zinsen]
		= Umsatzrendite · Kapitalumschlag
		Rein rechnerisch ist der ROI (Return on Investment) identisch mit der Gesamtkapitalrentabilität. Die Aufspaltung in zwei Kennzahlen erlaubt eine verbesserte Analyse der Ursachen für Verbesserungen/Verschlechterungen der Gesamtkapitalrendite (vgl. Kennzahlensystem nach Du Pont).

02. Welches Schema hat das Kennzahlensystem nach Du Pont (ROI)?

Die Gesamtkapitalrentabilität ist definiert als:

Gesamtkapitalrentabilität	= (Gewinn + Fremdkapitalzinsen) : Gesamtkapital · 100 = Return[1] : Gesamtkapital · 100 = R : K · 100

Durch die Erweiterung des Quotienten [R · 100 : K] mit der Größe Umsatz (U) entsteht eine differenzierte Berechnungsgröße, die sich aus den Faktoren [Umsatzrendite] und [Kapitalumschlag] zusammensetzt:

$$\text{ROI} = \frac{R \cdot 100 \cdot U}{K \cdot U} \rightarrow \text{ROI} = \frac{R \cdot 100}{U} \cdot \frac{U}{K}$$

---

[1] Return (R) = Gewinn + FK-Zinsen

Return on Investment (ROI)	(Return : Umsatz · 100) · (Umsatz : Kapitaleinsatz) · 100
	Umsatzrendite · Kapitalumschlag · 100

Das Kennzahlensystem ROI ist vom amerikanischen Chemieunternehmen Du Pont entwickelt worden. Es ermöglicht – im Gegensatz zur Kennzahl Gesamtkapitalrentabilität – die Aussage, ob Veränderungen in der Verzinsung des eingesetzten Kapitals auf einer Veränderung der Umsatzrendite oder des Kapitalumschlags beruhen.

Der ROI lässt sich auf folgendes Schema erweitern (Kennzahlensystem nach Du Pont):

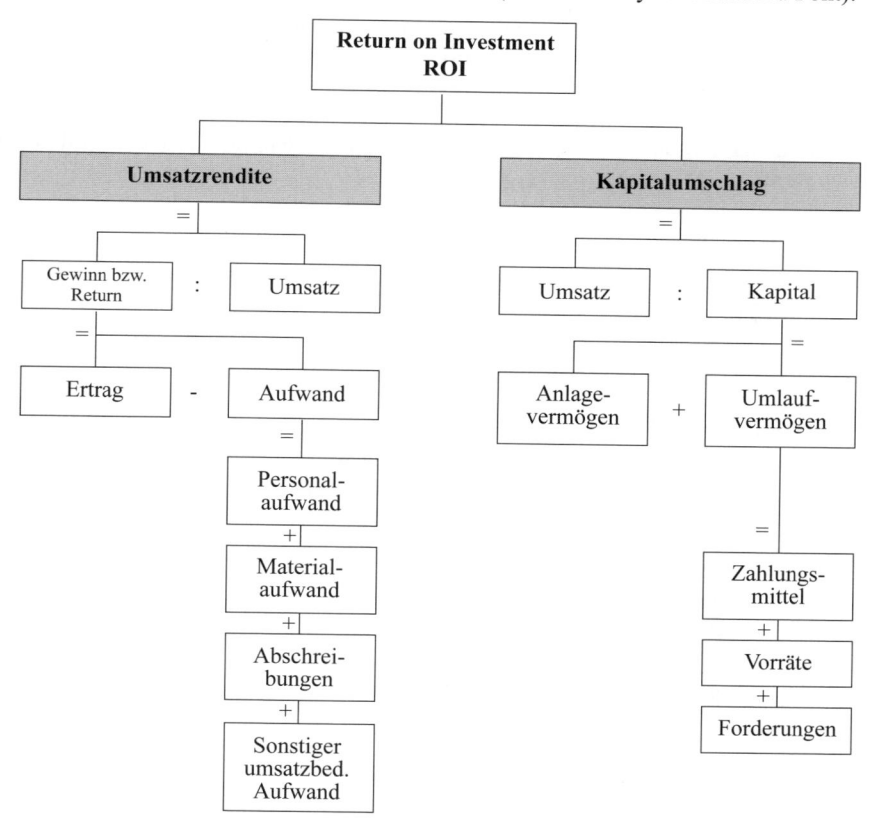

```
                        Return on Investment
                              ROI
                                │
              ┌─────────────────┴─────────────────┐
         Umsatzrendite                      Kapitalumschlag
              =                                   =
      ┌───────┴───────┐                   ┌───────┴───────┐
   Gewinn bzw.   :  Umsatz              Umsatz    :    Kapital
    Return                                                =
      =                                         ┌─────────┴─────────┐
   Ertrag  -  Aufwand                       Anlage-    +    Umlauf-
                 =                         vermögen         vermögen
             Personal-                                          =
             aufwand                                    ┌───────┴───────┐
                +                                     Zahlungs-
             Material-                                  mittel
             aufwand                                       +
                +                                       Vorräte
             Abschrei-                                     +
             bungen                                    Forderungen
                +
             Sonstiger
          umsatzbed.
             Aufwand
```

Aus dem Kennzahlensystem von Du Pont lassen sich Maßnahmen zur Verbesserung des ROI ableiten; die nachfolgenden Beispiele gelten unter der Voraussetzung, dass alle anderen Größen jeweils unverändert bleiben:

Der ROI steigt, wenn	
• die Umsatzrendite steigt,	• der Gewinn steigt,
• der Kapitalumschlag steigt,	• der Aufwand sinkt,
• der Kapitaleinsatz sich verringert,	• die Verbindlichkeiten steigen.
• die Forderungsbestände sinken	

03. Welchen Zweck hat die Kostenvergleichsrechnung?

Die Kostenvergleichsrechnung hat den Zweck, die wirtschaftliche Zweckmäßigkeit von Investitionen zu überprüfen. Es werden die Kosten von zwei oder mehreren Investitionsobjekten/Verfahren gegenübergestellt und verglichen. Dasjenige Investitionsobjekt/Verfahren ist vorteilhafter, bei dem die Kosten geringer sind. Die Kostenvergleichsrechnung gehört zu den sog. *statischen Verfahren der Investitionsrechnung*.

04. Wie wird die Kostenvergleichsrechnung durchgeführt?

Ist die genutzte Kapazität (nicht die technische Kapazität) von zwei Anlagen gleich groß, wird ein Vergleich der Kosten pro Abrechnungsperiode oder pro Stück durchgeführt; es werden *alle relevanten Kosten*, die nicht identisch sind, *gegenübergestellt*.

Werden die Anlagen in unterschiedlicher Höhe genutzt, müssen die *Stückkosten* miteinander *verglichen werden*.

Relevant sind folgende Kostenkomponenten:

1. *Betriebskosten* (Material, Personal, Energie, Raumkosten) – unterschieden in:

   K_f fixe Kosten
   K_v variable Kosten
   k_v variable Kosten pro Stück bzw. pro Leistungseinheit

2. *Kalkulatorische Zinsen*:
   Sie werden auf das während der Nutzungsdauer durchschnittlich gebundene Kapital bezogen.

   $$Z = \frac{AW + RW}{2} \cdot i$$

   AW = Anschaffungswert
   RW = Restwert
   i = Kalkulationszins in Dezimalform

3. *Kalkulatorische Abschreibung*:
   Der Kapitalverzehr wird auf ein Jahr bezogen (lineare AfA).

   $$AfA = \frac{AW - RW}{n}$$

   n = Nutzungsdauer in Jahren

05. Welche Varianten der Kostenvergleichsrechnung sind vorherrschend?

\multicolumn{3}{c}{Kostenvergleichsrechnung}		
Varianten	*Situation*	*Auswahlentscheidung*
Variante 1	**Kostenvergleich identischer Anlagen:** Die *Kapazität* der betrachteten Anlagen ist *gleich*.	Kostenvergleich pro Periode
Variante 2	**Kostenvergleich nicht identischer Anlagen:** Die *Kapazität* der betrachteten Anlagen ist *verschieden*. Es wird eine Maximalkapazitätsausnutzung unterstellt.	Kostenvergleich pro Leistungseinheit

Variante 3	**Kritische Menge:** Die *Kapazität* der betrachteten Anlagen ist *verschieden*; der zukünftige Leistungsgrad ist ungewiss.	Bestimmung der kritischen Menge durch Vergleich der Gesamtkosten, die in fixe und variable Kosten zerlegt werden.
Variante 4	**Kostenvergleich bei der Ersatzinvestition** einer Anlage unter Beachtung des Restwertes der alten Anlage.	$\text{Kosten}_{\text{Neuanlage}} < \text{Kosten}_{\text{Altanlage}}$ - Bruttomethode - Nettomethode

Beispiel zu Variante 1: Zwei identische Anlagen, ohne Restwert (in €)

Kalkulationsangaben		Abk.	Anlage I	Anlage II
	Anschaffungswert (in €)	AW	50.000	80.000
	Leistung, Einheiten pro Jahr	E	40.000	40.000
	Nutzungsdauer	n	5	8
	kalkulatorischer Zinssatz	p	8 %	
		i	0,08	
	Restwert	RW	0	
Betriebskosten				
	Lohnkosten		8.000	6.000
	Instandhaltung		3.500	2.000
	Energie und Materialkosten		2.500	2.000
	Raumkosten		1.000	1.200
	Kalkulatorische AfA: Anlage 1: (50.000 - 0) : 5 Anlage 2: (80.000 - 0) : 8	(AW - RW) : n	10.000	10.000
	Kalkulatorische Zinsen: Anlage 1: (50.000 + 0) : 2 · 0,08 Anlage 2: (80.000 + 0) : 2 · 0,08	(AW + RW) : 2 · i	2.000	3.200
Gesamtkosten			27.000	24.400
Kostenvorteil				2.600

Ergebnis: *Anlage II ist vorteilhafter*. Dabei muss in der Praxis beachtet werden, dass bei geringen Kostenunterschieden der Investitionsalternativen kein „Automatismus" der Entscheidung gilt. Ggf. muss die Kostenvergleichsrechnung erneut unter Best-case- und Worst-case-Bedingungen durchgeführt werden, denn das Ergebnis der Rechnung ist nur so zuverlässig wie die Prämissen (K, n, RW, Kapazität) Gültigkeit haben.

Beispiel zu Variante 2:
Zwei Anlagen mit unterschiedlicher Kapazität mit Restwert (in €); der Restwert > 0 reduziert die kalkulatorische AfA und erhöht die kalkulatorischen Zinsen; zu Übungszwecken werden ansonsten die gleichen Daten wie im Beispiel zu Variante 1 unterstellt.

Kalkulationsangaben		Abk.	Anlage I	Anlage II
Anschaffungswert (in €)		AW	50.000	80.000
Leistung, Einheiten pro Jahr		E	40.000	50.000
Nutzungsdauer		n	5	8
kalkulatorischer Zinssatz		p	8 %	
		i	0,08	
Restwert		RW	5.000	10.000
Betriebskosten				
Lohnkosten			8.000	6.000
Instandhaltung			3.500	2.000
Energie und Materialkosten			2.500	2.000
Raumkosten			1.000	1.200
Kalkulatorische AfA: Anlage I: (50.000 - 5.000) : 5 Anlage II: (80.000 - 10.000) : 8	(AW - RW) : n		9.000	8.750
Kalkulatorische Zinsen: Anlage I: (50.000 + 5.000) : 2 · 0,08 Anlage II: (80.000 + 10.000) : 2 · 0,08	(AW + RW) : 2 · i		2.200	3.600
Gesamtkosten			26.200	23.550
Kosten pro Einheit			0,66	0,47
Kostenvorteil pro Einheit				0,19

Ergebnis: Anlage II ist vorteilhafter.

Beispiel zu Variante 3:
Vergleich von zwei Produktionsverfahren und Berechnung der Grenzstückzahl; Fragestellung: Welches Produktionsverfahren ist bei gegebener Losgröße kostengünstiger bzw. bei welcher Menge (Grenzstückzahl) sind beide Verfahren kostengleich?

		Verfahren I	Verfahren II
Rüsten	Vorgabezeit	0,5 Std.	6,5 Std.
	Stundensatz	20 €	42 €
Fertigen	Vorgabezeit	2,2 min/E	0,8 min/E
	Stundensatz	24 €	48 €

1. Schritt: Errechnen der variablen Stückkosten:

$$\begin{aligned}
\text{Verfahren I:} \quad & 60 \text{ min} - 24 \text{ €} \\
& 2,2 \text{ min} - k_{vI} \\
\rightarrow \quad k_{vI} &= 24 \cdot 2,2 : 60 \\
&= 0,88 \text{ €}
\end{aligned}$$

Verfahren II: analog
$$\rightarrow k_{vII} = 0,64 \text{ €}$$

2.5 Kostenarten-, Kostenstellen- und Kostenträgerzeitrechnungen, Kalkulationsverfahren

2. Schritt: Die Kosten für beide Verfahren werden gleichgesetzt; mit x wird die Stückzahl bezeichnet:

$$0,5 \cdot 20 + x \cdot 0,88 = 6,5 \cdot 42 + x \cdot 0,64$$
$$\rightarrow x = \text{rd. } 1.096 \text{ Stück}$$

In Worten: Bei rd. 1096 Stück (= Grenzstückzahl) sind die Kosten beider Verfahren gleich. Oberhalb der Grenzstückzahl ist Verfahren II wirtschaftlicher (Vorteil der variablen Stückkosten), unterhalb der Grenzstückzahl ist Verfahren I günstiger (Vorteil der geringeren Fixkosten).

Allgemein gilt rechnerisch:

$$\text{Grenzstückzahl} = \frac{\text{Fixkosten}_{II} - \text{Fixkosten}_{I}}{\text{var. Stückkosten}_{I} - \text{var. Stückkosten}_{II}}$$

$$x = \frac{K_{fII} - K_{fI}}{k_I - k_{II}} \quad \text{bzw.} \quad \frac{K_{fI} - K_{fII}}{k_{II} - k_I}$$

Allgemein gilt grafisch:

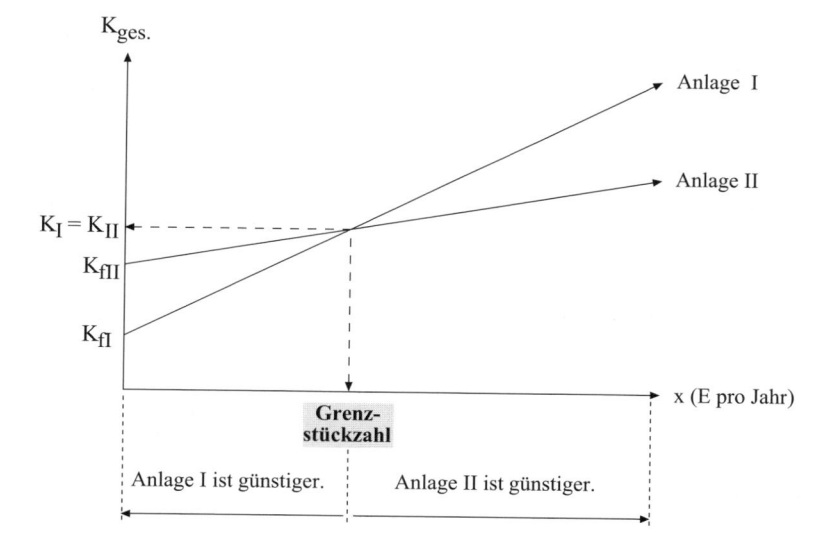

Beispiel zu Verfahren 4: Kostenvergleich bei Ersatzinvestition
Während der laufenden Nutzung einer Anlage (Altanlage) wird die Fragestellung untersucht, ob es günstiger ist, die Altanlage weiterhin zu nutzen oder durch eine Neuanlage zu ersetzen und wann der optimale Ersatzzeitpunkt vorliegt. Es gibt zwei Berechnungsvarianten:

- *Bruttomethode:*
  Die Kapital- und Betriebskosten der Altanlage werden mit den Kapital- und Betriebskosten der Neuanlage verglichen.

- *Nettomethode:*
Es werden nur die Betriebskosten der Altanlage mit den Kapital- und Betriebskosten der Neuanlage verglichen. Diese Methode wird in jüngster Zeit favorisiert.

Ist davon auszugehen, dass für die Altanlage ein Liquidationserlös L erzielt werden kann, so ist er bei dem Kostenvergleich zu berücksichtigen. Begründung: Der Liquidationserlös sinkt mit zunehmender Nutzungsdauer. Man „belastet" also im Kostenvergleich die Altanlage mit der Differenz des Liquidationserlöses am Beginn und am Ende der Vergleichsperiode bezogen auf die Restnutzungsdauer:

$$L = \frac{RW_A + RW_E}{RND}$$

RW_A = Restwert am Anfang der Vergleichsperiode
RW_E = Restwert am Ende der Vergleichsperiode
RND = Restnutzungsdauer
L = durchschnittliche Verringerung des Liquidationserlöses (ø Restwertminderung)

Beispiel: Die Altanlage hat eine geplante Nutzungsdauer von 10 Jahren. Nach 6 Jahren soll die Vorteilhaftigkeit einer Ersatzinvestition geprüft werden. Der Liquidationserlös am Ende des 6. Jahres wird mit 20.000 €, am Ende der Nutzungsdauer mit 6.000 € angenommen:

$$L = \frac{20.000 - 6.000}{4} = 3.500\ €$$

Die kalkulatorischen Zinsen für die Altanlage beziehen sich auf das noch gebundene Kapital, wenn die Altanlage weiter genutzt wird. Sie sind abhängig vom Zinssatz und den Liquidationserlösen am Anfang und am Ende des Vergleichszeitraums:

$$Z = \frac{RW_A + RW_E}{2} \cdot i$$

RW_A = Restwert am Anfang der Vergleichsperiode
RW_E = Restwert am Ende der Vergleichsperiode
i = Kalkulationszins in Dezimalform

Beispiel (vgl. oben): Es wird ein Zinssatz von 8 % unterstellt.

$$Z = \frac{20.000 + 6.000}{2} \cdot 0{,}08 = 1.040\ €$$

Das nachfolgende Beispiel zeigt einen Gesamtkostenvergleich bei alternativer Ersatzinvestition (**Bruttomethode**):

Kalkulationsangaben		Abk.	Altanlage	Neuanlage
Anschaffungswert (in €)		AW	150.000	200.000
Leistung, Einheiten pro Jahr		E	5.000	
Nutzungsdauer		n	8	
kalkulatorischer Zinssatz		p	8 %	
Restwert am Anfang der Vergleichsperiode		RW_A	31.000	–
Restwert am Ende der Vergleichsperiode		RW_E	10.000	20.000
Betriebskosten				
Lohnkosten			40.000	40.000
Energie und Materialkosten			30.000	25.000
Sonstige variable Kosten			15.000	12.000
Fixkosten ohne AfA und Zinsen			20.000	18.000
Zwischensumme			**105.000**	**95.000**
⌀ Restwertminderung	(31.000 – 10.000) : 3		7.000	–
Kalkulatorische AfA:	(200.000 – 20.000) : 8		–	22.500
Kalkulatorische Zinsen:	Altanlage: (31.000 + 10.000) : 2 · 0,08		1.640	–
	Neuanlage: (200.000 + 20.000) : 2 · 0,08		–	8.800
Gesamtkosten			**113.640**	**126.300**
Kostenvorteil			**12.660**	

Ergebnis: *Es ist zurzeit vorteilhafter, die Altanlage weiter zu nutzen.*

06. Wie wird die Gewinnvergleichsrechnung durchgeführt?

Die Gewinnvergleichsrechnung ergänzt die Kostenvergleichsrechnung um die Größe „Erlöse" und ist damit aussagefähiger. Zu wählen ist diejenige Investition, die den größten durchschnittlichen Gewinn erzielt. Bei gleichen Erlösen pro Leistungseinheit für beide Investitionsobjekte kommt sie selbstverständlich zur gleichen Bewertung wie die Kostenvergleichsrechnung. Die Gewinnvergleichsrechnung setzt voraus, dass die erzielbaren Erlöse je Investitionsalternative über den gesamten Planungszeitraum ermittelt werden können.

Der Gewinn ergibt sich als Differenz zwischen den Kosten und den Umsatzerlösen:

$G = U - K$ $\quad U$ = Umsatz
$G = x \cdot p - K_f - x \cdot k_v$ $\quad K$ = Gesamtkosten
$\quad K_f$ = Fixkosten
$\quad k_v$ = variable Stückkosten
$\quad x$ = Menge
$\quad p$ = Verkaufspreis

- Bei einer *Einzelinvestition* gilt:
  Die Vorteilhaftigkeit ist gegeben, wenn der Gewinn positiv ist bzw. ein bestimmter Mindestgewinn erreicht wird:

  $G > 0$ bzw. $G \geq$ Mindestgewinn

- Beim *Vergleich von zwei oder mehreren Investitionsobjekten* gilt:
  Es wird die Investition mit dem größeren Gewinn gewählt.

  $G_I > G_{II}$ → Anlage I ist vorteilhafter.
  $G_{II} > G_I$ → Anlage II ist vorteilhafter.

Beispiel:

Kalkulationsangaben		Anlage I	Anlage II
Anschaffungswert		50.000	80.000
Leistung, Einheiten pro Jahr		4.000	4.500
Nutzungsdauer		5	7
kalkulatorischer Zinssatz		8 %	
Restwert		5.000	10.000
Verkaufspreis pro Stück		21	24
Betriebskosten			
Kalkulatorische AfA	(50.000 - 5.000) : 5	9.000	
	(80.000 - 10.000) : 7		10.000
Kalkulatorische Zinsen	(50.000 + 5.000) : 2 · 0,08	2.200	
	(80.000 + 10.000) : 2 · 0,08		3.600
Sonstige Fixkosten/Jahr		15.000	18.000
Variable Kosten/Jahr		40.000	50.000
Gesamtkosten/Jahr		**66.200**	**81.600**
Umsatzerlöse/Jahr	4.000 · 21	**84.000**	
	4.500 · 24		**108.00**
Gewinn/Jahr		**17.800**	**26.400**
Gewinnvorteil/Jahr			**8.600**

Ergebnis: *Anlage II hat den größeren Gewinn und ist damit vorteilhafter.*

- Bei der *Lösung eines Ersatzproblems* (optimaler Ersatzzeitpunkt) werden die Erlöse der alten Anlage denen der neuen gegenübergestellt (vgl. Kostenvergleichsrechnung; Berücksichtigung der Restwertminderung der alten Anlage).

07. Welchen Aussagewert hat die Rentabilitätsvergleichsrechnung?

Die Rentabilitätsrechnung baut auf den Ergebnissen der Kostenvergleichs- bzw. Gewinnvergleichsrechnung auf und *berücksichtigt dabei den erforderlichen Kapitaleinsatz alternativer Investitionsobjekte*. Während also die Kostenvergleichsrechnung (nur) eine *relative Vorteilhaftigkeit* beim Vergleich alternativer Investitionsobjekte bietet, ermöglicht die *Rentabilitätsvergleichsrechnung* die Ermittlung der absoluten Vorteilhaftigkeit.

Die Rentabilitätsrechnung vergleicht die durchschnittliche jährliche Verzinsung des eingesetzten Kapitals alternativer Investitionsobjekte. Es gilt:

2.5 Kostenarten-, Kostenstellen- und Kostenträgerzeitrechnungen, Kalkulationsverfahren

$$\text{Rentabilität} = \frac{\text{Return} \cdot 100}{\varnothing \text{ Kapitaleinsatz}}$$

- Die *Rentabilität R kann unterschiedlich definiert werden*, z. B.
  - als Rentabilität des Eigenkapitals, des Fremdkapitals, des Gesamtkapitals und als Umsatzrentabilität

  oder

  - als Return on Investment, ROI

- Die Größe „Return" (Kapitalrückfluss) kann je nach Besonderheit des Betriebes oder des Sachverhaltes unterschiedlich definiert sein, z. B. als [Gewinn], [Gewinn + Abschreibungen], [Cashflow], [Erträge - Kosten].

- Bei Verwendung der Größe „Gewinn" wird nach vorherrschender Meinung der „Gewinn vor Zinsen" verwendet (keine Verminderung des Gewinns um die kalkulatorischen Zinsen):

$$\text{Rentabilität} = \frac{\text{Gewinn (vor Zinsen)} \cdot 100}{\varnothing \text{ Kapitaleinsatz}}$$

- Der durchschnittliche Kapitaleinsatz wird i. d. R. wie folgt ermittelt:

Berechnung des ⌀ Kapitaleinsatzes	
Vermögenswert:	*Wertansatz:*
Nicht abnutzbare Anlagegüter	Anschaffungswert
Umlaufvermögen	
Abnutzbare Anlagegüter	(Anschaffungswert + Restwert) : 2 oder:
	(Wiederbeschaffungswert + Restwert) : 2

- Bei einer *Einzelinvestition* gilt:
  Die Vorteilhaftigkeit ist gegeben, wenn die Rentabilität R eine bestimmte Mindestverzinsung erreicht oder überschreitet.

  $R \geq$ Mindestverzinsung

- Beim *Vergleich von zwei oder mehreren Investitionsobjekten* gilt:

  Es wird die Investition mit der höheren Rentabilität gewählt. Auf Objekte, deren Rendite die geforderte Mindestverzinsung nicht erreicht, sollte verzichtet werden.

  $R_I > R_{II}$ → Anlage I ist vorteilhafter.
  $R_{II} > R_I$ → Anlage II ist vorteilhafter.

  Beispiel:
  Es werden zwei Anlagen miteinander verglichen; es liegen folgende Zahlen vor (in €):

	Anlage I	Anlage II
Anschaffungskosten	100.000	200.000
Wiederbeschaffungswert	151.336	200.000
Restwert	0	20.000
Abschreibungen	21.182	20.000
Periodengewinn vor Steuern	13.905	21.525

$$R_I = \frac{13.905 \cdot 100}{75.668} = 18,38\,\%$$

$$R_{II} = \frac{21.525 \cdot 100}{110.000} = 19,57\,\%$$

Als „Return" wird hier der Periodengewinn der Anlage genommen; der „Ø Kapitaleinsatz" ist gleich „Wiederbeschaffungswert plus Restwert : 2" (Vergleichbarkeit des Kapitaleinsatzes).

Daraus folgt: $R_I < R_{II}$, d. h., die Anlage II ist vorteilhafter.

08. Welchen Aussagewert hat die Amortisationsvergleichsrechnung?

Die *Amortisationsvergleichsrechnung (auch: Kapitalrückflussmethode, Payback-Methode/Payoff-Methode)* gehört ebenfalls zu den statischen Verfahren der Investitionsrechnung und baut auch auf den Ergebnissen der Kostenvergleichs- bzw. Gewinnvergleichsrechnung auf.

Die Vorteilhaftigkeit einer Investition wird an der Kapitalrückflusszeit t_w gemessen (= Amortisationszeit = die Zeit, in der das eingesetzte Kapital wieder in das Unternehmen zurückgeflossen ist). Je geringer die Kapitalrückflusszeit ist, desto vorteilhafter wird das Investitionsvorhaben beurteilt.

- Bei einer *Einzelinvestition* gilt:
  Die Vorteilhaftigkeit ist gegeben, wenn die Amortisationszeit t_w einen bestimmten Zeitwert t^* nicht überschreitet:

$t_w \leq t^*$

- Beim *Vergleich von zwei oder mehreren Investitionsobjekten* gilt:
  Es wird die Investition mit der geringeren Kapitalrückflusszeit gewählt. Auf Objekte, deren Amortisationsdauer den geforderten Zeitwert t^* überschreitet, sollte verzichtet werden.

$t_{wI} < t_{wII}$ → Anlage I ist vorteilhafter.
$t_{wII} < t_{wI}$ → Anlage II ist vorteilhafter.

2.5 Kostenarten-, Kostenstellen- und Kostenträgerzeitrechnungen, Kalkulationsverfahren

- Man unterscheidet zwei Berechnungsmethoden:

  1. Durchschnittmethode:

  $$\text{Kapitalrückflusszeit (Jahre)} = \frac{\text{Kapitaleinsatz}}{\varnothing \text{ Return}}$$

  - Als Kapitaleinsatz wird i. d. R. der Anschaffungswert AW vermindert um den Restwert RW verwendet.
  - In der Regel wird als Größe für den ø Return die Summe aus [Ø Gewinn + jährliche Abschreibungen] genommen.

  Es gilt also:

  $$\text{Kapitalrückflusszeit (Jahre)} = \frac{\text{Anschaffungswert} - \text{Restwert}}{\varnothing \text{ Gewinn} + \text{Abschreibungen p. a.}}$$

  $$t_w = \frac{AW - RW}{G + AfA}$$

  Beispiel:
  Vergleich von zwei Investitionsobjekten
  Es wird noch einmal das Zahlengerüst aus dem Beispiel „Rentabilitätsvergleich" genommen.

  $$t_{wI} = \frac{100.000 - 0}{13.905 + 21.182} = 2{,}85 \text{ Jahre}$$

  $$t_{wII} = \frac{200.000 - 20.000}{21.525 + 20.000} = 4{,}33 \text{ Jahre}$$

  Ergebnis: $t_{wI} < t_{wII}$, d. h. aus der Sicht der Kapitalrücklaufzeit ist die Anlage I vorteilhafter (bitte betrachten Sie oben nochmals den Rentabilitätsvergleich der beiden Anlagen).

  2. Kumulationsmethode:

  Die geschätzten jährlichen Zahlungsströme werden solange aufaddiert, bis der Kapitaleinsatz erreicht ist. Die Kumulationsrechnung ist genauer, da sie nicht mit einem repräsentativen Mittelwert rechnet, sondern die geschätzten Rückflüsse den einzelnen Jahren gesondert zuordnet.

  Beispiel:
  Für eine *Einzelinvestition* soll gelten: AW = 80.000; RW = 0; n = 5
  Es werden folgende Rückflüsse pro Jahr geschätzt:

Jahr	t_1	t_2	t_3	t_4	t_5
Kapitalrückfluss	10.000	25.000	45.000	70.000	100.000
Kapitalrückfluss, kumuliert	10.000	35.000	**80.000**	150.000	250.000

Nach der Kumulationsmethode ergibt sich:

$t_w = t_3$

Nach der Durchschnittsmethode ist der durchschnittliche Kapitaleinsatz 50.000 (= 250.000 : 5). Daraus ergibt sich:

$$t_w = \frac{80.000}{50.000} = 1{,}6$$

Dies bedeutet: Wenn die Kapitalrückflüsse eine ungleichmäßige Verteilung innerhalb des Nutzungszeitraums aufweisen, kann die Durchschnittsmethode zu Fehlentscheidungen führen.

2.5.13 Zweck und Ergebnis betrieblicher Budgets

01. Welche Zielsetzung ist mit der Budgetierung verbunden?

- *Begriff:*
  Der Begriff „Budget" kommt aus dem Französischen und bedeutet übersetzt „Haushaltsplan, Voranschlag". Im Controlling kann *Budgetierung* gleichgesetzt werden mit *Planung*. Für den Meister bedeutet das, in seinem Bereich ein Gerüst von Zahlen zu erstellen (Planung), die für ihn Gradmesser des Erfolges sind.

- *Arten:*
  Unter Ziffer 2.2.3, Nr. 06. wurde bereits dargestellt, dass in der betrieblichen Praxis vor allem zwei Arten von Budgets geläufig sind (bitte den Abschnitt ggf. noch einmal nachlesen):

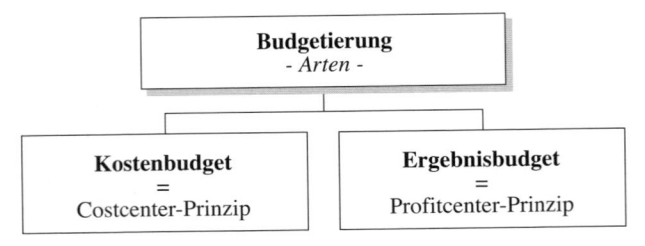

```
              Budgetierung
               - Arten -
              /          \
    Kostenbudget        Ergebnisbudget
         =                    =
   Costcenter-Prinzip   Profitcenter-Prinzip
```

Allgemein enthält ein Budget Planzahlen für Kosten, Leistungen und Erfolge. Aber: Für die Struktur von Budgets gibt keine allgemein gültigen Regeln; das Budget kann differieren

- in *zeitlicher* Hinsicht, z. B.:
  Monats-, Quartals-, Jahresbudget

- in *sachlicher* Hinsicht:
  Kostenbudget/Ergebnisbudget, auf einen Bereich bezogen oder eine einzelne Kostenstelle usw.

Welche Daten letztendlich in einem bestimmten Budget zusammengestellt werden, hängt von der betrieblichen Funktion (z. B. Lager, Fertigung, Montage, Logistik usw.) und dem Verantwortungsbereich des Vorgesetzten ab.

2.5 Kostenarten-, Kostenstellen- und Kostenträgerzeitrechnungen, Kalkulationsverfahren

Für den Meister ist insbesondere die Budgetierung und Kontrolle folgender Kosten/Daten relevant:

- Materialkosten
- Kosten der Anlagen
- Energiekosten
- Instandhaltungskosten
- Kosten des Umweltschutzes

- Lohnkosten
- Werkzeugkosten
- Beschäftigungsgrad
- Sondereinzelkosten der Fertigung

- Qualitätskosten:
  · Prüfkosten
  · Fehlerverhütungskosten
  · Fehlerkosten

- *Analyse des Soll-Ist-Vergleichs und Maßnahmen (Controlling):*

Der Vergleich der Plandaten (Soll) mit den tatsächlich realisierten Daten (Ist), zeigt, ob das unternehmerische Ziel erreicht wurde. Der Soll-Ist-Vergleich wird meist in absoluten und in relativen Zahlen (in Prozent vom Plan) durchgeführt. Größere Abweichungen zeigen an, ob ggf. „Kurskorrekturen" vorzunehmen sind.

Controlling ist also die Aufstellung geeigneter Plandaten, die Analyse der Soll-Ist-Abweichungen und die Durchführung evt. Korrekturmaßnahmen.

Die zentralen Fragen des Meisters (des Controllers) bei der Überwachung des Budgets lauten:
→ *Wann* trat die Abweichung auf?
→ *Wo* trat die Abweichung auf?
→ *In welcher Ausmaß* trat die Abweichung auf?

- **Beispiel:** *Analyse eines Kostenbudgets*

Das nachfolgende Beispiel zeigt die Budgetierung einer Kostenstelle für das kommende Planjahr (Kostenbudget; vereinfachte Darstellung; Angaben in T€):

	Budget: Kostenstelle ...	*Plan 20..*
	Materialkosten	300
+	Personalkosten	288
+	Sondereinzelkosten	84
+	Sachkosten	36
+	Umlage	60
=	**Gesamtkosten**	**768**

Bei einer gleichmäßigen Verteilung über das Gesamtjahr kann das *Jahresbudget* in ein *Monatsbudget* aufgesplittet werden (vereinfacht: Division durch 12), sodass im Verlauf des kommenden Jahres die Monatsergebnisse im Ist mit den Plandaten verglichen werden können; aufwändige Budgetkontrollen nehmen folgende Vergleiche vor:

- Soll-Ist, monatlich
- Soll-Ist, aufgelaufen (z. B. kumulierte Werte von Jan. bis Mai)
- Ist-Ist, monatlich
- Ist-Ist, kumuliert

Nachfolgend ein vereinfachtes *Beispiel eines Soll-Ist-Vergleiches* des oben dargestellten Budgets.

Anfang April des lfd. Jahres erhält der Meister X den folgenden Report seiner Kostenstelle über die zurückliegenden drei Monate Jan. bis März (Abweichung absolut: Ist - Soll; Abweichung in Prozent = [Ist - Soll] : Soll · 100):

Kostenstelle ...	Plan (Soll)		Ist				Soll-Ist-Vergleich (Jan.- März aufgel.)	
Kostenart	*p. a.*	*∑aufgel.*	*Jan.*	*Feb.*	*März*	*∑aufgel.*	*absolut*	*in %*
Materialkosten	300	75	25	32	28	85	10	13,33
Personalkosten	288	72	24	25	26	75	3	4,17
Sonder.e.kosten	84	21	4	4	2	10	-11	-52,38
Sachkosten	36	9	3	2	2	7	-2	-22,22
Umlage	60	15	5	5	5	15	0	0
Gesamtkosten	768	192				192	0	

Abweichungsanalyse und Beispiele für *Korrekturmaßnahmen zur Budgeteinhaltung*; dabei werden die Schlüsselfragen des Controllings eingesetzt (vgl. oben: Wo? Wann? In welchem Ausmaß?):

Abweichung	mögliche Ursache, z. B.:	Korrekturmaßnahme, z. B.:
1. Materialkosten um 10 T€ bzw. rd. 13 % überschritten	• Preisanstieg:	> Lieferantenwechsel > Änderung des Bestellverfahrens (Menge, Zeitpunkt) > Verhandlung mit dem Lieferanten > ggf. Wechsel des Materials
	• Mengenanstieg:	> erhöhter Materialverbrauch (Störungen beim Fertigungsprozess: menschbedingt, maschinenbedingt) > Mängel in der Materialausnutzung
	• Anstieg der Gemeinkosten:	> z. B. Materialgemeinkosten, kalkulatorische Kosten
	• zu geringer Planansatz:	> ggf. Korrektur des Planansatzes
2. Personalkosten um 3 T€ bzw. rd. 4 % überschritten	• Anstieg der Fertigungslöhne: - außerplanmäßige Lohnerhöhung (Tarif oder Einzelmaßnahme)	> Analyse der Lohnkosten/Lohnstruktur; ggf. Rationalisierung, Verbesserung der Produktivität, Verbesserung des Ausbildungsniveaus usw.
	• Anstieg der Sozialkosten (KV, RV, AV, PV, freiwillige Sozialkosten):	> ggf. längerfristige Korrektur im Bereich der betrieblichen Sozialleistungen oder Rationalisierung
	• Verschiebungen im Personaleinsatz:	> ggf. „zu teure Mitarbeiter" eingesetzt, Korrekturen im Mitarbeitereinsatz
	• zu geringer Planansatz:	> ggf. Korrektur des Planansatzes
3. Unterschreitung der Sondereinzelkosten und der Sachkosten:	• ggf. zeitliche Verschiebung der Ausgaben:	> weiterhin beobachten und ggf. Feinanalyse der betreffenden Kostenart
	• zu geringer Planansatz:	> ggf. Korrektur des Planansatzes

Insgesamt zeigt die Analyse einen *klaren Handlungsbedarf im Bereich der Materialkosten*; die Abweichung im Bereich der Personalkosten ist weder absolut noch relativ besonders kritisch; die Entwicklung sollte aufmerksam beobachtet werden.

Neben den oben dargestellten Möglichkeiten der Kostenabweichung sind weitere Ursachen generell denkbar, z. B.:

- Abweichungen im Beschäftigungsgrad (Änderung der fixen Stückkosten)
- erhöhte Kosten durch fehlende/falsche Planung und Durchführung der Instandhaltung
- erhöhte Personalkosten pro Stück durch hohen Krankenstand
- Veränderung der Rüstzeiten, Vorgabezeiten usw.

3. Anwendung von Methoden der Information, Kommunikation und Planung

Prüfungsanforderungen:

Nachweis folgender Fähigkeiten:

- Der Teilnehmer soll nachweisen, dass er in der Lage ist, Projekte und Prozesse zu analysieren, zu planen und transparent zu machen.
- Er soll Daten aufbereiten, technische Unterlagen erstellen sowie entsprechende Planungstechniken einsetzen können.
- Er soll in der Lage sein, angemessene Präsentationstechniken anzuwenden.

Qualifikationsschwerpunkte (Überblick)

3.1 Erfassen, Analysieren und Aufbereiten von Prozess- und Produktionsdaten mittels EDV-Systemen und Bewerten visualisierter Daten

3.2 Bewerten von Planungstechniken und Analysemethoden sowie deren Anwendungsmöglichkeiten

3.3 Anwenden von Präsentationstechniken

3.4 Erstellen von technischen Unterlagen, Entwürfen, Statistiken und Diagrammen

3.5 Anwenden von Projektmanagementmethoden

3.6 Auswählen und Anwenden von Informations- und Kommunikationsformen einschließlich des Einsatzes entsprechender Informations- und Kommunikationsmittel

3.1 Erfassen, Analysieren und Aufbereiten von Prozess- und Produktionsdaten

3.1.1 Beschreibung eines Prozesses

01. Was ist ein Prozess?

a) Allgemeine Definition: Ein Prozess ist *eine strukturierte Abfolge von Ereignissen* zwischen einer Ausgangssituation und einer Ergebnissituation.
Eine sehr allgemeine Definition lautet: Ein Prozess ist *ein bestimmter Ablauf/ein bestimmtes Verfahren* mit gesetzmäßigem Geschehen.

b) Engere Definition im Rahmen der Industriebetrieblehre:
Im Sinne der Fertigungstheorie ist ein Prozess *das effiziente Zusammenwirken der Produktionsfaktoren* zur Herstellung einer bestimmten Leistung/eines bestimmten Produktes.

c) Man unterscheidet generell folgende *Prozessarten*:

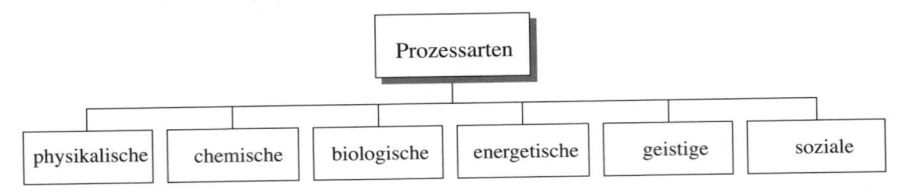

```
                        Prozessarten
    ┌─────────┬──────────┬──────────┬──────────┬─────────┐
physikalische  chemische  biologische energetische geistige soziale
```

Beispiel für einen Prozess an einem Halbautomaten, an dem Anlasserritzel gefräst werden (vereinfachte Darstellung):

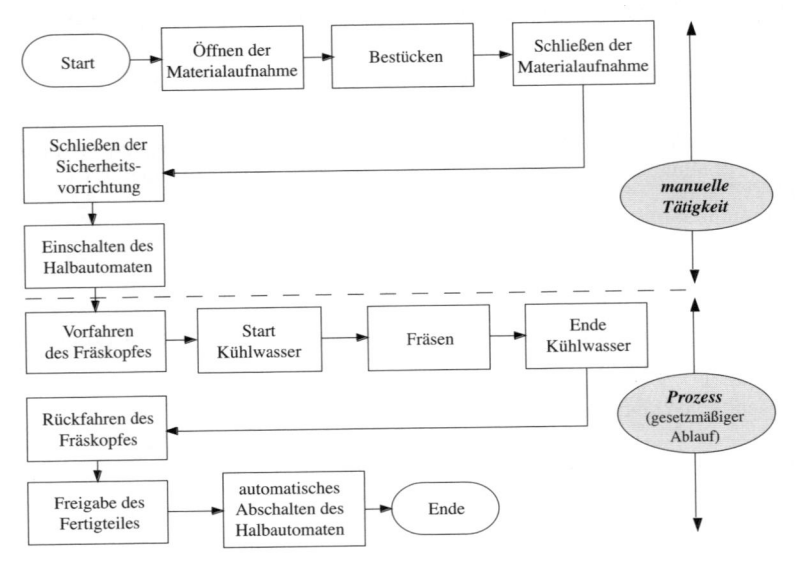

```
Start → Öffnen der Materialaufnahme → Bestücken → Schließen der Materialaufnahme
                                                              ↓
        Schließen der Sicherheitsvorrichtung ←─────────────────┘
                    ↓
        Einschalten des Halbautomaten                    manuelle Tätigkeit
        ─ ─ ─ ─ ─ ─ ─ ─ ─ ─ ─ ─ ─ ─ ─ ─ ─ ─ ─ ─ ─ ─ ─ ─ ─ ─ ─ ─ ─
                    ↓
        Vorfahren des Fräskopfes → Start Kühlwasser → Fräsen → Ende Kühlwasser
                                                                    ↓
        Rückfahren des Fräskopfes ←─────────────────────────────────┘
                    ↓                                           Prozess
        Freigabe des Fertigteiles → automatisches Abschalten    (gesetzmäßiger
                                    des Halbautomaten → Ende    Ablauf)
```

02. Warum müssen Prozesse dokumentiert werden?

- *Begriff:*
  Ein Dokument ist ein offizielles Schriftstück, das Ereignisse festhält und zusammenstellt.

Für die Dokumentation betrieblicher und fertigungstechnischer Prozesse gibt es eine Reihe von Gründen:

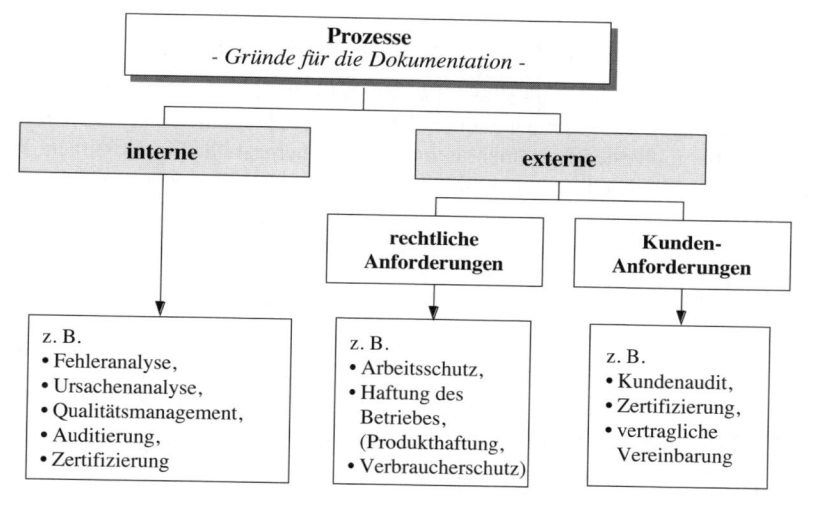

```
                    Prozesse
              - Gründe für die Dokumentation -
                   /           \
              interne          externe
                               /        \
                         rechtliche    Kunden-
                       Anforderungen  Anforderungen
```

interne – z. B.
- Fehleranalyse,
- Ursachenanalyse,
- Qualitätsmanagement,
- Auditierung,
- Zertifizierung

rechtliche Anforderungen – z. B.
- Arbeitsschutz,
- Haftung des Betriebes, (Produkthaftung,
- Verbraucherschutz)

Kunden-Anforderungen – z. B.
- Kundenaudit,
- Zertifizierung,
- vertragliche Vereinbarung

03. Welche Hilfsmittel und Medien können für die Dokumentation verwendet werden?

Beispiele:

- Handbücher
- Organisationspläne
- Datenflusspläne
- Dateibeschreibungen
- Listen
- Programmbeschreibungen
- Kommunikationsnetze
- Prüflisten
- Arbeitsanweisungen
- Stellenbeschreibungen
- Struktogramme
- Formulare
- Dateiinhalte
- Algorithmen (logische Zusammenhänge)
- Checklisten
- Quellenprogramme/Quellcodes

04. Welche Anforderungen werden an die Archivierung von Konstruktions- und Schaltungsunterlagen gestellt?

Im Wesentlichen sind dies folgende Anforderungen:

Vollständigkeit	Es muss sichergestellt sein, dass *alle relevanten Unterlagen* archiviert sind.
Konsistenz (Aktualität)	Es muss sichergestellt sein, dass von allen Dokumenten der letzte (*aktuelle*) Revisionsstand archiviert ist.

Verfügbarkeit (Zugreifbarkeit)	Die Dokumentation muss so archiviert sein, dass die Unterlagen auch nach einer langen Zeit *noch lesbar* sind. Auch bei einer Langzeitarchivierung in digitaler Form ist daher dafür Sorge zu tragen, dass die *Systeme und Programme* zur Verarbeitung der entsprechenden Datenformate noch *zur Verfügung stehen* oder jeweils eine Portierung auf das Nachfolgesystem erfolgt.

05. Wie sollte der Zugriff auf die Dokumentation erfolgen können?

Der Zugriff auf die Dokumentation sollte *nach Möglichkeit zentral* erfolgen können. Dies erleichtert die Forderung, dass stets mit aktuellen (konsistenten) Dokumenten gearbeitet wird. Die Konsistenz wird bei modernen Systemen automatisch sichergestellt: Ein Dokument kann nur einmal mit Vollzugriff, d. h. editierbar, geöffnet werden; andere Nutzer können gleichzeitig nur eine schreibgeschützte Kopie öffnen und erhalten eine entsprechende Meldung.

In gleicher Weise erfolgt das Revisionsmanagement in solchen Systemen automatisch: „Wer hat was wann geändert?" Moderne Systeme verwenden darüber hinaus (Web-)Browser-Technologien, sodass der Zugriff nicht nur innerhalb eines Firmennetzwerks möglich ist, sondern mit der entsprechenden Berechtigung über das Internet jederzeit und von jedem Ort erfolgen kann.

06. In welcher Form können Konstruktions- und Schaltungsunterlagen archiviert werden?

1	Papierdokumente, einzelnen Datenträger	Dokumente werden in Papierform (Schaltpläne, Zeichnungen) oder auf einzelnen Datenträgern (Disketten, Magnetbänder z. B. für Programme) eingelagert (früher üblich).
		Nachteile sind neben dem hohen Platzbedarf und einer teilweise schlechten Haltbarkeit (Verblassen von Kopien, Datenverlust bei Magnetbändern) vor allem der hohe Aufwand beim Zugriff und bei der Sicherstellung der Konsistenz und Aktualität.
2	Mikrofilme	Mikroverfilmung der Dokumente bzw. der Ausdrucke (z. B. Programmlistings). Dies hat die gleichen Nachteile wie unter (1); es wird lediglich der Platzbedarf reduziert und die Langzeitstabilität ist gewährleistet.
3	Digital bzw. digitalisiert	Digital bzw. digitalisiert im jeweiligen Format auf speziellen Festplattenlaufwerken oder Servern.
		Vorteile: Geringer Platzbedarf und hohe Langzeitstabilität – bei Verwendung redundanter Hardware (z. B. gespiegelten Festplatten) und entsprechenden Datensicherungssystemen. Über entsprechende Zugriffsberechtigungen ist innerhalb des Firmennetzwerks ein zentraler Zugriff möglich.
4	Dokumentenmanagementsysteme	Vorteile wie unter (3), weiterhin: Vollautomatisches Revisionsmanagement, Sicherstellung der Konsistenz über entsprechende Zugriffsverwaltung, Retrieval (Suche nach Dokumenten) und – bei den modernen Systemen – zentraler Zugriff.

07. Welchen unterschiedlichen Zweck verfolgt die interne sowie die externe technische Dokumentation?

- *Interne technische Dokumentation:*
  - Inhalt: Erfassen der Produktentwicklung, der Konstruktionsunterlagen, Probeläufe, Entsorgung usw.
  - Zweck: Rückgriff bei neuen Produktvarianten, Dokumentation aufgrund gesetzlicher Vorgaben (CE-Kennzeichnung, ProdSG, Produkthaftung, Umwelthaftung, Auditierung, Zertifizierung).
- *Externe technische Dokumentation:*
  - Inhalt: Bedienungsanleitung, Handbücher, Wartung
  - Zweck: Fehlervermeidung in der Anwendung beim Kunden, Förderung des Absatzes, Umsetzen der technischen Details in „die Sprache des Kunden".

08. Welche Prozessarten werden in der Betriebswirtschaftslehre unterschieden?

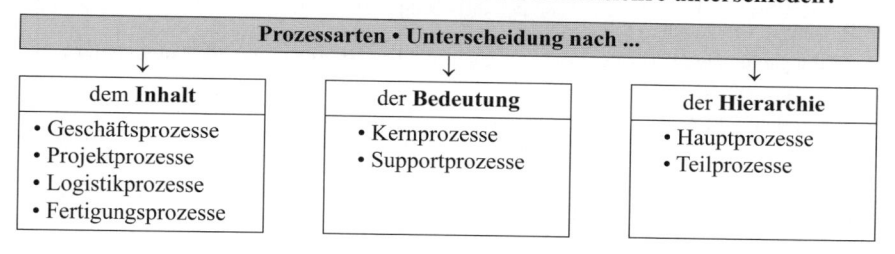

Prozessarten • Unterscheidung nach ...

dem **Inhalt**	der **Bedeutung**	der **Hierarchie**
• Geschäftsprozesse • Projektprozesse • Logistikprozesse • Fertigungsprozesse	• Kernprozesse • Supportprozesse	• Hauptprozesse • Teilprozesse

Geschäftsprozesse	sind eine Folge von Aktivitäten zum Zwecke der Leistungserstellung, deren Wert (Beitrag zur Wertschöpfung) messbar ist. Es werden Geschäftsobjekte bearbeitet, z. B. Kundenauftrag, Produkt, Kundenreklamation.
Kernprozesse	(auch: Hauptprozesse, Schlüsselprozesse) erbringen einen unmittelbaren Beitrag zur Wertschöpfung und haben direkten Bezug zum Kunden. Beispiele: Produktionsprozesse, Absatzprozesse.
Supportprozesse	(auch: Unterstützungsprozesse, Serviceprozesse) erbringen einen *mittelbaren Beitrag* zur Wertschöpfung und haben *keinen direkten Bezug zum Kunden*. Beispiele: Informationsprozesse, Personalprozesse, Beschaffungsprozesse, Führungsprozesse, EDV-Prozesse, Administrationsprozesse.

Zusammengehörige *Teilprozesse* werden kostenstellenübergreifend zu *Hauptprozessen* zusammengefasst (Beispiele):

Teilprozesse		Hauptprozesse
• Material disponieren • Material bestellen • Material annehmen, prüfen und lagern	1	Material beschaffen
• Fertigung planen • Fertigung veranlassen • Fertigung steuern • Teile/Baugruppen zwischenlagern • Baugruppen montieren • Versand vorbereiten • Versand ausführen (Transport)	2	Fertigungsaufträge ausführen
• Fertigungsauftrag fakturieren • Rechnung versenden • Zahlungseingang überprüfen • außergerichtliches Mahnwesen steuern • ggf. gerichtliche Mahnung veranlassen	3	Debitorenbuchhaltung steuern

3.1.2 Prozessaufbereitung

01. Wie lässt sich die Prozessanalyse unter Edv-technischen Gesichtspunkten gestalten?

- *Begriff:*
  Die Beurteilung von Prozessen (allgemein: Arbeitsabläufen) wird als *Prozessanalyse* bezeichnet.

Dazu geht man (vereinfacht dargestellt) in folgenden Schritten vor:

1. Der Gesamtprozess wird in *Teilprozesse* zerlegt, damit er überschaubar wird.
2. Je Teilprozess werden die *charakteristischen Merkmale* identifiziert (Menge, Qualität, Termine, Zeiten, Kosten).
3. Je Merkmal wird eine – möglichst Edv-gestützte – *Erfassung* der relevanten Daten festgelegt.
4. Bei der Durchführung des Prozesses werden die relevanten Daten erhoben, gespeichert, geordnet und ausgewertet.

Die „höchstentwickelte Form" der Prozessanalyse und -steuerung existiert als sog. computerintegrierte Fertigung (CIM). Vor Einführung eines solchen Systems müssen Aufwand und Nutzen sorgfältig abgewogen werden.

- CIM (= Computer Integrated Manufactoring) bedeutet computerintegrierte Fertigung. In dieser höchsten Automationsstufe sind alle Fertigungs- und Materialbereiche untereinander sowie mit der Verwaltung durch ein einheitliches Computersystem verbunden, dem eine zentrale Datenbank angeschlossen ist. Jeder berechtigte Benutzer kann die von ihm benötigten Daten aus der Datenbank abrufen und verwerten. CIM umfasst folglich ein Informationsnetz, das die durchgängige Nutzung von einmal gewonnenen Datenbeständen ohne erneute Erfassung zulässt. CIM ist kein fertiges Konzept, sondern es besteht aus einzelnen Bausteinen, die miteinander zu einem Ganzen kombiniert werden. Die CIM-Bausteine sind im Einzelnen:

- CAD (= Computer Aided Design = Computergestützte Konstruktion) bedeutet computergestütztes Konstruieren.

- CAP (= Computer Aided Planning = Computergestützte Arbeits- und Montageplanung): CAP-Systeme helfen bei der Erstellung von Arbeitsplänen, Prüfplänen, Programmen zur Maschinensteuerung und Testprogrammen für Prüfmaschinen.

- CAM (Computer Aided Manufacturing = Computergestützte Fertigungsdurchführung) bedeutet computerunterstützte Fertigung durch CNC-Maschinen und Industrieroboter. Mit CAM können viele Funktionen der Fertigung automatisiert werden. Dazu zählen u. a. die Werkstückbearbeitung, die Maschinenbe- und -entstückung, die Teile- und Baugruppenmontage, der Transport und die Fertigungszwischenlagerung. Es werden Daten benötigt über die Konstruktionsmerkmale, den Bedarf an Material, Betriebsmitteln und Personal, den Arbeitsablauf, die Termine, die Maschinenbelegung und die Fertigungsmenge.

- CAQ (= Computer Aided Quality Assurance = Computergestützte Qualitätssicherung) Auch im Rahmen der Qualitätskontrolle lässt sich der Computer einsetzen. Zu diesem Zweck werden CAQ-Systeme entwickelt. Sie helfen bei der Prüfplanung, Prüfprogrammierung und Qualitätsanalyse.

- CAE (= Computer Aided Engineering = Computergestütztes Ingenieurwesen in der Konstruktion) umfasst alle mit der Konstruktion verbundenen Berechnungen und Untersuchungen, die am Bildschirm durch Simulation dargestellt werden (z. B. Verbindung von Baugruppen, Belastungsberechnungen).

- PPS (= Produktionsplanung und -steuerung) umfasst die computergestützte Planung, Steuerung und Überwachung von Produktionsabläufen hinsichtlich Terminen, Mengen, Kapazitäten und Material.

- Unter BDE (= Betriebsdatenerfassung) versteht man die Erfassung von Fertigungs- und Betriebsdaten direkt an ihrem Entstehungsort. Diese Form der dezentralen Datenerfassung wird in der Regel von den Mitarbeitern im Produktionsprozess selbst vorgenommen (manuell oder automatisch).

In diesem Zusammenhang ist noch erwähnenswert, das für die Steuerungsart von Maschinen folgende Abkürzungen verwendet werden:

- CNC =   Computer Numeric Control
  Computerausgeführte Steuerung von Maschinen und Robotern

- NC   =   Numeric Control
  Numerische Steuerung von Werkzeugmaschinen

- SPS =   Speicherprogrammierbare Steuerung

CIM ist kein fertiges Konzept: Jedes Unternehmen muss – in Abhängigkeit von Größe, Produktprogramm, Art der Fertigung usw. – entscheiden, welche der CIM-Bausteine eingesetzt und verknüpft werden. Der Implementierungsaufwand ist beträchtlich. Für die Einsatzbereiche der CAX (Bausteine: CAQ, CAP usw.) gibt es eine hierarchische Struktur; in der Regel werden CAE und CIM als Oberbegriffe verwendet:

```
                    CAE
                   /    \
                 CAD    CIM
                       / | | \
                     CAP PPS CAM CAQ
```

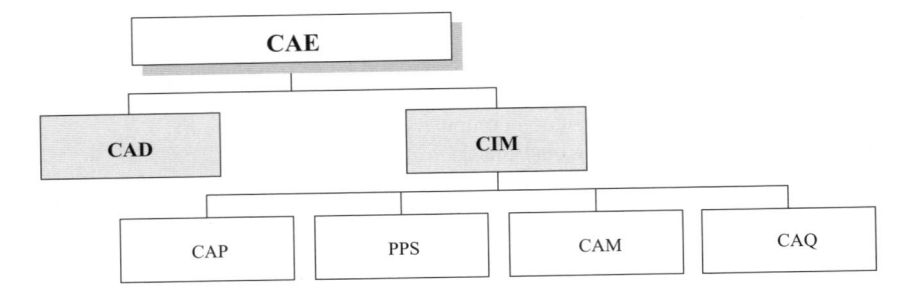

02. Was versteht man unter statistischer Prozesskontrolle?

Die statistische Prozesskontrolle dient zur Überwachung der Wirksamkeit der Fertigungsanlagen durch prozessbegleitende Fehlererkennung. Sie basiert auf der Anwendung von Qualitätsregelkarten. Ihr Einsatz erfolgt vorrangig in der Großserienfertigung. Durch rechtzeitige Eingriffe in den Prozess bei Überschreitung der Prozesseingriffsgrenzen erfolgt eine systematische Prozessverbesserung (vgl. 5.4.3).

Die Kernelemente der SPC sind:

- Qualitätsregelkarte
- Warngrenzen (UWG, OWG, erhöhte Aufmerksamkeit)
- Eingriffsgrenzen (UEG, OEG, Maßnahmen der Korrektur).

3.1.3 Daten eines Prozesses

01. Wie können die Daten eines Prozesses erfasst, verarbeitet und visualisiert werden?

- *Erfassung, z. B.:*
    - Barcodekarten, Magnetkarten, Stempelkarten
    - Aktoren: Laserstrahl, Taster, Transistoren
    - Sensoren: Klopfsensor, Thermometer, chemische Elemente
    - manuelle Erfassung
    - RFiD.

- *Verarbeitung, z. B.:*
    - *direkte, mechanische, chemische oder physikalische Reaktion* auf Prozessdaten (z. B.: ein Bimetall reagiert auf Temperaturveränderungen: wird eine bestimmte Temperatur erreicht, wird der Stromkreis geöffnet oder geschlossen);
    - *indirekte Verarbeitung* über ein Relais (z. B. Regelung einer Heizungsanlage über Außenfühler).

- *Visualisierung, z. B.:*
    Die erfassten Daten eines Prozesses, die Form der Verarbeitung sowie Edv-bezogene Zusammenhänge werden *als Text, Formel oder Grafik dargestellt* (Plotter, Drucker, Charts, Monitoring);

02. Welche Aspekte enthält die Abnahme einer Maschine?

Die Abnahme der Maschine umfasst eine Vielzahl von Einzelpunkten (in der Praxis empfiehlt sich eine Checkliste), z. B.:

	Checkliste zur Abnahme der Maschine Nr. ... (Beispiel)		
	Inhalt	**Datum**	**Bemerkungen**
1.	Beginn, Ende der Abnahme		
2.	Teilnehmer der Abnahme		
3.	Sind alle vertraglichen Anforderungen enthalten?		
4.	Erfüllt die Maschine alle Leistungsanforderungen?		
5.	Ist die Betriebsanleitung aussagefähig?		
6.	Liefert der Probelauf die erforderliche Präzision der Werkstücke? - Ergebnis der Messprotokolle? - vereinbarte Prüfverfahren?		
7.	Wurden alle Sicherheitsteile der Maschine einer gesonderten Prüfung unterzogen? Mit welchem Ergebnis?		
8.	Ist die beigefügte Konformitätserklärung sachgerecht?		
9.	Ist die CE-Kennzeichnung vorhanden?		
10.	Ist der Maschinenbetrieb sicher? Sind ergänzende Schutzmaßnahmen erforderlich?		
11.	Welche Mängel wurden an der Maschine festgestellt?		
12.	Welche Nachbesserungen müssen an der Maschine durchgeführt werden?		
13.	Unterschriften, Übergabe, Dokumente		
...	...		

Über die Abnahme der Anlage ist ein *Protokoll* anzufertigen.

03. Was sind Aktoren?

Aktoren (auch: Aktuatoren) sind das Stellglied in der Steuerungs- und Regelungstechnik. Sie sind das wandlerbezogene Gegenstück zu Sensoren und setzen Signale in (meist) mechanische Arbeit um (z. B. Ventil öffnen/schließen).

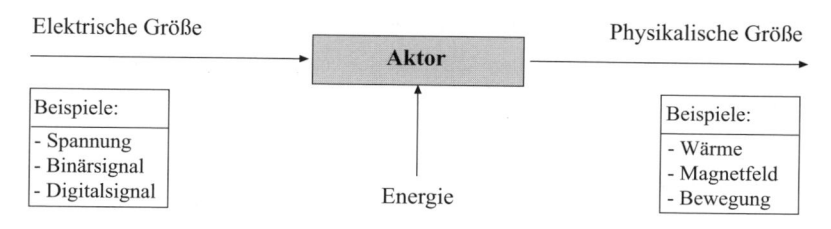

In der Robotik wird gleichbedeutend auch der Begriff Effektor verwendet.

04. Was sind Sensoren?

Sensoren liefern Informationen zur Steuerung und Regelung von Prozessen. Sie erfassen nichtelektrische Größen (Länge, Abstand, Zeit, Dehnung usw.) und wandeln sie (meist) in elektrische Größen um (Spannung, Widerstand, Kapazität usw.).

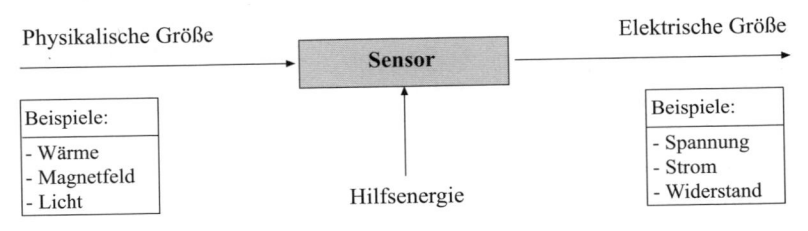

```
Physikalische Größe ────→ [ Sensor ] ────→ Elektrische Größe

Beispiele:                    ↑              Beispiele:
- Wärme                       |              - Spannung
- Magnetfeld                  |              - Strom
- Licht                  Hilfsenergie        - Widerstand
```

3.1.4 Betriebssysteme zur Prozessverarbeitung

01. Welche Funktion hat ein Betriebssystem?

Ein Betriebssystem verwaltet die Betriebsmittel (Ressourcen) eines Computers und stellt diese den einzelnen Prozessen, die diese Betriebsmittel anfordern, zur Verfügung. Zur Verfügung stellen bedeutet, dass den Prozessen Betriebsmittel zugewiesen und auch wieder entzogen werden. Die Ressourcen eines Computers sind Rechenzeit (CPU-Zeit), Hauptspeicher, Festspeicher, Eingabegeräte (z. B. Tastatur, Maus und Scanner), Ausgabegeräte (z. B. Monitor und Drucker) und sonstige Peripheriegeräte (z. B. Modem und Soundkarte). Da die oft gleichzeitig ablaufenden Prozesse bzw. Tasks eines Computers dieselben Ressourcen in Anspruch nehmen wollen (z. B. CPU und Arbeitsspeicher), ist es Aufgabe des Betriebssystems zu entscheiden, wer für welchen Zeitraum auf die einzelnen Ressourcen zugreifen darf. Dabei versucht das Betriebssystem, unter Berücksichtigung von Prioritäten, die Ressourcen gleichmäßig und möglichst effizient zu verteilen.

Neben der Ressourcenverwaltung ist das Betriebssystem für die Steuerung des Ablaufs der Anwendungs-Software und die Steuerung der Peripheriegeräte über so genannte Geräte-Treiber zuständig.

Beim Wechsel auf ein anderes Betriebssystem ist insbesondere zu prüfen:

- Lauffähigkeit der derzeitigen und zukünftigen Programme unter dem neuen Betriebssystem?
- Ist die derzeitige Hardware für das neue Betriebssystem ausreichend dimensioniert (Arbeitsspeicher, Rechnergeschwindigkeit) und kompatibel zur EDV-Architektur im Unternehmen?
- Mit welchem Aufwand und in welcher Zeit sind die erforderlichen Mitarbeiterschulungen durchführbar?

02. Wie kann man Multi-User erklären?

Multi-User bedeutet übersetzt *Mehrbenutzer*. Der Begriff tritt in Verbindung mit Betriebssystemen und Netzwerken auf. Ein Multi-User-Betriebssystem eignet sich für den Einsatz in einem Netzwerk und ist in der Lage, mehrere Benutzer gleichzeitig zu verwalten. Von einem Multi-User-Betrieb spricht man, wenn mehrere Anwender von ihren jeweiligen Arbeitsplatzrechnern über ein Netzwerk auf gemeinsame Datenbestände zugreifen wollen.

03. Was versteht man unter Multitasking?

Mit Multitasking bezeichnet man die *gleichzeitige Ausführung mehrerer Programme* (Tasks) auf einem Rechnersystem. Ein Beispiel hierzu: Während man in einer Datenbank auf die Ergebnisse von Suchabfragen wartet, kann man über die Textverarbeitung ein Dokument ausdrucken und gleichzeitig über ein Modem im Internet surfen.

Voraussetzung für Multitasking ist ein multitaskingfähiges Betriebssystem. Zu berücksichtigen ist natürlich auch, dass sich die Geschwindigkeit eines Rechnersystems beim Ausführen der einzelnen Tasks mit steigender Anzahl der gleichzeitig aktiven Tasks reduziert.

04. Was sind Hilfsprogramme?

Hilfsprogramme sind Dienstprogramme zur Abwicklung häufig vorkommender anwendungsneutraler Aufgaben bei der Benutzung des EDV-Systems, dazu zählen Editoren, Sortier-, Misch- und Kopierprogramme, Diagnose-, Test- und Dokumentationsprogramme.

05. Was bezeichnet man als „Echtzeitverarbeitung"?

Bei der Echtzeitverarbeitung (Real time processing) werden die Daten vom Betriebssystem in einem engen zeitlichen Zusammenhang zur realen Entstehung verarbeitet (im Gegensatz zur Stapelverarbeitung; Batch processing); findet Anwendung hauptsächlich bei der Steuerung von technischen Prozessen.

06. Welche grundlegenden Funktionen weisen die Betriebssysteme DOS, WINDOWS, UNIX und OS/2 auf?

- *DOS = Disk Operating System* ist ein Betriebssystem der älteren Generation. Der Anwender kommuniziert mit dem Betriebssystem über Texteingaben (= textorientiertes Betriebssystem); ist nur als Single-User-System einsetzbar, schwerfällig und kann die heutigen EDV-Anforderungen (z. B. bei anspruchsvoller Software) nicht mehr erfüllen.

- *WINDOWS* ist ein Multi-User- und Multi-Tasking-System und hat eine grafische Benutzeroberfläche (Menüleisten, Fenstertechnik). Die Festplatte enthält Verzeichnisse (Ordner) und Dateien (z. B. Programme, Dokumente).

  Die Weiterentwicklungen von WINDOWS sind: WINDOWS NT, XP, Vista, Windows 7 und Windows 8; die Programme wurden für Netzwerke entwickelt und erlauben den Zugriff auf andere Rechner.

- *UNIX* ist ein textorientiertes Betriebssystem und wurde ursprünglich für Großrechner entwickelt. Es ist ein Multi-User- und Multi-Tasking-System. Aufgrund seiner hohen Anpassungsfähigkeit an unterschiedlichste Hard- und Softwareerfordernisse ist der Einsatz auf PC-Systemen wieder angestiegen.

- *OS/2* wurde von IBM entwickelt, ist WINDOWS sehr ähnlich, aber deutlich weniger verbreitet.

- Mac OS X ist ein sehr leistungsfähiges Betriebssystem von Apple.

3.1.5 Einteilung von Software und Interpretation von Diagrammen

01. Was versteht man unter dem Begriff „Anwendungs-Software"?

Als Anwendungs-Software bezeichnet man Programme, die von einem *Anwender* (Benutzer) zur Lösung seiner speziellen Aufgaben mittels eines Computers *eingesetzt werden*. Will ein Benutzer einen Brief schreiben, so steht ihm dafür als Anwendungs-Software ein Textverarbeitungsprogramm zur Verfügung. Sollen Adressdaten verwaltet werden, so kann ein Datenbankprogramm als Anwendungs-Software gewählt werden.

02. Wozu dient Standard-Software?

Unter Standard-Software versteht man Programme, die einen *festen Leistungsumfang* haben und die aufgrund ihrer allgemeinen Ausrichtung möglichst viele Anwender ansprechen sollen. Daher handelt es sich bei den Anwendungen der Standard-Software sehr häufig um Standard-Anwendungen wie z. B. Textverarbeitung, Tabellenkalkulation, Datenbankverwaltung etc. Da Standard-Software in hohen Stückzahlen produziert und verkauft werden kann, sind die Preise entsprechend gering.

03. Wo findet Individual-Software Anwendung?

Wie der Name sagt, handelt es sich hierbei um *speziell auf den einzelnen Anwender* zugeschnittene Software. Die Software wird meist nach den Wünschen des Anwenders entwickelt, sodass dieser auch den genauen Leistungsumfang vorgibt. In der Regel kommt eine solche Individual-Software auch nur bei einem Anwender zum Einsatz. Beispiel für den Einsatz von Individual-Software ist der Bereich der Betriebsdatenerfassung. Da eine Individual-Software für einen Anwender entwickelt wird, sind die Kosten entsprechend hoch.

04. Was ist bei der Interpretation von Diagrammen zu beachten?

Hinweis:
Das Thema „Diagramme" wird – entsprechend dem Rahmenplan – ausführlich behandelt unter Ziffer 3.4.4. Wir beschränken uns an dieser Stelle auf einige Hinweise zur Interpretation von Diagrammen.

1. Bei Diagrammen mit ungenauen Bezeichnungen und Angaben kann es zu *Fehlinterpretationen* kommen, z. B.:

    - Titel: Was soll im Diagramm dargestellt werden/sein?
    - Maßstab: Welcher Maßstab wurde gewählt?
        - auf der Ordinate?
        - auf der Abszisse?
        - natürliche Zahlen, Dezimalzahlen, Prozentzahlen, Logarithmen, Indexzahlen, Schrittfolge im Maßstab.

        Sind die *Proportionen der Achsen* zueinander so gewählt, dass keine Verzerrung entsteht?

        Sind die *Maßeinheiten* vorhanden, richtig gewählt und einheitlich (z. B. kg, t, €, T€ usw.)?
    - Fläche: Existieren *Gitterlinien*, sodass Zahlenwerte aus dem Diagramm exakt ablesbar sind?

- Diagrammart: Entspricht die Art des Diagramms dem darzustellenden Problem, z. B.:
  - Anteile   → Kreisdiagramm, Struktogramm
  - Zeitreihe → Liniendiagramm
  - Häufigkeit → Säulendiagramm, Stabliniendiagramm

2. Diagramme müssen durch die Art ihrer Darstellung die *beabsichtigte Aussage* „dem Betrachter deutlich mitteilen". Mitunter sind Diagramme mit zu vielen Effekten überfrachtet, sodass der Aussagewert leidet (z. B. Schattierung, Rasterung, Schriftarten, 3-D-Darstellung).

3. Kreisdiagramme sind z. T. sehr effektvoll. Für den Betrachter lassen sich jedoch die *Proportionen* der Kreissegmente nur schwer *abschätzen*.

4. Der Betrachter sollte den Hintergrund des Datenmaterials kennen, z. B.:
   - Wann wurde das Datenmaterial erfasst?
   - Wie erfolgte die Erfassung (manuelle Messung, Sensoren u. Ä.)
   - Sind Urlistendaten dargestellt oder wurde das Datenmaterial bereits verdichtet (z. B. durch die Bildung von Merkmalsklassen)?
   - Welcher Prozess liegt zu Grunde?

Beispiel:
Die nachfolgend dargestellten Diagramme (Abb. 1 bis 3) zeigen denselben Sachverhalt und basieren auf demselben Datengerüst. Die Abbildungen sind zum Teil mit Fehlern behaftet, sodass der Betrachter zu Fehlinterpretationen kommen kann:

1. In Abbildung 2, unten, fehlt die Maßeinheit an der Abszisse, bei Abb. 1 und 3 fehlt die Maßeinheit an der Ordinate (vermutlich Prozent?); außerdem ist der Titel nicht aussagefähig (Ausschussquote: Wann? Bei welchem Prozess?).

2. Bei Abbildung 1 ist der Maßstab der Abszisse zu groß gewählt, sodass der Eindruck entstehen kann, dass kaum Schwankungen des Merkmals zu verzeichnen sind. Ein umgekehrtes Bild ergibt sich beim 3. Diagramm. Hier wurde der Maßstab der Abszisse zu klein gewählt im Verhältnis zur Ordinate.

3. Weiterhin wäre zu klären, welche Diagrammart den Sachverhalt deutlicher ausweist? Abbildung 2 hat z. B. den Vorteil, dass der Betrachter aufgrund der waagerechten Darstellung der Säulen und der horizontalen Gitterlinien die einzelnen Messwerte exakt aus dem Diagramm ablesen kann.

4. Für alle drei Diagramme stellt sich die Frage, warum der Ersteller der Abbildungen darauf verzichtet hat, das Datengerüst in Form einer Tabelle mit anzugeben?

Abb.:1 Ausschussquote (Monate)

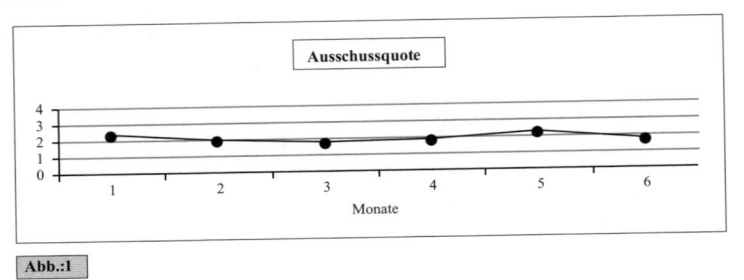

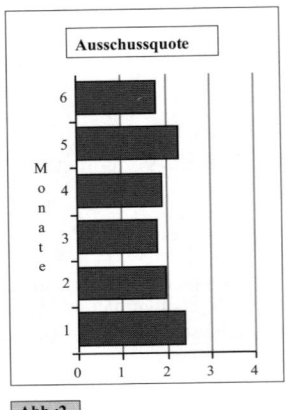

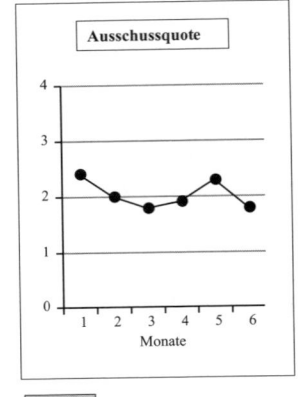

Abb.:2 Ausschussquote (Monate)

Abb.:3 Ausschussquote (Monate)

3.2 Planungstechniken und Analysemethoden sowie deren Anwendungsmöglichkeiten

3.2.1 Persönliche und sachliche Voraussetzungen zum optimalen Arbeiten

01. Welche fünf Hauptbereiche, aus denen sich für eine Führungskraft Störungsursachen in der Zeitverwendung ergeben können, sind zu unterscheiden?

Störfaktoren,

- die in der *eigenen Person* liegen (z. B. fehlende Motivation),
- die aus dem *privaten Umfeld* kommen,
- die von *Mitarbeitern* ausgehen,
- aus der Betriebs*organisation*,
- durch *Nicht-Beherrschen der* Zeitmanagement-*Techniken*.

02. Wie können Störungsursachen in der Zeitverwendung systematisch erkannt und abgebaut werden?

Störfaktoren kann man nur bearbeiten, wenn man sie kennt, d. h. wenn man sie sich bewusst macht. Dabei sollte man systematisch, z. B. folgendermaßen vorgehen:

1. Schritt: *Einteilen der Störfaktoren in die zwei Hauptgruppen:*
   - Außen (Organisation, Chef, Mitarbeiter, ...) und
   - Innen (eigene Person: Motivation, Unlust, Hektik, ...)

2. Schritt: *Quantitatives Erfassen der Störungsursachen:*
   Parallel zu den Tagesplänen: Auf einer „Checkliste der Störungen" werden jeweils am Ende eines Tages mit einer Strichliste Art und Häufigkeit der Störungen sichtbar gemacht. Dieses Aufschreiben sollte zwei Wochen lang durchgeführt werden.

3. Schritt: *Beseitigen oder Vermindern der Störungen:*
   Analysieren der Störungsursachen und Festlegen von Maßnahmen zur Eliminierung oder Verminderung. Dabei helfen z. B. die Fragen:
   - Welche Störungen behindern am meisten?
   - Welche Störungen lassen sich (unter den bestehenden Umständen) nicht beeinflussen?
   - Welche lassen sich beeinflussen, mindern, beseitigen? Wie? Wodurch?

03. Welche Techniken sind geeignet um die Zeitverwendung durch Setzen von Prioritäten zu verbessern und wie werden sie angewendet?

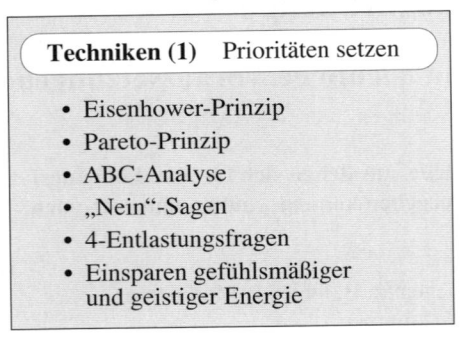

Techniken (1) Prioritäten setzen

- Eisenhower-Prinzip
- Pareto-Prinzip
- ABC-Analyse
- „Nein"-Sagen
- 4-Entlastungsfragen
- Einsparen gefühlsmäßiger und geistiger Energie

- *Das Eisenhower-Prinzip* ist ein einfaches, pragmatisches Hilfsmittel, um schnell Prioritäten zu setzen. Man unterscheidet bei einem Vorgang zwischen der
  - Dringlichkeit (Zeit-/Terminaspekt) und der
  - Wichtigkeit (Bedeutung der Sache)

in den Ausprägungen „hoch" und „niedrig". Ergebnis ist eine 4-Felder-Matrix, die eine einfache aber wirksame Handlungsorientierung bietet:

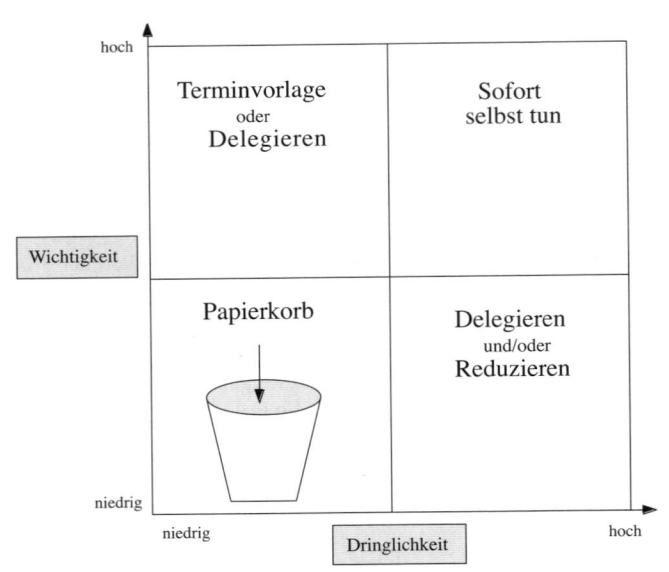

	Dringlichkeit niedrig	Dringlichkeit hoch
Wichtigkeit hoch	Terminvorlage oder Delegieren	Sofort selbst tun
Wichtigkeit niedrig	Papierkorb	Delegieren und/oder Reduzieren

Die Vorfahrtsregel lautet: *Wichtigkeit geht vor Dringlichkeit*!

3.2 Planungstechniken und Analysemethoden sowie deren Anwendungsmöglichkeiten

- *Das Pareto-Prinzip* (Ursache-Wirkungs-Diagramm)
  (benannt nach dem italienischen Volkswirt und Soziologen Vilfredo Pareto, 1848-1923) besagt, dass wichtige Dinge normalerweise einen kleinen Anteil innerhalb einer Gesamtmenge ausmachen. Diese Regel hat sich in den verschiedensten Lebensbereichen als sog. 80:20-Regel bestätigt:

20 % der Kunden	bringen	80 % des Umsatzes
20 % der Fehler	bringen	80 % des Ausschusses

  Überträgt man diese Regel auf die persönliche Arbeitssituation, so heißt das:

  20 % der Arbeitsenergie bringen (bereits) 80 % des Arbeitsergebnisses
  bzw.
  die restlichen 80 % bringen nur noch 20 % der Gesamtleistung.

- Die *ABC-Analyse*
  Das Pareto-Prinzip ist ein relativ grobes Verfahren zur Strukturierung der Aufgaben nach dem Kriterium „Wichtigkeit". Der ABC-Analyse liegt die Erfahrung zu Grunde, dass

15 % aller Aufgaben	65 %	zur Zielerreichung beitragen
20 % aller Aufgaben (nur)	20 %	zur Zielerreichung beitragen
65 % aller Aufgaben (nur)	15 %	zur Zielerreichung beitragen.

  Kriterien für A-Aufgaben, z. B.:

  - Welche Aufgaben leisten den größten Zielbeitrag?
  - Welche Einzelaufgaben können gleichzeitig mit anderen gelöst werden (Synergieeffekt)?
  - Welche Aufgaben sichern langfristig den größten Nutzen?
  - Welche Aufgaben bringen im Fall der Nichterledigung den größten Ärger/Schaden („Engpass-Prinzip")?

- *Nein-Sagen* fällt den meisten Menschen schwer. Die Folgen: Sie können sich oft nicht mehr aus dem Netz der sie umgebenden Erwartungshaltungen und Wünsche anderer befreien. Ein „gesunder" und vertretbarer Egoismus schafft oft ungeahnte Zeitreserven – indem man „Nein" sagt. Ein guter Ratgeber ist dabei die Überlegung: „Was passiert bei mir, wenn ich „Nein" sage?" „Welche Folgen hat das für den anderen?" Hier gilt es abzuwägen – bewusst, im konkreten Fall und immer wieder.

- *Die 4-Entlastungsfragen*
  Häufig wiederkehrende Arbeiten werden oft unreflektiert versehen; man spricht von Routine. Es lohnt sich, das zu ändern, indem man sehr bewusst an die Tagesarbeit herangeht und sich jedes Mal vor Beginn einer Aktivität die vier Entlastungsfragen stellt:

(1) Warum gerade ich?	Fazit: Delegieren!
(2) Warum gerade jetzt?	Fazit: Auf Termin legen!
(3) Warum so?	Fazit: Vereinfachen, „schlanke" Lösung, rationalisieren!
(4) Warum überhaupt?	Fazit: Weglassen, beseitigen!

- *Einsparen gefühlsmäßiger und geistiger Energie:*
  Nicht jede Diskussion ist es wert, dass man sich zu 100 % engagiert. Nicht jeder Ärger ist so bedeutsam, dass man seinen Gefühlshaushalt völlig durcheinander bringt usw.

04. Mit welchen Techniken lassen sich Arbeitsvorgänge rationalisieren und wie werden sie angewendet?

> **Techniken (2) Arbeit rationalisieren**
>
> - 6-Info-Kanäle
> - 3-Körbe-System
> - Schreibtischmanagement
> - Telefonmanagement
> - Terminplanung, Arbeitsplanung
> - Zielplanung

- *Die 6 Informationskanäle:*
Was auf den Schreibtisch kommt, ist unterschiedlich wichtig und unterschiedlich dringend. Die „6-Info-Kanäle" kann man nutzen um die Papiermenge zu beherrschen:

Kanal 1: Lesen und vernichten   Kanal 4: Wiedervorlage
Kanal 2: Lesen und weiterleiten   Kanal 5: Laufende Vorgänge
Kanal 3: Lesen und delegieren   Kanal 6: Sofort selbst erledigen

- *Das 3-Körbe-System:*
Der Schreibtisch hat drei Körbe:

- den Eingangskorb
- den Ausgangskorb
- den Papierkorb

Tipps:
- Jedes Schriftstück kommt in den Eingangskorb.
- Jeder Vorgang wird nur einmal in die Hand genommen.
- Auf dem Schreibtisch liegt nur der Vorgang, an dem man gerade arbeitet.
- Eingangskorb, Ausgangskorb und Schreibtisch sind jeden Abend leer.
- „Der Papierkorb ist der Freund des Menschen".

- *Schreibtischmanagement:*
Es gibt Menschen, die gehören zu den „Volltischlern". Ihr Schreibtisch gleicht einer Fundgrube, getreu nach dem Motto: „Nur ein kleines Hirn braucht Ordnung, ein Genie hat den Überblick über das ganze Chaos."

Andere wiederum räumen ihren Schreibtisch ganz leer, um damit z. B. ihre Besucher zu beeindrucken. Das Chaos und die Fülle in den Schubladen kann der Besucher natürlich nicht sehen. Beide Formen sind natürlich Extreme und treffen nur für einen geringen Teil der „Schreibtischarbeiter" zu.

Tipps für eine „unsichtbare Schreibtischeinteilung, z. B. so:
- Eingangs-, Ausgangs-, Papierkorb sind rechts (in der Nähe der Tür)
- das Telefon steht links
- links ist ein „Korb" mit Notizen für Telefon-Gesprächsblöcke
- links ist ein „Korb" mit den heute zu bearbeitenden Vorgängen

3.2 Planungstechniken und Analysemethoden sowie deren Anwendungsmöglichkeiten 341

- man arbeitet immer von links nach rechts
- Der Schreibtisch ist jeden Abend leer.

- *Telefonmanagement:*
  Für ein rationelles Telefonieren sind z. B. folgende Überlegungen hilfreich:

  - Wann telefoniere ich?
  - Wie plane ich das Telefonat?
  - Wen will ich anrufen?
  - Wie bereite ich mich vor?
  - Welche Gesprächsregeln gelten für das Telefonieren?
  - Wann und wie schirme ich mich vor Telefonaten ab?

- *Terminplanung:*
  Die drei Schritte der Arbeits- und Terminplanung lauten:

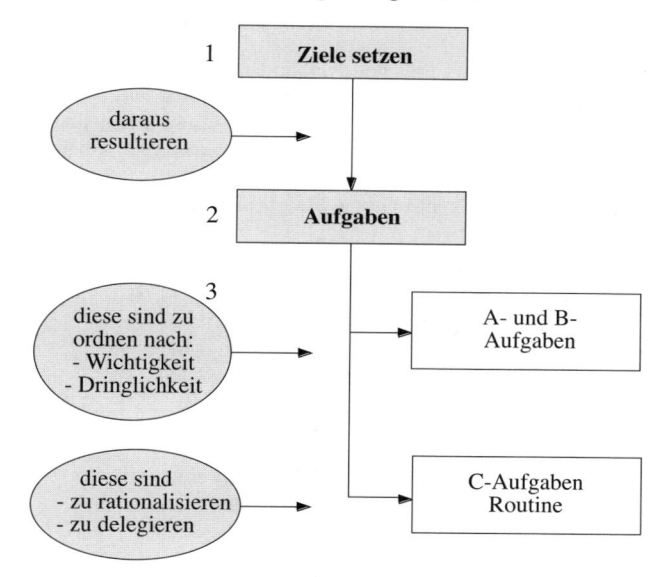

```
                    1    ┌─────────────┐
                         │ Ziele setzen │
       ╭──────────╮      └──────┬──────┘
       │ daraus   │ ─────→      │
       │resultieren│            ↓
       ╰──────────╯      ┌─────────────┐
                    2    │  Aufgaben   │
                         └──────┬──────┘
                    3           │
       ╭──────────╮             │      ┌─────────────┐
       │diese sind zu│          ├─────→│  A- und B-  │
       │ ordnen nach:│ ────→    │      │   Aufgaben  │
       │ - Wichtigkeit│         │      └─────────────┘
       │ - Dringlichkeit│       │
       ╰──────────╯             │
       ╭──────────╮             │      ┌─────────────┐
       │diese sind│             └─────→│  C-Aufgaben │
       │- zu rationalisieren│ ──→      │   Routine   │
       │- zu delegieren│               └─────────────┘
       ╰──────────╯
```

Die Prinzipien der Arbeits- und Terminplanung sind:

- Immer *schriftlich planen* und
- nicht den ganzen Tag verplanen (*50:50 Regel*).

05. Warum muss der Meister in seinem Arbeitsbereich eine systematische Kontrolle durchführen?

Hinweis: Ausführlich wird das Thema Kontrolle behandelt im 4. Prüfungsfach unter Ziffer 4.5.3.

Kontrolle ist ein wichtiges Element innerhalb der Führungsaufgaben des Meisters. Es ist sehr eng mit den Themen Anerkennung, Kritik und Beurteilung verknüpft. In allen Fällen muss ein brauchbarer *Maßstab* vorliegen und es sind *Formen der Rückmeldung* (Feedback-Maßnahmen).

Kontrolle ist der Vergleich eines Ist-Zustandes mit einem Soll-Zustand und ggf. die Ableitung erforderlicher (Korrektur-) Maßnahmen.

Systematisch kontrollieren heißt,

- die unterschiedlichen *Formen der Kontrolle* richtig anwenden (Eigen-/Fremdkontrolle, Voll-/ Stichprobenkontrolle, Ergebnis-/Tätigkeitskontrolle, End-/Fortschrittskontrolle usw.),
- den *Zeitpunkt der Kontrolle* richtig wählen (zu unterschiedlichen Tageszeiten, Wochentagen usw.)
- klare *Maßstäbe* vereinbaren oder setzen, die als Sollvorgabe gelten,
- alle unterstellten Funktionen *gleichgewichtig und gleichmäßig* beobachten und bewerten. Ein häufig anzutreffendes Phänomen in der Praxis ist die ungleichgewichtige und ungleichmäßige Kontrolle der unterstellten Funktionen:

Beispiel:
Meister X hat 20 Mitarbeiter. Ihm sind folgende Funktionen unterstellt: Montagegruppe Elektrik, Montagegruppe Mechanik, Lager, Verpackung. Aufgrund seiner Ausbildung und Vorerfahrung kennt Meister X die Aufgabenbereiche „Mechanik" und „Verpackung" bis ins Detail. Im Bereich Elektronik ist er fachlich unsicher. Von daher besteht die Neigung vieler Vorgesetzter, den Arbeitsbereich besonders intensiv zu kontrollieren, in dem sie „sich zu Hause fühlen". Mitunter hat dies fatale Folgen: Fehler werden nicht bemerkt, die „besonders kontrollierten Mitarbeiter" sind frustriert.

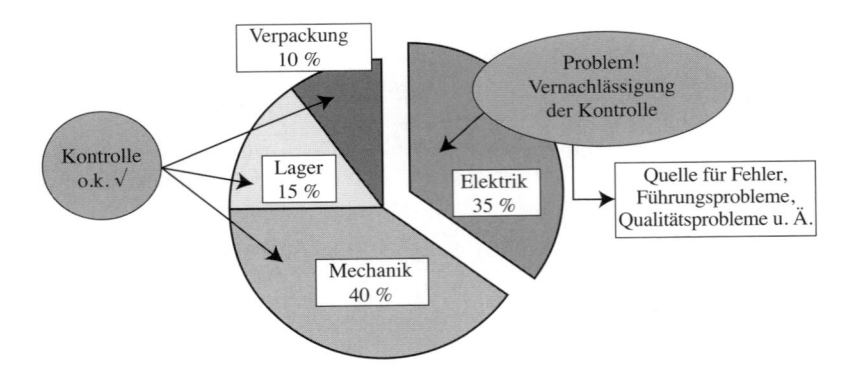

06. Welche Gesichtspunkte sind bei der Gestaltung des eigenen Arbeitsplatzes zu beachten?

Dazu einige *Beispiele* (vgl. dazu ausführlich im 2. Prüfungsfach unter Ziffer 2.2.7 und im 4. Prüfungsfach unter Ziffer 4.2.2.):

- Sind alle *Arbeitsgeräte* und -mittel *vorhanden und funktionsfähig?*
- Herrscht die notwendige *Ordnung und Sauberkeit*, die eine sichere *Aufbewahrung* der Arbeitsmittel sicher stellt und das *Auffinden* ermöglicht?
- Wer ist für *Wartung, Pflege* und *Inventarisierung* der Arbeitsmittel zuständig?
- Ist der Büroraum beim Verlassen gesichert?

- Entsprechen die *Luft- und Lichtverhältnisse* den Vorschriften?
- Sind der Bürostuhl und der Schreibtisch *ergonomisch* angeordnet und gestaltet? (Rückenprobleme und Ermüdung)
- Sind die *technischen Hilfsmittel* am Arbeitsplatz ausreichend vorhanden und werden sie sinnvoll genutzt?
  (Ablagesystem, Schreibgeräte, Terminplaner, Pinnwand, Schichtpläne, Plantafeln, Kommunikationsgeräte wie Fax, Telefon, „Pieper", Handy, Kopierer, manuelle oder Edv-gestützte Planungssysteme usw.)

07. Wie lässt sich die Arbeit mithilfe von Ablagesystemen und der PC-Technik erleichtern?

- Permante, organisierte und effektive *Ablage* stellt sicher, dass der Arbeitsplatz nicht „in Papier ertrinkt" (vgl. dazu oben: „3-Körbe-System" und die „6-Info-Kanäle"). Weiterhin sind neben der betrieblich bedingten Ablage die gesetzlichen Aufbewahrungsfristen zu beachten. Es ist zu prüfen, welche Formen der Ablage jeweils zweckmäßig sind, z. B.:

  Zentrale oder dezentrale Ablage; stehende/liegende/hängende Ablage, im Original, als Kopie, als Mikroverfilmung, als gescanntes Dokument (CD, Streamer, externe Festplatte); sortiert nach Vorgängen/Objekten/Verrichtungen; Dokumentation der Ablage; Ablage im Zusammenhang mit Zertifizierung.

- *PC-Technik:*
  Die PC-Technik ist heute soweit entwickelt, dass für fast jede Fragestellung und Anwendung eine geeignete Softwareunterstützung von den Herstellern angeboten wird. Bei der Nutzung derartiger Programme sollte im Betrieb darauf geachtet werden, *dass die PC-Welt von der Hardware und insbesondere von der Software einheitlich ist, untereinander vernetzt ist und – soweit erforderlich – einen Zugang zum Host hat* (Vermeidung von Wildwuchs in der betrieblichen PC-Landschaft sowie der Mehrfacheingabe von Daten, Pflege und Sicherung der Daten und der Programme, keine Insellösungen). Beispiele für Edv-gestützte Programme:

  - Terminplanung und automatische Wiedervorlage mithilfe akustischer Signale,
  - Textverarbeitung, Dokumentenvorlagen (Fax, Protokoll, Bericht usw.; z. B. Word)
  - Präsentationstechnik (Folienvorlagen, Visualisierung)
  - Tabellenkalkulation (z. B. Excel, Open Access)
  - Software für Projektmanagement (z. B. MS Projekt)
  - Grafikprogramme für Aufbau- und Ablauforganisation, Netzplantechnik, Flussdiagramme, Meilensteindiagramme, Balkendiagramme
  - elektronische Wörterbücher und Übersetzungsprogramme
  - elektronische Ablage und Dokumentation
  - Adressverzeichnisse, Telefonbücher, Notizzettel
  - Hard- und Software zur Speicherung von Daten (Scanner, CD-Brenner, externes Laufwerk)
  - Schnittstellen für Kommunikation per Internet und Intranet
  - sog. Kombiprogramme mit einer Vielzahl von Anwendungen (z. B. MS-Office)

3.2.2 Methoden der Problemlösung und Entscheidungsfindung

01. Was ist ein Problem?

Ein Problem ist ein Hindernis, das der Realisierung einer Zielsetzung entgegensteht.

Beispiel:
Eine neue Maschine soll erstmalig in Betrieb genommen werden (Ziel). Bei den Vorbereitungen stellt sich heraus, dass die Energieversorgung nicht ausreichend ist.

02. Welche Formen betrieblicher Probleme mit welchen Auswirkungen sind denkbar?

Beispiele:

Formen betrieblicher Probleme:	Auswirkungen:
Ist das Problem einmalig oder wiederkehrend?	→ generelle Lösung oder Lösung für den Einzelfall
Was ist das Problem? (Problemsachverhalt)	
• Besteht ein Informationsmangel?	→ Informationssuche
• Besteht ein Ressourcenmangel?	→ Suche nach weiteren Ressourcen oder Ersetzen einer Ressourcenart durch eine andere (z. B. der Faktor Arbeit wird durch den Faktor Kapital ersetzt)
• Besteht eine Mangel in der Planung?	→ Ungenügende Vorstellung über die Art des Vorgehens
• Liegt zwischen den Beteiligten ein Sachkonflikt oder ein Beziehungskonflikt vor?	→ Streit, Kampf, Demotivation usw.

03. In welchen logisch aufeinander folgenden Schritten ist ein Problem generell zu lösen?

Man unterscheidet fünf logisch aufeinander folgende Schritte und bezeichnet dieses System als *Problemlösungszyklus*:

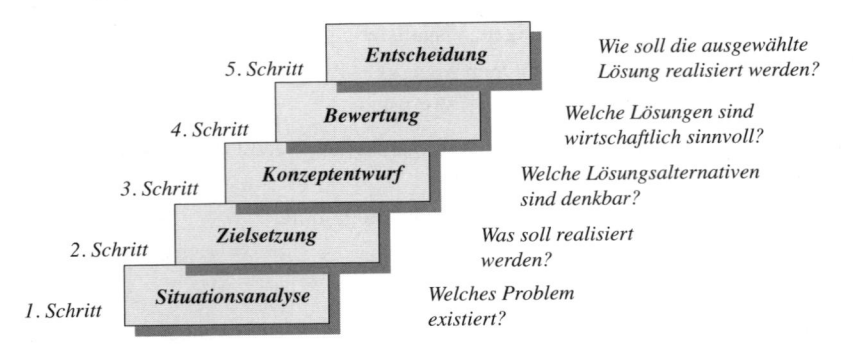

Schritt	Phase	Leitfrage
5. Schritt	Entscheidung	Wie soll die ausgewählte Lösung realisiert werden?
4. Schritt	Bewertung	Welche Lösungen sind wirtschaftlich sinnvoll?
3. Schritt	Konzeptentwurf	Welche Lösungsalternativen sind denkbar?
2. Schritt	Zielsetzung	Was soll realisiert werden?
1. Schritt	Situationsanalyse	Welches Problem existiert?

Vgl. dazu auch unten, Ziffer 3.5.2, Nr. 02: Schrittfolgen im Problemlösungszyklus.

3.2 Planungstechniken und Analysemethoden sowie deren Anwendungsmöglichkeiten 345

04. Welche Methoden der Situationsbeschreibung sind denkbar?

Voraussetzung für die *Analyse* einer Situation (vgl. oben: 1. Schritt im Problemlösungszyklus) ist eine genaue, die Realität wiedergebende *Beschreibung* des gegenwärtig herrschenden Zustandes. Dafür sind folgende Methoden geeignet:

1. *Soll-Ist-Analyse:*

   Beschreibung eines Vergleichs zwischen dem tatsächlichen und dem gewünschten (geplanten) Zustand: Man bezeichnet diesen Vergleich als *Soll-Ist-Analyse*.

   Beispiel: „Problem: Absatzrückgang beim Produkt Rasenmäher"
   Bei einem Hersteller von motorisierten Gartengeräten soll eine neue Generation von Rasenmähern entwickelt werden, da die Konkurrenz deutliche Marktvorteile gewonnen hat. Nachfolgend ein Auszug aus der Soll-Ist-Analyse zur Entwicklung einer neuen Serie:

Gegenstand der Betrachtung	Ist (Rasenmäher/alt)	Soll (Rasenmäher/neu)
• Gehäuse: • Gewicht: • Antrieb: • Schnittbreite: usw.	aus Blech 18 kg Benzinmotor 40 cm	aus Kunststoff 12 kg Elektro- und Benzinmotor 30, 40 und 50 cm

2. *Flussdiagramm*

   Der Ist-Zustand verrichtungsorientierter Abläufe lässt sich mithilfe eines Flussdiagramms darstellen:

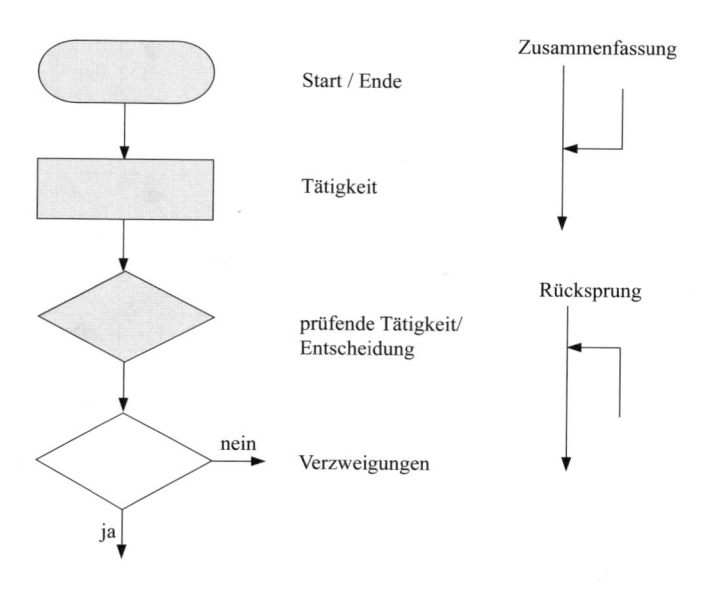

   - Start / Ende
   - Tätigkeit
   - prüfende Tätigkeit/ Entscheidung
   - Verzweigungen
   - Zusammenfassung
   - Rücksprung

Dabei wird die einmal gewählte Logik – „Ja-Verzweigung: senkrecht", „Nein-Verzweigung: waagerecht" – im ganzen Diagramm beibehalten. Es werden die feststehenden Symbole nach DIN 66001 verwendet, die hier auszugsweise wiedergegeben sind (siehe oben).

Weitere Merkmale sind:

- Beginn und Ende des Vorgangs werden mit „Start" und „Ende" (Ellipse) gekennzeichnet.
- „Ja-Verzweigungen" (= senkrecht); „Nein-Verzweigungen" (= waagerecht).
- Vorgangsstufen werden mit Richtungspfeilen verknüpft.
- Bei den Vorgangsstufen wird zwischen „Tätigkeit" (= Rechteck) und „prüfender Tätigkeit" (= Entscheidungsraute) unterschieden.

3. *Stärken-Schwächen-Analyse:*

Mithilfe der Stärken-Schwächen-Analyse beschreibt und bewertet man (subjektiv) den Vergleich zwischen relevanten Merkmalen des eigenen Unternehmens und denen eines Wettbewerbers (Wettbewerber = Marktführer oder Wettbewerber = Branchendurchschnitt). Die grafisch-verbale Darstellung wird in folgenden Schritten erarbeitet:

1. Festlegung der relevanten Merkmale
2. Auswahl des Wettbewerbers
3. Erhebung der Ist-Daten
4. Skalierung zur Vornahme der Bewertung (ggf. Bewertung der Merkmale)
5. Interpretation der Ergebnisse
6. Beschreibung der Maßnahmen

Stärken-Schwächen-Analyse		Subjektive Bewertung						
		gering		mittel		hoch		
Bewertungsmerkmale	Gewichtungsfaktor	1	2	3	4	5	eigene Firma	Wettbewerber
• Technik	20						80	60
• F + E	10						30	50
• Finanzkraft	10						40	50
• Marktanteil	20						60	80
• Standort	10						20	40
• Kostenstruktur	30						120	90
• Personal	30						120	120
usw.								
Legende:							470	490
eigene Firma: ●								
Wettbewerber ○								

05. Welche Methoden der Problemanalyse sind denkbar?

Beispiele:

- *Ishikawa-Diagramm (= Ursache-Wirkungs-Diagramm, „Fischgräten-Diagramm"):*

    Die Problemursachen werden nach Bereichen kategorisiert und in einer Grafik veranschaulicht. Die Einzelschritte sind:

    1. Problem definieren
    2. vier bis acht Ursachenbereiche unterscheiden, z. B.:
       - Mensch   - Umwelt
       - Maschine   - Messtechnik
       - Material   - Management
       - Methode   - sonstige Einflüsse
    3. mögliche Ursachen je Bereich erkunden
    4. grafisch darstellen

    Beispiel:

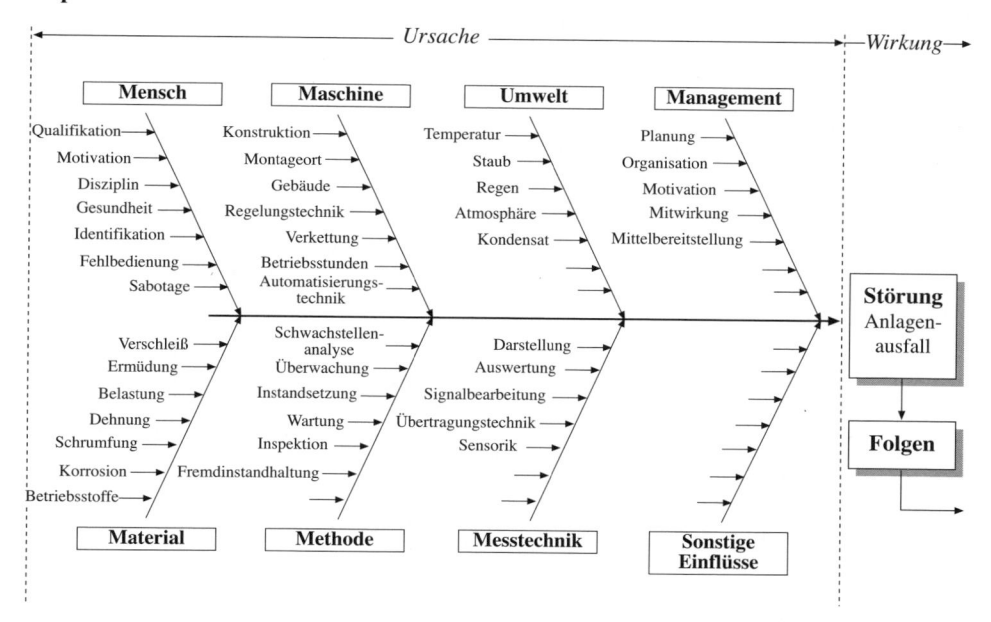

    [Ishikawa-Diagramm mit Ursachenbereichen Mensch, Maschine, Umwelt, Management, Material, Methode, Messtechnik, Sonstige Einflüsse, die zur Wirkung „Störung Anlagenausfall" und deren „Folgen" führen.]

- *ABC-Analyse:*

    Die ABC-Analyse ist eine analytische Methode, um Schwerpunkte zu bilden und anhand dieser Prioritäten zu setzen.

    Das Ziel der ABC-Analyse ist:

    - Wesentliches vom Unwesentlichen zu unterscheiden,
    - Ermittlung von Schwerpunkten,
    - Konzentration auf Schwerpunkte von wirtschaftlicher Bedeutung,
    - Ansatzpunkte für Rationalisierungsmaßnahmen ermitteln,

- Festlegung von Prioritäten,
- Maßstab für die wirtschaftliche Bedeutung finden,
- Vorgänge mit geringer Bedeutung vermindern oder vereinfachen helfen.

Wie geht man bei der ABC-Analyse vor?

1. Mengen und Werte werden ermittelt und kumuliert,
2. Ordnung in Tabellen nach abfallenden Werten,
3. Bildung von drei Gruppen:
   A: hochwertig
   B: mittelwertig
   C: geringwertig

Hinweis: Ein Berechnungsbeispiel finden Sie im „Blauteil" dieses Buches, S. 788 f.

06. Welche Methoden der Ideenfindung lassen sich einsetzen?

Am bekanntesten sind folgende Techniken:

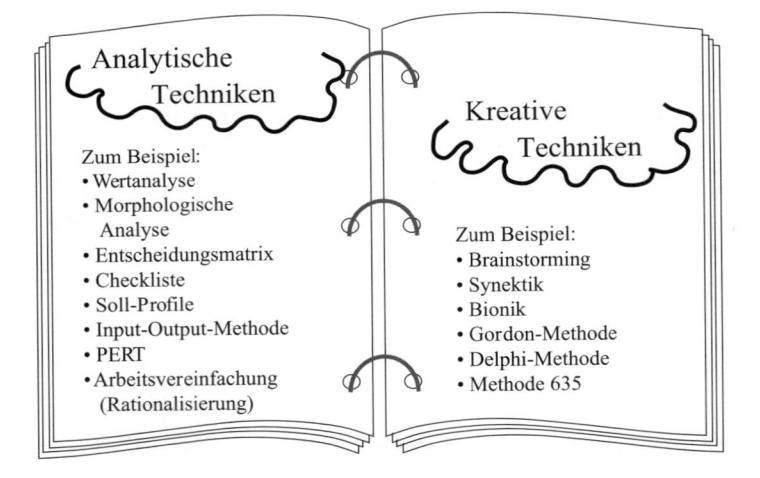

Analytische Techniken

Zum Beispiel:
- Wertanalyse
- Morphologische Analyse
- Entscheidungsmatrix
- Checkliste
- Soll-Profile
- Input-Output-Methode
- PERT
- Arbeitsvereinfachung (Rationalisierung)

Kreative Techniken

Zum Beispiel:
- Brainstorming
- Synektik
- Bionik
- Gordon-Methode
- Delphi-Methode
- Methode 635

Dazu ausgewählte Beispiele (in Anlehnung an den Rahmenplan):

- *Wertanalyse:*

  Die Wertanalyse (WA) basiert auf folgender Grundüberlegung: Ein Produkt erfüllt bestimmte Funktionen und hat damit für den Verbraucher einen bestimmten Wert/Nutzen.

  Beispiel: Ein Feuerzeug erfüllt u. a. die Funktion Feuer, Wärme oder Licht zu spenden.

  Jede Funktion eines Produktes verursacht in der Herstellung spezifische Kosten. Die Wertanalyse verfolgt nun das *Ziel, den vom Verbraucher erwarteten Wert eines Produkts mit den geringsten Kosten herzustellen.*

Anders als die traditionellen Kostensenkungsprogramme, bei denen eine isolierte Senkung der Kosten die Erlössituation verbessern sollte, geht es bei der WA um die gezielte Betrachtung der Funktionen und die Frage, wie Kosten reduziert werden können, ohne den Funktionswert zu mindern. Oder anders ausgedrückt: Es geht bei der WA um die *Maximierung der Differenz zwischen Funktionswert und den dafür erforderlichen Kosten.*

Der Ablauf der Wertanalyse erfolgt nach DIN in sechs Hauptschritten mit jeweils speziellen Unterschritten (*Arbeitsplan nach VDI-Richtlinie 2800*):

1. Projekt vorbereiten:
   - Moderator, Koordinator und Team benennen
   - Grobziel, Rahmenbedingungen und Projektorganisation festlegen
   - Projektablauf planen

2. Objektsituation analysieren:
   - Informationen über Objekt, Umfeld, Kosten sowie Funktionen beschaffen
   - lösungsbedingte Vorgaben ermitteln
   - den jeweiligen Funktionen die Funktionskosten zuordnen

3. Soll-Zustand beschreiben:
   - alle Informationen auswerten
   - alle Soll-Funktionen und lösungsbedingende Vorgaben festlegen
   - kostenzielenden Soll-Funktionen zuordnen

4. Lösungsideen entwickeln:
   - vorhandene Ideen sammeln
   - neue Ideen entwickeln

5. Lösungen festlegen:
   - Bewertungskriterien festschreiben
   - Lösungsideen bewerten
   - Lösungsansätze darstellen und bewerten
   - Lösungen ausarbeiten und bewerten
   - Entscheidungsvorlage aufbereiten
   - Entscheidung herbeiführen

6. Lösungen verwirklichen:
   - Umsetzung im Detail planen
   - Realisierung beginnen und kontrollieren
   - Projekt abschließen

Die Stärken des Instrumentes Wertanalyse liegen u. a. in der praktisch universellen Einsetzbarkeit sowie im Zwang zur Systematik. Schwächen ergeben sich aus der durch die Systematik produzierten „Quasi-Objektivität", aus der Möglichkeit zur Manipulation (z. B. durch die Auswahl der Nutzkriterien und durch deren Gewichtung) sowie aus dem relativ hohen Arbeits- und Zeitaufwand, der bei sorgfältiger Anwendung besteht.

- *Brainstorming:*

   Vgl. dazu und zu weiteren Techniken der Kreativität im 4. Prüfungsfach, unter Ziffer 4.5.8.

07. Was ist eine Mind-Map?

Eine Mind-Map (auch: Gedankenkarte, Gedächtniskarte) ist eine Technik, die man z. B. zur Erschließung und visuellen Darstellung eines Themengebiets und zum Planen bzw. für Mitschriften einsetzen kann.

Eine Mind-Map wird per Hand auf unliniertem Papier im Querformat erstellt (es gibt für Mind-Mapping auch Software). In der Mitte wird das zentrale Thema formuliert oder als Bild dargestellt. Daran anschließend können die Hauptthemen in Fettdruck mit dicken Linien dargestellt werden. Es schließen sich Unterthemen in Kleinbuchstaben mit dünnen Linien an. Man kann dies etwa mit den Haupt - und Unterkapiteln eines Buches vergleichen (Baumstruktur). Jede Verzweigung wird von ihrem Mittelpunkt aus gelesen. Unterschiedliche bzw. gleiche Farben dienen der Hervorhebung von Zusammenhängen. Der Wert liegt in der Anlehnung an die Arbeitsweise des Gehirns (Verknüpfung von Bild und Struktur): Das Gehirn lernt nicht in linearen Aufzählungen und es assoziiert. Daher wird hier auf eine große Textfülle verzichtet und nur mit Schlüsselbegriffen gearbeitet. Die Mind-Map ist dann fertig, wenn der/die Ersteller es beschließt/en.

- Eine Mind-Map ist leicht erstellbar.
- Eine Mind-Map prägt sich sehr gut ein.

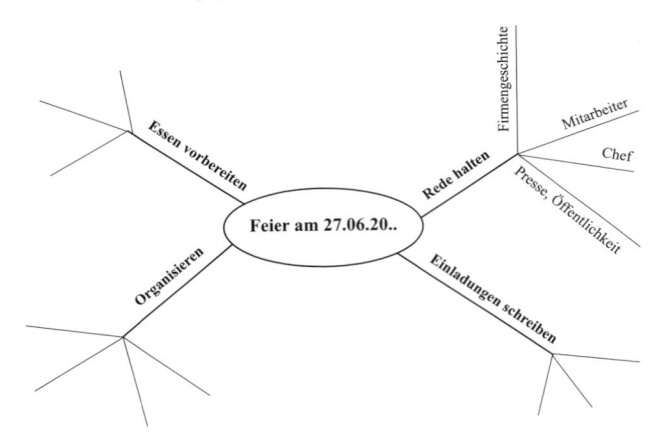

08. Welche Methoden der Entscheidungsfindung sind denkbar?

Beispiele:

- Entscheidungstabellentechnik
- Entscheidungsbaumtechnik
- Delphi-Methode

- Szenario-Technik
- Verfahren der Investitionsrechnung
- Verfahren der Risikoabwägung

- *Nutzwertanalyse:*

  Bei der Nutzwertanalyse wird ein Gegenstand hinsichtlich einer Reihe von Merkmalen untersucht. Für die Ausgestaltung des Gegenstandes (= Ziel) gibt es mehrere Varianten. Jede Variante erhält einen in Zahlen ausgedrückten Wert. Die Skalierung kann nominal, ordinal oder kardinal erfolgen. Hauptgruppen der Bewertung sind i. d. R.:

- wirtschaftliche Merkmale
- technische Merkmale
- rechtliche Merkmale
- soziale Merkmale

Eine Erweiterung der Bewertung kann dadurch vorgenommen werden, indem jedes Merkmal eine Gewichtung erfährt, die seiner Bedeutung bei der Problemlösung gerecht wird (vgl. dazu in Analogie die Vorgehensweise bei der analytischen Arbeitsbewertung).

Beispiel:
Eine Druckerei steht vor der Notwendigkeit, seine Kapazität zu erweitern. Die Entscheidung soll unter drei Maschinentypen (Offsetfarbendruck) getroffen werden:

Nutzwertanalyse Merkmale	Maschine 1			Maschine 2			Maschine 3		
	hoch	mittel	gering	hoch	mittel	gering	hoch	mittel	gering
	30	*20*	*10*	*30*	*20*	*10*	*30*	*20*	*10*
1. Technische Merkmale:									
• Papierlaufbreite	30				20			20	
• Oberflächenbeschaffenheit		20			20				10
• Bogenführung			10	30			30		
• Falztechnik		20		30					10
• Papierstapelanlage			10			10		20	
• elektronische Voreinstellung		20				10	30		
usw.									
2. Wirtschaftliche Merkmale:									
• Preis		20		30					10
• Lieferkonditionen		20			20		30		
usw.									
3. Rechtliche Merkmale:									
...									
4. Soziale Merkmale:									
...									
Summen:	150	220	90	180	200	50	120	260	110
Insgesamt:	**460**			**430**			**490**		

Nach der Nutzwertanalyse fällt die Entscheidung für Maschine 3.

- *Muss-/Kann-Ziele* (Muss-/Wunsch-Ziele):

  Ziele sind der Maßstab für zukünftiges Handeln. Im Rahmen der Entscheidungsfindung kann man Ziele einteilen in Muss-Ziele (unbedingt erforderlich) und Kann-Ziele (Charakter von „sollte"/„gewünscht"). Man kann dieses Verfahren z. B. einsetzen bei der Gestaltung des Anforderungsprofils im Rahmen der Bewerberauswahl.

Beispiel:
Der Bewerber für eine bestimmte Meisterposition muss/sollte folgende Eignungsmerkmale erfüllen:

Anforderungsprofil	„Muss" notwendig	„Kann" erwünscht
1. Fachliche Anforderungen:		
- Lehre, Metallberuf	x	
- mindestens 5 Jahre Praxis	x	
- Erfahrung in SPS		x
- AEVO		x
- Abschluss: Geprüfter Industriemeister		x
- Führungserfahrung	x	
usw.		
2. Persönliche Anforderungen:		
- Engagiert	x	
- flexibel, belastbar	x	
usw.		

09. Was ist die Methode des „Paarweisen Vergleichs"?

Mit dieser Methode lassen sich Merkmale/Eigenschaften eines Produkts aus Kunden- bzw. Herstellersicht bewerten. Man geht dabei in folgenden Schritten vor:

1. Zunächst werden die relevanten Merkmale gesammelt. Dabei sind viele Kunden/Mitarbeiter gefragt. Die relevanten Merkmale werden senkrecht und in gleicher Reihenfolge waagerecht in einer Matrix (siehe unten) eingetragen.

2. Es werden Zahlenwerte bei dem Paarvergleich in die Matrix eingetragen:

   0 = weniger (wenn das Merkmal in der Zeile eine geringere Priorität hat als in der Spalte)
   1 = gleichgewichtig (wenn Zeile und Spalte das gleiche Gewicht haben)
   2 = wichtiger (wenn das Merkmal in der Zeile ein höheres Gewicht hat als in der Spalte)

Die Entscheidung über die Zahlenwerte ist subjektiv – in Abhängigkeit von den Beteiligten. Die Diagonale von links oben nach rechts unten (= Schnittpunkt je Merkmale der Senkrechten mit der Waagerechten werden mit „X" oder „Raster" gekennzeichnet; sie haben logischerweise keinen Wert).

Achtung: Beachten Sie die Logik: Wenn z. B. „Haltbarkeit" in der Zeile eine 2 im Verhältnis zum Preis bekommt, muss „Preis" in der Zeile im Verhältnis zur Haltbarkeit eine 0 bekommen. Die „entsprechenden" Felder müssen in der Summe immer 2 ergeben.

3.2 Planungstechniken und Analysemethoden sowie deren Anwendungsmöglichkeiten

Beispiel:

	Preis	Qualität	Haltbarkeit	Ergonomie	Design	Σ
Preis		1	0	2	0	
Qualität	1		0	2	1	
Haltbarkeit	2	2		2	0	
Ergonomie	0	0	0		0	
Design	2	1	2	2		
Summe	5	4	2	8	1	20

3. Im Anschluss daran lässt sich eine Pareto-Analyse (Rangfolge und Prozent-Angabe) ableiten und darstellen. Aufbereitung für die Pareto-Darstellung:

	Ergonomie	Preis	Qualität	Haltbarkeit	Design
Rangfolge	1	2	3	4	5
in %	40	25	20	10	5
in % kumuliert	40	65	85	95	100

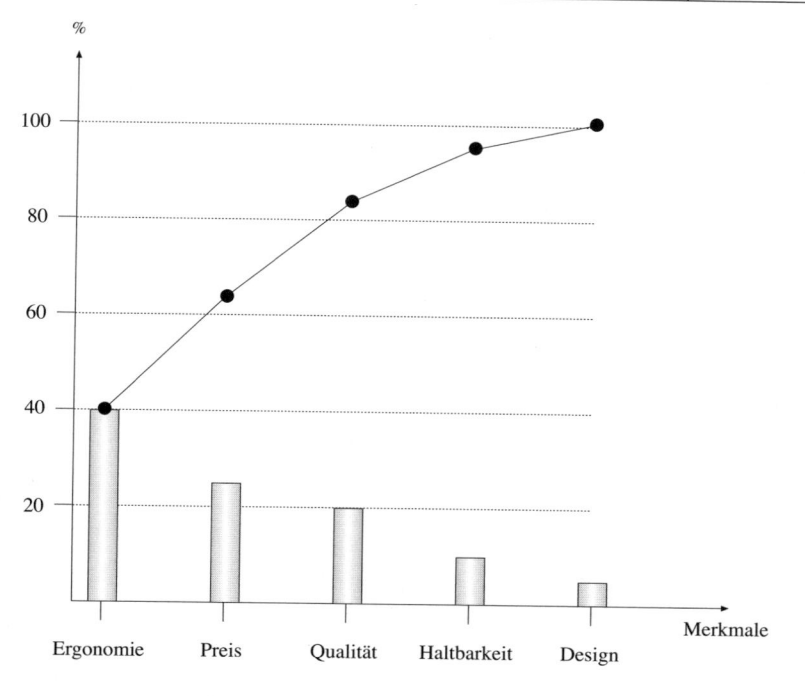

10. Wie kann mithilfe der Portfolio-Matrix eine Auswahl/Entscheidung erfolgen?

Die Portfolio-Matrix ist ein Instrument der strategischen Analyse. Man geht in folgenden Schritten vor:

1. Man wählt bei einem Betrachtungsobjekt (z. B. Lieferant, Standort) zwei relevante Merkmale aus (z. B. Preis/Leistung oder Kosten/Attraktivität).

2. Es wird eine Skalierung für die x-Achse und die y-Achse festgelegt (im einfachen Fall: niedrig/hoch oder umgekehrt; bitte die Anordnung beachten).

3. Es entsteht eine 4-Felder-Matrix, in dem die betrachteten Objekt (z. B. Lieferanten, Standorte) eingetragen werden können. Das rechte, obere Feld zeigt das Optimum.

Es folgen zwei Varianten einer Portfolio-Matrix:

a) zur Lieferantenauswahl
b) zur Standortauswahl.

Variante a): Merkmal 1: Preis Merkmal 2: Leistung Lieferant 1 schneidet am besten ab (geringer Preis, hohe Leistung)	niedrig **Preis** hoch	④ ⑥ ③	① ② ⑤
		niedrig	**Leistung** hoch

Variante b): Merkmal 1: Attraktivität Merkmal 2: Kosten Standort 5 schneidet am besten ab (niedrige Kosten, hohe Attraktivität)	hoch **Attraktivität** niedrig	Standort 2 Standort 1	Standort 5 Standort 4 Standort 3
		hoch	**Kosten** niedrig

3.2.3 Arten der Planung

01. Was versteht man unter „Planung" und was unter „Analyse"?

- *Planung* wird verstanden als die gedankliche Vorwegnahme von Entscheidungen unter Unsicherheit bei unvollständiger Information. Sie beruht auf Annahmen über den Eintritt zukünftiger Ereignisse und soll dazu dienen, alle Aktivitäten eines Unternehmens (einer Organisation) zu bündeln und klar am formulierten Ziel auszurichten. Planung hat somit den Charakter der

  - Zukunftsbezogenheit,
  - Systematik,
  - Gestaltung,
  - Abhängigkeit von Informationen.

- *Analyse* ist das Erkennen von Strukturen, Gesetzmäßigkeiten, Quasi-Gesetzmäßigkeiten und Zusammenhängen in real existierenden Daten durch subjektive Wahrnehmung und Bewertung.

02. Welche Chancen und Risiken können mit der Planung verbunden sein?

Planung	
Chancen, z. B.:	**Risiken**, z. B.:
• Koordinierung • Integration • Methodik • Systematik • Kontrolle • Soll-Ist-Vergleich • Zielorientierung	• unrealistische Annahmen • hoher Planungsaufwand • Planungsfrustration • unrealistische Ziele

03. Welchen Einflussfaktoren unterliegt die Planung?

1. *Marktfaktoren:*

   Zu den Einflussfaktoren der Umwelt, die mehr oder weniger stark vom Unternehmen beeinflusst werden können, gehören in einer ersten Wirkungsebene die Systeme:
   - Beschaffungsmarkt
   - Arbeitsmarkt
   - Absatzmarkt
   - Geld- und Kapitalmarkt

2. *Generelle Umweltfaktoren:*

   Die zweite Wirkungsebene bilden die sog. generellen Einflussfaktoren:
   - Technologie
   - Wirtschaft
   - Kultur
   - Politik und Recht
   - Sozialpsychologie

   usw.

3. Interne Faktoren:

Die internen Einflussgrößen und damit zugleich die internen Stärken und Schwächen des Unternehmens (vgl. dazu oben, „Stärken-/Schwächen-Analyse") sind im Wesentlichen:

- Materielle Ressourcen
- Personelle Ressourcen
- Technologien
- Entwicklungsstand des Unternehmens
- interne Kommunikation und Organisation
- Standort
- Organisations- und Führungskultur
- Kostensituation
- Produktivität

usw.

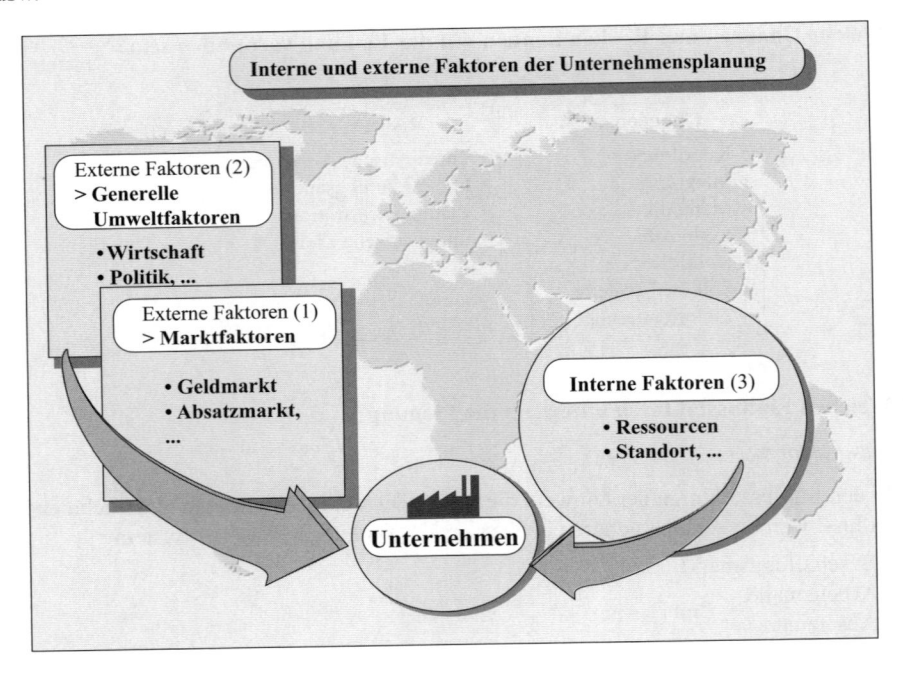

Interne und externe Faktoren der Unternehmensplanung

Externe Faktoren (2)
> **Generelle Umweltfaktoren**
- Wirtschaft
- Politik, ...

Externe Faktoren (1)
> **Marktfaktoren**
- Geldmarkt
- Absatzmarkt, ...

Interne Faktoren (3)
- Ressourcen
- Standort, ...

Unternehmen

04. Welche vier Ebenen der Planung lassen sich unterscheiden?

1.	Generelle Zielplanung	Festlegung der *Leitlinien,* der Unternehmenskonzeption
2.	Strategische Planung	Festlegung von Geschäftsfeldern, von langfristigen Produktprogrammen; Ermittlung der *Unternehmenspotenziale*
3.	Operative Planung	Festlegung der *kurzfristigen* Programmpläne in den einzelnen Funktionsbereichen (z. B. Personalplanung)
4.	Ergebnis- und Finanzplanung	Abbild der oben genannten Planungsebenen in monetären Strukturen (z. B. *betriebswirtschaftliche Kennziffern* (Umsatz, Ergebnis, Rendite u. Ä.) zur Beschreibung der Planungszustände)

05. Nach welchen Merkmalen lassen sich die Planungsarten differenzieren?

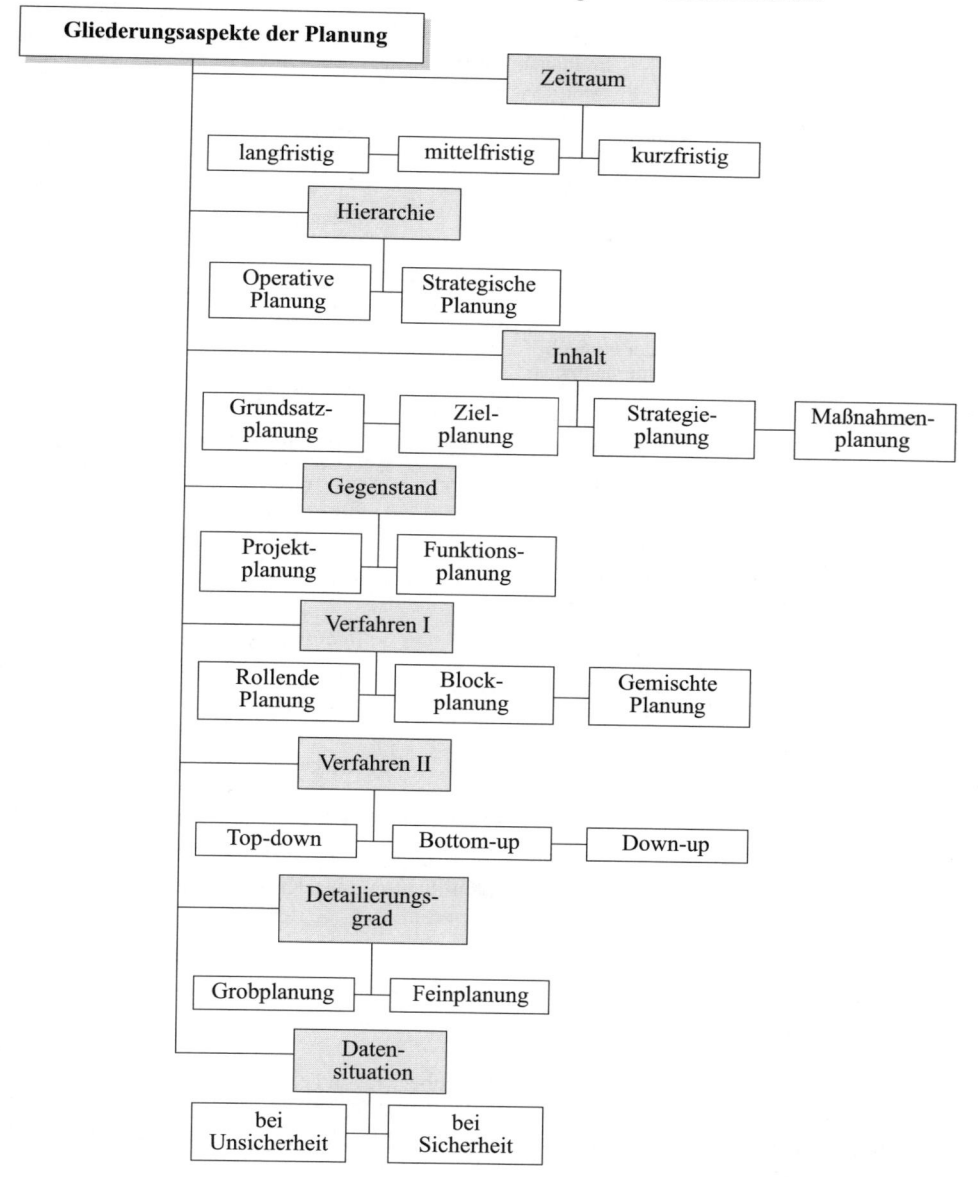

Gliederungsaspekte der Planung

- **Zeitraum**
  - langfristig
  - mittelfristig
  - kurzfristig
- **Hierarchie**
  - Operative Planung
  - Strategische Planung
- **Inhalt**
  - Grundsatzplanung
  - Zielplanung
  - Strategieplanung
  - Maßnahmenplanung
- **Gegenstand**
  - Projektplanung
  - Funktionsplanung
- **Verfahren I**
  - Rollende Planung
  - Blockplanung
  - Gemischte Planung
- **Verfahren II**
  - Top-down
  - Bottom-up
  - Down-up
- **Detailierungsgrad**
  - Grobplanung
  - Feinplanung
- **Datensituation**
  - bei Unsicherheit
  - bei Sicherheit

06. Wie lässt sich das Phasenmodell für globale bzw. für spezielle Teilprozesse darstellen?

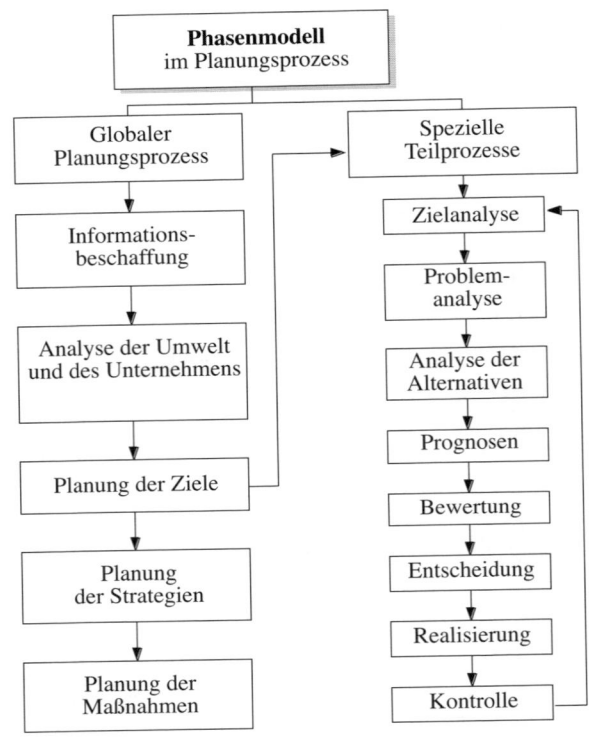

```
                    Phasenmodell
                   im Planungsprozess
                         │
           ┌─────────────┴─────────────┐
           ▼                           ▼
       Globaler                    Spezielle
    Planungsprozess               Teilprozesse
           │                           │
           ▼                           ▼
     Informations-              ┌─► Zielanalyse
      beschaffung               │        │
           │                    │        ▼
           ▼                    │   Problem-
    Analyse der Umwelt          │    analyse
   und des Unternehmens         │        │
           │                    │        ▼
           ▼                    │   Analyse der
    Planung der Ziele ──────────┤   Alternativen
           │                    │        │
           ▼                    │        ▼
        Planung                 │    Prognosen
     der Strategien             │        │
           │                    │        ▼
           ▼                    │    Bewertung
     Planung der                │        │
      Maßnahmen                 │        ▼
                                │   Entscheidung
                                │        │
                                │        ▼
                                │   Realisierung
                                │        │
                                │        ▼
                                │    Kontrolle
```

07. Welche Wechselwirkung besteht zwischen der strategischen und der operativen Planung?

Die strategische Planung kann von der operativen Planung über Kriterien wie

- Fristigkeit,
- Abstraktionsniveau und
- Vollständigkeit der Planung

abgegrenzt werden.

- Demzufolge betrachtet die *strategische Planung* überwiegend globale Ziele wie Standortwahl, Organisationsstruktur, Produktprogramme, Geschäftsfelder. Es geht darum, so früh wie möglich und so gut wie möglich die Voraussetzungen für den zukünftigen Unternehmenserfolg zu schaffen – also *Erfolgspotenziale zu bilden und zu erhalten.*

- Gegenstand der *operativen Planung*
  ist die Festlegung mehr oder weniger kurzfristiger Planungen der einzelnen Funktionsbereiche. Die operative Unternehmensführung orientiert sich also an der kurzfristigen Erfolgsrealisierung mit den zentralen Steuerungsgrößen *Liquidität und Erfolg.*

3.2.4 Planungstechniken und Analysemethoden

01. Welche Prinzipien sind bei der Planung zu berücksichtigen?

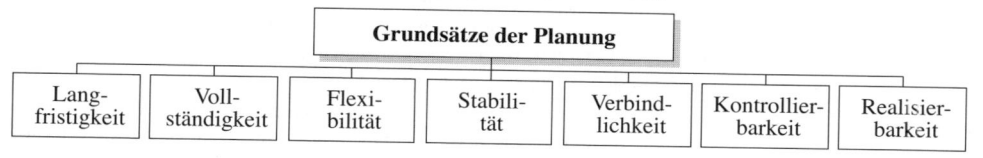

Grundsätze der Planung:
- Langfristigkeit
- Vollständigkeit
- Flexibilität
- Stabilität
- Verbindlichkeit
- Kontrollierbarkeit
- Realisierbarkeit

02. Welche Methoden und Techniken der Planung und Analyse gibt es?

Die Methoden und Techniken, die bei der Bearbeitung und Lösung betrieblicher Probleme eingesetzt werden können, sind umfangreich. Sie werden nicht nur speziell im Rahmen der Planung, der Organisation und der Entscheidungsfindung verwendet, sondern sind meist generelle Verfahren im Rahmen der Unternehmensführung. Meist wird in der Literatur zwischen „Methode", „Technik" und „Instrument" nicht explizit unterschieden.

Bezeichnung:	Kurzbeschreibung, Beispiele:	
1. Quantitative Instrumente		
Kennzahlen	**Statistische Kennzahlen:**	
	• Verhältniszahlen	• Beziehungszahlen
	• Gliederungszahlen	• Wertziffern und Indexzahlen
	Kennzahlen der Betriebswirtschaft:	
	• Finanzierungsanalyse	• Materialbeschaffung
	• Investitionsanalyse	• Lagerwirtschaft
	• Finanzanalyse	• Absatzwirtschaft
	• Ergebnisanalyse	• Personalwirtschaft
	• Rentabilitätskennzahlen	
Kostenanalysen, Kostenvergleiche	• Make-or-Buy-Analyse (MoB)	• Kritische Menge
	• Break-even-Analyse	(Kritische Werte-Rechnung)
Verfahren der Investitionsrechnung	• Statische Verfahren	
	• Dynamische Verfahren	
ABC-Analyse	Technik zur wertmäßigen Klassifizierung von Objekten (Wertanteil: Mengenanteil) → Erkennen von Prioritäten.	
XYZ-Analyse	Entscheidungshilfe für die Festlegung der Beschaffungsart (X-Güter: gleichförmiger Bedarfsverlauf usw.).	
Wertanalyse	Verfahren zur Kostenreduzierung durch Gegenüberstellung von Funktionswert zu Funktionskosten (streng nach DIN bzw. VDI).	
Ursachenanalysen	Beispiele: Kommunikationsanalysen, Ursache-Wirkungsdiagramme (z. B. Ishikawa).	
FMEA	Fehler-Möglichkeits- und Einflussanalyse: Maßnahme zur Risikoerkennung und -bewertung; entstammt ursprünglich der technischen Qualitätssicherung.	

Nutzwertanalyse	Screening-Modelle, Scoring-Modelle
Stärken-Schwächen-Analyse	Es werden relevante Leistungsmerkmale des eigenen Unternehmens erfasst (z. B. Marketing, F & E, Mitarbeiter) und mithilfe einer Skalierung bewertet.
Marktanalyse	Ist die systematische Untersuchung der relevanten Märkte – einmalig oder fallweise. Erfasst werden Strukturgrößen wie z. B. Gliederung des Marktes, Marktanteile, Verbraucherverhalten.
Konkurrenzanalyse	Analog zur Stärken-Schwächen-Analyse werden relevante Wettbewerber mithilfe geeigneter Merkmale untersucht und bewertet, z. B. Qualität, Technologie, Preis.
Kundenzufriedenheitsanalyse	Mithilfe geeigneter Merkmale, die meist gewichtet sind, erfolgt eine Kundenbefragung mit anschließender Edv-gestützter Auswertung; Beobachtungsmerkmale sind z. B.: Erreichbarkeit des Ansprechpartners für den Kunden, Qualität, Termineinhaltung, Beratungsumfang.
Wertschöpfungsanalysen	Betreffen den Innenbereich des Unternehmens: Die gesamte Wertschöpfungskette wird analysiert, um strategische Erfolgspotenziale aufzudecken, z. B. Verringerung der Fertigungstiefe, Angliederung/Ausgliederung von Fertigungsstufen.
Benchmarking	Benchmarking: Lernen von den Besten; Vergleich des eigenen Unternehmens mit dem Branchenprimus (kann quantitativ und/oder qualitativ durchgeführt werden); vgl. auch: Konkurrenzanalyse.
Früherkennungssysteme	Strategisches Instrument zum Erkennen relevanter Signale des internen und externen Umfeldes mithilfe geeigneter Faktoren, z. B. Reklamationen, Ausschuss/Konjunktur, soziale Entwicklung.
Planungstechniken	Netzplantechnik, Diagrammtechniken
Phasenmodelle zur Optimierung der Aufbau und Ablaufstrukturen	3-Phasen-Modell 5-Phasen-Modell 6-Stufen-Modell nach REFA
2. Qualitative Instrumente	
Problemlösungs- und Kreativitätstechniken	Brainstorming, Synektik, Bionik, Morphologischer Kasten
Delphi-Modelle	Qualitative Prognosetechnik: Interne/externe Experten werden anonym und schriftlich befragt im Hinblick auf Entwicklungen bzw. Problemlösungen. Die Durchführung erfolgt in mehreren Phasen.
Produktlebenszyklus	Darstellung des idealtypischen Verlaufs eines Produktes und Ableitung von Erkenntnissen über Umsatz- und Gewinnentwicklung in den einzelnen Phasen.
Erfahrungskurve	Erkenntnis der Kostendegression bei ansteigenden Stückzahlen.
Portfolio-Methode (BCG-Matrix)	Portfolio: Wertpapierdepot. Aus der Verbindung der Ansätze [Produktlebenszyklus + Erfahrungskurve] wird eine 4-Felder-Matrix entwickelt, aus der sich Normstrategien für die Produktpolitik ableiten lassen.
Potenzialanalyse	Als Potenzialanalyse im Rahmen der Prozessgestaltung bezeichnet man die Diagnose, welche Ressourcen im Basisgeschäft gebunden sind und welche ggf. für strategische Aktionen noch (oder nicht mehr) zur Verfügung stehen.

03. Welche Gestaltungsprinzipien gelten für Netzpläne und was können Netzpläne leisten?

Netzpläne stammen aus den USA der 50er-Jahre, als die NASA die Apollo-Projekte zur Mondlandung vorbereitete. Heute werden Netzpläne bei allen größeren Projekten (z. B. Fabrik-, Brückenbau, AIRBUS-Entwicklung) angewendet. Sie sind anderen Darstellungstechniken dann vorzuziehen, wenn

- komplexe Aufgaben,
- vernetzte Abläufe,
- viele Terminvorgänge sowie
- häufige Änderungsnotwendigkeiten vorliegen.

Unter der Netzplantechnik versteht man ein Verfahren zur Planung und Steuerung von Abläufen auf der Grundlage der Grafentheorie; Einzelheiten enthält die DIN 69 900.

In der betrieblichen Praxis werden überwiegend zwei Darstellungsarten eingesetzt:

- Vorgangspfeiltechnik
- Vorgangsknotentechnik.

Netzpläne können manuell oder maschinell erstellt und verwaltet werden. Maschinelle Unterstützung sollte zur Durchlaufterminierung immer dann eingesetzt werden, wenn die Anzahl der Vorgänge 60 bis 100 übersteigt („Nutzenschwelle").

Bei der Vorgangsknotentechnik sieht die grafisch/verbale Darstellung folgendermaßen aus:

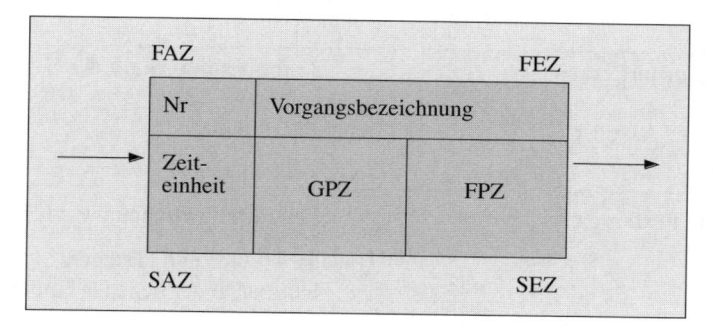

```
         FAZ                      FEZ
         ┌────┬─────────────────────┐
         │ Nr │ Vorgangsbezeichnung │
         ├────┼──────────┬──────────┤
    →    │Zeit│          │          │    →
         │ein-│   GPZ    │   FPZ    │
         │heit│          │          │
         └────┴──────────┴──────────┘
         SAZ                      SEZ
```

Nr = laufende Nr. in der Vorgangsliste
FAZ = früheste Anfangszeit
FEZ = früheste Endzeit
SAZ = späteste Anfangszeit
SEZ = späteste Endzeit
GPZ = Gesamtpufferzeit
FPZ = freie Pufferzeit

04. Welche Reihenfolge empfiehlt sich bei der Erarbeitung eines Netzplanes?

1. Erstellen des Projektstrukturplans
2. Erstellen der Vorgangsliste
3. Erstellen der Grafenstruktur (ohne Zeiten)

4. Bearbeiten der Zeiten:
   - Vorwärtsrechnung
   - Rückwärtsrechnung
   - Pufferzeiten
   - kritischer Weg

05. Wie erfolgt die Vorwärts- und Rückwärtsrechnung beim Netzplan sowie die Ermittlung der Pufferzeiten?

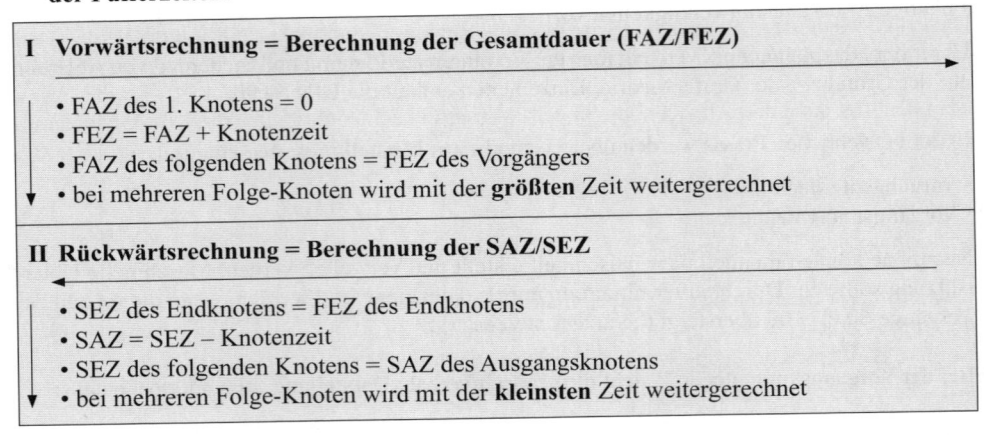

I Vorwärtsrechnung = Berechnung der Gesamtdauer (FAZ/FEZ)

- FAZ des 1. Knotens = 0
- FEZ = FAZ + Knotenzeit
- FAZ des folgenden Knotens = FEZ des Vorgängers
- bei mehreren Folge-Knoten wird mit der **größten** Zeit weitergerechnet

II Rückwärtsrechnung = Berechnung der SAZ/SEZ

- SEZ des Endknotens = FEZ des Endknotens
- SAZ = SEZ – Knotenzeit
- SEZ des folgenden Knotens = SAZ des Ausgangsknotens
- bei mehreren Folge-Knoten wird mit der **kleinsten** Zeit weitergerechnet

---

GPZ = Gesamtpufferzeit   Zeitpuffer **innerhalb** des Knotens

GPZ = SAZ – FAZ oder
GPZ = SEZ – FEZ

FPZ = Freie Pufferzeit   Zeitpuffer **zwischen** zwei Knoten

$FPZ_A = FAZ_B - FEZ_A$

dabei sind A und B zwei
hintereinander liegende Knoten

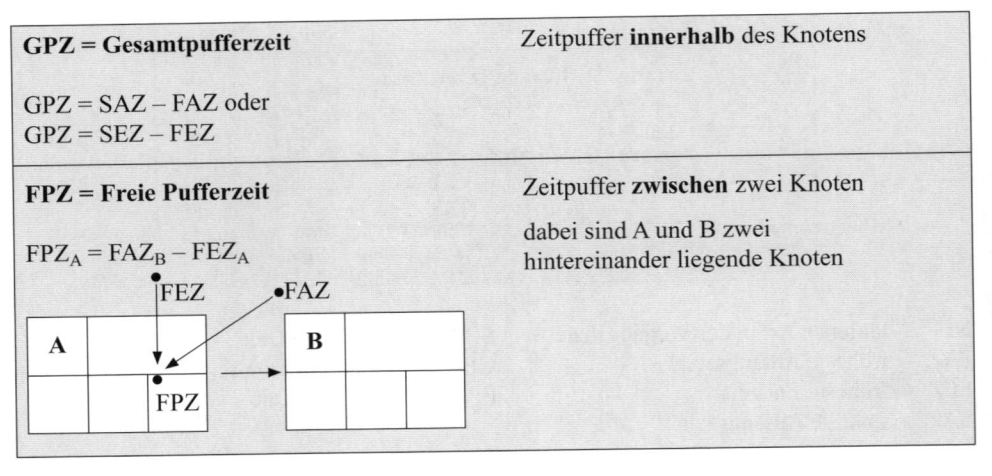

- Der *Gesamtpuffer* GPZ
  eines Vorgangs ist die Zeitspanne, die ein Vorgang (Knoten) gegenüber seinem frühesten Beginn verschoben werden kann, ohne das Projektende zu gefährden.

- Die *Freie Pufferzeit* FPZ
  ist die Zeit, die den frühestmöglichen Beginn (bzw. Ende) des Nachfolgers nicht gefährdet.

- *Kritischer Weg:*
  Alle Vorgänge, bei denen die GPZ = 0 ist, (bei denen also FAZ und SAZ identisch sind) werden als kritisch bezeichnet. Die Verbindung dieser Vorgänge im Netzplan ist der kritische Weg. Bei diesen Vorgängen führt eine Verlängerung der Bearbeitungszeit zu einer Verlängerung der Gesamtzeit des Projekts.

  Vgl. dazu die Übung S. 761.

06. Wie ist die Berechnungsweise bei der PERT-Methode?

Die PERT-Methode (= Programm Evaluation and Review Technique) ist ein *Schätzverfahren* zur Ermittlung des *Zeitbedarfs,* z. B. bei der Personalplanung oder im Rahmen der Netzplantechnik.

Man benötigt dazu drei Angaben, die in der Praxis von Fachleuten (Schätzer, REFA-Fachleute) ermittelt werden:

- optimistische Zeitgröße, z. B. 30 Tage
- pessimistische Zeitgröße, z. B. 80 Tage
- Normalzeit, z. B. 40 Tage

Die Formel zur Berechnung des Zeitbedarfs ist eine *Mittelwertberechnung, bei der die Normalzeit überproportional berücksichtigt,* indem sie den Faktor „4" erhält; da insgesamt 6 Werte addiert werden, ergibt sich der Mittelwert aus der Division durch „6":

$$\text{Zeitbedarf} = \frac{\text{optim. Zeit} + \text{pess. Zeit} + 4 \cdot \text{Normalzeit}}{6} = \frac{30 + 80 + 160}{6}$$

$$= 45 \text{ Tage}$$

07. Wie kann ein Projektablauf grafisch mithilfe der Balkendiagrammtechnik geplant werden?

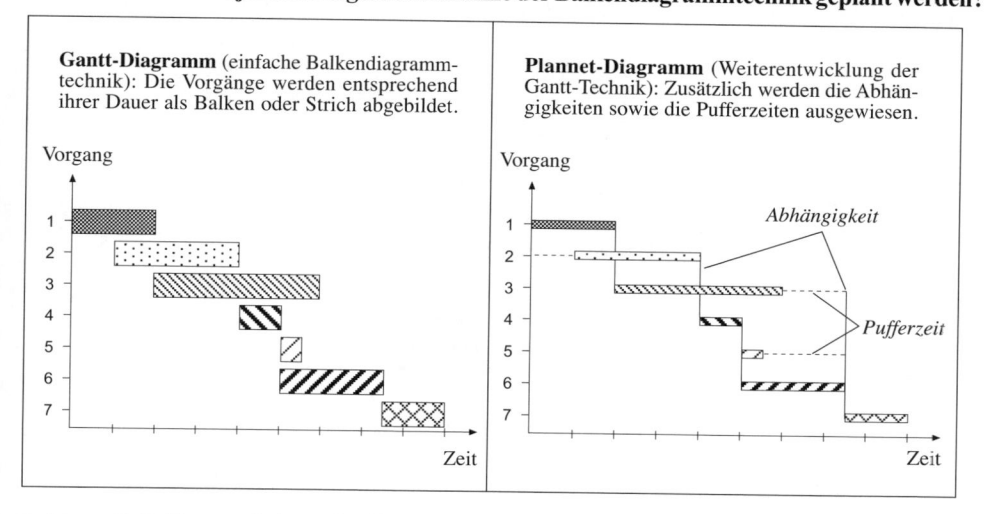

Gantt-Diagramm (einfache Balkendiagrammtechnik): Die Vorgänge werden entsprechend ihrer Dauer als Balken oder Strich abgebildet.

Plannet-Diagramm (Weiterentwicklung der Gantt-Technik): Zusätzlich werden die Abhängigkeiten sowie die Pufferzeiten ausgewiesen.

Achtung: In Prüfungsaufgaben mit Abhängigkeiten zwischen Vorgängen („Vorgänger") ist die Plannet-Technik anzuwenden.

08. In welche Teilphasen (Stufen) lässt sich der Vorgang der Planung und Organisation zerlegen?

Es werden dazu in der Literatur vielfältige Modelle vorgeschlagen. Grundsätzlich gibt es von der gedanklichen Logik her kaum Unterschiede; manche Modelle nennen vier, andere bis zu neun Phasen der Planung und Organisation. Sehr bekannt ist die *„6-Stufen-Methode nach REFA"*:

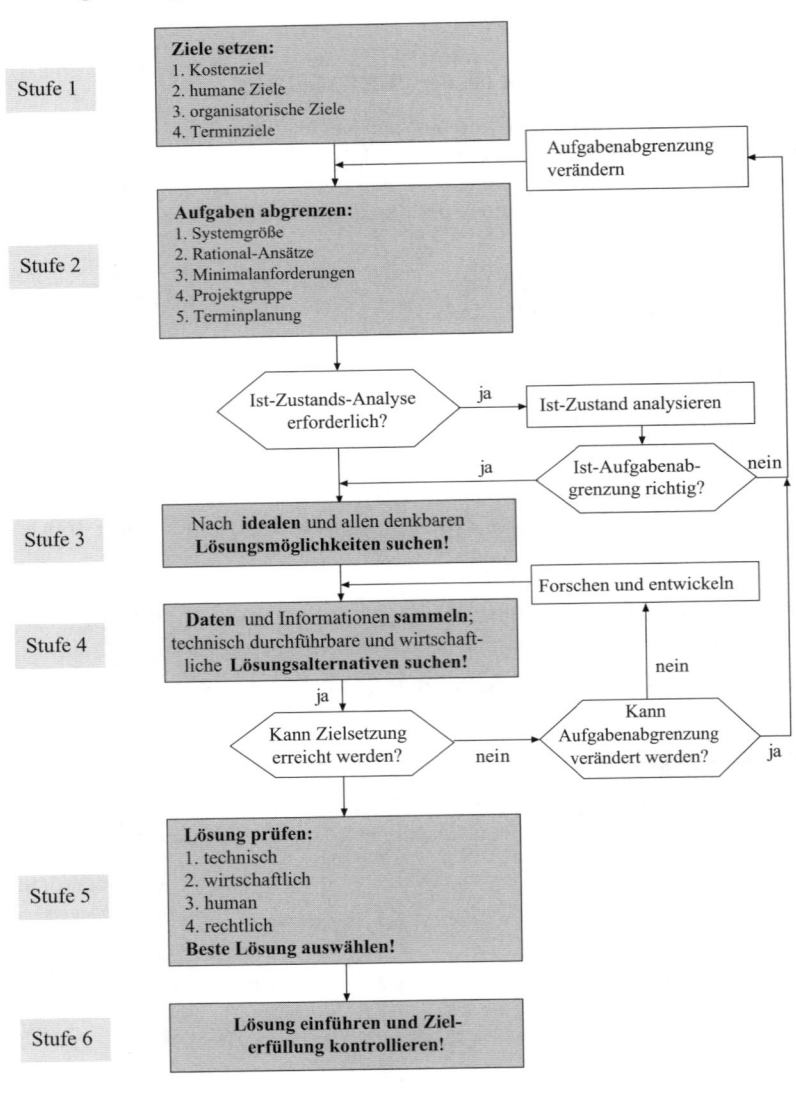

Stufe 1
Ziele setzen:
1. Kostenziel
2. humane Ziele
3. organisatorische Ziele
4. Terminziele

→ Aufgabenabgrenzung verändern

Stufe 2
Aufgaben abgrenzen:
1. Systemgröße
2. Rational-Ansätze
3. Minimalanforderungen
4. Projektgruppe
5. Terminplanung

Ist-Zustands-Analyse erforderlich? — ja → Ist-Zustand analysieren
 ja ← Ist-Aufgabenabgrenzung richtig? — nein

Stufe 3
Nach **idealen** und allen denkbaren **Lösungsmöglichkeiten suchen!**

Forschen und entwickeln

Stufe 4
Daten und Informationen **sammeln**; technisch durchführbare und wirtschaftliche **Lösungsalternativen suchen!**

Kann Zielsetzung erreicht werden? — ja ↓ / nein → Kann Aufgabenabgrenzung verändert werden? — nein ↑ / ja →

Stufe 5
Lösung prüfen:
1. technisch
2. wirtschaftlich
3. human
4. rechtlich
Beste Lösung auswählen!

Stufe 6
Lösung einführen und Zielerfüllung kontrollieren!

3.3 Anwenden von Präsentationstechniken

3.3.1 Ziel und Gegenstand einer Präsentation

01. Was ist Ziel der Präsentation?

Präsentieren heißt, *eine Idee zu verkaufen.* Der Begriff „Idee" ist dabei gleichbedeutend mit „Konzept, Angebot, Entwurf, Vorschlag" usw.

Merke:

- Jede Idee muss präsentiert werden, wenn der Urheber seine Idee auch realisieren will.
- Präsentieren ist also nicht nur: Weitergabe von Informationen.
- Präsentieren ist: Andere für seine Ideen begeistern.

Der Präsentator hat immer zwei Ziele:

- *Sachliche Präsentations-Ziele:*
   - Die anderen sollen verstehen, welchen Nutzen seine Idee für potenzielle Interessenten und für sie selbst hat.
   - Die Zuhörer sollen seine Idee akzeptieren.
   - Die Adressaten der Präsentation sollen sich für seine Idee entscheiden.

- *Persönliche Präsentations-Ziele:*
   - Der Präsentator will Anerkennung als Fachmann.
   - Der Präsentator will Bestätigung als Mensch.

Gerade die persönlichen Wirkungsmittel sind mitbestimmend für den Präsentationserfolg. Jeder, der eine Idee präsentiert, präsentiert auch sich selbst. Eine noch so gute Präsentationstechnik hilft nicht, wenn die Zuhörer unterschwellig spüren, dass man nicht hinter seiner Idee steht.

3.3.2 Voraussetzungen für eine erfolgreiche Präsentation

01. Welche Voraussetzungen müssen für eine erfolgreiche Präsentation erfüllt sein?

Eine Präsentation wird dann erfolgreich sein, wenn der Präsentator folgende Voraussetzungen sicherstellt:

1. *Adressatenanalyse:*
   Wen habe ich vor mir? Auf welchem Niveau kann ich präsentieren? Welche Zeit habe ich zur Verfügung?

2. *Fachlich gut vorbereitet sein:*
   Stichwortmanuskript o. k.? Raum und Medien vorbereitet? Funktioniert die Technik?

3. *Mental gut vorbereitet sein:*
   ausgeschlafen, positive Stimmung, munter, agil, innerlich „aufgeräumt"

4. *In der Präsentationstechnik geübt sein:*
   Vorher: üben, üben, ... Helfer suchen! (Kollegen, Familie); Vortragsweise, Wortwahl

5. *Visualisierungsmittel vorbereiten:*
Overheadprojektor/Folien, Flipchart, Wandtafel, Pinnwand

> *Eine Präsentation ohne Visualisierung ist keine Präsentation!*

02. Welche Grundlagen der Sprech- und Redetechnik sollte der Präsentator beherrschen?

- *Atmung:*
Der Präsentator benötigt neben der *Erhaltungsatmung* noch die *Darbietungsatmung*, also eine Sprechatmung, die die Stimme und die Laute bildet. Zur Erhaltung der Sprechatmung macht der Präsentator an geeigneter Stelle Atempausen.

- *Artikulation:*
Mit „Artikulation" bezeichnet man die Aussprache, genauer gesagt, die Bildung von Lauten. Dahinter steht die Aufforderung an den Präsentator, die einzelnen Laute eines Wortes deutlich auszusprechen, d. h. mit Zunge und Lippen „richtig zu formen", damit das gesprochene Wort einwandfrei verstanden werden kann, z. B.:
  - Endungen nicht „verschlucken" („en" statt „...n")
  - Vokale richtig formen, z. B.:
    - ein „i" ist ein „i" und kein „ü"
    - ein „er" ist ein „er" und kein „är"
    - ein „pf" ist ein „pf" und kein „f"
    - ein „ä" ist ein „ä" und kein „e"

  Übung:
  Richtig: *„Wir werden uns morgen bei der Kirche treffen und die Kirschen abpflücken."*
  Falsch: *„Wir wärn uns morjn bei'r Kürche treffn un die Kürschn abflückn."*

- *Resonanz:*
Resonanz bedeutet „das Mitschwingen eines Körpers, der von Schwingungen eines anderen Körpers getroffen wird". Allgemein bedeutet Resonanz „den Anklang", den eine Sache findet.

  Empfehlungen:
  a) Machen Sie Ihren Körper zum Resonanzboden Ihrer Stimme. *Sprechen Sie mit der Bruststimme* (von innen heraus) statt mit der Kopfstimme.
  b) Suchen Sie sich Zuhörer für eine *Probepräsentation* und erproben Sie die Wirkung Ihrer Sprechtechnik, Ihrer Person und des Inhalts.

- *Sprechgestaltung:*
  - *Lautstärke und Sprechtempo:*
  Je mehr Zuhörer anwesend sind, um so deutlicher, lauter und langsamer sollte die Sprechweise sein.

3.3 Anwenden von Präsentationstechniken

- *Sprechpausen:*
  Der Zuhörer muss Gelegenheit haben, die vom Präsentator entwickelten Gedanken nachzuvollziehen und sie zu ordnen. „Phonetische Rülpser" wie „eh, ähh, ehmm" usw. sind zu vermeiden.
- *Satzbildung:*
  Die Devise muss lauten: Hauptsätze benutzen („kkp = kurz, konkret und präzise!")
- *Überflüssiges:*
  Redundanzen (= überflüssige Wiederholungen) sowie vage, unbestimmte Äußerungen (vielleicht, evt., könnte, würde, ...) sind zu vermeiden.
- *Angewohnheiten:*
  Ebenso unwirksam sind modische Redewendungen und „Wortlieblinge", z. B.: „Dies ist der erste Schritt in die richtige Richtung und wir bearbeiten daher schon heute die Probleme von morgen!"
- *Fragetechnik:*
  „Wer fragt, der führt!" Daher: Geeignete Fragetechniken einsetzen.
  · offene oder geschlossene Fragen
  · W-Fragen: was, wer, wann, wie, wieso, wo, worüber, womit usw.

- *Hörerbezug:*
  · Die Sprache der Zuhörer benutzen,
  · Bilder und Vergleiche benutzen („Der Zahn der Zeit nagt bereits ..."),
  · Unangemessene Verwendung von Fremdworten vermeiden („Die konzertierte Führungs- und Organisationsproblematik geht einher mit einer permanenten und synchronisierten Identifikationskontingenz").

Ratschlag für einen guten Redner von Martin Luther:

„Tritt frisch auf, mach's Maul auf, hör bald auf!"

- *Redeangst, Lampenfieber, Schwierigkeiten bei improvisierten Präsentationen:*
  Insbesondere das übersteigerte Lampenfieber hat häufig seine Ursachen in einem Mangel an Gelegenheiten, eine Rede zu halten. Gelegentlich ist es auch die eigene mangelnde Kompetenz oder ganz allgemein ein Minderwertigkeitskomplex (den man meint zu haben), der Unsicherheit hervorruft.
  Zu den Begleiterscheinungen zählen beim Lampenfieber Nervosität, Zittern der Hände, Schweißausbrüche, ein Druck in der Magengegend und mögliche andere körperliche Beschwerden. Das Lampenfieber „meistern" gelingt am besten über folgende Techniken und Maßnahmen:

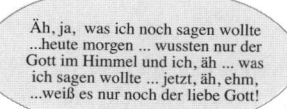

Äh, ja, was ich noch sagen wollte ...heute morgen ... wussten nur der Gott im Himmel und ich, äh ... was ich sagen wollte ... jetzt, äh, ehm, ...weiß es nur noch der liebe Gott!

Bewusste und langsam durchgeführte Tiefvollatmung, sich auch kleinere Fehler erlauben, sich auf die Präsentation freuen und die eigene persönliche Schwachstelle durch Übung mildern (zu leises Sprechen, fehlende Körpersprache).

- *Körpersprache:*
  Die Körpersprache sollte das gesprochene Wort unterstützen. Dazu einige Empfehlungen:
  - Die Intensität der Körpersprache (Gestik, Mimik) sollte der Situation angemessen sein (kleiner/großer Teilnehmerkreis usw.).
  - Der Augenkontakt zu den Teilnehmern sollte vorhanden sein (gleichmäßige Blickanteile).
  - Arme und Hände zeigen eine offene Körperhaltung und signalisieren Zuwendung und Interesse.
  - Die Füße stehen fest auf dem Boden (kein „Kippeln" usw.).
  - Das Gesicht ist entspannt; die Mimik entspricht dem Gesprächsverlauf (fragend, erstaunt, zustimmend, ...). Mehr lächeln!
  - Nicht wirksam:
    · Hände auf dem Rücken („Oberlehrerhaltung"),
    · Hände vor dem Körper („Fußballspieler beim Elfmeter"),
    · Arme vor der Brust verschränkt,
    · Hände <u>ständig</u> im Gesicht, an der Nase, in den Hosentaschen usw.

Medien und Hilfsmittel vorbereiten und erproben; den Einsatz der Technik üben!

03. Welche Grundregeln gelten für die Visualisierung?

① Für die Präsentation gilt eine *im Volksmund bekannte Regel* in abgewandelter Form:

> „*Reden ist Silber,*
> *Zeigen ist Gold!*"

② In der Lerntheorie gilt im Allgemeinen (Bild rechts):

> *Der Mensch behält*
> 20 % durch Hören
> 30 % durch Sehen
> 50 % durch Hören und Sehen

Für den Präsentator heißt dies: Das gesprochene Wort wird nicht nur durch Körpersprache unterstützt, sondern auch durch *geeignete Visualisierung.*

3.3 Anwenden von Präsentationstechniken

③ Einsatz geeigneter Hilfsmittel und Medien, wie z. B.:

Medien und Hilfsmittel vorbereiten und *erproben;* den Einsatz der Technik üben!

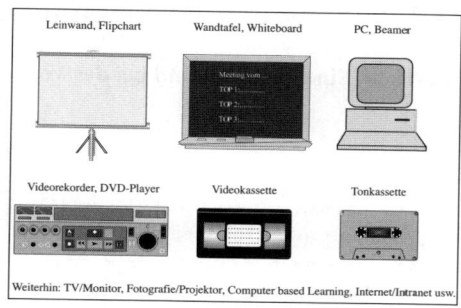

(Leinwand, Flipchart; Wandtafel, Whiteboard; PC, Beamer; Videorekorder, DVD-Player; Videokassette; Tonkassette. Weiterhin: TV/Monitor, Fotografie/Projektor, Computer based Learning, Internet/Intranet usw.)

④ *Gestaltungselemente der Visualisierung* richtig einsetzen, u. a.:
   Text:
   - gut lesbar
   - richtige Schriftgröße (mind. Schriftgrad 16), möglichst serifenlose Schriftart wählen
   - ggf. unterschiedliche Schriftgrößen
   - Blöcke bilden, gliedern
   - nicht überfrachten (z. B. bei der Transparentfolie: ca. 5 Zeilen)
   - ggf. farbliche Markierung (sparsam!)

> *Achten Sie auf die richtige Schriftgröße!*

Freie Grafiken, Symbole, Diagramme und optische Pointierungen gezielt einsetzen:

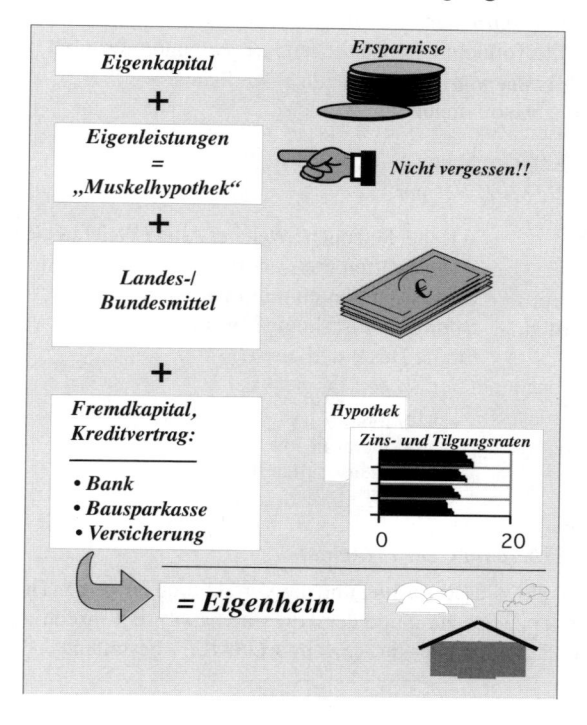

Eigenkapital
+
Eigenleistungen = „Muskelhypothek"   →   *Ersparnisse*   *Nicht vergessen!!*
+
Landes-/Bundesmittel
+
Fremdkapital, Kreditvertrag:
- *Bank*
- *Bausparkasse*
- *Versicherung*

Hypothek – Zins- und Tilgungsraten (0 – 20)

⇒ *= Eigenheim*

3.3.3 Planung und Vorbereitung einer Präsentation

01. Welche Einzelaspekte sind bei der Vorbereitung der Präsentation zu berücksichtigen?

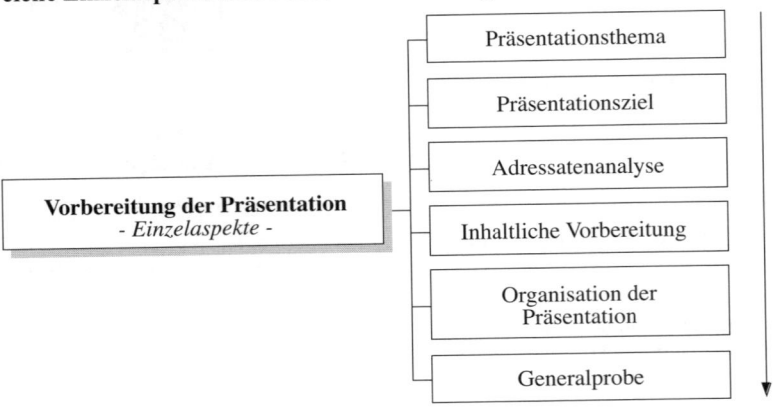

Vorbereitung der Präsentation – *Einzelaspekte* –
- Präsentationsthema
- Präsentationsziel
- Adressatenanalyse
- Inhaltliche Vorbereitung
- Organisation der Präsentation
- Generalprobe

- *Ziel der Präsentation:*

    Die *exakte, möglichst messbare Zielformulierung* ist eigentlich eine Banalität; trotzdem wird sie häufig vernachlässigt. Hilfreich sind folgende Schlüsselfragen:

    - Was soll das *Resultat* der Präsentation sein?
    - Was sollen die Teilnehmer anschließend *denken* und/oder *tun*?
    - Worüber soll *informiert* werden?
    - Welcher *Nutzen* soll angeboten werden?

- *Adressatenanalyse:*

    Hilfreich ist die „*SIE-Formel*":

    - S ituation: Wie viel Personen? Welches Alter? Welches Geschlecht? Welche Sprache?
    - I nteresse: Was erwarten die Zuhörer? Welche Einstellungen bringen Sie mit? Gemeinsamkeiten und Interessen?
    - E igenschaften: Bildung? Ausbildung? Beruf? Vorwissen? Welche Medien passen? Kulturelle Besonderheiten?

    S ituation
    I nteresse
    E igenschaften

- *Inhaltliche Vorbereitung der Präsentation:*

    Die Stoffauswahl, die Bewertung und die Verdichtung einzelner Themenpunkte erfolgt in Verbindung mit der Zielsetzung und der Adressatenanalyse. Empfehlungen dazu: Der Stoffinhalt und -umfang lässt sich über die „*SAGE-FORMEL*" gestalten:

    S ammeln
    A uswählen
    G ewichten
    E inteilen

3.3 Anwenden von Präsentationstechniken

Die nächste Fragestellung, die innerhalb der Vorbereitung zu bearbeiten ist, heißt: „Wie präsentiere ich?" Eine Gedankenbrücke dazu liefert die *„VLAK-Formel"*:

> **V** erständlich
> **L** ebendig
> **A** nschaulich
> **K** ompetent

Auf die Möglichkeiten der *Visualisierung* wurde bereits weiter oben eingegangen. Zur Vorbereitung gehört, die notwendigen Medien und Hilfsmittel auszuwählen, zu erproben und bereit zu legen (Flipchart, Folien, Unterlage für die Teilnehmer usw.).

Ablauflogik: Für die Präsentation gibt es verschiedene Möglichkeiten, seine Argumente logisch miteinander zu verknüpfen; in jedem Fall gilt: Der Stoff muss *gegliedert* dargeboten werden.

a) Generell gilt folgender Ablauf: Einleitung → Hauptteil → Schluss

b) Innerhalb des Hauptteils kann gegliedert werden nach:

- Ist → Fakten → Soll → Gründe → Maßnahmen + Nutzen ...
- Ist → Fakten → Soll/Pro-Argumente → Soll/Contra-Argumente → Bewertung ...

Im Allgemeinen ist es falsch, ein Wort-für-Wort-Manuskript zu erstellen. Besser ist es, *ein Stichwort-Manuskript als gut gegliedertes Drehbuch mit Regieanweisungen* zu gestalten:

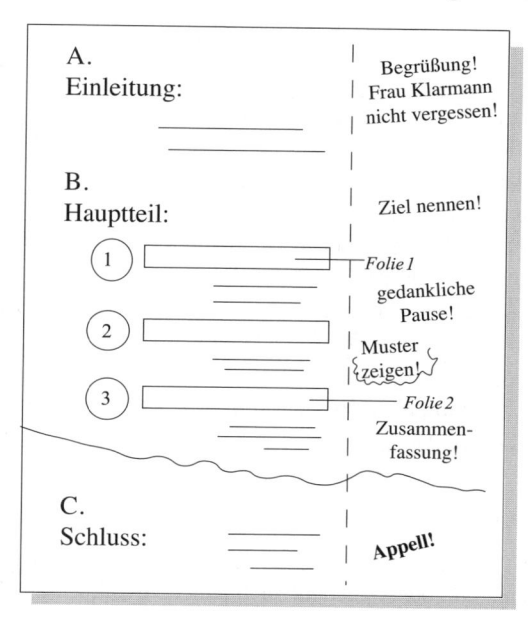

```
A.
Einleitung:            | Begrüßung!
   _____              | Frau Klarmann
                       | nicht vergessen!
   _____              |
                       |
B.                     |
Hauptteil:             | Ziel nennen!
                       |
  (1) [_____]─────────┼─ Folie 1
      _____           | gedankliche
                       | Pause!
  (2) [_____]         | Muster
      _____           | {zeigen!}
                       |
  (3) [_____]─────────┼─ Folie 2
      _____           | Zusammen-
                       | fassung!
                       |
C.                     |
Schluss:   _____      | **Appell!**
           _____      |
```

- *Der linke Teil* enthält das Themengerüst (sortiert nach Muss- und Kann-Themen).
- *Der rechte Teil* erinnert an Hilfsmittel, Medieneinsatz und besondere Aktivitäten (rhetorische Frage, Appell, Zusammenfassung).
- Mit einem *Textmarker* können besondere Punkte hervorgehoben werden. Sehr geeignet sind Karteikarten in DIN-A5-Format.

- *Organisation der Präsentation:*
    - Ist der *Ort* geeignet (ggf. Anreiseweg, gut zu finden usw.)?
    - Ist der *Raum* rechtzeitig reserviert, groß genug (Teilnehmer, Medien)?
    - Sind *Zeitpunkt und Dauer* richtig gewählt?
    (weniger geeignet z. B.: Freitag nachmittags, Anreise zu einer Zeit mit hoher Verkehrsdichte u. Ä.)
    - Müssen *Pausen/Getränke* eingeplant werden?
    - Sind die *Medien und Materialen* rechtzeitig fertig und im Raum vorhanden?
    - Müssen *Unterlagen für die Teilnehmer* vorbereitet werden (sog. Handouts)?
    - Ist der Präsentator persönlich vorbereitet?
        · Gut gelaunt?
        · Ausgeschlafen?
        · Hat er sich mit der Räumlichkeit vertraut gemacht?
        · Sind die Medien störungsfrei einsetzbar?
        (Ersatzbirne, ausreichend Flipchartpapier, Stifte nicht ausgetrocknet usw.)
    Die organisatorische Seite erledigt der Präsentator am besten mithilfe einer *Checkliste*.

- *Generalprobe:*
Eine Präsentation, die auf dem Papier tadellos aussieht, kann trotzdem weniger erfolgreich verlaufen. Die Gründe können sein:
    - Die Ausführungen fließen noch nicht in freier Rede. Dies muss geübt werden! Der Präsentator muss den Inhalt seiner Aussagen „im Schlaf können", damit er auch bei unvorhergesehenen Unterbrechungen den roten Faden wieder findet und er seine volle Konzentration der Sprechtechnik und den Zuhörern widmen kann.
    - Die Verzahnung von Sprache und Visualisierung muss geübt werden. Die Regel heißt: „Erst sprechen, dann schreiben oder umgekehrt; nicht gleichzeitig".
    - Erst im Echtbetrieb lassen sich Schwachstellen erkennen (zu wenig Licht, Bestuhlung nicht geeignet, Medien nicht richtig platziert, Schriftgröße der Folien ungeeignet u. Ä.).
    - Es tauchen noch Schwachstellen in der persönlichen Wirkung auf (Sprache, Körpersprache).

Aus diesen Gründen sollte kein Präsentator auf die Generalprobe verzichten: Mithilfe von z. B. Kollegen aus dem Betrieb wird unter Echtbedingungen die Präsentation simuliert.

Diese „Helfer" geben Feedback und wirksame Verbesserungsmöglichkeiten; u. U. ist auch der Einsatz von Tonbandgerät oder Videoaufzeichnung sinnvoll.

3.3.4 Durchführung einer Präsentation

Jede erfolgreiche Präsentation ruht auf zwei Ebenen:

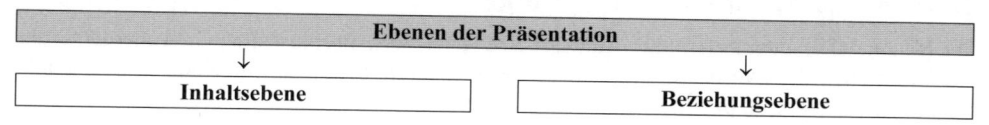

Ebenen der Präsentation	
Inhaltsebene	Beziehungsebene

Die äußere Ebene bildet der Inhalt, das Thema; die innere Ebene wird durch die Beziehung zum Zuhörer gebildet. Daher sind folgende Punkte bei der Durchführung einer Präsentation zu beachten:

1. *Vor dem Beginn:* „Spannungspause" und Blickkontakt aufnehmen; erst zu sprechen beginnen, wenn sich alle Teilnehmer zugewandt haben. Den Beginn der Präsentation signalisieren!
2. *Sich persönlich vorstellen:* Name, Funktion, Bezug zum Thema (kkp).
3. *Thema und Ziel* nennen sowie *Gliederung* aufzeigen.
4. *Zusammenfassung* geben.
5. Präsentation *richtig abschließen*.

Es empfiehlt sich vor dem Beginn, die Teilnehmer persönlich zu begrüßen; dies schafft Kontakt. Überprüfen, ob das „Outfit" o. k. ist. Die Kleidung sollte dem Anlass und der Zielgruppe entsprechen.

Anschließend hat der Präsentator Gelegenheit, seine Sprech- und Visualisierungstechnik unter Beweis zu stellen (vgl. dazu Ziffer 3.3.2). Der *Schluss einer Präsentation* hat besonderen Stellenwert. Der Präsentator sollte hierzu eine geeignete Formulierung eingeübt haben. Generell lautet die Aussage am Schluss immer:

> *„Zum Handeln, zum Denken, zum Überdenken auffordern!"*

Die Aussage, „ich danke für Ihre Aufmerksamkeit" ist zwar nicht falsch, wirkt aber müde und abgegriffen. Nachfolgend zwei Beispiele für eine richtige und eine falsche Schlussaussage:

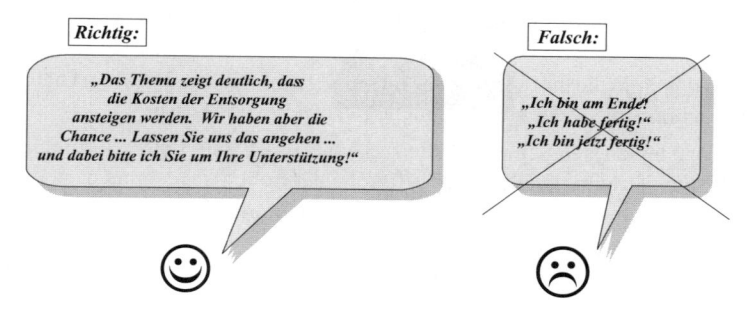

Richtig:
„Das Thema zeigt deutlich, dass die Kosten der Entsorgung ansteigen werden. Wir haben aber die Chance ... Lassen Sie uns das angehen ... und dabei bitte ich Sie um Ihre Unterstützung!"
☺

Falsch:
„Ich bin am Ende!"
„Ich habe fertig!"
„Ich bin jetzt fertig!"
☹

- Häufig zu beobachtende *Fehler bei der Durchführung* der Präsentation sind z. B.:

  - Nichteinhalten der Zeit
  - mit dem Rücken zum Zuhörer
  - Hände in den Taschen
  - „steife" Körperhaltung
  - wörtliches Ablesen vom Manuskript
  - „Folienfilm" (zu viel, zu schnell)
  - Fremdmaterialien verwenden ohne Quellenangabe
  - fehlende Gestik, Lächeln fehlt

3.3.5 Nachbereitung einer Präsentation

01. Wie ist eine Präsentation nachzubereiten?

Die Nachbereitung der Präsentation umfasst eine Reihe von Anschlussarbeiten. Außerdem steht sie im Zeichen der „Verbesserung zukünftiger Präsentationen". Im Einzelnen sind folgende Fragen zu beantworten bzw. Arbeiten durchzuführen:

- War die Präsentation wirksam? Ist das Ziel erreicht worden?
- Was kann bei zukünftigen Präsentationen wirksamer gestaltet werden?

Hier hilft die Bitte an die Teilnehmer, ein unmittelbares Feedback zu geben. Feedback erfolgt immer als „Ich-Botschaft" und muss sich an der Sache orientieren (vgl. dazu die Ausführungen zum Thema „Anerkennung und Kritik" im 4. Kapitel, Ziffer 4.5.4).

Inhalt eines Feedback-Bogens, z. B.:
- persönliche Wirkung (Sprache, Körpersprache),
- Verständlichkeit, Gliederung, Visualisierung,
- Hörerorientierung,
- Organisation,
- Fachkompetenz

02. Welche Hauptaspekte müssen bei einer wirksamen Präsentation beachtet werden (Zusammenfassung zum Thema Präsentation)?

Hauptaspekte der Präsentation:
- Vorbereiten
- Nachbereiten
- persönliche Wirkung
- Zeit einhalten
- Thema, Ziel nennen
- Nutzen, Gliederung, Verständlichkeit
- Visualisieren

3.4 Erstellen von technischen Unterlagen, Entwürfen, Statistiken, Tabellen und Diagrammen

Hinweis: Vgl. zu diesem Thema auch das 5. Prüfungsfach, Ziffer 5.4.

3.4.1 Technische Unterlagen

01. Welche technischen Unterlagen muss der Industriemeister kennen und anwenden können?

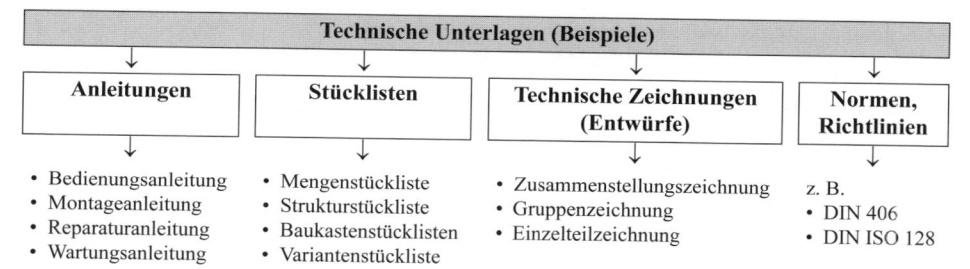

```
                    Technische Unterlagen (Beispiele)
        ↓                ↓                    ↓                        ↓
   Anleitungen      Stücklisten      Technische Zeichnungen      Normen,
                                           (Entwürfe)            Richtlinien
        ↓                ↓                    ↓                        ↓
```

- Bedienungsanleitung
- Montageanleitung
- Reparaturanleitung
- Wartungsanleitung

- Mengenstückliste
- Strukturstückliste
- Baukastenstücklisten
- Variantenstückliste

- Zusammenstellungszeichnung
- Gruppenzeichnung
- Einzelteilzeichnung

z. B.
- DIN 406
- DIN ISO 128

- *Bedienungsanleitungen* enthalten z. B.
  - Beschreibungen zur Bedienung des Betriebsmittels
  - Anleitungen zur Störungserkennung und -behebung
  - Wartungsmaßnahmen und -intervalle
  - Überwachungs- und Sicherheitsmaßnahmen

- *Montageanleitungen* enthalten z. B.
  - Anleitungen zur Durchführung der Montage:
    Reihenfolge von Einzelteil > Baugruppe > Fertigteil
  - erforderliche Werkzeuge und Hilfsmittel/-vorrichtungen

- *Reparaturanleitungen* enthalten z. B.
  - Anleitungen zur Fehlerbehebung/Reparatur
  - Hinweise auf Störungsquellen und deren Behebung

- *Wartungsanleitungen* enthalten z. B.
  - Wartungsarbeiten, Wartungsintervalle
  - Schmierplan, Schmierstoffe, Füllstellen, Füllmengen

02. Was ist eine Stückliste?

Die technische Zeichnung ist für die kaufmännischen Abteilungen wie Einkauf, Materialwirtschaft, Kostenrechnung keine ausreichende Grundlage. Sie wird daher durch die Stückliste ergänzt.

Die Stückliste ist die Aufstellung der benötigten Werkstoffe eines Erzeugnisses oder Erzeugnisteiles auf der Grundlage der Zeichnungen.

Sie gibt *in tabellarischer Form* einen vollständigen *Überblick* über *alle Teile* unter Angabe der Zeichnungs- oder DIN-Nummer, des Werkstoffes sowie der Häufigkeit des Vorkommens in einem Erzeugnis. Die Stückliste ist in der Regel nach dem Aufbau des Erzeugnisses, d. h. nach technischen Funktionen, gegliedert.

Die Grundform einer Stückliste enthält drei Bestandteile:

Erzeugnis/Baugruppe

Schermesser	
Messer, links	1
Messer, rechts	1
Grundplatte	1
Seitenteil	4

Komponenten   Mengenangabe

03. Welche Arten von Stücklisten werden unterschieden?

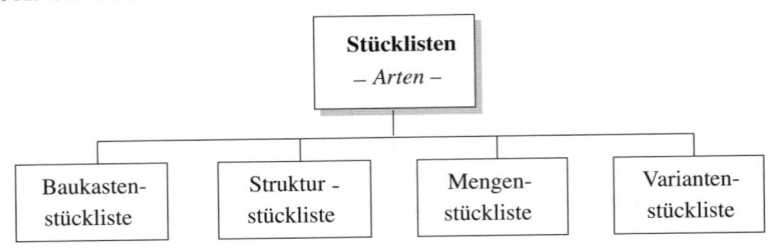

Stücklisten
– Arten –

- Baukastenstückliste
- Struktur-stückliste
- Mengenstückliste
- Variantenstückliste

- im Hinblick auf den *Aufbau:*

  - *Baukastenstückliste*: Sie ist in der Zusammenstellungszeichnung enthalten und zeigt, aus welchen Teilen sich ein Erzeugnis zusammensetzt. Die Mengenangaben beziehen sich auf eine Einheit des zusammengesetzten Produkts.

  - *Struktur-Stücklisten*: Sie geben Aufschluss über den Produktionsaufbau und zeigen, auf welcher Produktionsstufe das jeweilige Teil innerhalb des Produkts vorkommt.

  - *Mengen-Stücklisten*: In ihr sind alle Teile aufgelistet, aus denen ein Produkt besteht und zwar mit der Menge, mit der sie jeweils insgesamt in eine Einheit eines Erzeugnisses eingehen (vgl. Abbildung auf der nachfolgenden Seite).

  - *Variantenstücklisten* werden eingesetzt, um geringfügig unterschiedliche Produkte in wirtschaftlicher Form aufzulisten (als: Baukasten-, Struktur- oder Mengenstückliste).

3.4 Erstellen von technischen Unterlagen, Entwürfen, Statistiken, Tabellen und Diagrammen

1	2	3	4	5	6
Pos.	Menge	Einheit	Benennung	Normblatt / Zeichnungsnr. / Werkstoff / Halbzeug	Bemerkung
1	1	Stck.	Lagergehäuse	Zg. XNK 1 / EN-GJL-250 / Modell-Nr. 8180	
2	1	Stck.	Kurbelgehäuse	Zg. XNK 2 / EN-GJL-250 / Modell-Nr. 8181	
3	1	Stck.	Lagergehäuse	Zg. XNK 3 / EN-GJL-250 / Modell-Nr. 8182	
4	1	Stck.	Kolben	Zg. XNK 4 / GK-AlMg5 / Modell-Nr. 5120	
5	1	Stck.	Zylinder	Zg. XNK 5 / EN-GJL-300 / Modell-Nr. 8183	
6	1	Stck.	Zylinderkopf	Zg. XNK 6 / E295 / ⌀105x20 DIN EN 10060	
7	1	Stck.	Kolbenbolzen	Zg. XNK 7 / 16MnCr5 / ⌀15x65 DIN EN 10060	
8	1	Stck.	Kurbelwellenteil	Zg. XNK 8 / 42CrMo4 / vorgeschmiedet	vergütet
9	1	Stck.	Kurbelwellenbolzen	Zg. XNK 9 / 16MnCr5 / ⌀15x45 DIN EN 10060	
10	1	Stck.	Kurbelwellenteil	Zg. XNK 10 / 42CrMo4 / vorgeschmiedet	vergütet
11	1	Stck.	Schubstange	Zg. XNK 11 / 42CrMo4 / Gesenk-Nr. 43	
12	1	Stck.	Ansaugrohr	Zg. XNK 12 / C-Cu / Rohr 8x0,75 DIN 175w	
13	1	Stck.	Kolbenring	Zg. XNK 13	Bestellteil
14	1	Stck.	Lagerbuchse	Zg. XNK 14 / G-CuSn14 / ⌀20x30	
15	1	Stck.	Schutzkappe	Zg. XNK 15 / C-Cu / Bl0,5x⌀120 DIN 1752	
16	1	Stck.	Kegelventil (Einlass)	Zg. XNK 16	Bestellteil
17	1	Stck.	Kegelventil (Auslass)	Zg. XNK 17	Bestellteil
18	1	Stck.	Dichtring ⌀70x62x0,5	C-Cu / Bl0,5x⌀70 DIN 1752w	
19	1	Stck.	Sicherungsring	DIN 472-15x1	
20	1	Stck.	Zylinderrollenlager NU202	DIN 5412	Bestellteil
21	1	Stck.	Passfeder A 4x4x25	DIN 6885-A – 4x4x25	
22	8	Stck.	Zylinderschraube	DIN EN ISO 4762-M6x15-8.8	
23	1	Stck.	Nadellager ohne Innenring	INA NK 14/20	Bestellteil
24	2	Stck.	Verschlussschraube	DIN 906-M8x1-5.8	
25	1	Stck.	Rillenkugellager 4202	DIN 625	Bestellteil
26	1	Stck.	Verschlussdeckel	DIN 443-36-Fe P01-phr	
27	1	Stck.	Sicherungsring	DIN 472-36x1,5	
28					

	Datum	Name	Benennung		
Bearb.	27.06.2014	Liebelt	**Luftkompressor XNK**		
Gepr.					
Norm					

RIRA GmbH

| Zust | Änderung | Datum | Name | Ursprung | Ersatz für | Erstellt mit: SOLIDWORKS |

- im Hinblick auf die *Anwendung* im Betrieb:
  - *Konstruktionsstückliste*: sie gibt Aufschluss über alle zu einem Erzeugnis gehörenden Gegenstände.
  - *Fertigungsstückliste*: sie zeigt, welche Erzeugnisse im eigenen Betrieb gefertigt werden müssen und welche von Zulieferern beschafft werden müssen.
  - *Einkaufsstücklisten*: sie zeigen, welche Teile die Beschaffungsabteilung einkaufen muss (auch: Fremdbedarfsliste; siehe Frage 04.).
  - *Terminstückliste*: sie zeigt, zu welchem Termin bestimmte Gegenstände beschafft werden müssen.

04. Welchen Inhalt haben „Fertigungsstückliste, Fremdbedarfsliste, Teilebereitstellungsliste und Teileverwendungsnachweis"?

- *Fertigungsstückliste* = enthält die in Eigenleistung zu fertigenden Teile.
- *Fremdbedarfsliste* = enthält die Teile, die fremdbezogen werden.
- *Teilebereitstellungsliste* = regelt Ort, Menge und Reihefolge der Teilebereitstellung.
- *Teileverwendungsnachweis* = gibt Auskunft darüber, in welchem Erzeugnis ein bestimmtes Teil vorkommt.

3.4.2 Skizzen und Entwürfe

01. Was sind Entwürfe und Skizze?

- Ein *Entwurf* ist die Fassung eines Konzeptes, Textes oder einer Zeichnung, über deren endgültige Ausführung noch nicht entschieden wurde.

- *Skizzen* sind Entwürfe technischer Zeichnungen. Sie sollten vollständig sein, sind jedoch noch mit Ungenauigkeit im Maßstab behaftet.

02. Was ist der Inhalt technischer Zeichnungen?

In technischen Zeichnungen wird das Erzeugnis nach DIN-Zeichnungsnormen oder anderen Symbolen unter Angabe von Maßen, Toleranzen, der Oberflächengüte und -behandlung, der Werkstoffe und Werkstoffbehandlungen *grafisch* dargestellt.

03. Welche Arten von technischen Zeichnungen werden unterschieden?

a) *Zusammenstellungszeichnungen* (auch: *Zusammenbauzeichnung; ZSB-Zeichnung*): sie zeigen die Größenverhältnisse, die Lage und das Zusammenwirken der verschiedenen Teile (vgl. Abb. auf der nächsten Seite).

b) *Gruppenzeichnungen:* sie zeigen die verschiedenen Teilkomplexe auf.

c) *Einzelteilzeichnungen:* sie enthalten die vollständigen und genauen Angaben für die Fertigung des einzelnen Erzeugnisses.

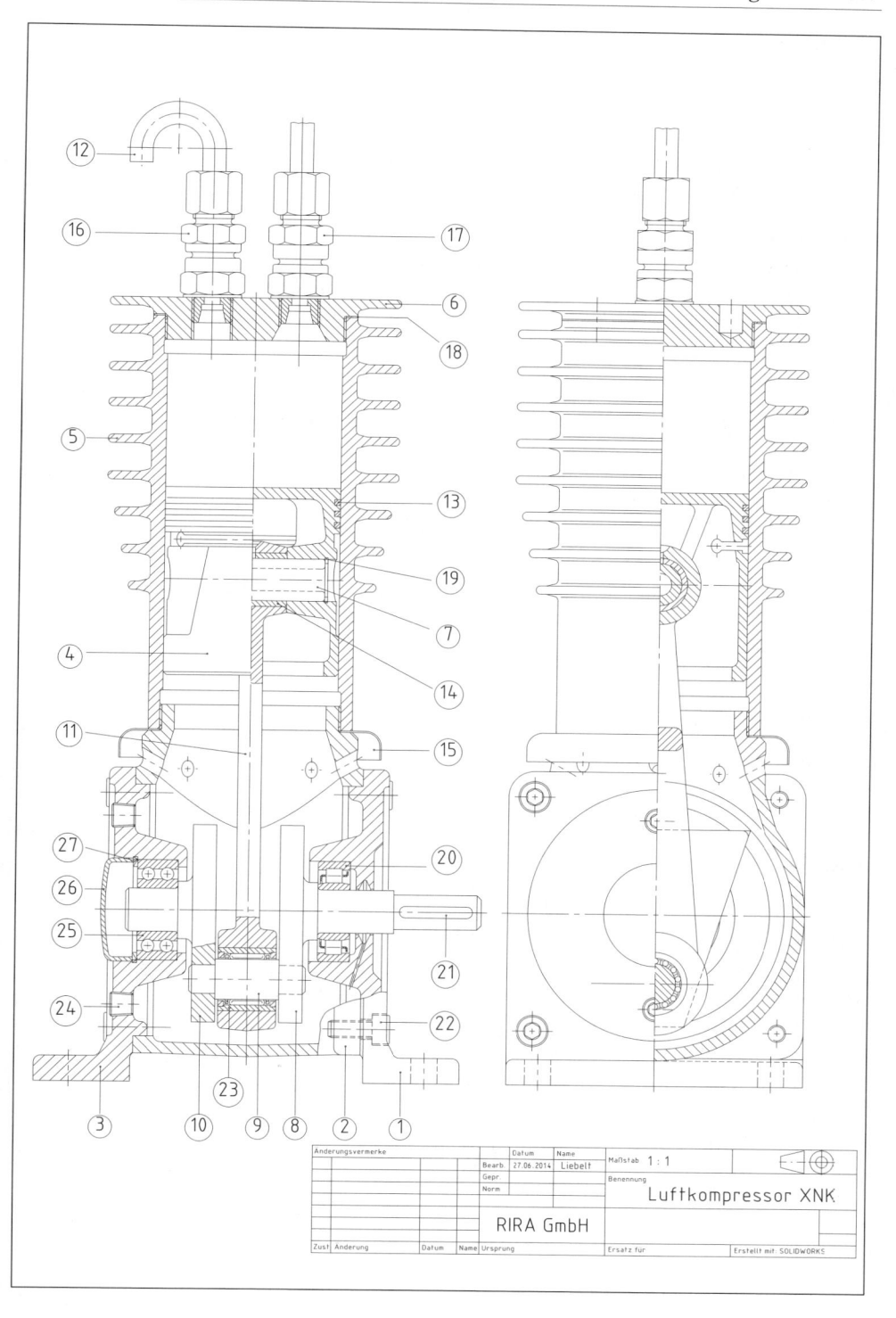

3.4 Erstellen von technischen Unterlagen, Entwürfen, Statistiken, Tabellen und Diagrammen

Benennung: Luftkompressor XNK
Maßstab: 1:1
Bearb. 27.06.2014 Liebelt
RIRA GmbH
Erstellt mit: SOLIDWORKS

04. Wie werden Skizzen angefertigt?

- *Vorgehensweise:*
  1. Formen und Umrisse zunächst mit dünnen Linien
  2. Nachzeichnen mit dicken Linien und Maße eintragen
  3. Maßtoleranzen und Oberflächenzeichen eintragen
  4. Schnittflächen mit Schraffuren kennzeichnen

- *Hilfsmittel*, z. B.:
  - Transparentpapier, Bleistift, Tusche, Zirkel, Lineal, Dreieck
  - Zeichenplatte, Zeichentisch, Zeichenschiene, Schablonenlineale
  - Papierbögen im Format DIN A 0 bis DIN A 4
  - CAD-Software

05. Welche Zeichnungsnormen und -richtlinien müssen beachtet werden?

Dazu ausgewählte Beispiele:

```
              Zeichnungsnormen und
                  -richtlinien
    ┌──────┬────────┬────────┬────────┬──────┐
 Quellen  Maßstab Darstellung Linienart Maßlinien
```

- *Quellen*, z. B.:

  - DIN-Normen
  - VDI-Richtlinien
  - Berufsgenossenschaftliche Vorschriften (BGV)
  - VDMA-Einheitsblätter
  - VDE-Bestimmungen
  - RAL-Vereinbarungen

Beispiele für Normen:

DIN 406-11	Maßeintragung
DIN ISO 128-30 ff.	Allgemeine Grundlagen der Darstellung (Ansichten, Schnitte)
DIN ISO 5455	Maßstäbe
DIN ISO 5456-2	Allgemeine Grundlagen der Darstellung (Linien)
DIN EN ISO 3098-2	Schriften
DIN EN ISO 5457	Formate und Gestaltung von Zeichnungsvordrucken
DIN EN ISO 1302	Angabe der Oberflächenbeschaffenheit in der technischen Produktdokumentation

3.4 Erstellen von technischen Unterlagen, Entwürfen, Statistiken, Tabellen und Diagrammen

- Wahl des *Maßstabes*, z. B.:

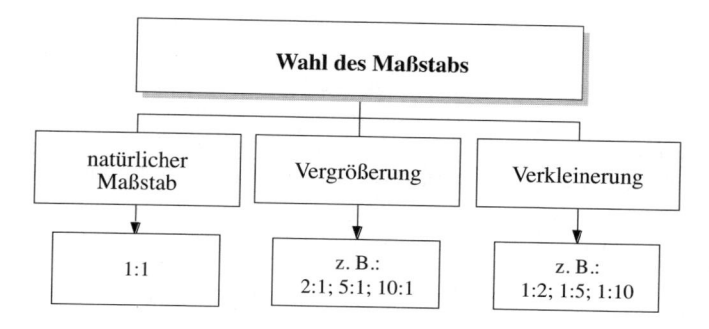

Wahl des Maßstabs
- natürlicher Maßstab → 1:1
- Vergrößerung → z. B.: 2:1; 5:1; 10:1
- Verkleinerung → z. B.: 1:2; 1:5; 1:10

- Wahl der *Darstellung*, z. B.:

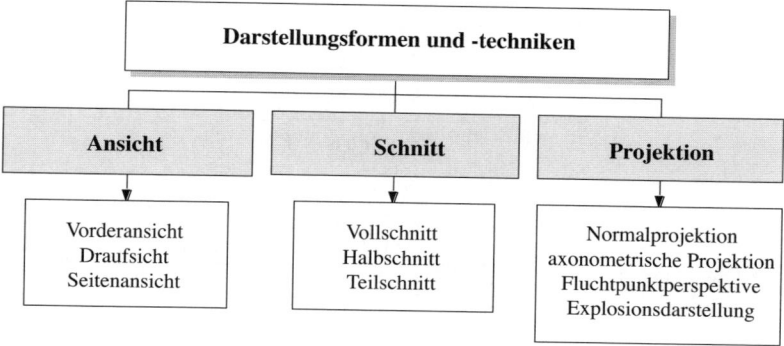

Darstellungsformen und -techniken

- **Ansicht**
  - Vorderansicht
  - Draufsicht
  - Seitenansicht
- **Schnitt**
  - Vollschnitt
  - Halbschnitt
  - Teilschnitt
- **Projektion**
  - Normalprojektion
  - axonometrische Projektion
  - Fluchtpunktperspektive
  - Explosionsdarstellung

Beispiele:

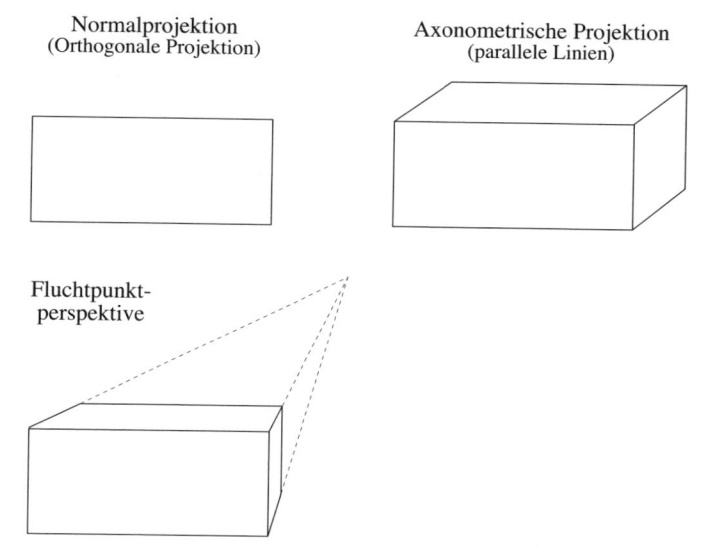

Normalprojektion
(Orthogonale Projektion)

Axonometrische Projektion
(parallele Linien)

Fluchtpunktperspektive

Die axonometrische Projektion wird unterschieden in die *isometrische* und die *dimetrische* Projektion.

- Wahl der *Linienart*, z. B.:

    Die Linienarten sind in der DIN ISO 128-20 dargestellt. Dazu einige Beispiele und deren Anwendung:

	Linienart	Anwendung
A	Volllinie, breit	sichtbare Kanten, Umrisse, Hauptdarstellungen usw.
B	Volllinie, schmal	Maßlinien, Maßlinienbegrenzung, Schraffuren usw.
C	Freihandlinie, schmal	Begrenzung von abgebrochenen/unterbrochenen Schnitten
D	Zickzacklinie, schmal	Begrenzung von abgebrochenen/unterbrochenen Schnitten
...		
F	Strichlinie, schmal	verdeckte Kanten, Umrisse

- *Maßlinien usw.*, z. B.:

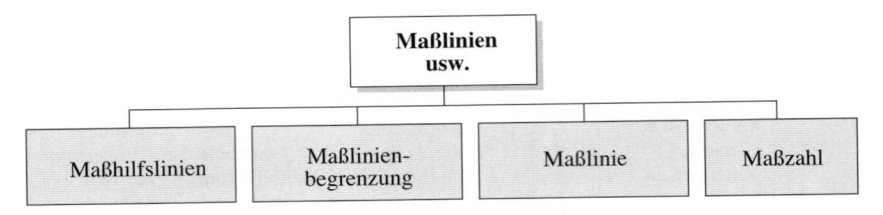

    ```
                    Maßlinien
                       usw.
         ┌─────────┬─────────┬─────────┐
    Maßhilfslinien  Maßlinien-  Maßlinie  Maßzahl
                    begrenzung
    ```

    Beispiel 1:

    Maßhilfslinie
    Maßlinienbegrenzung
    Maßzahl: 20
    Maßlinie
    40

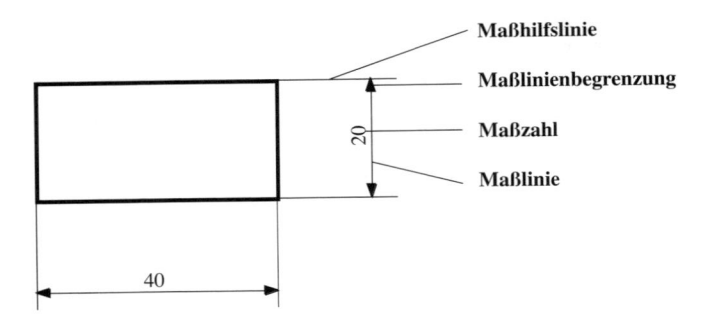

Beispiel 2:

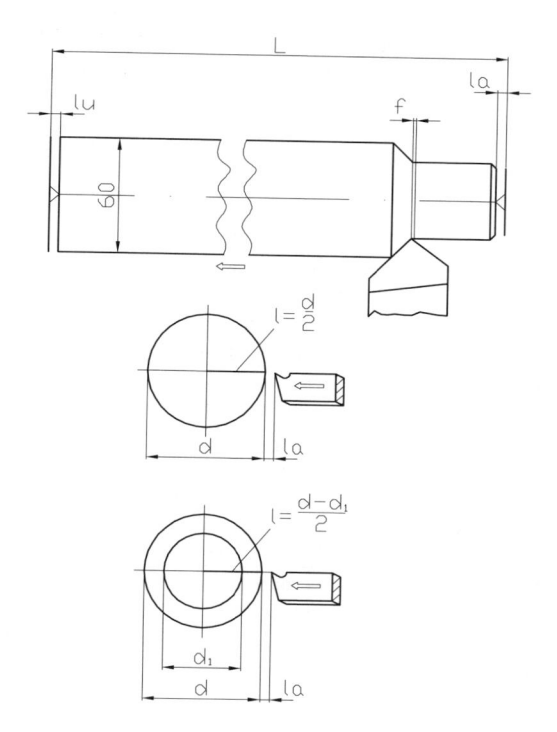

Merke 1:

- *Maßlinien:*
  - schmale Volllinien
  - Abstände: ≥ 10 mm zum Körper;
    ≥ 7 mm zwischen den einzelnen Maßlinien

- *Maßhilfslinien:*
  - schmale Volllinien
  - ohne Zwischenraum zu den Kanten des Körpers
  - ragen ca. 2 mm über die Maßlinie hinaus
  - dürfen nicht von anderen Linien durchzogen/gekreuzt werden

- *Maßlinien-begrenzungen:*
  - als offene oder gefüllte Maßpfeile/Schrägstrich oder offene Punkte
  - einheitliche Handhabung je Zeichnung

- *Maßzahlen:*
  - werden über die durchgezogene Maßlinien gesetzt
  - grundsätzlich: in mm ohne Angabe der Maßeinheit
    Ausnahme: in m, dann mit Maßeinheit
  - innerhalb einer Zeichnung: kein Wechsel der Maßeinheit

Merke 2:

		Linienarten und deren Anwendung nach DIN ISO 128-20	
────────	Volllinie, schmal	• Maßlinie • Maßhilfslinie • Lichtkanten • Hinweis- und Bezugslinien • Schraffur • kurze Mittellinien • Gewindegrund • Maßlinienbegrenzung	• Diagonalkreuze, die ebene Flächen kennzeichnen • Biegelinien (bei Rohren und bearbeiteten Teilen) • Umrahmungen (von Prüfmaßen/Form- und Lagetoleranzen und Einzelheiten)
～～～	Freihandlinie, schmal	Darstellung von Begrenzungen unterbrochener Ansichten und Schnitten (freihand gezeichnet)	
─/\/\─	Zickzacklinie, schmal	Darstellung von Begrenzungen unterbrochener Ansichten und Schnitten (mit Zeichenautomat gezeichnet)	
▬▬▬▬	Volllinie, breit	• sichtbare Umrisse • sichtbare Kante • Gewindespitzen • Grenze der nutzbaren Gewindelänge • Formteilungslinien	
─ ─ ─ ─	Strichlinie, schmal	• verdeckte Kanten • verdeckte Umrisse	
▬ ▬ ▬ ▬	Strichlinie, breit	• Kennzeichnung von Oberflächenbehandlungen	
─·─·─·─	Strichpunktlinie, schmal	• Mittellinie • Symmetrielinie	• Teilkreis (bei Löchern) • Teilkreis (bei Verzahnung)
▬·▬·▬·▬	Strichpunktlinie, breit	• Schnittebenen • Kennzeichnung von Formteilungslinien in Schnitten • Kennzeichnung von begrenzten Bereichen z. B. Behandlung	
─··─··─	Strichzweipunktlinie	• Schwerpunktlinien • Umrisse angrenzender Bauteile • Endstellungen von beweglichen Bauteilen	

3.4.3 Statistiken und Tabellen

01. Was ist das Wesen und die Aufgabe der Statistik?

Mit Statistik (= lateinisch: „status" = Zustand) bezeichnet man die Gesamtheit aller Methoden zur Untersuchung von Massenerscheinungen sowie speziell die Aufbereitung von Zahlen und Daten in Form von Tabellen und Grafiken.

Die Aufgabe der Statistik besteht darin, Bestands- und Bewegungsmassen systematisch zu gewinnen, zu verarbeiten, darzustellen und zu analysieren. Dabei sind *Bestandsmassen* diejenigen Massen, die sich auf einen Zeitpunkt beziehen, während *Bewegungsmassen* auf einen bestimmten Zeitraum entfallen.

02. Welchen Stellenwert hat die Betriebsstatistik?

Die Statistik ist ein Teilgebiet des Rechnungswesens und ein eigenständiges Instrument der Analyse, des Vergleichs und der Prognose. Kernfragen des betrieblichen Alltags können ohne die Methoden der Statistik nicht gelöst werden; z. B.:

- Mithilfe der *Stichprobentheorie* lässt sich von Teilgesamtheiten auf Grundgesamtheiten schließen.
- Mithilfe der *Indexlehre* können z. B. durchschnittliche Veränderungen der Preise zu einer einheitlichen Basis ermittelt werden.

03. In welchen Schritten erfolgt die Lösung statischer Fragestellungen?

1. *Analyse* der Ausgangssituation,
2. *Erfassen* des Zahlenmaterials,
3. *Aufbereitung*, d. h. Gruppierung und Auszählung der Daten und Fakten,
4. *Auswertung*, d. h. Analyse des Zahlenmaterials nach methodischen Gesichtspunkten.

04. Wie kann statistisches Ausgangsmaterial erfasst und aufbereitet werden?

- Die *Erfassung* des Zahlenmaterials kann

  - als Befragung,
  - als Beobachtung oder
  - als Experiment

  erfolgen. Dabei kann es sich um eine *Vollerhebung* oder um eine *Teilerhebung* (Stichprobe) handeln bzw. die Daten können *primärstatistisch* oder *sekundärstatistisch* erhoben werden.

- *Aufbereitung*:

  Das Zahlenmaterial kann erst dann ausgewertet und analysiert werden, wenn es in aufbereiteter Form vorliegt. Dazu werden die Merkmalsausprägungen geordnet – z. B. nach Geschlecht, Alter, Beruf, Region. Weitere Ordnungskriterien können sein:

  - Ordnen des Zahlenmaterials in einer Nominalskala
    (qualitative Merkmale; „gleich/verschieden").
  - Ordnen des Zahlenmaterials in einer Kardinalskala oder einer Ordinalskala.
  - Unterscheidung in diskrete und stetige Merkmale.
  - Aufbereitung in Form einer Klassenbildung (bei stetigen Merkmalen).
  - Aufbereitung ungeordneter Reihen in geordnete Reihen.
  - Bildung absoluter und relativer Häufigkeiten (Verteilungen).

Schrittfolge bei der Lösung statistischer Fragestellungen:

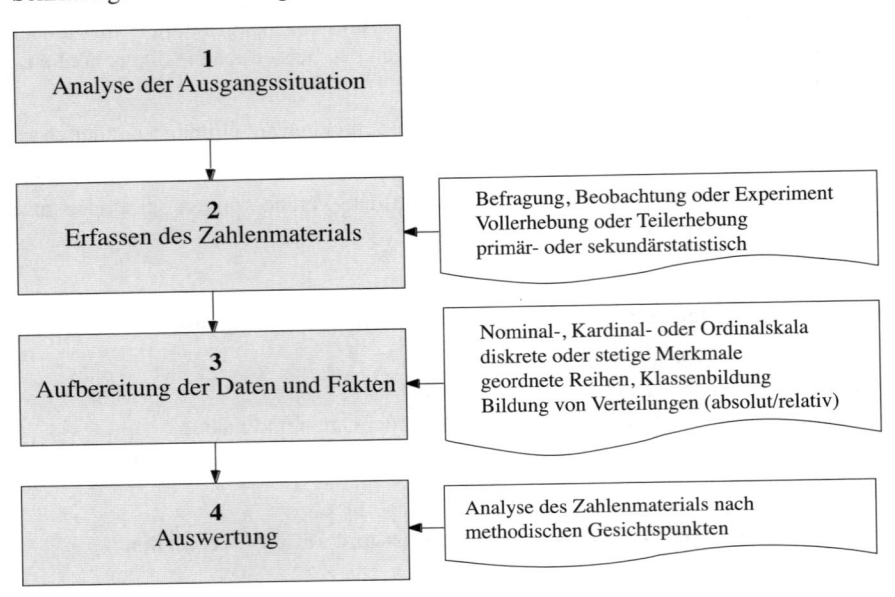

```
┌─────────────────────────────┐
│             1               │
│ Analyse der Ausgangssituation│
└─────────────────────────────┘
              │
              ▼
┌─────────────────────────────┐      ┌──────────────────────────────────────────┐
│             2               │◄─────│ Befragung, Beobachtung oder Experiment   │
│ Erfassen des Zahlenmaterials│      │ Vollerhebung oder Teilerhebung           │
└─────────────────────────────┘      │ primär- oder sekundärstatistisch         │
              │                      └──────────────────────────────────────────┘
              ▼
┌─────────────────────────────┐      ┌──────────────────────────────────────────┐
│             3               │      │ Nominal-, Kardinal- oder Ordinalskala    │
│ Aufbereitung der Daten und  │◄─────│ diskrete oder stetige Merkmale           │
│ Fakten                      │      │ geordnete Reihen, Klassenbildung         │
└─────────────────────────────┘      │ Bildung von Verteilungen (absolut/relativ)│
              │                      └──────────────────────────────────────────┘
              ▼
┌─────────────────────────────┐      ┌──────────────────────────────────────────┐
│             4               │◄─────│ Analyse des Zahlenmaterials nach         │
│         Auswertung          │      │ methodischen Gesichtspunkten             │
└─────────────────────────────┘      └──────────────────────────────────────────┘
```

05. Welche Gesichtspunkte sind beim Aufbau einer statistischen Tabelle zu berücksichtigen?

- *Tabellen* bestehen aus Spalten und Zeilen.
  Zur besseren Übersicht können Zeilen und Spalten nummeriert werden. Die Schnittpunkte von Zeilen und Spalten nennt man Felder oder Fächer.

- Der *Tabellenkopf* ist die Erläuterung der Spalten. Er kann eine *Aufgliederung* (z. B. „Belegschaft gesamt", „davon weibliche Belegschaft", „davon männliche Belegschaft"), eine *Ausgliederung* („Belegschaft insgesamt", „darunter weiblich") oder eine *mehrstufige Darstellung* („Belegschaft gesamt"/„davon männlich", „davon ledig", „davon verheiratet" usw.) enthalten. Es sind auch noch stärkere Untergliederungen möglich. Zu beachten ist aber, dass die notwendige Übersicht nicht verloren geht. Die nachfolgende Abbildung zeigt den schematischen Aufbau einer Tabelle:

3.4 Erstellen von technischen Unterlagen, Entwürfen, Statistiken, Tabellen und Diagrammen

Tab. Nr. ... Überschrift/Titel ... ...

Vorspalte

Tabellenkopf

Lfd. Nr.	1	2	3	4	Σ
1					
2					
3					
4					
5			Fach		
Σ					

— Hauptspalten
— Unterspalten
— Summenspalte
— Lfd. Spalten Nr.

Summenzeile
Lfd. Zeilen Nr.

Quelle/Fußnote: ... ...

- *Tabellen können im Hoch- oder im Querformat* wiedergegeben werden. Das linke obere Feld (der Schnittpunkt von Vorspalte und Tabellenkopf) kann als
  - Kopf zur Vorspalte,
  - als Vorspalte zum Kopf oder
  - als Kopf zur Vorspalte/Vorspalte zum Kopf

  gestaltet sein. Im Zweifelsfall kann dieses Fach auch leer bleiben, bevor eine nicht eindeutig zutreffende Bezeichnung gewählt wird.

Kopf zur Vorspalte	Vorspalte zum Kopf		

Kopf zur Vorspalte / Vorspalte zum Kopf			

- Weitere Grundregeln zur Tabellengestaltung sind:
  - Jede Tabelle sollte eine Überschrift enthalten, aus der korrekt der Titel und ggf. weitere Inhaltspunkte hervorgehen.
  - Bei einer quer dargestellten Tabelle sollte die Vorspalte links liegen.
  - Erläuterungen, die sich auf die gesamte Tabelle beziehen, werden in einer Vorbemerkung wiedergegeben.
  - Erläuterungen, die sich auf einen Teil der Tabelle beziehen, stehen in der Fußnote.
- Weitere Hinweise zur Tabellengestaltung können der DIN 55301 entnommen werden.

3.4.4 Diagramme

01. Wie lassen sich statistische Ergebnisse grafisch darstellen?

Die grafische Darstellung statistischer Ergebnisse ist mithilfe von

- Strecken und Kurven (z. B. Linien-, Stab- bzw. Säulendiagramme),
- Flächen (z. B. Kreisdiagramme, Struktogramme),
- 3-dimensionalen Gebilden,
- Kartogrammen oder
- Bildstatistiken

möglich.

Beispiel: Säulendiagramm, vertikal

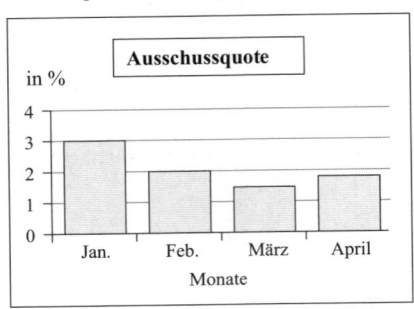

Beispiel: Balkendiagramm, horizontal

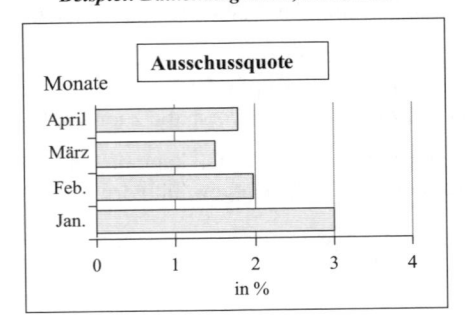

Hinweis: Das Balkendiagramm wird auch als Säulendiagramm bezeichnet.

3.4 Erstellen von technischen Unterlagen, Entwürfen, Statistiken, Tabellen und Diagrammen 389

Beispiel: Liniendiagramm

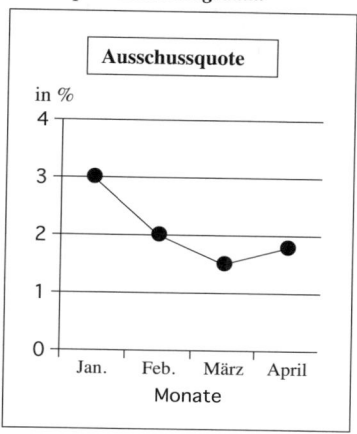

Beispiel: Flächendiagramm

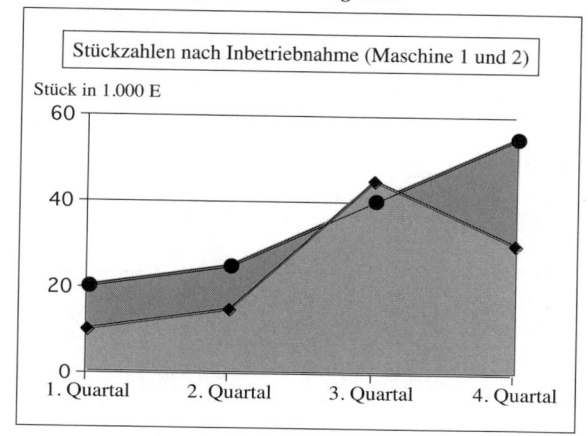

Beispiel: Kreisdiagramm,
Vergleich,
mit explodiertem
Segment,
Kreise geneigt,
mit Schatten

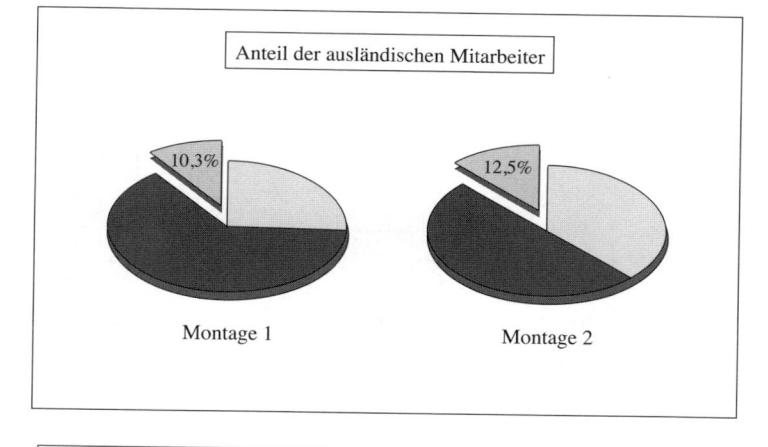

Beispiel:
Flächendiagramm
(hier: Struktogramm),
Vergleich,
mit Legende,
mit Normierung
auf 100 %,
3-D-Darstellung

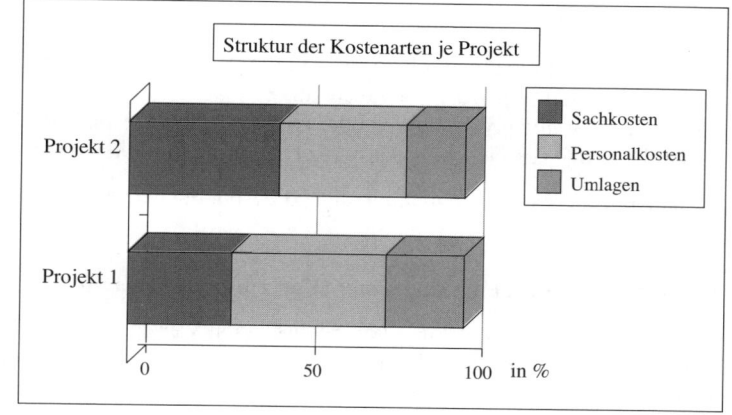

Nomogramme sind grafische Darstellungen funktionaler Zusammenhänge. Man verwendet sie für Zahlenrelationen, die häufig gebraucht werden. Ist die Grafik ausreichend genau dargestellt, kann ein bestimmter Zahlenwert direkt aus dem Nomogramm abgelesen werden.

Beispiel: Quadratwurzel aus einem Produkt

$$\sqrt{a \cdot b} = c$$

z. B.:

a	b	c
15,0	60,0	30,00
30,0	70,0	45,83

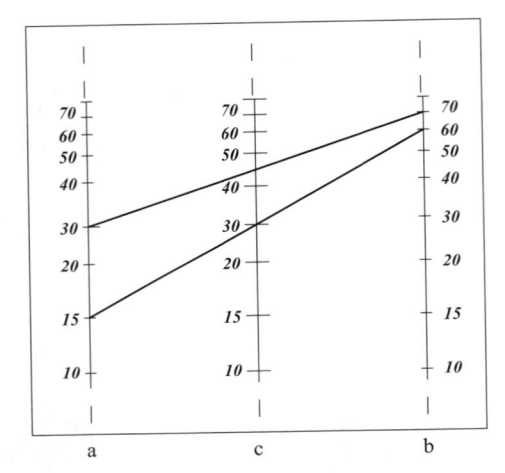

02. Welche Einzelaspekte sind bei der Erstellung von Diagrammen zu beachten?

1. Für die Ordinate (Senkrechte; y-Achse) und die Abszisse (Waagerechte; x-Achse) ist ein *geeigneter Maßstab* auswählen, so dass die grafische Darstellung die Entwicklung in der Realität widerspiegelt.

2. Jede *Achse* ist zu *bezeichnen*.

3. Jedes Diagramm hat eine *Überschrift* und ggf. einen *Quellenhinweis* (Darstellung nach betriebsinternen Daten der Kostenrechnung).
   - Ist die Darstellung verständlich oder ist eine Legende erforderlich?
   - Ist die Größe ausreichend, sodass das Diagramm im Rahmen einer Präsentation lesbar ist?

4. Bei Konzeptarbeiten empfiehlt es sich, die Abbildungen zu *nummerieren*.

03. Was ist ein Streuungsdiagramm (Korrelationsdiagramm)?

Es ist die grafische Darstellung von beobachteten Wertepaaren zweier statistischer Merkmale in einem kartesischen Koordinatensystem. Wenn zwischen den beiden Merkmalen kein Zusammenhang besteht, sind die Merkmalswertepaare zufällig im Diagramm verteilt. Wenn es Abhängigkeiten zwischen den beiden Merkmalen gibt, zeigen sich Muster oder Strukturen wie beispielsweise lineare oder quadratische Zusammenhänge.

- *Anwendung:*
  - man erhofft sich Informationen über die Abhängigkeitsstruktur der beiden Merkmale (Achtung: keine Ursache-Wirkungs- Zusammenhänge, keine Kausalitätsdarstellung)
  - Berechnung mathematischer Zusammenhänge
  - Fehleranalyse im Qualitätsmanagement.
- *Vorteile:*
  - lineare Zusammenhänge
  - einfache grafische Darstellung
  - einfache Berechnung mit Excel
  - Darstellung der sogenannten „Ausgleichsgeraden".
- *Nachteil:*
  - in der Regel können nur zwei Einflussgrößen dargestellt werden
- *Interpretation der Ausgleichsgeraden:*
  - Positiver Zusammenhang (Korrelation): Der Verlauf der Ausgleichsgeraden ist von links unten nach rechts oben.
  - Negativer Zusammenhang: Der Verlauf der Ausgleichsgeraden ist von links oben nach rechts unten.

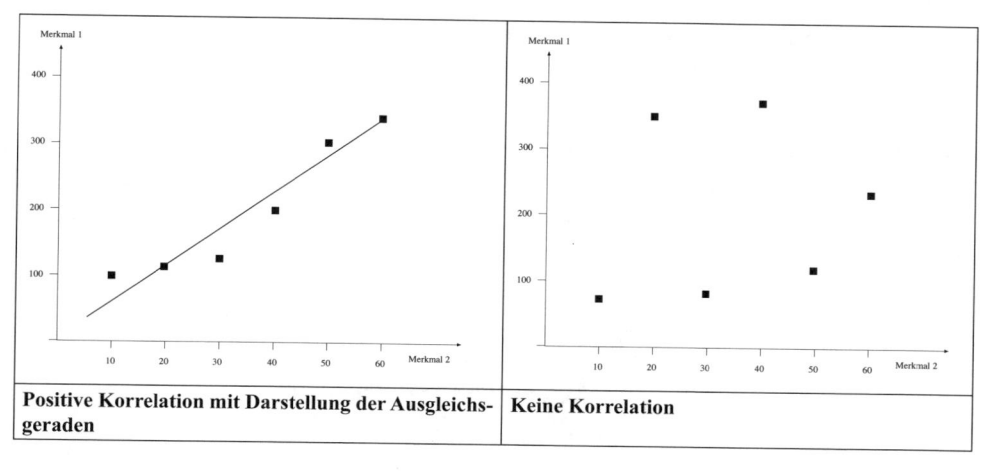

Positive Korrelation mit Darstellung der Ausgleichsgeraden	**Keine Korrelation**

04. Für welche Zwecke eignen sich welche Diagramme?

Stabdiagramm	Die Länge eines Stabes zeigt die Größe einer Zahl, z. B. Zahlen im Zeitablauf bzw. je Merkmal.
Balkendiagramm	Bakendiagramme sind gedreht als Horizontale; vgl. Stabdiagramm.
Säulendiagramm	Darstellung einer Zeitreihe; Darstellung wie Stabdiagramm – als Säule.
Kreisdiagramm	Darstellung von Anteilen und Vergleich von Mengen; zum Teil problematisch in der Darstellung/im Vergleich.
Liniendiagramm	Darstellung einer Zeitreihe, z. B. Belegschaft pro Jahr.
Piktogramm	Die strenge Form der Kurven- und Stabdiagramme wird durch Bilddarstellungen aufgelockert, z. B. Geschäftsbericht, Darstellung in der Tagespresse.
Flächendiagramm	Vergleich von Gesamtheiten in ihrer Größenordnung.
Kartogramm	Darstellung statistischer Werte in geografischen Karten.

3.5 Anwenden von Projektmanagementmethoden

3.5.1 Einsatzgebiete von Projektmanagement

01. Welche Funktionen soll Projektmanagement erfüllen?

Mit Projektmanagement – als neuer Technik der Innenorganisation – sind insbesondere folgende Funktionen verbunden:

- geplanter Wandel
- steigende Produktivität
- erhöhte Flexibilität
- Impulse geben
- Prozesse der Zukunftssicherung gestalten
- Krisenresistenz.

02. Welche zwei Hauptziele hat Projektmanagement zu erfüllen?

Die Ziele von Projektmanagement heißen immer:

- Erfüllung des Sachziels (Projektauftrag; quantitativ, qualitativ)
- Einhaltung der Budgetgrößen (Termine, Kosten)

03. In welchem Spannungsfeld bewegen sich Projektsteuerung und -controlling?

Projektsteuerung und Projektcontrolling vollziehen sich im Spannungsfeld eines „magischen" Vierecks (Kontrollmerkmale der Projektsteuerung) mit den Veränderlichen: Zeit, Kosten, Quantität und Qualität.

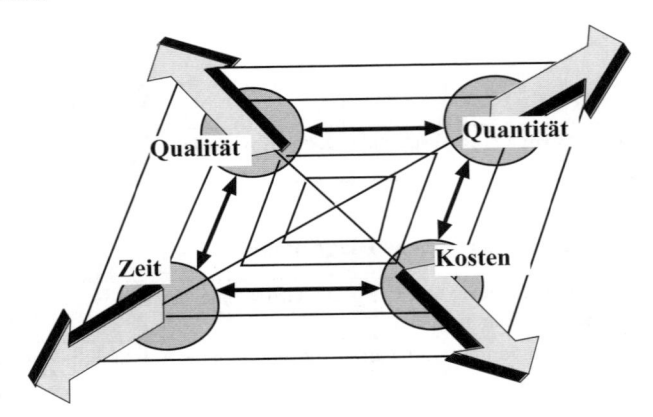

04. Wie kann Projektmanagement in die Aufbaustruktur integriert werden?

Hier ist die Aufgabe zu lösen: „Wer macht was und ist wofür verantwortlich?", d. h. es ist eine zeitlich befristete und der Aufgabe/Zielsetzung angemessene Organisation von Projektmanagement zu schaffen. Für die organisatorische Eingliederung des Projektmanagers kommen in der Praxis drei grundsätzliche Formen infrage:

3.5 Anwenden von Projektmanagementmethoden

Organisatorische Eingliederung des Projektmanagers	Funktion des Projektmanagers	Form des Projektmanagers	Funktion der Linie
Stab	Information, Beratung	Einfluss-Projektmanagement	Entscheidung
Matrix	Projektverantwortung	Matrix-Projektmanagement	disziplinarische Weisungsbefugnis
Linie	Entscheidung (Vollkompetenz)	reines Projektmanagement	Information, Beratung

- *Einfluss-Projektmanagment:*
  Der Projektmanager hat gegenüber der Linie (nur) eine *beratende Funktion*. Die Entscheidungs- und Weisungsbefugnis verbleibt bei den Linienmanagern (Materialwirtschaft, Produktion usw.).

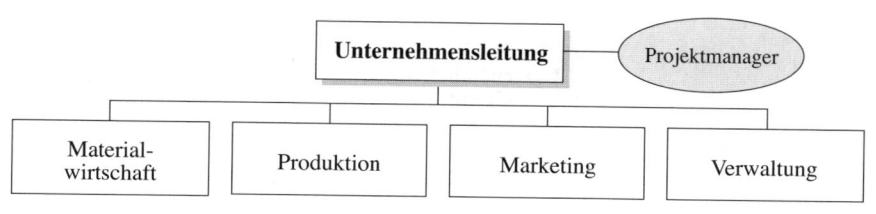

- *Reines Projektmanagement:*
  Das „Reine Projektmanagement" ist der Gegenpol zum „Einfluss-Projektmanagement": Der Projektmanager hat *volle Kompetenz* in allen Sach- und Ressourcenfragen *im Rahmen des Projektmanagements* und kann die Realisierung von Projektzielen ggf. auch gegen den Willen der Linienmanager durchsetzen. Dies betrifft auch den Zugriff auf Personalressourcen der Linie.

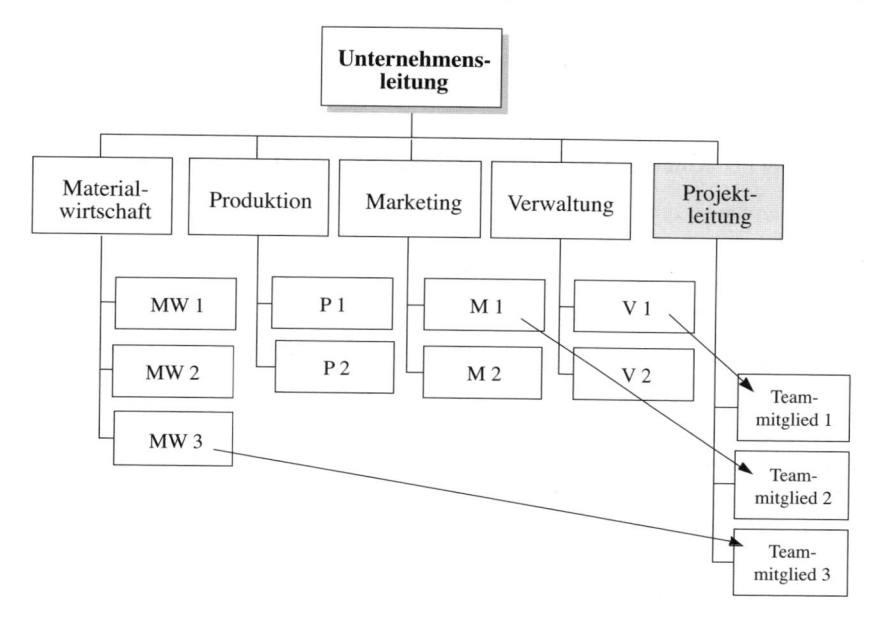

- *Matrix-Projektmanagement:*
  Dies ist eine Mischform aus „Einfluss-Projektmanagement" und „Reinem Projektmanagement":
  Der Projektleiter hat die volle Kompetenz in allen Fragen, die das Projekt betreffen (Kosten, Termine, Sachziele). Die Linienmanager haben die volle Kompetenz bezogen auf ihren Verantwortungsbereich (z. B. Weisungsbefugnis). Kennzeichnend für die Matrix-Organisation ist der „Einigungszwang": Projektmanager und Linienmanager müssen sich einigen bei der Lösung des Projektauftrages.

Beispiel 1:
Im vorliegenden Fall (s. Abb.) gehören Mitarbeiter der Abteilung V1, M1 und MW3 zum Projektteam. Über die Präsenz dieser Mitarbeiter in Teamsitzungen kann nicht allein der Projektleiter entscheiden, er muss sich mit dem jeweiligen Leiter von MW3, M1 bzw. V1 verständigen.

Beispiel 2:
Ein Teilauftrag des Projektes ist die Fragestellung, ob ein Ersatzteillager zentral oder dezentral eingerichtet werden soll; die Änderungen betreffen auch den Ressort Marketing und Vertrieb: Hier muss sich die Projektleitung mit dem Leiter Marketing und dem Leiter Materialwirtschaft einigen.

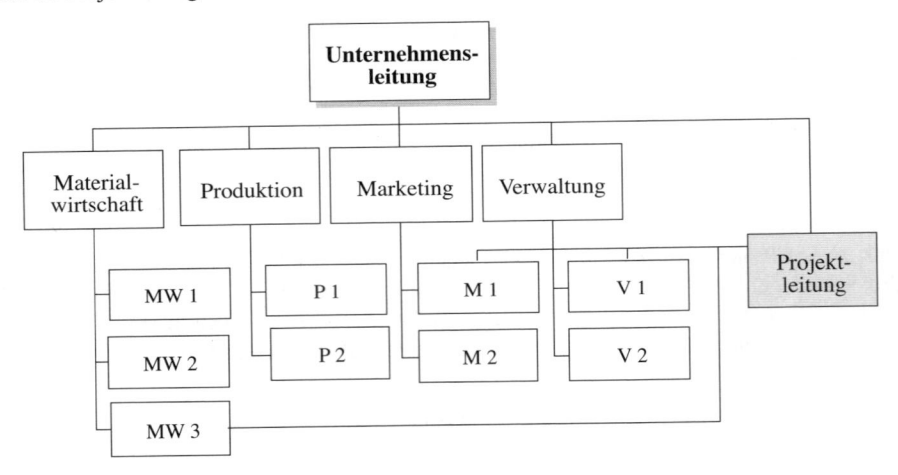

05. Was ist bei der Ablauforganisation von Projekten zu berücksichtigen?

Die Kernfragen lauten hier:

- Was ist wie zu regeln?
- Wie ist vorzugehen?
- Welche Teilziele werden abgesteckt?

usw., d. h. es ist der technisch und wirtschaftlich geeignete Projektablauf festzulegen. Dabei sind zwei grundsätzliche Formen denkbar:

a) *Sequenzielle* Ablaufgestaltung:
   Teilprojekte bzw. Arbeitspakete werden *nacheinander*, schrittweise abgearbeitet.
   Beurteilung: zeitaufwändig, aber sicherer.

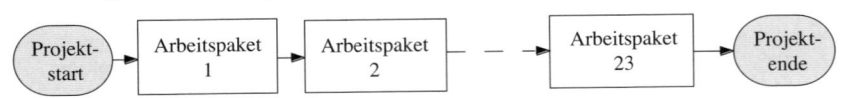

3.5 Anwenden von Projektmanagementmethoden

b) *Parallele (simultane)* Ablaufgestaltung:
Teilprojekte bzw. Arbeitspakete werden ganz oder teilweise gleichzeitig abgearbeitet. Beurteilung: schneller Projektfortschritt, aber ggf. Risiken bei der Zusammenführung von Teillösungen zur Gesamtlösung.

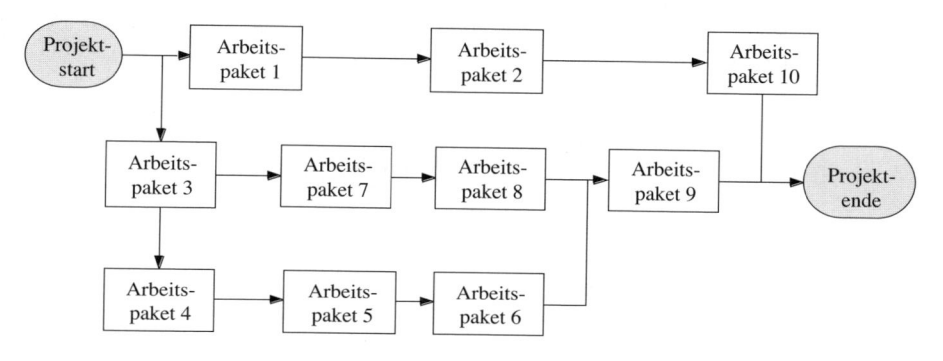

```
Projekt-  →  Arbeits-   →  Arbeits-   →  Arbeits-
start        paket 1       paket 2       paket 10
  ↓
Arbeits-  →  Arbeits-   →  Arbeits-   →  Arbeits-  →  Projekt-
paket 3      paket 7       paket 8       paket 9      ende
  ↓
Arbeits-  →  Arbeits-   →  Arbeits-
paket 4      paket 5       paket 6
```

06. Durch welche Merkmale ist ein Projekt bestimmt?

- *Projekte* sind kurzlebige, zeitlich terminierte Aufgabenkomplexe, an denen Experten aus verschiedenen Fachbereichen und Hierarchiestufen arbeiten. Management umfasst alle planenden, organisierenden, steuernden, kontrollierenden und sanktionierenden Tätigkeiten zur Auftragserfüllung.

- *Projektmanagement* ist die überlebensnotwendige Kunst, all die Aufgaben zu lösen, die den Leistungsrahmen der klassischen Organisationsformen übersteigen. Projektmanagement dient daher vorrangig der Aufgabe, trotz gegebener Organisationsstruktur die unternehmerische Flexibilität und Zukunftssicherung zu erhalten.

In der Literatur werden vor allem folgende *Merkmale* hervorgehoben:

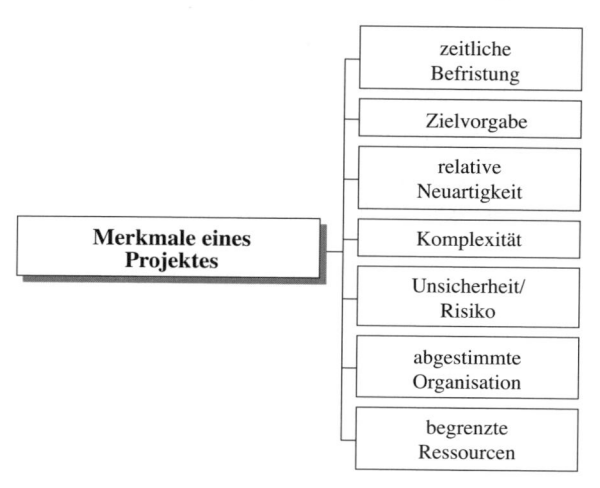

Merkmale eines Projektes:
- zeitliche Befristung
- Zielvorgabe
- relative Neuartigkeit
- Komplexität
- Unsicherheit/Risiko
- abgestimmte Organisation
- begrenzte Ressourcen

07. Wie erfolgt die Projektbestimmung durch Zielvorgaben?

Projekte haben eigenständige Zielsetzungen. Die Ziele liefern die Richtung für die Planung des Projekts, geben Orientierung für die Steuerung und liefern den Maßstab für die Kontrolle.

- Man unterscheidet *vier Zielfelder*; sie *konkurrieren* miteinander (vgl. oben: „Magisches Viereck des Projektmanagements"):

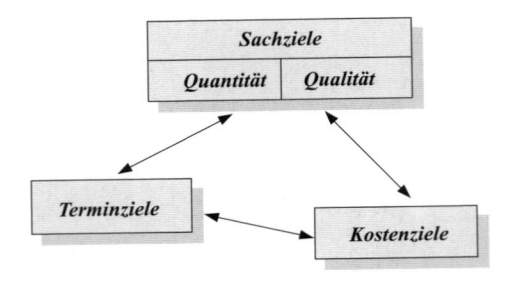

```
            Sachziele
       Quantität | Qualität

Terminziele           Kostenziele
```

- Ziele können ihre Funktion nur erfüllen, wenn sie *operationalisiert*, d. h. *messbar*, sind. Messbar bedeutet, dass das Ziel hinsichtlich Inhalt, Ausmaß und Zeitaspekt eindeutig beschrieben ist.

Beispiel:
Falsch: Das Ziel „Die Kosten in der Montage müssen deutlich gesenkt werden" ist nicht operationalisiert. Was heißt „deutlich"? „Bis wann?"

Richtig: Die Kosten → Zielinhalt
müssen innerhalb von sechs Monaten → Zeitaspekt
um 15 % gesenkt werden. → Ausmaß

3.5.2 Vorgehensweise bei der Abwicklung eines Projektes

01. In welche Haupt- und Teilphasen lässt sich Projektmanagement strukturieren?

Die Phasen des Projektmanagements folgen grundsätzlich der Logik des Management-Regelkreises (Ziele setzen → planen → organisieren → realisieren → kontrollieren). Die neuere Fachliteratur unterscheidet im Detail zwischen drei bis sieben Phasen (je nach Detaillierungsgrad), wobei die Unterschiede nicht grundlegend sind. Es gibt jedoch noch keine einheitliche Terminologie. Die nachfolgende Darstellung unterscheidet drei Hauptphasen:

(1) Projekte auswählen
(2) Projekte lenken
(3) Projekte abschließen

3.5 Anwenden von Projektmanagementmethoden

Hinter diesen Hauptphasen verbergen sich folgende Teilpläne und -aktivitäten (Gesamtübersicht des Phasenmodells):

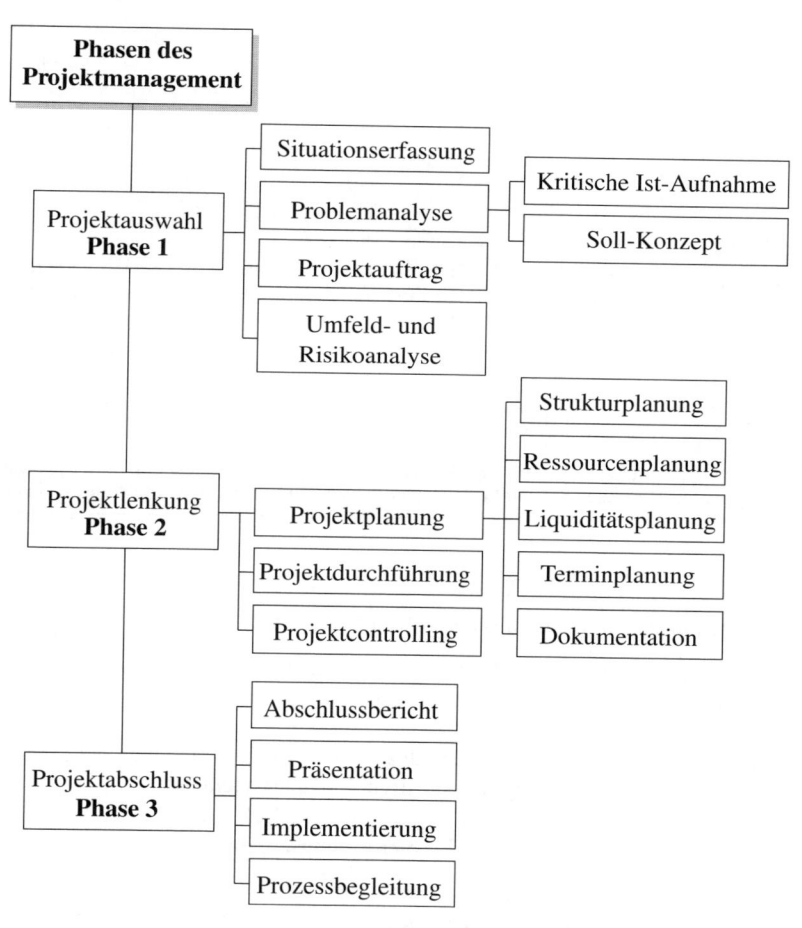

Phasen des Projektmanagement

- **Projektauswahl — Phase 1**
  - Situationserfassung
  - Problemanalyse
    - Kritische Ist-Aufnahme
    - Soll-Konzept
  - Projektauftrag
  - Umfeld- und Risikoanalyse

- **Projektlenkung — Phase 2**
  - Projektplanung
    - Strukturplanung
    - Ressourcenplanung
    - Liquiditätsplanung
    - Terminplanung
    - Dokumentation
  - Projektdurchführung
  - Projektcontrolling

- **Projektabschluss — Phase 3**
  - Abschlussbericht
  - Präsentation
  - Implementierung
  - Prozessbegleitung

Weitere, bekannte Phasenmodelle sind nachfolgend dargestellt:

Phasen des OE-Prozesses nach Kurt Lewin

1. Unfreezing – Auftauen
2. Moving – Verändern, Erneuern
3. Refreezing – Stabilisieren

Projektprozess – 4-Phasen-Modell

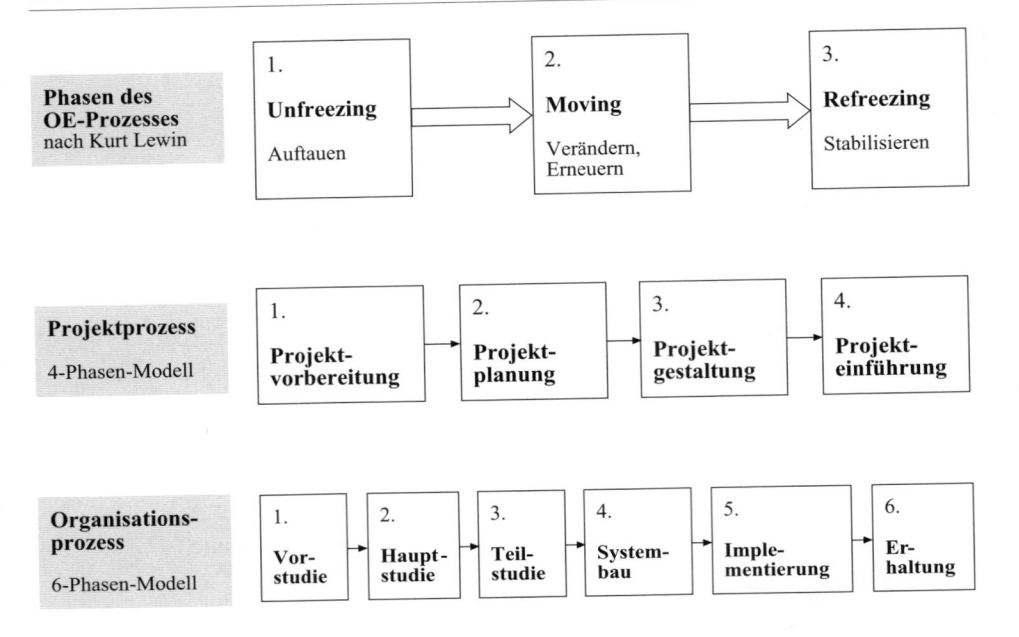

1. Projektvorbereitung
2. Projektplanung
3. Projektgestaltung
4. Projekteinführung

Organisationsprozess – 6-Phasen-Modell

1. Vorstudie
2. Hauptstudie
3. Teilstudie
4. Systembau
5. Implementierung
6. Erhaltung

02. Was versteht man unter dem „Problemlösungszyklus"?

Der Problemlösungszyklus ist die *Schrittfolge* zur Realisierung der Ziele *je Projektphase*; er ist also *ein sich mehrfach wiederholender Prozess je Phase*.

Man kann das Phasenmodell des Projektmanagements auch bezeichnen als „Regelkreis im Großen" und den Problemlösungszyklus als „Regelkreis im Kleinen".

Man unterscheidet fünf Schrittfolgen im Problemlösungszyklus:

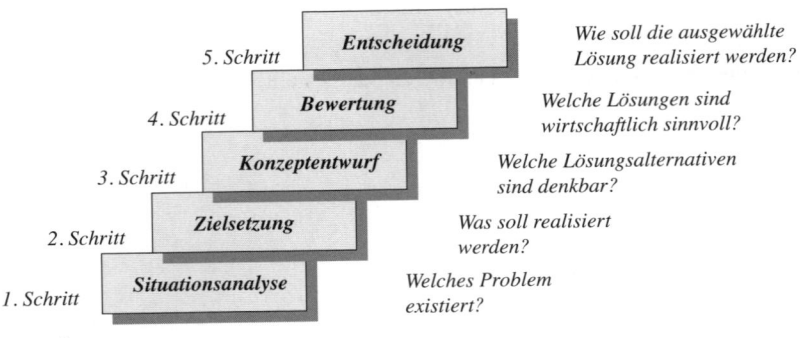

- 5. Schritt – *Entscheidung* – Wie soll die ausgewählte Lösung realisiert werden?
- 4. Schritt – *Bewertung* – Welche Lösungen sind wirtschaftlich sinnvoll?
- 3. Schritt – *Konzeptentwurf* – Welche Lösungsalternativen sind denkbar?
- 2. Schritt – *Zielsetzung* – Was soll realisiert werden?
- 1. Schritt – *Situationsanalyse* – Welches Problem existiert?

Zusammenfassung:

3.5 Anwenden von Projektmanagementmethoden

Die systematische Vorgehensweise bei der Projektbearbeitung wird also durch folgende Prinzipien gestaltet:

1. Strukturierung der Projektbearbeitung in Phasen (Phasenmodell).
2. Schritt für Schritt vorgehen, vom Ganzen zum Einzelnen, vom Groben zum Detail.
3. Je Phase wiederholt sich der Kreislauf der Problemlösung (Problemlösungszyklus).

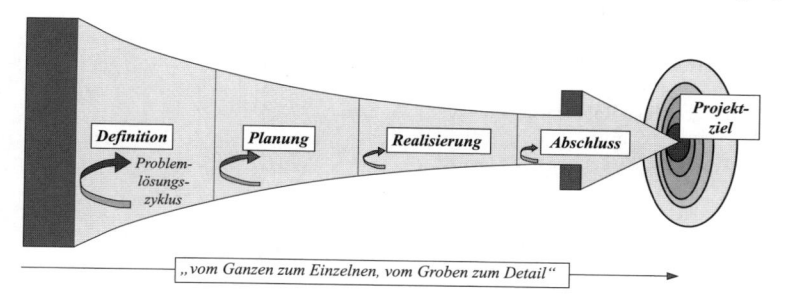

3.5.3 Aufbau eines Projektauftrages

01. Wie muss der Projektauftrag formuliert sein?

Bei der Formulierung des Projektauftrages sind insbesondere folgende Inhalte zu berücksichtigen:

- Projektleiter benennen.
- Budget festlegen.
- Die zu erbringende Leistung (Zielsetzung und Aufgaben) ist genau zu bezeichnen.
- Als Auftraggeber ist in jedem Fall ein Machtpromotor (ein Mitglied der Unternehmensleitung) namentlich anzuführen.
- Die Gesamtdauer des Projektes ist zu begrenzen.
- Die Befugnisse sind zu klären: Rolle des Projektmanagers, Rolle der unterstützenden Fachbereiche; eventuell Einsatz eines Projektsteuerungs- und -koordinierungsgremiums, das den Projektleiter vom Dokumentations- und Informationssuchaufwand freihält.

Projektauftrag

Projekt: ....Projekt-Nr.: ....

Projektleiter: ....Projektteam: ....

1. Beschreibung des Problems ....

2. Zielsetzung, Prioritäten ....

3. Umfeld- und Rahmenbedingungen ....

4. Erwartete Wirkung ....

5. Budget ....

Kostenarten	Grobplanung	Feinplanung	....
Personal			
Material			
Investitionen			
Fremdleistungen			
Sonstige Ausg.			
Summe			

6. Projektabschluss 9. Auftraggeber

7. Berichterstattung 10. Projektleiter

8. Starttermin 11. Verteiler

3.5.4 Methoden der Projektplanung

01. Welche Bestandteile hat die Projektplanung?

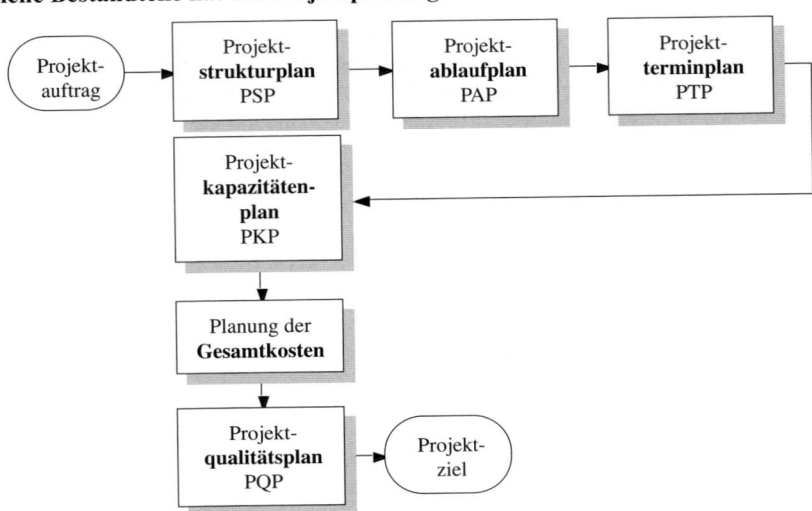

Projektauftrag → Projekt**strukturplan** PSP → Projekt**ablaufplan** PAP → Projekt**terminplan** PTP → Projekt**kapazitätenplan** PKP → Planung der **Gesamtkosten** → Projekt**qualitätsplan** PQP → Projektziel

3.5 Anwenden von Projektmanagementmethoden

02. Welchen Inhalt haben die einzelnen Teilpläne der Projektplanung?

- Zu Beginn eines Projektes wird der *Projektstrukturplan* (PSP) erstellt; er legt
  - Teilprojekte
  - Arbeitspakete und
  - Vorgänge inkl. der Leistungsbeschreibungen

  fest und ist somit der *Kern eines jeden Projektes*.

  Inhaltlich kann der Projektstrukturplan funktionsorientiert, erzeugnis(objekt)orientiert oder gemischt-orientiert sein. Der Projektstrukturplan ist an unterschiedlichen Stellen unterschiedlich tief gegliedert. Kriterien für die Detaillierung können sein:
  - Dauer
  - Kosten
  - Komplexität
  - Überschaubarkeit des Ablaufs
  - Risiko
  - organisatorische Einbettung

Schematischer Aufbau eines Projektstrukturplanes:

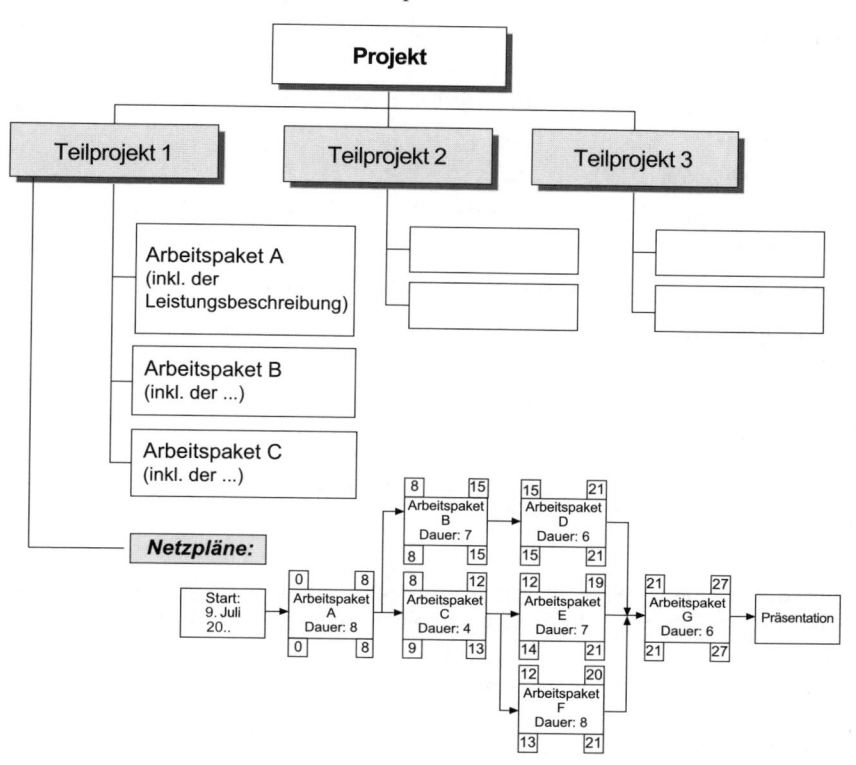

- Der *Projektablaufplan (PAP)* legt die logische Reihenfolge der Bearbeitung fest, z. B.:
  - Welche Arbeitspakete können parallel und welche sequenziell bearbeitet werden?
  - Wie ist der Zeitbedarf pro Arbeitspaket?
  - Welche Ressourcen werden pro Arbeitspaket benötigt?

  Der Projektablaufplan kann als Balkendiagramm (Gantt-Diagramm, vgl. S. 363) dargestellt werden:

Arbeitspaket		Dauer in Tagen	Vor-gänger	Tag													
				01	02	03	04	05	06	07	08	09	10	11	12	13
01	Planung	2	–	■	■											
02	Vorbereitung	3	01			■	■	■								
03	Installation	2	02						■	■						
04	Montage	4	02						■	■	■	■				
05	Prüfung	2	04										■	■		
06	Abnahme	1	05												■	
07	Entsorgung	1	06													■

  Hinweise:
  - Die Arbeitspakete 03 und 04 können parallel bearbeitet werden (mit Beachtung des gemeinsamen Vorgängers 02).
  - Die übrigen Arbeitspakete müssen sequenziell bearbeitet werden (der Abschluss des Vorgängers ist zu beachten).

- Der *Projektterminplan* (PTP)
  - legt die Anfangs- und Endtermine einzelner Teilprojekte und Arbeitspakete fest
  - und benennt die Verantwortlichen und Beteiligten.

  Als Hilfsmittel werden Terminlisten, Balkendiagramme oder Netzpläne eingesetzt.

- Die *Planung der Projektkapazitäten* (PKP) wird auch als Ressourcenplanung bezeichnet und enthält Schätzungen über die benötigten Ressourcen:
  - Qualifikation und Anzahl der Projektteam-Mitglieder
  - Dauer der Strukturelemente
  - Budget
  - Einsatzmittel (Materialien, Anlagen, EDV-Unterstützung)
  - Informationen
  - Räume

- Grundlage der *Gesamtkostenplanung* ist die vorausgegangene Planung der Kapazitäten und der Einzelkosten pro Arbeitspaket. Die Hauptprobleme, die bei dieser Planung auftreten können sind:
  - Zuordnung der Kosten auf die Vorgänge (Einzelkosten/Gemeinkosten)
  - Erfassungs- und Pflegeaufwand
  - unvollständige Kosten-Informationen
  - Kalkulationen unter Unsicherheit
  - Auswirkungen von Soll-Ist-Abweichungen
  - Erfassung von Änderungsaufträgen während der Projektrealisierung

- *Projektqualitätsplanung* (PQP):

  Projektmanagement kann nur dann die angestrebten Leistungen erbringen, wenn Mengen und *Qualitäten* der einzelnen Arbeitspakete *geplant, kontrolliert und gesichert* werden. Qualitätsstandards müssen also soweit wie möglich messbar beschrieben werden. Dazu verwendet man z. B. DIN-Normen oder Lieferantenbewertungen (Pflichtenhefte).

3.5.5 Funktion der Projektsteuerung

Der Oberbegriff ist Projektlenkung. Er umfasst den Regelkreis der Projektplanung, -durchführung/steuerung und -kontrolle als permanenten Soll-Ist-Vergleich.

- Das *Planungs-Soll* ist die Ausgangsbasis der Projektdurchführung und -überwachung.
- Bei der *Durchführung* wird periodisch ein *Ist* realisiert. Die *Projektüberwachung* gleicht ab, ob der Ist-Zustand bereits den Soll-Zustand erfüllt.
- Ist dies nicht der Fall, erfolgt eine Abweichungsinformation an die *Projektsteuerung* (ggf. ein besonderes Gremium im Betrieb unter Einbeziehung der Geschäftsführung). Hier wird entschieden, ob die Abweichung durch weitere Maßnahmenbündel behoben werden kann oder ein Änderungsauftrag an die Projektplanung geleitet wird.
- *Änderungsaufträge* an die Projektplanung beinhalten ein erhebliches Risiko für das Gesamtprojekt (Realisierung von Teilplanungen, Gesamtkosten, Abschlusstermin).

Die nachfolgende Abbildung zeigt schematisch den dynamischen Zusammenhang von Projektplanung, -durchführung, -überwachung und -steuerung:

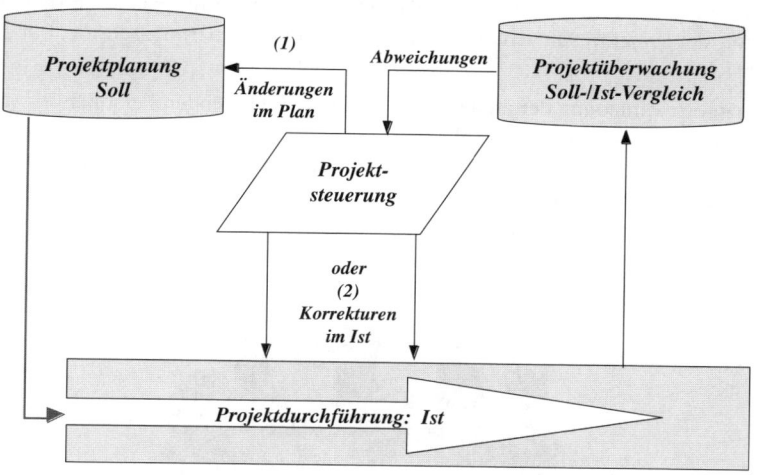

3.5.6 Projektabschluss

01. Welche Aufgaben hat der Projektleiter am Schluss?

1. Er muss die *Abnahmebedingungen* lt. Projektauftrag und Projektqualitätsplanung (PQP) überprüfen:

Abnahmebedingungen	eingehalten?
• Zielvorgaben, quantitativ	√
• Zielvorgaben, qualitativ	√
• Ressourcen	√
• Termine	√
• Kosten	√

2. Er muss den *Abschlussbericht* erstellen. Er besteht aus drei Hauptteilen:

   - *Dokumentation* von Projektauftrag und Projektverlauf:
     Ziele, Struktur, Daten, Termine
   - *Beschreibung* der Projektresultate:
     Ergebnisse, Leistungen, Erfahrungen, Kosten
   - *Wegweiser* zur Ergebnis-Implementierung und Akzeptanzsicherung:
     Prozessbegleiter, Projektabnahme (Unterschrift durch Auftraggeber)

   Der *Verteilerkreis* des Abschlussberichtes umfasst die Betroffenen und Beteiligten sowie evtl. im Projektverlauf hinzugekommene Personen und Fachbereiche. Keineswegs ist er nur an Mitglieder der Unternehmensleitung zu richten. Selbstverständlich kann der Umfang der einzelnen Hauptteile je nach Betroffenheitsgrad der Adressaten schwanken. Zu den direkt Beteiligten kommen alle Unterstützer des Projektes und alle von der Implementierung Betroffenen hinzu.

3. Er muss das Projektergebnis in einer *Abschlusssitzung* dem Auftraggeber präsentieren, d. h. Präsentation der Projektresultate und der geplanten Implementierungsschritte. Für die Praxis empfiehlt sich

   - die frühzeitige Einladung der an der Präsentation teilnehmenden Personen
   - eine geeignete Raum- und Zeitwahl
   - Auswahl der Präsentationsmedien und die Gestaltung der Präsentationsinhalte nach den Ansprüchen der Teilnehmer

4. Er muss sich in der Projektabschlusssitzung *Multiplikatoren* für die Umsetzung der Projektergebnisse *sichern:*

   Zu viele Projekte mit Veränderungswirkungen auf die Innenorganisation scheitern am Desinteresse oder der Abwehr von Führungskräften und/oder Mitarbeitern. Grundsätzlich gilt die Weisheit: „Der Mensch liebt den Fortschritt und hasst die Veränderung". Oft liegt die Abwehr-

3.5 Anwenden von Projektmanagementmethoden

haltung in zwar unbegründeten, jedoch dominanten Ängsten. Dieses natürliche, menschliche Phänomen kommt während der Implementierungsphase regelmäßig in reduzierter Form vor, *wenn die Betroffenen vorher Beteiligte des Projektes waren.*

5. Er muss *Feedback von den Projektteammitgliedern* einholen:

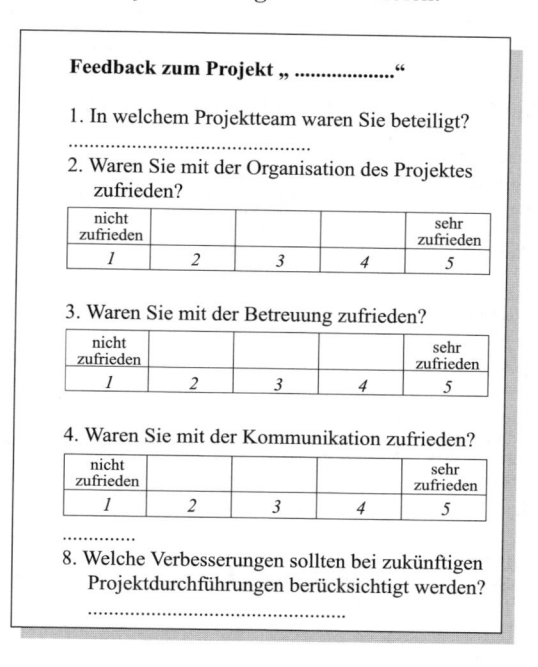

> **Feedback zum Projekt „..................."**
>
> 1. In welchem Projektteam waren Sie beteiligt?
> ....
> 2. Waren Sie mit der Organisation des Projektes zufrieden?
>
> | nicht zufrieden | | | | sehr zufrieden |
> |---|---|---|---|---|
> | *1* | *2* | *3* | *4* | *5* |
>
> 3. Waren Sie mit der Betreuung zufrieden?
>
> | nicht zufrieden | | | | sehr zufrieden |
> |---|---|---|---|---|
> | *1* | *2* | *3* | *4* | *5* |
>
> 4. Waren Sie mit der Kommunikation zufrieden?
>
> | nicht zufrieden | | | | sehr zufrieden |
> |---|---|---|---|---|
> | *1* | *2* | *3* | *4* | *5* |
>
> ....
> 8. Welche Verbesserungen sollten bei zukünftigen Projektdurchführungen berücksichtigt werden?
> ....

6. Er muss sich bei dem *Projektteam bedanken* und die *Leistung* der Mitglieder *würdigen*:

> Dank
> Belohnung
> Incentives
> Beurteilung
> Empfehlung

7. Er muss die *Reintegration der Projektteammitglieder* in die Linie rechtzeitig vorbereiten:

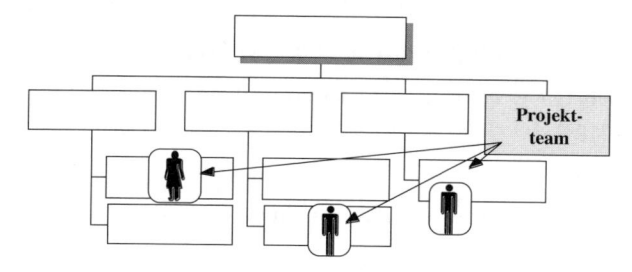

8. Er sollte dafür sorgen, dass die *positiven Erfahrungen und neues Knowhow*, die im Rahmen der Projektrealisierung gemacht wurden, im Unternehmen *genutzt werden (lessons learned)*:

Eine Führungskultur im Unternehmen, die Werte, Normen und Einstellungen wie Individualität, Beteiligung der Mitarbeiter, sachorientierte Lösung von Konflikten usw. präferiert, bietet eine gute Basis für Projektarbeit. Analog wird erfolgreiches Projektmanagement genau die Werte und Normen einer Führungskultur stärken, durch die es gestützt wird.

Zusammenfassung: Empfehlung für den Verlauf des Projektabschlusses

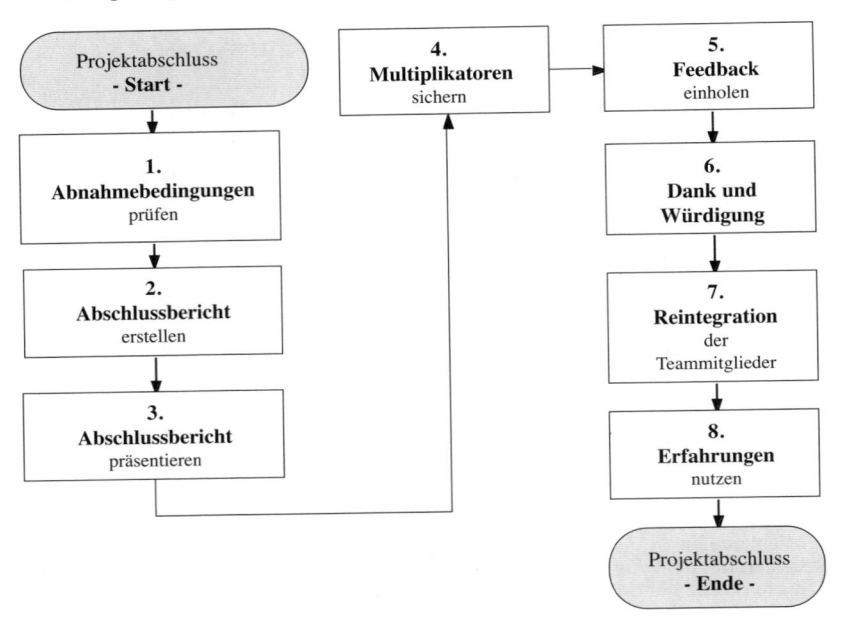

```
Projektabschluss          4.                    5.
   - Start -          Multiplikatoren        Feedback
                         sichern              einholen
       ↓                    ↑                    ↓
       1.                                        6.
 Abnahmebedingungen                          Dank und
      prüfen                                 Würdigung
       ↓                                        ↓
       2.                                        7.
  Abschlussbericht                          Reintegration
      erstellen                                  der
                                             Teammitglieder
       ↓                                        ↓
       3.                                        8.
  Abschlussbericht                           Erfahrungen
    präsentieren                                nutzen
                                                 ↓
                                           Projektabschluss
                                              - Ende -
```

02. Warum ist eine Projektdokumentation (PDO) erforderlich?

Beispiele:
- Teilprojekte und Ergebnisse sind bei einem einheitlichen Ablagesystem gut wiederauffindbar.
- Lessons Learned: Die Dokumentation des Projekts erleichtert „die Manöverkritik" und vermeidet die Wiederholung von Fehlern bei zukünftigen Projekten (Lerntransfer).
- PDO ist ein Teil des Qualitätsmanagements innerhalb des Projektmanagements.
- PDO erleichtert die Übergabe/Stellvertretung der Projektleitung bei Krankheit des Stelleninhabers oder bei einem generellen Wechsel.
- PDO erleichtert
  - die Abwehr fremder Rechtsansprüche (Beweismittel),
  - die Einarbeitung neuer Mitarbeiter (Teammitglieder) und
  - die Vorbereitung für die Zertifizierung.

3.6 Informations-/Kommunikationsformen und -mittel

3.6.1 Aufgaben der Informationsverarbeitung

01. Welche Einsatzgebiete lassen sich heute für die EDV-gestützte Informationsverarbeitung nennen?

Dazu Beispiele:

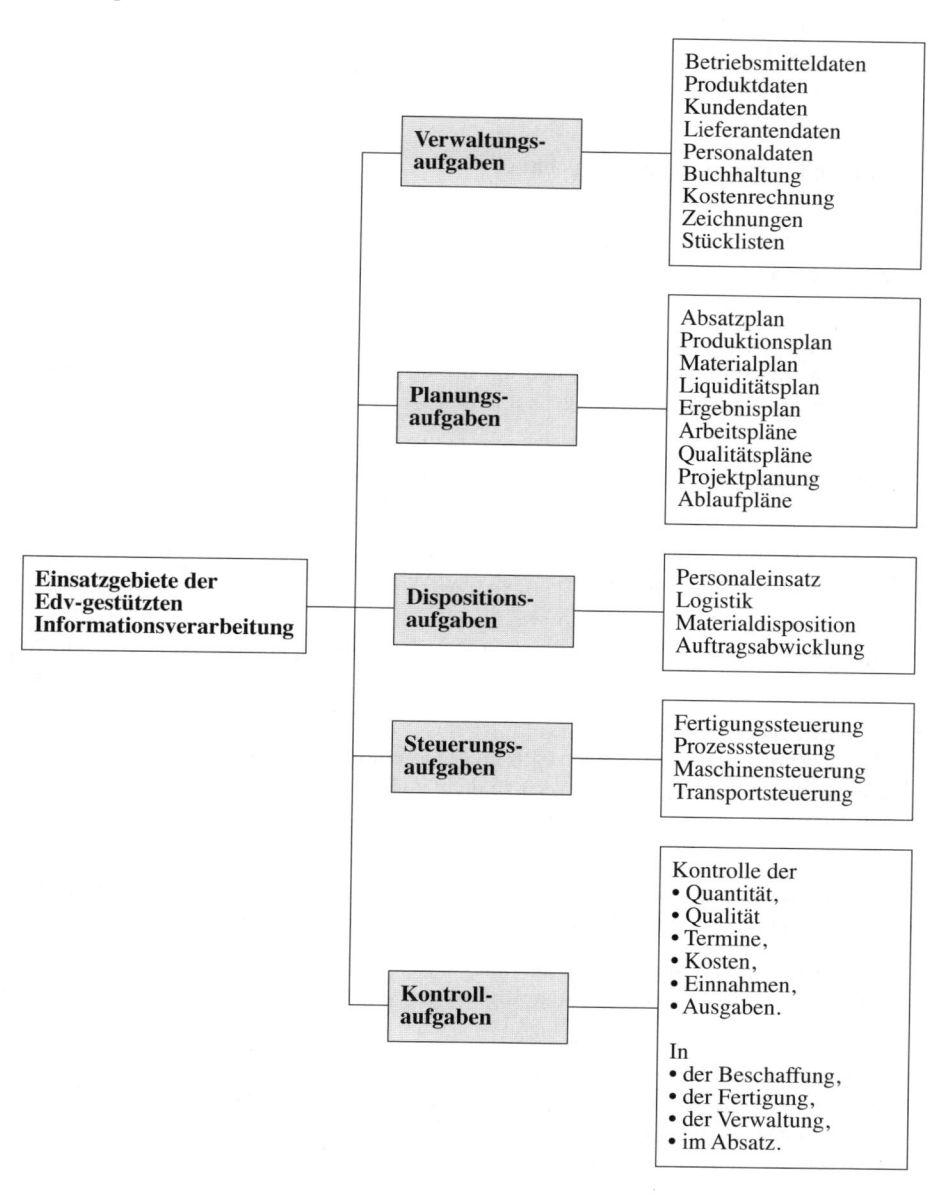

Einsatzgebiete der Edv-gestützten Informationsverarbeitung:

- **Verwaltungsaufgaben**
  - Betriebsmitteldaten
  - Produktdaten
  - Kundendaten
  - Lieferantendaten
  - Personaldaten
  - Buchhaltung
  - Kostenrechnung
  - Zeichnungen
  - Stücklisten

- **Planungsaufgaben**
  - Absatzplan
  - Produktionsplan
  - Materialplan
  - Liquiditätsplan
  - Ergebnisplan
  - Arbeitspläne
  - Qualitätspläne
  - Projektplanung
  - Ablaufpläne

- **Dispositionsaufgaben**
  - Personaleinsatz
  - Logistik
  - Materialdisposition
  - Auftragsabwicklung

- **Steuerungsaufgaben**
  - Fertigungssteuerung
  - Prozesssteuerung
  - Maschinensteuerung
  - Transportsteuerung

- **Kontrollaufgaben**
  - Kontrolle der
    - Quantität,
    - Qualität,
    - Termine,
    - Kosten,
    - Einnahmen,
    - Ausgaben.
  - In
    - der Beschaffung,
    - der Fertigung,
    - der Verwaltung,
    - im Absatz.

02. Welchen Nutzen kann die EDV-gestützte Informationsverarbeitung aus betrieblicher Sicht bieten?

Beispiele:

- Automatisierung sich wiederholender Prozesse
- Vereinfachung von Tätigkeiten und Abläufen (Rationalisierung)
- Beschleunigung der Informationsverarbeitung
- Verbesserung der Arbeitsproduktivität
- Reduzierung der Kosten
- Möglichkeit der Personalreduktion
- exakte Dokumentation und Reproduktion von Daten (z. B. Zeichnungen, Stücklisten)

03. Wie ist ein Computersystem aufgebaut?

1. Hardware
= alle gegenständlichen Einrichtungen sowie alle fest geschalteten Funktionen; die Hardware-Komponenten sind:

- *Gehäuse:*
  Befestigung der eingebauten Komponenten; Abschirmung gegen äußere Einflüsse (Störstrahlung, statische Elektrizität) und um die im Rechner entstehenden hochfrequenten Störungen nicht nach außen dringen zu lassen.

- *Netzteil:*
  stellt Spannungen für die Komponenten zur Verfügung.

- *Motherboard* (Hauptplatine):
  ist zentraler Bestandteil des PCs und dient zur Verdrahtung und Befestigung von CPU, Speicher, Steuerungselektronik, Bussystem, diversen Steckkarten und Schnittstellen.

- *CPU (= Central Processing Unit)*
  „Hirn" eines Rechners; führt arithmetische und logische Operationen durch; greift dabei auf die übrigen Komponenten zu; häufig verwendete Daten werden im Cache gespeichert.

- *Cache* (frz. verstecken):
  schneller Pufferspeicher zwischen CPU und Motherboard; er führt zu schnelleren Programmen, wenn das gleiche Datum (Wert) zu dicht aufeinander folgenden Zeitpunkten wieder verwendet wird.

- *Bussystem:*
  die einzelnen Baugruppen sind durch ein Bussystem miteinander verbunden, um Kommunikation und Datenaustausch zwischen den Komponenten zu ermöglichen.

- *Arbeitsspeicher* (Hauptspeicher/Main memory; = „Kurzzeitgedächtnis"):
  hier abgelegte Daten sind schnell verfügbar, gehen aber beim Ausschalten verloren (temporäre Daten).

- *Plattenspeicher* (= „Langzeitgedächtnis"):
  dient zur permanenten oder temporären Abspeicherung größerer Datenmengen; die Daten sind auch nach Abschalten des Rechners noch vorhanden (persistente Daten); der Zugriff ist wesentlich langsamer als der Zugriff auf den Arbeitsspeicher.

3.6 Informations-/Kommunikationsformen und -mittel

- *Platinen, Controller, Steckkarten*
  sind z. B. Grafikkarte, Netzwerkkarte, Soundkarte, internes Modem usw.
- *Schnittstellen:*
  - parallele Schnittstellen (z. B. für Drucker)
  - serielle Schnittstellen (z. B. externes Modem)
  - USB
- *Laufwerke:*
  - CD-ROM (= read-only-memory)
  - DVD-ROM
  - Festplatte
  - ZIP-Laufwerk
  - Streamer
  usw.
- *Peripherie:*
  - Eingabegeräte (z. B. Tastatur, Maus, Mikrofon usw.)
  - Ausgabegeräte (z. B. Drucker, Monitor, Plotter usw.)
  - Dialoggeräte (z. B. externes Modem usw.)

2. *Software:*
   alle nichtgegenständliche Bestandteile eines Computersystems (z. B. Betriebssystem, Programme, Daten).

- *Das Betriebssystem* (z. B. MS-DOS, Windows, Unix, ...) dient der Verwaltung der Betriebsmittel eines Rechners; ist die Schnittstelle zwischen Benutzer und Hardware.
  - Betriebsmittel, physische: Drucker, Festplatten, Maus usw.
  - Betriebsmittel, logische: Dateien, Prozesse, Verzeichnisse usw.
- *Programme:*
  Der Benutzer verwendet Programme, um Aufgaben zu lösen, Daten zu verarbeiten bzw. Informationen aus Daten zu erhalten (z. B. Tabellenkalkulation, Textverarbeitung, Grafik- und Videobearbeitung, Webbrowser usw.).

04. Nach welchen Gesichtspunkten lassen sich Hardware-Komponenten beurteilen?

Beispiele:

- Preis
- Verarbeitungsbreite (Bits pro Sekunde)
- Verarbeitungsleistung (MIPS = Millionen Instruktionen pro Sekunde)
- Kapazität des Arbeitsspeichers
- Anzahl der Prozessoren; Art des Prozessors
- Anzahl der Schnittstellen
- Kompatibilität

05. Wie erfolgt die Nutzung grafischer Oberflächen?

Die Benutzung grafischer Oberflächen wird als bekannt vorausgesetzt; daher folgen nur einige Hinweise:

- Mithilfe der *Maus* können in der *Menüleiste* Fenster geöffnet (Öffnen, Schließen, Kopieren, Ersetzen, Positionieren usw.) und die jeweiligen Prozeduren ausgewählt werden.
- Es werden Piktogramme, sog. *Ikons*, verwendet, die meist benutzerorientiert gestaltet sind („Papierkorb" usw.).
- Je nach eingesetzter Software kann die Maus unterschiedlich genutzt werden:
  - „einmal klicken"   → auswählen
  - „doppelt klicken"   → aktivieren/starten
  - „klicken und halten" → bewegen (sog. „Drag-and-Drop-Funktion")

06. Wie arbeitet man mit einem Tabellenkalkulationsprogramm?

Wenn man ein Tabellenkalkulationsprogramm aufruft (z. B. Excel) erhält man zunächst ein leeres Arbeitsblatt mit n Spalten (A, B, C, ...) und n Zeilen (1, 2. 3, ...). Damit ist jede Zelle durch ihre Koordinaten genau bestimmt (z. B. Zelle „A5").

Mit einem Mausklick wird die Zelle aktiviert und kann mit Inhalt gefüllt werden (Text, Zahlen, Formeln). Die Returntaste beendet die Eingabe. Weitere Befehle/Prozeduren sind: Gestaltung der Zahlenformate für bestimmte Zellbereiche (Dezimalzahlen, Prozent-Zahlen, Währungsangaben usw.), Bildung von Spalten- oder Reihensummen, Wiederholungen von Rechenoperationen, Übertragung von Dateninhalten/Rechenoperationen von einem Zellbereich in einen anderen usw.

Die gewonnenen Ergebnisse der Tabellenkalkulation können ohne erneute Dateneingabe mithilfe des „Diagramm-Assistenten" grafisch dargestellt werden.

Vorteile für den Anwender, u. a.:

- Verknüpfung von Tabellenkalkulationen mit Datenbanken und Möglichkeiten der Visualisierung
- einfache Durchführung von „Was-wäre-wenn-Betrachtungen" (bei Änderung eines Zellwertes werden automatisch die neuen Ergebnisse berechnet)
- Gestaltung/Formatierung der Arbeitsblätter nach individuellen Erfordernissen

07. Wie nutzt man ein Datenverwaltungsprogramm?

Eine Datenbank ist eine Ansammlung von Daten, die mithilfe einer Datenbank-Software innerhalb einer Datenbasis verwaltet werden. Die Datenbank ermöglicht

- die Eingabe von Daten (meist in vorgegebenen Formaten bzw. Masken),
- die Speicherung von Daten,
- den Zugriff auf bestimmte Daten,
- das Suchen nach Daten aufgrund spezieller Suchbegriffe und
- die Speicherverwaltung der Daten.

So lassen sich z. B. aus einer Kunden-Datenbank sehr schnell Kundendaten nach Kriterien wie Postleitzahl, Umsatzzahl oder zuständiger Sachbearbeiter selektieren. Die Selektion erfolgt über verknüpfte Suchabfragen, die in einer entsprechenden Syntax formuliert werden.

Ein Datenverwaltungsprogramm muss mindestens folgenden Anforderungen genügen: Plausibilitätskontrolle bei der Eingabe, Fehlermeldung bei fehlerhafter Eingabe, keine überflüssigen Eingaben (Eingaberedundanz).

08. Welche Maßnahmen können zur Datensicherung ergriffen werden?

- *technische* Maßnahmen (z. B. Codierung der Daten, regelmäßige Back-ups und Firewalls)
- *bauliche* Maßnahmen (z. B. Safes, Alarmanlage und Klimaanlage)
- *organisatorische* Maßnahmen (z. B. Verfahrensanweisungen und Mitarbeiter-Ausweise)
- *personelle* Maßnahmen (z. B. kritische Mitarbeiterauswahl und Schulung der Mitarbeiter)

Technische und organisatorische Maßnahmen ergänzen sich. Keine Maßnahme ist alleine für sich ausreichend; nur die Summe der getroffenen Maßnahmen ermöglicht es, Datenschutz und auch Datensicherheit zu erzielen.

In der Anlage des BDSG ist ein entsprechender *Maßnahmenkatalog* aufgeführt:

„Werden personenbezogene Daten automatisiert verarbeitet, sind Maßnahmen zu treffen, die je nach der Art der zu schützenden personenbezogenen Daten geeignet sind,

1. *Zutrittskontrolle:*
Unbefugten den Zutritt zu Datenverarbeitungsanlagen, mit denen personenbezogene Daten verarbeitet oder genutzt werden, zu verwehren

2. *Zugangskontrolle:*
zu verhindern, dass Datenverarbeitungssysteme von Unbefugten genutzt werden können

3. *Zugriffskontrolle:*
zu gewährleisten, dass die zur Benutzung eines Datenverarbeitungssystems Berechtigten ausschließlich auf die ihrer Zugriffsberechtigung unterliegenden Daten zugreifen können, und dass personenbezogene Daten bei der Verarbeitung, Nutzung und nach der Speicherung nicht unbefugt gelesen, kopiert, verändert oder entfernt werden können

4. *Weitergabekontrolle:*
zu gewährleisten, dass personenbezogene Daten bei der elektronischen Übertragung oder während ihres Transports oder ihrer Speicherung auf Datenträger nicht unbefugt gelesen, kopiert, verändert oder entfernt werden können, und dass überprüft und festgestellt werden kann, an welche Stellen eine Übermittlung personenbezogener Daten durch Einrichtungen zur Datenübertragung vorgesehen ist

5. *Eingabekontrolle:*
zu gewährleisten, dass nachträglich überprüft und festgestellt werden kann, ob und von wem personenbezogene Daten in Datenverarbeitungssysteme eingegeben, verändert oder entfernt worden sind

6. *Auftragskontrolle:*
zu gewährleisten, dass personenbezogene Daten, die im Auftrag verarbeitet werden, nur entsprechend den Weisungen des Auftraggebers verarbeitet werden können

7. *Verfügbarkeitskontrolle:*
zu gewährleisten, dass personenbezogene Daten gegen zufällige Zerstörung oder Verlust geschützt sind

8. *Zweckkontrolle:*
zu gewährleisten, dass zu unterschiedlichen Zwecken erhobene Daten getrennt verarbeitet werden können.

Quelle: in Anlehnung an: Anlage zu § 9 Satz 1 BDSG

09. Welche Ursachen für einen Datenverlust sind denkbar?

- irrtümliches Löschen
- irrtümliches Überkopieren
- defekte Datenträger
- Verlust von Datenträgern

10. Wozu dienen Passwörter?

Ein Passwort ist ein geheimes Kennwort, das nicht schriftlich aufbewahrt werden sollte. In Verbindung mit ihrer Benutzeridentität können sich autorisierte Benutzer mit einem Passwort ausweisen. Um Zugang zu einem System zu erhalten, wird deswegen häufig nach der Identifizierung, z. B. mittels einer Codekarte oder eines Benutzernamens, ein Passwort abgefragt. Dies soll verhindern, dass Unbefugte in das System eindringen können. Passwörter sollten mindestens acht Stellen haben und alphanumerisch sein.

11. Was versteht man unter Archivierung?

Bei der Archivierung werden Daten von der Festplatte eines Computers auf einen anderen Datenträger wie Streamerband oder beschreibbare CDs übertragen, katalogisiert und komprimiert und dann von der Festplatte gelöscht. Durch die Archivierung wird Speicherplatz wieder frei.

12. Was bezeichnet man als Back-up?

Kein Speichermedium bietet eine hundertprozentige Datensicherheit. Aus diesem Grunde sollte insbesondere für wichtige Daten auf zusätzlichen Datenträgern eine Sicherheitskopie angelegt werden. Hierzu gibt es spezielle Back-up-Software, die die Daten auf externe Datenträger wie Streamerbänder, beschreibbare CDs oder auch Disketten kopiert. Im Wesentlichen gibt es zwei Back-up-Verfahren:

- *Vollständiges Back-up:* Beim vollständigen Back-up werden alle Daten der Festplatten auf das Sicherungsmedium übertragen. Der Vorteil dieses Verfahrens besteht darin, dass jederzeit der letzte Stand des Computers wiederherstellbar ist. Der Nachteil ist, dass es sehr lange dauert und sehr viel Speicherplatz benötigt wird, um eine vollständige Sicherungskopie anzulegen, insbesondere, weil es unwahrscheinlich ist, dass alle Daten seit der letzten Sicherung verändert wurden.

- *Inkrementelles Back-up:* Basierend auf einer vollständigen Sicherung werden hierbei nur die Daten gespeichert, die sich seit dem letzten Back-up verändert haben. Der Vorteil dieser Methode liegt darin, dass sie relativ schnell durchgeführt werden kann und mit relativ geringem

Speicherplatz auf den Sicherungsmedien auskommt. Der Nachteil des inkrementellen Back-ups liegt darin, dass im Falle eines Ausfalls der Festplatte nicht ein Back-up zur Rekonstruktion ausreicht, sondern die letzte Vollsicherung mit allen anschließend erfolgten inkrementellen Back-ups aufgespielt werden muss. Ist darüber hinaus ein Sicherungsmedium defekt, sind die darauf aufbauenden Sicherungen eventuell nicht mehr verwendbar. Aus diesen Gründen sollte man auch beim inkrementellen Back-up von Zeit zu Zeit ein vollständiges Back-up fahren.

13. Was bezeichnet man als Generationsprinzip?

Das Generations- oder auch Großvater-Vater-Sohn-Prinzip ist ein Rotationsprinzip, bei dem die jeweils benötigten Datenträger zyklisch wiederverwendet werden. Ein Satz von Sicherungsmedien enthält Kopien der sich täglich verändernden Dateien, das inkrementelle Back-up. Auf diesem sind immer die aktuellen, also jüngsten Daten gesichert, sodass dieser Satz als Sohn-Generation bezeichnet wird. Jeder Datenträger dieser Generation kann wöchentlich wieder verwendet werden. Um ständig den kompletten Datensatz vorliegen zu haben, ist einmal wöchentlich ein vollständiges Back-up auf einem zusätzlichen Datenträger erforderlich. Das kann z. B. freitagabends oder am Wochenende angelegt werden. Die nächste Gruppe Sicherungsmedien enthält diese einmal wöchentlich angelegten Vollsicherungen und wird als Vater-Generation bezeichnet. Im monatlichen Turnus rotieren auch diese Bänder und werden also wieder überschrieben. Die als Großvater-Generation bezeichnete Gruppe enthält monatliche Vollsicherungen. Aus dieser Generation werden in regelmäßigen Abständen Datenträger herausgenommen und dauerhaft aufbewahrt (z. B. quartalsweise oder halbjährlich).

14. Was ist Mirroring?

Mit dem Begriff Mirroring bezeichnet man ein Datensicherungsverfahren zur Spiegelung von Datenbeständen. Anwendung findet ein solches Spiegelfestplattensystem z. B. in Datei-Servern eines Netzwerks. Hierbei speichert eine Spiegelfestplatte parallel zur Hauptfestplatte den exakt gleichen Inhalt noch einmal. Diese Form der Datensicherung hat den Vorteil, dass bei einem Zwischenfall die Daten sofort und vollständig bereitstehen und zudem kein eigentlicher Sicherungslauf gefahren werden muss, da die Daten praktisch zeitgleich mit dem eigentlichen Programmlauf gesichert werden.

Eine andere Möglichkeit des Mirroring besteht darin, dass zum Beispiel die kompletten Daten der Festplatten von PCs in einem Netzwerk in jeweils unterschiedliche Verzeichnisse eines Datei-Servers gespiegelt werden. Auch hierbei liegt der Vorteil darin, dass bei einem Zwischenfall die Daten aktuell und vollständig verfügbar sind und Datensicherungen nicht extra gefahren werden müssen.

Eine weitere Form des Mirroring ist das Server-Mirroring. Auch hierbei wird durch Redundanz, in dem Fall von Servern, die Ausfallsicherheit erhöht. Das Prinzip des Server-Mirrorings ist dasselbe wie das des Festplatten-Mirrorings.

15. Welches Ziel verfolgt ein Raid-System?

Der Begriff Raid steht für *Redundant Array of Independent Disks*. Ziel dieses Datensicherungsverfahrens ist, Daten so über mehrere Festplattenlaufwerke zu verteilen, dass sie auch nach dem Ausfall eines Laufwerks aus den restlichen Informationen der anderen Laufwerke wieder rekonstruiert werden können. Man unterscheidet Raid-Systeme nach verschiedenen *Raid-Leveln*. Jeder Level hat seine spezifischen Vor- und Nachteile, was sich auf die Zugriffsgeschwindigkeit und Datensicherheit auswirkt.

16. Was sind Computerviren?

Computerviren sind Programme, die Schäden anrichten sollen. Bei den Schäden handelt es sich in erster Linie um den Verlust oder die Verfälschung von Daten oder Programmen. Die heute sehr verbreiteten PC-Computer sind am häufigsten Angriffsziel von Computerviren. Der „Angriff" beginnt mit dem Einschleichen in ein Computersystem. Beispiele hierfür sind Datei-Downloads aus dem Internet, das Öffnen eines E-Mail-Anhangs oder das Laden eines Word-Dokumentes von der Diskette. In beiden Fällen können die neuen Daten infiziert sein, d. h. einen Virus haben. Dieser vermehrt sich nun auf dem Computer, indem der Virus Teile seines Programmcodes unbemerkt in andere Programme einbindet. Dieser Vorgang kann sich beliebig oft wiederholen.

Ein Virus durchläuft drei Phasen:
1. die Infektion,
2. die Vermehrung und
3. die Schadensverursachung.

17. Welche verschiedenen Arten von Viren gibt es?

- *Programmviren:*
Programmviren infizieren ausführbare Dateien (zu erkennen an der Dateierweiterung EXE oder COM). Programmviren verbreiten sich auf zwei unterschiedliche Weisen. Die einen hängen einen Virus direkt an die Datei an (am Anfang oder am Ende der Datei), die anderen überschreiben Teile des Dateicodes. Im ersten Fall ändert sich die Länge des Dateicodes. Anhand der veränderten Dateilänge kann ein solcher Virus einfach gefunden und die Datei desinfiziert werden. Im anderen Fall bleibt durch das Überschreiben die Dateilänge meist unverändert. Aufgrund dessen, dass alte Daten überschrieben wurden, sind diese nicht mehr zu rekonstruieren. Die Datei ist somit auch nicht mehr zu desinfizieren.

Eine Variante der Programmviren stellen die Companionviren dar. Da beim Aufruf von Programmen aus einem Verzeichnis immer die COM-Dateien vor den EXE-Dateien gestartet werden, legt ein Companionvirus im selben Verzeichnis eine versteckte COM-Datei an. Diese wird beim Programmaufruf gestartet, führt den Virus aus und verzweigt dann in die EXE-Datei um das eigentliche Programm auszuführen.

- *Bootviren:*
Jede formatierte Diskette oder Festplatte, nicht nur unter DOS oder Windows, besitzt einen Bereich, der sich Master Boot Record (MBR) nennt. Nach dem Einschalten des Rechners wird dieser erste Speicher-Sektor aufgerufen und in den Arbeitsspeicher geladen, er enthält Informationen über die Festplatten- (Disketten-)größe, die Partitionen und lädt dann die Systemdateien des Betriebssystems. Bootviren befallen diesen Startbereich und können sich so beim Rechnerstart in den Arbeitsspeicher einnisten, das Betriebssystem manipulieren und sich weiterverbreiten. Sie bleiben dort aktiv, bis der Rechner wieder ausgeschaltet wird. Ein Bootvirus kann sich nur verbreiten, wenn beim Rechnerstart eine infizierte Diskette (z. B.:

Spiele von Diskette) oder eine infizierte bootfähige CD-ROM im Laufwerk liegt. Bootviren haben nur noch eine geringe Bedeutung, da der MBR doch immer recht klein ist und nicht vollständig vom Virus belegt werden kann. Außerdem sind die Möglichkeiten zum Schutz vor Bootviren verbessert worden und da andere „Schädlingsarten" wesentlich effektiver sind.

- *Makroviren:*
Makroviren nutzen die Makrosprachen moderner Anwendungsprogramme wie Winword oder Excel und befallen Dokumente, Tabellen und Datenbanken. Häufig wird der Virus direkt schon beim Laden des Dokumentes aktiviert. Makroviren gehören heute zu den am meisten verbreiteten Viren.

18. Wie funktionieren Anti-Viren-Programme?

Anti-Viren-Programme verwenden verschiedene Techniken, um Viren auf die Spur zu kommen. Darüber hinaus versuchen sie auch, nach dem Entdecken eines Virus, den entstandenen Schaden wieder zu beheben. Der Einsatz von Anti-Viren-Programmen kann unterschiedlich organisiert sein. Sie können resident geladen sein und auf Servern eines Netzwerkes oder im Arbeitsspeicher eines einzelnen Rechners als Wächter im Hintergrund arbeiten oder müssen extra gestartet werden (z. B. nach jedem Rechnerstart).

Die im Folgenden aufgeführten Techniken werden von Anti-Viren-Programmen meist kombiniert verwendet.

- *Scanner:*
Der Scanner ist das klassische Anti-Viren-Programm. Er arbeitet nach einem Muster-(Pattern-) Prinzip. Zu jedem bekannten Virus werden Zeichenfolgen erstellt, über die ein Virus identifiziert werden kann. Beim Durchsuchen (Scannen) von Datenträgern nach befallenen Dateien wird jede Datei auf bekannte Zeichenfolgen von Viren hin überprüft. Scanner sind jedoch nur in der Lage, bekannte Viren zu finden. Aus diesem Grunde ist es wichtig, dass die Viren-Pattern der Scanner ständig auf den neuesten Stand gebracht werden.

- *Prüfsummenverfahren:*
Prüfsummenverfahren versuchen, Veränderungen an Dateien zu entdecken. Die Prüfsumme einer Datei kann aus verschiedenen Dateiinformationen, wie z. B. Dateigröße, Erstellungsdatum und Prüfsumme des Inhalts, berechnet werden. Ist eine Datei von einem Virus befallen, so ist in den meisten Fällen auch eine der Dateiinformationen verändert worden, sodass ein Vergleich der Datei-Prüfsummen die Veränderung der Datei anzeigt. Dieses Verfahren ist jedoch nur bei Programmdateien anwendbar. Bei Systemdateien oder Dokumenten, die häufig verändert werden, ist das Prüfsummenverfahren unbrauchbar.

- *Heuristische Suche:*
Heuristische Suchverfahren analysieren Programmcodes auf virentypische Befehlsfolgen. So ist es zum Beispiel für „normale" Programme untypisch, dass Teile ihres Programmcodes in andere Programme eingebunden werden. Nach diesem virentypischen Verhalten sucht die Anti-Viren-Software und gibt Alarm, wenn solche Befehlsfolgen entdeckt werden. Der Vorteil dieses Verfahrens liegt darin, dass damit auch unbekannte Viren ausfindig gemacht werden können.

19. Welche Schäden können durch Computerviren entstehen?

- Datenverlust
- manipulierte Daten
- materieller und personeller Aufwand beim Suchen und Entfernen von Viren
- Kosten für Abwehrmaßnahmen
- Belegung von Platz im Hauptspeicher und auf Datenträgern

20. Was versteht man programmtechnisch unter einem „Trojanischen Pferd"?

Trojanische Pferde oder auch kurz „Trojaner" sind Programme, die gezielt auf fremde Computer gebracht werden und zur Gruppe der „Malware" (Schadsoftware) gehören. Sie sind oft als nützliche oder harmlose Programme mit vertrauenerweckendem Namen getarnt und führen dem Anwender nicht bekannte Funktionen aus. Sie können auf vielfältigen Wegen dorthin gelangen, über Datenträger wie USB-Sticks oder CDs, über Netzwerkverbindungen (Tauschbörsen, E-Mail-Anhang, Softwaredownload-Seiten etc.), manchmal vom Benutzer sogar gewollt.

Ein Trojanisches Pferd ist also ein Programm, das mehr tut, als der Programmbenutzer erlauben würde. Es erfüllt nicht nur seine „normalen" Programmaufgaben, sondern hat darüber hinaus die Funktion, unbemerkt Schadsoftware zu installieren. Diese wird dann oftmals „nachgeladen", also nach der Programm- und Trojaner-Installation unbemerkt aus dem Internet geholt und installiert. Solche Schadprogramme koppeln sich dann oftmals vom Hauptprogramm ab und laufen eigenständig auf dem Computer. Das bedeutet, dass sie sich durch Beenden oder Löschen des Hauptprogramms nicht deaktivieren lassen. Vielmehr werden sie bei jedem Neustart mitgeladen und führen dann Funktionen aus, die dem kriminellen Programmierer des Trojaners meist einen finanziellen Vorteil verschaffen sollen und können.

Funktionen, die durch einen Trojaner in Gang gesetzt werden können, sind unter anderem: Keylogging (also das Mitschreiben aller Tastatureingaben inkl. Passwörter und anschließendes Weiterleiten an den Programmierer), Umgehung der Firewall zum Senden ausspionierter Daten, Abschalten des Virenscanners zum Selbstschutz des Trojaners, Sammeln und Versenden von sensiblen Angaben wie Konto- oder Zugangsdaten zu geschützten Websites, Fernsteuern des Computersystems zum massenweisen Versenden von Spam-Mails, Nutzung der Rechnerkapazitäten zur Ablage illegaler Dateien, Verbreitung von Makroviren, Angriffe auf Firmen-Server. Die Möglichkeiten sind also sehr vielfältig und nur durch die Fantasie des Entwicklers begrenzt.

Schützen kann man sich vor einem Trojanerbefall dadurch, dass man nur Software von bekannten und vertrauenswürdigen Quellen installiert und/oder die Software durch einen Virenscanner oder andere geeignete Werkzeuge checkt. Trojaner verbreiten sich nicht selbsttätig, es wird immer ein Anwender, der den Trojaner startet, benötigt.

21. Was verbirgt sich hinter dem Begriff „Firewall"?

Eine Firewall schützt ein internes Netzwerk vor dem Eindringen unberechtigter Benutzer von außen. Zu diesem Zweck erfolgt der Datenverkehr zwischen einem unsicheren fremden Netz (z. B. Internet) und dem eigenen sicheren Netz (z. B. Intranet bzw. LAN) ausschließlich über ein solches Firewall-System.

Mithilfe von Hard- und Software werden die Daten, die eine Firewall von außen passieren sollen, auf unterschiedlichen Protokollebenen bezüglich Zugangsberechtigung und erlaubter Dienste überprüft. Alle nicht explizit freigeschalteten Verbindungen werden nicht zugelassen. Darüber hinaus werden alle sicherheitsrelevanten Ereignisse protokolliert und bei möglichen Sicherheitsverstößen wird der Administrator alarmiert. Eine Firewall verfolgt die Strategie: Alles was nicht ausdrücklich erlaubt ist, ist verboten!

Beim Einsatz von Firewallsystemen können verschiedene Konzepte und Architekturen Verwendung finden. Um einen möglichst hohen Zugangsschutz zu erzielen, werden mehrere Konzepte miteinander verzahnt eingesetzt. Zu den Konzepten gehören in erster Linie Packet Filter und Application Level Gateways:

- *Packet Filter:*
  Ein Packet Filter analysiert und kontrolliert Datenpakete auf unterschiedlichen Ebenen nach Daten wie Absender- und Zieladresse und weiteren Protokollinformationen. In Abhängigkeit von Zulassungsregeln werden Dienste und Verbindungen erlaubt oder nicht zugelassen. Packet Filter stellen einen sehr preiswerten, jedoch nicht besonders großen Schutz vor Angriffen von außen dar. Dies gilt zum Beispiel für das IP-Address-Spoofing, bei dem vertrauenswürdige Absenderadressen vorgetäuscht werden.

- *Application Level Gateways:*
  Ein Application Level Gateway trennt das externe und interne Netz physikalisch und logisch. Es läuft auf einem so genannten Bastionsrechner. Dieser ist der einzige Rechner, der von außen (z. B. aus dem Internet) erreicht werden kann. Beim Zugang auf den Bastionsrechner muss sich ein Benutzer zuerst identifizieren und authentifizieren. Anschließend überträgt beim Zugriff auf einen speziellen Dienst eine Software die Datenpakete von der einen Seite des Application Level Gateways zur anderen. Ein solches Programm heißt Proxy und muss für jeden gewünschten Dienst (z. B. FTP, Telnet, HTTP) des Internets implementiert sein.

22. Welche gesetzlichen Bestimmungen sind bezüglich Software-Lizenzen zu berücksichtigen?

Beim Kauf von Standardsoftware erwirbt der Käufer in der Regel nicht das Programm, sondern nur ein Nutzungsrecht mit der Verpflichtung, die Geschäftsbedingungen des Verkäufers einzuhalten. Es ist daher untersagt, gekaufte Softwareprogramme einem Dritte zu überlassen. Die Nutzung des Programms beschränkt sich ausschließlich auf den Käufer selbst und wird über eine Identnummer nachgewiesen. Eine gewisse Ausnahme davon gibt es nur beim Erwerb eines Softwareprogramms durch ein Unternehmen, das mit dem Käufer eine Gruppenlizenz vereinbart: Der Erwerber ist hier berechtigt, das Programm im Unternehmen an mehreren Arbeitsplätzen bzw. Betriebsteilen einzusetzen.

Der Rechtsschutz von Computerprogrammen ist in §§ 69a ff. UrhG besonders geregelt.

23. Was versteht man unter Organisationsstrukturen in der Informatik?

In mittleren und großen Unternehmen würde es zu einem Wildwuchs der EDV-Anwendungen kommen, wenn die Informationsverarbeitung nicht nach strikten Regeln gestaltet wäre. Die Einhaltung dieser Strukturen und Zuständigkeiten sollte jeder Mitarbeiter verstehen und beachten. Dazu einige ausgewählte Beispiele:

- zentrale oder dezentrale Gestaltung der EDV
- Regelung der Zuständigkeiten:
  - Dateneingabe, -ablage, -zugriffsmöglichkeiten, -sicherung, -schutz
  - Dokumentation
  - Zugangsmöglichkeiten/-beschränkungen
  - Mitbestimmungsrechte des Betriebsrates
  - Normierung der Benutzeroberfläche, des Dokumenten-Layouts, der Formulare
  - Aktualisierung der Software
- Schulung der Mitarbeiter durch den Hersteller (bei Individual-Software) oder durch externe Bildungsanbieter oder durch interne Mitarbeiter der EDV

24. Welche Bedeutung haben Support und Hotline?

- *Support*
  bedeutet übersetzt „Hilfe, Unterstützung". Sie wird vom Hersteller bei Hard- bzw. Softwarelieferungen in unterschiedlicher Weise gewährt:
  - Support im Rahmen der gesetzlichen Gewährleistungsfrist (2 Jahre; vgl. Schuldrechtsreform)
  - Support als kostenlose Serviceleistung
  - Support als bezahlte Leistung im Rahmen eines Vertrages

  Der Support kann über folgende Kommunikationsformen/-medien erfolgen:
  E-Mail, Diskette, Telefon, Bildtelefon, CD-ROM, Internet-Zugriff/Download

- Die *Hotline*
  ist eine besondere Form des Supports: Der Kunde hat die Möglichkeit, einen Experten des Herstellers direkt per Telefon um Unterstützung zu bitten, um eine sofortige Problemlösung zu erreichen. Die Abrechnung erfolgt z. B. pauschal innerhalb bestimmter Grenzen, nach Telefoneinheiten oder über eine 0190-er Telefonnummer.

25. Welche Gesichtspunkte sind bei der Organisation eines PC-Arbeitsplatzes zu berücksichtigen?

Der Vorgesetzte sollte bei sich selbst und seinen Mitarbeitern darauf achten, dass die grundlegenden Bestimmungen über PC-Arbeitsplätze eingehalten werden. Werden diese Vorschriften nicht beachtet, kann es schnell zu den bekannten körperlichen Beeinträchtigungen kommen: Rücken-/Nacken-/Augen-/Kopfschmerzen, Durchblutungsstörungen, vorzeitige Ermüdung oder Verkrampfungen.

- Für *PC-Arbeitsplätze* gelten wichtige Regeln/Empfehlungen:
  - *Arbeitstisch:*
    höhenverstellbar (Beine im rechten Winkel gebeugt; Unterarme waagerecht zur Tastatur; ggf. Fußstütze)
  - *Arbeitsstuhl:*
    nach DIN 4551; verstellbar, mit Armlehnen, nur noch fünffüßige Drehstühle

- *Beleghalter:*
  zwischen 15° und 75° zur Horizontalen
- *Monitor:*
  blendfrei, flimmerfrei, vom Fenster abgewandt, dreh- und neigbar, strahlungsarm; Schrift: Zeichen scharf und deutlich, ausreichender Zeilenabstand; Helligkeit und Kontrast einstellbar
- *Maus:*
  ausreichende Arbeitsfläche, direkte Reaktion der Maus auf Bewegungen (keine Verschmutzung)
- *Tastatur:*
  ergonomisch gestaltet, mit verstellbarem Winkel
- *Raumbeleuchtung:*
  blendfrei, punktgenau

- Die *Ergonomie der Software* kann nach folgenden Gesichtspunkten beurteilt werden: Für die Ergonomie der Software kann folgender Anforderungskatalog als Beurteilungsgrundlage dienen:

  - Erfolgen Eingaben per Maus und Tastatur betriebssystemkonform?
  - Entspricht die Benutzer-Oberfläche der Software den üblichen Oberflächenmerkmalen des Betriebssystems in Bezug auf Farben, Schriftarten, Schriftgrößen, Symbolen (Icons), Menüs, Meldungen etc.?
  - Beinhaltet die Software eine Hilfefunktion, nach Möglichkeit sogar eine kontextsensitive Hilfe?
  - Beinhalten die Bildschirmmasken bzw. -anzeigen immer nur die erforderlichen und relevanten Daten und nicht eine zu hohe Informationsflut?
  - Beinhaltet eine erforderliche Dateneingabe keine Eingabe-Redundanzen, also Daten, die aus bereits vorhandenen Daten ermittelt werden können?
  - Ist es in der Dialogführung möglich, jede bereits gemachte Eingabe nachträglich nochmals zu korrigieren?
  - Beinhaltet die Dialogführung sinnvolle oder häufig verwendete Standardeingaben als Vorbelegung der Eingabefelder?
  - Werden Dateneingaben auf Plausibilität hin überprüft?
  - Sind die Fehlermeldungen der Software verständlich?
  - Erhält man aufgrund einer Fehlermeldung Lösungsvorschläge?

- Die *Bildschirmarbeitsverordnung*
  ist dann zu beachten, wenn täglich zwei Stunden oder mehr am Bildschirmgerät gearbeitet wird (sog. Bildschirmarbeitsplatz); für gelegentliche Arbeiten am Bildschirm z. B. bei Bedienerplätzen von Maschinen gilt dies nicht. Die Anforderungen ab dem 01.01.2000 sind:

  - Der Vorgesetzte hat die *Arbeitsbedingungen zu beurteilen* im Hinblick auf mögliche Gefährdungen des Sehvermögens sowie körperlicher/psychischer Belastungen
  - Die Vorschriften über die *Gestaltung des PC-Arbeitsplatzes* sind zu beachten (s. o.).
  - Regelmäßige *Pausen oder Unterbrechungen* durch andere Arbeiten sind vorgeschrieben.

- *Augenuntersuchungen* sind verpflichtend: vor Beginn und alle 5 Jahre; bei Personen über 45 Jahre: alle 3 Jahre.
- Eine *Bildschirmbrille* ist vorgeschrieben, falls ärztlich angezeigt.

26. Welche Aufgaben hat der IT-Administrator?

- Kabel legen, Rechner warten,
- User über ihre Bedienungsfehler aufklären,
- neue User einweisen und über das System informieren,
- Auswahl, Beschaffung und Einrichtung der IT-Strukturen,
- Aufbau und Unterhalt von Daten- und Kommunikationsnetzen,
- Sicherheit, Pflege und Verfügbarkeit der Daten,
- Schulung und psychologische Betreuung der Endanwender.

27. Welche Phasen sind bei der Auswahl und Einführung von IT-Systemen einzuhalten?

- *Ist-Analyse:*
  Es wird der aktuelle Zustand des Bereiches, für den ein neues IT-System ausgewählt werden soll, analysiert und dokumentiert. Für die Software-Auswahl ist auch eine Aufnahme der vorhandenen Hardware erforderlich. Zur Erfassung des Ist-Zustandes können Datenflusspläne, Programmablaufpläne, Struktogramme und Case-Tools (Computer Aided Software Engineering) eingesetzt werden.

- *Schwachstellen-Analyse:*
  Es werden aktuelle Probleme bei der Anwendung und im Prozessablauf ermittelt und dokumentiert.

- *Soll-Konzept:*
  Basierend auf der Ist- und Schwachstellenanalyse werden Anforderungen erstellt. Die Anforderungen sollten nach Prioritäten geordnet werden, um mögliche spätere Kompromisse oder Abstriche (Kosten/Nutzen) schnell vornehmen zu können. Das Soll-Konzept umfasst das Organisationskonzept (Arbeitsprozesse; Art, Menge und Fluss der Daten), das technische Konzept (technische Lösungen, Komponenten, Kommunikationserfordernisse, Sicherheitskonzept) und das Dokumentationskonzept (Datenspeicherung, -verwaltung und -sicherung). Innerhalb des Pflichtenhefts werden beschrieben: Schnittstellen, Datenstrukturen, Datenschutz/Datensicherung, Software, Hardware, Anforderungen an Lieferanten usw.

- *Ausschreibung:*
  Es werden mögliche Anbieter ausgesucht und angeschrieben. Aufgrund des notwendigen Aufwandes zur Auswertung von Angeboten, sollte die Anzahl der Anbieter nicht zu groß gewählt werden.

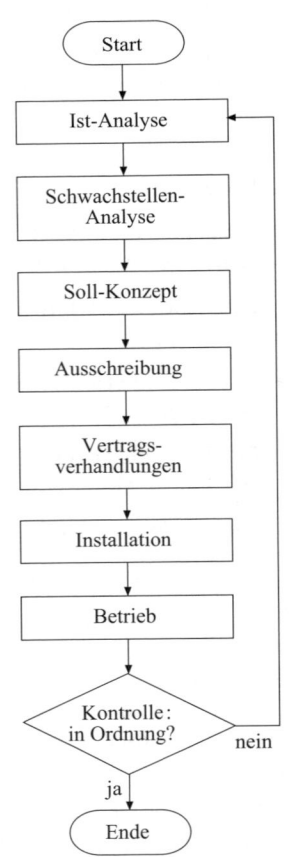

3.6 Informations-/Kommunikationsformen und -mittel

- *Angebotsgespräche:*
  Können Fragen, die sich bei der Auswertung der Angebote ergeben haben, ggf. auch vor Ort geklärt werden?

- *Vertragsverhandlungen:*
  Hierzu gehört die Festlegung des endgültigen Pflichtenheftes für den Anbieter, die Preisverhandlung und der Vertragsabschluss.

- *Installation:*
  Je nach Vertrag wird die Installation vom Anbieter oder durch die eigene IT-Abteilung des Unternehmens durchgeführt. Im letzteren Fall ist sicherlich die Unterstützung des Anbieters oder des Software-Herstellers (Support-Leistung) hilfreich.

- *Betrieb:*
  Es sollte ein Benutzer-Service eingerichtet werden, der Anwenderschulungen durchführt und für Fragen zur Software im betrieblichen Alltagsgeschäft zur Verfügung steht. Darüber hinaus müssen vermutlich von Zeit zu Zeit Software-Updates installiert werden.

28. Welche Kriterien sind bei der Auswahl von IT-Systemen grundsätzlich zu berücksichtigen?

Je nach betrieblicher Situation können folgende Aspekte bei der Auswahl von IT-Systemen eine Rolle spielen:

1. *Kosten:*

   Direkte Kosten, z. B.:
   - Beratungskosten bei der Vertragsanbahnung,
   - Preis/Anschaffungskosten (kalkulatorische AfA),
   - Lizenzkosten,
   - Installationskosten,
   - Kosten der Neu-/Umorganisation (Veränderung der Strukturen/Abläufe),
   - Schulungskosten,
   - Wartung, Updates.

   Indirekte Kosten, z. B.:
   - Außerplanmäßige Reparaturen,
   - Folgekosten bei Ausfall der neuen IT-Systeme.

2. Informationen über den *Hersteller* (Lieferanten), z. B.:
   - Werden bereits Systeme desselben Herstellers eingesetzt?
   - Wie sind die Erfahrungen?
   - Welche Referenzen hat der Hersteller?
   - Marktposition?
   - Gewährleistung, Kulanz?
   - Standort, Anfahrt (Zeiten, Kosten)?
   - Welche Serviceleistungen bietet der Hersteller (z. B. Support-Hotline)?

3. Informationen über das *IT-System*, z. B.:
   - *Reifegrad* der Software:
     Ist es die Version 1.0 oder handelt es sich um eine seit Längerem verkaufte Software?

- *Verfügbarkeit der Software:*
  Ist sie direkt verfügbar, gibt es Lieferzeiten zu berücksichtigen oder muss sie sogar noch entwickelt werden?
- *Software-Ergonomie,*
- *Dokumentation,*
- *Schulungsangebot,*
- *Pflege der Software:*
  Werden Updates angeboten? Wenn ja, zu welchem Preis?
- *Hardware-Voraussetzungen:*
  Ist für den Einsatz der Software die aktuelle Hardware ausreichend oder muss neue angeschafft werden?
- *Software-Kompatibilität:*
  Ist die Software bezüglich Schnittstellen oder Datenformate kompatibel zur vorhandenen Software?
- *Leistungsumfang:*
  Deckt die Software die betrieblichen Anforderungen bzw. das Pflichtenheft ab?
- *Netzwerkfähigkeit?*
- *Bearbeitungsgeschwindigkeit:*
  Ist die Geschwindigkeit während der Bearbeitung (z. B. Laden, Drucken, neue Vorgänge anlegen etc.) für die Anwender akzeptabel?
- *Datenschutz/Datensicherheit:*
  Werden diesbezügliche, betriebliche Anforderungen von der Software erfüllt?

29. Was ist ein technisches Pflichtenheft?

Nach DIN 69901 und VDA 6.1 sind in einem *Pflichtenheft* die vom „Auftraggeber erarbeiteten Realisierungsvorgaben" niedergelegt. Es geht hierbei um die Beschreibung der „Umsetzung des vom Auftraggeber vorgegebenen Lastenhefts".

30. Was ist ein Lastenheft?

Die DIN 69901 und VDA 6.1 definiert das *Lastenheft* als Beschreibung der „Gesamtheit der Forderungen an die Lieferungen und Leistungen eines Auftragnehmers".

31. Worin unterscheiden sich Lastenheft und Pflichtenheft?

Lastenheft	Pflichtenheft
• Wird vom Auftraggeber erstellt. • Bildet die Grundlage für die vom Auftragnehmer zu erbringende Leistung. • Enthält alle Forderungen einschließlich aller Randbedingungen.	• Wird vom Auftragnehmer erstellt auf der Grundlage des Lastenheftes. • Enthält die Detaillierung der Anwenderforderungen aus dem Lastenheft und die Beschreibung, wie sie durch den Auftragnehmer realisiert werden soll.

3.6 Informations-/Kommunikationsformen und -mittel

32. Wofür werden Lastenhefte und Pflichtenhefte erstellt?

Der *Kunde* erstellt ein *Lastenheft* für die Entwicklung eines von ihm gewünschten *Erzeugnisses*. Der ausgewählte *Auftragnehmer* erstellt auf dieser Basis das *Pflichtenheft* zur Realisierung des *Erzeugnisses*. Daraus ergeben sich für den Auftragnehmer notwendige Investitionen für eine Montageanlage.

Der *Auftragnehmer* erstellt entsprechend seinen Anforderungen ein *Lastenheft* für die benötigte *Montageanlage*. Er wird zum *Auftraggeber* (Kunde) gegenüber dem Hersteller (der Montageanlage, der EDV-Konfiguration), der als *Auftragnehmer* (Lieferant) wiederum das *Pflichtenheft* für die Montageanlage (die EDV-Konfiguration usw.) daraus ableitet.

33. Was sind wesentliche Inhalte eines Pflichtenheftes?

- detaillierte Beschreibung der Produktanforderungen
- Beschreibung der technischen Randbedingungen und der Schnittstellen
- Produktstruktur
- Beschreibung von Softwareanforderungen
- Abnahme- und Inbetriebnahmebedingungen
- zulässige Fehlerhäufigkeiten (ppm) für definierte Einlaufabschnitte (Vorserie, Serienanlauf, Serie)

34. Wie ist der weitere Ablauf nach Erstellung des Pflichtenheftes?

Die Erarbeitung des Pflichtenheftes erfolgt in enger Zusammenarbeit mit dem Auftraggeber. Das Pflichtenheft wird nach seiner Erstellung einer *internen Prüfung* unterzogen und sozusagen intern freigegeben. Abschließend erfolgt die Abnahme und *Freigabe* des Pflichtenheftes *durch den Auftraggeber*. Erst dann ist es verbindlich und bildet die offizielle Grundlage für den weiteren Ablauf.

35. Was versteht man unter „Freeware", „Shareware" und „Open-Source-Software"?

Freeware	kann ohne Lizenzkosten genutzt werden.
Shareware	kann unter gewissen Einschränkungen unentgeltlich genutzt und getestet werden; zur uneingeschränkten Nutzung ist die Lizenz zu erwerben.
Open-Source-Software	entgeltliche Nutzung; außerdem ist der Quellcode frei verfügbar.

3.6.2 Betriebliche Kommunikation

01. Warum ist ein optimaler, innerbetrieblicher Informationsfluss notwendig?

Information und Kommunikation sind heute für den Unternehmenserfolg unerlässlich. Information ist eine der Grundvoraussetzungen für Leistung und Leistungsbereitschaft. Information schafft Motivation, bedeutet Anerkennung und verhindert Gerüchte. Anders gesagt:

- Mitarbeiten kann nur, wer mitdenken kann.
- Mitdenken kann nur, wer informiert ist.
- Nur informierte Mitarbeiter sind wirklich gute Mitarbeiter.

Dieser Tatsache hat bereits das Betriebsverfassungsgesetz Rechnung getragen, indem es nicht nur dem Betriebsrat Informationsrechte einräumt, sondern „schwarz auf weiß" die individuelle und kollektive Mitarbeiterinformation festschreibt (vgl. u. a. §§ 81, 82 BetrVG). Für die Führungskraft ist heute unbestritten, dass Information Chefsache ist. Information gehört zu den tragenden Führungsinstrumenten.

02. Welche Gefahren und Grenzen der innerbetrieblichen Kommunikation lassen sich aufzeigen?

- Die Fülle an Informationen nimmt permanent zu (Informationsflut). Dieser Zustand wird sich wohl kaum umkehren (lassen). Der Einzelne ist dazu aufgefordert, den richtigen (d. h. effektiven und effizienten) Umgang mit der Information zu lernen (vgl. Zeitmanagement; z. B. Umgang mit „Papier" und „Telefon"; Ziffer 3.2.1).
- Informationen werden in Computern gespeichert und vernetzt. Die Gefahr des Informations- und damit auch Machtmissbrauchs wächst und muss durch Zugriffssicherungen sowie Mitarbeiteraufklärung begrenzt werden (vgl. Ziffer 3.6.1).

03. Was ist Kommunikation?

Zielorientiert führen kann nur, wer die Grundlagen einer wirksamen Kommunikation beherrscht. Das Gespräch mit dem Mitarbeiter ist das zentrale Instrument in Führungssituationen.

- *Kommunikation* ist die Übermittlung von verbalen (sprachlichen) und nonverbalen (nichtsprachlichen) Reizen vom Sender zum Empfänger.

04. Welche Formen der Kommunikation gibt es?

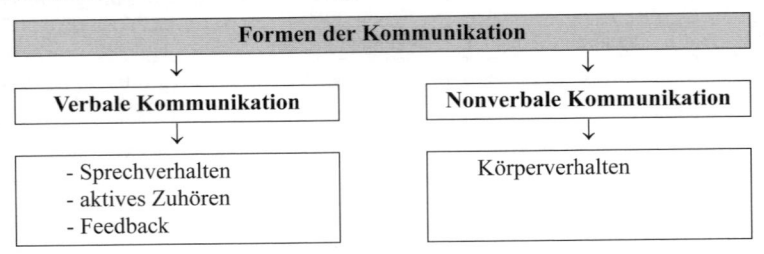

Formen der Kommunikation	
Verbale Kommunikation	Nonverbale Kommunikation
- Sprechverhalten - aktives Zuhören - Feedback	Körperverhalten

- Unter *verbaler Kommunikation* versteht man den sprachlichen Inhalt von Nachrichten. Von Bedeutung sind hier Wortschatz und Wortwahl, Satzbauregeln, Regeln für das Zusammenfügen von Wörtern (Grammatik) sowie Regeln für den Einsatz von Sprache (Pragmatik; z. B. aktive oder passive Verben).

3.6 Informations-/Kommunikationsformen und -mittel

Der Sender hat immer die höhere Verantwortung für das Gelingen der Kommunikation; er muss sich hinsichtlich Wortwahl und Satzbau der Gesprächssituation/dem Empfängerkreis anpassen.

Hinweis: vgl. dazu auch Abschnitt 3.3, Präsentationstechniken

- Unter *nonverbaler Kommunikation*
versteht man alle Verhaltensäußerungen außer dem sprachlichen Informationsgehalt einer Nachricht (Körperhaltung, Mimik, Gestik, aber auch Stimmmodulation).

Eigentlich ist der oft verwendete Begriff „Körpersprache" irreführend: Obwohl es in der Interpretation bestimmter Körperhaltungen z. T. ein erhebliches Maß an Übereinstimmung gibt (z. B. hochgezogene Augenbrauen, verschränkte Arme) unterliegen doch die Signale des Körpers einem weniger eindeutigen Regelwerk als das gesprochene Wort. Man unterscheidet folgende Aspekte der „Körpersprache":

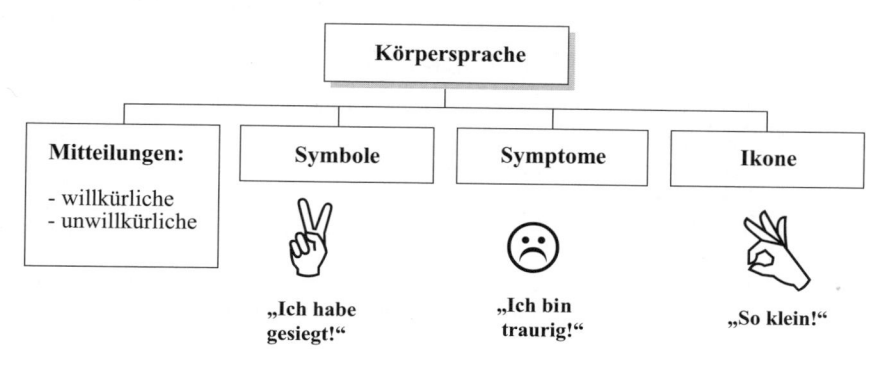

```
                    Körpersprache
        ┌───────────────┼───────────────┬───────────────┐
   Mitteilungen:      Symbole        Symptome          Ikone
   - willkürliche
   - unwillkürliche
                       ✌️              ☹️              👌
                    „Ich habe       „Ich bin        „So klein!"
                    gesiegt!"       traurig!"
```

- Eine *willkürliche Mitteilung* ist eine absichtliche Kommunikation, z. B. bewusster Einsatz der Körpersprache.
- Eine *unwillkürliche Mitteilung* ist Ausdruck des inneren Zustandes, z. B. unbewusste Reaktionen des Körpers (Verlegenheit → Erröten).
- *Symbole* sind Zeichen mit fester Bedeutung (Handzeichen „V" = victory; flache ausgestreckte Hand = „Halt, stopp!").
- *Symptome* sind unwillkürliche Ausdrucksformen des Körpers (offener Mund = „Staunen"; Mund verziehen = „Ekelgefühl" u. Ä.).
- *Ikonen* sind Zeichen, die die Nachricht „abbilden" sollen („Die Öffnung war so groß!" „Der Fisch war so klein!")

05. Welche Formen schriftlicher betrieblicher Kommunikation muss der Vorgesetzte kennen und umsetzen können?

Bericht
Im Bericht will man zuverlässige Informationen über Ereignisse oder/und Sachverhalte niederlegen, die in der Vergangenheit liegen. Es gilt: • *Tatsachen* möglichst vollständig sammeln und auflisten (was?). • *Anlass, Zweck und Empfänger* eines Berichtes festhalten (warum? wofür? für wen?). • Den richtigen *Aufbau* festlegen; dabei ist zu unterscheiden zwischen: 　- Vorgangsbericht (Arbeitsunfall) 　- Protokoll (Sitzung) 　- Rechenschaftsbericht. • Herkunft der Informationen nennen (Augenzeuge, Betroffener, Teilnehmer). • Es werden nur *Fakten* genannt. Die Wertung und Meinungsbildung wird dem Leser überlassen. • Als Zeitform wird die *Vergangenheit* gewählt, weil über bereits Vergangenes berichtet wird.

Protokoll	
	Das Protokoll ist eine *Sonderform des Berichtes*. Dabei ist gegenüber dem Bericht zu unterscheiden:
Zweck	• Niederschrift über das Ereignis • Gedächtnisstütze für Teilnehmer • Information für Abwesende
Formen	• *Ergebnisprotokoll* (es enthält lediglich die Ergebnisse einer Verhandlung oder eines Gesprächs) • *Verlaufsprotokoll* (es enthält eine lückenlose Wiedergabe des Verlaufs einer Sitzung oder eines Gesprächs); dazu gehören dann die einzelnen Diskussionsbeiträge und die Ergebnisse
Schema	• Überschrift: 　　Protokoll über .... 　　　　　　　　(Art/Gegenstand der Sitzung; Planung der Überstunden, 　　　　　　　　des Jahresurlaubs der Mitarbeiter, Sonderschichten, etc.) • Ort, Tag, Uhrzeit:　am ... 　　　　　　　　　　von ... 　　　　　　　　　　bis ...　Uhr • Anwesende, 　Entschuldigte, 　ggf. Gäste:　...

3.6 Informations-/Kommunikationsformen und -mittel

Beispiel	*Protokoll*	*Schichtwechselgespräch vom 27.06.20..*		
		von 06:00 - 06:30 Uhr, Halle 3		
	Teilnehmer:	Muhrjahn, MTV	Verteiler:	GL1, GL3
		Kurz, MTK		
		Mende, MGL		
		Krause, PL3		
	Protokoll:	Kurz, MTK		
	Leitung:	Mende, MGL		
	Tagesordnung:			
	TOP 1:	....		
	TOP 2:	....		
	Ergebnis:	....		
		....		
	Unterschriften	....		

	Aktennotiz
	Eine weitere *Sonderform des Berichts* ist die Aktennotiz, auch als Hausmitteilung oder Vermerk bekannt. In der Regel werden in der Aktennotiz wichtige Vorgänge (Ereignisse, Ergebnisse von Gesprächen) in schriftlicher Form für den hausinternen Gebrauch festgehalten. Die Aktennotiz wird ebenfalls übersichtlich gegliedert. Die Sprache ist dabei knapp – bis hin zum Telegrammstil. Folgendes Schema ist üblich:
Schema	• Empfänger: .... • Datum (ggf. Uhrzeit): .... • Anlass: .... • Gegenstand: .... *z. B. Telefonat, persönliches Gespräch, Vorfall* • Information, Verlauf, Ergebnis: .... • Unterschrift: ....
Beispiel	*Interne Mitteilung* von: Krause, Pl 3 Kopie: Dr. Jensen, GL an: Muhrjahn, MTV am: 27.06. 20.. *Zustand der Verpackungsmaschinen Halle 3* Beim Rundgang in Halle 3, Fr., 16:20 Uhr musste ich feststellen, dass .... Ich bitte, ... *G. Krause*

06. Welche Vor- und Nachteile bieten betriebliche Kommunikationsmedien wie z. B. Telefax, Telefonie, E-Mail und Briefversand?

Betriebliche Kommunikationsmedien		
Medium	**Vorteile/Chancen**, z. B.:	**Nachteile/Risiken**, z. B.:
Brief, extern	• Verwendung von Anlagen unterschiedlicher Formate • keine Kenntnisse der Datenaufbereitung erforderlich • ausführliche Darstellung möglich	• kostenaufwändig: Porto: 0,60 € bis 1,45 €; Verpackung • Transportzeit: 2 - 3 Tage
Telefax	• Verwendung vorhandener Vorlagen • Geschwindigkeit der Übertragung • Rückmeldung über Versand (G3) • einfaches Handling (Gerät immer arbeitsbereit) • keine Zusatzkosten bei Flatrate	• Qualität der Nachricht beim Empfänger eingeschränkt • bei Thermopapier: befristete Haltbarkeit
E-Mail	• schnelle Übertragungszeit • Verknüpfung mit Anhängen • Versenden an viele Absender ohne Mehraufwand • automatische Dokumentation	• separates Schreiben der Nachricht (i. d. R.) • Handling von PC und Netz erforderlich • Probleme der Datensicherheit
Telefonie	• direkter Dialog mit Aktion und Reaktion möglich (Zweiwegkommunikation) • direkter Kontakt (Stimmungen, Sprache, Befindlichkeiten)	• keine automatische Dokumentation • Anwesenheit des Empfängers erforderlich (gemildert durch Anrufbeantworter)

Einwegkommunikation (gilt für Brief, Telefax, E-Mail)

07. Welche weiteren Aspekte betrieblicher Kommunikation muss der Vorgesetzte kennen und umsetzen können?

Hinweis: Der Rahmenplan sieht abschließend die Behandlung folgender Themenpunkte vor:

- Wichtige Regeln zur Gestaltung, zum Aufbau und zur Formulierung von Texten/Grafiken (Verständlichkeit, Klarheit, Anschaulichkeit, Prägnanz)
- Anwendung und Einsatzmöglichkeiten schriftlicher Kommunikation und deren Hilfsmittel (Personalcomputer, Telekopierer)
- Entwerfen einer Rede/eines Kurzvortrages (Kurzvortrag, Referat; Vorbereitung, Aufbau, Stilmittel, Darbietung)
- Adressatengerechte Visualisierung von Ergebnissen aus Einzel- und Gruppenarbeiten (Text, Grafik, Schaubild, Diagramme, Farben, Formen)

Diese Themenpunkte werden unter Ziffer 3.3, Präsentationstechniken, ausführlich behandelt; vgl. außerdem im 4. Prüfungsfach unter 4.5, Gesprächsführung. Von daher wird an dieser Stelle der Stoff nicht erneut dargestellt. Lediglich der Aspekt „mit Formularen arbeiten" wird abschließend behandelt:

- *Mit Formularen arbeiten:*
  Formulare sollen und können die Verständigung zwischen Mitarbeitern, Vorgesetzten und anderen Abteilungen erleichtern und vereinfachen, manchmal vereinheitlichen. Sie kommen gerade auch dem weniger sprachgewandten Mitarbeiter entgegen, da er nur noch vorbereitete Fragen, und zwar immer an der gleichen Stelle, beantworten muss und das oft auch nur in Stichworten.

Für den Betrieb und seine nachgeordneten Abteilungen vereinfachen Formulare die Verwaltungsarbeit, weil damit viele Betroffene auf gleiche Weise erfasst werden. Das Bestreben, dies in möglichst kurzer und platzsparender Form zu tun, bedeutet, dass die Sprache in Formularen meist stark verkürzt ist durch Abkürzungen, Fachausdrücke, Verzicht auf Nebensätze u. a. Den Vorteil des Platzgewinns bezahlt man möglicherweise mit dem Nachteil einer mangelnden Verständlichkeit. Formulare sollten zentral dokumentiert, von Zeit zu Zeit aktualisiert werden und adressatengerecht gestaltet sein („Der Nutzer entscheidet über die Zweckmäßigkeit eines Formulars, nicht der Konzeptor!").

4. Zusammenarbeit im Betrieb

Prüfungsanforderungen:

Nachweis folgender Fähigkeiten:

- Der Teilnehmer soll nachweisen, dass er in der Lage ist, Zusammenhänge des Sozialverhaltens zu erkennen, deren Auswirkungen auf die Zusammenarbeit zu beurteilen und durch angemessene Maßnahmen auf eine zielorientierte und effiziente Zusammenarbeit hinzuwirken.
- Er soll in der Lage sein, die Leistungsbereitschaft der Mitarbeiter zu fördern sowie betriebliche Probleme und soziale Konflikte zu lösen.
- Er soll Führungsgrundsätze berücksichtigen und angemessene Führungstechniken anwenden.

Qualifikationsschwerpunkte (Überblick)

4.1 Beurteilen und Fördern der beruflichen Entwicklung des einzelnen unter Beachtung des bisherigen Berufsweges und unter Berücksichtigung persönlicher und sozialer Gegebenheiten

4.2 Beurteilen und Berücksichtigen des Einflusses von Arbeitsorganisation und Arbeitsplatz auf das Sozialverhalten und das Betriebsklima sowie Ergreifen von Maßnahmen zur Verbesserung

4.3 Beurteilen von Einflüssen der Gruppenstruktur auf das Gruppenverhalten und die Zusammenarbeit sowie Entwickeln und Umsetzen von Alternativen

4.4 Auseinandersetzen mit eigenem und fremdem Führungsverhalten, Umsetzen von Führungsgrundsätzen

4.5 Anwenden von Führungsmethoden und -techniken

4.6 Förderung der Kommunikation und Kooperation

4.1 Beurteilen und Fördern der beruflichen Entwicklung des Einzelnen

4.1.1 Zusammenhang von beruflicher Entwicklung und Persönlichkeitsentwicklung

Jeder Mensch entwickelt sich im Laufe seines Lebens *anlage- und umweltbedingt* zu einer unverwechselbaren Person/Persönlichkeit (Wesensart, Charakter, Denk- und Verhaltensweisen).

Als *Persönlichkeit* bezeichnet man

a) grundsätzlich: → alle für einen Menschen charakteristischen Eigenschaften

b) speziell: → einen Menschen mit herausragender Position in der Gesellschaft

Zwischen dem Lebenslauf, der beruflichen Entwicklung und der Persönlichkeitsentwicklung bestehen Zusammenhänge; dazu zwei Beispiele:

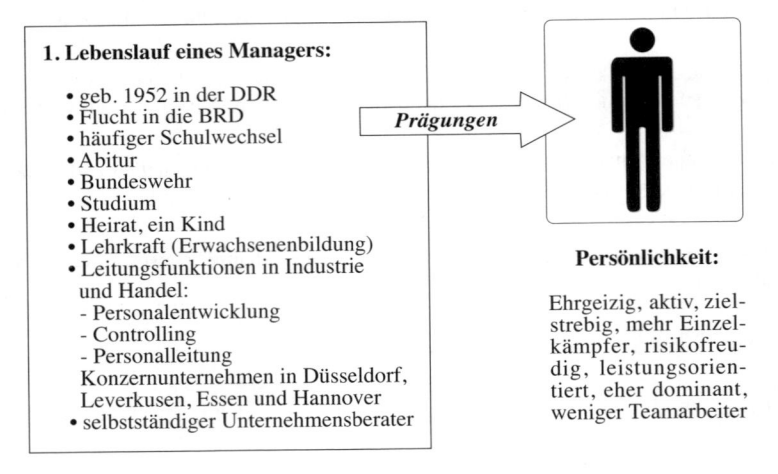

1. Lebenslauf eines Managers:
- geb. 1952 in der DDR
- Flucht in die BRD
- häufiger Schulwechsel
- Abitur
- Bundeswehr
- Studium
- Heirat, ein Kind
- Lehrkraft (Erwachsenenbildung)
- Leitungsfunktionen in Industrie und Handel:
  - Personalentwicklung
  - Controlling
  - Personalleitung
  Konzernunternehmen in Düsseldorf, Leverkusen, Essen und Hannover
- selbstständiger Unternehmensberater

Prägungen →

Persönlichkeit:

Ehrgeizig, aktiv, zielstrebig, mehr Einzelkämpfer, risikofreudig, leistungsorientiert, eher dominant, weniger Teamarbeiter

Man kann daraus folgende, vorsichtige Schlussfolgerung ziehen: Neben der genetisch bedingten Veranlagung prägten einige Stationen des persönlichen und beruflichen Werdegangs besonders nachhaltig die Persönlichkeitsentwicklung dieses Managers:

- Flucht/Schulwechsel: → Einzelkämpfer, sich behaupten müssen
- hohe Selbstständigkeit in den beruflichen Stationen; breites Wissensspektrum: → selbstständiger Unternehmensberater

> **2. Lebenslauf eines Chorleiters:**
> - 1956 in Erfurt geboren
> - aufgewachsen in musikalischer Umgebung
> - Abitur
> - Ausbildung im Fach Klavier und Mitglied der Dresdner Kapellknaben, Orgelspiel und erste Dirigate
> - Studium für Musik in Weimar: Diplom und Staatsexamen
> - Lehrer an einer Kreismusikschule
> - Kreismusikschuldirektor und Intendant des Preußischen Kammerorchesters

Prägungen →

Persönlichkeit:

???

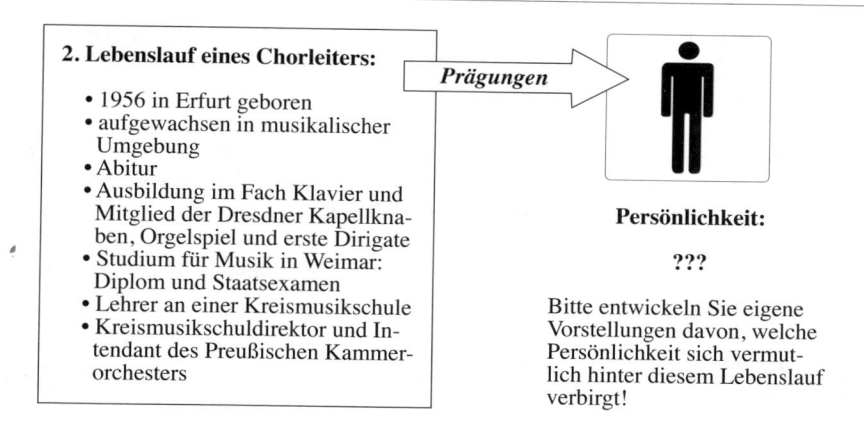

Bitte entwickeln Sie eigene Vorstellungen davon, welche Persönlichkeit sich vermutlich hinter diesem Lebenslauf verbirgt!

4.1.2 Entwicklung des Sozialverhaltens des Menschen

01. Welche Bereiche und Phasen menschlicher Entwicklung haben Einfluss auf das Sozialverhalten?

Menschen entwickeln sich im Laufe ihres Lebens. Diese Entwicklung vollzieht sich in mehreren

- *Bereichen:*

  A. *Organischer* Bereich: → Entwicklung der Organe und der Körperfunktionen

  B. Bereich des *Wissens:* → Entwicklung der kognitiven Fähigkeiten

  C. Bereich der *Fähigkeiten* zur Handhabung von Werkzeugen, Maschinen usw. → Psychomotorik

  D. Bereich des *Verhaltens:* → affektiver Bereich.

  Für die Entwicklung des *Sozialverhaltens* sind *insbesondere folgende Fragen von Bedeutung*:
  - Wie setzt sich jemand mit seiner Umwelt auseinander?
  - Welche Normen übernimmt er, welche lehnt er ab?
  - Ist er in der Lage, Verhaltensmuster zu entwickeln, die ihn in Einklang mit anderen bringen, ohne dass er dabei seine berechtigten Wünsche ständig zurückstellt?
  - Ist er in der Lage, über sein Verhalten und das anderer nachzudenken (zu reflektieren), um dabei schrittweise zu – für ihn und andere – erfolgreichen Verhaltensmustern zu gelangen (*soziales Lernen*)?

- *Phasen menschlicher Entwicklung:*
  Der Mensch entwickelt sich permanent weiter – es ist ein kontinuierlicher Prozess. Nun haben sich Wissenschaften wie u. a. die Psychologie und die Soziologie darum bemüht, *Erklärungsmodelle* für menschliche Verhaltensweisen aufzustellen. Diese Modelle – es gibt davon eine ganze Reihe – haben den Vorteil, dass sie zum Verständnis beitragen. *Sie ordnen und struktu-*

rieren menschliche Verhaltensmuster nach verschiedenen Phänomenen. Die Beschäftigung mit solchen Modellen kann z. B. dem Meister helfen, Ursachen für bestimmte Reaktionen besser zu verstehen.

Ein derartiges Modell ist die Gliederung der menschlichen Entwicklung in verschiedene Phasen. Dabei orientiert man sich einerseits an unterschiedlichen *Altersabschnitten* und versucht diesen, in der Realität „nachgewiesene" *Verhaltensmuster* zu zuordnen.

Die nachfolgende Abbildung zeigt einen vereinfachten Ausschnitt aus diesem Phasenmodell, wie es von der Wissenschaft schrittweise verfeinert wurde:

Phasen / Bereiche	Pubertät: ca. 13 - 18 Jahre	Heranwachsender: 18 - 21 J.	Erwachsener: 21 - 40/50 J.
Werteorientierung	Kritik; Dinge in Frage stellen; Wechsel von Leitbildern	Entwicklung eigener Maßstäbe und Leitmotive	Eigene Maßstäbe, Gewohnheiten und Erfahrungen verfolgen
Sozialverhalten	Lösung von den Eltern; Suche nach neuer Gruppenzugehörigkeit; Geltungsbedürfnis; Drang nach Anerkennung und Bestätigung; gelegentlich extrem und intolerant	Entstehen eines eigenen Rollenverhaltens; Suche nach Freundschaft, Liebe und sozialen Kontakten	Streben nach stabilen Sozialbindungen; hohe Bedeutung des Arbeitslebens und der Familie
Körperliche Entwicklung	Längenwachstum, Ausbildung der Geschlechtsreife; ungelenke Bewegungen; allmähliche Proportionierung der körperlichen Gestalt	Abschließende Entwicklung der Innenorgane	Bis zum 30.- 40. Lebensjahr: Höhepunkt der Muskelkraft; danach: Abnahme der Muskelkraft und Nachlassen der Sinnesorgane
Emotionaler Bereich	Schwankende Gefühlswelt; instabile Emotionen; Drang nach Erlebnissen	Wachsende Selbstsicherheit; zunehmend emotionale Stabilität	Im Allgemeinen emotional stabil und ausgewogen
Gedächtnis	Noch schwankend in der Sicherheit und Ausdauer; später zunehmende Verbesserung der Gedächtnisleistung	Abschluss der Funktionssicherheit	Nachlassendes Lerntempo; nachlassendes Ultrakurzzeitgedächtnis; verstärkter Rückgriff auf das Langzeitgedächtnis

Bei der Beschäftigung mit solchen Modellen muss man berücksichtigen, dass sie keine exakten Gesetzmäßigkeiten wie in den Naturwissenschaften darstellen, sondern *Quasigesetze* sind, die in einer Mehrzahl von Fällen zutreffen – jedoch nicht immer. Die menschliche Entwicklung ist komplex und eben nicht „einfach erklärbar":

- der Einzelfall kann von den Grundzügen des Modells abweichen,
- es gibt „Früh- und Spätentwickler",
- es existieren fördernde und hemmende Entwicklungsfaktoren,
- die Entwicklung der Geschlechter (Jungen/Mädchen) verläuft unterschiedlich (Jungen entwickeln sich meist zwei Jahre später als Mädchen).

02. Welche Bedeutung haben Anlagen und Umwelteinflüsse für die menschliche Entwicklung?

Man könnte fast sagen, die Frage *„ob die Anlagen oder die Umwelt für die Prägung eines Menschen verantwortlich sind"*, ist so alt wie der Stammtisch und das Kaffeekränzchen. Menschen stellen sich diese Frage sehr häufig. Gesicherte Erkenntnis ist heute:

- Beide Faktoren sind erforderlich und prägen die Entwicklung eines Menschen.
- Nur wenn eine bestimmte Anlage vorhanden ist, kann sie sich überhaupt über die Umwelt ausprägen.
- Auch eine noch so günstige Veranlagung kann sich nicht entwickeln (wird zu keinem Ergebnis führen), wenn sie nicht auf günstige Umweltbedingungen trifft.

Die Entwicklung/das Verhalten des Menschen = f(Anlage + Umwelt)

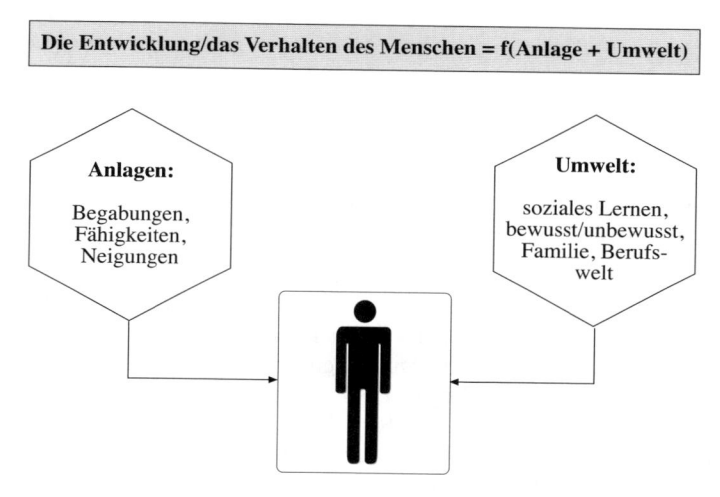

Anlagen: Begabungen, Fähigkeiten, Neigungen

Umwelt: soziales Lernen, bewusst/unbewusst, Familie, Berufswelt

Sehr anschaulich wurde dieses Thema von Ralf Horn behandelt in: „Ausbildung der Ausbilder, Fernsehkurs im Medienverbund TR Verlagsunion 1973, Heft 5." Trotz der Jahreszahl „1973" ist die Aussage nicht veraltet: Die nachfolgende Abbildung (nach Horn, Ralf) zeigt drei mögliche Fälle menschlicher Prägung durch Anlage und Umwelt (die Höhe der Gläser bedeutet die Anlage von Mensch 1 und Mensch 2):

Fall 1: Eine *günstige Umwelt* sorgt dafür, dass sich die *Anlagen voll entwickeln*. Beide Gläser (Mensch 1 und Mensch 2) sind gefüllt. Der genetisch bedingte *Unterschied bleibt* bestehen.

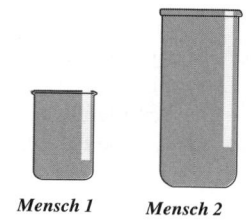

Mensch 1   *Mensch 2*

Fall 2: Eine ungünstige Umwelt verhindert, dass sich die Anlagen voll entwickeln. Beide Gläser sind nur teilweise gefüllt. Der genetisch bedingte *Unterschied bleibt* bestehen – allerdings auf einem niedrigen Level.

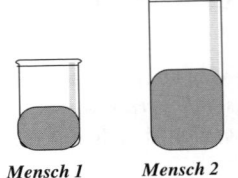

Mensch 1   Mensch 2

Fall 3: Das erste Glas ist voll gefüllt; das zweite Glas ist nur wenig gefüllt. Das heißt: Ein Mensch mit geringeren Anlagen kann durchaus mehr leisten als jemand, dessen größere Anlagen sich nicht voll entwickeln konnten aufgrund einer ungünstigen Umwelt.

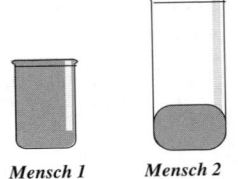

Mensch 1   Mensch 2

03. Welche entwicklungsfördernden und -hemmenden Faktoren sind zu berücksichtigen?

Der Meister hat es in seinem Verantwortungsbereich mit Jugendlichen und Erwachsenen zu tun. Von daher sind vor allem entwicklungsfördernde und -hemmende Faktoren für die Phase der *Pubertät* und des *Erwachsenenalters* von Bedeutung. Dazu Beispiele:

- *Fördernde Faktoren:*
  - positive Prägung durch die Familie (Kontakt, Hilfestellung, sich Zeit nehmen für die Fragen und Lernprozesse des Jugendlichen, Bildungsniveau und Berufswelt der Eltern)
  - positive Kontakte zu Gleichaltrigen, Anregungen, soziales Lernen
  - Förderung in der Schule und zu Beginn des Berufslebens
  - fachlich und persönlicher Erfolg in der Berufswelt, Anerkennung durch andere
  - Anregungen in der Freizeit, die sinnvoll und neigungsorientiert genutzt werden kann
  - Entwicklung eines positiven sozialen Netzes (Freundeskreis, Hobbys, Nachbarn, gegenseitige Hilfe und Anerkennung)

- *Hemmende Faktoren:*
  Grundsätzlich lassen sich alle oben genannten Faktoren negativ umkehren. Zusätzlich gibt es spezielle negative Umwelteinflüsse für die menschliche Entwicklung:
  - Erkrankungen des betreffenden Menschen, insbesondere bei langfristiger Nachwirkung
  - Erkrankungen oder Todesfälle innerhalb der Familie
  - Störungen oder Verlust sozialer Bindungen (Familie, Freunde)
  - Mangel an Anerkennung im gesellschaftlichen Umfeld
  - häufige Misserfolgserlebnisse in Schule und Beruf (z. B. durch permanente Über- oder Unterforderung)
  - mangelnde Fähigkeit/Bereitschaft, soziale Bindungen einzugehen

04. Was ist Lernen? Was ist soziales Lernen?

- *Lernen ist jede Veränderung des Verhaltens und der Einstellung*, die sich als Reaktion auf Reize der Umwelt ergibt.

4.1 Beurteilen und Fördern der beruflichen Entwicklung des Einzelnen

Beispiel: Das Kind verbrennt sich an der Herdplatte den Finger. Die Mutter erklärt, dass die Herdplatte heiß ist, wenn ein rote Lampe „Restwärme" anzeigt. Das Kind ändert sein Verhalten: Es fasst nicht mehr an die Herdplatte, wenn die rote Lampe brennt.

- *Soziales Lernen ist die Aneignung von Verhaltensnormen und Wissensbeständen*, die ein Mensch braucht, um in der Gesellschaft zu existieren.

Beispiel: Ein Stadtmensch zieht in ein Dorf. Im Laufe der Zeit ändert er sein Verhalten in Bezug auf die Mitbewohner des Dorfes: Er gibt dem Drängen nach, doch endlich dem örtlichen Schützenverein beizutreten; er sorgt peinlich genau dafür, dass der Vorgarten gepflegt aussieht; jeden Freitag wird die Straße gekehrt usw. Dies wird von den Dorfbewohnern erwartet und belohnt mit einem freundlichen „Na, mal wieder fleißig!"

05. Welche Phasen des Lernprozesses sind beim sozialen Lernen zu berücksichtigen?

In der Lerntheorie kennt man zwei Grundrichtungen:

a) *Aneignung von Wissensinhalten:*
Lernen findet z. B. durch „Versuch und Irrtum" statt; bekannt geworden sind hier die „4-Stufen-Methode des Lernen" (vgl. AEVO) und die „6 Lernstufen nach H. Roth".

b) *Aneignung von Werten und Verhaltensmustern:*
Im Bereich des sozialen Lernens, d. h. der Veränderung von Verhalten und Einstellungen eines Menschen, hat sich die Ansicht durchgesetzt, dass *Lernen die Folge von Konsequenzen ist.* Dazu drei grundsätzliche Erkenntnisse:

1. Der Mensch tut das, womit er Erfolg hat/was ihm angenehm ist.
   Mehrmaliger Erfolg führt also zu einer Stabilisierung des Verhaltens.

2. Der Mensch vermeidet das, womit er Misserfolg hat/was ihm unangenehm ist.
   Mehrmaliger Misserfolg führt zu einer Änderung des Verhaltens.

3. Erfolg ist das, was der einzelne Mensch als angenehm empfindet.
   Angenehm ist alles, was zur Befriedigung von Bedürfnissen führt (vgl. Maslow).

Dazu ein **Beispiel**:
Aktion: Ein Mitarbeiter kommt häufiger zu spät zu einer Besprechung. Dieses Verhalten ist unerwünscht; es ist dem Mitarbeiter aber angenehm (hat keine Lust zur Besprechung).
Reaktion 1: Der Vorgesetzte unternimmt nichts. Folge: Der Mitarbeiter kommt weiterhin zu spät. Das unerwünschte Verhalten ist erfolgreich/wird als angenehm empfunden und stabilisiert sich daher.
Reaktion 2: Der Vorgesetzte kritisiert das Fehlverhalten des Mitarbeiters. Wenn nun
    a) pünktliches Erscheinen belohnt wird („ist angenehm" → Stabilisierung) oder
    b) bei weiterem unpünktlichen Erscheinen eine „Strafe" droht (erneute, aber scharfe Kritik o. Ä.; „ist unangenehm" → Vermeidung/Misserfolg), so kann unerwünschtes Verhalten geändert werden.

06. Was versteht man unter „Habitualisierung"?

Habitus bedeutet Gewohnheit. Mit Habitualisierung bezeichnet man also den Vorgang, dass ein bestimmtes Verhalten zur Gewohnheit wird; es wird verinnerlicht. Vorgesetzte müssen insbesondere die Qualifikationen verinnerlichen, die eine zentrale Bedeutung im Führungsprozess besitzen.

Beispiel:
Es reicht nicht aus, die Phasen eines Kritikgespräches „kopfmäßig" (kognitiv) zu lernen. Das wissensmäßige Erlernen ist nur der erste Schritt. Hinzukommen muss die permanente Übung mit ggf. notwendigen Korrekturen, bis sich das Verhaltensmuster „einschleift", verinnerlicht wird und dann im Laufe der Zeit auch ohne Anstrengung (unbewusst) abrufbar ist. Verdeutlichen kann man sich die Verinnerlichung motorischer Vorgänge, wenn man sich daran erinnert, wie lange es gedauert hat, bis ein „Führerscheinneuling" ohne Anstrengung fehlerfrei Auto fahren konnte.

07. Wie kann der Meister auf Einstellungen und Verhaltensweisen Einfluss nehmen?

1. Der Meister kann unterschiedliche *Arten des Lernens* (der Mitarbeiter) gezielt fördern:

   - Lernen durch Einsicht
   - Lernen durch Nachahmung (der Meister ist ein Vorbild)
   - Lernen durch Versuch und Irrtum (den Mitarbeiter selbst darauf kommen lassen, allerdings nur bei ungefährlichen Vorgängen)

2. Der Meister kann/muss

   - erwünschtes Verhalten stabilisieren (Anerkennung, Sinn der Arbeit, Folgen bei Fehlverhalten)
   - unerwünschtes Verhalten für den Mitarbeiter „unangenehm machen" (vgl. oben: Kritik, Sanktion, Einsicht erzeugen, Vereinbarungen treffen).

4.1.3 Kooperation und Integration im Betrieb

01. Wie lässt sich die Integration jugendlicher Mitarbeiter fördern?

Zu den Jugendlichen zählen nach dem Gesetz die 15- bis unter 18-Jährigen. Ihre Entwicklung ist noch nicht abgeschlossen, wie wir oben unter Ziffer 4.1.2, Nr. 01., behandelt haben. Der Meister hat Jugendliche zu führen und zu betreuen als Auszubildende, Anzulernende, Praktikanten, jugendliche Facharbeiter u. Ä. Der Meister sollte bei Jugendlichen verstärkt auf folgende Punkte achten und dies ggf. auch dem „Stammpersonal" verdeutlichen:

- Die körperliche Reife (Größenwachstum) kann mitunter dazu führen, dass die Körperkraft oder die sonstige Leistungsfähigkeit des Jugendlichen überschätzt wird. Also: *keine Überforderung, keine Überbelastung.*

- Bei Jugendlichen sind besondere *Schutzbestimmungen* einzuhalten (vgl.: BBiG, ArbZG, JArbSchG; z. B. Zeiten für den Besuch der Berufsschule, Pausenzeiten, Gestaltung des Arbeitsplatzes).

- Jugendliche befinden sich *noch in einem Reife- und Lernprozess*. Daher: Geduld, ggf. auch mehrmals erklären, keine sofortige Fehlerfreiheit erwarten, ermuntern usw.

- Der Jugendliche befindet sich in der Phase des *Übergangs von Schule zum Berufsleben*. Er muss sich an den „8-Stunden-Tag" gewöhnen, Disziplin in der Aufgabenerfüllung erlernen usw.

- Bei Jugendlichen können verstärkt *Motivationsprobleme* auftreten: Stimmungsschwankungen, mangelnde Zukunftsaussichten auf dem Arbeitsmarkt, Misserfolge beim Erlernen von Fähigkeiten oder in der Berufsschule, familiäre/private Probleme u. Ä. Daher: Mut machen, Erfolge erleben lassen, Unterstützung geben, Sinn in der Arbeit vermitteln, häufiger Rückmeldung geben als bei Erwachsenen, richtige Verhaltensweisen stabilisieren.

02. Wie kann der Meister die Zusammenarbeit von Männer und Frauen fördern?

Zunächst einige Fakten zu diesem Thema:

- *Mehr als ein Drittel* aller Erwerbstätigen in der BRD sind Frauen. In der ehemaligen DDR war der Anteil der erwerbstätigen Frauen und Männer in etwa gleich groß.

- Die *Gleichberechtigung* von Frauen und Männern sowie die Verpflichtung zur Gleichbehandlung ist *gesetzlich* mehrfach *verankert:*

  - Grundgesetz: GG, Art. 3, Abs. II
  - Allgemeines Gleichbehandlungsgesetz: AGG
  - Betriebsverfassungsgesetz: BetrVG, § 75
  - EG-Vertrag: Art. 141 (Gleiches Entgelt ...)
  - 45. EG-Richtlinie: Art. 2 (Chancengleichheit ...)

Der Meister kann die Zusammenarbeit von Frauen und Männern fördern, indem er folgende Erkenntnisse berücksichtigt und diese auch in seinem Verantwortungsbereich nachdrücklich vermittelt:

- *Abbau von Vorurteilen*, z. B.:
  „Frauen sind weniger leistungsfähig!" „Frauen sind häufiger krank!" Derartige und ähnliche Vorurteile werden weder durch die Praxis noch durch wissenschaftliche Untersuchungen bestätigt. Nach Auskunft der AOK sind die Fehltage von Frauen geringer als die bei Männern, wenn man die schwangerschaftsbedingten Krankheitstage vernachlässigt.

  Richtig sind vielmehr folgende Fakten, die der Meister kennen und in seinem Führungsverhalten berücksichtigen sollte - dabei sind die nachfolgenden Aussagen zu verstehen im Sinne von *„im Allgemeinen", „in der Regel"* bzw. *„im Durchschnitt":*

  - Frauen haben eine *geringere Körperkraft* als Männer; ihre *Geschicklichkeit* bei *feinmotorischen Arbeiten* ist meist höher. Es gibt Untersuchungen, die die Vermutung stützen, dass Frauen sich schneller erholen und psychisch auf Dauer stärker belastbar sind; die Gründe werden in einem anderen Stoffwechsel sowie in einem veränderten Hormonhaushalt als bei Männern gesehen.

- Die allgemeine Intelligenz von Frauen und Männern ist gleich. In den Punkten *„Einfühlungsvermögen"* und *„sprachliche Fähigkeiten"* schneiden Frauen etwas besser – bei den Segmenten „Abstraktion, mathematisch/physikalische Vorgänge" etwas schlechter ab als ihre männlichen Kollegen.
- Unterschiede zwischen Frauen und Männern ergeben sich auch aus der *gesellschaftlichen Rollenzuweisung* der Frau und der biologischen Tatsache, dass Frauen die Kinder gebären.
- Interessant ist: Neuere Untersuchungen gehen davon aus, dass Frauen eine *stärkere moderatorische Kompetenz* haben. Sie sind in ihrem Verhalten weniger auf Rivalität und Dominanz angelegt als ihre männlichen Kollegen. Dies hat in der Führung und Zusammenarbeit den Vorteil, dass betriebliche Themen mit mehr Einfühlungsvermögen und einer *stärkeren Bereitschaft zum tragfähigen Kompromiss* angegangen werden (unterschiedlicher kommunikativer Stil).
- Frauen legen tendenziell mehr Wert auf äußere Erscheinung, freundliche und korrekte Umgangsformen, ansprechende Arbeitsräume und auf *„Wertschätzungen im Alltag"* (Begrüßen, zuhören, Aufmerksamkeit und Interesse zeigen).
- Nicht vergessen werden darf auch die Tatsache, dass in der Zusammenarbeit zwischen Männern und Frauen auch die *geschlechterspezifische, natürliche Spannungssituation* eine Rolle spielt. Befragungen aus dem Berufsalltag zeigen immer wieder das Bild, dass „Mann" und „Frau" lieber in Arbeitsgruppen tätig sind, in denen beide Geschlechter vertreten sind. *Das Betriebsklima ist nachweislich besser,* wenn Frauen und Männer zusammenarbeiten und in Teams gleichermaßen vertreten sind.
- Man weiß heute, dass ein *emotionaler Rückhalt in der Familie* eine wesentliche Voraussetzung für Leistung ist. Frauen verfügen über wichtige soziale Kompetenzen, die sie in der Familienarbeit erworben haben.

Diese Erkenntnisse sollte der Meister nutzen in der Führung seiner Mitarbeiter und Mitarbeiterinnen – aber auch bei der Zusammensetzung von Arbeitsgruppen.

03. In welcher Form sollte der Meister die Stellung älterer Mitarbeiter im Betrieb berücksichtigen?

Auch hier zunächst einige Fakten zu diesem Thema:

- *Bevölkerungsentwicklung:*
  - Man muss davon ausgehen, dass erstmals in den nächsten Jahren aufgrund der demografischen Entwicklung in der BRD mehr über 50-Jährige am Erwerbsleben teilnehmen als unter 30-Jährige.

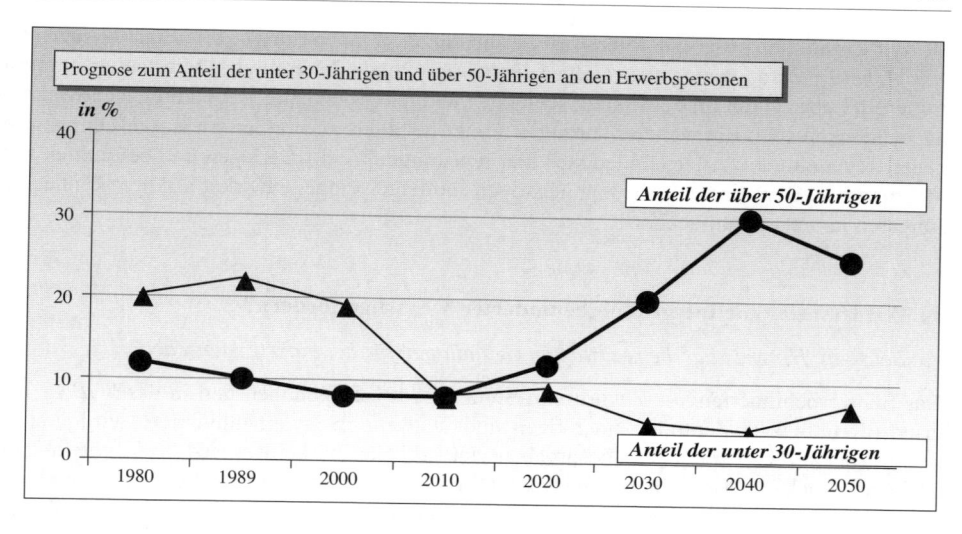

4.1 Beurteilen und Fördern der beruflichen Entwicklung des Einzelnen

Prognose zum Anteil der unter 30-Jährigen und über 50-Jährigen an den Erwerbspersonen

in % — Achse: 0, 10, 20, 30, 40; Jahre: 1980, 1989, 2000, 2010, 2020, 2030, 2040, 2050

Anteil der über 50-Jährigen / *Anteil der unter 30-Jährigen*

- Wer zu den älteren Mitarbeitern im Betrieb gehört, lässt sich nicht eindeutig festlegen, *da der Alterungsprozess bei jedem Menschen individuell verläuft*. Befragungen bei Mitarbeitern kommen zu Altersangaben wie „ab 55 Jahre". Die OECD zählt zu den älteren Mitarbeitern alle diejenigen, die „in der zweiten Hälfte ihres Berufslebens stehen".

- Mit dem Alter *verringern sich tendenziell* u. a.:
  - die *geistige Wendigkeit* und Umstellungsfähigkeit, die *Wahrnehmungsgeschwindigkeit* sowie die Geschwindigkeit in der Informationsverarbeitung und damit das Reaktionsvermögen, besonders bei komplexer Aufgabenstellung
  - die Abstraktionsfähigkeit, das *Kurzzeitgedächtnis, die Lernfähigkeit, die Muskelkraft*
  - die Widerstandsfähigkeit gegenüber hoher psychischer und physischer Dauerbelastung, gegenüber wechselnden Belastungen und negativen Umwelteinflüssen
  - die Leistungsfähigkeit der Sinnesorgane, wie Sehvermögen, Gehör und Tastsinn

- *Mit dem Alter wachsen* in der Regel u. a.:
  - die Arbeits- und Berufs*erfahrung, die Urteilsfähigkeit, das Auffassungsvermögen*
  - *die Selbstständigkeit* und Fähigkeit zu dispositivem Denken
  - die Fähigkeit, mit Menschen umzugehen und mit Menschen zusammenzuarbeiten *(Sozialkompetenz)*
  - *die Gesprächsfähigkeit,* die Treffsicherheit bei Zuordnungs- und Konstruktionsaufgaben
  - die Geübtheit in geistigen und körperlichen Fähigkeiten
  - *Verantwortungsbewusstsein und Zuverlässigkeit*
  - *Ausgeglichenheit und Kontinuität*
  - *menschliche Reife* und positive Einstellung zur Arbeit
  - *das Streben nach Sicherheit*

Konsequenzen für die Führungspraxis:
Auf die Beschäftigung älterer Menschen kann nicht verzichtet werden. Ihr Leistungsbild ist gegenüber jüngeren Mitarbeitern nicht grundsätzlich geringwertiger, sondern in vielen Bereichen nur qualitativ anders. Für den Betriebserfolg sind die Qualitäten älterer Mitarbeiter ebenso wichtig wie die der jüngeren, für die Zusammenarbeit im Betrieb sind sie förderlich.

Bei der Zusammenarbeit mit Älteren ist es wichtig, dass ihnen die *Angst vor der Verdrängung vom Arbeitsplatz genommen wird*. Über die heutige Praxis der Betriebe, Mitarbeiter in immer früherem Lebensalter „in Pension zu schicken" wird angesichts der Bevölkerungsentwicklung nachzudenken sein. Ein weiterer spezieller Punkt bei älteren Mitarbeitern ist der Umgang mit neuen Technologien: Ältere fühlen sich hier den Jüngeren oft unterlegen und befürchten auch Machtverlust. Der Meister sollte hier negativen Haltungen entgegenwirken: „Ältere können von Jüngeren lernen und umgekehrt!"

04. Wie lässt sich die Integration behinderter Menschen fördern?

Zunächst ein Hinweis auf die rechtlichen Grundlagen für behinderte Menschen:

Das Schwerbehindertengesetz wurde im Sommer 2001 aufgehoben und in das *SGB IX* integriert (§§ 68 - 160). Zentrale Änderungen sind: statt von „Schwerbehinderten" wird jetzt von *„schwerbehinderten Menschen"* gesprochen; statt „Pflichtsatz" heißt es jetzt *„Pflichtquote"*; neu ist das ausdrückliche Benachteiligungsverbot für schwerbehinderte Menschen; die Bezeichnung „Hauptfürsorgestelle" wird ersetzt durch *„Integrationsamt"*. Die Ausgleichsabgabe je unbesetztem Pflichtplatz und Monat wurde für 2012 heraufgesetzt: 115 €, 200 €, 290 €. Menschen sind schwerbehindert, wenn bei ihnen ein Grad der Behinderung von wenigstens 50 % vorliegt (§ 2 SGB IX).

Schwerbehinderte Menschen genießen einen besonderen Schutz im beruflichen und gesellschaftlichen Leben: Leistungen zur Teilhabe am Arbeitsleben, Prävention, besonderer Kündigungsschutz, Zusatzurlaub usw. (vgl. SGB IX, §§ 1 - 160).

Dem Industriemeister werden folgende *Empfehlungen* zur Integration behinderter Menschen gegeben:

- Die Beschäftigung behinderter Menschen kann im Einzelfall nicht nur Probleme der Anpassung bereiten, sondern birgt auch *unternehmerische Potenziale*: Behinderte Menschen sind bei richtiger Einarbeitung hoch motiviert und „betriebstreu". Sie sind bei richtiger Arbeitsplatzgestaltung und Einarbeitung zu hohen Leistungen fähig.

- Die Anpassung von Arbeitsplätzen, die Qualifizierung behinderter Menschen, die finanzielle Förderung der Eingliederung, die gesellschaftlich meist negative Bewertung von Behinderungen – all dies sind Herausforderungen, für die dem Meister i. d. R. die Erfahrung fehlt. Er sollte hier *professionelle Hilfe in Anspruch nehmen* und dabei soziale wie betriebswirtschaftliche Notwendigkeiten gleichermaßen einfordern: Arbeitsagentur, Integrationsamt, Krankenkasse, Berufsgenossenschaft, Rentenversicherung.

- Mittlerweile etablieren sich in Deutschland sog. *Integrationsfachdienste*; sie arbeiten zum Beispiel mit Instrumenten wie *Job-Carving* und *Job-Stripping*. Dahinter verbirgt sich die Vervollständigung von Arbeitsplätzen bzw. das Herauslösen von Teilaufgaben – ausgerichtet an der Leistungsmöglichkeit des behinderten Menschen.

- Bei der Zusammenarbeit mit behinderten Menschen, sollte der Meister darauf achten, dass Spott oder unangemessenes Mitleid fehl am Platze sind. *Behinderte wollen weitgehend wie „normale Mitarbeiter" behandelt und in ihrer Leistungsfähigkeit anerkannt werden.*

05. Wie lässt sich die Integration ausländischer Mitarbeiter fördern?

Ausländische Arbeitnehmer leisten einen unverzichtbaren Beitrag zu Wachstum und Wohlstand in Deutschland.

- *Konsequenzen für die Führungspraxis:*
  - Die *sprachliche Barriere* ist oft ein Hindernis: *Empfehlung:* betriebsinterne Sprachkurse, Förderung der Privatinitiative zum Erlernen der deutschen Sprache, Nutzen der vielfältigen Förderungsangebote der Bundesagentur für Arbeit u. Ä.
  - *Dolmetscher* im Betrieb und die *Übersetzung* wichtiger betriebstechnischer Informationen sowie der Unfallverhütungsvorschriften sollten selbstverständlich sein;
  - eine fremdsprachige Rubrik in der Werkszeitung könnte zur wirksamen Integration ein Übriges tun;
  - Veränderte Essgewohnheiten aufgrund der Kultur/des Glaubens können Schwierigkeiten bereiten; Empfehlung: Verständnis, Rücksicht, spezielles Angebot in der Kantine.
  - Weiterhin: sich mit der Kultur ausländischer Mitarbeiter vertraut machen und dies auch in der Arbeitsgruppe vermitteln; ausländischen Mitarbeitern betriebliche und gesetzliche Regelungen erläutern und Einsicht in die Einhaltung der Bestimmungen vermitteln;
  - Gleichbehandlung aller Mitarbeiter, auch der ausländischen.

4.2 Einflüsse von Arbeitsorganisation und Arbeitsplatz auf das Sozialverhalten und das Betriebsklima

4.2.1 Unternehmensphilosophie und Unternehmenskultur

01. Was bezeichnet man als Unternehmensphilosophie?

Philosophie [griech.-lat.] ist die Frage nach den Ursprüngen, den grundsätzlichen Zusammenhängen und der Zukunft der Welt. Im Rahmen der Unternehmensphilosophie setzt sich ein Unternehmen mit den Wertvorstellungen der Umwelt auseinander und versucht seine Rolle zu definieren:

Wer wollen wir sein? Wer wollen wir nicht sein? Was soll unser Handeln bewirken?

> **Die Unternehmensphilosophie hat Soll-Charakter.**

Auf diese Weise wird ein *System von Leitmaximen (oberste Leitsätze für das Unternehmensverhalten)* entwickelt, in denen das Verhältnis der Eigentümer bzw. der Unternehmensführung zu Mitarbeitern, Aktionären, Kunden und Lieferanten sowie zur Gesellschaft zum Ausdruck kommt. Definiert werden können z. B.:

- das Bekenntnis zur Wirtschaftsordnung und zur gesellschaftlichen Funktion der Unternehmen;
- die Einstellung zu Wachstum, Wettbewerb und technischem Fortschritt;
- die Rolle des Gewinns für Unternehmen und Gesellschaft;
- die Verantwortung gegenüber den Mitarbeitern und Aktionären;
- die Spielregeln und Verhaltensnormen im Rahmen der Tätigkeit des Unternehmens.

Beispiele für Leitmaxime (auch: Unternehmensgrundsätze):

> „Unser Denken und Handeln soll von Offenheit gegenüber Konzepten und von der Bereitschaft zum Dialog getragen sein."

> „Wir erwarten von jeder Führungskraft und jedem Mitarbeiter, aber auch von jedem Geschäftspartner, Achtung vor der Persönlichkeit des Einzelnen."

02. Was bezeichnet man als Unternehmenskultur?

Kultur [lat.] ist die Gesamtheit der von einem Volk geschaffenen Werke und Werte. Kultur ist kein Ausgangspunkt, sondern das Ergebnis von Lernprozessen über Generationen hinweg. Als Unternehmenskultur lässt sich daher die Gesamtheit der in einem Unternehmen *tatsächlich gelebten Werte und Normen* bezeichnen.

> **Die Unternehmenskultur hat Ist-Charakter.**

Die Unternehmenskultur kann sich zeigen in Sprache, Helden und ihre Merkmale, Geschichten und Legenden, Riten, Rituale (z. B. Aufnahme, Entlassung, Begräbnis), Begrüßung und Aufnahme von Außenstehenden, Architektur, Präsentation, Kleidung, Sportarten u. Ä.

03. Was bezeichnet man als Unternehmensleitbild?

Das Unternehmensleitbild ist eine Teilmenge der Unternehmensphilosophie und hat ebenfalls Soll-Charakter. Das Leitbild entsteht aus dem Versuch, die komplexen Inhalte der Unternehmensphilosophie in einen charakterischen Leitgedanken zu formulieren.

> **Das Unternehmensleitbild hat ebenfalls Soll-Charakter und ist der Versuch, die Unternehmensphilosophie in einen charakterischen Leitgedanken zu bündeln.**

Beispiele für Unternehmensleitbilder:

> „Wir möchten das kundenfreundlichste Unternehmen der Branche sein."

> „Gut ist uns nicht gut genug."

> „Vorsprung durch Technik"

> „Nichts ist unmöglich."

04. Wie kann der Meister die Gegebenheiten der Unternehmensphilosophie und der Unternehmenskultur umsetzen?

Philosophie und Kultur eines Unternehmens muss praktiziert und von den Führungskräften vorgelebt werden. Der Industriemeister hat die Aufgabe, sich mit den Entscheidungsmustern sowie den Werten und Normen seines Betriebes aktiv auseinander zu setzen und sie seinen Mitarbeitern zu vermitteln. Auf diese Weise wird eine positive Unternehmenskultur gestützt, entwickelt sich weiter und kann zum Erfolgsfaktor für die Bestandssicherung des Betriebes werden.

4.2.2 Wechselwirkung zwischen industrieller Arbeit und Verhalten des Menschen

01. Welche Faktoren bestimmen das Ergebnis menschlicher Arbeit?

Die Ergiebigkeit menschlicher Arbeit (das Leistungsergebnis) ist abhängig von dem Zusammenwirken drei zentraler Faktoren:

Fähigkeit der Mitarbeiter ↓ **Können** ↓ Eignung der Mitarbeiter und Arbeitsanforderungen ↓	Bereitschaft der Mitarbeiter ↓ **Wollen** ↓ Körperliche, geistige und psychische Bereitschaft ↓	Möglichkeit der Mitarbeiter ↓ **Erlauben/Zulassen** ↓ Arbeitsbedingungen und -umfeld ↓

Arbeitsleistung

02. Wie wirken sich die Arbeitsbedingungen industrieller Arbeitsplätze auf die Arbeitsmotivation und die Arbeitsleistung aus? Welche Aspekte muss der Meister hier berücksichtigen?

Die Entwicklungen in der industriellen Fertigung waren und sind z. T. noch stark begleitet von hoher *Arbeitsteilung* und *Spezialisierung* – verbunden mit Gefahren, die den menschlichen Organismus negativ belasten können:

- Muskelverspannungen, Kopfschmerzen, Entzündungen aufgrund einseitiger Belastungen der Muskeln und des Skeletts,
- psychosomatische Erkrankungen durch Stress in den Arbeitsabläufen,
- Schädigungen der Augen, Ohren und anderer Organe durch Lärm, Staub, Hitze usw.

Abgesehen von der *Schädigung des menschlichen Organismus* beeinträchtigen diese Entwicklungen die unternehmerische Zielsetzung nach hoher Qualität und hoher Leistung und können damit das *Betriebsergebnis senken*. Eine der „Gegenbewegungen" zu diesem Trend trägt die Überschrift: „Ergonomische und humane Gestaltung" der Arbeitsplätze, der Maschinen und Werkzeuge, der Anlagen und Geräte, der Arbeitsmaterialien, der Arbeitsinhalte usw.

- *Ergonomie* ist die Lehre von der Erforschung der menschlichen Arbeit; untersucht werden die Eigenarten und Fähigkeiten des menschlichen Organismus (z. B.: Wann führt dauerndes Heben von Lasten zu gesundheitlichen Schäden?). Die Ergebnisse dienen dem Bestreben, die Arbeit dem Menschen anzupassen und die menschlichen Fähigkeiten wirtschaftlich einzusetzen.
- *Humanisierung der Arbeit* ist die umfassende Bezeichnung für alle Maßnahmen, die auf die Verbesserung der Arbeitsinhalte und der Arbeitsbedingungen gerichtet sind.

Im Zusammenhang mit der Gestaltung der Arbeitsplätze, der Arbeitsmittel und der Arbeitsumgebung sind die Unfallverhütungs- und Arbeitsschutzvorschriften der Berufsgenossenschaften sowie zahlreiche gesetzliche Auflagen zu beachten, z. B.:

- Gestaltung der Maschinen und Werkzeuge
- Elektrische Anlagen und Geräte (GS-Zeichen; Geprüfte Sicherheit)
- Gestaltung von Bildschirmarbeitsplätzen
  (z. B. Augenuntersuchung; keine Überbeanspruchung der Augen, des Rückens, der Nerven; vgl. Bildschirmarbeitsverordnung aus dem Jahr 2000)
- Arbeitsmaterialien (z. B. Heben und Tragen von Lasten)
- Umgang mit gefährlichen Stoffen (z. B. Gefahrstoffdatenblätter der Hersteller und Lieferanten; ggf. Einhaltung arbeitsmedizinischer Vorsorgeuntersuchungen)
- präventive Vermeidung von Berufskrankheiten (vgl. Arbeitsschutz)
- Vermeidung psychomentaler (nervlich-seelischer) Belastungen
- Ausgabe persönlicher Schutzausrüstungen (PSA)

Die Arbeitsgestaltung umfasst drei Bereiche:

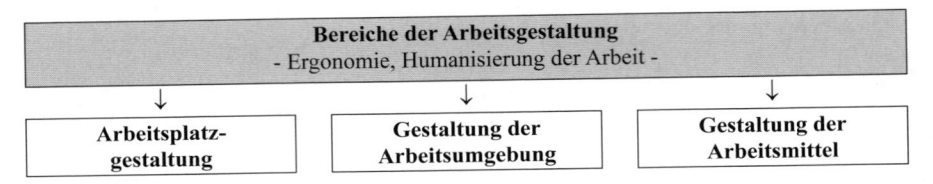

Bereiche der Arbeitsgestaltung
- Ergonomie, Humanisierung der Arbeit -

↓ Arbeitsplatzgestaltung
↓ Gestaltung der Arbeitsumgebung
↓ Gestaltung der Arbeitsmittel

- Bei der *Arbeitsplatzgestaltung* sind u. a. zu berücksichtigen:
  - die Körpermaße des Mitarbeiters
  - der Raumbedarf - im Sitzen und im Stehen
  - die Arbeitsflächen, -sitze und -stühle
  - der Greifraum und der Sehbereich.

Die Kriterien der Arbeitsplatzgestaltung sind im Einzelfall umzusetzen auf die unterschiedlichen *Arten von Arbeitsplätzen* – wie:

- Maschinenplätze,
- Handarbeitsplätze (Werkbank),
- Steuerstände,
- Zusammenbauplätze (Montage),
- Büroarbeitsplätze,
- Transportarbeiten.

Im konkreten Fall muss der Meister z. B. auf folgende *Punkte der Arbeitsplatzgestaltung* achten:

- ausreichende Bewegungsfläche (mindestens 1,5 qm; nicht unter 1 m Breite)
- Beachtung der Mindestflächen, des Mindestluftraums, Mindestraumhöhe von 2,5 m
- Anordnung der Arbeitsplätze, sodass sozialer Kontakt möglich ist (psychische Erfordernisse, Sicherheitsaspekt bei Unfallgefährdung)
- Vermeidung einseitiger Belastungen (dauerndes Stehen, einseitige Sitzhaltung, körperliche Zwangshaltungen)
- Vermeidung von Stoßverletzungen (z. B. scharfe Kanten)
- keine Leitungen und Kabel auf Verkehrswegen (Stolpergefahr)

Der Meister kann sich auf diesen Gebieten sachkundig machen durch die Lektüre der einschlägigen Rechtsvorschriften bzw. er kann ggf. im Betrieb fachkompetente Beratung einholen (z. B. Betriebsarzt, Gewerbeaufsicht, Berufsgenossenschaft, Feuerwehr, Sicherheitsingenieur, Krankenkasse).

4.2 Einflüsse von Arbeitsorganisation und Arbeitsplatz

- Bei der *Gestaltung der Arbeitsumgebung* sind zu berücksichtigen:

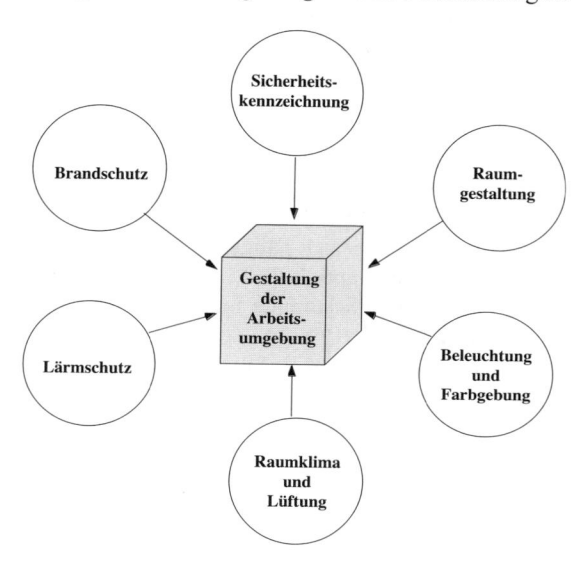

```
                    Sicherheits-
                   kennzeichnung

      Brandschutz                  Raum-
                                 gestaltung

                   Gestaltung
                      der
                   Arbeits-
                   umgebung
                                 Beleuchtung
      Lärmschutz                     und
                                  Farbgebung

                    Raumklima
                       und
                    Lüftung
```

a) Wichtige Aspekte der *Raumgestaltung* sind:
  - sicher begehbare Böden (Stichworte: leicht zu reinigen, keine Rutsch- oder Stolpergefahr)
  - ausreichende Wärmedämmung
  - Glaswände aus bruchsicherem Werkstoff
  - Schutz gegen direkte Sonneneinstrahlung
  - Türen mit Glasflächen müssen bruchsicheres Glas haben (Drahtfadenglas oder Sicherheitsglas)
  - Pendeltüren müssen durchsichtig sein oder Glasausschnitte haben.

b) *Beleuchtung:*
Die richtige Beleuchtung und Farbgebung ist wichtig für die Sicherheit und die Leistungsfähigkeit der Mitarbeiter, u. a.:

- Tageslicht oder angemessene Beleuchtung in Abhängigkeit von der Tätigkeit oder der Funktion des Raumes z. B.

Lagerräume	50 Lux
Kantine	200 Lux
Großraumbüro	1.000 Lux

- bei älteren Mitarbeitern ggf. stärkere Beleuchtung
- regelmäßige Kontrolle der Beleuchtungskörper (Verschmutzung, Ausfall einzelner Lampen usw.)

c) Richtige *Farbgebung*
ist keine „Spielerei in Sachen Geschmack", sondern erfüllt wichtige Funktionen: Ordnung, Orientierung, Leitfunktion, Konzentration, Leistungsbereitschaft, betriebliches Image, Hinweis auf Gefahrenstellen, Kennzeichnung von Transportwegen, Rettungs-/Fluchtwege, Kennzeichnung von Etagen oder Gebäudebereichen; im Einzelnen:

- Kennfarben an Werkzeugen und Arbeitsgeräten zum Erkennen von Zugehörigkeiten zu Betriebsabteilungen verhindern Streit und Diebstahl;

- Die Aufstellung eines „Farbplanes" für die im Betrieb verwendeten Farben (Fertigung, Verwaltung usw.) erleichtert spätere Anstriche;
- Wände und Decken von Arbeitsräumen sollten eher in ruhigen Farbtönen gehalten sein; bei sehr monotoner Arbeit können Farbakzente jedoch belebend wirken.

d) *Raumklima und Lüftung:*

Eine gute Arbeitsleistung ist vom Mitarbeiter auf Dauer nur zu erbringen, wenn das Raumklima der Tätigkeit angepasst ist und der Raum ausreichend belüftet wird. Die Raumluft soll vom Grundsatz her die gleiche Qualität haben wie die Außenluft. Weitere Einzelheiten:

- Einhaltung der Mindesttemperaturen je nach Tätigkeit; z. B. in Büroräumen 20 °C
- In allen Räumen keine höhere Temperatur als 26 °C;
- Zum Austausch der Innenluft ist eine bestimmte Luftbewegung erforderlich, die aber nicht als Zugluft empfunden werden darf;
- regelmäßige Wartung von Klimaanlagen (z. B. Filter, Luftbefeuchter, Vermeidung von Keimbildung in den Rohrleitungen);
- Das „Einheitsklima" einer Klimaanlage kann in der Belegschaft zu Problemen führen.

e) *Lärmschutz:*

Lärm belastet, vermindert die Konzentration, macht krank und kann zur Schwerhörigkeit führen; weitere Einzelaspekte:

Die akustische Verständigung wird durch Lärm behindert. Schreckreaktionen können zu Unfällen führen. Die neue Lärm- und Vibrationsschutzverordnung legt fest:
- untere Auslöseschwelle LEX, 8h = 80 dB(A) Tages-Lärmexpositionspegel bzw.
- Spitzenschalldruckpegel Lc, peak = 135 dB(C),
- obere Auslöseschwelle LEX, 8h = 85 dB(A) bzw. Lc, peak = 137 dB(C),
- die kritische Grenze liegt bei 85 dB(A)
- ab 85 dB(A) sind Gehörschutzmittel zu verwenden; außerdem besteht die Verpflichtung zu Gehörvorsorgeuntersuchungen

Beim Neukauf von Anlagen sollten nur lärmarme Maschinen eingesetzt werden (Einsatz von Schallschutzhauben). Die Kontrolle, ob die Gehörschutzmittel getragen werden, ist unerlässlich.

f) *Brandschutz:*

Gewissenhafte Einhaltung der Brandschutzbestimmungen vermeidet, dass es zu längeren Produktionsstörungen kommen kann. Außerdem dokumentiert der Arbeitgeber damit u. a., wie wichtig ihm Leben, Gesundheit und Eigentum seiner Mitarbeiter ist (Fürsorgegedanke). Zum Brandschutz gehören Maßnahmen wie:

- Sichtbares Anbringen/Aufstellen von Feuerlöschern und Erstellen eines Alarmplanes („Was ist zu tun, wenn ...?")
- Zu empfehlen sind gelegentliche Übungen mit der Belegschaft
- Hinweise auf Rauchverbot und besondere Gefahrenquellen
- Unterweisung im Umgang mit Feuerlöschern

g) *Sicherheitskennzeichnung:*

Auf Gefahrenstellen und Gebote muss mit genormten Sicherheitsschildern hingewiesen werden. Die Verwendung einer Farbfestlegung hat sich dabei bewährt:

Rot = Gefahr, Verbot, Brandschutz	Gelb = Warnung, Vorsicht
Blau = Gebot	Grün = Hilfe, Rettung

4.2 Einflüsse von Arbeitsorganisation und Arbeitsplatz

Der Meister sollte darauf achten, dass
- Verkehrs-/Transportwege mit gelb-schwarzer Markierung versehen sind,
- kleinere Baustellen o. Ä. eine rot-weiße Markierung haben,
- Rettungswege grüne Hinweisschilder erhalten,
- auf Brandschutzmittel in Rot hingewiesen wird.

- Bei der *Gestaltung der Arbeitsmittel* ist zu berücksichtigen:
Handwerkzeuge sollen ergonomisch geformte Griffmulden haben (Sicherheit und Kraftübertragung). Elektrowerkzeuge müssen ausreichend isoliert sein; Fußpedalen zur Bedienung von Anlagen müssen eine ausreichende Trittbreite haben und eine rutschfreie Oberfläche (z. B. Riffelung) aufweisen; Druckknöpfe und Drehknöpfe müssen durch farbliche Kennzeichnung leicht erkennbar sein und dürfen keine Ecken, Kanten oder Grate besitzen.

02. Wie wirken sich die Arbeitsanforderungen industrieller Arbeitsplätze auf die Arbeitsmotivation und die Arbeitsleistung aus? Welche Aspekte muss der Meister hier berücksichtigen?

Unter *Anforderungen* versteht man die Leistungsvoraussetzungen eines Stelleninhabers zur Erledigung einer bestimmten Aufgabe. Man unterscheidet dabei fachliche und persönliche Voraussetzungen. Bei der Zuweisung von Aufgaben muss der Meister das *Anforderungsprofil* einer Stelle mit dem *Eignungsprofil* des Mitarbeiters vergleichen. Zu prüfen ist z. B., ob Defizite durch gründliche Einweisung ausgeglichen werden können oder nicht. Über- und Unterforderung sind zu vermeiden.

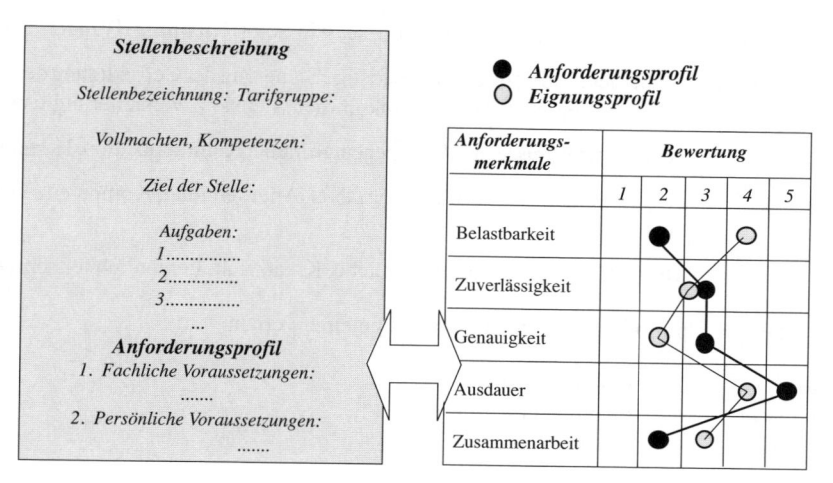

Stellenbeschreibung

Stellenbezeichnung: Tarifgruppe:

Vollmachten, Kompetenzen:

Ziel der Stelle:

Aufgaben:
1...............
2...............
3...............
...

Anforderungsprofil
1. Fachliche Voraussetzungen:
    ....
2. Persönliche Voraussetzungen:
    ....

● *Anforderungsprofil*
○ *Eignungsprofil*

Anforderungs-merkmale	Bewertung				
	1	2	3	4	5
Belastbarkeit				●	○
Zuverlässigkeit			○ ●		
Genauigkeit		○	●		
Ausdauer				○	●
Zusammenarbeit	●	○			

Maßvolles Fordern im Sinne von „Fördern heißt fordern" ist geeignet, die Qualifikation und Motivation der Mitarbeiter zu verbessern. Geeignete Maßnahmen der Arbeitsstrukturierung sind u. a. *Job-Rotation, Job-Enrichment, Job-Enlargement*.

03. Wie kann durch Motivation das Leistungsverhalten des Mitarbeiters gefördert werden?

Von Motivation spricht man dann, wenn in konkreten Situationen aus dem Zusammenwirken verschieden aktivierter Motive ein bestimmtes Verhalten bewirkt wird. Das menschliche Verhalten wird jedoch nicht nur allein durch eine Summe von Motiven bestimmt. Wesentlich hinzu kommen als Antrieb die persönlichen Fähigkeiten und Fertigkeiten. Eine entscheidende Rolle für das menschliche Verhalten spielt auch die gegebene Situation. Bei konstanter Situation (beispielsweise am Arbeitsplatz) kann man sagen, dass sich *das Verhalten aus dem Zusammenwirken von Motivation mal Fähigkeiten plus Fertigkeiten ergibt.* Das Leistungsverhalten des Einzelnen kann durch Verbesserung der Fähigkeiten und Fertigkeiten bei hoher Motivation verbessert werden.

04. Wie unterscheidet sich die Manipulation von der Motivation?

Als Abgrenzung zur Motivation ist die Manipulation die bewusste Verhaltensbeeinflussung von Mitarbeitern durch den Vorgesetzten mit unlauteren und/oder egoistischen Zielen der Führungskraft.

05. Welche Aussagen liefert die Motivationstheorie von Maslow?

Maslow hat die menschlichen Bedürfnisse strukturiert und in eine hierarchische Ordnung gefasst; seine „Bedürfnispyramide" – unterteilt in *Wachstumsbedürfnisse* und *Defizitbedürfnisse* – war die Grundlage für eine Reihe von Theorien über Bedürfnisse und Motivation (z. B. ERG-Theorie; Zwei-Faktoren-Theorie nach Herzberg mit der Unterscheidung in Motivatoren und Hygienefaktoren) sowie den Motivationsbestrebungen in der Praxis:

Stufe 1 als Basis:	• physiologische Grundbedürfnisse, wie Selbsterhaltung, Hunger, Durst, …
Stufe 2 aufbauend:	• Sicherheitsbedürfnisse, längerfristige Sicherung der Befriedigung der Grundbedürfnisse; hier: Mindesteinkommen, Pension, Versicherung usw.
Stufe 3:	• soziale Bedürfnisse, wie Gruppeneinordnung, Kommunikation, Harmonie, …
Stufe 4:	• Statusbedürfnisse, wie Aufstieg, Titel, Anerkennung, Kompetenzen, Gruppenstellung,
Stufe 5:	• Bedürfnis nach Bestätigung, Liebe, Kreativität, Persönlichkeitsentfaltung.

Hieraus können Hauptmotive der Arbeitnehmer abgeleitet werden:

- Geldmotiv
- Kontaktmotiv
- Statusmotiv
- Sicherheitsmotiv
- Kompetenzmotiv
- Leistungsmotiv.

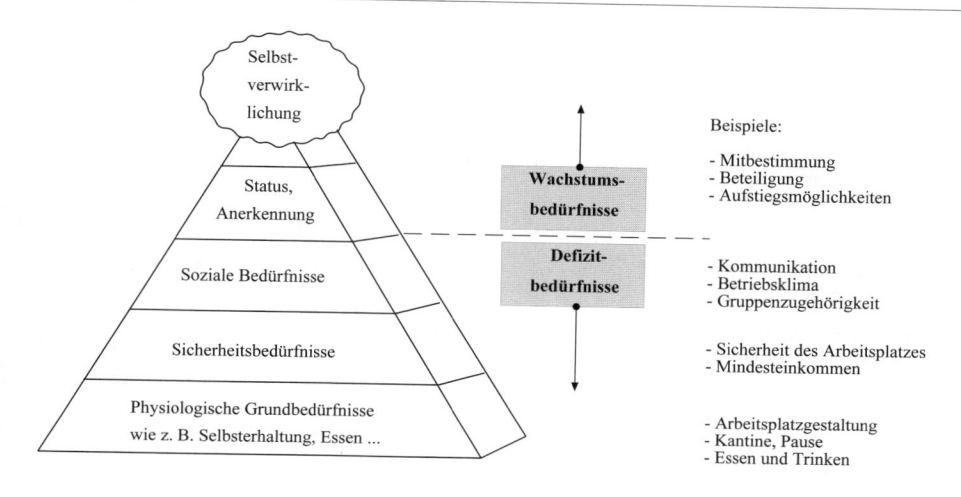

4.2 Einflüsse von Arbeitsorganisation und Arbeitsplatz

```
           Selbst-
           verwirk-
           lichung
                                              Beispiele:
       Status,                                - Mitbestimmung
       Anerkennung       Wachstums-           - Beteiligung
                         bedürfnisse          - Aufstiegsmöglichkeiten

    Soziale Bedürfnisse  Defizit-             - Kommunikation
                         bedürfnisse          - Betriebsklima
                                              - Gruppenzugehörigkeit

   Sicherheitsbedürfnisse                     - Sicherheit des Arbeitsplatzes
                                              - Mindesteinkommen

 Physiologische Grundbedürfnisse              - Arbeitsplatzgestaltung
 wie z. B. Selbsterhaltung, Essen ...         - Kantine, Pause
                                              - Essen und Trinken
```

06. Was kennzeichnet die 2-Faktoren-Theorie nach Herzberg?

Die Ergebnisse von Untersuchungen des amerikanischen Psychologen Frederick Herzberg wurden auch für den deutschen Sprachraum bestätigt. Nach Herzberg hat der Mensch ein zweidimensionales Bedürfnissystem:

Er hat

- *Entlastungsbedürfnisse* und
- *Entfaltungsbedürfnisse*.

Das heißt, er möchte alles vermeiden, was die Mühsal des Lebens ausmacht. Die zivilisatorischen Errungenschaften nimmt er als selbstverständlich hin. Sie sind für ihn *kein Grund zu besonderer Zufriedenheit*.

Dazu gehören auch die äußeren Arbeitsbedingungen wie z. B.

- die Organisationsstruktur
- das Entgelt
- die Arbeitsbedingungen.
- das Führungsklima
- die zwischenmenschlichen Beziehungen

Diese Faktoren werden nach Herzberg *Hygienefaktoren* genannt. Mit Hygienefaktoren kann man Mitarbeiter nicht zu einer besonderen Leistung motivieren. Sie sind aber für die positive Grundstimmung bei der Arbeit unerlässlich und bewirken, dass sich der Mitarbeiter gut in den Betrieb eingebettet fühlt. *Die Hygienefaktoren bilden somit die Grundlage für ein gesundes Betriebsklima.*

Für die Entfaltungsbedürfnisse bedeutet das, dass der einzelne Mitarbeiter sich als Person entfalten möchte. Werden diese Bedürfnisse befriedigt, entsteht echte und andauernde Zufriedenheit. Dazu gehört u. a. die Arbeit (an sich) wie z. B.

- das Gefühl, etwas zu schaffen
- Verantwortung
- sachliche Anerkennung
- Vorwärtskommen.

Diese Faktoren werden nach Herzberg *Motivatoren* genannt. Motivatoren sind mit Erwartungsspannung und Erfolgserlebnissen verknüpft. Sie regen zur Eigenaktivität an und führen zu echter Leistungsmotivation.

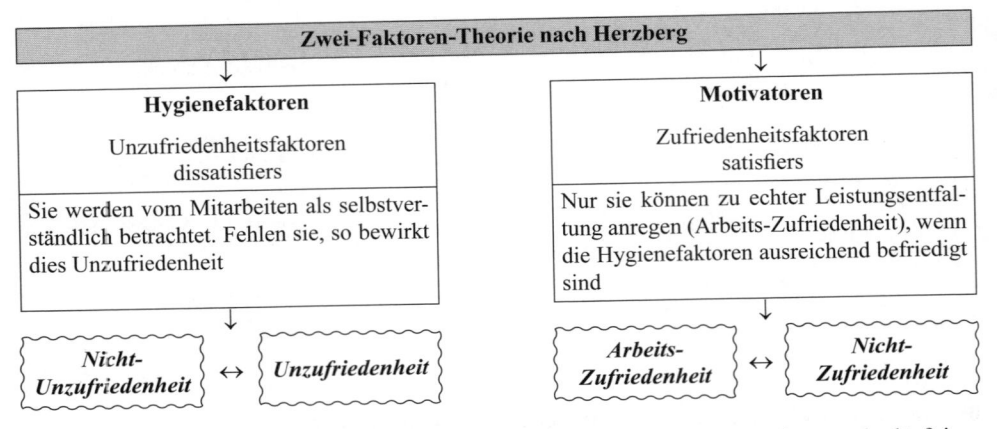

```
┌─────────────────────────────────────────────────────────┐
│             Zwei-Faktoren-Theorie nach Herzberg          │
└─────────────────────────────────────────────────────────┘
            ↓                                    ↓
    ┌───────────────────┐            ┌───────────────────┐
    │   Hygienefaktoren │            │    Motivatoren    │
    │                   │            │                   │
    │ Unzufriedenheits- │            │ Zufriedenheits-   │
    │ faktoren          │            │ faktoren          │
    │ dissatisfiers     │            │ satisfiers        │
    ├───────────────────┤            ├───────────────────┤
    │ Sie werden vom    │            │ Nur sie können zu │
    │ Mitarbeiten als   │            │ echter Leistungs- │
    │ selbstver-        │            │ entfaltung anregen│
    │ ständlich         │            │ (Arbeits-Zufrie-  │
    │ betrachtet.       │            │ denheit), wenn die│
    │ Fehlen sie, so    │            │ Hygienefaktoren   │
    │ bewirkt dies      │            │ ausreichend       │
    │ Unzufriedenheit   │            │ befriedigt sind   │
    └───────────────────┘            └───────────────────┘
            ↓                                    ↓
   ┌────────┐   ┌────────────┐    ┌────────┐   ┌────────┐
   │ Nicht- │↔  │Unzufrieden-│    │Arbeits-│↔  │ Nicht- │
   │Unzufrie│   │   heit     │    │Zufrie- │   │Zufrie- │
   │denheit │   │            │    │denheit │   │denheit │
   └────────┘   └────────────┘    └────────┘   └────────┘
```

Für den Vorgesetzten bedeutet das, einerseits dazu beizutragen, dass die Entlastungsbedürfnisse befriedigt werden, andererseits seine Führungsfähigkeiten so einzusetzen, dass die Entfaltungsbedürfnisse Anreize erfahren.

07. Welche Bedeutung hat „Information" im Führungsprozess?

Information ist eine der Grundvoraussetzungen für Leistung und Leistungsbereitschaft. Sie schafft Motivation, bedeutet Anerkennung und verhindert Gerüchte, Frustration sowie zeitliche Verzögerungen. Information ist „Chefsache" und gehört zu den tragenden Führungsinstrumenten: *Nur informierte Mitarbeiter sind wirklich gute Mitarbeiter.*

Die Information der Mitarbeiter muss umfassend, aktuell, unverzerrt und verständlich sein.

4.2.3 Gestaltung der Arbeitsorganisation und der Arbeitsbedingungen

01. Welche Maßnahmen der Arbeitsstrukturierung kann der Meister gezielt einsetzen?

- *Begriff:*
  Unter Arbeitsstrukturierung versteht man die zeitliche, örtliche und logische Anordnung/Zuordnung von Arbeitsvorgängen nach grundlegenden Prinzipien.

  Es gibt folgende Möglichkeiten, die auszuführende Arbeit anzuordnen und zu gliedern:

- *Arten:*
  - nach dem *Umfang der Delegation:*
    Aufteilung in ausführende und entscheidende Tätigkeit; vgl. Sie dazu z. B. unsere Stoffbearbeitung unten, Ziffer 4.3.

- nach dem *Interaktionsspielraum*, den die Mitarbeiter haben:
  Einzelarbeitsplatz, Gruppenarbeitsplatz, Teamarbeit
- nach der *Arbeitsfeldvergrößerung/-verkleinerung:*
  - Job-Enlargement
  - Job-Enrichment
  - Job-Rotation
  - teilautonome Gruppe
- Prinzipien der *Art- und Mengenteilung:*
  - Arbeitsteilung
  - Arbeitszerlegung
  - Flussprinzip
  - Verrichtungsprinzip
  - Objektprinzip
- Prinzip der *Bildung von Einheiten:*
  - soziale Einheiten
  - funktionale Einheiten

- **Beispiel:**
  Bei der Bildung von Fertigungsinseln sind z. B. folgende Prinzipien anzutreffen: Anstieg des Delegationsumfangs, falls es sich um eine Form der teilautonomen Gruppe handelt. Der Interaktionsspielraum ist hoch. Man bildet funktionale Einheiten und kann dabei soziale Faktoren (Wer kommt mit wem gut zurecht?) berücksichtigen.

02. Welche neueren Formen der Arbeitsorganisation lassen sich von traditionellen Ansätzen unterscheiden?

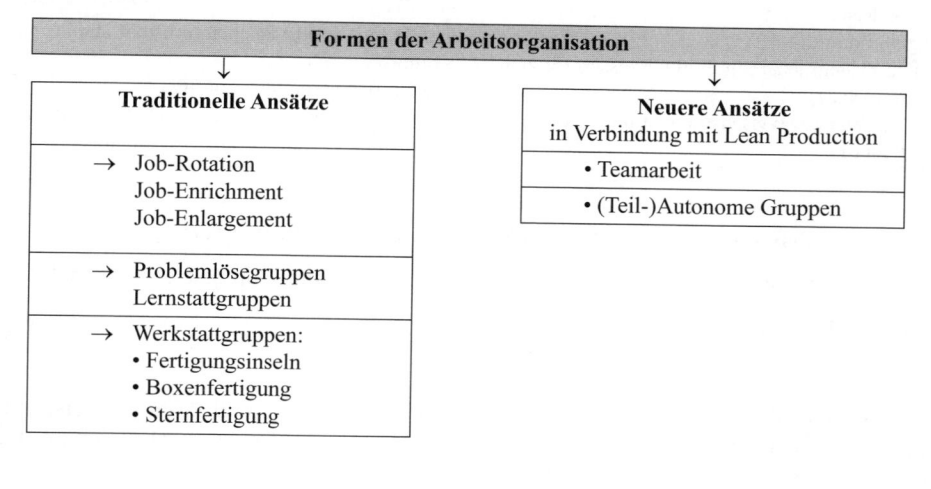

Formen der Arbeitsorganisation	
Traditionelle Ansätze	**Neuere Ansätze** in Verbindung mit Lean Production
→ Job-Rotation Job-Enrichment Job-Enlargement	• Teamarbeit
	• (Teil-)Autonome Gruppen
→ Problemlösegruppen Lernstattgruppen	
→ Werkstattgruppen: • Fertigungsinseln • Boxenfertigung • Sternfertigung	

03. Welche charakteristischen Merkmale weist die Teamarbeit auf?

Bereits die Werkstatt-Organisation der ersten Automobil-Hersteller und selbst die Handwerkszünfte des Mittelalters kannten bereits Gruppenarbeits-Modelle. Die heutigen Konzepte der Team- und Gruppenarbeit stammen aus den Vereinigten Staaten der 70er-Jahre.

Zur Unterscheidung:

- Teamarbeit bildet die *Außenstruktur* von Gruppen.
- Teilautonome Arbeitsgruppen sind spezifische, *teaminterne Struktur-Lösungen*.

Teams sind Gruppen, die sich vor allem nach außen hin abgrenzen (Außenskelett). Die Arbeitsteilung im Inneren bleibt offen. Zumeist wird allerdings in der Praxis der Qualifikationsbedarf erhöht, da die Mitarbeiter mehrere Arbeitsplätze zu beherrschen haben (Stellvertretung, Rotation). Im Extremfall tut jeder jeden Arbeitsgang im Teambereich. Dabei wird in der Regel das Lohnniveau für alle Team-Mitglieder gehoben, bis hin zur Höhe des am höchstem bewerteten Arbeitsplatzes im Teambereich. Da die Menschen natürlicherweise unterschiedlich beweglich, groß, schnell, geschicklich und qualifiziert sind, ist Rotation nur dort sinnvoll, wo das Gesamtergebnis nicht beeinträchtigt wird.

Oberster Zweck der Teamarbeit sind die Ermöglichung von Kommunikation vor Ort und die Verkürzung von Entscheidungsprozessen.

Die Arbeit in Gruppen (Teamarbeit) kann mit Vorteilen und Risiken verbunden sein, z. B.:

Arbeit in Gruppen	
Vorteile, z. B.	**Risiken**, z. B.
• Das Knowhow der Mitglieder wird genutzt. • Das Risiko von Fehlentscheidungen wird gemindert. • Die Zusammenarbeit wird verbessert (Sozialkompetenz). • Es erfolgt ein Wissenstransfer unter den Mitgliedern.	• Hang zum „Mittelmaß" (durchschnittliche Ergebnisse) • Die Gruppe scheut Risiken (erbringt „faule Kompromisse"). • Die Gruppe vermeidet Konflikte. • Die Gruppe „verwässert" die Verteilung der Verantwortung (Verantwortungsdiffusion).

04. Welche Zielsetzung steht hinter den Maßnahmen betrieblicher Sozialpolitik?

Betriebliche Sozialpolitik verfolgt heute (ebenso wie andere Einzelpolitiken der Personalarbeit)

- wirtschaftliche und
- soziale Ziele.

Die Motivation der Unternehmer, Maßnahmen betrieblicher Sozialpolitik zu gestalten, ist unterschiedlich; es muss von einem Motivbündel bzw. Zielbündel ausgegangen werden. Im Einzelnen lassen sich u. a. folgende Ziele der betrieblichen Sozialpolitik nennen:

- höhere Arbeitsmotivation und Leistungsverbesserung,
- Stabilisierung der Leistungskraft der Mitarbeiter,
- Erarbeiten von Vorteilen am Arbeitsmarkt *(Beitrittsfunktion)*,

4.2 Einflüsse von Arbeitsorganisation und Arbeitsplatz

- stärkere Bindung der Mitarbeiter an das Unternehmen *(Bindungsfunktion)*,
- Förderung der Mitarbeiter *(Entwicklungsfunktion)*,
- Wahrnehmung von Steuer- und Finanzvorteilen,
- Ausgleich sozialer Härten,
- ethische Motivation (Fürsorgegedanke),
- Verbesserung des Unternehmensimage.

05. Welche Bedeutung hat betriebliche Sozialpolitik heute – aus Sicht der Arbeitgeber, der Arbeitnehmer sowie für die Gesellschaft?

Die Gestaltung betrieblicher Sozialpolitik vollzieht sich im Spannungsfeld von Unternehmen, Mitarbeitern und Gesellschaft.

- Im *Verhältnis Unternehmen/Gesellschaft* ist betriebliche Sozialpolitik
  - eine Ergänzung der staatlichen Sozialpolitik,
  - abhängig von den Einzelpolitiken des Staates wie z. B. Steuerpolitik, Strukturpolitik, Familienpolitik, Rentendiskussion,
  - eingebettet in den gesellschaftlichen und politischen Wandel (z. B. Wertewandel, gesetzliche Rahmenbedingungen),
  - abhängig von der allgemeinen wirtschaftlichen und konjunkturellen Lage.

- Im *Verhältnis Unternehmen/Mitarbeiter* ist betriebliche Sozialpolitik
  - eingebunden im Spannungsverhältnis von „Werteorientierung der Mitarbeiter" und „Ertragslage des Unternehmens",
  - getragen vom Leitgedanken des „Ausgleichs zwischen wirtschaftlichen und sozialen Zielen",
  - eine langfristige Form der Bildung von Unternehmenskultur und Vertrauensbasis zwischen Arbeitnehmer und Arbeitgeber.

Maßnahmen der betrieblichen Sozialpolitik hatten in der Vergangenheit die Tendenz zur Stagnation und Verkrustung. Die oben beschriebenen Funktionen (z. B. Ausgleichsfunktion, Motivationsfunktion) können auf Dauer nur realisiert werden, wenn zukünftig

- betriebliche Sozialpolitik bezahlbar bleibt und
- die Maßnahmen vom Mitarbeiter als „Wert" angenommen werden und damit eine Anreizwirkung entfalten können.

Ein Ansatz zur Lösung dieses Dilemmas kann in der Einführung von *„Cafeteria-Modellen"* gesehen werden. Der „betrieblichen Sozialpolitik per Gießkanne" wird damit der Rücken gekehrt.

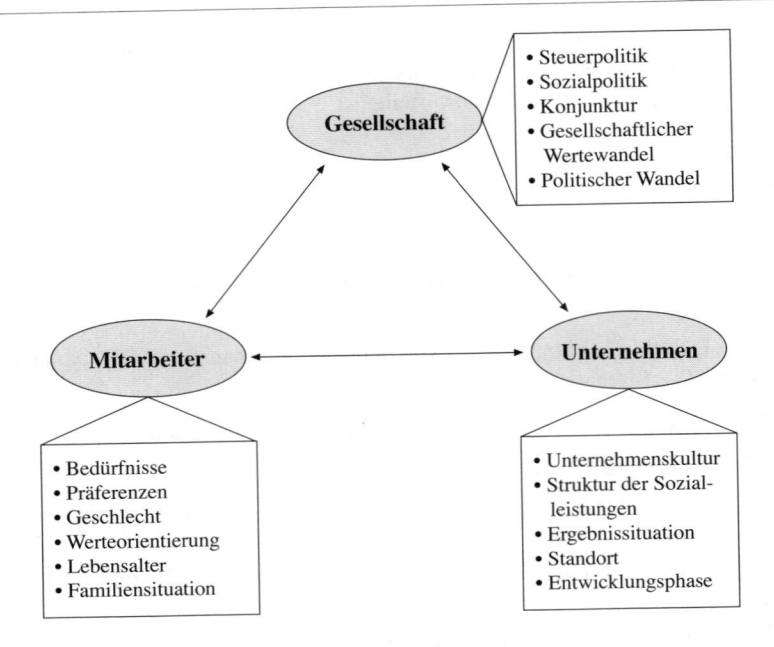

```
                        Gesellschaft
                    ┌─────────────────────┐
                    │ • Steuerpolitik      │
                    │ • Sozialpolitik      │
                    │ • Konjunktur         │
                    │ • Gesellschaftlicher │
                    │   Wertewandel        │
                    │ • Politischer Wandel │
                    └─────────────────────┘

    Mitarbeiter  ←→  Unternehmen
```

Mitarbeiter:
- Bedürfnisse
- Präferenzen
- Geschlecht
- Werteorientierung
- Lebensalter
- Familiensituation

Unternehmen:
- Unternehmenskultur
- Struktur der Sozialleistungen
- Ergebnissituation
- Standort
- Entwicklungsphase

06. Wie ist die betriebliche Sozialpolitik strukturiert?

Die betriebliche Sozialpolitik „ruht auf vier Säulen":

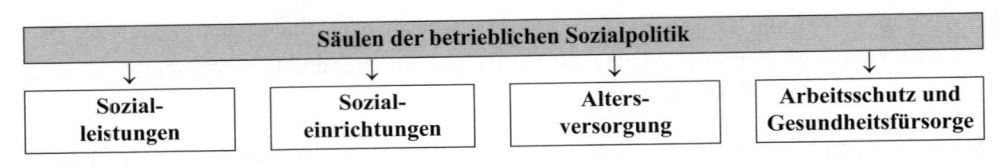

Säulen der betrieblichen Sozialpolitik			
Sozialleistungen	Sozialeinrichtungen	Altersversorgung	Arbeitsschutz und Gesundheitsfürsorge

- Betriebliche *Sozialleistungen* kann der Mitarbeiter *direkt* in Anspruch nehmen; z. B.:

  - Arbeitskleidung,
  - Arbeitgeberbeiträge zur Sozialversicherung,
  - Darlehen für den Wohnungsbau,
  - Beihilfen bei Heirat, Geburten, im Todesfall,
  - erweiterte Lohnfortzahlung,
  - Fahrgeldzuschuss.

- Bei betrieblichen *Sozialeinrichtungen* entsteht die Wirkung für die Mitarbeiter *indirekt*, ist nicht personengebunden und i. d. R. *mit einer organisatorisch-räumlichen Einrichtung verbunden*; z. B.:

  - Mitarbeiterzeitschriften,
  - Erholungszentrum,
  - Kantine,
  - Psychologischer Dienst,
  - Werkswohnungen.

07. Welche Arten der betrieblichen Altersversorgung gibt es?

Man unterscheidet vier Arten der betrieblichen Altersversorgung:

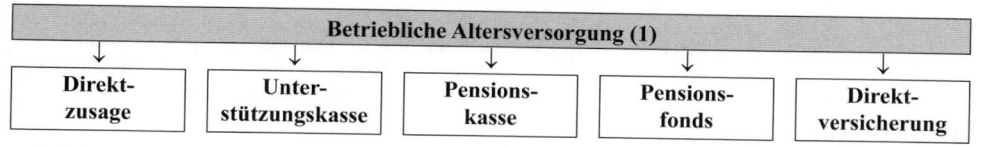

```
┌─────────────────────────────────────────────────────────────┐
│              Betriebliche Altersversorgung (1)              │
└─────────────────────────────────────────────────────────────┘
      ↓            ↓            ↓            ↓            ↓
  Direkt-      Unter-       Pensions-    Pensions-    Direkt-
  zusage       stützungs-   kasse        fonds        versicherung
               kasse
```

- Bei der *Direktzusage* erhalten die Arbeitnehmer einen Rechtsanspruch auf Versorgungsleistungen direkt gegenüber dem Arbeitgeber – vorausgesetzt, dass dieser entsprechende Rückstellungen in der Steuerbilanz vorgenommen hat (sonst nach Vereinbarung). Träger der Leistung ist das Unternehmen selbst. Eine Eigenbeteiligung der Arbeitnehmer ist ausgeschlossen.

- Die *Unterstützungskasse* gewährt unter bestimmten Voraussetzungen neben Renten meist auch Beihilfen unterschiedlichster Art. Es besteht kein Rechtsanspruch auf die Versorgungsleistung. Unterstützungskassen sind jedoch an den Grundsatz von Treu und Glauben gebunden, sodass eine Kürzung oder Beendigung der Leistungen nur bei Vorliegen sachlicher Gründe erfolgen kann. Träger der Unterstützungskasse ist das Unternehmen; dabei ist die Unterstützungskasse eine rechtlich selbstständige Einrichtung (e. V., GmbH).

- Die *Pensionskassen* (einzelner oder mehrerer Unternehmen) haben eine eigene Rechtspersönlichkeit (Versicherungsverein auf Gegenseitigkeit) und gewähren einen Rechtsanspruch auf die Versorgungsleistung. Die Pensionskassen unterliegen der Versicherungsaufsicht. Die Finanzierung der Beiträge erfolgt durch das Unternehmen. Eigenleistungen der Mitarbeiter sind jedoch möglich.

- *Pensionsfonds:*
Der Pensionsfonds ähnelt der Pensionskasse: es handelt sich ebenfalls um ein rechtlich eigenständiges Versorgungswerk. Im Gegensatz zur Pensionskasse hat der *Pensionsfonds* jedoch größere Freiheiten bei der Anlage der Gelder: Das gesamte Kapital kann in Fonds angelegt werden (hohe Renditen, hohes Risiko möglich).

- Bei der *Direktversicherung* schließt der Arbeitgeber bei einer privaten Versicherungsgesellschaft einen Versicherungsvertrag (z. B. Lebensversicherung in Form einer Einzel- oder einer Gruppenversicherung) zu Gunsten des Arbeitnehmers ab. Die Leistungen werden ganz oder teilweise vom Arbeitgeber finanziert. Möglich ist jedoch auch eine Eigenbeteiligung der Mitarbeiter in Form einer Gehaltsumwandlung innerhalb der steuerlichen Höchstgrenzen. Die Gehaltsumwandlung bringt für den Arbeitnehmer den Vorteil der Pauschalversteuerung. Der Mitarbeiter erwirbt einen Rechtsanspruch.

Im Überblick:

Merkmale:	Betriebliche Altersversorgung (2)			
	Arten:			
	Direkt-zusage	Unterstützungs-kasse	Pensions-kasse (ähnlich: Pensionsfonds)	Direkt-versicherung
Rechtsanspruch	ja	nein	ja	
Träger	Unternehmen	Unternehmen + rechtlich selbstständige Einrichtung (e.V., GmbH)	eigene Rechtspersönlichkeit	Versicherungsunternehmen
Eigenbeteiligung der Arbeitnehmer	nein		möglich	
Versicherungs-aufsicht	nein		ja	
Insolvenz-sicherung	ja			i. d. R.: ja

08. Welche Mitbestimmungsrechte hat der Betriebsrat in Fragen der betrieblichen Sozialpolitik?

Bei der Mitbestimmung des Betriebsrates in Fragen der betrieblichen Sozialpolitik ist zu unterscheiden zwischen

- obligatorischer und
- freiwilliger Mitbestimmung.

- Nach § 87 Abs. 1 Nr. 8 BetrVG hat der Betriebsrat ein *obligatorisches Mitbestimmungsrecht* bei der Errichtung von Sozialeinrichtungen – und zwar bei der

  - Form   z. B. Rechtsform,
  - Ausgestaltung z. B. Satzung, Organisation, Richtlinien und
  - Verwaltung z. B. Leistungspläne, Durchführung von Einzelmaßnahmen.

  Dazu gehören z. B. Unterstützungskassen und Pensionskassen; sie sind demnach regelmäßig mitbestimmungspflichtige Sozialeinrichtungen. Die Errichtung einer Sozialeinrichtung kann vom Betriebsrat nicht erzwungen werden. Ob der Arbeitgeber beispielsweise eine betriebliche Altersversorgung einführt, ist folglich nicht mitbestimmungspflichtig.

  Das Mitbestimmungsrecht erstreckt sich *nicht*

  - auf die Höhe der finanziellen Zuwendungen an die Sozialeinrichtung und ebenso nicht
  - auf freiwillig gewährte (z. B. widerrufliche) Zuwendungen.

- *Freiwillige Mitbestimmung* bei sozialen Einrichtungen: Der Betriebsrat kann, wie bereits erwähnt, den Arbeitgeber nicht dazu zwingen, Investitionsmittel für Sozialeinrichtungen im freiwilligen Bereich zur Verfügung zu stellen. *Schafft der Arbeitgeber jedoch solche Einrichtungen, erwächst dem Betriebsrat ein Mitbestimmungsrecht.* Ist darüber eine Betriebsvereinbarung nach § 88 Nr. 2 BetrVG geschlossen worden, kann der Betrieb diese Einrichtung nicht einseitig aufheben; vielmehr ist eine Kündigung der Betriebsvereinbarung erforderlich. Im Falle des § 88 Nr.2 BetrVG besteht jedoch *keine Nachwirkung* der Betriebsvereinbarung.

09. Welcher Maßstab ist bei der Überprüfung und Anpassung der betrieblichen Sozialpolitik anzulegen?

Die Ansätze zur Überprüfung der betrieblichen Sozialpolitik sind:

- Überprüfung der Bedeutung, des Nutzens und der Kosten der Einzelmaßnahmen,
- Abbau überflüssiger Maßnahmen,
- Setzen neuer Akzente.

Dabei sind folgende Fragestellungen maßgebend:

- Welche Leistungen sind – gemessen am Nutzen – zu hoch?
- Welche Leistungen sind in Zeiten schlechter Ertragslage rückführbar?
  (z. B. Widerrufsvorbehalt, Verringerung der monetären Leistung bei Sozialeinrichtungen)
- Sind die Leistungen an die Ertragslage gekoppelt, sodass eine Rückführung in Zeiten sinkender Betriebsgewinne für die Mitarbeiter nachvollziehbar ist?
- Welche Außen- und Innenwirkung entfalten bestimmte Maßnahmen der Sozialpolitik?
- Sind die gewährten Leistungen noch zeitgemäß?
- Werden die Leistungen und die Modalitäten der Verteilung als gerecht empfunden?

4.2.4 Unterschiedliche Erscheinungsformen sozialen Verhaltens und ihre Auswirkungen auf das Betriebsklima

01. Was bezeichnet man als Betriebsklima?

Das Betriebsklima ist *Ausdruck für die soziale Atmosphäre*, die von den Mitarbeitern empfunden wird. Das Betriebsklima umfasst Faktoren, die mit der sozialen Struktur eines Betriebes zu tun haben, also zum Teil auch „außerhalb" des arbeitenden Menschen liegen, jedoch auf ihn einwirken, aber auch von ihm z. T. wiederum beeinflusst werden.

Faktoren des Betriebsklimas sind u. a.:
eine gute Betriebsorganisation, die Kommunikation der Mitarbeiter mit ihren Vorgesetzten und der Mitarbeiter untereinander; ferner Möglichkeiten der Mitbestimmung, direkte und indirekte Anerkennung, Gruppenbeziehungen, die Art der erlebten Führung durch den Vorgesetzten, letztendlich auch der Ton – wie man miteinander umgeht.

Ein „schlechtes" Betriebsklima kann zahlreiche negative Konsequenzen haben, z. B.:

- Sinken der Leistung/der Produktivität
- Häufung von Fehlern (abnehmende Qualität)
- Erhöhung von Fehlzeiten und Krankenstand
- Anzahl und Bedeutung von Konflikten nimmt zu.

02. Was bezeichnet man als soziales Verhalten?

Das Sozialverhalten ist die *Reaktion* eines Menschen *auf die Aktion* eines anderen, die dann bei diesem wiederum zu einer Reaktion führt usw. Dabei agieren und reagieren Menschen über unterschiedliche Möglichkeiten (z. B. Sprache, Gesten, Gesichtsausdruck).

Beispiel:

Mitarbeiter:	„Finde ich gar nicht gut, wenn Huber mit seinem Material ständig den Durchgang versperrt."	(Aktion)
Meister:	„Gut, das Sie das ansprechen. Ich werde mit Huber reden."	(Reaktion 1)
Mitarbeiter:	„Wollen wir hoffen, dass das etwas nützt."	(Reaktion 2)

03. Welche Maßnahmen kann der Vorgesetzte zur Verbesserung des Sozialverhaltens der Mitarbeiter umsetzen?

Dazu einige Beispiele:

a) *Antipathie/Sympathie:*
Antipathie als Abneigung von Personen oder gegen bestimmte Verhaltensweisen ist ein Grundtatbestand menschlichen Lebens. In einer Reihe von Fällen beruht Antipathie auf mangelnder Kenntnis über den anderen (Antipathie als Ausdruck von Angst). Hier kann der Meister durch die *Verstärkung von Kontakten* helfen (man lernt sich kennen, man kann den anderen besser einschätzen und erkennt ggf. auch sympathische Seiten beim anderen).

Nicht jeder Mitarbeiter kann und muss dem anderen sympathisch sein. Trotzdem lässt sich in vielen Fällen eine Basis für eine effiziente Zusammenarbeit finden: Der Meister kann hier Hilfestellung für den Umgang miteinander geben; Kontrakte/Vereinbarungen schließen, sich trotz aller Unterschiede respektieren, sich in die „Schuhe des anderen stellen".

b) *Aggression*
ist eine Verhaltensweise, die auf die Verletzung (körperlich und/oder seelisch) des anderen zielt. Aggression kann auf Frustration und/oder anlagebedingter Aggressivität beruhen.

Zum Teil hat der Meister die Möglichkeit, die Ursachen mit den Beteiligten aufzuarbeiten, die Folgen aggressiven Verhaltens erkennen zu lassen und eine Verhaltensänderung über Einsicht zu erreichen.

c) *Mobbing:*
Der Begriff Mobbing, der sich von dem englischen Wort to mob = pöbeln, sich auf jemand stürzen, ableitet, ist die heute gebräuchliche Umschreibung eines Zustandes, der in vielen Betrieben festzustellen ist: Einzelne Mitarbeiter werden von Kollegen oder Vorgesetzten systematisch verfolgt, schikaniert, ausgegrenzt; Tricks, Intrigen und Gemeinheiten vergiften das Arbeitsleben. *Mobbing umschreibt eine negative kommunikative Handlung gegen eine Person über einen längeren Zeitraum*, die von einer oder mehreren Personen ausgeht.

Mobbing ist in fünf Spielarten anzutreffen:

- Angriffe auf die Möglichkeit, sich mitzuteilen: mündliche und schriftliche Drohungen, ständige Unterbrechungen des Opfers, ständige Kritik an der Arbeit oder am Privatleben;
- Angriffe auf soziale Beziehungen: das Opfer wird nicht mehr angesprochen oder wie Luft behandelt, die Kollegen lassen sich nicht ansprechen;
- Schädigung des sozialen Ansehens: Gerüchte werden verbreitet, das Opfer wird lächerlich gemacht oder verdächtigt, psychisch krank zu sein; seine Entscheidungen werden infrage gestellt, er wird belästigt;

- Angriffe auf die Qualität der Berufs- und Lebenssituation: das Opfer bekommt gar keine, sinnlose oder seine Qualifikation übersteigende Aufgaben;
- Angriffe auf die Gesundheit: Androhung körperlicher Gewalt am Arbeitsplatz.

Wer den täglichen Kränkungen und Gemeinheiten längere Zeit ausgesetzt ist, wird oft seelisch krank und kann die erwarteten Leistungen nicht mehr erbringen. Sobald der Meister Kenntnis über zwischenmenschliche Probleme seiner Mitarbeiter erfährt, sollte er diese ernst nehmen und der Sache auf den Grund gehen. Wegzuhören und zu erwarten, dass die Mitarbeiter diese Sache unter sich ausmachen, führt meist zu sinkenden Leistungen, weil immer mehr Mitarbeiter in diese Mobbing-Probleme verwickelt werden und sich dann psychosomatische Stresssymptome, wie Niedergeschlagenheit, Schlafprobleme, Migräne oder Magenbeschwerden häufen. Die Ursachen für Mobbing sind im Wesentlichen in der Organisation, der Aufgabengestaltung und der Leitung der Arbeit begründet; in wirtschaftlich schwierigen Zeiten erhöht sich die Anfälligkeit für Mobbing dann, wenn Arbeitsplätze in Gefahr sind, weil der Kleinkrieg am Arbeitsplatz zunimmt.

04. Mit welchen Maßnahmen kann der Vorgesetzte selbst zu einer Verbesserung des Betriebsklimas beitragen?

Geeignete Maßnahmen, z. B.: Mitarbeiter zeitnah und aufgabenbezogen informieren, Gleichbehandlungsgrundsatz beachten, Konflikte ausgewogen bearbeiten, gute Leistungen anerkennen, Zusammenhalt und Kollegialität unterstützen, Mitarbeiterpotenziale erkennen und fördern, die Belange der Mitarbeiter berücksichtigen – soweit sachlich vertretbar.

4.3 Einflüsse der Gruppenstruktur auf das Gruppenverhalten und die Zusammenarbeit

01. Welche Merkmale sind für eine soziale Gruppe charakteristisch?

Eine soziale Gruppe sind mehrere Individuen mit einer bestimmten Ausprägung sozialer Integration. In diesem Sinne hat eine Gruppe folgende Merkmale:

- direkte Kontakte zwischen den Gruppenmitgliedern (Interaktion)
- physische Nähe
- Wir-Gefühl (Gruppenbewusstsein)
- gemeinsame Ziele, Werte, Normen
- Rollendifferenzierung, Statusverteilung
- gegenseitige Beeinflussung
- relativ langfristiges Überdauern des Zusammenseins.

02. Wie entstehen formelle und informelle Gruppen innerhalb und außerhalb des Betriebes?

- *Formelle Gruppen* werden im Hinblick auf die Realisierung betrieblicher Ziele geplant und zusammen gesetzt.

- *Informelle Gruppen* bilden sich aufgrund menschlicher Bedürfnisse meist ungeplant und spontan.

Im Einzelnen:

Gruppen	
Formelle Gruppen	**Informelle Gruppen**
• rational organisiert • bewusst geplant und eingesetzt • Verhaltensnormen extern vorgegeben • über längere Zeit oder befristet • Effizienz steht im Vordergrund	• spontan, meist ungeplant • innerhalb oder neben formellen Gruppen • eigenständige Ziele und Normen • i. d. R. abweichend von der formellen Gruppe • aufgrund der Bedürfnisse der Mitglieder
Beispiele: • Abteilungen, Stäbe • Projektgruppen • Arbeitsgruppen, Montagegruppen	*Beispiele:* • Fahrgemeinschaften, Sportgruppen • Hobbygruppen • Gesprächsgruppen (Mittagessen/Kantine)

03. Wie kann sich die Existenz informeller Gruppen auf das betriebliche Geschehen auswirken?

- *Positive Folgen* können z. B. sein:
  - informelle Gruppen schließen Lücken, die bei der Regelung von Arbeitsabläufen oft nicht vermieden werden können;
  - schnelle, unbürokratische Kommunikation innerhalb und zwischen Abteilungen;
  - Befriedigung von Bedürfnissen, die die formelle Gruppe nicht leistet (z. B. Anerkennung, Kontakt, Information/spezielle Information, gegenseitige Hilfe).

- *Negative Folgen* können z. B. sein:
  - von den Organisationszielen abweichende Gruppenziele und -normen;
  - Verbreitung von Gerüchten über informelle Kanäle;
  - Isolierung unbeliebter Mitarbeiter.

04. Welchen Sachverhalt kennzeichnet man mit den soziologischen Grundbegriffen Rolle, Status und Norm?

- Die *(soziale) Rolle* ist zum einen
  - die Summe der Erwartungen, die dem Inhaber einer Position entgegengebracht werden und zum anderen
  - ein gleichmäßiges und regelmäßiges Verhaltensmuster, das mit einer Position verbunden wird.

  Grundsätzlich erwartet die Gruppe, dass eine Rolle in etwa einem Status/einer Position entspricht. Wer seine „Rolle nicht spielt" – sprich dem Verhaltensmuster seiner Position nicht gerecht wird – muss mit dem Verlust dieser Position rechnen.

- *Status* bezeichnet den Platz (die Stellung), den ein Individuum in einem sozialen System einnimmt und an den bestimmte Rollenerwartungen geknüpft werden. Der formelle Status ergibt sich aus der Betriebshierarchie und ist oft mit Statussymbolen verbunden (weißer Kittel, eigener Parkplatz, eigene Toilette, Reisen in der Business-Class). Der informelle Status bildet sich ungeplant in der Gruppe heraus (z. B. Status „Außenseiter").

- *(Gruppen)Normen* sind inhaltlich festgelegte, relativ konstante und verbindliche Regeln für das Verhalten *der* Gruppe und das Verhalten *in der* Gruppe. Normen sind also Ausdruck für die Erwartungen einer Gruppe, wie in bestimmten Situationen zu handeln ist. Diese Erwartungen bedeuten zum einen Zwang, zum anderen aber auch Entlastung (in schwierigen Situationen „hält die Gruppennorm Verhaltensmuster bereit"). Das Einhalten bzw. das Verletzen von Normen wird von der Gruppe mit positiven bzw. negativen Sanktionen belegt (Lob, Anerkennung, Zuwendung bzw. Missachtung, „Schneiden" sowie auch „Mobbing").

05. Was versteht man unter Gruppendynamik und Gruppendruck?

- Mit *Gruppendynamik* bezeichnet man die Kräfte, durch die Veränderungen innerhalb einer Gruppe verursacht werden (z. B. Prozesse der Meinungs- und Entscheidungsbildung); andererseits meint dieser Begriff auch die Kräfte, die von einer Gruppe nach außen hin wirken (z. B. Ausübung von Macht nach außen aufgrund eines starken „Wir-Gefühls"). Daneben wird dieser Begriff zur Beschreibung von Trainingsmaßnahmen verwendet, die soziale Fertigkeiten fördern sollen (z. B. Selbsterfahrungsgruppen).

- *Gruppendruck:* Abweichende Ansichten, Argumente oder Arbeitsweisen werden offen oder latent durch den Erwartungsdruck anderer maßgeblicher Gruppenmitglieder unterdrückt – obwohl der Einzelne bewusst oder unbewusst eine andere Überzeugung hat. Ein bestimmtes Arbeitsverhalten kann dadurch verhindert, gezielt gesteuert oder auch positiv beeinflusst werden (Beispiel: Eine betriebliche Arbeitsgruppe „veranlasst" zwei Gruppenmitglieder zur Nachahmung eines bestimmten Arbeitsverhaltens.).

06. Welche Gruppengröße ist „ideal"?

Die *„ideale" Gruppengröße* ist abhängig von:
- der Aufgabenstellung
- der zur Verfügung stehenden Zeit
- den Arbeitsbedingungen
- der sozialen Kompetenz der Gruppenmitglieder

Es gibt keine allgemein gültige Faustregel für die effektivste Gruppengröße. Trotzdem bestätigt die betriebliche Erfahrung, dass eine „arbeitsfähige" Kleingruppe aus *mindestens 3 - 5 Mitgliedern* bestehen sollte. Die kritische Größe liegt im Allgemeinen bei 20 - 25 Gruppenmitgliedern. Sie ist dann erreicht, wenn keine persönlichen Kontakte mehr möglich sind und sich allmählich Untergruppen bilden.

07. Nach welchen (soziologischen) Regeln bilden sich Gruppen?

1. *Interaktionsregel*
   Im Allgemeinen gilt: Je häufiger Interaktionen zwischen den Gruppenmitgliedern stattfindet, umso mehr werden Kontakt, „Wir-Gefühl" und oft sogar Zuneigung/Freundschaft gefördert. Die räumliche Nähe beginnt an Bedeutung zu gewinnen.

2. *Angleichungsregel*
   Mit längerem Bestehen einer Gruppe gleichen sich Ansichten und Verhaltensweisen der Einzelnen an. Die Gruppen-Normen stehen im Vordergrund.

3. *Distanzierungsregel*
Sie besagt, dass eine Gruppe sich nach außen hin abgrenzt – bis hin zur Feindseligkeit gegenüber anderen Gruppen (vgl. dazu die Verhaltensweisen von sog. Fußballfan-Gruppen). Zwischen dem „Wir-Gefühl" (Solidarität) und der Distanzierung besteht oft eine Wechselwirkung. „Wir-Gefühl" entsteht über die Abgrenzung zu anderen (z. B. „Wir nach dem Kriege, wir wussten noch ..., aber heute - die junge Generation ...").

08. Welche (soziologischen) Erkenntnisse gibt es über Gruppenbeziehungen?

- *Beziehungen zu anderen Gruppen*
  können sich positiv oder negativ gestalten. Die Unterschiede hinsichtlich der Normen und Verhaltensmuster können gravierend oder gering sein - bis hin zu Gemeinsamkeiten. Von Bedeutung ist auch die Stellung einer Gruppe innerhalb des Gesamtbetriebes (z. B. Gruppe der Leitenden). Im Allgemeinen beurteilen Menschen *das Verhalten der eigenen Gruppenmitglieder positiver als das fremder Gruppenmitglieder* (vgl. auch oben, „Distanzierung"). Auch die Leistung der Fremdgruppe wird im Allgemeinen geringer bewertet (z. B. Mitarbeiter der Personalabteilung Angestellte versus Personalabteilung Arbeiter). Bedrohung der eigenen Sicherheit kann zu feindseligem Verhalten gegenüber der anderen Gruppe oder einzelnen Mitgliedern dieser Gruppe führen.

- *Beziehungen innerhalb der Gruppe:*
  Innerhalb einer Gruppe, die über längere Zeit existiert, entwickelt sich *neben der formellen Rangordnung* (z. B. Vorgesetzter – Mitarbeiter) *eine informelle Rangordnung* (z. B. informeller Führer). Die informelle Rangordnung ist geeignet, die formelle Rangordnung zu stören.

- *Störungen innerhalb der Gruppe:*
  Massive Störungen in der Gruppe (z. B. erkennbar an: häufige Beschwerden über andere Gruppenmitglieder, verbale Aggressionen, Cliquenbildung, Absonderung, Streit, Fehlzeiten) sollten vom Vorgesetzten bewusst wahrgenommen werden. Er muss die Störungsursache „diagnostizieren" und entgegenwirken. Zunehmende Störungen und nachlassender Zusammenhalt können zum *Zerfall einer Gruppe* führen.

09. Welche besonderen Rollen werden zum Teil von einzelnen Gruppenmitgliedern wahrgenommen? Welcher Führungsstil ist jeweils angebracht?

Dazu einige Beispiele:

Rollenverhalten in Gruppen		
	Rolle	*empfohlener Führungsstil*
Star	Der „Star" ist meist der informelle Führer der Gruppe und hat einen hohen Anteil an der Gruppenleistung.	Fördernder Führungsstil, Anerkennung, tragende Rolle des Gruppen„Stars" nutzen und einbinden in die eigene Führungsarbeit, Vorbildfunktion des Vorgesetzten ist wichtig.
Freche	Der „Freche": Es handelt sich hier meist um extrovertierte Menschen mit Verhaltenstendenzen wie Provozieren, Aufwiegeln, „Quertreiben", unangemessenen Herrschaftsansprüchen (Besserwisser, Angeber, Wichtigtuer usw.).	Sorgfältig beobachten, Grenzen setzen, mitunter auch Strenge und vor allem Konsequenz zeigen; Humor und Geduld nicht verlieren.

Intriganten	hintergehen andere.	Negatives Verhalten offen im Dialog ansprechen, bremsen und unterbinden, auch Sanktionen „androhen".
Problembeladene	machen sich zu viele Gedanken; haben private Sorgen u. Ä.	Ermutigen, unterstützen, Hilfe zur Selbsthilfe leisten, (auch kleine) Erfolge ermöglichen, Verständnis zeigen („Mitfühlen aber nicht mitleiden").
Drückeberger	scheuen die Arbeit; setzen sich nicht ein.	Fordern, Anspornen und Erfolge „erleben" lassen; zu viel Milde wird meist ausgenutzt.
Neulinge	sind erst seit kurzen Mitglied in der Gruppe.	Maßnahmen zur Integration, schrittweise einarbeiten, Orientierung geben durch klares Führungsverhalten, in der Anfangsphase mehr Aufmerksamkeit widmen und betreuen.
Außenseiter	sind nicht in die Gruppe integriert.	Versuchen, den Außenseiter mit Augenmaß und viel Geduld zu integrieren, es gibt keine Patentrezepte, mitunter ist das vorsichtige Aufspüren der Ursachen hilfreich.

Im Überblick: Empfohlener Führungsstil bei unterschiedlichen Rollen in Gruppen

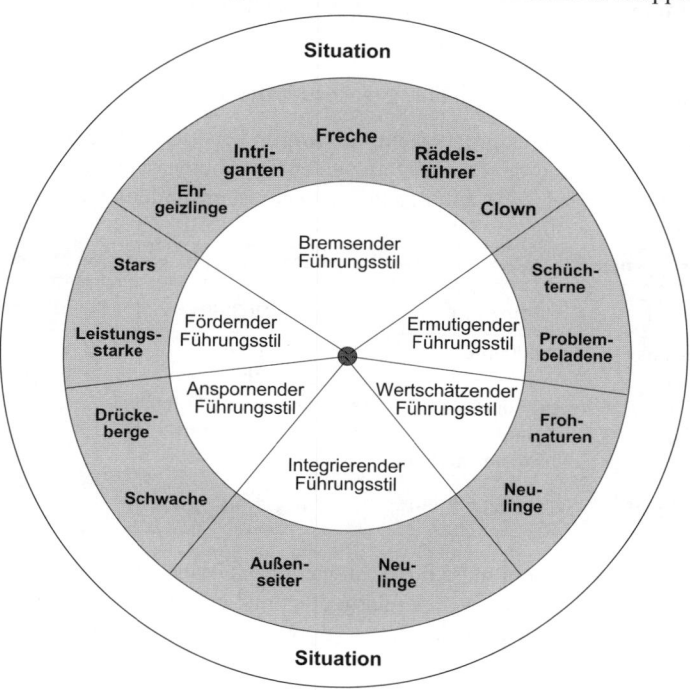

10. Was sind teilautonome Gruppen?

- *Begriff:*
Autonom heißt, unabhängig von Weisungen sein; nach eigenem Ermessen handeln können.

- *Teilautonome Gruppen:*
Sie sind zum Teil weisungsungebunden, bleiben aber Bestandteil des Betriebes (im Gegensatz zu autonomen Gruppen).

Teilautonome Gruppen sind von daher ein Team-Modell, das den Mitgliedern Entscheidungsfreiräume innerhalb bestimmter Bandbreiten zugesteht.

- *Beispiele* für den Grad der Teilautonomie:
    - selbstständige Verrichtung, Einteilung und Verteilung von Aufgaben (inklusive Anwesenheitsplanung: Qualifizierung, Urlaub, Zeitausgleich usw.)
    - selbstständige Einrichtung, Wartung, teilweise Reparatur der Maschinen und Werkzeuge
    - selbstständige (Qualitäts-)Kontrolle der Arbeitsergebnisse.

- *Zweck:*
Teilautonome Gruppen dienen vornehmlich der Entscheidungsfindung vor Ort und der Steigerung der Motivation. Daneben sollen selbstverständlich die Zielsetzungen der Teamarbeit realisiert werden.

11. Welche Phasen der Teamentwicklung werden unterschieden?

Wenn eine Arbeits- oder Projektgruppe gebildet wird, so benötigen Menschen immer eine hinreichende Entwicklungszeit, um zu einer effizienten Zusammenarbeit zu gelangen. Der amerikanische Psychologe Tuckmann teilt den Prozess der Gruppenbildung in vier Phasen[1] ein:

Der Gruppenentwicklungsprozess – Phasen der Teamentwicklung nach Tuckmann			
Forming	**Storming**	**Norming**	**Performing**
• Kontaktaufnahme • Kennenlernen • Höflichkeit • Unsicherheiten	• Machtkämpfe • Egoismen • Frustrationen • Konflikte • Statusdemonstrationen	• Lernprozesse • Spielregeln • Vertrauen und Offenheit • sachliche Auseinandersetzung	• Reifephase • Entwicklung zu einem leistungsfähigen Team
Formende Phase	**Stürmische Phase**	**Regelungsphase**	**Phase der Zusammenarbeit**

Der Vorgesetzte und Moderator muss diese Entwicklungsphasen kennen; die Prozesse sind bei jeder Gruppenbildung mehr oder weniger ausgeprägt und gehören zur „Normalität". Der Zeitaufwand „bis die Gruppe sich gefunden hat" ist notwendig und muss eingeplant werden.

Es kann in der Praxis auch vorkommen, dass Gruppen die Phasen 1 bis 2 nicht überwinden und sehr ineffizient arbeiten; ggf. muss dann die Gruppe neu gebildet werden, wenn die Voraussetzungen einer Teamarbeit nicht gegeben sind.

---

[1] Teilweise wird noch eine fünfte Phase genannt: Auflösung der Gruppe (Adjourning) wegen Erledigung der Aufgabe.

4.4 Eigenes und fremdes Führungsverhalten, Umsetzen von Führungsgrundsätzen

4.4.1 Zusammenhänge der Führung

01. Was heißt „Mitarbeiter führen"?

- *Begriff*:

> *Führen heißt, das Verhalten der Mitarbeiter zielorientiert beeinflussen, sodass die betrieblichen Ziele erreicht werden – unter Beachtung der Ziele der Mitarbeiter.*

- *Ziel* der Führungsarbeit ist:

    a) betrieblicher Aspekt (Zielerfolg)
    - Leistung zu erzeugen,
    - Leistung zu erhalten und
    - Leistung zu steigern.

    b) Mitarbeiteraspekt (Individualerfolg)
    - Erwartungen und Wünsche der Mitarbeiter zu berücksichtigen in Abhängigkeit von den betrieblichen Möglichkeiten
    - Mitarbeiter zu motivieren

02. Welche Grundsätze sind bei zielorientierter Führung zu beachten?

a) Die Leistung der Mitarbeiter muss sich stets *zielorientiert* entfalten, d. h., Führung hat die Aufgabe, alle Kräfte des Unternehmens zu bündeln und auf den Markt zu konzentrieren (Führung → Ziele → zielorientierte Aufgabenerfüllung → Leistung → Wertschöpfung → Zielerreichung).

b) Die Ziele des Unternehmens werden aus der *Wechselwirkung von Betrieb und Markt/Kunde* gewonnen. Sie werden „heruntergebrochen" in Zwischen- und Unterziele für nachgelagerte Führungsebenen (z. B. Meisterbereich).

c) Führung bildet dabei die Funktion der *Klammer, der Koordination und der Orientierung.*

d) Führung muss dabei den „Spagat" zwischen der Beachtung ökonomischer und sozialer Ziele herbeiführen:

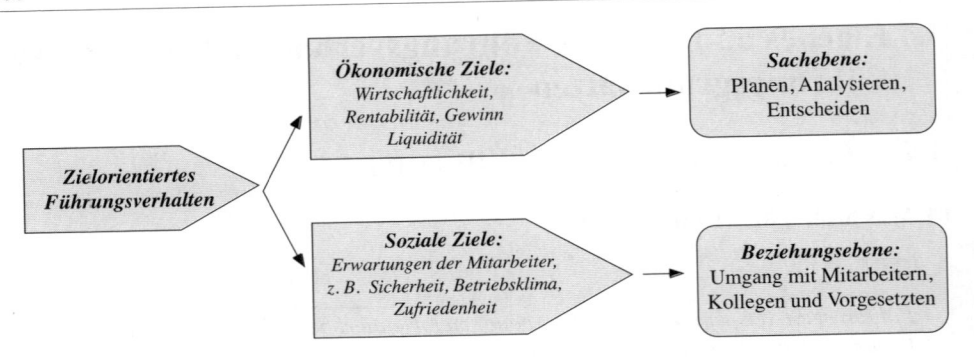

```
Zielorientiertes         Ökonomische Ziele:              Sachebene:
Führungsverhalten   →   Wirtschaftlichkeit,        →    Planen, Analysieren,
                         Rentabilität, Gewinn            Entscheiden
                         Liquidität

                         Soziale Ziele:                  Beziehungsebene:
                     →   Erwartungen der Mitarbeiter, → Umgang mit Mitarbeitern,
                         z. B. Sicherheit, Betriebsklima, Kollegen und Vorgesetzten
                         Zufriedenheit
```

e) Zielorientierte Führung schafft durch *geeignete Maßnahmen/Instrumente* die Voraussetzungen für Leistung: Fähigkeit, Bereitschaft, Möglichkeit.

f) Zielorientierte Führung orientiert sich am *Management-Regelkreis*:

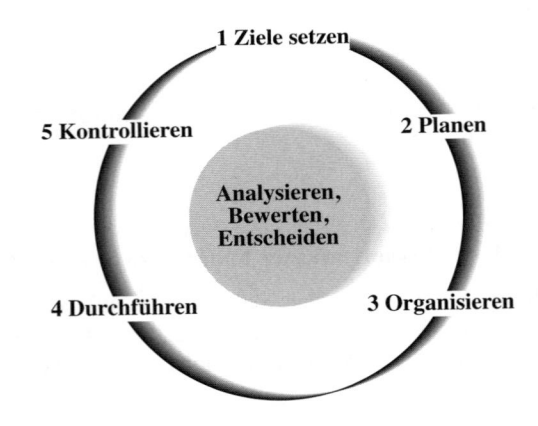

```
           1 Ziele setzen
    5 Kontrollieren    2 Planen
            Analysieren,
            Bewerten,
            Entscheiden
    4 Durchführen      3 Organisieren
```

g) Ziele müssen *messbar* sein, d. h., sie müssen eine Festlegung enthalten in den Punkten:

Zielelement:	Beispiel:
• Inhalt:	„die Anzahl der Schichtmitarbeiter verringern"
• Ausmaß:	„um 6 Personen"
• Zeit:	„bis zum Ende dieses Quartals"

Die beiden nachfolgenden Seiten zeigen grafisch die vorstehend beschriebenen Zusammenhänge:

Führungsgrundsätzen

```
Top down          Oberziele          ←Aktion/Reaktion→
                  1. Ebene

        ┌────────────┬────────────┬────────────┐
   Zwischen-    Zwischen-    Zwischen-    usw.
   ziele 1      ziele 2      ziele 3
   2. Ebene     2. Ebene     2. Ebene     2. Ebene

                                              Markt

              Unterziele                      Kunde
              Mitarbeiter 1

              Unterziele              ←Aktion/Reaktion→
              Mitarbeiter 2

              Unterziele
              Mitarbeiter 3

   Bottom up
```

Zielorientierte Aufgabenerfüllung

Leistung   Wertschöpfung   Zielereichung

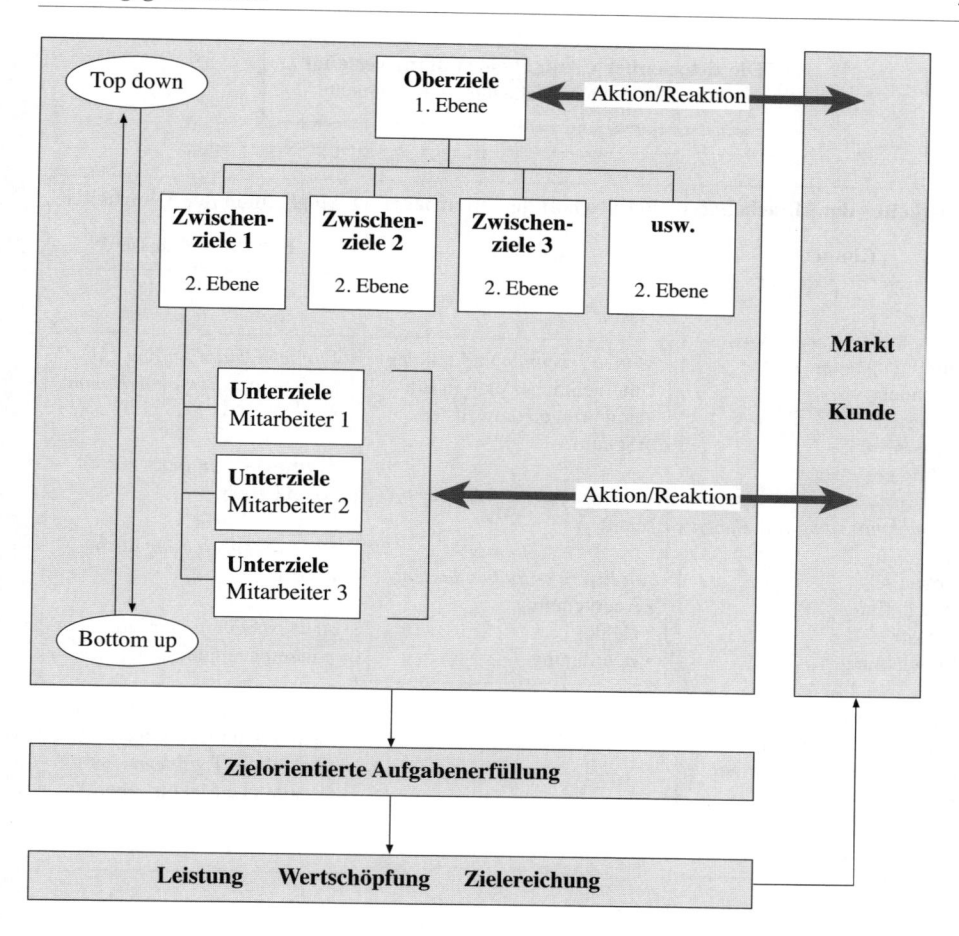

Das heißt also: Konzentration der Kräfte auf zielorientierte Leistung!

Dies bedeutet: • Zielvereinbarungs-/Zielerreichungsgespräche
 • Keine Widersprüche zwischen
  Zielen, Organisation, Ressourcenzuteilung,
  Mitarbeiteranforderung/-eignung

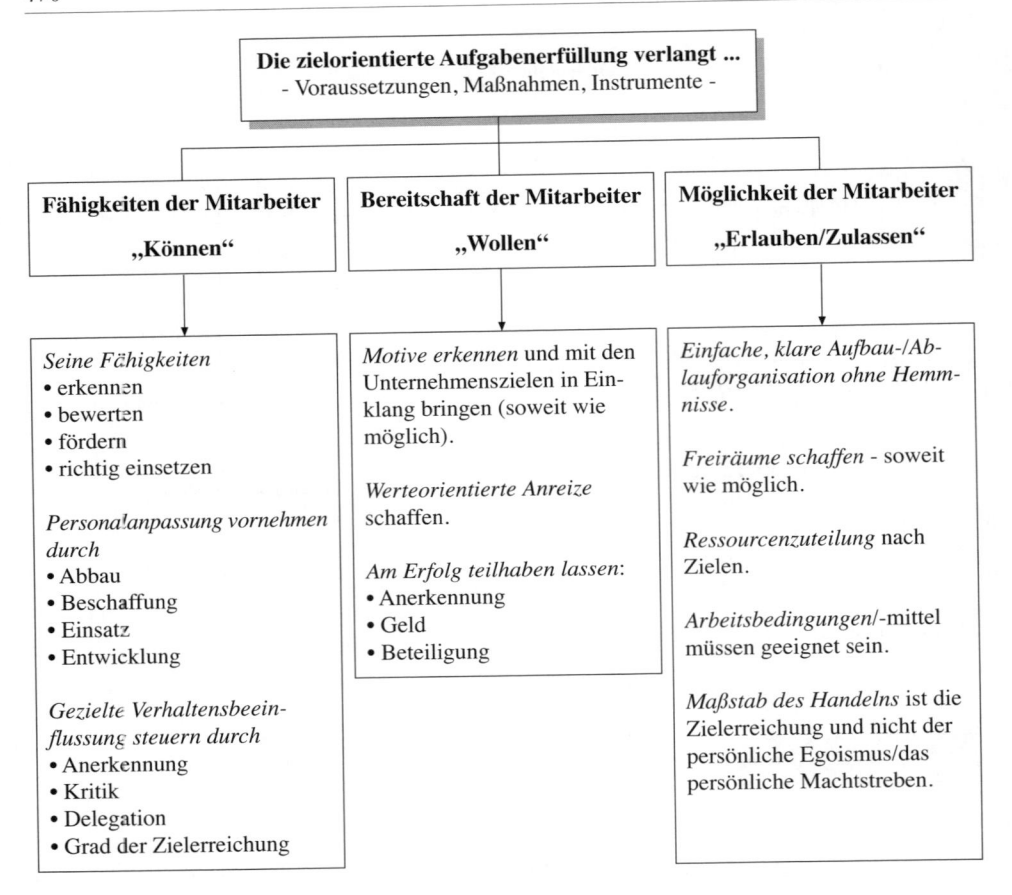

Die zielorientierte Aufgabenerfüllung verlangt ...
- Voraussetzungen, Maßnahmen, Instrumente -

Fähigkeiten der Mitarbeiter „Können"	Bereitschaft der Mitarbeiter „Wollen"	Möglichkeit der Mitarbeiter „Erlauben/Zulassen"
Seine Fähigkeiten • erkennen • bewerten • fördern • richtig einsetzen *Personalanpassung vornehmen durch* • Abbau • Beschaffung • Einsatz • Entwicklung *Gezielte Verhaltensbeeinflussung steuern durch* • Anerkennung • Kritik • Delegation • Grad der Zielerreichung	*Motive erkennen* und mit den Unternehmenszielen in Einklang bringen (soweit wie möglich). *Werteorientierte Anreize* schaffen. *Am Erfolg teilhaben lassen*: • Anerkennung • Geld • Beteiligung	*Einfache, klare Aufbau-/Ablauforganisation ohne Hemmnisse.* *Freiräume schaffen* - soweit wie möglich. *Ressourcenzuteilung* nach Zielen. *Arbeitsbedingungen/-mittel* müssen geeignet sein. *Maßstab des Handelns* ist die Zielerreichung und nicht der persönliche Egoismus/das persönliche Machtstreben.

Hinweis:
Bitte prägen Sie sich den Zusammenhang dieser beiden Abbildungen ein. Sie zeigen die zentralen Aufgaben des Industriemeisters vor dem Hintergrund der Unternehmenszielsetzung (= Wertschöpfung).

03. Zu welchen Ergebnissen sind der „Eigenschaftsansatz" und der „Verhaltensansatz" in der Führungsstillehre gekommen?

- Der *Eigenschaftsansatz* geht aus von den *Eigenschaften des Führers* (z. B. Antrieb, Energie, Durchsetzungsfähigkeit usw.). Es wurde daraus eine *Typologie der Führungskraft* entwickelt:
  - autokratischer Führer,
  - demokratischer Führer,
  - laissez faire Führer.

  Andere Erklärungsansätze nennen unter der Überschrift „Tradierte Führungsstile" (= überlieferte Führungsstile):

- patriarchalisch (= väterlich)
- charismatisch (= Persönlichkeit mit besonderer Ausstrahlung)
- autokratisch (= selbstbestimmend)
- bürokratisch (= nach Regeln).

Der Eigenschaftsansatz impliziert, dass Führungserfolg von den Eigenschaften des Führers abhängt. Der Eigenschaftsansatz konnte empirisch nicht bestätigt werden.

- Der *Verhaltensansatz* basiert in seiner Erklärungsrichtung auf den *Verhaltensmustern der Führungskraft* innerhalb des Führungsprozesses. Im Mittelpunkt stehen z. B. Fragen: „Wie kann Führungsverhalten beschrieben werden?". Ergebnis dieser Forschungen sind die Führungsstile und Führungsmodelle mit ihren unterschiedlichen Orientierungsprinzipien, wie sie in der nachfolgenden Darstellung abgebildet sind:

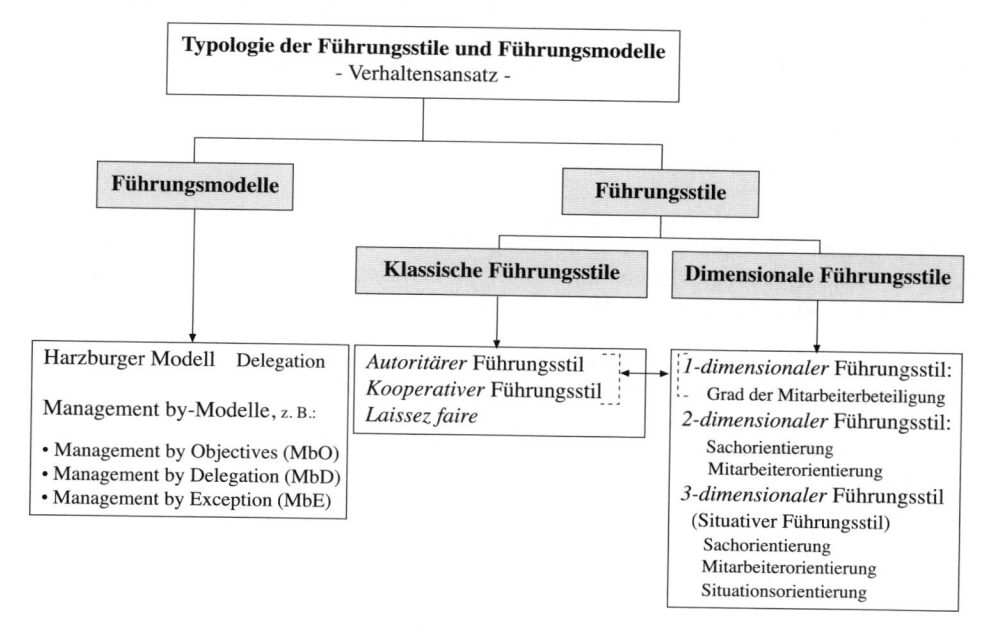

Typologie der Führungsstile und Führungsmodelle
- Verhaltensansatz -

Führungsmodelle

Harzburger Modell   Delegation

Management by-Modelle, z. B.:
- Management by Objectives (MbO)
- Management by Delegation (MbD)
- Management by Exception (MbE)

Führungsstile

Klassische Führungsstile

Autoritärer Führungsstil
Kooperativer Führungsstil
Laissez faire

Dimensionale Führungsstile

1-dimensionaler Führungsstil:
- Grad der Mitarbeiterbeteiligung

2-dimensionaler Führungsstil:
Sachorientierung
Mitarbeiterorientierung

3-dimensionaler Führungsstil
(Situativer Führungsstil)
Sachorientierung
Mitarbeiterorientierung
Situationsorientierung

- Die *klassischen Führungsstile* können mit den 1-dimensionalen gleichgesetzt werden. Das Orientierungsprinzip (Unterscheidungs-) ist der *Grad der Mitarbeiterbeteiligung*.

Ein Führungsstil ist eindimensional, wenn zur Beschreibung und Beurteilung von Führungsverhalten nur ein Kriterium herangezogen wird. Daher gehören „Klassische Führungsstile" typologisch zu den eindimensionalen. Bei den zwei- und mehrdimensionalen Führungsstilen ist der Erklärungsansatz von zwei oder mehr Kriterien (= Orientierungsprinzipien) geprägt.

- Das *2-dimensionale Verhaltensmodell* wählt „Sache" und „Mensch" als Orientierungsprinzipien (Grid-Konzept).

- Das *3-dimensionale Verhaltensmodell* wählt „Mitarbeiter", „Vorgesetzter" und „betriebliche Situation" als Orientierungsprinzipien.

- Die *managementorientierten Führungsmodelle* wählen ein spezifisches Führungsinstrument bzw. ein Element des Management-Regelkreises zum tragenden Kern eines mehr oder weniger geschlossenen Verhaltensmodells.

  Beispiele:
  - MbO: Management by Objectives „Kern": Ziele vereinbaren
  - MbD: Management by Delegation „Kern": Verantwortung delegieren
  - Harzburger Modell „Kern": Allgemeine Führungsanweisung mit dem Kernprinzip Delegation.

04. Wie lässt sich das Grid-Konzept erklären?

Aus der Reihe der mehrdimensionalen Führungsstile hat der Ansatz von Blake/Mouton in der Praxis starke Bedeutung gefunden: Er zeigt, dass sich Führung grundsätzlich an den beiden Werten „Mensch/Person" bzw. „Aufgabe/Sache" orientieren kann. Daraus ergibt sich ein zweidimensionaler Erklärungsansatz:

- Ordinate des Koordinatensystems: Mitarbeiter
- Abszisse des Koordinatensystems: Sache

Teilt man beide Achsen des Koordinatensystems in jeweils neun „Intensitätsgrade" ein, so ergeben sich insgesamt 81 Ausprägungen des Führungsstils bzw. 81 Variationen von Sachorientierung und Menschorientierung. Die Koordinaten 1.1 („Überlebenstyp") bis 9.9 („Team") zeigen die fünf dominanten Führungsstile, die sich aus dem Verhaltensgitter ableiten lassen.

Kurz gesagt: Das Managerial Grid spiegelt die Überzeugung wider, dass der 9.9-Stil (hohe Sach- und Mensch-Orientierung) der effektivste ist.

Das zweidimensionale Verhaltensgitter (Managerial Grid) nach Blake/Mouton hat folgende Struktur:

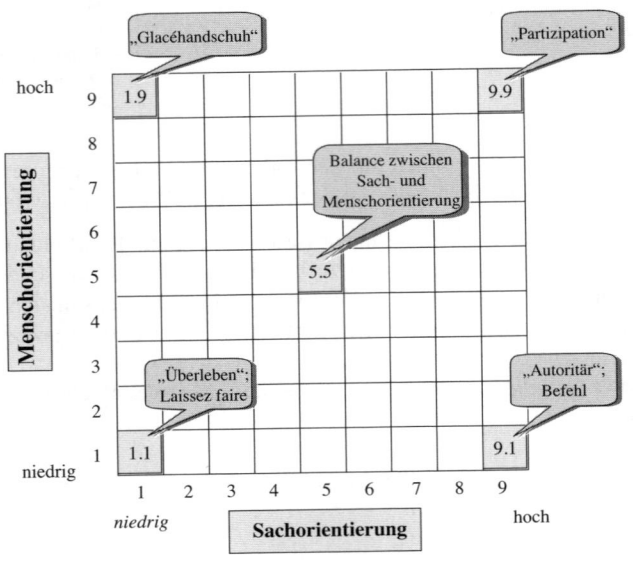

05. Was versteht man unter dem situativen Führungsstil?

Die Erklärungsansätze „1-dimensionaler und 2-dimensionaler Führungsstil" haben Lücken und führen zu Problemen:

- Zwischen Führungsstil und Führungsergebnis besteht nicht unbedingt ein lineares Ursache-Wirkungs-Verhältnis.
- Führungsstil und Mitarbeiter„typus" stehen miteinander in Wechselbeziehung. Andere Mitarbeiter können (müssen) zu einem veränderten Führungsverhalten bei ein und demselben Vorgesetzten führen.
- Die äußeren Bedingungen (die Führungssituation), unter denen sich Führung vollzieht, verändern sich und beeinflussen den Führungserfolg.

Diese Einschränkungen haben dazu geführt, dass heute Führung als das Zusammenwirken mehrerer Faktoren (im Regelfall werden drei genannt) betrachtet wird, die insgesamt ein „Spannungsfeld der Führung" ergeben:

- dem Führenden
- dem Mitarbeiter/der Gruppe
- der spezifischen Führungssituation.

Man bezeichnet diesen Ansatz als *situatives Führen*. Es ist Aufgabe der Führungskraft, die jeweils spezifische Führungssituation (Führungskultur, Zeitaspekte, Besonderheit der Aufgabe usw.) zu erfassen, die Wahl und Ausgestaltung der Führungsmittel auf die jeweilige Persönlichkeit des Mitarbeiters abzustellen (Erfahrung, Persönlichkeit, Motivstruktur, seine WEZs = Wünsche, Erwartungen, Ziele usw.) und dabei die Vorzüge/Stärken der eigenen Persönlichkeit (Entschlusskraft, Sensibilität, Systematik o. Ä.) einzubringen.

06. Nach welchen Grundsätzen wird kooperativ geführt und welche Vorteile bietet dieser Führungsstil?

- *Grundsätze und charakteristische Merkmale des kooperativen Führungsstils:*
  Kooperieren heißt, *zur Zusammenarbeit bereit sein*. Der kooperative Führungsstil bedeutet „Führen durch Zusammenarbeit". Charakteristisch sind folgende Grundsätze und Merkmale:

  - Die betrieblichen *Aktivitäten werden* zwischen dem Vorgesetzten und den Mitarbeitern *abgestimmt*.
  - Der kooperative Führungsstil ist *zielorientiert* (Ziele des Unternehmens und Erwartungen der Mitarbeiter).
  - Der Vorgesetzte bezieht die Mitarbeiter in den *Entscheidungsprozess mit ein*.
  - Die Zusammenarbeit ist geprägt von *Kontakt, Vertrauen, Einsicht und Verantwortung*.
  - Formale *Machtausübung* tritt in den *Hintergrund*.
  - Es gilt das Prinzip der *Delegation*.
  - Fehler werden *nicht bestraft*, sondern es werden die Ursachen analysiert und behoben. Der Vorgesetzte gibt dabei Hilfestellung.
  - Es werden die *Vorteile der Gruppenarbeit* genutzt.

- *Vorteile*, z. B.:
  - ausgewogene Entscheidungen auf Gruppenbasis;
  - Kompetenzen der Mitarbeiter werden genutzt;
  - Entlastung der Vorgesetzten;
  - Motivation und Förderung der Mitarbeiter.

07. Welchen Einflussfaktoren unterliegt das situative Führen?

Begriff „situatives Führen": Erfolgreiche Führung wird heute als das Zusammenwirken mehrerer Faktoren betrachtet, die insgesamt ein „Spannungsfeld der Führung" aus vier Hauptfaktoren ergeben. Man bezeichnet diesen Ansatz als „situatives Führen:

- Es ist Aufgabe der Führungskraft, die jeweils spezifische *Führungssituation* (Führungskultur, Zeitaspekte, Besonderheit der Aufgabe usw.) zu erfassen,
- die *Ziele* des Handels zu fixieren und transparent zu machen,
- die Wahl und Ausgestaltung der Führungsmittel auf die jeweiligen Persönlichkeiten der *Mitarbeiter/der Gruppe* abzustellen (Erfahrung, Persönlichkeit, Motivstruktur, WEZs = Wünsche, Erwartungen, Ziele usw.)
- und dabei die Vorzüge und Stärken *seiner eigenen Persönlichkeit* (Entschlusskraft, Sensibilität, Systematik o. Ä.) einzubringen.

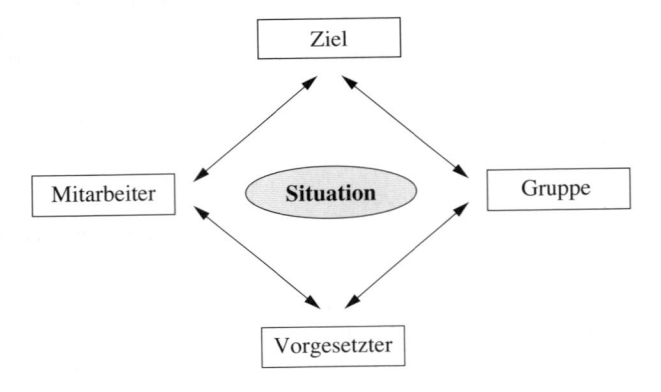

4.4.2 Stellung, Rolle, Funktion, Aufgaben, Anforderungen und Verantwortung des Industriemeisters

01. Welche Stellung und Funktion hat der Industriemeister im Prozess der betrieblichen Wertschöpfung?

Industriemeister stehen in der betrieblichen *Stellung zwischen* Unternehmensleitung und dem oberen Management einerseits und ausführenden Mitarbeitern andererseits. Industriemeister tragen daher eine besondere Verantwortung: Aus der *Schnittstellenposition* zwischen der oberen Führungsebene und der Ausführungsebene können konfliktträchtige Situationen entstehen, die hohe Anforderungen an den Meister stellen (Stichworte: „Zwischen-den-Stühlen-sitzen"; Gratwanderung zwischen „weißer Kittel" und „Blaumann").

Führungsgrundsätzen 475

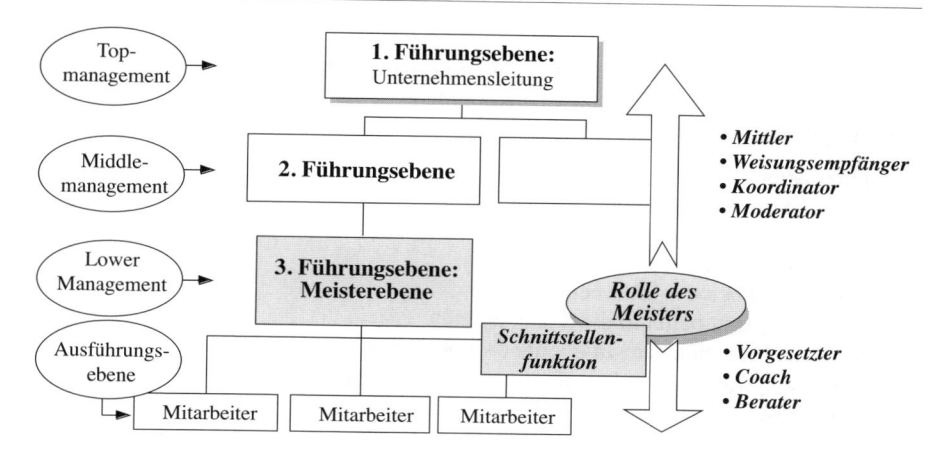

```
Topmanagement  →   1. Führungsebene:
                   Unternehmensleitung
                                                    • Mittler
Middle-                                             • Weisungsempfänger
management  →      2. Führungsebene                 • Koordinator
                                                    • Moderator
Lower
Management  →      3. Führungsebene:
                   Meisterebene          Rolle des
                                         Meisters
Ausführungs-                  Schnittstellen-       • Vorgesetzter
ebene                         funktion              • Coach
            →   Mitarbeiter | Mitarbeiter | Mitarbeiter    • Berater
```

02. Welche Konsequenzen ergeben sich daraus für Rolle, Aufgaben und Verantwortung des Meisters?

Der Meister hat einerseits die von der Unternehmensleitung vorgegebenen Ziele und die damit verbundenen Aufgaben wahrzunehmen und gleichzeitig – im Rahmen dieser Ziele – die Erwartungen der Mitarbeiter zu berücksichtigen.

- Daraus erwächst seine *Rolle* als
  - Vorgesetzter,
  - Koordinator,
  - Mittler,
  - Coach und Berater seiner Mitarbeiter.

  Hinweis: vgl. dazu auch ausführlich unter Ziffer 4.6.4.

- *Aufgaben:*
  Die Führungsaufgaben des Meisters umfassen das gesamte Spektrum der Managementfunktionen und lassen sich grob einteilen in:
  - fachspezifische,
  - organisatorische und
  - personelle Aufgaben.

  Im Betriebsalltag heißt das u. a. konkret:
  - Die Arbeit planen, vorbereiten und an Mitarbeiter verteilen.
  - Mitarbeiter anweisen und unterweisen.
  - Die Durchführung der Arbeiten steuern und überwachen.
  - Die Leistungsbereitschaft und Leistungsfähigkeit der Mitarbeiter fördern.
  - Den Gruppenzusammenhalt fördern.
  - Mitarbeiter beurteilen.
  - Mitarbeiter ihren Fähigkeiten entsprechend einsetzen.
  - Mitarbeiter über die Ziele des Unternehmens informieren.
  - Sich für die Belange und Anliegen der Mitarbeiter einsetzen.

- *Verantwortung:*
Schlechte Mitarbeiterführung hat negative Folgen: Mitarbeiterverhalten ist stets auch eine Reaktion auf Führungsverhalten. In diesem Sinne ist der Industriemeister (mit)verantwortlich für negative Entwicklungen – wie z. B.:

  - Fluktuation
  - mangelhafte Koordination
  - geringere Produktivität
  - geringere Aktivität der Mitarbeiter
  - Unzufriedenheit der Mitarbeiter
  - Flucht der Mitarbeiter in die Krankheit
  - seelische Probleme der Mitarbeiter (Alkoholismus)
  - Einengung der Entscheidungsfreiheit der Mitarbeiter
  - mangelnde Befriedigung zwischenmenschlicher Bedürfnisse
  - mangelnder Wille zur Zusammenarbeit
  - schlechtes Betriebsklima
  - mangelnde/keine Identifikation der Mitarbeiter mit den betrieblichen Zielen
  - Verunsicherung der Mitarbeiter
  - nachlassendes Qualitätsbewusstsein
  - Vernachlässigung von Umweltschutz, Arbeitssicherheit u. Ä.

4.4.3 Grundlagen der Autorität

01. Welche Bedeutung haben Macht und Autorität für den Führungserfolg?

- *Macht* ist eine Form der Einflussnahme, bei der eine Person oder Gruppe die Möglichkeit hat, Verhaltensänderungen bei anderen *auch gegen deren Willen durchzusetzen.*

- *Autorität* wird als eine Form der Macht bezeichnet, *die sich rechtfertigt;* Autorität setzt also ein gewisses Maß an Zustimmung des zu Beeinflussenden voraus. Autorität kann

  - beruhen auf der Übernahme eines Amtes/einer Position und/oder
  - in der Person begründet sein und/oder
  - sich aus der fachlichen Kompetenz ergeben.

- *Echte Autorität* wird in der Praxis erlebt als Mischform von Amts-, Personal- und Fachautorität – mit unterschiedlichem Gewicht der einzelnen Komponenten. Echte Autorität drückt sich im Wesentlichen aus durch Konsequenz im Handeln, situationsgerechtes Reagieren, Durchsetzungsstärke und der Fähigkeit zur Kommunikation – auf der Basis innerer Sicherheit und Stabilität. Führungskräfte mit echter Autorität „sind sich selbst treu", sind konsequent und damit „kalkulierbar".

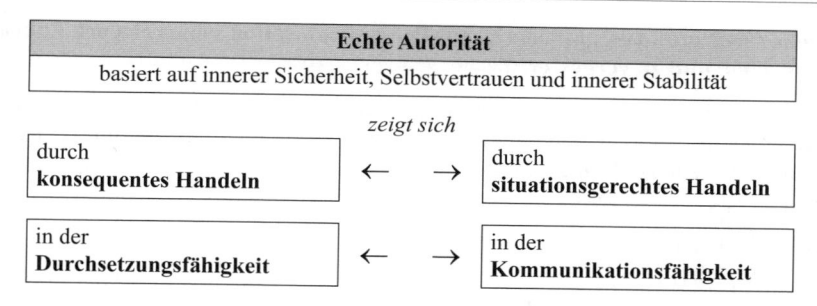

Echte Autorität
basiert auf innerer Sicherheit, Selbstvertrauen und innerer Stabilität

zeigt sich

durch **konsequentes Handeln**	← →	durch **situationsgerechtes Handeln**
in der **Durchsetzungsfähigkeit**	← →	in der **Kommunikationsfähigkeit**

- *Falsche Autorität,* die langfristig auch zum Führungs*misserfolg* führt, zeigt sich im Fehlen von personaler oder fachlicher Autorität („das Amt macht den Mann" und nicht – richtigerweise – „der Mann macht das Amt") oder im Fehlen jeglicher Autorität.

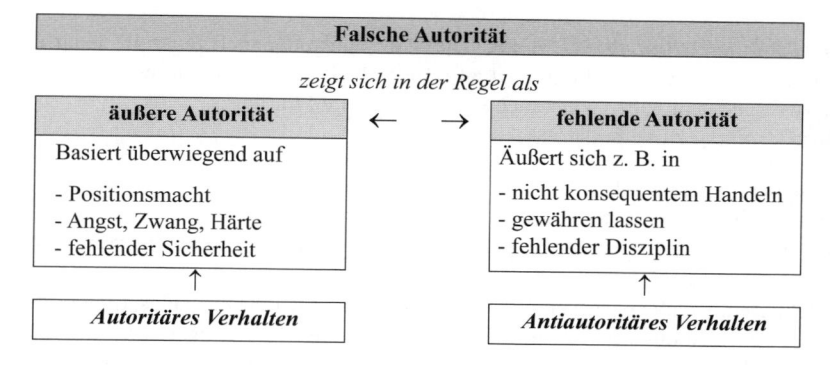

Falsche Autorität		
zeigt sich in der Regel als		
äußere Autorität	← →	**fehlende Autorität**
Basiert überwiegend auf - Positionsmacht - Angst, Zwang, Härte - fehlender Sicherheit		Äußert sich z. B. in - nicht konsequentem Handeln - gewähren lassen - fehlender Disziplin
↑		↑
Autoritäres Verhalten		*Antiautoritäres Verhalten*

Der Mitarbeiter erlebt falsche Autorität

- als Ausübung von (lediglich) Macht mit den Wirkungen Zwang, Angst, unbegründete Härte oder
- als Führungslosigkeit, Weichheit, Inkonsequenz, Maßstabslosigkeit, Ziellosigkeit.

02. Wie kann sich der Meister zu einem Vorgesetzten mit „echter Autorität" entwickeln?

Echte Autorität (vgl. oben) ist das Zusammenspiel von Amts-, Personal- und Fachautorität. Der Weg dahin ist für jede Führungskraft mit folgenden „Anstrengungen" verbunden:

1. *Fachkompetenz:* Sich fachlich fit halten, sich weiterbilden, lernbereit sein, das Fachgebiet beherrschen.

2. *Methodenkompetenz:* Erlernen der notwendigen Methoden der Problemlösung, der Moderation, der Visualisierung, der Konfliktbearbeitung usw.

3. *Sozialkompetenz:* Beherrschen/Erlernen der Fähigkeit, mit anderen in einer Gemeinschaft zielorientiert, konstruktiv und aktiv zu arbeiten und dafür die Verantwortung zu übernehmen.

4. *Persönlichkeitsmerkmale:* Erkennen der eigenen Persönlichkeit und der Wirkung auf andere; Förderung der positiven Eigenschaften/Korrektur negativer Entwicklungen.

03. Welche Ansätze gibt es, um seine eigene Persönlichkeit und seinen eigenen Führungsstil zu erkennen und zu verbessern?

- Jede Führungskraft, die ernsthaft gewillt ist, Führung als Lernprozess zu begreifen, sollte die Bereitschaft und Fähigkeit entwickeln, ihren eigenen Führungsstil zu erkennen und zu trainieren. Die Schlüsselfragen lauten:
    - Wie bin ich?
    - Wie verhalte ich mich?
    - Wie wirke ich?

- Die Antworten darauf können durch
    - *Fremdbeobachtung* (z. B. Vorgesetzter, Mentor, Trainer),
    - *Eigenbeobachtung* (Eigenanalyse anhand eines Fragebogens oder durch Selbstaufschreibung)

    oder durch

    - *Feedback der Mitarbeiter* (z. B. Feedback-Gespräch oder auch generelle Mitarbeiterbefragung) gewonnen werden. Führungskräfte, die sich die Wirksamkeit ihres Führungsverhaltens bewusst gemacht haben, sind auch in der Lage, ihre Führung
    - *durch Training* zu verbessern.

- Führungskräfte sollten also
    - den eigenen Führungsstil erkennen,
    - sich bewusst machen, an welchen Prinzipien und Normen sie sich in ihrem Führungsverhalten orientieren,
    - reflektieren, welche positiven und negativen Wirkungen ihr Führungsstil entfaltet,
    - bereit sein, den eigenen Führungsstil kritisch aus der Sicht „Eigenbild" und „Fremdbild" zu betrachten sowie Stärken herauszubilden und Schwachstellen zu mildern.

04. Welchen Erwartungen der Unternehmensleitung und der Mitarbeiter muss der Industriemeister gerecht werden?

Eine Reihe von Konflikten erwachsen dem Industriemeister aus der zum Teil entgegengesetzten Erwartungshaltung der Mitarbeiter und der Unternehmensleitung an ihn. Dabei ist der Meister einerseits „Geführter" andererseits „Führender".

Bei widersprüchlichen oder zum Teil auch unvereinbaren Forderungen von Unternehmensleitung und Mitarbeitern (z. B. Überstunden contra freier Samstag oder Dienst contra Urlaub, unerfüllbare Lohn-/Gehaltsvorstellungen, Höhergruppierungen außer der Reihe) muss der Meister „seinen eignen Weg finden":

- *Der Industriemeister muss u. a.*
    - Spannungen „aushalten können" (Konfliktfähigkeit),
    - seinen Standpunkt klar, sachlich und überzeugend vertreten,
    - „nach oben" und „nach unten",
    - Lösungsmöglichkeiten anbieten, ohne sich dabei auf unsinnige „Sieg-und-Niederlage-Strategien" zurückzuziehen,
    - die Mitarbeiter einbeziehen (Motto: „Mache die Betroffenen zu Beteiligten!"),
    - mit eigenem gutem Beispiel vorangehen.

- Im Detail sind die *Erwartungen der Mitarbeiter* an den Meister außerordentlich umfangreich. Er soll z. B.:
  - fachlich qualifiziert sein und Zusagen einhalten,
  - klare Unterweisungen geben können,
  - über Sicherheit am Arbeitsplatz aufklären,
  - „gerecht sein" (z. B. Arbeitsverteilung, Kritik, Anerkennung, Lohn),
  - über Menschenkenntnis, Einfühlungsvermögen und Urteilsvermögen verfügen

  sowie die Bereitschaft
  - zu kooperativer Arbeitsweise,
  - zur Übertragung von Verantwortung,
  - zum Informationsaustausch,
  - Probleme anzusprechen und
  - den Mitarbeitern Vertrauen entgegenbringen und ihre Belange ernst nehmen,

  entwickeln.

- *Die Unternehmensleitung erwartet* vom Meister vor allem:
  - Die Ziele und Aufgaben des Unternehmens wahrzunehmen, zu verfolgen und durchzusetzen.
  - Kostenbewusstes Denken und Handeln verwirklichen.
  - Organisatorische Fähigkeiten und entsprechende Flexibilität.
  - Menschenkenntnis und die Fähigkeit, Mitarbeiter nach deren Können einzusetzen.
  - Korrekte Behandlung der Mitarbeiter.
  - Motivation der Mitarbeiter.
  - Schaffung eines günstigen Betriebsklimas.
  - Persönliche Ausstrahlungskraft, Entscheidungsfreude im Rahmen des Entscheidungsspielraumes, Verantwortungsbewusstsein.

4.5 Führungsmethoden und -techniken zur Förderung der Leistungsbereitschaft und Zusammenarbeit der Mitarbeiter

4.5.1 Mitarbeitereinsatz und Delegation

01. Welche Kriterien muss der Meister bei einem effizienten Mitarbeitereinsatz berücksichtigen?

Der Meister kann den Personaleinsatz seiner Mitarbeiter nicht dem Zufall überlassen; er muss ihn *planen* – kurzfristig und auch mittelfristig. Seine Hauptverantwortung besteht darin, *eine Gesamtaufgabe zu erfüllen - mit der ihm zur Verfügung stehenden Gruppe*. Außerdem wird er seine *Mitarbeiter entsprechend ihrer Eignung einsetzen*. Dies vermeidet Über- und Unterforderung, verbessert die Motivation und beugt Fehlzeiten und Fluktuation vor.

Der effiziente *Mitarbeitereinsatz* muss sich an folgenden *Kriterien* orientieren:

a) *Quantitative Zuordnung:*
  - die täglich und wöchentlich anfallenden Arbeiten; *das Arbeitsvolumen im Verhältnis zur Anzahl der Mitarbeiter*

b) *Qualitative Zuordnung:*
- die Anforderungen der einzelnen Arbeitsplätze
  (Stellenbeschreibung und Anforderungsprofil)
- Eignung und Neigung der Mitarbeiter – „das Können und das Wollen"
  (Eignungsprofil, Mitarbeiterbeurteilung).
- Beim Eignungsprofil sind speziell zu prüfen:
  - *Allgemeine und persönliche Merkmale:*
    Alter, Geschlecht, Familienstand, körperliche Merkmale (Größe, Kraft, Motorik, Hören, Sehen, physische und psychische Belastbarkeit), Arbeitstempo, Selbstständigkeit, Teamfähigkeit, Sozialverhalten, Verhalten gegenüber Vorgesetzten
  - *Fachliche Merkmale:*
    Aus- und Fortbildung, Erfahrung, Wissen, Können

c) *Zeitlich-organisatorische Zuordnung:*
- Zu welchen Terminen in welchen Arbeitsgruppen werden Mitarbeiter benötigt?
- Müssen für den Einsatz Vorbereitungen geplant werden?

d) *Rechtliche Rahmenbedingungen:*
- Einschränkungen des Weisungsrechts durch Betriebsvereinbarungen, Tarif oder Gesetz.
- Bei Versetzungen/Umsetzungen bleibt die Vergütungsseite unberührt.
- Enthält der Arbeitsvertrag eine Versetzungsklausel?
- Grundsätzlich gilt: Je genauer die Tätigkeit des Mitarbeiters im Arbeitsvertrag vereinbart wurde, umso geringer ist der Spielraum für die Zuweisung anderer Tätigkeiten.
- Die Mitbestimmung des Betriebsrates bei Versetzungen ist zu beachten (Ausnahme: betriebliche Notfallsituation).

Diese Merkmale sind nicht für jeden Arbeitsplatz gleich wichtig. Es empfiehlt sich daher, die *Kriterien je Arbeitsplatz zu gewichten* (z. B. Ausprägung: gering, mittel, hoch). Die ausgewogene und planmäßige Berücksichtigung dieser Merkmale bildet die Basis für einen optimalen Personaleinsatz nach dem Motto:

> *„Der richtige Mann am richtigen Platz!"*

Dem Meister stehen beim flexiblen Einsatz seiner Mitarbeiter Instrumente zur Verfügung, die er unterschiedlich kombinieren kann, z. B.:
- flexible Handhabung der *Arbeitszeiten*
  wie z. B. Überstunden, kurzfristige Schichtänderungen u. Ä.
- *Leiharbeitnehmer*
- *Umsetzungen* und
- *Versetzungen*

Als Führungskraft kann er Maßnahmen des Personaleinsatzes gegenüber den Mitarbeitern anordnen; er hat das *Weisungsrecht.* Seine Grenzen findet das Weisungsrecht
- in den *individualrechtlichen Bestimmungen* des jeweiligen Arbeitsvertrages
- in den *kollektivrechtlichen Bestimmungen* (z. B. Mitbestimmung des Betriebsrates in den Fällen des § 87 BetrVG, Mitbestimmung bei Versetzungen, § 95 Abs. 3 BetrVG)
- in der Frage, wie die geplante Maßnahme unter dem *Aspekt der Führung* zu bewerten ist.

02. Wie wird richtig delegiert?

Delegation wird in der Praxis nicht immer richtig gehandhabt. Oft genug wird dem Mitarbeiter *lediglich Arbeit übertragen* – ohne klare Zielsetzung und ohne Entscheidungsrahmen (Kompetenz). Richtig delegieren heißt, dem Mitarbeiter ein (möglichst messbares und damit überprüfbares)
- *Ziel* zu setzen sowie ihm
- die *Aufgabe* und
- die *Kompetenz* zu übertragen.

Hinweis:
Der Begriff „Kompetenz" hat einen doppelten Wortsinn:
a) Kompetenz im Sinne von Befähigung/eine Sache beherrschen (z. B. Führungskompetenz)
b) Kompetenz im Sinne von Befugnis/eine Sache entscheiden dürfen (z. B. die Kompetenz/Vollmacht zur Unterschrift)

Aus der Verbindung dieser *drei Bausteine der Delegation* erwächst für den Mitarbeiter die *Handlungsverantwortung* – nämlich seine Verantwortung für die Aufgabenerledigung im Sinne der Zielsetzung sowie die Nutzung der Kompetenz innerhalb des abgesteckten Rahmens. *Verantwortung übernehmen heißt, für die Folgen einer Handlung einstehen.*

Die Führungsverantwortung bleibt immer beim Vorgesetzten: Er trägt als Führungskraft immer die Verantwortung für Auswahl, Einarbeitung, Aus- und Fortbildung, Einsatz, Unterweisung, Kontrolle usw. des Mitarbeiters (*Voraussetzungen der Delegation*).

Diese Unterscheidung von Führungs- und Handlungsverantwortung ist insbesondere immer dann wichtig, wenn Aufgaben schlecht erfüllt wurden und die Frage zu beantworten ist: „Wer trägt für die Schlechterfüllung die Verantwortung? Der Vorgesetzte oder der Mitarbeiter?"

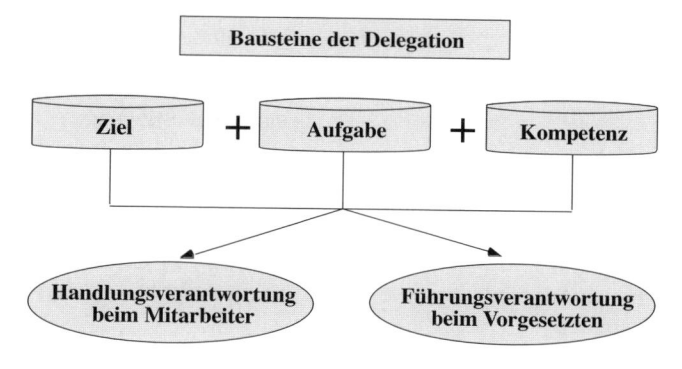

Bausteine der Delegation

Ziel + **Aufgabe** + **Kompetenz**

→ **Handlungsverantwortung beim Mitarbeiter**
→ **Führungsverantwortung beim Vorgesetzten**

03. Welche Ziele werden mit der Delegation verbunden?

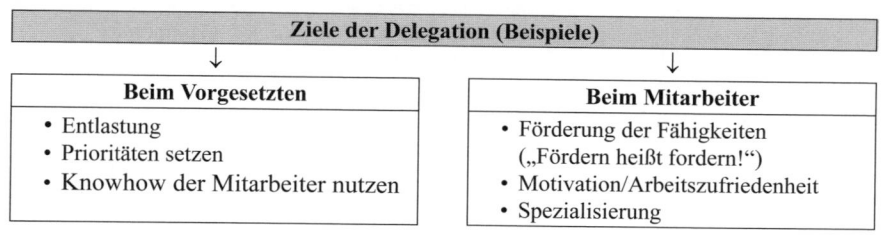

Ziele der Delegation (Beispiele)	
Beim Vorgesetzten	**Beim Mitarbeiter**
• Entlastung • Prioritäten setzen • Knowhow der Mitarbeiter nutzen	• Förderung der Fähigkeiten („Fördern heißt fordern!") • Motivation/Arbeitszufriedenheit • Spezialisierung

04. Welche Grundsätze müssen bei der Delegation eingehalten werden?

1. Ziel, Aufgabe und Kompetenz müssen sich entsprechen (*Äquivalenzprinzip* der Delegation).
2. Der Vorgesetzte muss die nötigen *Voraussetzungen* schaffen:
   - bei sich selbst: Bereitschaft zur Delegation, Vertrauen in die Leistung des Mitarbeiters
   - beim Mitarbeiter: das Wollen (Motivation) + das Können (Beherrschen der Arbeit)
   - beim Betrieb: organisatorische Voraussetzungen (Werkzeuge, Hilfsmittel, Informationen, dass der Mitarbeiter für diese Aufgabe zuständig ist)
3. *Keine Rückdelegation* zulassen.
4. Nicht „*Hineinregieren*" in den Delegationsbereich der unterstellten Mitarbeiter.
5. Festlegen, *welche Aufgaben delegiert werden können* und welche nicht.
   Hinweis: Führungsaufgaben können i. d. R. nicht delegiert werden.
6. *Hintergrund* der Aufgabenstellung erklären. Genaue Arbeitsanweisungen geben.
7. Formen der Kontrolle festlegen/vereinbaren (z. B. Zwischenkontrollen)!
8. Die richtige Fehlerkultur praktizieren:
   Fehler können vorkommen. Aus Fehlern lernt man. Einmal gemachte Fehler sind zu vermeiden.

05. Welche Handlungsspielräume kann der Meister seinen Mitarbeitern bei der Delegation einräumen?

Das Maß/den Umfang der Delegation kann der Meister unterschiedlich gestalten: Betrachtet man die „Bausteine der Delegation" (vgl. oben), so ergeben sich für ihn folgende Möglichkeiten, das Maß der Delegation „eng zu gestalten" oder „weit zu fassen". Dementsprechend gering oder umfangreich sind die sich daraus ergebenden Handlungsspielräume für die Mitarbeiter:

a) Der Meister kann das Ziel
   - vorgeben: → einseitige Festlegung: *Zielvorgabe, Arbeitsanweisung*
   - mit dem Mitarbeiter vereinbaren: → Zielfestlegung im Dialog: *Zielvereinbarung*

b) Er kann den Umfang und die Art der delegierten Aufgabe unterschiedlich gestalten: → *Art + Umfang* der Aufgabe: leicht/schwer bzw. klein/groß

c) Er kann den Umfang der Kompetenzen weit fassen oder begrenzen → *Kompetenzumfang:* gering/umfassend

```
   Ziel           +      Aufgabe       +     Kompetenz
    │                       │                    │
    ├─ Zielvorgabe          ├─ leicht            ├─ begrenzt
    └─ Zielvereinbarung     └─ schwierig         └─ umfassend
```

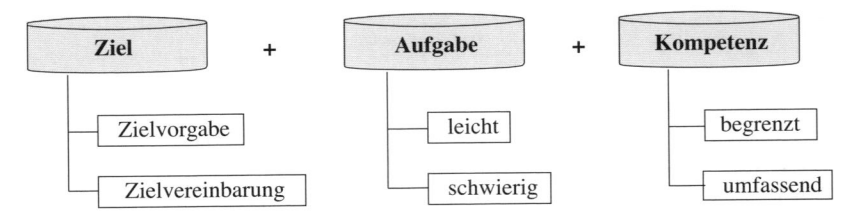

Welchen Handlungsspielraum der Vorgesetzte dem Mitarbeiter einräumt, muss im Einzelfall entschieden werden und hängt ab

- von der Erfahrung, der Kompetenz und der Bereitschaft des Mitarbeiters und
- von der betrieblichen Situation und der Bedeutung der Aufgabe (wichtig/weniger wichtig; dringlich/weniger dringlich; Folgen bei fehlerhafter Ausführung)

4.5.2 Qualifizierungsbedarf und Qualifizierungsmaßnahmen

Hinweis:
Es bestehen bei diesem Themenfeld inhaltlich starke Überschneidungen zu den Fachgebieten der AEVO („Planung und Durchführung der Ausbildung").

01. Welche Aufgaben hat der Meister im Zusammenhang mit der Qualifizierung seiner Mitarbeiter?

- *Grundsätze:*
  „Die Förderung der Mitarbeiter ist die zentrale Aufgabe aller Führungskräfte!"

  „Unterlassene Fortbildung und Potenzialunterdrückung ist eine Pflichtverletzung gegenüber dem Unternehmen!"

- Der Industriemeister hat die *Aufgabe,*
  - zu ermitteln, *wo und bei welchen Mitarbeitern* Qualifizierungsbedarf besteht, (Bedarfsermittlung)
  - zu entscheiden, welche Maßnahmen *er veranlassen kann* bzw. *muss* (Versetzung, Teilnahme an Schulungen, Kurse und Lehrgänge, Umschulungsmaßnahmen, Aufgabenerweiterung usw.),
  - zu planen, *welche Unterstützung er selbst geben muss* (sorgfältige Einarbeitung, methodisch erfahrene Unterweisung, Lernstattmodelle innerhalb der Arbeitsgruppe, Kenntnis inner- und überbetrieblicher Aus- und Weiterbildungsmaßnahmen, Coaching der Mitarbeiter, Prägen durch Vorbildfunktion, usw.) und *welche Verantwortung der Mitarbeiter übernehmen muss.*

02. Wie ist der Qualifizierungsbedarf zu ermitteln?

1. Schritt: Zunächst muss der Meister den *quantitativen Personalbedarf* ermitteln, d. h., *wie viele Mitarbeiter* werden für die kommende Planungsperiode an welchem Ort benötigt.

    Überwiegend steht hier zunächst der Bedarf aus betrieblicher Sicht im Vordergrund. Daneben ist der Bedarf aus der Sicht der Mitarbeiter zu berücksichtigen (Erwartungen, Wünsche, Karriereziele).

2. Schritt: Anschließend ist pro Stelle und pro Stelleninhaber der Vergleich zwischen dem Anforderungsprofil und dem Eignungsprofil zu ziehen. Aus dieser Profilvergleichsanalyse sind die ggf. vorhandenen Defizite abzuleiten und als Bildungsziele zu formulieren (= *qualitativer Personalbedarf*).

Die Bedarfsermittlung hat immer von den beiden Eckpfeiler auszugehen
- den „Stellen-Daten" und
- den „Mitarbeiter-Daten".

Für die Ermittlung des Qualifizierungsbedarfs gibt es eine Vielzahl von *Instrumenten* und *Informationsquellen:*

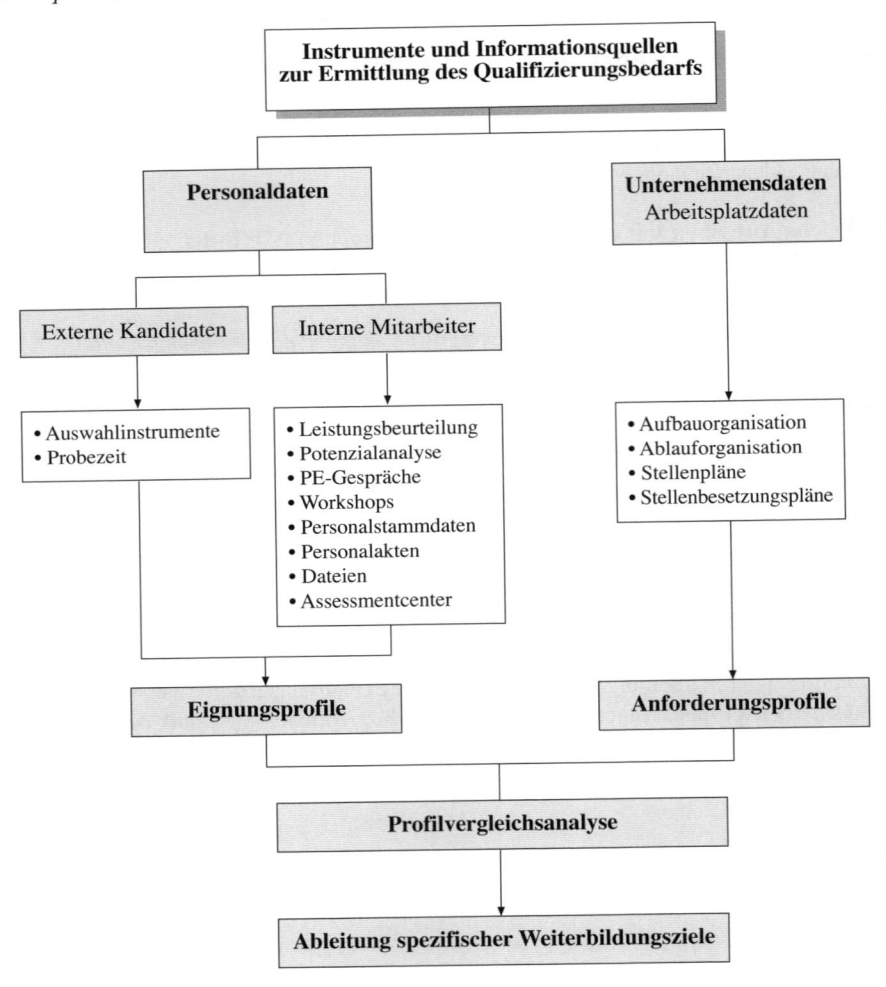

```
                Instrumente und Informationsquellen
                zur Ermittlung des Qualifizierungsbedarfs
                    /                           \
            Personaldaten              Unternehmensdaten
                                         Arbeitsplatzdaten
           /           \
  Externe Kandidaten   Interne Mitarbeiter

  • Auswahlinstrumente    • Leistungsbeurteilung      • Aufbauorganisation
  • Probezeit             • Potenzialanalyse          • Ablauforganisation
                          • PE-Gespräche              • Stellenpläne
                          • Workshops                 • Stellenbesetzungspläne
                          • Personalstammdaten
                          • Personalakten
                          • Dateien
                          • Assessmentcenter

            Eignungsprofile              Anforderungsprofile
                            \           /
                       Profilvergleichsanalyse
                                 |
                Ableitung spezifischer Weiterbildungsziele
```

Der konkrete Qualifizierungsbedarf kann mithilfe folgender Maßnahmen ermittelt werden bzw. sich aufgrund spezieller Situationen ergeben:
- freie Abfrage im Gespräch,
- strukturierter Fragenkatalog,
- Bildungsworkshop,
- Personalentwicklungskonzept,
- Fördergespräche,

- gesetzliche Bestimmungen,
- Profilvergleichsanalysen (Anforderungs- und Eignungsprofile; siehe Abb. oben),
- Assessmentcenter,
- Investitionsprogramme.

03. Welche Ziele und Arten von Qualifizierungsmaßnahmen lassen sich unterscheiden?

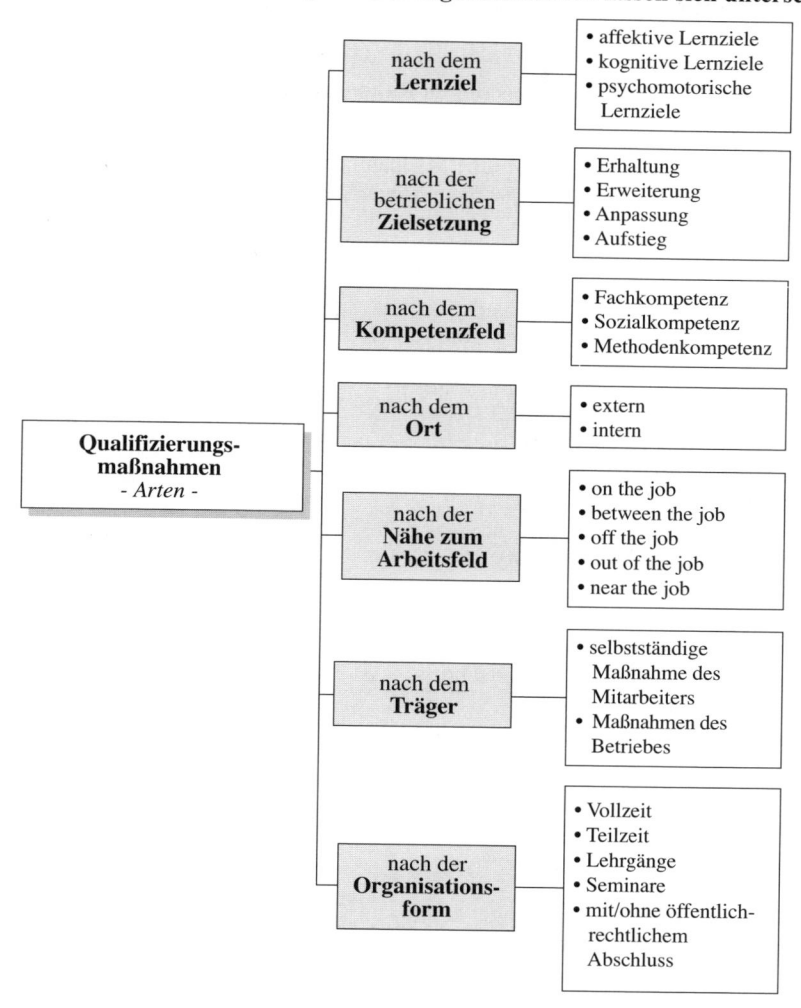

Qualifizierungsmaßnahmen - Arten -

- nach dem **Lernziel**
  - affektive Lernziele
  - kognitive Lernziele
  - psychomotorische Lernziele

- nach der betrieblichen **Zielsetzung**
  - Erhaltung
  - Erweiterung
  - Anpassung
  - Aufstieg

- nach dem **Kompetenzfeld**
  - Fachkompetenz
  - Sozialkompetenz
  - Methodenkompetenz

- nach dem **Ort**
  - extern
  - intern

- nach der **Nähe zum Arbeitsfeld**
  - on the job
  - between the job
  - off the job
  - out of the job
  - near the job

- nach dem **Träger**
  - selbstständige Maßnahme des Mitarbeiters
  - Maßnahmen des Betriebes

- nach der **Organisationsform**
  - Vollzeit
  - Teilzeit
  - Lehrgänge
  - Seminare
  - mit/ohne öffentlich-rechtlichem Abschluss

- *Die Erhaltungsqualifizierung* will
  mögliche Verluste von Kenntnissen und Fertigkeiten ausgleichen (z. B. Auffrischung von CNC-Kenntnissen, SPS-Kenntnissen, die über längere Zeit nicht eingesetzt werden konnten).

- *Die Erweiterungsqualifizierung* soll
  zusätzliche Berufsfähigkeiten vermitteln (z. B. Erwerb von „Elektronikzertifikaten" eines gelernten Elektrotechnikers).

- *Die Anpassungsfortbildung* hat zum Ziel
eine Angleichung an veränderte Anforderungen am Arbeitsplatz sicherzustellen (z. B. Erwerb von Kenntnissen zur Maschinenbedienung beim Hersteller, wenn eine neue Maschinengeneration in Betrieb genommen wird).
- *Die Aufstiegsfortbildung* soll
auf die Übernahme höherwertiger Aufgaben oder Führungsaufgaben vorbereiten (z. B. Beförderung zum Teamsprecher, zum Vorarbeiter, zum Einrichter usw.).

04. Warum spielt die Arbeitsunterweisung im Rahmen der Mitarbeiterqualifizierung eine zentrale Rolle?

Die Arbeitsunterweisung ist eine spezifische Maßnahme der Mitarbeiterqualifikation – *am Arbeitsplatz, durch den Vorgesetzten*. Sie ist die *gesteuerte Weitergabe* von Erfahrungen des Meisters an den Mitarbeiter.

- Bewährte Methode der Unterweisung ist die *4-Stufen-Methode:*

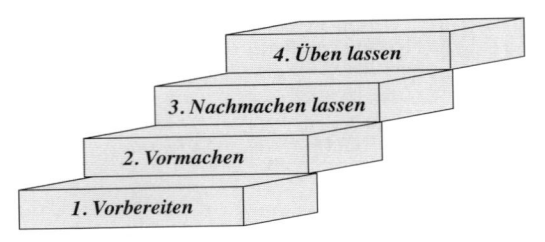

```
4. Üben lassen
3. Nachmachen lassen
2. Vormachen
1. Vorbereiten
```

- *Vorteile/Bedeutung der Unterweisung:*
    - Kostengünstig,
    - praxisnah,
    - flexible Anpassung der Lerninhalte und -zeiten,
    - unmittelbare Kontrolle des Lernfortschritts,
    - der Meister wird zum Coach,
    - Förderung der Zusammenarbeit zwischen Meister und Mitarbeiter.

05. Welche Vorteile hat die innerbetriebliche Ausbildung für ein Unternehmen?

Beispiele:

- man kennt die Auszubildenden (weniger Risiko und Kosten bei der Auswahl und Einarbeitung)
- die Auszubildenden kennen den Betrieb (z. B. Regelungen, Lohnstruktur, Kollegen)
- die innerbetriebliche Ausbildung führt zu einem Imagegewinn in der Region
- der Fachkräftenachwuchs wird langfristig gesichert
- die Personalplanung wird erleichtert.

4.5.3 Formen effektiver Arbeitskontrolle

01. Was ist Kontrolle? Welche Einzelaspekte enthält die Arbeitskontrolle?

Kontrolle ist ein wichtiges Element innerhalb der Führungsaufgaben des Meisters. Es ist sehr eng mit den Themen Anerkennung, Kritik und Beurteilung verknüpft. In allen Fällen muss ein brauchbarer *Maßstab* vorliegen und es sind *Formen der Rückmeldung* (Feedback-Maßnahmen).

Kontrolle ist der Vergleich eines Ist-Zustandes mit einem Soll-Zustand und ggf. die Ableitung erforderlicher (Korrektur-)Maßnahmen.

Insofern besteht der Vorgang der Kontrolle aus vier Schritten:

1. *Soll-Wert* festlegen/vereinbaren:

   Es muss ein *Soll-Wert*, d. h. ein Maßstab existieren; z. B. „Erledigung der Arbeit bis Do, 16:00 Uhr" oder „Beherrschen der Maschine X innerhalb der Einarbeitungszeit von zwei Wochen".

2. *Ist-Wert* ermitteln:

   Kontrolle setzt weiterhin voraus, dass ein *Ist-Wert* ermittelt wurde, d. h. der Meister muss das reale Leistungsverhalten des Mitarbeiters erfassen – und zwar möglichst wertfrei.

   Kontrolle umschließt notwendigerweise die Festlegung *korrigierender Maßnahmen aufgrund der Ursachen-Analyse.*

3. *Ursachen* analysieren

4. *Maßnahmen* treffen.

02. Warum ist Kontrolle notwendig?

Kontrolle ist erforderlich,

- um die *Zielerreichung* zu gewährleisten bzw. um eine Abweichung vom Ziel festzustellen,
- um dem Mitarbeiter ein *Feedback* über sein Leistungsverhalten zu geben,
- um Ursachen für Abweichungen zu ermitteln und zu beheben.

03. Welches Kontrollverfahren hat welche Wirkung?

- *Selbstkontrolle*:
  - hohe Motivationswirkung
  - wenn das Ergebnis dem Vorgesetzten nicht mitgeteilt wird: Korrektur kann nicht oder zu spät erfolgen

- *Fremdkontrolle:*
  - hoher Sicherheitsgrad
  - kann motivationshemmend wirken

- *Vollkontrolle:*
  - totale Sicherheit
  - wirkt demotivierend
  - Abweichungen sind sofort korrigierbar
  - hoher Aufwand
  - widerspricht dem Delegierungsprinzip
- *Stichprobenkontrolle:*
  - Abweichungen sind sofort korrigierbar
  - bewirkt unter Umständen Misstrauen
- *Ergebniskontrolle:*
  - hohe Motivationswirkung
  - bei Abweichungen kann nicht mehr korrigiert werden
  - kein Hinweis, mit welchen Mitteln das Ergebnis erreicht wurde
- *Zwischen- oder Tätigkeitskontrolle*:
  - laufende Einwirkungsmöglichkeiten
  - zeitaufwändig
  - i. d. R. geringe Motivationsbeeinträchtigung

Empfehlung:
Langfristig gesehen ist es besser, das *Maß der Eigenkontrolle* durch den Mitarbeiter zu *erweitern* und sich verstärkt auf die *Kontrolle von Ergebnissen* zu konzentrieren. Dies setzt bei Mitarbeiter einen hohen Ausbildungstand sowie einen gut entwickelten Reifegrad voraus; vgl. dazu die Ausführungen unter dem Stichwort „Delegation".

04. Welche Grundsätze sollten für ein angemessenes Kontrollverhalten berücksichtigt werden?

- Alles was delegiert wurde, muss auch kontrolliert werden!
- Aber: Das Maß der Kontrolle ist der Situation anzupassen!
- Regel „O-S-K-A-R":

> **O** *ffen*
> **S** *achlich*
> **K** *lar, kritisch*
> **A** *bgesprochen*
> **R** *ücksichtsvoll*

4.5.4 Anerkennung und Kritik

01. Was ist Anerkennung und welche Bedeutung hat sie als Führungsmittel?

Anerkennung ist die *Bestätigung positiver (erwünschter) Verhaltensweisen*. Da jeder Mensch nach Erfolg und Anerkennung durch seine Mitmenschen strebt, verschafft die Anerkennung dem Mitarbeiter ein Erfolgsgefühl und bewirkt eine Stabilisierung positiver Verhaltensmuster. Wichtig ist: Anerkennung und Kritik müssen sich die Waage halten; besser noch: häufiger richtiges Verhalten bestätigen, als (nur) falsches kritisieren.

4.5 Führungsmethoden und -techniken

Zur Unterscheidung:

Anerkennung bezieht sich auf die *Leistung*:
→ „Dieses Werkstück ist passgenau angefertigt. Danke!"

Nur in seltenen Fällen ist Lob angebracht.
Lob ist die Bestätigung der (ganzen) *Person*:
→ „Sie sind ein sehr guter Fachmann!"

Merke:
→ Mehrmaliger Erfolg führt zur Stabilisierung des Verhaltens.
→ Mehrmaliger Misserfolg führt zu einer Änderung des Verhaltens.

02. Welche Grundsätze sind bei der Anerkennung einzuhalten?

- *Auch* (scheinbare) *Selbstverständlichkeiten* bedürfen der Anerkennung. Der Grundsatz „Wenn ich nichts sage, war das schon o. k." ist falsch.
- Die beste Anerkennung kommt *aus der Arbeit selbst*. Arbeit und Leistung müssen *wichtig* sein und *Sinn* geben.
- Anerkennung muss *verdient* sein.
- Anerkennung soll   - anlassbezogen,   - zeitnah,
                     - sachlich,   - eindeutig,
                     - konstruktiv,   - konkret sein.
- Anerkennung muss sich an einem klaren Maßstab orientieren. (Was ist erwünscht/was ist unerwünscht?)
- Das *Maß der Anerkennung* muss sich am Zielerfolg und dessen Bedeutung orientieren (wichtige/weniger wichtige Aufgabe).
- Anerkennung *unter vier Augen* ist i. d. R. besser, als Anerkennung vor der Gruppe.
- Anerkennung und Kritik sollten sich auf lange Sicht die *Waage* halten.

03. Welche Formen der Anerkennung sind denkbar?

Dazu einige Beispiele:

- *Nonverbal* (ohne Worte): Kopfnicken, Zustimmung signalisieren, Daumen nach oben, „Hm, hm, ...
- *Verbal:*   a) in *einzelnen Worten:*
                    „Ja!", „Prima"!, „Klasse!", „Freut mich!"
                    b) *in (ganzen) Sätzen:*
                    „Klasse, dass wir den Termin noch halten können!"
                    „Scheint gut geklappt zu haben?"
- Unter *vier Augen*/vor der *Gruppe* (vgl. dazu oben)
- Anerkennung der *Einzel*leistung/der *Gruppen*leistung
- Anerkennung *verbunden mit einer materiellen/immateriellen Zuwendung:*
  Prämie, Geschenk, Sonderzahlung; Beförderung, Erweiterung des Aufgabengebietes u. Ä.

04. Was ist Kritik und welches Ziel wird damit verfolgt?

Kritik ist der Hinweis/das Besprechen *eines bestimmten fehlerhaften/unerwünschten Verhaltens*. Hauptziel der Kritik ist die *Überwindung des fehlerhaften Verhaltens des Mitarbeiters für die Zukunft*.

Um dieses Hauptziel zu erreichen, werden zwei *Unterziele* verfolgt:

- *Die Ursachen*
  des fehlerhaften Verhaltens werden im gemeinsamen 4-Augen-Gespräch sachlich und nüchtern besprochen. Dabei ist mit – oft heftigen – emotionalen Reaktionen auf beiden Seiten zu rechnen. Der Mitarbeiter wird zur Akzeptanz der Kritik nur dann bereit sein, wenn seine Gefühle vom Vorgesetzten ausreichend berücksichtigt werden und das Gespräch in einem allgemein ruhigen Rahmen verläuft.

- *Bewusst werden* und *Einsicht*
  in das fehlerhafte Verhalten aufseiten des Mitarbeiters zu erreichen, ist das nächste Unterziel. Die besonders schwierige Führungsaufgabe im Kritikgespräch besteht in der Bewältigung der Affekte und der Erzielung von Einsicht in die notwendige Verhaltensänderung.

05. Welche Grundsätze müssen bei der Kritik eingehalten werden?

1. *Der Maßstab* für das kritisierte Verhalten *muss o. k. sein*, d. h.
   - er muss *existieren*: z. B.: Gleitzeitregelung aufgrund einer Betriebsvereinbarung
   - er muss *bekannt* sein: z. B.: dem Mitarbeiter wurde die Gleitzeitregelung ausgehändigt
   - er muss *akzeptiert* sein: z. B.: der Mitarbeiter erkennt die Notwendigkeit dieser Regelungen
   - die *Abweichung* ist eindeutig: z. B.: der Mitarbeiter verstößt nachweisbar gegen die Gleitzeitregelung (Zeugen, Zeiterfassungsgerät)

2. Kritik muss *mit Augenmaß* erfolgen (sachlich, angemessen, konstruktiv, zukunftsorientiert).

3. Das Kritikgespräch muss vorbereitet und strukturiert geführt werden.

4. Nicht belehren, sondern Einsicht erzeugen (fragen statt behaupten!).

5. Kritik
   - an der Sache/nicht an der Person
   - sprachlich einwandfrei (keine Beschimpfung)
   - nicht vor anderen
   - nicht über Dritte
   - nicht bei Abwesenheit des Kritisierten
   - nicht per Telefon

6. Die Wirkung des negativen Verhaltens aufzeigen.

7. Bei der Sache bleiben, nicht abschweifen! Keine ausufernde Kritik! Keine „Nebenkriegsschauplätze".

06. Welche Formen der Kritik sind denkbar?

Hier gelten analog die Ausführungen unter Frage 03. (bitte nochmals lesen). Zusätzlich ist wichtig:

- Nicht jede unerwünschte Verhaltensweise erfordert eine ausführliche Kritik in Verbindung mit einem Kritikgespräch. Oft wird die *Verhaltenskorrektur mit „einfachen Mitteln"* erreicht: „Bitte noch einmal überarbeiten!"; „Am Werkstück X ist die Toleranz zu groß!"; „An Ihrer Maschine fehlt die Sicherheitsvorrichtung. Bitte sofort korrigieren!"
- Sprachliche bzw. arbeitsrechtliche *Sonderformen* der Kritik sind: Ermahnung, Abmahnung, Verweis, Betriebsbuße (aufgrund einer Arbeitsordnung).

07. Wie sollte das Kritikgespräch geführt werden?

1. Phase: Der Vorgesetzte: *Kontakt/Begrüßung, Sachverhalt*

   Sachlich-nüchterne, präzise Beschreibung des Gesprächs- und Kritikanlasses durch den Vorgesetzten. Dabei soll er auf eine klare, prägnante und ruhige Sprache achten.

2. Phase: Der Mitarbeiter: *Seine Sicht der Dinge.*

   Der Mitarbeiter kommt zu Wort. Auch wenn die Sachlage scheinbar klar ist, der Mitarbeiter muss zu Wort kommen. Nur so lassen sich Vorverurteilungen und damit Beziehungsstörungen vermeiden. Diese Phase darf nicht vorschnell zu Ende kommen. Erst wenn die Argumente und Gefühle vom Mitarbeiter bekannt gemacht wurden, ist fortzufahren.

3. Phase: *Vorgesetzter/Mitarbeiter:* *Ursachen erforschen*

   Gemeinsam die Ursachen des Fehlverhaltens feststellen - liegen sie in der Person des Mitarbeiters oder der des Vorgesetzten, oder in der betrieblichen Situation usw.

4. Phase: *Vorgesetzter/Mitarbeiter:* *Lösungen/Vereinbarungen für die Zukunft*

   Wege zur zukünftigen Vermeidung des Fehlverhaltens vereinbaren. Erst jetzt erreicht das Gespräch seine produktive, zukunftsgerichtete Stufe. Auch hier gilt es, die Vorschläge des Mitarbeiters mit einzubeziehen.

4.5.5 Mitarbeiterbeurteilung und Arbeitszeugnis

01. Warum sind Mitarbeiterbeurteilungen notwendig? Welche Ziele werden damit verbunden?

- *Aus betrieblicher Sicht* hat die Mitarbeiterbeurteilung folgende Ziele/Notwendigkeiten:
  - Die Beurteilung soll zur *Objektivierung* beitragen. Durch systematische Beurteilungssysteme, Leistungsstandards, aus Festlegung von Leistungsmerkmalen und deren Ausprägung soll *ein klarer Maßstab* gewonnen werden, der die Vergleichbarkeit von Mitarbeiterleistungen ermöglicht.

- Aufgrund von Mitarbeiterbeurteilungen sind Führungskräfte gehalten, sich mit Führungssituationen und Führungsergebnissen auseinander zu setzen. Dies kann *zur Verbesserung ihrer Führungsqualifika*tion beitragen.
- Die Beurteilung von Mitarbeitern kann dazu beitragen, *Potenziale zu erkennen und sie zu nutzen.*
- *Leistungsdefizite können erkannt werden* und durch individuelle und der Situation angemessene Fördermaßnahmen beseitigt werden. *Die Erhaltung und Steigerung der Mitarbeiterleistung ist dadurch tendenziell besser möglich.*
- Beurteilungen sind häufig *Grundlage für* Entlohnungen, Beförderungen, Versetzungen, Eingruppierungen, Laufbahnüberlegungen, Disziplinarmaßnahmen.
- Nach *§ 84 BetrVG* kann der Mitarbeiter eine Beurteilung verlangen (Hinweis: auch wenn kein Betriebsrat existiert; sog. individualrechtliche Norm des BetrVG).

- *Aus der Sicht der Mitarbeiter* hat die Beurteilung folgende Ziele/Notwendigkeiten:
  - Neben der Kritik als der mehr spontanen Reaktion des Vorgesetzten auf das Verhalten seiner Mitarbeiter gibt der Vorgesetzte in der Beurteilung eine Aussage über die Leistung der Mitarbeiter während eines größeren Zeitraums (z. B. 1 Jahr).
    Die Beurteilung kann damit *Leistungsanreize* schaffen, sie bietet *Orientierungsmöglichkeiten* zur Veränderung und sie kann bei starken Leistungsdefiziten dem Mitarbeiter deutliche Hinweise geben, bevor es ggf. zu arbeitsrechtlichen Maßnahmen kommen muss (Abmahnungen, Kündigung).
  - Sozusagen *als „Spiegelfunktion"* erhält der Mitarbeiter die Information, wie er in diesem Unternehmen gesehen wird.
  - Ein systematisches Beurteilungsverfahren ist „ein gewisser Schutz vor subjektiver und willkürlicher Bewertung durch den Vorgesetzten".
  - Verbesserung der eigenen Einschätzung durch *Fremdeinschätzung* und damit besseres Erkennen von Stärken und Schwächen im Verhalten.
  - Verbesserte *Einschätzung realer Aufstiegsmöglichkeit*en; dadurch werden tendenziell überzogene Erwartungen und ggf. spätere Enttäuschungen vermieden.

02. Welche Arten/Formen bzw. Anlässe der Beurteilung lassen sich unterscheiden?

- *Planmäßige* (regelmäßige) *Beurteilungen* sind erforderlich:
  - vor Ablauf der Probezeit,
  - vor Beginn des Kündigungsschutzes (6-Monats-Frist; § 1 KSchG),
  - im Rahmen der jährlichen Gehaltsüberprüfung,
  - in bestimmten Zeitabständen (z. B. alle zwei Jahre – entsprechend dem Zeitraster im Beurteilungssystem).

4.5 Führungsmethoden und -techniken

- *Außerplanmäßige Beurteilungen* (im Einzelfall) können erforderlich werden:
  - bei Versetzungen, Beförderungen oder Wechsel des Arbeitsplatzes,
  - bei Wechsel des Vorgesetzten,
  - bei Beförderungen,
  - in Verbindung mit Fortbildungsmaßnahmen,
  - auf besonderen Wunsch des Vorgesetzten oder des Mitarbeiters,
  - bei außerplanmäßiger Entgeltanpassung,
  - beim Austritt des Mitarbeiters.

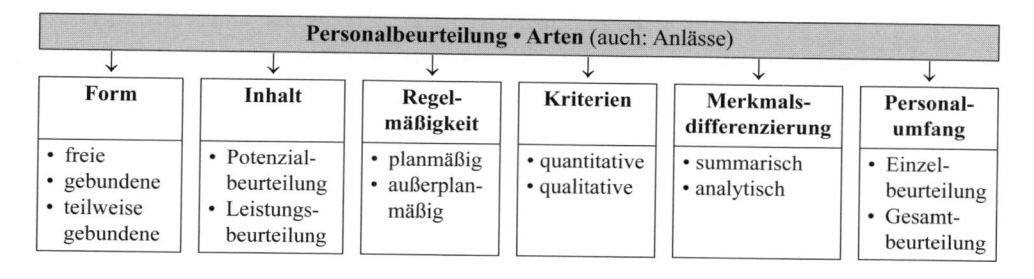

Personalbeurteilung • Arten (auch: Anlässe)						
Form	**Inhalt**	**Regel-mäßigkeit**	**Kriterien**	**Merkmals-differenzierung**	**Personal-umfang**
• freie • gebundene • teilweise gebundene	• Potenzial-beurteilung • Leistungs-beurteilung	• planmäßig • außerplan-mäßig	• quantitative • qualitative	• summarisch • analytisch	• Einzel-beurteilung • Gesamt-beurteilung

03. Welche Phasen sind bei einem Beurteilungsvorgang einzuhalten?

Ein wirksamer Beurteilungsvorgang setzt die Trennung folgender Phasen voraus:

- *Phase 1: Beobachtung*
  = gleichmäßige Wahrnehmung der regelmäßigen Arbeitsleistung und des regelmäßigen Arbeitsverhaltens

- *Phase 2: Beschreibung*
  = möglichst wertfreie Wiedergabe und Systematisierung der Einzelbeobachtungen im Hinblick auf das vorliegende Beurteilungsschema

- *Phase 3: Bewertung*
  = Anlegen eines geeigneten Maßstabs an die systematisch beschriebenen Beobachtungen

- *Phase 4: Beurteilungsgespräch*
  = Zweier-Gespräch zwischen dem Vorgesetzten und dem Mitarbeiter über die durchgeführte Beurteilung

- *Phase 5: Gesprächsauswertung*
  = Initiierung erforderlicher Maßnahmen (Verhaltensänderung, Schulung, Aufstieg usw.)

1 Beobachtung
2 Beschreibung
3 Bewertung
4 Beurteilungsgespräch
5 Auswertung

| Strukturierter Beurteilungsbogen (Beispiel) ||||||
Merk-male	Gewich-tung	entspricht selten den Erwartun-gen	entspricht im Allge-meinen den Erwar-tungen	entspricht voll den Erwartun-gen	liegt über den Erwartun-gen	liegt weit über den Erwartun-gen
		1	2	3	4	5
Arbeits-quantität						
Arbeits-qualität						
Fach-kenntnisse						
Arbeits-kenntnisse						
Zusammen-arbeit						
...						

04. Welche Elemente enthält ein strukturiertes Beurteilungssystem?

Jedes Beurteilungssystem/-verfahren enthält *mindestens drei Elemente* - unabhängig davon, in welchem Betrieb oder für welchen Mitarbeiterkreis es eingesetzt wird:

Beurteilungsverfahren		Merkmalsausprägungen/Bewertungsstufen			
Merkmalsgruppen	Gewichtung	1	2	3	4
Merkmal 1					
Merkmal 2					
....					

05. Welche Beurteilungsfehler sind in der Praxis anzutreffen?

Beurteilungsfehler (1) • Fehleinschätzungen in der Wahrnehmung	
Halo-Effekt	Beim Halo-Effekt wird von einer Eigenschaft auf andere Merkmale geschlossen.
Nikolaus-Effekt	Beim Nikolaus-Effekt basiert die Beurteilung speziell auf Verhaltensweisen, die erst in jüngster Zeit beobachtbar waren bzw. stattgefunden haben.
Selektions-Effekt	Beim Selektions-Effekt erkennt der Vorgesetzte nur bestimmte Verhaltensweisen, die ihm relevant erscheinen.

4.5 Führungsmethoden und -techniken

Vorurteile	Zum Beispiel „Mitarbeiter mit langen Haaren und nachlässiger Kleidung sind auch in der Leistung schlampig".
Primacy-Effekt	Die zuerst erhaltenen Informationen und Eindrücke werden in der Beurteilung sehr viel stärker berücksichtigt als spätere Verhaltensweisen;
Kleber-Effekt	Mitarbeiter, die über einen längeren Zeitraum nicht befördert wurden, werden unbewusst unterschätzt und entsprechend schlechter beurteilt.
Hierarchie-Effekt	Mitarbeiter einer höheren Hierarchieebene werden besser beurteilt als Mitarbeiter der darunter liegenden Ebenen.
Lorbeer-Effekt	In der Vergangenheit erreichte Leistungen (Lorbeeren) werden unangemessen stark berücksichtigt, obwohl sie sich in der jüngeren Vergangenheit nicht mehr bestätigt haben.
Erster Eindruck	Voreilige Schlussfolgerungen werden nicht weiter überprüft.

Beurteilungsfehler (2) • Fehlerquellen im Maßstab	
Tendenz zur Mitte	Der Vorgesetzte scheut sich, die Extremwerte einer Skalierung anzuwenden. (Skala 1 sehr gut – 7 nicht ausreichend, markiert: 3–5)
Tendenz zur Milde	Der Vorgesetzte scheut sich, unzureichende Leistung mit „schlecht" zu bewerten. (Skala 1 sehr gut – 7 nicht ausreichend, markiert: 1–4)
Tendenz zur Strenge	Der Vorgesetzte legt als Maßstab der Bewertung ein zu hohes Niveau an. (Skala 1 sehr gut – 7 nicht ausreichend, markiert: 3–7)
Sympathiefehler	Je nach dem, ob der Vorgesetzte den Mitarbeiter als sympathisch oder unsympathisch empfindet, wird seine Bewertung positiv oder negativ beeinflusst.
unangemessene Subjektivität	Der Vorgesetzte bewertet willkürlich bzw. legt unangemessen (nur) seinen eigenen (subjektiven) Maßstab zu Grunde.
Wegloben	Der Mitarbeiter wird überzogen positiv beurteilt

06. Wie ist ein Beurteilungsgespräch vorzubereiten?

Beurteilungsgespräche müssen, wenn sie erfolgreich verlaufen sollen, *sorgfältig vorbereitet werden*. Dazu empfiehlt sich für den Vorgesetzten, folgende Überlegungen anzustellen bzw. Maßnahmen zu treffen:

- Dem Mitarbeiter rechtzeitig den *Gesprächstermin* mitteilen und ihn bitten, sich ebenfalls vorzubereiten.

- Den *äußeren Rahmen* gewährleisten: Keine Störungen, ausreichend Zeit, keine Hektik, geeignete Räumlichkeit, unter „4-Augen" usw.

- *Sammeln und Strukturieren der Informationen:*
  - Wann war die letzte Leistungsbeurteilung?
  - Mit welchem Ergebnis?
  - Was ist seitdem geschehen?
  - Welche positiven Aspekte?
  - Welche negativen Aspekte?
  - Sind dazu Unterlagen erforderlich?
- *Was ist das Gesprächsziel?* Mit welchen Argumenten? Was wird der Mitarbeiter vorbringen?

07. Wie ist das Beurteilungsgespräch durchzuführen?

Für ein erfolgreich verlaufendes Beurteilungsgespräch gibt es kein Patentrezept. Trotzdem ist es sinnvoll, dieses Gespräch in Phasen einzuteilen, das heißt, das Gespräch zu strukturieren und dabei eine Reihe von Hinweisen zu beachten, die sich in der Praxis bewährt haben:

1. *Eröffnung:*
   - sich auf den Gesprächspartner einstellen, eine zwanglose Atmosphäre schaffen
   - die Gesprächsbereitschaft des Mitarbeiters gewinnen, evtl. Hemmungen beseitigen
   - ggf. Verständnis für die Beurteilungssituation wecken

2. Konkrete Erörterung der *positiven Gesichtspunkte*:
   - nicht nach der Reihenfolge der Kriterien im Beurteilungsraster vorgehen
   - ggf. positive Veränderungen gegenüber der letzten Beurteilung hervorheben
   - Bewertungen konkret belegen
   - nur wesentliche Punkte ansprechen (weder „Peanuts" noch „olle Kamellen")
   - den Sachverhalt beurteilen, nicht die Person

3. Konkrete Erörterung der *negativen Gesichtspunkte*:
   - analog wie Ziffer 2
   - negative Punkte zukunftsorientiert darstellen (Förderungscharakter)

4. Bewertung der Fakten durch den *Mitarbeiter:*
   - den Mitarbeiter zu Wort kommen lassen, interessierter und aufmerksamer Zuhörer sein
   - aktives Zuhören, durch offene Fragen ggf. zu weiteren Äußerungen anregen
   - asymmetrische Gesprächsführung, d. h. in der Regel dem Mitarbeiter den größeren Anteil an Zeit/Worten überlassen
   - evtl. noch einmal einzelne Beurteilungspunkte genauer begründen
   - zeigen, dass die Argumente ernst genommen werden
   - eigene „Fehler" und betriebliche Pannen offen besprechen
   - in der Regel keine Gehaltsfragen diskutieren (keine Vermengung); falls notwendig, „abtrennen" und zu einem späteren Zeitpunkt fortführen.

5. Vorgesetzter und Mitarbeiter diskutieren alternative Strategien und Maßnahmen zur Vermeidung zukünftiger Fehler:
   - Hilfestellung nach dem Prinzip „Hilfe zur Selbsthilfe" („ihn selbst darauf kommen lassen")
   - ggf. konkrete Hinweise und Unterstützung (betriebliche Fortbildung, Fachleute usw.)
   - kein unangemessenes Eindringen in den Privatbereich
   - sich Notizen machen; den Mitarbeiter anregen, sich ebenfalls Notizen zu machen

6. *Positiver Gesprächsabschluss mit Aktionsplan:*
   - wesentliche Gesichtspunkte zusammenfassen
   - Gemeinsamkeiten und Unterschiede klarstellen
   - ggf. zeigen, dass die Beurteilung überdacht wird
   - gemeinsam festlegen:
   - Was unternimmt der Mitarbeiter?
   - Was unternimmt der Vorgesetzte?
   - ggf. Folgegespräch vereinbaren: Wann? Welche Hauptaufgaben/Ziele?
   - Zuversicht über den Erfolg von Leistungskorrekturen vermitteln
   - Dank für das Gespräch

08. Welche inhaltlichen Aspekte sind bei der Erstellung eines qualifizierten Zeugnisses zu beachten?

Das Arbeitsrecht unterscheidet zwei *Zeugnisarten*:

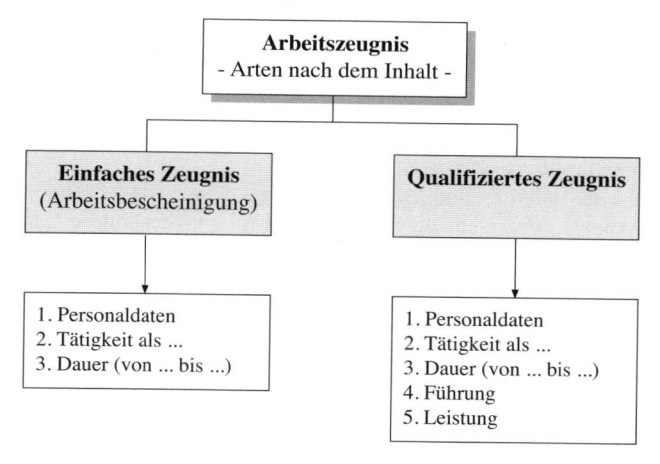

```
                    Arbeitszeugnis
                  - Arten nach dem Inhalt -
                  /                      \
       Einfaches Zeugnis          Qualifiziertes Zeugnis
     (Arbeitsbescheinigung)
              |                            |
     1. Personaldaten              1. Personaldaten
     2. Tätigkeit als ...          2. Tätigkeit als ...
     3. Dauer (von ... bis ...)    3. Dauer (von ... bis ...)
                                   4. Führung
                                   5. Leistung
```

Das heißt also, dass das qualifizierte Zeugnis zusätzlich Angaben über die Führung und Leistung des Mitarbeiters enthält.

In der Praxis reicht für den Meister diese Unterscheidung noch nicht aus. Er muss bei dem Entwurf eines *qualifizierten Zeugnisses* inhaltlich insgesamt folgende *Einzelpunkte* beachten:

1. *Formale Aspekte:*
   DIN-A4-Firmenbogen, fehlerfreie Rechtschreibung, keine Streichungen, keine Beschmutzung

2. *Überschrift:*
   Zeugnis, Zwischenzeugnis, Berufsausbildungszeugnis, Praktikumszeugnis

3. *Persönliche Angaben des Mitarbeiters; Stellenbezeichnung:*
   Name, Vorname (ggf. Geburtsname), Geburtsdatum, akademischer Titel, Positionsbezeichnung

4. *Dauer der Tätigkeit:*
   von ... bis ... (das Enddatum kann auch in der Schlussformulierung genannt werden)

5. *Tätigkeitsinhalte:*
   Komplexität, Umfang der Aufgaben, Anteil von Sach- und Führungsaufgaben, Vollmachten wie Prokura, Handlungsvollmacht
6. *Führung und Leistung:*
   - *Leistung:*
     Leistungsbereitschaft, Leistungsfähigkeit, Führungsfähigkeit (bei Vorgesetzten), besondere Leistungen, besonderen Eigenschaften wie Belastbarkeit, hohe Motivation, Arbeitseinsatz, besonderen Fähigkeiten

     Anwenden der Formulierungsskala („*Zeugniscode*"):
     - sehr gut: „... stets zur vollsten Zufriedenheit ..."
     - gut: „... stets zur vollen Zufriedenheit ..."
     - befriedigend: „... zur vollen Zufriedenheit ..."
     - ausreichend: „... zur Zufriedenheit ..."
     - mangelhaft: „... im Großen und Ganzen zur Zufriedenheit ..."
     - ungenügend: „... hat sich bemüht ..."

     Der Gebrauch von Spezialformulierungen ist in der Rechtsprechung umstritten und sollte vermieden werden:
     „... war sehr tüchtig und wusste sich zu verkaufen ..." = war unangenehm, unbequem, u. Ä.

     Bei negativer Beurteilung ist es weit verbreitet,
     - unwichtige Eigenschaften und Merkmale unangemessen hervorzuheben sowie
     - wichtige Aspekte zu verschweigen (weil negativ) - insbesondere Eigenschaften und Verhaltensweise, die bei einer bestimmten Tätigkeit von besonderem Interesse sind.

   - *Führung:*
     Sozialverhalten des Mitarbeiters, Verhalten zu Vorgesetzten
     sehr gut: „... war stets vorbildlich ..."
     gut: „... war vorbildlich ..."; „... war ohne Beanstandungen ..."
     ungenügend: „... wurde als umgänglicher Kollege geschätzt ..."

7. *Grund der Beendigung:*
   Der Grund der Beendigung ist nur auf Verlangen des Mitarbeiters in das Zeugnis aufzunehmen:
   - überwiegend positiv, ggf. aber mit „Macken": „... auf eigenen Wunsch ..."
   - überwiegend negativ: „... in beiderseitigem Einvernehmen ..."
   - vorgeschobener Grund oder echter Grund: „... aus organisatorischen Gründen / aus Gründen der Reorganisation ..."

8. *Schlussformulierung (sog. Dankes-Bedauern-Zukunfts-Formel):*
   Bei der Schlussformulierung sind folgende Gestaltungen üblich:
   - Standard: „Wir wünschen Frau ... alles Gute für Ihre berufliche Entwicklung."
   - Mögliche Steigerungen:
     „... wünschen wir Herrn ... Erfolg bei seinem weiteren beruflichen Werdegang und danken ihm für die geleistete Arbeit.";
     „... bedauern seinen Entschluss ... (außerordentlich) ...";
     „... würden ihn jederzeit wieder einstellen ...";
     „... wünschen ihm auch zukünftig den Erfolg in seiner Arbeit, den er in unserem Unter-

nehmen realisieren konnte ...";
„... verlässt unser Unternehmen, um sich einer neuen beruflichen Aufgabe zu widmen ...".

9. *Ausstellungsdatum*:
   Muss mit dem Beendigungstermin übereinstimmen oder zwei bis drei Tage vorher.
10. *Unterschrift(en)*:
    Von ein oder zwei Zeichnungsberechtigten; rechts unterschreibt der unmittelbare Vorgesetzte oder dessen Fachvorgesetzter; links unterschreibt der nächst höhere Fachvorgesetzte oder ein Mitarbeiter der Personalabteilung.

> ppa. *(Unterschrift)*
> Krause, Leiter Personal- und Sozialwesen
> i.A. *(Unterschrift)*
> Müller, Leiter Montage

09. Welche Grundsätze sind bei der Zeugniserstellung zu beachten?

a) *Arbeitsrechtliche Bestimmungen:*
   Der bisherige Arbeitgeber muss das Zeugnis *wahrheitsgemäß und wohlwollend* abfassen. Im Zweifelsfall gilt „Wahrheit vor Wohlwollen".

b) *Umfang des Zeugnisses:*
   Die Gesamtlänge des Zeugnisses muss der Position und der Dauer entsprechen (z. B. Facharbeiter/drei Jahre: → ca. ½ bis max. 1 Seite).

c) *Zeugnissprache:*
   - konkrete Beschreibungen:
     nicht: „... hat sich immer engagiert ...", sondern: „Sein besonderes Engagement stellte er beim Projekt ... unter Beweis ..."
   - Aktiv-Form statt Passiv-Form:
     nicht: „... wurde er ..."; sondern: „... er hat ...", „...ihm gelang es ..."
   - offen und ehrlich; Verzicht auf „Geheimsprache"
   - knapp, verständlich, vollständig

Das Erstellen von Zeugnissen bedarf einiger Übung; hier sollte sich der Meister Unterstützung von der Personalabteilung holen. Empfehlenswert sind auch neuere Formen der Zeugniserstellung: Mit dem Betriebsrat werden Textbausteine mit abgestuften Beurteilungsbeschreibungen vereinbart, die dann auf den konkreten Sachverhalt des zu beurteilenden Mitarbeiters bezogen werden; dies bedeutet: Standardisierung + Rationalisierung + Einzelfallbeschreibung + Vollständigkeit + Fehlervermeidung.

4.5.6 Personelle Maßnahmen

01. Was sind personelle Maßnahmen?

Personelle Maßnahmen sind *alle Handlungen einer Führungskraft, die seine Mitarbeiter direkt betreffen.* Der Meister trägt hier die Hauptverantwortung für die Führung der ihm unterstellten Mannschaft. Er muss seine Mitarbeiter

- einarbeiten,
- fördern und beraten,
- beurteilen,
- informieren,
- ggf. auch entlassen,

- beschaffen und auswählen,
- richtig einsetzen,
- kontrollieren,
- „gerecht" entlohnen,

um nur einige Beispiele zu nennen.

02. Mit welchen Stellen im Betrieb muss der Industriemeister bei personellen Maßnahmen zusammenarbeiten? Warum ist diese Zusammenarbeit erforderlich?

Bei personellen Maßnahmen muss der Industriemeister mit den im Betrieb zuständigen Stellen zusammenarbeiten: Er muss u. a. die *Fachkompetenz* dieser Abteilungen *nutzen,* personelle Maßnahmen veranlassen und abstimmen, Beteiligte *informieren und beraten* sowie die *Rechte des Betriebsrates* berücksichtigen. Vielfach wird der Meister (nur) „Auslöser" personeller Maßnahmen sein; die eigentliche Hauptarbeit übernimmt dann weiterführend z. B. die Personalabteilung, die ihn mit ihrem Knowhow entlastet; Beispiele: Gehaltsüberprüfung → Schreiben der Gehaltsmitteilung, Information des Mitarbeiters, Ablage usw.

In der Fachliteratur nennt man die Stellen, die über personelle Maßnahmen zu entscheiden haben und die betriebliche Personalarbeit (mit)tragen, auch *„ Träger der Personalarbeit ".* Es sind dies:

- der direkte Vorgesetzte (also der Meister)
- die nächsthöheren Vorgesetzten
- die Unternehmensleitung
- die Personalabteilung
- der Betriebsrat (soweit vorhanden)
- die zuständigen externen Stellen (z. B. die IHK in Fragen der Ausbildung)

In der Praxis ist dabei die Form der Zusammenarbeit zwischen dem Meister und den oben genannten Stellen unterschiedlich geregelt; mitunter kommt es auch bei der Frage der *„Kompetenzabgrenzung"* zu Konflikten.

In der Zusammenarbeit von „Fachabteilung" (der Meister) und „Personalabteilung" hat sich heute folgendes Prinzip durchgesetzt:

- Dort, wo *generelle Regelungen* erforderlich sind und die Fachkompetenz der Personalabteilung zwingend gebraucht wird, entscheidet vorrangig *das Personalwesen* allein, während der Meister als Fachmann der Abläufe vor Ort berät und unterstützt.
  Beispiele: Entgeltstrukturen, -abrechnung, Sozialwesen.

- *Personelle Maßnahmen im Einzelfall,* die eine genaue Regelung der speziellen Fakten vor Ort erfordern, entscheidet vorrangig der Fachvorgesetzte, also *der Meister*; natürlich im Rahmen der betrieblich geltenden Regelungen.
  Beispiele: Lohnüberprüfung, Urlaubsgewährung, Versetzung.

Heute ist in den meisten Unternehmen eine Aufgabenteilung und Kompetenzabgrenzung zwischen Personalabteilung und Fachabteilung (Meister) anzutreffen, die in etwa folgende Struktur aufweist:

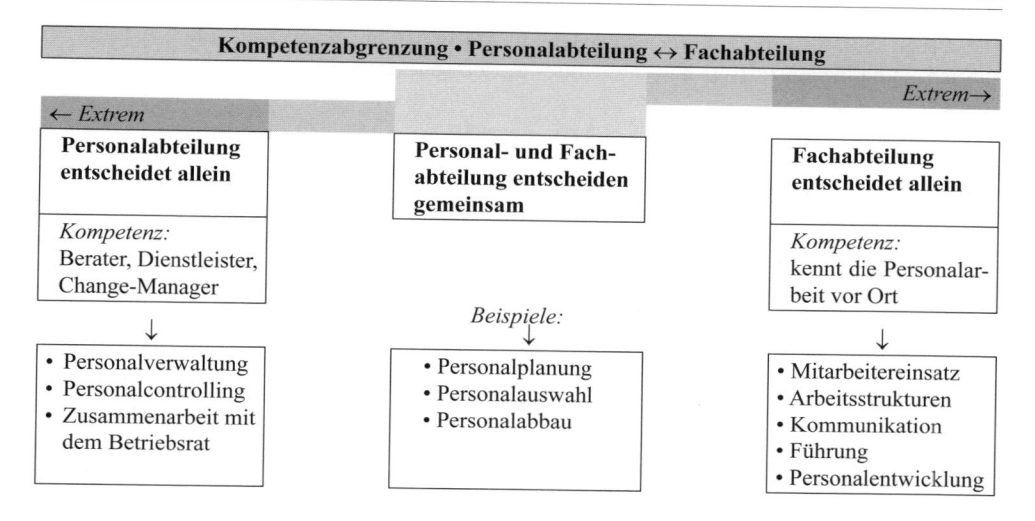

Kompetenzabgrenzung • Personalabteilung ↔ Fachabteilung

← *Extrem* *Extrem*→

Personalabteilung entscheidet allein

Kompetenz:
Berater, Dienstleister, Change-Manager

↓
- Personalverwaltung
- Personalcontrolling
- Zusammenarbeit mit dem Betriebsrat

Personal- und Fachabteilung entscheiden gemeinsam

Beispiele:

↓
- Personalplanung
- Personalauswahl
- Personalabbau

Fachabteilung entscheidet allein

Kompetenz:
kennt die Personalarbeit vor Ort

↓
- Mitarbeitereinsatz
- Arbeitsstrukturen
- Kommunikation
- Führung
- Personalentwicklung

03. Welche Planungsmittel kann der Meister bei personellen Maßnahmen einsetzen?

Personelle Maßnahmen sind kurz-, mittel- und langfristig zu treffen. Sie sind mit Mitarbeitern und zuständigen Stellen abzustimmen. Für eine bessere Entscheidungsfindung, zur Information und Dokumentation geplanter oder realisierter personeller Maßnahmen sollte der Meister geeignete Planungsmittel nutzen. Er verbessert damit die *Qualität* seiner Entscheidungen und behält die *Übersicht* über das, was er personell beabsichtigt.

Die nachfolgende Aufzählung gibt eine *Auswahl aus der Fülle geeigneter Planungsmittel,* die in der Praxis vorhanden sein können und meist eine spezielle Ausgestaltung haben – je nach Größe und Branche des Betriebes:

Personelle Maßnahmen	
Planungsinhalt	**Beispiele für Planungsmittel**
Personalplanung	• Personalstatistiken des Betriebes, der Abteilung • Urlaubspläne • Vertretungspläne • Formular Stellenanforderung
Personalauswahl	• Stellenbeschreibungen • Anforderungsprofile • Arbeitsanweisungen • Formular zur Gestaltung von Stellenanzeigen • Formular für ein strukturiertes Interview • Arbeitsvertragsmuster, -formular
Personaleinsatz	• Arbeitseinsatzpläne • Maschinenbelegungspläne • Netzpläne • Meilensteindiagramme • Balkendiagramme
Personalfreisetzung	• Beurteilungsbogen • Bogen zur Erstellung eines Sozialplans

Diese Aufzählung ist nur ein kleiner Ausschnitt. Jedem Meister ist zu empfehlen, sich die im Betrieb vorhandenen Instrumente und Mittel der Personalarbeit zu beschaffen und damit zu arbeiten.

04. Welche Aspekte sind bei der Urlaubsplanung zu beachten?

Bestimmungsgrößen der Urlaubsplanung (Beispiele)			
Betrieb	**Arbeitnehmer**	**Externe Größen**	**Rechtliche Aspekte**
• Absatzlage • Krankenstand • Fluktuation • Branche	• Produktionsbedingungen • abteilungsinterne Zusammenarbeit • Kundenorientierung	• Familienstand: - ledig/verheiratet - mit/ohne Kinder • Alter	• Schulferien • Berufsschulzeiten	• § 7 BUrlG • § 125 SGB IX

4.5.7 Einführung neuer Mitarbeiter

01. Was bezeichnet man als „Einführung neuer Mitarbeiter"?

Die Einführung neuer Mitarbeiter umfasst zum einen *formale Vorgänge* wie Übergabe der Arbeitspapiere an die Personalabteilung, Untersuchung durch den Werksarzt, Kontakt mit dem Betriebsrat und Aushändigen betrieblicher Unterlagen/Broschüren.

Daneben muss der neue Mitarbeiter mit seiner *Arbeitsumgebung, seinem Arbeitsplatz, den Kollegen und den zuständigen Vorgesetzten* bekannt gemacht werden. Diese Aufgabe ist Sache des Meisters oder seines Stellvertreters.

02. Warum muss die Einführung neuer Mitarbeiter für den Meister einen hohen Stellenwert haben?

Für den neuen Mitarbeiter sind die ersten Arbeitstage von großer Bedeutung. Die Eindrücke, die er hier gewinnt, *bestimmen nachhaltig seine Einstellung zu seiner Tätigkeit und zu dem Betrieb.* Er muss das Gefühl vermittelt bekommen, dass er wichtig ist, dass man ihn erwartet und sich um ihn kümmert.

Man weiß heute, dass eine nachlässige und fehlerhafte Einführung und Einarbeitung neuer Mitarbeiter ein häufiger Kündigungsgrund ist bzw. Ursache später auftretender Konflikte.

Im Einzelnen lassen sich folgende Aspekte nennen, die eine sorgfältige Einführung neuer Mitarbeiter begründen:

- Die Personalanwerbung neuer Mitarbeiter ist *teuer*.
- Nur eine erfolgreiche Integration des „Neuen" in die bestehende Arbeitsgruppe führt zu einem positiven *Klima* und damit zu einer stabilen *Leistung*.

- Eine gut vorbereitete und durchgeführte Einführung vermeidet *Ängste* beim neuen Mitarbeiter und kann ihm die *Zuversicht* vermitteln, dass er den Anforderungen und Erwartungen gerecht wird.

- Nach *§ 81 BetrVG hat der Mitarbeiter ein Recht* darauf, „über die Art seiner Tätigkeit und ihre Einordnung in den Arbeitsablauf des Betriebes" unterrichtet zu werden. Dieses Recht gehört zu den so genannten Individualrechten des Betriebsverfassungsgesetzes und gilt unabhängig davon, ob ein Betriebsrat existiert oder nicht.

03. Welche Grundsätze sollten bei der Einführung von Mitarbeitern gelten?

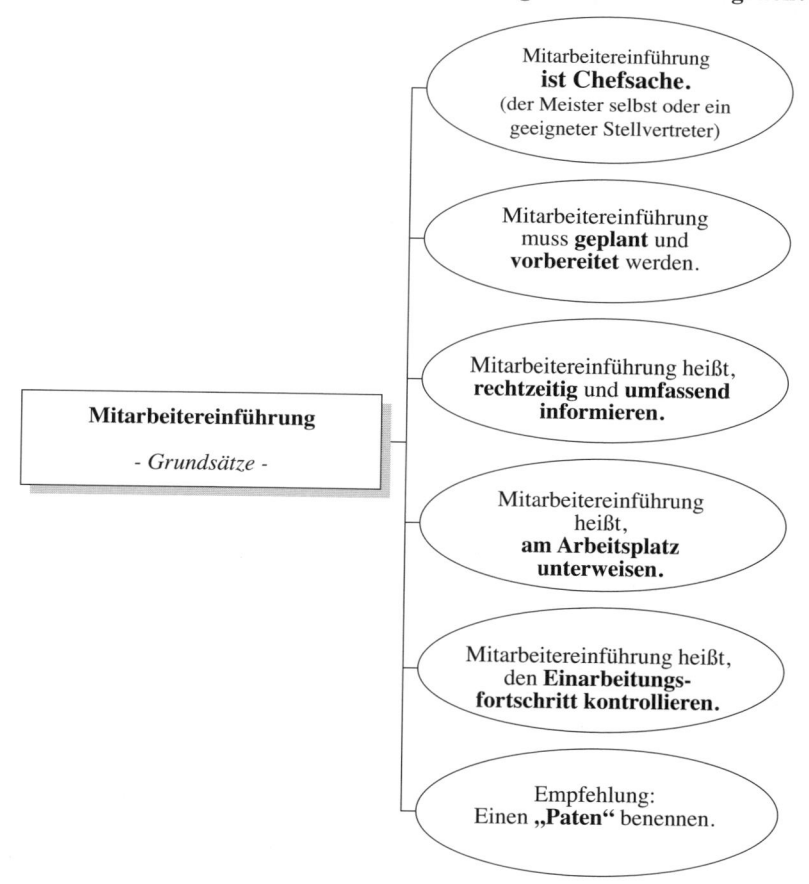

Mitarbeitereinführung
- *Grundsätze* -

- Mitarbeitereinführung **ist Chefsache.** (der Meister selbst oder ein geeigneter Stellvertreter)
- Mitarbeitereinführung muss **geplant** und **vorbereitet** werden.
- Mitarbeitereinführung heißt, **rechtzeitig** und **umfassend informieren.**
- Mitarbeitereinführung heißt, **am Arbeitsplatz unterweisen.**
- Mitarbeitereinführung heißt, den **Einarbeitungsfortschritt kontrollieren.**
- Empfehlung: Einen „Paten" benennen.

04. Welche Einzelschritte sind bei der Einführung und Integration neuer Mitarbeiter empfehlenswert?

1. Vorbereiten
   Sich persönlich auf den Neuen vorbereiten; Einführung und Einsatz planen und den Arbeitsplatz herrichten.

2. *Empfangen*
Freundlich und persönlich begrüßen; zum Ausdruck bringen, dass man über die fachliche und persönliche Qualifikation des neuen Mitarbeiters im Bilde ist; ihm die Befangenheit nehmen, die er als „Neuer" empfindet.

Die Begrüßung ist wesentlich mitbestimmend für den ersten Eindruck vom neuen Betrieb, von der neuen Arbeitsgruppe und vom neuen Vorgesetzten.

3. *Bekanntmachen*
Den neuen Mitarbeiter mit allen Betriebsangehörigen persönlich bekannt machen, mit denen er es in erster Linie zu tun hat, auch mit Vorgesetzten und Betriebsrat - allerdings schrittweise, nicht unbedingt „alle und sofort"; ihm helfen, mit seinen Arbeitskollegen Kontakt zu finden; dafür sorgen, dass er alle wichtigen Betriebseinrichtungen und -gepflogenheiten kennen lernt.

4. *Informieren*
Eine Vorstellung von der Organisation und der Arbeit des Betriebes vermitteln; die Funktion des neuen Mitarbeiters im Arbeitszusammenhang aufzeigen; ihm die wichtigsten Arbeitsregeln vermitteln.

5. *Einarbeiten, korrigieren und kontrollieren*
Den neuen Mitarbeiter mit seiner Arbeit vertraut machen, sich in der ersten Zeit häufig um ihn kümmern, einschließlich periodischer Fortschrittskontrollen; ihm einen Kollegen als „Paten" zur Seite geben; Einzelheiten im Arbeitszusammenhang erklären, vormachen und tun lassen.

4.5.8 Motivations- und Kreativitätsförderung

01. Was ist Motivation?

Das *Motiv ist der Beweggrund für ein bestimmtes Handeln und Denken.* Typisch menschliche Motive sind: Befriedigung existenzieller Bedürfnisse wie Durst, Hunger; Befriedigung sozialer Bedürfnisse wie Kontakt zu anderen, Befriedigung von Machtbedürfnissen.

Einzelheiten dazu wurden bereits unter Ziffer 4.2.2, Nr. 03. ff. (Stichwort: „Maslow/Herzberg") behandelt.

Mitarbeiter motivieren bedeutet demnach, den Mitarbeitern konkrete Beweggründe für ein bestimmtes Handeln oder Denken geben, ihnen also *Handlungsanreize liefern.*

Vereinfacht gesagt kann man auch formulieren:
Mitarbeiter motivieren heißt, Mitarbeiter durch Anreize zu veranlassen, das zu tun, was sie tun sollen.

Man unterscheidet zwei Arten der Motivation:

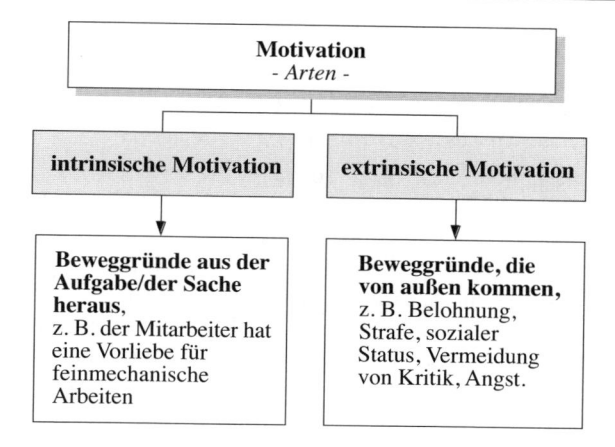

4.5 Führungsmethoden und -techniken

```
                    Motivation
                    - Arten -
              ┌─────────┴─────────┐
    intrinsische Motivation   extrinsische Motivation
              │                     │
    Beweggründe aus der      Beweggründe, die
    Aufgabe/der Sache        von außen kommen,
    heraus,                  z. B. Belohnung,
    z. B. der Mitarbeiter hat Strafe, sozialer
    eine Vorliebe für        Status, Vermeidung
    feinmechanische          von Kritik, Angst.
    Arbeiten
```

02. Was ist Kreativität?

Als Kreativität bezeichnet man die Fähigkeit eines Menschen, *neue Problemlösungen hervor zu bringen*. Voraussetzung dafür ist die Fähigkeit/Bereitschaft, *von alten Denkweisen abzurücken* und zwischen bestehenden Erkenntnissen neue Verbindungen herzustellen. Man unterscheidet zwei Arten der Kreativität:

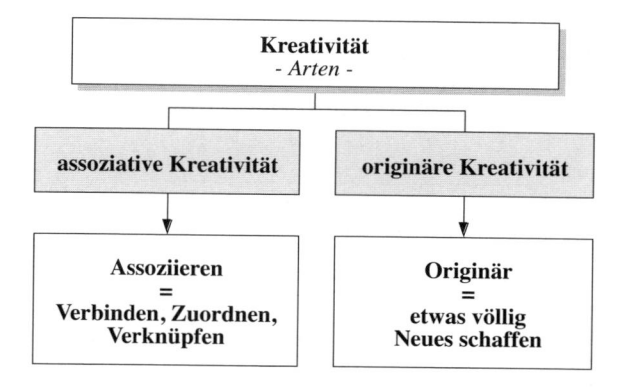

```
                    Kreativität
                    - Arten -
              ┌─────────┴─────────┐
    assoziative Kreativität   originäre Kreativität
              │                     │
         Assoziieren            Originär
              =                     =
    Verbinden, Zuordnen,       etwas völlig
        Verknüpfen            Neues schaffen
```

- Beispiel für *assoziative Kreativität:*
  Der Mitarbeiter verbessert den Ablauf bei der Motormontage und stützt sich dabei auf seine bisherige Erfahrung und betriebliche Erkenntnisse.

- Beispiel für *originäre Kreativität:*
  Der Mitarbeiter einer Druckerei entwickelt ein völlig neues Verfahren, um bei der Bearbeitung und dem Transport von Papierbögen die elektromagnetische Aufladung des Papiers zu verringern.

03. Welche Bedeutung haben Motivation und Kreativität für das Leistungsergebnis des Mitarbeiters?

Die Leistung eines Mitarbeiters, also sein Arbeitsergebnis in mengen- und qualitätsmäßiger Hinsicht, ergibt sich aus dem Zusammenwirken von drei Faktoren:

- der Leistungsbereitschaft, → dem „Wollen",
- der Leistungsfähigkeit, → dem „Können",
- der Leistungsmöglichkeit, → dem „Erlauben".

- *Die Leistungsbereitschaft eines Mitarbeiters kann also durch Maßnahmen der Motivation verbessert werden.* Der Industriemeister kann durch gezielte Anreizmaßnahmen auf ein erwünschtes Verhalten der Mitarbeiter hinwirken. Dazu einige Beispiele:

erwünschtes Verhalten:	Anreize/Motivation, z. B.:
• Pünktlichkeit	Anerkennung, Lob, Prämie
• Sorgfalt in der Arbeitsausführung	Anerkennung, Lob, Prämie
• Übernahme neuer Aufgaben	Bestätigen, ermuntern, unterstützen

- *Die Leistungsfähigkeit eines Mitarbeiters kann durch kreativitätsfördernde Maßnahmen verbessert werden.* Der Industriemeister kann durch gezielte Maßnahmen zur Förderung der Kreativität die Leistungsfähigkeit des Mitarbeiters erhöhen, indem er Kreativitätstechniken einsetzt, vermittelt und neue Ideen der Mitarbeiter aufgreift und unterstützt.

Kreativität im Sinne „sich mit neuen Ideen engagieren", „was könnte an meinem Arbeitsplatz besser gemacht werden" ist eine Quelle langfristiger Unternehmenssicherung. Kreative Mitarbeiter zu gewinnen, zu fördern und zu erhalten muss ein Leitgedanke in der Führungsarbeit des Meisters sein.

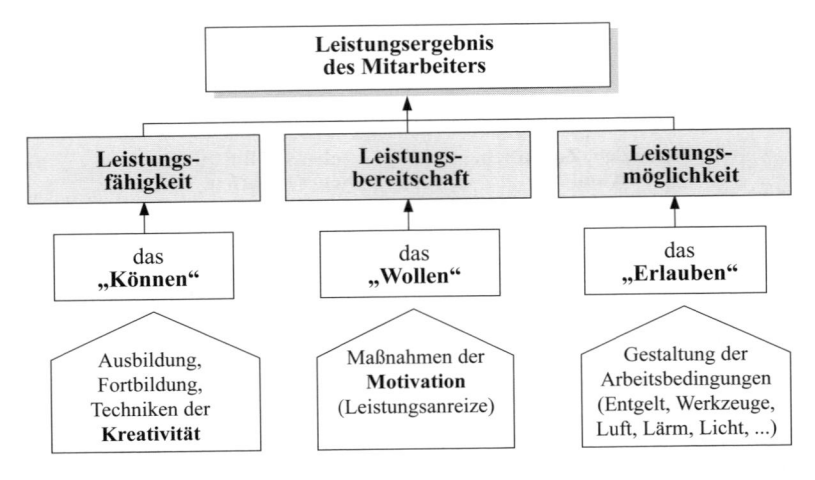

```
                    Leistungsergebnis
                    des Mitarbeiters
         ┌──────────────┼──────────────┐
    Leistungs-      Leistungs-      Leistungs-
    fähigkeit      bereitschaft    möglichkeit
         ↑              ↑              ↑
        das            das            das
      „Können"       „Wollen"       „Erlauben"

   Ausbildung,     Maßnahmen der    Gestaltung der
   Fortbildung,     Motivation      Arbeitsbedingungen
   Techniken der  (Leistungsanreize) (Entgelt, Werkzeuge,
   Kreativität                       Luft, Lärm, Licht, ...)
```

04. Welche kreativitätsfördernden Techniken und Maßnahmen kann der Industriemeister zur Verbesserung der Mitarbeiterleistung einsetzen?

- Beispiele für *Maßnahmen zur Förderung der Kreativität:*
  - Einführung des betrieblichen Vorschlagswesens (BVW)
  - kreativitätsfördernder Führungsstil: kooperativ, anerkennend, wertschätzend
  - Einrichtung von Qualitätszirkeln
  - Verbesserung der Teamarbeit
  - Einrichtung teilautonomer Gruppen
  - Prozess der kontinuierlichen Verbesserung (KVP).

- Beispiele für *Techniken zur Förderung der Kreativität:*
  Begriff: Kreative Techniken sind gekennzeichnet durch folgende Eigenschaften:
  - spontane Reaktionen von „Kopf" und „Bauch" (Verstand und Gefühl)
  - Betrachtung des Problems aus verschiedenen Blickwinkeln
  - Herstellen von Analogien
  - Assoziieren/Zuordnen.

  Aus der Fülle der Kreativitätstechniken werden hier einige Beispiele genannt:
  - *Ideenzettel:*
    Die Teilnehmer sammeln gezielt Informationen und Erfahrungen zum Thema.
  - *Brainstorming/Brainwriting* (= „Gedankensturm"):
    Brainstorming bedeutet, einen freien, unzensierten Ideenfluss erzeugen. Dabei werden die Ideen gesammelt, geordnet, bewertet und später in Gruppenarbeit eingehender bearbeitet.
  - *Synektik:*
    Durch geeignete Fragestellungen werden Analogien gebildet. Durch Verfremdung des Problems will man zu neuen Lösungsansätzen kommen. Beispiel: „Wie würde ich mich als Kolben in einem Dieselmotor fühlen?"
  - *Bionik:*
    Ist die Übertragung von Gesetzen aus der Natur auf Problemlösungen. Beispiel: „Echo-Schall-System der Fledermaus → Entwicklung des Radarsystems".
  - *Morphologischer Kasten:*
    Die Hauptfelder eines Problems werden in einer Matrix mit x Spalten und y Zeilen dargestellt. Zum Beispiel erhält man bei einer „4 x 4-Matrix" 16 grundsätzliche Lösungsfelder.
  - *Wertanalyse:*
    Die Wertanalyse (WA) basiert auf folgender Grundüberlegung: Ein Produkt erfüllt bestimmte Funktionen und hat damit für den Verbraucher einen bestimmten Wert/Nutzen. Beispiel: Ein Feuerzeug erfüllt u. a. die Funktion Feuer, Wärme oder Licht zu spenden. Jede Funktion eines Produktes verursacht in der Herstellung spezifische Kosten. Die Wertanalyse verfolgt nun das Ziel, den vom Verbraucher erwarteten Wert eines Produkts mit den geringsten Kosten herzustellen. Die Vorgehensweise ist stark normiert und orientiert sich an quantifizierten Zielen (vgl. VDI 2800).
  - *Assoziieren:*
    Einem Vorgang/einem Begriff werden einzeln oder in Gruppenarbeit weitere Vorgänge/Begriffe zugeordnet; z. B.: „Lampe": Licht, Schirm, Strom, Birne, Schalter, Fuß, Hitze.

4.5.9 Fluktuation und Fehlzeiten

01. Was versteht man unter „Fluktuation"?

Der Begriff ist nicht einheitlich definiert:

a) Fluktuation im weiteren Sinne: = *alle Formen von Personalabgängen.*

b) Fluktuation im engeren Sinne: = *freiwillige Personalabgänge der Mitarbeiter*

Überwiegend ist im Sprachgebrauch der Praxis die engere Begriffsfestlegung gemeint: Es geht um die Vermeidung unerwünschter Kündigungen durch Belegschaftsmitglieder, speziell um das Abwandern guter Mitarbeiter in andere Betriebe.

Als Fluktuationsquote eines Betriebsjahres wird meist folgender Quotient verwendet:

$$\text{Fluktuationsquote} = \frac{\text{Anzahl der (freiwilligen) Personalabgänge (pro Jahr)}}{\text{durchschnittlicher Personalbestand (pro Jahr)}} \cdot 100$$

02. Wie lassen sich die Fluktuationsursachen systematisieren?

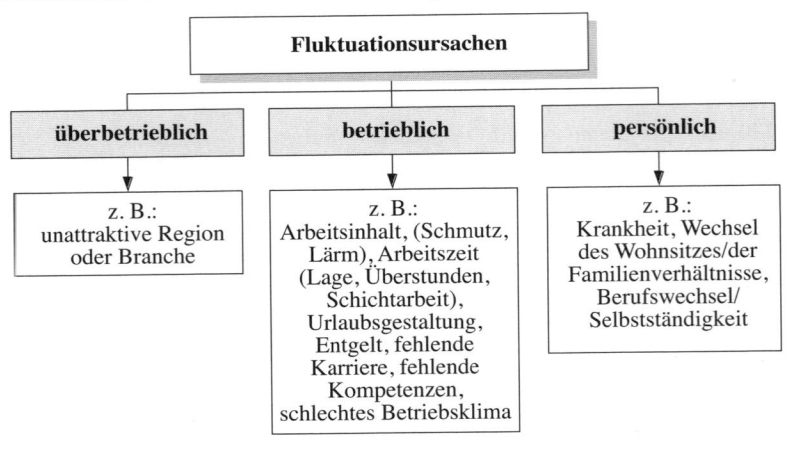

```
                    Fluktuationsursachen
          ┌─────────────────┼─────────────────┐
      überbetrieblich    betrieblich       persönlich
          │                 │                 │
         z. B.:            z. B.:            z. B.:
    unattraktive Region  Arbeitsinhalt,    Krankheit, Wechsel
      oder Branche       (Schmutz, Lärm),  des Wohnsitzes/der
                         Arbeitszeit       Familienverhältnisse,
                         (Lage, Überstunden, Berufswechsel/
                         Schichtarbeit),   Selbstständigkeit
                         Urlaubsgestaltung,
                         Entgelt, fehlende
                         Karriere, fehlende
                         Kompetenzen,
                         schlechtes Betriebsklima
```

Ein Gespräch mit dem ausscheidenden Mitarbeiter kann Aufschluss über die Ursachen des Weggangs geben (sog. *Austrittsinterview*). Hierbei kommt es allerdings darauf an, dass es dem Meister gelingt, eine Vertrauensbasis herzustellen, sodass der Mitarbeiter sich überhaupt äußert und dabei die „wirklichen Gründe" für seine Kündigung nennt. Ursachen im persönlichen Bereich sind vom Betrieb nur selten beeinflussbar.

Bei den *betrieblichen* Fluktuationsursachen gibt es folgende „Spitzenreiter":

- fehlende *Karriere,*
- als ungerecht empfundene *Entlohnung,*
- nicht ausreichender *Freiraum,*

- Unzufriedenheit mit der *Arbeit* selbst,
- Unzufriedenheit mit dem *Führungsstil* und/oder der Person des Vorgesetzten.

03. Welche Änderungen im Verhalten eines Mitarbeiters können erste Anzeichen für eine „innere Kündigung" sein? Welche Ursachen lassen sich nennen?

Als „innere Kündigung" bezeichnet man den inneren Rückzug eines Mitarbeiters ohne dass eine formale Kündigung ausgesprochen wird. Die Haltung ist resignativ bis depressiv. Das Phänomen ist oft mit folgenden Verhaltenserscheinungen verbunden (die Auflistung ist beispielhaft):

Arbeitsverhalten	Anstieg der Fehlzeiten, übergenaues Einhalten der Vorschriften, Dienst nach Vorschrift, nachlassendes Engagement/Desinteresse, Ablehnung von Veränderungen und Weiterbildungsangeboten
Zusammenarbeit	Fehlendes Entgegenkommen, nachlassende Unterstützung der Kollegen, unangemessenes Verteidigen der eigenen Position

Ursachen können z. B. sein:

- Probleme im persönlichen Umfeld (Familie, Krankheit, Finanzen u. Ä.),
- Probleme im betrieblichen Umfeld (Verhalten des Vorgesetzten: Demotivation, fehlende Information/Anerkennung, verletzendes/ungerechtes Verhalten; Organisation: unklare Strukturen, fehlende Anreize/Entwicklungsmöglichkeiten u. Ä.).

04. Welche Folgen kann unerwünschte Fluktuation haben?

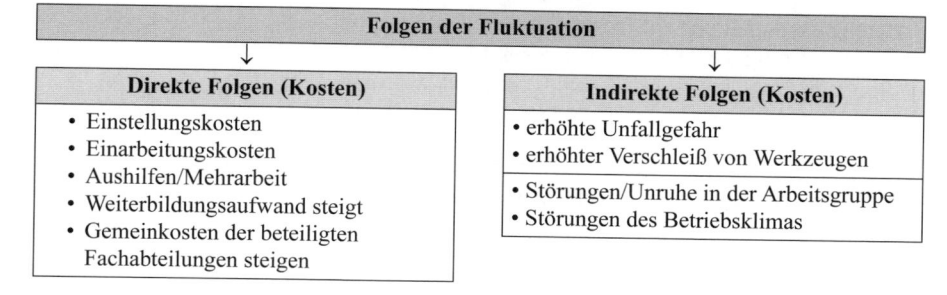

Folgen der Fluktuation	
Direkte Folgen (Kosten)	**Indirekte Folgen (Kosten)**
• Einstellungskosten • Einarbeitungskosten • Aushilfen/Mehrarbeit • Weiterbildungsaufwand steigt • Gemeinkosten der beteiligten Fachabteilungen steigen	• erhöhte Unfallgefahr • erhöhter Verschleiß von Werkzeugen • Störungen/Unruhe in der Arbeitsgruppe • Störungen des Betriebsklimas

05. Was bezeichnet man als „Fehlzeiten"?

Als Fehlzeiten bezeichnet man alle Abwesenheitstage eines Mitarbeiters, an denen er „normalerweise" arbeiten müsste (lt. Arbeitsvertrag, Betriebsvereinbarung, Tarifvertrag).

Man bezeichnet Fehlzeiten auch als *Ausfallzeiten* oder *Absentismus*.

06. Welche Arten/Ursachen von Fehlzeiten gibt es?

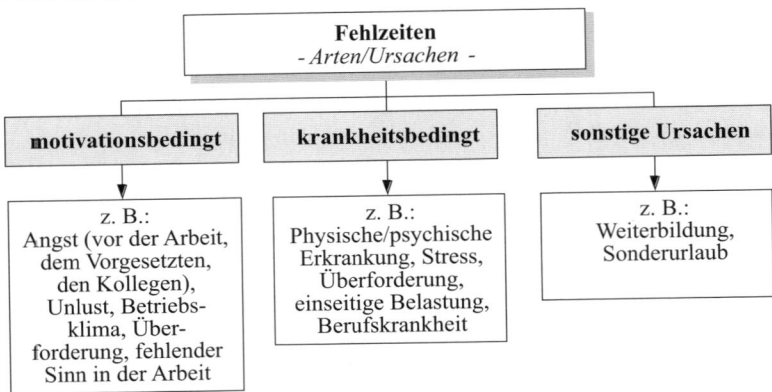

Fehlzeiten
- Arten/Ursachen -

- **motivationsbedingt**
  z. B.:
  Angst (vor der Arbeit, dem Vorgesetzten, den Kollegen), Unlust, Betriebsklima, Überforderung, fehlender Sinn in der Arbeit

- **krankheitsbedingt**
  z. B.:
  Physische/psychische Erkrankung, Stress, Überforderung, einseitige Belastung, Berufskrankheit

- **sonstige Ursachen**
  z. B.:
  Weiterbildung, Sonderurlaub

07. Welche Möglichkeiten haben der Betrieb und der Meister, um Fluktuation und Fehlzeiten zu reduzieren?

Die Antwort auf diese Frage ergibt sich aus der Vermeidung der in Frage 2 und 6 (vgl. oben) dargestellten Ursachen. Fluktuation und Fehlzeiten sind – vereinfacht gesagt – u. a. dann geringer, wenn

- *der Meister*
  - klare Anweisungen gibt und Sinn in der Arbeit vermittelt,
  - Arbeitsgruppen „richtig" zusammensetzt,
  - Leistung anerkennt und zur Delegation bereit ist,
  - die Verbesserung der Arbeitsbedingungen unterstützt,
  - auftretende Probleme bespricht und Konflikte konstruktiv behandelt.

- *der Betrieb*
  - die Weiterbildungsvorstellungen der Mitarbeiter aufgreift,
  - für transparente Aufstiegsmöglichkeiten sorgt,
  - die Lohnpolitik „nachvollziehbar" gestaltet,
  - die Mitarbeiter rechtzeitig und umfassend informiert,
  - eine Unternehmenspolitik praktiziert, die mit den gesellschaftlichen Werten in Einklang steht (Familie, Gesundheit, Persönlichkeit, Umwelt).

08. Wie ist das Fehlzeitengespräch zu führen?

Das *Fehlzeitengespräch* (auch: *Rückkehrgespräch*) ist eines der Instrumente, um die Ursachen von Fehlzeiten zu analysieren und ihnen dort, wo es möglich ist, entgegen zu wirken. Der Meister sollte dabei weder den Krankenstand als unvermeidbare Entwicklung betrachten noch sollte er unterschwellig allen Arbeitnehmern pauschal eine sinkende Arbeitsmoral unterstellen.

Bei der Detailanalyse von Fehlzeiten gilt es festzustellen:

- Wann, → Zeitpunkt, Zeitraum
- Wo, → Arbeitsbereich/-gruppe
- bei wem, → Mitarbeiter
- in welchem Ausmaß → Häufigkeit, Dauer

traten Fehlzeiten auf und wie kann ihnen wirksam begegnet werden?

Der Meister kann dazu sog. *Rückkehrgespräche* mit Mitarbeitern führen, die länger bzw. häufiger erkrankt waren. Er sollte dabei keinen psychischen Druck ausüben, sondern dem Mitarbeiter das Gefühl vermitteln, dass Abwesenheitszeiten beachtet werden, man sich Gedanken über Abhilfen macht und dem Betrieb die Genesung des Mitarbeiters nicht gleichgültig ist.

Für die Durchführung des *„Rückkehrgespräches"* ist folgender *Leitfaden* hilfreich:

1. *Gesprächsvorbereitung:*
   Analyse der Fehlzeiten, ausreichend Zeit, richtiger Zeitpunkt, Gesprächsziel.
2. *Gesprächsdurchführung und -abschluss:*
   Begrüßung/Klima, Frage nach den Ursachen, Stellungnahme des Mitarbeiters, Lösungsansätze, Verhalten in der Zukunft, Unterstützungsmöglichkeiten (Betriebsarzt, Hausarzt), Gespräch positiv beenden. Der Gesprächsinhalt ist zu protokollieren.

Sonderfälle:
Ergibt die Fehlzeitenanalyse den Eindruck/Nachweis, dass die Abwesenheiten ganz oder teilweise vermeidbar gewesen wären, so ist die Kontrolle des zukünftigen Mitarbeiterverhaltens *besonders nachdrücklich* durchzuführen (ggf. 2. oder 3. Gespräch).

Beruht die Abwesenheit auf einem Fehlverhalten des Mitarbeiters sind *Sanktionen* erforderlich, z. B. Lohnabzug, Ermahnung, Abmahnung, Kündigung.

4.6 Förderung der Kommunikation und Kooperation

4.6.1 Mitarbeitergespräch

01. Was versteht man unter „Kommunikation"?

Kommunikation ist die Übermittlung von Reizen/Signalen vom Sender zum Empfänger. Man unterscheidet:

- die *verbale* Kommunikation (verbal = in Worten)
  (Unterhaltung, Bitte, Information, Anweisung, Dienstgespräch, Fachgespräch, Lehrgespräch, Diskussion, Debatte, Aussprache, vertrauliches Gespräch) und

- die *non-verbale* Kommunikation (non-verbal = ohne Worte)
  (Blickkontakt, Mimik, Gestik, Körperhaltung, Körperkontakt).

02. Welche Arten von Mitarbeitergesprächen sind für den Industriemeister von zentraler Bedeutung?

Grundsätzlich *gehört das Gespräch* mit dem einzelnen Mitarbeiter oder der Gruppe *zu den zentralen Führungsinstrumenten*. Mitarbeiter führen heißt, ihr Verhalten gezielt beeinflussen und dies bedeutet, „mit ihnen verbal oder nonverbal kommunizieren".

Merke: *„Der sprachlose Vorgesetzte führt nicht!"*

Für den Meister gibt es unterschiedliche Anlässe, mit den Mitarbeitern Gespräche zu führen. Diese sog. *Gesprächsarten* sind je nach Anlass und Einzelfall gezielt zur Förderung der Kommunikation und der Zusammenarbeit einzusetzen. Innerhalb der Fülle der Gesprächsarten sind vor allem folgende für die Prüfung relevant (vgl. Rahmenplan: 3.5.4, 3.6.2.5, 4.5.4, 4.5.5, 4.5.9):

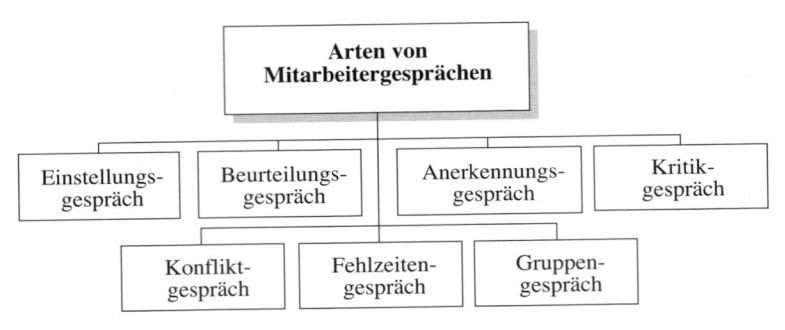

```
              Arten von
         Mitarbeitergesprächen
   ┌──────────┬──────────┬──────────┬──────────┐
 Einstellungs- Beurteilungs- Anerkennungs-  Kritik-
   gespräch    gespräch     gespräch      gespräch
              ├──────────┬──────────┐
            Konflikt-  Fehlzeiten-  Gruppen-
            gespräch    gespräch    gespräch
```

03. Welche Vorbereitungen und Rahmenbedingungen sind für einen erfolgreichen Gesprächsverlauf zu beachten?

Obwohl jedes Gespräch je nach Anlass Besonderheiten aufweist, gibt es doch allgemein gültige Regeln, die der Meister bei jedem Mitarbeitergespräch einhalten sollte (vgl. dazu auch Ziffer 4.5.9, Frage 07.):

1. *Vorbereitung/Rahmenbedingungen:*
   - Ziel festlegen, Fakten sammeln, ggf. Termin vereinbaren, Notizen anfertigen
   - geeigneten Gesprächsort und -termin wählen, Gesprächsdauer planen

2. *Gesprächsdurchführung/innere Bedingungen:*
   Vertrauen, Offenheit, Takt, Rücksichtnahme, Zuhören, Aufgeschlossenheit, persönliche Verfassung, Vorurteilsfreiheit, Fachkompetenz, Ausdrucksfähigkeit, sich Zeit nehmen;

   Zu vermeiden sind: Ablenkung, Zerstreutheit, Ermüdung, Überforderung, Misstrauen, Ängstlichkeit, Kontaktarmut, Vorurteile, Verallgemeinerungen i. S. von „immer, stets, niemals" usw.

4.6 Förderung der Kommunikation und Kooperation

Einzelempfehlungen:

- Jedes Mitarbeitergespräch sollte nach der **B-A-R**-*Regel* durchgeführt werden, das heißt, der Meister sollte
  - sich „**B**eteiligen",
  - **A**nteilnehmen,
  - den Mitarbeiter „**R**espektieren".
- Bei jedem Mitarbeitergespräch sollte die *Fragetechnik* gezielt eingesetzt werden:
  „Wer fragt, der führt!"
  „Fragen statt behaupten!"
  „Fragen stellen und den anderen darauf kommen lassen!"
  - *Offene Fragen* ermutigen den Gesprächspartner, über einen Beitrag nachzudenken und darüber zu sprechen, z. B.:
    · Was halten Sie davon?
    · Wie denken Sie darüber?
  - *Geschlossene Fragen* sind nur mit „ja" oder „nein" zu beantworten und können ein Gespräch ersticken.
  - *Die wiederholenden Fragen* i. S. einer Wiederholung der Argumente des Gesprächspartners zeigen die Technik des „aktiven Zuhörens" und können z. B. lauten:
    · Sie meinen also, dass ...
    · Sie haben also die Erfahrung gemacht, dass ...
    · Sie sind also der Überzeugung, dass ...
    · Habe ich Sie richtig verstanden, wenn ...
  - *Mit richtungsweisenden Fragen* werden im Gespräch Akzente gesetzt und der Gesprächsverlauf gesteuert, z. B.:
    · Sie sagten, Ihnen gefällt besonders ...
    · Dann stimmen Sie also zu, dass ...
    · Was würden Sie sagen, wenn ...

04. Welches Gesprächsverhalten ist ziel- und adressatengerecht?

Der Meister kann Mitarbeitergespräche nur dann erfolgreich durchführen, wenn er sich

- *zielorientiert* und   (Beachtung des Gesprächszieles)
- *adressatenorientiert* verhält.   (sich auf den Mitarbeiter einstellen)

Dazu einige Leitgedanken:

- Sich auf den anderen einstellen!
  seine Gedanken, seine Wünsche, Erfahrungen, seine früheren „Verletzungen"
- Widerstände sind keine Kampfansagen, sondern Hinweise auf mögliche Konflikte!
- Worte und Erfahrungswelt des anderen benutzen!
  Für die Ohren des anderen argumentieren!
  seine Arbeitswelt, seine Sprache, seine Bedürfnisse

- Das Gesprächsziel schriftlich formulieren!
  Die Zielerreichung überprüfen und festhalten!
  Den anderen beim Wort nehmen!

05. Welche Fragen sind geeignet, um bei schwierigen Gesprächen zu Beginn eine „Kontaktbrücke" herzustellen?

Beispiele:

- „Wie fühlen Sie sich?"
- „Meinen Sie, dass Ihre Arbeit ausreichend anerkannt wird?"
- „Wie empfinden Sie die Zusammenarbeit in der Abteilung?"
- „Haben Sie Vorschläge zur Verbesserung der Arbeitsweise?"
- „Was behindert Sie in Ihrer Arbeitsleistung?"
- „Gibt es seit unserem letzten Gespräch etwas Neues?"

Weniger geeignet sind „Floskeln" wie z. B.:

- „Womit kann ich Ihnen helfen?"
- „Was kann ich für Sie tun?"
- „Wie geht es Ihnen?"

4.6.2 Betriebliche Besprechungen

01. Welche Besprechungsarten stehen für den Industriemeister im Mittelpunkt?

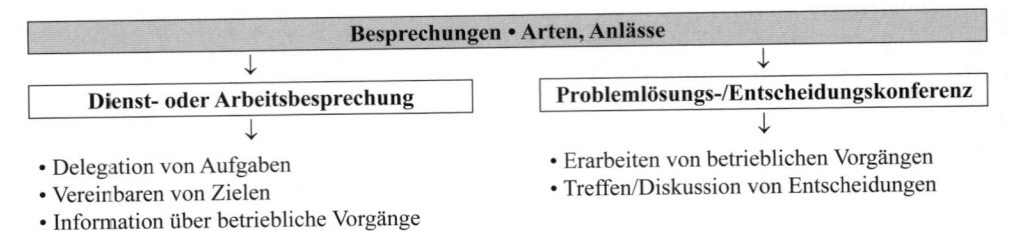

Besprechungen • Arten, Anlässe	
↓	↓
Dienst- oder Arbeitsbesprechung	Problemlösungs-/Entscheidungskonferenz
↓	↓
• Delegation von Aufgaben • Vereinbaren von Zielen • Information über betriebliche Vorgänge	• Erarbeiten von betrieblichen Vorgängen • Treffen/Diskussion von Entscheidungen

02. In welche Phasen ist eine Besprechung typischerweise gegliedert?

Begrüßung/Eröffnung → Thema und Gliederung darstellen → Diskussion → Entscheidungen/Aktionen/Vereinbaren von Maßnahmen

03. Welche Vorbereitungen und Rahmenbedingungen sind für erfolgreiche Besprechungen/Konferenzen erforderlich?

Besprechungen/Konferenzen sind nur dann erfolgreich, wenn sie *inhaltlich, personell* und *technisch* sorgfältig vorbereitet sind. Die nachfolgende *Checkliste* bietet dazu Hilfestellung:

Checkliste	Vorbereiten einer Besprechung	erledigt?
A.	Inhaltliche Vorbereitung, z. B.:	
	• Ist die Besprechung notwendig?	✓
	• Ist es eine Informations-, Koordinations- oder Entscheidungskonferenz?	✓
	• Was ist Ziel der Besprechung?	✓
	• Ist das Ziel messbar formuliert und damit überprüfbar?	✓
	• Ist das Problem konkret formuliert?	✓
B.	Personelle Vorbereitung, z. B.:	
	• Wer kann/will zu dem Problem etwas beitragen?	✓
	• Wer ist ein „schwieriger" Teilnehmer?	✓
	• Wer muss wann informiert werden?	✓
	• Wer muss welche Vorarbeiten leisten?	✓
	• Haben alle Teilnehmer zugesagt?	✓
C.	Technische Vorbereitung, z. B.:	
	• Ort, Datum, Beginn und Ende der Besprechung	✓
	• Art der Besprechung, Tagesordnung	✓
	• Aufgabenverteilung: Leiter, Protokoll, Gäste ...	✓
	• erforderliche Unterlagen	✓
	• Raum reservieren	✓
	• Visualisierungstechnik auswählen und prüfen	✓

4.6.3 Zusammenarbeit und Verhaltensregeln im Unternehmen

01. Welche Verhaltensregeln im Unternehmen sind zu beachten?

Eine geordnete Zusammenarbeit von Menschen im Unternehmen ist nur möglich, wenn Regeln der Zusammenarbeit *existieren und* den Mitarbeitern *bekannt sind*. Der Meister muss auf die Einhaltung dieser Bestimmungen einwirken. Je größer ein Unternehmen ist, desto höher ist die Notwendigkeit, Fragen der Ordnung und des Verhaltens im Betrieb zu regeln.

In vielen Betrieben sind folgende Sachverhalte geregelt:

- Vereinbarungen über die Arbeitszeit (z. B. Flexibilisierungsmodelle),
- Regelung von Überstunden,
- Vorschriften über **S**icherheit, **O**rdnung und **S**auberkeit am Arbeitsplatz (z. B. durch zusätzliche Schilder „S-O-S"),
- Umgang mit Werkzeugen,
- Maßnahmen zum Unfallschutz,
- Unterschriftsregelungen,
- Grundsätze der Führung und Zusammenarbeit,
- Arbeitsordnungen (früher: Betriebsordnung) sind Betriebsvereinbarungen, die Regelungen des Arbeitsschutzes, der Berufsgenossenschaften usw. enthalten. Bei Verstößen kann gegenüber dem Mitarbeiter ein Bußgeld verhängt werden.

02. Welche Maßnahmen zur Einhaltung der Verhaltensregeln im Betrieb kann der Industriemeister anwenden?

Der Industriemeister hat die Aufgabe, seine Mitarbeiter über alle Fragen der Ordnung und des Verhaltens im Betrieb *zu informieren* und dabei *Einsicht zu erzeugen*, warum diese Regelungen existieren. Im Einzelfall kann dazu auch gehören, dass er sich bei der Betriebsleitung dafür einsetzt, dass überholte Regeln abgeschafft oder überarbeitet werden.

Dem Meister stehen gegenüber dem Mitarbeiter folgende disziplinarische und arbeitsrechtliche *Instrumente/Maßnahmen* zur Verfügung, die er je nach Sachverhalt wirksam einsetzen muss:

- Unterweisung, Sicherheitsbelehrung
- Ermahnung,
- Abmahnung,
- schriftliches Festhalten von Arbeitsverstößen,
- sofortige Ablösung am Arbeitsplatz,
- Bußgeld (auf der Basis einer Arbeitsordnung),
- Versetzung,
- ggf. Lohnabzug,
- Kündigung.

03. Welche Prinzipien sollten bei der Umsetzung von Verhaltensregelungen im Betrieb eingehalten werden?

1. Konsequente Handhabung und Umsetzung!
   (sonst wird die Ausnahme zur Regel)
2. Gleiches Recht und gleiche Pflichten für alle!
3. Appell und Einsicht sind wirksamer als Drohungen!
4. Anwendung einheitlicher Maßstäbe!
5. Nicht Unmögliches verlangen!

4.6.4 Bildung und Lenkung betrieblicher Arbeitsgruppen

01. Welche Arten betrieblicher Arbeitsgruppen lassen sich unterscheiden?

Betriebliche Arbeitsgruppen unterscheiden sich hinsichtlich ihrer *Größe*, *Zielsetzung* und *Struktur*. Möglich ist folgende Differenzierung; sie enthält Überschneidungen:

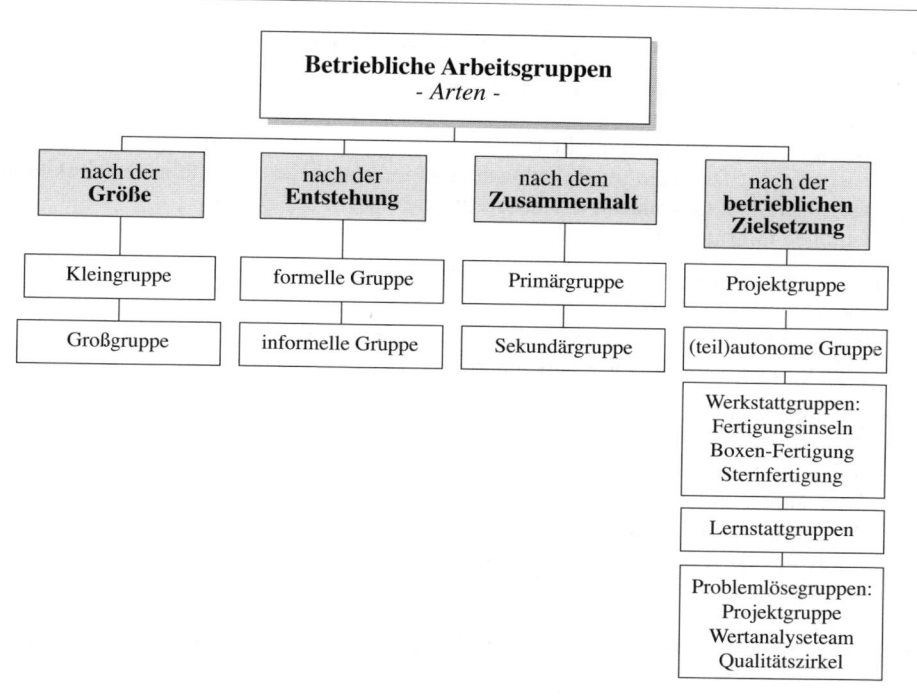

4.6 Förderung der Kommunikation und Kooperation

```
                    Betriebliche Arbeitsgruppen
                            - Arten -
    ┌──────────────┬──────────────┬──────────────┬──────────────┐
    nach der       nach der       nach dem       nach der
    Größe          Entstehung     Zusammenhalt   betrieblichen
                                                 Zielsetzung

    Kleingruppe    formelle       Primärgruppe   Projektgruppe
                   Gruppe

    Großgruppe     informelle     Sekundärgruppe (teil)autonome
                   Gruppe                        Gruppe

                                                 Werkstattgruppen:
                                                 Fertigungsinseln
                                                 Boxen-Fertigung
                                                 Sternfertigung

                                                 Lernstattgruppen

                                                 Problemlösegruppen:
                                                 Projektgruppe
                                                 Wertanalyseteam
                                                 Qualitätszirkel
```

02. Welche Grundsätze sind bei der Zusammensetzung betrieblicher Arbeitsgruppen zu beachten?

Zunächst ist die Frage zu stellen, wann ist Gruppenarbeit erfolgreich? Wie lässt sich der „Erfolg" von Gruppenarbeit definieren?

Die Antwort lautet:

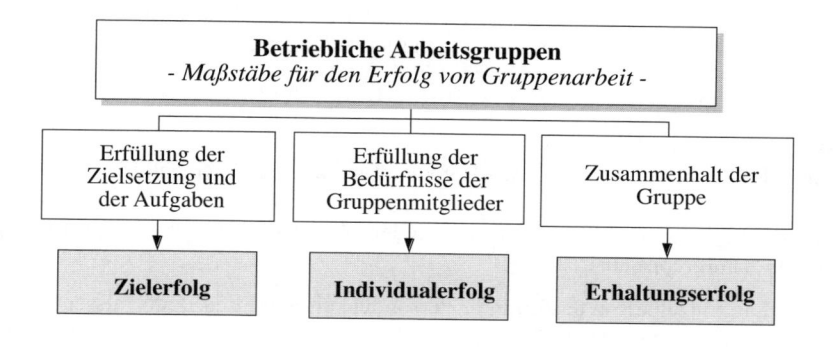

```
              Betriebliche Arbeitsgruppen
         - Maßstäbe für den Erfolg von Gruppenarbeit -
    ┌──────────────────┬──────────────────┬──────────────────┐
    Erfüllung der      Erfüllung der      Zusammenhalt der
    Zielsetzung und    Bedürfnisse der    Gruppe
    der Aufgaben       Gruppenmitglieder
         ↓                   ↓                   ↓
    Zielerfolg         Individualerfolg   Erhaltungserfolg
```

Damit also betriebliche Arbeitsgruppen erfolgreich sein können, müssen

1. die *Ziele* messbar formuliert sowie die *Aufgabenstellung* klar umrissen sein, z. B.
   - Kompetenz der Gruppe
   - Kompetenz der Gruppenmitglieder
   - ausgewogene fachliche Qualifikation der Gruppenmitglieder im Hinblick auf die Gesamtaufgabe (Alter, Geschlecht, Erfahrungshintergrund)
   - laufende Information über Veränderungen im Betriebsgeschehen
2. die *Bedürfnisse der Gruppenmitglieder* berücksichtigt werden, z. B.
   - Sympathie/Antipathie
   - bestehende informelle Strukturen berücksichtigen und nutzen
   - gegenseitiger Respekt und Anerkennung
3. Maßnahmen zum inneren *Zusammenhalt der Gruppe* gesteuert werden, z. B.
   - Größe der Gruppe (i. d. R. zwischen 6 und 12 Mitarbeiter)
   - Solidarität untereinander
   - Bekanntheit und Akzeptanz der Gruppe im Betrieb (Teamsprecher)
   - Arbeitsstrukturierung (Mehrfachqualifikation, Rotation, Springer)
   - Förderung der Lernbereitschaft und der Teamfähigkeit

03. Welches Sozialverhalten der Gruppenmitglieder ist für eine effiziente Zusammenarbeit erforderlich?

Vorab zur Klarstellung:

- *Effektiv* heißt, die richtigen Dinge tun!   (Hebelwirkung)
- *Effizient* heißt, die Dinge richtig tun!   (Qualität)

Eine formell gebildete Arbeitsgruppe ist nicht grundsätzlich „aus dem Stand heraus" effizient in ihrer Zusammenarbeit. *Teamarbeit entwickelt sich nicht von allein, sondern muss gefördert und erarbeitet werden.* Neben den notwendigen *Rahmenbedingungen* der Teamarbeit (Ziel, Aufgabe, Kompetenz, Arbeitsbedingungen) müssen die Mitglieder einer Arbeitsgruppe *Verhaltensweisen* beherrschen/erlernen, um zu einer echten Teamarbeit zu gelangen:

Jedes Teammitglied ...

a) muss nach dem *Grundsatz* handeln:
   „Nicht jeder für sich allein, sondern alle gemeinsam und gleichberechtigt!"

b) muss die *Ausgewogenheit/Balance* zwischen dem Ziel der Arbeitsgruppe, der Einzelperson und der Gesamtgruppe anstreben!

   Beispiel: Die Einzelperson darf in ihrer Persönlichkeit und ihren Bedürfnissen nicht in der Gruppe „untergehen". Störungen in der Gruppenarbeit, die ein Einzelner empfindet, müssen respektiert und geklärt werden.

4.6 Förderung der Kommunikation und Kooperation

Das Ziel darf nicht verfehlt/ vereinbarte Aufgaben müssen erledigt werden!

Ziel, Aufgabe

Balance

Einzelperson ↔ **Gruppe**

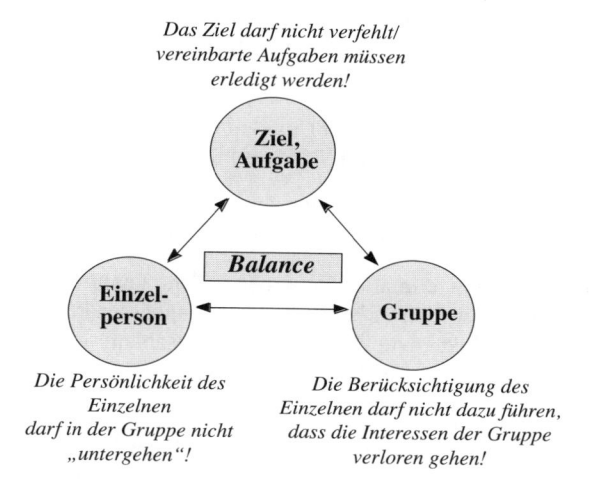

Die Persönlichkeit des Einzelnen darf in der Gruppe nicht „untergehen"!

Die Berücksichtigung des Einzelnen darf nicht dazu führen, dass die Interessen der Gruppe verloren gehen!

c) respektiert das andere Gruppenmitglied im Sinne von „*Ich bin o. k., du bist o. k.!*"

d) erarbeitet mit den anderen schrittweise *Regeln* der Zusammenarbeit und der Kommunikation, die eingehalten werden, solange sie gelten.

  Beispiele:
  - Vereinbarte Termine und Zusagen werden eingehalten!
  - Jeder hat das Recht, auszureden!
  - Jede Meinung ist gleichberechtigt!
  - Kritik wird konstruktiv und in der Ich-Form vorgebracht!

e) verfügt über/erlernt die Bereitschaft/Fähigkeit, notwendige *Veränderungen mitzutragen*.

04. Welche unterschiedlichen Rollen muss der Industriemeister bei der Führung von Arbeitsgruppen berücksichtigen?

Der Meister ist wie jeder andere Vorgesetzte verantwortlich für die Erreichung der Ziele seiner Abteilung. An dieser grundlegenden Verantwortung hat auch die Veränderung des Führungsstils und der neueren Formen von Gruppenarbeit nichts geändert.

a) In dieser Rolle ist der Meister *Vorgesetzter* und gegenüber der Gruppe weisungs- und kontrollberechtigt. „*Die Gruppe braucht einen Chef!*"

Die zunehmende Demokratisierung der Arbeitsprozesse und Arbeitsstrukturen verbunden mit einer verstärkten Delegation von Aufgaben und Kompetenzen (z. B. teilautonome Gruppen) hat dazu geführt, dass der Meister auch andere Rollen wahrnehmen muss: An den Meister werden z. B. bei Opel Eisenach weniger fachliche und leitende Aufgabenansprüche gestellt. Dafür muss er stärker als früher über *soziale Kompetenz* verfügen:

b) Er dient als *Trainer und Coach* seinen Teams (z. B. Verbesserung der Kommunikationsfähigkeit, Vermittlung von Besprechungstechniken, Optimierung der Arbeitsabläufe).

c) Er *koordiniert* die Zusammenarbeit zwischen den einzelnen Teams und den benachbarten betrieblichen Abteilungen (z. B. Fragen der Aufgabenverteilung, der Materialversorgung, Terminkoordination).

d) Er ist *Moderator* (= „Steuermann") der Prozesse in der Gruppe und zwischen den Gruppen (z. B. Bewältigung von Konflikten und Veränderungsprozessen).

e) Für den einzelnen Mitarbeiter im Team sollte der Meister auch die Rolle eines *Beraters* wahrnehmen (z. B. persönliche Probleme, falls gewünscht; Fragen der Fortbildung und Karriere).

f) Da die „Personaldecke" heute in allen Betrieben äußerst knapp ist, kann es in Einzelfällen sogar vorkommen, dass der Meister bei personellen Engpässen kurzzeitig „zurück ins Glied muss", d. h. er muss für begrenzte Zeit im Produktionsablauf aushelfen. Wir können diese Rolle als „*Springerfunktion*" bezeichnen.

Fazit:
Der Meister im heutigen Leistungsprozess hat unterschiedliche Rollen gleichzeitig wahrzunehmen. Hinsichtlich der Sozialkompetenz und der moderatorischen Kompetenz sind die Anforderungen an ihn gestiegen:

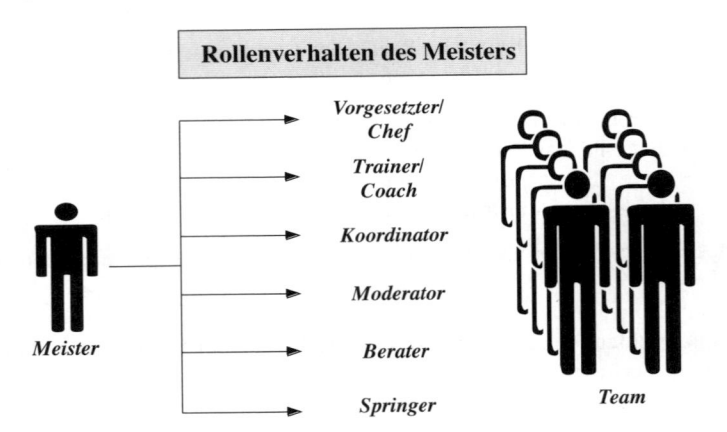

Rollenverhalten des Meisters

- Vorgesetzter/Chef
- Trainer/Coach
- Koordinator
- Moderator
- Berater
- Springer

Meister → *Team*

05. Was versteht man unter „Gruppendynamik"?

Mit Gruppendynamik bezeichnet man die *Kräfte innerhalb einer Gruppe, durch die Veränderungen verursacht werden.* Veränderungen können z. B. sein: verstärkter Gruppenzusammenhalt, Feindseligkeit zu anderen Gruppen, Isolierung einzelner Gruppenmitglieder, Entwicklung gemeinsamer Normen, Lernprozesse, Entwicklung einer informellen Rangordnung mit positiver oder negativer Wirkung.

06. Wie kann der Meister gruppendynamische Prozesse bewusst wahrnehmen und dabei versuchen, die Teamentwicklung zu stärken?

Gruppendynamische Prozesse können negative oder positive Wirkungen entfalten (Zusammenhalt oder innerer Zerfall einer Gruppe).

Der Meister muss positive Entwicklungen erkennen und fördern und negativen Tendenzen entgegenwirken. Negativ sind alle Entwicklungen zu bewerten, die die Erreichung der Ziele stören oder verhindern: Nichterreichen der betrieblichen Ziele, Stören der persönlichen Bedürfnisse der Gruppenmitglieder (vgl. dazu oben, Ziffer 4.6.4, Frage 02.).

Gruppendynamische Prozesse (Veränderungsprozesse) *kann der Meister über folgende Signale* der Mitarbeiter/der Gruppe *„diagnostizieren"* und damit bewusst in eine positive Richtung steuern:

- *Kontakt*
  - zwischen den einzelnen Gruppenmitgliedern
  - zu anderen Gruppen
- *Sympathie/Antipathie*
  - zwischen den einzelnen Gruppenmitgliedern
  - zu anderen Gruppen
- *Aktivität*
  - zwischen den einzelnen Gruppenmitgliedern
  - zu anderen Gruppen
- Entwicklung eines *informellen Führers* in der Gruppe
- *Beschwerden*
- *Konflikte*
- Veränderung
  - der *Gruppenleistung*
  - der *Leistung* einzelner Gruppenmitglieder
  - der Kommunikation (Art, Häufigkeit, Intensität)
- Entwicklung eigener *Gruppennormen* (konstruktive/destruktive)
- *Wettbewerb* untereinander (in der Gruppen/innerhalb von Gruppen)

Bei der Führung von Gruppen haben sich folgende Prinzipien bewährt:
- *„Nicht gegen die Gruppe arbeiten, sondern mit ihr".*
- *„Die positiven Kräfte nutzen*
  (wie z. B. Gruppenzusammenhalt),
  den negativen entgegenwirken
  (wie z. B. Bildung informeller Normen, die sich destruktiv auswirken)".

4.6.5 Betriebliche Probleme und soziale Konflikte

01. Was sind Konflikte und welche Konfliktarten lassen sich unterscheiden?

- Konflikte sind *der Widerstreit gegensätzlicher Auffassungen*, Gefühle oder Normen von Personen oder Personengruppen.

- Konflikte gehören zum Alltag eines Betriebes. Sie sind normal, allgegenwärtig, Bestandteil der menschlichen Natur und nicht grundsätzlich negativ. Die Wirkung von Konflikten kann grundsätzlich *destruktiv* oder *konstruktiv* sein.

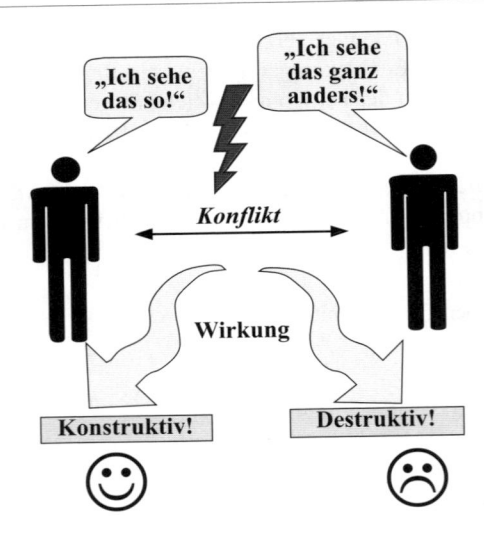

- Positive Aspekte von Konflikten können z. B. sein:
  - Fehler/Widersprüche werden erkannt und aufgedeckt,
  - Konflikte können die Quelle von Innovation und Dynamik sowie Neuentwicklung sein,
  - sachlich erörterte Konflikte stärken die Konfliktfähigkeit der Parteien und fördern das Selbstvertrauen der handelnden Personen.
- Konflikte können *latenter Natur* (unterschwellig) oder auch *offensichtlich* sein. Sie gehören mit zur menschlichen Natur. Konflikte sind als Prozess zu sehen, der immer dann auftaucht, wenn zwei oder mehr Parteien in einer Sache/einer Auffassung nicht übereinstimmen.
- Konflikte können
  - innerhalb einer Person (innere Widersprüche; intrapersoneller Konflikt)
  - zwischen zwei Personen (interpersoneller Konflikt)
  - zwischen einer Person (Moderator) und einer Gruppe
  - innerhalb einer Gruppe
  - zwischen mehreren Gruppen

  auftreten.
- Beim *Konfliktinhalt* werden drei Arten/Dimensionen unterschieden:
  - *Sachkonflikte:*
    Der Unterschied liegt in der Sache, z. B. unterschiedliche Ansichten darüber, welche Methode der Bearbeitung eines Werkstückes richtig ist.
  - *Emotionelle Konflikte (Beziehungskonflikte):*
    Es herrschen unterschiedliche Gefühle bei den Beteiligten: Antipathie, Hass, Misstrauen.

    Hinweis:
    Sachkonflikte und emotionelle Konflikte überlagern sich. Konflikte auf der Sachebene sind mitunter nur vorgeschoben; tatsächlich liegt ein Konflikt auf der Beziehungsebene vor. Beziehungskonflikte erschweren die Bearbeitung von Sachkonflikten.

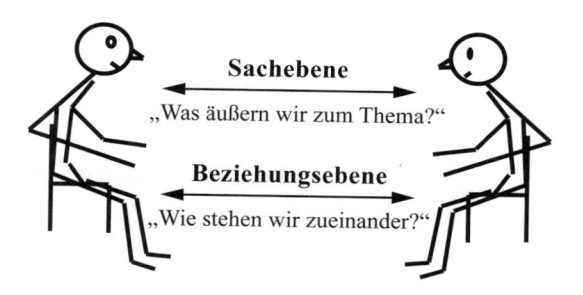

4.6 Förderung der Kommunikation und Kooperation

Sachebene
„Was äußern wir zum Thema?"

Beziehungsebene
„Wie stehen wir zueinander?"

- *Wertekonflikte:*
Der Unterschied liegt im Gegensatz von Normen; das Wertesystem der Beteiligten stimmt nicht überein.

  Beispiel (verkürzt): Der ältere Mitarbeiter ist der Auffassung: „Die Alten haben grundsätzlich Vorrang – bei der Arbeitseinteilung, der Urlaubsverteilung, der Werkzeugvergabe – und überhaupt."

Die Mehrzahl der Konflikte tragen Elemente aller drei Dimensionen (siehe oben) in sich und es bestehen *Wechselwirkungen*.

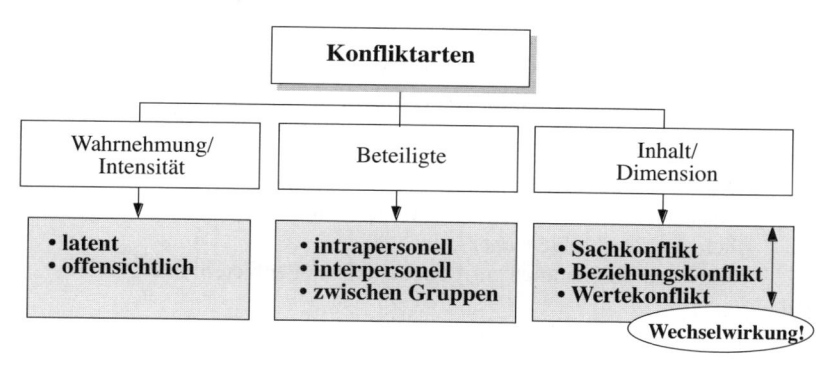

Konfliktarten

Wahrnehmung/ Intensität	Beteiligte	Inhalt/ Dimension
• latent • offensichtlich	• intrapersonell • interpersonell • zwischen Gruppen	• Sachkonflikt • Beziehungskonflikt • Wertekonflikt

Wechselwirkung!

02. Wie lassen sich Konflikte bearbeiten?

- *Ziel der Konfliktbearbeitung*

  ist es, durch offenes Ansprechen eine sachliche Problemlösung zu finden, aus der Situation gestärkt hervorzugehen und den vereinbarten Konsens gemeinsam zu tragen.

- *Konfliktstrategien:*

  Dazu bietet sich nach Blake/Mouton (1980) an, eine gleichmäßig hohe Gewichtung zwischen den *Interessen des Gegenübers* (Harmoniestreben) und *Eigeninteressen* (Macht) vorzunehmen: Konsens zu stiften. Fließen die Interessen beider Parteien nur halb ein, dann ist das Ergebnis (nur) ein Kompromiss. Wird der Konflikt nur schwach oder gar nicht thematisiert (Flucht/ Vermeidung/„unter den Teppich kehren"), ist nichts gewonnen. Dominiert der andere, ist ebenfalls wenig gewonnen, man gibt nach, verzichtet auf den konstruktiven Streit. Setzt man sich allein durch, ist das Resultat erzwungen und wird mit Sicherheit von der Gegenpartei nicht getragen.

Rein theoretisch sind folgende *Reaktionen der Konfliktparteien* denkbar (s. Abb.); der Meister sollte die Reaktionen fördern, die für eine Konfliktbearbeitung konstruktiv sind (siehe gerasterte Felder) bzw. Bedingungen im Vorfeld von Konflikten vermeiden, die eine konstruktive Bearbeitung unmöglich werden lassen:

Konflikt	Konfliktreaktionen der Beteiligten		
	unvermeidbar; Ausgleich nicht möglich	*vermeidbar; Ausgleich nicht möglich*	*vermeidbar; Ausgleich möglich*
Reaktion: aktiv	Kämpfe	Rückzug: „Eine Partei gibt auf"	**Problemlösung**
	Vermittlung, Schlichtung	Isolation	**tragfähiger Kompromiss**
Reaktion: passiv	zufälliges Ergebnis	Ignorieren des anderen	friedliche Koexistenz

Strategie der Konfliktvermeidung

- *Konfliktgespräch:*

Bei der Behandlung von Konflikten gilt für den Meister grundsätzlich:
Nicht Partei ergreifen, sondern die Konfliktbewältigung moderieren!

Dazu sollte er in folgenden Schritten vorgehen:

- *Was?*   Den Sachverhalt (ruhig) ermitteln.
- *Warum?*   Ursachen und Zusammenhänge erforschen.
                Sich ein Urteil bilden, aber keines fällen.
- *Wie?*   Wege und Maßnahmen zur Behebung festlegen/vereinbaren.
- *Bis wann?*
  Von wem?   Maßnahmen ausführen und kontrollieren.

Die Bearbeitung von Sachkonflikten ist auch über Anweisungen oder einseitige Regelungen (mit Begründung) durch den Meister möglich; z. B. Festlegung von Arbeitsplänen.

Bei Beziehungs- und Wertekonflikten führt dies nicht zum Ziel. Hier ist es als Vorstufe zur Konfliktregelung wirksam, dem anderen zu sagen, wie man die Dinge sieht oder empfindet. Man zeigt damit dem anderen seine eigene Haltung, ohne ihn zu bevormunden.

In der Psychologie bezeichnet man dies *als „Ich-Botschaften":*

- „Ich sehe es so";
- „Ich empfinde es so";
- „Auf mich wirkt das ...";
- „Mich ärgert, wenn Sie ...".

Destruktiv sind Formulierungen wie:

- „Sie haben immer ...";
- „Können Sie nicht endlich mal ...";
- „Kapieren Sie eigentlich gar nichts?"

Abgesehen vom Tonfall wird hier der andere auf „Verteidigungsposition" gehen, seinerseits seine „verbalen Waffen aufrüsten und zurückschießen", da er diese Aussagen als Bevormundung empfindet; sein Selbstwertgefühl ist gefährdet.

- *Wechselwirkung zwischen Sachebene und Beziehungsebene:*

  In vielen Fällen des Alltags beruht der Konflikt nicht in dem vermeintlichen Unterschied in der Sache, sondern in einer Störung der Beziehung:

  „Der andere sieht mich falsch, hat mich verletzt, hat mich geärgert ..."

  Der Meister muss hier zunächst die Beziehungsebene wieder tragfähig herstellen, bevor das eigentliche Sachthema erörtert wird. Sachkonflikte sind häufig Beziehungskonflikte (vgl. oben).

03. Welche Grundsätze gelten für die Behandlung von Beschwerden?

Konfliktsignale äußern sich häufig in Form von *Beschwerden*. Sie erfolgen aus einem Gefühl der Verärgerung oder aus berechtigtem, sachlichen Interesse.

Nach dem Betriebsverfassungsgesetz hat jeder Arbeitnehmer grundsätzlich ein Beschwerderecht (vgl. § 84 BetrVG; bitte lesen).

Für die Behandlung und den Umgang mit Beschwerden gibt es einige Hinweise, die der Industriemeister beachten sollte:

a) *Anhören:*
   - jede Beschwerde ernst nehmen
   - den Beschwerdeführer ausreden lassen
   - nicht sofort dazu Stellung nehmen
   - die eigenen Kompetenzen abschätzen

b) *Prüfen:*
   - durch sachliche Fragen die Ursachen feststellen, die zur Beschwerde führen
   - die Zusammenhänge klären
   - die Ansichten anderer Beteiligter hören.

c) *Aktiv werden:*
   - Maßnahmen ergreifen, die eine Abhilfe ermöglichen bzw. Lösungsvorschläge weiterleiten
   - wenn eine Abhilfe nicht möglich ist - die Gründe erklären und helfen, die Situation zu erleichtern.
   - sollte eine Beschwerde ungerechtfertigt sein – Einsicht erzeugen

d) *Kontrollieren:*
   - ob das Handeln/die Maßnahme wirkt,
   - ob der Anlass, der zur Beschwerde geführt hat, ausgeräumt ist,
   - ob der Beschwerdeführer zufriedengestellt ist und
   - wie solche oder ähnliche Vorfälle künftig vermieden werden können.

```
        ggf. ein
     Konfliktsignal!

  "Ich finde das                    Regel: A-P-A-K
    nicht in                        Anhören
    Ordnung,                        Prüfen
    wenn ...!"                      Aktiv werden
                                    Kontrollieren
              Recht nach
              § 84 BetrVG
              ┌──────────┐
              │ Beschwerde │────────▶
              └──────────┘

              ┌──────────────────┐
         ◀────│ Abhilfe oder Erklärung │────▶
              │   und Kontrolle   │
              └──────────────────┘
  Mitarbeiter                              Meister
```

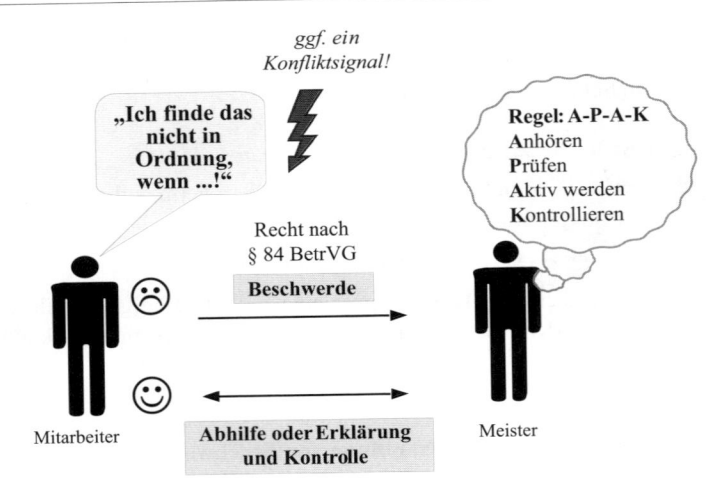

4.6.6 Moderationstechnik

01. Was versteht man unter „Moderation"?

Moderation kommt aus dem Lateinischen (= *moderatio*) und bedeutet, das *„rechte Maß finden, Harmonie herstellen"*. Im betrieblichen Alltag bezeichnet man damit eine *Technik,* die hilft,

- Einzelgespräche,
- Besprechungen und
- Gruppenarbeiten (Lern- und Arbeitsgruppen)

so zu steuern, dass das Ziel erreicht wird.

02. Welche Aufgaben hat der Moderator?

Das Problem bei der Moderation liegt darin, dass die traditionellen Strukturen der Gruppenführung noch nachhaltig wirksam sind. Die Mitarbeiter sind es gewohnt, Anweisungen zu erhalten; die Vorgesetzten verstehen sich in der Regel als Leiter einer Gruppe mit hierarchischer Kompetenz und Anweisungsbefugnissen.

Bei der Moderation von Gruppengesprächen müssen diese traditionellen Rollen abgelegt werden:

- *Der Vorgesetzte als Moderator einer Besprechung steuert mit Methodenkompetenz den Prozess der Problemlösung in der Gruppe und nicht den Inhalt!*
- *Der Moderator ist der erste Diener der Gruppe!*

Der Meister als Moderator ist *kein „Oberlehrer",* der alles besser weiß, sondern er ist *primus inter pares* (Erster unter Gleichen). Er beherrscht das „Wie" der Kommunikation und kann Methoden der Problemlösung und der Visualisierung von Gesprächsergebnissen anwenden. In fachlicher Hinsicht muss er nicht alle Details beherrschen, sondern einen Überblick über Gesamtzusammenhänge haben.

4.6 Förderung der Kommunikation und Kooperation

Eine der schwierigsten Aufgaben für den Moderator ist die Fähigkeit zu erlangen, *seine eigenen Vorstellungen* zur Problemlösung denen der Gruppe *unterzuordnen*, sich selbst zurück zu nehmen und ein erforderliches Maß an *Neutralität* aufzubringen. Dies verlangt ein Umdenken im Rollenverständnis des Meisters.

Der Moderator hat somit folgende *Aufgaben:*

1. *Er steuert den Prozess und sorgt für eine Balance* zwischen Individuum, Gruppe und Thema!
   Ablauf der Besprechung, Kommunikation innerhalb der Gruppe, roter Faden der Problembearbeitung, Anregungen, Zusammenfassen, kein Abschweifen vom Thema, verschafft allen Gruppenmitgliedern Gehör.

2. *Er bestimmt das Ziel* und den Einsatz der *Methodik* und der *Techniken*!
   Die Gruppe bestimmt vorrangig die Inhalte und Lösungsansätze.

3. Er sorgt dafür, dass *Spannungen und Konflikte thematisiert* werden!
   Sachliche Behandlung.

4. Er *spielt sich nicht (inhaltlich) in den Vordergrund*!
   Zuhören, ausreden lassen, kein Besserwisser, Geduld haben.

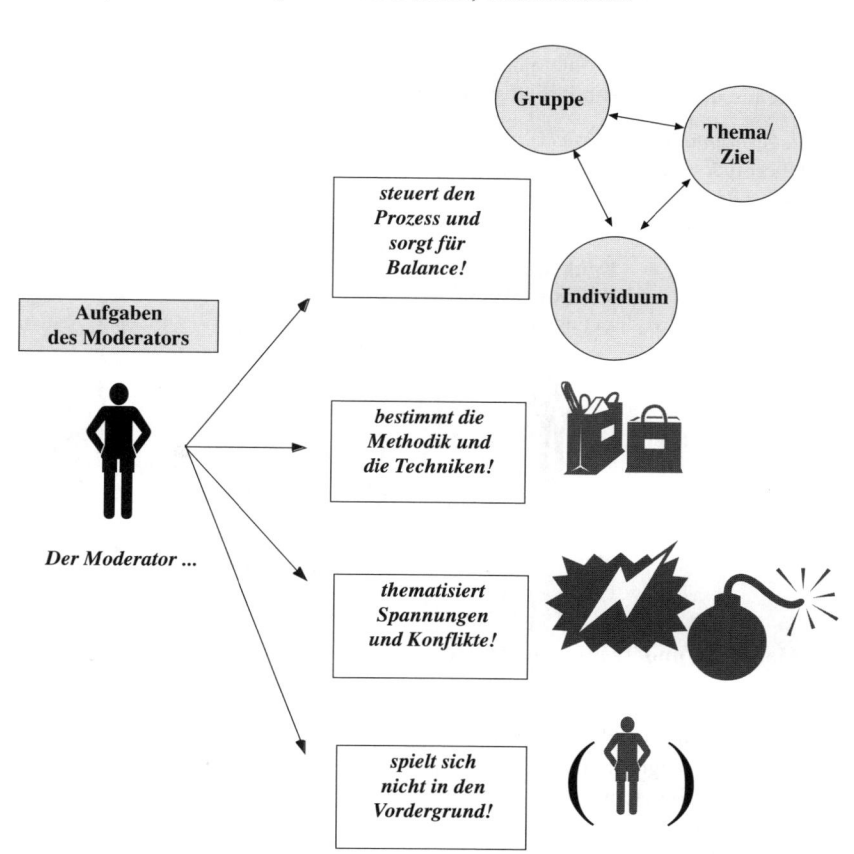

Aufgaben des Moderators

Der Moderator ...

- steuert den Prozess und sorgt für Balance! (Gruppe — Thema/Ziel — Individuum)
- bestimmt die Methodik und die Techniken!
- thematisiert Spannungen und Konflikte!
- spielt sich nicht in den Vordergrund!

03. Welche Stellung und Rolle (= Funktion) hat der Moderator?

Moderation ist ein Handwerk und die Kunst zur Verbesserung der Kommunikation in betrieblichen Gruppenarbeiten.

Der Moderator hat von daher folgende *Stellung und Rolle (= Funktion)* innerhalb der Arbeits-/Besprechungsgruppe:

1. Er ist der erste *Diener* der Gruppe:
   Vorbereitung der Gruppenarbeit, Rahmenbedingungen schaffen

2. Er ist *Partner* der Gruppe:
   sich einfühlen, zusammenfassen, auf alle eingehen

3. Er ist „*Geburtshelfer*" der Problemlösung:
   zielorientierte Fragen vorbereiten, Hilfestellung bei der Formulierung, durch Fragen die „Gruppe selbst darauf kommen lassen" (Mäeutik = Hebammentechnik)

4. Er ist *Transformator und Change Agent*:
   Prozessbegleiter, Helfer bei Lernprozessen, Überwindung von Stockungen in der Gruppenarbeit

5. Er ist „*Gärtner*" und *Förderer*:
   „bereitet den Boden für die Problemlösung vor": ermuntern, ermutigen, Wissen bereitstellen, die Fähigkeiten der Gruppenmitglieder fördern

6. Er ist „*Steuermann auf der Brücke*":
   hat den Überblick (Thema, Prozess, Gruppe, Gruppenmitglieder), setzt Prioritäten, erkennt „Sackgassen" der Problembearbeitung

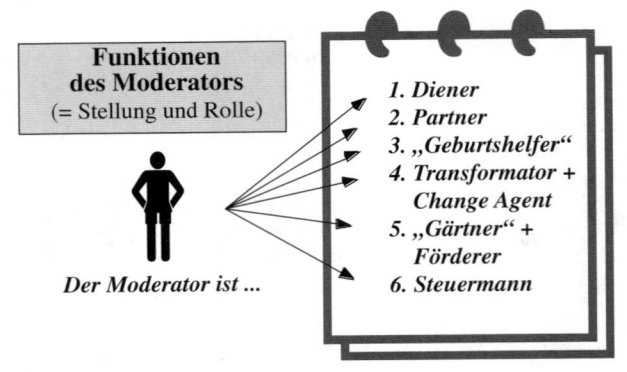

Funktionen des Moderators (= Stellung und Rolle)

Der Moderator ist ...

1. Diener
2. Partner
3. „Geburtshelfer"
4. Transformator + Change Agent
5. „Gärtner" + Förderer
6. Steuermann

04. Welche Methoden und Techniken sollte der Moderator beherrschen?

1. *Grundregeln der Visualisierung:*
   - Konzentration auf das Wesentliche
   - Bilder, Worte, Diagramme
   - nicht mit Text überladen
   - Schriftgröße beachten
   - Hilfsmittel einsetzen:
     Flipchart, Tageslichtprojektor, Wandtafel, Diaprojektor, Pinnwand

4.6 Förderung der Kommunikation und Kooperation

2. *ABC-Analyse/Pareto Prinzip:*
   - Bewertung nach der Bedeutung (A = wichtig, B = weniger wichtig, ...)
   - basiert auf der 80:20-Regel nach Pareto
   - Voraussetzung: Sammlung von Daten
   - Beispiele: Fehleranalyse, Qualitätsprobleme

3. *Brainstorming, Brainwriting:*
   vgl. dazu Ziffer 4.5.8, Frage 04. sowie unter Nr. 5.

4. *Methode 635:*
   Bei dieser Methode erhalten sechs Teilnehmer ein gleich großes Blatt Papier. Es wird mit drei Spalten und sechs Zeilen in 18 Kästchen aufgeteilt (sechs Teilnehmer, je drei Ideen, fünfmal weiterreichen). Jeder Teilnehmer entwirft drei Lösungsvorschläge und gibt danach sein Blatt weiter. Der Nachbar liest das Blatt durch, lässt sich durch die Vorschläge anregen, ergänzt wiederum drei Ideen und gibt sein Blatt weiter. Das Weiterreichen erfolgt 5-mal.

   Mit dieser Methode entstehen innerhalb von 30 Minuten maximal 108 Ideen:

   6 Teilnehmer · **3** Ideen · **6** Zeilen.

5. *Metaplan-Technik* (teilweise auch als Brainwriting bezeichnet):
   - *Äußerungsphase:*
     - bis zu 20 Teilnehmer
     - Ideen auf Karten
     - je Karte nur eine Idee
     - alle Ideen werden dokumentiert – keine Idee geht verloren
     - Dauer: 5-10 Minuten
     - während der Ideensammlung: kein Kommentar, keine Bewertung
     - es gibt keine Tabus, keine Grenzen, keine Normen.
   - Nach der Äußerungsphase kommt die *Ordnungsphase („Klumpen bilden"):*
     Die Ideen werden geordnet/gruppiert (dabei gilt: der Urheber entscheidet bei Nicht-Einigung in der Gruppe, in welche Ordnung seine Idee gehört; eventuell Karte doppeln).
   - Nach der Ordnungsphase folgt die *Bewertungsphase*:
     Die Ideen werden in der Gruppe bewertet (erst jetzt wird „Unsinniges", Unrealistisches usw. beiseite gelegt). Alle Ideen werden besprochen, die Inhalte sind dann jedem einzelnen Gruppenmitglied bekannt.
   - *Vertiefungsphase:*
     In der Regel werden danach die interessierenden Themenfelder (sprich „Klumpen") in Gruppenarbeiten im Detail *strukturiert* und inhaltlich aufbereitet.
   - *Schlussphase/Aktionsphase:*
     In der Schlussphase werden die gewonnenen Ergebnisse in Aktionen umformuliert, um so Eingang in die Praxis zu finden: Wer? Macht was? Wie? Bis wann?

6. *Mind-Mapping:*
   Dies ist eine Technik, um Informationen und Problemstellungen auf eine übersichtliche Art zu strukturieren und zu dokumentieren; ist geeignet für die Analyse von Problemen, aber

auch die Gliederung von Lösungswegen. Das Problem wird in „Hauptäste" und „Zweige" zerlegt und grafisch veranschaulicht:

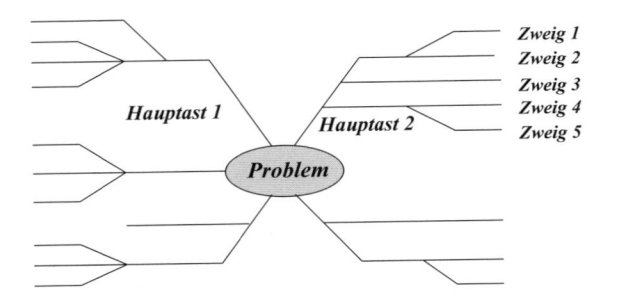

7. *Ishikawa-Diagramm (= Ursache-Wirkungs-Diagramm; vgl. auch S. 347):*
   Die Problemursachen werden nach Bereichen kategorisiert und in einer Grafik veranschaulicht. Die Einzelschritte sind:
   → Problem definieren
   → 4 Ursachenbereiche unterscheiden: - Mensch
                                                             - Maschine
                                                             - Material
                                                             - Methode
   → mögliche Ursachen je Bereich erkunden
   → grafisch darstellen

   Beispiel (verkürzte Darstellung):

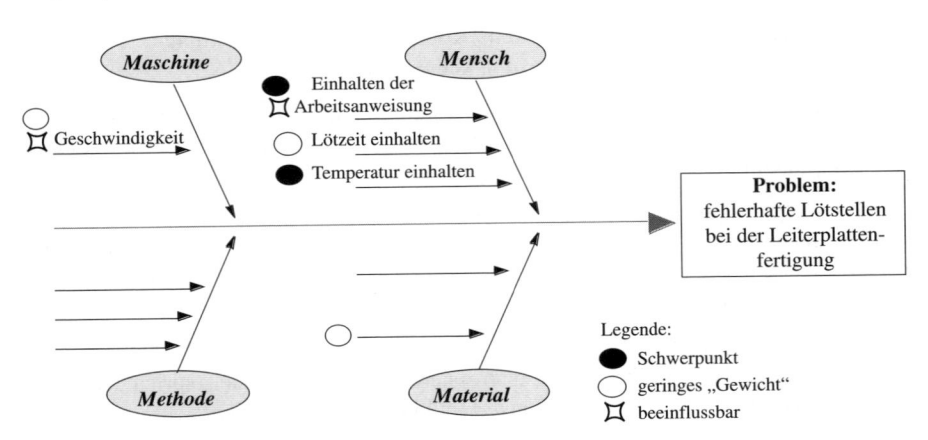

8. *Morphologischer Kasten:*
   vgl. dazu Ziffer 4.5.8, Frage 04.

9. *Fragetechnik:*
   vgl. dazu Ziffer 4.6.1, Frage 03.

4.6 Förderung der Kommunikation und Kooperation

10. *Spezielle Methoden der Moderation:*

    - *Gruppenspiegel:*
      Zum Anwärmen der Gruppenarbeit: Name, Funktion, „Das mag ich/das mag ich nicht" werden auf einer Metaplanwand festgehalten.

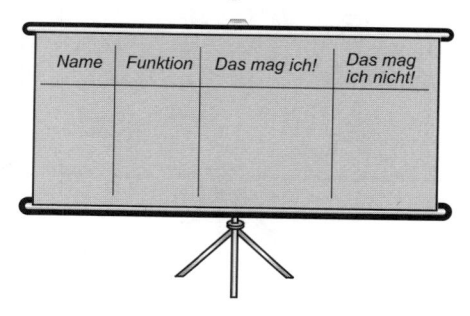

    - *Erwartungsabfrage:*
      Zum Einstieg, zum Abbau von Vorbehalten und Ängsten, z. B. über folgende Fragen auf der Metaplanwand:

      „Was soll passieren?"
      „Was darf nicht passieren?"
      „Ich erwarte von dieser Sitzung ..."

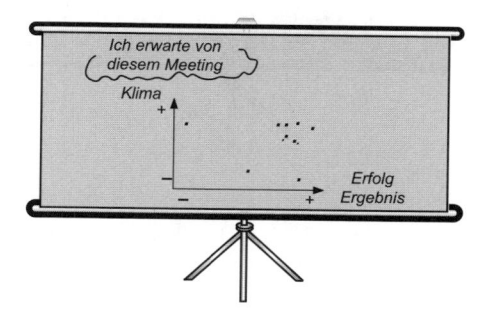

    - *Themenspeicher:*
      Gefundene Ideen werden gesondert festgehalten; ebenso: noch zu bearbeitende Felder.

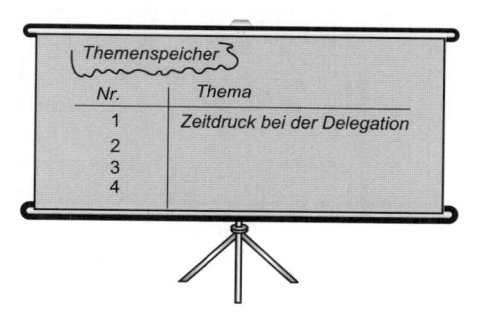

- *Punktabfrage:*
  Die Teilnehmer bewerten Fragen oder Lösungsansätze mit Punkten; z. B. kann jeder Teilnehmer bei acht Lösungen drei bis vier Punkte zur Vergabe erhalten.

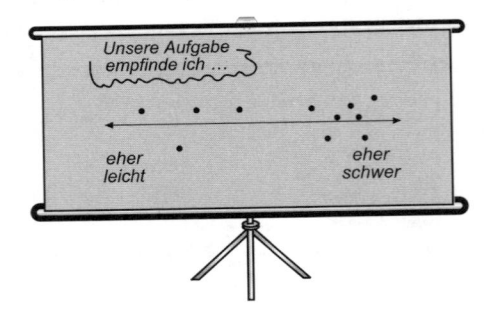

- *Fadenkreuz:*
  Der Moderator unterteilt eine bestimmte Fragestellung in vier Felder; z. B. Soll, Ist, Widerstände, Lösungsansätze.

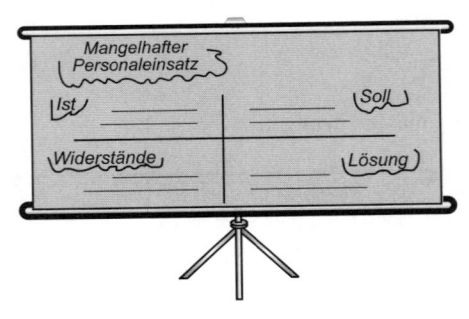

- *Maßnahmenplan:*
  Die gefundenen Lösungen werden als Einzelmaßnahme festgehalten mit den Spalten: Maßnahmen-Nr., Wer?, Mit wem?, Bis wann?

- *Stimmungsbarometer:*
  Auf einem Flipchart wird die Stimmungslage der Gruppe festgehalten, z. B. am Ende einer Sitzung.

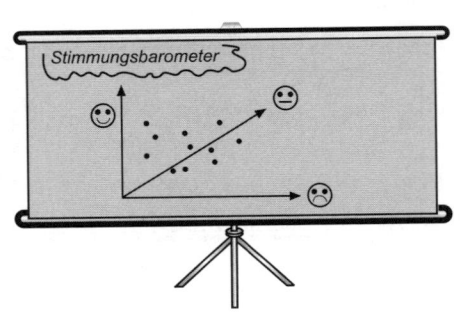

- *Blitzlicht:*
  Wird z.B. bei Störungen der Gruppenarbeit eingesetzt; erfolgt ohne Visualisierung. Die Gruppe verlässt das Sachthema und wechselt auf die Beziehungsebene. Jeder sagt so viel oder so wenig wie er möchte. Die Beiträge werden nicht kommentiert.

05. In welchen Phasen erfolgt der Ablauf der Moderation?

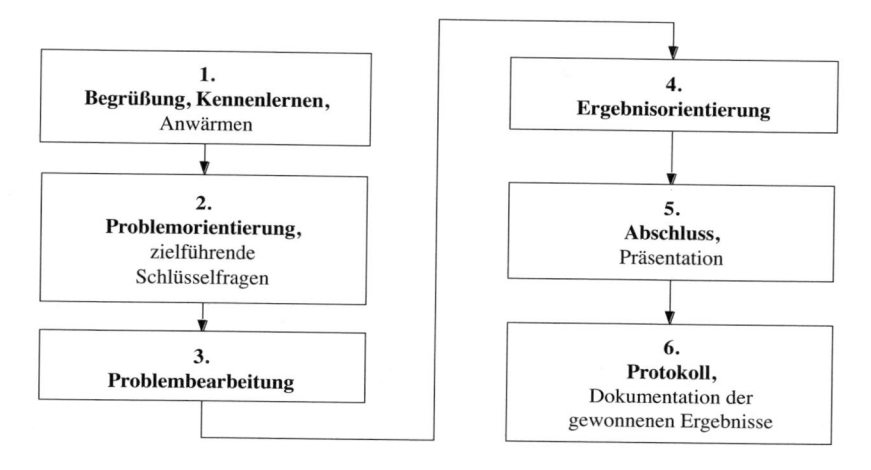

1. Begrüßung, Kennenlernen, Anwärmen
2. Problemorientierung, zielführende Schlüsselfragen
3. Problembearbeitung
4. Ergebnisorientierung
5. Abschluss, Präsentation
6. Protokoll, Dokumentation der gewonnenen Ergebnisse

5. Berücksichtigung naturwissenschaftlicher und technischer Gesetzmäßigkeiten

Prüfungsanforderungen:

Nachweis folgender Fähigkeiten:

- Der Teilnehmer soll nachweisen, dass er in der Lage ist, einschlägige naturwissenschaftliche und technische Gesetzmäßigkeiten zur Lösung technischer Probleme einzubeziehen.
- Er soll mathematische, physikalische, chemische und technische Kenntnisse und Fertigkeiten zur Lösung von Aufgaben aus der betrieblichen Praxis anwenden.

Qualifikationsschwerpunkte (Überblick)

5.1 Berücksichtigen der Auswirkungen naturwissenschaftlicher und technischer Gesetzmäßigkeiten auf Materialien, Maschinen und Prozesse sowie auf Mensch und Umwelt, z. B. bei Oxidations- und Reduktionsvorgängen, thermischen Einflüssen, galvanischen Prozessen, mechanischen Bewegungsvorgängen, elektrotechnischen, hydraulischen und pneumatischen Antriebs- und Steuerungsvorgängen

5.2 Verwenden unterschiedlicher Energieformen im Betrieb sowie Beachten der damit zusammenhängenden Auswirkungen auf Mensch und Umwelt

5.3 Berechnen betriebs- und fertigungstechnischer Größen bei Belastungen und Bewegungen

5.4 Anwenden von statistischen Verfahren und Durchführen von einfachen statistischen Berechnungen sowie ihre grafische Darstellung

5.1 Auswirkungen naturwissenschaftlicher und technischer Gesetzmäßigkeiten auf Materialien, Maschinen und Prozesse sowie auf Mensch und Umwelt

5.1.1 Auswirkungen von chemischen Reaktionen in Arbeitsprozessen, Maschinen und Materialien

01. Welche Eigenschaften haben Sauerstoff und Wasserstoff? Wie werden sie verwendet und hergestellt?

	O_2 Sauerstoff	H_2 Wasserstoff
	Beispiele	
Eigenschaften	• gasförmig, • farb-, geruch-, geschmacklos • ist Bestandteil der Luft, • tritt chemisch gebunden als Bestandteil des Wassers und fast aller Gesteine auf • reaktionsfreudig • unterhält die Verbrennung, verbrennt aber nicht selbst • bildet mit anderen Elementen Oxide	• gasförmig, • farb-, geruch-, geschmacklos • ist das leichteste Gas mit der geringsten Dichte • reaktionsträge; in Wasser wenig löslich • hochentzündlich bzw. explosiv; Wasserstoff-Sauerstoff-Gemische reagieren bei Entzündung explosionsartig (Knallgas) • bildet mit anderen Elementen Hydride
Herstellung	• durch fraktionierte Destillation verflüssigter Luft (Stickstoff wird abgegeben, Sauerstoff bleibt übrig) • Elektrolyse des Wassers: $2H_2O \rightarrow 2H_2 + O_2$	• durch Elektrolyse verdünnter Alkalilauge oder Schwefelsäure entsteht Wasserstoff als Nebenprodukt • Vergasung von Kohle mit Wasserdampf
Verwendung	• beim autogenen Schweißen • in Atemgeräten • als Bestandteil von Raketentreibstoffen • zur Stahlherstellung	• beim Raketenantrieb • in Wasserstoffmotoren (Energieträger der Zukunft) • beim autogenen Schweißen und Schneiden • bei Hydrierungsreaktionen (z. B. Fetthärtung) • zur Kühlung von Generatoren in Kraftwerken

02. Was ist trockene Luft?

Trockene Luft ist ein *Gasgemisch*, das Sauerstoff, Kohlendioxid, Stickstoff und Edelgase enthält. Unsere Erde ist von einer lebenswichtigen Lufthülle umgeben, die schädliche Strahlen absorbiert und extreme Temperaturen verhindert. Die Gase der Luft, die in der Industrie als Rohstoffe verwendet werden, lassen sich durch *fraktionierte Destillation* trennen.

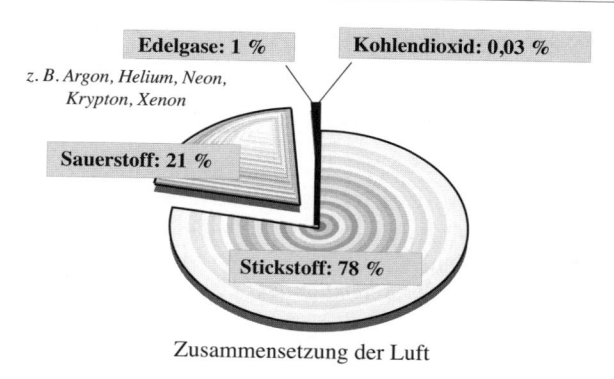

Zusammensetzung der Luft:
- Edelgase: 1 % (z. B. Argon, Helium, Neon, Krypton, Xenon)
- Kohlendioxid: 0,03 %
- Sauerstoff: 21 %
- Stickstoff: 78 %

03. Wie wird Luft verflüssigt und wozu wird flüssige Luft verwendet?

Flüssige Luft wird hergestellt, indem man sie komprimiert und die dabei frei werdende Wärme abführt. Bei der nachfolgenden Expansion kühlt sich die Luft ab. Durch mehrfache Wiederholung mithilfe von Vorkühlung wird Luft bei etwa -190 °C flüssig. Frisch hergestellte flüssige Luft ist zunächst farblos, später blau, da der farblose Stickstoff bevorzugt verdampft und sich der blaue Sauerstoff im Rückstand anreichert. Flüssige Luft wird z. B. zur Kühlung, aber auch zur Gewinnung von Sauerstoff, Stickstoff und Edelgasen verwendet.

04. Was sind chemische Reaktionen?

Unter chemischen Reaktionen werden allgemein *stoffliche Prozesse* verstanden, bei denen *chemische Bindungen* (Spaltungen oder Neuausbildungen) *umgebaut werden*. Dabei *entstehen neue Stoffe mit neuen Eigenschaften*, aber keine neuen Elemente. Diese neuen Stoffe werden Reaktionsprodukte genannt.

Chemische Reaktionen sind stets mit physikalischen Vorgängen verbunden, z. B. mit der Abgabe oder Aufnahme von Energie (z. B. als Wärme), der Änderung des Aggregatzustandes oder der Farbe. Jede chemische Reaktion kann durch eine chemische Gleichung ausgedrückt werden, in der auf der linken Seite die Ausgangsstoffe und auf der rechten Seite die Reaktionsprodukte stehen.

05. Wodurch sind Oxidation und Reduktion gekennzeichnet?

- Im *engeren Sinn* ist

Beispiel:

Oxidation	eine chemische Reaktion, bei der sich *ein Stoff mit Sauerstoff zu einem Oxid verbindet*.	$2\,Mg + O_2 \rightarrow 2\,MgO$
Reduktion	eine chemische Reaktion, bei der *einem Oxid Sauerstoff entzogen wird*.	$2\,Ag_2O \rightarrow 4\,Ag + O_2$

- Im *erweiterten Sinn* beziehen sich die Begriffe

Oxidation	auf die *Abgabe* von Elektronen.
Reduktion	auf die *Aufnahme* von Elektronen.

06. Was ist eine Redoxreaktion?

- Als *Redoxreaktion* (im engeren Sinn)
  wird eine Reaktion bezeichnet, bei der *Reduktion und Oxidation* gleichzeitig ablaufen bzw. gekoppelt sind.

  Beispiel:

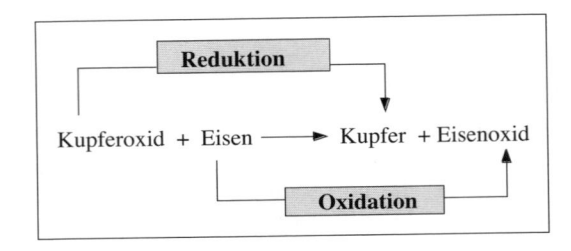

  ```
                    Reduktion
           ┌─────────────────────┐
           │                     ▼
   Kupferoxid + Eisen ────► Kupfer + Eisenoxid
           │                            ▲
           └─────────────────────┘
                    Oxidation
  ```

  Hierbei wird Kupferoxid zu Kupfer reduziert und Eisen nimmt Sauerstoff auf; es oxidiert.

- *Redoxreaktionen* (im erweiterten Sinn)
  sind Reaktionen, bei denen zwischen Teilchen der Ausgangsstoffe Elektronen übertragen werden. Oxidation und Reduktion werden hier als *Reaktionen mit Elektronenübergang* verstanden.

07. Was sind Oxidationsmittel und Reduktionsmittel?

Wenn man das o. g. Beispiel der Reaktion von Kupferoxid und Eisen genauer beschreibt, so ist festzustellen, dass

Kupferoxid   *Sauerstoff abgibt* und dadurch die Oxidation des Eisens ermöglicht. Das Kupferoxid ist das *Oxidationsmittel*, es wird selbst reduziert.

Eisen   *Sauerstoff aufnimmt* und dadurch die Reduktion des Kupferoxids ermöglicht. Das Eisen reduziert das Kupferoxid, es ist das *Reduktionsmittel* und wird selbst oxidiert.

Im erweiterten Sinn gibt das Reduktionsmittel Elektronen ab und das Oxidationsmittel nimmt Elektronen auf. Ob ein Stoff als Reduktions- oder als Oxidationsmittel wirkt, kann nur im Verhältnis zu einem bestimmten Reaktionspartner bestimmt werden.

08. Was bezeichnet man als Spannungsreihe der Metalle und was bedeutet Redoxpotenzial?

Ein Maß für das Reduktions- bzw. Oxidationsvermögen eines Stoffes ist sein Redoxpotenzial. Eine nach dem Wert des Redoxpotenzials geordnete Reihe ist die *Spannungsreihe*. Je höher das Redoxpotenzial ist, um so größer ist die Oxidationskraft eines Stoffes.

5.1 Auswirkungen naturwissenschaftlicher und technischer Gesetzmäßigkeiten

Da die Metalle so geordnet sind, dass die links stehenden die jeweils rechts davon stehenden Metalle ausfällen, bezeichnet man die Spannungsreihe auch als *Fällungsreihe*.

→ *Fällungsreaktion*:
Beim Vermischen von Lösungen zweier leicht löslicher Salze entsteht ein schwer lösliches Salz, das als Niederschlag aus der Lösung ausfällt.

$$\text{un-edel} \quad\longleftarrow\quad \text{Li} \quad \text{Ca} \quad \text{Mg} \quad \text{Zn} \quad \text{Pb} \quad \text{Fe[H]Cu} \quad \text{Ag} \quad \text{Hg} \quad \text{Au} \quad\longrightarrow\quad \text{edel}$$

Der Wasserstoff wurde als Bezugsgröße mit in die Spannungsreihe aufgenommen. Ihm wird ein Standardpotenzial von 0 Volt zugeordnet. Alle links vom Wasserstoff stehenden Metalle wirken ihm gegenüber als Reduktionsmittel.

09. Was bezeichnet man als „galvanisches Element"?

Durch Kopplung von zwei verschiedenen Metallen in ihren Salzlösungen entsteht eine Redoxreaktion, bei der elektrischer Strom erzeugt wird.

Beispiel: $Zn + Cu^{2+} \rightarrow Zn^{2+} + Cu$

Je weiter die Metalle in der Spannungsreihe auseinander liegen, um so höher ist die Spannung des galvanischen Elements. Man erhält also hohe Spannungen, wenn man edle Metalle zusammen mit sehr unedlen verwendet.

Diese chemische Spannungsquelle wird in der Praxis beispielsweise in Batterien und Akkumulatoren genutzt.

10. Was ist eine elektrochemische Reaktion?

Elektrochemische Reaktionen sind solche chemischen Reaktionen, *die unter Aufnahme oder Abgabe von elektrischer Energie ablaufen*. Es findet dabei eine wechselseitige Umwandlung von (in den Stoffen vorhandener) chemischer und elektrischer Energie statt.

11. Was sind exotherme und endotherme Reaktionen?

Damit Stoffe eine chemische Reaktion eingehen können, müssen sie meist zuvor aktiviert werden, d. h., es muss Energie (z. B. thermische) zugeführt werden. Diese Startenergie nennt man „*Aktivierungsenergie*".

Wird nun bei einer Reaktion

→ *Wärme frei*   so heißt diese Reaktion *exotherm*.
                       Dabei wird mehr Energie frei, als an Aktivierungsenergie zugeführt werden muss.

→ *Wärme zugeführt*   so heißt diese Reaktion *endotherm*.
                       Diese Reaktionen laufen nur bei ständiger Energiezufuhr ab.

12. Wie entsteht Korrosion?

Korrosion ist die Zerstörung eines Metalls von der Oberfläche her durch chemische Reaktionen, die durch Luft, Wasser, Säuren oder aggressive Gase verursacht werden. Eine häufige Form ist die *Sauerstoffkorrosion*, z. B. das Rosten von Eisen: Auf der (beschädigten) Eisenoberfläche bildet sich im Kontakt mit feuchter Luft eine lockere Rostschicht, die porös und bröckelig ist. Wasser und Sauerstoff können diese Schicht durchdringen und tiefere Schichten angreifen; dadurch setzt sich das Rosten fort (Flächenkorrosion, Lochkorrosion). Zunächst bildet das Eisen in Verbindung mit Luftsauerstoff und Wasser das schwer lösliche Eisen(II)-hydroxid:

$$2\,Fe + O_2 + 2\,H_2O \rightarrow 2\,Fe(OH)_2$$

Dieses Eisen(II)-hydroxid bildet unter weiterem Sauerstoffeinfluss den eigentlichen Rost, rotbraunes Eisen(III)-oxidhydroxid:

$$4\,Fe(OH)_2 + O_2 \rightarrow 4\,FeO(OH) + 2H_2O$$

Folgen der Korrosion:

- Materialabtrag,
- Schwächung der Querschnittsfläche,
- Schwächung der Festigkeit (Bruchgefahr).

13. Welchen Vorgang bezeichnet man als elektrochemische Korrosion?

Wenn zwei verschiedene Metalle zusammentreffen und an deren Berührungsstelle eine Elektrolytlösung (z. B. Wasser oder Salzlösung) gelangt, tritt eine *elektrochemische Korrosion* ein: Die beiden sich berührenden Metalle bilden zusammen mit der Elektrolytlösung ein *Lokalelement* (*galvanische Zelle*). Es wird dabei das jeweils edlere Metall (Kathode) auf Kosten des unedleren Metalls (Anode) vor Korrosion geschützt, indem das unedlere Metall durch Oxidation zerstört wird.

14. Wie können Metalle vor Korrosion geschützt werden?

Alle Maßnahmen des Korrosionsschutzes zielen auf Verhinderung der Korrosion von metallischen Werkstoffen ab. Bereits bei der Auswahl der Werkstoffe kann die Korrosion beeinflusst werden, indem möglichst elektrochemisch ähnliche Metalle verwendet werden. Da die Zerstörung der Metalle in der Regel von der Oberfläche her erfolgt, muss diese besonders wirksam geschützt werden. Dadurch wird der Kontakt des Metalls mit Wasser, Luft, Säuren und Gasen verhindert.

Es gibt verschiedene Möglichkeiten des Korrosionsschutzes:

Korrosionsschutz		
Metallische Überzüge	• Tauchen • Metallspritzen	• Plattieren • Galvanisieren
Nichtmetallische Überzüge	• Anstriche • Fetten und Ölen	• Emaillieren • Kunststoffbeschichten
Chemische Schutzschichten	• Phosphatieren • Aloxidieren	• Passivieren
Legieren	Herstellen von Werkstoffen aus Mischungen verschiedener Metalle	
Schutzanoden	Herstellen einer leitenden Verbindung zwischen dem zu schützenden Metall und einem unedleren Metall (z. B. Tanklager, Schiffswände, Brücken)	

5.1.2 Auswirkungen der industriellen Nutzung von Wasser, Säuren, Basen und Salzen auf Menschen und Umwelt

01. Welche Bedeutung hat Wasser?

Wasser (H_2O) ist die *wichtigste Verbindung auf der Erde*. Täglich werden große Mengen Wasser in der Industrie und in den Haushalten verbraucht.

Wasser ist eine farblose, geschmacklose Flüssigkeit, die als natürliches Wasser stets verunreinigt vorkommt. Trinkwasser ist aufbereitetes natürliches Wasser, das klar, farb- und geruchlos sowie frei von krankheitserregenden Bakterien sein soll.

Wasser hat eine *sehr große Wärmekapazität*. Es benötigt beim Erwärmen sehr viel Energie und gibt beim Abkühlen auch viel Energie wieder ab. Für das Klima auf der Erde ist das eine entscheidende Eigenschaft. Annähernd ausgeglichene Temperaturen auf der Erde, die Leben erst ermöglichen, entstehen durch das große Wärmespeichervermögen der Ozeane. Alle Stoffe, die einen vergleichbaren Molekülaufbau wie Wasser haben, besitzen sehr viel niedrigere Schmelz- und Siedetemperaturen. Nur dadurch, dass Wasser in einem sehr großen Bereich (0 °C - 100 °C) flüssig ist, konnte sich einst Leben darin entwickeln.

02. Wie lassen sich die besonderen Eigenschaften des Wassers erklären?

Die Eigenschaften des Wassers entstehen aufgrund der Eigenschaften der Wassermoleküle. Durch eine Elektronenpaarbindung sind im Wassermolekül jeweils zwei Wasserstoffatome mit einem Sauerstoffatom verbunden. Dabei zieht das Sauerstoffatom die bindenden Elektronen etwas stärker an; es entsteht dort ein Überschuss an negativer Ladung. Entsprechend bilden sich an den Wasserstoffatomen Pluspole. Diese Ladungen gleichen sich aufgrund der gewinkelten Bauweise des Wassermoleküls nicht aus. Die Moleküle mit positiven und negativen Polen heißen *Dipolmoleküle*.

Zwischen den Dipolmolekülen wirken sehr starke Anziehungskräfte; deshalb schließen sich Wassermoleküle zu großen Molekülgruppen zusammen. Diese starke Anziehung zwischen den Wassermolekülen wird als *Wasserstoffbrückenbindung* bezeichnet; sie ist die Ursache für die besonderen Eigenschaften des Wassers:

- große Wärmekapazität,
- hohe Siede- und Schmelztemperatur,
- Dichteanomalie.

03. Was bezeichnet man als Dichteanomalie des Wassers?

Beim Gefrieren von Wasser entsteht durch die Wassermoleküle ein streng geordnetes, weiträumig aufgebautes Eisgitter, das ein größeres Volumen einnimmt als flüssiges Wasser. Diese Volumenzunahme von gefrorenem Wasser erzeugt eine große Sprengkraft (geplatzte Wasserrohre, Verwitterung ganzer Gebirge). Flüssiges Wasser hat bei 4 °C die größte Dichte und ist bei dieser Temperatur somit am schwersten. Deshalb schwimmt auch Eis auf Wasser.

04. Was ist „hartes Wasser"?

Sind im Wasser viele *Calcium- und Magnesiumsalze* (Härtebildner) gelöst, spricht man von „hartem Wasser":

Regenwasser enthält immer etwas Kohlenstoffdioxid aus der Luft und löst so neben anderen Salzen auf dem Weg durch den Boden auch Kalk (z. B. Kalkgebirge, kalk- und gipshaltige Böden):

$$CaCO_3 + CO_2 + H_2O \rightarrow Ca^{2+} + 2HCO_3^-$$

Aus schwer löslichem *Calciumcarbonat* entsteht das gut lösliche *Calciumhydrogencarbonat*, das jetzt in Wasser gelöst vorliegt (Grundwasser). Wird dieses harte Wasser erwärmt, zerfällt das Calciumhydrogencarbonat wieder in Kalk, Kohlendioxid und Wasser:

$$Ca^{2+} + 2HCO_3^- \rightarrow CaCO_3 + CO_2 + H_2O$$

Die Ablagerungen des Kalkes als „*Kesselstein*" sind unerwünscht. Sie stören die Funktionsfähigkeit von Wasserleitungen, Rohren, Kesseln und Heizstäben. Da die angesetzte Kalkschicht auch Wärme schlecht leitet, verbrauchen verkalkte Geräte mehr Energie.

05. Was bezeichnet man als Carbonathärte?

Die *Carbonathärte* wird auch als *vorübergehende Härte* bezeichnet. Sie ist durch Kochen weitgehend entfernbar. Wird hartes Wasser gekocht, so setzt sich Kalk ab; das Wasser wird weicher, da ein Teil der gelösten Salze entfernt wird.

06. Was versteht man unter Nichtcarbonathärte und Gesamthärte?

Die auch nach dem Abkochen noch vorhandene Resthärte wird als *Nichtcarbonathärte* oder *bleibende Härte* bezeichnet. Sie ist auch nach dem Abtrennen von Kalk noch vorhanden und lässt sich nicht durch Kochen entfernen. Sie wird verursacht durch gelöste Salze (z. B. Calciumsulfat, Magnesiumsulfat), die nach dem Abkochen an Säuren gebunden bleiben.

Die Gesamthärte des Wassers setzt sich wie folgt zusammen:

Gesamthärte	=	Carbonathärte (vorübergehende Härte)	+	Nichtcarbonathärte (bleibende Härte)

Wasser, das aus Urgesteinen oder anderen wenig verwitterten Silikaten entspringt, ist ebenso wie Regenwasser oder Kondenswasser industrieller Anlagen „weich"; es enthält weniger Calcium- und Magnesiumsalze.

07. Wie kann die Wasserhärte gemessen werden?

In der Neufassung des „Waschmittel- und Reinigungsgesetzes" von 2007 wurden u. a. die *Härtebereiche* an europäische Standards *angepasst*. Darin wird die Angabe Millimol Gesamthärte je Liter (mmol/l) durch *Millimol Calciumcarbonat je Liter* ersetzt.

Bei den neuen Härtebereichen werden die (früheren) Bereiche 3 und 4 zum Härtebereich „hart" zusammengefasst und die bisherigen Ziffern „1, 2, 3 und 4" durch die Beschreibungen „weich", „mittel" und „hart" ersetzt.

Neue Härtebereiche ab 2007:

Härtebereich	Härtegrad in Millimol Calciumcarbonat je Liter	Härtegrad in °dH
weich	< 1,5	< 8,4
mittel	1,5 bis 2,5	8,4 bis 14
hart	> 2,5	>14

08. Warum ist hartes Wasser bei der Verwendung unerwünscht?

Beispiele:

- Es bilden sich unlösliche Ablagerungen („Kesselstein").
- Beim Waschvorgang wird mehr Seife bzw. Waschmittel benötigt.
- Die Strömungsverhältnisse in Rohrleitungssystemen verschlechtern sich.

09. Welche Möglichkeiten gibt es, Wasser zu enthärten?

Für die technische Verwendung von Wasser wird möglichst weiches Wasser benötigt. Dazu ist es erforderlich, das vorhandene Wasser zu enthärten oder zu entsalzen:

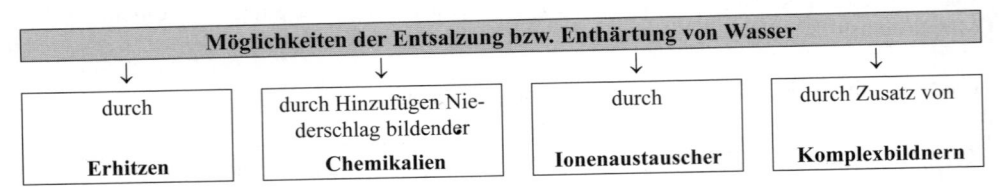

	Möglichkeiten der Entsalzung bzw. Enthärtung von Wasser		
↓	↓	↓	↓
durch **Erhitzen**	durch Hinzufügen Niederschlag bildender **Chemikalien**	durch **Ionenaustauscher**	durch Zusatz von **Komplexbildnern**

10. Wie gewinnt man Trinkwasser?

Das vorhandene Grundwasser reicht oft zur Trinkwassergewinnung nicht aus. Deshalb muss zusätzlich aus Flüssen und Seen Trinkwasser aufbereitet werden. Dazu wird dieses *Oberflächenwasser aufwändig gereinigt*:

1) *Gewinnung des Uferfiltrats:*
   In Flussnähe wird Wasser aus einem Brunnen entnommen.

2) *Versprühen des Uferfiltrats:*
   Dieses Uferfiltrat wird nach entsprechender Vorbehandlung in einem Wasserschutzgebiet in die Luft versprüht. Dabei löst sich im Wasser viel Sauerstoff.

3) *Versickern im Boden:*
   Wenn das Wasser wieder versickert, bleibt ein großer Teil der Verunreinigungen im Boden hängen. Dieser Weg des Wassers durch den Boden kann bis zu einem halben Jahr dauern. Mithilfe des im Wasser gelösten Sauerstoffs bauen Kleinstlebewesen im Boden weitere Verschmutzungen ab.

4) *Wassergewinnung und Filtration:*
   Wenn später das Wasser aus Brunnen wieder an die Oberfläche befördert wird, läuft es nochmals durch Reinigungsfilter; es wird „filtriert". Dadurch ist es möglich, Schwebestoffe und Mikroorganismen zu entfernen. Geringe Silberanteile in den Filterstoffen wirken gegen Bakterien.

5) *Desinfektion:*
   Das so gewonnene Trinkwasser wird vor seinem Weg durch viele Kilometer Rohrleitungen noch desinfiziert; es werden dadurch Keime und Bakterien abgetötet. Diese Desinfektion kann z. B. durch Einblasen von Chlorgas, durch Bestrahlung mit ultraviolettem Licht oder durch Zusatz von Ozon (Entfernung von Restozon notwendig) erfolgen.

11. Wie sind gewerbliche und industrielle Abwässer zu behandeln?

Im Verlauf von Produktionsprozessen entstehen verschiedenste gewerbliche und industrielle Abwässer. Beispielsweise sind Abwässer der lebensmittelverarbeitenden Industrie häufig mit *organischen Schmutzstoffen* belastet. Dagegen sind die Abwässer von metallverarbeitenden Betrieben oft mit *stark toxischen anorganischen Stoffen* wie Metall- oder Cyanid-Ionen vergiftet. Diese Abwässer können z. B. durch Oxidation, Reduktion, Fällung oder Filtration entgiftet werden.

Insgesamt verursacht die Industrie wesentlich mehr Abwässer als die privaten Haushalte. Da die Abwassergebühren ständig steigen und zahlreiche Gesetze zum Schutz der Gewässer den Firmen umfangreiche Auflagen erteilen (Wasserhaushaltsgesetz, Klärschlammverordnung, Abwasserabgabengesetz, Mindestanforderungen an das Einleiten von Abwasser in Gewässer), ergreifen viele Betriebe inzwischen eigene Maßnahmen, um die Abwassermengen und schädlichen Inhaltsstoffe zu reduzieren. Das wird z. B. durch Maßnahmen erreicht, wie:

- betriebsinterne Abwasserreinigung,
- Rückführung gereinigten Wassers in den Produktionskreislauf,
- Umstellung der Produktion auf abwasser-, schadstoff- und abfallarme Verfahren.

12. Was sind Säuren und Basen?

Auf der Grundlage der Ionentheorie von *Arrhenius* werden Säuren und Basen folgendermaßen erklärt:

- *Säuren*
  sind chemische Verbindungen, die in wässriger Lösung in positiv geladene Wasserstoffionen H^+ und negativ geladene Säurerestionen dissoziieren.

Beispiel:

$$H_2SO_4 \rightleftharpoons 2H^+ + SO_4^{2-}$$

$$\text{Säuremolekül} \rightleftharpoons \text{Wasserstoffion} + \text{Säurerestion}$$

Es gibt

- *sauerstofffreie* Säuren, wie z. B. Chlorwasserstoff (HCL) oder Schwefelwasserstoff (H_2S) und
- *sauerstoffhaltige* Säuren, wie z. B. Schwefelsäure (H_2SO_4) oder Salpetersäure (HNO_3).

Die sauerstoffhaltigen Säuren entstehen durch Reaktion von Nichtmetalloxiden mit Wasser:

$$\text{Nichtmetalloxid} + \text{Wasser} \rightarrow \text{Säure}$$
(Säureanhydrid)

z. B.: $\quad SO_3 + H_2O \rightarrow H_2SO_4$

Dabei können Nichtmetalle, die mit mehreren Wertigkeiten auftreten, mehrere Säuren bilden.

- *Basen*
  sind chemische Verbindungen, die mit Säuren Salze bilden. Die typischen Eigenschaften von Basen werden von den Hydroxidionen OH¯ verursacht. Alle Metalle können Basen (Metallhydroxide) bilden.

Basen entstehen aus folgenden Reaktionen:

(1) | unedles Metall + Wasser → Base + Wasserstoff |
                                  Metallhydroxid

z. B.: $2Na + 2H_2O \rightarrow 2NaOH + H_2$

(2) | Metalloxid + Wasser → Base |
     Basenanhydrid   *Metallhydroxid*

z. B. $CaO + H_2O \rightarrow Ca(OH)_2$

Basen dissoziieren in der Schmelze und in wässriger Lösung in positive Metallionen und negative Hydroxidionen. Die wässrigen Lösungen von Basen werden im Allgemeinen auch als *Laugen* bezeichnet.

Bekannte Basen und deren Laugen sind z. B.:

- Natriumhydroxid   NaOH   →   Natronlauge
  (Ätznatron)
- Kaliumhydroxid   KOH   →   Kalilauge
  (Ätzkali)
- Calciumhydroxid $Ca(OH)_2$ →   Kalkwasser
  (Ätzkalk)

Im Überblick:

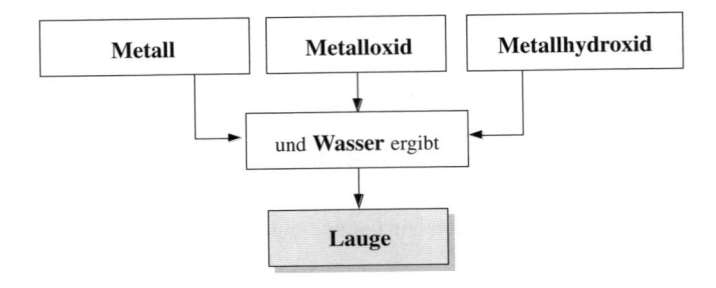

Metall   **Metalloxid**   **Metallhydroxid**
        ↘   ↓   ↙
     und **Wasser** ergibt
              ↓
           Lauge

· 13. Welche typischen Eigenschaften haben Säuren?

Die typischen Eigenschaften der Säuren werden von hydratisierten Wasserstoffionen (Hydroniumionen H_3O^+) hervorgerufen. Alle Säuren sind potenzielle Elektrolyte.

Erst in wässriger Lösung werden unter dem Einfluss der Dipolmoleküle des Wassers Wasserstoffionen abgespalten, die sofort zu Hydroniumionen (H_3O^+) hydratisiert werden (vgl. oben, Hydratation):

$$H^+ + H_2O \rightarrow H_3O^+$$

[Wasserstoffionen H^+ sind in wässriger Lösung nicht existenzfähig. Dennoch wird der Einfachheit halber häufig von „Wasserstoffionen" gesprochen.]

Beispiele für potenzielle Elektrolyte:

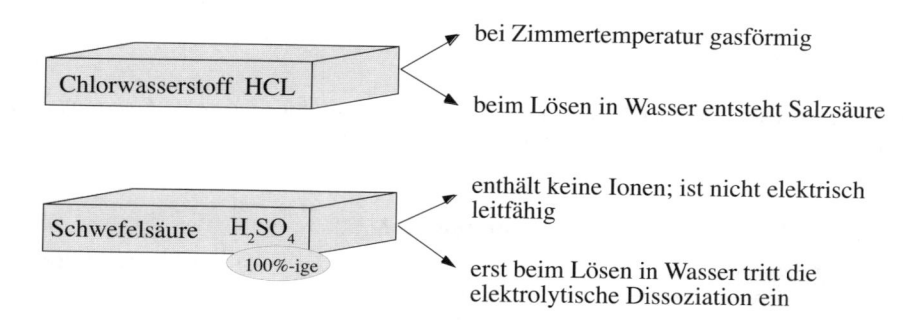

Chlorwasserstoff HCL
- bei Zimmertemperatur gasförmig
- beim Lösen in Wasser entsteht Salzsäure

Schwefelsäure H_2SO_4 100%-ige
- enthält keine Ionen; ist nicht elektrisch leitfähig
- erst beim Lösen in Wasser tritt die elektrolytische Dissoziation ein

14. Wie wird die Säure-Base-Reaktion als Abgabe und Aufnahme von Protonen erklärt?

Eine zweite Definition der Säuren und Basen nach dem dänischen Chemiker *Brönsted* erklärt die Säure-Base-Reaktion als Abgabe und Aufnahme von Protonen. Danach sind

- *Säuren*   Stoffe, die Protonen abgeben können und
- *Basen,*   Stoffe, die Protonen aufnehmen können.

In diesem Sinne werden

- *Säuren*   als *Protonendonatoren* (donator = Geber) und
- *Basen*   als *Protonenakzeptoren* (acceptor = Empfänger)

bezeichnet.

Es entsteht so eine Analogie zu den Redoxreaktionen, bei denen eine Abgabe und Aufnahme von *Elektronen* stattfindet. Wie jedem Reduktionsmittel ein Oxidationsmittel entspricht, gibt es nach *Brönsted* zu jeder Säure eine entsprechende Base, die als „korrespondierendes Säure-Base-Paar" bezeichnet wird. Allgemein gilt: Je leichter eine Säure (Base) ihr Proton abgibt (aufnimmt), desto stärker ist sie.

Stoffe, die sowohl als Säure als auch als Base auftreten können, werden *Ampholyte* genannt (z. B. Wasser, Ethanol, Eisessig). Säuren und Basen werden nach *Brönsted* unter dem Oberbegriff *Protolyte* zusammengefasst. Die auf einem Protonenübergang beruhenden Reaktionen werden allgemein als *protolytische Reaktionen* bzw. kurz *Protolysen* bezeichnet.

15. Was sind Salze?

Nach der Ionentheorie von *Arrhenius* sind *Salze* Verbindungen, die in der Schmelze und in wässrigen Lösungen *in positiv geladene Metallionen und negativ geladene Säurerestionen dissoziieren.*

$$\text{Salz} \rightleftarrows \text{Basekation} + \text{Säureanion}$$

Beispiele:
$$K_2CO_3 \rightleftarrows 2K^+ + CO_3^{2-}$$

$$Al_2(SO_4)_3 \rightleftarrows 2Al^{3+} + 3SO_4^{2-}$$

Salze liegen schon im Kristallgitter in Form von Ionen vor. Sie sind *echte Elektrolyte*. An die Stelle von Metallionen kann auch das Ammoniumion NH_4^+ treten.

16. Welche Möglichkeiten der Salzbildung gibt es?

(1) Neutralisation
Base + Säure → Salz + Wasser
$2\,KOH + H_2SO_4 \rightarrow K_2SO_4 + 2\,H_2O$

Es entstehen Salze, wenn äquivalente Mengen einer starken Säure und einer starken Lauge miteinander gemischt werden (*Neutralisation*).

(2) Neutralisation unter Beteiligung von Anhydriden

A. Metalloxid + Säure → Salz + Wasser
 Basenanhydrid
 $CuO + H_2SO_4 \rightarrow CuSO_4 + H_2O$

B. Base + Nichtmetalloxid → Salz + Wasser
 Säureanhydrid
 $Ca(OH)_2 + CO_2 \rightarrow CaCO_3 + H_2O$

C. Metalloxid + Nichtmetalloxid → Salz
 Basenanhydrid *Säureanhydrid*
 $CaO + SiO_2 \rightarrow CaSiO_3$

(3) Metall + Säure → Salz + Wasserstoff
 $Zn + 2\,HCl \rightarrow ZnCl_2 + H_2$

(4) Metall + Nichtmetall → Salz
 $2\,Na + Cl_2 \rightarrow 2\,NaCl$

17. Was sagt der ph-Wert aus?

Der ph-Wert sagt aus, wie stark alkalisch oder sauer Wasser oder eine Lösung reagiert. Stoffe mit dem ph-Wert 7 reagieren weder sauer noch alkalisch, sondern neutral. Zur Angabe des ph-Wertes verwendet man eine Skala mit Zahlenwerten zwischen 0 und 14. Diese Werte beruhen auf einer

Umrechnung des negativen dekadischen Logarithmus der Konzentration der Wasserstoffionen in eine reelle Zahl (ph = -log c(H+)) und sind damit übersichtlicher und besser vergleichbar:

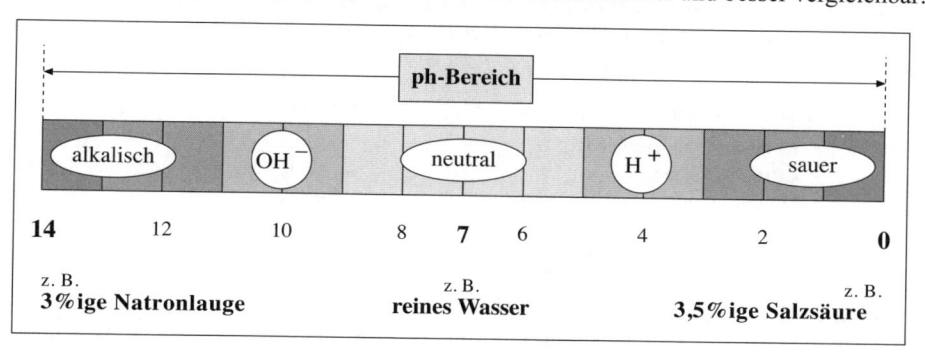

```
         |←——————————— ph-Bereich ———————————→|
         | alkalisch | OH⁻ |       | neutral |       | H⁺ |       | sauer |
         14          12    10      8    7    6       4            2       0
         z. B.                     z. B.                          z. B.
         3%ige Natronlauge         reines Wasser                  3,5%ige Salzsäure
```

18. Was ist ein Indikator?

Indikatoren sind Verbindungen, die bei Anwesenheit einer Säure oder einer Base ihre Farbe ändern können und damit anzeigen, ob eine Lösung sauer, alkalisch oder neutral ist. Dieser Farbumschlag entsteht durch Veränderung der chemischen Struktur des Indikators (Aufnahme oder Abgabe eines Protons analog korrespondierendes Säure-Base-Paar). Indikatoren gibt es in Form einer Lösung oder eines getränkten Papiers. Ph-Messgeräte zeigen den Wert von 0 - 14 direkt an.

Beispiele für die gebräuchlichsten Indikatoren:

- *Lackmus:* nimmt bei Anwesenheit einer Säure ein Proton auf und färbt sich rot; gibt in einer Base ein Proton ab und färbt sich blau;
- *Phenolphthalein:* bleibt farblos in neutralen und sauren Lösungen; färbt sich rot in basischen Lösungen;
- *Methylorange:* färbt sich rot in sauren Lösungen, gelb in neutralen und basischen Lösungen.

Die Umschlagsbereiche der jeweiligen Indikatoren sind in entsprechenden Tabellen der Fachliteratur zu finden.

19. Welchen Vorgang bezeichnet man als Hydrolyse?

Die Hydrolyse ist nach Arrhenius eine Zerlegung von Salzen mithilfe von Wasser in Säure und Base. Die Hydrolyse ist die Umkehrung der Neutralisation:

$$\text{Säure} + \text{Base} \underset{Neutralisation}{\overset{Hydrolyse}{\longleftrightarrow}} \text{Salz} + \text{Wasser}$$

Die Hydrolyse findet nur bei solchen Salzen statt, die aus einer schwachen Säure oder einer schwachen Base aufgebaut sind. Salze aus einer starken Säure und einer starken Base unterliegen nicht der Hydrolyse. Ihre wässrigen Lösungen reagieren neutral.

20. Was ist ein Puffer?

Ein Puffer besteht aus einer *schwachen Säure oder Base und deren vollständig dissoziiertem neutralem Salz*. Charakteristisch für eine Pufferlösung ist, dass *ihr ph-Wert* auch nach Zugabe begrenzter Mengen einer Säure oder Base *annähernd stabil bleibt*.

Beispiele für Puffersysteme	ph-Bereich
• Essigsäure/Natriumacetat	sauer
• Citrat/Salzsäure	sauer
• Dihydrogenphosphat/Hydrogenphosphat	neutral
• Ammoniak/Ammoniumchlorid	basisch
• Carbonat/Hydrogencarbonat basisch	basisch

Die Gesamtwirkung des Puffereffekts entsteht z. B. beim Acetatpuffer (Essigsäure/Natriumacetat) dadurch, dass die von der Essigsäure stammenden Protonen auf geringe Mengen einer zugeführten Base reagieren, während die bei der basischen Hydrolyse von Natriumacetat entstandenen Hydroxidionen geringe Mengen einer zugeführten Säure abfangen.

21. Wie entsteht „saurer Regen" und welche Folgen für die Umwelt sind damit verbunden?

Brennstoffe wie Erdöl, Erdgas und Kohle enthalten als natürlichen Bestandteil immer Schwefel, der zu Schwefeldioxid verbrennt. Trotz Entschwefelung gelangen in die Umwelt immer noch große Mengen von Schwefeldioxid, das mit dem Wind teilweise über weite Entfernungen transportiert wird.

In der Luft wird das farblose, stechend riechende Gas oxidiert und verbindet sich mit der Luftfeuchtigkeit zu Säure. Diese Schwefelsäure ist Mitverursacher des sauren Regens und stellt eine Gefahr für Mensch und Umwelt dar. Die Natur wird von diesen Stoffen belastet, indem z. B. der Boden sauer wird und viele Pflanzen geschädigt werden. Beim Menschen wirkt Schwefeldioxid vor allem in Kombination mit Staub auf die Atemwege (Reizungen, Entzündungen).

Auch Fassaden, Betonbauten und Kunstdenkmäler werden angegriffen. Die aggressiven Säuren zersetzen die Baustoffe und führen zum Verfall der Bauwerke. Ebenso wird die Rostbildung von Eisen und Stahl beschleunigt; es entstehen erhebliche Schäden durch Korrosion. Regen in Gegenden, die von Schadstoffen unbelastet sind, hat einen ph-Wert von 5,6, ist also sehr schwach sauer. Dieser natürliche Wert hat sich, verursacht durch säurebildende Emissionen, in Nordamerika bis ph = 4,1 und in Mitteleuropa bis ph = 4,3 verändert.

22. Was ist Natronlauge und wozu kann sie verwendet werden?

Eine besonders wichtige Lauge in der Industrie ist die Natronlauge, die wässrige Lösung von Natriumhydroxid (NaOH, auch Ätznatron). Das NaOH kommt als eine feste, kristalline und stark ätzende Substanz in Form von Schuppen, Stangen oder Plätzchen in den Handel. Sie ist leicht löslich und muss immer verschlossen aufbewahrt werden. Konzentrierte Natronlauge greift Metalle, aber auch Glas durch Herauslösen von Kieselsäure stark an und sollte i. d. R. vor Gebrauch frisch hergestellt werden. Lösungen auf Vorrat werden in Kunststoffgefäßen aufbewahrt. Natronlauge wird in der Industrie vielfältig verwendet:

- zur Herstellung von Zellstoff für Papier und Verbandmaterial
- zur Reinigung von Pfandflaschen
- zur Herstellung von Aluminium und Seifen
- in Backbetrieben: Laugengebäck wird kurz vor dem Backen in 3%ige Natronlauge getaucht.

23. Welche Bedeutung hat Salz in der Industrie?

Salz (Natriumchlorid) gibt es je nach Anwendung in verschiedenen Formen:

- Steinsalz (Industriesalz):   natürlicher Rohstoff
- Speisesalz (Tafelsalz, Siedesalz): Gewinnung durch Eindampfen gereinigter Steinsalzlösungen
- Gewerbesalz: zur Herstellung von Kältemischungen, Streusalz im Winter
- Viehsalz: hat durch ca. 10 % Eisenoxidanteil eine braunrote Farbe (denaturiertes Salz)

Über 75 % der gesamten Salzproduktion wird als Industriesalz verwendet. Als ein sehr preiswerter Rohstoff ist Salz die Basis zur Herstellung verschiedenster Produkte:

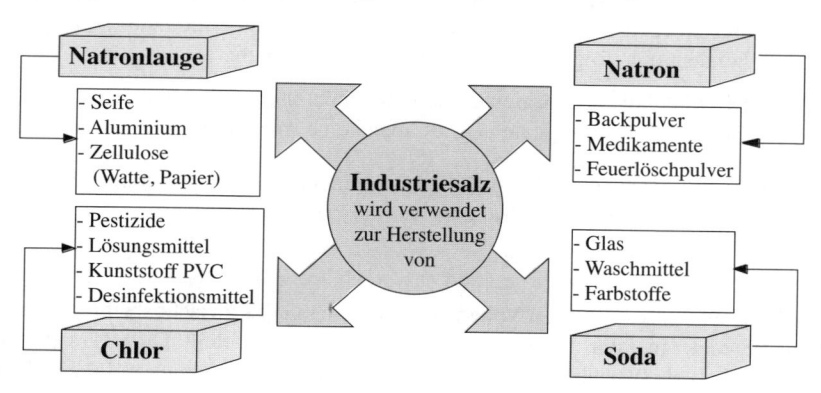

Industriesalz wird verwendet zur Herstellung von:

- **Natronlauge**: Seife, Aluminium, Zellulose (Watte, Papier)
- **Chlor**: Pestizide, Lösungsmittel, Kunststoff PVC, Desinfektionsmittel
- **Natron**: Backpulver, Medikamente, Feuerlöschpulver
- **Soda**: Glas, Waschmittel, Farbstoffe

Außer Natriumchlorid wird in der Industrie Kaliumchlorid KCl als Ausgangsstoff für die Herstellung mineralischer Düngemittel verwendet. Es kommt als Kalisalz vor.

Calciumcarbonat $CaCO_3$, das als Marmor, Kalkstein oder Kreide vorkommt, wird als Baumaterial und als Ausgangsstoff für das Kalkbrennen verwendet (z. B. Herstellung von Mörtel und Zement).

5.1.3 Auswirkungen des Temperatureinflusses auf Materialien und Arbeitsprozesse

01. Wie wird die Zustandsgröße „Temperatur" erklärt?

Die Temperatur beschreibt den Wärmezustand eines Körpers; sie kennzeichnet die mittlere kinetische Energie seiner Teilchen. Man unterscheidet zwischen *Kelvin-Temperatur* und *Celsius-Temperatur:*

	Kelvin-Temperatur	*Celsius-Temperatur*
Formelzeichen:	T	ϑ
Einheit:	1 K (Kelvin)	1 °C (Grad Celsius)

Temperaturdifferenzen werden in Kelvin (K) gemessen:

Beispiel: 100 °C - 20 °C = 80 K
173 K - 93 K = 80 K

Der Nullpunkt der Kelvin-Skala wird auch als *absoluter Nullpunkt* bezeichnet. Um die Einheit der Temperatur festzulegen, wird das „ideale Gas" benutzt (Gasthermometer). Das ideale Gas ist ein Modell, bei dem u. a. folgende Annahmen gemacht werden:

→ Die Moleküle des idealen Gases nehmen kein Volumen ein.
→ Die Moleküle des idealen Gases üben keine Anziehungskraft aufeinander aus.

Die Kelvin-Skala (thermodynamische Skala) entsteht, indem der Nullpunkt um 273,15 Skalenteile „nach unten" verschoben wird (absoluter Nullpunkt).

Demnach entspricht: -273 °C = 0 K

Mithilfe des „idealen Gases" wird der Volumenzuwachs des Gases zwischen Schmelztemperatur des Eises und Siedetemperatur des Wassers in 100 gleiche Teile geteilt. Dies wäre mit Flüssigkeiten nicht möglich, da sie sich nicht gleichmäßig ausdehnen. Jedem dieser 100 gleichen Teile wird die Temperaturdifferenz 1 Kelvin (K) zugeordnet.

02. Wie werden Temperaturen gemessen?

Die Messung von Temperaturen erfolgt mit Thermometern, wobei gesetzmäßige Zusammenhänge zwischen Temperaturänderungen und Änderung einer anderen physikalischen Größe ausgenutzt werden. In unterschiedlichen Temperaturbereichen werden verschiedene Messverfahren angewendet:

Temperaturmessverfahren			
Flüssigkeitsthermometer mit Quecksilber:	-30 °C	bis	280 °C
Flüssigkeitsthermometer mit Quecksilber und Gasfüllung:	-30 °C	bis	750 °C
Flüssigkeitsthermometer mit Alkohol:	-110 °C	bis	50 °C
Metalldehnungsthermometer, z. B. Bimetallthermometer:	-20 °C	bis	500 °C
Widerstandsthermometer:	-250 °C	bis	1.000 °C
Segerkegel (bzw. Schmelzkegel):	220 °C	bis	2.000 °C
Glühfarben:	500 °C	bis	3.000 °C
Gasthermometer:	-272 °C	bis	2.800 °C

03. Wie erklärt sich die Längenänderung fester Körper bei einer Änderung der Temperatur?

Wenn sich die Temperatur ändert, ändern Körper im Allgemeinen auch ihr Volumen. Bei Temperaturerhöhung dehnen sich die meisten Körper aus: Je höher die Temperatur eines Körpers ist, desto heftiger bewegen sich die Teilchen, die dadurch auch jeweils mehr Raum für sich beanspruchen. Damit nimmt auch der gesamte Körper ein größeres Volumen ein.

Besonders bei Körpern mit großer Länge wie Schienen, Trägern, Drähten, Stäben und Rohren bewirkt eine Erhöhung der Temperatur vor allem eine *Längenausdehnung*.

Für die Zunahme der Länge bei einer Temperaturerhöhung von 0 °C (Länge l_0) auf die Temperatur ϑ (Länge l) wird die Bezeichnung Δl geschrieben. Die *Längenänderung* Δl ist der Temperaturänderung $\Delta \vartheta$ proportional:

$$\Delta l = \alpha \cdot l_0 \cdot \Delta \vartheta$$

Den Proportionalitätsfaktor α nennt man den *Längenausdehnungskoeffizient*. Zur Ermittlung von α wurde die Länge l_0 bei 0 °C zu Grunde gelegt:

$$\alpha = \frac{\Delta l}{l_0 \cdot \Delta \vartheta}$$

α gibt die relative Längenänderung $\Delta l/l_0$ bei einer Temperaturänderung um 1 K an.

Die Einheit des Längenausdehnungskoeffizienten ist somit

$$\frac{1}{K} = K^{-1}$$

Jeder Stoff hat einen ganz bestimmten Ausdehnungskoeffizienten; α ist also materialabhängig. Die jeweiligen Werte für die Längenausdehnungskoeffizienten der Stoffe kann man in entsprechenden Tabellen der Fachliteratur finden. Der Längenausdehnungskoeffizient α ist zwar gering temperaturabhängig; im Bereich von 0 °C bis 100 °C gelten die Tabellenwerte aber mit genügender Genauigkeit. In anderen Temperaturbereichen ändern sich die Ausdehnungskoeffizienten für feste Stoffe. Bei Abkühlung ist $\Delta \vartheta$ negativ. Für Produkte, die extremen Temperaturänderungen standhalten müssen, verwendet man Stoffe mit besonders geringen Ausdehnungskoeffizienten wie z. B. besondere Legierungen oder auch Quarzglas.

04. Wie erklärt sich die Volumenänderung fester Körper bei Änderung der Temperatur?

Mit der Änderung der Abmessungen eines Körpers ist eine Änderung seines Volumens verbunden. Für die Volumenänderung ΔV eines festen Körpers mit dem Ausgangsvolumen V_0 gilt bei einer Temperaturerhöhung um $\Delta \vartheta$:

$$\Delta V = \gamma \cdot V_1 \cdot \Delta \vartheta$$

Die Volumenänderung ΔV ist der Temperaturänderung $\Delta \vartheta$ proportional. Hierbei ist γ der *Raumausdehnungskoeffizient*. Zwischen ihm und dem *Längenausdehnungskoeffizient* α besteht der Zusammenhang:

$$\gamma = 3\alpha$$

Es ist deshalb nicht erforderlich, die Raumausdehnungskoeffizienten der festen Stoffe zu tabellieren.

Auch bei Hohlkörpern nimmt das Innenvolumen bei Erwärmung zu. Der Hohlkörper dehnt sich innen genauso viel aus wie ein fester Körper aus demselben Material, der diesen Innenraum ausfüllt.

05. Wie dehnen sich Flüssigkeiten aus?

Die Ausdehnung bei Flüssigkeiten erfolgt wie bei festen Stoffen nach allen Richtungen, ist aber wesentlich stärker. Bei Flüssigkeiten ist der Raumausdehnungskoeffizient γ stoffabhängig und gering temperaturabhängig. Bei Abkühlung ist $\Delta \vartheta$ negativ. Die Raumausdehnungskoeffizienten von Flüssigkeiten sind ebenfalls in den entsprechenden Tabellen zu finden.

Wasser bildet eine Ausnahme: Es dehnt sich beim Abkühlen im Temperaturbereich von 4 °C bis 0 °C aus und hat in diesem Bereich einen negativen Ausdehnungskoeffizienten (Anomalie des Wassers; vgl. dazu Ziffer 5.1.2, Frage 03.).

Vergleich der Ausdehnung verschiedener Stoffe bei Erwärmung um die gleiche Temperaturdifferenz:

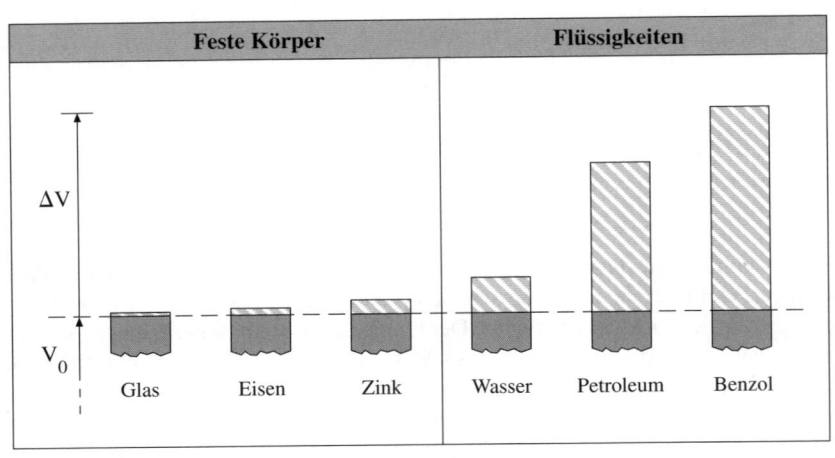

06. Wie verhalten sich Gase bei Temperaturänderung?

Die Ausdehnung der Gase bei Erwärmung ist bedeutend stärker als bei festen und flüssigen Stoffen. Alle Gase dehnen sich bei konstantem Druck bei Erwärmung um 1 K um 1/273 des Volumens aus, das sie bei 0 °C einnehmen. Gase verhalten sich nach folgenden Gesetzen:

- Allgemeines Gasgesetz:

$$\frac{p \cdot V}{T} = \text{konstant}$$

Dabei ist:
p Druck
V Volumen
T Temperatur

oder:

$$\frac{p_1 V_1}{T_1} = \frac{p_2 V_2}{T_2}$$

- bei konstantem Druck p: $V \sim T$ $\frac{V}{T} = \text{konstant}$
  (isobare Zustandsänderung)

  Beispiel: Ausdehnung des Dampfes bei der Dampfmaschine

- bei konstantem Volumen V: $p \sim T$ $\frac{p}{T} = \text{konstant}$
  (isochore Zustandsänderung)

  Beispiel: Erwärmen eines Gases in einem geschlossenen Behälter

- bei konstanter Temperatur T: $p \sim \frac{1}{V}$ $p \cdot V = \text{konstant}$
  (isotherme Zustandsänderung)

  Beispiel: Verbrennen von Kraftstoff im Strahltriebwerk

Die Gasgesetze haben nur eine begrenzte Gültigkeit:

reale Gase	*ideales Gas* (gedachtes Gas)
- Teilchen üben Kräfte aufeinander aus - Teilchen haben Eigenvolumen ↓ Gasgesetze gelten umso genauer, je höher die Temperatur und je niedriger der Druck ist.	- Teilchen üben keine Kräfte aufeinander aus - Teilchen haben kein Eigenvolumen ↓ Gasgesetze gelten

Beispiele für die Verflüssigungstemperatur verschiedener Gase bei normalem Druck (p_0 = 1013 mbar):

Helium	4 K	→	- 269 °C	Sauerstoff	91 K	→	- 182 °C
Wasserstoff	21 K	→	- 253 °C	Kohlendioxid	194 K	→	- 79 °C
Neon	27 K	→	- 246 °C	Propan	228 K	→	- 45 °C
Stickstoff	77 K	→	- 196 °C	Butan	272,5 K	→	- 0,5 °C

Der Raumausdehnungskoeffizient ist bei allen Gasen fast gleich. Bei Erwärmung unter konstantem Druck gilt für alle Gase der *genäherte Raumausdehnungskoeffizient des idealen Gases:*

$$\gamma = 0{,}003661 \text{ K}^{-1} = \frac{1}{273{,}15 \text{ K}}$$

Für Edelgase, Wasserstoff und Sauerstoff kann dieser Wert verwendet werden; bei anderen Gasen ergeben sich Abweichungen (siehe entsprechende Tabellen der Fachliteratur).

07. Wann treten Wärmespannungen auf und wie wirken sie sich aus?

Wärmespannungen treten auf, wenn ein fester Körper am Ausdehnen bzw. Zusammenziehen gehindert wird. Dadurch können sehr große Kräfte auftreten, die zu Zerstörungen führen, aber auch positiv genutzt werden können.

Beispiele:

(1) Manche Brücken sind z. B. nur auf einer Seite fest gelagert und haben auf der anderen Seite ein Rollenlager. Das ermöglicht, dass sich die Länge der Brücke bei Temperaturschwankungen ändern kann, ohne dass gefährliche Spannungen entstehen.

(2) Lange gerade Rohrleitungen erhalten Ausgleichsbögen, um die durch Temperaturänderungen bedingten Spannungen auszugleichen.

(3) Eisenbeton vereinigt in sich die günstigen Festigkeitseigenschaften von Eisen und Beton. Eisenbeton lässt sich nur deswegen herstellen, weil seine beiden Stoffe nahezu gleiche Ausdehnungskoeffizienten haben (Eisen: $12{,}2 \cdot 10^{-6}$/K; Beton: $12 \cdot 10^{-6}$/K).

(4) Durch festes Verbinden zweier Blechstreifen z. B. aus Messing und Eisen entsteht ein *Bimetallstreifen*. Beim Erwärmen biegt er sich von der Seite, an der sich das Metall mit dem größeren Ausdehnungskoeffizienten befindet, weg zur anderen Seite. In technischen Geräten wird diese Eigenschaft genutzt, z. B. beim Bimetallthermometer, Bimetallregler, Bimetallschalter (Thermostat).

(5) Beim Gießen von Metall muss auf eine gleichmäßige Wanddicke geachtet werden, damit das Werkstück gleichmäßig abkühlen kann. Bei unregelmäßiger Abkühlung würden erhebliche Spannungen und Hohlstellen (Lunker) am zuletzt abgekühlten Teil entstehen.

08. Was bezeichnet man als Wärmemenge?

Als Wärmemenge bezeichnet man die Wärmeenergie, die zwischen zwei oder mehreren Körpern ausgetauscht wird und zu einer Änderung der inneren Energie dieser Körper führt.

Meist ist die Änderung der inneren Energie mit einer Änderung der Temperatur verbunden, sie kann aber auch in einer Änderung des Aggregatzustandes sichtbar werden oder mit chemischen Prozessen verknüpft sein. Die Wärmemenge berechnet sich wie folgt:

$Q = c \cdot m \cdot \Delta \vartheta$ $[Q] = J$ Dabei ist:
Q Wärmemenge
c spezifische Wärmekapazität
m Masse
$\Delta \vartheta$ Temperaturunterschied

5.1 Auswirkungen naturwissenschaftlicher und technischer Gesetzmäßigkeiten

Es gilt der *I. Hauptsatz der Wärmelehre:*

> Die einem Körper zugeführte Wärmemenge Q ist gleich der Summe aus Änderung der inneren Energie des Körpers ΔE_i und der von ihm abgegebenen mechanischen Arbeit W.
>
> $Q = \Delta E_i + W$

Ein Wärmeaustausch findet statt, wenn Körper verschiedener Temperaturen miteinander in Kontakt gebracht oder vermischt werden. Wenn dabei keine Wärme an die Umgebung abgegeben wird, nimmt der kältere Körper genau so viel Wärme auf, wie der wärmere Körper abgibt.

> abgegebene Wärme Q_{ab} = aufgenommene Wärme Q_{auf}

09. Wie breitet sich Wärme aus?

Wärme kann auf verschiedene Art und Weise übertragen werden. Für alle Arten des Wärmetransports gilt der Grundsatz, dass die natürliche Transportrichtung der Wärmeenergie von der höheren zur niedrigeren Temperatur verläuft.

Arten der Wärmeausbreitung:

Wärmeströmung	**Wärmeleitung**	**Wärmestrahlung**
Wärmeströmung (Konvektion; Wärmemitführung) entsteht, indem stoffliche Teilchen ihre Lage verändern und dabei Wärme mit sich führen.	Der Körper bleibt in Ruhe. Seine sich schneller bewegenden Teilchen übertragen durch Stoß Energie an benachbarte Teilchen. Metalle sind gute Leiter; Glas und Gase sind schlechte Leiter	Es besteht kein direkter Kontakt zwischen dem wärmeren und dem kälteren Körper; der warme Körper sendet elektromagnetische Wellen aus.
• Erwärmung von Wohnräumen (Öfen) • Zentralheizung • Winde, Meeresströmungen	• Kupferdraht • Kühlrippen • Isolierstoffe • Kleidung	• Sonnenstrahlung (Solarkonstante 1,395 kW/qm) • Infrarotstrahle • Sonnendach
	Stoffe: Zunahme der Wärmeleitung: Glas ↓ Blei ↓ Eisen ↓ Zink ↓ Messing ↓ Kupfer	

10. Was sagen die Wärmekapazität und die spezifische Wärmekapazität aus?

Die zur Temperaturerhöhung eines Körpers um 1 K erforderliche Wärmemenge nennt man *Wärmekapazität* C.

$$C = \frac{Q}{\Delta \vartheta} \qquad [C] = J/K$$

Die *spezifische Wärmekapazität* ist eine stoff- und temperaturabhängige Materialkonstante und gibt an, welche Wärme benötigt wird, um 1 g eines Stoffes um 1 K zu erwärmen.

$$c = \frac{Q}{m \cdot \Delta \vartheta} \qquad [c] = \frac{J}{g \cdot K} \quad bzw. \quad \frac{KJ}{kg \cdot K}$$

Die Wärmeeinheit 1 Joule ist eine sehr kleine Einheit. Deshalb verwendet man in der Praxis meist die größeren Einheiten 1 KJ = 1.000 J = 10^3 J und 1 MJ = 10^6 J. In manchen Bereichen der Technik verwendet man auch die Einheit Kilowattstunde: 1 KWh = 3,6 · 10^6 J = 3,6 · 10^6 Ws.

Beispiele für spezifische Wärmekapazität:

Stoff	c in KJ/kg · K
Wasser	4,19
Eis	2,09
Luft	1,01
Eisen	0,45
Blei	0,13

Wasser besitzt mit c = 4,19 KJ/Kg · K die größte spezifische Wärmekapazität aller Flüssigkeiten. Es eignet sich gut als Kühlmittel und Energiespeicher und beeinflusst deshalb auch entscheidend unser Klima.

11. Wie wird die Wärmeleitfähigkeit von Stoffen gemessen?

Die einem Körper zugeführte Wärme wird verschieden schnell weitergeleitet. Die Wärme wird unmittelbar von Molekül zu Molekül weitergegeben, ohne dass sich die Moleküle selbst dabei fortbewegen. Gute Wärmeleiter sind Metalle und Diamanten; schlechte Wärmeleiter sind Holz, Glas, Porzellan, Beton, Kunststoffe, Wasser und alle Gase. Die Wärmeleitfähigkeit λ ist eine Materialkonstante und in den entsprechenden Tabellen zu finden.

- Die *Wärmeleitfähigkeit* λ eines Stoffes gibt die Wärme in Joule an, die bei einem Temperaturunterschied von 1 K durch einen Querschnitt von 1 m^2 bei 1 m Schichtdicke in 1 s hindurch tritt; ihre Einheit ist W/m · K.

- Den Quotienten aus Wärme und Zeit (Q/t) bezeichnet man als den *Wärmestrom* φ. Seine Einheit ist Watt (W).

- Zwischen der Wärmeleitung und der elektrischen Leitung besteht eine formale Analogie: Der elektrische Widerstand und der *Wärmewiderstand* hängen von Länge, Querschnittsfläche und Material des Leiters ab. Der Wärmewiderstand R_{th} ist der Quotient aus Temperaturunterschied $\Delta \vartheta$ und Verlustleistung P_v:

$$R_{th} = \frac{\Delta \vartheta}{P_v} \qquad [R_{th}] = K/W$$

Der Wärmewiderstand kann sich aus mehreren Einzelwiderständen in Parallel- oder Reihenschaltung zusammensetzen. Die Berechnung des Gesamtwiderstandes erfolgt nach den in der Elektrik geltenden Gleichungen (z. B. Wärmewiderstand zwischen einem Kühlkörper und der Umgebung, zwischen einem Kühlkörper und dem Gehäuse, zwischen dem Gehäuse und einer Sperrschicht).

12. Wie nutzt man die unterschiedlichen Eigenschaften der Stoffe bei der Wärmeausbreitung für Maßnahmen der Wärmedämmung?

Die Übertragung von Wärmeenergie ist nicht immer von Vorteil; sie ist häufig sogar unerwünscht und erfordert eine Wärmedämmung. Unter *Wärmedämmung* werden alle Maßnahmen gefasst, die unerwünschte Wärmeleitung, Konvektion und Wärmestrahlung minimieren.

Die unterschiedliche Wärmeleitfähigkeit λ der Stoffe wird bei der Auswahl der Dämmstoffe ausgenutzt. So eignen sich zur *Verringerung von Wärmeleitung* besonders solche Materialien, die teilweise oder ganz aus schlechten Wärmeleitern bestehen. Dämmwolle und Styropor sowie doppelt verglaste Fenster wirken z. B. durch viele Lufteinschlüsse gut isolierend. Zur *Verminderung unerwünschter Konvektion* (Wärmeströmung) müssen z. B. Fenster und Türen gut abgedichtet werden. Die *Wärmestrahlung* kann durch Auswahl geeigneter Oberflächen verringert werden; so absorbieren (verschlucken) dunkle Oberflächen einen großen Teil der auffallenden Strahlung und helle, besonders glänzende Oberflächen, werfen sie zurück. Deshalb werden z. B. Kühltransporter häufig weiß glänzend beschichtet.

Um in der Technik das Wärmedämmverhalten zu beschreiben, nutzt man den K-Wert: Er gibt an, wie viel Energie pro Sekunde durch eine Fläche von 1 m² strömt bei einer Temperaturdifferenz zwischen beiden Seiten von 1 K.

13. Wie ändert sich die Zustandsform eines Stoffes bei Wärmezufuhr?

Stoffe können in verschiedenen *Aggregatzuständen* vorkommen: *fest, flüssig oder gasförmig*:

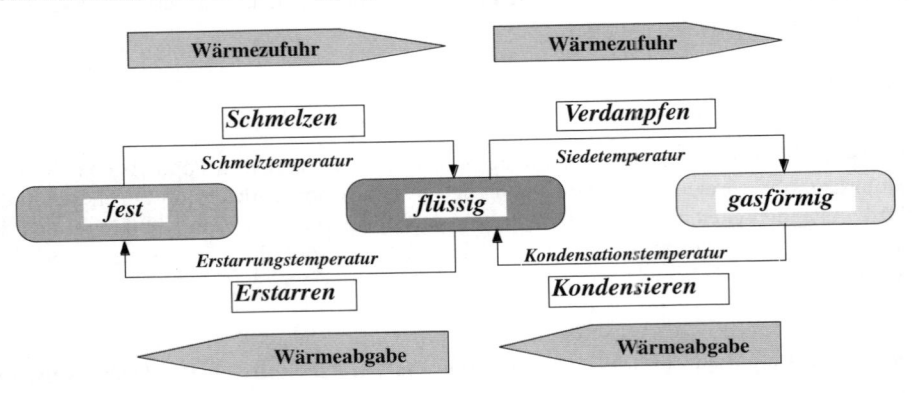

```
         Wärmezufuhr                    Wärmezufuhr
         ─────────▶                     ─────────▶
          Schmelzen                      Verdampfen
       Schmelztemperatur              Siedetemperatur
    ┌──────┐         ┌────────┐              ┌──────────┐
    │ fest │         │ flüssig│              │ gasförmig│
    └──────┘         └────────┘              └──────────┘
      Erstarrungstemperatur       Kondensationstemperatur
          Erstarren                      Kondensieren
         ◀─────────                     ◀─────────
         Wärmeabgabe                    Wärmeabgabe
```

- *Schmelzen*
ist der Übergang eines Stoffes vom festen in den flüssigen Aggregatzustand. Damit ein fester Körper schmilzt, muss ihm Energie zugeführt werden. Zuerst steigt die Temperatur des festen Körpers. Wenn dann die Schmelztemperatur ϑ_s erreicht ist (*Schmelzpunkt*), beginnt der Körper zu schmelzen. Solange bis der gesamte Stoff geschmolzen ist, bleibt seine Temperatur konstant; danach steigt sie weiter an.

Schmelzwärme Q_s heißt diejenige Energie, die einem auf die Schmelztemperatur erhitzten Körper zugeführt werden muss, um ihn vollständig zu schmelzen.

Die *spezifische Schmelzwärme* q_s eines Stoffes gibt an, wie viel Energie Q erforderlich ist, um 1 kg des Stoffes (m) zu schmelzen:

$$q_s = \frac{Q}{m} \qquad [q_s] = \frac{J}{g} \quad \text{bzw.} \quad \frac{KJ}{kg}$$

Die spezifische Schmelzwärme ist ein Materialwert und in entsprechenden Tabellen der Fachliteratur zu finden. Beim Erstarren wird die Schmelzwärme wieder frei; sie wird dann als *Erstarrungswärme* bezeichnet.

- *Verdampfen*
ist der Übergang vom flüssigen in den gasförmigen Aggregatzustand. Führt man einem flüssigen Körper Wärme zu, so verdampft er in allen seinen Teilen bei einer bestimmten Temperatur. Diese Temperatur heißt *Siedetemperatur* und hängt vom Druck ab. Um eine Flüssigkeit vollständig zu verdampfen, muss die *Verdampfungswärme* Q_v zugeführt werden.

Der Quotient aus der Verdampfungswärme Q_v und der Masse der Flüssigkeit m ist ein Materialwert und heißt *spezifische Verdampfungswärme* q_v:

$$q_s = \frac{Q_v}{m} \qquad [q_v] = \frac{J}{g} \quad \text{bzw.} \quad \frac{KJ}{kg}$$

5.1 Auswirkungen naturwissenschaftlicher und technischer Gesetzmäßigkeiten

- *Verdunsten:*
  Den Übergang eines Stoffes in den gasförmigen Zustand an der Oberfläche der Flüssigkeit unterhalb der Siedetemperatur nennt man *Verdunsten*.

- *Kondensieren:*
  Wird einem gasförmigen Körper Wärme entzogen, so kondensiert er in allen seinen Teilen bei einer bestimmten Temperatur, der Kondensationstemperatur. Sie hängt vom Druck ab. Beim Kondensieren wird Kondensationswärme frei; sie ist gleich der Verdampfungswärme.

14. Wie unterscheiden sich Brennwert und Heizwert?

Natürliche Brennstoffe (Kohle, Erdöl, Erdgas) besitzen chemische Energie, die beim Verbrennen in Wärmeenergie umgewandelt wird. In den Brennstoffen ist immer Feuchtigkeit enthalten und es entsteht Wasser durch Verbrennen von Wasserstoff. Diese Feuchtigkeit geht während der Verbrennung in dampfförmigen Zustand über. Wird der Dampf nachträglich in Wasser umgewandelt, so wird Kondensationswärme frei und steht zur Verfügung.

Dementsprechend unterscheidet man:

- *Brennwert* Q_o
  = Anteile Wasser nach der Verbrennung in flüssiger Form

- *Heizwert* Q_u
  = Anteile Wasser nach der Verbrennung als Dampf
  (ist für technische Prozesse von Bedeutung)

- *spezifischer Brennwert* H_o
- *spezifischer Heizwert* H_u

(1) Für <u>feste und flüssige Brennstoffe</u> gilt:

H_o ist der Quotient aus Brennwert und Masse des Brennstoffs:

$$H_o = \frac{Q_o}{m} \qquad [H_o] = KJ/kg$$

H_u ist der Quotient aus Heizwert und Masse des Brennstoffs:

$$H_u = \frac{Q_u}{m}$$

(2) Für <u>Gase</u> bezieht man Brennwert und Heizwert auf das Volumen im Normzustand:

$$H_o = \frac{Q_o}{V} \qquad [H_o] = KJ/m^3 \qquad H_u = \frac{Q_u}{V}$$

5.1.4 Bewegungsvorgänge bei Bauteilen

01. Was ist Bewegung und wie wird sie dargestellt?

- *Bewegung*
  ist jede Veränderung des Ortes oder der Lage eines Körpers gegenüber einem Bezugspunkt oder einem Bezugssystem.

- *Ruhe:*
  Der Körper verändert seinen Ort und seine Lage gegenüber dem Bezugspunkt *nicht*.

Es gibt zwei Teilgebiete der Physik, die Bewegungen beschreiben:

- Die *Kinematik*: Sie beschreibt Bewegungen, ohne dabei die Ursachen für Änderungen des Bewegungszustandes zu berücksichtigen und
- die *Dynamik*: Sie beschreibt Änderungen des Bewegungszustandes im Zusammenhang mit ihren Ursachen, den Kräften.

Die Bewegungslehre (Kinematik) unterscheidet Bewegungen:

- nach der Form der Bahnkurve des bewegten Körpers (*Bewegungsformen*)
- nach der zeitlichen Änderung der Geschwindigkeit (*Bewegungsarten*)

Für die Untersuchung einer Bewegung genügt es häufig, die Bewegung eines einzigen Punktes des Körpers zu beschreiben. Dazu denkt man sich die gesamte Masse des Körpers in diesem Punkt, dem *Massepunkt* (als einem Modell) vereinigt und vernachlässigt Form und Volumen. Meist wählt man den Schwerpunkt als Massepunkt. Alle Punkte, die auf der Bahn der fortschreitenden Bewegung eines Körpers liegen, bilden zusammen die *Bahnkurve*.

Es lassen sich folgende *Bewegungsformen* unterscheiden:

- *Geradlinige Bewegung*: Ein Körper bewegt sich entlang einer geraden Bahnkurve.
  (Translation)
- *Kreisbewegung*: Die Bahnkurve ist ein Kreis; ein starrer Körper bewegt sich um
  (Rotation) eine im Bezugssystem feste Achse.
- *Mechanische Schwingung*: Die Bewegung erfolgt periodisch zwischen zwei Umkehrpunkten.

Folgende vektorielle Größen sind in der Bewegungslehre von Bedeutung:

- der Weg s, die Geschwindigkeit v, die Beschleunigung a,
- die Winkelgeschwindigkeit ω, die Winkelbeschleunigung α.

Die Beschreibung einer Bewegung kann allgemein in Form von Gleichungen oder Diagrammen erfolgen. Bei allen Translationsarten ist die Beziehung zwischen Geschwindigkeit, Weg und Zeit aus dem Geschwindigkeits-Zeit-Diagramm (v,t-Kurve) zu erkennen. Es werden außerdem das Weg-Zeit-Diagramm (s, t-Kurve) und das Beschleunigungs-Zeit-Diagramm (a, t-Kurve) benutzt, um die Beziehungen zwischen diesen Größen zu veranschaulichen.

02. Was sagen Geschwindigkeit und Beschleunigung aus und wie werden sie berechnet?

Bei der gleichförmigen Bewegung eines Massepunktes werden in beliebig wählbaren, gleichen Zeitabschnitten gleiche Wege auf gerader Bahn zurückgelegt: Der Graf im Weg-Zeit-Diagramm ist daher eine Gerade.

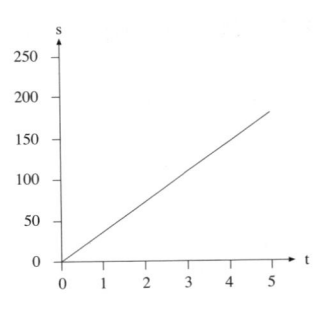

5.1 Auswirkungen naturwissenschaftlicher und technischer Gesetzmäßigkeiten

- Die *Geschwindigkeit* v bei gleichförmiger Bewegung ist der Quotient aus dem zurückgelegten Weg s und der dabei abgelaufenen Zeit t:

$$v = \frac{s}{t} \qquad\qquad [v] = \frac{m}{s}; \frac{km}{h}$$

Die verallgemeinerte Gleichung für die Geschwindigkeit lautet:

$$v = \frac{\Delta s}{\Delta t}$$

Dabei ist:
$\Delta s = s_1 - s_2$ Änderung der Ortskoordinate
$\Delta t = t_1 - t_2$ Zeitdauer dieser Änderung

Dabei braucht nicht mehr vorausgesetzt zu werden, dass sich der Massepunkt zur Zeit t = 0 an der Stelle s = 0 befindet. Die Größe s wird jetzt nicht mehr als Weg, sondern als Ortskoordinate betrachtet.

Bei ungleichförmigen Bewegungen wird die *Beschleunigung* als Größe eingeführt, um den zeitlichen Ablauf der Geschwindigkeitsänderung zu erfassen. Wenn in gleichen Zeitabschnitten jeweils gleich große Änderungen der Geschwindigkeit stattfinden, ist die Beschleunigung a der Quotient aus der Geschwindigkeitsänderung Δv und deren Zeitdauer Δt:

$$a = \frac{\Delta v}{\Delta t} \qquad\qquad [a] = \frac{m}{s^2}$$

Dabei bedeutet:
a > 0 eine Zunahme der Geschwindigkeit
a < 0 eine Abnahme der Geschwindigkeit

Die Beschleunigung ist ebenso wie die Geschwindigkeit eine Vektorgröße. Bei Bewegung auf gerader Bahn gibt das Vorzeichen der Beschleunigung Auskunft über die Orientierung des Beschleunigungsvektors in Bezug auf die s-Achse.

03. Welche Bewegungsarten werden unterschieden?

In Abhängigkeit von der zeitlichen Änderung der Geschwindigkeit werden allgemein die folgenden *Bewegungsarten* unterschieden:

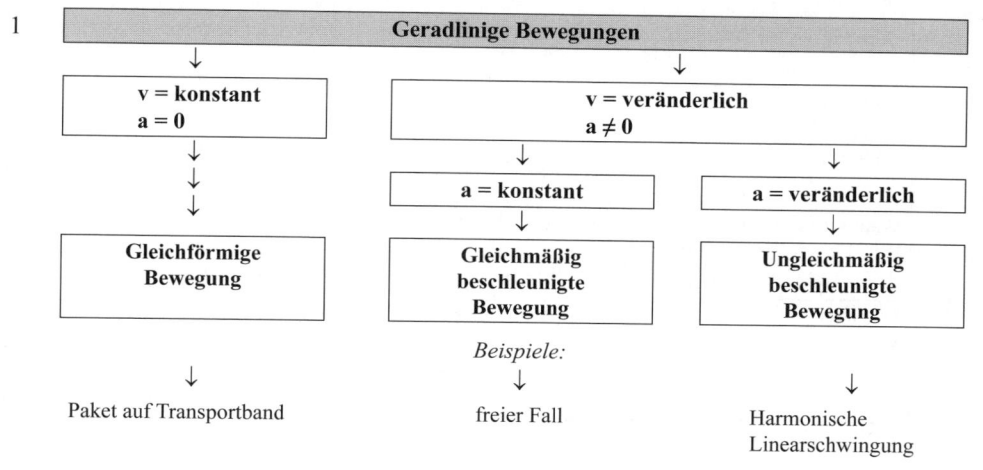

1

Geradlinige Bewegungen

v = konstant a = 0	v = veränderlich a ≠ 0	
	a = konstant	a = veränderlich
Gleichförmige Bewegung	**Gleichmäßig beschleunigte Bewegung**	**Ungleichmäßig beschleunigte Bewegung**
	Beispiele:	
Paket auf Transportband	freier Fall	Harmonische Linearschwingung

2 Fall und Wurf; zusammengesetzte Bewegungen:

2.1 Freier Fall

Der *freie Fall* ist ein Sonderfall der geradlinigen, gleichmäßig beschleunigten Bewegung ohne Anfangsgeschwindigkeit. Bei ihm ist die Beschleunigung gleich der Fallbeschleunigung (auch Erdbeschleunigung). Der Luftwiderstand ist dabei nicht berücksichtigt.

Weg-Zeit-Gesetz:

$$s = \frac{g}{2} \cdot t^2$$

Geschwindigkeit-Zeit-Gesetz:

$$v = g \cdot t$$

Geschwindigkeit-Weg-Gesetz:

$$v = \sqrt{2 \cdot g \cdot s}$$

Dabei ist:
- v = Fallgeschwindigkeit nach Ablauf der Zeit t
- g = Fallbeschleunigung
- g = 9,81 m/s²
- s = Weg (Fallhöhe)
- t = Zeit, die für den Fall benötigt wird

2.2 Zusammengesetzte Bewegungen

Zusammengesetzte Bewegungen sind Bewegungen, die aus mehreren Teilbewegungen zusammengesetzt sind. Da Beschleunigung, Geschwindigkeit und Weg vektorielle Größen sind, können sie nach den Gesetzen der vektoriellen Addition zusammengesetzt werden.

Beispiele:
Gehende Personen in einem bewegten Fahrzeug; Fähre in einem Fluss, schräger Wurf; eine Person läuft auf einer fahrenden Rolltreppe.

Der **Wurf** ist eine zusammengesetzte Bewegung aus
- einer geradlinigen, gleichförmigen Bewegung (v_0 = konstant) und
- aus dem freien Fall ($v_y = -g \cdot t$)

Es werden unterschieden:
- senkrechter Wurf (nach oben/unten)
- waagerechter Wurf
- schräger Wurf

		Weg-Zeit-Gesetz	Geschwindigkeit-Zeit-Gesetz
Senkrechter Wurf nach oben		$s_y = -\frac{g}{2} \cdot t^2 + v_0 \cdot t$ $s_x = 0$	$v_y = -g \cdot t + v_0$ $v_x = 0$
Senkrechter Wurf nach unten		$s_y = -\frac{g}{2} \cdot t^2 - v_0 \cdot t$ $s_x = 0$	$v_y = -g \cdot t - v_0$ $v_x = 0$
Waagerechter Wurf		$s_y = -\frac{g}{2} \cdot t^2$ $s_x = v_0 \cdot t$	$v_y = -g \cdot t$ $v_x = v_0$
Schräger Wurf		$s_y = -\frac{g}{2} \cdot t^2 + v_0 \cdot t \cdot \sin\alpha$ $s_x = v_0 \cdot t \cdot \cos\alpha$	$v_y = -g \cdot t + v_0 \cdot \sin\alpha$ $v_x = v_0 \cdot \cos\alpha$

5.1 Auswirkungen naturwissenschaftlicher und technischer Gesetzmäßigkeiten

3

Drehbewegung und Kreisbewegung

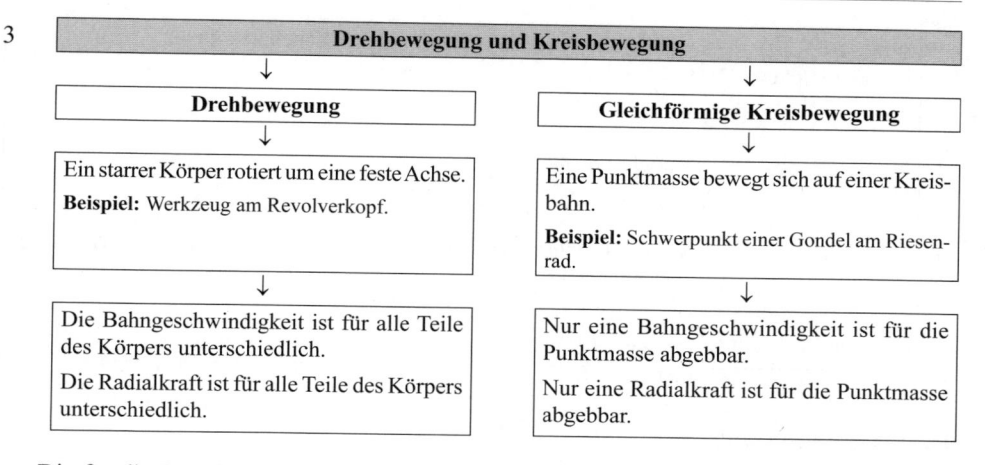

Drehbewegung	Gleichförmige Kreisbewegung
Ein starrer Körper rotiert um eine feste Achse. **Beispiel:** Werkzeug am Revolverkopf.	Eine Punktmasse bewegt sich auf einer Kreisbahn. **Beispiel:** Schwerpunkt einer Gondel am Riesenrad.
Die Bahngeschwindigkeit ist für alle Teile des Körpers unterschiedlich. Die Radialkraft ist für alle Teile des Körpers unterschiedlich.	Nur eine Bahngeschwindigkeit ist für die Punktmasse abgebbar. Nur eine Radialkraft ist für die Punktmasse abgebbar.

Die für die Rotationsbewegung geltenden Gesetze sind denen der Translationsbewegung analog: Die Gleichungen der Rotation ergeben sich aus denen der Translation, wenn jeweils ersetzt wird:

Analogien	
Translation	**Rotation**
Weg s	$\rightarrow$ Drehwinkel φ (wird im Bogenmaß gemessen; $\varphi = s/r$ rad)
Geschwindigkeit v	$\rightarrow$ Winkelgeschwindigkeit ω
Beschleunigung a	$\rightarrow$ Winkelbeschleunigung α

Folgende Berechnungen sind vor allem von Interesse:

Drehzahl n	Zahl der Umdrehungen N im Zeitraum Δt; auch als Drehfrequenz bezeichnet. $$n = \frac{N}{\Delta t} \qquad [n] = \text{min}^{-1};\ U/\text{min}$$
Umfangsgeschwindigkeit v_U	$v_U = \dfrac{s}{t}$ Bei bekannter Drehzahl n ist die Umfangsgeschwindigkeit (auch: Umlaufgeschwindigkeit): $$v_U = d \cdot \pi \cdot n \qquad [v_U] = \text{m/min}$$ In der Fertigung wird v_U meist als *Schnittgeschwindigkeit* in m/s angegeben.

Winkel-geschwindigkeit ω	Änderung des Drehwinkels Δφ pro Zeiteinheit Δt $$\omega = \frac{\Delta \varphi}{\Delta t} \qquad [\omega] = 1/s$$ Bei bekannter Drehzahl n ist: $$\omega = 2 \cdot \pi \cdot n$$ Die Beziehung zwischen Umfangsgeschwindigkeit und Winkelgeschwindigkeit ist: $$v_U = \omega \cdot r \qquad \text{mit } r = \text{Radius}$$

04. Was ist Fliehkraft?

In einem rotierenden Bezugssystem tritt durch die Trägheit der bewegten Masse eine radial gerichtete Zentrifugalkraft oder *Fliehkraft* auf. Bei einer Kreisbewegung errechnet sich die Fliehkraft

$$F_z = \frac{m \cdot v^2}{r} = m \cdot r \cdot \omega^2$$

F_z Fliehkraft in N
m   Masse in kg
r   Radius in m
ω   Winkelgeschwindigkeit in 1/s
v   Umfangsgeschwindigkeit m/s

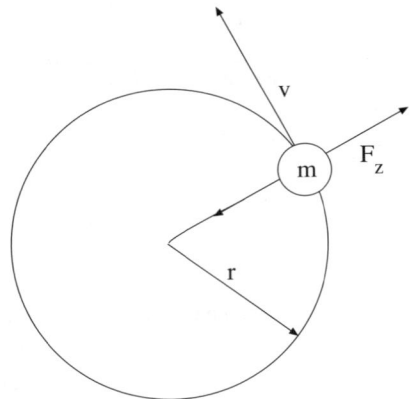

05. Wie lautet die Grundgleichung der Dynamik?

Grundgleichung der Dynamik:

$$F = m \cdot a \qquad [F] = \text{Newton (N)} = kg \cdot m/s^2$$

Dabei ist 1 N die Kraft, die einer Masse von 1 kg eine Beschleunigung von 1 m/s² erteilt.

06. Was ist Arbeit?

Werden die an einem Körper wirkenden Kräfte zusammen mit dem Weg betrachtet, den der Körper dabei zurücklegt, führt dies zur Größe *Arbeit*:

- Unter *Arbeit* W versteht man das Produkt aus Kraft und Weg:

    $W = F \cdot s$ $[W] =$ Joule; $1\ J = 1\ Nm = 1\ Ws$

Demnach ist 1 Joule die Arbeit, die verrichtet wird, wenn ein Körper mit der Kraft 1 N längs eines Weges um 1 m verschoben wird. Folgende *Arten der Arbeit* werden unterschieden:

- *Hubarbeit*
  F = konstant; v = konstant
  z. B.: ein Kran, der ein Bauteil anhebt.

- *Reibungsarbeit*
  F = konstant; v = konstant
  z. B.: horizontal bewegter Schlitten.

- *Federspannarbeit*
  auch: Verformungsarbeit; $F \sim s$; elastische Verformung
  z. B.: Spannen eines Expanders

- *Beschleunigungsarbeit*
  F = konstant; $v \neq$ konstant
  z. B.: Anfahren eines Fahrzeugs

07. Was ist Leistung?

Durch die *Leistung* P wird erfasst, in welcher Zeit t eine bestimmte Arbeit verrichtet wird:

$\text{Leistung} = \dfrac{\text{Arbeit}}{\text{benötigte Zeit}} = \dfrac{W}{t}$ $[P] = W;\ 1\ W = 1\ J/s = 1\ Nm/s$

Wenn in gleichen Zeitabschnitten $\Delta t = t_2 - t_1$ stets die gleiche Arbeit W verrichtet wird, dann ist die Leistung P erklärt als

$P = \dfrac{W}{t}$ In diesem Fall ist die *Leistung konstant*.

Allgemein wird bei Vorgängen in der Natur und in der Technik (Maschinen, Fahrzeuge u. Ä.) die Arbeit (zeitlich) ungleichmäßig verrichtet. Dann ist die *Leistung nicht konstant*:

- Die mittlere Leistung, auch *Durchschnittsleistung* P_D, für das Zeitintervall Δt ist dann der Quotient

    $P_D = \dfrac{W}{\Delta t}$

- Die *Momentanleistung* P_M muss mittels Differenzialquotient bestimmt werden:

    $P_M = \dfrac{dW}{dt}$

    Umgeformt ergibt sich für die *Momentanleistung*:

    Momentanleistung = Momentankraft $\cdot$ Momentangeschwindigkeit

    $P = F \cdot v$

08. Was bezeichnet man als Wirkungsgrad?

Jede Maschine nimmt eine größere Leistung auf, als sie abgibt, da in ihr Verluste auftreten (Reibung, Luftwiderstand, Erwärmung usw.).

- Unter dem *Wirkungsgrad* η versteht man das Verhältnis der abgegebenen bzw. nutzbaren Leistung P_{ab} zur zugeführten Leistung P_{zu}:

$$\eta = \frac{P_{ab}}{P_{zu}}$$

Es ist häufig zweckmäßiger, den Wirkungsgrad nicht als Verhältnis zweier Leistungen, sondern als Verhältnis zweier Arbeiten auszudrücken: Dann ist der Wirkungsgrad

$$\eta = \frac{\text{Nutzarbeit}}{\text{Gesamtarbeit}} = \frac{W_{ab}}{W_{zu}}$$

Da die von einer Maschine abgegebene Arbeit W_{ab} stets kleiner ist als die zugeführte Arbeit W_{zu}, ist der Wirkungsgrad η jeder Maschine immer kleiner als 1 [$0 < \eta < 1$]. Der Wirkungsgrad hat keine Einheit. Er wird als Dezimalbruch oder in Prozent angegeben.

- Bei mehrfacher Energieumsetzung bzw. -übertragung ist der Gesamtwirkungsgrad das Produkt der einzelnen Wirkungsgrade:

$$\eta = \eta_1 \cdot \eta_2 \cdot \ldots \cdot \eta_n$$

09. Was versteht man unter Energie und warum unterscheidet man potenzielle Energie und kinetische Energie?

Energie E erfasst die Fähigkeit eines Körpers bzw. eines physikalischen Systems, Arbeit zu verrichten. Sie ist eine Zustandsgröße. Zwischen mechanischer Arbeit und Energie besteht der Zusammenhang: $\Delta E = W$. Die Energie wird in den gleichen Einheiten gemessen wie die Arbeit (J; Nm; Ws).

In der Mechanik wird unterschieden zwischen *potenzieller Energie* (auch Lageenergie) und *kinetischer Energie* (Energie der Bewegung).

Die *potenzielle Energie* E_{pot} ist diejenige Energie, die ein ruhender Körper infolge von Krafteinwirkung (Arbeit) innerhalb eines Bezugssystems besitzt. Wird an einem Körper z. B. Hubarbeit verrichtet, steckt diese dann in Form von potenzieller Energie in dem Körper. Diese Energie entspricht nicht der gesamten potenziellen Energie, sondern nur dem Zuwachs an potenzieller Energie beim Heben um die Strecke h (Ausgangspunkt kann willkürlich gewählt werden). Wird der Körper um die Höhe h gesenkt, gibt er diese bestimmte Energie E_{pot} ab. Durchfällt ein Körper die Höhe h, so wandelt sich seine potenzielle Energie E_{pot} in kinetische Energie E_{kin} gleicher Größe um.

Auch die zur Verformung elastischer Körper aufzuwendende Verformungsarbeit W_F wird im Körper als potenzielle Energie gespeichert und als Spannungsarbeit bzw. Spannungsenergie bezeichnet:

$$E_{pot} = \frac{D \cdot s^2}{2}$$

Dabei ist:
E_{pot} potenzielle Energie (Spannenergie)
D Federkonstante
s Federweg

Die Rückstellkraft bei Federschwingungen hat ihre Ursache in der Elastizität. Nach dem Hooke'schen Gesetz ist die verformende Kraft proportional der Verformung. Deshalb sind elas-tische Schwingungen harmonisch. Die Federkonstante ist eine Richtgröße und berechnet sich $D = F/\Delta l$, wobei F die Kraft ist, die die Längenänderung Δl verursacht.

Kinetische Energie oder Energie der Bewegung ist dann in einem Körper vorhanden, wenn an ihm Arbeit verrichtet wird (Beschleunigungsarbeit). Die kinetische Energie berechnet sich nach der Gleichung:

$$E_{kin} = \frac{1}{2} m \cdot v^2$$

Dabei ist:
E_{kin} kinetische Energie
m Masse des Körpers
v Geschwindigkeit des Körpers

Eine Geschwindigkeitsänderung von v_1 auf v_2 hat demzufolge eine Änderung der kinetischen Energie zur Folge:

$$\Delta E_{kin} = \frac{m}{2} (v_2^2 - v_1^2)$$

10. Was sagt der „Satz von der Erhaltung der mechanischen Energie" aus?

Entsprechend dem *allgemeinen Energieerhaltungssatz* kann Energie nicht erzeugt oder vernichtet, sondern nur übertragen oder umgewandelt werden: $\sum E$ = konstant. Bezogen auf das Teilgebiet der Mechanik bedeutet das:

> In einem abgeschlossenen mechanischen System bleibt die Summe der mechanischen Energie (potenzielle und kinetische Energie) konstant: $E_{pot} + E_{kin}$ = konstant

11. Wie werden Reibungskräfte erklärt und berechnet?

In der Praxis gibt es keine rein mechanischen Vorgänge; bei Bewegungen treten Energieumwandlungen auf: Ein Teil der mechanischen Energie wird infolge der Reibung in Wärmeenergie umgewandelt.

Als *Reibung* wird ein Vorgang bezeichnet, bei dem zwischen einander berührenden und sich gegeneinander bewegenden Körpern Kräfte auftreten, die *Reibungskräfte*. Die am bewegten Körper auftretende Reibungskraft F_R ist der Bewegungskraft (Antriebskraft F_A) entgegengerichtet: Bei gleichförmiger Bewegung ist

$$F_R + F_A = 0$$

Die Reibungskraft F_R ist proportional der zwischen den Körpern wirkenden Normalkraft F_N.

Die Reibungszahl µ beschreibt die Abhängigkeit von der Art und Beschaffenheit der Berührungsflächen. Es wird unterschieden zwischen *Haftreibung*, *Gleitreibung* und *Rollreibung*:

- *Haftreibung* tritt auf, wenn ein Körper, der auf einem anderen Körper ruht, in Gleitbewegung versetzt werden soll. Haftreibung ist vorhanden, wenn die Antriebskraft F_A die Haftreibungskraft F_{HR} nicht übersteigt:

$$F_H = \mu_{HR} \cdot F_N$$

Dabei ist:
μ_{HR} Haftreibungszahl
F_N Normalkraft (mit der der Körper senkrecht auf die Unterlage drückt)

Beispiel: Schuhe auf Straßenbelag

- *Gleitreibung:*
Wenn ein fester Körper auf einer Unterlage gleitet bzw. rutscht, wird diese Bewegung durch *Gleitreibung* behindert:

$$F_{GR} = \mu_{GR} \cdot F_N$$

Dabei ist:
μ_{GR} Gleitreibungszahl
F_N Normalkraft

Beispiel: gleitende Maschinenteile

Reibung verursacht neben Alterung, Verschleiß, Korrosion u.Ä. Schäden an Maschinenteilen. Zur Verminderung der Reibung dienen Schmierstoffe (Öle, Fette u. Ä.), die Unebenheiten zwischen gleitenden Körpern ausgleichen und die Gleiteigenschaften verbessern.

- *Rollreibung*:
Wenn ein Körper auf einem anderen rollt, tritt Rollreibung auf:

$$F_{RR} = \mu_{RR} \cdot \frac{F_N}{r}$$

Dabei ist:
μ_{RR} Rollreibungszahl
r Radius des rollenden Körpers

Beispiel: Kugellager

- *Allgemein gilt:*

$$F_{RR} < F_{GR} < F_{HR}$$

5.1.5 Einsatz von elektrotechnischen Steuerungen in Arbeitsprozessen

01. Wie entsteht Luftdruck und wie wird er gemessen?

Gase sind kompressibel, d. h., sie lassen sich zusammenpressen. Durch das fast völlige Fehlen von Kohäsion sind sie unbestimmt an Gestalt und Volumen und füllen daher jedes mögliche Volumen, das man ihnen bietet. Jedes Gas steht unter einem bestimmten Druck, der sich nach allen Seiten gleichmäßig fortpflanzt. Für den Druck eines Gases gilt das *Gesetz von Boyle-Mariotte*:

- Das Volumen eines eingeschlossenen Gases ist bei gleichbleibender Temperatur dem Kehrwert des Druckes proportional:

$$V \sim \frac{1}{p} \qquad \text{bzw.}$$

Bei einem eingeschlossenen Gas gleichbleibender Temperatur sind Druck p und Dichte ρ einander proportional:

$$p \sim \rho$$

Es gilt:

$$\frac{p_1}{p_2} = \frac{V_1}{V_2} \quad \text{bzw. } p \cdot V = \text{konstant}$$

Dabei ist:
p_1 Anfangsdruck des Gases
p_2 Enddruck des Gases
V_1 Anfangsvolumen des Gases
V_2 Endvolumen des Gases

Bei kleiner werdendem Druck steigt das Volumen stark an, bei wachsendem Druck nimmt es ab. Hierbei ist immer mit dem absoluten Druck zu rechnen, nicht mit dem Überdruck.

- Unter dem *Überdruck* $p_Ü$ wird die Differenz zwischen dem Innendruck p und dem äußeren Luftdruck p_L verstanden:

$p_Ü = p - p_L$

[p] = Pa (Pascal)
1 Pa = 1 N/m²
1 hPa = 1 mbar

Zum Messen des Gasdruckes dienen Manometer (offenes Manometer, geschlossenes Manometer, Metallmanometer).

Die als „absoluter Druck" bezeichnete Größe wird gegenüber dem Vakuum gemessen. Dieser Luftdruck, auch Schweredruck, entsteht durch das Eigengewicht der Lufthülle und wird mit zunehmendem Abstand von der Erdoberfläche kleiner; er nimmt exponentiell mit der Höhe ab. Der Luftdruck wird mit Barometern gemessen (Dosenbarometer, Quecksilberbarometer).

02. Wie wird die Wirkung des Luftdrucks in der Technik genutzt?

Aufgrund der oben beschriebenen Zusammenhänge findet Druckluft Anwendung in der Pneumatik: Mittels Luftdruck, der in einer entsprechenden Anlage (Kompressor, Druckluftspeicher) erzeugt und dann weitergeleitet wird, können Antriebs- und Steuerungssysteme betrieben werden. Die Luft wird durch den Kompressor verdichtet, dadurch kann wieder Druckluft an ein System abgegeben werden. Für pneumatische Systeme wird der Druck in bar (als Überdruck) angegeben.

03. Was sind Kolbendruck und Schweredruck?

Flüssigkeiten besitzen (aufgrund der Verschiebbarkeit der Moleküle) keine eigene Gestalt; ihr Volumen und ihre Form werden durch das Gefäß bestimmt. Flüssigkeiten sind im Gegensatz zu Gasen inkompressibel; sie lassen sich nicht (bzw. kaum und nur bei sehr großem Druck) zusammenpressen.

- *Kolbendruck*:
Wenn von außen ein Druck auf eine eingeschlossene Flüssigkeit (oder ein eingeschlossenes Gas) über einen Kolben ausgeübt wird, entsteht der *Kolbendruck* p. Er ist im Behälter an allen Stellen gleich.

$$p = \frac{F}{A}$$

Dabei ist:
p Kolbendruck
F Druckkraft (F $\perp$ zu A)
A Fläche

- Der *Schweredruck*
ist der Druck, der durch die eigene Gewichtskraft der Flüssigkeit (oder des Gases) entsteht. Der Schweredruck p nimmt in einer Flüssigkeit linear mit der Tiefe h zu. Er ist von der Dichte ρ der Flüssigkeit abhängig:

$$p = \rho \cdot g \cdot h$$

04. Wie wird in hydraulischen Anlagen die Druckausbreitung von Flüssigkeiten genutzt?

Hydraulische Anlagen (hydraulische Bremsanlage, hydraulische Presse u. Ä.) nutzen die gleichmäßige und allseitige Ausbreitung des Druckes in Flüssigkeiten zur Übertragung und Umformung von Kräften. Zum Beispiel wirkt bei einer *hydraulischen Presse* auf alle Kolben der gleiche Druck. Auf die verschieden großen Kolbenflächen übt er aber unterschiedliche Kräfte aus:

- Die Kräfte verhalten sich wie die Kolbenflächen bzw. wie die Quadrate der Kolbendurchmesser:

$$p = \frac{F_1}{A_1} = \frac{F_2}{A_2} \qquad \frac{F_1}{F_2} = \frac{A_1}{A_2} = \frac{d_1^2}{d_2^2}$$

Dabei ist:
F_1 = Kraft am Arbeitskolben
F_2 = Kraft am Druckkolben
A_1 = Fläche am Arbeitskolben
A_2 = Fläche am Druckkolben
$[p]$ = Pa; N/m²; bar
10^5 Pa = 1 bar

- Für das *Übersetzungsverhältnis* i gilt:

$$i = \frac{F_1}{F_2} = \frac{A_1}{A_2} = \frac{d_1^2}{d_2^2} = \frac{s_2}{s_1}$$

s_1 Weg des Arbeitskolbens
s_2 Weg des Druckkolbens

Die Druckausbreitung in einer eingeschlossenen Flüssigkeit (bzw. einem eingeschlossenen Gas) erfolgt nach allen Seiten gleichmäßig und ist an allen Stellen gleich (*Pascalsches Gesetz*). In verbundenen Gefäßen können durch Erzeugen eines Kolbendrucks Kräfte übertragen und dabei ihr Betrag und/oder ihre Richtung geändert werden.

05. Wie wirkt die Auftriebskraft?

Taucht man einen Körper in eine Flüssigkeit, verliert er scheinbar einen Teil seiner Gewichtskraft. Diese Kraft, die der Gewichtskraft des Körpers entgegen gerichtet ist, nennt man *Auftriebskraft* F_A. Die Ursache liegt darin, dass auf den Körper von oben ein kleinerer Schweredruck wirkt als von unten. Die nach oben gerichtete Auftriebskraft F_A ist dem Betrag nach gleich der Gewichtskraft F_G der vom Körper verdrängten Flüssigkeit:

$$F_A = F_G$$

Diese Gesetzmäßigkeit bezeichnet man als *„Archimedisches Prinzip"*. Je nach der Größe des Auftriebs gibt es drei Möglichkeiten:

(1) $F_G < F_A$ → Der Körper steigt zur Oberfläche, taucht nur teilweise ein und schwimmt.

(2) $F_G = F_A$ → Der Körper taucht vollkommen ein und schwebt.

(3) $F_G > F_A$ → Der Körper sinkt.

06. Was versteht man unter Strömungen und wie wird das Strömungsverhalten von Flüssigkeiten in der Hydraulik genutzt?

Unter einer *Strömung* versteht man die *Bewegung von Flüssigkeiten* (oder Gasen). Ursache von Strömungen sind u. a. Schwerkraft und Druckdifferenzen. Jedes Teilchen einer Strömung hat zu einem bestimmten Zeitpunkt eine in Betrag und Richtung bestimmte Geschwindigkeit. Zur Kennzeichnung der Geschwindigkeitsrichtung der Teilchen verwendet man *Stromlinien;* ein Modell zur Darstellung von stationären Strömungen. Die grafische Darstellung einer Strömung mittels Stromlinien heißt *Stromlinienbild*. Wenn die Bahnen der Teilchen mit den Stromlinien übereinstimmen, d. h., wenn die Stromlinien für eine längere Zeit ihre Form behalten, wird die Strömung als *stationäre Strömung* bezeichnet.

Wenn eine Flüssigkeit ein Rohr mit unterschiedlichen Querschnittsfunktionen durchströmt, muss durch jeden Querschnitt des Rohres in der gleichen Zeit t das gleiche Volumen V hindurchtreten, da die Flüssigkeit so gut wie nicht kompressibel ist. Durch kleinere Querschnitte strömt deshalb die Flüssigkeit schneller und umgekehrt.

Es gilt die *Kontinuitätsgleichung* für inkompressible Flüssigkeiten (auch Durchflussgesetz):

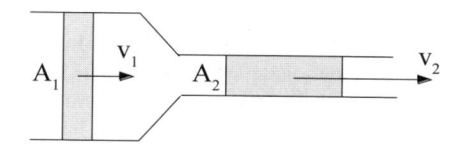

$A_1 v_1 = A_2 v_2$

$A \cdot v = $ konstant

$A \sim \dfrac{1}{v}$

Dabei ist:
A   durchströmte Querschnittsfläche
v   Strömungsgeschwindigkeit

- Das Produkt A · v (Querschnitt und Strömungsgeschwindigkeit) wird als *Volumenstrom* Q bezeichnet; [Q] = m³/s.

  Q = A · v $\qquad\qquad$ [Q] = m³/s

  Mithilfe dieser Größen lässt sich für hydraulische Systeme z. B. eine Kolbenkraft F oder die Kolbengeschwindigkeit v errechnen (F = p · A; Q = $v_1 A_1 = v_2 A_2$).

  In stationären Strömungen bestehen gesetzmäßige Zusammenhänge zwischen der Geschwindigkeit der strömenden Flüssigkeit (oder des Gases), dem Druck und der Dichte des Stoffes.

- Der *statische Druck* p_s:
  Er ist der rechtwinklig zur Strömungsrichtung gemessene Druck; er nimmt mit zunehmender Strömungsgeschwindigkeit ab.

- Der *Schweredruck* p:
  Er ist eine Folge der Gravitation.

  p = ρ · g · h $\qquad\qquad$ mit: ρ = Dichte; h = Höhe

- Der *dynamische Druck* (auch Staudruck) p_w:
  Er ist eine Folge der Trägheit und nimmt mit zunehmender Dichte und mit zunehmender Strömungsgeschwindigkeit zu. Seine Druckkraft wirkt nur in Strömungsrichtung.

  $p_w = \frac{1}{2} \rho \cdot v^2$ $\qquad\qquad$ mit: ρ = Dichte; v = Strömungsgeschwindigkeit

- Für den *Gesamtdruck* p_0 gilt die *Bernoulli'sche Gleichung*:

  $p_0 = p_s + p + p_w$

  Der Gesamtdruck ist die Summe aus statischem Druck, Schweredruck und Staudruck.

07. Wie kann die Druckmessung in Strömungen erfolgen?

- Der *statische Druck* wird mit einem rechtwinklig zur Strömungsrichtung angebrachten Manometer gemessen.

- Der *Gesamtdruck* wird mit einem in Strömungsrichtung angebrachten Manometer gemessen. Der Gesamtdruck ist um den Staudruck größer als der statische Druck.

- Der *Staudruck* Die Differenz aus Gesamtdruck und statischem Druck misst man mit einer Kombination der entsprechenden Geräte (Prandtl'sches Staurohr) und nutzt diese besonders zur Bestimmung der Strömungsgeschwindigkeit in Gasen.

- Die *Differenz zweier statischer Drücke* wird vor allem verwendet zur Bestimmung der Strömungsgeschwindigkeit in Flüssigkeiten (Venturi-Rohr). Dadurch ist es möglich, an zwei Stellen mit unterschiedlichem Querschnitt die statischen Drücke und deren Differenz zu messen, woraus die Strömungsgeschwindigkeit berechnet werden kann.

08. Was ist elektrischer Strom und woraus besteht ein elektrischer Stromkreis?

Elektrische Leitungsvorgänge ermöglichen (wie strömende Gase oder Flüssigkeiten) die Übertragung und Umwandlung von Energie. Damit können vielfältigste Vorgänge in Technik, Wissenschaft und Alltag elektrisch gesteuert und geregelt werden. Die Bewegung von Flüssigkeiten oder Gasen in Rohren bezeichnet man als Strömung. Analog dazu bilden bewegte Ladungsträger einen elektrischen Strom. Dazu wird in einem Leiter (einem leitenden Stoff) ein elektrisches Feld erzeugt. Im Raum um den stromdurchflossenen Leiter besteht ein magnetisches Feld.

Man unterscheidet:

- *Leiter*: Der Ladungstransport ist möglich, da frei bewegliche Ladungsträger vorhanden sind (z. B. Metall, Elektrolytlösung).
- *Halbleiter*: Es können Ladungsträger freigesetzt werden (Kristalle mit kovalenter Bindung).
- *Nichtleiter*: Der Ladungstransport ist nur in geringem Maße möglich, da sehr wenig frei bewegliche Ladungsträger vorhanden sind (z. B. Glas, Kunststoff).

Elektrischer Strom ist die gerichtete Bewegung von Ladungsträgern in einem elektrischen Feld. Dabei wird die Energie des elektrischen Feldes in kinetische Energie der Ladungsträger umgewandelt (und in damit verbundene magnetische Feldenergie). Die Art der Wirkung des elektrischen Stromes zeigt sich in der Energieform, in die die elektrische Energie umgewandelt wird:

Energieform	Wirkungsart	Beispiele für Energiewandler
thermische Energie	Wärmewirkung	Tauchsieder, Kochplatte
Lichtenergie	Lichtemission	Leuchtdiode, Leuchtstofflampe, Glühlampe
mechanische Energie	magnetische Wirkung	Elektromotor, Elektromagnet
chemische Energie	chemische Wirkung	Akkumulator, Elektrolyse

- Die *elektrische Stromstärke* I gibt an, wie viel elektrische Ladung Q in einer bestimmten Zeit t durch einen Leiterquerschnitt transportiert wird:

$$I = \frac{Q}{t} \qquad [I] = A \text{ (Ampere)}$$

- Die *elektrische Spannung* U ist die Ursache jedes elektrischen Stromes; sie besteht zwischen den Polen einer Spannungsquelle. Die elektrische Spannung U lässt sich über die Verschiebungsarbeit W an Ladungsträgern in elektrischen Feldern berechnen:

$$U = \frac{W}{Q} \qquad [U] = V \text{ (Volt)}$$

Dabei ist:
U Spannung
W Verschiebungsarbeit
Q elektrische Ladung

- Ein *elektrischer Stromkreis* besteht aus:
  - Spannungsquelle(n)
  - Leitung
  - Verbraucher(n)

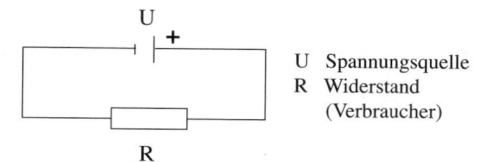

U Spannungsquelle
R Widerstand (Verbraucher)

Am Minuspol besteht ein Elektronenüberschuss, am Pluspol besteht ein Elektronenmangel; beides wird durch die Spannungsquelle erzeugt und aufrecht erhalten. Die Elektronen fließen außerhalb der Spannungsquelle vom Elektronenüberschuss zum Elektronenmangel, vom Minuspol zum Pluspol. Die *technische Stromrichtung ist eine Festlegung* und bezeichnet die allgemein gebräuchliche Stromrichtung vom Pluspol zum Minuspol.

In den Verbrauchern verlieren die Ladungsträger Energie: Diese Energie wird in andere Energieformen umgewandelt (z. B. Wärme, Licht, mechanische Arbeit).

09. Was sagt das Ohmsche Gesetz aus?

In einem Stromkreis ist die Stromstärke der Spannung proportional. Mithilfe eines Proportionalitätsfaktors kann die Gleichung

$$I = G \cdot U \qquad \text{bzw.} \qquad G = \frac{I}{U} \qquad [G] = A/V = S$$

gebildet werden. Der Proportionalitätsfaktor G bezeichnet den *Leitwert* des Verbrauchers; er gibt Auskunft über die Eigenschaft eines elektrischen Bauelements, einen größeren oder geringeren Stromfluss zu ermöglichen.

Der Kehrwert des Leitwertes ist der *elektrische Widerstand* R, der die Eigenschaft eines Leiters kennzeichnet, dem elektrischen Strom einen Widerstand entgegen zu setzen:

$$R = \frac{1}{G} = \frac{U}{I} \qquad [R] = V/A = \Omega$$

Der Widerstand R bestimmt also die Stärke des Stromes, der bei einer bestimmten Spannung durch den Stromkreis fließt. Die Stromstärke ist bei konstanter Spannung dem Widerstand umgekehrt proportional. Dieser Zusammenhang (R = U/I) wird als *Ohmsches Gesetz* bezeichnet. Verbraucher, für die dieses Gesetz gilt (lineare I; U-Kennlinie) werden als *Ohmsche Widerstände* bezeichnet.

10. Wie unterscheiden sich Gleichstrom und Wechselstrom?

- *Gleichstrom*:
  - Die Ladungsträger bewegen sich ständig in eine bestimmte Richtung.
  - Ein Stromkreis mit einer *Gleichspannungsquelle* (Akku, Dynamo) ist ein *Gleichstromkreis*.

- *Wechselstrom*:
  - Wechselstrom ist eine elektromagnetische Schwingung (die Größe des elektromagnetischen Feldes ändert sich zeitlich periodisch).
  - Kenngrößen: Wechselspannung u und Wechselstromstärke i als periodische Funktion der Zeit t: $u = f_1(t)$; $i = f_2(t)$
  - Unterschied zum Gleichstromkreis: Für die Kennzeichnung der Momentangrößen des Wechselstromkreises werden kleine Buchstaben verwendet.
  - Ein *Wechselstromkreis* ist ein Stromkreis mit einer *Wechselspannungsquelle*.

- Mit einem Wechselstromgenerator wird durch elektromagnetische Induktion Wechselspannung erzeugt.
- Die *Wechselstromfrequenz* f gibt die pro Zeiteinheit durchlaufende Anzahl von Schwingungen (Perioden) an:

$$f = \frac{n}{f}$$

Dabei ist:
f Wechselstromfrequenz
n Anzahl der Schwingungen von i bzw. u
t Zeit, in der die Schwingungen ablaufen

11. Was ist Drehstrom und wie wird die Wirkleistung berechnet?

Drehstrom (Dreiphasen-Wechselstrom) ist eine Form des Wechselstroms bei der drei Wechselströme um 120° phasenverschoben verkettet sind. Ihre Stränge können durch eine Sternschaltung (gemeinsamer Mittelpunkt) oder eine Dreiecksschaltung (Anfang eines Strangs ist mit dem Ende eines anderen Strangs verbunden) verkettet sein. Bei der Berechnung ist ein Verkettungsfaktor $\sqrt{3}$ und bei Vorhandensein einer induktiven Belastung (Spulen) der Leistungsfaktor cos φ einzubeziehen. Für die Wirkleistung P beim Drehstrom gilt:

$$P = \sqrt{3} \cdot U \cdot I \cdot \cos \varphi$$

P   Wirkleistung in W
U   Spannung in V
I   Stromstärke in A
cos φ Leistungsfaktor

12. Welche Gesetzmäßigkeiten gelten für Stromkreise mit mehreren Widerständen?

Stromkreise aus mehreren Widerständen können entweder *in Reihe* (unverzweigter Stromkreis) oder *parallel* (verzweigter Stromkreis) geschaltet sein:

- *Unverzweigter Stromkreis* (Reihenschaltung):
  → die Energiewandler (Verbraucher) liegen in Reihe. Es gilt:

$$U = U_1 + U_2$$
$$I = I_1 = I_2$$
$$R = R_1 + R_2$$
$$U_1 : U_2 = R_1 : R_2$$

Reihenschaltung: Beispiel mit zwei Widerständen

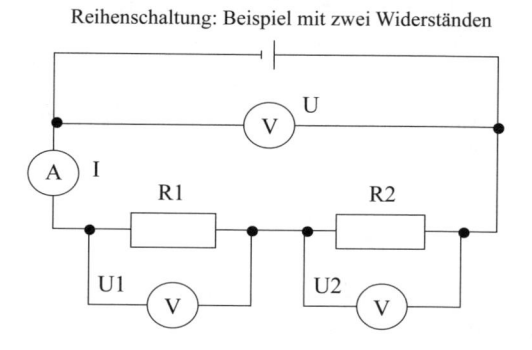

- *Verzweigter Stromkreis* (Parallelschaltung):
  → die Energiewandler (Verbraucher) liegen parallel. Es gilt:

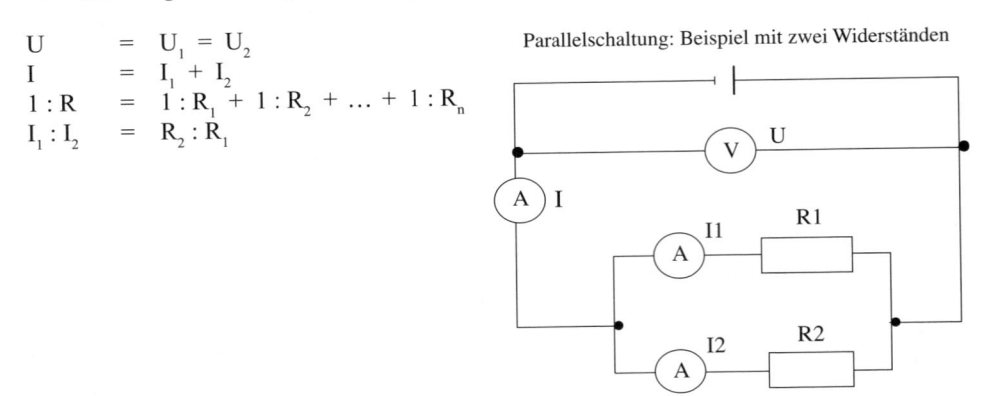

$$U = U_1 = U_2$$
$$I = I_1 + I_2$$
$$1:R = 1:R_1 + 1:R_2 + \ldots + 1:R_n$$
$$I_1:I_2 = R_2:R_1$$

Parallelschaltung: Beispiel mit zwei Widerständen

Nur bei zwei parallel geschalteten Widerständen gilt:

$$R = \frac{R_1 \cdot R_2}{R_1 + R_2}$$

13. Was ist elektrische Leistung?

Wenn Strom benutzt wird, entnimmt man dem Stromnetz keine Ladung, sonden Energie, die sich in Wärme, Licht oder mechanische Arbeit umsetzt. Das Maß für die Arbeitsfähigkeit von Ladung ist die Spannung $U = W/Q$. Wird diese Gleichung nach der Arbeit W aufgelöst, so folgt mit $I = Q/t$:

$$W = U \cdot Q \qquad [W] = J$$
$$W = U \cdot I \cdot t$$

- Die *elektrische Arbeit* W ist das Produkt aus Spannung U, Stromstärke I und Zeit t (gilt nur für Gleichstrom).

- *Elektrische Leistung*:
  Häufig ist auf elektrischen Geräten die *Leistung P* angegeben. Die elektrische Leistung P ergibt sich aus dem bekannten Quotienten:

$$P = \frac{W}{t} = \frac{U \cdot I \cdot t}{t} = U \cdot I \qquad [P] = Ws/s = W$$
$$1 \text{ KW} = 10^3 \text{ W}; \quad 1 \text{ MW} = 10^6 \text{ W}$$

Einen inneren Zusammenhang zwischen allen Energieformen erkennt man in der Tatsache, dass Arbeit und Leistung im elektrischen Stromkreis mit den gleichen Einheiten verwendet werden wie in der Mechanik und Thermodynamik.

Als elektrische Arbeits- und Energieeinheit ist die Kilowattstunde KWh gebräuchlich. Sie ist das Produkt der Leistungseinheit 1 KW und der Zeiteinheit 1 h.

14. Was ist der Leiterwiderstand?

Nicht nur die an einem Stromkreis angeschlossenen Verbraucher, sondern auch die Leitungen selbst haben einen Widerstand. Dieser Leiterwiderstand R wird bestimmt durch seinen spezifischen Widerstand ϱ, seine Gesamtlänge l und seinen Querschnitt A:

$$R = \frac{\varrho \cdot l}{A}$$

ϱ	spez. elektrischer Widerstand in $\Omega \cdot mm^2/m$
R	Widerstand in Ω
l	Leiterlänge in m
A	Leiterquerschnitt in mm^2

Darüberhinaus wirken sich Temperaturänderungen auf den Widerstand aus. Leiter, deren Widerstand mit der Temperaturerhöhung ansteigt, also den Strom schlechter leitet, werden *Kaltleiter*, solche deren Widerstand sich mit der Temperatursenkung verringert, also den Strom besser leitet, *Warmleiter* genannt. Metalle sind Kaltleiter, Halbleiter sind Heißleiter.

15. Wie können Strom und Spannung gemessen werden?

- *Elektrischer Strom*:
  - Messung mit *Amperemeter*; es werden verwendet:
    - Drehspulmesswerke (für Gleichstrom; Nutzung auch für Wechselstrom möglich bei Vorschalten eines Gleichrichters) und
    - Dreheisenmesswerke (für Gleich- und Wechselstrom)
  - Zur Messung der Stromstärke wird die Kraftwirkung des Magnetfeldes gemessen, das den Strom umgibt.
  - Strommesser müssen *im Hauptstromkreis in Reihe* mit einem Verbraucher geschaltet sein.
  - Damit die zu messende Größe nicht durch den Innenwiderstand R_i des Strommessers beeinflusst wird, erfolgt die Messbereichserweiterung durch Parallelschalten kleiner Widerstände im Gerät, der Ersatzwiderstand des Strommessers sinkt: $R_i \ll R$.

- *Elektrische Spannung*:
  - Messung mit *Voltmeter*; es werden Drehspulmesswerke, Dreheisenmesswerke und statische Spannungsmesser verwendet.
  - Zur Messung der elektrischen Spannung werden genutzt:
    - die Kraftwirkung zwischen ruhenden elektrischen Ladungen (statische Spannungsmessung) und
    - die magnetische Wirkung des elektrischen Stromes sowie die Proportionalität zwischen Spannung und Stromstärke.
  - Spannungsmesser werden *im Nebenstromkreis parallel* zum Verbraucher geschaltet.
  - Damit der Messstrom (durch das Messgerät) den tatsächlich zu messenden Strom nicht verfälscht, erweitert man den Messbereich eines Spannungsmessers durch Vorschalten großer Widerstände im Gerät, der Ersatzwiderstand des Spannungsmessers steigt: $R_i \gg R$.

Elektrische Messgeräte werden aus sicherheitstechnischen und wirtschaftlichen Gründen nicht für hohe Stromstärken und hohe Spannungen gebaut. Wenn die zu messenden Größen (Spannungen und Stromstärken) die für die Messgeräte zulässigen Höchstgrenzen überschreiten, müssen die zu messenden Spannungen und Stromstärken geteilt werden: Unter Anwendung der Gesetze im unverzweigten und verzweigten Stromkreis (Maschensatz, Knotenpunktsatz) *wird der Messbereich der Messgeräte erweitert* durch Zuschalten entsprechender Widerstände.

16. Welche Funktion haben Sicherungen?

Um Schäden an Geräten oder auch Brände durch überhitzte Zuleitungen zu verhindern, ist

- ein genaues Beachten der Betriebsspannung,
- das Einhalten der vorgeschriebenen Leitungsquerschnitte, der Kabelarten und des Kabelaufbaus (DIN-Vorschriften) sowie
- der Einsatz von Sicherungen zur Kontrolle des Stromkreises

notwendig.

Sicherungen können im Stromkreis selbsttätig Kontrollaufgaben übernehmen. Kommt es zu einer Grenzwertüberschreitung, unterbrechen sie den Stromfluss.

Man unterscheidet:

- *Schmelzsicherungen*:
  Sie bestehen aus einer Porzellanpatrone mit einem dünnen Schmelzdraht, der bei einer bestimmten Stromstärke durchschmilzt. Ist das der Fall, muss die Schmelzsicherung ersetzt werden. Schmelzeinsätze gibt es für verschiedene Stromstärken und mit verschiedenem Auslöseverhalten (superflink, flink, mittelträge, träge, superträge; siehe dazu die entsprechenden DIN VDE).

- *Überstromschalter*:
  Sie arbeiten nach dem Prinzip der magnetischen Sicherung und werden auch als Sicherungsautomaten bezeichnet. Bei Grenzwertüberschreitung des Stromes wird mittels eines Elektromagneten ein Schalter betätigt und der Stromfluss unterbrochen. Nach Beseitigen der Störung kann der Stromkreis durch einen Schalter wieder geschlossen werden. Anwendungsbereiche und Baugrößen von Überstrom-Schutzschaltern sind in den DIN VDE aufgeführt.

17. Welche Schutzmaßnahmen müssen beim Umgang mit elektrischen Anlagen beachtet werden?

Die Arbeit an elektrischen Anlagen darf grundsätzlich nur von geschultem Fachpersonal ausgeführt werden. Beim Betreiben elektrischer Anlagen und Betriebsmittel ist die Einhaltung der entsprechenden Sicherheitsbestimmungen und Vorschriften zu gewährleisten (z. B. DIN VDE bzw. BGV):

1. Es gelten z. B. die „*Regeln für das Arbeiten in elektrischen Anlagen*" (vgl. DIN VDE):
   → Die 5 Sicherheitsregeln vor Beginn der Arbeiten
   → Maßnahmen vor dem Wiedereinschalten nach beendeter Arbeit
   → Erste Hilfe bei Unfällen durch elektrischen Strom

2. Es ist der *„Schutz gegen gefährliche Körperströme"* entsprechend der DIN VDE zu beachten:
   → Schutz sowohl gegen direktes als auch bei indirektem Berühren durch:
   Schutzkleinspannung bzw. Funktionskleinspannung
   → Schutz gegen direktes Berühren durch:
   Isolierung aktiver Teile, Abdeckungen und Umhüllungen, Hindernisse (z. B. Barrieren, Schranken), Abstand, Fehlerstrom-Schutzeinrichtungen
   → Schutz bei indirektem Berühren durch:
   Hauptpotenzialausgleich, nicht leitende Räume, Schutzisolierung, Schutztrennung, Schutzmaßnahmen im TN-, TT-, und IT-Netz

18. Wie sind die „5 Sicherheitsregeln" anzuwenden?

Die Arbeiten an aktiven Teilen können erst beginnen, wenn der spannungsfreie Zustand hergestellt ist. Der spannungsfreie Zustand gilt als hergestellt, wenn die „5 Sicherheitsregeln" angewendet sind.

Die 5 Sicherheitsregeln sind:
→ Freischalten
→ gegen Wiedereinschalten sichern
→ Spannungsfreiheit feststellen
→ Erden und Kurzschließen
→ Benachbarte Teile, die unter Spannung stehen, abdecken oder abschranken.

5.2 Energieformen im Betrieb sowie Auswirkungen auf Mensch und Umwelt

5.2.1 Energieumwandlungen in Kraftmaschinen

01. Was bezeichnet man als Kraft?

Die Kraft F gibt an, wie stark Körper aufeinander wirken. Die Kraft kann eine *Verformung* (statische Kraftwirkung) und/oder eine *Änderung des Bewegungszustandes* (dynamische Kraftwirkung) hervorrufen.

02. Was sind Kraftmaschinen?

Kraftmaschinen wandeln Energie um in eine für den Menschen nutzbare Form. Meist erfolgt eine Umwandlung in mechanische Energie, um Körper zu verformen oder ihren Bewegungszustand zu verändern. Als *Arbeitsmedien* werden dafür genutzt: Wasserkraft, Windkraft, Sonneneinstrahlung, Erdwärme, Muskelkraft von Mensch und Tier, Gezeitenströmung, fossile Brennstoffe usw. Die *Endenergie* (= Energie am Ort der Verwendung = Ergebnis der Energieumwandlung) besteht aus *Nutzenergie* und *ungenutzte Energie*; bei jeder Energieumformung ist der Anteil der genutzten Energie < 100 % (Wirkungsgrad). *Primärenergie* ist die ursprüngliche Energieart (z. B. Steinkohle, Kernbrennstoff, Erdöl; *Sekundärenergie* ist umgewandelte Primärenergie (z. B. Strom, Koks, Fernwärme).

Die wichtigsten *Kraftmaschinen* sind:
- *Verbrennungskraftmaschinen* (chemische Energie → Bewegungsenergie), z. B. Gasturbine, Dieselmotor, Ottomotor

- *Elektromotoren* (elektrische Energie → Bewegungsenergie), z. B. als Antrieb für Pumpen, Hebewerkzeuge, Transportsysteme
- *Hydraulische und pneumatische Kraftmaschinen* (Strömungs-/Druckenergie → mechanische Energie), z. B. Hebe-/Schubvorrichtungen

Beispiele für Energieumwandlungen durch Kraftmaschinen:

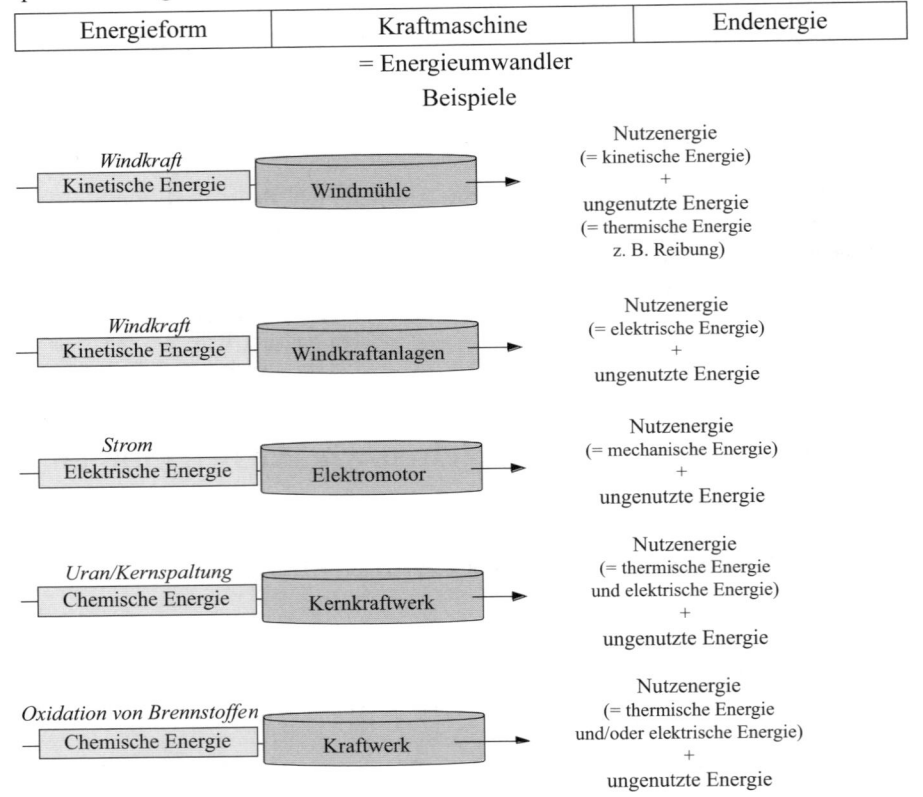

Energieform	Kraftmaschine	Endenergie

= Energieumwandler
Beispiele

Windkraft Kinetische Energie	Windmühle	Nutzenergie (= kinetische Energie) + ungenutzte Energie (= thermische Energie) z. B. Reibung)
Windkraft Kinetische Energie	Windkraftanlagen	Nutzenergie (= elektrische Energie) + ungenutzte Energie
Strom Elektrische Energie	Elektromotor	Nutzenergie (= mechanische Energie) + ungenutzte Energie
Uran/Kernspaltung Chemische Energie	Kernkraftwerk	Nutzenergie (= thermische Energie und elektrische Energie) + ungenutzte Energie
Oxidation von Brennstoffen Chemische Energie	Kraftwerk	Nutzenergie (= thermische Energie und/oder elektrische Energie) + ungenutzte Energie

5.2.2 Wirkungsweise von Dampferzeugungsanlagen und nachgeschalteter Anlagen

01. Welche grundsätzlichen Vorgänge erfolgen bei der Dampferzeugung?

- *Wasser* wird aus einer Quelle entnommen (Fluss, Brunnen, öffentliches Versorgungsnetz usw.) und *aufbereitet* (z. B. Enthärtung).
- Das Wasser wird *vorgewärmt* und in den Dampferzeuger geleitet.
- Im *Dampferzeuger* (Dampfkessel = geschlossenes Gefäß) wird *Wasser* durch heiße *Feuerungsgase* erhitzt. Die für die Feuerung notwendige Verbrennungsluft wird ebenfalls vorgewärmt.
- Das Wasser verdampft: Es entsteht *Sattdampf*, der sich über dem siedenden Wasser bildet. Der Siedepunkt des Wassers ist abhängig vom Druckzustand im Inneren des Kessels.

5.2 Energieformen im Betrieb sowie Auswirkungen auf Mensch und Umwelt

- Der eingeschlossene Dampf hat *Druckenergie*, die umgewandelt werden kann.
- Bei weiter entwickelten Geräten wird der Sattdampf in einen *Überhitzer* geleitet: Es entsteht *Heißdampf* von mehreren 100 °C bei hohem Druckzustand.

Zur Unterscheidung:

- *Nassdampf:* Der Dampf enthält noch kleine Wasserteilchen.
- *Sattdampf:* Die Flüssigkeit ist völlig verdampft.
- *Heißdampf:* Wird dem Sattdampf weitere Wärme zugeführt (bei gleichbleibendem Druck), so entsteht Heißdampf bzw. *überhitzter Dampf*; er beträgt z. B. bei der Dampflokomotive 300 - 400 °C.

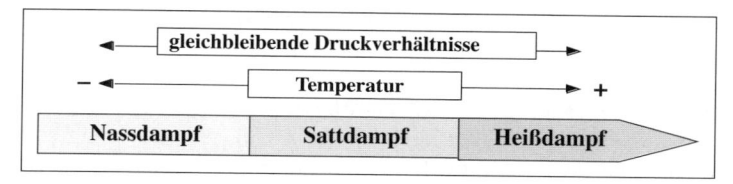

```
       ◄──── gleichbleibende Druckverhältnisse ────►
   ─ ◄───────────── Temperatur ─────────────► +
   │ Nassdampf │ Sattdampf │ Heißdampf ►
```

02. Aus welchen Teilen besteht eine Dampferzeugungsanlage?

Dampferzeugungsanlagen bestehen aus folgenden Teilen:

- Feuerung
- Dampferzeuger (Dampfkessel)
- Rauchgasabführung
- Dampferzeugerhilfsanlagen und Zusatzaggregate:
    - Wasservorwärmer
    - Wasseraufbereitungsanlage
    - Sicherheitsventile
    - Luftvorwärmer
    - Druckmanometer

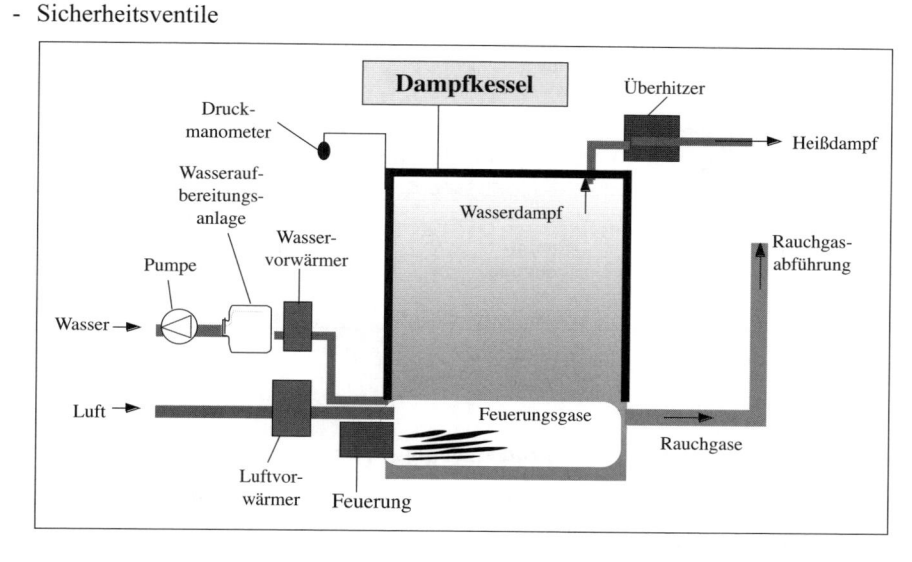

03. Welche Stoffe können zur Befeuerung von Dampferzeugungsanlagen eingesetzt werden?

- *Feste* Brennstoffe: Steinkohle, Braunkohle, Holz, Torf
- *Flüssige* Brennstoffe: Erdöl, Pflanzenöl
- *Gasförmige* Brennstoffe: Stadtgas, Erdgas

Bei der Verwendung *fester Brennstoffe* ist die *Befeuerung mit einem Rost ausgestattet*: Der Brennstoff kann mithilfe einer Fördereinrichtung in großen Mengen auf den Rost befördert werden. Die Rückstände (Asche) fallen durch den Rost und können entsorgt werden. Ein hoher Schornstein erbringt den für die Verbrennung notwendigen Zug. In Großanlagen wird der natürliche Zug des Schornsteins durch Gebläse- oder Sauganlagen erhöht. Bei der Verwendung *flüssiger Brennstoffe* gelangt das Öl zusammen mit der Verbrennungsluft über eine Düse fein zerstäubt in den Verbrennungsraum. *Gasfeuerungsanlagen* arbeiten z. B. mit atmosphärischen Brennern.

5.2.3 Alternative Anlagen zur Energieerzeugung

01. Wie kann die Energie der Sonne (Solarenergie) genutzt werden?

(1) Die Sonnenenergie kann *direkt* – ohne Umwandlung in eine andere Energieform – genutzt werden: Man bezeichnet dies als *passive Maßnahme*. Die Architektur eines Gebäude wird dabei so gestaltet, dass die direkte Sonneneinstrahlung zur Erwärmung der Räume genutzt wird (sog. *Solararchitektur*; z. B. Integration von großzügigen Glasflächen in Gebäudeteile mit einem Neigungswinkel zur Sonne, Optimierung der Lage des Baukörpers in Abhängigkeit von Himmelsrichtung, Wind, Sonne und Regen, Kombination von Sonneneinflutung und Techniken der Verschattung).

(2) Als *aktive Nutzung* der Sonnenenergie bezeichnet man die Umwandlung der Solarenergie in Strom oder Wärme durch geeignete Technik.

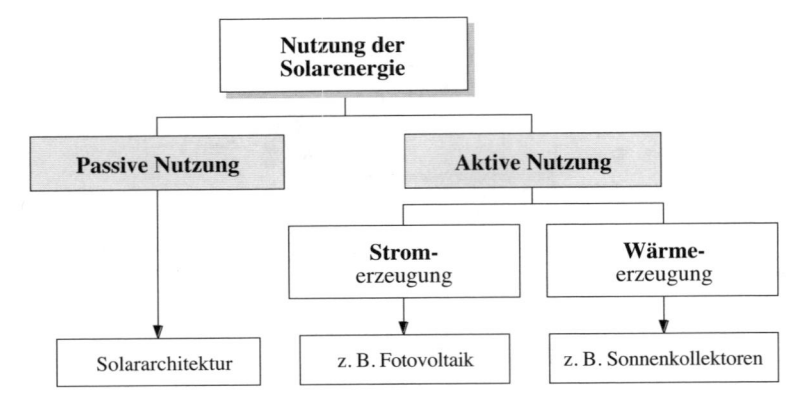

```
                    Nutzung der
                    Solarenergie
                   /            \
         Passive Nutzung      Aktive Nutzung
              |               /            \
              |         Strom-           Wärme-
              |         erzeugung        erzeugung
        Solararchitektur  z. B. Fotovoltaik   z. B. Sonnenkollektoren
```

02. Wie wird die Solarenergie zur Wärmeerzeugung/Warmwasseraufbereitung genutzt?

Ablauf der Wärmeerzeugung durch thermische Solaranlagen (= *Solarthermie*):

- Eine Trägerflüssigkeit (meist Wasser versetzt mit Frostschutzmittel) wird in Kollektoren (auf dem Dach des Gebäudes) erhitzt.

5.2 Energieformen im Betrieb sowie Auswirkungen auf Mensch und Umwelt

- Die erhitzte Trägerflüssigkeit wird in einem geschlossenen Heizkreislauf zum Brauchwasserspeicher gepumpt. Dies erfolgt über eine temperaturgesteuerte Umwälzpumpe.
- Die Trägerflüssigkeit erwärmt im Speicher mithilfe von Rohrschlangen das für den Verbrauch vorgesehene Wasser.
- Aus dem Brauchwasserspeicher wird Warmwasser entnommen und je nach Verbrauch entsprechend kaltes Wasser wieder zugeführt.
- Je nach Witterung und Tageszeit wird über eine entsprechende Regelungstechnik die konventionelle Heizung zur Brauchwasseraufbereitung zugeschaltet.

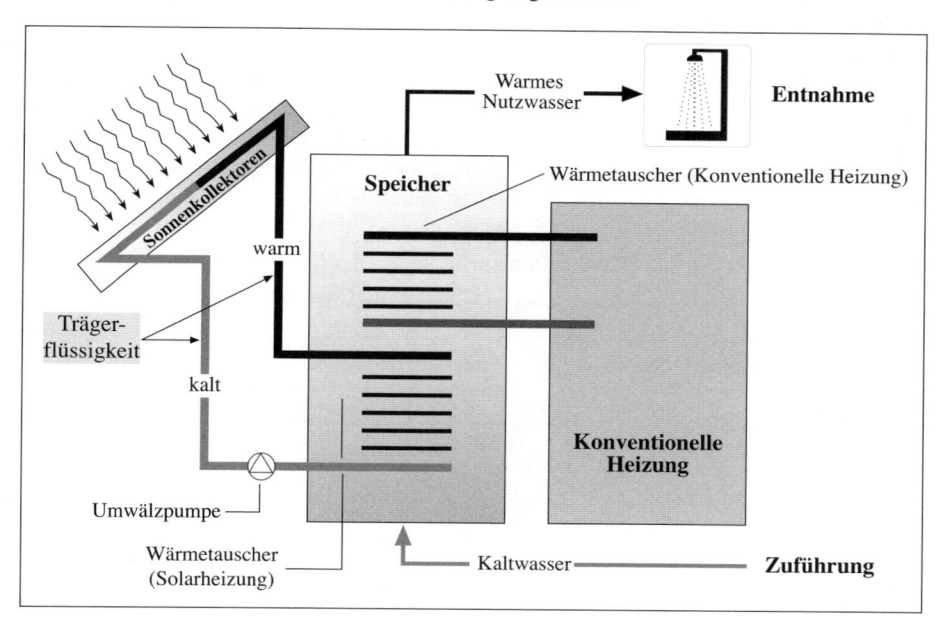

03. Wie wird die Solarenergie zur Stromerzeugung genutzt?

Ablauf der Stromerzeugung durch Fotovoltaikmodule:

- Die in der Sonnenstrahlung enthaltene Energie verursacht in Halbleitern, wie z. B. Silicium, *ein Fließen von Elektronen* (sog. Fotoeffekt bzw. fotovoltaischer Effekt), d. h. elektrischem Strom. Auf diese Weise wird Solarenergie in elektrische Energie umgewandelt. Solarzellen werden zu mehreren Fotovoltaikmodulen kombiniert.
- Der auf diese Weise erzeugte *Gleichstrom* wird über Wechselrichter in *Wechselstrom* umgewandelt. Er kann in Akkumulatoren gespeichert oder ins öffentliche Stromnetz eingespeist werden. Die *Stromerzeugung durch Solarenergie spielt* derzeit in Deutschland noch *eine untergeordnete Rolle*.

04. Welche Bedeutung hat Windenergie?

Windkraft ist eine der Energiearten, die vom Menschen bereits lange genutzt werden. Die bis Mitte des 19. Jahrhunderts weit verbreiteten Windmühlen wurden von Verbrennungsmotoren verdrängt. Im Zuge der Ölkrise 1973 erlebte die Nutzung der Windenergie eine Renaissance. Seit 1989 werden in Deutschland private Windkraftanlagen (WKA) staatlich gefördert.

05. Wie wird die Windkraft zur Stromerzeugung genutzt?

Die Bewegungsenergie der Luft versetzt einen *Rotor* in Drehbewegungen und wird auf eine Antriebswelle übertragen. Der angeschlossene *Generator* erzeugt dadurch Strom. Durchgesetzt haben sich heute schnelllaufende *Rotoren* mit *horizontaler Achse*. Sie haben einen höheren Wirkungsgrad als *Rotoren mit vertikaler Achse*, werden jedoch elektrisch oder hydraulisch der Windrichtung nachgeführt, um die Leistungsaufnahme zu optimieren. Rotoren mit zwei Blättern erreichen eine höhere Drehzahl und damit eine höhere Leistung, sind jedoch aerodynamisch ungünstiger als Rotoren mit drei Blättern. Bei kleineren WKA wird auf die kostenintensive Verstellung und Ausrichtung der Rotorblätter verzichtet.

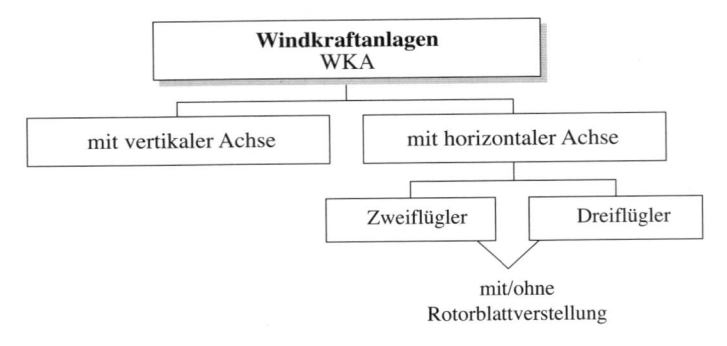

```
                    Windkraftanlagen
                         WKA
                   /              \
        mit vertikaler Achse    mit horizontaler Achse
                              /                    \
                        Zweiflügler            Dreiflügler
                                    |
                                mit/ohne
                           Rotorblattverstellung
```

WKA erreichen heute einen Wirkungsgrad von rund 50 %. Wirtschaftlich ist die Investition nur in Regionen mit einer über das Jahr gemittelten Windgeschwindigkeit von ≥ 4 m/s. Bei der Errichtung von WKA müssen neben der durchschnittlichen Windgeschwindigkeit die Bau- und Naturschutzvorschriften des Bundes und der Kommunen beachtet werden. Windkraftanlagen zählen zu den umweltfreundlichen Arten der Energieerzeugung. Vergessen werden darf dabei jedoch nicht der Ressourcenverbrauch bei der Produktion von WKA und die spätere Entsorgung. Außerdem verursachen die Rotorblätter Geräusche; manche Menschen empfinden *Windparks* als Störung des Landschaftsbildes, teilweise sogar als bedrohlich.

5.2.4 Energiearten und deren Verteilung im Betrieb

01. Wie erfolgt die Energieversorgung und -verteilung im Industriebetrieb?

Der Industriebetrieb benötigt unterschiedlichste Energiearten zur Herstellung und Veredlung seiner Produkte.

Der Anteil der Energieträger am Primärenergieverbrauch in Prozent betrug in Deutschland im Jahr 2012 im Vergleich zu 1995:

5.2 Energieformen im Betrieb sowie Auswirkungen auf Mensch und Umwelt

Energieträger	Anteil am Primärenergieverbrauch					
	Steinkohle	Braunkohle	Mineralöl	Erdgas	Kernenergie	Sonstige
1995	14,4	12,2	39,9	19,6	11,8	2,1
2012	12,0	12,0	33,0	21,5	7,9	13,6

Quelle: Arbeitsgemeinschaft Energiebilanzen

Man kann daran erkennen, dass der Anteil der sonstigen Energieträger (dies sind überwiegend die regenerativen Energieträger wie Wind- und Solarenergie) bis 2012 auf ca. 13,6 % gestiegen ist. Dieser Anteil soll nach dem Willen der Bundesregierung noch deutlich erhöht werden, um den Rückgang des Anteils der Kernenergie aufzufangen (Energiewende).

Die folgende Abbildung zeigt schematisch die Versorgung des Industriebetriebes mit Energiearten unterschiedlichster Art und die Verteilung der Energie über die verschiedenen Leitungssysteme an die „Verwender".

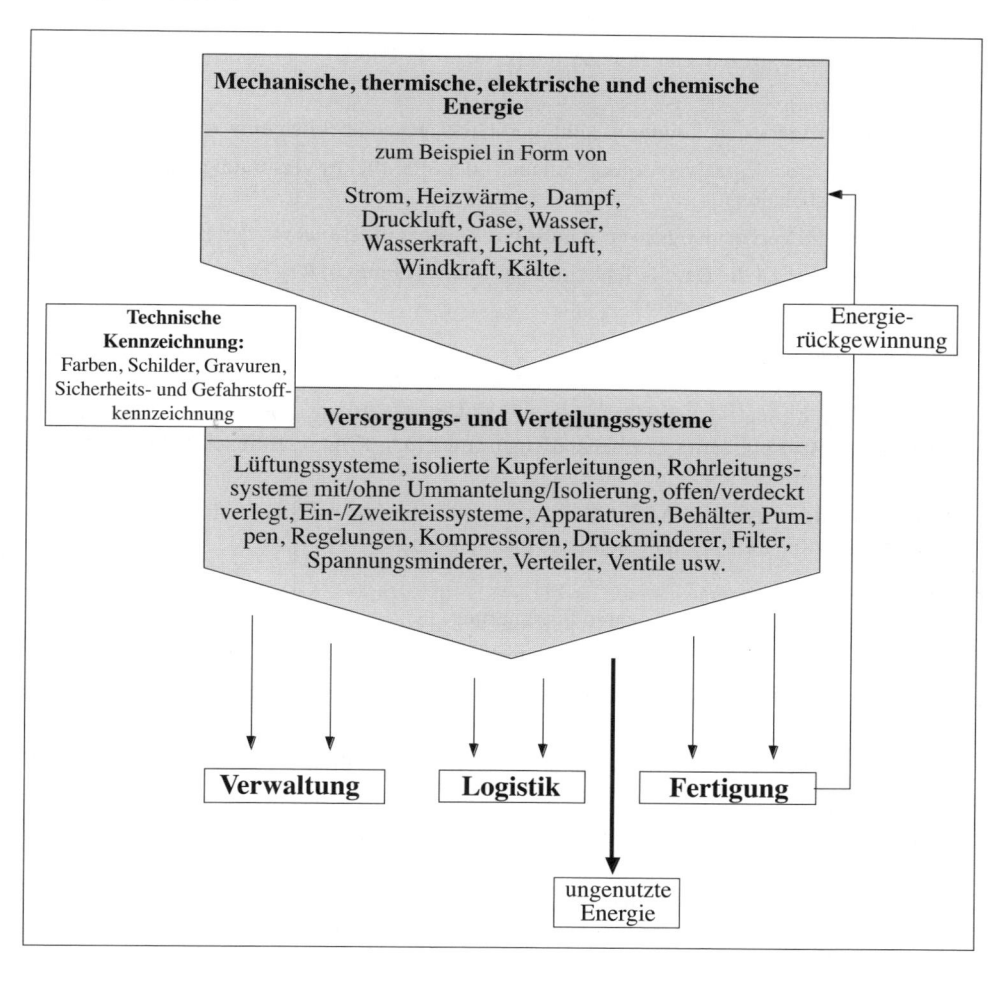

Mechanische, thermische, elektrische und chemische Energie

zum Beispiel in Form von

Strom, Heizwärme, Dampf, Druckluft, Gase, Wasser, Wasserkraft, Licht, Luft, Windkraft, Kälte.

Technische Kennzeichnung:
Farben, Schilder, Gravuren, Sicherheits- und Gefahrstoffkennzeichnung

Energierückgewinnung

Versorgungs- und Verteilungssysteme

Lüftungssysteme, isolierte Kupferleitungen, Rohrleitungssysteme mit/ohne Ummantelung/Isolierung, offen/verdeckt verlegt, Ein-/Zweikreissysteme, Apparaturen, Behälter, Pumpen, Regelungen, Kompressoren, Druckminderer, Filter, Spannungsminderer, Verteiler, Ventile usw.

Verwaltung | **Logistik** | **Fertigung**

ungenutzte Energie

Der Einsatz von Anlagen und Energiearten mit *hohem Wirkungskrad*, die *effiziente Nutzung der Energie* sowie der Möglichkeiten ihrer *Rückgewinnung* sind in Deutschland bereits Realität.

02. Welche Anforderungen bestehen an Versorgungsnetze in Industriebetrieben?

- *Stromversorgung*
  - Strom ist kaum speicherbar und leitungsgebunden (Stromnetz);
  - auch kurzfristige Leistungsspitzen müssen i. d. R. abgedeckt werden;
  - Störungen müssen i. d. R. kompensiert werden können (Ersatzstromaggregate);
  - es gibt Niederspannungs-, Mittelspannungs-, Hochspannungs- und Höchstspannungssysteme;
  - Übertragungsmittel der Stromverteilung: Leitungsnetze, Transformatoren, Kabel, Umspannungs- und Übergabestationen usw.
  - das Versorgungsnetz umfasst z. B.: Lichtstrom, Kraftstrom, Strom für besondere Anlagen, Anschlüsse für Sonderanlagen (≥ 440 V);
  - Sicherheitsvorschriften sind zu beachten (z. B. VDE, DIN).
- *Wasserversorgung*
  - Trinkwasser muss u. a. keimarm, kühl, geruchlos, geschmacklich einwandfrei sein;
  - Versorgung: über Einzelversorgungsanlagen oder öffentliches Versorgungsnetz (direkt oder über Vorratsbehälter);
  - für bestimmte Verwendungszwecke muss das Wasser aufbereitet werden (z. B. Enthärtung);
  - beim Abwasser ist die Beschaffenheit zu beachten (Schmutz-, Regen-, Kühl-, Sickerwasser sowie kontaminiertes Wasser).
- *Versorgung mit Raumluft*
  - Anforderungen: z. B. bestimmte Temperatur, Feuchte, Reinheit, Bewegung;
  - einfache Belüftung oder vollautomatische: z. B. freie Lüftung, einfache Lüftungsanlagen, Anlagen mit kombinierter Luftbehandlung (Anwärmen/Kühlen, Befeuchten/Entfeuchten), Klimaanlagen
  - in bestimmten Betrieben oder Abteilungen gelten besonders hohe Anforderungen an die Raumluft (z. B. EDV, Chipherstellung, Lackierbetrieb).
- *Versorgung mit Druckluft*
  - zentrale/dezentrale Erzeugung und Speicherung;
  - Erzeugung über Kompressoren (Verdichter): z. B. Kolben-/Turboverdichter;
  - Anforderungen an Druckluftverteilungsnetze: z. B. Vermeidung von deutlichem Druckabfall, Einhaltung der Druckluftqualität (Wassergehalt, Reinheit);
  - Leitungsverlegung: meist Ringleitungssystem mit Stichleitungen zu den Entnahmestellen.
- *Gasversorgung*
  - Versorgung i. d. R. über das Leitungsnetz des örtlichen Energieversorgungsunternehmens (EVU);
  - innerbetriebliche Verteilung über eine Anschlussleitung an das Netz des EVU (Erdverlegung oder oberirdisch) und Weiterleitung an die Verbraucher (Betriebe, Öfen, Brenner, Heizsysteme, Verwaltungs- und Sozialräume);

- Hilfsaggregate/Armaturen: Druckregel- und Messanlagen, Übergabestationen;
- das innerbetriebliche Gasversorgungsnetz muss in regelmäßigen Abständen überprüft werden (lt. DVGW Regelwerk): Dichtigkeit, Korrosion, Funktion der Armaturen.

03. Warum unterliegen Maschinen und Anlagen einem Verschleiß?

Anlagen unterliegen während ihrer gesamten Nutzungsdauer einem ständigen Verschleiß. Bewegliche Teile und sich berührende Teile werden im Laufe der Zeit in unterschiedlichem Maße abgenutzt.

Im Allgemeinen nimmt die Stör- und Reparaturanfälligkeit einer Anlage mit zunehmendem Alter progressiv zu und führt zu einem bestimmten Zeitpunkt zur völligen Unbrauchbarkeit. Der Verschleiß tritt aber sehr häufig auch bei nur geringer oder keiner Nutzung ein: Auch ein Stillstand der Anlage kann zur technischen Funktionsuntüchtigkeit führen (Rost, mangelnde Pflege, Dickflüssigkeit von Ölen/Fetten usw.). Die Störanfälligkeit steigt meist mit der Kompliziertheit der Anlagen.

04. Welche Folgen können mit Betriebsmittelstörungen verbunden sein?

Betriebsmittelstörungen – insbesondere längerfristige – können zu nicht unerheblichen Folgen führen:

- nicht vorhandene Betriebsbereitschaft der Anlagen
- Rückgang der Kapazitätsauslastung/Verschlechterung der Kostensituation
- Unfallursachen
- Terminverzögerungen/Verärgerung des Kunden mit der evt. Folge von Konventionalstrafen
- Werkzeugschäden durch übermäßigen Verschleiß
- Einbußen in der Qualität

05. Wer ist im Betrieb für die Anlagenüberwachung zuständig?

Die Anlagenüberwachung kann vom „Technischen Dienst" verantwortlich übernommen werden (zentrale Organisation der Anlagenüberwachung). Er kann dabei Fremdleistungen heranziehen oder die gesamte Instandhaltung selbst durchführen (*Make-or-Buy-Überlegung*).

Bei dezentraler Organisation der Anlagenüberwachung übernehmen *die Mitarbeiter in der Fertigung* die erforderlichen Arbeiten. Der Vorteil liegt in der Einbindung/Motivation der unmittelbar Betroffenen und der Chance zur laufenden Weiterqualifizierung.

In der Praxis existiert häufig eine Mischform: Instandsetzung und Inspektion übernimmt der technische Dienst; Wartung und Pflege werden vom Mitarbeiter der Fertigung durchgeführt. Eine Ausnahme bildet dabei selbstverständlich die Kontrolle, Wartung und ggf. Instandsetzung elektrischer Anlagen wegen des Gefährdungspotenzials und der existierenden Sicherheitsvorschriften; hier ist ausschließlich Fachpersonal einzusetzen.

```
         Organisation der Instandhaltung
            ┌──────────┴──────────┐
         Zentral                Dezentral
            ◄──────────────────────►
                  Mischformen
```

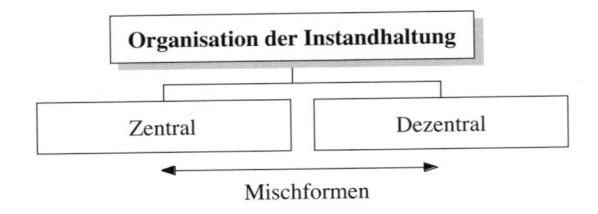

06. Welche Strategien der Instandhaltung gibt es?

Die Tatsache, dass maschinelle Anlagen einem permanenten Verschleiß unterliegen, begründet die Notwendigkeit der Instandhaltung. Im Mittelpunkt steht die Frage der *Instandhaltungsstrategie:*

Grundsätzlich möglich ist eine

- *Präventivstrategie* (= vorbeugender Austausch von Verschleißteilen) oder
- eine *störungsbedingte Instandhaltung* (= Austausch der Teile bei Funktionsuntüchtigkeit).

Die jeweils notwendige Strategie der Instandhaltung ergibt sich aus der Art der Anlagen, ihrem Alter, dem Nutzungsgrad, der betrieblichen Erfahrung usw.

In den meisten Betrieben ist heute eine vorbeugende Instandhaltung üblich, die zu festgelegten Intervallen durchgeführt wird, sich auf eine Wartung und Kontrolle der Funktionsfähigkeit der gesamten Anlage erstreckt und besondere Verschleißteile vorsorglich ersetzt.

Im Überblick:

	Instandhaltungsmethoden (auch: Strategien, Konzepte)
Störungsbedingte Instandhaltung	*Instandsetzung nach Ausfall* (Feuerwehrstrategie): Eine Instandsetzung nach Ausfall ist meist die ungünstigste Variante, da sofort nach Eintreten der Störung Ausfallzeiten und Kosten entstehen. Der Austausch der Verschleißteile erfolgt immer zu spät. Sollte nur dann angewendet werden, wenn die Funktion der Maschine/Anlage aus der Erfahrung her unkritisch ist.
	Vorteile: - die Lebensdauer der Bauteile wird vollständig genutzt - es entstehen keine Kosten für Kontrollmaßnahmen und Wartung
	Nachteile: - ungeplante Ausfallzeiten - Personaleinsatz und Ausweichen der Produktion nicht planbar - Instandsetzung unter Termindruck (Qualitätsproblem)
Zustandsabhängige Instandhaltung	Es erfolgt eine *vorbeugende Instandhaltungsstrategie,* die sich exakt am konkreten *Abnutzungsgrad des Instandhaltungsobjekts* orientiert. Sie lässt sich mithilfe von Einrichtungen zur Anlagenüberwachung und -diagnose für kritische Stellen durchführen (Anwendung der technischen Diagnostik, Condition Monitoring).

5.2 Energieformen im Betrieb sowie Auswirkungen auf Mensch und Umwelt

Zeitabhängige, periodische Instandhaltung	Vorbeugende Instandhaltung mit den Varianten:
	Präventiver Austausch einzelner Bauteile, wenn sich zum Beispiel Verschleißgeräusche Ermüdungserscheinungen oder Spielvergrößerungen zeigen.
	Vorbeugender Austausch von Bauteilen und Baugruppen basierend auf Erfahrungen, Schadensanalysen oder aufgrund von Herstellervorgaben bzw. gesetzlichen Auflagen u. Ä.; Nachteil: Austausch erfolgt zu früh oder ggf. zu spät.

07. Welche Definitionen enthält die DIN 31051? → DIN 31051

Instandhaltung (IH; Oberbegriff) umfasst alle Maßnahmen der Störungsvorbeugung und der Störungsbeseitigung. Nach der DIN 31051 versteht man darunter „alle Maßnahmen zur Bewahrung und Wiederherstellung des Soll-Zustandes sowie zur Feststellung und Beurteilung des Ist-Zustandes von technischen Mitteln eines Systems". Die Instandhaltung wird in drei Teilbereiche gegliedert:

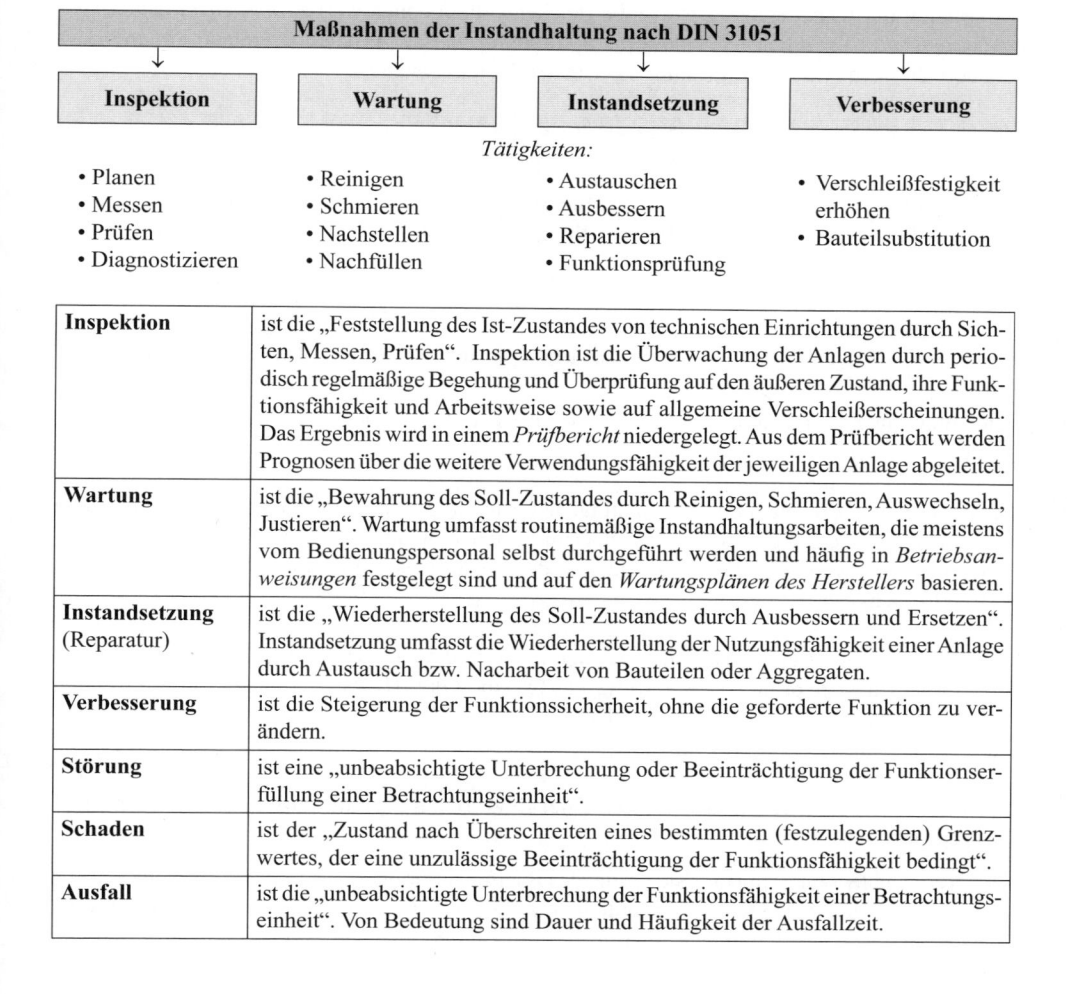

Maßnahmen der Instandhaltung nach DIN 31051

Inspektion	Wartung	Instandsetzung	Verbesserung
• Planen • Messen • Prüfen • Diagnostizieren	• Reinigen • Schmieren • Nachstellen • Nachfüllen	*Tätigkeiten:* • Austauschen • Ausbessern • Reparieren • Funktionsprüfung	• Verschleißfestigkeit erhöhen • Bauteilsubstitution

Inspektion	ist die „Feststellung des Ist-Zustandes von technischen Einrichtungen durch Sichten, Messen, Prüfen". Inspektion ist die Überwachung der Anlagen durch periodisch regelmäßige Begehung und Überprüfung auf den äußeren Zustand, ihre Funktionsfähigkeit und Arbeitsweise sowie auf allgemeine Verschleißerscheinungen. Das Ergebnis wird in einem *Prüfbericht* niedergelegt. Aus dem Prüfbericht werden Prognosen über die weitere Verwendungsfähigkeit der jeweiligen Anlage abgeleitet.
Wartung	ist die „Bewahrung des Soll-Zustandes durch Reinigen, Schmieren, Auswechseln, Justieren". Wartung umfasst routinemäßige Instandhaltungsarbeiten, die meistens vom Bedienungspersonal selbst durchgeführt werden und häufig in *Betriebsanweisungen* festgelegt sind und auf den *Wartungsplänen des Herstellers* basieren.
Instandsetzung (Reparatur)	ist die „Wiederherstellung des Soll-Zustandes durch Ausbessern und Ersetzen". Instandsetzung umfasst die Wiederherstellung der Nutzungsfähigkeit einer Anlage durch Austausch bzw. Nacharbeit von Bauteilen oder Aggregaten.
Verbesserung	ist die Steigerung der Funktionssicherheit, ohne die geforderte Funktion zu verändern.
Störung	ist eine „unbeabsichtigte Unterbrechung oder Beeinträchtigung der Funktionserfüllung einer Betrachtungseinheit".
Schaden	ist der „Zustand nach Überschreiten eines bestimmten (festzulegenden) Grenzwertes, der eine unzulässige Beeinträchtigung der Funktionsfähigkeit bedingt".
Ausfall	ist die „unbeabsichtigte Unterbrechung der Funktionsfähigkeit einer Betrachtungseinheit". Von Bedeutung sind Dauer und Häufigkeit der Ausfallzeit.

08. Wie erfolgt die Planung der Instandhaltung?

Die Planung der Instandhaltung muss sich an den *Kostenverläufen* orientieren. Sie muss sowohl *Schadensfolgekosten* durch Abschalten, Stillstand und Wiederanlauf als auch *Zusatzkosten* durch Verlagerung der Produktion auf andere Anlagen, Überstundenlöhne und andere Zusatzkosten berücksichtigen. Diesen Kosten sind die *Vorbeugekosten* durch entsprechende Wartung gegenüberzustellen.

Es müssen ferner die Ausfallursachen analysiert werden (*Schwachstellenanalyse*); sie müssen sich in einem Ablaufplan niederschlagen: Hier werden die für jede Anlage notwendigen *Überwachungszeiten* und der Umfang der auszuführenden Tätigkeiten festgelegt. Diese Zeiten müssen mit den Produktionsterminen und der jeweiligen Kapazitätsauslastung abgestimmt sein.

Spezielle *Wartungspläne* legen den Umfang der einzelnen Maßnahmen je Anlage fest, bestimmen die Termine und gewährleisten damit die notwendige Kontrolle. Parallel zum Ablauf der Instandhaltung müssen das erforderliche Instandhaltungsmaterial, die Personaldisposition der Mitarbeiter der Instandhaltung sowie die Betriebsmittel geplant werden. *Die Instandhaltungsplanung ist also eng mit der Betriebsmittelplanung verknüpft.* Die nachfolgende Abbildung zeigt die notwendigen Arbeiten im Rahmen der Instandhaltungsplanung:

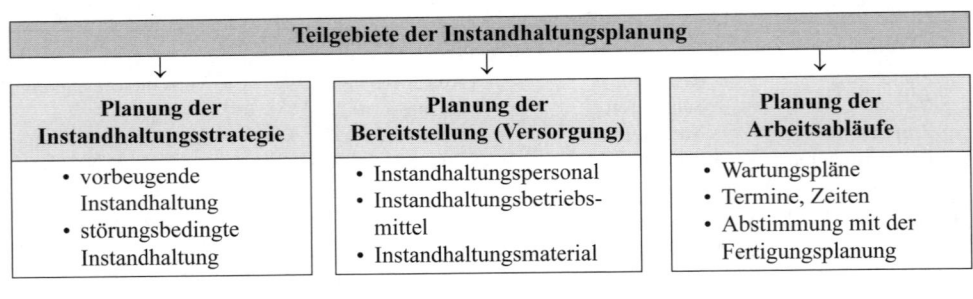

Teilgebiete der Instandhaltungsplanung		
Planung der Instandhaltungsstrategie	**Planung der Bereitstellung (Versorgung)**	**Planung der Arbeitsabläufe**
• vorbeugende Instandhaltung • störungsbedingte Instandhaltung	• Instandhaltungspersonal • Instandhaltungsbetriebsmittel • Instandhaltungsmaterial	• Wartungspläne • Termine, Zeiten • Abstimmung mit der Fertigungsplanung

Die Versorgung der Instandhaltung mit den erforderlichen Ressourcen ist planerisch zu gewährleisten:

1. Die *Personalbereitstellung* für IH-Aufgaben ist mit der Personaleinsatzplanung der Fertigung abzustimmen; das IH-Personal in nach erforderlicher Quantität und Qualifikation auszuwählen (z. B. notwendige spezifische Qualifikationen für bestimmte Anlagen, Qualifikation als Elektrofachkraft).

2. IH-Betriebsmittel und -material sind rechtzeitig zu disponieren bzw. der Lagerbestand von Ersatzteilen ist zu prüfen. Beschaffung und Transport der IH-Materialien/-Betriebsmittel sind in die Beschaffungslogistik zu integrieren.

09. Welche Möglichkeiten gibt es, den Energieverbrauch planmäßig zu steuern und ggf. zu senken?

Die permanente Beachtung und Steuerung des Energieverbrauchs ist heute aus *ökologischer* und *ökonomischer Sicht* eine Selbstverständlichkeit. Eine wichtige Voraussetzung ist dazu, dass *der Verbrauch* der unterschiedlichen Energiearten im Betrieb *mengen- und wertmäßig erfasst und dokumentiert wird.*

5.2 Energieformen im Betrieb sowie Auswirkungen auf Mensch und Umwelt

Die nachfolgende *Übersicht* zeigt Beispiele zur Steuerung und Senkung des Energieverbrauchs bzw. der Energiekosten:

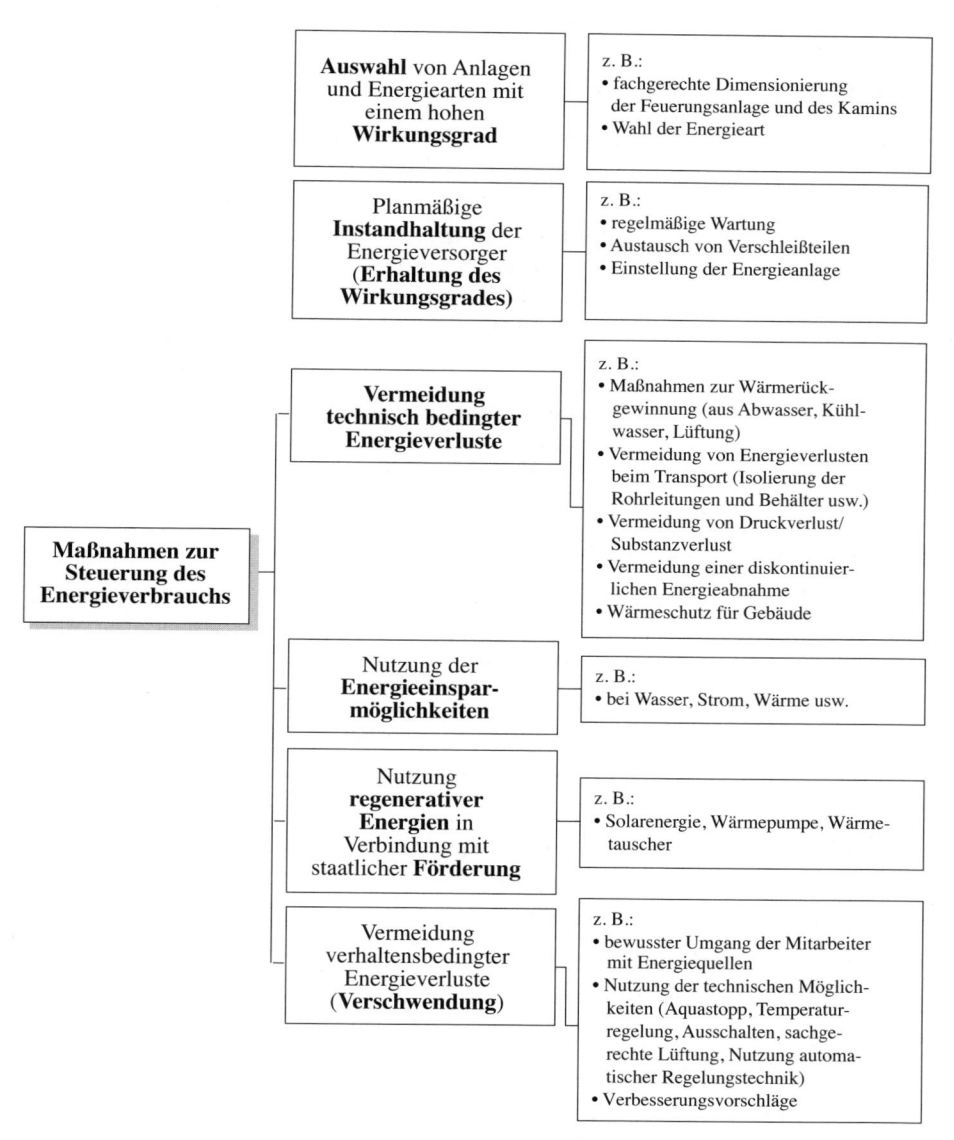

Maßnahmen zur Steuerung des Energieverbrauchs

- **Auswahl** von Anlagen und Energiearten mit einem hohen **Wirkungsgrad**
  - z. B.:
    - fachgerechte Dimensionierung der Feuerungsanlage und des Kamins
    - Wahl der Energieart

- Planmäßige **Instandhaltung** der Energieversorger (**Erhaltung des Wirkungsgrades**)
  - z. B.:
    - regelmäßige Wartung
    - Austausch von Verschleißteilen
    - Einstellung der Energieanlage

- **Vermeidung technisch bedingter Energieverluste**
  - z. B.:
    - Maßnahmen zur Wärmerückgewinnung (aus Abwasser, Kühlwasser, Lüftung)
    - Vermeidung von Energieverlusten beim Transport (Isolierung der Rohrleitungen und Behälter usw.)
    - Vermeidung von Druckverlust/ Substanzverlust
    - Vermeidung einer diskontinuierlichen Energieabnahme
    - Wärmeschutz für Gebäude

- Nutzung der **Energieeinsparmöglichkeiten**
  - z. B.:
    - bei Wasser, Strom, Wärme usw.

- Nutzung **regenerativer Energien** in Verbindung mit staatlicher **Förderung**
  - z. B.:
    - Solarenergie, Wärmepumpe, Wärmetauscher

- Vermeidung verhaltensbedingter Energieverluste (**Verschwendung**)
  - z. B.:
    - bewusster Umgang der Mitarbeiter mit Energiequellen
    - Nutzung der technischen Möglichkeiten (Aquastopp, Temperaturregelung, Ausschalten, sachgerechte Lüftung, Nutzung automatischer Regelungstechnik)
    - Verbesserungsvorschläge

10. Welche Schutzvorschriften für Energieversorgungsanlagen und Energieträger sind bei der Planung und Inbetriebnahme zu berücksichtigen?

Hinweis:
Vgl. dazu auch im 1. Prüfungsfach, Rechtsbewusstes Handeln, Ziffer 1.4 f. (Arbeitsschutz- und arbeitssicherheitsrechtliche Vorschriften).

Dazu ausgewählte, zentrale Beispiele und Hinweise auf Gesetze des Arbeitsschutzes und Arbeitssicherheitsvorschriften, die der Industriemeister bei der Planung und Inbetriebnahme von Energieversorgungsanlagen berücksichtigen muss:

1. *Generelle Schutzvorschriften:*

• BGV A1		Allgemeine Vorschrift zur Unfallverhütung („Grundsätze zur Prävention"; neu: DGUV Vorschrift 1)
• ArbSchG	§ 1	„... dient dazu, Sicherheit und Gesundheitsschutz der Beschäftigten bei der Arbeit ... zu sichern und zu verbessern."
	§ 2	„Maßnahmen des Arbeitsschutzes ... sind ... Verhütung von Unfällen ..., arbeitsbedingte Gesundheitsgefahren ... Maßnahmen der menschengerechten Gestaltung der Arbeit."
	§§ 3 ff.	Allgemeine Grundsätze, Grundpflichten und besondere Pflichten des Arbeitgebers
	§ 5	Gefährdungsanalyse
	§ 10	Erste Hilfe i. V. m. DGUV Vorschrift 1, BGR V A1 und DIN 13169, 13175 (Verbandkasten)
• ASiG		Betriebsärzte und Fachkräfte für Arbeitssicherheit i. V. m. BGV A2
• BImSchG		Luftreinhaltung
• BbodSchG		Bundes-Bodenschutzgesetz
• WHG		Wasserhaushaltsgesetz i. V. m. Klärschlammverordnung und Abwasserabgabenverordnung
• KrWG		Kreislaufwirtschaftsgesetz
• ChemG		Chemikaliengesetz i. V. m. GefahrstoffR 98/24/EG
• WRMG		Gesetz über die Umweltverträglichkeit von Wasch- und Reinigungsmitteln
• ProdSG		Das Produktsicherheitsgesetz ist seit 2011 in Kraft
• GefStoffV		Verordnung zum Schutz vor Gefahrstoffen
• VerpackV		Verpackungsverordnung
• StörfallV		Störfallverordnung
• BetrSichV		Betriebssicherheitsverordnung
• ArbStättV		Anforderungen an Arbeitsstätten nach § 3 Abs. 1 der Verordnung Inhaltsübersicht 1 Allgemeine Anforderungen 2 Maßnahmen zum Schutz vor besonderen Gefahren 3 Arbeitsbedingungen 4 Sanitärräume Pausen- und Bereitschaftsräume, Erste-Hilfe-Räume, Unterkünfte 5 Ergänzende Anforderungen an besondere Arbeitsstätten
• TA Lärm		Technische Anleitung zum Schutz gegen Lärm i. V. m. BGV B3 „Lärm"
• TA Luft		Emissions-/Immissionsgrenzwerte

5.2 Energieformen im Betrieb sowie Auswirkungen auf Mensch und Umwelt

- TA Abfall — Bestimmungen zur Abfallbehandlung
- BGI 560 — In Verbindung mit ArbStättV und ASR 13: Beschreibung von Feuerlöscheinrichtungen und Ausrüstung der Betriebe mit Feuerlöschern
- PSA-R — PSA-Richtlinie (Persönliche Schutzausrüstung)

2. *Gesetzliche Vorschriften zum Umgang mit elektrischem Strom:*

- VDE 0100 — Bestimmungen für das Errichten von *Starkstromanlagen bis 1.000 V* (VDE = Verband der Elektrotechnik Elektronik Informationstechnik e.V.)
- DIN EN 50522 61936-1 — Errichtung von *Starkstromanlagen über 1.000 V*
- VDE 0105-103 — Betrieb von Starkstromanlagen
- VDEW — Richtlinien für Planung, Errichtung und Betrieb von Anlagen mit Notstromaggregaten
- VDE 0132 — Merkblatt für die *Bekämpfung von Bränden* in elektrischen Anlagen und deren Nähe
- BGV A2 § 2/3 — *Elektrofachkraft:* Der Unternehmer hat dafür zu sorgen, dass elektrische Anlagen und Betriebsmittel nur von einer Elektrofachkraft oder unter Leitung und Aufsicht einer Elektrofachkraft errichtet, geändert und instand gehalten werden. Die fachliche Qualifikation als Elektrofachkraft wird im Regelfall durch den Abschluss einer Ausbildung als Elektroingenieur, Elektrotechniker, Elektromeister oder Elektrogeselle nachgewiesen.
- BGV A4 — Arbeitsmedizinische Vorsorge

3. *Gesetzliche Vorschriften zur (Trink-)Wasserversorgung:*

- DIN 1988 — Bau und Betrieb von Wasserversorgungsanlagen
- DIN 2000 — Anforderungen an die Trinkwasserqualität
- TrinkwV — Anforderungen an Trinkwasser; die neue Bezeichnung für „Brauchwasser" lautet „Nutzwasser" entsprechend der TrinkwV vom 21.05.2001
- DIN 4049 — Definition „Grundwasser"
- WHG — Regelungen zur Entnahme, Verwendung und Einleitung von Wasser
- WHG Abschnitt 2 — Bestimmungen über Abwasser

4. *Gesetzliche Vorschriften zur Lüftungs- und Klimatechnik:*

- DIN 1946 — Blatt 1-5: Grundregeln für lüftungstechnische Anlagen
- DIN 1945 — Raumlufttechnik

5. *Gesetzliche Vorschriften zur Versorgung mit Druckluft:*

- VDI   Richtlinie 2045 Bl. 2: Anforderungen an die Versorgung mit Druckluft

6. *Gesetzliche Vorschriften zur Gasversorgung:*

- DVGW   Arbeitsblatt G 260: Technische Regeln zur Gasversorgung
  (DVGW = Deutscher Verein des Gas- und Wasserfaches e.V.)
- DVGW   Arbeitsblatt G 600: Technische Regeln für Gasinstallation
- DVGW   Regelwerk: Prüfung der Gasanlagen in regelmäßigen Abständen durch Fachpersonal
- DVGW   Fachpersonal nach DVGW:
  Versicherte Personen, die aufgrund ihrer fachlichen Ausbildung, praktischen Tätigkeit und Erfahrung ausreichende Kenntnisse auf dem Gebiet der ihnen übertragenen Arbeitsaufgabe haben (z. B. für Gas- und Wasseranlagen).
- DVGW   Arbeitsblatt G 468/1:
  Die Überwachung und Wartung von Gasleitungen ist durch Fachpersonal oder durch Fachfirmen durchzuführen.
- DVGW   Arbeitsblatt G 462 i. V. m. DIN 2470-1:
  Anforderungen an Gasrohre und Rohrleitungsteile
- DVGW   Arbeitsblatt G 469: Dichtheitsprüfung von Gasleitungen nach Instandhaltungsmaßnahmen
- BGR 500   Arbeiten an Gasanlagen
- VGB 6   UVV: Gase
- Ex-RL   Richtlinien für die Vermeidung der Gefahren durch explosionsfähige Atmosphäre
- EnWG   Energiewirtschaftsgesetz: Bestimmungen über leitungsgebundene Energieanlagen

7. *Spezielle Vorschriften* des Arbeitsschutzes, die auf Energieversorgungsanlagen und Energieträger anzuwenden sind:

- Bundes-Immissionsschutzgesetz (BImSchG), u. a.:
  Errichtung und Betrieb von Anlagen; speziell:
  - Verordnung über Kleinfeuerungsanlagen
  - Verordnung über Großfeuerungsanlagen
  - Verordnung über genehmigungsbedürftige Anlagen

- Sondervorschriften für „Überwachungsbedürftige Anlagen" u. a.:
  - Dampfkesselverordnung
  - Druckbehälter-Verordnung
  - Verordnung über Gashochdruckleitungen
  - Verordnung über elektrische Anlagen in explosionsgefährdeten Räumen
  - Verordnung über brennbare Flüssigkeiten

5.3 Berechnen betriebs- und fertigungstechnischer Größen bei Belastungen und Bewegungen

5.3.1 Berechnen betriebs- und fertigungstechnischer Größen bei Belastungen und Bewegungen

01. Was sind mechanische Spannungen?

Voraussetzung für einen Umformvorgang ist das Wirken äußerer Kräfte und/oder Momente. Bei den unterschiedlichsten Umformvorgängen (mechanische Beanspruchung von Werkstoffen) entstehen unterschiedlichste Spannungszustände:

- *Lastspannungen* — sind nach Art und Richtung der Beanspruchung definiert: Zug, Druck, Biegung, Scherung und Torsion.

- *Eigenspannungen* — sind Spannungen in einem Bauteil nach inhomogener plastischer Verformung. Die inneren Kräfte und Momente stehen dabei im Gleichgewicht. Eigenspannung entsteht beim Urformen, Umformen, Fügen, Trennen, Wärmebehandeln und Beschichten.

  Je nach Art und Lage im Bauteil können Eigenspannungen die Festigkeit herabsetzen oder erhöhen (z. B. erhöhte Dauerfestigkeit bei Druckspannungen in Oberflächenbereichen).

Aus der in beliebiger Richtung wirkenden Kraft F ergibt sich die Komponente

F_n → in der normalen Richtung und
F_t → in tangentialer Richtung.

Bei gleichmäßiger Verteilung über die Gesamtfläche A ergibt sich die

Normalspannung $\delta = F_n/A$ und die

Tangentialspannung (Schubspannung) $\tau = F_t/A$.

Die Einheit einer mechanischen Spannung ist das Pascal (Pa): $[\delta] = [\tau] = N/m^2 = Pa$

Aus Sicherheitsgründen werden die Körper nicht bis zur Belastungsgrenze beansprucht. In Abhängigkeit von den materialabhängigen Größen Streckgrenze (R_c) und Zugfestigkeit (R_m) sowie einer Sicherheitszahl v wird

die *zulässige Zugspannung* δ_{zzul} wie folgt errechnet:

$$\delta_{zzul} = \frac{R_c}{v} \qquad \text{für Stahl} \qquad R_c \quad \text{Streckgrenze}$$

$$\delta_{zzul} = \frac{R_m}{v} \qquad \text{für Gusseisen} \qquad R_m \quad \text{Zugfestigkeit}$$

Die *zulässige Zugspannung* F_{zul} ist:

$$F_{zul} = \delta_{zzul} \cdot S \qquad\qquad S \quad \text{Querschnittsfläche}$$

Analog gilt für die *zulässige Druckspannung* δ_{dzul}

$$\delta_{dzul} = \frac{\delta_{dF}}{v} \qquad \text{für Stahl} \qquad \delta_{dF} \quad \text{Quetschgrenze}$$

$$\delta_{dzul} = \frac{4 \cdot R_m}{v} \qquad \text{für Gusseisen} \qquad R_m \quad \text{Zugfestigkeit}$$

und die *zulässige Druckkraft* F_{zul}

$$F_{zul} = \delta_{dzul} \cdot S \qquad\qquad S \quad \text{Querschnittsfläche}$$

Diese Spannungen führen zu folgenden Formänderungen:

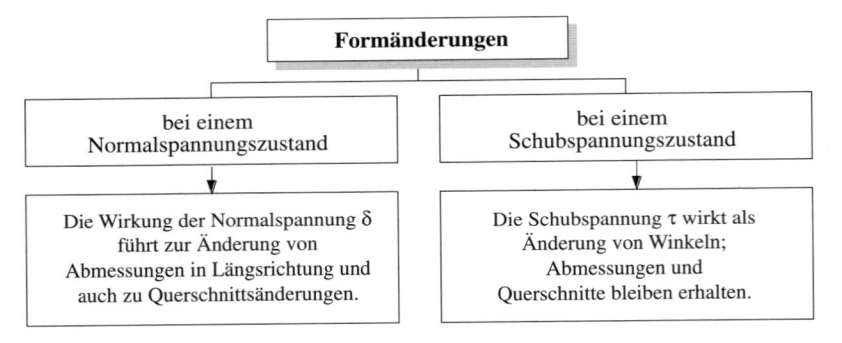

```
                    ┌─────────────────┐
                    │ Formänderungen  │
                    └────────┬────────┘
              ┌──────────────┴──────────────┐
      bei einem                        bei einem
  Normalspannungszustand          Schubspannungszustand
              │                              │
              ▼                              ▼
  Die Wirkung der Normalspannung δ    Die Schubspannung τ wirkt als
  führt zur Änderung von              Änderung von Winkeln;
  Abmessungen in Längsrichtung und    Abmessungen und
  auch zu Querschnittsänderungen.     Querschnitte bleiben erhalten.
```

02. Was sagt das Hookesche Gesetz aus?

- *Dehnung*:
Ein fester Körper wird nur in einer Richtung auf Zug oder Druck beansprucht; er wird gestaucht oder gedehnt. Die *Zug-* oder *Druckkraft* verursacht eine Längenänderung Δl, deren Größe außer von den Abmessungen auch vom Material und von der Kraft abhängig ist.
Es gilt das *Hookesche Gesetz*:

→ Spannung und Dehnung sind einander proportional.

$$\frac{F}{A} = E \frac{\Delta l}{l}$$

→ Der *Elastizitätsmodul* E ist das Verhältnis der erforderlichen Spannung δ zur relativen Längenänderung $\Delta l / l$ (Dehnung ε):

$$E = \frac{\delta}{\varepsilon} \quad \text{bzw.} \quad \delta = \varepsilon \cdot E$$

5.3 Berechnen betriebs- und fertigungstechnischer Größen

Der Elastizitätsmodul ist eine Materialkonstante und gilt nur innerhalb des *Elastizitätsbereiches* bzw. bis zu der Proportionalitätsgrenze δ_p; δ_p ist die Größe, bis zu der Spannung und Dehnung proportional bleiben (E = konstant).

→ Kraft und Längenänderung sind proportional: $F \sim \Delta l$. Für die *Längenänderung* Δl ergibt sich $\Delta l = l\, \delta/E$

→ Die *Volumenänderung* ist $\Delta V = -p\, V/K$

mit $p = \dfrac{F_n}{A}$

$F_n = F \cdot \sin \alpha$

Dabei ist:
- K Kompressionsmodul (Verhältnis von Druck und relativer Volumenänderung)
- F_n Normalkraft
- A Fläche
- p Flächenpressung

Im technischen Gebrauch wird der Druck auch als *Flächenpressung* bezeichnet.

→ Bei *Druckkräften* ergibt sich eine Verkürzung: Spannung δ und Längenänderung Δl sind negativ.

> Zugspannung: $\delta > 0$
> Druckspannung: $\delta < 0$

→ Außer der Längenänderung ändert sich durch eine mechanische Spannung auch die *Abmessung des Körpers quer zur Kraft*:

$$\dfrac{\Delta d}{d} = -\mu\, \dfrac{\Delta l}{l}$$

Dabei ist:
- d Querabmessung
- Δd Änderung der Querabmessung
- l Länge
- Δl Längenänderung
- μ Poisson-Zahl

Die Poisson-Zahl μ ist eine Materialkonstante und gibt das Verhältnis von relativer Änderung der Querabmessung zu relativer Längenänderung an. Die Zahlenwerte für die Poisson-Zahl liegen für alle Stoffe zwischen 0 und 0,5.

03. Was ist ein Spannungs-Dehnungs-Diagramm?

Es handelt sich hierbei um die grafische Aufzeichnung der Ergebnisse eines Zugversuches an definierten Probestäben (Prüfstäbe). Dabei werden die registrierten Kräfte auf den Ausgangsquerschnitt und die Verlängerungen der Stäbe auf die Anfangsmesslängen bezogen: Man erhält ein Spannungs-Dehnungs-Bild.

Außer dem Elastizitätsmodul E (s. oben) erhält man so

→ die *Streckgrenze* R_e als Grenzspannung zwischen elastischer und plastischer Verformung,
→ die *Zugfestigkeit* R_m als die höchste erreichbare Spannung,
→ die *Bruchdehnung* A als die auf die Ausgangslänge bezogene Längenänderung,
→ die *Brucheinschnürung* Z als Verhältnis der Querschnittsänderung an der Bruchstelle zum ursprünglichen Querschnitt.

04. Wie entsteht Scherung und wie wird sie berechnet?

Wenn die Kraft (Tangentialkraft) parallel zu zwei gegenüberliegenden Flächen eines Körpers wirkt, werden beide Flächen gegeneinander verschoben. Stellt man sich ein Modell vor, so entsteht die Verformung durch Verschiebung einzelner Schichten gegeneinander:

Dabei ist:
F_t Tangentialkraft parallel zu A
A   Fläche (mitunter wird für die Scherfläche der Buchstabe S verwendet)
τ Schubspannung
γ Scherwinkel
G   Schubmodul

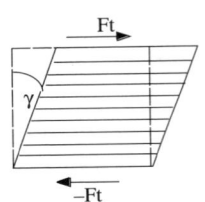

Diese Verformung wird *Schub* genannt. Ist der Abstand zwischen den Wirkungslinien der verschiedenen Kräfte F_t und $-F_t$ sehr klein, spricht man von *Scherung* (z. B. bei Bolzen- oder Stiftverbindungen).

Die Schubspannung (auch: Scherspannung $\tau = F_t /A$) erzeugt den Scherwinkel γ; es gilt entsprechend dem Hookeschen Gesetz:

$$\tau = \frac{F}{A} = G \cdot \gamma \qquad\qquad [G] = N/m^2 = Pa$$
$$[\gamma] = rad$$

Dabei ist G der *Schubmodul*, auch als Scherungs-, Gleit- oder Torsionsmodul bezeichnet. Der Schubmodul G ist ebenso wie der Elastizitätsmodul E und die Poisson-Zahl μ in entsprechenden Tabellen zu finden.

05. Was ist Torsion?

Die *Torsion* (auch Drillung) eines Zylinders (Radius r, Länge l) stellt einen Sonderfall des Schubs dar. Wenn durch tangentiale Kräfte am Zylinder ein Drehmoment M in Richtung der Zylinderachse erzeugt wird, werden dadurch die beiden Querschnitte um den Winkel φ gegeneinander verdreht. Durch Umrechnung aus $\gamma = 1/G \cdot \delta_t$ kann die Beziehung

$$M_t = \frac{\pi}{2} G \frac{r^4}{l} \cdot \varphi \qquad\qquad \text{mit } M_t \;\; \text{Torsionsmoment}$$

abgeleitet werden (als spezielle Form des Hookeschen Gesetzes). Dabei ist eine starke Abhängigkeit der Torsion vom Radius des Zylinderquerschnitts festzustellen (4. Potenz).

Die Torsion spielt eine große Rolle bei der *Übertragung von Drehmomenten* durch Wellen im Maschinenbau; bei jeder drehenden Welle tritt eine *Drehspannung* τ_t bzw. Torsion auf.

Das *Drehmoment* M ist ein Kraftmoment, das eine Rotation herbeiführt. Die Drehwirkung der Kraft F hängt vom Abstand r ihrer Wirkungslinie von der Drehachse ab (die Wirkungslinie bildet mit r einen rechten Winkel):

$$M = F \cdot r \cdot \sin \alpha$$

Dabei ist:
F   angreifende Kraft
r   Abstand des Angriffspunktes von der Drehachse
α   Winkel zwischen Kraftrichtung und Abstand

Greifen an einem Körper mehrere Kräfte an, so werden die Drehmomente addiert.

5.3.2 Kreisförmige und geradlinige Bewegungsabläufe

Die Fragen zum Thema „Kreisförmige und geradlinige Bewegungsabläufe" werden im Kapitel 5.1.4 „Bewegungsvorgänge bei Bauteilen" abgehandelt.

5.4 Statistische Verfahren, einfache statistische Berechnungen sowie deren grafische Darstellung

5.4.1 Statistische Methoden zur Überwachung, Sicherung und Steuerung von Prozessen

Hinweis:
Die Grundlagen der Statistik (Wesen, Aufgaben, Bedeutung, Datenerfassung und -aufbereitung, grafische und tabellarische Darstellungsformen) wurden lt. Rahmenplan bereits behandelt im 3. Prüfungsfach unter den Ziffern 3.1.6 (Frage 07.), 3.4.3 und 3.4.4. Bitte ggf. noch einmal kurz wiederholen.

01. Wie unterscheiden sich die beschreibende und die beurteilende Statistik (Einsatzbereiche statistischer Methoden)?

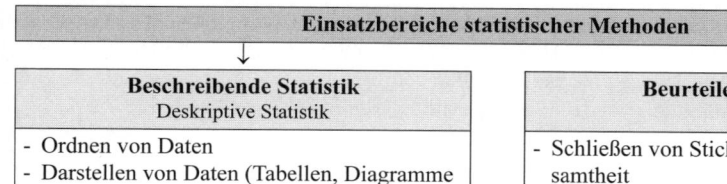

Einsatzbereiche statistischer Methoden	
Beschreibende Statistik Deskriptive Statistik	**Beurteilende Statistik**
- Ordnen von Daten - Darstellen von Daten (Tabellen, Diagramme) - Berechnen von Parametern (Mittelwerte, Streuungsmaße)	- Schließen von Stichproben auf die Grundgesamtheit - Formulieren und Prüfen von Hypothesen - Schätzen von Parametern

02. Welche Begriffe werden in der Fachsprache der Statistik verwendet?

Dazu eine Auswahl häufig verwendeter Begriffe:

Beispiele:

Grundgesamtheit	Als Grundgesamtheit (= statistische Masse) bezeichnet man die Gesamtheit der statistisch erfassten gleichartigen Elemente.	alle gefertigten Teile für Auftrag X
Bestandsmassen	sind diejenigen Massen, die sich auf einen Zeitpunkt beziehen.	1.7. des Jahres
Bewegungsmassen	Bewegungsmassen beziehen sich auf einen bestimmten Zeitraum.	1.1. bis 30.6. d. J
Abgrenzung der Grundgesamtheit	Je nach Fragestellung ist die Grundgesamtheit abzugrenzen; vorherrschend sind folgende Abgrenzungsmerkmale:	
	• sachliche Abgrenzung. • örtliche Abgrenzung • zeitliche Abgrenzung	• Baugruppe Y • Montage I • im Monat Januar
Merkmal	Als Merkmal bezeichnet man die Eigenschaft, nach der in einer statistischen Erfassung gefragt wird.	• Alter, • gute Teile/schlechte Teile
Merkmalsausprägungen	nennt man die Werte, die ein bestimmtes Merkmal haben kann.	• gut/schlecht • männlich/weiblich • 48, 50, 55 usw.
Diskrete Merkmale	können nur einen Wert annehmen.	• Anzahl der Kinder, • Anzahl fehlerhafte Stücke
Stetige Merkmale	können jeden Wert annehmen.	• Körpergröße • Durchmesser einer Welle
Qualitative Merkmale	erfassen Eigenschaften/Qualitäten eines Merkmalsträgers	• Geschlecht eines Mitarbeiters: weiblich/männlich • Ergebnis der Leistungsbeurteilung: 2 - 4 - 6 - 8 usw.
Quantitative Merkmale	sind Merkmale, deren Ausprägungen in Zahlen angegeben werden – mit Benennung der Maßeinheit.	• 60 Stück • 7 kg • 20 €
Ordinalskala	Erfolgt eine Festlegung der Rangfolge der Merkmalsausprägungen, so spricht man von Ordinalskalen	• gut • schlecht • unbrauchbar
Nominalskalen	ansonsten von Nominalskalen.	• männlich/weiblich • gelb/rot/grün
Häufigkeit	Anzahl der Messwerte einer Messreihe zu einem bestimmten Messwert x_i	

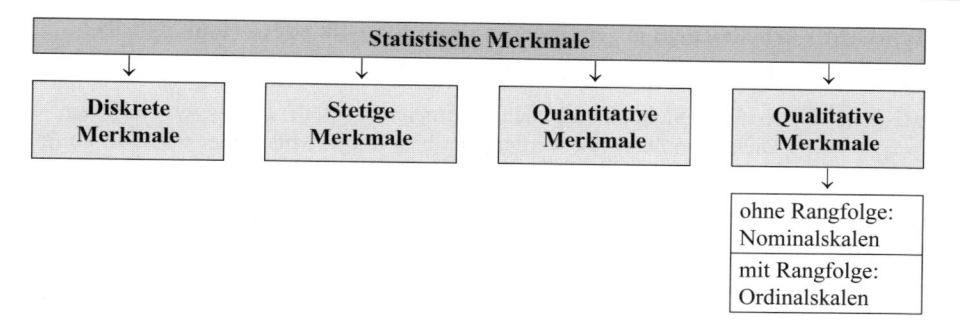

Statistische Merkmale

- Diskrete Merkmale
- Stetige Merkmale
- Quantitative Merkmale
- Qualitative Merkmale
  - ohne Rangfolge: Nominalskalen
  - mit Rangfolge: Ordinalskalen

03. Zur Wiederholung: In welchen Schritten erfolgt die Lösung statistischer Fragestellungen?

Die Lösung statischer Fragestellungen erfolgt generell in vier Schritten:

1. *Analyse der Ausgangssituation,*
2. *Erfassen* des Zahlenmaterials,
3. *Aufbereitung,* d. h. Gruppierung und Auszählung der Daten und Fakten,
4. *Auswertung,* d. h. Analyse des Zahlenmaterials nach methodischen Gesichtspunkten.

04. Zur Wiederholung: Wie wird das statistische Zahlenmaterial aufbereitet?

Das Zahlenmaterial kann erst dann ausgewertet und analysiert werden, wenn es in aufbereiteter Form vorliegt. Dazu werden die Merkmalsausprägungen *geordnet* – z. B. nach Geschlecht, Alter, Beruf, Region, gut/schlecht, Länge, Materialart usw.).

Grundsätzliche Ordnungsprinzipien im Rahmen der Aufbereitung sind:

a) *Ordnen* des Zahlenmaterials *in einer Nominalskala* (qualitative Merkmale; x_i = gut, x_i = schlecht).

b) *Ordnen* des Zahlenmaterials *in einer Kardinalskala* (x_1 = 1, x_2 = 5, x_3 = 7 ...) oder einer *Ordinalskala* (x_i = nicht ausreichend, x_i = ausreichend, x_i = befriedigend, x_i = gut, ...).

c) Unterscheidung in *diskrete* und *stetige Merkmale.*

d) Ggf. Aufbereitung in Form einer *Klassenbildung* (bei stetigen Merkmalen; $x_i \leq 0$, $0 > x_i \leq 10$, $10 < x_i \leq 20$, ...).

e) Aufbereitung ungeordneter Reihen *in geordnete Reihen.*

f) Bildung absoluter und relativer Häufigkeiten (*Verteilungen*).

05. In welchen Arbeitsschritten geht die technische Statistik vor (Grundmodelle)?

1. Schritt: *Formulierung des Problems*

Beispiel: In einem Stahl erzeugenden Unternehmen soll der angelieferte Koks auf seine Dichte hin überprüft werden. Der beauftragte Mitarbeiter erhält die Aufgabe, *die durchschnittliche Dichte* des gelieferten Kokses *zu bestimmen*.

2. Schritt: *Planung des Experiments*

Beispiel: Da die Dichte der einzelnen Koksbrocken unterschiedlich ist, müsste der Mitarbeiter – genau genommen – alle Koksbrocken untersuchen und ihre Dichte bestimmen. Diese Vorgehensweise ist jedoch aus Kosten- und Zeitgründen nicht akzeptabel. Man wählt daher in der Praxis folgenden Weg: Der Mitarbeiter soll *eine hinreichend große Anzahl* von Koksbrocken *zufällig* auswählen und deren Dichte bestimmen (= Stichprobe).

3. Schritt: *Durchführung des Experiments*

Beispiel: Der Mitarbeiter verfährt wie geplant. Diesen Vorgang des *Auswählens und Messens* der Koksbrocken nennt man in der Statistik ein *Zufallsexperiment* (kurz: Experiment). Die erhaltenen Messwerte werden als *Stichprobe aus der Grundgesamtheit* bezeichnet. Die Anzahl der ausgewählten und gemessenen Werte ist der *Umfang der Stichprobe*.

4. Schritt: *Aufbereitung des experimentellen Ergebnisses und Berechnung von Maßzahlen*

Beispiel: Bei umfangreichen Untersuchungen mit vielen Zahlenwerten ist es erforderlich, *die Ergebnisse tabellarisch und ggf. auch grafisch aufzubereiten* (vgl. dazu die Ausführungen im 3. Prüfungsfach unter 3.4.3 f). Außerdem werden *Maßzahlen* berechnet; diese sog. *Lageparameter* charakterisieren das Ergebnis einer statistischen Reihe. Vorwiegend berechnet man zwei Maßzahlen: das *arithmetische Mittel x und die Standardabweichung s*. Wir nehmen an, dass der Mitarbeiter im vorliegenden Fall eine durchschnittliche Dichte der Koksbrocken von 1,41 g/cm³ und eine Standardabweichung von 0,02 g/cm³ (gerundet) ermittelt.

5. Schritt: *Schluss von der Stichprobe auf die Grundgesamtheit*

Beispiel: Der Mitarbeiter kann den Schluss ziehen, dass die durchschnittliche Dichte der Koksbrocken in der Grundgesamtheit etwa den Wert 1,41 g/cm³ hat; er kann weiterhin schließen, dass die tatsächliche (unbekannte) Dichte der Grundgesamtheit *mit rund 99%iger Wahrscheinlichkeit im Intervall*

$$[-3s + x; x + 3s]$$
$$= [-3 \cdot 0,02 + 1,41; 1,41 + 3 \cdot 0,02]$$
$$= [1,35; 1,47]$$

liegt. Dieser Schluss ist möglich aufgrund der Aussagen, die aus der Normalverteilung abgeleitet werden können (zur Normalverteilung von Messfehlern vgl. Ziffer 5.4.2).

Es stellt sich weiterhin die Frage, ob das Ergebnis noch weiter verbessert werden könnte, ob also der Mitarbeiter durch eine weitere Stichprobe zu einem Intervall gelangen könnte, in dem die Werte näher beieinander liegen. Die

Antwort lautet ja! Der Mitarbeiter könnte den Stichprobenumfang vergrößern (statt z. B. 10 Messwerte werden 30 ermittelt und die durchschnittliche Dichte $\bar{x}$ und die Standardabweichung s ermittelt). Es lässt sich mathematisch zeigen, dass mit größerem Stichprobenumfang die Genauigkeit der Schlüsse ansteigt. Gleichzeitig steigen damit aber auch der Zeitaufwand und die Kosten der Untersuchung. Genau diese Frage (Stichprobenumfang, Zeitaufwand, Kosten, statistische Genauigkeit) ist im 2. Schritt (vgl. vorstehend) zu klären. Man wird versuchen, bei gegebenem Aufwand an Zeit und Kosten den Informationsgehalt der Untersuchung zu maximieren. Festzuhalten bleibt aber: einen vollkommen sicheren Schluss von einer Stichprobe auf die Grundgesamtheit gibt es nicht.

Abschließend hat der Mitarbeiter zu entscheiden, ob das Ergebnis seiner Stichprobe die Entscheidung zulässt, den angelieferten Koks anzunehmen oder abzulehnen. Im vorliegenden Fall hängt dies davon ab, ob der Sollwert der Dichte (festgelegt oder mit dem Lieferanten vereinbart) innerhalb des Intervalls liegt oder nicht.

06. Wie erfolgt die Erfassung und Verarbeitung technischer Messwerte?

Die Erfassung und Verarbeitung technischer Messwerte kann unterschiedlich komplex sein; folgende Arbeitsweisen können unterschieden werden:

(1) Die Erfassung der Daten erfolgt über eine *einfache Messeinrichtung* (z. B. Thermometer, Druckmesser); die *Prozesssteuerung* bzw. ggf. notwendige Eingriffe in den Prozess erfolgen *manuell*.

    Beispiel: An einer Anlage wird die Temperatur mithilfe eines Thermometers gemessen; wird ein bestimmter Temperaturgrenzwert überschritten, erfolgt eine manuell eingeleitete Kühlung der Anlage durch den Mitarbeiter.

(2) Die Messwerte werden durch die Messeinrichtung erfasst, *innerhalb der Messeinrichtung verarbeitet* und der *Prozess wird „automatisch" gesteuert* (z. B. über Prozessrechner).

    Beispiel: An der Anlage (vgl. oben) wird die Temperatur laufend von einem Prozessrechner erfasst. Bei Erreichen des Grenzwertes erfolgt ein Warnsignal und die Kühlung der Anlage wird ausgelöst.

(3) *Elementare Messwertverarbeitung:*
Die Verarbeitung der Messwerte erfolgt auf der Basis einfacher mathematischer Operationen (z. B. Summen-/Differenzenbildung in Verbindung mit elektrischer oder pneumatischer Analogtechnik).

(4) *Höhere Messwertverarbeitung:*
Die Verarbeitung der Messwerte erfolgt auf der Basis komplexer mathematischer Operationen (z. B. Integral-/Differenzialrechnung in Verbindung mit Digitalrechnern).

Hinsichtlich der *Form* der Datenverdichtung wird weiterhin unterschieden:

(5) *Signalanalyse:*
Es wird der Verlauf von Messsignalen untersucht (z. B. Verlauf von Schwingungen).

(6) *Messdatenverarbeitung:*
Aufbereitung, Verknüpfung, Prüfung und Verdichtung von Messdaten.

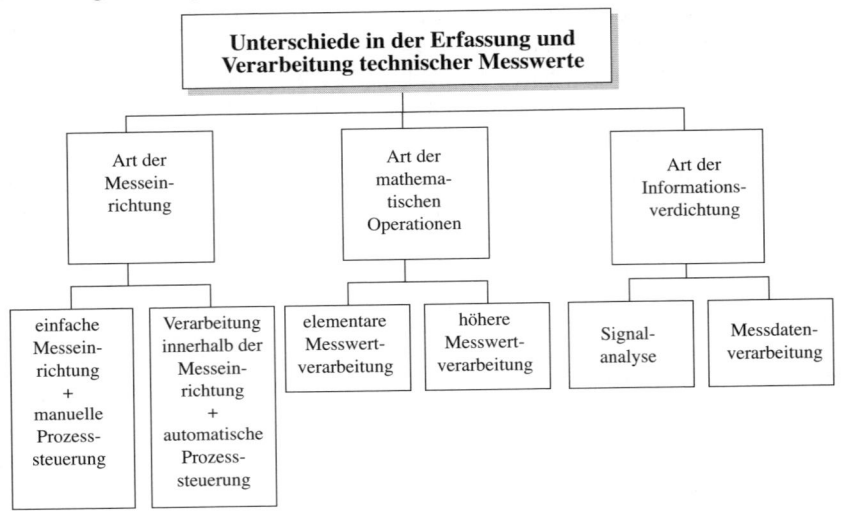

```
                    Unterschiede in der Erfassung und
                    Verarbeitung technischer Messwerte
        ┌───────────────────────┼───────────────────────┐
   Art der                  Art der                 Art der
   Mess-                    mathema-                Informations-
   einrichtung              tischen                 verdichtung
                            Operationen
   ┌─────┴─────┐         ┌─────┴─────┐          ┌─────┴─────┐
einfache    Verarbeitung  elementare   höhere   Signal-   Messdaten-
Messein-    innerhalb der Messwert-    Messwert- analyse  verarbeitung
richtung    Messein-      verarbeitung verarbeitung
+           richtung
manuelle    +
Prozess-    automatische
steuerung   Prozess-
            steuerung
```

07. Lassen sich Fehler bei der Erfassung von Messwerten vermeiden?

In der Praxis ist jede Messung von Daten (vgl. oben das Beispiel „Dichte der Koksbrocken") *mit Fehlern behaftet.* Man unterscheidet zwischen *systematischen* und *zufälligen* Fehlern:

- *Systematische Fehler* sind *Fehler in der Messeinrichtung*, die sich gleichmäßig auf alle Messungen auswirken. Sie lassen sich durch eine verbesserte Messtechnik beheben.

  Beispiele: fehlerhafter Messstab, nicht ausreichende Justierung einer Waage usw.

- *Zufällige Fehler* entstehen durch unkontrollierbare Einflüsse während der Messung; sie sind bei jeder Messung verschieden und unvermeidbar.

  Beispiele: Bei der Untersuchung von Wellen in der Eingangskontrolle stellt man fest, das von 50 Stück drei fehlerhaft sind; die Wiederholung der Stichprobe kommt zu einem anderen Ergebnis, obwohl die Messverfahren gesichert sind und die Versuchsdurchführung nicht geändert wurde.

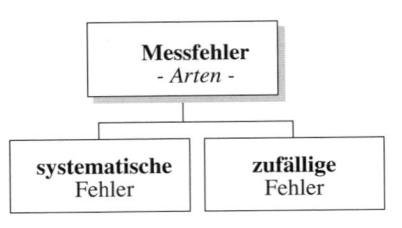

```
              Messfehler
              - Arten -
         ┌────────┴────────┐
    systematische       zufällige
    Fehler              Fehler
```

5.4.2 Stichprobenverfahren und Darstellung der Messwerte

01. Wie erfolgt die Aufbereitung von Messstichproben?

Mithilfe der Stichprobentheorie lässt sich von Teilgesamtheiten (z. B. einer Stichprobe) auf Grundgesamtheiten schließen. Die Verdichtung der Daten erfolgt durch die Berechnung von *Maßzahlen*. Entsprechend dem Rahmenstoffplan werden hier folgende *Parameter* behandelt:

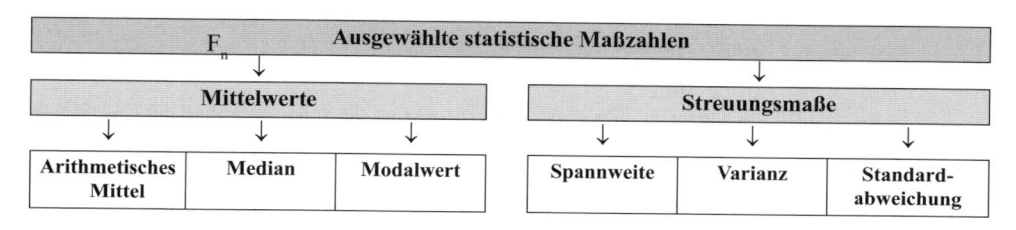

F_n Ausgewählte statistische Maßzahlen						
Mittelwerte			**Streuungsmaße**			
Arithmetisches Mittel	Median	Modalwert	Spannweite	Varianz	Standardabweichung	

Bei der nachfolgenden Darstellung und Berechnung werden folgende allgemein üblichen Symbole und Zeichen verwendet (im Allgemeinen benutzt man bei der Kennzeichnung von Maßzahlen der Grundgesamtheit griechische und bei der Kennzeichnung von Maßzahlen der Stichprobe lateinische Buchstaben):

- x_i = alle Messwerte/Merkmalsausprägungen der Urliste/Stichprobe (i = 1, ..., n)
- x_j = die verschiedenen Messwerte/Merkmalsausprägungen der Urliste/Stichprobe (j = 1, ..., r)
- μ = Mittelwert der Grundgesamtheit
- M_z = Median (= Zentralwert)
- M_o = Modalwert (= Modus = häufigster Wert)
- R = Spannweite
- $\bar{x}$ = Mittelwert der Stichprobe
- N = Umfang der Grundgesamtheit
- n = Umfang der Stichprobe
- σ^2 = Varianz der Grundgesamtheit
- s^2 = Varianz der Stichprobe
- σ = Standardabweichung der Grundgesamtheit
- s = Standardabweichung der Stichprobe
- $\sum$ = Summenzeichen

Die Beispielrechnungen gehen von folgender Messwertreihe aus:

4,35	4,80	3,75	4,95	4,20	5,10	4,65	6,00	4,05	5,25
5,10	4,50	3,15	5,25	4,65	3,45	5,85	4,50	5,55	4,80
6,45	4,05	3,00	4,20	5,10	3,15	5,40	4,65	5,10	4,50

Zu berechnen sind folgende Parameter der Messreihe:

a) das arithmetische Mittel
b) der Median
c) der Modalwert
d) die Spannweite
e) die Varianz
f) die Standardabweichung

A. Berechnung von *Maßzahlen der Grundgesamtheit:*

a) *Das arithmetische Mittel* μ
einer Häufigkeitsverteilung ist die Summe aller Merkmalsausprägungen dividiert durch die Anzahl der Beobachtungen:

- μ, *ungewogen:*

$$\mu = \frac{\sum x_i}{N} \qquad i = 1, 2, ..., N$$

- μ, *gewogen:*

$$\mu = \frac{\sum N_j x_j}{N} \qquad j = 1, 2, ..., r$$

(r = Anzahl der verschiedenen Merkmalsausprägungen)

Beispiel:

										Σ
4,35	4,80	3,75	4,95	4,20	5,10	4,65	6,00	4,05	5,25	47,10
6,45	4,50	3,15	5,25	4,65	3,45	5,85	4,50	5,55	4,80	46,80
6,45	4,05	3,00	4,20	5,10	3,15	5,40	4,65	5,10	4,50	45,60
Σ										139,50

$$\mu = \frac{139,5}{30} = 4,65$$

b) *Median M_z (= Zentralwert):*
Ordnet man die Werte einer Urliste der Größe nach, so ist der Median dadurch gekennzeichnet, dass 50 % der Merkmalsausprägungen kleiner/gleich und 50 % der Merkmalsausprägungen größer/gleich dem Zentralwert M_z sind. Der Median teilt also die der Größe nach geordneten Werte in zwei „gleiche Hälften":

- *bei N = gerade*
ist der Median das arithmetische Mittel der in der Mitte stehenden Werte:

$$M_z = \frac{1}{2}(x_{N/2} + x_{N/2+1})$$

Beispiel: Da N = 30 ist, wird das arithmetischen Mittel aus dem 15. und 16. Wert der (geordneten) Häufigkeitstabelle gebildet:

xj	3,00	3,15	3,45	3,75	4,05	4,20	4,35	4,50	4,65	$\sum Nj$
Nj	1	2	1	1	2	2	1	3	3	16
xj	4,80	4,95	5,10	5,25	5,40	5,55	5,85	6,00	6,45	
Nj	2	1	4	2	1	1	1	1	1	14
$\sum Nj$										30
j = 1, ..., 18										

$$M_z = \frac{1}{2}(x_{15} + x_{16}) = \frac{4,65 + 4,65}{2} = 4,65$$

- bei N = ungerade
ist der Median der in der Mitte stehende Wert der geordneten Urliste:

$$M_z = x_{(n+1)/2}$$

Beispiel:
Angenommen, man würde die vorliegende Messreihe von 30 Werten um den Wert $x_{31} = 6,55$ ergänzen, so erhält man als Median den Wert x_{16}:

$$M_z = x_{(31+1)/2} = x_{16} = 4,65$$

Da es sich beim Median um einen *relativ „groben" Lageparameter* zur Charakterisierung einer Verteilung handelt, sollte er *nur bei einer kleinen Messreihe* ermittelt werden. Im vorliegenden Fall von 30 Urlistenwerten ist er eher nicht zu empfehlen.

c) Als *Modalwert* M_o (= dichtester Wert = Modus)
bezeichnet man innerhalb einer Häufigkeitsverteilung die Merkmalsausprägung mit *der größten Häufigkeit* (soweit vorhanden):

xj	3,00	3,15	3,45	3,75	4,05	4,20	4,35	4,50	4,65	$\sum Nj$
Nj	1	2	1	1	2	2	1	3	3	16
xj	4,80	4,95	**5,10**	5,25	5,40	5,55	5,85	6,00	6,45	
Nj	2	1	**4**	2	1	1	1	1	1	14
$\sum Nj$										30
j = 1, ..., 18										

Beispiel: Aus der vorliegenden Häufigkeitstabelle lässt sich der Modalwert direkt ablesen: Es ist die Merkmalsausprägung mit der maximalen Häufigkeit

$N_j = 4$

$M_o = 5,10$

Mittelwerte, die die Lage einer Verteilung beschreiben, reichen allein nicht aus, um eine Häufigkeitsverteilung zu charakterisieren. Es wird nicht die Frage beantwortet, wie weit oder wie eng sich die Merkmalsausprägungen um den Mittelwert gruppieren.

Man berechnet daher so genannte *Streuungsmaße*, die kleine Werte annehmen, wenn die Merkmalsbeträge stark um den Mittelwert konzentriert sind bzw. große Werte bei weiter Streuung um den Mittelwert.

d) Die *Spannweite* R (= Range)
ist das *einfachste Streuungsmaß*. Sie wird als die *Differenz zwischen dem größten und dem kleinsten Wert* definiert. Die Aussagekraft der Spannweite ist sehr gering und sollte daher nur für eine kleine Anzahl von Messwerten berechnet werden (im vorliegenden Beispiel also eher nicht geeignet).

$$R = x_{max} - x_{min}$$ oder bei geordneter Urliste:

$$R = x_N - x_1$$

Beispiel: $R = x_{30} - x_1 = 6{,}45 - 3{,}00 = 3{,}45$

e) *Mittlere quadratische Abweichung* σ^2 (= Varianz):
Bei der Varianz σ^2 wird das jeweilige Quadrat der Abweichungen zwischen der Merkmalsausprägung x_i und dem Mittelwert $\bar{x}$ berechnet. Durch den Vorgang des Quadrierens erreicht man, dass große Abweichungen stärker und kleine Abweichungen weniger berücksichtigt werden. Die Summe der Quadrate wird durch N dividiert.

- σ^2, *ungewogen:*

$$\sigma^2 = \frac{\sum (x_i - \mu)^2}{N} \qquad i = 1, 2, \ldots, N$$

- σ^2, *gewogen:*

$$\sigma^2 = \frac{\sum (x_j - \mu)^2 \cdot N_j}{N} \qquad i = 1, 2, \ldots, r$$

Durch Umrechnung gelangt man zu folgender Formel; damit lässt sich die Varianz leichter berechnen:

$$\sigma^2 = \frac{1}{N} \sum N_j x_j^2 - \mu^2$$

Bei einer hohen Zahl von Messwerten empfiehlt sich eine Arbeitstabelle zur Berechnung der Varianz:

5.4 Statistische Verfahren, einfache statistische Berechnungen

x_j	N_j	x_j^2	$N_j x_j^2$	$x_j - \mu$	$(x_j - \mu)^2$	$(x_j - \mu)^2 N_j$
3,00	1	9,00	9,00	-1,65	2,72	2,72
3,15	2	9,92	19,84	-1,50	2,25	4,50
3,45	1	11,90	11,90	-1,20	1,44	1,44
3,75	1	14,06	14,06	-0,90	0,81	0,81
4,05	2	16,40	32,80	-0,60	0,36	0,72
4,20	2	17,64	35,28	-0,45	0,20	0,40
4,35	1	18,92	18,92	-0,30	0,09	0,09
4,50	3	20,25	60,75	-0,15	0,02	0,06
4,65	3	21,62	64,87	0,00	0,00	0,00
4,80	2	23,04	46,08	0,15	0,02	0,04
4,95	1	24,50	24,50	0,3	0,09	0,09
5,10	4	26,01	104,04	0,45	0,20	0,80
5,25	2	27,56	55,12	0,60	0,36	0,72
5,40	1	29,16	29,16	0,75	0,56	0,56
5,55	1	30,80	30,80	0,90	0,81	0,81
5,85	1	34,22	34,22	1,20	1,44	1,44
6,00	1	36,00	36,00	1,35	1,82	1,82
6,45	1	41,60	41,60	1,80	3,24	3,24
Σ	39		668,97			20,26

Beispiel:

$$\sigma^2 = \frac{\Sigma (x_j - \mu)^2 \cdot N_j}{N} = \frac{20,26}{30} = 0,68 \text{ (gerundet)}$$

bzw.

$$\sigma^2 = \frac{1}{N} \Sigma N_j x_j^2 - \mu^2 = \frac{668,97}{30} - 21,6225 = 0,68 \text{ (gerundet)}$$

f) Die *Standardabweichung* σ (kurz: „Streuung")
ist die positive Wurzel aus der Varianz; sie ist das wichtigste Streuungsmaß:

$$\sigma = \sqrt{\sigma^2}$$

Beispiel:
$\sigma = \sqrt{0,68} = 0,82$

B. Berechnung von <u>Maßzahlen der Stichprobe</u>:

Die oben dargestellten Formeln zur Berechnung der Maßzahlen sind – bis auf die Berechnung der Varianz analog; zur Kennzeichnung von Stichprobenparametern wird $\overline{x}$ statt μ, n statt N, s^2 statt σ^2 und s statt σ verwendet; somit modifizieren sich die Formeln für den Mittelwert zu:

$$\overline{x} = \frac{\Sigma x_i}{n} \quad \text{bzw.} \quad \overline{x} = \frac{\Sigma x_j n_j}{n}$$

Bei der Berechnung der *Varianz einer Stichprobe* wird – genau genommen – keine mittlere quadratische Abweichung berechnet, sondern man verwendet die Formel

$$s^2 = \frac{\sum (x_i - \overline{x})^2}{n-1}$$

Man dividiert also die Summe der Quadrate durch den um Eins verminderten Stichprobenumfang (= so genannte *empirische Varianz*). Für die Standardabweichung s gilt Entsprechendes. Es lässt sich mathematisch zeigen, dass diese Berechnungsweise notwendig ist, wenn von der Varianz der Stichprobe auf die Varianz der Grundgesamtheit geschlossen werden soll.

Hinweis für die Praxis:
Funktionsrechner und Statistik-Software verwenden häufig den Faktor $1/_{n-1}$ anstatt $1/_n$. Bitte beachten Sie dies bei der Berechnung von Varianzen, die <u>nicht</u> aus einer Stichprobe stammen.

02. Welche Prüfmethoden werden im Rahmen der Qualitätskontrolle eingesetzt?

Bei der Qualitätskontrolle bedient man sich vor allem der drei folgenden Methoden, die wiederum verschiedene Unterarten verzeichnen:

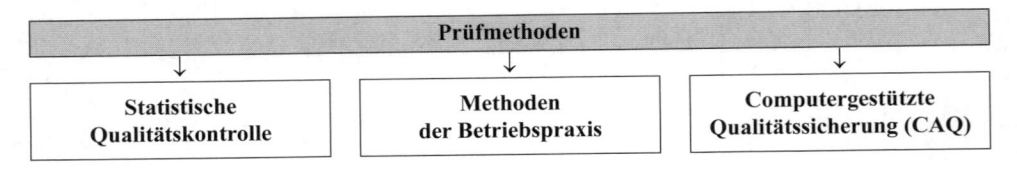

Prüfmethoden		
Statistische Qualitätskontrolle	Methoden der Betriebspraxis	Computergestützte Qualitätssicherung (CAQ)

03. Wie erfolgt die statistische Qualitätskontrolle unter der Annahme der Normalverteilung?

Untersucht man eine große Anzahl von Einheiten eines gefertigten Produktes hinsichtlich der geforderten Qualitätseigenschaften (Stichprobe aus einem Los), so lässt sich mathematisch zeigen, dass die „schlechten Werte" in einer bestimmten Verteilungsform vom Mittelwert (dem Sollwert) abweichen: Es entsteht bei hinreichend großer Anzahl von Prüfungen das Bild einer Gauss'schen Normalverteilung (so genannte symmetrische Glockenkurve):

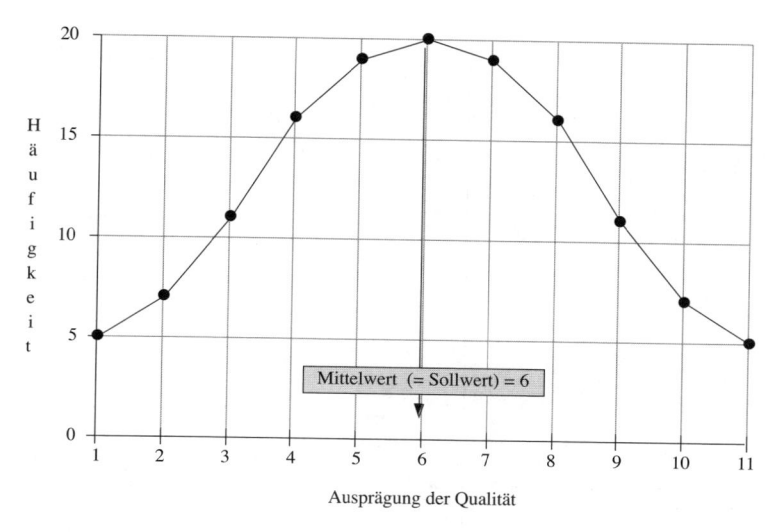

5.4 Statistische Verfahren, einfache statistische Berechnungen

Ausprägung der Qualitätseigenschaften bei großen Prüfzahlen (Gauss'sche Normalverteilung = „Glockenkurve")

[Diagramm: Häufigkeit über Ausprägung der Qualität, Mittelwert (= Sollwert) = 6]

Es lässt sich nun mathematisch zeigen, dass – bei Vorliegen einer Normalverteilung der Qualitätseigenschaften –

- ungefähr **68,0 %** (68,26 %)
  aller Ausprägungen streuen im Bereich [Mittelwert +/- 1 · Standardabweichung]

- ungefähr **95,0 %** (95,44 %)
  aller Ausprägungen streuen im Bereich [Mittelwert +/- 2 · Standardabweichung]

- ungefähr **99,8 %** (99,73 %)
  aller Ausprägungen streuen im Bereich [Mittelwert +/- 3 · Standardabweichung]

Diese Wahrscheinlichkeit nennt man

- *Vertrauenswahrscheinlichkeit* oder
- *statistische Sicherheit.*

Das Intervall um den Stichprobenparameter nennt man *Vertrauensbereich* oder *Konfidenzintervall*.

Die nachfolgende Abbildung zeigt den dargestellten Zusammenhang:

Anzahl der Stücke (Häufigkeit)

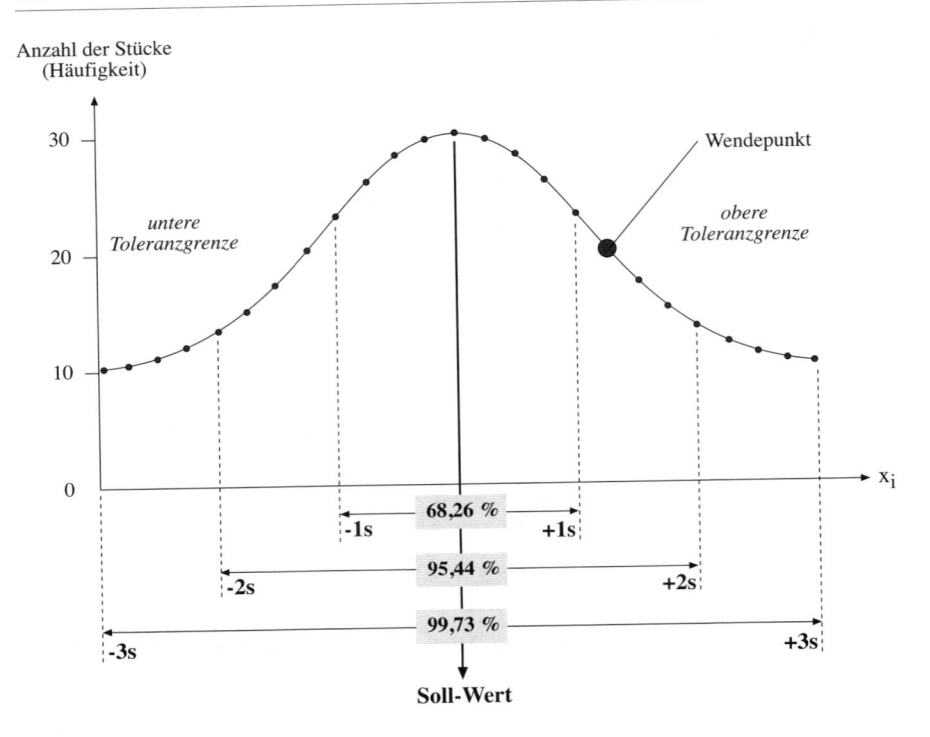

Diagramm: Gauß'sche Normalverteilung mit Wendepunkt, unterer und oberer Toleranzgrenze, Bereichen ±1s (68,26 %), ±2s (95,44 %), ±3s (99,73 %), Soll-Wert in der Mitte, x-Achse x_i.

Diese Erkenntnis der Gauss'schen Normalverteilung (bei einer großen Anzahl von Untersuchungseinheiten) macht man sich bei der statistischen Qualitätskontrolle zu Nutze: Man „zieht" eine zufällig entnommene Stichprobe aus der produzierten Losgröße und schließt (vereinfacht gesagt) von der Zahl der „schlechten Stücke in der Stichprobe auf die Zahl der schlechten Stücke in der Grundgesamtheit" (gesamte Losgröße).

04. Welche (einfachen) Prüfmethoden werden außerdem in der Qualitätskontrolle eingesetzt?

Neben dem Verfahren der „Statistischen Qualitätskontrolle" gibt es in der Betriebspraxis noch einfache und doch sehr wirkungsvolle Prüfverfahren; drei dieser Methoden werden hier beispielhaft genauer behandelt:

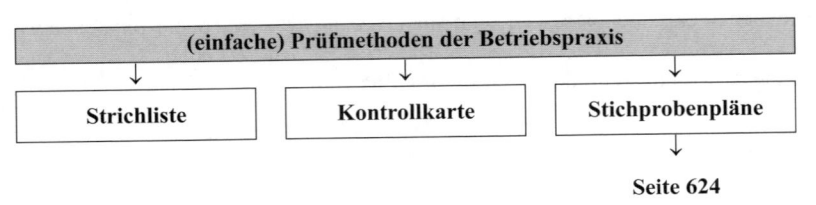

(einfache) Prüfmethoden der Betriebspraxis
- Strichliste
- Kontrollkarte
- Stichprobenpläne → Seite 624

5.4 Statistische Verfahren, einfache statistische Berechnungen

- Bei der *Strichliste*
werden die Ergebnisse einer Prüfstichprobe auf einem Auswertungsblatt festgehalten: Dazu bildet man *Messwertklassen* und trägt pro Klasse ein, wie häufig ein bestimmter Messwert beobachtet wurde. Die Anzahl der Klassen sollte i. d. R. zwischen 5 und 20 liegen; die *Klassenbreite ist gleich groß* zu wählen.

Beispiel:
Angenommen, wir befinden uns in der Fertigung von Ritzeln für Kfz-Anlasser. Der Sollwert des Ritzeldurchmessers soll bei 250 mm liegen. Aus einer Losgröße von 1.000 Einheiten wird eine Stichprobe von 40 Einheiten gezogen, die folgendes Ergebnis zeigt:

Strichliste		Aufnahme am:	25.10.
Auftrag:	47 333	Losgröße:	1.000
Werkstück	Ritzel	Prüfmenge:	40
Messwertklassen [in mm]	Häufigkeit (absolut)		Häufigkeit in %
≤ 248,0	//	2	5,0
≤ 248,5	//	2	5,0
≤ 249,0	////	5	12,5
≤ 249,5	//// //	7	17,5
≤ 250,0	//// //// //	12	30,0
≤ 250,5	//// /	6	15,0
≤ 251,0	///	3	7,5
≤ 251,5	//	2	5,0
≤ 252,0	/	1	2,5
Σ		40	100,0

Die Auswertung der Strichliste erfolgt dann wiederum mithilfe der „Statistischen Qualitätskontrolle" (vgl. oben).

- *Kontrollkarten* (auch: *Qualitätsregelkarten QRK bzw. kurz: Regelkarten; auch: „Statistische Prozessregelung"*)

werden in der industriellen Fertigung dafür benutzt, die Ergebnisse aufeinander folgender Prüfstichproben festzuhalten. Durch die Verwendung von Kontrollkarten *lassen sich Veränderungen des Qualitätsstandards im Zeitablauf beobachten*; z. B. kann frühzeitig erkannt werden, ob Toleranzen bestimmte Grenzwerte über- oder unterschreiten. Es gibt eine Vielzahl unterschiedlicher Qualitätsregelkarten (je nach Prüfmerkmal, Qualitätsanforderung und Messtechnik). Häufige Verwendung finden sog. zweispurige QRK, die gleichzeitig einen Lageparameter (Mittelwert oder Median) und einen Streuungsparameter (z. B. Standardabweichung oder Range) anzeigen (sog. $\bar{x}$/s-Regelkarte bzw. $\bar{x}$/R-Regelkarte).

Beispiel: Die nachfolgende Abbildung zeigt den Ausschnitt einer Kontrollkarte:

(1) Der *Fertigungsprozess ist sicher*, wenn die Prüfwerte innerhalb der oberen und unteren Warngrenze liegen.

(2) Werden die *Warngrenzen* überschritten, ist der Prozess „nicht mehr sicher", *aber „fähig"*.

(3) Werden die *Eingriffgrenzen* erreicht, muss der Prozess wieder sicher gemacht werden (z. B. neues Werkzeug, Neujustierung, Fehlerquelle beheben).

(4) Erfolgt beim Erreichen der Eingriffsgrenzen *keine Korrekturmaßnahme*, so ist damit zu rechnen, dass es zur Produktion von „Nicht-in-Ordnung-Teilen" (*NIO-Teile*) kommt.

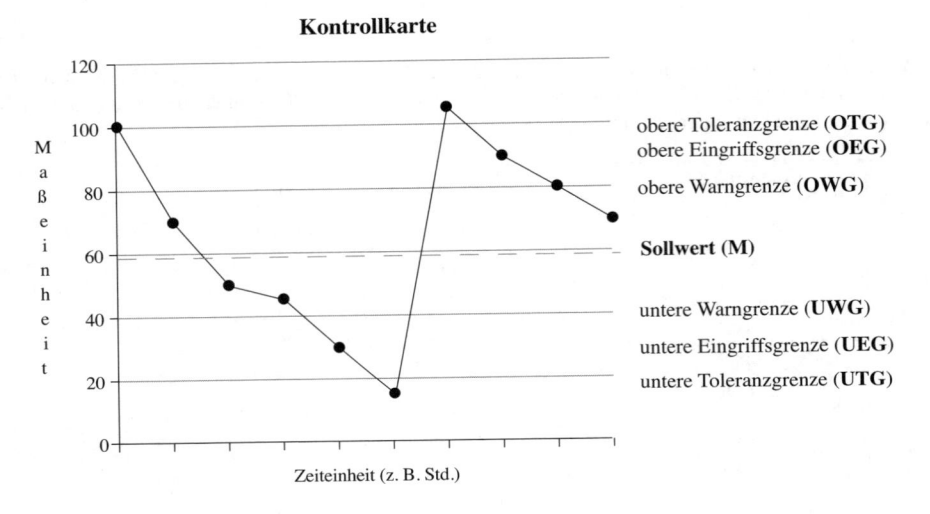

Kontrollkarte

obere Toleranzgrenze (**OTG**)
obere Eingriffsgrenze (**OEG**)
obere Warngrenze (**OWG**)

Sollwert (M)

untere Warngrenze (**UWG**)
untere Eingriffsgrenze (**UEG**)
untere Toleranzgrenze (**UTG**)

Maßeinheit

Zeiteinheit (z. B. Std.)

05. Wie sind Regelkarten zu interpretieren?

Prozessverlauf – Grafische Darstellung –	Bezeichnung – Erläuterung –	Bewertung → Maßnahmen
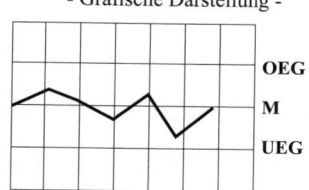 OEG / M / UEG	**Natürlicher Verlauf** $^2/_3$ der Werte liegen im innerhalb des Bereichs ± s; OEG bzw. UEG werden nicht überschritten.	• *Prozess: in Ordnung* → Kein Eingriff erforderlich
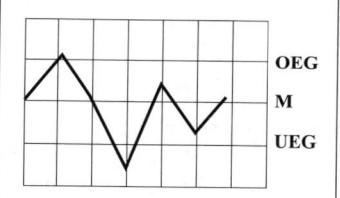 OEG / M / UEG	**Überschreiten der Grenzen** Die obere und/oder untere Eingriffsgrenze ist überschritten.	• *Prozess: nicht in Ordnung* → Eingriff erforderlich; Ursachen ermitteln.
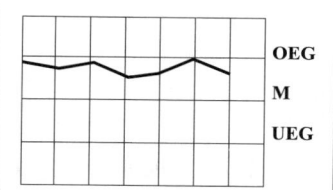 OEG / M / UEG	**Run** Mehr als 6 Werte liegen in Folge über/unter M.	• *Prozess: noch in Ordnung* → Verschärfte Kontrolle; deutet auf systematischen Fehler hin, z. B. Werkzeugverschleiß.
 OEG / M / UEG	**Trend** Mehr als sechs Werte in Folge zeigen eine fallende/steigende Tendenz.	• *Prozess: nicht in Ordnung* → Eingriff erforderlich; Ursachen ermitteln, z. B. Verschleiß: Werkzeuge/ Vorrichtungen/Messgeräte.
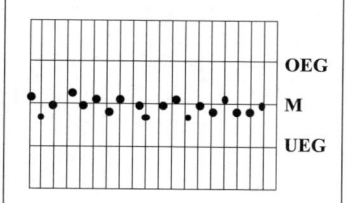 OEG / M / UEG	**Middle Third** 15 oder mehr Werte liegen in Folge innerhalb ± s (= im mittleren Drittel).	• *Prozess: in Ordnung* → Kein Eingriff erforderlich; aber: Ursachen für Prozessverbesserung ergründen bzw. Prüfergebnisse kontrollieren.
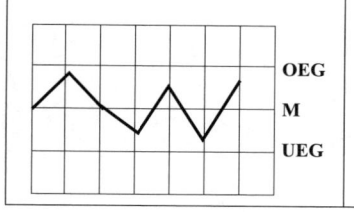 OEG / M / UEG	**Perioden** Die Werte wechseln periodisch um den Wert M; es liegen mehr als $^2/_3$ der Werte außerhalb des mittleren Drittels zwischen OEG/UEG.	• *Prozess: nicht in Ordnung* → Eingriff erforderlich; es ist ein systematischer Fehler zu vermuten.

06. Wie wird der Fehleranteil im Prüflos und in der Grundgesamtheit berechnet?

Aus einem Losumfang (= Grundgesamtheit) von N wird eine hinreichend große Stichprobe mit dem Umfang n zufällig entnommen. Man erhält in der Stichprobe n_f fehlerhafte Stücke (= Überschreitung des zulässigen Toleranzbereichs):

- Der *Anteil der fehlerhaften Stücke* Δx_f *der Stichprobe* ist

$$\Delta x_f = \frac{n_f}{n} \qquad \text{oder in Prozent:} \quad = \frac{n_f}{n} \cdot 100$$

Beispiel: Es werden aus einem Losumfang von 4.000 Wellen 10 % überprüft. Die Messung ergibt 20 unbrauchbare Teile.

Es ergibt sich bei n = 400 und n_f = 20

$$\Delta x_f = \frac{n_f}{n} = \frac{20}{400} = 0{,}05 \quad \text{bzw. 5 \%}$$

Bei hinreichend großem Stichprobenumfang und zufällig entnommenen Messwerten kann angenommen werden, dass der Anteil der fehlerhaften Stücke in der Grundgesamtheit N_f wahrscheinlich dem Anteil in der Stichprobe entspricht (Schluss von der Stichprobe auf die Grundgesamtheit); es wird also gleichgesetzt:

$$\frac{n_f}{n} \cdot 100 = \frac{N_f}{n} \cdot 100$$

Das heißt, es kann angenommen werden, dass die Zahl der fehlerhaften Wellen in der Grundgesamtheit 200 Stück beträgt (5 % von 4.000).

- Bezeichnet man die Anzahl der fehlerhaften Stücke als „NIO-Teile" (= „Nicht-in-Ordnung-Teile") so lässt sich in Worten folgender Schluss von der Stichprobe auf die Grundgesamtheit formulieren:

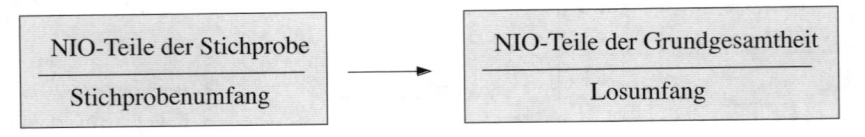

$$\frac{\text{NIO-Teile der Stichprobe}}{\text{Stichprobenumfang}} \longrightarrow \frac{\text{NIO-Teile der Grundgesamtheit}}{\text{Losumfang}}$$

5.4.3 Ermittlung verschiedener Fähigkeitskennwerte und ihre Bedeutung für Prozesse, Maschinen und Messgeräte

01. Was bezeichnet man als „Maschinenfähigkeit" bzw. „Prozessfähigkeit" und mit welchen Kennwerten werden sie beschrieben?

- Die *„Fähigkeit"* C einer Maschine/eines Prozesses ist ein Maß für die Güte – bezogen auf die Spezifikationsgrenzen. Eine Maschine/ein Prozess wird demnach als *„fähig"* bezeichnet, wenn die Einzelergebnisse *innerhalb der Spezifikationsgrenzen* liegen.

  → C = <u>Streuungskennwert</u>

- Eine Maschine/ein Prozess wird als „beherrscht" bezeichnet, wenn die Ergebnismittelwerte in der Mittellage liegen.

  → C_k = <u>Lagekennwert</u>

In der Praxis wird nicht immer zwischen Kennwerten der Streuung und der Beherrschung unterschieden; man verwendet meist generell den Ausdruck „Fähigkeitskennwert" und unterscheidet durch den Index m bzw. p Maschinen- bzw. Prozessfähigkeiten sowie durch den Zusatz k die Kennzeichnung der Lage.

- Die Untersuchung der *Maschinenfähigkeit* C_m, C_{mk} ist eine Kurzzeituntersuchung.
- Die Untersuchung der *Prozessfähigkeit* C_p, C_{pk} ist eine Langzeituntersuchung.
- Beide Untersuchungen verwenden die gleichen Berechnungsformeln; es werden jedoch andere Formelzeichen verwendet; es gilt:

	Maschinenfähigkeit, MFU		Prozessfähigkeit, PFU	
Ziel	Erfassung des *kurzzeitigen* Streuverhaltens/des Bearbeitungsergebnisses einer Fertigungsmaschine *unter gleichen Randbedingungen*		Erfassung des *langfristigen* Streuverhaltens/des Bearbeitungsergebnisses einer Fertigungsmaschine *unter realen Prozessbedingungen*	
Rahmenbedingungen	• betriebswarme Maschine • eine Rohteilcharge • keine oder minimierte Einflüsse • Abnahme i. d. R. beim Maschinenhersteller		• reale Prozessbedingungen • reales Umfeld • Abnahme beim Maschinenhersteller gefordert und vor Ort verifiziert	
Vorgehensweise	• 50 Teile hintereinander gefertigt • Teile beschriften und sichern • Merkmale messen und auswerten • Fähigkeitsindizes bestimmen		• über einen definierten Zeitraum ca. 25 Stichproben zu je 5 Teilen entnehmen • Teile beschriften und sichern • Merkmale messen • evt. Störeinflüsse in der Regelkarte eintragen • Fähigkeitsindizes bestimmen	
Grenzwerte	Streuung, C_m	Lage, C_{mk}	Streuung, C_p	Lage, C_{pk}
	$C_m \geq 2{,}00$	$C_{mk} \geq 1{,}66$	$C_p \geq 1{,}33$	$C_{pk} \geq 1{,}33$
Hinweis: Einige Tabellenwerke enthalten zum Teil veraltete Grenzwerte!				

Anschauungsbeispiel

zur Unterscheidung des Streuungskennwertes C_m, C_p und des Lagekennwertes C_{mk}, C_{pk}:

Die Breite eines Garagentores sei stellvertretend für geforderte Toleranz: T = OTG – UTG. Die Breite des Pkws soll die Standardabweichung s darstellen; die gefahrene Spur des Pkws entspricht dem Mittelwert $\bar{x}$.

- *Beurteilung der Streuung/Fähigkeit des Prozesses:*
  Je kleiner s im Verhältnis zu T ist, desto größer wird der Fähigkeitskennwert C;
  Beispiel: „Bei C = 1 muss der Pkw sehr genau in die Garage gefahren werden, wenn keine Schrammen entstehen sollen."

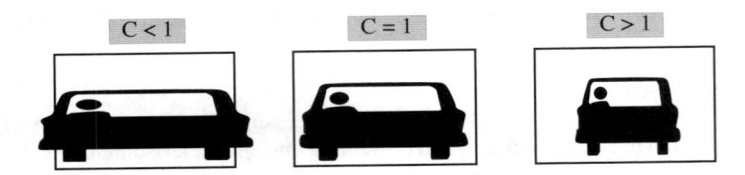

C < 1   C = 1   C > 1

- *Beurteilung der Qualitätslage/Beherrschung des Prozesses:*
  Ist der Mittelwert $\bar{x}$ optimal („Spur des Pkws"), so ist $C = C_k$; bei einer Verschiebung des Mittelwertes (in Richtung OTG bzw. UTG) wird C_k kleiner, „man läuft also Gefahr, die linke oder rechte Seite des Garagentores zu berühren."

$C_k < 1$ $C_k < 1$ $C_k > 1$

02. Welchen Voraussetzungen müssen für die Ermittlung von Fähigkeitskennwerten vorliegen?

Die Merkmalswerte müssen *normalverteilt* sein. Der Prozess muss demnach *frei von systematischen Fehlern* sein; Schwankungen in den Messergebnissen sind also *nur noch zufallsbedingt*.

Häufig hat man heute durch die stetig anwachsende Komplexität der Prozesse und Maschinen nicht unbedingt normalverteilte Prozesse. Um trotzdem die C-Kennzahlen berechnen zu können wird überwiegend eine Statistik-Software verwendet.

03. Wie werden Fähigkeitswerte ermittelt?

1. *Mittelwert $\bar{x}$* und *Standardabweichung* s der Stichprobe werden berechnet (vgl. 5.4.2).

2. Der *Toleranzbereich* T (= OTG - UTG) wird ermittelt; er ist der Bauteilzeichnung zu entnehmen.

5.4 Statistische Verfahren, einfache statistische Berechnungen

3. Der *Streuungskennwert* C_m bzw. C_p wird berechnet, indem der Toleranzwert T durch die 6-fache Standardabweichung (+/- 3s, also 6s) dividiert wird. Dies ergibt sich aus der Forderung, dass mit 99,73%iger Wahrscheinlichkeit die Stichprobenteile innerhalb der geforderten Toleranzgrenzen liegen sollen.

$$C_m = \frac{T}{6s} = \frac{OTG - UTG}{6s} \quad \text{bzw.} \quad C_p = \frac{T}{6s}$$

4. Der *Lagekennwert* C_{mk} bzw. C_{pk} wird berechnet, indem Z_{krit} durch die 3-fache Standardabweichung s dividiert wird:

$$C_{mk} = \frac{Z_{krit}}{3s} \quad \text{bzw.} \quad C_{pk} = \frac{Z_{krit}}{3s}$$

Dabei ist Z_{krit} der kleinste Abstand zwischen dem Mittelwert und der oberen bzw. unteren Toleranzgrenze; d. h. es gilt:

also:
$$Z_{krit} = \min(OTG - \bar{x};\ \bar{x} - UTG)!$$
$$Z_{krit} = OTG - \bar{x} \quad \text{bzw.} \quad Z_{krit} = \bar{x} - UTG$$

04. Welche Grenzwerte gelten für Fähigkeitskennzahlen?

In der Industrie – insbesondere in der Automobilindustrie – gelten bei der Beurteilung von Fähigkeitskennzahlen folgende Grenzwerte:

Maschinenfähigkeit, MFU		Prozessfähigkeit, PFU	
Erfassung des *kurzzeitigen* Streuverhaltens/des Bearbeitungsergebnisses einer Fertigungsmaschine *unter gleichen Randbedingungen*		Erfassung des *langfristigen* Streuverhaltens-/des Bearbeitungsergebnisses einer Fertigungsmaschine *unter realen Prozessbedingungen*	
Streuung, C_m	Lage, C_{mk}	Streuung, C_p	Lage, C_{pk}
$C_m \geq 2{,}00$	$C_{mk} \geq 1{,}66$	$C_p \geq 1{,}33$	$C_{pk} \geq 1{,}33$
Hinweis: Einige Tabellenwerke enthalten zum Teil veraltete Grenzwerte!			

Beispiel 1: Die Stichprobe aus einem Los von Stahlteilen ergibt eine mittlere Zugfestigkeit von $\bar{x} = 400$ N/mm² und eine Standardabweichung von $s = 14$ N/mm². Es ist eine Toleranz von 160 N/mm² vorgegeben. Zu ermitteln ist, ob die eingesetzte Maschine „fähig" ist; dazu ist der Maschinenfähigkeitskennwert C_m zu berechnen:

$$C_m = \frac{T}{6s} = \frac{160\ \text{N/mm}^2}{6 \cdot 14\ \text{N/mm}^2} = 1{,}9048$$

Die Maschine ist nicht fähig, da $C_m < 2{,}00$ [1].

---

[1] **Hinweis:** Es werden die aktuell gültigen Grenzwerte der Automobilindustrie verwendet.
Achtung: Einige Tabellenwerke enthalten zum Teil veraltete Grenzwerte.

Beispiel 2: Für ein Fertigungsmaß gilt: $100 \pm 0{,}1$ $\rightarrow$ $T = 0{,}2$
Aus der Stichprobe ist bekannt: $s = 0{,}015$
$\bar{x} = 99{,}92$

Zu ermitteln sind C_m, C_{mk}:

$$C_m = \frac{T}{6s} = \frac{0{,}2}{0{,}09} = 2{,}22$$

Da $C_m \geq 2{,}0$ gilt: Die Maschine ist fähig; die Streuung liegt innerhalb der Toleranzgrenzen.

$C_{mk} = \dfrac{Z_{krit}}{3s}$

$\text{OTG} - \bar{x} = 100{,}1 - 99{,}92 = 0{,}18$
$\bar{x} - \text{UTG} = 99{,}92 - 99{,}9 = 0{,}02$

$Z_{krit} = \min(\text{OTG} - \bar{x};\ \bar{x} - \text{UTG})$

$= \dfrac{0{,}02}{0{,}045}$ $\rightarrow$ $Z_{krit} = 0{,}02$

$= 0{,}44$

Da $C_{mk} < 1{,}66$ gilt: Die Maschine ist nicht beherrscht; die Qualitätslage ist zu weit vom Mittelwert versetzt; die Einstellung der Maschine muss korrigiert werden.

05. Wie wird eine Annahme-Stichprobenprüfung durchgeführt?

Stichprobenpläne werden sehr häufig eingesetzt, wenn fremd beschaffte Teile geprüft werden. Der Stichprobenplan wird üblicherweise zwischen Käufer und Verkäufer *fest vereinbart. Dazu werden drei Größen eindeutig festgelegt:*

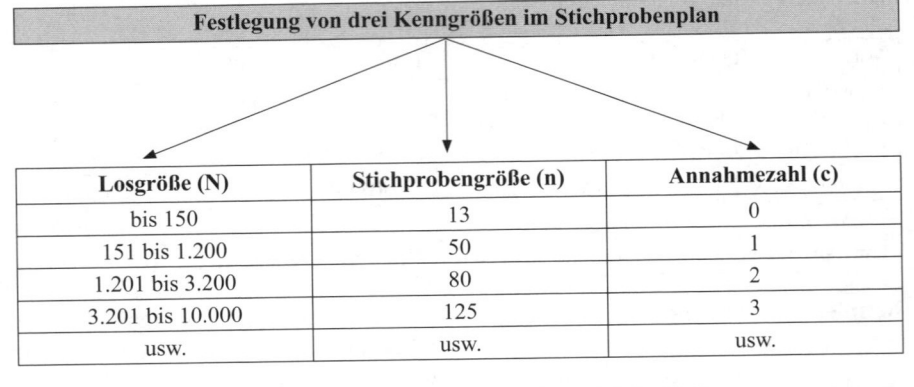

Festlegung von drei Kenngrößen im Stichprobenplan		
Losgröße (N)	Stichprobengröße (n)	Annahmezahl (c)
bis 150	13	0
151 bis 1.200	50	1
1.201 bis 3.200	80	2
3.201 bis 10.000	125	3
usw.	usw.	usw.

Solange die Annahmezahl $c \leq$ dem angegebenen Grenzwert ist, wird die Lieferung angenommen. Man spricht davon, dass die Lieferung die *„Annehmbare Qualitätslage"* (AQL = Acceptable Quality Level) erfüllt. Zum Beispiel dürfen bei einer Lieferung von 2.000 Einheiten maximal zwei fehlerhafte Einheiten in der Stichprobe mit n = 80 sein (vgl. Tabelle oben).

In der Praxis werden so genannte *Leittabellen* verwendet, die entsprechende Stichprobenanweisungen enthalten; die relevanten Parameter sind: Losgröße N, Prüfschärfe (normal/verschärft), Annahmezahl c, Rückweisezahl d, AQL-Wert (z. B. 0,40).

5.4 Statistische Verfahren, einfache statistische Berechnungen

Beispiel 1: Das Unternehmen erhält regelmäßig Bauteile in Losgrößen von N = 250. Mit dem Lieferanten wurde eine Annahme-Stichprobenprüfung als Einfach-Stichprobe bei Prüfniveau II und einem AQL-Wert von 0,40 vereinbart (vgl. DIN ISO 2859-1).

1. *Ermittlung des Kennbuchstabens für den Stichprobenumfang;* nachfolgend ist ein Ausschnitt aus Tabelle I dargestellt:

Losumfang N			Besondere Prüfniveaus				Allgemeine Prüfniveaus			DIN ISO 2859-1
			S-1	S-2	S-3	S-4	I	II	III	
...	...	...								
51	bis	90	B	B	C	C	C	E	F	
91	bis	150	B	B	C	D	D	F	G	
151	bis	280	B	C	D	E	E	**G**	H	
281	bis	500	B	C	D	E	F	H	J	
501	bis	1200	C	C	E	F	G	J	K	
...	...	...								

Für einen Losumfang von N = 250 und einem allgemeinen Prüfniveau II wird der Kennbuchstabe G ermittelt.

2. *Ermittlung des Stichprobenumfangs n und der Annahmezahl c* bei AQL 0,40 aus Tabelle II-A (Einfach-Stichproben für normale Prüfung; vgl. unten, Ausschnitt aus der Leittabelle):

Tabelle II-A Einfachstichprobenanweisung für normale Prüfung

Kenn-buch-stabe	n		Annehmbare Qualitätsgrenzlage (normale Prüfung) AQL									DIN ISO 2859-1
			0,10	0,15	0,25	0,40	0,65	1,00	1,50	2,50		
			c d	c d	c d	c d	c d	c d	c d	c d		
...	...	...	...	...	...	...	...	...	...	...	...	
D	8	...							0 1	↑	...	
E	13	...						0 1	↑	↓	...	
F	20	...				↓	0 1	↑	↓	1 2	...	
G	32	...			↓	**0 1**	↑	↓	1 2	2 3	...	
H	50	...		↓	0 1	↑	↓	1 2	2 3	3 4	...	
J	80	...	↓	0 1	↑	↓	1 2	2 3	3 4	5 6	...	
...	...	...	...	...	...	...	...	...	...	...	...	

Ergebnis:
Bei G/Tabelle II-A ist n = 32, c = 0 und d = 1.

Das ergibt die Prüfanweisung:
Bei regelmäßigen Losgrößen von N = 250, Prüfniveau II und normaler Prüfung darf die Stichprobe vom Umfang n = 32 keine fehlerhaften Teile enthalten; ist c ≥ 1, wird die Lieferung zurückgewiesen.

Beispiel 2: Es wird für den o. g. Sachverhalt unterstellt, dass die achte und neunte Lieferung zurückgewiesen werden muss, da c ≥ 1. Die zehnte Lieferung ist verschärft zu prüfen. Wie verändert sich unter diesen Bedingungen die Prüfanweisung?

Es wird Tabelle II-B herangezogen (verschärfte Prüfung):

Tabelle II-B Einfachstichprobenanweisung für verschärfte Prüfung

Kenn-buch-stabe	n		Annehmbare Qualitätsgrenzlage (normale Prüfung) AQL														
			0,10		0,15		0,25		0,40		0,65		1,00		1,50		2,50	
			c	d	c	d	c	d	c	d	c	d	c	d	c	d	c	d	
...	...	...	...		...		...		...		...		...		...		...		...
D	8	...															0	1	...
E	13	...													0	1			...
F	20	...									0	1							...
G	32	...							0	1					1	2			...
H	50	...					**0**	**1**					1	2	2	3			...
J	80	...			0	1					1	2	2	3	3	4			...
...	...	...	...		...		...		...		...		...		...		...		...

DIN ISO 2859-1

Ergebnis:
Der Stichprobenumfang muss von n = 32 auf n = 50 erhöht werden; die Tabelle II-B zeigt: c = 0 und d ≥ 1, d. h. die Stichprobe bei verschärfter Prüfung vom Umfang n = 50 darf keine fehlerhaften Teile enthalten.